GOETHES WERKE

Hamburger Ausgabe in 14 Bänden
Herausgegeben von Erich Trunz

Goethes Werke · Hamburger Ausgabe

Band 1
Gedichte und Epen I

Band 2
Gedichte und Epen II

Band 3
Dramatische Dichtungen I

Band 4
Dramatische Dichtungen II

Band 5
Dramatische Dichtungen III

Band 6
Romane und Novellen I

Band 7
Romane und Novellen II

Band 8
Romane und Novellen III

Band 9
Autobiographische Schriften I

Band 10
Autobiographische Schriften II

Band 11
Autobiographische Schriften III

Band 12
Kunst und Literatur

Band 13
Naturwissenschaftliche Schriften I

Band 14
Naturwissenschaftliche Schriften II
Materialien · Register

GOETHES WERKE
BAND X
AUTOBIOGRAPHISCHE SCHRIFTEN II

Textkritisch durchgesehen von
Lieselotte Blumenthal und Waltraud Loos

Kommentiert von
Waltraud Loos und Erich Trunz

VERLAG C.H.BECK MÜNCHEN

Sonderausgabe
zum 250. Geburtstag Goethes
am 28. 8. 1999

*Die ‚Hamburger Ausgabe' wurde begründet
im Christian Wegner Verlag, Hamburg
Die erste bis fünfte Auflage des zehnten Bandes
erschien dort in den Jahren 1959 bis 1972*

*Dieser Band ist identisch mit der
10., durchgesehenen Auflage. 1994*

*Verantwortlich für die Abschnitte ‚Schemata und Entwürfe'
und ‚Zur Textgestaltung' von ‚Dichtung und Wahrheit'
und ‚Entstehung und Überlieferung der autobiographischen Einzelheiten'
ist Lieselotte Blumenthal*

ISBN für die 14bändige Sonderausgabe: 3 406 44186 6

Sonderausgabe. 1998

Druck: C.H.Beck'sche Buchdruckerei, Nördlingen
Gedruckt auf säurefreiem, alterungsbeständigem Papier
(hergestellt aus chlorfrei gebleichtem Zellstoff)
von Schoeller & Hoesch, Gernsbach
Printed in Germany

AUTOBIOGRAPHISCHE SCHRIFTEN

ZWEITER BAND

AUS MEINEM LEBEN
DICHTUNG UND WAHRHEIT

VIERZEHNTES BUCH

Mit jener Bewegung nun, welche sich im Publikum verbreitete, ergab sich eine andere, für den Verfasser vielleicht von größerer Bedeutung, indem sie sich in seiner nächsten Umgebung ereignete. Ältere Freunde, welche jene Dichtungen, die nun so großes Aufsehen machten, schon im Manuskript gekannt hatten, und sie deshalb zum Teil als die ihrigen ansahen, triumphierten über den guten Erfolg, den sie, kühn genug, zum voraus geweissagt. Zu ihnen fanden sich neue Teilnehmer, besonders solche, welche selbst eine produktive Kraft in sich spürten, oder zu erregen und zu hegen wünschten.

Unter den erstern tat sich Lenz am lebhaftesten und gar sonderbar hervor. Das Äußerliche dieses merkwürdigen Menschen ist schon umrissen, seines humoristischen Talents mit Liebe gedacht; nun will ich von seinem Charakter mehr in Resultaten als schildernd sprechen, weil es unmöglich wäre, ihn durch die Umschweife seines Lebensganges zu begleiten, und seine Eigenheiten darstellend zu überliefern.

Man kennt jene Selbstquälerei, welche, da man von außen und von andern keine Not hatte, an der Tagesordnung war, und gerade die vorzüglichsten Geister beunruhigte. Was gewöhnliche Menschen, die sich nicht selbst beobachten, nur vorübergehend quält, was sie sich aus dem Sinn zu schlagen suchen, das ward von den bessern scharf bemerkt, beachtet, in Schriften, Briefen und Tagebüchern aufbewahrt. Nun aber gesellten sich die strengsten sittlichen Forderungen an sich und andere zu der größten Fahrlässigkeit im Tun, und ein aus dieser halben Selbstkenntnis entspringender Dünkel verführte zu den seltsamsten Angewohnheiten und Unarten. Zu einem solchen Abarbeiten in der Selbstbeobachtung berechtigte jedoch die aufwachende empirische Psychologie, die nicht gerade alles, was uns innerlich beunruhigt, für bös und verwerflich erklären wollte, aber doch auch nicht alles billigen konnte; und so war ein ewiger nie beizulegender Streit erregt. Diesen zu führen und zu unterhalten, übertraf nun Lenz alle übrigen Un- oder Halbbeschäftigten, welche ihr Inneres untergruben, und so litt er im allgemeinen von der Zeitgesinnung, welche durch die Schilderung Werthers abgeschlossen sein sollte; aber ein individueller Zuschnitt unterschied ihn von allen übrigen, die man durchaus für offene redliche Seelen anerkennen mußte. Er hatte nämlich einen entschiedenen Hang zur Intrige, und zwar zur Intrige an sich, ohne daß er eigentliche Zwecke, verständige, selbstische, erreichbare Zwecke dabei gehabt hätte; vielmehr pflegte er sich immer etwas Fratzenhaftes vorzusetzen, und eben deswegen diente es ihm zur beständigen Unterhaltung. Auf diese Weise war er zeitlebens ein Schelm in der Einbildung, seine Liebe wie sein Haß waren imaginär, mit seinen Vorstellungen und Gefühlen verfuhr er willkürlich, damit er immerfort etwas zu tun haben möchte. Durch die verkehrtesten Mittel suchte er seinen Neigungen und Abneigungen Realität zu geben, und vernichtete sein Werk immer wieder selbst; und so hat er niemanden, den er liebte, jemals genützt, niemanden, den er haßte, jemals geschadet, und im ganzen schien er nur zu sündigen, um sich strafen, nur zu intrigieren, um eine neue Fabel auf eine alte pfropfen zu können.

Aus wahrhafter Tiefe, aus unerschöpflicher Produktivität ging sein Talent hervor, in welchem Zartheit, Beweglichkeit und Spitzfindigkeit mit einander wetteiferten, das aber, bei aller seiner Schönheit, durchaus kränkelte, und gerade diese Talente sind am schwersten zu beurteilen. Man konnte in seinen Arbeiten große Züge nicht verkennen; eine liebliche Zärtlichkeit schleicht sich durch zwischen den albernsten und barockesten Fratzen, die man selbst einem so gründlichen und anspruchlosen Humor, einer wahrhaft komischen Gabe kaum verzeihen kann. Seine Tage waren aus lauter Nichts zusammengesetzt, dem er durch seine Rührigkeit eine Bedeutung zu geben wußte, und er konnte um so mehr viele Stunden verschlendern, als die Zeit, die er zum Lesen anwendete, ihm, bei einem glücklichen Gedächtnis, immer viel Frucht brachte, und seine originelle Denkweise mit mannigfaltigem Stoff bereicherte.

Man hatte ihn mit livländischen Kavalieren nach Straßburg gesendet, und einen Mentor nicht leicht unglücklicher wählen können. Der ältere Baron ging für einige Zeit ins Vaterland zurück, und hinterließ eine Geliebte, an die er fest geknüpft war. Lenz, um den zweiten Bruder, der auch um dieses Frauenzimmer warb, und andere Liebhaber zurückzudrängen und das kostbare Herz seinem abwesenden Freunde zu erhalten, beschloß nun, selbst sich in die Schöne verliebt zu stellen, oder, wenn man will, zu verlieben. Er setzte diese seine These mit der hartnäckigsten Anhänglichkeit an das Ideal, das er sich von ihr gemacht hatte, durch, ohne gewahr werden zu wollen, daß er so gut als die übrigen ihr nur zum Scherz und zur Unterhaltung diene. Desto besser für ihn! denn bei ihm war es auch nur Spiel, welches desto länger dauern konnte, als sie es ihm gleichfalls spielend erwiderte, ihn bald anzog, bald abstieß, bald hervorrief, bald hintansetzte. Man sei überzeugt, daß, wenn er zum Bewußtsein kam, wie ihm denn das zuweilen zu geschehen pflegte, er sich zu einem solchen Fund recht behaglich Glück gewünscht habe.

Übrigens lebte er, wie seine Zöglinge, meistens mit Offizieren der Garnison, wobei ihm die wundersamen Anschauungen, die er später in dem Lustspiel „Die Soldaten“ aufstellte, mögen geworden sein. Indessen hatte diese frühe Bekanntschaft mit dem Militär die eigene Folge für ihn, daß er sich für einen großen Kenner des Waffenwesens hielt; auch hatte er wirklich dieses Fach nach und nach so im Detail studiert, daß er, einige Jahre später, ein großes Memoire an den französischen Kriegsminister aufsetzte, wovon er sich den besten Erfolg versprach. Die Gebrechen jenes Zustandes waren ziemlich gut gesehn, die Heilmittel dagegen lächerlich und unausführbar. Er aber hielt sich überzeugt, daß er dadurch bei Hofe großen Einfluß gewinnen könne, und wußte es den Freunden schlechten Dank, die ihn, teils durch Gründe, teils durch tätigen Widerstand, abhielten, dieses phantastische Werk, das schon sauber abgeschrieben, mit einem Briefe begleitet, kuvertiert und förmlich adressiert war, zurückzuhalten, und in der Folge zu verbrennen.

Mündlich und nachher schriftlich hatte er mir die sämtlichen Irrgänge seiner Kreuz- und Querbewegungen in bezug auf jenes Frauenzimmer vertraut. Die Poesie, die er in das Gemeinste zu legen wußte, setzte mich oft in Erstaunen, so daß ich ihn dringend bat, den Kern dieses weitschweifigen Abenteuers geistreich zu befruchten, und einen kleinen Roman daraus zu bilden; aber es war nicht seine Sache, ihm konnte nicht wohl werden, als wenn er sich grenzenlos im einzelnen verfloß und sich an einem unendlichen Faden ohne Absicht hinspann. Vielleicht wird es dereinst möglich, nach diesen Prämissen, seinen Lebensgang, bis zu der Zeit, da er sich in Wahnsinn verlor, auf irgend eine Weise anschaulich zu machen; gegenwärtig halte ich mich an das Nächste, was eigentlich hierher gehört.

Kaum war „Götz von Berlichingen" erschienen, als mir Lenz einen weitläuftigen Aufsatz zusendete, auf geringes Konzeptpapier geschrieben, dessen er sich gewöhnlich bediente, ohne den mindesten Rand weder oben noch unten, noch an den Seiten zu lassen. Diese Blätter waren betitelt: „Über unsere Ehe", und sie würden, wären sie noch vorhanden, uns gegenwärtig mehr aufklären als mich damals, da ich über ihn und sein Wesen noch sehr im Dunkeln schwebte. Das Hauptabsehen dieser weitläuftigen Schrift war, mein Talent und das seinige nebeneinander zu stellen; bald schien er sich mir zu subordinieren, bald sich mir gleichzusetzen; das alles aber geschah mit so humoristischen und zierlichen Wendungen, daß ich die Ansicht, die er mir dadurch geben wollte, um so lieber aufnahm, als ich seine Gaben wirklich sehr hoch schätzte und immer nur darauf drang, daß er aus dem formlosen Schweifen sich zusammenziehen, und die Bildungsgabe, die ihm angeboren war, mit kunstgemäßer Fassung benutzen möchte. Ich erwiderte sein Vertrauen freundlichst, und weil er in seinen Blättern auf die innigste Verbindung drang (wie denn auch schon der wunderliche Titel andeutete), so teilte ich ihm von nun an alles mit, sowohl das schon Gearbeitete, als was ich vorhatte; er sendete mir dagegen nach und nach seine Manuskripte, den „Hofmeister“, den „Neuen Menoza“, „Die Soldaten“, Nachbildungen des Plautus, und jene Übersetzung des englischen Stücks als Zugabe zu den „Anmerkungen über das Theater“.

Bei diesen war es mir einigermaßen auffallend, daß er in einem lakonischen Vorberichte sich dahin äußerte, als sei der Inhalt dieses Aufsatzes, der mit Heftigkeit gegen das regelmäßige Theater gerichtet war, schon vor einigen Jahren, als Vorlesung, einer Gesellschaft von Literaturfreunden bekannt geworden, zu der Zeit also, wo „Götz“ noch nicht geschrieben gewesen. In Lenzens Straßburger Verhältnissen schien ein literarischer Zirkel, den ich nicht kennen sollte, etwas problematisch; allein ich ließ es hingehen, und verschaffte ihm zu dieser wie zu seinen übrigen Schriften bald Verleger, ohne auch nur im mindesten zu ahnden, daß er mich zum vorzüglichsten Gegenstande seines imaginären Hasses, und zum Ziel einer abenteuerlichen und grillenhaften Verfolgung ausersehn hatte.

Vorübergehend will ich nur, der Folge wegen, noch eines guten Gesellen gedenken, der, obgleich von keinen außerordentlichen Gaben, doch auch mitzählte. Er hieß Wagner, erst ein Glied der Straßburger, dann der Frankfurter Gesellschaft; nicht ohne Geist, Talent und Unterricht. Er zeigte sich als ein Strebender, und so war er willkommen. Auch hielt er treulich an mir, und weil ich aus allem, was ich vorhatte, kein Geheimnis machte, so erzählte ich ihm wie andern meine Absicht mit „Faust“, besonders die Katastrophe von Gretchen. Er faßte das Sujet auf, und benutzte es für ein Trauerspiel, „Die Kindesmörderin“. Es war das erstemal, daß mir jemand etwas von meinen Vorsätzen wegschnappte; es verdroß mich, ohne daß ich's ihm nachgetragen hätte. Ich habe dergleichen Gedankenraub und Vorwegnahmen nachher noch oft genug erlebt, und hatte mich, bei meinem Zaudern und Beschwätzen so manches Vorgesetzten und Eingebildeten, nicht mit Recht zu beschweren.

Wenn Redner und Schriftsteller, in Betracht der großen Wirkung, welche dadurch hervorzubringen ist, sich gern der Kontraste bedienen, und sollten sie auch erst aufgesucht und herbeigeholt werden; so muß es dem Verfasser um so angenehmer sein, daß ein entschiedener Gegensatz sich ihm anbietet, indem er nach Lenzen von Klingern zu sprechen hat. Beide waren gleichzeitig, bestrebten sich in ihrer Jugend mit und neben einander. Lenz jedoch, als ein vorübergehendes Meteor, zog nur augenblicklich über den Horizont der deutschen Literatur hin und verschwand plötzlich, ohne im Leben eine Spur zurückzulassen; Klinger hingegen, als einflußreicher Schriftsteller, als tätiger Geschäftsmann, erhält sich noch bis auf diese Zeit. Von ihm werde ich nun ohne weitere Vergleichung, die sich von selbst ergibt, sprechen, insofern es nötig ist, da er nicht im Verborgenen so manches geleistet und so vieles gewirkt, sondern beides, in weiterem und näherem Kreise, noch in gutem Andenken und Ansehn steht.

Klingers Äußeres — denn von diesem beginne ich immer am liebsten — war sehr vorteilhaft. Die Natur hatte ihm eine große, schlanke, wohlgebaute Gestalt und eine regelmäßige Gesichtsbildung gegeben; er hielt auf seine Person, trug sich nett, und man konnte ihn für das hübscheste Mitglied der ganzen kleinen Gesellschaft ansprechen. Sein Betragen war weder zuvorkommend noch abstoßend, und, wenn es nicht innerlich stürmte, gemäßigt.

Man liebt an dem Mädchen was es ist, und an dem Jüngling was er ankündigt, und so war ich Klingers Freund, sobald ich ihn kennen lernte. Er empfahl sich durch eine reine Gemütlichkeit, und ein unverkennbar entschiedener Charakter erwarb ihm Zutrauen. Auf ein ernstes Wesen war er von Jugend auf hingewiesen; er, nebst einer ebenso schönen und wackern Schwester, hatte für eine Mutter zu sorgen, die, als Witwe, solcher Kinder bedurfte, um sich aufrecht zu erhalten. Alles, was an ihm war, hatte er sich selbst verschafft und geschaffen, so daß man ihm einen Zug von stolzer Unabhängigkeit, der durch sein Betragen durchging, nicht verargte. Entschiedene natürliche Anlagen, welche allen wohlbegabten Menschen gemein sind, leichte Fassungskraft, vortreffliches Gedächtnis, Sprachengabe besaß er in hohem Grade; aber alles schien er weniger zu achten als die Festigkeit und Beharrlichkeit, die sich ihm, gleichfalls angeboren, durch Umstände völlig bestätigt hatten.

Einem solchen Jüngling mußten Rousseaus Werke vorzüglich zusagen. „Emil“ war sein Haupt- und Grundbuch, und jene Gesinnungen fruchteten um so mehr bei ihm, als sie über die ganze gebildete Welt allgemeine Wirkung ausübten, ja bei ihm mehr als bei andern. Denn auch er war ein Kind der Natur, auch er hatte von unten auf angefangen; das, was andere wegwerfen sollten, hatte er nie besessen, Verhältnisse, aus welchen sie sich retten sollten, hatten ihn nie beengt; und so konnte er für einen der reinsten Jünger jenes Naturevangeliums angesehen werden, und, in Betracht seines ernsten Bestrebens, seines Betragens als Mensch und Sohn, recht wohl ausrufen: „Alles ist gut, wie es aus den Händen der Natur kommt!“ — Aber auch den Nachsatz: „Alles verschlimmert sich unter den Händen der Menschen!“ drängte ihm eine widerwärtige Erfahrung auf. Er hatte nicht mit sich selbst, aber außer sich mit der Welt des Herkommens zu kämpfen, von deren Fesseln der Bürger von Genf uns zu erlösen gedachte. Weil nun, in des Jünglings Lage, dieser Kampf oft schwer und sauer ward, so fühlte er sich gewaltsamer in sich zurückgetrieben, als daß er durchaus zu einer frohen und freudigen Ausbildung hätte gelangen können: vielmehr mußte er sich durchstürmen, durchdrängen; daher sich ein bitterer Zug in sein Wesen schlich, den er in der Folge zum Teil gehegt und genährt, mehr aber bekämpft und besiegt hat.

In seinen Produktionen, insofern sie mir gegenwärtig sind, zeigt sich ein strenger Verstand, ein biederer Sinn, eine rege Einbildungskraft, eine glückliche Beobachtung der menschlichen Mannigfaltigkeit und eine charakteristische Nachbildung der generischen Unterschiede. Seine Mädchen und Knaben sind frei und lieblich, seine Jünglinge glühend, seine Männer schlicht und verständig, die Figuren, die er ungünstig darstellt, nicht zu sehr übertrieben; ihm fehlt es nicht an Heiterkeit und guter Laune, Witz und glücklichen Einfällen; Allegorien und Symbole stehen ihm zu Gebot; er weiß uns zu unterhalten und zu vergnügen, und der Genuß würde noch reiner sein, wenn er sich und uns den heitern bedeutenden Scherz nicht durch ein bitteres Mißwollen hier und da verkümmerte. Doch dies macht ihn eben zu dem, was er ist, und dadurch wird ja die Gattung der Lebenden und Schreibenden so mannigfaltig, daß ein jeder theoretisch zwischen Erkennen und Irren, praktisch zwischen Beleben und Vernichten hin und wider wogt.

Klinger gehört unter die, welche sich aus sich selbst, aus ihrem Gemüte und Verstande heraus zur Welt gebildet hatten. Weil nun dieses mit und in einer größeren Masse geschah, und sie sich unter einander einer verständlichen, aus der allgemeinen Natur und aus der Volkseigentümlichkeit herfließenden Sprache mit Kraft und Wirkung bedienten; so waren ihnen früher und später alle Schulformen äußerst zuwider, besonders wenn sie, von ihrem lebendigen Ursprung getrennt, in Phrasen ausarteten, und so ihre erste frische Bedeutung gänzlich verloren. Wie nun gegen neue Meinungen, Ansichten, Systeme, so erklären sich solche Männer auch gegen neue Ereignisse, hervortretende bedeutende Menschen, welche große Veränderungen ankündigen oder bewirken: ein Verfahren, das ihnen keineswegs so zu verargen ist, weil sie dasjenige von Grund aus gefährdet sehen, dem sie ihr eignes Dasein und Bildung schuldig geworden.

Jenes Beharren eines tüchtigen Charakters aber wird um desto würdiger, wenn es sich durch das Welt- und Geschäftsleben durcherhält, und wenn eine Behandlungsart des Vorkömmlichen, welche manchem schroff, ja gewaltsam scheinen möchte, zur rechten Zeit angewandt, am sichersten zum Ziele führt. Dies geschah bei ihm, da er ohne Biegsamkeit (welches ohnedem die Tugend der geborenen Reichsbürger niemals gewesen), aber desto tüchtiger, fester und redlicher sich zu bedeutenden Posten erhob, sich darauf zu erhalten wußte, und mit Beifall und Gnade seiner höchsten Gönner fortwirkte, dabei aber niemals weder seine alten Freunde, noch den Weg, den er zurückgelegt, vergaß. Ja, er suchte die vollkommenste Stetigkeit des Andenkens, durch alle Grade der Abwesenheit und Trennung, hartnäckig zu erhalten; wie es denn gewiß angemerkt zu werden verdient, daß er, als ein anderer Willigis, in seinem durch Ordenszeichen geschmückten Wappen, Merkmale seiner frühesten Zeit zu verewigen nicht verschmähte.

Es dauerte nicht lange, so kam ich auch mit Lavatern in Verbindung. Der „Brief des Pastors“ an seinen Kollegen hatte ihm stellenweise sehr eingeleuchtet: denn manches traf mit seinen Gesinnungen vollkommen überein. Bei seinem unablässigen Treiben ward unser Briefwechsel bald sehr lebhaft. Er machte soeben ernstliche Anstalten zu seiner größern Physiognomik, deren Einleitung schon früher in das Publikum gelangt war. Er forderte alle Welt auf, ihm Zeichnungen, Schattenrisse, besonders aber Christusbilder zu schicken, und ob ich gleich so gut wie gar nichts leisten konnte, so wollte er doch von mir ein für allemal auch einen Heiland gezeichnet haben, wie ich mir ihn vorstellte. Dergleichen Forderungen des Unmöglichen gaben mir zu mancherlei Scherzen Anlaß, und ich wußte mir gegen seine Eigenheiten nicht anders zu helfen, als daß ich die meinigen hervorkehrte.

Die Anzahl derer, welche keinen Glauben an die Physiognomik hatten, oder doch wenigstens sie für ungewiß und trüglich hielten, war sehr groß, und sogar viele, die es mit Lavatern gut meinten, fühlten einen Kitzel, ihn zu versuchen und ihm wo möglich einen Streich zu spielen. Er hatte sich in Frankfurt, bei einem nicht ungeschickten Maler, die Profile mehrerer namhaften Menschen bestellt. Der Absender erlaubte sich den Scherz, Bahrdts Porträt zuerst statt des meinigen abzuschicken, wogegen eine zwar muntere aber donnernde Epistel zurückkam, mit allen Trümpfen und Beteuerungen, daß dies mein Bild nicht sei, und was Lavater sonst alles, zu Bestätigung der physiognomischen Lehre, bei dieser Gelegenheit mochte zu sagen haben. Mein wirkliches nachgesendetes ließ er eher gelten; aber auch hier schon tat sich der Widerstreit hervor, in welchem er sich sowohl mit den Malern als mit den Individuen befand. Jene konnten ihm niemals wahr und genau genug arbeiten, diese, bei allen Vorzügen, welche sie haben mochten, blieben doch immer zu weit hinter der Idee zurück, die er von der Menschheit und den Menschen hegte, als daß er nicht durch das Besondere, wodurch der einzelne zur Person wird, einigermaßen hätte abgestoßen werden sollen.

Der Begriff von der Menschheit, der sich in ihm und an

seiner Menschheit herangebildet hatte, war so genau mit der Vorstellung verwandt, die er von Christo lebendig in sich trug, daß es ihm unbegreiflich schien, wie ein Mensch leben und atmen könne, ohne zugleich ein Christ zu sein. Mein Verhältnis zu der christlichen Religion lag bloß in Sinn und Gemüt, und ich hatte von jener physischen Verwandtschaft, zu welcher Lavater sich hinneigte, nicht den mindesten Begriff. Ärgerlich war mir daher die heftige Zudringlichkeit eines so geist- als herzvollen Mannes, mit der er auf mich sowie auf Mendelssohn und andere losging, und behauptete, man müsse entweder mit ihm ein Christ, ein Christ nach seiner Art werden, oder man müsse ihn zu sich hinüberziehen, man müsse ihn gleichfalls von demjenigen überzeugen, worin man seine Beruhigung finde. Diese Forderung, so unmittelbar dem liberalen Weltsinn, zu dem ich mich nach und nach auch bekannte, entgegen stehend, tat auf mich nicht die beste Wirkung. Alle Bekehrungsversuche, wenn sie nicht gelingen, machen denjenigen, den man zum Proselyten ausersah, starr und verstockt, und dieses war um so mehr mein Fall, als Lavater zuletzt mit dem harten Dilemma hervortrat: Entweder Christ oder Atheist! Ich erklärte darauf, daß, wenn er mir mein Christentum nicht lassen wollte, wie ich es bisher gehegt hätte, so könnte ich mich auch wohl zum Atheismus entschließen, zumal da ich sähe, daß niemand recht wisse, was beides eigentlich heißen solle.

Dieses Hin- und Widerschreiben, so heftig es auch war, störte das gute Verhältnis nicht. Lavater hatte eine unglaubliche Geduld, Beharrlichkeit, Ausdauer; er war seiner Lehre gewiß, und bei dem entschiedenen Vorsatz, seine Überzeugung in der Welt auszubreiten, ließ er sich's gefallen, was nicht durch Kraft geschehen konnte, durch Abwarten und Milde durchzuführen. Überhaupt gehörte er zu den wenigen glücklichen Menschen, deren äußerer Beruf mit dem innern vollkommen übereinstimmt, und deren früheste Bildung, stetig zusammenhängend mit der spätern, ihre Fähigkeiten naturgemäß entwickelt. Mit den zartesten sittlichen Anlagen geboren, bestimmte er sich zum Geistlichen. Er genoß des nötigen Unterrichts und zeigte viele Fähigkeiten, ohne sich jedoch zu jener Ausbildung hinzuneigen, die man eigentlich gelehrt nennt. Denn auch er, um so viel früher geboren als wir, ward von dem Freiheits- und Naturgeist der Zeit ergriffen, der jedem sehr schmeichlerisch in die Ohren raunte: man habe, ohne viele äußere Hülfsmittel, Stoff und Gehalt genug in sich selbst, alles komme nur darauf an, daß man ihn gehörig entfalte. Die Pflicht des Geistlichen, sittlich im täglichen Sinne, religiös im höheren, auf die Menschen zu wirken, traf mit seiner Denkweise vollkommen überein. Redliche und fromme Gesinnungen, wie er sie fühlte, den Menschen mitzuteilen, sie in ihnen zu erregen, war des Jünglings entschiedenster Trieb, und seine liebste Beschäftigung, wie auf sich selbst, so auf andere zu merken. Jenes ward ihm durch ein inneres Zartgefühl, dieses durch einen scharfen Blick auf das Äußere erleichtert, ja aufgedrungen. Zur Beschaulichkeit war er jedoch nicht geboren, zur Darstellung im eigentlichen Sinne hatte er keine Gabe; er fühlte sich vielmehr mit allen seinen Kräften zur Tätigkeit, zur Wirksamkeit gedrängt, so daß ich niemand gekannt habe, der ununterbrochener handelte als er. Weil nun aber unser inneres sittliches Wesen in äußeren Bedingungen verkörpert ist, es sei nun, daß wir einer Familie, einem Stande, einer Gilde, einer Stadt, oder einem Staate angehören; so mußte er zugleich, insofern er wirken wollte, alle diese Äußerlichkeiten berühren und in Bewegung setzen, wodurch denn freilich mancher Anstoß, manche Verwickelung entsprang, besonders da das Gemeinwesen, als dessen Glied er geboren war, in der genausten und bestimmtesten Beschränkung einer löblichen hergebrachten Freiheit genoß. Schon der republikanische Knabe gewöhnt sich, über das öffentliche Wesen zu denken und mitzusprechen. In der ersten Blüte seiner Tage sieht sich der Jüngling, als Zunftgenosse, bald in dem Fall, seine Stimme zu geben und zu versagen. Will er gerecht und selbständig urteilen, so muß er sich von dem Wert seiner Mitbürger vor allen Dingen überzeugen, er muß sie kennen lernen, er muß sich nach ihren Gesinnungen, nach ihren Kräften umtun, und so, indem er andere zu erforschen trachtet, immer in seinen eignen Busen zurückkehren.

In solchen Verhältnissen übte sich Lavater früh, und eben diese Lebenstätigkeit scheint ihn mehr beschäftigt zu haben als Sprachstudien,' als jene sondernde Kritik, die mit ihnen verwandt, ihr Grund sowie ihr Ziel ist. In späteren Jahren, da sich seine Kenntnisse, seine Einsichten unendlich weit ausgebreitet hatten, sprach er doch im Ernst und Scherz oft genug aus, daß er nicht gelehrt sei; und gerade einem solchen Mangel von eindringendem Studium muß man zuschreiben, daß er sich an den Buchstaben der Bibel, ja der Bibelübersetzung hielt, und freilich für das, was er suchte und beabsichtigte, hier genugsame Nahrung und Hülfsmittel fand.

Aber gar bald ward jener zunft- und gildemäßig langsam bewegte Wirkungskreis dem lebhaften Naturell zu enge. Gerecht zu sein wird dem Jüngling nicht schwer, und ein reines Gemüt verabscheut die Ungerechtigkeit, deren es sich selbst noch nicht schuldig gemacht hat. Die Bedrückungen eines Landvogts lagen offenbar vor den Augen der Bürger, schwerer waren sie vor Gericht zu bringen. Lavater gesellt sich einen Freund zu, und beide bedrohen, ohne sich zu nennen, jenen strafwürdigen Mann. Die Sache wird ruchbar, man sieht sich genötigt, sie zu untersuchen. Der Schuldige wird bestraft, aber die Veranlasser dieser Gerechtigkeit werden getadelt, wo nicht gescholten. In einem wohleingerichteten Staate soll das Rechte selbst nicht auf unrechte Weise geschehn.

Auf einer Reise, die Lavater durch Deutschland macht, setzt er sich mit gelehrten und wohldenkenden Männern in Berührung; allein er befestigt sich dabei nur mehr in seinen eignen Gedanken und Überzeugungen; nach Hause zurückgekommen, wirkt er immer freier aus sich selbst. Als ein edler guter Mensch, fühlt er in sich einen herrlichen Begriff von der Menschheit, und was diesem allenfalls in der Erfahrung widerspricht, alle die unleugbaren Mängel, die einen jeden von der Vollkommenheit ablenken, sollen ausgeglichen werden durch den Begriff der Gottheit, die sich, in der Mitte der Zeiten, in die menschliche Natur herabgesenkt, um ihr früheres Ebenbild vollkommen wiederherzustellen.

So viel vorerst von den Anfängen dieses merkwürdigen Mannes, und nun vor allen Dingen eine heitere Schilderung unseres persönlichen Zusammentreffens und Beisammenseins. Denn unser Briefwechsel hatte nicht lange gedauert, als er mir und andern ankündigte, er werde bald, auf einer vorzunehmenden Rheinreise, in Frankfurt einsprechen. Sogleich entstand im Publikum die größte Bewegung; alle waren neugierig, einen so merkwürdigen Mann zu sehn; viele hofften für ihre sittliche und religiöse Bildung zu gewinnen; die Zweifler dachten sich mit bedeutenden Einwendungen hervorzutun, die Einbildischen waren gewiß, ihn durch Argumente, in denen sie sich selbst bestärkt hatten, zu verwirren und zu beschämen, und was sonst alles Williges und Unwilliges einen bemerkten Menschen erwartet, der sich mit dieser gemischten Welt abzugeben gedenkt.

Unser erstes Begegnen war herzlich; wir umarmten uns aufs freundlichste, und ich fand ihn gleich, wie mir ihn so manche Bilder schon überliefert hatten. Ein Individuum, einzig, ausgezeichnet wie man es nicht gesehn hat und nicht wieder sehn wird, sah ich lebendig und wirksam vor mir. Er hingegen verriet im ersten Augenblick durch einige sonderbare Ausrufungen, daß er mich anders erwartet habe. Ich versicherte ihm dagegen, nach meinem angeborenen und angebildeten Realismus, daß, da es Gott und der Natur nun einmal gefallen habe, mich so zu machen, wir es auch dabei wollten bewenden lassen. Nun kamen zwar sogleich die bedeutendsten Punkte zur Sprache, über die wir uns in Briefen am wenigsten vereinigen konnten; allein dieselben ausführlich zu behandeln, ward uns nicht Raum gelassen, und ich erfuhr, was mir noch nie vorgekommen.

Wir andern, wenn wir uns über Angelegenheiten des Geistes und Herzens unterhalten wollten, pflegten uns von der Menge, ja von der Gesellschaft zu entfernen, weil es, bei der vielfachen Denkweise und den verschiedenen Bildungsstufen, schon schwer fällt, sich auch nur mit wenigen zu verständigen. Allein Lavater war ganz anders gesinnt; er liebte seine Wirkungen ins Weite und Breite auszudehnen, ihm ward nicht wohl als in der Gemeine, für deren Belehrung und Unterhaltung er ein besonderes Talent besaß, welches auf jener großen physiognomischen Gabe ruhte. Ihm war eine richtige Unterscheidung der Personen und Geister verliehen, so daß er einem jeden geschwind ansah, wie ihm allenfalls zumute sein möchte. Fügte sich hiezu nun ein aufrichtiges Bekenntnis, eine treuherzige Frage, so wußte er aus der großen Fülle innerer und äußerer Erfahrung, zu jedermanns Befriedigung, das Gehörige zu erwidern. Die tiefe Sanftmut seines Blicks, die bestimmte Lieblichkeit seiner Lippen, selbst der durch sein Hochdeutsch durchtönende treuherzige Schweizerdialekt, und wie manches andere, was ihn auszeichnete, gab allen, zu denen er sprach, die angenehmste Sinnesberuhigung; ja seine, bei flacher Brust, etwas vorgebogene Körperhaltung trug nicht wenig dazu bei, die Übergewalt seiner Gegenwart mit der übrigen Gesellschaft auszugleichen. Gegen Anmaßung und Dünkel wußte er sich sehr ruhig und geschickt zu benehmen: denn indem er auszuweichen schien, wendete er auf einmal eine große Ansicht, auf welche der beschränkte Gegner niemals denken konnte, wie einen diamantnen Schild hervor, und wußte denn doch das daher entspringende Licht so angenehm zu mäßigen, daß dergleichen Menschen, wenigstens in seiner Gegenwart, sich belehrt und überzeugt fühlten. Vielleicht hat der Eindruck bei manchen fortgewirkt: denn selbstische Menschen sind wohl zugleich auch gut; es kommt nur darauf an, daß die harte Schale, die den fruchtbaren Kern umschließt, durch gelinde Einwirkung aufgelöst werde.

Was ihm dagegen die größte Pein verursachte, war die Gegenwart solcher Personen, deren äußere Häßlichkeit sie zu entschiedenen Feinden jener Lehre von der Bedeutsamkeit der Gestalten unwiderruflich stempeln mußte. Sie wendeten gewöhnlich einen hinreichenden Menschenverstand, ja sonstige Gaben und Talente, leidenschaftlich mißwollend und kleinlich zweifelnd an, um eine Lehre zu entkräften, die für ihre Persönlichkeit beleidigend schien: denn es fand sich nicht leicht jemand so großdenkend wie Sokrates, der gerade seine faunische Hülle zugunsten einer erworbenen Sittlichkeit gedeutet hätte. Die Härte, die Verstockung solcher Gegner war ihm fürchterlich, sein Gegenstreben nicht ohne Leidenschaft, so wie das Schmelzfeuer die widerstrebenden Erze als lästig und feindselig anfauchen muß.

Unter solchen Umständen war an ein vertrauliches Gespräch, an ein solches, das Bezug auf uns selbst gehabt hätte, nicht zu denken, ob ich mich gleich durch Beobachtung der Art, wie er die Menschen behandelte, sehr belehrt, jedoch nicht gebildet fand: denn meine Lage war ganz von der seinigen verschieden. Wer sittlich wirkt, verliert keine seiner Bemühungen: denn es gedeiht davon weit mehr, als das Evangelium vom Sämanne allzu bescheiden eingesteht; wer aber künstlerisch verfährt, der hat in jedem Werke alles verloren, wenn es nicht als ein solches anerkannt wird. Nun weiß man, wie ungeduldig meine lieben teilnehmenden Leser mich zu machen pflegten, und aus welchen Ursachen ich höchst abgeneigt war, mich mit ihnen zu verständigen. Nun fühlte ich den Abstand zwischen meiner und der Lavaterschen Wirksamkeit nur allzu sehr: die seine galt in der Gegenwart, die meine in der Abwesenheit; wer mit ihm in der Ferne unzufrieden war, befreundete sich ihm in der Nähe; und wer mich nach meinen Werken für liebenswürdig hielt, fand sich sehr getäuscht, wenn er an einen starren ablehnenden Menschen anstieß.

Merck, der von Darmstadt sogleich herübergekommen war, spielte den Mephistopheles, spottete besonders über das Zudringen der Weiblein, und als einige derselben die Zimmer, die man dem Propheten eingeräumt, und besonders auch das Schlafzimmer mit Aufmerksamkeit untersuchten, sagte der Schalk: die frommen Seelen wollten doch sehen, wo man den Herrn hingelegt habe. — Mit alledem mußte er sich so gut wie die andern exorzisieren lassen: denn Lips, der Lavatern begleitete, zeichnete sein Profil so ausführlich und brav, wie die Bildnisse bedeutender und unbedeutender Menschen, welche dereinst in dem großen Werke der Physiognomik angehäuft werden sollten.

Für mich war der Umgang mit Lavatern höchst wichtig und lehrreich: denn seine dringenden Anregungen brachten mein ruhiges, künstlerisch beschauliches Wesen in Umtrieb; freilich nicht zu meinem augenblicklichen Vorteil, indem die Zerstreuung, die mich schon ergriffen hatte, sich nur vermehrte; allein es war so viel unter uns zur Sprache gekommen, daß in mir die größte Sehnsucht entstand, diese

Unterhaltung fortzusetzen. Daher entschloß ich mich, ihn, wenn er nach Ems gehen würde, zu begleiten, um unterwegs, im Wagen eingeschlossen und von der Welt abgesondert, diejenigen Gegenstände, die uns wechselseitig am Herzen lagen, frei abzuhandeln.

Sehr merkwürdig und folgereich waren mir indessen die Unterhaltungen Lavaters und der Fräulein von Klettenberg. Hier standen nun zwei entschiedene Christen gegen einander über, und es war ganz deutlich zu sehen, wie sich eben dasselbe Bekenntnis nach den Gesinnungen verschiedener Personen umbildet. Man wiederholte so oft in jenen toleranten Zeiten, jeder Mensch habe seine eigne Religion, seine eigne Art der Gottesverehrung. Ob ich nun gleich dies nicht geradezu behauptete, so konnte ich doch im gegenwärtigen Fall bemerken, daß Männer und Frauen einen verschiedenen Heiland bedürfen. Fräulein von Klettenberg verhielt sich zu dem ihrigen wie zu einem Geliebten, dem man sich unbedingt hingibt, alle Freude und Hoffnung auf seine Person legt, und ihm ohne Zweifel und Bedenken das Schicksal des Lebens anvertraut; Lavater hingegen behandelte den seinigen als einen Freund, dem man neidlos und liebevoll nacheifert, seine Verdienste anerkennt, sie hochpreist, und eben deswegen ihm ähnlich, ja gleich zu werden bemüht ist. Welch ein Unterschied zwischen beiderlei Richtung! wodurch im allgemeinen die geistigen Bedürfnisse der zwei Geschlechter ausgesprochen werden. Daraus mag es auch zu erklären sein, daß zärtere Männer sich an die Mutter Gottes gewendet, ihr, als einem Ausbund weiblicher Schönheit und Tugend, wie Sannazar getan, Leben und Talente gewidmet, und allenfalls nebenher mit dem göttlichen Knaben gespielt haben.

Wie meine beiden Freunde zu einander standen, wie sie gegen einander gesinnt waren, erfuhr ich nicht allein aus Gesprächen, denen ich beiwohnte, sondern auch aus Eröffnungen, welche mir beide ingeheim taten. Ich konnte weder dem einen noch dem andern völlig zustimmen: denn mein Christus hatte auch seine eigne Gestalt nach meinem Sinne angenommen. Weil sie mir aber den meinigen gar nicht wollten gelten lassen, so quälte ich sie mit allerlei

Paradoxien und Extremen, und wenn sie ungeduldig werden wollten, entfernte ich mich mit einem Scherze.

Der Streit zwischen Wissen und Glauben war noch nicht an der Tagesordnung, allein die beiden Worte und die Begriffe, die man damit verknüpft, kamen wohl auch gelegentlich vor, und die wahren Weltverächter behaupteten, eins sei so unzuverlässig als das andere. Daher beliebte es mir, mich zugunsten beider zu erklären, ohne jedoch den Beifall meiner Freunde gewinnen zu können. Beim Glauben, sagte ich, komme alles darauf an, daß man glaube; was man glaube, sei völlig gleichgültig. Der Glaube sei ein großes Gefühl von Sicherheit für die Gegenwart und Zukunft, und diese Sicherheit entspringe aus dem Zutrauen auf ein übergroßes, übermächtiges und unerforschliches Wesen. Auf die Unerschütterlichkeit dieses Zutrauens komme alles an; wie wir uns aber dieses Wesen denken, dies hänge von unsern übrigen Fähigkeiten, ja von den Umständen ab, und sei ganz gleichgültig. Der Glaube sei ein heiliges Gefäß, in welches ein jeder sein Gefühl, seinen Verstand, seine Einbildungskraft, so gut als er vermöge, zu opfern bereit stehe. Mit dem Wissen sei es gerade das Gegenteil; es komme gar nicht darauf an, daß man wisse, sondern was man wisse, wie gut und wie viel man wisse. Daher könne man über das Wissen streiten, weil es sich berichtigen, sich erweitern und verengern lasse. Das Wissen fange vom einzelnen an, sei endlos und gestaltlos, und könne niemals, höchstens nur träumerisch, zusammengefaßt werden, und bleibe also dem Glauben geradezu entgegengesetzt.

Dergleichen Halbwahrheiten und die daraus entspringenden Irrsale mögen, poetisch dargestellt, aufregend und unterhaltend sein, im Leben aber stören und verwirren sie das Gespräch. Ich ließ daher Lavatern gern mit allen denjenigen allein, die sich an ihm und mit ihm erbauen wollten, und fand mich für diese Entbehrung genugsam entschädigt durch die Reise, die wir zusammen nach Ems antraten. Ein schönes Sommerwetter begleitete uns, Lavater war heiter und allerliebst. Denn bei einer religiösen und sittlichen, keineswegs ängstlichen Richtung seines Geistes blieb er nicht unempfindlich, wenn durch Lebensvorfälle die Gemüter munter und lustig aufgeregt wurden. Er war teilnehmend, geistreich, witzig, und mochte das gleiche gern an andern, nur daß es innerhalb der Grenzen bliebe, die seine zarten Gesinnungen ihm vorschrieben. Wagte man sich allenfalls darüber hinaus, so pflegte er einem auf die Achsel zu klopfen, und den Verwegenen durch ein treuherziges „Bisch guet!" zur Sitte aufzufordern. Diese Reise gereichte mir zu mancherlei Belehrung und Belebung, die mir aber mehr in der Kenntnis seines Charakters als in der Reglung und Bildung des meinigen zuteil ward. In Ems sah ich ihn gleich wieder von Gesellschaft aller Art umringt, und kehrte nach Frankfurt zurück, weil meine kleinen Geschäfte gerade auf der Bahn waren, so daß ich sie kaum verlassen durfte.

Aber ich sollte sobald nicht wieder zur Ruhe kommen: denn Basedow traf ein, berührte und ergriff mich von einer andern Seite. Einen entschiedneren Kontrast konnte man nicht sehen als diese beiden Männer. Schon der Anblick Basedows deutete auf das Gegenteil. Wenn Lavaters Gesichtszüge sich dem Beschauenden frei hergaben, so waren die Basedowischen zusammengepackt und wie nach innen gezogen. Lavaters Auge klar und fromm, unter sehr breiten Augenlidern, Basedows aber tief im Kopfe, klein, schwarz, scharf, unter struppigen Augenbrauen hervorblinkend, dahingegen Lavaters Stirnknochen von den sanftesten braunen Haarbogen eingefaßt erschien. Basedows heftige rauhe Stimme, seine schnellen und scharfen Äußerungen, ein gewisses höhnisches Lachen, ein schnelles Herumwerfen des Gesprächs, und was ihn sonst noch bezeichnen mochte, alles war den Eigenschaften und dem Betragen entgegengesetzt, durch die uns Lavater verwöhnt hatte. Auch Basedow ward in Frankfurt sehr gesucht, und seine großen Geistesgaben bewundert; allein er war nicht der Mann, weder die Gemüter zu erbauen, noch zu lenken. Ihm war einzig darum zu tun, jenes große Feld, das er sich bezeichnet hatte, besser anzubauen, damit die Menschheit künftig bequemer und naturgemäßer darin ihre Wohnung nehmen sollte; und auf diesen Zweck eilte er nur allzu gerade los.

Mit seinen Planen konnte ich mich nicht befreunden, ja

mir nicht einmal seine Absichten deutlich machen. Daß er allen Unterricht lebendig und naturgemäß verlangte, konnte mir wohl gefallen; daß die alten Sprachen an der Gegenwart geübt werden sollten, schien mir lobenswürdig, und gern erkannte ich an, was in seinem Vorhaben zu Beförderung der Tätigkeit und einer frischeren Weltanschauung lag: allein mir mißfiel, daß die Zeichnungen seines „Elementarwerks" noch mehr als die Gegenstände selbst zerstreuten, da in der wirklichen Welt doch immer nur das Mögliche beisammensteht und sie deshalb, ungeachtet aller Mannigfaltigkeit und scheinbarer Verwirrung, immer noch in allen ihren Teilen etwas Geregeltes hat. Jenes „Elementarwerk" hingegen zersplittert sie ganz und gar, indem das, was in der Weltanschauung keineswegs zusammentrifft, um der Verwandtschaft der Begriffe willen neben einander steht; weswegen es auch jener sinnlich-methodischen Vorzüge ermangelt, die wir ähnlichen Arbeiten des Amos Comenius zuerkennen müssen.

Viel wunderbarer jedoch, und schwerer zu begreifen als seine Lehre war Basedows Betragen. Er hatte bei dieser Reise die Absicht, das Publikum durch seine Persönlichkeit für sein philanthropisches Unternehmen zu gewinnen, und zwar nicht etwa die Gemüter, sondern geradezu die Beutel aufzuschließen. Er wußte von seinem Vorhaben groß und überzeugend zu sprechen, und jedermann gab ihm gern zu, was er behauptete. Aber auf die unbegreiflichste Weise verletzte er die Gemüter der Menschen, denen er eine Beisteuer abgewinnen wollte, ja er beleidigte sie ohne Not, indem er seine Meinungen und Grillen über religiöse Gegenstände nicht zurückhalten konnte. Auch hierin erschien Basedow als das Gegenstück von Lavatern. Wenn dieser die Bibel buchstäblich und mit ihrem ganzen Inhalte, ja Wort vor Wort, bis auf den heutigen Tag für geltend annahm und für anwendbar hielt, so fühlte jener den unruhigsten Kitzel, alles zu verneuen, und sowohl die Glaubenslehren als die äußerlichen kirchlichen Handlungen nach eignen einmal gefaßten Grillen umzumodeln. Am unbarmherzigsten jedoch, und am unvorsichtigsten verfuhr er mit denjenigen Vorstellungen, die sich nicht unmittelbar aus der Bibel, sondern von ihrer Auslegung herschreiben, mit jenen Ausdrücken, philosophischen Kunstworten, oder sinnlichen Gleichnissen, womit die Kirchenväter und Konzilien sich das Unaussprechliche zu verdeutlichen, oder die Ketzer zu bestreiten gesucht haben. Auf eine harte und unverantwortliche Weise erklärte er sich vor jedermann als den abgesagtesten Feind der Dreieinigkeit, und konnte gar nicht fertig werden, gegen dies allgemein zugestandene Geheimnis zu argumentieren. Auch ich hatte im Privatgespräch sehr viel zu leiden, und mußte mir die Hypostasis und Ousia, sowie das Prosopon immer wieder vorführen lassen. Dagegen griff ich zu den Waffen der Paradoxie, überflügelte seine Meinungen und wagte das Verwegne mit Verwegnerem zu bekämpfen. Dies gab meinem Geiste wieder neue Anregung, und weil Basedow viel belesener war, auch die Fechterstreiche des Disputierens gewandter als ich Naturalist zu führen wußte, so hatte ich mich immer mehr anzustrengen, je wichtigere Punkte unter uns abgehandelt wurden.

Eine so herrliche Gelegenheit, mich, wo nicht aufzuklären, doch gewiß zu üben, konnte ich nicht kurz vorübergehen lassen. Ich vermochte Vater und Freunde, die notwendigsten Geschäfte zu übernehmen, und fuhr nun, Basedow begleitend, abermals von Frankfurt ab. Welchen Unterschied empfand ich aber, wenn ich der Anmut gedachte, die von Lavatern ausging! Reinlich wie er war, verschaffte er sich auch eine reinliche Umgebung. Man ward jungfräulich an seiner Seite, um ihn nicht mit etwas Widrigem zu berühren. Basedow hingegen, viel zu sehr in sich gedrängt, konnte nicht auf sein Äußeres merken. Schon daß er ununterbrochen schlechten Tabak rauchte, fiel äußerst lästig, um so mehr, als er einen unreinlich bereiteten, schnell Feuer fangenden, aber häßlich dunstenden Schwamm, nach ausgerauchter Pfeife, sogleich wieder aufschlug, und jedesmal mit den ersten Zügen die Luft unerträglich verpestete. Ich nannte dieses Präparat Basedowschen Stinkschwamm, und wollte ihn unter diesem Titel in der Naturgeschichte eingeführt wissen; woran er großen Spaß hatte, mir die widerliche Bereitung, recht zum Ekel, umständlich auseinandersetzte, und mit großer Schadenfreude sich an meinem

Abscheu behagte. Denn dieses war eine von den tiefgewurzelten üblen Eigenheiten des so trefflich begabten Mannes, daß er gern zu necken und die Unbefangensten tückisch anzustechen beliebte. Ruhen konnte er niemand sehn; durch grinsenden Spott mit heiserer Stimme reizte er auf, durch eine überraschende Frage setzte er in Verlegenheit, und lachte bitter, wenn er seinen Zweck erreicht hatte, war es aber wohl zufrieden, wenn man, schnell gefaßt, ihm etwas dagegen abgab.

Um wie viel größer war nun meine Sehnsucht nach Lavatern. Auch er schien sich zu freuen, als er mich wiedersah, vertraute mir manches bisher Erfahrne, besonders was sich auf den verschiedenen Charakter der Mitgäste bezog, unter denen er sich schon viele Freunde und Anhänger zu verschaffen gewußt. Nun fand ich selbst manchen alten Bekannten, und an denen, die ich in Jahren nicht gesehn, fing ich an die Bemerkung zu machen, die uns in der Jugend lange verborgen bleibt, daß die Männer altern und die Frauen sich verändern. Die Gesellschaft nahm täglich zu. Es ward unmäßig getanzt, und, weil man sich in den beiden großen Badehäusern ziemlich nahe berührte, bei guter und genauer Bekanntschaft mancherlei Scherz getrieben. Einst verkleidete ich mich in einen Dorfgeistlichen, und ein namhafter Freund in dessen Gattin; wir fielen der vornehmen Gesellschaft durch allzu große Höflichkeit ziemlich zur Last, wodurch denn jedermann in guten Humor versetzt wurde. An Abend-, Mitternacht- und Morgenständchen fehlte es auch nicht, und wir Jüngeren genossen des Schlafs sehr wenig.

Im Gegensatze zu diesen Zerstreuungen brachte ich immer einen Teil der Nacht mit Basedow zu. Dieser legte sich nie zu Bette, sondern diktierte unaufhörlich. Manchmal warf er sich aufs Lager und schlummerte, indessen sein Tiro, die Feder in der Hand, ganz ruhig sitzen blieb, und sogleich bereit war fortzuschreiben, wenn der Halberwachte seinen Gedanken wieder freien Lauf gab. Dies alles geschah in einem dichtverschlossenen, von Tabaks- und Schwammdampf erfüllten Zimmer. So oft ich nun einen Tanz aussetzte, sprang ich zu Basedow hinauf, der gleich über jedes Problem zu sprechen und zu disputieren geneigt war, und, wenn ich nach Verlauf einiger Zeit wieder zum Tanze hineilte, noch eh ich die Türe hinter mir anzog, den Faden seiner Abhandlung so ruhig diktierend aufnahm, als wenn weiter nichts gewesen wäre.

Wir machten dann zusammen auch manche Fahrt in die Nachbarschaft, besuchten die Schlösser, besonders adliger Frauen, welche durchaus mehr als die Männer geneigt waren, etwas Geistiges und Geistliches aufzunehmen. Zu Nassau, bei Frau von Stein, einer höchst ehrwürdigen Dame, die der allgemeinsten Achtung genoß, fanden wir große Gesellschaft. Frau von La Roche war gleichfalls gegenwärtig, an jungen Frauenzimmern und Kindern fehlte es auch nicht. Hier sollte nun Lavater in physiognomische Versuchung geführt werden, welche meist darin bestand, daß man ihn verleiten wollte, Zufälligkeiten der Bildung für Grundform zu halten; er war aber beaugt genug, um sich nicht täuschen zu lassen. Ich sollte nach wie vor die Wahrhaftigkeit der Leiden Werthers und den Wohnort Lottens bezeugen, welchem Ansinnen ich mich nicht auf die artigste Weise entzog, dagegen die Kinder um mich versammelte, um ihnen recht seltsame Märchen zu erzählen, welche aus lauter bekannten Gegenständen zusammengesonnen waren; wobei ich den großen Vorteil hatte, daß kein Glied meines Hörkreises mich etwa zudringlich gefragt hätte, was denn wohl daran für Wahrheit oder Dichtung zu halten sein möchte.

Basedow brachte das einzige vor, das not sei, nämlich eine bessere Erziehung der Jugend; weshalb er die Vornehmen und Begüterten zu ansehnlichen Beiträgen aufforderte. Kaum aber hatte er, durch Gründe sowohl als durch leidenschaftliche Beredsamkeit, die Gemüter, wo nicht sich zugewendet, doch zum guten Willen vorbereitet, als ihn der böse antitrinitarische Geist ergriff, und er, ohne das mindeste Gefühl wo er sich befinde, in die wunderlichsten Reden ausbrach, in seinem Sinne höchst religiös, nach Überzeugung der Gesellschaft höchst lästerlich. Lavater, durch sanften Ernst, ich, durch ableitende Scherze, die Frauen, durch zerstreuende Spaziergänge, suchten Mittel gegen dieses Unheil; die Verstimmung jedoch konnte nicht geheilt werden. Eine christliche Unterhaltung, die man sich von Lavaters Gegenwart versprochen, eine pädagogische, wie man sie von Basedow erwartete, eine sentimentale, zu der ich mich bereit finden sollte, alles war auf einmal gestört und aufgehoben. Auf dem Heimwege machte Lavater ihm Vorwürfe, ich aber bestrafte ihn auf eine lustige Weise. Es war heiße Zeit, und der Tabaksdampf mochte Basedows Gaumen noch mehr getrocknet haben; sehnlichst verlangte er nach einem Glase Bier, und als er an der Landstraße von weitem ein Wirtshaus erblickte, befahl er höchst gierig dem Kutscher, dort stille zu halten. Ich aber, im Augenblicke, daß derselbe anfahren wollte, rufe ihm mit Gewalt gebieterisch zu, er solle weiter fahren! Basedow, überrascht, konnte kaum mit heiserer Stimme das Gegenteil hervorbringen. Ich trieb den Kutscher nur heftiger an, der mir gehorchte. Basedow verwünschte mich, und hätte gern mit Fäusten zugeschlagen; ich aber erwiderte ihm mit der größten Gelassenheit: „Vater, seid ruhig! Ihr habt mir großen Dank zu sagen. Glücklicherweise saht Ihr das Bierzeichen nicht! Es ist aus zwei verschränkten Triangeln zusammengesetzt. Nun werdet Ihr über einen Triangel gewöhnlich schon toll; wären Euch die beiden zu Gesicht gekommen, man hätte Euch müssen an Ketten legen.“ Dieser Spaß brachte ihn zu einem unmäßigen Gelächter, zwischendurch schalt und verwünschte er mich, und Lavater übte seine Geduld an dem alten und jungen Toren.

Als nun in der Hälfte des Juli Lavater sich zur Abreise bereitete, fand Basedow seinen Vorteil, sich anzuschließen, und ich hatte mich in diese bedeutende Gesellschaft schon so eingewohnt, daß ich es nicht über mich gewinnen konnte, sie zu verlassen. Eine sehr angenehme, Herz und Sinn erfreuende Fahrt hatten wir die Lahn hinab. Beim Anblick einer merkwürdigen Burgruine schrieb ich jenes Lied: „Hoch auf dem alten Turme steht“ in Lipsens Stammbuch, und, als es wohl aufgenommen wurde, um, nach meiner bösen Art, den Eindruck wieder zu verderben, allerlei Knittelreime und Possen auf die nächsten Blätter. Ich freute mich, den herrlichen Rhein wiederzusehn, und ergetzte mich an der Überraschung derer, die dieses Schauspiel noch nicht genossen hatten. Nun landeten wir in Koblenz; wohin wir traten, war der Zudrang sehr groß, und jeder von uns dreien erregte nach seiner Art Anteil und Neugierde. Basedow und ich schienen zu wetteifern, wer am unartigsten sein könnte; Lavater benahm sich vernünftig und klug, nur daß er seine Herzensmeinungen nicht verbergen konnte, und dadurch, mit dem reinsten Willen, allen Menschen vom Mittelschlag höchst auffallend erschien.

Das Andenken an einen wunderlichen Wirtstisch in Koblenz habe ich in Knittelversen aufbewahrt, die nun auch, mit ihrer Sippschaft, in meiner neuen Ausgabe stehn mögen. Ich saß zwischen Lavater und Basedow; der erste belehrte einen Landgeistlichen über die Geheimnisse der Offenbarung Johannis, und der andere bemühte sich vergebens, einem hartnäckigen Tanzmeister zu beweisen, daß die Taufe ein veralteter und für unsere Zeiten gar nicht berechneter Gebrauch sei. Und wie wir nun fürder nach Köln zogen, schrieb ich in irgend ein Album:

Und, wie nach Emmaus, weiter ging's
Mit Sturm- und Feuerschritten:
Prophete rechts, Prophete links,
Das Weltkind in der Mitten.

Glücklicherweise hatte dieses Weltkind auch eine Seite, die nach dem Himmlischen deutete, welche nun auf eine ganz eigne Weise berührt werden sollte. Schon in Ems hatte ich mich gefreut, als ich vernahm, daß wir in Köln die Gebrüder Jacobi treffen sollten, welche mit andern vorzüglichen und aufmerksamen Männern sich jenen beiden merkwürdigen Reisenden entgegen bewegten. Ich an meinem Teile hoffte von ihnen Vergebung wegen kleiner Unarten zu erhalten, die aus unserer großen, durch Herders scharfen Humor veranlaßten Unart entsprungen waren. Jene Briefe und Gedichte, worin Gleim und Georg Jacobi sich öffentlich an einander erfreuten, hatten uns zu mancherlei Scherzen Gelegenheit gegeben, und wir bedachten nicht, daß ebenso viel Selbstgefälligkeit dazu gehöre, andern, die sich behaglich fühlen, wehe zu tun, als sich selbst oder seinen Freunden überflüssiges Gute zu erzeigen. Es war dadurch eine gewisse Mißhelligkeit zwischen dem Ober- und Unterrhein entstanden, aber von so geringer Bedeutung, daß sie leicht vermittelt werden konnte, und hierzu waren die Frauen vorzüglich geeignet. Schon Sophie La Roche gab uns den besten Begriff von diesen edlen Brüdern; Demoiselle Fahlmer, von Düsseldorf nach Frankfurt gezogen, und jenem Kreise innig verwandt, gab durch die große Zartheit ihres Gemüts, durch die ungemeine Bildung des Geistes ein Zeugnis von dem Wert der Gesellschaft, in der sie herangewachsen. Sie beschämte uns nach und nach durch ihre Geduld mit unserer grellen oberdeutschen Manier, sie lehrte uns Schonung, indem sie uns fühlen ließ, daß wir derselben auch wohl bedürften. Die Treuherzigkeit der jüngern Jacobischen Schwester, die große Heiterkeit der Gattin von Fritz Jacobi leiteten unsern Geist und Sinn immer mehr und mehr nach jenen Gegenden. Die Letztgedachte war geeignet, mich völlig einzunehmen: ohne eine Spur von Sentimentalität richtig fühlend, sich munter ausdrückend, eine herrliche Niederländerin, die, ohne Ausdruck von Sinnlichkeit, durch ihr tüchtiges Wesen an die Rubensischen Frauen erinnerte. Genannte Damen hatten, bei längerem und kürzerem Aufenthalt in Frankfurt, mit meiner Schwester die engste Verbindung geknüpft, und das ernste, starre, gewissermaßen lieblose Wesen Corneliens aufgeschlossen und erheitert, und so war uns denn ein Düsseldorf, ein Pempelfort dem Geist und Herzen nach in Frankfurt zuteil geworden.

Unser erstes Begegnen in Köln konnte daher sogleich offen und zutraulich sein: denn jener Frauen gute Meinung von uns hatte gleichfalls nach Hause gewirkt; man behandelte mich nicht, wie bisher auf der Reise, bloß als den Dunstschweif jener beiden großen Wandelsterne, sondern man wendete sich auch besonders an mich, um mir manches Gute zu erteilen, und schien geneigt, auch von mir zu empfangen. Ich war meiner bisherigen Torheiten und Frechheiten müde, hinter denen ich doch eigentlich nur den Unmut verbarg, daß für mein Herz, für mein Gemüt auf dieser Reise so wenig gesorgt werde; es brach daher mein Inneres mit Gewalt hervor, und dies mag die Ursache sein, warum ich mich der einzelnen Vorgänge wenig erinnere. Das, was man gedacht, die Bilder, die man gesehn, lassen sich in dem Verstand und in der Einbildungskraft wieder hervorrufen; aber das Herz ist nicht so gefällig, es wiederholt uns nicht die schönen Gefühle, und am wenigsten sind wir vermögend, uns enthusiastische Momente wieder zu vergegenwärtigen; man wird unvorbereitet davon überfallen und überläßt sich ihnen unbewußt. Andere, die uns in solchen Augenblicken beobachten, haben deshalb davon eine klarere und reinere Ansicht als wir selbst.

Religiöse Gespräche hatte ich bisher sachte abgelehnt, und verständige Anfragen selten mit Bescheidenheit erwidert, weil sie mir gegen das, was ich suchte, nur allzu beschränkt schienen. Wenn man mir seine Gefühle, seine Meinungen über meine eignen Produktionen aufdringen wollte, besonders aber wenn man mich mit den Forderungen des Alltagsverstandes peinigte und mir sehr entschieden vortrug, was ich hätte tun und lassen sollen, dann zerriß der Geduldsfaden, und das Gespräch zerbrach oder zerbröckelte sich, so daß niemand mit einer sonderlich günstigen Meinung von mir scheiden konnte. Viel natürlicher wäre mir gewesen, mich freundlich und zart zu erweisen; aber mein Gemüt wollte nicht geschulmeistert, sondern durch freies Wohlwollen aufgeschlossen, und durch wahre Teilnahme zur Hingebung angeregt sein. Ein Gefühl aber, das bei mir gewaltig überhand nahm, und sich nicht wundersam genug äußern konnte, war die Empfindung der Vergangenheit und Gegenwart in Eins: eine Anschauung, die etwas Gespenstermäßiges in die Gegenwart brachte. Sie ist in vielen meiner größern und kleinern Arbeiten ausgedrückt, und wirkt im Gedicht immer wohltätig, ob sie gleich im Augenblick, wo sie sich unmittelbar am Leben und im Leben selbst ausdrückte, jedermann seltsam, unerklärlich, vielleicht unerfreulich scheinen mußte.

Köln war der Ort, wo das Altertum eine solche unzuberechnende Wirkung auf mich ausüben konnte. Die Ruine des Doms (denn ein nichtfertiges Werk ist einem zerstörten gleich) erregte die von Straßburg her gewohnten Gefühle. Kunstbetrachtungen konnte ich nicht anstellen, mir war zu viel und zu wenig gegeben, und niemand fand sich, der mir aus dem Labyrinth des Geleisteten und Beabsichtigten, der Tat und des Vorsatzes, des Erbauten und Angedeuteten hätte heraushelfen können, wie es jetzt wohl durch unsere fleißigen beharrlichen Freunde geschieht. In Gesellschaft bewunderte ich zwar diese merkwürdigen Hallen und Pfeiler, aber einsam versenkte ich mich in dieses, mitten in seiner Erschaffung, fern von der Vollendung, schon erstarrte Weltgebäude immer mißmutig. Hier war abermals ein ungeheuerer Gedanke nicht zur Ausführung gekommen! Scheint es doch, als wäre die Architektur nur da, um uns zu überzeugen, daß durch mehrere Menschen, in einer Folge von Zeit, nichts zu leisten ist, und daß in Künsten und Taten nur dasjenige zustande kommt, was, wie Minerva, erwachsen und gerüstet aus des Erfinders Haupt hervorspringt.

In diesen mehr drückenden als herzerhebenden Augenblicken ahndete ich nicht, daß mich das zarteste und schönste Gefühl so ganz nah erwartete. Man führte mich in Jabachs Wohnung, wo mir das, was ich sonst nur innerlich zu bilden pflegte, wirklich und sinnlich entgegentrat. Diese Familie mochte längst ausgestorben sein, aber in dem Untergeschoß, das an einen Garten stieß, fanden wir nichts verändert. Ein durch braunrote Ziegelrauten regelmäßig verziertes Estrich, hohe geschnitzte Sessel mit ausgenähten Sitzen und Rücken, Tischblätter, künstlich eingelegt, auf schweren Füßen, metallene Hängeleuchter, ein ungeheures Kamin und dem angemessenes Feuergeräte, alles mit jenen früheren Tagen übereinstimmend und in dem ganzen Raume nichts neu, nichts heutig als wir selber. Was nun aber die hiedurch wundersam aufgeregten Empfindungen überschwenglich vermehrte und vollendete, war ein großes Familiengemälde über dem Kamin. Der ehmalige reiche Inhaber dieser Wohnung saß mit seiner Frau, von Kindern umgeben, abgebildet: alle gegenwärtig, frisch und lebendig wie von gestern, ja von heute, und doch waren sie schon alle vorübergegangen. Auch diese frischen rundbäckigen Kinder hatten gealtert, und ohne diese kunstreiche Abbildung wäre kein Gedächtnis von ihnen übrig geblieben. Wie ich, überwältigt von diesen Eindrücken, mich verhielt und benahm, wüßte ich nicht zu sagen. Der tiefste Grund meiner menschlichen Anlagen und dichterischen Fähigkeiten ward durch die unendliche Herzensbewegung aufgedeckt, und alles Gute und Liebevolle, was in meinem Gemüte lag, mochte sich aufschließen und hervorbrechen: denn von dem Augenblick an ward ich, ohne weitere Untersuchung und Verhandlung, der Neigung, des Vertrauens jener vorzüglichen Männer für mein Leben teilhaft.

In Gefolg von diesem Seelen- und Geistesverein, wo alles, was in einem jeden lebte, zur Sprache kam, erbot ich mich, meine neusten und liebsten Balladen zu rezitieren. „Der König von Thule" und „Es war ein Buhle frech genung" taten gute Wirkung, und ich trug sie um so gemütlicher vor, als meine Gedichte mir noch ans Herz geknüpft waren, und nur selten über die Lippen kamen. Denn mich hinderten leicht gewisse gegenwärtige Personen, denen mein überzartes Gefühl vielleicht unrecht tun mochte; ich ward manchmal mitten im Rezitieren irre und konnte mich nicht wieder zurecht finden. Wie oft bin ich nicht deshalb des Eigensinns und eines wunderlichen grillenhaften Wesens angeklagt worden!

Ob mich nun gleich die dichterische Darstellungsweise am meisten beschäftigte, und meinem Naturell eigentlich zusagte, so war mir doch auch das Nachdenken über Gegenstände aller Art nicht fremd, und Jacobis originelle, seiner Natur gemäße Richtung gegen das Unerforschliche höchst willkommen und gemütlich. Hier tat sich kein Widerstreit hervor, nicht ein christlicher wie mit Lavater, nicht ein didaktischer wie mit Basedow. Die Gedanken, die mir Jacobi mitteilte, entsprangen unmittelbar aus seinem Gefühl, und wie eigen war ich durchdrungen, als er mir, mit unbedingtem Vertrauen, die tiefsten Seelenforderungen nicht verhehlte. Aus einer so wundersamen Vereinigung von Bedürfnis, Leidenschaft und Ideen konnten auch für mich nur Vorahndungen entspringen dessen, was mir vielleicht künftig deutlicher werden sollte. Glücklicherweise hatte ich mich auch schon von dieser Seite, wo nicht gebildet, doch bearbeitet und in mich das Dasein und die Denkweise eines außerordentlichen Mannes aufgenommen, zwar nur unvollständig und wie auf den Raub, aber ich empfand davon doch schon bedeutende Wirkungen. Dieser Geist, der so entschieden auf mich wirkte, und der auf meine ganze Denkweise so großen Einfluß haben sollte, war Spinoza. Nachdem ich mich nämlich in aller Welt um ein Bildungsmittel meines wunderlichen Wesens vergebens umgesehn hatte, geriet ich endlich an die „Ethik" dieses Mannes. Was ich mir aus dem Werke mag herausgelesen, was ich in dasselbe mag hineingelesen haben, davon wüßte ich keine Rechenschaft zu geben, genug, ich fand hier eine Beruhigung meiner Leidenschaften, es schien sich mir eine große und freie Aussicht über die sinnliche und sittliche Welt aufzutun. Was mich aber besonders an ihn fesselte, war die grenzenlose Uneigennützigkeit, die aus jedem Satze hervorleuchtete. Jenes wunderliche Wort: „Wer Gott recht liebt, muß nicht verlangen, daß Gott ihn wieder liebe", mit allen den Vordersätzen, worauf es ruht, mit allen den Folgen, die daraus entspringen, erfüllte mein ganzes Nachdenken. Uneigennützig zu sein in allem, am uneigennützigsten in Liebe und Freundschaft, war meine höchste Lust, meine Maxime, meine Ausübung, so daß jenes freche spätere Wort: „Wenn ich dich liebe, was geht's dich an?" mir recht aus dem Herzen gesprochen ist. Übrigens möge auch hier nicht verkannt werden, daß eigentlich die innigsten Verbindungen nur aus dem Entgegengesetzten folgen. Die alles ausgleichende Ruhe Spinozas kontrastierte mit meinem alles aufregenden Streben, seine mathematische Methode war das Widerspiel meiner poetischen Sinnes- und Darstellungsweise, und eben jene geregelte Behandlungsart, die man sittlichen Gegenständen nicht angemessen finden wollte, machte mich zu seinem leidenschaftlichen Schüler, zu seinem entschiedensten Verehrer. Geist und Herz, Verstand und Sinn suchten sich mit notwendiger Wahlverwandtschaft, und durch diese kam die Vereinigung der verschiedensten Wesen zustande.

Noch war aber alles in der ersten Wirkung und Gegenwirkung, gärend und siedend. Fritz Jacobi, der erste, den ich in dieses Chaos hineinblicken ließ, er, dessen Natur gleichfalls im Tiefsten arbeitete, nahm mein Vertrauen herzlich auf, erwiderte dasselbe und suchte mich in seinen Sinn einzuleiten. Auch er empfand ein unaussprechliches geistiges Bedürfnis, auch er wollte es nicht durch fremde Hülfe beschwichtigt, sondern aus sich selbst herausgebildet und aufgeklärt haben. Was er mir von dem Zustande seines Gemütes mitteilte, konnte ich nicht fassen, um so weniger, als ich mir keinen Begriff von meinem eignen machen konnte. Doch er, der in philosophischem Denken, selbst in Betrachtung des Spinoza, mir weit vorgeschritten war, suchte mein dunkles Bestreben zu leiten und aufzuklären. Eine solche reine Geistesverwandtschaft war mir neu, und erregte ein leidenschaftliches Verlangen fernerer Mitteilung. Nachts, als wir uns schon getrennt und in die Schlafzimmer zurückgezogen hatten, suchte ich ihn nochmals auf. Der Mondschein zitterte über dem breiten Rheine, und wir, am Fenster stehend, schwelgten in der Fülle des Hin- und Widergebens, das in jener herrlichen Zeit der Entfaltung so reichlich aufquillt.

Doch wüßte ich von jenem Unaussprechlichen gegenwärtig keine Rechenschaft zu liefern; deutlicher ist mir eine Fahrt nach dem Jagdschlosse Bensberg, das, auf der rechten Seite des Rheins gelegen, der herrlichsten Aussicht genoß. Was mich daselbst über die Maßen entzückte, waren die Wandverzierungen durch Weenix. Wohlgeordnet lagen alle Tiere, welche die Jagd nur liefern kann, rings umher wie auf dem Sockel einer großen Säulenhalle; über sie hinaus sah man in eine weite Landschaft. Jene entlebten Geschöpfe zu beleben, hatte der außerordentliche Mann sein ganzes Talent erschöpft, und in Darstellung des mannigfaltigsten tierischen Überkleides, der Borsten, der Haare, der Federn, des Geweihes, der Klauen, sich der Natur gleichgestellt, in Absicht auf Wirkung sie übertroffen. Hatte man die Kunstwerke im ganzen genugsam bewundert, so ward man genötigt, über die Handgriffe nachzudenken, wodurch solche Bilder so geistreich als mechanisch hervorgebracht werden konnten. Man begriff nicht, wie sie durch Menschenhände entstanden seien und durch was für Instrumente. Der Pinsel war nicht hinreichend; man mußte ganz eigne Vorrichtungen annehmen, durch welche ein so Mannigfaltiges möglich geworden. Man näherte, man entfernte sich mit gleichem Erstaunen: die Ursache war so bewundernswert als die Wirkung.

Die weitere Fahrt rheinabwärts ging froh und glücklich vonstatten. Die Ausbreitung des Flusses ladet auch das Gemüt ein, sich auszubreiten und nach der Ferne zu sehen. Wir gelangten nach Düsseldorf und von da nach Pempelfort, dem angenehmsten und heitersten Aufenthalt, wo ein geräumiges Wohngebäude, an weite wohlunterhaltene Gärten stoßend, einen sinnigen und sittigen Kreis versammelte. Die Familienglieder waren zahlreich und an Fremden fehlte es nie, die sich in diesen reichlichen und angenehmen Verhältnissen gar wohl gefielen.

In der Düsseldorfer Galerie konnte meine Vorliebe für die niederländische Schule reichliche Nahrung finden. Der tüchtigen, derben, von Naturfülle glänzenden Bilder fanden sich ganze Säle, und wenn auch nicht eben meine Einsicht vermehrt wurde, meine Kenntnis ward doch bereichert und meine Liebhaberei bestärkt.

Die schöne Ruhe, Behaglichkeit und Beharrlichkeit, welche den Hauptcharakter dieses Familienvereins bezeichneten, belebten sich gar bald vor den Augen des Gastes, indem er wohl bemerken konnte, daß ein weiter Wirkungskreis von hier ausging und anderwärts eingriff. Die Tätigkeit und Wohlhabenheit benachbarter Städte und Ortschaften trug nicht wenig bei, das Gefühl einer inneren Zufriedenheit zu erhöhen. Wir besuchten Elberfeld und erfreuten uns an der Rührigkeit so mancher wohlbestellten Fabriken. Hier fanden wir unsern Jung, genannt Stilling, wieder, der uns schon in Koblenz entgegengekommen war, und der den Glauben an Gott und die Treue gegen die Menschen immer zu seinem köstlichen Geleit hatte. Hier sahen wir ihn in seinem Kreise und freuten uns des Zutrauens, das ihm seine Mitbürger schenkten, die, mit irdischem Erwerb beschäftigt, die himmlischen Güter nicht außer acht ließen. Die betriebsame Gegend gab einen beruhigenden Anblick, weil das Nützliche hier aus Ordnung und Reinlichkeit hervortrat. Wir verlebten in diesen Betrachtungen glückliche Tage.

Kehrte ich dann wieder zu meinem Freunde Jacobi zurück, so genoß ich des entzückenden Gefühls einer Verbindung durch das innerste Gemüt. Wir waren beide von der lebendigsten Hoffnung gemeinsamer Wirkung belebt, dringend forderte ich ihn auf, alles, was in ihm sich rege und bewege, in irgend einer Form kräftig darzustellen. Es war das Mittel, wodurch ich mich aus so viel Verwirrungen herausgerissen hatte, ich hoffte, es solle auch ihm zusagen. Er säumte nicht, es mit Mut zu ergreifen, und wie viel Gutes, Schönes, Herzerfreuendes hat er nicht geleistet! Und so schieden wir endlich in der seligen Empfindung ewiger Vereinigung, ganz ohne Vorgefühl, daß unser Streben eine entgegengesetzte Richtung nehmen werde, wie es sich im Laufe des Lebens nur allzu sehr offenbarte.

Was mir ferner auf dem Rückwege rheinaufwärts begegnet, ist mir ganz aus der Erinnerung verschwunden, teils, weil der zweite Anblick der Gegenstände in Gedanken mit dem ersten zu verfließen pflegt, teils auch, weil ich, in mich gekehrt, das Viele, was ich erfahren hatte, zurecht zu legen, das, was auf mich gewirkt, zu verarbeiten trachtete. Von einem wichtigen Resultat, das mir eine Zeitlang viel Beschäftigung gab, indem es mich zum Hervorbringen aufforderte, gedenke ich gegenwärtig zu reden.

Bei meiner überfreien Gesinnung, bei meinem völlig zweck- und planlosen Leben und Handeln konnte mir nicht verborgen bleiben, daß Lavater und Basedow geistige, ja geistliche Mittel zu irdischen Zwecken gebrauchten. Mir, der ich mein Talent und meine Tage absichtslos vergeudete, mußte schnell auffallen, daß beide Männer, jeder auf seine Art, indem sie zu lehren, zu unterrichten und zu überzeugen bemüht waren, doch auch gewisse Absichten im Hinterhalte verbargen, an deren Beförderung ihnen sehr gelegen war. Lavater ging zart und klug, Basedow heftig, frevelhaft, sogar plump zu Werke; auch waren beide von ihren Liebhabereien, Unternehmungen und von der Vortrefflichkeit ihres Treibens so überzeugt, daß man sie für redliche Männer halten, sie lieben und verehren mußte. Lavatern besonders konnte man zum Ruhme nachsagen, daß er wirklich höhere Zwecke hatte und, wenn er weltklug handelte, wohl glauben durfte, der Zweck heilige die Mittel. Indem ich nun beide beobachtete, ja ihnen frei heraus meine Meinung gestand, und die ihrige dagegen vernahm, so wurde der Gedanke rege, daß freilich der vorzügliche Mensch das Göttliche, was in ihm ist, auch außer sich verbreiten möchte. Dann aber trifft er auf die rohe Welt, und um auf sie zu wirken, muß er sich ihr gleichstellen; hierdurch aber vergibt er jenen hohen Vorzügen gar sehr, und am Ende begibt er sich ihrer gänzlich. Das Himmlische, Ewige wird in den Körper irdischer Absichten eingesenkt und zu vergänglichen Schicksalen mit fortgerissen. Nun betrachtete ich den Lebensgang beider Männer aus diesem Gesichtspunkt, und sie schienen mir ebenso ehrwürdig als bedauernswert: denn ich glaubte vorauszusehn, daß beide sich genötigt finden könnten, das Obere dem Unteren aufzuopfern. Weil ich nun aber alle Betrachtungen dieser Art bis aufs Äußerste verfolgte, und, über meine enge Erfahrung hinaus, nach ähnlichen Fällen in der Geschichte mich umsah; so entwickelte sich bei mir der Vorsatz, an dem Leben Mahomets, den ich nie als einen Betrüger hatte ansehn können, jene von mir in der Wirklichkeit so lebhaft angeschauten Wege, die, anstatt zum Heil, vielmehr zum Verderben führen, dramatisch darzustellen. Ich hatte kurz vorher das Leben des orientalischen Propheten mit großem Interesse gelesen und studiert, und war daher, als der Gedanke mir aufging, ziemlich vorbereitet. Das Ganze näherte sich mehr der regelmäßigen Form, zu der ich mich schon wieder hinneigte, ob ich mich gleich der dem Theater einmal errungenen Freiheit, mit Zeit und Ort nach Belieben schalten zu dürfen, mäßig bediente. Das Stück fing mit einer Hymne an, welche Mahomet allein unter dem heiteren Nachthimmel anstimmt. Erst verehrt er die unendlichen Gestirne als ebenso viele Götter; dann steigt der freundliche Stern Gad (unser Jupiter) hervor, und nun wird diesem, als dem König der Gestirne, ausschließliche Verehrung gewidmet. Nicht lange, so bewegt sich der Mond herauf und gewinnt Aug und Herz des Anbetenden, der sodann, durch die hervortretende Sonne herrlich erquickt und gestärkt, zu neuem Preise aufgerufen wird. Aber dieser Wechsel, wie erfreulich er auch sein mag, ist dennoch beunruhigend, das Gemüt empfindet, daß es sich nochmals überbieten muß; es erhebt sich zu Gott, dem Einzigen, Ewigen, Unbegrenzten, dem alle diese begrenzten herrlichen Wesen ihr Dasein zu verdanken haben. Diese Hymne hatte ich mit viel Liebe gedichtet; sie ist verloren gegangen, würde sich aber zum Zweck einer Kantate wohl wieder herstellen lassen, und sich dem Musiker durch die Mannigfaltigkeit des Ausdrucks empfehlen. Man müßte sich aber, wie es auch damals schon die Absicht war, den Anführer einer Karawane mit seiner Familie und dem ganzen Stamme denken, und so würde für die Abwechselung der Stimmen und die Macht der Chöre wohl gesorgt sein.

Nachdem sich also Mahomet selbst bekehrt, teilt er diese Gefühle und Gesinnungen den Seinigen mit; seine Frau und Ali fallen ihm unbedingt zu. Im zweiten Akt versucht er selbst, heftiger aber Ali, diesen Glauben in dem Stamme weiter auszubreiten. Hier zeigt sich Beistimmung und Widersetzlichkeit, nach Verschiedenheit der Charakter. Der Zwist beginnt, der Streit wird gewaltsam, und Mahomet muß entfliehn. Im dritten Akt bezwingt er seine Gegner, macht seine Religion zur öffentlichen, reinigt die Kaaba von den Götzenbildern; weil aber doch nicht alles durch Kraft zu tun ist, so muß er auch zur List seine Zuflucht nehmen. Das Irdische wächst und breitet sich aus, das Göttliche tritt zurück und wird getrübt. Im vierten Akte verfolgt Mahomet seine Eroberungen, die Lehre wird mehr Vorwand als Zweck, alle denkbaren Mittel müssen benutzt werden; es fehlt nicht an Grausamkeiten. Eine Frau, deren Mann er hat hinrichten lassen, vergiftet ihn. Im fünften fühlt er sich vergiftet. Seine große Fassung, die Wiederkehr zu sich selbst, zum höheren Sinne machen ihn der Bewunderung würdig. Er reinigt seine Lehre, befestigt sein Reich und stirbt.

So war der Entwurf einer Arbeit, die mich lange im Geist beschäftigte: denn gewöhnlich mußte ich erst etwas im Sinne beisammen haben, eh ich zur Ausführung schritt. Alles, was das Genie durch Charakter und Geist über die Menschen vermag, sollte dargestellt werden, und wie es dabei gewinnt und verliert. Mehrere einzuschaltende Gesänge wurden vorläufig gedichtet, von denen ist allein noch übrig, was, überschrieben „Mahomets Gesang“, unter meinen Gedichten steht. Im Stücke sollte Ali, zu Ehren seines Meisters, auf dem höchsten Punkte des Gelingens diesen Gesang vortragen, kurz vor der Umwendung, die durch das Gift geschieht. Ich erinnere mich auch noch der Intentionen einzelner Stellen, doch würde mich die Entwickelung derselben hier zu weit führen.

FUNFZEHNTES BUCH

Von so vielfachen Zerstreuungen, die doch meist zu ernsten, ja religiösen Betrachtungen Anlaß gaben, kehrte ich immer wieder zu meiner edlen Freundin von Klettenberg zurück, deren Gegenwart meine stürmischen, nach allen Seiten hinstrebenden Neigungen und Leidenschaften, wenigstens für einen Augenblick, beschwichtigte, und der ich von solchen Vorsätzen, nach meiner Schwester, am liebsten Rechenschaft gab. Ich hätte wohl bemerken können, daß von Zeit zu Zeit ihre Gesundheit abnahm, allein ich verhehlte mir's, und durfte dies um so eher, als ihre Heiterkeit mit der Krankheit zunahm. Sie pflegte nett und reinlich am Fenster in ihrem Sessel zu sitzen, vernahm die Erzählungen meiner Ausflüge mit Wohlwollen, sowie dasjenige, was ich ihr vorlas. Manchmal zeichnete ich ihr auch etwas hin, um die Gegenden leichter zu beschreiben, die ich gesehn hatte. Eines Abends, als ich mir eben mancherlei Bilder wieder hervorgerufen, kam, bei untergehender Sonne, sie und ihre Umgebung mir wie verklärt vor, und ich konnte mich nicht enthalten, so gut es meine Unfähigkeit zuließ, ihre Person und die Gegenstände des Zimmers in ein Bild zu bringen, das unter den Händen eines kunstfertigen Malers, wie Kersting, höchst anmutig geworden wäre. Ich sendete es an eine auswärtige Freundin und legte als Kommentar und Supplement ein Lied hinzu.

Sieh in diesem Zauberspiegel
Einen Traum, wie lieb und gut,

Unter ihres Gottes Flügel,
Unsre Freundin leidend ruht.

Schaue, wie sie sich hinüber
Aus des Lebens Woge stritt;
Sieh dein Bild ihr gegenüber
Und den Gott, der für euch litt.

Fühle, was ich in dem Weben
Dieser Himmelsluft gefühlt,
Als mit ungeduld'gem Streben
Ich die Zeichnung hingewühlt.

Wenn ich mich in diesen Strophen, wie auch sonst wohl manchmal geschah, als einen Auswärtigen, Fremden, sogar als einen Heiden gab, war ihr dieses nicht zuwider, vielmehr versicherte sie mir, daß ich ihr so lieber sei als früher, da ich mich der christlichen Terminologie bedient, deren Anwendung mir nie recht habe glücken wollen; ja es war schon hergebracht, wenn ich ihr Missionsberichte vorlas, welche zu hören ihr immer sehr angenehm war, daß ich mich der Völker gegen die Missionarien annehmen, und ihren früheren Zustand dem neuern vorziehen durfte. Sie blieb immer freundlich und sanft, und schien meiner und meines Heils wegen nicht in der mindesten Sorge zu sein.

Daß ich mich aber nach und nach immer mehr von jenem Bekenntnis entfernte, kam daher, weil ich dasselbe mit allzu großem Ernst, mit leidenschaftlicher Liebe zu ergreifen gesucht hatte. Seit meiner Annäherung an die Brüdergemeine hatte meine Neigung zu dieser Gesellschaft, die sich unter der Siegesfahne Christi versammelte, immer zugenommen. Jede positive Religion hat ihren größten Reiz, wenn sie im Werden begriffen ist; deswegen ist es so angenehm, sich in die Zeiten der Apostel zu denken, wo sich alles noch frisch und unmittelbar geistig darstellt, und die Brüdergemeine hatte hierin etwas Magisches, daß sie jenen ersten Zustand fortzusetzen, ja zu verewigen schien. Sie knüpfte ihren Ursprung an die frühsten Zeiten an, sie war niemals fertig geworden, sie hatte sich nur in unbemerkten

Ranken durch die rohe Welt hindurchgewunden; nun schlug ein einzelnes Auge, unter dem Schutz eines frommen vorzüglichen Mannes, Wurzel, um sich abermals aus unmerklichen, zufällig scheinenden Anfängen weit über die Welt auszubreiten. Der wichtigste Punkt hierbei war der, daß man die religiöse und bürgerliche Verfassung unzertrennlich in eins zusammenschlang, daß der Lehrer zugleich als Gebieter, der Vater zugleich als Richter dastand; ja, was noch mehr war, das göttliche Oberhaupt, dem man in geistlichen Dingen einen unbedingten Glauben geschenkt hatte, ward auch zu Lenkung weltlicher Angelegenheiten angerufen, und seine Antwort, sowohl was die Verwaltung im ganzen, als auch was jeden einzelnen bestimmen sollte, durch den Ausspruch des Loses mit Ergebenheit vernommen. Die schöne Ruhe, wie sie wenigstens das Äußere bezeugte, war höchst einladend, indem von der andern Seite, durch den Missionsberuf, alle Tatkraft, die in dem Menschen liegt, in Anspruch genommen wurde. Die trefflichen Männer, die ich auf dem Synodus zu Marienborn, wohin mich Legationsrat Moritz, Geschäftsträger der Grafen von Isenburg, mitnahm, kennen lernte, hatten meine ganze Verehrung gewonnen, und es wäre nur auf sie angekommen, mich zu dem Ihrigen zu machen. Ich beschäftigte mich mit ihrer Geschichte, mit ihrer Lehre, der Herkunft und Ausbildung derselben, und fand mich in dem Fall, davon Rechenschaft zu geben, und mich mit Teilnehmenden darüber zu unterhalten. Ich mußte jedoch bemerken, daß die Brüder so wenig als Fräulein von Klettenberg mich für einen Christen wollten gelten lassen, welches mich anfangs beunruhigte, nachher aber meine Neigung einigermaßen erkältete. Lange konnte ich jedoch den eigentlichen Unterscheidungsgrund nicht auffinden, ob er gleich ziemlich am Tage lag, bis er mir mehr zufällig als durch Forschung entgegendrang. Was mich nämlich von der Brüdergemeine so wie von andern werten Christenseelen absonderte, war dasselbige, worüber die Kirche schon mehr als einmal in Spaltung geraten war. Ein Teil behauptete, daß die menschliche Natur durch den Sündenfall dergestalt verdorben sei, daß auch bis in ihren innersten Kern nicht das mindeste

Gute an ihr zu finden, deshalb der Mensch auf seine eignen Kräfte durchaus Verzicht zu tun, und alles von der Gnade und ihrer Einwirkung zu erwarten habe. Der andere Teil gab zwar die erblichen Mängel der Menschen sehr gern zu, wollte aber der Natur inwendig noch einen gewissen Keim zugestehn, welcher, durch göttliche Gnade belebt, zu einem frohen Baume geistiger Glückseligkeit emporwachsen könne. Von dieser letztern Überzeugung war ich aufs innigste durchdrungen, ohne es selbst zu wissen, obwohl ich mich mit Mund und Feder zu dem Gegenteile bekannt hatte; aber ich dämmerte so hin, das eigentliche Dilemma hatte ich mir nie ausgesprochen. Aus diesem Traume wurde ich jedoch einst ganz unvermutet gerissen, als ich diese meine, wie mir schien, höchst unschuldige Meinung in einem geistlichen Gespräch ganz unbewunden eröffnete, und deshalb eine große Strafpredigt erdulden mußte. Dies sei eben, behauptete man mir entgegen, der wahre Pelagianismus, und gerade zum Unglück der neueren Zeit wolle diese verderbliche Lehre wieder um sich greifen. Ich war hierüber erstaunt, ja erschrocken. Ich ging in die Kirchengeschichte zurück, betrachtete die Lehre und die Schicksale des Pelagius näher, und sah nun deutlich, wie diese beiden unvereinbaren Meinungen durch Jahrhunderte hin und her gewogt, und von den Menschen, je nachdem sie mehr tätiger oder leidender Natur gewesen, aufgenommen und bekannt worden.

Mich hatte der Lauf der vergangenen Jahre unablässig zu Übung eigner Kraft aufgefordert, in mir arbeitete eine rastlose Tätigkeit, mit dem besten Willen, zu moralischer Ausbildung. Die Außenwelt forderte, daß diese Tätigkeit geregelt und zum Nutzen anderer gebraucht werden sollte, und ich hatte diese große Forderung in mir selbst zu verarbeiten. Nach allen Seiten hin war ich an die Natur gewiesen, sie war mir in ihrer Herrlichkeit erschienen; ich hatte so viel wakkere und brave Menschen kennen gelernt, die sich's in ihrer Pflicht, um der Pflicht willen, sauer werden ließen; ihnen, ja mir selbst zu entsagen, schien mir unmöglich; die Kluft, die mich von jener Lehre trennte, ward mir deutlich, ich mußte also auch aus dieser Gesellschaft scheiden, und da mir meine Neigung zu den Heiligen Schriften sowie zu dem

Stifter und den früheren Bekennern nicht geraubt werden konnte, so bildete ich mir ein Christentum zu meinem Privatgebrauch, und suchte dieses durch fleißiges Studium der Geschichte, und durch genaue Bemerkung derjenigen, die sich zu meinem Sinne hingeneigt hatten, zu begründen und aufzubauen.

Weil nun aber alles, was ich mit Liebe in mich aufnahm, sich sogleich zu einer dichterischen Form anlegte, so ergriff ich den wunderlichen Einfall, die Geschichte des ewigen Juden, die sich schon früh durch die Volksbücher bei mir eingedrückt hatte, episch zu behandeln, um an diesem Leitfaden die hervorstehenden Punkte der Religions- und Kirchengeschichte nach Befinden darzustellen. Wie ich mir aber die Fabel gebildet, und welchen Sinn ich ihr untergelegt, gedenke ich nunmehr zu erzählen.

In Jerusalem befand sich ein Schuster, dem die Legende den Namen Ahasverus gibt. Zu diesem hatte mir mein Dresdner Schuster die Grundzüge geliefert. Ich hatte ihn mit eines Handwerksgenossen, mit Hans Sachsens, Geist und Humor bestens ausgestattet, und ihn durch eine Neigung zu Christo veredelt. Weil er nun, bei offener Werkstatt, sich gern mit den Vorbeigehenden unterhielt, sie neckte und, auf Sokratische Weise, jeden nach seiner Art anregte; so verweilten die Nachbarn und andre vom Volk gern bei ihm, auch Pharisäer und Sadduzäer sprachen zu, und begleitet von seinen Jüngern, mochte der Heiland selbst wohl auch manchmal bei ihm verweilen. Der Schuster, dessen Sinn bloß auf die Welt gerichtet war, faßte doch zu unserem Herrn eine besondere Neigung, die sich hauptsächlich dadurch äußerte, daß er den hohen Mann, dessen Sinn er nicht faßte, zu seiner eignen Denk- und Handelsweise bekehren wollte. Er lag daher Christo sehr inständig an, doch aus der Beschaulichkeit hervorzutreten, nicht mit solchen Müßiggängern im Lande herumzuziehn, nicht das Volk von der Arbeit hinweg an sich in die Einöde zu locken: ein versammeltes Volk sei immer ein aufgeregtes, und es werde nichts Gutes daraus entstehn.

Dagegen suchte ihn der Herr von seinen höheren Ansichten und Zwecken sinnbildlich zu belehren, die aber bei dem derben Manne nicht fruchten wollten. Daher, als Christus immer bedeutender, ja eine öffentliche Person ward, ließ sich der wohlwollende Handwerker immer schärfer und heftiger vernehmen, stellte vor, daß hieraus notwendig Unruhen und Aufstände erfolgen, und Christus selbst genötigt sein würde, sich als Parteihaupt zu erklären, welches doch unmöglich seine Absicht sei. Da nun der Verlauf der Sache wie wir wissen erfolgt, Christus gefangen und verurteilt ist, so wird Ahasverus noch heftiger aufgeregt, als Judas, der scheinbar den Herrn verraten, verzweifelnd in die Werkstatt tritt, und jammernd seine mißlungene Tat erzählt. Er sei nämlich, so gut als die klügsten der übrigen Anhänger, fest überzeugt gewesen, daß Christus sich als Regent und Volkshaupt erklären werde, und habe das bisher unüberwindliche Zaudern des Herrn mit Gewalt zur Tat nötigen wollen, und deswegen die Priesterschaft zu Tätlichkeiten aufgereizt, welche auch diese bisher nicht gewagt. Von der Jünger Seite sei man auch nicht unbewaffnet gewesen, und wahrscheinlicherweise wäre alles gut abgelaufen, wenn der Herr sich nicht selbst ergeben und sie in den traurigsten Zuständen zurückgelassen hätte. Ahasverus, durch diese Erzählung keineswegs zur Milde gestimmt, verbittert vielmehr noch den Zustand des armen Exapostels, so daß diesem nichts übrig bleibt, als in der Eile sich aufzuhängen.

Als nun Jesus vor der Werkstatt des Schusters vorbei zum Tode geführt wird, ereignet sich gerade dort die bekannte Szene, daß der Leidende unter der Last des Kreuzes erliegt, und Simon von Cyrene dasselbe weiter zu tragen gezwungen wird. Hier tritt Ahasverus hervor, nach hartverständiger Menschen Art, die, wenn sie jemand durch eigne Schuld unglücklich sehn, kein Mitleid fühlen, ja vielmehr, durch unzeitige Gerechtigkeit gedrungen, das Übel durch Vorwürfe vermehren; er tritt heraus und wiederholt alle früheren Warnungen, die er in heftige Beschuldigungen verwandelt, wozu ihn seine Neigung für den Leidenden zu berechtigen scheint. Dieser antwortet nicht, aber im Augenblicke bedeckt die liebende Veronika des Heilands Gesicht mit dem Tuche, und da sie es wegnimmt, und in die Höhe hält, erblickt Ahasverus darauf das Antlitz des Herrn, aber keineswegs des in Gegenwart Leidenden, sondern eines herrlich Verklärten und himmlisches Leben Ausstrahlenden. Geblendet von dieser Erscheinung wendet er die Augen weg, und vernimmt die Worte: „Du wandelst auf Erden, bis du mich in dieser Gestalt wieder erblickst." Der Betroffene kommt erst einige Zeit nachher zu sich selbst zurück, findet, da alles sich zum Gerichtsplatz gedrängt hat, die Straßen Jerusalems öde, Unruhe und Sehnsucht treiben ihn fort, und er beginnt seine Wanderung.

Von dieser und von dem Ereignis, wodurch das Gedicht zwar geendigt, aber nicht abgeschlossen wird, vielleicht ein andermal. Der Anfang, zerstreute Stellen, und der Schluß waren geschrieben; aber mir fehlte die Sammlung, mir fehlte die Zeit, die nötigen Studien zu machen, daß ich ihm hätte den Gehalt, den ich wünschte, geben können, und es blieben die wenigen Blätter um desto eher liegen, als sich eine Epoche in mir entwickelte, die sich schon, als ich den „Werther" schrieb, und nachher dessen Wirkungen sah, notwendig anspinnen mußte.

Das gemeine Menschenschicksal, an welchem wir alle zu tragen haben, muß denjenigen am schwersten aufliegen, deren Geisteskräfte sich früher und breiter entwickeln. Wir mögen unter dem Schutz von Eltern und Verwandten emporkommen, wir mögen uns an Geschwister und Freunde anlehnen, durch Bekannte unterhalten, durch geliebte Personen beglückt werden; so ist doch immer das Final, daß der Mensch auf sich zurückgewiesen wird, und es scheint, es habe sogar die Gottheit sich so zu dem Menschen gestellt, daß sie dessen Ehrfurcht, Zutrauen und Liebe nicht immer, wenigstens nicht grade im dringenden Augenblick, erwidern kann. Ich hatte jung genug gar oft erfahren, daß in den hülfsbedürftigsten Momenten uns zugerufen wird: „Arzt, hilf dir selber!", und wie oft hatte ich nicht schmerzlich ausseufzen müssen: „Ich trete die Kelter allein." Indem ich mich also nach Bestätigung der Selbständigkeit umsah, fand ich als die sicherste Base derselben mein produktives Talent. Es verließ mich seit einigen Jahren keinen Augenblick; was ich wachend am Tage gewahr wurde, bildete sich sogar öfters nachts in regelmäßige Träume, und wie ich die Augen auftat, erschien mir entweder ein wunderliches neues Ganze, oder der Teil eines schon Vorhandenen. Gewöhnlich schrieb ich alles zur frühsten Tageszeit; aber auch abends, ja tief in die Nacht, wenn Wein und Geselligkeit die Lebensgeister erhöhten, konnte man von mir fordern, was man wollte; es kam nur auf eine Gelegenheit an, die einigen Charakter hatte, so war ich bereit und fertig. Wie ich nun über diese Naturgabe nachdachte und fand, daß sie mir ganz eigen angehöre und durch nichts Fremdes weder begünstigt noch gehindert werden könne, so mochte ich gern hierauf mein ganzes Dasein in Gedanken gründen. Diese Vorstellung verwandelte sich in ein Bild, die alte mythologische Figur des Prometheus fiel mir auf, der, abgesondert von den Göttern, von seiner Werkstätte aus eine Welt bevölkerte. Ich fühlte recht gut, daß sich etwas Bedeutendes nur produzieren lasse, wenn man sich isoliere. Meine Sachen, die so viel Beifall gefunden hatten, waren Kinder der Einsamkeit, und seitdem ich zu der Welt in einem breitern Verhältnis stand, fehlte es nicht an Kraft und Lust der Erfindung, aber die Ausführung stockte, weil ich weder in Prosa noch in Versen eigentlich einen Stil hatte, und bei einer jeden neuen Arbeit, je nachdem der Gegenstand war, immer wieder von vorne tasten und versuchen mußte. Indem ich nun hierbei die Hülfe der Menschen abzulehnen, ja auszuschließen hatte, so sonderte ich mich, nach Prometheischer Weise, auch von den Göttern ab, um so natürlicher, als bei meinem Charakter und meiner Denkweise eine Gesinnung jederzeit die übrigen verschlang und abstieß.

Die Fabel des Prometheus ward in mir lebendig. Das alte Titanengewand schnitt ich mir nach meinem Wuchse zu, und fing, ohne weiter nachgedacht zu haben, ein Stück zu schreiben an, worin das Mißverhältnis dargestellt ist, in welches Prometheus zu dem Zeus und den neuen Göttern gerät, indem er auf eigne Hand Menschen bildet, sie durch Gunst der Minerva belebt, und eine dritte Dynastie stiftet. Und wirklich hatten die jetzt regierenden Götter sich zu beschweren völlig Ursache, weil man sie als unrechtmäßig zwischen die Titanen und Menschen eingeschobene Wesen betrachten konnte. Zu dieser seltsamen Komposition gehört als Monolog jenes Gedicht, das in der deutschen Literatur bedeutend geworden, weil, dadurch veranlaßt, Lessing über wichtige Punkte des Denkens und Empfindens sich gegen Jacobi erklärte. Es diente zum Zündkraut einer Explosion, welche die geheimsten Verhältnisse würdiger Männer aufdeckte und zur Sprache brachte: Verhältnisse, die, ihnen selbst unbewußt, in einer sonst höchst aufgeklärten Gesellschaft schlummerten. Der Riß war so gewaltsam, daß wir darüber, bei eintretenden Zufälligkeiten, einen unserer würdigsten Männer, Mendelssohn, verloren.

Ob man nun wohl, wie auch geschehn, bei diesem Gegenstande philosophische, ja religiöse Betrachtungen anstellen kann, so gehört er doch ganz eigentlich der Poesie. Die Titanen sind die Folie des Polytheismus, so wie man als Folie des Monotheismus den Teufel betrachten kann; doch ist dieser so wie der einzige Gott, dem er entgegensteht, keine poetische Figur. Der Satan Miltons, brav genug gezeichnet, bleibt immer in dem Nachteil der Subalternität, indem er die herrliche Schöpfung eines oberen Wesens zu zerstören sucht, Prometheus hingegen im Vorteil, der, zum Trutz höherer Wesen, zu schaffen und zu bilden vermag. Auch ist es ein schöner, der Poesie zusagender Gedanke, die Menschen nicht durch den obersten Weltherrscher, sondern durch eine Mittelfigur hervorbringen zu lassen, die aber doch, als Abkömmling der ältesten Dynastie, hierzu würdig und wichtig genug ist; wie denn überhaupt die griechische Mythologie einen unerschöpflichen Reichtum göttlicher und menschlicher Symbole darbietet.

Der titanisch-gigantische, himmelstürmende Sinn jedoch verlieh meiner Dichtungsart keinen Stoff. Eher ziemte sich mir, darzustellen jenes friedliche, plastische, allenfalls duldende Widerstreben, das die Obergewalt anerkannt, aber sich ihr gleichsetzen möchte. Doch auch die Kühneren jenes Geschlechts, Tantalus, Ixion, Sisyphus, waren meine Heiligen. In die Gesellschaft der Götter aufgenommen, mochten sie sich nicht untergeordnet genug betragen, als übermütige Gäste ihres wirtlichen Gönners Zorn verdient und sich eine traurige Verbannung zugezogen haben. Ich bemitleidete sie, ihr Zustand war von den Alten schon als wahrhaft tragisch anerkannt, und wenn ich sie als Glieder einer ungeheuren Opposition im Hintergrunde meiner „Iphigenie“ zeigte, so bin ich ihnen wohl einen Teil der Wirkung schuldig, welche dieses Stück hervorzubringen das Glück hatte.

Zu jener Zeit aber ging bei mir das Dichten und Bilden unaufhaltsam miteinander. Ich zeichnete die Porträte meiner Freunde im Profil auf grau Papier mit weißer und schwarzer Kreide. Wenn ich diktierte oder mir vorlesen ließ, entwarf ich die Stellungen der Schreibenden und Lesenden, mit ihrer Umgebung; die Ähnlichkeit war nicht zu verkennen, und die Blätter wurden gut aufgenommen. Diesen Vorteil haben Dilettanten immer, weil sie ihre Arbeit umsonst geben. Das Unzulängliche dieses Abbildens jedoch fühlend, griff ich wieder zu Sprache und Rhythmus, die mir besser zu Gebote standen. Wie munter, froh und rasch ich dabei zu Werke ging, davon zeugen manche Gedichte, welche, die Kunstnatur und die Naturkunst enthusiastisch verkündend, im Augenblicke des Entstehens sowohl mir als meinen Freunden immer neuen Mut beförderten.

Als ich nun einst in dieser Epoche und so beschäftigt, bei gesperrtem Lichte, in meinem Zimmer saß, dem wenigstens der Schein einer Künstlerwerkstatt hierdurch verliehen war, überdies auch die Wände, mit halbfertigen Arbeiten besteckt und behangen, das Vorurteil einer großen Tätigkeit gaben; so trat ein wohlgebildeter schlanker Mann bei mir ein, den ich zuerst in der Halbdämmerung für Fritz Jacobi hielt, bald aber meinen Irrtum erkennend als einen Fremden begrüßte. An seinem freien anständigen Betragen war eine gewisse militärische Haltung nicht zu verkennen. Er nannte mir seinen Namen von Knebel, und aus einer kurzen Eröffnung vernahm ich, daß er, im preußischen Dienste, bei einem längern Aufenthalt in Berlin und Potsdam, mit den dortigen Literatoren und der deutschen Literatur überhaupt ein gutes und tätiges Verhältnis angeknüpft habe. An Ramlern hatte er sich vorzüglich gehalten und dessen Art, Gedichte zu rezitieren, angenommen. Auch war er genau mit allem bekannt, was Götz geschrieben, der unter den Deutschen damals noch keinen Namen hatte. Durch seine Veranstaltung war die „Mädcheninsel" dieses Dichters in Potsdam abgedruckt worden und sogar dem König in die Hände gekommen, welcher sich günstig darüber geäußert haben soll.

Kaum hatten wir diese allgemein deutschen literarischen Gegenstände durchgesprochen, als ich zu meinem Vergnügen erfuhr, daß er gegenwärtig in Weimar angestellt und zwar dem Prinzen Konstantin zum Begleiter bestimmt sei. Von den dortigen Verhältnissen hatte ich schon manches Günstige vernommen: denn es kamen viele Fremde von daher zu uns, die Zeugen gewesen waren, wie die Herzogin Amalia zu Erziehung ihrer Prinzen die vorzüglichsten Männer berufen; wie die Akademie Jena durch ihre bedeutenden Lehrer zu diesem schönen Zweck gleichfalls das Ihrige beigetragen; wie die Künste nicht nur von gedachter Fürstin geschützt, sondern selbst von ihr gründlich und eifrig getrieben würden. Auch vernahm man, daß Wieland in vorzüglicher Gunst stehe; wie denn auch der „Deutsche Merkur", der die Arbeiten so mancher auswärtigen Gelehrten versammelte, nicht wenig zu dem Rufe der Stadt beitrug, wo er herausgegeben wurde. Eins der besten deutschen Theater war dort eingerichtet, und berühmt durch Schauspieler sowohl als Autoren, die dafür arbeiteten. Diese schönen Anstalten und Anlagen schienen jedoch durch den schrecklichen Schloßbrand, der im Mai desselben Jahres sich ereignet hatte, gestört und mit einer langen Stockung bedroht; allein das Zutrauen auf den Erbprinzen war so groß, daß jedermann sich überzeugt hielt, dieser Schade werde nicht allein bald ersetzt, sondern auch dessen ungeachtet jede andere Hoffnung reichlich erfüllt werden. Wie ich mich nun, gleichsam als ein alter Bekannter, nach diesen Personen und Gegenständen erkundigte und den Wunsch äußerte, mit den dortigen Verhältnissen näher bekannt zu sein; so versetzte der Ankömmling gar freundlich: es sei nichts leichter als dieses, denn soeben lange der Erbprinz mit seinem Herrn Bruder, dem Prinzen Konstantin, in Frankfurt an, welche mich zu sprechen und zu kennen wünschten. Ich zeigte sogleich die größte Bereitwilligkeit ihnen aufzuwarten, und der neue Freund versetzte, daß ich damit nicht säumen solle, weil der Aufenthalt nicht lange dauern werde. Um mich hiezu anzuschicken, führte ich ihn zu meinen Eltern, die, über seine Ankunft und Botschaft höchst verwundert, mit ihm sich ganz vergnüglich unterhielten. Ich eilte nunmehr mit demselben zu den jungen Fürsten, die mich sehr frei und freundlich empfingen, so wie auch der Führer des Erbprinzen, Graf Görtz, mich nicht ungern zu sehen schien. Ob es nun gleich an literarischer Unterhaltung nicht fehlte, so machte doch ein Zufall die beste Einleitung, daß sie gar bald bedeutend und fruchtbar werden konnte.

Es lagen nämlich Mösers „Patriotische Phantasien", und zwar der erste Teil, frisch geheftet und unaufgeschnitten, auf dem Tische. Da ich sie nun sehr gut, die Gesellschaft sie aber wenig kannte, so hatte ich den Vorteil, davon eine ausführliche Relation liefern zu können; und hier fand sich der schicklichste Anlaß zu einem Gespräch mit einem jungen Fürsten, der den besten Willen und den festen Vorsatz hatte, an seiner Stelle entschieden Gutes zu wirken. Mösers Darstellung, so dem Inhalt als dem Sinne nach, muß einem jeden Deutschen höchst interessant sein. Wenn man sonst dem Deutschen Reiche Zersplitterung, Anarchie und Ohnmacht vorwarf, so erschien aus dem Möserischen Standpunkte gerade die Menge kleiner Staaten als höchst erwünscht zu Ausbreitung der Kultur im einzelnen, nach den Bedürfnissen, welche aus der Lage und Beschaffenheit der verschiedensten Provinzen hervorgehn; und wenn Möser, von der Stadt, vom Stift Osnabrück ausgehend und über den westfälischen Kreis sich verbreitend, nunmehr dessen Verhältnis zu dem ganzen Reiche zu schildern wußte, und bei Beurteilung der Lage, das Vergangene mit dem Gegenwärtigen zusammenknüpfend, dieses aus jenem ableitete und dadurch, ob eine Veränderung lobens- oder tadelnswürdig sei, gar deutlich auseinander setzte: so durfte nur jeder Staatsverweser, an seinem Ort, auf gleiche Weise verfahren, um die Verfassung seines Umkreises und deren Verknüpfung mit Nachbarn und mit dem Ganzen aufs beste kennen zu lernen, und sowohl Gegenwart als Zukunft zu beurteilen.

Bei dieser Gelegenheit kam manches aufs Tapet, was den Unterschied der ober- und niedersächsischen Staaten betraf, und wie sowohl die Naturprodukte als die Sitten,

Gesetze und Gewohnheiten sich von den frühesten Zeiten her anders gebildet und, nach der Regierungsform und der Religion, bald auf die eine bald auf die andere Weise gelenkt hatten. Man versuchte, die Unterschiede von beiden etwas genauer herauszusetzen, und es zeigte sich gerade daran, wie vorteilhaft es sei, ein gutes Muster vor sich zu haben, welches, wenn man nicht dessen Einzelnheiten, sondern die Methode betrachtet, nach welcher es angelegt ist, auf die verschiedensten Fälle angewendet und eben dadurch dem Urteil höchst ersprießlich werden kann.

Bei Tafel wurden diese Gespräche fortgesetzt, und sie erregten für mich ein besseres Vorurteil, als ich vielleicht verdiente. Denn anstatt daß ich diejenigen Arbeiten, die ich selbst zu liefern vermochte, zum Gegenstand des Gesprächs gemacht, für das Schauspiel, für den Roman eine ungeteilte Aufmerksamkeit gefordert hätte, so schien ich vielmehr in Mösern solche Schriftsteller vorzuziehen, deren Talent aus dem tätigen Leben ausging und in dasselbe unmittelbar nützlich sogleich wieder zurückkehrte, während eigentlich poetische Arbeiten, die über dem Sittlichen und Sinnlichen schweben, erst durch einen Umschweif und gleichsam nur zufällig nützen können. Bei diesen Gesprächen ging es nun wie bei den Märchen der „Tausendundeinen Nacht“: es schob sich eine bedeutende Materie in und über die andere, manches Thema klang nur an, ohne daß man es hätte verfolgen können; und so ward, weil der Aufenthalt der jungen Herrschaften in Frankfurt nur kurz sein konnte, mir das Versprechen abgenommen, daß ich nach Mainz folgen und dort einige Tage zubringen sollte, welches ich denn herzlich gern ablegte und mit dieser vergnügten Nachricht nach Hause eilte, um solche meinen Eltern mitzuteilen.

Meinem Vater wollte es jedoch keineswegs gefallen: denn nach seinen reichsbürgerlichen Gesinnungen hatte er sich jederzeit von den Großen entfernt gehalten, und obgleich mit den Geschäftsträgern der umliegenden Fürsten und Herren in Verbindung, stand er doch keineswegs in persönlichen Verhältnissen zu ihnen; ja es gehörten die Höfe unter die Gegenstände, worüber er zu scherzen pflegte, auch wohl gern sah, wenn man ihm etwas entgegensetzte, nur mußte man sich dabei, nach seinem Bedünken, geistreich und witzig verhalten. Hatten wir ihm das Procul a Jove procul a fulmine gelten lassen, doch aber bemerkt, daß beim Blitze nicht sowohl vom Woher als vom Wohin die Rede sei; so brachte er das alte Sprüchlein, mit großen Herren sei Kirschessen nicht gut, auf die Bahn. Wir erwiderten, es sei noch schlimmer, mit genäschigen Leuten aus einem Korbe speisen. Das wollte er nicht leugnen, hatte aber schnell einen anderen Spruchreim zur Hand, der uns in Verlegenheit setzen sollte. Denn da Sprüchworte und Denkreime vom Volke ausgehn, welches, weil es gehorchen muß, doch wenigstens gern reden mag, die Oberen dagegen durch die Tat sich zu entschädigen wissen; da ferner die Poesie des sechzehnten Jahrhunderts fast durchaus kräftig didaktisch ist: so kann es in unserer Sprache an Ernst und Scherz nicht fehlen, den man von unten nach oben hinauf ausgeübt hat. Und so übten wir Jüngeren uns nun auch von oben herunter, indem wir, uns was Großes einbildend, auch die Partei der Großen zu nehmen beliebten; von welchen Reden und Gegenreden ich einiges einschalte:

A.

Lang bei Hofe, lang bei Höll!

B.

Dort wärmt sich mancher gute Gesell!

A.

So wie ich bin, bin ich mein eigen;
Mir soll niemand eine Gunst erzeigen.

B.

Was willst du dich der Gunst denn schämen?
Willst du sie geben, mußt du sie nehmen.

A.

Willst du die Not des Hofes schauen:
Da wo dich's juckt, darfst du nicht krauen!

B.

Wenn der Redner zum Volke spricht,
Da wo er kraut, da juckt's ihn nicht.

A.

Hat einer Knechtschaft sich erkoren,
Ist gleich die Hälfte des Lebens verloren;
Ergeb' sich was da will, so denk' er,
Die andere Hälft' geht auch zum Henker.

B.

Wer sich in Fürsten weiß zu schicken,
Dem wird's heut oder morgen glücken;
Wer sich in den Pöbel zu schicken sucht,
Der hat sein ganzes Jahr verflucht.

A.

Wenn dir der Weizen bei Hofe blüht,
So denke nur, daß nichts geschieht;
Und wenn du denkst, du hättest's in der Scheuer,
Da eben ist es nicht geheuer.

B.

Und blüht der Weizen, so reift er auch,
Das ist immer so ein alter Brauch;
Und schlägt der Hagel die Ernte nieder,
's andre Jahr trägt der Boden wieder.

A.

Wer ganz will sein eigen sein,
Schließe sich ins Häuschen ein,
Geselle sich zu Frau und Kindern,
Genieße leichten Rebenmost
Und überdies frugale Kost,
Und nichts wird ihn am Leben hindern.

B.

Du willst dem Herrscher dich entziehn?
So sag, wohin willst du denn fliehn?

O nimm es nur nicht so genau!
Denn es beherrscht dich deine Frau,
Und die beherrscht ihr dummer Bube,
So bist du Knecht in deiner Stube.

Soeben, da ich aus alten Denkblättchen die vorstehenden Reime zusammensuche, fallen mir mehr solche lustige Übungen in die Hände, wo wir alte deutsche Kernworte amplifiziert und ihnen sodann andere Sprüchlein, welche sich in der Erfahrung ebenso gut bewahrheiten, entgegengesetzt hatten. Eine Auswahl derselben mag dereinst als Epilog der Puppenspiele zu einem heiteren Denken Anlaß geben.

Durch alle solche Erwiderungen ließ sich jedoch mein Vater von seinen Gesinnungen nicht abwendig machen. Er pflegte gewöhnlich sein stärkstes Argument bis zum Schlusse der Unterhaltung aufzusparen, da er denn Voltaires Abenteuer mit Friedrich dem Zweiten umständlich ausmalte: wie die übergroße Gunst, die Familiarität, die wechselseitigen Verbindlichkeiten auf einmal aufgehoben und verschwunden, und wir das Schauspiel erlebt, daß jener außerordentliche Dichter und Schriftsteller, durch Frankfurter Stadtsoldaten, auf Requisition des Residenten Freitag und nach Befehl des Burgemeisters von Fichard, arretiert und eine ziemliche Zeit im Gasthof „Zur Rose" auf der Zeil gefänglich angehalten worden. Hierauf hätte sich zwar manches einwenden lassen, unter andern, daß Voltaire selbst nicht ohne Schuld gewesen; aber wir gaben uns aus kindlicher Achtung jedesmal gefangen.

Da nun auch bei dieser Gelegenheit auf solche und ähnliche Dinge angespielt wurde, so wußte ich kaum, wie ich mich benehmen sollte: denn er warnte mich unbewunden und behauptete, die Einladung sei nur, um mich in eine Falle zu locken, und wegen jenes gegen den begünstigten Wieland verübten Mutwillens Rache an mir zu nehmen. Wie sehr ich nun auch vom Gegenteil überzeugt war, indem ich nur allzu deutlich sah, daß eine vorgefaßte Meinung, durch hypochondrische Traumbilder aufgeregt, den würdigen Mann beängstige; so wollte ich gleichwohl nicht gerade wider seine Überzeugung handeln, und konnte doch auch keinen Vorwand finden, unter dem ich, ohne undankbar und unartig zu erscheinen, mein Versprechen wieder zurücknehmen durfte. Leider war unsere Freundin von Klettenberg bettlägrig, auf die wir in ähnlichen Fällen uns zu berufen pflegten. An ihr und meiner Mutter hatte ich zwei vortreffliche Begleiterinnen; ich nannte sie nur immer Rat und Tat: denn wenn jene einen heitern ja seligen Blick über die irdischen Dinge warf, so entwirrte sich vor ihr gar leicht, was uns andere Erdenkinder verwirrte, und sie wußte den rechten Weg gewöhnlich anzudeuten, eben weil sie ins Labyrinth von oben herabsah und nicht selbst darin befangen war; hatte man sich aber entschieden, so konnte man sich auf die Bereitwilligkeit und auf die Tatkraft meiner Mutter verlassen. Wie jener das Schauen, so kam dieser der Glaube zu Hülfe, und weil sie in allen Fällen ihre Heiterkeit behielt, fehlte es ihr auch niemals an Hülfsmitteln, das Vorgesetzte oder Gewünschte zu bewerkstelligen. Gegenwärtig wurde sie nun an die kranke Freundin abgesendet, um deren Gutachten einzuholen, und, da dieses für meine Seite günstig ausfiel, sodann ersucht, die Einwilligung des Vaters zu erlangen, der denn auch, obgleich ungläubig und ungern, nachgab.

Ich gelangte also in sehr kalter Jahreszeit zur bestimmten Stunde nach Mainz, und wurde von den jungen Herrschaften und ihren Begleitern, der Einladung gemäß, gar freundlich aufgenommen. Der in Frankfurt geführten Gespräche erinnerte man sich, die begonnenen wurden fortgesetzt, und als von der neuesten deutschen Literatur und von ihren Kühnheiten die Rede war, fügte es sich ganz natürlich, daß auch jenes famose Stück, „Götter, Helden und Wieland“, zur Sprache kam; wobei ich gleich anfangs mit Vergnügen bemerkte, daß man die Sache heiter und lustig betrachtete. Wie es aber mit dieser Posse, welche so großes Aufsehn erregt, eigentlich zugegangen, war ich zu erzählen veranlaßt, und so konnte ich nicht umhin, vor allen Dingen einzugestehn, daß wir, als wahrhaft oberrheinische Gesellen, sowohl der Neigung als Abneigung keine Grenzen kannten.

Die Verehrung Shakespeares ging bei uns bis zur Anbetung. Wieland hatte hingegen, bei der entschiedenen Eigenheit, sich und seinen Lesern das Interesse zu verderben und den Enthusiasmus zu verkümmern, in den Noten zu seiner Übersetzung gar manches an dem großen Autor getadelt, und zwar auf eine Weise, die uns äußerst verdroß und in unsern Augen das Verdienst dieser Arbeit schmälerte. Wir sahen Wielanden, den wir als Dichter so hoch verehrten, der uns als Übersetzer so großen Vorteil gebracht, nunmehr als Kritiker launisch, einseitig und ungerecht. Hiezu kam noch, daß er sich auch gegen unsere Abgötter, die Griechen, erklärte und dadurch unsern bösen Willen gegen ihn noch schärfte. Es ist genugsam bekannt, daß die griechischen Götter und Helden nicht auf moralischen, sondern auf verklärten physischen Eigenschaften ruhen, weshalb sie auch dem Künstler so herrliche Gestalten anbieten. Nun hatte Wieland in der „Alceste" Helden und Halbgötter nach moderner Art gebildet; wogegen denn auch nichts wäre zu sagen gewesen, weil ja einem jeden freisteht, die poetischen Traditionen nach seinen Zwecken und seiner Denkweise umzuformen. Allein in den Briefen, die er über gedachte Oper in den „Merkur" einrückte, schien er uns diese Behandlungsart allzu parteiisch hervorzuheben und sich an den trefflichen Alten und ihrem höhern Stil unverantwortlich zu versündigen, indem er die derbe gesunde Natur, die jenen Produktionen zum Grunde liegt, keinesweges anerkennen wollte. Diese Beschwerden hatten wir kaum in unserer kleinen Sozietät leidenschaftlich durchgesprochen, als die gewöhnliche Wut, alles zu dramatisieren, mich eines Sonntags nachmittags anwandelte, und ich, bei einer Flasche guten Burgunders, das ganze Stück, wie es jetzt daliegt, in einer Sitzung niederschrieb. Es war nicht so bald meinen gegenwärtigen Mitgenossen vorgelesen und von ihnen mit großem Jubel aufgenommen worden, als ich die Handschrift an Lenz nach Straßburg schickte, welcher gleichfalls davon entzückt schien und behauptete, es müsse auf der Stelle gedruckt werden. Nach einigem Hin- und Widerschreiben gestand ich es zu, und er gab es in Straßburg eilig unter die Presse. Erst lange nachher erfuhr ich, daß dieses einer von Lenzens ersten Schritten gewesen, wodurch er mir zu schaden und mich beim Publikum in üblen Ruf zu setzen die Absicht hatte; wovon ich aber zu jener Zeit nichts spürte noch ahndete.

Und so hatte ich meinen neuen Gönnern mit aller Naivetät diesen arglosen Ursprung des Stücks, so gut wie ich ihn selbst wußte, vorerzählt und, um sie völlig zu überzeugen, daß hiebei keine Persönlichkeit noch eine andere Absicht obwalte, auch die lustige und verwegene Art mitgeteilt, wie wir uns untereinander zu necken und zu verspotten pflegten. Hierauf sah ich die Gemüter völlig erheitert, und man bewunderte uns beinah, daß wir eine so große Furcht hatten, es möge irgend jemand auf seinen Lorbeern einschlafen. Man verglich eine solche Gesellschaft jenen Flibustiers, welche sich in jedem Augenblick der Ruhe zu verweichlichen fürchteten, weshalb der Anführer, wenn es keine Feinde und nichts zu rauben gab, unter den Gelagtisch eine Pistole losschoß, damit es auch im Frieden nicht an Wunden und Schmerzen fehlen möge. Nach manchen Hin- und Widerreden über diesen Gegenstand ward ich endlich veranlaßt, Wielanden einen freundlichen Brief zu schreiben, wozu ich die Gelegenheit sehr gern ergriff, da er sich schon im „Merkur" über diesen Jugendstreich sehr liberal erklärt und, wie er es in literarischen Fehden meist getan, geistreich abschließend benommen hatte.

Die wenigen Tage des Mainzer Aufenthalts verstrichen sehr angenehm: denn wenn die neuen Gönner durch Visiten und Gastmähler außer dem Hause gehalten wurden, blieb ich bei den Ihrigen, porträtierte manchen und fuhr auch wohl Schlittschuh, wozu die eingefrornen Festungsgraben die beste Gelegenheit verschafften. Voll von dem Guten, was mir dort begegnet war, kehrte ich nach Hause zurück und stand im Begriff, beim Eintreten mir durch umständliche Erzählung das Herz zu erleichtern; aber ich sah nur verstörte Gesichter, und es blieb mir nicht lange verborgen, daß unsere Freundin Klettenberg von uns geschieden sei. Ich war hierüber sehr betroffen, weil ich ihrer gerade in meiner gegenwärtigen Lage mehr als jemals bedurfte. Man erzählte mir zu meiner Beruhigung, daß ein frommer Tod sich an ein seliges Leben angeschlossen und ihre gläubige Heiterkeit sich bis ans Ende ungetrübt erhalten habe. Noch ein anderes Hindernis stellte sich einer freien Mitteilung entgegen: mein Vater, anstatt sich über den guten Ausgang dieses kleinen Abenteuers zu freuen, verharrte auf seinem Sinne und behauptete, dieses alles sei von jener Seite nur Verstellung, und man gedenke vielleicht in der Folge etwas Schlimmeres gegen mich auszuführen. Ich war daher mit meiner Erzählung zu den jüngern Freunden hingedrängt, denen ich denn freilich die Sache nicht umständlich genug überliefern konnte. Aber auch hier entsprang aus Neigung und gutem Willen eine mir höchst unangenehme Folge: denn kurz darauf erschien eine Flugschrift, „Prometheus und seine Rezensenten“, gleichfalls in dramatischer Form. Man hatte darin den neckischen Einfall ausgeführt, anstatt der Personennamen kleine Holzschnittfiguren zwischen den Dialog zu setzen, und durch allerlei satirische Bilder diejenigen Kritiker zu bezeichnen, die sich über meine Arbeiten und was ihnen verwandt war, öffentlich hatten vernehmen lassen. Hier stieß der Altonaer Postreiter ohne Kopf ins Horn, hier brummte ein Bär, dort schnatterte eine Gans; der Merkur war auch nicht vergessen, und manches wilde und zahme Geschöpf suchte den Bildner in seiner Werkstatt irre zu machen, welcher aber, ohne sonderlich Notiz zu nehmen, seine Arbeit eifrig fortsetzte und dabei nicht verschwieg, wie er es überhaupt zu halten denke. Dieser unerwartet hervorbrechende Scherz fiel mir sehr auf, weil er dem Stil und Ton nach von jemand aus unserer Gesellschaft sein mußte, ja man hätte das Werklein für meine eigene Arbeit halten sollen. Am unangenehmsten aber war mir, daß Prometheus einiges verlauten ließ, was sich auf den Mainzer Aufenthalt und die dortigen Äußerungen bezog, und was eigentlich niemand als ich wissen sollte. Mir aber bewies es, daß der Verfasser von denjenigen sei, die meinen engsten Kreis bildeten und mich jene Ereignisse und Umstände weitläuftig hatten erzählen hören. Wir sahen einer den andern an, und jeder hatte die übrigen im Verdacht; der unbekannte Verfasser wußte sich gut zu verstellen. Ich schalt sehr heftig auf ihn, weil es mir äußerst verdrießlich war, nach einer so günstigen Aufnahme und so bedeutender Unterhaltung, nach meinem an Wieland geschriebenen zutraulichen Briefe hier wieder Anlässe zu neuem Mißtrauen und frische Unannehmlichkeiten zu sehen. Die Ungewißheit hierüber dauerte jedoch nicht lange: denn als ich in meiner Stube auf und ab gehend mir das Büchlein laut vorlas, hörte ich an den Einfällen und Wendungen ganz deutlich die Stimme Wagners, und er war es auch. Wie ich nämlich zur Mutter hinunter sprang, ihr meine Entdeckung mitzuteilen, gestand sie mir, daß sie es schon wisse. Der Autor, beängstigt über den schlimmen Erfolg bei einer, wie ihm deuchte, so guten und löblichen Absicht, hatte sich ihr entdeckt und um Fürsprache gebeten, damit meine ausgestoßene Drohung, ich würde mit dem Verfasser, wegen mißbrauchten Vertrauens, keinen Umgang mehr haben, an ihm nicht erfüllt werden möchte. Hier kam ihm nun sehr zustatten, daß ich es selbst entdeckt hatte und durch das Behagen, wovon ein jedes eigene Gewahrwerden begleitet wird, zur Versöhnung gestimmt war. Der Fehler war verziehen, der zu einem solchen Beweis meiner Spürkraft Gelegenheit gegeben hatte. Indessen war das Publikum so leicht nicht zu überzeugen, daß Wagner der Verfasser sei, und daß ich keine Hand mit im Spiel gehabt habe. Man traute ihm diese Vielseitigkeit nicht zu, weil man nicht bedachte, daß er alles, was in einer geistreichen Gesellschaft seit geraumer Zeit bescherzt und verhandelt worden, aufzufassen, zu merken und in einer bekannten Manier wohl darzustellen vermochte, ohne deshalb ein ausgezeichnetes Talent zu besitzen. Und so hatte ich nicht allein meine eigenen Torheiten, sondern auch den Leichtsinn, die Übereilung meiner Freunde diesmal und in der Folge sehr oft zu büßen.

Erinnert durch mehrere zusammentreffende Umstände, will ich noch einiger bedeutenden Männer gedenken, die, zu verschiedener Zeit vorüberreisend, teils in unserem Hause gewohnt, teils freundliche Bewirtung angenommen haben. Klopstock steht hier billig abermals obenan. Ich hatte schon mehrere Briefe mit ihm gewechselt, als er mir anzeigte, daß er nach Karlsruhe zu gehen und daselbst zu wohnen eingeladen sei; er werde zur bestimmten Zeit in Friedberg eintreffen, und wünsche, daß ich ihn daselbst abhole. Ich verfehlte nicht, zur rechten Stunde mich einzufinden; allein er war auf seinem Wege zufällig aufgehalten worden, und nachdem ich einige Tage vergebens gewartet, kehrte ich nach Hause zurück, wo er denn erst nach einiger Zeit eintraf, sein Außenbleiben entschuldigte und meine Bereitwilligkeit, ihm entgegen zu kommen, sehr wohl aufnahm. Er war klein von Person, aber gut gebaut, sein Betragen ernst und abgemessen, ohne steif zu sein, seine Unterhaltung bestimmt und angenehm. Im ganzen hatte seine Gegenwart etwas von der eines Diplomaten. Ein solcher Mann unterwindet sich der schweren Aufgabe, zugleich seine eigene Würde und die Würde eines Höheren, dem er Rechenschaft schuldig ist, durchzuführen, seinen eigenen Vorteil neben dem viel wichtigern eines Fürsten, ja ganzer Staaten zu befördern, und sich in dieser bedenklichen Lage vor allen Dingen den Menschen gefällig zu machen. Und so schien sich auch Klopstock als Mann von Wert und als Stellvertreter höherer Wesen, der Religion, der Sittlichkeit und Freiheit, zu betragen. Eine andere Eigenheit der Weltleute hatte er auch angenommen, nämlich nicht leicht von Gegenständen zu reden, über die man gerade ein Gespräch erwartet und wünscht. Von poetischen und literarischen Dingen hörte man ihn selten sprechen. Da er aber an mir und meinen Freunden leidenschaftliche Schlittschuhfahrer fand, so unterhielt er sich mit uns weitläuftig über diese edle Kunst, die er gründlich durchgedacht und, was dabei zu suchen und zu meiden sei, sich wohl überlegt hatte. Ehe wir jedoch seiner geneigten Belehrung teilhaft werden konnten, mußten wir uns gefallen lassen, über den Ausdruck selbst, den wir verfehlten, zurecht gewiesen zu werden. Wir sprachen nämlich auf gut oberdeutsch von Schlittschuhen, welches er durchaus nicht wollte gelten lassen: denn das Wort komme keinesweges von Schlitten, als wenn man auf kleinen Kufen dahinführe, sondern von Schreiten, indem man, den Homerischen Göttern gleich, auf diesen geflügelten Sohlen über das zum Boden gewordene Meer hinschritte. Nun kam es an das Werkzeug selbst; er wollte von den hohen hohlgeschliffenen Schrittschuhen nichts wissen, sondern empfahl die niedrigen, breiten, flachgeschliffenen friesländischen Stähle, als welche zum Schnellaufen die dienlichsten seien. Von Kunststücken, die man bei dieser Übung zu machen pflegt, war er kein Freund. Ich schaffte mir nach seinem Gebot so ein Paar flache Schuhe mit langen Schnäbeln, und habe solche, obschon mit einiger Unbequemlichkeit, viele Jahre geführt. Auch vom Kunstreiten, und sogar vom Bereiten der Pferde wußte er Rechenschaft zu geben und tat es gern; und so lehnte er, wie es schien vorsätzlich, das Gespräch über sein eigen Metier gewöhnlich ab, um über fremde Künste, die er als Liebhaberei trieb, desto unbefangener zu sprechen. Von diesen und andern Eigentümlichkeiten des außerordentlichen Mannes würde ich noch manches erwähnen können, wenn nicht Personen, die länger mit ihm gelebt, uns bereits genugsam hievon unterrichtet hätten; aber einer Betrachtung kann ich mich nicht erwehren, daß nämlich Menschen, denen die Natur außerordentliche Vorzüge gegeben, sie aber in einen engen oder wenigstens nicht verhältnismäßigen Wirkungskreis gesetzt, gewöhnlich auf Sonderbarkeiten verfallen, und, weil sie von ihren Gaben keinen direkten Gebrauch zu machen wissen, sie auf außerordentlichen und wunderlichen Wegen geltend zu machen versuchen.

Zimmermann war gleichfalls eine Zeitlang unser Gast. Dieser, groß und stark gebaut, von Natur heftig und gerade vor sich hin, hatte doch sein Äußeres und sein Betragen völlig in der Gewalt, so daß er im Umgang als ein gewandter weltmännischer Arzt erschien, und seinem innerlich ungebändigten Charakter nur in Schriften und im vertrautesten Umgang einen ungeregelten Lauf ließ. Seine Unterhaltung war mannigfaltig und höchst unterrichtend; und konnte man ihm nachsehen, daß er sich, seine Persönlichkeit, seine Verdienste, sehr lebhaft vorempfand, so war kein Umgang wünschenswerter zu finden. Da mich nun überhaupt das, was man Eitelkeit nennt, niemals verletzte, und ich mir dagegen auch wieder eitel zu sein erlaubte, das heißt, dasjenige unbedenklich hervorkehrte, was mir an mir selbst Freude machte; so kam ich mit ihm gar wohl überein, wir ließen uns wechselsweise gelten und schalten, und weil er sich durchaus offen und mitteilend erwies, so lernte ich in kurzer Zeit sehr viel von ihm.

Beurteil' ich nun aber einen solchen Mann dankbar, wohlwollend und gründlich, so darf ich nicht einmal sagen, daß er eitel gewesen. Wir Deutschen mißbrauchen das Wort eitel nur allzu oft: denn eigentlich führt es den Begriff von Leerheit mit sich, und man bezeichnet damit billigerweise nur einen, der die Freude an seinem Nichts, die Zufriedenheit mit einer hohlen Existenz nicht verbergen kann. Bei Zimmermann war gerade das Gegenteil, er hatte große Verdienste und kein inneres Behagen; wer sich aber an seinen Naturgaben nicht im stillen erfreuen kann, wer sich bei Ausübung derselben nicht selbst seinen Lohn dahinnimmt, sondern erst darauf wartet und hofft, daß andere das Geleistete anerkennen und es gehörig würdigen sollen, der findet sich in einer übeln Lage; weil es nur allzu bekannt ist, daß die Menschen den Beifall sehr spärlich austeilen, daß sie das Lob verkümmern, ja, wenn es nur einigermaßen tunlich ist, in Tadel verwandeln. Wer, ohne hierauf vorbereitet zu sein, öffentlich auftritt, der kann nichts als Verdruß erwarten: denn wenn er das, was von ihm ausgeht, auch nicht überschätzt, so schätzt er es doch unbedingt, und jede Aufnahme, die wir in der Welt erfahren, wird bedingt sein; und sodann gehört ja für Lob und Beifall auch eine Empfänglichkeit, wie für jedes Vergnügen. Man wende dieses auf Zimmermann an, und man wird auch hier gestehen müssen: was einer nicht schon mitbringt, kann er nicht erhalten.

Will man diese Entschuldigung nicht gelten lassen, so werden wir diesen merkwürdigen Mann wegen eines andern Fehlers noch weniger rechtfertigen können, weil das Glück anderer dadurch gestört, ja vernichtet worden. Es war das Betragen gegen seine Kinder. Eine Tochter, die mit ihm reiste, war, als er sich in der Nachbarschaft umsah, bei uns geblieben. Sie konnte etwa sechzehn Jahr alt sein. Schlank und wohlgewachsen, trat sie auf ohne Zierlichkeit; ihr regelmäßiges Gesicht wäre angenehm gewesen, wenn sich ein Zug von Teilnahme darin aufgetan hätte; aber sie sah immer so ruhig aus wie ein Bild, sie äußerte sich selten, in der Gegenwart ihres Vaters nie. Kaum aber war sie einige Tage mit meiner Mutter allein, und hatte die heitere liebevolle Gegenwart dieser teilnehmenden Frau in sich aufgenommen, als sie sich ihr mit aufgeschlossenem Herzen zu Füßen warf und unter tausend Tränen bat, sie da zu behalten. Mit dem leidenschaftlichsten Ausdruck erklärte sie: als Magd, als Sklavin wolle sie zeitlebens im Hause bleiben, nur um nicht zu ihrem Vater zurückzukehren, von dessen Härte und Tyrannei man sich keinen Begriff machen könne. Ihr Bruder sei über diese Behandlung wahnsinnig geworden; sie habe es mit Not so lange getragen, weil sie geglaubt, es sei in jeder Familie nicht anders, oder nicht viel besser; da sie aber nun eine so liebevolle, heitere, zwanglose Behandlung erfahren, so werde ihr Zustand zu einer wahren Hölle. Meine Mutter war sehr bewegt, als sie mir diesen leidenschaftlichen Erguß hinterbrachte, ja sie ging in ihrem Mitleiden so weit, daß sie nicht undeutlich zu verstehen gab, sie würde es wohl zufrieden sein, das Kind im Hause zu behalten, wenn ich mich entschließen könnte, sie zu heiraten. — „Wenn es eine Waise wäre", versetzt' ich, „so ließe sich darüber denken und unterhandeln, aber Gott bewahre mich vor einem Schwiegervater, der ein solcher Vater ist!" Meine Mutter gab sich noch viel Mühe mit dem guten Kinde, aber es ward dadurch nur immer unglücklicher. Man fand zuletzt noch einen Ausweg, sie in eine Pension zu tun. Sie hat übrigens ihr Leben nicht hoch gebracht.

Dieser tadelnswürdigen Eigenheit eines so verdienstvollen Mannes würde ich kaum erwähnen, wenn dieselbe nicht schon öffentlich wäre zur Sprache gekommen, und zwar als man nach seinem Tode der unseligen Hypochondrie gedachte, womit er sich und andere in seinen letzten Stunden gequält. Denn auch jene Härte gegen seine Kinder war Hypochondrie, ein partieller Wahnsinn, ein fortdauerndes moralisches Morden, das er, nachdem er seine Kinder aufgeopfert hatte, zuletzt gegen sich selbst kehrte. Wir wollen aber bedenken, daß dieser so rüstig scheinende Mann in seinen besten Jahren leidend war, daß ein Leibesschaden unheilbar den geschickten Arzt quälte, ihn, der so manchem Kranken geholfen hatte und half. Ja, dieser brave Mann führte, bei äußerem Ansehen, Ruhm, Ehre, Rang und Vermögen, das traurigste Leben, und wer sich davon, aus vorhandenen Druckschriften, noch weiter unterrichten will, der wird ihn nicht verdammen, sondern bedauern.

Erwartet man nun aber, daß ich von der Wirkung dieses bedeutenden Mannes auf mich nähere Rechenschaft gebe, so muß ich im allgemeinen jener Zeit abermals gedenken. Die Epoche, in der wir lebten, kann man die fordernde nennen: denn man machte, an sich und andere, Forderungen auf das, was noch kein Mensch geleistet hatte. Es war nämlich vorzüglichen, denkenden und fühlenden Geistern ein Licht aufgegangen, daß die unmittelbare originelle Ansicht der Natur und ein darauf gegründetes Handeln das Beste sei, was der Mensch sich wünschen könne, und nicht einmal schwer zu erlangen. Erfahrung war also abermals das allgemeine Losungswort, und jedermann tat die Augen auf, so gut er konnte; eigentlich aber waren es die Ärzte, die am meisten Ursache hatten, darauf zu dringen, und Gelegenheit, sich darnach umzutun. Hier leuchtete ihnen nun aus alter Zeit ein Gestirn entgegen, welches als Beispiel alles Wünschenswerten gelten konnte. Die Schriften, die uns unter dem Namen Hippokrates zugekommen waren, gaben das Muster, wie der Mensch die Welt anschauen und das Gesehene, ohne sich selbst hinein zu mischen, überliefern sollte. Allein niemand bedachte, daß wir nicht sehen können wie die Griechen, und daß wir niemals wie sie dichten, bilden und heilen werden. Zugegeben aber auch, daß man von ihnen lernen könne, so war unterdessen unendlich viel und nicht immer so rein erfahren worden, und gar oft hatten sich die Erfahrungen nach den Meinungen gebildet. Dieses aber sollte man auch wissen, unterscheiden und sichten; abermals eine ungeheure Forderung; dann sollte man auch, persönlich umherblickend und handelnd, die gesunde Natur selbst kennen lernen, eben als wenn sie zum erstenmal beachtet und behandelt würde; hiebei sollte denn nur das Echte und Rechte geschehen. Allein weil sich die Gelahrtheit überhaupt nicht wohl ohne Polyhistorie und Pedanterie, die Praxis aber wohl schwerlich ohne Empirie und Scharlatanerie denken läßt; so entstand ein gewaltiger Konflikt, indem man den Mißbrauch vom Gebrauch sondern und der Kern die Oberhand über die Schale gewinnen sollte. Wie man nun auch hier zur Ausübung schritt, so sah man, am kürzesten sei zuletzt aus der Sache zu kommen, wenn man das Genie zu Hülfe riefe, das durch seine magische Gabe den Streit schlichten und die Forderungen leisten würde. Der Verstand mischte sich indessen auch in die Sache, alles sollte auf klare Begriffe gebracht und in logischer Form dargelegt werden, damit jedes Vorurteil beseitigt und aller Aberglaube zerstört werde. Weil nun wirklich einige außerordentliche Menschen, wie Boerhaave und Haller, das Unglaubliche geleistet, so schien man sich berechtigt, von ihren Schülern und Nachkömmlingen noch mehr zu fordern. Man behauptete, die Bahn sei gebrochen, da doch in allen irdischen Dingen selten von Bahn die Rede sein kann: denn wie das Wasser, das durch ein Schiff verdrängt wird, gleich hinter ihm wieder zusammenstürzt, so schließt sich auch der Irrtum, wenn vorzügliche Geister ihn beiseitegedrängt und sich Platz gemacht haben, hinter ihnen sehr geschwind wieder naturgemäß zusammen.

Aber hievon wollte sich der brave Zimmermann ein für allemal keinen Begriff machen; er wollte nicht eingestehen, daß das Absurde eigentlich die Welt erfülle. Bis zur Wut ungeduldig, schlug er auf alles los, was er für unrecht erkannte und hielt. Ob er sich mit dem Krankenwärter oder mit Paracelsus, mit einem Harnpropheten oder Chymisten balgte, war ihm gleich; er hieb ein wie das andre Mal zu, und wenn er sich außer Atem gearbeitet hatte, war er höchlich erstaunt, daß die sämtlichen Köpfe dieser Hydra, die er mit Füßen zu treten geglaubt, ihm schon wieder ganz frisch von unzähligen Hälsen die Zähne wiesen.

Wer seine Schriften, besonders sein tüchtiges Werk „Über die Erfahrung" liest, wird bestimmter einsehen, was zwischen diesem trefflichen Manne und mir verhandelt worden; welches auf mich um so kräftiger wirken mußte, da er zwanzig Jahr älter war denn ich. Als berühmter Arzt war er vorzüglich in den höhern Ständen beschäftigt, und hier kam die Verderbnis der Zeit, durch Verweichlichung und Übergenuß, jeden Augenblick zur Sprache; und so drängten auch seine ärztlichen Reden, wie die der Philosophen und meiner dichterischen Freunde, mich wieder auf die Natur zurück. Seine leidenschaftliche Verbesserungswut konnte ich vollends nicht mit ihm teilen. Ich zog mich vielmehr, nachdem wir uns getrennt, gar bald wieder in mein eigentümliches Fach zurück und suchte die von der Natur mir verliehenen Gaben mit mäßiger Anstrengung anzuwenden, und in heiterem Widerstreit gegen das, was ich mißbilligte, mir einigen Raum zu verschaffen, unbesorgt, wie weit meine Wirkungen reichen und wohin sie mich führen könnten.

Von Salis, der in Marschlins die große Pensionsanstalt errichtete, ging ebenfalls bei uns vorüber, ein ernster verständiger Mann, der über die genialischtolle Lebensweise unserer kleinen Gesellschaft gar wunderliche Anmerkungen im stillen wird gemacht haben. Ein gleiches mag Sulzern, der uns auf seiner Reise nach dem südlichen Frankreich berührte, begegnet sein; wenigstens scheint eine Stelle seiner Reisebeschreibung, worin er mein gedenkt, dahin zu deuten.

Diese so angenehmen als förderlichen Besuche waren aber auch mit solchen durchwebt, die man lieber abgelehnt hätte. Wahrhaft Dürftige und unverschämte Abenteurer wendeten sich an den zutraulichen Jüngling, ihre dringenden Forderungen durch wirkliche wie durch vorgebliche Verwandtschaften oder Schicksale unterstützend. Sie borgten mir Geld ab, und setzten mich in den Fall, wieder borgen zu müssen, so daß ich mit begüterten und wohlwollenden Freunden darüber in das unangenehmste Verhältnis geriet. Wünschte ich nun solche Zudringlinge allen Raben zur Beute, so fühlte sich mein Vater gleichfalls in der Lage des Zauberlehrlings, der wohl sein Haus gerne rein gewaschen sähe, sich aber entsetzt, wenn die Flut über Schwellen und Stufen unaufhaltsam einhergestürzt kommt. Denn es ward durch das allzu viele Gute der mäßige Lebensplan, den sich mein Vater für mich ausgedacht hatte, Schritt für Schritt verrückt, verschoben und von einem Tag zum andern wider Erwarten umgestaltet. Der Aufenthalt zu Regensburg und Wien war so gut als aufgegeben, aber doch sollte auf dem Wege nach Italien eine Durchreise stattfinden, damit man wenigstens eine allgemeine Übersicht gewönne. Dagegen aber waren andere Freunde, die einen so großen Umweg, ins tätige Leben zu gelangen, nicht billigen konnten, der Meinung, man solle den Augenblick, wo so manche Gunst sich auftat, benutzen und an eine bleibende Einrichtung in der Vaterstadt denken. Denn ob ich gleich erst durch den Großvater, sodann aber durch den Oheim von dem Rate ausgeschlossen war; so gab es doch noch manche bürgerliche Stellen, an die man Anspruch machen, sich einstweilen festsetzen und die Zukunft erwarten konnte. Manche Agentschaften gaben zu tun genug, und ehrenvoll waren die Residentenstellen. Ich ließ mir davon vorreden und glaubte wohl auch, daß ich mich dazu schicke, ohne mich geprüft zu haben, ob eine solche Lebens- und Geschäftsweise, welche fordert, daß man am liebsten in der Zerstreuung zweckmäßig tätig sei, für mich passen möchte; und nun gesellte sich zu diesen Vorschlägen und Vorsätzen noch eine zarte Neigung, welche zu bestimmter Häuslichkeit aufzufordern und jenen Entschluß zu beschleunigen schien.

Die früher erwähnte Gesellschaft nämlich von jungen Männern und Frauenzimmern, welche meiner Schwester, wo nicht den Ursprung, doch die Konsistenz verdankte, war nach ihrer Verheiratung und Abreise noch immer bestanden, weil man sich einmal aneinander gewöhnt hatte, und einen Abend in der Woche nicht besser als in diesem freundschaftlichen Zirkel zuzubringen wußte. Auch jener wunderliche Redner, den wir schon aus dem sechsten Buche kennen, war nach mancherlei Schicksalen gescheiter und verkehrter zu uns zurückgewandert, und spielte abermals den Gesetzgeber des kleinen Staats. Er hatte sich in Gefolg von jenen frühern Scherzen etwas Ähnliches ausgedacht: es sollte nämlich alle acht Tage gelost werden, nicht um, wie vormals, liebende Paare, sondern wahrhafte Ehegatten zu bestimmen. Wie man sich gegen Geliebte betrage, das sei uns bekannt genug; aber wie sich Gatte und Gattin in Gesellschaft zu nehmen hätten, das sei uns unbewußt und müsse nun, bei zunehmenden Jahren, vor allen Dingen gelernt werden. Er gab die Regeln an im allgemeinen, welche bekanntlich darin bestehen, daß man tun müsse, als wenn man einander nicht angehöre; man dürfe nicht neben einander sitzen, nicht viel mit einander sprechen, viel weniger sich Liebkosungen erlauben: dabei aber habe man nicht allein alles zu vermeiden, was wechselseitig Verdacht und Unannehmlichkeit erregen könnte, ja man würde im Gegenteil das größte Lob verdienen, wenn man seine Gattin auf eine ungezwungene Weise zu verbinden wisse.

Das Los wurde hierauf zur Entscheidung herbeigeholt, über einige barocke Paarungen, die es beliebt, gelacht und gescherzt, und die allgemeine Ehestandskomödie mit gutem Humor begonnen und jedesmal am achten Tage wiederum erneuert.

Hier traf es sich nun wunderbar genug, daß mir das Los gleich von Anfang eben dasselbe Frauenzimmer zweimal bestimmte, ein sehr gutes Wesen gerade von der Art, die man sich als Frau gern denken mag. Ihre Gestalt war schön und regelmäßig, ihr Gesicht angenehm, und in ihrem Betragen waltete eine Ruhe, die von der Gesundheit ihres Körpers und ihres Geistes zeugte. Sie war sich zu allen Tagen und Stunden völlig gleich. Ihre häusliche Tätigkeit wurde höchlich gerühmt. Ohne daß sie gesprächig gewesen wäre, konnte man an ihren Äußerungen einen geraden Verstand und eine natürliche Bildung erkennen. Nun war es leicht, einer solchen Person mit Freundlichkeit und Achtung zu begegnen; schon vorher war ich gewohnt, es aus allgemeinem Gefühl zu tun, jetzt wirkte bei mir ein herkömmliches Wohlwollen als gesellige Pflicht. Wie uns nun aber das Los zum dritten Male zusammenbrachte, so erklärte der neckische Gesetzgeber feierlichst: der Himmel habe gesprochen, und wir könnten nunmehr nicht geschieden werden. Wir ließen es uns beiderseits gefallen, und fügten uns wechselsweise so hübsch in die offenbaren Ehestandspflichten, daß wir wirklich für ein Muster gelten konnten. Da nun, nach der allgemeinen Verfassung, die sämtlichen für den Abend vereinten Paare sich auf die wenigen Stunden mit Du anreden mußten; so waren wir dieser traulichen Anrede durch eine Reihe von Wochen so gewohnt, daß auch in der Zwischenzeit, wenn wir uns begegneten, das Du gemütlich hervorsprang. Die Gewohnheit ist aber ein wunderliches Ding:

wir beide fanden nach und nach nichts natürlicher als dieses Verhältnis; sie ward mir immer werter, und ihre Art, mit mir zu sein, zeugte von einem schönen ruhigen Vertrauen, so daß wir uns wohl gelegentlich, wenn ein Priester zugegen gewesen wäre, ohne vieles Bedenken auf der Stelle hätten zusammengeben lassen.

Weil nun bei jeder unserer geselligen Zusammenkünfte etwas Neues vorgelesen werden mußte, so brachte ich eines Abends, als ganz frische Neuigkeit, das Memoire des Beaumarchais gegen Clavigo im Original mit. Es erwarb sich sehr vielen Beifall; die Bemerkungen, zu denen es auffordert, blieben nicht aus, und nachdem man viel darüber hin und wider gesprochen hatte, sagte mein lieber Partner: „Wenn ich deine Gebieterin und nicht deine Frau wäre, so würde ich dich ersuchen, dieses Memoire in ein Schauspiel zu verwandeln, es scheint mir ganz dazu geeignet zu sein." — „Damit du siehst, meine Liebe", antwortete ich, „daß Gebieterin und Frau auch in einer Person vereinigt sein können; so verspreche ich, heute über acht Tage den Gegenstand dieses Heftes als Theaterstück vorzulesen, wie es jetzt mit diesen Blättern geschehen." Man verwunderte sich über ein so kühnes Versprechen, und ich säumte nicht, es zu erfüllen. Denn was man in solchen Fällen Erfindung nennt, war bei mir augenblicklich; und gleich, als ich meine Titulargattin nach Hause führte, war ich still; sie fragte, was mir sei? — „Ich sinne", versetzte ich, „schon das Stück aus und bin mitten drin; ich wünsche dir zu zeigen, daß ich dir gerne etwas zu Liebe tue." Sie drückte mir die Hand, und als ich sie dagegen eifrig küßte, sagte sie: „Du mußt nicht aus der Rolle fallen! Zärtlich zu sein, meinen die Leute, schicke sich nicht für Ehegatten." — „Laß sie meinen", versetzte ich, „wir wollen es auf unsere Weise halten."

Ehe ich, freilich durch einen großen Umweg, nach Hause kam, war das Stück schon ziemlich herangedacht; damit dies aber nicht gar zu großsprecherisch scheine, so will ich gestehen, daß schon beim ersten und zweiten Lesen der Gegenstand mir dramatisch, ja theatralisch vorgekommen, aber ohne eine solche Anregung wäre das Stück, wie so viele andere, auch bloß unter den möglichen Geburten geblieben. Wie ich dabei verfahren, ist bekannt genug. Der Bösewichter müde, die aus Rache, Haß oder kleinlichen Absichten sich einer edlen Natur entgegensetzen und sie zugrunde richten, wollt' ich in Carlos den reinen Weltverstand mit wahrer Freundschaft gegen Leidenschaft, Neigung und äußere Bedrängnis wirken lassen, um auch einmal auf diese Weise eine Tragödie zu motivieren. Berechtigt durch unsern Altvater Shakespeare, nahm ich nicht einen Augenblick Anstand, die Hauptszene und die eigentlich theatralische Darstellung wörtlich zu übersetzen. Um zuletzt abzuschließen, entlehnt' ich den Schluß einer englischen Ballade, und so war ich immer noch eher fertig, als der Freitag herankam. Die gute Wirkung, die ich beim Vorlesen erreichte, wird man mir leicht zugestehen. Meine gebietende Gattin erfreute sich nicht wenig daran, und es war, als wenn unser Verhältnis, wie durch eine geistige Nachkommenschaft, durch diese Produktion sich enger zusammenzöge und befestigte.

Mephistopheles Merck aber tat mir zum erstenmal hier einen großen Schaden. Denn als ich ihm das Stück mitteilte, erwiderte er: „Solch einen Quark mußt du mir künftig nicht mehr schreiben; das können die andern auch." Und doch hatt' er hierin unrecht. Muß ja doch nicht alles über alle Begriffe hinausgehen, die man nun einmal gefaßt hat; es ist auch gut, wenn manches sich an den gewöhnlichen Sinn anschließt. Hätte ich damals ein Dutzend Stücke der Art geschrieben, welches mir bei einiger Aufmunterung ein leichtes gewesen wäre; so hätten sich vielleicht drei oder vier davon auf dem Theater erhalten. Jede Direktion, die ihr Repertorium zu schätzen weiß, kann sagen, was das für ein Vorteil wäre.

Durch solche und andre geistreiche Scherze ward unser wunderliches Mariagespiel, wo nicht zum Stadt-, doch zum Familienmärchen, das den Müttern unserer Schönen gar nicht unangenehm in die Ohren klang. Auch meiner Mutter war ein solcher Zufall nicht zuwider: sie begünstigte schon früher das Frauenzimmer, mit dem ich in ein so seltsames Verhältnis gekommen war, und mochte ihr zutrauen, daß sie eine ebenso gute Schwiegertochter als Gattin werden könnte. Jenes unbestimmte Rumoren, in welchem ich mich schon seit geraumer Zeit herumtrieb, wollte ihr nicht behagen, und wirklich hatte sie auch die größte Beschwerde davon. Sie war es, welche die zuströmenden Gäste reichlich bewirten mußte, ohne sich für die literarische Einquartierung anders als durch die Ehre, die man ihrem Sohne antat, ihn zu beschmausen, entschädigt zu sehen. Ferner war es ihr klar, daß so viele junge Leute, sämtlich ohne Vermögen, nicht allein zum Wissen und Dichten, sondern auch zum lustigen Leben versammelt, sich unter einander und zuletzt am sichersten mir, dessen leichtsinnige Freigebigkeit und Verbürgungslust sie kannte, zur Last und zum Schaden gereichen würden.

Sie hielt daher die schon längst bezweckte italienische Reise, die der Vater wieder in Anregung brachte, für das sicherste Mittel, alle diese Verhältnisse auf einmal durchzuschneiden. Damit aber ja nicht wieder in der weiten Welt sich neues Gefährliche anschließen möge, so dachte sie vorher die schon eingeleitete Verbindung zu befestigen, damit eine Rückkehr ins Vaterland wünschenswerter und eine endliche Bestimmung entschieden werde. Ob ich ihr diesen Plan nur unterlege, oder ob sie ihn deutlich, vielleicht mit der seligen Freundin, entworfen, möchte ich nicht entscheiden: genug, ihre Handlungen schienen auf einen bedachten Vorsatz gegründet. Denn ich hatte manchmal zu vernehmen, unser Familienkreis sei nach Verheiratung Corneliens doch gar zu eng; man wollte finden, daß mir eine Schwester, der Mutter eine Gehülfin, dem Vater ein Lehrling abgehe; und bei diesen Reden blieb es nicht. Es ergab sich wie von ungefähr, daß meine Eltern jenem Frauenzimmer auf einem Spaziergang begegneten, sie in den Garten einluden und sich mit ihr längere Zeit unterhielten. Hierüber ward nun beim Abendtische gescherzt, und mit einem gewissen Behagen bemerkt, daß sie dem Vater wohlgefallen, indem sie die Haupteigenschaften, die er als ein Kenner von einem Frauenzimmer fordere, sämtlich besitze.

Hierauf ward im ersten Stock eins und das andere veranstaltet, eben als wenn man Gäste zu erwarten habe, das Leinwandgeräte gemustert, und auch an einigen bisher vernachlässigten Hausrat gedacht. Da überraschte ich nun einst meine Mutter, als sie in einer Bodenkammer die alten Wiegen betrachtete, worunter eine übergroße von Nußbaum, mit Elfenbein und Ebenholz eingelegt, die mich ehmals geschwenkt hatte, besonders hervorstach. Sie schien nicht ganz zufrieden, als ich ihr bemerkte, daß solche Schaukelkasten nunmehr völlig aus der Mode seien, und daß man die Kinder mit freien Gliedern in einem artigen Körbchen, an einem Bande über die Schulter, wie andre kurze Ware, zur Schau trage.

Genug, dergleichen Vorboten zu erneuernder Häuslichkeit zeigten sich öfter, und da ich mich dabei ganz leidend verhielt; so verbreitete sich, durch den Gedanken an einen Zustand, der fürs Leben dauern sollte, ein solcher Friede über unser Haus und dessen Bewohner, dergleichen es lange nicht genossen hatte.

VIERTER TEIL

VORWORT

Bei Behandlung einer mannigfaltig vorschreitenden Lebensgeschichte, wie die ist, die wir zu unternehmen gewagt haben, kommen wir, um gewisse Ereignisse faßlich und lesbar zu machen, in den Fall, einiges, was in der Zeit sich verschlingt, notwendig zu trennen, anderes, was nur durch eine Folge begriffen werden kann, in sich selbst zusammenzuziehn und so das Ganze in Teile zusammenzustellen, die man sinnig überschauend beurteilen und sich davon manches zueignen mag.

Mit dieser Betrachtung eröffnen wir den gegenwärtigen Band, damit sie zu Rechtfertigung unseres Verfahrens beitrage, und fügen die Bitte hinzu, unsre Leser möchten bedenken, daß sich diese hier fortgesetzte Erzählung nicht gerade ans Ende des vorigen Buches anschließt, sondern daß sie die Hauptfäden sämtlich nach und nach wieder aufzunehmen und sowohl Personen als Gesinnungen und Handlungen in einer redlich gründlichen Folge vorzuführen beabsichtigt.

SECHZEHNTES BUCH

Wie man zu sagen pflegt: daß kein Unglück allein komme, so läßt sich auch wohl bemerken, daß es mit dem Glück ähnlicher Weise beschaffen sei; ja auch mit andern Umständen, die sich auf eine harmonische Weise um uns versammeln; – es sei nun, daß ein Schicksal dergleichen auf uns lege, oder daß der Mensch die Kraft habe, das, was zusammengehört, an sich heranzuziehen.

Wenigstens machte ich diesmal die Erfahrung, daß alles übereinstimmte, um einen äußeren und inneren Frieden hervorzubringen. Jener ward mir zuteil, indem ich den Ausgang dessen gelassen abwartete, was man für mich im Sinne hegte und vornahm; zu diesem aber sollte ich durch erneute Studien gelangen.

Ich hatte lange nicht an Spinoza gedacht, und nun ward ich durch Widerrede zu ihm getrieben. In unsrer Bibliothek fand ich ein Büchlein, dessen Autor gegen jenen eigenen Denker heftig kämpfte, und, um dabei recht wirksam zu Werke zu gehen, Spinozas Bildnis dem Titel gegenüber gesetzt hatte, mit der Unterschrift: Signum reprobationis in vultu gerens, daß er nämlich das Zeichen der Verwerfung und Verworrenheit im Angesicht trage. Dieses konnte man freilich bei Erblickung des Bildes nicht leugnen: denn der Kupferstich war erbärmlich schlecht und eine vollkommne Fratze; wobei mir denn jene Gegner einfallen mußten, die irgend jemand, dem sie mißwollen, zuvörderst entstellen und dann als ein Ungeheuer bekämpfen.

Dieses Büchlein jedoch machte keinen Eindruck auf mich, weil ich überhaupt Kontroversen nicht liebte; indem ich immer lieber von dem Menschen erfahren mochte, wie er dachte, als von einem andern hören, wie er hätte denken sollen. Doch führte mich die Neugierde auf den Artikel „Spinoza“ in Bayles Wörterbuch, einem Werke, das wegen Gelehrsamkeit und Scharfsinn ebenso schätzbar und nützlich, als wegen Klätscherei und Salbaderei lächerlich und schädlich ist.

Der Artikel „Spinoza“ erregte in mir Mißbehagen und Mißtrauen. Zuerst sogleich wird der Mann als Atheist, und seine Meinungen als höchst verwerflich angegeben; sodann aber zugestanden, daß er ein ruhig nachdenkender und seinen Studien obliegender Mann, ein guter Staatsbürger, ein mitteilender Mensch, ein ruhiger Particulier gewesen; und so schien man ganz das evangelische Wort vergessen zu haben: an ihren Früchten sollt ihr sie erkennen! – Denn wie will doch ein Menschen und Gott gefälliges Leben aus verderblichen Grundsätzen entspringen?

Ich erinnerte mich noch gar wohl, welche Beruhigung und

Klarheit über mich gekommen, als ich einst die nachgelassenen Werke jenes merkwürdigen Mannes durchblättert. Diese Wirkung war mir noch ganz deutlich, ohne daß ich mich des Einzelnen hätte erinnern können; ich eilte daher abermals zu den Werken, denen ich so viel schuldig geworden, und dieselbe Friedensluft wehte mich wieder an. Ich ergab mich dieser Lektüre und glaubte, indem ich in mich selbst schaute, die Welt niemals so deutlich erblickt zu haben.

Da über diesen Gegenstand so viel und auch in der neuern Zeit gestritten worden, so wünschte ich nicht mißverstanden zu werden und will hier einiges über jene so gefürchtete, ja verabscheute Vorstellungsart einzurücken nicht unterlassen.

Unser physisches sowohl als geselliges Leben, Sitten, Gewohnheiten, Weltklugheit, Philosophie, Religion, ja so manches zufällige Ereignis, alles ruft uns zu, daß wir entsagen sollen. So manches, was uns innerlich eigenst angehört, sollen wir nicht nach außen hervorbilden, was wir von außen zu Ergänzung unsres Wesens bedürfen, wird uns entzogen, dagegen aber so vieles aufgedrungen, das uns so fremd als lästig ist. Man beraubt uns des mühsam Erworbenen, des freundlich Gestatteten, und ehe wir hierüber recht ins klare sind, finden wir uns genötigt, unsere Persönlichkeit erst stückweis und dann völlig aufzugeben. Dabei ist es aber hergebracht, daß man denjenigen nicht achtet, der sich deshalb ungebärdig stellt, vielmehr soll man, je bittrer der Kelch ist, eine desto süßere Miene machen, damit ja der gelassene Zuschauer nicht durch irgend eine Grimasse beleidigt werde.

Diese schwere Aufgabe jedoch zu lösen, hat die Natur den Menschen mit reichlicher Kraft, Tätigkeit und Zähigkeit ausgestattet. Besonders aber kommt ihm der Leichtsinn zu Hülfe, der ihm unzerstörlich verliehen ist. Hiedurch wird er fähig, dem Einzelnen in jedem Augenblick zu entsagen, wenn er nur in dem andern nach etwas Neuem greifen darf; und so stellen wir uns unbewußt unser ganzes Leben immer wieder her. Wir setzen eine Leidenschaft an die Stelle der andern; Beschäftigungen, Neigungen, Liebhabereien, Steckenpferde, alles probieren wir durch, um zuletzt auszurufen, daß alles eitel sei. Niemand entsetzt sich vor diesem falschen, ja gotteslästerlichen Spruch, ja man glaubt etwas Weises und Unwiderlegliches gesagt zu haben. Nur wenige Menschen gibt es, die diese unerträgliche Empfindung vorausahnden, und, um allen partiellen Resignationen auszuweichen, sich ein für allemal im ganzen resignieren.

Diese überzeugen sich von dem Ewigen, Notwendigen, Gesetzlichen, und suchen sich solche Begriffe zu bilden, welche unverwüstlich sind, ja durch die Betrachtung des Vergänglichen nicht aufgehoben, sondern vielmehr bestätigt werden. Weil aber hierin wirklich etwas Übermenschliches liegt, so werden solche Personen gewöhnlich für Unmenschen gehalten, für Gott- und Weltlose; ja man weiß nicht, was man ihnen alles für Hörner und Klauen andichten soll.

Mein Zutrauen auf Spinoza ruhte auf der friedlichen Wirkung, die er in mir hervorbrachte, und es vermehrte sich nur, als man meine werten Mystiker des Spinozismus anklagte; als ich erfuhr, daß Leibniz selbst diesem Vorwurf nicht entgehen können, ja daß Boerhaave, wegen gleicher Gesinnungen verdächtig, von der Theologie zur Medizin übergehen müssen.

Denke man aber nicht, daß ich seine Schriften hätte unterschreiben und mich dazu buchstäblich bekennen mögen. Denn daß niemand den andern versteht, daß keiner bei denselben Worten dasselbe was der andere denkt, daß ein Gespräch, eine Lektüre bei verschiedenen Personen verschiedene Gedankenfolgen aufregt, hatte ich schon allzu deutlich eingesehn, und man wird dem Verfasser von „Werther" und „Faust" wohl zutrauen, daß er, von solchen Mißverständnissen tief durchdrungen, nicht selbst den Dünkel gehegt, einen Mann vollkommen zu verstehen, der, als Schüler von Descartes, durch mathematische und rabbinische Kultur sich zu dem Gipfel des Denkens hervorgehoben, der bis auf den heutigen Tag noch das Ziel aller spekulativen Bemühungen zu sein scheint.

Was ich mir aber aus ihm zugeeignet, würde sich deutlich genug darstellen, wenn der Besuch, den der ewige Jude bei Spinoza abgelegt, und den ich als ein wertes Ingrediens zu jenem Gedichte mir ausgedacht hatte, niedergeschrieben übrig geblieben wäre. Ich gefiel mir aber in dem Gedanken so wohl, und beschäftigte mich im stillen so gern damit, daß ich nicht dazu gelangte, etwas aufzuschreiben; dadurch erweiterte sich aber der Einfall, der als vorübergehender Scherz nicht ohne Verdienst gewesen wäre, dergestalt, daß er seine Anmut verlor und ich ihn als lästig aus dem Sinne schlug. Insofern mir aber die Hauptpunkte jenes Verhältnisses zu Spinoza unvergeßlich geblieben sind, indem sie eine große Wirkung auf die Folge meines Lebens ausübten, will ich so kurz und bündig als möglich eröffnen und darstellen.

Die Natur wirkt nach ewigen, notwendigen, dergestalt göttlichen Gesetzen, daß die Gottheit selbst daran nichts ändern könnte. Alle Menschen sind hierin, unbewußt, vollkommen einig. Man bedenke, wie eine Naturerscheinung, die auf Verstand, Vernunft, ja auch nur auf Willkür deutet, uns Erstaunen, ja Entsetzen bringt.

Wenn sich in Tieren etwas Vernunftähnliches hervortut, so können wir uns von unserer Verwunderung nicht erholen: denn ob sie uns gleich so nahe stehen, so scheinen sie doch durch eine unendliche Kluft von uns getrennt und in das Reich der Notwendigkeit verwiesen. Man kann es daher jenen Denkern nicht übelnehmen, welche die unendlich kunstreiche aber doch genau beschränkte Technik jener Geschöpfe für ganz maschinenmäßig erklärten.

Wenden wir uns zu den Pflanzen, so wird unsre Behauptung noch auffallender bestätigt. Man gebe sich Rechenschaft von der Empfindung, die uns ergreift, wenn die berührte Mimosa ihre gefiederten Blätter paarweise zusammen faltet, und endlich das Stielchen wie an einem Gewerbe niederklappt. Noch höher steigt jene Empfindung, der ich keinen Namen geben will, bei Betrachtung des Hedysarum gyrans, das seine Blättchen, ohne sichtlich äußere Veranlassung, auf und nieder senkt und mit sich selbst, wie mit unsern Begriffen, zu spielen scheint. Denke man sich einen Pisang, dem diese Gabe zugeteilt wäre, so daß er die ungeheuren Blätterschirme für sich selbst wechselsweise niedersenkte und aufhübe, jedermann, der es zum erstenmal sähe, würde vor Entsetzen zurücktreten. So eingewurzelt ist bei uns der Begriff unsrer eignen Vorzüge, daß wir ein für allemal der Außenwelt keinen Teil daran gönnen mögen, ja daß wir dieselben, wenn es nur anginge, sogar unsresgleichen gerne verkümmerten.

Ein ähnliches Entsetzen überfällt uns dagegen, wenn wir den Menschen unvernünftig gegen allgemein anerkannte sittliche Gesetze, unverständig gegen seinen eignen und fremden Vorteil handeln sehen. Um das Grauen loszuwerden, das wir dabei empfinden, verwandeln wir es sogleich in Tadel, in Abscheu und wir suchen uns von einem solchen Menschen entweder wirklich oder in Gedanken zu befreien.

Diesen Gegensatz, welchen Spinoza so kräftig heraushebt, wendete ich aber auf mein eignes Wesen sehr wunderlich an, und das Vorhergesagte soll eigentlich nur dazu dienen, um das, was folgt, begreiflich zu machen.

Ich war dazu gelangt, das mir inwohnende dichterische Talent ganz als Natur zu betrachten, um so mehr, als ich darauf gewiesen war, die äußere Natur als den Gegenstand desselben anzusehen. Die Ausübung dieser Dichtergabe konnte zwar durch Veranlassung erregt und bestimmt werden; aber am freudigsten und reichlichsten trat sie unwillkürlich, ja wider Willen hervor.

Durch Feld und Wald zu schweifen,
Mein Liedchen weg zu pfeifen,
So ging's den ganzen Tag.

Auch beim nächtlichen Erwachen trat derselbe Fall ein, und ich hatte oft Lust, wie einer meiner Vorgänger, mir ein ledernes Wams machen zu lassen, und mich zu gewöhnen, im Finstern, durchs Gefühl, das, was unvermutet hervorbrach, zu fixieren. Ich war so gewohnt, mir ein Liedchen vorzusagen, ohne es wieder zusammen finden zu können, daß ich einigemal an den Pult rannte und mir nicht die Zeit nahm, einen quer liegenden Bogen zurecht zu rücken, sondern das Gedicht von Anfang bis zu Ende, ohne mich von der Stelle zu rühren, in der Diagonale herunterschrieb. In eben diesem Sinne griff ich weit lieber zu dem Bleistift, welcher williger die Züge hergab: denn es war mir einigemal begegnet, daß das Schnarren und Spritzen der

Feder mich aus meinem nachtwandlerischen Dichten aufweckte, mich zerstreute und ein kleines Produkt in der Geburt erstickte. Für solche Poesien hatte ich eine besondere Ehrfurcht, weil ich mich doch ohngefähr gegen dieselben verhielt, wie die Henne gegen die Küchlein, die sie ausgebrütet um sich her piepsen sieht. Meine frühere Lust, diese Dinge nur durch Vorlesungen mitzuteilen, erneute sich wieder, sie aber gegen Geld umzutauschen schien mir abscheulich.

Hiebei will ich eines Falles gedenken, der zwar später eintrat. Als nämlich meinen Arbeiten immer mehr nachgefragt, ja eine Sammlung derselben verlangt wurde, jene Gesinnungen aber mich abhielten, eine solche selbst zu veranstalten; so benutzte Himburg mein Zaudern, und ich erhielt unerwartet einige Exemplare meiner zusammengedruckten Werke. Mit großer Frechheit wußte sich dieser unberufene Verleger eines solchen dem Publikum erzeigten Dienstes gegen mich zu rühmen und erbot sich, mir dagegen, wenn ich es verlangte, etwas Berliner Porzellan zu senden. Bei dieser Gelegenheit mußte mir einfallen, daß die Berliner Juden, wenn sie sich verheurateten, eine gewisse Partie Porzellan nehmen mußten, damit die königliche Fabrik einen sichern Absatz hätte. Die Verachtung, welche daraus gegen den unverschämten Nachdrucker entstand, ließ mich den Verdruß übertragen, den ich bei diesem Raub empfinden mußte. Ich antwortete ihm nicht, und indessen er sich an meinem Eigentum gar wohl behaben mochte, rächte ich mich im stillen mit folgenden Versen:

Holde Zeugen süß verträumter Jahre,
Falbe Blumen, abgeweihte Haare,
Schleier, leicht geknickt, verblichne Bänder,
Abgeklungener Liebe Trauerpfänder,
Schon gewidmet meines Herdes Flammen,
Rafft der freche Sosias zusammen,
Eben als wenn Dichterwerk und Ehre
Ihm durch Erbschaft zugefallen wäre;
Und mir Lebenden soll sein Betragen
Wohl am Tee- und Kaffeetisch behagen?
Weg das Porzellan, das Zuckerbrot!
Für die Himburgs bin ich tot.

Da jedoch eben die Natur, die dergleichen größere und kleinere Werke unaufgefordert in mir hervorbrachte, manchmal in großen Pausen ruhte und ich in einer großen Zeitstrecke selbst mit Willen nichts hervorzubringen imstande war, und daher öfters Langeweile empfand; so trat mir bei jenem strengen Gegensatz der Gedanke entgegen, ob ich nicht von der andern Seite das, was menschlich, vernünftig und verständig an mir sei, zu meinem und anderer Nutzen und Vorteil gebrauchen und die Zwischenzeit, wie ich es ja auch schon getan und wie ich immer stärker aufgefordert wurde, den Weltgeschäften widmen und dergestalt nichts von meinen Kräften ungebraucht lassen sollte? Ich fand dieses, was aus jenen allgemeinen Begriffen hervorzugehen schien, mit meinem Wesen, mit meiner Lage so übereinstimmend, daß ich den Entschluß faßte, auf diese Weise zu handeln und mein bisheriges Schwanken und Zaudern dadurch zu bestimmen. Sehr angenehm war mir zu denken, daß ich für wirkliche Dienste von den Menschen auch reellen Lohn fordern; jene liebliche Naturgabe dagegen als ein Heiliges uneigennützig auszuspenden fortfahren dürfte. Durch diese Betrachtung rettete ich mich von der Bitterkeit, die sich in mir hätte erzeugen können, wenn ich bemerken mußte, daß gerade das so sehr gesuchte und bewunderte Talent in Deutschland als außer dem Gesetz und vogelfrei behandelt werde. Denn nicht allein in Berlin hielt man den Nachdruck für etwas Zulässiges, ja Lustiges, sondern der ehrwürdige, wegen seiner Regententugenden gepriesene Markgraf von Baden, der zu so vielen Hoffnungen berechtigende Kaiser Joseph begünstigten, jener seinen Macklot, dieser seinen Edlen von Trattner, und es war ausgesprochen, daß die Rechte, sowie das Eigentum des Genies dem Handwerker und Fabrikanten unbedingt preisgegeben seien.

Als wir uns einst hierüber bei einem besuchenden Badenser beklagten, erzählte er uns folgende Geschichte. Die Frau Markgräfin, als eine tätige Dame, habe auch eine Papierfabrik angelegt, die Ware sei aber so schlecht geworden, daß man sie nirgends habe unterbringen können. Darauf habe Buchhändler Macklot den Vorschlag getan, die deutschen Dichter und Prosaisten auf dieses Papier abzudrucken, um dadurch seinen Wert in etwas zu erhöhen. Mit beiden Händen habe man dieses angenommen.

Wir erklärten zwar diese böse Nachrede für ein Märchen, ergötzten uns aber doch daran. Der Name Macklot ward zu gleicher Zeit für einen Schimpfnamen erklärt und bei schlechten Begebenheiten wiederholt gebraucht. Und so fand sich eine leichtsinnige Jugend, welche gar manchmal borgen mußte, indes die Niederträchtigkeit sich an ihren Talenten bereicherte, durch ein paar gute Einfälle hinreichend entschädigt.

Glückliche Kinder und Jünglinge wandeln in einer Art von Trunkenheit vor sich hin, die sich dadurch besonders bemerklich macht, daß die Guten, Unschuldigen das Verhältnis der jedesmaligen Umgebung kaum zu bemerken, noch weniger anzuerkennen wissen. Sie sehen die Welt als einen Stoff an, den sie bilden, als einen Vorrat, dessen sie sich bemächtigen sollen. Alles gehört ihnen an, ihrem Willen scheint alles durchdringlich; gar oft verlieren sie sich deshalb in einem wilden wüsten Wesen. Bei den Bessern jedoch entfaltet sich diese Richtung zu einem sittlichen Enthusiasmus, der sich nach Gelegenheit zu irgend einem wirklichen oder scheinbaren Guten aus eignem Triebe hinbewegt, sich aber auch öfters leiten, führen und verführen läßt.

Der Jüngling, von dem wir uns unterhalten, war in einem solchen Falle, und wenn er den Menschen auch seltsam vorkam, so erschien er doch gar manchem willkommen. Gleich bei dem ersten Zusammentreten fand man einen unbedingten Freisinn, eine heitere Offenherzigkeit im Gespräch, und ein gelegentliches Handeln ohne Bedenken. Von letzterem einige Geschichtchen.

In der sehr eng in einander gebauten Judengasse war ein heftiger Brand entstanden. Mein allgemeines Wohlwollen, die daraus entspringende Lust zu tätiger Hülfe trieb mich, gut angekleidet wie ich ging und stand, dahin. Man hatte von der Allerheiligengasse her durchgebrochen, an diesen Zugang verfügt ich mich; ich fand daselbst eine große Anzahl Menschen mit Wassertragen beschäftigt, mit vollen

Eimern sich hin drängend, mit leeren herwärts. Ich sah gar bald, daß, wenn man eine Gasse bildete, wo man die Eimer herauf- und herabreichte, die Hülfe die doppelte sein würde. Ich ergriff zwei volle Eimer und blieb stehen, rief andere an mich heran, den Kommenden wurde die Last abgenommen und die Rückkehrenden reihten sich auf der andern Seite. Die Anstalt fand Beifall, mein Zureden und persönliche Teilnahme ward begünstigt und die Gasse, vom Eintritt bis zum brennenden Ziele, war bald vollendet und geschlossen. Kaum aber hatte die Heiterkeit, womit dieses geschehen, eine frohe, man kann sagen eine lustige Stimmung in dieser lebendigen, zweckmäßig wirkenden Maschine aufgeregt, als der Mutwille sich schon hervortat und der Schadenfreude Raum gab. Armselige Flüchtende, ihre jammervolle Habe auf dem Rücken schleppend, mußten, einmal in die bequeme Gasse geraten, unausweichlich hindurch und blieben nicht unangefochten. Mutwillige Knabenjünglinge spritzten sie an und fügten Verachtung und Unart noch dem Elend hinzu. Gleich aber, durch mäßiges Zureden und rednerische Strafworte, mit Rücksicht wahrscheinlich auf meine reinlichen Kleider, die ich vernachlässigte, ward der Frevel eingestellt.

Neugierige meiner Freunde waren herangetreten, den Unfall zu beschauen, und schienen verwundert, ihren Gesellen in Schuhen und seidenen Strümpfen – denn anders ging man damals nicht – in diesem feuchten Geschäfte zu sehen. Wenige konnt' ich heranziehen, andere lachten und schüttelten die Köpfe. Wir hielten lange stand, denn bei manchen Abtretenden verstanden sich auch manche dazu, sich anzuschließen; viele Schaulustige folgten aufeinander, und so ward mein unschuldiges Wagnis vielen bekannt, und die wunderliche Lizenz mußte zur Stadtgeschichte des Tags werden.

Ein solcher Leichtsinn im Handeln nach irgend einer gutmütigen heitern Grille, hervortretend aus einem glücklichen Selbstgefühl, was von den Menschen leicht als Eitelkeit getadelt wird, machte unsern Freund auch noch durch andere Wunderlichkeiten bemerklich.

Ein sehr harter Winter hatte den Main völlig mit Eis bedeckt und in einen festen Boden verwandelt. Der lebhafteste, notwendige und lustig gesellige Verkehr regte sich auf dem Eise. Grenzenlose Schrittschuhbahnen, glattgefrorne weite Stellen wimmelten von bewegter Versammlung. Ich fehlte nicht vom frühen Morgen an und war also, wie späterhin meine Mutter, dem Schauspiel zuzusehen, angefahren kam, als leichtgekleidet wirklich durchgefroren. Sie saß im Wagen in ihrem roten Sammetpelze, der, auf der Brust mit starken goldnen Schnüren und Quasten zusammengehalten, ganz stattlich aussah. „Geben Sie mir, liebe Mutter, Ihren Pelz!" rief ich aus dem Stegreife, ohne mich weiter besonnen zu haben, „mich friert grimmig." Auch sie bedachte nichts weiter; im Augenblick hatte ich den Pelz an, der, purpurfarb bis an die Waden reichend, mit Zobel verbrämt und mit Gold geschmückt, zu der braunen Pelzmütze, die ich trug, gar nicht übel kleidete. So fuhr ich sorglos auf und ab, auch war das Gedränge so groß, daß man die seltene Erscheinung nicht einmal sonderlich bemerkte, obschon einigermaßen: denn man rechnete mir sie später unter meinen Anomalien im Ernst und Scherze wohl einmal wieder vor.

Nach solchen Erinnerungen eines glücklichen unbedachten Handelns schreiten wir an dem eigentlichen Faden unsrer Erzählung fort.

Ein geistreicher Franzos hat schon gesagt: wenn irgend ein guter Kopf die Aufmerksamkeit des Publikums durch ein verdienstliches Werk auf sich gezogen hat, so tut man das möglichste, um zu verhindern, daß er jemals dergleichen wieder hervorbringt.

Es ist so wahr: irgend etwas Gutes, Geistreiches wird in stiller abgesonderter Jugend hervorgebracht, der Beifall wird erworben, aber die Unabhängigkeit verloren, man zerrt das konzentrierte Talent in die Zerstreuung, weil man denkt, man könne von seiner Persönlichkeit etwas abzupfen und sich zueignen.

In diesem Sinne erhielt ich manche Einladungen, oder nicht so wohl Einladungen. Ein Freund, ein Bekannter schlug mir vor, gar oft mehr als dringend, mich da oder dort einzuführen.

Der quasi Fremde, angekündigt als Bär, wegen oftmaligen unfreundlichen Abweisens, dann wieder als Hurone Voltaires, Cumberlands Westindier, als Naturkind bei so vielen Talenten, erregte die Neugierde, und so beschäftigte man sich in verschiedenen Häusern mit schicklichen Negotiationen, ihn zu sehen.

Unter andern ersuchte mich ein Freund eines Abends, mit ihm ein kleines Konzert zu besuchen, welches in einem angesehnen reformierten Handelshause gegeben wurde. Es war schon spät, doch weil ich alles aus dem Stegreife liebte, folgte ich ihm, wie gewöhnlich anständig angezogen. Wir treten in ein Zimmer gleicher Erde, in das eigentliche geräumige Wohnzimmer. Die Gesellschaft war zahlreich, ein Flügel stand in der Mitte, an den sich sogleich die einzige Tochter des Hauses niedersetzte und mit bedeutender Fertigkeit und Anmut spielte. Ich stand am unteren Ende des Flügels, um ihre Gestalt und Wesen nahe genug bemerken zu können; sie hatte etwas Kindartiges in ihrem Betragen, die Bewegungen, wozu das Spiel sie nötigte, waren ungezwungen und leicht.

Nach geendigter Sonate trat sie ans Ende des Pianos gegen mir über, wir begrüßten uns ohne weitere Rede, denn ein Quartett war schon angegangen. Am Schluß trat ich etwas näher und sagte einiges Verbindliche: wie sehr es mich freue, daß die erste Bekanntschaft mich auch zugleich mit ihrem Talent bekannt gemacht habe. Sie wußte gar artig meine Worte zu erwidern, behielt ihre Stellung und ich die meinige. Ich konnte bemerken, daß sie mich aufmerksam betrachtete und daß ich ganz eigentlich zur Schau stand, welches ich mir gar wohl konnte gefallen lassen, da man mir auch etwas gar Anmutiges zu schauen gab. Indessen blickten wir einander an, und ich will nicht leugnen, daß ich eine Anziehungskraft von der sanftesten Art zu empfinden glaubte. Das Hin- und Herwogen der Gesellschaft und ihrer Leistungen verhinderte jedoch jede andere Art von Annäherung diesen Abend. Doch muß ich eine angenehme Empfindung gestehen, als die Mutter beim Abschied zu erkennen gab, sie hofften mich bald wieder zu sehen, und die Tochter mit einiger Freundlichkeit einzustimmen schien. Ich verfehlte nicht, nach schicklichen Pausen, meinen Besuch zu wiederholen, da sich denn ein heiteres verständiges Gespräch bildete, welches kein leidenschaftliches Verhältnis zu weissagen schien.

Indessen brachte die einmal eingeleitete Gastfreiheit unsres Hauses den guten Eltern und mir selbst manche Unbequemlichkeit; in meiner Richtung, die immer darauf hinging, das Höhere gewahr zu werden, es zu erkennen, es zu fördern und wo möglich solches nachbildend zu gestalten, war ich dadurch in nichts weiter gebracht. Die Menschen, insofern sie gut waren, waren fromm, und, insofern sie tätig waren, unklug und oft ungeschickt. Jenes konnte mir nichts helfen, und dieses verwirrte mich; einen merkwürdigen Fall habe ich sorgfältig niedergeschrieben.

Im Anfang des Jahres 1775 meldete Jung, nachher Stilling genannt, vom Niederrhein, daß er nach Frankfurt komme, berufen, eine bedeutende Augenkur daselbst vorzunehmen; er war mir und meinen Eltern willkommen, und wir boten ihm das Quartier an.

Herr von Lersner, ein würdiger Mann in Jahren, durch Erziehung und Führung fürstlicher Kinder, verständiges Betragen bei Hof und auf Reisen überall geschätzt, erduldete schon lange das Unglück einer völligen Blindheit, doch konnte seine Sehnsucht nach Hülfe nicht ganz erlöschen. Nun hatte Jung seit einigen Jahren mit gutem Mut und frommer Dreistigkeit viele Staroperationen am Niederrhein vollbracht und sich dadurch einen ausgebreiteten Ruf erworben; Redlichkeit seiner Seele, Zuverlässigkeit des Charakters und reine Gottesfurcht bewirkten ihm ein allgemeines Zutrauen, dieses verbreitete sich stromaufwärts auf dem Wege vielfacher Handelsverbindungen. Herr von Lersner und die Seinigen, beraten von einem einsichtigen Arzte, entschlossen sich, den glücklichen Augenarzt kommen zu lassen, wenn schon ein Frankfurter Kaufmann, an dem die Kur mißglückt war, ernstlich abriet; aber was bewies auch ein einzelner Fall gegen so viele gelungene! Doch Jung kam, nunmehr angelockt durch eine bedeutende Belohnung, deren er gewöhnlich bisher entbehrt hatte; er kam, seinen Ruf zu vermehren, getrost und freudig, und wir wünschten uns Glück zu einem so wackern und heitern Tischgenossen.

Nach mehreren ärztlichen Vorbereitungen ward nun endlich der Star auf beiden Augen gestochen; wir waren höchst gespannt, es hieß, der Patient habe nach der Operation sogleich gesehen, bis der Verband das Tageslicht wieder abgehalten. Allein es ließ sich bemerken, daß Jung nicht heiter war und daß ihm etwas auf dem Herzen lag; wie er mir denn auch auf weiteres Nachforschen bekannte, daß er wegen Ausgang der Kur in Sorgen sei. Gewöhnlich, und ich hatte selbst in Straßburg mehrmals zugesehen, schien nichts leichter in der Welt zu sein, wie es denn auch Stillingen hundertmal gelungen war. Nach vollbrachtem schmerzlosen Schnitt durch die unempfindliche Hornhaut sprang bei dem gelindesten Druck die trübe Linse von selbst heraus, der Patient erblickte sogleich die Gegenstände und mußte sich nur mit verbundenen Augen gedulden, bis eine vollbrachte Kur ihm erlaubte, sich des köstlichen Organs nach Willen und Bequemlichkeit zu bedienen. Wie mancher Arme, dem Jung dieses Glück verschafft, hatte dem Wohltäter Gottessegen und Belohnung von oben herabgewünscht, welche nun durch diesen reichen Mann abgetragen werden sollte.

Jung bekannte, daß es diesmal so leicht und glücklich nicht hergegangen: die Linse sei nicht herausgesprungen, er habe sie holen und zwar, weil sie angewachsen, ablösen müssen; dies sei nun nicht ohne einige Gewalt geschehen. Nun machte er sich Vorwürfe, daß er auch das andere Auge operiert habe. Allein man hatte sich so fest vorgesetzt, beide zugleich vorzunehmen, an eine solche Zufälligkeit hatte man nicht gedacht und, da sie eingetreten, sich nicht sogleich erholt und besonnen. Genug, die zweite Linse kam nicht von selbst, sie mußte auch mit Unstatten abgelöst und herausgeholt werden.

Wie übel ein so gutmütiger, wohlgesinnter, gottesfürchtiger Mann in einem solchen Falle dran sei, läßt keine Beschreibung noch Entwicklung zu; etwas Allgemeines über eine solche Sinnesart steht vielleicht hier am rechten Platze.

Auf eigene moralische Bildung loszuarbeiten, ist das Einfachste und Tulichste, was der Mensch vornehmen kann; der Trieb dazu ist ihm angeboren; er wird durch Menschenverstand und Liebe dazu im bürgerlichen Leben geleitet, ja gedrängt.

Stilling lebte in einem sittlich religiosen Liebesgefühl; ohne Mitteilung, ohne guten Gegenwillen konnte er nicht existieren, er forderte wechselseitige Neigung; wo man ihn nicht kannte, war er still, wo man den Bekannten nicht liebte, war er traurig; deswegen befand er sich am besten mit solchen wohlgesinnten Menschen, die in einem beschränkten ruhigen Berufskreise mit einiger Bequemlichkeit sich zu vollenden beschäftigt sind.

Diesen gelingt nun wohl, die Eitelkeit abzutun, dem Bestreben nach äußerer Ehre zu entsagen, Behutsamkeit im Sprechen sich anzueignen, gegen Genossen und Nachbarn ein freundliches gleiches Betragen auszuüben.

Oft liegt hier eine dunkle Geistesform zum Grunde, durch Individualität modifiziert; solche Personen, zufällig angeregt, legen große Wichtigkeit auf ihre empirische Laufbahn, man hält alles für übernatürliche Bestimmung, mit der Überzeugung, daß Gott unmittelbar einwirke.

Dabei ist im Menschen eine gewisse Neigung, in seinem Zustand zu verharren, zugleich aber auch sich stoßen und führen zu lassen, und eine gewisse Unentschlossenheit, selbst zu handeln; diese vermehrt sich, bei Mißlingen der verständigsten Plane, sowie durch zufälliges Gelingen günstig zusammentreffender unvorhergesehener Umstände.

Wie nun durch eine solche Lebensweise ein aufmerksames männliches Betragen verkümmert wird, so ist die Art, in einen solchen Zustand zu gelangen, gleichfalls gefährlich.

Wovon sich nun solche Sinnesverwandten am liebsten unterhalten, sind die sogenannten Erweckungen, Sinnesänderungen, denen wir ihren psychologischen Wert nicht absprechen. Es sind eigentlich, was wir in wissenschaftlichen und poetischen Angelegenheiten Aperçus nennen: das Gewahrwerden einer großen Maxime, welches immer eine genialische Geistesoperation ist; man kommt durch Anschauen dazu, weder durch Nachdenken noch durch Lehre oder Überlieferung. Hier ist es das Gewahrwerden der moralischen Kraft, die im Glauben ankert und so in stolzer Sicherheit mitten auf den Wogen sich empfinden wird.

Ein solches Aperçu gibt dem Entdecker die größte Freude, weil es auf originelle Weise nach dem Unendlichen hindeutet, es bedarf keiner Zeitfolge zur Überzeugung, es entspringt ganz und vollendet im Augenblick; daher das gutmütige altfranzösische Reimwort:

En peu d'heure
Dieu labeure.

Äußere Anstöße bewirken oft das gewaltsame Losbrechen solcher Sinnesänderung, man glaubt Zeichen und Wunder zu schauen.

Zutrauen und Liebe verband mich aufs herzlichste mit Stilling; ich hatte doch auch gut und glücklich auf seinen Lebensgang eingewirkt, und es war ganz seiner Natur gemäß, alles, was für ihn geschah, in einem dankbaren feinen Herzen zu behalten; aber sein Umgang war mir in meinem damaligen Lebensgange weder erfreulich noch förderlich. Zwar überließ ich gern einem jeden, wie er sich das Rätsel seiner Tage zurechtlegen und ausbilden wollte, aber die Art, auf einem abenteuerlichen Lebensgange alles, was uns vernünftigerweise Gutes begegnet, einer unmittelbaren göttlichen Einwirkung zuzuschreiben, schien mir doch zu anmaßlich, und die Vorstellungsart, daß alles, was aus unserm Leichtsinn und Dünkel, übereilt oder vernachlässigt, schlimme, schwer zu übertragende Folgen hat, gleichfalls für eine göttliche Pädagogik zu halten, wollte mir auch nicht in den Sinn. Ich konnte also den guten Freund nur anhören, ihm aber nichts Erfreuliches erwidern; doch ließ ich ihn, wie so viele andere, gern gewähren und schützte ihn später wie früher, wenn man, gar zu weltlich gesinnt, sein zartes Wesen zu verletzen sich nicht scheute. Daher ich ihm auch den Einfall eines schalkischen Mannes nicht zu Ohren kommen ließ, der einmal ganz ernsthaft ausrief: „Nein! fürwahr, wenn ich mit Gott so gut stünde wie Jung, so würde ich das höchste Wesen nicht um Geld bitten, sondern um Weisheit und guten Rat, damit ich nicht so viel dumme Streiche machte, die Geld kosten und elende Schuldenjahre nach sich ziehen."

Denn freilich war zu solchem Scherz und Frevel jetzt nicht die Zeit. Zwischen Furcht und Hoffnung gingen mehrere Tage hin; jene wuchs, diese schwand und verlor sich gänzlich; die Augen des braven geduldigen Mannes entzündeten sich, und es blieb kein Zweifel, daß die Kur mißlungen sei.

Der Zustand, in den unser Freund dadurch geriet, läßt keine Schilderung zu; er wehrte sich gegen die innerste tiefste Verzweiflung von der schlimmsten Art. Denn was war nicht in diesem Falle verloren! zuvörderst der größte Dank des zum Lichte wieder Genesenen, das Herrlichste, dessen sich der Arzt nur erfreuen kann, das Zutrauen so vieler andern Hülfsbedürftigen, der Kredit, indem die gestörte Ausübung dieser Kunst eine Familie im hülflosen Zustande zurückließ. Genug, wir spielten das unerfreuliche Drama Hiobs von Anfang bis zu Ende durch, da denn der treue Mann die Rolle der scheltenden Freunde selbst übernahm. Er wollte diesen Vorfall als Strafe bisheriger Fehler ansehen; es schien ihm, als habe er die ihm zufällig überkommenen Augenmittel frevelhaft als göttlichen Beruf zu diesem Geschäft betrachtet; er warf sich vor, dieses höchst wichtige Fach nicht durch und durch studiert, sondern seine Kuren nur so obenhin auf gut Glück behandelt zu haben; ihm kam augenblicklich vor die Seele, was Mißwollende ihm nachgeredet, er geriet in Zweifel, ob dies auch nicht Wahrheit sei, und dergleichen schmerzte um so tiefer, als er sich den für fromme Menschen so gefährlichen Leichtsinn, leider auch wohl Dünkel und Eitelkeit, in seinem Lebensgange mußte zuschulden kommen lassen. In solchen Augenblicken verlor er sich selbst, und wie wir uns auch verständigen mochten, wir gelangten doch nur zuletzt auf das vernünftignotwendige Resultat: daß Gottes Ratschlüsse unerforschlich seien.

In meinem vorstrebend heitern Sinne wäre ich noch mehr verletzt gewesen, hätte ich nicht, nach herkömmlicher Weise, diese Seelenzustände ernster freundlicher Betrachtung unterworfen und sie mir nach meiner Weise zurecht gelegt; nur betrübte es mich, meine gute Mutter für ihre Sorgfalt und häusliche Bemühung so übel belohnt zu sehen; sie empfand es jedoch nicht bei ihrem unablässig tätigen Gleichmut. Der Vater dauerte mich am meisten. Um meinetwillen hatte er einen streng geschlossenen Haushalt mit Anstand erweitert und genoß besonders bei Tisch, wo die Gegenwart von Fremden auch einheimische Freunde und immer wieder sonstige Durchreisende heranzog, sehr gern eines muntern, ja paradoxen Gespräches, da ich ihm denn, durch allerlei dialektisches Klopffechten, großes Behagen und ein freundliches Lächeln bereitete: denn ich hatte die gottlose Art, alles zu bestreiten, aber nur insofern hartnäckig, daß derjenige, der recht behielt, auf alle Fälle lächerlich wurde. Hieran war nun in den letzten Wochen gar nicht zu denken, denn die glücklichsten heitersten Ereignisse, veranlaßt durch wohlgelungene Nebenkuren des durch die Hauptkur so unglücklichen Freundes, konnten nicht greifen, viel weniger der traurigen Stimmung eine andere Wendung geben.

Denn so machte uns im einzelnen ein alter blinder Betteljude aus dem Isenburgischen zu lachen, der, in dem höchsten Elend nach Frankfurt geführt, kaum ein Obdach, kaum eine kümmerliche Nahrung und Wartung finden konnte, dem aber die zähe orientalische Natur so gut nachhalf, daß er, vollkommen und ohne die mindeste Beschwerde, sich mit Entzücken geheilt sah. Als man ihn fragte: ob die Operation geschmerzt habe? so sagte er nach der hyperbolischen Weise: „Wenn ich eine Million Augen hätte, so wollte ich sie jedesmal für ein halb Kopfstück, sämtlich, nach und nach operieren lassen.“ Bei seinem Abwandern betrug er sich in der Fahrgasse ebenso exzentrisch, er dankte Gott auf gut alttestamentlich, pries den Herren und den Wundermann, seinen Gesandten. So schritt er, in dieser langen gewerbreichen Straße, langsam der Brücke zu. Verkäufer und Käufer traten aus den Läden heraus, überrascht durch einen so seltenen frommen, leidenschaftlich vor aller Welt ausgesprochenen Enthusiasmus; alle waren angeregt zur Teilnahme, dergestalt daß er, ohne irgend zu fordern oder zu heischen, mit reichlichen Gaben zur Wegezehrung beglückt wurde.

Eines solchen heitern Vorfalls durfte man in unserm Kreise aber kaum erwähnen; denn, wenn der Ärmste, in seiner sandigen Heimat über Main, in häuslichem Elend höchst glücklich gedacht werden konnte, so vermißte dagegen ein Wohlhabender, Würdiger diesseits das unschätzbare, zunächst gehoffte Behagen.

Kränkend war daher für unsern guten Jung der Empfang der tausend Gulden, die, auf jeden Fall bedungen, von großmütigen Menschen edel bezahlt wurden. Diese Barschaft sollte bei seiner Rückkehr einen Teil der Schulden auslöschen, die auf traurigen, ja unseligen Zuständen lasteten.

Und so schied er trostlos von uns, denn er sah zurückkehrend den Empfang einer sorglichen Frau, das veränderte Begegnen von wohldenkenden Schwiegereltern, die sich, als Bürgen für so manche Schulden des allzu zuversichtlichen Mannes, in der Wahl eines Lebensgefährten für ihre Tochter vergriffen zu haben glauben konnten. Hohn und Spott der ohnehin im Glücke schon Mißwollenden konnte er in diesem und jenem Hause, aus diesem und jenem Fenster schon voraussehen; eine durch seine Abwesenheit schon verkümmerte, durch diesen Unfall in ihren Wurzeln bedrohte Praxis mußte ihn äußerst ängstigen.

So entließen wir ihn, von unserer Seite jedoch nicht ganz ohne Hoffnung; denn seine tüchtige Natur, gestützt auf den Glauben an übernatürliche Hülfe, mußte seinen Freunden eine stillbescheidene Zuversicht einflößen.

SIEBZEHNTES BUCH

Wenn ich die Geschichte meines Verhältnisses zu Lili wieder aufnehme, so hab' ich mich zu erinnern, daß ich die angenehmsten Stunden teils in Gegenwart ihrer Mutter, teils allein mit ihr zubrachte. Man traute mir aus meinen Schriften Kenntnis des menschlichen Herzens, wie man es damals nannte, zu, und in diesem Sinne waren unsre Gespräche sittlich interessant auf jede Weise.

Wie wollte man sich aber von dem Innern unterhalten, ohne sich gegenseitig aufzuschließen? Es währte daher nicht lange, daß sie mir in ruhiger Stunde die Geschichte ihrer Jugend erzählte. Sie war im Genuß aller geselligen Vorteile und Weltvergnügungen aufgewachsen. Sie schilderte mir ihre Brüder, ihre Verwandten, sowie die nächsten Zustände; nur ihre Mutter blieb in einem ehrwürdigen Dunkel.

Auch kleiner Schwächen wurde gedacht, und so konnte sie nicht leugnen, daß sie eine gewisse Gabe anzuziehen an sich habe bemerken müssen, womit zugleich eine gewisse Eigenschaft fahren zu lassen verbunden sei. Hiedurch gelangten wir im Hin- und Widerreden auf den bedenklichen Punkt, daß sie diese Gabe auch an mir geübt habe, jedoch bestraft worden sei, indem sie auch von mir angezogen worden.

Diese Geständnisse gingen aus einer so reinen kindhaften Natur hervor, daß sie mich dadurch aufs allerstrengste sich zu eigen machte.

Ein wechselseitiges Bedürfnis, eine Gewohnheit sich zu sehen, trat nun ein; wie hätt' ich aber manchen Tag, manchen Abend bis in die Nacht hinein entbehren müssen, wenn ich mich nicht hätte entschließen können, sie in ihren Zirkeln zu sehen!

Mein Verhältnis zu ihr war von Person zu Person, zu einer schönen, liebenswürdigen, gebildeten Tochter; es glich meinen früheren Verhältnissen, und war noch höherer Art. An die Äußerlichkeiten jedoch, an das Mischen und Wiedermischen eines geselligen Zustandes hatte ich nicht gedacht. Ein unbezwingliches Verlangen war eingetreten; ich konnte nicht ohne sie, sie nicht ohne mich sein; aber in den Umgebungen und bei den Einwirkungen einzelner Glieder ihres Kreises, was ergaben sich da oft für Mißtage und Fehlstunden!

Die Geschichte von Lustpartien, die zur Unlust ausliefen; ein retardierender Bruder, mit dem ich nachfahren sollte, welcher seine Geschäfte erst mit der größten Gelassenheit, ich weiß nicht ob mit Schadenfreude, langsamst vollendete und dadurch die ganze wohldurchdachte Verabredung verdarb, auch sonstiges Antreffen und Verfehlen, Ungeduld und Entbehrung, alle diese Peinen, die in irgend einem Roman, umständlicher mitgeteilt, gewiß teilnehmende Leser finden würden, muß ich hier beseitigen. Um aber doch diese betrachtende Darstellung einer lebendigen Anschauung, einem jugendlichen Mitgefühl anzunähern, mögen einige

Lieder, zwar bekannt, aber vielleicht besonders hier eindrücklich, eingeschaltet stehen.

Herz, mein Herz, was soll das geben?
Was bedränget dich so sehr?
Welch ein fremdes neues Leben!
Ich erkenne dich nicht mehr.
Weg ist alles, was du liebtest,
Weg warum du dich betrübtest,
Weg dein Fleiß und deine Ruh —
Ach wie kamst du nur dazu?

Fesselt dich die Jugendblüte,
Diese liebliche Gestalt,
Dieser Blick voll Treu und Güte
Mit unendlicher Gewalt?
Will ich rasch mich ihr entziehen,
Mich ermannen, ihr entfliehen,
Führet mich im Augenblick
Ach mein Weg zu ihr zurück.

Und an diesem Zauberfädchen,
Das sich nicht zerreißen läßt,
Hält das liebe lose Mädchen
Mich so wider Willen fest;
Muß in ihrem Zauberkreise
Leben nun auf ihre Weise.
Die Verändrung ach wie groß!
Liebe! Liebe! laß mich los!

Warum ziehst du mich unwiderstehlich
Ach in jene Pracht?
War ich guter Junge nicht so selig
In der öden Nacht!

Heimlich in mein Zimmerchen verschlossen
Lag im Mondenschein,
Ganz von seinem Schauerlicht umflossen,
Und ich dämmert' ein.

Träumte da von vollen goldnen Stunden
Ungemischter Lust,
Hatte schon das liebe Kind empfunden
Tief in meiner Brust.

Bin ich's noch, den du bei so viel Lichtern
An dem Spieltisch hältst?
Oft so unerträglichen Gesichtern
Gegenüber stellst?

Reizender ist mir des Frühlings Blüte
Nun nicht auf der Flur;
Wo du, Engel, bist, ist Lieb und Güte,
Wo du bist, Natur.

Hat man sich diese Lieder aufmerksam vorgelesen, lieber noch mit Gefühl vorgesungen, so wird ein Hauch jener Fülle glücklicher Stunden gewiß vorüber wehen.

Doch wollen wir aus jener größeren, glänzenden Gesellschaft nicht eilig abscheiden, ohne vorher noch einige Bemerkungen hinzuzufügen; besonders den Schluß des zweiten Gedichtes zu erläutern.

Diejenige, die ich nur im einfachen, selten gewechselten Hauskleide zu sehen gewohnt war, trat mir im eleganten Modeputz nun glänzend entgegen, und doch war es ganz dieselbe. Ihre Anmut, ihre Freundlichkeit blieb sich gleich, nur möcht' ich sagen, ihre Anziehungsgabe tat sich mehr hervor; es sei nun, weil sie hier gegen viele Menschen stand, daß sie sich lebhafter zu äußern, sich von mehreren Seiten, je nachdem ihr dieser oder jener entgegen kam, zu vermannigfaltigen Ursache fand; genug, ich konnte mir nicht leugnen, daß diese Fremden mir zwar einerseits unbequem fielen, daß ich aber doch um vieles der Freude nicht entbehrt hätte, ihre geselligen Tugenden kennen zu lernen und einzusehen, sie sei auch weiteren und allgemeineren Zuständen gewachsen.

War es doch derselbige nun durch Putz verhüllte Busen, der sein Innres mir geöffnet hatte und in den ich so klar wie in den meinigen hineinsah; waren es doch dieselben Lippen, die mir so früh den Zustand schilderten, in dem sie herangewachsen, in dem sie ihre Jahre verbracht hatte. Jeder wechselseitige Blick, jedes begleitende Lächeln sprach ein verborgnes edles Verständnis aus, und ich staunte selbst hier in der Menge über die geheime unschuldige Verabredung, die sich auf das menschlichste, auf das natürlichste gefunden hatte.

Doch sollte bei eintretendem Frühling eine anständige ländliche Freiheit dergleichen Verhältnisse enger knüpfen. Offenbach am Main zeigte schon damals bedeutende Anfänge einer Stadt, die sich in der Folge zu bilden versprach. Schöne, für die damalige Zeit prächtige Gebäude hatten sich schon hervorgetan; Onkel Bernard, wie ich ihn gleich mit seinem Familientitel nennen will, bewohnte das größte; weitläufige Fabrikgebäude schlossen sich an; d'Orville, ein jüngerer lebhafter Mann von liebenswürdigen Eigenheiten, wohnte gegenüber. Anstoßende Gärten, Terrassen, bis an den Main reichend, überall freien Ausgang nach der holden Umgegend erlaubend, setzten den Eintretenden und Verweilenden in ein stattliches Behagen. Der Liebende konnte für seine Gefühle keinen erwünschtern Raum finden.

Ich wohnte bei Johann André, und indem ich diesen Mann, der sich nachher genugsam bekannt gemacht, hier zu nennen habe, muß ich mir eine kleine Abschweifung erlauben, um von dem damaligen Opernwesen einigen Begriff zu geben.

In Frankfurt dirigierte zu der Zeit Marchand das Theater und suchte durch seine eigne Person das mögliche zu leisten. Es war ein schöner, groß- und wohlgestalteter Mann in den besten Jahren; das Behagliche, Weichliche erschien bei ihm vorwaltend; seine Gegenwart auf dem Theater war daher angenehm genug. Er mochte so viel Stimme haben, als man damals zu Ausführung musikalischer Werke wohl allenfalls bedurfte, deshalb er denn die kleineren und größern französischen Opern herüber zu bequemen bemüht war.

Der Vater in der Grétryschen Oper „Die Schöne bei dem Ungeheuer" gelang ihm besonders wohl, wo er sich in der hinter dem Flor veranstalteten Vision gar ausdrücklich zu gebärden wußte.

Diese in ihrer Art wohlgelungene Oper näherte sich jedoch dem edlen Stil, und war geeignet, die zartesten Gefühle zu erregen. Dagegen hatte sich ein realistischer Dämon des Operntheaters bemächtigt; Zustands- und Handwerksopern taten sich hervor. „Die Jäger", „Der Faßbinder", und ich weiß nicht was alles, waren vorausgegangen, André wählte sich den „Töpfer". Er hatte sich das Gedicht selbst geschrieben, und in den Text, der ihm angehörte, sein ganzes musikalisches Talent verwendet.

Ich war bei ihm einquartiert, und will von diesem allzeit fertigen Dichter und Komponisten nur so viel sagen, als hier gefordert wird.

Er war ein Mann von angeborenem lebhaften Talente, eigentlich als Techniker und Fabrikant in Offenbach ansässig; er schwebte zwischen dem Kapellmeister und Dilettanten; in Hoffnung, jenes Verdienst zu erreichen, bemühte er sich ernstlich, in der Musik gründlichen Fuß zu fassen. Als letzterer war er geneigt, seine Kompositionen ins Unendliche zu wiederholen.

Unter die Personen, welche damals den Kreis zu füllen und zu beleben sich höchst tätig erwiesen, ist der Pfarrer Ewald zu nennen, der, geistreich heiter in Gesellschaft, die Studien seiner Pflichten, seines Standes im stillen für sich durchzuführen wußte, wie er denn auch in der Folge innerhalb des theologischen Feldes sich ehrenvoll bekannt gemacht; er muß in dem damaligen Kreise als unentbehrlich, auffassend und erwidernd, mitgedacht werden.

Lilis Pianospiel fesselte unsern guten André vollkommen an unsre Gesellschaft; als unterrichtend, meisternd, ausführend, waren wenige Stunden des Tags und der Nacht, wo er nicht in das Familienwesen, in die gesellige Tagesreihe mit eingriff.

Bürgers „Lenore", damals ganz frisch bekannt und mit Enthusiasmus von den Deutschen aufgenommen, war von ihm komponiert; er trug sie gern und wiederholt vor.

Auch ich, der viel und lebhaft rezitierend vortrug, war sie zu deklamieren bereit; man langweilte sich damals noch nicht an wiederholtem Einerlei. War der Gesellschaft die Wahl gelassen, welchen von uns beiden sie hören wolle, so fiel die Entscheidung oft zu meinen Gunsten.

Dieses alles aber, wie es auch sei, diente den Liebenden nur zur Verlängerung des Zusammenseins; sie wissen kein Ende zu finden, und der gute Johann André war durch wechselsweise Verführung der beiden gar leicht in ununterbrochene Bewegung zu setzen, um bis Nachmitternacht seine Musik wiederholend zu verlängern. Die beiden Liebenden versicherten sich dadurch einer werten unentbehrlichen Gegenwart.

Trat man am Morgen in aller Frühe aus dem Hause, so fand man sich in der freisten Luft, aber nicht eigentlich auf dem Lande. Ansehnliche Gebäude, die zu jener Zeit einer Stadt Ehre gemacht hätten, Gärten, parterreartig übersehbar, mit flachen Blumen- und sonstigen Prunkbeeten, freie Übersicht über den Fluß bis ans jenseitige Ufer, oft schon früh eine tätige Schiffahrt von Flößen und gelenken Marktschiffen und Kähnen, eine sanft hingleitende lebendige Welt, mit liebevollen zarten Empfindungen im Einklang. Selbst das einsame Vorüberwogen und Schilfgeflüster eines leise bewegten Stromes ward höchst erquicklich und verfehlte nicht, einen entschieden-beruhigenden Zauber über den Herantretenden zu verbreiten. Ein heiterer Himmel der schönsten Jahrszeit überwölbte das Ganze, und wie angenehm mußte sich eine traute Gesellschaft, von solchen Szenen umgeben, morgendlich wiederfinden.

Sollte jedoch einem ernsten Leser eine solche Lebensweise gar zu lose, zu leichtfertig erscheinen, so möge er bedenken, daß zwischen dasjenige, was hier, des Vortrags halben, wie im Zusammenhange geschildert ist, sich Tage und Wochen des Entbehrens, andere Bestimmungen und Tätigkeiten, sogar unerträgliche Langeweile widerwärtig einstellten.

Männer und Frauen waren in ihrem Pflichtkreise eifrig beschäftigt. Auch ich versäumte nicht, in Betracht der Gegenwart und Zukunft, das mir Obliegende zu besorgen, und fand noch Zeit genug, dasjenige zu vollbringen, wohin mich Talent und Leidenschaft unwiderstehlich hindrängten. Die frühsten Morgenstunden war ich der Dichtkunst schuldig, der wachsende Tag gehörte den weltlichen Geschäften, die auf eine ganz eigene Art behandelt wurden. Mein Vater, ein gründlicher, ja eleganter Jurist, führte seine Geschäfte selbst, die ihm sowohl die Verwaltung seines Vermögens als die Verbindung mit wertgeschätzten Freunden auferlegte, und ob ihm gleich sein Charakter als kaiserlicher Rat zu praktizieren nicht erlaubte, so war er doch manchen Vertrauten als Rechtsfreund zur Hand, indem die ausgefertigten Schriften von einem ordinierten Advokaten unterzeichnet wurden, dem denn jede solche Signatur ein Billiges einbrachte.

Diese seine Tätigkeit war nur lebhafter geworden durch mein Herantreten, und ich konnte gar wohl bemerken, daß er mein Talent höher schätzte als meine Praxis und deswegen alles tat, um mir Zeit genug zu meinen poetischen Studien und Arbeiten zu lassen. Gründlich und tüchtig, aber von langsamer Konzeption und Ausführung, studierte er die Akten als geheimer Referendar, und wenn wir zusammentraten, legte er mir die Sache vor, und die Ausfertigung ward von mir mit solcher Leichtigkeit vollbracht, daß es ihm zur höchsten Vaterfreude gedieh, und er auch wohl einmal auszusprechen nicht unterließ: wenn ich ihm fremd wäre, er würde mich beneiden.

Diese Angelegenheiten noch mehr zu erleichtern, hatte sich ein Schreiber zu uns gesellt, dessen Charakter und Wesen, wohl durchgeführt, leicht einen Roman fördern und schmücken könnte. Nach wohlgenutzten Schuljahren, worin er des Lateins völlig mächtig geworden, auch sonstige gute Kenntnisse erlangt hatte, unterbrach ein allzu leichtfertiges akademisches Leben den übrigen Gang seiner Tage; er schleppte sich eine Weile mit siechem Körper in Dürftigkeit hin, und kam erst später in bessere Umstände durch Hülfe einer sehr schönen Handschrift und Rechnungsfertigkeit. Von einigen Advokaten unterhalten, ward er nach und nach mit den Förmlichkeiten des Rechtsganges genau bekannt, und erwarb sich alle, denen er diente, durch Rechtlichkeit und Pünktlichkeit zu Gönnern. Auch unserm Hause hatte er sich verpflichtet und war in allen Rechts- und Rechnungssachen bei der Hand.

Dieser hielt nun von seiner Seite unser sich immer mehr ausdehnendes Geschäft, das sich sowohl auf Rechtsangelegenheiten, als auf mancherlei Aufträge, Bestellungen und Speditionen bezog, zusammen. Auf dem Rathause wußte er alle Wege und Schliche, in den beiden burgemeisterlichen Audienzen war er auf seine Weise gelitten, und da er manchen neuen Ratsherrn, worunter einige gar bald zu Schöffen herangestiegen waren, von seinem ersten Eintritt ins Amt her in seinem noch unsichern Benehmen gar wohl kannte, so hatte er sich ein gewisses Vertrauen erworben, das man gar wohl eine Art von Einfluß nennen konnte. Das alles wußte er zum Nutzen seiner Gönner zu verwenden, und da ihn seine Gesundheit nötigte, seine Tätigkeit mit Maß zu üben, so fand man ihn immer bereit, jeden Auftrag, jede Bestellung sorgfältig auszurichten.

Seine Gegenwart war nicht unangenehm, von Körper schlank und regelmäßiger Gesichtsbildung; sein Betragen nicht zudringlich, aber doch mit einem Ausdruck von Sicherheit seiner Überzeugung, was zu tun sei, auch wohl heiter und gewandt bei wegzuräumenden Hindernissen. Er mochte stark in den Vierzigen sein, und es reut mich noch (ich darf das Obengesagte wiederholen), daß ich ihn nicht als Triebrad in den Mechanismus irgend einer Novelle mit eingefügt habe.

In Hoffnung, meine ernsten Leser durch das Vorgetragene einigermaßen befriedigt zu haben, darf ich mich wohl wieder zu denen glänzenden Tagespunkten hinwenden, wo Freundschaft und Liebe sich in ihrem schönsten Lichte zeigten.

Daß Geburtstage sorgfältig, froh und mit mancher Abwechselung gefeiert wurden, liegt in der Natur solcher Verbindungen; dem Geburtstage des Pfarrers Ewald zu Gunsten ward das Lied gedichtet:

In allen guten Stunden,
Erhöht von Lieb und Wein,
Soll dieses Lied verbunden
Von uns gesungen sein!
Uns hält der Gott zusammen,
Der uns hierher gebracht;
Erneuert unsre Flammen,
Er hat sie angefacht.

Da dies Lied sich bis auf den heutigen Tag erhalten hat und nicht leicht eine muntere Gesellschaft beim Gastmahl sich versammelt, ohne daß es freudig wieder aufgefrischt werde, so empfehlen wir es auch unsern Nachkommen und wünschen allen, die es aussprechen und singen, gleiche Lust und Behagen von innen heraus, wie wir damals, ohne irgend einer weitern Welt zu gedenken, uns im beschränkten Kreise zu einer Welt ausgedehnt empfanden.

Nun aber wird man erwarten, daß Lilis Geburtstag, welcher den 23. Juni 1775 sich zum siebenzehnten Mal wiederholte, besonders sollte gefeiert werden. Sie hatte versprochen, am Mittag nach Offenbach zu kommen, und ich muß gestehen, daß die Freunde mit glücklicher Übereinkunft von diesem Feste alle herkömmlichen Verzierungsphrasen abgelehnt und sich nur allein mit Herzlichkeiten, die ihrer würdig wären, zu Empfang und Unterhaltung vorbereitet hatten.

Mit solchen angenehmen Pflichten beschäftigt, sah ich die Sonne untergehen, die einen folgenden heitern Tag verkündigte und unserm Fest ihre frohe glänzende Gegenwart versprach, als Lilis Bruder George, der sich nicht verstellen konnte, ziemlich ungebärdig ins Zimmer trat, und ohne Schonung zu erkennen gab, daß unser morgendes Fest gestört sei; er wisse selbst weder wie noch wodurch, aber die Schwester lasse sagen, daß es ihr völlig unmöglich sei, morgen mittag nach Offenbach zu kommen und an dem ihr zugedachten Feste teilzunehmen; erst gegen Abend hoffe sie ihre Ankunft bewirken zu können. Nun fühle und wisse sie recht gut, wie unangenehm es mir und unsern Freunden fallen müsse, bitte mich aber so herzlich dringend als sie könne, etwas zu erfinden, wodurch das Unangenehme dieser Nachricht, die sie mir überlasse hinaus zu melden, gemildert, ja versöhnt werde; sie wolle mir's zum allerbesten danken.

Ich schwieg einen Augenblick, hatte mich auch sogleich gefaßt und wie durch himmlische Eingebung gefunden, was zu tun war. „Eile“, rief ich, „George! sag ihr, sie solle sich ganz beruhigen, möglich machen, daß sie gegen Abend komme, ich verspräche: gerade dieses Unheil solle zum Fest werden.“ Der Knabe war neugierig und wünschte zu wissen wie? dies wurde ihm standhaft verweigert, ob er gleich alle Künste und Gewalt zu Hülfe rief, die ein Bruder unserer Geliebten auszuüben sich anmaßt.

Kaum war er weg, so ging ich mit sonderbarer Selbstgefälligkeit in meiner Stube auf und ab, und mit dem frohen, freien Gefühl, daß hier Gelegenheit sei, mich als ihren Diener auf eine glänzende Weise zu zeigen, heftete ich mehrere Bogen mit schöner Seide, wie es dem Gelegenheitsgedicht ziemt, zusammen und eilte den Titel zu schreiben:

„Sie kommt nicht!
ein jammervolles Familienstück, welches, geklagt sei es Gott, den 23. Juni 1775 in Offenbach am Main auf das allernatürlichste wird aufgeführt werden. Die Handlung dauert vom Morgen bis auf'n Abend."

Da von diesem Scherze weder Konzept noch Abschrift vorhanden, habe ich mich oft darnach erkundigt, aber nie etwas davon wieder erfahren können; ich muß daher es wieder aufs neue zusammendichten, welches im allgemeinen nicht schwer fällt.

Der Schauplatz ist d'Orvilles Haus und Garten in Offenbach; die Handlung eröffnet sich durch die Domestiken, wobei jedes genau seine Rolle spielt und die Anstalten zum Fest vollkommen deutlich werden. Die Kinder mischen sich drein, nach dem Leben gebildet, dann der Herr, die Frau mit eigentümlichen Tätigkeiten und Einwirkungen; dann kommt, indem alles sich in einer gewissen hastigen Geschäftigkeit durcheinander treibt, der unermüdliche Nachbar Komponist Hans André; er setzt sich an den Flügel und ruft alles zusammen, sein eben fertig gewordenes Festlied anzuhören und durchzuprobieren. Das ganze Haus zieht er heran, aber alles macht sich wieder fort, dringenden Geschäften nachzugehen, eins wird vom andern abgerufen, eins bedarf des andern, und die Dazwischenkunft des Gärtners macht aufmerksam auf die Garten- und Wasserszenen; Kränze, Bandrollen mit Inschriften zierlichster Art, nichts ist vergessen.

Als man sich nun eben um die erfreulichsten Gegenstände versammelt, tritt ein Bote herein, der, als eine Art von lustigem Hin- und Widerträger, berechtigt war, auch eine Charakterrolle mitzuspielen, und der durch manches allzugute Trinkgeld wohl ungefähr merken konnte, was für Verhältnisse obwalteten; er tut sich auf sein Paket etwas zugute, hofft ein Glas Wein und Semmelbrot, und übergibt nun, nach einigem schalkhaftem Weigern, die Depesche. Dem Hausherrn sinken die Arme, die Papiere fallen zu Boden, er ruft: „Laßt mich zum Tisch! laßt mich zur Kommode, damit ich nur streichen kann."

Das geistreiche Zusammensein lebelustiger Menschen

zeichnet sich vor allem aus durch eine Sprach- und Gebärdensymbolik. Es entsteht eine Art Gauneridiom, welches, indem es die Eingeweihten höchst glücklich macht, den Fremden unbemerkt bleibt, oder, bemerkt, verdrießlich wird. Es gehörte zu Lilis anmutigsten Eigenheiten eine, die hier durch Wort und Gebärde als Streichen ausgedrückt ist, und welche stattfand, wenn etwas Anstößiges gesagt oder gesprochen wurde, besonders indem man bei Tische saß, oder in der Nähe von einer Fläche sich befand.

Es hatte dieses seinen Ursprung von einer unendlich lieblichen Unart, die sie einmal begangen, als ein Fremder, bei Tafel neben ihr sitzend, etwas Unziemliches vorbrachte. Ohne das holde Gesicht zu verändern, strich sie mit ihrer rechten Hand gar lieblich über das Tischtuch weg, und schob alles, was sie mit dieser sanften Bewegung erreichte, gelassen auf den Boden. Ich weiß nicht was alles, Messer, Gabel, Brot, Salzfaß, auch etwas zum Gebrauch ihres Nachbars gehörig; es war jedermann erschreckt, die Bedienten liefen zu, niemand wußte was das heißen sollte, als die Umsichtigen, die sich erfreuten, daß sie eine Unschicklichkeit auf eine so zierliche Weise erwidert und ausgelöscht.

Hier war nun also ein Symbol gefunden, für das Ablehnen eines Widerwärtigen, was doch manchmal in tüchtiger, braver, schätzenswerter, wohlgesinnter, aber nicht durch und durch gebildeter Gesellschaft vorzukommen pflegt. Die Bewegung mit der rechten Hand als ablehnend erlaubten wir uns alle, das wirkliche Streichen der Gegenstände hatte sie selbst in der Folge sich nur mäßig und mit Geschmack erlaubt.

Wenn der Dichter nun also dem Hausherrn diese Begierde zu streichen, eine uns zur Natur gewordene Gewohnheit, als Mimik aufgibt; so sieht man das Bedeutende, das Effektvolle; denn indem er alles von allen Flächen herunter zu streichen droht, so hält ihn alles ab, man sucht ihn zu beruhigen, bis er sich endlich ganz ermattet in den Sessel wirft.

„Was ist begegnet!" ruft man aus. „Ist sie krank? Ist jemand gestorben?" „Lest! lest!" ruft d'Orville, „dort liegt's auf der Erde." Die Depesche wird aufgehoben, man liest, man ruft: „Sie kommt nicht!"

Der große Schreck hatte auf einen größern vorbereitet; – aber sie war doch wohl! – war ihr nichts begegnet! – Niemand von der Familie hatte Schaden genommen; Hoffnung blieb auf den Abend.

André, der indessen immerfort musiziert hatte, kam doch endlich auch herbei gelaufen, tröstete und suchte sich zu trösten. Pfarrer Ewald und seine Gattin traten gleichfalls charakteristisch ein, mit Verdruß und Verstand, mit unwilligem Entbehren und gemäßigtem Zurechtlegen. Alles ging aber noch bunt durcheinander, bis der musterhaft ruhige Onkel Bernard endlich herankommt, ein gutes Frühstück, ein löblich Mittagsfest erwartend, und der einzige ist, der die Sache aus dem rechten Gesichtspunkte ansieht, beschwichtigende, vernünftige Reden äußert und alles ins gleiche bringt, völlig wie in der griechischen Tragödie ein Gott die Verworrenheiten der größten Helden mit wenigen Worten aufzulösen weiß.

Dies alles ward während eines Teiles der Nacht mit laufender Feder niedergeschrieben und einem Boten übergeben, der am nächsten Morgen Punkt zehn Uhr mit der Depesche in Offenbach einzutreffen unterrichtet war.

Den hellsten Morgen erblickend, wacht' ich auf, mit Vorsatz und Einrichtung, genau mittags gleichfalls in Offenbach anzulangen.

Ich ward empfangen mit dem wunderlichsten Charivari von Entgegnungen; das gestörte Fest verlautete kaum, sie schalten und schimpften, daß ich sie so gut getroffen hätte; die Dienerschaft war zufrieden, mit der Herrschaft auf gleichem Theater aufgetreten zu sein; nur die Kinder, als die entschiedensten unbestechbarsten Realisten, versicherten hartnäckig: so hätten sie nicht gesprochen und es sei überhaupt alles ganz anders gewesen, als wie es hier geschrieben stünde. Ich beschwichtigte sie mit einigen Vorgaben des Nachtisches, und sie hatten mich wie immer lieb. Ein fröhliches Mittagsmahl, eine Mäßigung aller Feierlichkeiten gab uns die Stimmung, Lili ohne Prunk, aber vielleicht um desto lieblicher zu empfangen. Sie kam und ward von heitern, ja lustigen Gesichtern bewillkommt, beinah betroffen, daß ihr Außenbleiben so viel Heiterkeit erlaube. Man erzählte ihr alles, man trug ihr alles vor und sie, nach ihrer lieben und süßen Art, dankte mir, wie sie allein nur konnte.

Es bedurfte keines sonderlichen Scharfsinns, um zu bemerken, daß ihr Ausbleiben von dem ihr gewidmeten Feste nicht zufällig, sondern durch Hin- und Herreden über unser Verhältnis verursacht war. Indessen hatte dies weder auf unsre Gesinnungen noch auf unser Betragen den mindesten Einfluß.

Ein vielfacher geselliger Zudrang aus der Stadt konnte in dieser Jahrszeit nicht fehlen. Oft kam ich nur spät des Abends zur Gesellschaft, und fand sie dem Scheine nach teilnehmend, und da ich nur oft auf wenige Stunden erschien, so mocht' ich ihr gern in irgend etwas nützlich sein, indem ich ihr Größeres oder Kleineres besorgt hatte, oder irgend einen Auftrag zu übernehmen kam. Und es ist wohl diese Dienstschaft das Erfreulichste, was einem Menschen begegnen kann; wie uns die alten Ritterromane dergleichen zwar auf eine dunkle aber kräftige Weise zu überliefern verstehen. Daß sie mich beherrsche, war nicht zu verbergen, und sie durfte sich diesen Stolz gar wohl erlauben; hier triumphieren Überwinder und Überwundene, und beide behagen sich in gleichem Stolze.

Dies mein wiederholtes, oft nur kurzes Einwirken war aber immer desto kräftiger. Johann André hatte immer Musikvorrat; auch ich brachte fremdes und eignes Neue; poetische und musikalische Blüten regneten herab. Es war eine durchaus glänzende Zeit; eine gewisse Exaltation waltete in der Gesellschaft, man traf niemals auf nüchterne Momente. Ganz ohne Frage teilte sich dies den übrigen aus unserm Verhältnisse mit. Denn wo Neigung und Leidenschaft in ihrer eignen kühnen Natur hervortreten, geben sie verschüchterten Gemütern Mut, die nunmehr nicht begreifen, warum sie ihre gleichen Rechte verheimlichen sollten. Daher gewahrte man mehr oder weniger versteckte Verhältnisse, die sich nunmehr ohne Scheu durchschlangen. Andere, die sich nicht gut bekennen ließen, schlichen doch behaglich unter der Decke mit durch.

Konnt' ich denn auch wegen vermannigfaltigter Geschäfte die Tage dort draußen bei ihr nicht zubringen, so gaben die heiteren Nächte Gelegenheit zu verlängertem Zusammensein im Freien. Liebende Seelen werden nachstehendes Ereignis mit Wohlgefallen aufnehmen.

Es war ein Zustand, von welchem geschrieben steht: „Ich schlafe, aber mein Herz wacht"; die hellen wie die dunklen Stunden waren einander gleich, das Licht des Tages konnte das Licht der Liebe nicht überscheinen, und die Nacht wurde durch den Glanz der Neigung zum hellsten Tage.

Wir waren beim klarsten Sternhimmel bis spät in der freien Gegend umher spaziert, und nachdem ich sie und die Gesellschaft von Türe zu Türe nach Hause begleitet und von ihr zuletzt Abschied genommen hatte, fühlte ich mir so wenig Schlaf, daß ich eine frische Spazierwanderung anzutreten nicht säumte. Ich ging die Landstraße nach Frankfurt zu, mich meinen Gedanken und Hoffnungen zu überlassen; ich setzte mich auf eine Bank, in der reinsten Nachtstille, unter den blendenden Sternhimmel, mir selbst und ihr anzugehören.

Bemerkenswert schien mir ein schwer zu erklärender Ton, ganz nahe bei mir; es war kein Rascheln, kein Rauschen, und bei näherer Aufmerksamkeit entdeckte ich, daß es unter der Erde und das Arbeiten von kleinem Getier sei. Es mochten Igel oder Wieseln sein, oder was in solcher Stunde dergleichen Geschäft vornimmt.

Ich war darauf weiter nach der Stadt zu gegangen und an den Röderberg gelangt, wo ich die Stufen, welche nach den Weingärten hinaufführen, an ihrem kalkweißen Scheine erkennen konnte. Ich stieg hinauf, setzte mich nieder und schlief ein.

Als ich wieder aufwachte, hatte die Dämmerung sich schon verbreitet, ich sah mich gegen dem hohen Wall über, welcher in früheren Zeiten als Schutzwehr wider die hüben stehenden Berge aufgerichtet war. Sachsenhausen lag vor mir, leichte Nebel deuteten den Weg des Flusses an; es war frisch, mir willkommen.

Da verharrt' ich, bis die Sonne nach und nach hinter mir aufgehend das Gegenüber erleuchtete. Es war die Gegend, wo ich die Geliebte wieder sehen sollte, und ich kehrte langsam in das Paradies zurück, das sie, die noch Schlafende, umgab.

Je mehr aber, um des wachsenden Geschäftskreises willen, den ich aus Liebe zu ihr zu erweitern und zu beherrschen trachtete, meine Besuche in Offenbach sparsamer werden und dadurch eine gewisse peinliche Verlegenheit hervorbringen mußten, so ließ sich gar wohl bemerken, daß man eigentlich um der Zukunft willen das Gegenwärtige hintansetze und verliere.

Wie nun meine Aussichten sich nach und nach verbesserten, hielt ich sie für bedeutender, als sie wirklich waren, und dachte um so mehr auf eine baldige Entscheidung, als ein so öffentliches Verhältnis nicht länger ohne Mißbehagen fortzuführen war. Und wie es in solchen Fällen zu gehen pflegt, sprachen wir es nicht ausdrücklich gegen einander aus; aber das Gefühl eines wechselseitigen unbedingten Behagens, die volle Überzeugung, eine Trennung sei unmöglich, das ineinander gleichmäßig gesetzte Vertrauen, das alles brachte einen solchen Ernst hervor, daß ich, der ich mir fest vorgenommen hatte, kein schleppendes Verhältnis wieder anzuknüpfen, und mich doch in dieses, ohne Sicherheit eines günstigen Erfolges, wieder verwickelt fand, wirklich von einem Stumpfsinn befangen war, von dem ich mich zu retten, mich immer mehr in gleichgültige weltliche Geschäfte verwickelte, aus denen ich doch auch nur wieder Vorteil und Zufriedenheit an der Hand der Geliebten zu gewinnen hoffen durfte.

In diesem wunderlichen Zustande, dergleichen doch auch mancher peinlich empfunden haben mag, kam uns eine Hausfreundin zu Hülfe, welche die sämtlichen Bezüge der Personen und Zustände sehr wohl durchsah. Man nannte sie Demoiselle Delph, sie stand mit ihrer ältern Schwester einem kleinen Handelshaus in Heidelberg vor und war der größern Frankfurter Wechselhandlung bei verschiedenen Vorfällen vielen Dank schuldig geworden. Sie kannte und liebte Lili von Jugend auf; es war eine eigne Person, ernsten männlichen Ansehns und gleichen derben, hastigen Schrittes vor sich hin. Sie hatte sich in die Welt besonders zu fügen Ursache gehabt und kannte sie daher wenigstens in gewissem Sinne. Man konnte sie nicht intrigant nennen, sie konnte den Verhältnissen lange zusehen und ihre Absichten stille mit sich forttragen; dann aber hatte sie die Gabe, die Gelegenheit zu ersehen, und wenn sie die Gesinnungen der Personen zwischen Zweifel und Entschluß schwanken sah, wenn alles auf Entschiedenheit ankam, so wußte sie eine solche Kraft der Charaktertüchtigkeit einzusetzen, daß es ihr nicht leicht mißlang, ihr Vorhaben auszuführen. Eigentlich hatte sie keine egoistischen Zwecke; etwas getan, etwas vollbracht, besonders eine Heirat gestiftet zu haben, war ihr schon Belohnung. Unsern Zustand hatte sie längst durchblickt, bei wiederholtem Hiersein durchforscht, so daß sie sich endlich überzeugte, diese Neigung sei zu begünstigen, diese Vorsätze, redlich aber nicht genugsam verfolgt und angegriffen, müßten unterstützt und dieser kleine Roman fördersamst abgeschlossen werden.

Seit vielen Jahren hatte sie das Vertrauen von Lilis Mutter; in meinem Hause durch mich eingeführt, hatte sie sich den Eltern angenehm zu machen gewußt; denn gerade dieses barsche Wesen ist in einer Reichsstadt nicht widerwärtig und, mit Verstand im Hintergrunde, sogar willkommen. Sie kannte sehr wohl unsre Wünsche, unsre Hoffnungen, ihre Lust zu wirken sah darin einen Auftrag; kurz, sie unterhandelte mit den Eltern. Wie sie es begonnen, wie sie die Schwierigkeiten, die sich ihr entgegen stellen mochten, beseitigt, – genug, sie tritt eines Abends zu uns und bringt die Einwilligung. „Gebt euch die Hände!“ rief sie, mit ihrem pathetisch gebieterischen Wesen. Ich stand gegen Lili über und reichte meine Hand dar, sie legte die ihre, zwar nicht zaudernd, aber doch langsam, hinein, nach einem tiefen Atemholen fielen wir einander lebhaft in die Arme.

Es war ein seltsamer Beschluß des hohen über uns Waltenden, daß ich in dem Verlaufe meines wundersamen Lebensganges doch auch erfahren sollte, wie es einem Bräutigam zu Mute sei.

Ich darf wohl sagen, daß es für einen gesitteten Mann die angenehmste aller Erinnerungen sei: es ist erfreulich, sich jene Gefühle zu wiederholen, die sich schwer aussprechen und kaum erklären lassen. Der vorhergehende Zustand ist durchaus verändert; die schroffsten Gegensätze sind gehoben, der hartnäckigste Zwiespalt geschlichtet; die vordringliche Natur, die ewig warnende Vernunft, die tyrannisierenden Triebe, das verständige Gesetz, welche sonst in immerwährendem Zwist uns bestritten, alle diese treten nunmehr in freundlicher Einigkeit heran, und bei allgemein gefeiertem frommem Feste wird das Verbotene gefordert und das Verpönte zur unerläßlichen Pflicht erhoben.

Mit sittlichem Beifall aber wird man vernehmen, daß von dem Augenblick an eine gewisse Sinnesveränderung in mir vorging; war sie mir bisher schön, anmutig, anziehend vorgekommen, so erschien sie mir nun als würdig und bedeutend. Sie war eine doppelte Person, ihre Anmut und Liebenswürdigkeit gehörten mein, das fühlt' ich wie sonst, aber der Wert ihres Charakters, die Sicherheit in sich selbst, ihre Zuverlässigkeit in allem, das blieb ihr eigen; ich schaute es, ich durchblickte es und freute mich dessen als eines Kapitals, von dem ich zeitlebens die Zinsen mitzugenießen hätte.

Es ist schon längst mit Grund und Bedeutung ausgesprochen: auf dem Gipfel der Zustände hält man sich nicht lange. Die ganz eigentlich durch Demoiselle Delph eroberte Zustimmung beiderseitiger Eltern ward nunmehr als obwaltend anerkannt, stillschweigend und ohne weitere Förmlichkeit. Denn sobald etwas Ideelles, wie man ein solches Verlöbnis wirklich nennen kann, in die Wirklichkeit eintritt, so entsteht, wenn man völlig abgeschlossen zu haben glaubt, eine Krise. Die Außenwelt ist durchaus unbarmherzig, und sie hat recht, denn sie muß sich ein für allemal selbst behaupten; die Zuversicht der Leidenschaft ist groß, aber wir sehen sie doch gar oft an dem ihr entgegenstehenden Wirklichen scheitern. Junge Gatten, die, besonders in der späteren Zeit, mit nicht genugsamen Gütern versehen, in diese Zustände sich einlassen, mögen ja sich keine Honigmonde versprechen; unmittelbar droht ihnen eine Welt mit unverträglichen Forderungen, welche, nicht befriedigt, ein junges Ehepaar absurd erscheinen lassen.

Die Unzulänglichkeit der Mittel, die ich zur Erreichung meines Zweckes mit Ernst ergriffen hatte, konnte ich früher nicht gewahr werden, weil sie bis auf einen gewissen Punkt zugereicht hätten; nun der Zweck näher heranrückte, wollte es hüben und drüben nicht vollkommen passen.

Der Trugschluß, den die Leidenschaft so bequem findet, trat nun in seiner völligen Inkongruenz nach und nach hervor. Mit einiger Nüchternheit mußte mein Haus, meine häusliche Lage in ihrem ganz Besondern betrachtet werden. Das Bewußtsein, das Ganze sei auf eine Schwiegertochter eingerichtet, lag freilich zu Grunde; aber auf ein Frauenzimmer welcher Art war dabei gerechnet?

Wir haben die Mäßige, Liebe, Verständige, Schöne, Tüchtige, sich immer Gleiche, Neigungsvolle und Leidenschaftlose zu Ende des dritten Bandes kennen lernen; sie war der passende Schlußstein zu einem schon aufgemauerten zugerundeten Gewölbe, aber hier hatte man bei ruhiger unbefangener Betrachtung sich nicht leugnen können, daß, um diese neue Geworbene in solche Funktion gleichfalls einzusetzen, man ein neues Gewölbe hätte zurichten müssen.

Indessen war mir dies noch nicht deutlich geworden und ihr ebensowenig. Betrachtete ich nun aber mich in meinem Hause, und gedacht' ich sie hereinzuführen, so schien sie mir nicht zu passen, wie ich ja schon in ihren Zirkeln zu erscheinen, um gegen die Tags- und Modemenschen nicht abzustechen, meine Kleidung von Zeit zu Zeit verändern, ja wieder verändern mußte. Das konnte aber doch mit einer häuslichen Einrichtung nicht geschehen, wo in einem neugebauten stattlichen Bürgerhause ein nunmehr veralteter Prunk gleichsam rückwärts die Einrichtung geleitet hatte.

So hatte sich auch, selbst nach dieser gewonnenen Einwilligung, kein Verhältnis der Eltern untereinander bilden und einleiten können; kein Familienzusammenhang, andere Religionsgebräuche, andere Sitten! und wollte die Liebenswürdige einigermaßen ihre Lebensweise fortsetzen, so fand sie in dem anständig geräumigen Hause keine Gelegenheit, keinen Raum.

Hatte ich bisher von allem diesen abgesehen, so waren mir zur Beruhigung und Stärkung von außen her schöne Ansichten eröffnet, zu irgend einer gedeihlichen Anstellung zu gelangen. Ein rühriger Geist faßt überall Fuß; Fähigkeiten, Talente erregen Vertrauen; jedermann denkt, es komme ja nur auf eine veränderte Richtung an. Zudringliche Jugend findet Gunst, dem Genie traut man alles zu, da es doch nur ein Gewisses vermag.

Das deutsche geistig-literarische Terrain war damals ganz eigentlich als ein Neubruch anzusehen, es fanden sich unter den Geschäftsleuten kluge Menschen, die für den neu aufzuwühlenden Boden tüchtige Anbauer und kluge Haushälter wünschten. Selbst die angesehne wohlgegründete Freimaurerloge, mit deren vornehmsten Gliedern ich eben durch mein Verhältnis zu Lili bekannt geworden war, wußte auf schickliche Weise meine Annäherung einzuleiten; ich aber, aus einem Unabhängigkeitsgefühl, welches mir später als Verrücktheit erschien, lehnte jede nähere Verknüpfung ab, nicht gewahrend, daß diese Männer, wenn schon in höherem Sinne verbunden, mir doch bei meinen den ihrigen so nah verwandten Zwecken hätten förderlich sein müssen.

Ich gehe zu dem Besondersten zurück.

In solchen Städten wie Frankfurt gibt es kollektive Stellen, Residentschaften, Agentschaften, die sich durch Tätigkeit grenzenlos erweitern lassen. Dergleichen bot sich auch mir dar, beim ersten Anblick vorteilhaft und ehrenhaft zugleich. Man setzte voraus, daß ich für sie passe, es wäre auch gegangen unter der Bedingung jener geschilderten Kanzleidreiheit. Man verschweigt sich die Zweifel, man teilt sich das Günstige mit; man überwindet jedes Schwanken durch gewaltsame Tätigkeit; es kommt dadurch etwas Unwahres in den Zustand, ohne daß die Leidenschaft deshalb gemildert werde.

In Friedenszeiten ist für die Menge wohl kein erfreulicheres Lesen als die öffentlichen Blätter, welche uns von den neusten Weltereignissen eilige Nachricht geben; der ruhige wohlbehaltene Bürger übt daran auf eine unschuldige Weise den Parteigeist, den wir in unsrer Beschränktheit weder los werden können noch sollen. Jeder behagliche Mensch erschafft sich alsdann, wie bei einer Wette, ein willkürliches Interesse, unwesentlichen Gewinn und Verlust, und nimmt, wie im Theater, einen sehr lebhaften, jedoch nur imaginären Teil an fremdem Glück und Unglück. Diese Teilnahme erscheint oft willkürlich, jedoch beruht sie auf sittlichen Gründen. Denn bald geben wir löblichen Absichten einen verdienten Beifall, bald aber, von glänzendem Erfolg hingerissen, wenden wir uns zu demjenigen, dessen Vorsätze wir würden getadelt haben. Zu allen diesen verschaffte uns jene Zeit reichlichen Stoff.

Friedrich der Zweite, auf seiner Kraft ruhend, schien noch immer das Schicksal Europens und der Welt abzuwiegen; Katharina, eine große Frau, die sich selbst des Throns würdig gehalten, gab tüchtigen hochbegünstigten Männern einen großen Spielraum, der Herrscherin Macht immer weiter auszubreiten, und da dies über die Türken geschah, denen wir die Verachtung, mit welcher sie auf uns herniederblicken, reichlich zu vergelten gewohnt sind, so schien es, als wenn keine Menschen aufgeopfert würden, indem diese Unchristen zu Tausenden fielen. Die brennende Flotte in dem Hafen von Tschesme verursachte ein allgemeines Freudenfest über die gebildete Welt, und jedermann nahm teil an dem siegerischen Übermut, als man, um ein wahrhaftes Bild jener großen Begebenheit übrig zu behalten, zum Behuf eines künstlerischen Studiums, auf der Reede von Livorno sogar ein Kriegsschiff in die Luft sprengte. Nicht lange darauf ergreift ein junger nordischer König, gleichfalls aus eigner Gewalt, die Zügel des Regiments. Die Aristokraten, die er unterdrückt, werden nicht bedauert, denn die Aristokratie überhaupt hatte keine Gunst bei dem Publikum, weil sie ihrer Natur nach im stillen wirkt und um desto sicherer ist, je weniger sie von sich reden macht, und in diesem Falle dachte man von dem jungen König um desto besser, weil er, um dem obersten Stande das Gleichgewicht zu halten, die Unteren begünstigen und an sich knüpfen mußte.

Noch lebhafter aber war die Welt interessiert, als ein ganzes Volk sich zu befreien Miene machte. Schon früher hatte man demselben Schauspiel im kleinen gern zugesehn; Korsika war lange der Punkt gewesen, auf den sich aller Augen richteten; Paoli, als er, sein patriotisches Vorhaben nicht weiter durchzusetzen imstande, durch Deutschland nach England ging, zog aller Herzen an sich; es war ein schöner, schlanker, blonder Mann voll Anmut und Freundlichkeit; ich sah ihn in dem Bethmannischen Hause, wo er kurze Zeit verweilte und den Neugierigen, die sich zu ihm drängten, mit heiterer Gefälligkeit begegnete. Nun aber sollten sich in dem entfernteren Weltteil ähnliche Auftritte wiederholen; man wünschte den Amerikanern alles Glück, und die Namen Franklin und Washington fingen an, am politischen und kriegerischen Himmel zu glänzen und zu funkeln. Manches zu Erleichterung der Menschheit war geschehen, und als nun gar ein neuer wohlwollender König von Frankreich die besten Absichten zeigte, sich selbst zu Beseitigung so mancher Mißbräuche und zu den edelsten Zwecken zu beschränken, eine regelmäßig auslangende Staatswirtschaft einzuführen, sich aller willkürlichen Gewalt zu begeben, und durch Ordnung wie durch Recht allein zu herrschen; so verbreitete sich die heiterste Hoffnung über die ganze Welt, und die zutrauliche Jugend glaubte sich und ihrem ganzen Zeitgeschlechte eine schöne, ja herrliche Zukunft versprechen zu dürfen.

An allen diesen Ereignissen nahm ich jedoch nur insofern teil, als sie die größere Gesellschaft interessierten, ich selbst und mein engerer Kreis befaßten uns nicht mit Zeitungen und Neuigkeiten; uns war darum zu tun, den Menschen kennen zu lernen, die Menschen überhaupt ließen wir gern gewähren.

Der beruhigte Zustand des deutschen Vaterlandes, in welchem sich auch meine Vaterstadt schon über hundert Jahre eingefügt sah, hatte sich trotz manchen Kriegen und Erschütterungen in seiner Gestalt vollkommen erhalten. Einem gewissen Behagen günstig war, daß von dem Höchsten bis zu dem Tiefsten, von dem Kaiser bis zu dem Juden herunter die mannigfaltigste Abstufung alle Persönlichkeiten, anstatt sie zu trennen, zu verbinden schien. Wenn dem Kaiser sich Könige subordinierten, so gab diesen ihr Wahlrecht und die dabei erworbenen und behaupteten Gerechtsame ein entschiedenes Gleichgewicht. Nun aber war der hohe Adel in die erste königliche Reihe verschränkt, so daß er, seiner bedeutenden Vorrechte gedenkend, sich ebenbürtig mit dem Höchsten achten konnte, ja im gewissen

Sinne noch höher, indem ja die geistlichen Kurfürsten allen andern vorangingen und als Sprößlinge der Hierarchie einen unangefochtenen ehrwürdigen Raum behaupteten.

Gedenke man nun der außerordentlichen Vorteile, welche diese altgegründeten Familien zugleich und außerdem in Stiftern, Ritterorden, Ministerien, Vereinigungen und Verbrüderungen genossen haben, so wird man leicht denken können, daß diese große Masse von bedeutenden Menschen, welche sich zugleich als subordiniert und als koordiniert fühlten, in höchster Zufriedenheit und geregelter Welttätigkeit ihre Tage zubrachten, und ein gleiches Behagen ihren Nachkommen ohne besondere Mühe vorbereiteten und überließen. Auch fehlte es dieser Klasse nicht an geistiger Kultur; denn schon seit hundert Jahren hatte sich erst die hohe Militär- und Geschäftsbildung bedeutend hervorgetan und sich des ganzen vornehmen sowie des diplomatischen Kreises bemächtigt, zugleich aber auch durch Literatur und Philosophie die Geister zu gewinnen und auf einen hohen der Gegenwart nicht allzu günstigen Standpunkt zu versetzen gewußt.

In Deutschland war es noch kaum jemand eingefallen, jene ungeheure privilegierte Masse zu beneiden oder ihr die glücklichen Weltvorzüge zu mißgönnen. Der Mittelstand hatte sich ungestört dem Handel und den Wissenschaften gewidmet und hatte freilich dadurch, sowie durch die nahverwandte Technik, sich zu einem bedeutenden Gegengewicht erhoben; ganz oder halb freie Städte begünstigten diese Tätigkeit, so wie die Menschen darin ein gewisses ruhiges Behagen empfanden. Wer seinen Reichtum vermehrt, seine geistige Tätigkeit besonders im juristischen und Staatsfache gesteigert sah, der konnte sich überall eines bedeutenden Einflusses erfreuen. Setzte man doch bei den höchsten Reichsgerichten, und auch wohl sonst, der adligen Bank eine Gelehrtenbank gegenüber; die freiere Übersicht der einen mochte sich mit der tieferen Einsicht der andern gerne befreunden, und man hatte im Leben durchaus keine Spur von Rivalität; der Adel war sicher in seinen unerreichbaren durch die Zeit geheiligten Vorrechten, und der Bürger hielt es unter seiner Würde, durch eine seinem Namen vorgesetzte Partikel nach dem Schein derselben zu streben. Der Handelsmann, der Techniker hatte genug zu tun, um mit den schneller vorschreitenden Nationen einigermaßen zu wetteifern. Wenn man die gewöhnlichen Schwankungen des Tages nicht beachten will, so durfte man wohl sagen, es war im ganzen eine Zeit eines reinen Bestrebens, wie sie früher nicht erschienen, noch auch in der Folge wegen äußerer und innerer Steigerungen sich lange erhalten konnte.

In dieser Zeit war meine Stellung gegen die oberen Stände sehr günstig. Wenn auch im „Werther“ die Unannehmlichkeiten an der Grenze zweier bestimmter Verhältnisse mit Ungeduld ausgesprochen sind, so ließ man das in Betracht der übrigen Leidenschaftlichkeiten des Buches gelten, indem jedermann wohl fühlte, daß es hier auf keine unmittelbare Wirkung abgesehen sei.

Durch „Götz von Berlichingen“ aber war ich gegen die obern Stände sehr gut gestellt; was auch an Schicklichkeiten bisheriger Literatur mochte verletzt sein, so war doch auf eine kenntnisreiche und tüchtige Weise das altdeutsche Verhältnis, den unverletzbaren Kaiser an der Spitze, mit manchen andern Stufen und ein Ritter dargestellt, der im allgemein gesetzlosen Zustande als einzelner Privatmann, wo nicht gesetzlich, doch rechtlich zu handeln dachte und dadurch in sehr schlimme Lagen gerät. Dieser Komplex aber war nicht aus der Luft gegriffen, sondern durchaus heiter lebendig und deshalb auch wohl hie und da ein wenig modern, aber doch immer in dem Sinne vorgeführt, wie der wackere tüchtige Mann sich selbst, und also wohl zu leidlichen Gunsten, in eigner Erzählung dargestellt hatte.

Die Familie blühte noch, ihr Verhältnis zu der fränkischen Ritterschaft war in ihrer Integrität geblieben, wenngleich diese Beziehungen, wie manches andere jener Zeit, bleicher und unwirksamer mochten geworden sein.

Nun erhielt auf einmal das Flüßlein Jagst, die Burg Jagsthausen eine poetische Bedeutung; sie wurden besucht, sowie das Rathaus zu Heilbronn.

Man wußte, daß ich noch andere Punkte jener Zeitgeschichte mir in den Sinn genommen hatte, und manche Familie, die sich aus jener Zeit noch tüchtig herschrieb, hatte die Aussicht, ihren Ältervater gleichsam ans Tageslicht hervorgezogen zu sehen.

Es entsteht ein eigenes allgemeines Behagen, wenn man einer Nation ihre Geschichte auf eine geistreiche Weise wieder zur Erinnerung bringt; sie erfreut sich der Tugenden ihrer Vorfahren und belächelt die Mängel derselben, welche sie längst überwunden zu haben glaubt. Teilnahme und Beifall kann daher einer solchen Darstellung nicht fehlen, und ich hatte mich in diesem Sinne einer vielfachen Wirkung zu erfreuen.

Merkwürdig möchte es jedoch sein, daß unter den zahlreichen Annäherungen und in der Zahl der jungen Leute, die sich an mich anschlossen, kein Edelmann war; aber dagegen waren manche, die, schon in die Dreißig gelangt, mich aufsuchten, besuchten und in deren Wollen und Bestreben eine freudige Hoffnung sich durchzog, sich in vaterländischem und allgemein menschlicherem Sinne ernstlich auszubilden.

Zu dieser Zeit war denn überhaupt die Richtung nach der Epoche zwischen dem fünfzehnten und sechzehnten Jahrhundert eröffnet und lebendig. Die Werke Ulrichs von Hutten kamen mir in die Hände, und es schien wundersam genug, daß in unsern neuern Tagen sich das Ähnliche, was dort hervorgetreten, hier gleichfalls wieder zu manifestieren schien.

Folgender Brief Ulrichs von Hutten an Billibald Pirkheimer dürfte hier eine schickliche Stelle finden.

„Was uns das Glück gegeben, nimmt es meist wieder weg und das nicht allein, auch alles andere, was sich an den Menschen von außen anschließt, sehen wir dem Zufall unterworfen. Nun aber streb' ich nach Ehren, die ich ohne Mißgunst zu erlangen wünschte, ja welcher Weise es auch sei; denn es besitzt mich ein heftiger Durst nach dem Ruhm, daß ich so viel als möglich geadelt zu sein wünschte. Es würde schlecht mit mir stehen, teurer Billibald, wenn ich mich schon jetzt für einen Edelmann hielte, ob ich gleich in diesem Rang, dieser Familie, von solchen Eltern geboren worden, wenn ich mich nicht durch eigenes Bestreben geadelt hätte. Ein so großes Werk hab ich im Sinne! ich denke höher!

nicht etwa daß ich mich in einen vornehmeren, glänzendern Stand versetzt sehen möchte, sondern anderwärts möcht ich eine Quelle suchen, aus der ich einen besondern Adel schöpfte und nicht unter die wahnhaften Edelleute gezählt würde, zufrieden mit dem, was ich von meinen Voreltern empfangen, sondern daß ich zu jenen Gütern noch etwas selbst hinzugefügt hätte, was von mir auf meine Nachkommen hinüberginge.

Daher ich denn mit meinen Studien und Bemühungen mich dahin wende und bestrebe, entgegengesetzt in Meinung denenjenigen, die alles dasjenige, was ist, für genug achten; denn mir ist nichts dergleichen genug, wie ich dir denn meinen Ehrgeiz dieser Art bekannt habe. Und so gesteh ich denn, daß ich diejenigen nicht beneide, die, von den untersten Ständen ausgegangen, über meine Zustände hinausgeschritten sind; und hier bin ich mit den Männern meines Standes keineswegs übereindenkend, welche diejenigen, die, eines niedrigen Ursprungs, sich durch Tüchtigkeit hervorgetan haben, zu schimpfen pflegen. Denn mit vollkommenem Rechte werden diejenigen uns vorgezogen, welche den Stoff des Ruhms, den wir selbst vernachlässigt, für sich ergriffen und in Besitz genommen; sie mögen Söhne von Walkern oder Gerbern sein, haben sie doch mit mehr Schwierigkeit, als wir gefunden hätten, dergleichen zu erlangen gewußt.

Nicht allein ein Tor ist der Ungelehrte zu nennen, welcher denjenigen beneidet, der durch Kenntnisse sich hervorgetan, sondern unter die Elenden, ja unter die Elendesten zu zählen; und an diesem Fehler kranket unser Adel ganz besonders, daß er solche Zieraten quer ansehe. Denn was, bei Gott! heißt es, den beneiden, der das besitzt, was wir vernachlässigten? warum haben wir uns der Gesetze nicht befleißigt? die schöne Gelahrtheit, die besten Künste warum nicht selbst gelernt? Da sind uns nun Schuster, Walker und Wagner vorgelaufen. Warum haben wir die Stellung verlassen, warum die freisten Studien den Dienstleuten und, schändlich für uns! ihrem Schmutz überlassen? Ganz rechtmäßig hat das Erbteil des Adels, das wir verschmähten, ein jeder Gewandter, Fleißiger in Besitz nehmen und durch Tätigkeit benutzen können. Wir Elenden! die dasjenige vernachlässigen, was einen jeden Untersten sich über uns zu erheben genügt; hören wir doch auf zu beneiden und suchen dasjenige auch zu erlangen, was, zu unsrer schimpflichen Beschämung, andere sich anmaßen.

Jedes Verlangen nach Ruhm ist ehrbar, aller Kampf um das Tüchtige lobenswürdig; mag doch jedem Stand seine eigene Ehre bleiben, ihm eine eigene Zierde gewährt sein! Jene Ahnenbilder will ich nicht verachten, so wenig als die wohl ausgestatteten Stammbäume, aber was auch deren Wert sei, ist nicht unser eigen, wenn wir es nicht durch Verdienste erst eigen machen, auch kann es nicht bestehen, wenn der Adel nicht Sitten, die ihm geziemen, annimmt. Vergebens wird ein fetter und beleibter jener Hausväter die Standbilder seiner Vorfahren dir aufzeigen, indes er selbst untätig eher einem Klotz ähnlich, als daß er jenen, die ihm mit Tüchtigkeit voranleuchteten, zu vergleichen wäre.

So viel hab ich dir von meinem Ehrgeiz und meiner Beschaffenheit so weitläufig als aufrichtig vertrauen wollen."

Wenn auch nicht in solchem Flusse des Zusammenhangs, so hatte ich doch von meinen vornehmeren Freunden und Bekannten dergleichen tüchtige und kräftige Gesinnungen zu vernehmen, von welchen der Erfolg sich in einer redlichen Tätigkeit erwies. Es war zum Credo geworden, man müsse sich einen persönlichen Adel erwerben, und zeigte sich in jenen schönen Tagen irgend eine Rivalität, so war es von oben herunter.

Wir andern dagegen hatten, was wir wollten: freien und gebilligten Gebrauch unsrer von der Natur verliehenen Talente, wie er wohl allenfalls mit unsern bürgerlichen Verhältnissen bestehen konnte.

Denn meine Vaterstadt hatte darin eine ganz eigene nicht genugsam beachtete Lage. Wenn die nordischen freien Reichsstädte auf einen ausgebreiteten Handel, und die südlichern, bei zurücktretenden Handelsverhältnissen, auf Kunst und Technik gegründet standen, so war in Frankfurt am Main ein gewisser Komplex zu bemerken, welcher aus Handel, Kapitalvermögen, Haus- und Grundbesitz, aus Wissen- und Sammlerlust zusammengeflochten schien. Die lutherische Konfession führte das Regiment, die alte Gan-Erbschaft, vom Hause Limpurg den Namen führend, das Haus Frauenstein, mit seinen Anfängen nur ein Klub, bei den Erschütterungen, durch die untern Stände herbeigeführt, dem Verständigen getreu, der Jurist, der sonstige Wohlhabende und Wohldenkende, niemand war von der Magistratur ausgeschlossen; selbst diejenigen Handwerker, welche zu bedenklicher Zeit an der Ordnung gehalten, waren ratsfähig, wenn auch nur stationär auf ihrem Platze. Die andern verfassungsmäßigen Gegengewichte, formelle Einrichtungen und was sich alles an eine solche Verfassung anschließt, gaben vielen Menschen einen Spielraum zur Tätigkeit, indem Handel und Technik bei einer glücklich örtlichen Lage, sich auszubreiten, in keinem Sinne gehindert waren.

Der höhere Adel wirkte für sich unbeneidet und fast unbemerkt; ein zweiter sich annähernder Stand mußte schon strebsamer sein, und auf alten vermögenden Familienfundamenten beruhend, suchte er sich durch rechtliche und Staatsgelehrsamkeit bemerklich zu machen.

Die sogenannten Reformierten bildeten, wie auch an andern Orten die Refugiés, eine ausgezeichnete Klasse, und selbst wenn sie zu ihrem Gottesdienst in Bockenheim sonntags in schönen Equipagen hinausfuhren, war es immer eine Art von Triumph über die Bürgerabteilung, welche berechtigt war, bei gutem wie bei schlechtem Wetter in die Kirche zu Fuße zu gehen.

Die Katholiken bemerkte man kaum; aber auch sie waren die Vorteile gewahr geworden, welche die beiden andern Konfessionen sich zugeeignet hatten.

ACHTZEHNTES BUCH

Zu literarischen Angelegenheiten zurückkehrend, muß ich einen Umstand hervorheben, der auf die deutsche Poesie der damaligen Epoche großen Einfluß hatte, und besonders zu beachten ist, weil eben diese Einwirkung in den ganzen Verlauf unsrer Dichtkunst bis zum heutigen Tag gedauert hat und auch in der Zukunft sich nicht verlieren kann.

Die Deutschen waren von den älteren Zeiten her an den Reim gewöhnt, er brachte den Vorteil, daß man auf eine sehr naive Weise verfahren und fast nur die Silben zählen durfte. Achtete man bei fortschreitender Bildung mehr oder weniger, instinktmäßig, auch auf Sinn und Bedeutung der Silben, so verdiente man Lob, welches sich manche Dichter anzueignen wußten. Der Reim zeigte den Abschluß des poetischen Satzes, bei kürzeren Zeilen waren sogar die kleineren Einschnitte merklich, und ein natürlich wohlgebildetes Ohr sorgte für Abwechselung und Anmut. Nun aber nahm man auf einmal den Reim weg, ohne zu bedenken, daß über den Silbenwert noch nicht entschieden, ja schwer zu entscheiden war. Klopstock ging voran; wie sehr er sich bemüht und was er geleistet, ist bekannt. Jedermann fühlte die Unsicherheit der Sache, man wollte sich nicht gerne wagen, und aufgefordert durch jene Naturtendenz, griff man nach einer poetischen Prosa. Geßners höchst liebliche Idyllen öffneten eine unendliche Bahn. Klopstock schrieb den Dialog von „Hermanns Schlacht" in Prosa, sowie den „Tod Adams". Durch die bürgerlichen Trauerspiele sowie durch die Dramen bemächtigte sich ein empfindungsvoller höherer Stil des Theaters, und umgekehrt zog der fünffüßige Iambus, der sich durch Einfluß der Engländer bei uns verbreitete, die Poesie zur Prosa herunter; allein die Forderungen an Rhythmus und Reim konnte man im allgemeinen nicht aufgeben. Ramler, obgleich nach unsichern Grundsätzen, streng gegen seine eigenen Sachen, konnte nicht unterlassen, diese Strenge auch gegen fremde Werke geltend zu machen. Er verwandelte Prosa in Verse, veränderte und verbesserte die Arbeit anderer, wodurch er sich wenig Dank verdiente und die Sache noch mehr verwirrte. Am besten aber gelang es denen, die sich des herkömmlichen Reims mit einer gewissen Beobachtung des Silbenwertes bedienten, und, durch natürlichen Geschmack geleitet, unausgesprochene und unentschiedene Gesetze beobachteten, wie z. B. Wieland, der, obgleich unnachahmlich, eine lange Zeit mäßigern Talenten zum Muster diente. Unsicher aber blieb die Ausübung auf jeden Fall, und es war keiner, auch der Besten, der nicht augenblicklich irre geworden wäre. Daher entstand das

Unglück, daß die eigentliche geniale Epoche unsrer Poesie weniges hervorbrachte, was man in seiner Art korrekt nennen könnte; denn auch hier war die Zeit strömend, fordernd und tätig, aber nicht betrachtend und sich selbst genugtuend.

Um jedoch einen Boden zu finden, worauf man poetisch fußen, um ein Element zu entdecken, in dem man freisinnig atmen könnte, war man einige Jahrhunderte zurückgegangen, wo sich aus einem chaotischen Zustande ernste Tüchtigkeiten glänzend hervortaten, und so befreundete man sich auch mit der Dichtkunst jener Zeiten. Die Minnesänger lagen zu weit von uns ab; die Sprache hätte man erst studieren müssen, und das war nicht unsre Sache: wir wollten leben und nicht lernen.

Hans Sachs, der wirklich meisterliche Dichter, lag uns am nächsten; ein wahres Talent, freilich nicht wie jene Ritter und Hofmänner, sondern ein schlichter Bürger, wie wir uns auch zu sein rühmten. Ein didaktischer Realism sagte uns zu, und wir benutzten den leichten Rhythmus, den sich bequem anbietenden Reim bei manchen Gelegenheiten. Es schien diese Art so bequem zur Poesie des Tages, und deren bedurften wir jede Stunde.

Wenn nun bedeutende Werke, welche eine jahrelange, ja eine lebenslängliche Aufmerksamkeit und Arbeit erforderten, auf so verwegenem Grunde, bei leichtsinnigen Anlässen mehr oder weniger aufgebaut wurden; so kann man sich denken, wie freventlich mitunter andere vorübergehende Produktionen sich gestalteten, z. B. die poetischen Episteln, Parabeln und Invektiven aller Formen, womit wir fortfuhren uns innerlich zu bekriegen und nach außen Händel zu suchen.

Außer dem schon Abgedruckten ist nur weniges davon übrig; es mag erhalten bleiben; kurze Notizen mögen Ursprung und Absicht denkenden Männern etwas deutlicher enthüllen.

Tiefer Eindringende, denen diese Dinge künftig zu Gesicht kommen, werden doch geneigt bemerken, daß allen solchen Exzentrizitäten ein redliches Bestreben zu Grunde lag. Aufrichtiges Wollen streitet mit Anmaßung, Natur gegen Herkömmlichkeiten, Talent gegen Formen, Genie mit sich selbst, Kraft gegen Weichlichkeit, unentwickeltes Tüchtiges gegen entfaltete Mittelmäßigkeit, so daß man jenes ganze Betragen als ein Vorpostengefecht ansehen kann, das auf eine Kriegserklärung folgt und eine gewaltsame Fehde verkündigt. Denn genau besehen, so ist der Kampf in diesen funfzig Jahren noch nicht ausgekämpft, er setzt sich noch immer fort, nur in einer höhern Region.

Ich hatte, nach Anleitung eines ältern deutschen Puppen- und Budenspiels, ein tolles Fratzenwesen ersonnen, welches den Titel „Hanswursts Hochzeit“ führen sollte. Das Schema war folgendes: Hanswurst, ein reicher elternloser Bauerssohn, welcher soeben mündig geworden, will ein reiches Mädchen, namens Ursel Blandine, heiraten. Sein Vormund, Kilian Brustfleck, und ihre Mutter Ursel etc. sind es höchlich zufrieden. Ihr vieljähriger Plan, ihre höchsten Wünsche werden dadurch endlich erreicht und erfüllt. Hier findet sich nicht das mindeste Hindernis, und das Ganze beruht eigentlich nur darauf, daß das Verlangen der jungen Leute, sich zu besitzen, durch die Anstalten der Hochzeit und dabei vorwaltenden unerläßlichen Umständlichkeiten hingehalten wird. Als Prologus tritt der Hochzeitbitter auf, hält seine herkömmliche banale Rede und endiget mit den Reimen:

Bei dem Wirt zur goldnen Laus
Da wird sein der Hochzeitschmaus.

Um dem Vorwurf der verletzten Einheit des Orts zu entgehen, war im Hintergrunde des Theaters gedachtes Wirtshaus mit seinen Insignien glänzend zu sehen, aber so, als wenn es, auf einem Zapfen umgedreht, nach allen vier Seiten könnte vorgestellt werden, wobei sich jedoch die vordern Kulissen des Theaters schicklich zu verändern hatten.

Im ersten Akt stand die Vorderseite nach der Straße zu, mit den goldnen nach dem Sonnenmikroskop gearbeiteten Insignien; im zweiten Akt die Seite nach dem Hausgarten, die dritte nach einem Wäldchen, die vierte nach einem nahe liegenden See, wodurch denn geweissagt war, daß, in folgenden Zeiten, es dem Dekorateur geringe Mühe machen werde, einen Wellenschlag über das ganze Theater bis an das Souffleurloch zu führen.

Durch alles dieses aber ist das eigentliche Interesse des Stücks noch nicht ausgesprochen; denn der gründliche Scherz ward bis zur Tollheit gesteigert, daß das sämtliche Personal des Schauspiels aus lauter deutsch herkömmlichen Schimpf- und Ekelnamen bestand, wodurch der Charakter der einzelnen sogleich ausgesprochen und das Verhältnis zu einander gegeben war.

Da wir hoffen dürfen, daß Gegenwärtiges in guter Gesellschaft, auch wohl im anständigen Familienkreise vorgelesen werde, so dürfen wir nicht einmal, wie doch auf jedem Theateranschlag Sitte ist, unsre Personen hier der Reihe nach nennen, noch auch die Stellen, wo sie sich am klarsten und eminentesten beweisen, hier am Ort aufführen, obgleich auf dem einfachsten Wege heitere, neckische, unverfängliche Beziehungen und geistreiche Scherze sich hervortun müßten.

Zum Versuch legen wir ein Blatt bei, unsern Herausgebern die Zulässigkeit zu beurteilen anheim stellend.

Vetter Schuft hatte das Recht, durch sein Verhältnis zur Familie, zu dem Fest geladen zu werden; niemand hatte dabei etwas zu erinnern; denn wenn er auch gleich durchaus im Leben untauglich war, so war er doch da, und weil er da war, konnte man ihn schicklich nicht verleugnen; auch durfte man an so einem Festtage sich nicht erinnern, daß man zuweilen unzufrieden mit ihm gewesen wäre.

Mit Herrn Schurke war es schon eine bedenklichere Sache; er hatte der Familie wohl genutzt, wenn es ihm gerade auch nutzte; dagegen ihr auch wieder geschadet, vielleicht zu seinem eignen Vorteil, vielleicht auch weil er es eben gelegen fand. Die mehr oder minder Klugen stimmten für seine Zulässigkeit, die wenigen, die ihn wollten ausgeschlossen haben, wurden überstimmt.

Nun aber war noch eine dritte Person, über die sich schwerer entscheiden ließ; in der Gesellschaft ein ordentlicher Mensch, nicht weniger als andere, nachgiebig, gefällig und zu mancherlei zu gebrauchen; er hatte den einzigen Fehler, daß er seinen

Namen nicht hören konnte und, sobald er ihn vernahm, in eine Heldenwut, wie der Norde sie Berserkerwut benennt, augenblicklich geriet, alles rechts und links totzuschlagen drohte und in solchem Raptus teils beschädigte, teils beschädigt ward: wie denn auch der zweite Akt des Stücks durch ihn ein sehr verworrenes Ende nahm.

Hier konnte nun der Anlaß unmöglich versäumt werden, den räuberischen Macklot zu züchtigen. Er geht nämlich hausieren mit seiner Macklotur, und wie er die Anstalten zur Hochzeit gewahr wird, kann er dem Trieb nicht widerstehen, auch hier zu schmarutzen und auf anderer Leute Kosten seine ausgehungerten Gedärme zu erquicken. Er meldet sich, Kilian Brustfleck untersucht seine Ansprüche, muß ihn aber abweisen, denn alle Gäste, heißt es, seien anerkannte öffentliche Charaktere, woran der Supplikant doch keinen Anspruch machen könne. Macklot versucht sein möglichstes, um zu beweisen, daß er ebenso berühmt sei als jene. Da aber Kilian Brustfleck, als strenger Zeremonienmeister, sich nicht will bewegen lassen, nimmt sich jener Nichtgenannte, der von seiner Berserkerwut am Schlusse des zweiten Akts sich wieder erholt hat, des ihm so nahe verwandten Nachdruckers so nachdrücklich an, daß dieser unter die übrigen Gäste schließlich aufgenommen wird.

Um diese Zeit meldeten sich die Grafen Stolberg an, die, auf einer Schweizerreise begriffen, bei uns einsprechen wollten. Ich war durch das frühste Auftauchen meines Talents im Göttinger Musenalmanach mit ihnen und sämtlichen jungen Männern, deren Wesen und Wirken bekannt genug ist, in ein gar freundliches Verhältnis geraten. Zu der damaligen Zeit hatte man sich ziemlich wunderliche Begriffe von Freundschaft und Liebe gemacht. Eigentlich war es eine lebhafte Jugend, die sich gegen einander aufknöpfte und ein talentvolles aber ungebildetes Innere hervorkehrte. Einen solchen Bezug gegen einander, der freilich wie Vertrauen aussah, hielt man für Liebe, für wahrhafte Neigung; ich betrog mich darin so gut wie die andern, und habe davon viele Jahre auf mehr als eine Weise gelitten. Es ist noch ein Brief von Bürgern aus jener Zeit vorhanden, woraus zu ersehen ist, daß von sittlich Ästhetischem unter diesen Gesellen keineswegs die Rede war. Jeder fühlte sich aufgeregt und glaubte gar wohl hiernach handeln und dichten zu dürfen.

Die Gebrüder kamen an, Graf Haugwitz mit ihnen; von mir wurden sie mit offener Brust empfangen, mit gemütlicher Schicklichkeit. Sie wohnten im Gasthofe, waren zu Tische jedoch meistens bei uns. Das erste heitere Zusammensein zeigte sich höchst erfreulich, allein gar bald traten exzentrische Äußerungen hervor.

Zu meiner Mutter machte sich ein eigenes Verhältnis; sie wußte in ihrer tüchtigen graden Art sich gleich ins Mittelalter zurückzusetzen, um als Aja bei irgend einer lombardischen oder byzantinischen Prinzessin angestellt zu sein. Nicht anders als Frau Aja ward sie genannt, und sie gefiel sich in dem Scherze und ging so eher in die Phantastereien der Jugend mit ein, als sie schon in Götz von Berlichingens Hausfrau ihr Ebenbild zu erblicken glaubte.

Doch hiebei sollte es nicht lange bleiben, denn man hatte nur einige Male zusammen getafelt, als schon nach ein und der andern genossenen Flasche Wein der poetische Tyrannenhaß zum Vorschein kam, und man nach dem Blute solcher Wütriche lechzend sich erwies. Mein Vater schüttelte lächelnd den Kopf; meine Mutter hatte in ihrem Leben kaum von Tyrannen gehört, doch erinnerte sie sich in Gottfrieds „Chronik" dergleichen Unmenschen in Kupfer abgebildet gesehen zu haben: den König Kambyses, der in Gegenwart des Vaters das Herz des Söhnchens mit dem Pfeil getroffen zu haben triumphiert, wie ihr solches noch im Gedächtnis geblieben war. Diese und ähnliche aber immer heftiger werdende Äußerungen ins Heitere zu wenden, verfügte sie sich in ihren Keller, wo ihr von den ältesten Weinen wohlunterhaltene große Fässer verwahrt lagen. Nicht geringere befanden sich daselbst als die Jahrgänge 1706, 19, 26, 48, von ihr selbst gewartet und gepflegt, selten und nur bei feierlich bedeutenden Gelegenheiten angesprochen.

Indem sie nun in geschliffener Flasche den hochfarbigen Wein hinsetzte, rief sie aus: „Hier ist das wahre Tyrannenblut! Daran ergötzt euch, aber alle Mordgedanken laßt mir aus dem Hause!"

„Ja wohl Tyrannenblut!" rief ich aus; „keinen größeren Tyrannen gibt es, als den, dessen Herzblut man euch vorsetzt. Labt euch daran, aber mäßig! denn ihr müßt befürchten, daß er euch durch Wohlgeschmack und Geist unterjoche. Der Weinstock ist der Universaltyrann, der ausgerottet werden sollte; zum Patron sollten wir deshalb den heiligen Lykurgus, den Thrazier, wählen und verehren; er griff das fromme Werk kräftig an, aber vom betörenden Dämon Bacchus verblendet und verderbt, verdient er in der Zahl der Märtyrer obenan zu stehen.

Dieser Weinstock ist der allerschlimmste Tyrann, zugleich Heuchler, Schmeichler und Gewaltsamer. Die ersten Züge seines Blutes munden euch, aber ein Tropfen lockt den andern unaufhaltsam nach; sie folgen sich wie eine Perlenschnur, die man zu zerreißen fürchtet."

Wenn ich hier, wie die besten Historiker getan, eine fingierte Rede statt jener Unterhaltung einzuschieben in Verdacht geraten könnte, so darf ich den Wunsch aussprechen, es möchte gleich ein Geschwindschreiber diese Peroration aufgefaßt und uns überliefert haben. Man würde die Motive genau dieselbigen und den Fluß der Rede vielleicht anmutiger und einladender finden. Überhaupt fehlt dieser gegenwärtigen Darstellung im ganzen die weitläuftige Redseligkeit und Fülle einer Jugend, die sich fühlt und nicht weiß, wo sie mit Kraft und Vermögen hinaus soll.

In einer Stadt wie Frankfurt befindet man sich in einer wunderlichen Lage; immer sich kreuzende Fremde deuten nach allen Weltgegenden hin und erwecken Reiselust. Früher war ich schon bei manchem Anlaß mobil geworden, und gerade jetzt, im Augenblicke, wo es drauf ankam, einen Versuch zu machen, ob ich Lili entbehren könne, wo eine gewisse peinliche Unruhe mich zu allem bestimmten Geschäft unfähig machte, war mir die Aufforderung der Stolberge, sie nach der Schweiz zu begleiten, willkommen. Begünstigt durch das Zureden meines Vaters, welcher eine Reise in jener Richtung sehr gerne sah, und mir empfahl, einen Übergang nach Italien, wie es sich fügen und schicken wollte, nicht zu versäumen, entschloß ich mich daher schnell, und es war bald gepackt. Mit einiger Andeutung, aber ohne Abschied, trennt' ich mich von Lili; sie war mir so ins Herz gewachsen, daß ich mich gar nicht von ihr zu entfernen glaubte.

In wenigen Stunden sah ich mich mit meinen lustigen Gefährten in Darmstadt. Bei Hofe daselbst sollte man sich noch ganz schicklich betragen, hier hatte Graf Haugwitz eigentlich die Führung und Leitung. Er war der Jüngste von uns, wohlgestaltet, von zartem edlem Ansehn, weichen freundlichen Zügen, sich immer gleich, teilnehmend, aber mit solchem Maße, daß er gegen die andern als impassibel abstach. Er mußte deshalb von ihnen allerlei Spottreden und Benamsungen erdulden. Dies mochte gelten, solange sie glaubten, als Naturkinder sich zeigen zu können; wo es aber denn doch auf Schicklichkeit ankam, und man, nicht ungern, genötigt war, wieder einmal als Graf aufzutreten, da wußte er alles einzuleiten und zu schlichten, daß wir, wenn nicht mit dem besten, doch mit leidlichem Rufe davon kamen.

Ich brachte unterdessen meine Zeit bei Merck zu, welcher meine vorgenommene Reise mephistophelisch querblickend ansah und meine Gefährten, die ihn auch besucht hatten, mit schonungsloser Verständigkeit zu schildern wußte. Er kannte mich nach seiner Art durchaus; die unüberwindliche naive Gutmütigkeit meines Wesens war ihm schmerzlich, das ewige Geltenlassen, das Leben und Lebenlassen war ihm ein Greuel. „Daß du mit diesen Burschen ziehst", rief er aus, „ist ein dummer Streich"; und er schilderte sie sodann treffend, aber nicht ganz richtig. Durchaus fehlte ein Wohlwollen, daher ich glauben konnte ihn zu übersehen, obschon ich ihn nicht sowohl übersah, als nur die Seiten zu schätzen wußte, die außer seinem Gesichtskreise lagen.

„Du wirst nicht lange bei ihnen bleiben!" das war das Resultat seiner Unterhaltungen. Dabei erinnere ich mich eines merkwürdigen Wortes, das er mir später wiederholte, das ich mir selbst wiederholte und oft im Leben bedeutend fand. „Dein Bestreben", sagte er, „deine unablenkbare Richtung ist, dem Wirklichen eine poetische Gestalt zu geben; die andern suchen das sogenannte Poetische, das Imaginative, zu verwirklichen, und das gibt nichts wie dummes Zeug." Faßt man die ungeheure Differenz dieser beiden Handlungsweisen, hält man sie fest und wendet sie an; so erlangt man viel Aufschluß über tausend andere Dinge.

Unglücklicherweise, eh sich die Gesellschaft von Darmstadt loslöste, gab es noch Anlaß, Mercks Meinung unumstößlich zu bekräftigen.

Unter die damaligen Verrücktheiten, die aus dem Begriff entstanden: man müsse sich in einen Naturzustand zu versetzen suchen, gehörte denn auch das Baden im freien Wasser, unter offnem Himmel; und unsre Freunde konnten auch hier, nach allenfalls überstandener Schicklichkeit, auch dieses Unschickliche nicht unterlassen. Darmstadt, ohne fließendes Gewässer in einer sandigen Fläche gelegen, mag doch einen Teich in der Nähe haben, von dem ich nur bei dieser Gelegenheit gehört. Die heiß genaturten und sich immer mehr erhitzenden Freunde suchten Labsal in diesem Weiher; nackte Jünglinge bei hellem Sonnenschein zu sehen, mochte wohl in dieser Gegend als etwas Besonderes erscheinen, es gab Skandal auf alle Fälle. Merck schärfte seine Konklusionen, und ich leugne nicht, ich beeilte unsre Abreise.

Schon auf dem Wege nach Mannheim zeigte sich, ohngeachtet aller guten und edlen gemeinsamen Gefühle, doch schon eine gewisse Differenz in Gesinnung und Betragen. Leopold Stolberg äußerte mit Leidenschaft: wie er genötigt worden, ein herzliches Liebesverhältnis mit einer schönen Engländerin aufzugeben, und deswegen eine so weite Reise unternommen habe. Wenn man ihm nun dagegen teilnehmend entdeckte, daß man solchen Empfindungen auch nicht fremd sei, so brach bei ihm das grenzenlose Gefühl der Jugend heraus: seiner Leidenschaft, seinen Schmerzen, sowie der Schönheit und Liebenswürdigkeit seiner Geliebten dürfe sich in der Welt nichts gleichstellen. Wollte man solche Behauptung, wie es sich unter guten Gesellen wohl ziemt, durch mäßige Rede ins Gleichgewicht bringen, so schien sich die Sache nur zu verschlimmern, und Graf Haugwitz wie auch ich mußten zuletzt geneigt werden, dieses Thema fallen zu lassen. Angelangt in Mannheim, bezogen wir schöne Zimmer eines anständigen Gasthofes, und beim Dessert des ersten Mittagessens, wo der Wein nicht war geschont worden, forderte uns Leopold auf, seiner Schönen Gesundheit zu trinken, welches denn unter ziemlichem Getöse geschah. Nach geleerten Gläsern rief er aus: „Nun aber ist aus solchen geheiligten Bechern kein Trunk mehr erlaubt, eine zweite Gesundheit wäre Entweihung, deshalb vernichten wir diese Gefäße!“ und warf sogleich sein Stengelglas hinter sich wider die Wand. Wir andern folgten, und ich bildete mir denn doch ein, als wenn mich Merck am Kragen zupfte.

Allein die Jugend nimmt das aus der Kindheit mit herüber, daß sie guten Gesellen nichts nachträgt, daß eine unbefangene Wohlgewogenheit zwar unangenehm berührt werden kann, aber nicht zu verletzen ist.

Nachdem die nunmehr als englisch angesprochenen Gläser unsre Zeche verstärkt hatten, eilten wir nach Karlsruhe getrost und heiter, um uns zutraulich und sorglos in einen neuen Kreis zu begeben. Wir fanden Klopstock daselbst, welcher seine alte sittliche Herrschaft über die ihn so hoch verehrenden Schüler gar anständig ausübte, dem ich denn auch mich gern unterwarf, so daß ich, mit den andern nach Hof gebeten, mich für einen Neuling ganz leidlich mag betragen haben. Auch ward man gewissermaßen aufgefordert, natürlich und doch bedeutend zu sein. Der regierende Herr Markgraf, als einer der fürstlichen Senioren, besonders aber wegen seiner vortrefflichen Regierungszwecke unter den deutschen Regenten hoch verehrt, unterhielt sich gern von staatswirtlichen Angelegenheiten. Die Frau Markgräfin, in Künsten und mancherlei guten Kenntnissen tätig und bewandert, wollte auch mit anmutigen Reden eine gewisse Teilnahme beweisen; wogegen wir uns zwar dankbar verhielten, konnten aber doch zu Hause ihre schlechte Papierfabrikation und Begünstigung des Nachdruckers Macklot nicht ungeneckt lassen.

Am bedeutendsten war für mich, daß der junge Herzog von Sachsen-Weimar mit seiner edlen Braut, der Prinzessin Luise von Hessen-Darmstadt, hier zusammen kamen, um ein förmliches Ehebündnis einzugehen; wie denn auch deshalb Präsident von Moser bereits hier angelangt war, um so bedeutende Verhältnisse ins klare zu setzen und mit dem Oberhofmeister Grafen Görtz völlig abzuschließen. Meine Gespräche mit beiden hohen Personen waren die gemütlichsten, und sie schlossen sich, bei der Abschiedsaudienz, wiederholt mit der Versicherung: es würde ihnen beiderseits angenehm sein, mich bald in Weimar zu sehn.

Einige besondere Gespräche mit Klopstock erregten gegen ihn, bei der Freundlichkeit, die er mir erwies, Offenheit und Vertrauen; ich teilte ihm die neusten Szenen des „Faust" mit, die er wohl aufzunehmen schien, sie auch, wie ich nachher vernahm, gegen andere Personen mit entschiedenem Beifall, der sonst nicht leicht in seiner Art war, beehrt und die Vollendung des Stücks gewünscht hatte.

Jenes ungebildete, damals mitunter genial genannte Betragen ward in Karlsruhe, auf einem anständigen, gleichsam heiligen Boden, einigermaßen beschwichtigt; ich trennte mich von meinen Gesellen, indem ich einen Seitenweg einzuschlagen hatte, um nach Emmendingen zu gehen, wo mein Schwager Oberamtmann war. Ich achtete diesen Schritt, meine Schwester zu sehen, für eine wahrhafte Prüfung. Ich wußte, sie lebte nicht glücklich, ohne daß man es ihr, ihrem Gatten oder den Zuständen hätte schuld geben können. Sie war ein eignes Wesen, von dem schwer zu sprechen ist; wir wollen suchen, das Mitteilbare hier zusammenzufassen.

Ein schöner Körperbau begünstigte sie, nicht so die Gesichtszüge, welche, obgleich Güte, Verstand, Teilnahme deutlich genug ausdrückend, doch einer gewissen Regelmäßigkeit und Anmut ermangelten.

Dazu kam noch, daß eine hohe stark gewölbte Stirne, durch die leidige Mode die Haare aus dem Gesicht zu streichen und zu zwängen, einen gewissen unangenehmen Eindruck machte, wenn sie gleich für die sittlichen und geistigen Eigenschaften das beste Zeugnis gab. Ich kann mir denken, daß, wenn sie, wie es die neuere Zeit eingeführt hat, den oberen Teil ihres Gesichtes mit Locken umwölken, ihre Schläfe und Wangen mit gleichen Ringeln hätte bekleiden können, sie vor dem Spiegel sich angenehmer würde gefunden haben, ohne Besorgnis, andern zu mißfallen wie sich selbst. Rechne man hiezu noch das Unheil, daß ihre Haut selten rein war, ein Übel, das sich, durch ein dämonisches Mißgeschick, schon von Jugend auf gewöhnlich an Festtagen einzufinden pflegte, an Tagen von Konzerten, Bällen und sonstigen Einladungen.

Diese Zustände hatte sie nach und nach durchgekämpft, indes ihre übrigen herrlichen Eigenschaften sich immer mehr und mehr ausbildeten.

Ein fester nicht leicht bezwinglicher Charakter, eine teilnehmende, Teilnahme bedürfende Seele, vorzügliche Geistesbildung, schöne Kenntnisse, sowie Talente, einige Sprachen, eine gewandte Feder, so daß, wäre sie von außen begünstigt worden, sie unter den gesuchtesten Frauen ihrer Zeit würde gegolten haben.

Zu allem diesem ist noch ein Wundersames zu offenbaren: in ihrem Wesen lag nicht die mindeste Sinnlichkeit. Sie war neben mir heraufgewachsen und wünschte ihr Leben in dieser geschwisterlichen Harmonie fortzusetzen und zuzubringen. Wir waren, nach meiner Rückkunft von der Akademie, unzertrennlich geblieben, im innersten Vertrauen hatten wir Gedanken, Empfindungen und Grillen, die Eindrücke alles Zufälligen in Gemeinschaft. Als ich nach Wetzlar ging, schien ihr die Einsamkeit unerträglich; mein Freund Schlosser, der Guten weder unbekannt noch zuwider, trat in meine Stelle. Leider verwandelte sich bei ihm die Brüderlichkeit in eine entschiedene und, bei seinem strengen gewissenhaften Wesen, vielleicht erste Leidenschaft. Hier fand sich, wie man zu sagen pflegt, eine sehr gätliche, erwünschte Partie, welche sie, nachdem sie verschiedene bedeutende Anträge, aber von unbedeutenden Männern, von solchen, die sie verabscheute, standhaft ausgeschlagen hatte, endlich anzunehmen sich, ich darf wohl sagen, bereden ließ.

Aufrichtig habe ich zu gestehen, daß ich mir, wenn ich manchmal über ihr Schicksal phantasierte, sie nicht gern als Hausfrau, wohl aber als Äbtissin, als Vorsteherin einer edlen Gemeine gar gern denken mochte. Sie besaß alles, was ein solcher höherer Zustand verlangt, ihr fehlte, was die Welt unerläßlich fordert. Über weibliche Seelen übte sie durchaus eine unwiderstehliche Gewalt; junge Gemüter zog sie liebevoll an und beherrschte sie durch den Geist innerer Vorzüge. Wie sie nun die allgemeine Duldung des Guten, Menschlichen, mit allen seinen Wunderlichkeiten, wenn es nur nicht ins Verkehrte ging, mit mir gemein hatte, so brauchte nichts Eigentümliches, wodurch irgend ein bedeutendes Naturell ausgezeichnet war, sich vor ihr zu verbergen, oder sich vor ihr zu genieren; weswegen unsere Geselligkeiten, wie wir schon früher gesehn, immer mannigfaltig, frei, artig, wenn auch gleich manchmal ans Kühne heran, sich bewegen mochten. Die Gewohnheit, mit jungen Frauenzimmern anständig und verbindlich umzugehn, ohne daß sogleich eine entscheidende Beschränkung und Aneignung erfolgt wäre, hatte ich nur ihr zu danken. Nun aber wird der einsichtige Leser, welcher fähig ist, zwischen diese Zeilen hineinzulesen, was nicht geschrieben steht, aber angedeutet ist, sich eine Ahnung der ernsten Gefühle gewinnen, mit welchen ich damals Emmendingen betrat.

Allein beim Abschiede nach kurzem Aufenthalt lag es mir noch schwerer auf dem Herzen, daß meine Schwester mir auf das ernsteste eine Trennung von Lili empfohlen, ja befohlen hatte. Sie selbst hatte an einem langwierigen Brautstande viel gelitten; Schlosser, nach seiner Redlichkeit, verlobte sich nicht eher mit ihr, als bis er seiner Anstellung im Großherzogtum Baden gewiß, ja, wenn man es so nehmen wollte, schon angestellt war. Die eigentliche Bestimmung aber verzögerte sich auf eine undenkliche Weise. Soll ich meine Vermutung hierüber eröffnen, so war der wackere Schlosser, wie tüchtig er zum Geschäft sein mochte, doch wegen seiner schroffen Rechtlichkeit dem Fürsten als unmittelbar berührender Diener, noch weniger den Ministern als naher Mitarbeiter wünschenswert. Seine gehoffte und dringend gewünschte Anstellung in Karlsruhe kam nicht zustande. Mir aber klärte sich diese Zögerung auf, als die Stelle eines Oberamtmanns in Emmendingen ledig ward, und man ihn alsobald dahin versetzte. Es war ein stattliches einträgliches Amt nunmehr ihm übertragen, dem er sich völlig gewachsen zeigte. Seinem Sinn, seiner Handlungsweise deuchte es ganz gemäß, hier allein zu stehen, nach Überzeugung zu handeln und über alles, man mochte ihn loben oder tadeln, Rechenschaft zu geben.

Dagegen ließ sich nichts einwenden; meine Schwester mußte ihm folgen, freilich nicht in eine Residenz, wie sie gehofft hatte, sondern an einen Ort, der ihr eine Einsamkeit, eine Einöde scheinen mußte; in eine Wohnung, zwar geräumig, amtsherrlich, stattlich, aber aller Geselligkeit entbehrend. Einige junge Frauenzimmer, mit denen sie früher Freundschaft gepflogen, folgten ihr nach, und da die Familie Gerock mit Töchtern gesegnet war, wechselten diese ab, so daß sie wenigstens, bei so vieler Entbehrung, eines längstvertrauten Umgangs genoß.

Diese Zustände, diese Erfahrungen waren es, wodurch sie sich berechtigt glaubte, mir aufs ernsteste eine Trennung von Lili zu befehlen. Es schien ihr hart, ein solches Frauenzimmer, von dem sie sich die höchsten Begriffe gemacht hatte, aus einer, wo nicht glänzenden, doch lebhaft bewegten Existenz herauszuzerren, in unser zwar löbliches, aber doch nicht zu bedeutenden Gesellschaften eingerichtetes Haus, zwischen einen wohlwollenden, ungesprächigen, aber gern didaktischen Vater, und eine in ihrer Art höchst häuslichtätige Mutter, welche doch, nach vollbrachtem Geschäft, bei einer bequemen Handarbeit nicht gestört sein wollte, in einem gemütlichen Gespräch mit jungen herangezogenen und auserwählten Persönlichkeiten.

Dagegen setzte sie mir Lilis Verhältnisse lebhaft ins klare, denn ich hatte ihr teils schon in Briefen, teils aber in leidenschaftlich geschwätziger Vertraulichkeit alles haarklein vorgetragen.

Leider war ihre Schilderung nur eine umständliche wohlgesinnte Ausführung dessen, was ein Ohrenbläser von Freund, dem man nach und nach nichts Gutes zutraute, mit wenigen charakteristischen Zügen einzuflüstern bemüht gewesen.

Versprechen konnt' ich ihr nichts, ob ich ihr gleich gestehen mußte, sie habe mich überzeugt; ich ging mit dem rätselhaften Gefühl im Herzen, woran die Leidenschaft sich fortnährt; denn Amor das Kind hält sich noch hartnäckig fest am Kleide der Hoffnung, eben als sie schon starken Schrittes sich zu entfernen den Anlauf nimmt.

Das einzige, was ich mir zwischen da und Zürch noch deutlich erinnere, ist der Rheinfall bei Schaffhausen. Hier wird durch einen mächtigen Stromsturz merklich die erste

Stufe bezeichnet, die ein Bergland andeutet, in das wir zu treten gewillet sind; wo wir denn nach und nach, Stufe für Stufe, immer in wachsendem Verhältnis, die Höhen mühsam erreichen sollen.

Der Anblick des Zürcher Sees, von dem Tore des „Schwertes" genossen, ist mir auch noch gegenwärtig; ich sage von dem Tore des Gasthauses, denn ich trat nicht hinein, sondern ich eilte zu Lavatern. Der Empfang war heiter und herzlich, und man muß gestehen, anmutig ohnegleichen; zutraulich, schonend, segnend, erhebend, anders konnte man sich seine Gegenwart nicht denken. Seine Gattin, mit etwas sonderbaren, aber friedlichen zartfrommen Zügen, stimmte völlig, wie alles andere um ihn her, in seine Sinnes- und Lebensweise. Unsre nächste, und fast ununterbrochene Unterhaltung war seine „Physiognomik". Der erste Teil dieses seltsamen Werkes war, wenn ich nicht irre, schon völlig abgedruckt, oder wenigstens seiner Vollständigkeit nahe. Man darf es wohl als genial-empirisch, als methodisch-kollektiv ansprechen; ich hatte dazu das sonderbarste Verhältnis. Lavater wollte die ganze Welt zu Mitarbeitern und Teilnehmern; schon hatte er auf seiner Rheinreise so viel bedeutende Menschen porträtieren lassen, um durch ihre Persönlichkeit sie in das Interesse eines Werks zu ziehen, in welchem sie selbst auftreten sollten. Ebenso verfuhr er mit Künstlern; er rief einen jeden auf, ihm für seine Zwecke Zeichnungen zu senden. Sie kamen an und taugten nicht entschieden zu ihrer Bestimmung. Ebenso ließ er rechts und links in Kupfer stechen, und auch dieses gelang selten charakteristisch. Eine große Arbeit war von seiner Seite geleistet, mit Geld und Anstrengung aller Art ein bedeutendes Werk vorgearbeitet, der Physiognomik alle Ehre geboten; und wie nun daraus ein Band werden sollte, die Physiognomik, durch Lehre gegründet, durch Beispiele belegt, sich der Würde einer Wissenschaft nähern sollte, so sagte keine Tafel, was sie zu sagen hatte; alle Platten mußten getadelt, bedingt, nicht einmal gelobt, nur zugegeben, manche gar durch die Erklärungen weggelöscht werden. Es war für mich, der, eh er fortschritt, immer Fuß zu fassen suchte, eine der penibelsten Aufgaben, die meiner Tätigkeit auferlegt werden konnte. Man urteile selbst. Das Manuskript mit den zum Text eingeschobenen Plattenabdrücken ging an mich nach Frankfurt. Ich hatte das Recht, alles zu tilgen was mir mißfiel, zu ändern und einzuschalten was mir beliebte, wovon ich freilich sehr mäßig Gebrauch machte. Ein einzigmal hatte er eine gewisse leidenschaftliche Kontrovers gegen einen ungerechten Tadler eingeschoben, die ich wegließ und ein heiteres Naturgedicht dafür einlegte, weswegen er mich schalt, jedoch später, als er abgekühlt war, mein Verfahren billigte.

Wer die vier Bände „Physiognomik" durchblättert und, was ihn nicht reuen wird, durchliest, mag bedenken, welches Interesse unser Zusammensein gehabt habe, indem die meisten der darin vorkommenden Blätter schon gezeichnet und ein Teil gestochen waren, vorgelegt und beurteilt wurden und man die geistreichen Mittel überlegte, womit selbst das Untaugliche in diesem Falle lehrreich und also tauglich gemacht werden könnte.

Geh' ich das Lavaterische Werk nochmals durch, so macht es mir eine komisch heitere Empfindung; es ist mir, als sähe ich die Schatten mir ehemals sehr bekannter Menschen vor mir, über die ich mich schon einmal geärgert und über die ich mich jetzt nicht erfreuen sollte.

Die Möglichkeit aber, so vieles unschicklich Gebildete einigermaßen zusammenzuhalten, lag in dem schönen und entschiedenen Talente des Zeichners und Kupferstechers Lips; er war in der Tat zur freien prosaischen Darstellung des Wirklichen geboren, worauf es denn doch eigentlich hier ankam. Er arbeitete unter dem wunderlich fordernden Physiognomisten, und mußte deshalb genau aufpassen, um sich den Forderungen seines Meisters anzunähern; der talentreiche Bauernknabe fühlte die ganze Verpflichtung, die er einem geistlichen Herrn aus der so hoch privilegierten Stadt schuldig war, und besorgte sein Geschäft aufs beste.

In getrennter Wohnung von meinen Gesellen lebend, ward ich täglich, ohne daß wir im geringsten Arges daran gehabt hätten, denselben immer fremder; unsre Landpartien paßten nicht mehr zusammen, obgleich in der Stadt noch einiges Verkehr übrig geblieben war. Sie hatten sich mit allem jugendlich gräflichen Übermut auch bei Lavatern gemeldet, welchem gewandten Physiognomisten sie freilich etwas anders vorkamen als der übrigen Welt; er äußerte sich gegen mich darüber, und ich erinnere mich ganz deutlich, daß er, von Leopold Stolberg sprechend, ausrief: „Ich weiß nicht, was ihr alle wollt; es ist ein edler, trefflicher, talentvoller Jüngling, aber sie haben mir ihn als einen Heroen, als einen Herkules beschrieben, und ich habe in meinem Leben keinen weicheren, zarteren und, wenn es darauf ankommt, bestimmbareren jungen Mann gesehen. Ich bin noch weit von sicherer physiognomischer Einsicht entfernt, aber wie es mit euch und der Menge aussieht, ist doch gar zu betrübt."

Seit der Reise Lavaters an den Niederrhein hatte sich das Interesse an ihm und seinen physiognomischen Studien sehr lebhaft gesteigert; vielfache Gegenbesuche drängten sich zu ihm, so daß er sich einigermaßen in Verlegenheit fühlte, als der Erste geistlicher und geistreicher Männer angesehen und als einer betrachtet zu werden, der die Fremden allein nach sich hinzöge; daher er denn, um allem Neid und Mißgunst auszuweichen, alle diejenigen, die ihn besuchten, zu erinnern und anzutreiben wußte, auch die übrigen bedeutenden Männer freundlich und ehrerbietig anzugehen.

Der alte Bodmer ward hiebei vorzüglich beachtet, und wir mußten uns auf den Weg machen, ihn zu besuchen und jugendlich zu verehren. Er wohnte in einer Höhe über der am rechten Ufer, wo der See seine Wasser als Limmat zusammendrängt, gelegenen größern oder alten Stadt; diese durchkreuzten wir, und erstiegen zuletzt, auf immer steileren Pfaden, die Höhe hinter den Wällen, wo sich zwischen den Festungswerken und der alten Stadtmauer gar anmutig eine Vorstadt, teils in aneinander geschlossenen, teils einzelnen Häusern, halb ländlich gebildet hatte. Hier nun stand Bodmers Haus, der Aufenthalt seines ganzen Lebens, in der freisten, heitersten Umgebung, die wir, bei der Schönheit und Klarheit des Tages, schon vor dem Eintritt höchst vergnüglich zu überschauen hatten. Wir wurden eine Stiege hoch in ein ringsgetäfeltes Zimmer geführt, wo uns ein munterer Greis von mittlerer Statur entgegen kam. Er empfing uns mit einem Gruße, mit dem er die besuchenden Jüngeren anzusprechen pflegte: wir würden es ihm als eine Artigkeit anrechnen, daß er mit seinem Abscheiden aus dieser Zeitlichkeit so lange gezögert habe, um uns noch freundlich aufzunehmen, uns kennen zu lernen, sich an unsern Talenten zu erfreuen und Glück auf unsern fernern Lebensgang zu wünschen.

Wir dagegen priesen ihn glücklich, daß er als Dichter, der patriarchalischen Welt angehörig und doch in der Nähe der höchst gebildeten Stadt, eine wahrhaft idyllische Wohnung zeitlebens besessen und in hoher freier Luft sich einer solchen Fernsicht mit stetem Wohlbehagen der Augen so lange Jahre erfreut habe.

Es schien ihm nicht unangenehm, daß wir eine Übersicht aus seinem Fenster zu nehmen uns ausbaten, welche denn wirklich bei heiterem Sonnenschein in der besten Jahrszeit ganz unvergleichlich erschien. Man übersah vieles von dem, was sich von der großen Stadt nach der Tiefe senkte, die kleinere Stadt über der Limmat, sowie die Fruchtbarkeit des Sihlfeldes gegen Abend. Rückwärts links einen Teil des Zürchsees mit seiner glänzend bewegten Fläche und seiner unendlichen Mannigfaltigkeit von abwechselnden Berg- und Talufern, Erhöhungen, dem Auge unfaßlichen Mannigfaltigkeiten; worauf man denn, geblendet von allem diesem, in der Ferne die blaue Reihe der höheren Gebirgsrücken, deren Gipfel zu benamsen man sich getraute, mit größter Sehnsucht zu schauen hatte.

Die Entzückung junger Männer über das Außerordentliche, was ihm so viele Jahre her täglich geworden war, schien ihm zu behagen; er ward, wenn man so sagen darf, ironisch teilnehmend, und wir schieden als die besten Freunde, wenn schon in unsern Geistern die Sehnsucht nach jenen blauen Gebirgshöhen die Überhand gewonnen hatte.

Indem ich nun im Begriff stehe, mich von unserem würdigen Patriarchen zu beurlauben, so merk' ich erst, daß ich von seiner Gestalt und Gesichtsbildung, von seinen Bewegungen und seiner Art sich zu benehmen noch nichts ausgesprochen.

Überhaupt zwar finde ich nicht ganz schicklich, daß

Reisende einen bedeutenden Mann, den sie besuchen, gleichsam signalisieren, als wenn sie Stoff zu einem Steckbriefe geben wollten. Niemand bedenkt, daß es eigentlich nur ein Augenblick ist, wo er, vorgetreten, neugierig beobachtet und doch nur auf seine eigne Weise; und so kann der Besuchte bald wirklich, bald scheinbar als stolz oder demütig, als schweigsam oder gesprächig, als heiter oder verdrießlich erscheinen. In diesem besondern Falle aber möcht' ich mich damit entschuldigen, daß Bodmers ehrwürdige Person, in Worten geschildert, keinen gleich günstigen Eindruck machen dürfte. Glücklicherweise existiert das Bild nach Graff von Bause, welches vollkommen den Mann darstellt, wie er auch uns erschienen, und zwar mit seinem Blick der Beschauung und Betrachtung.

Ein besonderes, zwar nicht unerwartetes, aber höchst erwünschtes Vergnügen empfing mich in Zürch, als ich meinen jungen Freund Passavant daselbst antraf. Sohn eines angesehnen reformierten Hauses meiner Vaterstadt, lebte er in der Schweiz, an der Quelle derjenigen Lehre, die er dereinst als Prediger verkündigen sollte. Nicht von großer aber gewandter Gestalt, versprach sein Gesicht und sein ganzes Wesen eine anmutige rasche Entschlossenheit; schwarzes Haar und Bart, lebhafte Augen, im ganzen eine teilnehmende mäßige Geschäftigkeit.

Kaum hatten wir, uns umarmend, die ersten Grüße gewechselt, als er mir gleich den Vorschlag tat, die kleinen Kantone zu besuchen, die er schon mit großem Entzücken durchwandert habe und mit deren Anblick er mich nun ergötzen und entzücken wolle.

Indes ich mit Lavatern die nächsten und wichtigsten Gegenstände durchgesprochen und wir unsre gemeinschaftlichen Angelegenheiten beinah erschöpft hatten, waren meine muntern Reisegesellen schon auf mancherlei Wegen ausgezogen, und hatten nach ihrer Weise sich in der Gegend umgetan. Passavant, mich mit herzlicher Freundschaft umfangend, glaubte dadurch ein Recht zu dem ausschließenden Besitz meines Umganges erworben zu haben und wußte daher, in Abwesenheit jener, mich um so eher in die Gebirge zu locken, als ich selbst entschieden geneigt war, in größter Ruhe und auf meine eigne Weise, diese längst ersehnte Wanderung zu vollbringen. Wir schifften uns ein, und fuhren an einem glänzenden Morgen den herrlichen See hinauf.

Möge ein eingeschaltetes Gedicht von jenen glücklichen Momenten einige Ahnung herüberbringen:

Und frische Nahrung, neues Blut
Saug' ich aus freier Welt;
Wie ist Natur so hold und gut,
Die mich am Busen hält!
Die Welle wieget unsern Kahn
Im Rudertakt hinauf,
Und Berge, wolkig himmelan,
Begegnen unserm Lauf.

Aug mein Aug, was sinkst du nieder?
Goldne Träume, kommt ihr wieder?
Weg, du Traum! so Gold du bist;
Hier auch Lieb und Leben ist.

Auf der Welle blinken
Tausend schwebende Sterne;
Weiche Nebel trinken
Rings die türmende Ferne,
Morgenwind umflügelt
Die beschattete Bucht
Und im See bespiegelt
Sich die reifende Frucht.

Wir landeten in Richterswyl, wo wir an Doktor Hotz durch Lavater empfohlen waren. Er besaß als Arzt, als höchst verständiger, wohlwollender Mann ein ehrwürdiges Ansehn an seinem Orte und in der ganzen Gegend, und wir glauben sein Andenken nicht besser zu ehren, als wenn wir auf eine Stelle in Lavaters „Physiognomik" hinweisen, die ihn bezeichnet.

Aufs beste bewirtet, aufs anmutigste und nützlichste auch über die nächsten Stationen unsrer Wanderung unterhalten, erstiegen wir die dahinter liegenden Berge. Als wir in das Tal von Schindellegi wieder hinabsteigen sollten, kehrten wir uns nochmals um, die entzückende Aussicht über den Zürcher See in uns aufzunehmen.

Wie mir zu Mute gewesen, deuten folgende Zeilen an, wie sie damals geschrieben noch in einem Gedenkheftchen aufbewahrt sind:

Wenn ich, liebe Lili, dich nicht liebte,
Welche Wonne gäb' mir dieser Blick!
Und doch, wenn ich, Lili, dich nicht liebte,
Wär', was wär' mein Glück?

Ausdrucksvoller find ich hier diese kleine Interjektion, als wie sie in der Sammlung meiner Gedichte abgedruckt ist.

Die rauhen Wege, die von da nach Maria Einsiedeln führten, konnten unserm guten Mut nichts anhaben. Eine Anzahl von Wallfahrern, die, schon unten am See von uns bemerkt, mit Gebet und Gesang regelmäßig fortschritten, hatten uns eingeholt; wir ließen sie begrüßend vorbei und sie belebten, indem sie uns zur Einstimmung in ihre frommen Zwecke beriefen, diese öden Höhen anmutig charakteristisch. Wir sahen lebendig den schlängelnden Pfad bezeichnet, den auch wir zu wandern hatten, und schienen freudiger zu folgen; wie denn die Gebräuche der römischen Kirche dem Protestanten durchaus bedeutend und imposant sind, indem er nur das Erste, Innere, wodurch sie hervorgerufen, das Menschliche, wodurch sie sich von Geschlecht zu Geschlecht fortpflanzen, und also auf den Kern dringend, anerkennt, ohne sich gerade in dem Augenblick mit der Schale, der Fruchthülle, ja dem Baume selbst, seinen Zweigen, Blättern, seiner Rinde und seinen Wurzeln zu befassen.

Nun sahen wir in einem öden baumlosen Tale die prächtige Kirche hervorsteigen; das Kloster, von weitem ansehnlichen Umfang, in der Mitte von reinlicher Ansiedelung, um so eine große und mannigfaltige Anzahl von Gästen einigermaßen schicklich aufzunehmen.

Das Kirchlein in der Kirche, die ehmalige Einsiedlerwohnung des Heiligen, mit Marmor inkrustiert und so viel als möglich zu einer anständigen Kapelle verwandelt, war etwas Neues, von mir noch nie Gesehenes, dieses kleine Gefäß, umbaut und überbaut von Pfeilern und Gewölben. Es mußte ernste Betrachtungen erregen, daß ein einzelner Funke von Sittlichkeit und Gottesfurcht hier ein immer brennendes leuchtendes Flämmchen angezündet, zu welchem gläubige Scharen mit großer Beschwerlichkeit heranpilgern sollten, um an dieser heiligen Flamme auch ihr Kerzlein anzuzünden. Wie dem auch sei, so deutet es auf ein grenzenloses Bedürfnis der Menschheit nach gleichem Licht, gleicher Wärme, wie es jener erste im tiefsten Gefühl und sicherster Überzeugung gehegt und genossen. Man führte uns in die Schatzkammer, welche, reich und imposant genug, vor allem lebensgroße, wohl gar kolossale Büsten von Heiligen und Ordensstiftern dem staunenden Auge darbot.

Doch ganz andere Aufmerksamkeit erregte der Anblick eines darauf eröffneten Schrankes; er enthielt altertümliche Kostbarkeiten, hierher gewidmet und verehrt. Verschiedene Kronen von merkwürdiger Goldschmiedsarbeit hielten meinen Blick fest, unter denen wieder eine ausschließlich betrachtet wurde. Eine Zackenkrone im Kunstsinne der Vorzeit, wie man wohl ähnliche auf den Häuptern altertümlicher Königinnen gesehen, aber von so geschmackvoller Zeichnung, von solcher Ausführung einer unermüdeten Arbeit, selbst die eingefugten farbigen Steine mit solcher Wahl und Geschicklichkeit verteilt und gegeneinander gestellt – genug, ein Werk der Art, daß man es bei dem ersten Anblick für vollkommen erklärte, ohne diesen Eindruck kunstmäßig entwickeln zu können.

Auch ist in solchen Fällen, wo die Kunst nicht erkannt, sondern gefühlt wird, Geist und Gemüt zur Anwendung geneigt, man möchte das Kleinod besitzen, um damit Freude zu machen. Ich erbat mir die Erlaubnis, das Krönchen hervorzunehmen; und als ich solches in der Hand anständig haltend in die Höhe hob, dacht' ich mir nicht anders, als ich müßte es Lili auf die hellglänzenden Locken aufdrücken, sie vor den Spiegel führen und ihre Freude über sich selbst und das Glück, das sie verbreitet, gewahr werden. Ich habe mir nachher oft gedacht, diese Szene, durch einen talentvollen Maler verwirklicht, müßte einen höchst sinn- und gemütvollen Anblick geben. Da wäre es wohl der Mühe wert, der junge König zu sein, der sich auf diese Weise eine Braut und ein neues Reich erwürbe.

Um uns die Besitztümer des Klosters vollständig sehen zu lassen, führte man uns in ein Kunst-, Kuriositäten- und Naturalienkabinett. Ich hatte damals von dem Wert solcher Dinge wenig Begriff; noch hatte mich die zwar höchst löbliche, aber doch den Eindruck der schönen Erdoberfläche vor dem Anschauen des Geistes zerstückelnde Geognosie nicht angelockt, noch weniger eine phantastische Geologie mich in ihre Irrsale verschlungen; jedoch nötigte mich der herumführende Geistliche, einem fossilen, von Kennern, wie er sagte, höchst geschätzten, in einem blauen Schieferton wohl erhaltenen kleinen wilden Schweinskopf einige Aufmerksamkeit zu schenken, der auch, schwarz wie er war, für alle Folgezeit in der Einbildungskraft geblieben ist. Man hatte ihn in der Gegend von Rapperswyl gefunden, in einer Gegend, die, morastig von Urzeiten her, gar wohl dergleichen Mumien für die Nachwelt aufnehmen und bewahren konnte.

Ganz anders aber zog mich, unter Rahmen und Glas, ein Kupferstich von Martin Schön an, das Abscheiden der Maria vorstellend. Freilich kann nur ein vollkommenes Exemplar uns einen Begriff von der Kunst eines solchen Meisters geben, aber alsdann werden wir auch, wie von dem Vollkommenen in jeder Art, dergestalt ergriffen, daß wir die Begierde, das gleiche zu besitzen, den Anblick immer wiederholen zu können, – es mag noch so viel Zeit dazwischen verfließen – nicht wieder loswerden. Warum sollt' ich nicht vorgreifen und hier gestehen, daß ich später nicht eher nachließ, als bis ich ebenfalls zu einem trefflichen Abdruck dieses Blattes gelangt war.

Am 16. Juni 1775, denn hier find' ich zuerst das Datum verzeichnet, traten wir einen beschwerlichen Weg an; wilde, steinige Höhen mußten überstiegen werden und zwar in vollkommener Einsamkeit und Öde. Abends ¾ auf achte standen wir den Schwyzer Hocken gegenüber, zweien Berggipfeln, die nebeneinander mächtig in die Luft ragen. Wir fanden auf unsern Wegen zum erstenmal Schnee, und an jenen zackigen Felsgipfeln hing er noch vom Winter her.

Ernsthaft und fürchterlich füllte ein uralter Fichtenwald die unabsehlichen Schluchten, in die wir hinab sollten. Nach kurzer Rast, frisch und mit mutwilliger Behendigkeit, sprangen wir den von Klippe zu Klippe, von Platte zu Platte in die Tiefe sich stürzenden Fußpfad, und gelangten um zehn Uhr nach Schwyz. Wir waren zugleich müde und munter geworden, hinfällig und aufgeregt, wir löschten gähling unsern heftigen Durst und fühlten uns noch mehr begeistert. Man denke sich den jungen Mann, der etwa vor zwei Jahren den „Werther" schrieb, einen jüngeren Freund, der sich schon an dem Manuskript jenes wunderbaren Werks entzündet hatte, beide ohne Wissen und Wollen gewissermaßen in einen Naturzustand versetzt, lebhaft gedenkend vorübergegangener Leidenschaften, nachhängend den gegenwärtigen, folgelose Plane bildend, im Gefühl behaglicher Kraft das Reich der Phantasie durchschwelgend, – dann nähert man sich der Vorstellung jenes Zustandes, den ich nicht zu schildern wüßte, stünde nicht im Tagebuche: „Lachen und Jauchzen dauerte bis um Mitternacht."

Den 17. morgens sahen wir die Schwyzer Hocken vor unsern Fenstern. An diesen ungeheuern unregelmäßigen Naturpyramiden stiegen Wolken nach Wolken hinauf. Um 1 Uhr nachmittags von Schwyz weg, gegen den Rigi zu, um 2 Uhr auf dem Lauerzer See herrlicher Sonnenschein. Vor lauter Wonne sah man gar nichts; zwei tüchtige Mädchen führten das Schiff; das war anmutig, wir ließen es geschehen. Auf der Insel langten wir an, wo sie sagen: hier habe der ehemalige Zwingherr gehaust; wie ihm auch sei, jetzt zwischen die Ruinen hat sich die Hütte des Waldbruders eingeschoben.

Wir bestiegen den Rigi, um halb achte standen wir bei der Mutter Gottes im Schnee; sodann an der Kapelle, am Kloster vorbei, im Wirtshaus „Zum Ochsen".

Den 18. sonntags früh die Kapelle vom „Ochsen" aus gezeichnet. Um 12 Uhr nach dem Kalten Bad oder zum Drei-Schwestern-Brunnen. Ein Viertel nach zwei hatten wir die Höhe erstiegen; wir fanden uns in Wolken, diesmal uns doppelt unangenehm, als die Aussicht hindernd und als niedergehender Nebel netzend. Aber als sie hie und da auseinander rissen und uns, von wallenden Rahmen umgeben, eine klare, herrliche, sonnenbeschienene Welt als vortretende und wechselnde Bilder sehen ließen, bedauerten wir nicht mehr diese Zufälligkeiten; denn es war ein niegesehner, nie wieder zu schauender Anblick, und wir verharrten lange in dieser gewissermaßen unbequemen Lage, um durch die Ritzen und Klüfte der immer bewegten Wolkenballen einen kleinen Zipfel besonnter Erde, einen schmalen Uferzug und ein Endchen See zu gewinnen.

Um 8 Uhr abends waren wir wieder vor der Wirtshaustüre zurück und stellten uns an gebackenen Fischen und Eiern und genugsamem Wein wieder her.

Wie es denn nun dämmerte und allmählich nachtete, beschäftigten ahnungsvoll zusammenstimmende Töne unser Ohr; das Glockengebimmel der Kapelle, das Plätschern des Brunnens, das Säuseln wechselnder Lüftchen, in der Ferne Waldhörner; – es waren wohltätige, beruhigende, einlullende Momente.

Am 19. früh halb sieben erst aufwärts, dann hinab an den Waldstätter See, nach Vitznau, von da zu Wasser nach Gersau. Mittags im Wirtshaus am See. Gegen 2 Uhr dem Grütli gegenüber, wo die drei Tellen schwuren, darauf an der Platte, wo der Held aussprang und wo ihm zu Ehren die Legende seines Daseins und seiner Taten durch Malerei verewigt ist. Um 3 Uhr in Flüelen, wo er eingeschifft ward; um 4 Uhr in Altdorf, wo er den Apfel abschoß.

An diesem poetischen Faden schlingt man sich billig durch das Labyrinth dieser Felsenwände, die steil bis in das Wasser hinabreichend uns nichts zu sagen haben. Sie, die Unerschütterlichen, stehen so ruhig da, wie die Kulissen eines Theaters; Glück oder Unglück, Lust oder Trauer ist bloß den Personen zugedacht, die heute auf dem Zettel stehen.

Dergleichen Betrachtungen jedoch waren gänzlich außer dem Gesichtskreis jener Jünglinge, das Kurzvergangene hatten sie aus dem Sinne geschlagen, und die Zukunft lag so wunderbar unerforschlich vor ihnen, wie das Gebirg, in das sie hineinstrebten.

Am 20. brachen wir nach Amsteg auf, wo man uns gebackene Fische gar schmackhaft bereitete. Hier nun, an diesem schon genugsam wilden Angebirge, wo die Reuß aus schrofferen Felsklüften hervordrang und das frische Schneewasser über die reinlichen Kiesbänke hinspielte, enthielt ich mich nicht, die gewünschte Gelegenheit zu nutzen und mich in den rauschenden Wellen zu erquicken.

Um 3 Uhr brachen wir von da auf; eine Reihe Saumrosse zog vor uns her, wir schritten mit ihr über eine breite Schneemasse und erfuhren erst nachher, daß sie unten hohl sei. Hier hatte sich der Winterschnee in eine Bergschlucht eingelegt, um die man sonst herumziehen mußte, und diente nunmehr zu einem graden verkürzten Wege. Die unten durchströmenden Wasser hatten sie nach und nach ausgehöhlt, durch die milde Sommerluft war das Gewölb immer mehr abgeschmolzen, so daß sie nunmehr als ein breiter Brückenbogen das Hüben und Drüben natürlich zusammenhielt. Wir überzeugten uns von diesem wundersamen Naturereignis, indem wir uns etwas oberhalb hinunter in die breitere Schlucht wagten.

Wie wir uns nun immer weiter erhuben, blieben Fichtenwälder im Abgrund, durch welche die schäumende Reuß über Felsenstürze sich von Zeit zu Zeit sehen ließ.

Um ½8 Uhr gelangten wir nach Wasen, wo wir, uns mit dem roten, schweren, sauern lombardischen Wein zu erquicken, erst mit Wasser nachhelfen und mit vielem Zucker das Ingrediens ersetzen mußten, was die Natur in der Traube auszukochen versagt hatte. Der Wirt zeigte schöne Kristalle vor; ich war aber damals so entfernt von solchen Naturstudien, daß ich mich nicht einmal für den geringen Preis mit diesen Bergerzeugnissen beschweren mochte.

Den 21. halb 7 Uhr aufwärts; die Felsen wurden immer mächtiger und schrecklicher, der Weg bis zum Teufelsstein, bis zum Anblick der Teufelsbrücke immer mühseliger. Meinem Gefährten beliebte es hier auszuruhen; er munterte mich auf, die bedeutenden Ansichten zu zeichnen. Die Umrisse mochten mir gelingen, aber es trat nichts hervor, nichts zurück; für dergleichen Gegenstände hatte ich keine Sprache. Wir mühten uns weiter, das ungeheure Wilde schien sich immer zu steigern, Platten wurden zu Gebirgen, und Vertiefungen zu Abgründen. So geleitete mich mein Führer bis ans Urserner Loch, durch welches ich gewissermaßen verdrießlich hindurch ging; was man bisher gesehen, war doch erhaben, diese Finsternis hob alles auf.

Aber freilich hatte sich der schelmische Führer das freudige Erstaunen voraus vorgestellt, das mich beim Austritt überraschen mußte. Der mäßig schäumende Fluß schlängelte sich hier milde durch ein flaches, von Bergen zwar umschlossenes, aber doch genugsam weites, zur Bewohnung einladendes Tal; über dem reinlichen Örtchen Urseren und seiner Kirche, die uns auf ebenem Boden entgegen standen, erhob sich ein Fichtenwäldchen, heilig geachtet, weil es die am Fuße Angesiedelten vor höher herabrollenden Schneelawinen schützte. Die grünenden Wiesen des Tales waren wieder am Fluß her mit kurzen Weiden geschmückt; man erfreute sich hier einer lange vermißten Vegetation. Die Beruhigung war groß, man fühlte auf flachen Pfaden die Kräfte wieder belebt, und mein Reisegefährte tat sich nicht wenig zugute auf die Überraschung, die er so schicklich eingeleitet hatte.

An der Matte fand sich der berühmte Urserner Käse, und die exaltierten jungen Leute ließen sich einen leidlichen Wein trefflich schmecken, um ihr Behagen noch mehr zu erhöhen und ihren Projekten einen phantastischern Schwung zu verleihen.

Den 22. halb 4 Uhr verließen wir unsre Herberge, um aus dem glatten Urserner Tal ins steinichte Liviner Tal einzutreten. Auch hier ward sogleich alle Fruchtbarkeit vermißt; nackte, wie bemooste Felsen mit Schnee bedeckt, ruckweiser Sturmwind, Wolken heran- und vorbeiführend, Geräusch der Wasserfälle, das Klingeln der Saumrosse in der höchsten Öde, wo man weder die Herankommenden noch die Scheidenden erblickte. Hier kostet es der Einbildungskraft nicht viel, sich Drachennester in den Klüften zu denken. Aber doch erheitert und erhoben fühlte man sich durch einen der schönsten, am meisten zum Bilde sich eignenden, in allen Abstufungen grandios mannigfaltigen Wasserfall, der gerade in dieser Jahrszeit vom geschmolzenen Schnee überreich begabt, von Wolken bald verhüllt bald enthüllt, uns geraume Zeit an die Stelle fesselte.

Endlich gelangten wir an kleine Nebelseen, wie ich sie nennen möchte, weil sie von den atmosphärischen Streifen kaum zu unterscheiden waren. Nicht lange, so trat aus dem Dunste ein Gebäude entgegen, es war das Hospiz, und wir fühlten große Zufriedenheit, uns zunächst unter seinem gastlichen Dache schirmen zu können.

NEUNZEHNTES BUCH

Durch das leichte Kläffen eines uns entgegen kommenden Hündchens angemeldet, wurden wir von einer ältlichen aber rüstigen Frauensperson an der Türe freundlich empfangen; sie entschuldigte den Herrn Pater, welcher nach Mailand gegangen sei, jedoch diesen Abend wieder erwartet werde; alsdann aber sorgte sie, ohne viel Worte zu machen, für Bequemlichkeit und Bedürfnis. Eine warme geräumige Stube nahm uns auf; Brot, Käse und trinkbarer Wein wurden aufgesetzt, auch ein hinreichendes Abendessen versprochen. Nun wurden die Überraschungen des Tags wieder aufgenommen, und der Freund tat sich höchlich darauf zugute, daß alles so wohl gelungen und ein Tag zurückgelegt sei, dessen Eindrücke weder Poesie noch Prose wieder herzustellen imstande. Bei spät einbrechender Dämmerung trat endlich der ansehnliche Pater herein, begrüßte mit freundlich vertraulicher Würde seine Gäste und empfahl mit wenigen Worten der Köchin alle mögliche Aufmerksamkeit. Als wir unsre Bewunderung nicht zurückhielten, daß er hier oben, in so völliger Wüste, entfernt von aller Gesellschaft, sein Leben zubringen gewollt, versicherte er: an Gesellschaft fehle es ihm nie, wie wir denn ja auch gekommen wären, ihn mit unserm Besuche zu erfreuen. Gar stark sei der wechselseitige Warentransport zwischen Italien und Deutschland; dieser immerfortwährende Speditionswechsel setze ihn mit den ersten Handelshäusern in Verhältnis. Er steige oft nach Mailand hinab, komme seltener nach Luzern, von woher ihm aber aus den Häusern, welche das Postgeschäft dieser Hauptstraße zu besorgen hätten, zum öftern junge Leute zugeschickt würden, die hier oben auf dem Scheidepunkt mit allen in diese Angelegenheiten eingreifenden Umständen und Vorfallenheiten bekannt werden sollten.

Unter solchen mannigfaltigen Gesprächen ging der Abend hin, und wir schliefen eine ruhige Nacht in etwas kurzen, an der Wand befestigten, eher an Repositorien als Bettstellen erinnernden Schlafstätten.

Früh aufgestanden, befand ich mich bald zwar unter freiem Himmel, jedoch in engen, von hohen Gebirgskuppen umschlossenen Räumen. Ich hatte mich an den Fußpfad, der nach Italien hinunterging, niedergelassen und zeichnete, nach Art der Dilettanten, was nicht zu zeichnen war und was noch weniger ein Bild geben konnte: die nächsten Gebirgskuppen, deren Seiten der herabschmelzende Schnee mit weißen Furchen und schwarzen Rücken sehen ließ; indessen ist mir durch diese fruchtlose Bemühung jenes Bild im Gedächtnis unauslöschlich geblieben.

Mein Gefährte trat mutig zu mir und begann: „Was sagst du zu der Erzählung unsres geistlichen Wirts von gestern abend? Hast du nicht, wie ich, Lust bekommen, dich von diesem Drachengipfel hinab in jene entzückenden Gegenden zu begeben? Die Wanderung durch diese Schluchten hinab muß herrlich sein und mühelos, und wann sich's dann bei Bellinzona öffnen mag, was würde das für eine Lust sein! Die Inseln des großen Sees sind mir durch die Worte des Paters wieder lebendig in die Seele getreten. Man hat seit Keyßlers Reisen so viel davon gehört und gesehen, daß ich der Versuchung nicht widerstehen kann. Ist dir's nicht auch so?" fuhr er fort; „du sitzest gerade am rechten Fleck, schon einmal stand ich hier und hatte nicht den Mut hinabzuspringen. Geh voran ohne weiteres, in Airolo wartest du auf mich, ich komme mit dem Boten nach, wenn ich vom guten Pater Abschied genommen und alles berichtigt habe."

„So ganz aus dem Stegreife ein solches Unternehmen, will mir doch nicht gefallen", antwortete ich. – „Was soll da viel Bedenken!" rief jener, „Geld haben wir genug, nach Mailand zu kommen, Kredit wird sich finden, mir sind von unsern Messen her dort mehr als ein Handelsfreund bekannt." Er ward noch dringender. „Geh!" sagte ich, „mach alles zum Abschied fertig, entschließen wollen wir uns alsdann."

Mir kommt vor, als wenn der Mensch, in solchen Augenblicken, keine Entschiedenheit in sich fühlte, vielmehr von früheren Eindrücken regiert und bestimmt werde. Die Lombardie und Italien lag als ein ganz Fremdes vor mir; Deutschland als ein Bekanntes, Liebwertes, voller freundlichen einheimischen Aussichten, und, sei es nur gestanden: das, was mich so lange ganz umfangen, meine Existenz getragen hatte, blieb auch jetzt das unentbehrlichste Element, aus dessen Grenzen zu treten ich mich nicht getraute. Ein goldnes Herzchen, das ich in schönsten Stunden von ihr erhalten hatte, hing noch an demselben Bändchen, an welchem sie es umknüpfte, lieberwärmt an meinem Halse. Ich faßte es an und küßte es; mag ein dadurch veranlaßtes Gedicht auch hier eingeschaltet sein:

Angedenken du verklungner Freude,
Das ich immer noch am Halse trage,
Hältst du länger als das Seelenband uns beide?
Verlängerst du der Liebe kurze Tage?

Flieh' ich, Lili, vor dir! Muß noch an deinem Bande
Durch fremde Lande,
Durch ferne Täler und Wälder wallen!
Ach, Lilis Herz konnte so bald nicht
Von meinem Herzen fallen.

Wie ein Vogel, der den Faden bricht
Und zum Walde kehrt,
Er schleppt, des Gefängnisses Schmach,
Noch ein Stückchen des Fadens nach,
Er ist der alte freigeborne Vogel nicht,
Er hat schon jemand angehört.

Schnell stand ich auf, damit ich von der schroffen Stelle wegkäme und der mit dem refftragenden Boten heranstürmende Freund mich in den Abgrund nicht mit fortrisse. Auch ich begrüßte den frommen Pater und wendete mich, ohne ein Wort zu verlieren, dem Pfade zu, woher wir gekommen waren. Etwas zaudernd folgte mir der Freund, und ohngeachtet seiner Liebe und Anhänglichkeit an mich blieb er eine Zeitlang eine Strecke zurück, bis uns endlich jener herrliche Wasserfall wieder zusammenbrachte, zusammenhielt und das einmal Beschlossene endlich auch für gut und heilsam gelten sollte.

Von dem Herabstieg sag ich nichts weiter, als daß wir jene Schneebrücke, über die wir in schwerbeladener Gesellschaft vor wenig Tagen ruhig hinzogen, völlig zusammengestürzt fanden, und nun, da wir einen Umweg durch die eröffnete Bucht machen mußten, die kolossalen Trümmer einer natürlichen Baukunst anzustaunen und zu bewundern hatten.

Ganz konnte mein Freund die rückgängige Wanderung nach Italien nicht verschmerzen; er mochte sich solche früher ausgedacht und, mit liebevoller Arglist, mich an Ort und Stelle zu überraschen gehofft haben. Deshalb ließ sich die Rückkehr nicht so heiter vollführen; ich aber war auf meinen stummen Pfaden um desto anhaltender beschäftigt, das Ungeheure, das sich in unserem Geiste mit der Zeit zusammenzuziehen pflegt, wenigstens in seinen faßlichen charakteristischen Einzelnheiten festzuhalten.

Nicht ohne manche neue wie erneuerte Empfindungen und Gedanken gelangten wir durch die bedeutenden Höhen des Vierwaldstätter Sees nach Küßnacht, wo wir landend und unsre Wanderung fortsetzend, die am Wege stehende Tellenkapelle zu begrüßen und jenen der ganzen Welt als heroisch-patriotisch rühmlich geltenden Meuchelmord zu gedenken hatten. Ebenso fuhren wir über den Zugersee, den wir schon vom Rigi herab aus der Ferne hatten kennen lernen. In Zug erinnere ich mich nur einiger im Gasthofzimmer nicht gar großer, aber in ihrer Art vorzüglicher in die Fensterflügel eingefügter gemalter Scheiben. Dann ging unser Weg über den Albis in das Sihltal, wo wir einen jungen in der Einsamkeit sich gefallenden Hannoveraner, von Lindau, besuchten, um seinen Verdruß zu beschwichtigen, den er früher in Zürch über eine von mir nicht aufs freundlichste und schicklichste abgelehnte Begleitung empfunden hatte. Die eifersüchtige Freundschaft des trefflichen Passavant war eigentlich Ursache an dem Ablehnen einer zwar lieben, aber doch unbequemen Gegenwart.

Ehe wir aber von diesen herrlichen Höhen wieder zum See und zur freundlich liegenden Stadt hinabsteigen, muß ich noch eine Bemerkung machen über meine Versuche, durch Zeichnen und Skizzieren der Gegend etwas abzugewinnen. Die Gewohnheit von Jugend auf, die Landschaft als Bild zu sehen, verführte mich zu dem Unternehmen, wenn ich in der Natur die Gegend als Bild erblickte, sie fixieren, mir ein sichres Andenken von solchen Augenblicken festhalten zu wollen. Sonst nur an beschränkten Gegenständen mich einigermaßen übend, fühlt' ich in einer solchen Welt gar bald meine Unzulänglichkeit. Drang und Eile zugleich nötigten mich zu einem wunderbaren Hülfsmittel: kaum hatte ich einen interessanten Gegenstand gefaßt, und ihn mit wenigen Strichen im allgemeinsten auf dem Papier angedeutet, so führte ich das Detail, das ich mit dem Bleistift nicht erreichen noch durchführen konnte, in Worten gleich darneben aus und gewann mir auf diese Weise eine solche innere Gegenwart von dergleichen Ansichten, daß eine jede Lokalität, wie ich sie nachher in Gedicht oder Erzählung nur etwa brauchen mochte, mir alsobald vorschwebte und zu Gebote stand.

Bei meiner Rückkunft in Zürch fand ich die Stolberge nicht mehr; ihr Aufenthalt in dieser Stadt hatte sich auf eine wunderliche Weise verkürzt.

Gestehen wir überhaupt, daß Reisende, die sich aus ihrer häuslichen Beschränkung entfernen, gewissermaßen in eine nicht nur fremde, sondern völlig freie Natur einzutreten glauben; welchen Wahn man damals um so eher hegen konnte, als man noch nicht durch polizeiliche Untersuchung der Pässe, durch Zollabgaben und andere dergleichen Hindernisse jeden Augenblick erinnert wurde, es sei draußen noch bedingter und schlimmer als zu Hause.

Vergegenwärtige man sich zunächst jene unbedingte Richtung nach einer verwirklichten Naturfreiheit, so wird man den jungen Gemütern verzeihen, welche die Schweiz gerade als das rechte Lokal ansahen, ihre frische Jünglingsnatur zu idyllisieren. Hatten doch Geßners zarte Gedichte, sowie seine allerliebsten Radierungen hiezu am entschiedensten berechtigt.

In der Wirklichkeit nun scheint sich für solche poetische Äußerungen das Baden in unbeengten Gewässern am allerersten zu qualifizieren. Schon unterwegs wollten dergleichen Naturübungen nicht gut zu den modernen Sitten paßlich erscheinen; man hatte sich ihrer auch einigermaßen enthalten. In der Schweiz aber, beim Anblick und Feuchtgefühl des rinnenden, laufenden, stürzenden, in der Fläche sich sammelnden, nach und nach zum See sich ausbreitenden Gewässers war der Versuchung nicht zu widerstehen. Ich selbst will nicht leugnen, daß ich mich im klaren See zu baden mit meinen Gesellen vereinte und, wie es schien, weit genug von allen menschlichen Blicken. Nackte Körper jedoch leuchten weit, und wer es auch mochte gesehen haben, nahm Ärgernis daran.

Die guten harmlosen Jünglinge, welche gar nichts Anstößiges fanden, halb nackt wie ein poetischer Schäfer, oder ganz nackt wie eine heidnische Gottheit sich zu sehen, wurden von Freunden erinnert, dergleichen zu unterlassen. Man machte ihnen begreiflich: sie weseten nicht in der uranfänglichen Natur, sondern in einem Lande, das für gut und nützlich erachtet habe, an älteren, aus der Mittelzeit sich herschreibenden Einrichtungen und Sitten fest zu halten. Sie waren nicht abgeneigt, dies einzusehen, besonders da vom Mittelalter die Rede war, welches ihnen als eine zweite Natur verehrlich schien. Sie verließen daher die allzu taghaften Seeufer und fanden auf ihren Spaziergängen durch das Gebirg so klare, rauschende, erfrischende Gewässer, daß in der Mitte Juli es ihnen unmöglich schien, einer solchen Erquickung zu widerstehen. So waren sie auf ihren weitschweifenden Spaziergängen in das düstere Tal gelangt, wo hinter dem Albis die Sihl strömend herabschießt, um sich unterhalb Zürch in die Limmat zu ergießen. Entfernt von aller Wohnung, ja von allem betretenen Fußpfad, fanden sie es hier ganz unverfänglich, die Kleider abzuwerfen und sich kühnlich den schäumenden Stromwellen entgegen zu setzen; dies geschah freilich nicht ohne Geschrei, nicht ohne ein wildes, teils von der Kühlung, teils von dem Behagen aufgeregtes Lustjauchzen, wodurch sie diese düster bewaldeten Felsen zur idyllischen Szene einzuweihen den Begriff hatten.

Allein, ob ihnen frühere Mißwollende nachgeschlichen, oder ob sie sich durch diesen dichterischen Tumult in der

Einsamkeit selbst Gegner aufgerufen, ist nicht zu bestimmen. Genug, sie mußten aus dem oberen stummen Gebüsch herab Steinwurf auf Steinwurf erfahren, ungewiß ob von wenigen oder mehrern, ob zufällig oder absichtlich, und sie fanden daher für das Klügste, das erquickende Element zu verlassen und ihre Kleider zu suchen.

Keiner war getroffen; Überraschung und Verdruß war die geistige Beschädigung, die sie erlitten hatten, und sie wußten, als lebenslustige Jünglinge, die Erinnerung daran leicht abzuschütteln.

Auf Lavatern jedoch erstreckten sich die unangenehmsten Folgen, daß er junge Leute von dieser Frechheit bei sich freundlich aufgenommen, mit ihnen Spazierfahrten angestellt und sie sonst begünstigt, deren wildes, unbändiges, ja heidnisches Naturell einen solchen Skandal in einer gesitteten, wohlgeregelten Gegend anrichte.

Der geistliche Freund jedoch, wohl verstehend solche Vorkommenheiten zu beschwichtigen, wußte dies auch beizulegen, und nach Abzug dieser meteorisch Reisenden war schon bei unsrer Rückkehr alles ins gleiche gebracht.

In dem Fragment von Werthers Reisen, welches in dem XVI. Bande meiner Werke neuerlich wieder mit abgedruckt ist, habe ich diesen Gegensatz der schweizerischen löblichen Ordnung und gesetzlichen Beschränkung mit einem solchen, im jugendlichen Wahn geforderten Naturleben zu schildern gesucht. Weil man aber alles, was der Dichter unbewunden darstellt, gleich als entschiedene Meinung, als didaktischen Tadel aufzunehmen pflegt; so waren die Schweizer deshalb sehr unwillig, und ich unterließ die intentionierte Fortsetzung, welche das Herankommen Werthers bis zur Epoche, wo seine Leiden geschildert sind, einigermaßen darstellen und dadurch gewiß den Menschenkennern willkommen sein sollte.

In Zürch angelangt, gehörte ich Lavatern, dessen Gastfreundschaft ich wieder ansprach, die meiste Zeit ganz allein. Die „Physiognomik“ lag mit allen ihren Gebilden und Unbilden dem trefflichen Manne mit immer sich vermehrenden Lasten auf den Schultern. Wir verhandelten alles den Umständen nach gründlich genug, und ich versprach ihm dabei nach meiner Rückkehr die bisherige Teilnahme.

Hiezu verleitete mich das jugendlich unbedingte Vertrauen auf eine schnelle Fassungskraft, mehr noch das Gefühl der willigsten Bildsamkeit; denn eigentlich war die Art, womit Lavater die Physiognomien zergliederte, nicht in meinem Wesen. Der Eindruck, den der Mensch beim ersten Begegnen auf mich machte, bestimmte gewissermaßen mein Verhältnis zu ihm, obgleich das allgemeine Wohlwollen, das in mir wirkte, gesellt zu dem Leichtsinn der Jugend, eigentlich immer vorwaltete und mich die Gegenstände in einer gewissen dämmernden Atmosphäre schauen ließ.

Lavaters Geist war durchaus imposant; in seiner Nähe konnte man sich einer entscheidenden Einwirkung nicht erwehren, und so mußt' ich mir denn gefallen lassen, Stirn und Nase, Augen und Mund einzeln zu betrachten, und ebenso ihre Verhältnisse und Bezüge zu erwägen. Jener Seher tat dies notgedrungen, um sich von dem, was er so klar anschaute, vollkommene Rechenschaft zu geben; mir kam es immer als eine Tücke, als ein Spionieren vor, wenn ich einen gegenwärtigen Menschen in seine Elemente zerlegen und seinen sittlichen Eigenschaften dadurch auf die Spur kommen wollte. Lieber hielt ich mich an sein Gespräch, in welchem er nach Belieben sich selbst enthüllte. Hiernach will ich denn nicht leugnen, daß es in Lavaters Nähe gewissermaßen bänglich war: denn indem er sich auf physiognomischem Wege unsrer Eigenschaften bemächtigte, so war er in der Unterredung Herr unsrer Gedanken, die er im Wechsel des Gespräches mit einigem Scharfsinn gar leicht erraten konnte.

Wer eine Synthese recht prägnant in sich fühlt, der hat eigentlich das Recht zu analysieren, weil er am äußeren Einzelnen sein inneres Ganze prüft und legitimiert. Wie Lavater sich hiebei benommen, sei nur ein Beispiel gegeben.

Sonntags, nach der Predigt, hatte er als Geistlicher die Verpflichtung, den kurzgestielten Sammetbeutel jedem Heraustretenden vorzuhalten und die milde Gabe segnend zu empfangen. Nun setzte er sich z. B. diesen Sonntag die Aufgabe, keine Person anzusehen, sondern nur auf die Hände zu achten und ihre Gestalt sich auszulegen. Aber nicht allein die Form der Finger, sondern auch die Miene derselben beim Niederlassen der Gabe entging nicht seiner Aufmerksamkeit, und er hatte mir viel davon zu eröffnen. Wie belehrend und aufregend mußten mir solche Unterhaltungen werden, mir, der ich doch auch auf dem Wege war, mich zum Menschenmaler zu qualifizieren?

Manche Epoche meines nachherigen Lebens ward ich veranlaßt, über diesen Mann zu denken, welcher unter die Vorzüglichsten gehört, mit denen ich zu einem so vertrauten Verhältnis gelangte. Und so sind nachstehende Äußerungen über ihn zu verschiedenen Zeiten geschrieben. Nach unsern auseinander strebenden Richtungen mußten wir uns allmählich ganz und gar fremd werden, und doch wollt' ich mir den Begriff von seinem vorzüglichen Wesen nicht verkümmern lassen. Ich vergegenwärtigte mir ihn mehrmals, und so entstanden diese Blätter, ganz unabhängig von einander, in denen man Wiederholung, aber hoffentlich keinen Widerspruch finden wird.

Lavater war eigentlich ganz real gesinnt und kannte nichts Ideelles als unter der moralischen Form; wenn man diesen Begriff festhält, wird man sich über einen seltenen und seltsamen Mann am ersten aufklären.

Seine „Aussichten in die Ewigkeit" sind eigentlich nur Fortsetzungen des gegenwärtigen Daseins, unter leichteren Bedingungen als die sind, welche wir hier zu erdulden haben. Seine Physiognomik ruht auf der Überzeugung, daß die sinnliche Gegenwart mit der geistigen durchaus zusammenfalle, ein Zeugnis von ihr ablege, ja sie selbst vorstelle.

Mit den Kunstidealen konnte er sich nicht leicht befreunden, weil er, bei seinem scharfen Blick, solchen Wesen die Unmöglichkeit, lebendig organisiert zu sein, nur allzusehr ansah, und sie daher ins Fabelreich, ja in das Reich des Monstrosen verwies. Seine unaufhaltsame Neigung, das Ideelle verwirklichen zu wollen, brachte ihn in den Ruf eines Schwärmers, ob er sich gleich überzeugt fühlte, daß niemand mehr auf das Wirkliche dringe als er; deswegen er denn auch den Mißgriff in seiner Denk- und Handelsweise niemals entdecken konnte.

Nicht leicht war jemand leidenschaftlicher bemüht anerkannt zu werden als er, und vorzüglich dadurch eignete er sich zum Lehrer; gingen aber seine Bemühungen auch wohl auf Sinnes- und Sittenbesserung anderer, so war doch dies keineswegs das letzte, worauf er hinarbeitete.

Um die Verwirklichung der Person Christi war es ihm am meisten zu tun; daher jenes beinahe unsinnige Treiben, ein Christusbild nach dem andern fertigen, kopieren, nachbilden zu lassen, wovon ihm denn, wie natürlich, keines genug tat.

Seine Schriften sind schon jetzt schwer zu verstehen, denn nicht leicht kann jemand eindringen in das, was er eigentlich will. Niemand hat so viel aus der Zeit und in die Zeit geschrieben als er, seine Schriften sind wahre Tagesblätter, welche die eigentlichste Erläuterung aus der Zeitgeschichte fordern; sie sind in einer Koteriesprache geschrieben, die man kennen muß, um gerecht gegen sie zu sein, sonst wird dem verständigen Leser manches ganz toll und abgeschmackt erscheinen, wie denn auch dem Manne schon bei seinem Leben und nach demselben hierüber genugsame Vorwürfe gemacht wurden.

So hatten wir ihm z. B. mit unserm Dramatisieren den Kopf so warm gemacht, indem wir alles Vorkömmliche nur unter dieser Form darstellten und keine andere wollten gelten lassen, daß er, hiedurch aufgeregt, in seinem „Pontius Pilatus" mit Heftigkeit zu zeigen bemüht ist: es gebe doch kein dramatischeres Werk als die Bibel; besonders aber die Leidensgeschichte Christi sei für das Drama aller Dramen zu erklären.

In diesem Kapitel des Büchleins, ja in dem ganzen Werke überhaupt, erscheint Lavater dem Pater Abraham von Santa Clara sehr ähnlich; denn in diese Manier muß jeder Geistreiche verfallen, der auf den Augenblick wirken will. Er hat sich nach den gegenwärtigen Neigungen, Leidenschaften, nach Sprache und Terminologie zu erkundigen, um solche alsdann zu seinen Zwecken zu brauchen, und sich der Masse anzunähern, die er an sich heranziehen will.

Da er nun Christum buchstäblich auffaßte, wie ihn die Schrift, wie ihn manche Ausleger geben, so diente ihm diese Vorstellung dergestalt zum Supplement seines eignen Wesens, daß er den Gottmenschen seiner individuellen Menschheit so lange ideell einverleibte, bis er zuletzt mit demselben wirklich in eins zusammengeschmolzen, mit ihm vereinigt, ja eben derselbe zu sein wähnen durfte.

Durch diesen entschiedenen bibelbuchstäblichen Glauben mußte er auch eine völlige Überzeugung gewinnen, daß man ebenso gut noch heutzutage als zu jener Zeit Wunder müsse ausüben können, und da es ihm vollends schon früh gelungen war, in bedeutenden und dringenden Angelegenheiten, durch brünstiges ja gewaltsames Gebet, im Augenblick eine günstige Umwendung schwer bedrohender Unfälle zu erzwingen; so konnte ihn keine kalte Verstandseinwendung im mindesten irre machen. Durchdrungen ferner von dem großen Werte der durch Christum wieder hergestellten und einer glücklichen Ewigkeit gewidmeten Menschheit, aber zugleich auch bekannt mit den mannigfaltigen Bedürfnissen des Geistes und Herzens, mit dem grenzenlosen Verlangen nach Wissen, selbst fühlend jene Lust, sich ins Unendliche auszudehnen, wozu uns der gestirnte Himmel sogar sinnlich einlädt, entwarf er seine „Aussichten in die Ewigkeit", welche indes dem größten Teil der Zeitgenossen sehr wunderlich vorkommen mochten.

Alles dieses Streben jedoch, alle Wünsche, alles Unternehmen ward von dem physiognomischen Genie überwogen, das ihm die Natur zugeteilt hatte. Denn wie der Probierstein, durch Schwärze und rauhglatte Eigenschaft seiner Oberfläche, den Unterschied der aufgestrichenen Metalle anzuzeigen am geschicktesten ist, so war auch er, durch den reinen Begriff der Menschheit, den er in sich trug, und durch die scharfzarte Bemerkungsgabe, die er erst aus Naturtrieb, nur obenhin, zufällig, dann mit Überlegung, vorsätzlich und geregelt ausübte, im höchsten Grade geeignet, die Besonderheiten einzelner Menschen zu gewahren, zu kennen, zu unterscheiden, ja auszusprechen. Jedes Talent, das sich auf eine entschiedene Naturanlage gründet, scheint uns etwas Magisches zu haben, weil wir weder es selbst, noch seine

Wirkungen einem Begriffe unterordnen können. Und wirklich ging seine Einsicht in die einzelnen Menschen über alle Begriffe; man erstaunte, wenn man über diesen oder jenen vertraulich sprach, ja es war furchtbar, in der Nähe des Mannes zu leben, dem jede Grenze deutlich erschien, in welche die Natur uns Individuen einzuschränken beliebt hat.

Jedermann glaubt dasjenige mitteilbar, was er selbst besitzt, und so wollte Lavater nicht nur für sich von dieser großen Gabe Gebrauch machen, sondern sie sollte auch in andern aufgefunden, angeregt, sie sollte sogar auf die Menge übertragen werden. Zu welchen dunklen und boshaften Mißdeutungen, zu welchen albernen Späßen und niederträchtigen Verspottungen diese auffallende Lehre reichlichen Anlaß gegeben, ist wohl noch in einiger Menschen Gedächtnis, und es geschah dieses nicht ganz ohne Schuld des vorzüglichen Mannes selbst: denn ob zwar die Einheit seines inneren Wesens auf einer hohen Sittlichkeit ruhte, so konnte er doch, mit seinen mannigfaltigen Bestrebungen, nicht zur äußern Einheit gelangen, weil in ihm sich weder Anlage zur philosophischen Sinnesweise, noch zum Kunsttalent finden wollte. Er war weder Denker noch Dichter, ja nicht einmal Redner im eigentlichen Sinne. Keineswegs imstande, etwas methodisch anzufassen, griff er das einzelne einzeln sicher auf, und so stellte er es auch kühn nebeneinander. Sein großes physiognomisches Werk ist hiervon ein auffallendes Beispiel und Zeugnis. In ihm selbst mochte wohl der Begriff des sittlichen und sinnlichen Menschen ein Ganzes bilden, aber außer sich wußte er ihn nicht darzustellen, als nur wieder praktisch im einzelnen, so wie er das einzelne im Leben aufgefaßt hatte.

Eben jenes Werk zeigt uns zum Bedauern, wie ein so scharfsinniger Mann in der gemeinsten Erfahrung umhertappt, alle lebenden Künstler und Pfuscher anruft, für charakterlose Zeichnungen und Kupfer ein unglaubliches Geld ausgibt, um hinterdrein im Buche zu sagen, daß diese und jene Platte mehr oder weniger mißlungen, unbedeutend und unnütz sei. Freilich schärft er dadurch sein Urteil und das Urteil anderer, allein es beweist auch, daß ihn seine Neigung trieb, Erfahrungen mehr aufzuhäufen als sich in ihnen

Luft und Licht zu machen. Eben daher konnte er niemals auf Resultate losgehn, um die ich ihn öfters und dringend bat. Was er als solche in späterer Zeit Freunden vertraulich mitteilte, waren für mich keine: denn sie bestanden aus einer Sammlung von gewissen Linien und Zügen, ja Warzen und Leberflecken, mit denen er bestimmte sittliche, öfters unsittliche Eigenschaften verbunden gesehn. Es waren darunter Bemerkungen zum Entsetzen; allein es machte keine Reihe, alles stand vielmehr zufällig durcheinander, nirgends war eine Anleitung zu sehn, oder eine Rückweisung zu finden. Ebenso wenig schriftstellerische Methode oder Künstlersinn herrschte in seinen übrigen Schriften, welche vielmehr stets eine leidenschaftlich heftige Darstellung seines Denkens und Wollens enthielten, und das, was sie im ganzen nicht leisteten, durch die herzlichsten geistreichsten Einzelnheiten jederzeit ersetzten.

Nachfolgende Betrachtungen möchten wohl, gleichfalls auf jene Zustände bezüglich, hier am rechten Orte eingeschaltet stehen.

Niemand gesteht gern andern einen Vorzug ein, solang er ihn nur einigermaßen leugnen kann; Naturvorzüge aller Art sind am wenigsten zu leugnen, und doch gestand der gemeine Redegebrauch damaliger Zeit nur dem Dichter Genie zu. Nun aber schien auf einmal eine andere Welt aufzugehn, man verlangte Genie vom Arzt, vom Feldherrn, vom Staatsmann und bald von allen Menschen, die sich theoretisch oder praktisch hervorzutun dachten. Zimmermann vorzüglich hatte diese Forderungen zur Sprache gebracht. Lavater in seiner „Physiognomik" mußte notwendig auf eine allgemeinere Verteilung der Geistesgaben aller Art hinweisen; das Wort Genie ward eine allgemeine Losung, und weil man es so oft aussprechen hörte, so dachte man auch, das, was es bedeuten sollte, sei gewöhnlich vorhanden. Da nun aber jedermann Genie von anderen zu fordern berechtigt war, so glaubte er es auch endlich selbst besitzen zu müssen. Es war noch lange hin bis zu der Zeit, wo ausgesprochen werden konnte: daß Genie diejenige Kraft des Menschen sei, welche, durch Handeln und Tun, Gesetz und Regel gibt. Damals manifestierte sich's nur, indem es die vorhandenen Gesetze überschritt, die eingeführten Regeln umwarf und sich für grenzenlos erklärte. Daher war es leicht, genialisch zu sein, und nichts natürlicher, als daß der Mißbrauch in Wort und Tat alle geregelte Menschen aufrief, sich einem solchen Unwesen zu widersetzen.

Wenn einer zu Fuße, ohne recht zu wissen warum und wohin, in die Welt lief, so hieß dies eine Geniereise, und, wenn einer etwas Verkehrtes ohne Zweck und Nutzen unternahm, ein Geniestreich. Jüngere lebhafte, oft wahrhaft begabte Menschen verloren sich ins Grenzenlose; ältere Verständige, vielleicht aber Talent- und Geistlose, wußten dann mit höchster Schadenfreude ein gar mannigfaltiges Mißlingen vor den Augen des Publikums lächerlich darzustellen. Und so fand ich mich fast mehr gehindert, mich zu entwickeln und zu äußern, durch falsche Mit- und Einwirkung der Sinnesverwandten, als durch den Widerstand der Entgegengesinnten. Worte, Beiworte, Phrasen zu Ungunsten der höchsten Geistesgaben verbreiteten sich unter der geistlos nachsprechenden Menge dergestalt, daß man sie noch jetzt im gemeinen Leben hie und da von Ungebildeten vernimmt, ja daß sie sogar in die Wörterbücher eindrangen, und das Wort Genie eine solche Mißdeutung erlitt, aus der man die Notwendigkeit ableiten wollte, es gänzlich aus der deutschen Sprache zu verbannen.

Und so hätten sich die Deutschen, bei denen überhaupt das Gemeine weit mehr überhand zu nehmen Gelegenheit findet als bei anderen Nationen, um die schönste Blüte der Sprache, um das nur scheinbar fremde, aber allen Völkern gleich angehörige Wort vielleicht gebracht, wenn nicht der durch eine tiefere Philosophie wieder neu gegründete Sinn fürs Höchste und Beste sich wieder glücklich hergestellt hätte.

In dem Vorhergehenden ist von dem Jünglingsalter zweier Männer die Rede gewesen, deren Andenken aus der deutschen Literatur- und Sittengeschichte sich nimmer verlieren wird. In gemeldeter Epoche jedoch lernen wir sie gewissermaßen nur aus ihren Irrschritten kennen, zu denen sie durch eine falsche Tagsmaxime in Gesellschaft ihrer gleichjährigen Zeitgenossen verleitet worden. Nunmehr aber ist nichts billiger, als daß wir ihre natürliche Gestalt, ihr eigentliches Wesen geschätzt und geehrt vorführen, wie solches eben damals in unmittelbarer Gegenwart von dem durchdringenden Lavater geschehen, deshalb wir denn, weil die schweren und teuren Bände des großen physiognomischen Werkes nur wenigen unsrer Leser gleich zur Hand sein möchten, die merkwürdigen Stellen, welche sich auf beide beziehen, aus dem zweiten Teile gedachten Werkes, und dessen dreißigstem Fragmente, Seite 244, hier einzurücken kein Bedenken tragen.

„Die Jünglinge, deren Bilder und Silhouetten wir hier vor uns haben, sind die ersten Menschen, die mir zur physiognomischen Beschreibung saßen und standen, wie, wer sich malen läßt, dem Maler sitzt.

Ich kannte sie sonst, die edeln – und ich machte den ersten Versuch, nach der Natur und mit aller sonstigen Kenntnis, ihren Charakter zu beobachten und zu beschreiben. –

Hier ist die Beschreibung des ganzen Menschen. –

Erstlich des Jüngeren.

Siehe den blühenden Jüngling von 25 Jahren! das leichtschwebende, schwimmende, elastische Geschöpfe! Es liegt nicht; es steht nicht; es stemmt sich nicht; es fliegt nicht; es schwebt oder schwimmt. Zu lebendig, um zu ruhen; zu locker, um fest zu stehen; zu schwer und zu weich, um zu fliegen.

Ein Schwebendes also, das die Erde nicht berührt! In seinem ganzen Umrisse keine völlig schlaffe Linie, aber auch keine gerade, keine gespannte, keine fest gewölbte, hart gebogene; – kein eckichter Einschnitt; kein felsiges Vorgebürge der Stirn; keine Härte, keine Steifigkeit; keine zürnende Rohigkeit; keine drohende Obermacht; kein eiserner Mut – elastisch reizbarer wohl, aber kein eiserner; kein fester, forschender Tiefsinn; keine langsame Überlegung, oder kluge Bedächtlichkeit; nirgends der Raisonneur mit der festgehaltenen Waagschale in der einen, dem Schwerte in der andern Hand, und doch auch nicht die mindeste Steifheit im Blicke und Urteile! und doch die völligste Geradheit des Verstandes, oder vielmehr der unbefleckteste Wahrheitssinn! Immer der innige Empfinder, nie der tiefe Ausdenker; nie der Erfinder, nie der prüfende Entwickler der so schnellerblickten, schnellerkannten, schnellgeliebten, schnellergriffenen Wahrheit .... Ewiger Schweber; Seher; Idealisierer; Verschönerer. Gestalter aller seiner Ideen! Immer halbtrunkener Dichter, der sieht, was er sehen will; – nicht der trübsinnig schmachtende – nicht der hartzermalmende; – aber der hohe, edle, gewaltige! der mit gemäßigtem ‚Sonnendurst' in den Regionen der Luft hin und her wallt, über sich strebt, und wieder – nicht zur Erde sinkt! zur Erde sich stürzt, in des ‚Felsenstromes' Fluten sich taucht und sich wiegt ‚im Donner der hallenden Felsen umher' – Sein Blick nicht Flammenblick des Adlers! Seine Stirn und Nase nicht Mut des Löwen! seine Brust – nicht Festigkeit des Streit wiehernden Pferdes! Im ganzen aber viel von der schwebenden Gelenksamkeit des Elefanten .....

Die Aufgezogenheit seiner vorragenden Oberlippe gegen die unbeschnittene, uneckige, vorhängende Nase zeigt, bei dieser Beschlossenheit des Mundes, viel Geschmack und feine Empfindsamkeit; der untere Teil des Gesichtes viel Sinnlichkeit, Trägheit, Achtlosigkeit. Der ganze Umriß des Halbgesichtes Offenheit, Redlichkeit, Menschlichkeit, aber zugleich leichte Verführbarkeit und einen hohen Grad von gutherziger Unbedachtsamkeit, die niemanden als ihm selber schadet. Die Mittellinie des Mundes ist in seiner Ruhe eines geraden, planlosen, weichgeschaffenen, guten; in seiner Bewegung eines zärtlichen, feinfühlenden, äußerst reizbaren, gütigen, edlen Menschen. Im Bogen der Augenlider und im Glanze der Augen sitzt nicht Homer, aber der tiefste, innigste, schnellste Empfinder, Ergreifer Homers; nicht der epische, aber der Odendichter; Genie, das quillt, umschafft, veredelt, bildet, schwebt, alles in Heldengestalt zaubert, alles vergöttlicht. – Die halbsichtbaren Augenlider, von einem solchen Bogen, sind immer mehr feinfühlender Dichter, als nach Plan schaffender, als langsam arbeitender Künstler; mehr der verliebten, als der strengen. – Das ganze Angesicht des Jünglings ist viel einnehmender und anziehender, als das um etwas zu lockere, zu gedehnte Halbgesicht; das Vordergesicht zeugt bei der geringsten Bewegung von empfindsamer, sorgfältiger, erfindender, ungelernter, innerer Güte, und sanft zitternder, Unrecht verabscheuender, freiheitdürstender Lebendigkeit. Es kann nicht den geringsten Eindruck von den vielen verbergen, die es auf einmal, die es unaufhörlich empfängt. – Jeder Gegenstand, der ein nahes Verhältnis zu ihm hat, treibt das Geblüt in die Wangen und Nase; die jungfräulichste Schamhaftigkeit in dem Punkte der Ehre verbreitet sich mit der Schnelle des Blitzes über die zart bewegliche Haut. –

Die Gesichtsfarbe, sie ist nicht die blasse des alles erschaffenden und alles verzehrenden Genius; nicht die wildglühende des verachtenden Zertreters; nicht die milchweiße des Blöden, nicht die gelbe des Harten und Zähen; nicht die bräunliche des langsam fleißigen Arbeiters; aber die weißrötlichte, violette, so sprechend und so untereinander wallend, so glücklich gemischt, wie die Stärke und Schwäche des ganzen Charakters. – Die Seele des Ganzen und eines jeden besonderen Zuges ist Freiheit, ist elastische Betriebsamkeit, die leicht fortstößt und leicht zurückgestoßen wird. Großmut und aufrichtige Heiterkeit leuchten aus dem ganzen Vordergesichte und der Stellung des Kopfes. – Unverderblichkeit der Empfindung, Feinheit des Geschmacks, Reinheit des Geistes, Güte und Adel der Seele, betriebsame Kraft, Gefühl von Kraft und Schwäche scheinen so alldurchdringend im ganzen Gesichte durch, daß das sonst mutige Selbstgefühl sich dadurch in edle Bescheidenheit auflöst, und der natürliche Stolz und die Jünglingseitelkeit sich ohne Zwang und Kunst in diesem herrlich spielenden All liebenswürdig verdämmert. – Das weißliche Haar, die Länge und Unbehaglichkeit der Gestalt, die sanfte Leichtigkeit des Auftritts, das Hin- und Herschweben des Ganges, die Fläche der Brust, die weiße faltenlose Stirn, und noch verschiedene andere Ausdrücke verbreiten über den ganzen Menschen eine gewisse Weiblichkeit, wodurch die innere Schnellkraft gemäßigt, und dem Herzen jede vorsätzliche Beleidigung und Niederträchtigkeit ewig unmöglich gemacht, zugleich aber auch offenbar wird, daß der mut- und feuervolle Poet, mit allem seinem unaffektierten Durste nach Freiheit und Befreiung, nicht bestimmt ist, für sich allein ein fester, Plan durchsetzender, ausharrender Geschäftsmann, oder in der blutigen Schlacht unsterblich zu werden. Und nun erst am Ende merk' ich, daß ich von dem Auffallendsten noch nichts gesagt; nichts von der edlen, von aller Affektation reinen Simplizität! Nichts von der Kindheit des Herzens! Nichts von dem gänzlichen Nichtgefühle seines äußerlichen Adels! Nichts von der unaussprechlichen Bonhomie, mit welcher er Warnung und Tadel, sogar Vorwürfe und Unrecht, annimmt und duldet. –

Doch, wer will ein Ende finden, von einem guten Menschen, in dem so viele reine Menschheit ist, alles zu sagen, was an ihm wahrgenommen oder empfunden wird!

Beschreibung des Älteren.

Was ich von dem jüngern Bruder gesagt – wie viel davon kann auch von diesem gesagt werden! Das Vornehmste, das ich anmerken kann, ist dies: Diese Figur und dieser Charakter sind mehr gepackt und weniger gedehnt, als die vorige. Dort alles länger und flächer, hier alles kürzer, breiter, gewölbter, gebogener; dort alles lockerer, hier beschnittener. So die Stirn; so die Nase; so die Brust; zusammengedrängter, lebendiger, weniger verbreitete, mehr zielende Kraft und Lebendigkeit! Sonst dieselbe Liebenswürdigkeit und Bonhomie! Nicht die auffallende Offenheit; mehr Verschlagenheit, aber im Grunde, oder vielmehr in der Tat, eben dieselbe Ehrlichkeit. Derselbe unbezwingbare Abscheu gegen Unrecht und Bosheit; dieselbe Unversöhnlichkeit mit allem, was Ränk' und Tücke heißt; dieselbe Unerbittlichkeit gegen Tyrannei und Despotisme; dasselbe reine, unbestechliche Gefühl für alles Edle, Gute, Große; dasselbe Bedürfnis der Freundschaft und Freiheit, dieselbe Empfindsamkeit und edle Ruhmbegierde; dieselbe Allgemeinheit des Herzens für alle gute, weise, einfältige, kraftvolle, berühmte oder unberühmte, gekannte oder mißkannte Menschen; – und – dieselbe leichtsinnige Unbedachtsamkeit. Nein! nicht gerade dieselbe. Das Gesicht ist beschnittener, angezogener, fester; hat mehr innere, sich leicht entwickelnde Geschicklichkeit zu Geschäften und praktischen Beratschlagungen; mehr durchsetzenden Mut, der sich besonders in den stark vordringenden, stumpf abgerundeten Knochen der Augen zeigt. Nicht das aufquillende, reiche, reine, hohe Dichtergefühl; nicht die schnelle Leichtigkeit der produktiven Kraft des andern. Aber dennoch, wiewohl in tiefern Regionen, lebendig, richtig, innig. Nicht das luftige, in morgenrötlichem Himmel dahin schwebende, Gestalten bildende Lichtgenie. – Mehr innere Kraft, vielleicht weniger Ausdruck! mehr gewaltig und furchtbar – weniger prächtig und rund; obgleich seinem Pinsel weder Färbung noch Zauber fehlt. – Mehr Witz und rasende Laune; drollichter Satyr; Stirn, Nase, Blick – alles so herab, so vorhängend; recht entscheidend für originellen, allbelebenden Witz, der nicht von außenher einsammelt, sondern von innen herauswirft. Überhaupt ist alles an diesem Charakter vordringender, eckiger, angreifender, stürmender! – Nirgends Plattheit, nirgends Erschlaffung, ausgenommen im zusinkenden Auge, wo Wollust, wie in Stirn und Nase – hervorspringt. Sonst selbst in dieser Stirne, dieser Gedrängtheit von allem – diesem Blick sogar – untrügbarer Ausdruck von ungelernter Größe; Stärke, Drang der Menschheit; Ständigkeit, Einfachheit, Bestimmtheit! –“

Nachdem ich sodann in Darmstadt Mercken seinen Triumph gönnen müssen, daß er die baldige Trennung von der fröhlichen Gesellschaft vorausgesagt hatte, fand ich mich wieder in Frankfurt, wohl empfangen von jedermann, auch von meinem Vater, ob dieser gleich seine Mißbilligung, daß ich nicht nach Airolo hinabgestiegen, ihm meine Ankunft in Mailand gemeldet habe, zwar nicht ausdrücklich aber stillschweigend merken ließ, besonders auch keine Teilnahme an jenen wilden Felsen, Nebelseen und Drachennestern im mindesten beweisen konnte. Nicht im Gegensatz, aber gelegentlich, ließ er doch merken, was denn eigentlich an allem dem zu haben sei; wer Neapel nicht gesehn, habe nicht gelebt.

Ich vermied nicht und konnte nicht vermeiden, Lili zu sehen, es war ein schonender zarter Zustand zwischen uns beiden. Ich war unterrichtet, man habe sie in meiner Abwesenheit völlig überzeugt, sie müsse sich von mir trennen, und dieses sei um so notwendiger, ja tunlicher, weil ich durch meine Reise und eine ganz willkürliche Abwesenheit mich genugsam selbst erklärt habe. Dieselben Lokalitäten jedoch in Stadt und auf dem Land, dieselben Personen, mit allem Bisherigen vertraut, ließen denn doch kaum die beiden noch immer Liebenden, obgleich auf eine wundersame Weise auseinander Gezogenen, ohne Berührung. Es war ein verwünschter Zustand, der sich in einem gewissen Sinne dem Hades, dem Zusammensein jener glücklich-unglücklichen Abgeschiedenen, verglich.

Es waren Augenblicke, wo die vergangenen Tage sich wieder herzustellen schienen, aber gleich, wie wetterleuchtende Gespenster, verschwanden.

Wohlwollende hatten mir vertraut, Lili habe geäußert, indem alle die Hindernisse unsrer Verbindung ihr vorgetragen worden: sie unternehme wohl, aus Neigung zu mir alle dermaligen Zustände und Verhältnisse aufzugeben und mit nach Amerika zu gehen. Amerika war damals vielleicht noch mehr als jetzt das Eldorado derjenigen, die in ihrer augenblicklichen Lage sich bedrängt fanden.

Aber eben das, was meine Hoffnungen hätte beleben sollen, drückte sie nieder. Mein schönes väterliches Haus, nur wenig hundert Schritte von dem ihrigen, war doch immer ein leidlicher zu gewinnender Zustand, als die über das Meer entfernte ungewisse Umgebung; aber ich leugne nicht, in ihrer Gegenwart traten alle Hoffnungen, alle Wünsche wieder hervor, und neue Unsicherheiten bewegten sich in mir.

Freilich sehr verbietend und bestimmt waren die Gebote meiner Schwester; sie hatte mir mit allem verständigem Gefühl, dessen sie fähig war, die Lage nicht nur ins klare gesetzt, sondern ihre wahrhaft schmerzlich mächtigen Briefe verfolgten immer mit kräftigerer Ausführung denselbigen Text. „Gut", sagte sie, „wenn ihr's nicht vermeiden könntet, so müßtet ihr's ertragen; dergleichen muß man dulden, aber nicht wählen." Einige Monate gingen hin in dieser unseligsten aller Lagen; alle Umgebungen hatten sich gegen diese Verbindung gestimmt; in ihr allein, glaubt' ich, wußt' ich, lag eine Kraft, die das alles überwältigt hätte.

Beide Liebende, sich ihres Zustandes bewußt, vermieden, sich allein zu begegnen; aber herkömmlicherweise konnte man nicht umgehen, sich in Gesellschaft zu finden. Da war mir denn die stärkste Prüfung auferlegt, wie eine edel fühlende Seele einstimmen wird, wenn ich mich näher erkläre. Gestehen wir im allgemeinen, daß bei einer neuen Bekanntschaft, einer neu sich anknüpfenden Neigung über das Vorhergegangene der Liebende gern einen Schleier zieht; die Neigung kümmert sich um keine Antezedentien, und wie sie blitzschnell genialisch hervortritt, so mag sie weder von Vergangenheit noch Zukunft wissen. Zwar hatte sich meine nähere Vertraulichkeit zu Lili gerade dadurch eingeleitet, daß sie mir von ihrer frühern Jugend erzählte: wie sie von Kind auf durchaus manche Neigung und Anhänglichkeit, besonders auch in fremden ihr lebhaftes Haus Besuchenden, erregt und sich daran ergötzt habe, obgleich ohne weitere Folge und Verknüpfung.

Wahrhaft Liebende betrachten alles, was sie bisher empfunden, nur als Vorbereitung zu ihrem gegenwärtigen Glück, nur als Base, worauf sich erst ihr Lebensgebäude erheben soll. Vergangene Neigungen erscheinen wie Nachtgespenster, die sich vor dem anbrechenden Tage wegschleichen.

Aber was ereignete sich! Die Messe kam, und so erschien der Schwarm jener Gespenster in ihrer Wirklichkeit; alle Handelsfreunde des bedeutenden Hauses kamen nach und nach heran, und es offenbarte sich schnell, daß keiner einen gewissen Anteil an der liebenswürdigen Tochter völlig aufgeben wollte noch konnte. Die Jüngeren, ohne zudringlich zu sein, erschienen doch als Wohlbekannte, die Mittleren, mit einem gewissen verbindlichen Anstand, wie solche, die sich beliebt machen und allenfalls mit höheren Ansprüchen hervortreten möchten. Es waren schöne Männer darunter, mit dem Behagen eines gründlichen Wohlstandes.

Nun aber die alten Herren waren ganz unerträglich mit ihren Onkelsmanieren, die ihre Hände nicht im Zaum hielten, und bei widerwärtigem Tätscheln sogar einen Kuß verlangten, welchem die Wange nicht versagt wurde; ihr war so natürlich, dem allen anständig zu genügen. Allein auch die Gespräche erregten manches bedenkliche Erinnern. Von jenen Lustfahrten wurde gesprochen zu Wasser und zu Lande, von mancherlei Fährlichkeiten mit heiterem Ausgang, von Bällen und Abendpromenaden, von Verspottung lächerlicher Werber, und was nur eifersüchtiger Ärger in dem Herzen des trostlos Liebenden aufregen konnte, der gleichsam das Fazit so vieler Jahre auf eine Zeitlang an sich gerissen hatte. Aber unter diesem Zudrang, in dieser Bewegung, versäumte sie den Freund nicht, und wenn sie sich zu ihm wendete, so wußte sie mit wenigem das Zarteste zu äußern, was der gegenseitigen Lage völlig geeignet schien.

Doch! Wenden wir uns von dieser noch in der Erinnerung beinahe unerträglichen Qual zur Poesie, wodurch einige geistreich herzliche Linderung in den Zustand eingeleitet wurde.

„Lilis Park" mag ohngefähr in diese Epoche gehören; ich füge das Gedicht hier nicht ein, weil es jenen zarten empfindlichen Zustand nicht ausdrückt, sondern nur, mit genialer Heftigkeit, das Widerwärtige zu erhöhen und durch komisch ärgerliche Bilder das Entsagen in Verzweiflung umzuwandeln trachtet.

Nachstehendes Lied drückt eher die Anmut jenes Unglücks aus, und sei deshalb hier eingeschaltet:

Ihr verblühet, süße Rosen,
Meine Liebe trug euch nicht;
Blühtet, ach, dem Hoffnungslosen,
Dem der Gram die Seele bricht!

Jener Tage denk' ich trauernd,
Als ich, Engel, an dir hing,
Auf das erste Knöspchen lauernd
Früh zu meinem Garten ging.

Alle Blüten, alle Früchte
Noch zu deinen Füßen trug,
Und vor deinem Angesichte
Hoffnung in dem Herzen schlug.

Ihr verblühet, süße Rosen,
Meine Liebe trug euch nicht;
Blühtet, ach, dem Hoffnungslosen,
Dem der Gram die Seele bricht!

Die Oper „Erwin und Elmire" war aus Goldsmiths liebenswürdiger, im „Landprediger von Wakefield" eingefügter Romanze entstanden, die uns in den besten Zeiten vergnügt hatte, wo wir nicht ahneten, daß uns etwas Ähnliches bevorstehe.

Schon früher hab ich einige poetische Erzeugnisse jener Epoche eingeschaltet, und wünschte nur, es hätten sich alle zusammen erhalten. Eine fortwährende Aufregung in glücklicher Liebeszeit, gesteigert durch eintretende Sorge, gab Anlaß zu Liedern, die durchaus nichts Überspanntes, sondern immer das Gefühl des Augenblicks aussprachen. Von geselligen Festliedern bis zur kleinsten Geschenksgabe, alles war lebendig, mitgefühlt von einer gebildeten Gesellschaft; erst froh, dann schmerzlich, und zuletzt kein Gipfel des Glücks, kein Abgrund des Wehes, dem nicht ein Laut wäre gewidmet gewesen.

Alle diese innern und äußern Ereignisse, insofern sie meinen Vater hätten unangenehm berühren können, welcher jene erste ihm anmutig zusagende Schwiegertochter immer weniger hoffen konnte in sein Haus eingeführt zu sehen, wußte meine Mutter auf das klügste und tätigste abzuwenden. Diese Staatsdame aber, wie er sie im Vertrauen gegen seine Gattin zu nennen pflegte, wollte ihn keineswegs anmuten.

Indessen ließ er dem Handel seinen Gang und setzte seine kleine Kanzlei recht emsig fort. Der junge Rechtsfreund, sowie der gewandte Schreiber gewannen unter seiner Firma immer mehr Ausdehnung des Bodens. Da nun, wie bekannt, der Abwesende nicht vermißt wird, so gönnten sie mir meine Pfade, und suchten sich immer mehr auf einem Boden festzusetzen, auf dem ich nicht gedeihen sollte.

Glücklicherweise trafen meine Richtungen mit des Vaters Gesinnungen und Wünschen zusammen. Er hatte einen so großen Begriff von meinem dichterischen Talent, so viel eigene Freude an der Gunst, die meine ersten Arbeiten erworben hatten, daß er mich oft unterhielt über Neues und fernerhin Vorzunehmendes. Hingegen von diesen geselligen Scherzen, leidenschaftlichen Dichtungen durft ich ihn nichts merken lassen.

Nachdem ich im „Götz von Berlichingen" das Symbol einer bedeutenden Weltepoche nach meiner Art abgespiegelt hatte, sah ich mich nach einem ähnlichen Wendepunkt der Staatengeschichte sorgfältig um. Der Aufstand der Niederlande gewann meine Aufmerksamkeit; in „Götz" war es ein tüchtiger Mann, der untergeht in dem Wahn: zu Zeiten der Anarchie sei der wohlwollende Kräftige von einiger Bedeutung. Im „Egmont" waren es festgegründete Zustände, die sich vor strenger, gut berechneter Despotie nicht halten können. Meinen Vater hatte ich davon auf das lebhafteste unterhalten, was zu tun sei, was ich tun wolle, daß ihm dies so unüberwindliches Verlangen gab, dieses in meinem Kopf schon fertige Stück auf dem Papiere, es gedruckt, es bewundert zu sehen.

Hatt ich in den frühern Zeiten, da ich noch hoffte, Lili mir zuzueignen, meine ganze Tätigkeit auf Einsicht und Ausübung bürgerlicher Geschäfte gewendet, so traf es gerade jetzt, daß ich die fürchterliche Lücke, die mich von ihr trennte, durch Geistreiches und Seelenvolles auszufüllen hatte. Ich fing also wirklich „Egmont" zu schreiben an, und zwar nicht wie den ersten „Götz von Berlichingen" in Reih und Folge, sondern ich griff nach der ersten Einleitung gleich die Hauptszenen an, ohne mich um die allenfallsigen Verbindungen zu bekümmern. Damit gelangte ich weit, indem ich bei meiner läßlichen Art zu arbeiten von meinem Vater, es ist nicht übertrieben, Tag und Nacht angespornt wurde, da er das so leicht Entstehende auch leicht vollendet zu sehen glaubte.

ZWANZIGSTES BUCH

So fuhr ich denn am „Egmont" zu arbeiten fort, und wenn dadurch in meinen leidenschaftlichen Zustand einige Beschwichtigung eintrat, so half mir auch die Gegenwart eines wackern Künstlers über manche böse Stunden hinweg, und ich verdankte hier, wie schon so oft, einem unsichern Streben nach praktischer Ausbildung einen heimlichen Frieden der Seele, in Tagen, wo er sonst nicht wäre zu hoffen gewesen.

Georg Melchior Kraus, in Frankfurt geboren, in Paris gebildet, kam eben von einer kleinen Reise ins nördliche Deutschland zurück, er suchte mich auf, und ich fühlte sogleich Trieb und Bedürfnis, mich ihm anzuschließen. Er war ein heiterer Lebemann, dessen leichtes erfreuliches Talent in Paris die rechte Schule gefunden hatte.

Für den Deutschen gab es zu jener Zeit daselbst ein angenehmes Unterkommen; Philipp Hackert lebte dort in gutem Ansehen und Wohlstand; das treue deutsche Verfahren, womit er Landschaften nach der Natur zeichnend in Gouache- und Ölfarbe glücklich ausführte, war als Gegensatz einer praktischen Manier, der sich die Franzosen hingegeben hatten, sehr willkommen. Wille, hochgeehrt als Kupferstecher, gab dem deutschen Verdienste Grund und Boden; Grimm, schon einflußreich, nützte seinen Landsleuten nicht wenig. Angenehme Fußreisen, um unmittelbar nach der Natur zu zeichnen, wurden unternommen und so manches Gute geleistet und vorbereitet.

Boucher und Watteau, zwei wahrhaft geborene Künstler, deren Werke, wenn schon verflatternd im Geist und Sinn der Zeit, doch immer noch höchst respektabel gefunden werden, waren der neuen Erscheinung geneigt, und selbst, obgleich nur zu Scherz und Versuch, tätig eingreifend. Greuze, im Familienkreise still für sich hinlebend, dergleichen bürgerliche Szenen gerne darstellend, von seinen eigenen Werken entzückt, erfreute sich eines ehrenhaften leichten Pinsels.

Alles dergleichen konnte unser Kraus in sein Talent gar wohl aufnehmen; er bildete sich an der Gesellschaft zur Gesellschaft und wußte gar zierlich häusliche freundschaftliche Vereine porträtmäßig darzustellen; nicht weniger glückten ihm landschaftliche Zeichnungen, die sich durch reinliche Umrisse, massenhafte Tusche, angenehmes Kolorit dem Auge freundlich empfahlen; dem innern Sinn genügte eine gewisse naive Wahrheit, und besonders dem Kunstfreund sein Geschick: alles, was er selbst nach der Natur zeichnete, sogleich zum Tableau einzuleiten und einzurichten.

Er selbst war der angenehmste Gesellschafter: gleichmütige Heiterkeit begleitete ihn durchaus; dienstfertig ohne Demut, gehalten ohne Stolz, fand er sich überall zu Hause, überall beliebt, der tätigste und zugleich der bequemste aller Sterblichen. Mit solchem Talent und Charakter begabt, empfahl er sich gar bald in höhern Kreisen und war besonders in dem freiherrlichen von Steinischen Schlosse zu Nassau an der Lahn wohlaufgenommen, eine talentvolle, höchst liebenswürdige Tochter in ihrem künstlerischen Bestreben unterstützend und zugleich die Geselligkeit auf mancherlei Weise belebend.

Nach Verheiratung dieser vorzüglichen jungen Dame an den Grafen von Werthern nahm das neue Ehepaar den Künstler mit auf ihre bedeutenden Güter in Thüringen, und so gelangte er auch nach Weimar; hier ward er bekannt, anerkannt und von dem dasigen hochgebildeten Kreise sein Bleiben gewünscht.

Wie er nun überall zutätig war, so förderte er bei seiner nunmehrigen Rückkehr nach Frankfurt meine bisher nur sammelnde Kunstliebe zu praktischer Übung. Dem Dilettanten ist die Nähe des Künstlers unerläßlich, denn er sieht in diesem das Komplement seines eigenen Daseins, die Wünsche des Liebhabers erfüllen sich im Artisten.

Durch eine gewisse Naturanlage und Übung gelang mir wohl ein Umriß; auch gestaltete sich leicht zum Bilde, was ich in der Natur vor mir sah; allein es fehlte mir die eigentliche plastische Kraft, das tüchtige Bestreben, dem Umriß Körper zu verleihen, durch wohlabgestuftes Hell und Dunkel. Meine Nachbildungen waren mehr ferne Ahnungen irgend einer Gestalt, und meine Figuren glichen den leichten Luftwesen in Dantes Purgatorio, die, keine Schatten werfend, vor dem Schatten wirklicher Körper sich entsetzen.

Durch Lavaters physiognomische Hetzerei – denn so darf man die ungestüme Anregung wohl nennen, womit er alle Menschen nicht allein zur Kontemplation der Physiognomien, sondern auch zur künstlerischen oder pfuscherhaften praktischen Nachbildung der Gesichtsformen zu nötigen bemüht war – hatte ich mir eine Übung verschafft, die Porträte von Freunden auf grau Papier mit schwarzer und weißer Kreide darzustellen. Die Ähnlichkeit war nicht zu verkennen, aber es bedurfte die Hand meines künstlerischen Freundes, um sie aus dem düstern Grunde hervortreten zu machen.

Beim Durchblättern und Durchschauen der reichlichen Portefeuilles, welche der gute Kraus von seinen Reisen mitgebracht hatte, war die liebste Unterhaltung, wenn er landschaftliche oder persönliche Darstellungen vorlegte, der weimarische Kreis und dessen Umgebung. Auch ich verweilte sehr gerne dabei, weil es dem Jüngling schmeicheln mußte, so viele Bilder nur als Text zu betrachten von einer umständlichen wiederholten Ausführung: daß man mich dort zu sehen wünsche. Gar anmutig wußte er seine Grüße, seine Einladungen durch nachgebildete Persönlichkeit zu beleben. Ein wohlgelungenes Ölbild stellte den Kapellmeister Wolf am Flügel und seine Frau hinter ihm zum Singen sich bereitend vor; der Künstler selbst wußte zugleich gar dringend auszulegen, wie freundlich dieses werte Paar mich empfangen würde. Unter seinen Zeichnungen fanden sich mehrere, bezüglich auf die Wald- und Berggegend um Bürgel. Ein wackerer Forstmann hatte daselbst, vielleicht mehr seinen anmutigen Töchtern als sich selbst zu Liebe, rauhgestaltete Felspartien, Gebüsch und Waldstrecken durch Brücken, Geländer und sanfte Pfade gesellig wandelbar gemacht; man sah die Frauenzimmer in weißen Kleidern auf anmutigen Wegen, nicht ohne Begleitung. An dem einen jungen Manne sollte man Bertuch erkennen, dessen ernste Absichten auf die Älteste nicht geleugnet wurden, und Kraus nahm nicht übel, wenn man einen zweiten jungen Mann auf ihn und seine aufkeimende Neigung für die Schwester zu beziehen wagte.

Bertuch, als Zögling Wielands, hatte sich in Kenntnissen und Tätigkeit dergestalt hervorgetan, daß er, als Geheimsekretär des Herzogs schon angestellt, das Allerbeste für die Zukunft erwarten ließ. Von Wielands Rechtlichkeit, Heiterkeit, Gutmütigkeit war durchaus die Rede; auf seine schönen literarischen und poetischen Vorsätze ward schon ausführlich hingedeutet und die Wirkung des „Merkur" durch Deutschland besprochen; gar manche Namen in literarischer, staatsgeschäftlicher und geselliger Hinsicht hervorgehoben, und in solchem Sinne Musäus, Kirms, Berendis und Ludecus genannt. Von Frauen war Wolfs Gattin und eine Witwe Kotzebue, mit einer liebenswürdigen Tochter und einem heitern Knaben, nebst manchen andern rühmlich und charakteristisch bezeichnet. Alles deutete auf ein frisch tätiges literarisches und Künstlerleben.

Und so schilderte sich nach und nach das Element, worauf der junge Herzog nach seiner Rückkehr wirken sollte; einen solchen Zustand hatte die Frau Obervormünderin vorbereitet; was aber die Ausführung wichtiger Geschäfte betraf, war, wie es unter solchen provisorischen Verwaltungen Pflicht ist, der Überzeugung, der Tatkraft des künftigen Regenten überlassen. Die durch den Schloßbrand gewirkten greulichen Ruinen betrachtete man schon als Anlaß zu neuen Tätigkeiten. Das in Stocken geratene Bergwerk zu Ilmenau, dem man durch kostspielige Unterhaltung des tiefen Stollens eine mögliche Wiederaufnahme zu sichern gewußt, die Akademie Jena, die hinter dem Zeitsinn einigermaßen zurückgeblieben und mit dem Verlust gerade sehr tüchtiger Lehrer bedroht war, wie so vieles andere, regte einen edlen Gemeinsinn auf. Man blickte nach Persönlichkeiten umher, die in dem aufstrebenden Deutschland so mannigfaches Gute zu fördern berufen sein könnten, und so zeigte sich durchaus eine frische Aussicht, wie eine kräftige und lebhafte Jugend sie nur wünschen konnte. Und schien es traurig zu sein, eine junge Fürstin ohne die Würde eines schicklichen Gebäudes in eine sehr mäßige zu ganz andern Zwecken erbaute Wohnung einzuladen, so gaben die schön gelegenen wohleingerichteten Landhäuser, Ettersburg, Belvedere und andere vorteilhafte Lustsitze, Genuß des Gegenwärtigen und Hoffnung, auch in diesem damals zur Notwendigkeit gewordenen Naturleben sich produktiv und angenehm tätig zu erweisen.

Man hat im Verlaufe dieses biographischen Vortrags umständlich gesehn, wie das Kind, der Knabe, der Jüngling sich auf verschiedenen Wegen dem Übersinnlichen zu nähern gesucht, erst mit Neigung nach einer natürlichen Religion hingeblickt, dann mit Liebe sich an eine positive festgeschlossen, ferner durch Zusammenziehung in sich selbst seine eignen Kräfte versucht und sich endlich dem allgemeinen Glauben freudig hingegeben. Als er in den Zwischenräumen dieser Regionen hin und wider wanderte, suchte, sich umsah, begegnete ihm manches, was zu keiner von allen gehören mochte, und er glaubte mehr und mehr einzusehn, daß es besser sei, den Gedanken von dem Ungeheuren, Unfaßlichen abzuwenden. Er glaubte in der Natur, der belebten und unbelebten, der beseelten und unbeseelten, etwas zu entdecken, das sich nur in Widersprüchen manifestierte und deshalb unter keinen Begriff, noch viel weniger unter ein Wort gefaßt werden könnte. Es war nicht göttlich, denn es schien unvernünftig, nicht menschlich, denn es hatte keinen Verstand, nicht teuflisch, denn es war wohltätig, nicht englisch, denn es ließ oft Schadenfreude merken. Es glich dem Zufall, denn es bewies keine Folge, es ähnelte der Vorsehung, denn es deutete auf Zusammenhang. Alles, was uns begrenzt, schien für dasselbe durchdringbar, es schien mit den notwendigen Elementen unsres Daseins willkürlich zu schalten, es zog die Zeit zusammen und dehnte den Raum aus. Nur im Unmöglichen schien es sich zu gefallen und das Mögliche mit Verachtung von sich zu stoßen. Dieses Wesen, das zwischen alle übrigen hineinzutreten, sie zu sondern, sie zu verbinden schien, nannte ich dämonisch, nach dem Beispiel der Alten und derer, die etwas Ähnliches gewahrt hatten. Ich suchte mich vor diesem furchtbaren Wesen zu retten, indem ich mich, nach meiner Gewohnheit, hinter ein Bild flüchtete.

Unter die einzelnen Teile der Weltgeschichte, die ich sorgfältiger studierte, gehörten auch die Ereignisse, welche die nachher vereinigten Niederlande so berühmt gemacht. Ich hatte die Quellen fleißig erforscht und mich möglichst unmittelbar zu unterrichten und mir alles lebendig zu vergegenwärtigen gesucht. Höchst dramatisch waren mir die Situationen erschienen und als Hauptfigur, um welche sich die übrigen am glücklichsten versammeln ließen, war mir Graf Egmont aufgefallen, dessen menschlich ritterliche Größe mir am meisten behagte. Allein zu meinem Gebrauche mußte ich ihn in einen solchen Charakter umwandeln, der solche Eigenschaften besaß, die einen Jüngling besser zieren als einen Mann in Jahren, einen Unbeweibten besser als einen Hausvater, einen Unabhängigen mehr als einen, der, noch so frei gesinnt, durch mancherlei Verhältnisse begrenzt ist. Als ich ihn nun so in meinen Gedanken verjüngt und von allen Bedingungen losgebunden hatte, gab ich ihm die ungemeßne Lebenslust, das grenzenlose Zutrauen zu sich selbst, die Gabe, alle Menschen an sich zu ziehn (attrattiva) und so die Gunst des Volks, die stille Neigung einer Fürstin, die ausgesprochene eines Naturmädchens, die Teilnahme eines Staatsklugen zu gewinnen, ja selbst den Sohn seines größten Widersachers für sich einzunehmen.

Die persönliche Tapferkeit, die den Helden auszeichnet, ist die Base, auf der sein ganzes Wesen ruht, der Grund und Boden, aus dem es hervorsproßt. Er kennt keine Gefahr, und verblendet sich über die größte, die sich ihm nähert. Durch Feinde, die uns umzingeln, schlagen wir uns allenfalls durch; die Netze der Staatsklugheit sind schwerer zu durchbrechen. Das Dämonische, was von beiden Seiten im Spiel ist, in welchem Konflikt das Liebenswürdige untergeht und das Gehaßte triumphiert, sodann die Aussicht, daß hieraus ein Drittes hervorgehe, das dem Wunsch aller Menschen entsprechen werde, dieses ist es wohl, was dem Stücke, freilich nicht gleich bei seiner Erscheinung, aber doch später und zur rechten Zeit, die Gunst verschafft hat, deren es noch jetzt genießt. Und so will ich denn auch hier, um mancher geliebten Leser willen, mir selbst vorgreifen und, weil ich nicht weiß, ob ich so bald wieder zur Rede gelange, etwas aussprechen, wovon ich mich erst viel später überzeugte.

Obgleich jenes Dämonische sich in allem Körperlichen und Unkörperlichen manifestieren kann, ja bei den Tieren sich aufs merkwürdigste ausspricht; so steht es vorzüglich mit dem Menschen im wunderbarsten Zusammenhang und bildet eine der moralischen Weltordnung, wo nicht entgegengesetzte, doch sie durchkreuzende Macht, so daß man die eine für den Zettel, die andere für den Einschlag könnte gelten lassen. Für die Phänomene, welche hiedurch hervorgebracht werden, gibt es unzählige Namen: denn alle Philosophien und Religionen haben prosaisch und poetisch dieses Rätsel zu lösen und die Sache schließlich abzutun gesucht, welches ihnen noch fernerhin unbenommen bleibe. Am furchtbarsten aber erscheint dieses Dämonische, wenn es in irgend einem Menschen überwiegend hervortritt. Während meines Lebensganges habe ich mehrere teils in der Nähe, teils in der Ferne beobachten können. Es sind nicht immer die vorzüglichsten Menschen, weder an Geist noch an Talenten, selten durch Herzensgüte sich empfehlend; aber eine ungeheure Kraft geht von ihnen aus, und sie üben eine unglaubliche Gewalt über alle Geschöpfe, ja sogar über die Elemente, und wer kann sagen, wie weit sich eine solche Wirkung erstrecken wird? Alle vereinten sittlichen Kräfte vermögen nichts gegen sie; vergebens, daß der hellere Teil der Menschen sie als Betrogene oder als Betrüger verdächtig machen will, die Masse wird von ihnen angezogen. Selten oder nie finden sich Gleichzeitige ihresgleichen, und sie sind durch nichts zu überwinden, als durch das Universum selbst, mit dem sie den Kampf begonnen; und aus solchen Bemerkungen mag wohl jener sonderbare aber ungeheure Spruch entstanden sein: Nemo contra deum nisi deus ipse.

Von diesen höheren Betrachtungen kehre ich wieder in mein kleines Leben zurück, dem aber doch auch seltsame Ereignisse, wenigstens mit einem dämonischen Schein bekleidet, bevorstanden. Ich war von dem Gipfel des Gotthard,

Italien den Rücken wendend, nach Hause gekehrt, weil ich Lili nicht entbehren konnte. Eine Neigung, die auf die Hoffnung eines wechselseitigen Besitzes, eines dauernden Zusammenlebens gegründet ist, stirbt nicht auf einmal ab, ja sie nährt sich an der Betrachtung rechtmäßiger Wünsche und redlicher Hoffnungen, die man hegt. Es liegt in der Natur der Sache, daß sich in solchen Fällen das Mädchen eher bescheidet als der Jüngling. Als Abkömmlingen Pandorens ist den schönen Kindern die wünschenswerte Gabe verliehen, anzureizen, anzulocken und mehr durch Natur mit Halbvorsatz, als durch Neigung, ja mit Frevel um sich zu versammeln, wobei sie denn oft in Gefahr kommen, wie jener Zauberlehrling, vor dem Schwall der Verehrer zu erschrecken. Und dann soll zuletzt denn doch hier gewählt sein, einer soll ausschließlich vorgezogen werden, einer die Braut nach Hause führen.

Und wie zufällig ist es, was hier der Wahl eine Richtung gibt, die Auswählende bestimmt! Ich hatte auf Lili mit Überzeugung Verzicht getan, aber die Liebe machte mir diese Überzeugung verdächtig. Lili hatte in gleichem Sinne von mir Abschied genommen, und ich hatte die schöne zerstreuende Reise angetreten; aber sie bewirkte gerade das Umgekehrte. Solange ich abwesend war, glaubte ich an die Trennung, glaubte nicht an die Scheidung. Alle Erinnerungen, Hoffnungen und Wünsche hatten ein freies Spiel. Nun kam ich zurück, und wie das Wiedersehn der frei und freudig Liebenden ein Himmel ist, so ist das Wiedersehn von zwei nur durch Vernunftgründe getrennten Personen ein unleidliches Fegefeuer, ein Vorhof der Hölle. Als ich in die Umgebung Lilis zurückkam, fühlte ich alle jene Mißhelligkeiten doppelt, die unser Verhältnis gestört hatten; als ich wieder vor sie selbst hintrat, fiel mirs hart aufs Herz, daß sie für mich verloren sei. Ich entschloß mich daher abermals zur Flucht, und es konnte mir deshalb nichts erwünschter sein, als daß das junge herzoglich weimarische Paar von Karlsruhe nach Frankfurt kommen und ich, früheren und späteren Einladungen gemäß, ihnen nach Weimar folgen sollte. Von seiten jener Herrschaften hatte sich ein gnädiges, ja zutrauliches Betragen immer gleich erhalten, das ich von meiner Seite mit leidenschaftlichem Danke erwiderte. Meine Anhänglichkeit an den Herzog von dem ersten Augenblicke an, meine Verehrung gegen die Prinzessin, die ich schon so lange, obgleich nur von Ansehn, kannte, mein Wunsch, Wielanden, der sich so liberal gegen mich betragen hatte, persönlich etwas Freundliches zu erzeigen und an Ort und Stelle meine halb mutwilligen, halb zufälligen Unarten wieder gut zu machen, waren Beweggründe genug, die auch einen leidenschaftslosen Jüngling hätten aufreizen, ja antreiben sollen. Nun kam aber noch hinzu, daß ich, auf welchem Wege es wolle, vor Lili flüchten mußte, es sei nun nach Süden, wo mir die täglichen Erzählungen meines Vaters den herrlichsten Kunst- und Naturhimmel vorbildeten, oder nach Norden, wo mich ein so bedeutender Kreis vorzüglicher Menschen einlud.

Das junge fürstliche Paar erreichte nunmehr auf seinem Rückwege Frankfurt. Der herzoglich meiningische Hof war zu gleicher Zeit daselbst, und auch von diesem und dem die jungen Prinzen geleitenden Geheimenrat von Dürckheim ward ich aufs freundlichste aufgenommen. Damit aber ja, nach jugendlicher Weise, es nicht an einem seltsamen Ereignis fehlen möchte, so setzte mich ein Mißverständnis in eine unglaubliche, obgleich ziemlich heitere Verlegenheit. Die weimarischen und meiningischen Herrschaften wohnten in einem Gasthof. Ich ward zur Tafel gebeten. Der weimarische Hof lag mir dergestalt im Sinne, daß mir nicht einfiel, mich näher zu erkundigen, weil ich auch nicht einmal einbildisch genug war zu glauben, man wolle von meiningischer Seite auch einige Notiz von mir nehmen. Ich gehe wohlangezogen in den „Römischen Kaiser", finde die Zimmer der weimarischen Herrschaften leer, und da es heißt, sie wären bei den meiningischen, verfüge ich mich dorthin und werde freundlich empfangen. Ich denke, dies sei ein Besuch vor Tafel oder man speise vielleicht zusammen, und erwarte den Ausgang. Allein auf einmal setzt sich die weimarische Suite in Bewegung, der ich denn auch folge; allein sie geht nicht etwa in ihre Gemächer, sondern gerade die Treppe hinunter in ihre Wägen, und ich finde mich eben allein auf der Straße. Anstatt mich nun gewandt und klug nach der

Sache umzutun und irgend einen Aufschluß zu suchen, ging ich, nach meiner entschlossenen Weise, sogleich meinen Weg nach Hause, wo ich meine Eltern beim Nachtische fand. Mein Vater schüttelte den Kopf, indem meine Mutter mich so gut als möglich zu entschädigen suchte. Sie vertraute mir abends: als ich weggegangen, habe mein Vater sich geäußert, er wundre sich höchlich, wie ich, doch sonst nicht auf den Kopf gefallen, nicht einsehen wollte, daß man nur von jener Seite mich zu necken und mich zu beschämen gedächte. Aber dieses konnte mich nicht rühren: denn ich war schon Herrn von Dürckheim begegnet, der mich, nach seiner milden Art, mit anmutigen scherzhaften Vorwürfen zur Rede stellte. Nun war ich aus meinem Traum erwacht und hatte Gelegenheit, für die mir gegen mein Hoffen und Erwarten zugedachte Gnade recht artig zu danken und mir Verzeihung zu erbitten.

Nachdem ich daher so freundlichen Anträgen aus guten Gründen nachgegeben hatte, so ward folgendes verabredet. Ein in Karlsruhe zurückgebliebener Kavalier, welcher einen in Straßburg verfertigten Landauer Wagen erwarte, werde an einem bestimmten Tage in Frankfurt eintreffen, ich solle mich bereit halten, mit ihm nach Weimar sogleich abzureisen. Der heitere und gnädige Abschied, den ich von den jungen Herrschaften erfuhr, das freundliche Betragen der Hofleute machten mir diese Reise höchst wünschenswert, wozu sich der Weg so angenehm zu ebnen schien. Aber auch hier sollte durch Zufälligkeiten eine so einfache Angelegenheit verwickelt, durch Leidenschaftlichkeit verwirrt und nahezu völlig vernichtet werden: denn nachdem ich überall Abschied genommen und den Tag meiner Abreise verkündet, sodann aber eilig eingepackt und dabei meiner ungedruckten Schriften nicht vergessen, erwartete ich die Stunde, die den gedachten Freund im neuen Wagen herbeiführen und mich in eine neue Gegend, in neue Verhältnisse bringen sollte. Die Stunde verging, der Tag auch, und da ich, um nicht zweimal Abschied zu nehmen, und überhaupt, um nicht durch Zulauf und Besuch überhäuft zu sein, mich seit dem besagten Morgen als abwesend angegeben hatte; so mußte ich mich im Hause, ja in meinem Zimmer still halten und befand mich daher in einer sonderbaren Lage. Weil aber die Einsamkeit und Enge jederzeit für mich etwas sehr Günstiges hatte, indem ich solche Stunden zu nutzen gedrängt war, so schrieb ich an meinem „Egmont“ fort und brachte ihn beinahe zustande. Ich las ihn meinem Vater vor, der eine ganz eigne Neigung zu diesem Stück gewann, und nichts mehr wünschte, als es fertig und gedruckt zu sehn, weil er hoffte, daß der gute Ruf seines Sohns dadurch sollte vermehrt werden. Eine solche Beruhigung und neue Zufriedenheit war ihm aber auch nötig: denn er machte über das Außenbleiben des Wagens die bedenklichsten Glossen. Er hielt das Ganze abermals nur für eine Erfindung, glaubte an keinen neuen Landauer, hielt den zurückgebliebenen Kavalier für ein Luftgespenst; welches er mir zwar nur indirekt zu verstehen gab, dagegen aber sich und meine Mutter desto ausführlicher quälte, indem er das Ganze als einen lustigen Hofstreich ansah, den man in Gefolg meiner Unarten habe ausgehn lassen, um mich zu kränken und zu beschämen, wenn ich nunmehr statt jener gehofften Ehre schimpflich sitzen geblieben. Ich selbst hielt zwar anfangs am Glauben fest, freute mich über die eingezogenen Stunden, die mir weder von Freunden, noch Fremden, noch sonst einer geselligen Zerstreuung verkümmert wurden, und schrieb, wenn auch nicht ohne innere Agitation, am „Egmont“ rüstig fort. Und diese Gemütsstimmung mochte wohl dem Stück selbst zugute kommen, das, von so viel Leidenschaften bewegt, nicht wohl von einem ganz Leidenschaftslosen hätte geschrieben werden können. So vergingen acht Tage, und ich weiß nicht, wie viel drüber, und diese völlige Einkerkerung fing an mir beschwerlich zu werden. Seit mehreren Jahren gewohnt unter freiem Himmel zu leben, gesellt zu Freunden, mit denen ich in dem aufrichtigsten geschäftigsten Wechselverhältnisse stand, in der Nähe einer Geliebten, von der ich zwar mich zu trennen den Vorsatz gefaßt, die mich aber doch, solange noch die Möglichkeit war mich ihr zu nähern, gewaltsam zu sich forderte, – alles dieses fing an, mich dergestalt zu beunruhigen, daß die Anziehungskraft meiner Tragödie sich zu vermindern und die poetische Produktionskraft durch Ungeduld aufgehoben zu werden drohte. Schon einige Abende war es mir nicht möglich gewesen, zu Haus zu bleiben. In einen großen Mantel gehüllt schlich ich in der Stadt umher, an den Häusern meiner Freunde und Bekannten vorbei, und versäumte nicht, auch an Lilis Fenster zu treten. Sie wohnte im Erdgeschoß eines Eckhauses, die grünen Rouleaux waren niedergelassen, ich konnte aber recht gut bemerken, daß die Lichter am gewöhnlichen Platze standen. Bald hörte ich sie zum Klaviere singen, es war das Lied: Ach wie ziehst du mich unwiderstehlich! das nicht ganz vor einem Jahr an sie gedichtet ward. Es mußte mir scheinen, daß sie es ausdrucksvoller sänge als jemals, ich konnte es deutlich Wort vor Wort verstehn; ich hatte das Ohr so nahe angedrückt, wie nur das auswärts gebogene Gitter erlaubte. Nachdem sie es zu Ende gesungen, sah ich an dem Schatten, der auf die Rouleaux fiel, daß sie aufgestanden war; sie ging hin und wider, aber vergebens suchte ich den Umriß ihres lieblichen Wesens durch das dichte Gewebe zu erhaschen. Nur der feste Vorsatz mich wegzubegeben, ihr nicht durch meine Gegenwart beschwerlich zu sein, ihr wirklich zu entsagen, und die Vorstellung, was für ein seltsames Aufsehen mein Wiedererscheinen machen müßte, konnte mich entscheiden, die so liebe Nähe zu verlassen.

Noch einige Tage verstrichen, und die Hypothese meines Vaters gewann immer mehr Wahrscheinlichkeit, da auch nicht einmal ein Brief von Karlsruhe kam, welcher die Ursachen der Verzögerung des Wagens angegeben hätte. Meine Dichtung geriet ins Stocken, und nun hatte mein Vater gutes Spiel bei der Unruhe, von der ich innerlich zerarbeitet war. Er stellte mir vor: die Sache sei nun einmal nicht zu ändern, mein Koffer sei gepackt, er wolle mir Geld und Kredit geben, nach Italien zu gehn, ich müsse mich aber gleich entschließen aufzubrechen. In einer so wichtigen Sache zweifelnd und zaudernd, ging ich endlich darauf ein, daß, wenn zu einer bestimmten Stunde weder Wagen noch Nachricht eingelaufen sei, ich abreisen, und zwar zuerst nach Heidelberg, von dannen aber nicht wieder durch die Schweiz, sondern nunmehr durch Graubünden oder Tirol über die Alpen gehen wolle.

Wunderbare Dinge müssen freilich entstehn, wenn eine planlose Jugend, die sich selbst so leicht mißleitet, noch durch einen leidenschaftlichen Irrtum des Alters auf einen falschen Weg getrieben wird. Doch darum ist es Jugend und Leben überhaupt, daß wir die Strategie gewöhnlich erst einsehn lernen, wenn der Feldzug vorbei ist. Im reinen Geschäftsgang wär ein solches Zufälliges leicht aufzuklären gewesen, aber wir verschwören uns gar zu gern mit dem Irrtum gegen das Natürlichwahre, so wie wir die Karten mischen, eh wir sie herumgeben, damit ja dem Zufall sein Anteil an der Tat nicht verkümmert werde; und so entsteht gerade das Element, worin und worauf das Dämonische so gern wirkt und uns nur desto schlimmer mitspielt, je mehr wir Ahndung von seiner Nähe haben.

Der letzte Tag war verstrichen, den andern Morgen sollte ich abreisen, und nun drängte es mich unendlich, meinen Freund Passavant, der eben aus der Schweiz zurückgekehrt war, noch einmal zu sehn, weil er wirklich Ursache gehabt hätte zu zürnen, wenn ich unser inniges Vertrauen durch völlige Geheimhaltung verletzt hätte. Ich beschied ihn daher durch einen Unbekannten nachts an einen gewissen Platz, wo ich, in meinen Mantel gewickelt, eher eintraf als er, der auch nicht ausblieb und, wenn er schon verwundert über die Bestellung gewesen war, sich noch mehr über den verwunderte, den er am Platze fand. Die Freude war dem Erstaunen gleich, an Beredung und Beratung war nicht zu denken; er wünschte mir Glück zur italienischen Reise, wir schieden, und den andern Tag sah ich mich schon bei guter Zeit an der Bergstraße. Daß ich mich nach Heidelberg begab, dazu hatte ich mehrere Ursachen: eine verständige; denn ich hatte gehört, der Freund würde von Karlsruhe über Heidelberg kommen, und sogleich gab ich, angelangt, auf der Post ein Billet ab, das man einem auf bezeichnete Weise durchreisenden Kavalier einhändigen sollte; die zweite Ursache war leidenschaftlich und bezog sich auf mein früheres Verhältnis zu Lili. Demoiselle Delph nämlich, welche die Vertraute unserer Neigung, ja die Vermittlerin einer ernstlichen Verbindung bei den Eltern gewesen war, wohnte daselbst, und ich schätzte mir es für das größte Glück, ehe ich Deutschland verließ, noch einmal jene glücklichen Zeiten mit einer werten geduldigen und nachsichtigen Freundin durchschwätzen zu können. Ich ward wohl empfangen und in manche Familie eingeführt, wie ich mir denn in dem Hause des Oberforstmeisters von Wrede sehr wohlgefiel. Die Eltern waren anständig behagliche Personen, die eine Tochter ähnelte Friedriken. Es war gerade die Zeit der Weinlese, das Wetter schön und alle die elsassischen Gefühle lebten in dem schönen Rhein- und Neckartale in mir wieder auf. Ich hatte diese Zeit an mir und andern Wunderliches erlebt, aber es war noch alles im Werden, kein Resultat des Lebens hatte sich in mir hervorgetan, und das Unendliche, was ich gewahrt hatte, verwirrte mich vielmehr. Aber in Gesellschaft war ich noch wie sonst, ja vielleicht gefälliger und unterhaltender. Hier, unter diesem freien Himmel, unter den frohen Menschen, suchte ich die alten Spiele wieder auf, die der Jugend immer neu und reizend bleiben. Eine frühere noch nicht erloschene Liebe im Herzen, erregte ich Anteil ohne es zu wollen, auch wenn ich sie verschwieg, und so ward ich auch in diesem Kreise bald einheimisch, ja notwendig, und vergaß, daß ich nach ein paar verschwätzten Abenden meine Reise fortzusetzen den Plan hatte. Demoiselle Delph war eine von den Personen, die, ohne gerade intrigant zu sein, immer ein Geschäft haben, andere beschäftigen und bald diese bald jene Zwecke durchführen wollen. Sie hatte eine tüchtige Freundschaft zu mir gefaßt, und konnte mich um so eher verleiten länger zu verweilen, da ich in ihrem Hause wohnte, wo sie meinem Dableiben allerlei Vergnügliches vorhalten, und meiner Abreise allerlei Hindernisse in den Weg legen konnte. Wenn ich das Gespräch auf Lili lenken wollte, war sie nicht so gefällig und teilnehmend, wie ich gehofft hatte. Sie lobte vielmehr unsern beiderseitigen Vorsatz, uns unter den bewandten Umständen zu trennen, und behauptete, man müsse sich in das Unvermeidliche ergeben, das Unmögliche aus dem Sinne schlagen, und sich nach einem neuen Lebensinteresse umsehn. Planvoll, wie sie war, hatte sie dies nicht dem Zufall überlassen wollen, sondern sich schon zu meinem künftigen Unterkommen einen Entwurf gebildet, aus dem ich nun wohl sah, daß ihre letzte Einladung nach Heidelberg nicht so absichtlos gewesen, als es schien.

Kurfürst Karl Theodor nämlich, der für die Künste und Wissenschaften so viel getan, residierte noch zu Mannheim, und gerade weil der Hof katholisch, das Land aber protestantisch war, so hatte die letztre Partei alle Ursache, sich durch rüstige und hoffnungsvolle Männer zu verstärken. Nun sollte ich in Gottes Namen nach Italien gehn und dort meine Einsichten in dem Kunstfach ausbilden, indessen wolle man für mich arbeiten, es werde sich bei meiner Rückkunft ausweisen, ob die aufkeimende Neigung der Fräulein von Wrede gewachsen oder erloschen, und ob es rätlich sei, durch die Verbindung mit einer angesehnen Familie, mich und mein Glück in einem neuen Vaterlande zu begründen.

Dieses alles lehnte ich zwar nicht ab, allein mein planloses Wesen konnte sich mit der Planmäßigkeit meiner Freundin nicht ganz vereinigen; ich genoß das Wohlwollen des Augenblicks, Lilis Bild schwebte mir wachend und träumend vor und mischte sich in alles andre, was mir hätte gefallen oder mich zerstreuen können. Nun rief ich mir aber den Ernst meines großen Reiseunternehmens vor die Seele und beschloß, auf eine sanfte und artige Weise mich loszulösen und in einigen Tagen meinen Weg weiter fortzusetzen.

Bis tief in die Nacht hinein hatte Demoiselle Delph mir ihre Plane und was man für mich zu tun willens war, im einzelnen dargestellt, und ich konnte nicht anders als dankbar solche Gesinnungen verehren, obgleich die Absicht eines gewissen Kreises, sich durch mich und meine mögliche Gunst bei Hofe zu verstärken, nicht ganz zu verkennen war. Wir trennten uns erst gegen eins. Ich hatte nicht lange aber tief geschlafen, als das Horn eines Postillons mich weckte, der reitend vor dem Hause hielt. Bald darauf erschien Demoiselle Delph mit einem Licht und Brief in den Händen und trat vor mein Lager. „Da haben wir's!" rief sie aus. „Lesen Sie, sagen Sie mir, was es ist. Gewiß kommt es von den Weimarischen. Ist es eine Einladung, so folgen Sie ihr nicht, und erinnern sich an unsre Gespräche." Ich bat sie um das Licht und um eine Viertelstunde Einsamkeit. Sie verließ mich ungern. Ohne den Brief zu eröffnen, sah ich eine Weile vor mich hin. Die Stafette kam von Frankfurt, ich kannte Siegel und Hand, der Freund war also dort angekommen, er lud mich ein, und der Unglaube und Ungewißheit hatten uns übereilt. Warum sollte man nicht in einem ruhigen bürgerlichen Zustande auf einen sicher angekündigten Mann warten, dessen Reise durch so manche Zufälle verspätet werden konnte? Es fiel mir wie Schuppen von den Augen. Alle vorhergegangene Güte, Gnade, Zutrauen stellte sich mir lebhaft wieder vor, ich schämte mich fast meines wunderlichen Seitensprungs. Nun eröffnete ich den Brief, und alles war ganz natürlich zugegangen. Mein ausgebliebener Geleitsmann hatte auf den neuen Wagen, der von Straßburg kommen sollte, Tag für Tag, Stunde für Stunde, wie wir auf ihn geharrt, war alsdann Geschäfts wegen über Mannheim nach Frankfurt gegangen, und hatte dort zu seinem Schreck mich nicht gefunden. Durch eine Stafette sendete er gleich das eilige Blatt ab, worin er voraussetzte, daß ich sofort nach aufgeklärtem Irrtume zurückkehren und ihm nicht die Beschämung bereiten wolle, ohne mich in Weimar anzukommen.

So sehr sich auch mein Verstand und Gemüt gleich auf diese Seite neigte, so fehlte es doch meiner neuen Richtung auch nicht an einem bedeutenden Gegengewicht. Mein Vater hatte mir einen gar hübschen Reiseplan aufgesetzt und mir eine kleine Bibliothek mitgegeben, durch die ich mich vorbereiten und an Ort und Stelle leiten könnte. In müßigen Stunden hatte ich bisher keine andere Unterhaltung gehabt, sogar auf meiner letzten kleinen Reise im Wagen nichts anders gedacht. Jene herrlichen Gegenstände, die ich von Jugend auf durch Erzählung und Nachbildung aller Art kennen gelernt, sammelten sich vor meiner Seele, und ich kannte nichts Erwünschteres, als mich ihnen zu nähern, indem ich mich entschieden von Lili entfernte.

Ich hatte mich indes angezogen und ging in der Stube auf und ab. Meine ernste Wirtin trat herein. „Was soll ich hoffen?" rief sie aus. „Meine Beste", sagte ich, „reden Sie mir nichts ein, ich bin entschlossen zurückzukehren; die Gründe habe ich selbst bei mir abgewogen, sie zu wiederholen würde nichts fruchten. Der Entschluß am Ende muß gefaßt werden, und wer soll ihn fassen als der, den er zuletzt angeht?“ Ich war bewegt, sie auch, und es gab eine heftige Szene, die ich dadurch endigte, daß ich meinem Burschen befahl, Post zu bestellen. Vergebens bat ich meine Wirtin, sich zu beruhigen und den scherzhaften Abschied, den ich gestern abend bei der Gesellschaft genommen hatte, in einen wahren zu verwandeln, zu bedenken, daß es nur auf einen Besuch, auf eine Aufwartung für kurze Zeit angesehn sei, daß meine italienische Reise nicht aufgehoben, meine Rückkehr hierher nicht abgeschnitten sei. Sie wollte von nichts wissen und beunruhigte den schon Bewegten noch immer mehr. Der Wagen stand vor der Tür, aufgepackt war, der Postillon ließ das gewöhnliche Zeichen der Ungeduld erschallen, ich riß mich los, sie wollte mich noch nicht fahren lassen, und brachte künstlich genug die Argumente der Gegenwart alle vor, so daß ich endlich leidenschaftlich und begeistert die Worte Egmonts ausrief:

„Kind, Kind! nicht weiter! Wie von unsichtbaren Geistern gepeitscht, gehen die Sonnenpferde der Zeit mit unsers Schicksals leichtem Wagen durch, und uns bleibt nichts als, mutig gefaßt, die Zügel festzuhalten und bald rechts, bald links, vom Steine hier, vom Sturze da, die Räder abzulenken. Wohin es geht, wer weiß es? Erinnert er sich doch kaum, woher er kam.“

CAMPAGNE IN FRANKREICH
1792

Auch ich in der Champagne!

Den 23. August 1792.

Gleich nach meiner Ankunft in Mainz besuchte ich Herrn von Stein den älteren, königlich preußischen Kammerherrn und Oberforstmeister, der eine Art Residentenstelle daselbst versah und sich im Haß gegen alles Revolutionäre gewaltsam auszeichnete. Er schilderte mir mit flüchtigen Zügen die bisherigen Fortschritte der verbündeten Heere, und versah mich mit einem Auszug des topographischen Atlas von Deutschland, welchen Jäger zu Frankfurt, unter dem Titel „Kriegstheater", veranstaltet.

Mittags bei ihm zur Tafel fand ich mehrere französische Frauenzimmer, die ich mit Aufmerksamkeit zu betrachten Ursache hatte; die eine (man sagte, es sei die Geliebte des Herzogs von Orléans) eine stattliche Frau, stolzen Betragens und schon von gewissen Jahren, mit rabenschwarzen Augen, Augenbraunen und Haar; übrigens im Gespräch mit Schicklichkeit freundlich. Eine Tochter, die Mutter jugendlich darstellend, sprach kein Wort. Desto munterer und reizender zeigte sich die Fürstin Monaco, entschiedene Freundin des Prinzen von Condé, die Zierde von Chantilly in guten Tagen. Anmutiger war nichts zu sehen als diese schlanke Blondine; jung, heiter, possenhaft; kein Mann, auf den sie's anlegte, hätte sich verwahren können. Ich beobachtete sie mit freiem Gemüt und wunderte mich, Philinen, die ich hier nicht zu finden glaubte, so frisch und munter ihr Wesen treibend mir abermals begegnen zu sehen. Sie schien weder so gespannt noch aufgeregt, als die übrige Gesellschaft, die denn freilich in Hoffnung, Sorgen und Beängstigung lebte. In diesen Tagen waren die Alliierten in Frankreich eingebrochen. Ob sich Longwy sogleich ergeben, ob es widerstehen werde, ob auch republikanisch-französische Truppen sich zu den Alliierten gesellen und jedermann, wie es versprochen worden, sich für die gute Sache erklären und die Fortschritte erleichtern werde, das alles schwebte gerade in diesem Augenblicke in Zweifel. Kuriere wurden erwartet; die letzten hatten nur das langsame Vorschreiten der Armee und die Hindernisse grundloser Wege gemeldet. Der gepreßte Wunsch dieser Personen ward nur noch bänglicher, als sie nicht verbergen konnten, daß sie die schnellste Rückkehr ins Vaterland wünschen mußten, um von den Assignaten, der Erfindung ihrer Feinde, Vorteil ziehen, wohlfeiler und bequemer leben zu können.

Sodann verbracht' ich mit Sömmerrings, Huber, Forsters und andern Freunden zwei muntere Abende; hier fühlt' ich mich schon wieder in vaterländischer Luft. Meist schon frühere Bekannte, Studiengenossen, in dem benachbarten Frankfurt wie zu Hause (Sömmerrings Gattin war eine Frankfurterin), sämtlich mit meiner Mutter vertraut, ihre genialen Eigenheiten schätzend, manches ihrer glücklichen Worte wiederholend, meine große Ähnlichkeit mit ihr in heiterem Betragen und lebhaften Reden mehr als einmal beteuernd, was gab es da nicht für Anlässe, Anklänge, in einem natürlichen, angebornen und angewöhnten Vertrauen! Die Freiheit eines wohlwollenden Scherzes auf dem Boden der Wissenschaft und Einsicht verlieh die heiterste Stimmung. Von politischen Dingen war die Rede nicht, man fühlte, daß man sich wechselseitig zu schonen habe: denn wenn sie republikanische Gesinnungen nicht ganz verleugneten, so eilte ich offenbar, mit einer Armee zu ziehen, die eben diesen Gesinnungen und ihrer Wirkung ein entschiedenes Ende machen sollte.

Zwischen Mainz und Bingen erlebt' ich eine Szene, die mir den Sinn des Tages alsobald weiter aufschloß. Unser leichtes Fuhrwerk erreichte schnell einen vierspännigen schwerbepackten Wagen; der ausgefahrne Hohlweg aufwärts am Berge her nötigte uns auszusteigen, und da fragten wir denn die ebenfalls abgestiegenen Schwäger, wer vor uns dahin fahre? Der Postillion jenes Wagens erwiderte darauf mit Schimpfen und Fluchen, daß es Französinnen seien, die mit ihrem Papiergeld durchzukommen glaubten, die er aber gewiß noch umwerfen wolle, wenn sich einigermaßen Gelegenheit fände. Wir verwiesen ihm seine gehässige Leidenschaft, ohne ihn im mindesten zu bessern. Bei sehr langsamer Fahrt trat ich hervor an den Schlag der Dame und redete sie freundlich an, worauf sich ein junges, schönes, aber von ängstlichen Zügen beschattetes Gesicht einigermaßen erheiterte.

Sie vertraute sogleich, daß sie dem Gemahl nach Trier folge und von da baldmöglichst nach Frankreich zu gelangen wünsche. Da ich ihr nun diesen Schritt als sehr voreilig schilderte, gestand sie, daß außer der Hoffnung, ihren Gemahl wiederzufinden, die Notwendigkeit, wieder von Papier zu leben, sie hiezu bewege. Ferner zeigte sie ein solches Zutrauen zu den verbündeten Streitkräften der Preußen, Östreicher und Emigrierten, daß man, wär' auch Zeit und Ort nicht hinderlich gewesen, sie schwerlich zurückgehalten hätte.

Unter diesen Gesprächen fand sich ein sonderbarer Anstoß; über den Hohlweg, worin wir befangen waren, hatte man eine hölzerne Rinne geführt, die das nötige Wasser einer jenseits stehenden oberschlächtigen Mühle zubrachte. Man hätte denken sollen, die Höhe des Gestells wäre doch wenigstens auf einen Heuwagen berechnet gewesen. Wie dem aber auch sei, das Fuhrwerk war so unmäßig oben aufgepackt, Kistchen und Schachteln pyramidalisch übereinander getürmt, daß die Rinne dem weiteren Fortkommen ein unüberwindliches Hindernis entgegensetzte.

Hier ging nun erst das Fluchen und Schelten der Postillione los, die sich um so viele Zeit aufgehalten sahen; wir aber erboten uns freundlich, halfen abpacken und an der andern Seite des träufelnden Schlagbaums wieder aufpacken. Die junge, gute, nach und nach entschüchterte Frau wußte nicht, wie sie sich dankbar genug benehmen sollte; zugleich aber wuchs ihre Hoffnung auf uns immer mehr und mehr. Sie schrieb den Namen ihres Mannes und bat inständig, da wir doch früher als sie nach Trier kommen müßten, ob wir nicht am Tore den Aufenthalt des Gatten schriftlich niederzulegen geneigt wären? Bei dem besten Willen verzweifelten wir an dem Erfolg wegen Größe der Stadt, sie aber ließ nicht von ihrer Hoffnung.

In Trier angelangt, fanden wir die Stadt von Truppen überlegt, von allerlei Fuhrwerk überfahren, nirgends ein Unterkommen; die Wagen hielten auf den Plätzen, die Menschen irrten auf den Straßen, das Quartieramt, von allen Seiten bestürmt, wußte kaum Rat zu schaffen. Ein solches Gewirre jedoch ist wie eine Art Lotterie, der Glückliche zieht irgend einen Gewinn, und so begegnete mir Lieutenant von Fritsch von des Herzogs Regiment und brachte mich, nach freundlichstem Begrüßen, zu einem Kanonikus, dessen großes Haus und weitläuftiges Gehöfte mich und meine kompendiöse Equipage freundlich und bequemlich aufnahm, wo ich denn sogleich einer genugsamen Erholung pflegte. Gedachter junge militärische Freund, von Kindheit auf mir bekannt und empfohlen, war mit einem kleinen Kommando in Trier zu verweilen beordert, um für die zurückgelassenen Kranken zu sorgen, die nachziehenden Maroden, verspätete Bagagewagen und dergleichen aufzunehmen und sie weiter zu befördern; wobei denn auch mir seine Gegenwart zugute kam, ob er gleich nicht gern im Rücken der Armee verweilte, wo für ihn, als einen jungen strebenden Mann, wenig Glück zu hoffen war.

Mein Diener hatte kaum das Notwendigste ausgepackt, als er sich in der Stadt umzusehen Urlaub erbat; spät kam er wieder, und des andern Morgens trieb eine gleiche Unruhe ihn aus dem Hause. Mir war dies seltsame Benehmen unerklärlich, bis das Rätsel sich löste: die schönen Französinnen hatten ihn nicht ohne Anteil gelassen, er spürte sorgfältig und hatte das Glück, sie auf dem großen Platze, mitten unter hundert Wagen haltend, an der Schachtelpyramide zu erkennen, ohne jedoch ihren Gemahl aufgefunden zu haben.

Auf dem Wege von Trier nach Luxemburg erfreute mich bald das Monument in der Nähe von Igel. Da mir bekannt war, wie glücklich die Alten ihre Gebäude und Denkmäler zu setzen wußten, warf ich in Gedanken sogleich die sämtlichen Dorfhütten weg, und nun stand es an dem würdigsten Platze. Die Mosel fließt unmittelbar vorbei, mit welcher sich gegenüber ein ansehnliches Wasser, die Saar, verbindet; die

Krümmung der Gewässer, das Auf- und Absteigen des Erdreichs, eine üppige Vegetation geben der Stelle Lieblichkeit und Würde.

Das Monument selbst könnte man einen architektonisch-plastisch verzierten Obelisk nennen. Er steigt in verschiedenen künstlerisch übereinander gestellten Stockwerken in die Höhe, bis er sich zuletzt in einer Spitze endigt, die mit Schuppen ziegelartig verziert ist und mit Kugel, Schlange und Adler in der Luft sich abschloß.

Möge irgend ein Ingenieur, welchen die gegenwärtigen Kriegsläufte in diese Gegend führen und vielleicht eine Zeitlang festhalten, sich die Mühe nicht verdrießen lassen, das Denkmal auszumessen, und, insofern er Zeichner ist, auch die Figuren der vier Seiten, wie sie noch kenntlich sind, uns überliefern und erhalten.

Wie viel traurige, bildlose Obelisken sah ich nicht zu meiner Zeit errichten, ohne daß irgend jemand an jenes Monument gedacht hätte. Es ist freilich schon aus einer spätern Zeit, aber man sieht immer noch die Lust und Liebe, seine persönliche Gegenwart mit aller Umgebung und den Zeugnissen von Tätigkeit sinnlich auf die Nachwelt zu bringen. Hier stehen Eltern und Kinder gegeneinander, man schmaust im Familienkreise; aber damit der Beschauer auch wisse, woher die Wohlhäbigkeit komme, ziehen beladene Saumrosse einher, Gewerb und Handel wird auf mancherlei Weise vorgestellt. Denn eigentlich sind es Kriegskommissarien, die sich und den Ihrigen dies Monument errichteten, zum Zeugnis, daß damals wie jetzt an solcher Stelle genugsamer Wohlstand zu erringen sei.

Man hatte diesen ganzen Spitzbau aus tüchtigen Sandquadern roh übereinander getürmt und alsdann, wie aus einem Felsen, die architektonisch-plastischen Gebilde herausgehauen. Die so manchem Jahrhunderte widerstehende Dauer dieses Monuments mag sich wohl aus einer so gründlichen Anlage herschreiben.

Diesen angenehmen und fruchtbaren Gedanken konnte ich mich nicht lange hingeben: denn ganz nahe dabei, in Grevenmachern, war mir das modernste Schauspiel bereitet.

Hier fand ich das Korps Emigrierte, das aus lauter Edelleuten, meist Ludwigsrittern, bestand. Sie hatten weder Diener noch Reitknechte, sondern besorgten sich selbst und ihr Pferd. Gar manchen hab' ich zur Tränke führen, vor der Schmiede halten sehen. Was aber den sonderbarsten Kontrast mit diesem demütigen Beginnen hervorrief, war ein großer, mit Kutschen und Reisewagen aller Art überladener Wiesenraum. Sie waren mit Frau und Liebchen, Kindern und Verwandten zu gleicher Zeit eingerückt, als wenn sie den innern Widerspruch ihres gegenwärtigen Zustandes recht wollten zur Schau tragen.

Da ich einige Stunden hier, unter freiem Himmel, auf Postpferde warten mußte, konnt' ich noch eine andere Bemerkung machen. Ich saß vor dem Fenster des Posthauses, unfern von der Stelle, wo das Kästchen stand, in dessen Einschnitt man die unfrankierten Briefe zu werfen pflegt. Einen ähnlichen Zudrang hab' ich nie gesehn; zu Hunderten wurden sie in die Ritze gesenkt. Das grenzenlose Bestreben, wie man mit Leib, Seel' und Geist in sein Vaterland durch die Lücke des durchbrochenen Dammes wieder einzuströmen begehre, war nicht lebhafter und aufdringlicher vorzubilden.

Vor Langerweile und aus Lust, Geheimnisse zu entwickeln oder zu supplieren, dacht' ich mir, was in dieser Briefmenge wohl enthalten sein möchte? Da glaubt' ich denn eine Liebende zu spüren, die mit Leidenschaft und Schmerz die Qual des Entbehrens in solcher Trennung heftigst ausdrückte; einen Freund, der von dem Freunde in der äußersten Not einiges Geld verlangte; ausgetriebene Frauen mit Kindern und Dienstanhang, deren Kasse bis auf wenige Geldstücke zusammengeschmolzen war; feurige Anhänger der Prinzen, die das Beste hoffend sich einander Lust und Mut zusprachen; andere, die schon das Unheil in der Ferne witterten und sich über den bevorstehenden Verlust ihrer Güter jammervoll beschwerten — und ich denke, nicht ungeschickt geraten zu haben.

Über manches klärte der Postmeister mich auf, der, um meine Ungeduld nach Pferden zu beschwichtigen, mich vorsätzlich zu unterhalten suchte. Er zeigte mir verschiedene

Briefe mit Stempeln, aus entfernten Gegenden, die nun den Vorgerückten und Vorrückenden nachirren sollten. Frankreich sei an allen seinen Grenzen mit solchen Unglücklichen umlagert, von Antwerpen bis Nizza; dagegen stünden ebenso die französischen Heere zur Verteidigung und zum Ausfall bereit. Er sagte manches Bedenkliche; ihm schien der Zustand der Dinge wenigstens sehr zweifelhaft.

Da ich mich nicht so wütend erwies wie andere, die nach Frankreich hineinstürmten, hielt er mich bald für einen Republikaner und zeigte mehr Vertrauen; er ließ mich die Unbilden bedenken, welche die Preußen von Wetter und Weg über Koblenz und Trier erlitten, und machte eine schauderhafte Beschreibung, wie ich das Lager in der Gegend von Longwy finden würde; von allem war er gut unterrichtet und schien nicht abgeneigt, andere zu unterrichten; zuletzt suchte er mich aufmerksam zu machen, wie die Preußen beim Einmarsch ruhige und schuldlose Dörfer geplündert, es sei nun durch die Truppen geschehen oder durch Packknechte und Nachzügler; zum Scheine habe man's bestraft, aber die Menschen im Innersten gegen sich aufgebracht.

Da mußte mir denn jener General des Dreißigjährigen Kriegs einfallen, welcher, als man sich über das feindselige Betragen seiner Truppen in Freundes Land höchlich beschwerte, die Antwort gab: „Ich kann meine Armee nicht im Sack transportieren." Überhaupt aber konnte ich bemerken, daß unser Rücken nicht sehr gesichert sei.

Longwy, dessen Eroberung mir schon unterwegs triumphierend verkündigt war, ließ ich auf meiner Fahrt rechts in einiger Ferne und gelangte den 27. August nachmittags gegen das Lager von Praucourt. Auf einer Fläche geschlagen war es zu übersehen, aber dort anzulangen nicht ohne Schwierigkeit. Ein feuchter, aufgewühlter Boden war Pferden und Wagen hinderlich, daneben fiel es auf, daß man weder Wachen noch Posten, noch irgend jemand antraf, der sich nach den Pässen erkundigt, und bei dem man dagegen wieder einige Erkundigung hätte einziehen können. Wir fuhren durch eine Zeltwüste, denn alles hatte sich verkrochen, um vor dem schrecklichen Wetter kümmerlichen Schutz zu finden. Nur mit Mühe erforschten wir von einigen die Gegend, wo wir das herzoglich-weimarische Regiment finden könnten, erreichten endlich die Stelle, sahen bekannte Gesichter und wurden von Leidensgenossen gar freundlich aufgenommen. Kämmerier Wagner und sein schwarzer Pudel waren die ersten Begrüßenden; beide erkannten einen vieljährigen Lebensgesellen, der abermals eine bedenkliche Epoche mit durchkämpfen sollte. Zugleich erfuhr ich einen unangenehmen Vorfall. Des Fürsten Leibpferd, der Amaranth, war gestern nach einem gräßlichen Schrei niedergestürzt und tot geblieben.

Nun mußte ich von der Situation des Lagers noch viel Schlimmeres gewahren und vernehmen, als der Postmeister mir vorausgesagt. Man denke sich's auf einer Ebene am Fuße eines sanft aufsteigenden Hügels, an welchem ein von alters her gezogener Graben Wasser von Feldern und Wiesen abhalten sollte; dieser aber wurde so schnell als möglich Behälter alles Unrats, aller Abwürflinge; der Abzug stockte, gewaltige Regengüsse durchbrachen nachts den Damm und führten das widerwärtigste Unheil unter die Zelte. Da ward nun, was die Fleischer an Eingeweiden, Knochen und sonst beiseite geschafft, in die ohnehin feuchten und ängstlichen Schlafstellen getragen.

Mir sollte gleichfalls ein Zelt eingeräumt werden, ich zog aber vor, mich des Tags über bei Freunden und Bekannten aufzuhalten und nachts in dem großen Schlafwagen der Ruhe zu pflegen, dessen Bequemlichkeit von früheren Zeiten her mir schon bekannt war. Seltsam mußte man es jedoch finden, wie er, obgleich nur etwa dreißig Schritte von den Zelten entfernt, doch dergestalt unzugänglich blieb, daß ich mich abends mußte hinein- und morgens wieder heraustragen lassen.

Am 28. August.

So wunderlich tagte mir diesmal mein Geburtsfest. Wir setzten uns zu Pferde und ritten in die eroberte Festung; das wohlgebaute und befestigte Städtchen liegt auf einer Anhöhe. Meine Absicht war, große wollene Decken zu kaufen, und wir verfügten uns sogleich in einen Kramladen, wo wir Mutter und Töchter hübsch und anmutig fanden. Wir feilschten nicht viel und zahlten gut, und waren so artig, als es Deutschen ohne Tournure nur möglich ist.

Die Schicksale des Hauses während des Bombardements waren höchst wunderbar. Mehrere Granaten hintereinander fielen in das Familienzimmer, man flüchtete, die Mutter riß ein Kind aus der Wiege und floh, und in dem Augenblick schlug noch eine Granate gerade durch die Kissen, wo der Knabe gelegen hatte. Zum Glück war keine der Granaten gesprungen, sie hatten die Möbeln zerschlagen, am Getäfel gesengt, und so war alles ohne weiteren Schaden vorübergegangen, in den Laden war keine Kugel gekommen.

Daß der Patriotismus derer von Longwy nicht allzu kräftig sein mochte, sah man daraus, daß die Bürgerschaft den Kommandanten sehr bald genötigt hatte, die Festung zu übergeben; auch hatten wir kaum einen Schritt aus dem Laden getan, als der innere Zwiespalt der Bürger sich uns genugsam verdeutlichte. Königisch Gesinnte, und also unsere Freunde, welche die schnelle Übergabe bewirkt, bedauerten, daß wir in dieses Warengewölbe zufällig gekommen und dem schlimmsten aller Jakobiner, der mit seiner ganzen Familie nichts tauge, so viel schönes Geld zu lösen gegeben. Gleichermaßen warnte man uns vor einem splendiden Gasthofe, und zwar so bedenklich, als wenn den Speisen daselbst nicht ganz zu trauen sein möchte; zugleich deutete man auf einen geringeren, als zuverlässig, wo wir uns denn auch freundlich aufgenommen und leidlich bewirtet sahen.

Nun saßen wir alte Kriegs- und Garnisonskameraden traulich und froh wieder neben- und gegeneinander; es waren die Offiziere des Regiments, vereint mit des Herzogs Hof-, Haus- und Kanzleigenossen; man unterhielt sich von dem Nächstvergangenen: wie bedeutend und bewegt es Anfang Mai's in Aschersleben gewesen, als die Regimenter sich marschfertig zu halten Ordre bekommen, der Herzog von Braunschweig und mehrere hohe Personen daselbst Besuch abgestattet, wobei des Marquis von Bouillé als eines bedeutenden und in die Operationen kräftig eingreifenden Fremden zu erwähnen nicht vergessen wurde. Sobald dem horchenden Gastwirt dieser Name zu Ohren kam, erkundigte er sich eifrigst, ob wir den Herren kennten. Die meisten durften es bejahen, wobei er denn viel Respekt bewies und große Hoffnung auf die Mitwirkung dieses würdigen, tätigen Mannes aussprach, ja es wollte scheinen, als wenn wir von diesem Augenblicke an besser bedient würden.

Wie wir nun alle hier Versammelten uns mit Leib und Seele einem Fürsten angehörig bekannten, der seit mehreren Regierungsjahren so große Vorzüge entwickelt und sich nunmehr auch im Kriegshandwerk, dem er von Jugend auf zugetan gewesen, das er seit geraumer Zeit getrieben, bewähren sollte; so ward auf sein Wohl und seiner Angehörigen nach guter deutscher Weise angestoßen und getrunken; besonders aber auf des Prinzen Bernhards Wohl, bei welchem kurz vor dem Ausmarsch Obristwachtmeister von Weyrach als Abgeordneter des Regiments Gevatter gestanden hatte.

Nun wußte jeder von dem Marsche selbst gar manches zu erzählen, wie man, den Harz links lassend, an Goslar vorbei, nach Northeim durch Göttingen gekommen; da hörte man denn von trefflichen und schlechten Quartieren, bäuerisch-unfreundlichen, gebildet-mißmutigen, hypochondrisch-gefälligen Wirten, von Nonnenklöstern und mancherlei Abwechselung des Weges und Wetters. Alsdann war man am östlichen Rand Westfalens her bis Koblenz gezogen, hatte mancher hübschen Frau zu gedenken, von seltsamen Geistlichen, unvermutet begegnenden Freunden, zerbrochenen Rädern, umgeworfenen Wagen buntscheckigen Bericht zu erstatten.

Von Koblenz aus beklagte man sich über bergige Gegenden, beschwerliche Wege und mancherlei Mangel, und rückte sodann, nachdem man sich im Vergangenen kaum zerstreut, dem Wirklichen immer näher; der Einmarsch nach Frankreich in dem schrecklichsten Wetter ward als höchst unerfreulich und als würdiges Vorspiel beschrieben des Zustandes, den wir, nach dem Lager zurückkehrend, voraussehen konnten. Jedoch in solcher Gesellschaft ermutigt sich einer am andern, und ich besonders beruhigte mich beim Anblick der köstlichen wollenen Decken, welche der Reitknecht aufgebunden hatte.

Im Lager fand ich abends in dem großen Zelte die beste Gesellschaft; sie war dort beisammen geblieben, weil man keinen Fuß heraussetzen konnte; alles war gutes Muts und voller Zuversicht. Die schnelle Übergabe von Longwy bestätigte die Zusage der Emigrierten, man werde überall mit offenen Armen aufgenommen sein, und es schien sich dem großen Vorhaben nichts als die Witterung entgegenzusetzen. Haß und Verachtung des revolutionären Frankreichs, durch die Manifeste des Herzogs von Braunschweig ausgesprochen, zeigten sich ohne Ausnahme bei Preußen, Östreichern und Emigrierten.

Freilich durfte man nur das wahrhaft bekannt Gewordene erzählen, so ging daraus hervor, daß ein Volk, auf solchen Grad veruneinigt, nicht einmal in Parteien gespalten, sondern im Innersten zerrüttet, in lauter Einzelnheiten getrennt, dem hohen Einheitssinne der edel Verbündeten nicht widerstehen könne.

Auch hatte man schon von Kriegstaten zu erzählen; gleich nach dem Eintritt in Frankreich stießen beim Rekognoszieren fünf Eskadronen Husaren von Wolfradt auf tausend Chasseurs, die von Sedan her unser Vorrücken beobachten sollten. Die Unsrigen, wohl geführt, griffen an, und da die Gegenseitigen sich tapfer wehrten, auch keinen Pardon annehmen wollten, gab es ein greulich Gemetzel, worin wir siegten, Gefangene machten, Pferde, Karabiner und Säbel erbeuteten, durch welches Vorspiel der kriegerische Geist erhöht, Hoffnung und Zutrauen fester gegründet wurden.

Am neunundzwanzigsten August geschah der Aufbruch aus diesen halberstarrten Erd- und Wasserwogen, langsam und nicht ohne Beschwerde: denn wie sollte man Zelte und Gepäck, Monturen und sonstiges nur einigermaßen reinlich halten, da sich keine trockene Stelle fand, wo man irgend etwas hätte zurechtlegen und ausbreiten können.

Die Aufmerksamkeit jedoch, welche die höchsten Heerführer diesem Abmarsch zuwendeten, gab uns frisches Vertrauen. Auf das strengste war alles Fuhrwerk ohne Ausnahme hinter die Kolonne beordert, nur jeder Regimentschef berechtigt, eine Chaise vor seinem Zug hergehen zu lassen; da ich denn das Glück hatte, im leichten offenen Wägelchen die Hauptarmee für diesmal anzuführen. Beide Häupter, der König sowohl als der Herzog von Braunschweig, mit ihrem Gefolge hatten sich da postiert, wo alles an ihnen vorbei mußte. Ich sah sie von weiten, und als wir herankamen, ritten Ihro Majestät an mein Wäglein heran und fragten in Ihro lakonischen Art: wem das Fuhrwerk gehöre? Ich antwortete laut: „Herzog von Weimar!" und wir zogen vorwärts. Nicht leicht ist jemand von einem vornehmern Visitator angehalten worden.

Weiter hin jedoch fanden wir den Weg hie und da etwas besser. In einer wunderlichen Gegend, wo Hügel und Tal miteinander abwechselten, gab es besonders für die zu Pferde noch trockene Räume genug, um sich behaglich vorwärts bewegen zu können. Ich warf mich auf das meine, und so ging es freier und lustiger fort; das Regiment hatte den Vortritt bei der Armee, wir konnten also immer voraus sein und der lästigen Bewegung des Ganzen völlig entgehen.

Der Marsch verließ die Hauptstraße, wir kamen über Arrancy, worauf uns denn Châtillon l'Abbaye, als erstes Kennzeichen der Revolution, ein verkauftes Kirchengut, in halb abgebrochenen und zerstörten Mauern zur Seite liegen blieb.

Nun aber sahen wir über Hügel und Tal des Königs Majestät sich eilig zu Pferde bewegend, wie den Kern eines Kometen von einem langen schweifartigen Gefolge begleitet. Kaum war jedoch dieses Phänomen mit Blitzesschnelle vor uns vorbeigeschwunden, als ein zweites, von einer andern Seite, den Hügel krönte oder das Tal erfüllte. Es war der Herzog von Braunschweig, der Elemente gleicher Art an und nach sich zog. Wir nun, obgleich mehr zum Beobachten als zum Beurteilen geneigt, konnten doch der Betrachtung nicht ausweichen, welche von beiden Gewalten denn eigentlich die obere sei? welche wohl im zweifelhaften Falle zu entscheiden habe? Unbeantwortete Fragen, die uns nur Zweifel und Bedenklichkeiten zurückließen.

Was nun aber hiebei noch ernsteren Stoff zum Nachdenken gab, war, daß man beide Heerführer so ganz frank und frei in ein Land hineinreiten sah, wo nicht unwahrscheinlich in jedem Gebüsch ein aufgeregter Todfeind lauern konnte. Doch mußten wir gestehen, daß gerade das kühne persönliche Hingeben von jeher den Sieg errang und die Herrschaft behauptete.

Bei wolkigem Himmel schien die Sonne sehr heiß; das Fuhrwerk in grundlosem Boden fand ein schweres Fortkommen. Zerbrochene Räder an Wagen und Kanonen machten gar manchen Aufhalt, hie und da ermattete Füseliere, die sich schon nicht mehr fortschleppen konnten.

Man hörte die Kanonade bei Thionville und wünschte jener Seite guten Erfolg.

Abends erquickten wir uns im Lager bei Pillon. Eine liebliche Waldwiese nahm uns auf, der Schatten erfrischte schon, zum Küchfeuer war Gestrüpp genug bereit; ein Bach floß vorbei und bildete zwei klare Bassins, die beide sogleich von Menschen und Tieren sollten getrübt werden. Das eine gab ich frei, verteidigte das andere mit Heftigkeit und ließ es sogleich mit Pfählen und Stricken umziehen. Ohne Lärm gegen die Zudringlichen ging es nicht ab. Da fragte einer von unsern Reitern den andern, die eben ganz gelassen an ihrem Zeuge putzten: „Wer ist denn der, der sich so mausig macht?“ — „Ich weiß nicht“, versetzte der andere, „aber er hat recht.“

Also kamen nun Preußen und Österreicher und ein Teil von Frankreich, auf französischem Boden ihr Kriegshandwerk zu treiben. In wessen Macht und Gewalt taten sie das? Sie konnten es in eignem Namen tun, der Krieg war ihnen zum Teil erklärt, ihr Bund war kein Geheimnis; aber nun ward noch ein Vorwand erfunden. Sie traten auf im Namen Ludwigs XVI., sie requirierten nicht, aber sie borgten gewaltsam. Man hatte Bons drucken lassen, die der Kommandierende unterzeichnete, derjenige aber, der sie in Händen hatte, nach Befund beliebig ausfüllte; Ludwig XVI. sollte bezahlen. Vielleicht hat nach dem Manifest nichts so sehr das Volk gegen das Königtum aufgehetzt als diese Behandlungsart. Ich war selbst bei einer solchen Szene gegenwärtig, deren ich mich als höchst tragisch erinnere. Mehrere Schäfer mochten ihre Herden vereinigt haben, um sie in Wäldern oder sonst abgelegenen Orten sicher zu verbergen, von tätigen Patrouillen aber aufgegriffen und zur Armee geführt, sahen sie sich zuerst wohl und freundlich empfangen. Man fragte nach den verschiedenen Besitzern, man sonderte und zählte die einzelnen Herden. Sorge und Furcht, doch mit einiger Hoffnung, schwebte auf den Gesichtern der tüchtigen Männer. Als sich aber dieses Verfahren dahin auflöste, daß man die Herden unter Regimenter und Kompagnien verteilte, den Besitzern hingegen, ganz höflich, auf Ludwig XVI. gestellte Papiere überreichte, indessen ihre wolligen Zöglinge von den ungeduldigen fleischlustigen Soldaten vor ihren Füßen ermordet wurden; so gesteh' ich wohl, es ist mir nicht leicht eine grausamere Szene und ein tieferer männlicher Schmerz in allen seinen Abstufungen jemals vor Augen und zur Seele gekommen. Die griechischen Tragödien allein haben so einfach tief Ergreifendes.

Den 30. August.

Vom heutigen Tag, der uns gegen Verdun bringen sollte, versprachen wir uns Abenteuer, und sie blieben nicht aus. Der auf- und abwärts gehende Weg war schon besser getrocknet, das Fuhrwerk zog ungehinderter dahin, die Reiter bewegten sich leichter und vergnüglich.

Es hatte sich eine muntere Gesellschaft zusammengefunden, die, wohl beritten, so weit vorging, bis sie einen Zug Husaren antraf, der den eigentlichen Vortrab der Hauptarmee machte. Der Rittmeister, ein gesetzter Mann, schon über die mittlern Jahre, schien unsere Ankunft nicht gerne zu sehen. Die strengste Aufmerksamkeit war ihm empfohlen, alles sollte mit Vorsicht geschehen, jede unangenehme Zufälligkeit klüglich beseitigt werden. Er hatte seine Leute kunstmäßig verteilt, sie ruckten einzeln vor in gewissen Entfernungen, und alles begab sich in der größten Ordnung und Ruhe. Menschenleer war die Gegend, die äußerste Einsamkeit ahnungsvoll. So waren wir, Hügel auf Hügel ab, über Mangiennes, Damvillers, Wawrille und Ormont gekommen, als auf einer Höhe, die eine schöne Aussicht gewährte, rechts in den Weinbergen ein Schuß fiel, worauf die Husaren sogleich zufuhren, die nächste Umgebung zu untersuchen.

Sie brachten auch wirklich einen schwarzhaarigen bärtigen Mann herbei, der ziemlich wild aussah und bei dem man ein schlechtes Terzerol gefunden hatte. Er sagte trotzig, daß er die Vögel aus seinem Weinberg verscheuche und niemand etwas zuleide tue. Der Rittmeister schien, bei stiller Überlegung, diesen Fall mit seinen gemessenen Ordres zusammenzuhalten und entließ den bedrohten Gefangenen mit einigen Hieben, die der Kerl so eilig mit auf den Weg nahm, daß man ihm seinen Hut mit großem Lustgeschrei nachwarf, den er aber aufzunehmen keinen Beruf empfand.

Der Zug ging weiter, wir unterhielten uns über die Vorkommenheiten und über manches, was zu erwarten sein möchte. Nun ist zu bemerken, daß unsere kleine Gesellschaft, wie sie sich den Husaren aufgedrungen hatte, zufällig zusammengekommen, aus den verschiedensten Elementen bestand; meistens waren es gradsinnige, jeder nach seiner Weise dem Augenblick gewidmete Menschen. Einen jedoch muß ich besonders auszeichnen, einen ernsten, sehr achtbaren Mann, von der Art, wie sie zu jener Zeit unter den preußischen Kriegsleuten öfter vorkamen, mehr ästhetisch als philosophisch gebildet, ernst, mit einem gewissen hypochondrischen Zuge, still in sich gekehrt und zum Wohltun mit zarter Leidenschaft aufgelegt.

Als wir so weiter vor uns hinrückten, trafen wir auf eine so seltsame als angenehme Erscheinung, die eine allgemeine Teilnahme erregte. Zwei Husaren brachten ein einspänniges, zweirädriges Wägelchen den Berg herauf, und als wir uns erkundigten, was unter der übergespannten Leinwand wohl befindlich sein möchte, so fand sich ein Knabe von etwa zwölf Jahren, der das Pferd lenkte, und ein wunderschönes Mädchen oder Weibchen, das sich aus der Ecke hervorbeugte, um die vielen Reiter anzusehen, die ihren zweirädrigen Schirm umzingelten. Niemand blieb ohne Teilnahme, aber die eigentlich tätige Wirkung für die Schöne mußten wir unserm empfindenden Freund überlassen, der von dem Augenblick an, als er das bedürftige Fuhrwerk näher betrachtet, sich zur Rettung unaufhaltsam hingedrängt fühlte. Wir traten in den Hintergrund, er aber fragte genau nach allen Umständen, und es fand sich, daß die junge Person, in Samogneux wohnhaft, dem bevorstehenden Bedrängnis seitwärts zu entfernteren Freunden auszuweichen willens, sich eben der Gefahr in den Rachen geflüchtet habe; wie in solchen ängstlichen Fällen der Mensch wähnt, es sei überall besser als da, wo er ist. Einstimmig ward ihr nun auf das freundlichste begreiflich gemacht, daß sie zurückkehren müsse. Auch unser Anführer, der Rittmeister, der zuerst eine Spionerei hier wittern wollte, ließ sich endlich durch die herzliche Rhetorik des sittlichen Mannes überreden, der sie denn auch, zwei Husaren an der Seite, bis an ihren Wohnort, einigermaßen getröstet, zurückbrachte, woselbst sie uns, die wir in bester Ordnung und Mannszucht bald nachher durchzogen, auf einem Mäuerchen unter den Ihrigen stehend, freundlich und, weil das erste Abenteuer so gut gelungen war, hoffnungsvoll begrüßte.

Es gibt dergleichen Pausen mitten in den Kriegszügen, wo man durch augenblickliche Mannszucht sich Kredit zu verschaffen sucht und eine Art von gesetzlichem Frieden mitten in der Verwirrung beordert. Diese Momente sind köstlich für Bürger und Bauern und für jeden, dem das dauernde Kriegsunheil noch nicht allen Glauben an Menschlichkeit geraubt hat.

Ein Lager diesseits Verdun wird aufgeschlagen, und man zählt auf einige Tage Rast.

Den einunddreißigsten morgens war ich im Schlafwagen, gewiß der trockensten, wärmsten und erfreulichsten Lagerstätte, halb erwacht, als ich etwas an den Ledervorhängen rauschen hörte und bei Eröffnung derselben den Herzog von Weimar erblickte, der mir einen unerwarteten Fremden vorstellte. Ich erkannte sogleich den abenteuerlichen Grothus, der, seine Parteigängerrolle auch hier zu spielen nicht abgeneigt, angelangt war, um den bedenklichen Auftrag der Aufforderung Verduns zu übernehmen. In Gefolg dessen war er gekommen, unsern fürstlichen Anführer um einen Stabstrompeter zu ersuchen, welcher, einer solchen besondern Auszeichnung sich erfreuend, alsobald zu dem Geschäft beordert wurde. Wir begrüßten uns, alter Wunderlichkeiten eingedenk, auf das heiterste, und Grothus eilte zu seinem Geschäft; worüber denn, als es vollbracht war, gar mancher Scherz getrieben wurde. Man erzählte sich, wie er, den Trompeter voraus, den Husaren hinterdrein, die Fahrstraße hinabgeritten, die Verduner aber als Sansculotten, das Völkerrecht nicht kennend oder verachtend, auf ihn kanoniert, wie er ein weißes Schnupftuch an die Trompete befestigt und immer heftiger zu blasen befohlen; wie er, von einem Kommando eingeholt, und mit verbundenen Augen allein in die Festung geführt, alldort schöne Reden gehalten, aber nichts bewirkt, und was dergleichen mehr war, wodurch man denn, nach Weltart, den geleisteten Dienst zu verkleinern und dem Unternehmenden die Ehre zu verkümmern wußte.

Als nun die Festung, wie natürlich, auf die erste Forderung, sich zu ergeben, abgeschlagen, mußte man mit Anstalten zum Bombardement vorschreiten. Der Tag ging hin, indessen besorgt' ich noch ein kleines Geschäft, dessen gute Folgen sich mir bis auf den heutigen Tag erstrecken. In Mainz hatte mich Herr von Stein mit dem Jägerischen Atlas versorgt, welcher den gegenwärtigen, hoffentlich auch den nächstkünftigen Kriegsschauplatz in mehreren Blättern darstellte. Ich nahm das eine hervor, das achtundvierzigste, in dessen Bezirk ich bei Longwy hereingetreten war, und da unter des Herzogs Leuten sich gerade ein Boßler befand, so ward es zerschnitten und aufgezogen und dient mir noch zur Wiedererinnerung jener für die Welt und mich so bedeutenden Tage.

Nach solchen Vorbereitungen, zum künftigen Nutzen und augenblicklicher Bequemlichkeit, sah ich mich um auf der Wiese, wo wir lagerten, und von wo sich die Zelte bis auf die Hügel erstreckten. Auf dem großen grünen, ausgebreiteten Teppich zog ein wunderliches Schauspiel meine Aufmerksamkeit an sich: eine Anzahl Soldaten hatten sich in einen Kreis gesetzt und hantierten etwas innerhalb desselben. Bei näherer Untersuchung fand ich sie um einen trichterförmigen Erdfall gelagert, der, von dem reinsten Quellwasser gefüllt, oben etwa dreißig Fuß im Durchmesser haben konnte. Nun waren es unzählige kleine Fischchen, nach denen die Kriegsleute angelten, wozu sie das Gerät neben ihrem übrigen Gepäcke mitgebracht hatten. Das Wasser war das klarste von der Welt und die Jagd lustig genug anzusehen. Ich hatte jedoch nicht lange diesem Spiele zugeschaut, als ich bemerkte, daß die Fischlein, indem sie sich bewegten, verschiedene Farben spielten. Im ersten Augenblick hielt ich diese Erscheinung für Wechselfarben der beweglichen Körperchen, doch bald eröffnete sich mir eine willkommene Aufklärung. Eine Scherbe Steingut war in den Trichter gefallen, welche mir aus der Tiefe herauf die schönsten prismatischen Farben gewährte. Heller als der Grund, dem Auge entgegengehoben, zeigte sie an dem von mir abstehenden Rande die Blau- und Violettfarbe, an dem mir zugekehrten Rande dagegen die rote und gelbe. Als ich mich darauf um die Quelle ringsum bewegte, folgte mir, wie natürlich bei einem solchen subjektiven Versuche, das Phänomen, und die Farben erschienen, bezüglich auf mich, immer dieselbigen.

Leidenschaftlich ohnehin mit diesen Gegenständen beschäftigt, machte mir's die größte Freude, dasjenige hier unter freiem Himmel so frisch und natürlich zu sehen, weshalb sich die Lehrer der Physik schon fast hundert Jahre mit ihren Schülern in eine dunkle Kammer einzusperren pflegten. Ich verschaffte mir noch einige Scherbenstücke, die ich hineinwarf, und konnte gar wohl bemerken, daß die Erscheinung unter der Oberfläche des Wassers sehr bald anfing, beim Hinabsinken immer zunahm, und zuletzt ein kleiner weißer Körper, ganz überfärbt, in Gestalt eines Flämmchens am Boden anlangte. Dabei erinnerte ich mich, daß Agricola schon dieser Erscheinung gedacht und sie unter die feurigen Phänomene zu rechnen sich bewogen gesehn.

Nach Tische ritten wir auf den Hügel, der unseren Zelten die Ansicht von Verdun verbarg; wir fanden die Lage der Stadt, als einer solchen, sehr angenehm von Wiesen, Gärten umgeben, in einer heitern Fläche, von der Maas in mehreren Ästen durchströmt, zwischen näheren und ferneren Hügeln; als Festung freilich einem Bombardement von allen Seiten ausgesetzt. Der Nachmittag ging hin mit Errichtung der Batterien, da die Stadt sich zu ergeben geweigert hatte. Mit guten Ferngläsern beschauten wir indessen die Stadt und konnten ganz genau erkennen, was auf dem gegen uns gekehrten Wall vorging, mancherlei Volk, das sich hin und her bewegte und besonders an einem Fleck sehr tätig zu sein schien.

Um Mitternacht fing das Bombardement an, sowohl von der Batterie auf unserem rechten Ufer als von einer andern auf dem linken, welche, näher gelegen und mit Brandraketen spielend, die stärkste Wirkung hervorbrachte. Diese geschwänzten Feuermeteore mußte man denn ganz gelassen durch die Luft fahren und bald darauf ein Stadtquartier in Flammen sehen. Unsere Ferngläser, dorthin gerichtet, gestatteten uns auch, dieses Unheil im einzelnen zu betrachten; wir konnten die Menschen erkennen, die sich oben auf den Mauern dem Brande Einhalt zu tun eifrig bemühten, wir konnten die freistehenden, zusammenstürzenden Gesparre bemerken und unterscheiden. Dieses alles geschah in Gesellschaft von Bekannten und Unbekannten, wobei es unsägliche, oft widersprechende Bemerkungen gab und gar verschiedene Gesinnungen geäußert wurden. Ich war in eine Batterie getreten, die eben gewaltsam arbeitete, allein der fürchterlich dröhnende Klang abgefeuerter Haubitzen fiel meinem friedlichen Ohr unerträglich, ich mußte mich bald entfernen. Da traf ich auf den Fürsten Reuß den XI., der mir immer ein freundlicher gnädiger Herr gewesen. Wir gingen hinter Weinbergsmauern hin und her, durch sie geschützt vor den Kugeln, welche herauszusenden die Belagerten nicht faul waren. Nach mancherlei politischen Gesprächen, die uns denn freilich nur in ein Labyrinth von Hoffnungen und Sorgen verwickelten, fragte mich der Fürst: womit ich mich gegenwärtig beschäftige? und war sehr verwundert, als ich, anstatt von Tragödien und Romanen zu vermelden, aufgeregt durch die heutige Refraktionserscheinung, von der Farbenlehre mit großer Lebhaftigkeit zu sprechen begann. Denn es ging mir mit diesen Entwicklungen natürlicher Phänomene wie mit Gedichten, ich machte sie nicht, sondern sie machten mich. Das einmal erregte Interesse behauptete sein Recht, die Produktion ging ihren Gang, ohne sich durch Kanonenkugeln und Feuerballen im mindesten stören zu lassen. Der Fürst verlangte, daß ich ihm faßlich machen sollte, wie ich in dieses Feld geraten. Hier gereichte mir nun der heutige Fall zu besonderem Nutzen und Frommen.

Bei einem solchen Manne bedurft' es nicht vieler Worte, um ihn zu überzeugen, daß ein Naturfreund, der sein Leben gewöhnlich im Freien, es sei nun im Garten, auf der Jagd, reisend oder durch Feldzüge, durchführt, Gelegenheit und Muße genug finde, die Natur im großen zu betrachten und sich mit den Phänomenen aller Art bekannt zu machen. Nun bieten aber atmosphärische Luft, Dünste, Regen, Wasser und Erde uns immerfort abwechselnde Farbenerscheinungen, und zwar unter so verschiedenen Bedingungen und Umständen, daß man wünschen müsse, solche bestimmter kennen zu lernen, sie zu sondern, unter gewisse Rubriken zu bringen, ihre nähere und fernere Verwandtschaft auszuforschen. Hiedurch gewinne man nun in jedem Fach neue Ansichten, unterschieden von der Lehre der Schule und von gedruckten Überlieferungen. Unsere Altväter hätten, begabt mit großer Sinnlichkeit, vortrefflich gesehen, jedoch ihre Beobachtungen nicht fort- noch durchgesetzt, am wenigsten sei ihnen gelungen, die Phänomene wohl zu ordnen und unter die rechten Rubriken zu bringen.

Dergleichen ward abgehandelt, als wir den feuchten Rasen hin und her gingen; ich setzte, aufgeregt durch Fragen und Einreden, meine Lehre fort, als die Kälte des einbrechenden Morgens uns an ein Biwak der Östreicher trieb, welches, die ganze Nacht unterhalten, einen ungeheuern wohltätigen Kohlenkreis darbot. Eingenommen von meiner Sache, mit der ich mich erst seit zwei Jahren beschäftigte, und die also noch in einer frischen, unreifen Gärung begriffen war, hätte ich kaum wissen können, ob der Fürst mir auch zugehört, wenn er nicht einsichtige Worte dazwischen gesprochen und zum Schluß meinen Vortrag wieder aufgenommen und beifällige Aufmunterung gegönnt hätte.

Wie ich denn immer bemerkt habe, daß mit Geschäfts- und Weltleuten, die sich gar vielerlei aus dem Stegreife müssen vortragen lassen und deshalb immer auf ihrer Hut sind, um nicht hintergangen zu werden, viel besser auch in wissenschaftlichen Dingen zu handeln ist, weil sie den Geist frei halten und dem Referenten aufpassen, ohne weiteres Interesse als eigene Aufklärungen; da Gelehrte hingegen gewöhnlich nichts hören, als was sie gelernt und gelehrt haben und worüber sie mit ihresgleichen übereingekommen sind. An die Stelle des Gegenstandes setzt sich ein Wort-Credo, bei welchem denn so gut zu verharren ist als bei irgend einem andern.

Der Morgen war frisch, aber trocken; wir gingen, teils gebraten, teils erstarrt, wieder auf und ab und sahen an den Weinbergsmauern sich auf einmal etwas regen. Es war ein Pikett Jäger, das die Nacht da zugebracht hatte, nun aber Büchse und Tornister wieder aufnahm, hinab in die niedergebrannten Vorstädte zog, um von da aus die Wälle zu beunruhigen. Einem wahrscheinlichen Tod entgegengehend, sangen sie sehr libertine Lieder, in dieser Lage vielleicht verzeihbar.

Kaum verließen sie die Stätte, als ich auf der Mauer, an der sie geruht, ein sehr auffallendes geologisches Phänomen zu bemerken glaubte; ich sah auf dem von Kalkstein errichteten weißen Mäuerchen ein Gesims von hellgrünen Steinen, völlig von der Farbe des Jaspis, und war höchlich betroffen, wie, mitten in diesen Kalkflözen, eine so merkwürdige Steinart in solcher Menge sich sollte gefunden haben. Auf die eigenste Weise ward ich jedoch entzaubert, als ich, auf das Gespenst losgehend, sogleich bemerkte, daß es das Innere von verschimmeltem Brot sei, das, den Jägern ungenießbar, mit gutem Humor ausgeschnitten und zu Verzierung der Mauer ausgebreitet worden.

Hier gab es nun sogleich Gelegenheit, von der, seitdem wir in Feindesland eingetreten, immer wieder zur Sprache kommenden Vergiftung zu reden; welche freilich ein kriegendes Heer mit panischem Schrecken erfüllt, indem nicht allein jede vom Wirt angebotene Speise, sondern auch das selbstgebackene Brot verdächtig wird, dessen innerer, schnell sich entwickelnder Schimmel ganz natürlichen Ursachen zuzuschreiben ist.

Es war den ersten September früh um acht Uhr, als das Bombardement aufhörte, ob man gleich noch immerfort

Kugeln hinüber und herüber wechselte. Besonders hatten die Belagerten einen Vierundzwanzigpfünder gegen uns gekehrt, dessen sparsame Schüsse sie mehr zum Scherz als Ernst verwendeten.

Auf der freien Höhe, zur Seite der Weinberge, grad im Angesichte dieses gröbsten Geschützes, waren zwei Husaren zu Pferd aufgestellt, um Stadt und Zwischenraum aufmerksam zu beobachten. Diese blieben die Zeit ihrer Postierung über unangefochten. Weil aber bei der Ablösung sich nicht allein die Zahl der Mannschaft vermehrte, sondern auch manche Zuschauer grad in diesem Augenblick herbeiliefen und ein tüchtiger Klump Menschen zusammenkam, so hielten jene ihre Ladung bereit. Ich stand in diesem Augenblick mit dem Rücken dem ungefähr hundert Schritt entfernten Husaren- und Volkstrupp zugekehrt, mich mit einem Freund besprechend, als auf einmal der grimmige, pfeifend-schmetternde Ton hinter mir hersauste, so daß ich mich auf dem Absatz herumdrehte, ohne sagen zu können, ob der Ton, die bewegte Luft, eine innere psychische, sittliche Anregung dieses Umkehren hervorgebracht. Ich sah die Kugel, weit hinter der auseinander gestobenen Menge, noch durch einige Zäune ricochetieren. Mit großem Geschrei lief man ihr nach, als sie aufgehört hatte furchtbar zu sein; niemand war getroffen, und die Glücklichen, die sich dieser runden Eisenmasse bemächtigt, trugen sie im Triumph umher.

Gegen Mittag wurde die Stadt zum zweitenmal aufgefordert und erbat sich vierundzwanzig Stunden Bedenkzeit. Diese nutzten auch wir, uns etwas bequemer einzurichten, um zu proviantieren, die Gegend umher zu bereiten, wobei ich denn nicht unterließ, mehrmals zu der unterrichtenden Quelle zurückzukehren, wo ich meine Beobachtungen ruhiger und besonnener anstellen konnte; denn das Wasser war rein ausgefischt und hatte sich vollkommen klar und ruhig gesetzt, um das Spiel der niedersinkenden Flämmchen nach Lust zu wiederholen, und ich befand mich in der angenehmsten Gemütsstimmung.

Einige Unglücksfälle versetzten jedoch uns wieder bald in Kriegszustand. Ein Offizier von der Artillerie suchte sein

Pferd zu tränken; der Wassermangel in der Gegend war allgemein, meine Quelle, an der er vorbeiritt, lag nicht flach genug, er begab sich nach der nahe fließenden Maas, wo er an einem abhängigen Ufer versank; das Pferd hatte sich gerettet, ihn trug man tot vorbei.

Kurz darauf sah und hörte man eine starke Explosion im östreichischen Lager, an dem Hügel, zu dem wir hinaufsehen konnten; Knall und Dampf wiederholte sich einigemal. Bei einer Bombenfüllung war durch Unvorsichtigkeit Feuer entstanden, das höchste Gefahr drohte; es teilte sich schon gefüllten Bomben mit, und man hatte zu fürchten, der ganze Vorrat möchte in die Luft gehen. Bald aber war die Sorge gestillt durch rühmliche Tat kaiserlicher Soldaten, welche, die bedrohende Gefahr verachtend, Pulver und gefüllte Bomben aus dem Zeltraum eilig hinaustrugen.

So ging auch dieser Tag hin; am andern Morgen ergab sich die Stadt und ward in Besitz genommen; sogleich aber sollte uns ein republikanischer Charakterzug begegnen. Der Kommandant Beaurepaire, bedrängt von der bedrängten Bürgerschaft, die bei fortdauerndem Bombardement ihre ganze Stadt verbrannt und zerstört sah, konnte die Übergabe nicht länger verweigern; als er aber auf dem Rathaus in voller Sitzung seine Zustimmung gegeben hatte, zog er ein Pistol hervor und erschoß sich, um abermals ein Beispiel höchster patriotischer Aufopferung darzustellen.

Nach dieser so schnellen Eroberung von Verdun zweifelte niemand mehr, daß wir bald darüber hinausgelangen und in Châlons und Epernay uns von den bisherigen Leiden an gutem Weine bestens erholen sollten. Ich ließ daher ungesäumt die Jägerischen Karten, welche den Weg nach Paris bezeichneten, zerschneiden und sorgfältig aufziehen, auch auf die Rückseite weißes Papier kleben, wie ich es schon bei der ersten getan, um kurze Tagesbemerkungen flüchtig aufzuzeichnen.

Den 3. September.

Früh hatte sich eine Gesellschaft zusammengefunden, nach der Stadt zu reiten, an die ich mich anschloß. Wir fanden, gleich beim Einritt, große frühere Anstalten, die auf einen längeren Widerstand hindeuteten; das Straßenpflaster war in der Mitte durchaus aufgehoben und gegen die Häuser angehäuft, das feuchte Wetter machte deshalb das Umherwandeln nicht erfreulich. Wir besuchten aber sogleich die namentlich gerühmten Läden, wo der beste Likör aller Art zu haben war. Wir probierten ihn durch und versorgten uns mit mancherlei Sorten. Unter andern war einer namens „Baume humain", welcher, weniger süß aber stärker, ganz besonders erquickte. Auch die Dragéen, überzuckerte kleine Gewürzkörner, in saubern zylindrischen Deuten, wurden nicht abgewiesen. Bei so vielem Guten gedachte man nun der lieben Zurückgelassenen, denen dergleichen am friedlichen Ufer der Ilm gar wohl behagen möchte. Kistchen wurden gepackt; gefällige wohlwollende Kuriere, das bisherige Kriegsglück in Deutschland zu melden beauftragt, waren geneigt, sich mit einigem Gepäck dieser Art zu belasten, wodurch sich denn die Freundinnen zu Hause in höchster Beruhigung überzeugen mochten, daß wir in einem Lande wallfahrteten, wo Geist und Süßigkeit niemals ausgehen dürfen.

Als wir nun darauf die teilweis verletzte und verwüstete Stadt beschauten, waren wir veranlaßt, die Bemerkung zu wiederholen: daß bei solchem Unglück, welches der Mensch dem Menschen bereitet, wie bei dem, was die Natur uns zuschickt, einzelne Fälle vorkommen, die auf eine Schickung, eine günstige Vorsehung hinzudeuten scheinen. Der untere Stock eines Eckhauses auf dem Markte ließ einen von vielen Fenstern wohl erleuchteten Fayenceladen sehen; man machte uns aufmerksam, daß eine Bombe, von dem Platz aufschlagend, an den schwachen steinernen Türpfosten des Ladens gefahren, von demselben aber wieder abgewiesen, andere Richtung genommen habe. Der Türpfosten war wirklich beschädigt, aber er hatte die Pflicht eines guten Vorfechters getan: die Glanzfülle des oberflächlichen Porzellans stand in widerspiegelnder Herrlichkeit hinter den wasserhellen, wohlgeputzten Fenstern.

Mittags am Wirtstische wurden wir mit guten Schöpsenkeulen und Wein von Bar traktiert, den man, weil er nicht verfahren werden kann, im Lande selbst aufsuchen und genießen muß. Nun ist aber an solchen Tischen Sitte, daß man wohl Löffel, jedoch weder Messer noch Gabel erhält, die man daher mitbringen muß. Von dieser Landesart unterrichtet, hatten wir schon solche Bestecke angeschafft, die man dort flach und zierlich gearbeitet zu kaufen findet. Muntere, resolute Mädchen warteten auf, nach derselben Art und Weise, wie sie vor einigen Tagen ihrer Garnison noch aufgewartet hatten.

Bei der Besitznehmung von Verdun ereignete sich jedoch ein Fall, der, obgleich nur einzeln, großes Aufsehen erregte und allgemeine Teilnahme heranrief. Die Preußen zogen ein, und es fiel aus der französischen Volksmasse ein Flintenschuß, der niemand verletzte, dessen Wagestück aber ein französischer Grenadier nicht verleugnen konnte noch wollte. Auf der Hauptwache, wohin er gebracht wurde, hab' ich ihn selbst gesehn: es war ein sehr schöner, wohlgebildeter junger Mann, festen Blicks und ruhigen Betragens. Bis sein Schicksal entschieden wäre, hielt man ihn läßlich. Zunächst an der Wache war eine Brücke, unter der ein Arm der Maas durchzog; er setzte sich aufs Mäuerchen, blieb eine Zeitlang ruhig, dann überschlug er sich rückwärts in die Tiefe und ward nur tot aus dem Wasser herausgebracht.

Diese zweite heroische, ahndungsvolle Tat erregte leidenschaftlichen Haß bei den frisch Eingewanderten, und ich hörte sonst verständige Personen behaupten, man möchte weder diesem noch dem Kommandanten ein ehrlich Begräbnis gestatten. Freilich hatte man sich andere Gesinnungen versprochen, und noch sah man nicht die geringste Bewegung unter den fränkischen Truppen, zu uns überzugehen.

Größere Heiterkeit verbreitete jedoch die Erzählung, wie der König in Verdun aufgenommen worden; vierzehn der schönsten, wohlerzogensten Frauenzimmer hatten Ihro Majestät mit angenehmen Reden, Blumen und Früchten bewillkommt. Seine Vertrautesten jedoch rieten ihm ab, vom Genuß Vergiftung befürchtend; aber der großmütige Monarch verfehlte nicht, diese wünschenswerten Gaben mit galanter Wendung anzunehmen und sie zutraulich zu kosten. Diese reizenden Kinder schienen auch unseren jungen Offizieren einiges Vertrauen eingeflößt zu haben; gewiß, diejenigen, die das Glück gehabt, dem Ball beizuwohnen, konnten nicht genug von Liebenswürdigkeit, Anmut und gutem Betragen sprechen und rühmen.

Aber auch für solidere Genüsse war gesorgt: denn wie man gehofft und vermutet hatte, fanden sich die besten und reichlichsten Vorräte in der Festung, und man eilte, vielleicht nur zu sehr, sich daran zu erholen. Ich konnte gar wohl bemerken, daß man mit geräuchertem Speck und Fleisch, mit Reis und Linsen und andern guten und notwendigen Dingen nicht haushältisch genug verfahre, welches in unserer Lage bedenklich schien. Lustig dagegen war die Art, wie ein Zeughaus, oder Waffensammlung aller Art, ganz gelassen geplündert ward. In ein Kloster hatte man allerlei Gewehre, mehr alte als neue, und mancherlei seltsame Dinge gebracht, womit der Mensch, der sich zu wehren Lust hat, den Gegner abhält oder wohl gar erlegt.

Mit jener sanften Plünderung aber verhielt es sich folgendermaßen: als, nach eingenommener Stadt, die hohen Militärpersonen sich von den Vorräten aller Art zu überzeugen gedachten, begaben sie sich ebenfalls in diese Waffensammlung, und indem sie solche für das allgemeine Kriegsbedürfnis in Anspruch nahmen, fanden sie manches Besondere, welches dem Einzelnen zu besitzen nicht unangenehm wäre, und niemand war leicht mit Musterung dieser Waffen beschäftigt, der nicht auch für sich etwas herausgemustert hätte. Dies ging nun durch alle Grade durch, bis dieser Schatz zuletzt beinahe ganz ins Freie fiel. Nun gab jedermann der angestellten Wache ein kleines Trinkgeld, um sich diese Sammlung zu besehen, und nahm dabei etwas mit heraus, was ihm anstehen mochte. Mein Diener erbeutete auf diese Weise einen flachen hohen Stock, der, mit Bindfaden stark und geschickt umwunden, dem ersten Anblick nach nichts weiter erwarten ließ; seine Schwere aber deutete auf einen gefährlichen Inhalt, auch enthielt er eine sehr breite, wohl vier Fuß lange Degenklinge, womit eine kräftige Faust Wunder getan hätte.

So zwischen Ordnung und Unordnung, zwischen Erhalten und Verderben, zwischen Rauben und Bezahlen lebte man immer hin, und dies mag es wohl sein, was den Krieg für das Gemüt eigentlich verderblich macht. Man spielt den Kühnen, Zerstörenden, dann wieder den Sanften, Belebenden; man gewöhnt sich an Phrasen, mitten in dem verzweifeltsten Zustand Hoffnung zu erregen und zu beleben; hierdurch entsteht nun eine Art von Heuchelei, die einen besondern Charakter hat und sich von der pfäffischen, höfischen, oder wie sie sonst heißen mögen, ganz eigen unterscheidet.

Einer merkwürdigen Person aber muß ich noch gedenken, die ich, zwar nur in der Entfernung, hinter Gefängnisgittern gesehen: es war der Postmeister von Sainte-Menehould, der sich, ungeschickterweise, von den Preußen hatte fangen lassen. Er scheute keineswegs die Blicke der Neugierigen, und schien bei seinem ungewissen Schicksal ganz ruhig. Die Emigrierten behaupteten, er habe tausend Tode verdient, und hetzten deshalb an den obersten Behörden, denen aber zum Ruhme zu rechnen ist, daß sie in diesem wie in andern Fällen sich mit geziemender hohen Ruhe und anständigem Gleichmut betragen.

Am 4. September.

Die viele Gesellschaft, die ab- und zuging, belebte unsere Zelte den ganzen Tag; man hörte vieles erzählen, vieles bereden und beurteilen, die Lage der Dinge tat sich deutlicher auf als bisher. Alle waren einig, daß man so schnell als möglich nach Paris vordringen müsse. Die Festungen Montmédy und Sedan hatte man unerobert sich zur Seite gelassen, und schien von der in dortiger Gegend stehenden Armee wenig zu befürchten.

Lafayette, auf welchem das Vertrauen des Kriegsvolks beruhte, war genötigt gewesen, aus der Sache zu scheiden; er sah sich gedrängt, zum Feinde überzugehen, und ward als Feind behandelt. Dumouriez, wenn er auch sonst als Minister Einsicht in Militärangelegenheiten bewiesen hatte, war durch keinen Feldzug berühmt, und aus der Kanzlei zum Oberbefehl der Armee befördert, schien er auch nur jene Inkonsequenz und Verlegenheit des Augenblicks zu beweisen. Von der andern Seite verlauteten die traurigen

Vorfälle von der Hälfte des Augusts aus Paris, wo, dem braunschweigischen Manifest zum Trutze, der König gefangen genommen, abgesetzt und als Missetäter behandelt wurde. Was aber für die nächsten Kriegsoperationen höchst bedenklich sei, ward am umständlichsten besprochen.

Der waldbewachsene Gebirgsriegel, welcher die Aire von Süden nach Norden an ihm herzufließen nötigt, Forêt d'Argonne genannt, lag unmittelbar vor uns und hielt unsere Bewegung auf. Man sprach viel von den Isletten, dem bedeutenden Paß zwischen Verdun und Sainte-Menehould. Warum er nicht besetzt werde, besetzt worden sei, darüber konnte man sich nicht vereinigen. Die Emigrierten sollten ihn einen Augenblick überrumpelt haben, ohne ihn halten zu können. Die abziehende Besatzung von Longwy hatte sich, so viel wußte man, dorthin gezogen; auch Dumouriez schickte, während wir uns auf dem Marsch nach Verdun und mit dem Bombardement der Stadt beschäftigten, Truppen querüber durchs Land, um diesen Posten zu verstärken und den rechten Flügel seiner Position hinter Grandpré zu decken, und so den Preußen, Östreichern und Emigrierten ein zweites Thermopylä entgegenzustellen.

Man gestand sich einander die höchst ungünstige Lage, und mußte sich in die Anstalten fügen, wornach die Armee, welche unaufhaltsam gerade vorwärts hätte dringen sollen, die Aire hinabziehen sollte, um sich an den verschanzten Bergschluchten auf gut Glück zu versuchen; wobei noch für höchst vorteilhaft galt, daß Clermont den Franzosen entrissen und von Hessen besetzt sei, welche, gegen die Isletten operierend, sie, wo nicht wegnehmen, doch beunruhigen konnten.

Den 6. September.

In diesem Sinne ward nunmehr das Lager verändert und kam hinter Verdun zu stehen; das Hauptquartier des Königs, Glorieux, des Herzogs von Braunschweig, Regret genannt, gab zu wunderlichen Betrachtungen Anlaß. An den ersten Ort gelangt' ich selbst durch einen verdrießlichen Zufall. Des Herzogs von Weimar Regiment sollte bei Jardin Fontaine zu stehen kommen, nahe an der Stadt und der

Maas; zum Tore fuhren wir glücklich heraus, indem wir uns in den Wagenzug eines unbekannten Regiments einschwärzten und von ihm fortschleppen ließen, obgleich zu bemerken war, daß man sich zu weit entferne; auch hätten wir nicht einmal bei dem schmalen Wege aus der Reihe weichen können, ohne uns in den Gräben unwiederbringlich zu verfahren. Wir schauten rechts und links, ohne zu entdecken, wir fragten ebenso und erhielten keinen Bescheid; denn alle waren fremd wie wir und aufs verdrießlichste von dem Zustand angegriffen. Endlich auf eine sanfte Höhe gelangt, sah ich links unten in einem Tal, das zu guter Jahrszeit ganz angenehm sein mochte, einen hübschen Ort mit bedeutenden Schloßgebäuden, wohin glücklicherweise ein sanfter grüner Rain uns bequem hinunterzubringen versprach. Ich ließ um so eher aus der schrecklichen Fahrleise hinabwärts ausbiegen, als ich unten Offiziere und Reitknechte hin- und widersprengen, Packwagen und Chaisen aufgefahren sah; ich vermutete eins der Hauptquartiere, und so fand sich's: es war Glorieux, der Aufenthalt des Königs. Aber auch da war mein Fragen: wo Jardin Fontaine liege? ganz umsonst. Endlich begegnete ich wie einem Himmelsboten Herrn von Alvensleben, der sich mir früher freundlich erwiesen hatte; dieser gab mir denn Bescheid, ich solle den von allem Fuhrwerk freien Dorfweg im Tale bis nach der Stadt verfolgen, vor derselben aber links durchzudringen suchen, und ich würde Jardin Fontaine gar bald entdecken.

Beides gelang mir, und ich fand auch unsere Zelte aufgeschlagen, aber im schrecklichsten Zustande; man sah sich in grundlosen Kot versenkt, die verfaulten Schlingen der Zelttücher zerrissen eine nach der andern, und die Leinwand schlug dem über Kopf und Schulter zusammen, der darunter sein Heil zu suchen gedachte. Eine Zeitlang hatte man's ertragen, doch fiel zuletzt der Entschluß dahin aus, das Örtchen selbst zu beziehen. Wir fanden in einem wohleingerichteten Haus und Hof einen guten neckischen Mann als Besitzer, der ehmals Koch in Deutschland gewesen war; mit Munterkeit nahm er uns auf, im Erdgeschoß fanden sich schöne heitere Zimmer, gutes Kamin und was sonst nur erquicklich sein konnte.

Das Gefolge des Herzogs von Weimar ward aus der fürstlichen Küche versorgt, unser Wirt verlangte jedoch dringend: ich solle nur ein einziges Mal von seiner Kunst etwas kosten. Er bereitete mir auch wirklich ein höchst wohlschmeckendes Gastmahl, das mir aber sehr übel bekam, so daß ich wohl auch an Gift hätte denken können, wenn mir nicht noch zeitig genug der Knoblauch eingefallen wäre, durch welchen jene Schüsseln erst recht schmackhaft geworden, der auf mich aber, selbst in der geringsten Dosis, höchst gewaltsame Wirkung auszuüben pflegte. Das Übel war bald vorbei, und ich hielt mich nach wie vor desto lieber an die deutsche Küche, so lange sie auch nur das mindeste leisten konnte.

Als es zum Abschied ging, überreichte der gutgelaunte Wirt meinem Diener einen vorher versprochenen Brief nach Paris an eine Schwester, die er besonders empfehlen wolle; fügte jedoch nach einigen Hin- und Widerreden gutmütig hinzu: „Du wirst wohl nicht hinkommen."

Den 11. September.

Wir wurden also, nach einigen Tagen gütlicher Pflege, wieder in das schrecklichste Wetter hinausgestoßen; unser Weg ging auf dem Gebirgsrücken hin, der, die Gewässer der Maas und Aire scheidend, beide nach Norden zu fließen nötigt. Unter großen Leiden gelangten wir nach Malancourt, wo wir leere Keller und Küchen wirtlos fanden und schon zufrieden waren, unter Dach, auf trockener Bank, eine spärliche mitgebrachte Nahrung zu genießen. Die Einrichtung der Wohnungen selbst gefiel mir, sie zeugte von einem stillen, häuslichen Behagen, alles war einfach naturgemäß, dem unmittelbarsten Bedürfnis genügend. Dies hatten wir gestört, dies zerstörten wir; denn aus der Nachbarschaft erscholl ein Angstruf gegen Plünderer, worauf wir denn, hinzueilend, nicht ohne Gefahr dem Unfug für den Augenblick steuerten. Auffallend genug dabei war, daß die armen unbekleideten Verbrecher, denen wir Mäntel und Hemden entrissen, uns der härtesten Grausamkeit anklagten, daß wir ihnen nicht vergönnen wollten, auf Kosten der Feinde ihre Blöße zu decken.

Aber noch einen eigneren Vorwurf sollten wir erleben. In unser erstes Quartier zurückgekehrt, fanden wir einen vornehmen, uns sonst schon bekannten Emigrierten. Er ward freundlich begrüßt und verschmähte nicht frugale Bissen, allein man konnte ihm eine innere Bewegung anmerken, er hatte etwas auf dem Herzen, dem er durch Ausrufungen Luft zu machen suchte. Als wir nun, früherer Bekanntschaft gemäß, einiges Vertrauen in ihm zu erwecken suchten, so beschrie er die Grausamkeit, welche der König von Preußen an den französischen Prinzen ausübe. Erstaunt, fast bestürzt, verlangten wir nähere Erklärung. Da erfuhren wir nun: der König habe beim Ausmarsch von Glorieux, ohnerachtet des schrecklichsten Regens, keinen Überrock angezogen, keinen Mantel umgenommen, da denn die königlichen Prinzen ebenfalls sich dergleichen wetterabwehrende Gewande hätten versagen müssen; unser Marquis aber habe diese allerhöchsten Personen, leicht gekleidet, durch und durch genäßt, träufelnd von abfließender Feuchte, nicht ohne das größte Bejammern anschauen können, ja er hätte, wenn es nütze gewesen wäre, sein Leben daran gewendet, sie in einem trockenen Wagen dahin ziehen zu sehen; sie, auf denen Hoffnung und Glück des ganzen Vaterlandes beruhe, die an eine ganz andere Lebensweise gewöhnt seien.

Wir hatten freilich darauf nichts zu erwidern, denn ihm konnte die Betrachtung nicht tröstlich werden, daß der Krieg, als ein Vortod, alle Menschen gleich mache, allen Besitz aufhebe und selbst die höchste Persönlichkeit mit Pein und Gefahr bedrohe.

Den 12. September.

Den andern Morgen aber entschloß ich mich, in Betracht so hoher Beispiele, meine leichte und doch mit vier requirierten Pferden bespannte Chaise unter dem Schutz des zuverlässigen Kämmerier Wagner zu lassen, welchem die Equipage und das so nötige bare Geld nachzubringen aufgetragen war. Ich schwang mich, mit einigen guten Gesellen, zu Pferde, und so begaben wir uns auf den Marsch nach Landres. Wir fanden auf Mitte Wegs Wellen und

Reisig eines abgeschlagenen Birkenhölzchens, deren innere Trockenheit die äußere Feuchte bald überwand und uns lohe Flamme und Kohlen, zur Erwärmung wie zum Kochen genugsam, sehr schnell zum besten gab. Aber die schöne Anstalt einer Regimentstafel war schon gestört, Tische, Stühle und Bänke sah man nicht nachkommen, man behalf sich stehend, vielleicht angelehnt, so gut es gehen wollte. Doch war das Lager gegen Abend glücklich erreicht; so kampierten wir unfern Landres, gerade Grandpré gegenüber, wußten aber gar wohl, wie stark und vorteilhaft der Paß besetzt sei. Es regnete unaufhörlich, nicht ohne Windstoß, die Zeltdecke gewährte wenig Schutz.

Glückselig aber der, dem eine höhere Leidenschaft den Busen füllte; die Farbenerscheinung der Quelle hatte mich dieser Tage her nicht einen Augenblick verlassen, ich überdachte sie hin und wider, um sie zu bequemen Versuchen zu erheben. Da diktierte ich an Vogel, der sich auch hier als treuen Kanzleigefährten erwies, ins gebrochene Konzept und zeichnete nachher die Figuren darneben. Diese Papiere besitz' ich noch mit allen Merkmalen des Regenwetters, und als Zeugnis eines treuen Forschens auf eingeschlagenem bedenklichen Pfad. Den Vorteil aber hat der Weg zum Wahren, daß man sich unsicherer Schritte, eines Umwegs, ja eines Fehltritts noch immer gern erinnert.

Das Wetter verschlimmerte sich und ward in der Nacht so arg, daß man es für das höchste Glück schätzen mußte, sie unter der Decke des Regimentswagens zuzubringen. Wie schrecklich war da der Zustand, wenn man bedachte, daß man im Angesicht des Feindes gelagert sei, und befürchten mußte, daß er aus seinen Berg- und Waldverschanzungen irgendwo hervorzubrechen Lust haben könne.

Vom 13. bis zum 17. September.

Traf der Kämmerier Wagner, den Pudel mit eingeschlossen, bei guter Zeit mit aller Equipage bei uns ein; er hatte eine schreckliche Nacht verlebt, war nach tausend andern Hindernissen im Finstern von der Armee abgekommen, verführt durch schlaf- und weintrunkene Knechte eines Generals, denen er nachfuhr. Sie gelangten in ein Dorf und vermuteten die Franzosen ganz nahe. Von allerlei Alarm geängstigt, verlassen von Pferden, die aus der Schwemme nicht zurückkehrten, wußte er sich denn doch so zu richten und zu schicken, daß er von dem unseligen Dorfe loskam und wir uns zuletzt mit allem mobilen Hab und Gut wieder zusammenfanden.

Endlich gab es eine Art von erschütternder Bewegung und zugleich von Hoffnung, man hörte auf unserm rechten Flügel stark kanonieren und sagte sich: General Clerfayt sei aus den Niederlanden angekommen und habe die Franzosen auf ihrer linken Flanke angegriffen. Alles war äußerst gespannt, den Erfolg zu vernehmen.

Ich ritt nach dem Hauptquartier, um näher zu erfahren, was die Kanonade bedeute und was eigentlich zu erwarten sei. Man wußte daselbst noch nichts genau, als daß General Clerfayt mit den Franzosen handgemein sein müsse. Ich traf auf den Major von Weyrach, der sich, aus Ungeduld und Langerweile, soeben zu Pferde setzte und an die Vorposten reiten wollte; ich begleitete ihn, und wir gelangten bald auf eine Höhe, wo man sich weit genug umsehen konnte. Wir trafen auf einen Husarenposten und sprachen mit dem Offizier, einem jungen hübschen Manne. Die Kanonade war weit über Grandpré hinaus, und er hatte Ordre, nicht vorwärts zu gehen, um nicht ohne Not eine Bewegung zu verursachen. Wir hatten uns nicht lange besprochen, als Prinz Louis Ferdinand mit einigem Gefolge ankam, nach kurzer Begrüßung und Hin- und Widerreden von dem Offizier verlangte, daß er vorwärts gehen solle. Dieser tat dringende Vorstellungen, worauf der Prinz aber nicht achtete, sondern vorwärts ritt, dem wir denn alle folgen mußten. Wir waren nicht weit gekommen, als ein französischer Jäger sich von ferne sehen ließ, an uns bis auf Büchsenschußweite heransprengte und sodann umkehrend ebenso schnell wieder verschwand. Ihm folgte der zweite, dann der dritte, welche ebenfalls wieder verschwanden. Der vierte aber, wahrscheinlich der erste, schoß die Büchse ganz ernstlich auf uns ab, man konnte die Kugel deutlich pfeifen hören. Der Prinz ließ sich nicht irren, und jene trieben auch ihr Handwerk, so daß mehrere Schüsse fielen, indem wir unsern Weg verfolgten. Ich hatte den Offizier manchmal angesehen, der zwischen seiner Pflicht und zwischen dem Respekt vor einem königlichen Prinzen in der größten Verlegenheit schwankte. Er glaubte wohl in meinen Blicken etwas Teilnehmendes zu lesen, ritt auf mich zu und sagte: „Wenn Sie irgend etwas auf den Prinzen vermögen, so ersuchen Sie ihn zurückzugehen, er setzt mich der größten Verantwortung aus; ich habe den strengsten Befehl, meinen angewiesenen Posten nicht zu verlassen, und es ist nichts vernünftiger, als daß wir den Feind nicht reizen, der hinter Grandpré in einer festen Stellung gelagert ist. Kehrt der Prinz nicht um, so ist in kurzem die ganze Vorpostenkette alarmiert, man weiß im Hauptquartier nicht, was es heißen soll, und der erste Verdruß ergeht über mich ganz ohne meine Schuld." Ich ritt an den Prinzen heran und sagte: „Man erzeigt mir soeben die Ehre, mir einigen Einfluß auf Ihro Hoheit zuzutrauen, deshalb ich um geneigtes Gehör bitte." Ich brachte ihm darauf die Sache mit Klarheit vor, welches kaum nötig gewesen wäre, denn er sah selbst alles vor sich und war freundlich genug, mit einigen guten Worten sogleich umzukehren, worauf denn auch die Jäger verschwanden und zu schießen aufhörten. Der Offizier dankte mir aufs verbindlichste, und man sieht hieraus, daß ein Vermittler überall willkommen ist.

Nach und nach klärte sich's auf. Die Stellung Dumouriez' bei Grandpré war höchst fest und vorteilhaft; daß er auf seinem rechten Flügel nicht anzugreifen sei, wußte man wohl; auf seiner Linken waren zwei bedeutende Pässe: La Croix aux Bois und Le Chesne Populeux, beide wohl verhauen und für unzugänglich gehalten; allein der letzte war einem Offizier anvertraut, einem dergleichen Auftrag nicht gewachsenen oder nachlässigen. Die Östreicher griffen an: bei der ersten Attacke blieb Prinz von Ligne, der Sohn, sodann aber gelang es, man überwältigte den Posten, und der große Plan Dumouriez' war zerstört: er mußte seine Stellung verlassen und sich die Aisne hinaufwärts ziehen, und preußische Husaren konnten durch den Paß dringen und jenseits des Argonner Waldes nachsetzen. Sie verbreiteten einen solchen panischen Schrecken über das französische Heer, daß zehntausend Mann vor fünfhundert flohen und nur mit Mühe konnten zum Stehen gebracht und wieder gesammelt werden; wobei sich das Regiment Chamborant besonders hervortat und den Unsrigen ein weiteres Vordringen verwehrte, welche, ohnehin nur gewissermaßen auf Rekognoszieren ausgeschickt, siegreich mit Freuden zurückkehrten und nicht leugneten, einige Wagen gute Beute gemacht zu haben. In das unmittelbar Brauchbare, Geld und Kleidung, hatten sie sich geteilt, mir aber als einem Kanzleimann kamen die Papiere zugut, worunter ich einige ältere Befehle Lafayettes und mehrere höchst sauber geschriebene Listen fand. Was mich aber am meisten überraschte, war ein ziemlich neuer „Moniteur". Dieser Druck, dieses Format, mit dem man seit einigen Jahren ununterbrochen bekannt gewesen und die man nun seit mehreren Wochen nicht gesehen, begrüßten mich auf eine etwas unfreundliche Weise, indem ein lakonischer Artikel vom dritten September mir drohend zurief: „Les Prussiens pourront venir à Paris, mais ils n'en sortiront pas." Also hielt man denn doch in Paris für möglich, wir könnten hingelangen; daß wir wieder zurückkehrten, dafür mochten die oberen Gewalten sorgen.

Die schreckliche Lage, in der man sich zwischen Erde und Himmel befand, war einigermaßen erleichtert, als man die Armee zurücken und eine Abteilung der Avantgarde nach der andern vorwärts ziehen sah. Endlich kam die Reihe auch an uns, wir gelangten über Hügel, durch Täler, Weinberge vorbei, an denen man sich auch wohl erquickte. Man kam sodann zu aufgehellter Stunde in eine freiere Gegend und sah in einem freundlichen Tal der Aire das Schloß von Grandpré auf einer Höhe sehr wohl gelegen, eben an dem Punkte, wo genannter Fluß sich westwärts zwischen die Hügel drängt, um auf der Gegenseite des Gebirgs sich mit der Aisne zu verbinden, deren Gewässer immer dem Sonnenuntergang zu, durch Vermittlung der Oise, endlich in die Seine gelangen; woraus denn ersichtlich, daß der Gebirgsrücken, der uns von der Maas trennte, zwar nicht von bedeutender Höhe, doch von entschiedenem Einfluß auf den Wasserlauf, uns in eine andere Flußregion zu nötigen geeignet war.

Auf diesem Zuge gelangte ich zufällig in das Gefolge des

Königs, dann des Herzogs von Braunschweig; ich unterhielt mich mit Fürst Reuß und andern diplomatisch-militärischen Bekannten. Diese Reitermassen machten zu der angenehmen Landschaft eine reiche Staffage, man hätte einen van der Meulen gewünscht, um solchen Zug zu verewigen; alles war heiter, munter, voller Zuversicht und heldenhaft. Einige Dörfer brannten zwar vor uns auf, allein der Rauch tut in einem Kriegsbilde auch nicht übel. Man hatte, so hieß es, aus den Häusern auf den Vortrab geschossen, und dieser, nach Kriegsrecht, sogleich die Selbstrache geübt. Es ward getadelt, war aber nicht zu ändern; dagegen nahm man die Weinberge in Schutz, von denen sich die Besitzer doch keine große Lese versprechen durften, und so ging es zwischen freund- und feindseligem Betragen immer vorwärts.

Wir gelangten, Grandpré hinter uns lassend, an und über die Aisne und lagerten bei Vaux les Mouron; hier waren wir nun in der verrufenen Champagne, es sah aber so übel noch nicht aus. Über dem Wasser an der Sonnenseite erstreckten sich wohlgehaltene Weinberge, und wo man Dörfer und Scheunen visitierte, fanden sich Nahrungsmittel genug für Menschen und Tiere, nur leider der Weizen nicht ausgedroschen, noch weniger genugsame Mühlen, ihn zu mahlen; Öfen zum Backen waren auch selten, und so fing es wirklich an, sich einem tantalischen Zustande zu nähern.

Am 18. September.

Dergleichen Betrachtungen anzustellen, versammelte sich eine große Gesellschaft, die überhaupt, wo es Halt gab, sich immer mit einigem Zutrauen, besonders beim Nachmittagskaffee, zusammenfügte; sie bestand aus wunderlichen Elementen, Deutschen und Franzosen, Kriegern und Diplomaten, alles bedeutende Personen, erfahren, klug, geistreich, aufgeregt durch die Wichtigkeit des Augenblicks, Männer sämtlich von Wert und Würde, aber doch eigentlich nicht in den innern Rat gezogen, und also desto mehr bemüht, auszusinnen, was beschlossen sein, was geschehen könnte.

Dumouriez, als er den Paß von Grandpré nicht länger halten konnte, hatte sich die Aisne hinauf gezogen und, da ihm der Rücken durch die Isletten gesichert war, sich auf die Höhen von Sainte-Menehould, die Fronte gegen Frankreich, gestellt. Wir waren durch den engen Paß hereingedrungen, hatten uneroberte Festen, Sedan, Montmédy, Stenay, im Rücken und an der Seite, die uns jede Zufuhr nach Belieben erschweren konnten. Wir betraten beim schlimmsten Wetter ein seltsames Land, dessen undankbarer Kalkboden nur kümmerlich ausgestreute Ortschaften ernähren konnte.

Freilich lag Reims, Châlons und ihre gesegneten Umgebungen nicht fern, man konnte hoffen, sich vorwärts zu erholen; die Gesellschaft überzeugte sich daher beinahe einstimmig, daß man auf Reims marschieren und sich Châlons' bemächtigen müsse; Dumouriez könne sich in seiner vorteilhaften Stellung alsdann nicht ruhig verhalten, eine Schlacht wäre unvermeidlich, wo es auch sei; man glaubte, sie schon gewonnen zu haben.

Den 19. September.

Manches Bedenken gab es daher, als wir den neunzehnten beordert wurden, auf Massiges unsern Zug zu richten, die Aisne aufwärts zu verfolgen und dieses Wasser sowohl als das Waldgebirg, näher oder ferner, linker Hand zu behalten.

Nun erholte man sich unterwegs von solchen nachdenklichen Betrachtungen, indem man mancherlei Zufälligkeiten und Ereignissen eine heitere Teilnahme schenkte; ein wundersames Phänomen zog meine ganze Aufmerksamkeit auf sich. Man hatte, um mehrere Kolonnen nebeneinander fortzuschieben, die eine querfeldein, über flache Hügel geführt, zuletzt aber, als man wieder ins Tal sollte, einen steilen Abhang gefunden; dieser ward nun alsbald, so gut es gehen wollte, abgeböscht, doch blieb er immer noch schroff genug. Nun trat eben zu Mittag ein Sonnenblick hervor und spiegelte sich in allen Gewehren. Ich hielt auf einer Höhe und sah jenen blinkenden Waffenfluß glänzend heranziehen; überraschend aber war es, als die Kolonne an den steilen Abhang gelangte, wo sich die bisher geschlossenen Glieder sprungweise trennten und jeder einzelne, so gut er konnte, in die Tiefe zu gelangen suchte. Diese Unordnung gab völlig den Begriff eines Wasserfalls, eine Unzahl durcheinander hin und wider blinkender Bajonette bezeichneten die lebhafteste Bewegung. Und als nun unten am Fuße sich alles wieder gleich in Reih und Glied ordnete und sie so, wie sie oben angekommen, nun wieder im Tale fortzogen, ward die Vorstellung eines Flusses immer lebhafter; auch war diese Erscheinung um so angenehmer, als ihre lange Dauer fort und fort durch Sonnenblicke begünstigt wurde, deren Wert man in solchen zweifelhaften Stunden nach langer Entbehrung erst recht schätzen lernte.

Nachmittag gelangten wir endlich nach Massiges, nur noch wenige Stunden vom Feind; das Lager war abgesteckt, und wir bezogen den für uns bestimmten Raum. Schon waren Pfähle geschlagen, die Pferde drangebunden, Feuer angezündet, und der Küchwagen tat sich auf. Ganz unerwartet kam daher das Gerücht, das Lager solle nicht statthaben, denn es sei die Nachricht angekommen, das französische Heer ziehe sich von Sainte-Menehould auf Châlons, der König wolle sie nicht entwischen lassen und habe daher Befehl zum Aufbruch gegeben. Ich suchte an der rechten Schmiede hierüber Gewißheit und vernahm das, was ich schon gehört hatte, nur mit dem Zusatze: auf diese unsichere und unwahrscheinliche Nachricht sei der Herzog von Weimar und der General Heymann, mit eben den Husaren, welche die Unruhe erregt, vorgegangen. Nach einiger Zeit kamen diese Generale zurück und versicherten: es sei nicht die geringste Bewegung zu bemerken, auch mußten jene Patrouillen gestehen, daß sie das Gemeldete mehr geschlossen als gesehen hätten.

Die Anregung aber war einmal gegeben, und der Befehl lautete: die Armee solle vorrücken, jedoch ohne das mindeste Gepäck, alles Fuhrwerk sollte bis Maisons-Champagne zurückkehren, dort eine Wagenburg bilden und den, wie man voraussetzte, glücklichen Ausgang einer Schlacht abwarten.

Nicht einen Augenblick zweifelhaft, was zu tun sei, überließ ich Wagen, Gepäck und Pferde meinem entschlossenen, sorgfältigen Bedienten und setzte mich mit den Kriegsgenossen alsobald zu Pferde. Es war schon früher mehrmals zur Sprache gekommen, daß, wer sich in einen Kriegszug einlasse, durchaus bei den regulierten Truppen, welche Abteilung es auch sei, an die er sich angeschlossen, fest bleiben und keine Gefahr scheuen solle: denn was uns auch da betreffe, sei immer ehrenvoll; dahingegen bei der Bagage, beim Troß oder sonst zu verweilen, zugleich gefährlich und schmählich. Und so hatte ich auch mit den Offizieren des Regiments abgeredet, daß ich mich immer an sie und womöglich an die Leibschwadron anschließen wolle, weil ja dadurch ein so schönes und gutes Verhältnis nur immer besser befestigt werden könne.

Der Weg war das kleine Wasser, die Tourbe, hinauf vorgezeichnet, durch das traurigste Tal von der Welt, zwischen niedrigen Hügeln, ohne Baum und Busch; es war befohlen und eingeschärft, in aller Stille zu marschieren, als wenn wir den Feind überfallen wollten, der doch in seiner Stellung das Heranrücken einer Masse von funfzigtausend Mann wohl mochte erfahren haben. Die Nacht brach ein, weder Mond noch Sterne leuchteten am Himmel, es pfiff ein wüster Wind, die stille Bewegung einer so großen Menschenreihe, in tiefer Finsternis, war ein höchst Eigenes.

Indem man neben der Kolonne herritt, begegnete man mehreren bekannten Offizieren, die hin und wider sprengten, um die Bewegung des Marsches bald zu beschleunigen, bald zu retardieren. Man besprach sich, man hielt stille, man versammelte sich. So hatte sich ein Kreis von vielleicht zwölf Bekannten und Unbekannten zusammengefunden, man fragte, klagte, wunderte sich, schalt und räsonierte: das gestörte Mittagessen konnte man dem Heerführer nicht verzeihen. Ein munterer Gast wünschte sich Bratwurst und Brot, ein anderer sprang gleich mit seinen Wünschen zum Rehbraten und Sardellensalat; da das alles aber unentgeltlich geschah, fehlte es auch nicht an Pasteten und sonstigen Leckerbissen, nicht an den köstlichsten Weinen, und ein so vollkommnes Gastmahl war beisammen, daß endlich einer, dessen Appetit übermäßig rege geworden, die ganze Gesellschaft verwünschte und die Pein einer aufgeregten Einbildungskraft im Gegensatze des größten Mangels ganz unerträglich schalt. Man verlor sich auseinander, und der einzelne war nicht besser dran als alle zusammen.

Den 19. September nachts.

So gelangten wir bis Somme Tourbe, wo man haltmachte; der König war in einem Gasthofe abgetreten, vor dessen Türe der Herzog von Braunschweig, in einer Art Laube, Hauptquartier und Kanzlei errichtete. Der Platz war groß, es brannten mehrere Feuer, durch große Bündel Weinpfähle gar lebhaft unterhalten. Der Fürst-Feldmarschall tadelte einigemal persönlich, daß man die Flamme allzustark auflodern lasse; wir besprachen uns darüber, und niemand wollte glauben, daß unsere Nähe den Franzosen ein Geheimnis geblieben sei.

Ich war zu spät angekommen und mochte mich in der Nähe umsehen, wie ich wollte, alles war schon, wo nicht verzehrt, doch in Besitz genommen. Indem ich so umher forschte, gaben mir die Emigrierten ein kluges Küchenschauspiel; sie saßen um einen großen, runden, flachen, abglimmenden Aschenhaufen, in den sich mancher Weinstab knisternd mochte aufgelöst haben; klüglich und schnell hatten sie sich aller Eier des Dorfes bemächtigt, und es sah wirklich appetitlich aus, wie die Eier in dem Aschenhaufen nebeneinander aufrecht standen und eins nach dem andern, zu rechter Zeit schlurfbar, herausgehoben wurde. Ich kannte niemand von den edlen Küchengesellen, unbekannt mocht' ich sie nicht ansprechen; als mir aber soeben ein lieber Bekannter begegnete, der so gut wie ich an Hunger und Durst litt, fiel mir eine Kriegslist ein, nach einer Bemerkung, die ich auf meiner kurzen militärischen Laufbahn anzustellen Gelegenheit gehabt. Ich hatte nämlich bemerkt, daß man beim Fouragieren um die Dörfer und in denselben tölpisch geradezu verfahre; die ersten Andringenden fielen ein, nahmen weg, verdarben, zerstörten, die folgenden fanden immer weniger, und was verloren ging, kam niemand zugute. Ich hatte schon gedacht, daß man bei dieser Gelegenheit strategisch verfahren und, wenn die Menge von vornen hereindringe, sich von der Gegenseite nach einigem Bedürfnis umsehen müsse. Dies konnte nun hier kaum der Fall sein, denn alles war überschwemmt, aber das Dorf zog sich sehr in die Länge, und zwar seitwärts der Straße, wo wir hereingekommen. Ich forderte meinen Freund auf, die lange Gasse mit hinunterzugehen. Aus dem vorletzten Hause kam ein Soldat fluchend heraus, daß schon alles aufgezehrt und nirgends nichts mehr zu haben sei. Wir sahen durch die Fenster, da saßen ein paar Jäger ganz ruhig; wir gingen hinein, um wenigstens auf einer Bank unter Dach zu sitzen, wir begrüßten sie als Kameraden und klagten freilich über den allgemeinen Mangel. Nach einigem Hin- und Widerreden verlangten sie, wir sollten ihnen Verschwiegenheit geloben, worauf wir die Hand gaben. Nun eröffneten sie uns, daß sie in dem Hause einen schönen, wohlbestellten Keller gefunden, dessen Eingang sie zwar selbst sekretiert, uns jedoch von dem Vorrat einen Anteil nicht versagen wollten. Einer zog einen Schlüssel hervor, und nach verschiedenen weggeräumten Hindernissen fand sich eine Kellertüre zu eröffnen. Hinabgestiegen fanden wir nun mehrere etwa zweieimrige Fässer auf dem Lager, was uns aber mehr interessierte, verschiedene Abteilungen in Sand gelegter gefüllter Flaschen, wo der gutmütige Kamerad, der sie schon durchprobiert hatte, an die beste Sorte wies. Ich nahm zwischen die ausgespreizten Finger jeder Hand zwei Flaschen, zog sie unter den Mantel, mein Freund desgleichen, und so schritten wir, in Hoffnung baldiger Erquickung, die Straße wieder hinaufwärts.

Unmittelbar am großen Wachfeuer gewahrte ich eine schwere starke Egge, setzte mich darauf und schob unter dem Mantel meine Flaschen zwischen die Zacken herein. Nach einiger Zeit bracht' ich eine Flasche hervor, wegen der mich meine Nachbarn beriefen, denen ich sogleich den Mitgenuß anbot. Sie taten gute Züge, der letzte bescheiden, da er wohl merkte, er lasse mir nur wenig zurück; ich verbarg die Flasche neben mir und brachte bald darauf die zweite hervor, trank den Freunden zu, die sich's abermals wohl schmecken ließen, anfangs das Wunder nicht bemerkten, bei der dritten Flasche jedoch laut über den Hexenmeister aufschrieen, und es war, in dieser traurigen Lage, ein auf alle Weise willkommener Scherz.

Unter den vielen Personen, deren Gestalt und Gesicht im Kreise vom Feuer erleuchtet war, erblickt' ich einen ältlichen Mann, den ich zu kennen glaubte. Nach Erkundigung und

Annäherung war er nicht wenig verwundert, mich hier zu sehen. Es war Marquis von Bombelles, dem ich vor zwei Jahren in Venedig, der Herzogin Amalie folgend, aufgewartet hatte, wo er, als französischer Gesandter residierend, sich höchst angelegen sein ließ, dieser trefflichen Fürstin den dortigen Aufenthalt so angenehm als möglich zu machen. Wechselseitiger Verwunderungsausruf, Freude des Wiedersehns und Erinnerung erheiterten diesen ernsten Augenblick. Zur Sprache kam seine prächtige Wohnung am Großen Kanal; es ward gerühmt, wie wir daselbst, in Gondeln anfahrend, ehrenvoll empfangen und freundlich bewirtet worden; wie er durch kleine Feste, gerade im Geschmack und Sinn dieser, Natur und Kunst, Heiterkeit und Anstand in Verbindung liebenden Dame, sie und die Ihrigen auf vielfache Weise erfreute, auch sie durch seinen Einfluß manches andere, für Fremde sonst verschlossene Gute genießen lassen.

Wie sehr war ich aber verwundert, da ich ihn, den ich durch eine wahrhafte Lobrede zu ergötzen gedachte, mit Wehmut ausrufen hörte: „Schweigen wir von diesen Dingen, jene Zeit liegt nur gar zu weit hinter mir, und schon damals, als ich meine edlen Gäste mit scheinbarer Heiterkeit unterhielt, nagte mir der Wurm am Herzen, ich sah die Folgen voraus dessen, was in meinem Vaterlande vorging. Ich bewunderte Ihre Sorglosigkeit, in der Sie die auch Ihnen bevorstehende Gefahr nicht ahndeten; ich bereitete mich im stillen zu Veränderung meines Zustandes. Bald nachher mußt' ich meinen ehrenvollen Posten und das werte Venedig verlassen und eine Irrfahrt antreten, die mich endlich auch hierher geführt hat."

Das Geheimnisvolle, das man diesem offenbaren Heranzuge von Zeit zu Zeit hatte geben wollen, ließ uns vermuten, man werde noch in dieser Nacht aufbrechen und vorwärts gehen; allein schon dämmerte der Tag, und mit demselben strich ein Sprühregen daher; es war schon völlig hell, als wir uns in Bewegung setzten. Da des Herzogs von Weimar Regiment den Vortrab hatte, gab man der Leibschwadron, als der vordersten der ganzen Kolonne, Husaren mit, die den Weg unserer Bestimmung kennen sollten. Nun ging es, mitunter im scharfen Trab, über Felder und Hügel ohne Busch und Baum; nur in der Entfernung links sah man die Argonner Waldgegend; der Sprühregen schlug uns heftiger ins Gesicht; bald aber erblickten wir eine Pappelallee, die, sehr schön gewachsen und wohlunterhalten, unsere Richtung quer durchschnitt. Es war die Chaussee von Châlons auf Sainte-Menehould, der Weg von Paris nach Deutschland; man führte uns drüber weg und ins Graue hinein.

Schon früher hatten wir den Feind vor der waldichten Gegend gelagert und aufmarschiert gesehen, nicht weniger ließ sich bemerken, daß neue Truppen ankamen; es war Kellermann, der sich soeben mit Dumouriez vereinigte, um dessen linken Flügel zu bilden. Die Unsrigen brannten vor Begierde, auf die Franzosen loszugehen, Offiziere wie Gemeine hegten den glühenden Wunsch, der Feldherr möge in diesem Augenblicke angreifen; auch unser heftiges Vordringen schien darauf hinzudeuten. Aber Kellermann hatte sich zu vorteilhaft gestellt, und nun begann die Kanonade, von der man viel erzählt, deren augenblickliche Gewaltsamkeit jedoch man nicht beschreiben, nicht einmal in der Einbildungskraft zurückrufen kann.

Schon lag die Chaussee weit hinter uns, wir stürmten immerfort gegen Westen zu, als auf einmal ein Adjutant gesprengt kam, der uns zurückbeorderte; man hatte uns zu weit geführt, und nun erhielten wir den Befehl, wieder über die Chaussee zurückzukehren und unmittelbar an ihre linke Seite den rechten Flügel zu lehnen. Es geschah, und so machten wir Fronte gegen das Vorwerk La Lune, welches auf der Höhe, etwa eine Viertelstunde vor uns, an der Chaussee zu sehen war. Unser Befehlshaber kam uns entgegen; er hatte soeben eine halbe reitende Batterie hinaufgebracht, wir erhielten Ordre, im Schutz derselben vorwärts zu gehen, und fanden unterwegs einen alten Schirrmeister, ausgestreckt, als das erste Opfer des Tags, auf dem Acker liegen. Wir ritten ganz getrost weiter, wir sahen das Vorwerk näher, die dabei aufgestellte Batterie feuerte tüchtig.

Bald aber fanden wir uns in einer seltsamen Lage, Kanonenkugeln flogen wild auf uns ein, ohne daß wir begriffen, wo sie herkommen konnten; wir avancierten ja hinter einer befreundeten Batterie, und das feindliche Geschütz auf den entgegengesetzten Hügeln war viel zu weit entfernt, als daß es uns hätte erreichen sollen. Ich hielt seitwärts vor der Fronte und hatte den wunderbarsten Anblick; die Kugeln schlugen dutzendweise vor der Eskadron nieder, zum Glück nicht ricochetierend, in den weichen Boden hineingewühlt; Kot aber und Schmutz bespritzte Mann und Roß; die schwarzen Pferde, von tüchtigen Reitern möglichst zusammengehalten, schnauften und tosten; die ganze Masse war, ohne sich zu trennen oder zu verwirren, in flutender Bewegung. Ein sonderbarer Anblick erinnerte mich an andere Zeiten. In dem ersten Gliede der Eskadron schwankte die Standarte in den Händen eines schönen Knaben hin und wider; er hielt sie fest, ward aber vom aufgeregten Pferde widerwärtig geschaukelt; sein anmutiges Gesicht brachte mir, seltsam genug aber natürlich, in diesem schauerlichen Augenblick, die noch anmutigere Mutter vor die Augen, und ich mußte an die ihr zur Seite verbrachten friedlichen Momente gedenken.

Endlich kam der Befehl, zurück und hinab zu gehen; es geschah von den sämtlichen Kavallerieregimentern mit großer Ordnung und Gelassenheit, nur ein einziges Pferd von Lottum ward getötet, da wir übrigen, besonders auf dem äußersten rechten Flügel, eigentlich alle hätten umkommen müssen.

Nachdem wir uns denn aus dem unbegreiflichen Feuer zurückgezogen, von Überraschung und Erstaunen uns erholt hatten, löste sich das Rätsel; wir fanden die halbe Batterie, unter deren Schutz wir vorwärts zu gehen geglaubt, ganz unten in einer Vertiefung, dergleichen das Terrain zufällig in dieser Gegend gar manche bildete. Sie war von oben vertrieben worden und an der andern Seite der Chaussee in einer Schlucht herunter gegangen, so daß wir ihren Rückzug nicht bemerken konnten, feindliches Geschütz trat an die Stelle, und was uns hätte bewahren sollen, wäre beinahe verderblich geworden. Auf unseren Tadel lachten die Bursche nur und versicherten scherzend: hier unten im Schauer sei es doch besser.

Wenn man aber nachher mit Augen sah, wie eine solche reitende Batterie sich durch die schreckbaren schlammigen Hügel qualvoll durchzerren mußte, so hatte man abermals den bedenklichen Zustand zu überlegen, in den wir uns eingelassen hatten.

Indessen dauerte die Kanonade immer fort: Kellermann hatte einen gefährlichen Posten bei der Mühle von Valmy, dem eigentlich das Feuern galt; dort ging ein Pulverwagen in die Luft, und man freute sich des Unheils, das er unter den Feinden angerichtet haben mochte. Und so blieb alles eigentlich nur Zuschauer und Zuhörer, was im Feuer stand und nicht. Wir hielten auf der Chaussee von Châlons an einem Wegweiser, der nach Paris deutete.

Diese Hauptstadt also hatten wir im Rücken, das französische Heer aber zwischen uns und dem Vaterland. Stärkere Riegel waren vielleicht nie vorgeschoben, demjenigen höchst apprehensiv, der eine genaue Karte des Kriegstheaters nun seit vier Wochen unablässig studierte.

Doch das augenblickliche Bedürfnis behauptet sein Recht selbst gegen das Nächstkünftige. Unsere Husaren hatten mehrere Brotkarren, die von Châlons nach der Armee sollten, glücklich aufgefangen und brachten sie den Hochweg daher. Wie es uns nun fremd vorkommen mußte, zwischen Paris und Sainte-Menehould postiert zu sein, so konnten die zu Châlons des Feindes Armee keineswegs auf dem Wege zu der ihrigen vermuten. Gegen einiges Trinkgeld ließen die Husaren von dem Brot etwas ab; es war das schönste weiße; der Franzos erschrickt vor jeder schwarzen Krume. Ich teilte mehr als einen Laib unter die zunächst Angehörigen, mit der Bedingung, mir für die folgenden Tage einen Anteil daran zu verwahren. Auch noch zu einer andern Vorsicht fand ich Gelegenheit; ein Jäger aus dem Gefolge hatte gleichfalls diesen Husaren eine tüchtige wollene Decke abgehandelt, ich bot ihm die Übereinkunft an, mir sie auf drei Nächte, jede Nacht für acht Groschen, zu überlassen, wogegen er sie am Tage verwahren sollte. Er hielt dieses Bedingnis für sehr vorteilhaft; die Decke hatte ihm einen Gulden gekostet, und nach kurzer Zeit erhielt er sie mit Profit ja wieder. Ich aber konnte auch zufrieden sein; meine köstlichen wollenen Hüllen vor Longwy waren mit der Bagage zurückgeblieben, und nun hatte ich doch bei allem Mangel von Dach und Fach außer meinem Mantel noch einen zweiten Schutz gewonnen.

Alles dieses ging unter anhaltender Begleitung des Kanonendonners vor. Von jeder Seite wurden an diesem Tage zehntausend Schüsse verschwendet, wobei auf unserer Seite nur zweihundert Mann und auch diese ganz unnütz fielen. Von der ungeheuren Erschütterung klärte sich der Himmel auf: denn man schoß mit Kanonen völlig als wär' es Pelotonfeuer, zwar ungleich, bald abnehmend, bald zunehmend. Nachmittags ein Uhr, nach einiger Pause, war es am gewaltsamsten, die Erde bebte im ganz eigentlichsten Sinne, und doch sah man in den Stellungen nicht die mindeste Veränderung. Niemand wußte, was daraus werden sollte.

Ich hatte so viel vom Kanonenfieber gehört und wünschte zu wissen, wie es eigentlich damit beschaffen sei. Langeweile und ein Geist, den jede Gefahr zur Kühnheit, ja zur Verwegenheit aufruft, verleitete mich, ganz gelassen nach dem Vorwerk La Lune hinaufzureiten. Dieses war wieder von den Unsrigen besetzt, gewährte jedoch einen gar wilden Anblick. Die zerschossenen Dächer, die herumgestreuten Weizenbündel, die darauf hie und da ausgestreckten tödlich Verwundeten und dazwischen noch manchmal eine Kanonenkugel, die sich herüberverirrend in den Überresten der Ziegeldächer klapperte.

Ganz allein, mir selbst gelassen, ritt ich links auf den Höhen weg und konnte deutlich die glückliche Stellung der Franzosen überschauen; sie standen amphitheatralisch in größter Ruh und Sicherheit, Kellermann jedoch auf dem linken Flügel eher zu erreichen.

Mir begegnete gute Gesellschaft, es waren bekannte Offiziere vom Generalstabe und vom Regimente, höchst verwundert, mich hier zu finden. Sie wollten mich wieder mit sich zurücknehmen, ich sprach ihnen aber von besondern Absichten, und sie überließen mich ohne weiteres meinem bekannten wunderlichen Eigensinn.

Ich war nun vollkommen in die Region gelangt, wo die

Kugeln herüber spielten; der Ton ist wundersam genug, als wär' er zusammengesetzt aus dem Brummen des Kreisels, dem Butteln des Wassers und dem Pfeifen eines Vogels. Sie waren weniger gefährlich wegen des feuchten Erdbodens; wo eine hinschlug, blieb sie stecken, und so ward mein törichter Versuchsritt wenigstens vor der Gefahr des Ricochetierens gesichert.

Unter diesen Umständen konnt' ich jedoch bald bemerken, daß etwas Ungewöhnliches in mir vorgehe; ich achtete genau darauf, und doch würde sich die Empfindung nur gleichnisweise mitteilen lassen. Es schien, als wäre man an einem sehr heißen Orte, und zugleich von derselben Hitze völlig durchdrungen, so daß man sich mit demselben Element, in welchem man sich befindet, vollkommen gleich fühlt. Die Augen verlieren nichts an ihrer Stärke, noch Deutlichkeit; aber es ist doch, als wenn die Welt einen gewissen braunrötlichen Ton hätte, der den Zustand sowie die Gegenstände noch apprehensiver macht. Von Bewegung des Blutes habe ich nichts bemerken können, sondern mir schien vielmehr alles in jener Glut verschlungen zu sein. Hieraus erhellet nun, in welchem Sinne man diesen Zustand ein Fieber nennen könne. Bemerkenswert bleibt es indessen, daß jenes gräßlich Bängliche nur durch die Ohren zu uns gebracht wird; denn der Kanonendonner, das Heulen, Pfeifen, Schmettern der Kugeln durch die Luft ist doch eigentlich Ursache an diesen Empfindungen.

Als ich zurückgeritten und völlig in Sicherheit war, fand ich bemerkenswert, daß alle jene Glut sogleich erloschen und nicht das mindeste von einer fieberhaften Bewegung übrig geblieben sei. Es gehört übrigens dieser Zustand unter die am wenigsten wünschenswerten; wie ich denn auch unter meinen lieben und edlen Kriegskameraden kaum einen gefunden habe, der einen eigentlich leidenschaftlichen Trieb hiernach geäußert hätte.

So war der Tag hingegangen; unbeweglich standen die Franzosen, Kellermann hatte auch einen bequemern Platz genommen; unsere Leute zog man aus dem Feuer zurück, und es war eben, als wenn nichts gewesen wäre. Die größte Bestürzung verbreitete sich über die Armee. Noch am

Morgen hatte man nicht anders gedacht, als die sämtlichen Franzosen anzuspießen und aufzuspeisen, ja mich selbst hatte das unbedingte Vertrauen auf ein solches Heer, auf den Herzog von Braunschweig zur Teilnahme an dieser gefährlichen Expedition gelockt; nun aber ging jeder vor sich hin, man sah sich nicht an, oder wenn es geschah, so war es um zu fluchen, oder zu verwünschen. Wir hatten, eben als es Nacht werden wollte, zufällig einen Kreis geschlossen, in dessen Mitte nicht einmal wie gewöhnlich ein Feuer konnte angezündet werden, die meisten schwiegen, einige sprachen, und es fehlte doch eigentlich einem jeden Besinnung und Urteil. Endlich rief man mich auf, was ich dazu denke, denn ich hatte die Schar gewöhnlich mit kurzen Sprüchen erheitert und erquickt; diesmal sagte ich: „Von hier und heute geht eine neue Epoche der Weltgeschichte aus, und ihr könnt sagen, ihr seid dabei gewesen."

In diesen Augenblicken, wo niemand nichts zu essen hatte, reklamierte ich einen Bissen Brot von dem heute früh erworbenen, auch war von dem gestern reichlich verspendeten Weine noch der Inhalt eines Branntweinfläschchens übrig geblieben, und ich mußte daher auf die gestern am Feuer so kühn gespielte Rolle des willkommenen Wundertäters völlig Verzicht tun.

Die Kanonade hatte kaum aufgehört, als Regen und Sturm schon wieder eindrangen und einen Zustand unter freiem Himmel, auf zähem Lehmboden höchst unerfreulich machten. Und doch kam, nach so langem Wachen, Gemüts- und Leibesbewegung, der Schlaf sich anmeldend, als die Nacht hereindüsterte. Wir hatten uns hinter einer Erhöhung, die den schneidenden Wind abhielt, notdürftig gelagert, als es jemanden einfiel, man solle sich für diese Nacht in die Erde graben und mit dem Mantel zudecken. Hiezu machte man gleich Anstalt, und es wurden mehrere Gräber ausgehauen, wozu die reitende Artillerie Gerätschaften hergab. Der Herzog von Weimar selbst verschmähte nicht eine solche voreilige Bestattung.

Hier verlangt' ich nun gegen Erlegung von acht Groschen die bewußte Decke, wickelte mich darein und breitete den Mantel noch oben drüber, ohne von dessen Feuchtigkeit viel zu empfinden. Ulyß kann unter seinem auf ähnliche Weise erworbenen Mantel nicht mit mehr Behaglichkeit und Selbstgenügen geruht haben.

Alle diese Bereitungen waren wider den Willen des Obersten geschehen, welcher uns bemerken machte, daß auf einem Hügel gegenüber hinter einem Busche die Franzosen eine Batterie stehen hatten, mit der sie uns im Ernste begraben und nach Belieben vernichten konnten. Allein wir mochten den windstillen Ort und unsere weislich ersonnene Bequemlichkeit nicht aufgeben, und es war dies nicht das letzte Mal, wo ich bemerkte, daß man, um der Unbequemlichkeit auszuweichen, die Gefahr nicht scheue.

Den 21. September

waren die wechselseitigen Grüße der Erwachenden keineswegs heiter und froh, denn man ward sich in einer beschämenden, hoffnungslosen Lage gewahr. Am Rand eines ungeheuern Amphitheaters fanden wir uns aufgestellt, wo jenseits auf Höhen, deren Fuß durch Flüsse, Teiche, Bäche, Moräste gesichert war, der Feind einen kaum übersehbaren Halbzirkel bildete. Diesseits standen wir völlig wie gestern, um zehntausend Kanonenkugeln leichter, aber ebensowenig situiert zum Angriff; man blickte in eine weit ausgebreitete Arena hinunter, wo sich zwischen Dorfhütten und Gärten die beiderseitigen Husaren herumtrieben und mit Spiegelgefecht bald vor- bald rückwärts, eine Stunde nach der andern, die Aufmerksamkeit der Zuschauer zu fesseln wußten. Aber aus all dem Hin- und Hersprengen, dem Hin- und Widerpuffen ergab sich zuletzt kein Resultat, als daß einer der Unsrigen, der sich zu kühn zwischen die Hecken gewagt hatte, umzingelt und, da er sich keineswegs ergeben wollte, erschossen wurde.

Dies war das einzige Opfer der Waffen an diesem Tage; aber die eingerissene Krankheit machte den unbequemen, drückenden, hülflosen Zustand trauriger und fürchterlicher.

So schlaglustig und -fertig man gestern auch gewesen, gestand man doch, daß ein Waffenstillstand wünschenswert sei, da selbst der Mutigste, Leidenschaftlichste nach weniger Überlegung sagen mußte: ein Angriff würde das verwegenste Unternehmen von der Welt sein. Noch schwankten die Meinungen den Tag über, wo man ehrenthalben dieselbe Stellung behauptete, wie beim Augenblick der Kanonade; gegen Abend jedoch veränderte man sie einigermaßen, zuletzt war das Hauptquartier nach Hans gelegt und die Bagage herbeigekommen. Nun hatten wir zu vernehmen die Angst, die Gefahr, den nahen Untergang unserer Dienerschaft und Habseligkeiten.

Das Waldgebirg Argonne, von Sainte-Menehould bis Grandpré, war von Franzosen besetzt; von dort aus führten ihre Husaren den kühnsten, mutwilligsten kleinen Krieg. Wir hatten gestern vernommen, daß ein Sekretär des Herzogs von Braunschweig und einige andere Personen der fürstlichen Umgebung zwischen der Armee und der Wagenburg waren gefangen worden. Diese verdiente aber keineswegs den Namen einer Burg, denn sie war schlecht aufgestellt, nicht geschlossen, nicht genugsam eskortiert. Nun beängstete sie ein blinder Lärm nach dem andern und zugleich die Kanonade in geringer Entfernung. Späterhin trug man sich mit der Fabel oder Wahrheit: die französischen Truppen seien schon den Gebirgswald herab, auf dem Wege gewesen, sich der sämtlichen Equipage zu bemächtigen; da gab sich denn der von ihnen gefangene und wieder losgelassene Läufer des General Kalckreuth ein großes Ansehn, indem er versicherte: er habe durch glückliche Lügen von starker Bedeckung, von reitenden Batterien und dergleichen einen feindlichen Anfall abgewendet. Wohl möglich! Wer hat nicht in solchen bedeutenden Augenblicken zu tun, oder getan.

Nun waren die Zelte da, Wagen und Pferde; aber Nahrung für kein Lebendiges. Mitten im Regen ermangelten wir sogar des Wassers, und einige Teiche waren schon durch eingesunkene Pferde verunreinigt; das alles zusammen bildete den schrecklichsten Zustand. Ich wußte nicht, was es heißen sollte, als ich meinen treuen Zögling, Diener und Gefährten Paul Goetze von dem Leder des Reisewagens das zusammengeflossene Regenwasser sehr emsig schöpfen sah; er bekannte, daß es zur Schokolade bestimmt sei, davon er glücklicherweise einen Vorrat mitgebracht hatte; ja, was mehr ist, ich habe aus den Fußtapfen der Pferde schöpfen sehen, um einen unerträglichen Durst zu stillen. Man kaufte das Brot von alten Soldaten, die, an Entbehrung gewöhnt, etwas zusammensparten, um sich am Branntwein zu erquicken, wenn derselbe wieder zu haben wäre.

Am 22. September

hörte man, die Generale Manstein und Heymann seien nach Dampierre, in das Hauptquartier von Kellermann, wo sich auch Dumouriez einfinden sollte. Es war von Auswechseln der Gefangnen, von Versorgung der Kranken und Blessierten zum Schein die Rede; im ganzen hoffte man aber mitten im Unglück eine Umkehr der Dinge zu bewirken. Seit dem zehnten August war der König von Frankreich gefangen, grenzenlose Mordtaten waren im September geschehen. Man wußte, daß Dumouriez für den König und die Konstitution gesinnt gewesen, er mußte also, seines eignen Heils, seiner Sicherheit willen, die gegenwärtigen Zustände bekämpfen, und eine große Begebenheit wäre es geworden, wenn er sich mit den Alliierten alliiert und so auf Paris losgegangen wäre.

Seit der Ankunft der Equipage fand sich die Umgebung des Herzogs von Weimar um vieles gebessert, denn man mußte dem Kämmerier, dem Koch und andern Hausbeamten das Zeugnis geben, daß sie niemals ohne Vorrat gewesen und selbst in dem größten Mangel immer für etwas warme Speise gesorgt. Hierdurch erquickt ritt ich umher, mich mit der Gegend nur einigermaßen bekannt zu machen, ganz ohne Frucht; diese flachen Hügel hatten keinen Charakter, kein Gegenstand zeichnete sich vor andern aus. Mich doch zu orientieren, forscht' ich nach der langen und hochaufgewachsenen Pappelallee, die gestern so auffallend gewesen war, und da ich sie nicht entdecken konnte, glaubt' ich mich weit verirrt, allein bei näherer Aufmerksamkeit fand ich, daß sie niedergehauen, weggeschleppt und wohl schon verbrannt sei.

An den Stellen, wo die Kanonade hingewirkt, erblickte man großen Jammer: die Menschen lagen unbegraben, und die schwer verwundeten Tiere konnten nicht ersterben. Ich sah ein Pferd, das sich in seinen eigenen, aus dem verwundeten Leibe herausgefallenen Eingeweiden mit den Vorderfüßen verfangen hatte und so unselig dahin hinkte.

Im Nachhausereiten traf ich den Prinzen Louis Ferdinand, im freien Felde, auf einem hölzernen Stuhle sitzen, den man aus einem untern Dorfe heraufgeschafft; zugleich schleppten einige seiner Leute einen schweren, verschlossenen Küchschrank herbei; sie versicherten, es klappere darin, sie hofften einen guten Fang getan zu haben. Man erbrach ihn begierig, fand aber nur ein stark beleibtes Kochbuch, und nun, indessen der gespaltene Schrank im Feuer aufloderte, las man die köstlichsten Küchenrezepte vor, und so ward abermals Hunger und Begierde durch eine aufgeregte Einbildungskraft bis zur Verzweiflung gesteigert.

Den 24. September.

Erheitert einigermaßen wurde das schlimmste Wetter von der Welt durch die Nachricht, daß ein Stillstand geschlossen sei, und daß man also wenigstens die Aussicht habe, mit einiger Gemütsruhe leiden und darben zu können; aber auch dieses gedieh nur zum halben Trost, da man bald vernahm, es sei eigentlich nur eine Übereinkunft, daß die Vorposten Friede halten sollten, wobei nicht unbenommen bleibe, die Kriegsoperationen außer dieser Berührung nach Gutdünken fortzusetzen. Dieses war eigentlich zugunsten der Franzosen bedingt, welche rings umher ihre Stellung verändern und uns besser einschließen konnten, wir aber in der Mitte mußten stillhalten und in unserem stockenden Zustand verweilen. Die Vorposten aber ergriffen diese Erlaubnis mit Vergnügen; zuerst kamen sie überein, daß, welchem von beiden Teilen Wind und Wetter ins Gesicht schlage, der solle das Recht haben sich umzukehren und, in seinen Mantel gewickelt, von dem Gegenteil nichts befürchten. Es kam weiter; die Franzosen hatten immer noch etwas weniges zur Nahrung, indes den Deutschen alles abging; jene teilten daher einiges mit, und man ward immer kameradlicher. Endlich wurden sogar, mit Freundlichkeit, von französischer Seite Druckblätter ausgeteilt, wodurch den guten Deutschen das Heil der Freiheit und Gleichheit in zwei Sprachen verkündigt war; die Franzosen ahmten das Manifest des Herzogs von Braunschweig in umgekehrtem Sinne nach, entboten guten Willen und Gastfreundschaft, und ob sich schon bei ihnen mehr Volk, als sie von oben herein regieren konnten, auf die Beine gemacht hatte, so geschah dieser Aufruf, wenigstens in diesem Augenblick, mehr, um den Gegenteil zu schwächen, als sich selbst zu stärken.

Zum 24. September.

Als Leidensgenossen bedauerte ich auch in dieser Zeit zwei hübsche Knaben, von vierzehn bis funfzehn Jahren. Sie hatten, als Requirierte, mit vier schwachen Pferden meine leichte Chaise bis hierher kaum durchgeschleppt, und litten still, mehr für ihre Tiere als für sich, doch war ihnen so wenig als uns allen zu helfen. Da sie um meinetwillen jedes Unheil ausstanden, fühlte ich mich zu irgend einer Pietät gedrungen und wollte jenes erhandelte Kommißbrot redlich mit ihnen teilen; allein sie lehnten es ab und versicherten, dergleichen könnten sie nicht essen, und als ich fragte, was sie denn gewöhnlich genössen, versetzten sie: „Du bon pain, de la bonne soupe, de la bonne viande, de la bonne bière.“ Da nun bei ihnen alles gut und bei uns alles schlimm war, verzieh ich ihnen gern, daß sie mit Zurücklassung ihrer Pferde sich bald darauf davonmachten. Sie hatten übrigens manches Unheil ausgestanden, ich glaube aber, daß eigentlich das dargebotene Kommißbrot sie zu dem letzten, entscheidenden Schritt, als ein furchtbares Gespenst, bewogen habe. Weiß und schwarz Brot ist eigentlich das Schibboleth, das Feldgeschrei zwischen Deutschen und Franzosen.

Eine Bemerkung darf ich hier nicht unberührt lassen: wir kamen freilich zur ungünstigsten Jahrszeit in ein von der Natur nicht gesegnetes Land, das aber denn doch seine wenigen, arbeitsamen, ordnungsliebenden, genügsamen Einwohner allenfalls ernährt. Reichere und vornehmere Gegenden mögen eine solche freilich geringschätzig behandeln; ich aber habe keineswegs Ungeziefer und Bettelherbergen dort getroffen. Von Mauerwerk gebaut, mit

Ziegeln gedeckt sind die Häuser, und überall hinreichende Tätigkeit. Auch ist die eigentlich schlimme Landstrecke höchstens vier bis sechs Stunden breit und hat, sowohl an dem Argonner Waldgebirge her als gegen Reims und Châlons zu, schon wieder günstigere Gelegenheit. Kinder, die man in dem ersten besten Dorfe aufgegriffen hatte, sprachen mit Zufriedenheit von ihrer Nahrung, und ich durfte mich nur des Kellers zu Somme Tourbe und des weißen Brotes, das uns ganz frisch von Châlons her in die Hände gefallen war, erinnern, so schien es doch, als ob in Friedenszeiten hier nicht gerade Hunger und Ungeziefer zu Hause sein müsse.

Den 25. September.

Daß während des Stillstandes die Franzosen von ihrer Seite tätig sein würden, konnte man vermuten und erfahren. Sie suchten die verlorne Kommunikation mit Châlons wieder herzustellen und die Emigrierten in unserm Rücken zu verdrängen, oder vielmehr an uns heranzudrängen; doch augenblicklich ward für uns das Schädlichste, daß sie, sowohl vom Argonner Waldgebirge, als von Sedan und Montmédy her, uns die Zufuhr erschweren, wo nicht völlig vernichten konnten.

Den 26. September.

Da man mich als auf mancherlei aufmerksam kannte, so brachte man alles, was irgend sonderbar scheinen mochte, herbei; unter andern legte man mir eine Kanonenkugel vor, ohngefähr vierpfündig zu achten, doch war das Wunderliche daran, sie auf ihrer ganzen Oberfläche in kristallisierten Pyramiden endigen zu sehen. Kugeln waren jenes Tags genug verschossen worden, daß sich eine gar wohl hierüber konnte verloren haben. Ich erdachte mir allerlei Hypothesen, wie das Metall beim Gusse oder nachher sich zu dieser Gestalt bestimmt hätte; durch einen Zufall ward ich hierüber aufgeklärt. Nach einer kurzen Abwesenheit wieder in mein Zelt zurückkehrend, fragte ich nach der Kugel, sie wollte sich nicht finden. Als ich darauf bestand, beichtete man: sie sei, nachdem man allerlei an ihr probiert, zersprungen. Ich forderte die Stücke und fand, zu meiner großen Verwunderung, eine Kristallisation, die, von der Mitte ausgehend, sich strahlig gegen die Oberfläche erweiterte. Es war Schwefelkies, der sich in einer freien Lage ringsum mußte gebildet haben. Diese Entdeckung führte weiter, dergleichen Schwefelkiese fanden sich mehr, obschon kleiner, in Kugel- und Nierenform, auch in andern, weniger regelmäßigen Gestalten, durchaus aber darin gleich, daß sie nirgends angesessen hatten und daß ihre Kristallisation sich immer auf eine gewisse Mitte bezog; auch waren sie nicht abgerundet, sondern völlig frisch und deutlich kristallinisch abgeschlossen. Sollten sie sich wohl in dem Boden selbst erzeugt haben, und findet man dergleichen mehr auf Ackerfeldern?

Aber ich nicht allein war auf die Mineralien der Gegend aufmerksam; die schöne Kreide, die sich überall vorfand, schien durchaus von einigem Wert. Es ist wahr, der Soldat durfte nur ein Kochloch aufhauen, so traf er auf die klarste weiße Kreide, die er zu seinem blanken und glatten Putz sonst so nötig hatte. Da ging wirklich ein Armeebefehl aus: der Soldat solle sich mit dieser hier umsonst zu habenden, notwendigen Ware soviel als möglich versehen. Dies gab nun freilich zu einigem Spott Gelegenheit; mitten in den furchtbarsten Kot versenkt, sollte man sich mit Reinlichkeits- und Putzmitteln beladen; wo man nach Brot seufzte, sich mit Staub zufriedenstellen. Auch stutzten die Offiziere nicht wenig, als sie im Hauptquartier übel angelassen wurden, weil sie nicht so reinlich, so zierlich wie auf der Parade zu Berlin oder Potsdam erschienen. Die Oberen konnten nicht helfen, so sollten sie, meinte man, auch nicht schelten.

Den 27. September.

Eine etwas wunderliche Vorsichtsmaßregel, dem dringenden Hunger zu begegnen, ward gleichfalls bei der Armee publiziert: man solle die vorhandenen Gerstengarben so gut als möglich ausklopfen, die gewonnenen Körner in heißem Wasser so lange sieden, bis sie aufplatzen, und durch diese Speise die Befriedigung des Hungers versuchen.

Unserer nächsten Umgebung war jedoch eine bessere

Beihülfe zugedacht. Man sah in der Ferne zwei Wagen festgefahren, denen man, weil sie Proviant und andere Bedürfnisse geladen hatten, gern zu Hülfe kam. Stallmeister von Seebach schickte sogleich Pferde dorthin, man brachte sie los, führte sie aber auch sogleich des Herzogs Regiment zu; sie protestierten dagegen, als zur östreichischen Armee bestimmt, wohin auch wirklich ihre Pässe lauteten. Allein man hatte sich einmal ihrer angenommen; um den Zudrang zu verhüten und sie zugleich festzuhalten, gab man ihnen Wache, und da sie auch von uns bezahlt erhielten, was sie forderten, so mußten sie auch bei uns ihre eigentliche Bestimmung finden.

Eilig drängten sich zu allererst die Haushofmeister, Köche und ihre Gehülfen herbei, nahmen von der Butter in Fäßchen, von Schinken und andern guten Dingen Besitz. Der Zulauf vermehrte sich, die größere Menge schrie nach Tabak, der denn auch um teuren Preis häufig ausgegeben wurde. Die Wagen aber waren so umringt, daß sich zuletzt niemand mehr nähern konnte, deswegen mich unsere Leute und Reiter anriefen und auf das dringendste baten, ihnen zu diesem notwendigsten aller Bedürfnisse zu verhelfen.

Ich ließ mir durch Soldaten Platz machen und erstieg sogleich, um mich nicht im Gedränge zu verwirren, den nächsten Wagen; dort bepackte ich mich für gutes Geld mit Tabak, was nur meine Taschen fassen wollten, und ward, als ich wieder herab und spendend ins Freie gelangte, für den größten Wohltäter gepriesen, der sich jemals der leidenden Menschheit erbarmt hatte. Auch Branntwein war angelangt, man versah sich damit und bezahlte die Bouteille gern mit einem Laubtaler.

Den 27. September.

Sowohl im Hauptquartiere selbst, wohin man zuweilen gelangte, als bei allen denen, die von dort herkamen, erkundigte man sich nach der Lage der Dinge; sie konnte nicht bedenklicher sein. Von dem Unheil, das in Paris vorgegangen, verlautete immer mehr und mehr, und was man anfangs für Fabeln gehalten, erschien zuletzt als Wahrheit überschwenglich furchtbar. König und Familie waren gefangen, die Absetzung dessen schon zur Sprache gekommen, der Haß des Königtums überhaupt gewann immer mehr Breite, ja schon konnte man erwarten, daß gegen den unglücklichen Monarchen ein Prozeß würde eingeleitet werden. Unsere unmittelbaren kriegerischen Gegner hatten sich eine Kommunikation mit Châlons wieder eröffnet; dort befand sich Luckner, der die von Paris anströmenden Freiwilligen zu Kriegshaufen bilden sollte; aber diese, in den gräßlichen ersten Septembertagen, durch die reißend fließenden Blutströme, aus der Hauptstadt ausgewandert, brachten Lust zum Morden und Rauben mehr als zu einem rechtlichen Kriege mit. Nach dem Beispiel des Pariser Greuelvolks ersahen sie sich willkürliche Schlachtopfer, um ihnen, wie sich's fände, Autorität, Besitz oder wohl gar das Leben zu rauben. Man durfte sie nur undiszipliniert loslassen, so machten sie uns den Garaus.

Die Emigrierten waren an uns herangedrückt worden, und man erzählte noch von gar manchem Unheil, das im Rücken und von der Seite bedrohte. In der Gegend von Reims sollten sich zwanzigtausend Bauern zusammengerottet haben, mit Feldgerät und wildergriffenen Naturwaffen versehen; die Sorge war groß, auch diese möchten auf uns losbrechen.

Von solchen Dingen ward am Abend in des Herzogs Zelt, in Gegenwart von bedeutenden Kriegsobristen gesprochen; jeder brachte seine Nachricht, seine Vermutung, seine Sorge als Beitrag in diesen ratlosen Rat, denn es schien durchaus nur ein Wunder uns retten zu können. Ich aber dachte in diesem Augenblick, daß wir gewöhnlich in mißlichen Zuständen uns gern mit hohen Personen vergleichen, besonders mit solchen, denen es noch schlimmer gegangen; da fühlt' ich mich getrieben, wo nicht zur Erheiterung, doch zur Ableitung, aus der Geschichte Ludwigs des Heiligen die drangvollsten Begebenheiten zu erzählen. Der König, auf seinem Kreuzzuge, will zuerst den Sultan von Ägypten demütigen, denn von diesem hängt gegenwärtig das Gelobte Land ab. Damiette fällt ohne Belagerung den Christen in die Hände. Angefeuert von seinem Bruder Graf Artois, unternimmt der König einen Zug das rechte Nilufer hinauf, nach

Babylon-Kairo. Es glückt, einen Graben auszufüllen, der Wasser vom Nil empfängt. Die Armee zieht hinüber. Aber nun findet sie sich geklemmt zwischen dem Nil, dessen Haupt- und Nebenkanälen; dagegen die Sarazenen auf beiden Ufern des Flusses glücklich postiert sind. Über die größeren Wasserleitungen zu setzen wird schwierig. Man baut Blockhäuser gegen die Blockhäuser der Feinde; diese aber haben den Vorteil des Griechischen Feuers. Sie beschädigen damit die hölzernen Bollwerke, Bauten und Menschen. Was hilft den Christen ihre entschiedene Schlachtordnung, immerfort von den Sarazenen gereizt, geneckt, angegriffen, teilweise in Scharmützel verwickelt. Einzelne Wagnisse, Faustkämpfe sind bedeutend, herzerhebend, aber die Helden, der König selbst wird abgeschnitten. Zwar brechen die Tapfersten durch, aber die Verwirrung wächst. Der Graf von Artois ist in Gefahr, zu dessen Rettung wagt der König alles. Der Bruder ist schon tot, das Unheil steigt aufs Äußerste. An diesem heißen Tage kommt alles darauf an, eine Brücke über ein Seitenwasser zu verteidigen, um die Sarazenen vom Rücken des Hauptgefechtes abzuhalten. Den wenigen da postierten Kriegsleuten wird auf alle Weise zugesetzt, mit Geschütz von den Soldaten, mit Steinen und Kot durch Troßbuben. Mitten in diesem Unheil spricht der Graf von Soissons zum Ritter Joinville scherzend: „Seneschall, laßt das Hundepack bellen und blöken; bei Gottesthron!“ (so pflegte er zu schwören), „von diesem Tage sprechen wir noch im Zimmer vor den Damen.“

Man lächelte, nahm das Omen gut auf, besprach sich über mögliche Fälle, besonders hob man die Ursachen hervor, warum die Franzosen uns eher schonen als verderben müßten: der lange ungetrübte Stillstand, das bisherige zurückhaltende Betragen gaben einige Hoffnung. Diese zu beleben wagte ich noch einen historischen Vortrag und erinnerte mit Vorzeigung der Spezialkarten, daß zwei Meilen von uns nach Westen das berüchtigte Teufelsfeld gelegen sei, bis wohin Attila, König der Hunnen, mit seinen ungeheuren Heerhaufen, im Jahr 452 gelangte, dort aber von den burgundischen Fürsten unter Beistand des römischen Feldherrn Aetius geschlagen worden; daß, hätten sie ihren

Sieg verfolgt, er in Person und mit allen seinen Leuten umgekommen und vertilgt worden wäre. Der römische General aber, der die Burgunderfürsten nicht von aller Furcht vor diesem gewaltigen Feind zu befreien gedachte, weil er sie alsdann sogleich gegen die Römer gewendet gesehen hätte, beredete einen nach dem andern nach Hause zu ziehen; und so entkam denn auch der Hunnenkönig mit den Überresten eines unzählbaren Volkes.

In eben dem Augenblick ward die Nachricht gebracht, der erwartete Brottransport von Grandpré sei angekommen; auch dies belebte doppelt und dreifach die Geister; man schied getrösteter voneinander, und ich konnte dem Herzog bis gegen Morgen in einem unterhaltenden französischen Buche vorlesen, das auf die wunderlichste Weise in meine Hände gekommen. Bei den verwegenen frevelhaften Scherzen, welche mitten in dem bedrängtesten Zustand noch Lachen erregten, erinnerte ich mich der leichtfertigen Jäger vor Verdun, welche Schelmlieder singend in den Tod gingen. Freilich wenn man dessen Bitterkeit vertreiben will, muß man es mit den Mitteln so genau nicht nehmen.

Den 28. September.

Das Brot war angekommen, nicht ohne Mühseligkeit und Verlust; auf den schlimmsten Wegen von Grandpré, wo die Bäckerei lag, bis zu uns heran waren mehrere Wagen stecken geblieben, andere dem Feind in die Hände gefallen, und selbst ein Teil des Transports ungenießbar; denn im wäßrigen, zu schnell gebackenen Brote trennte sich Krume von Rinde, und in den Zwischenräumen erzeugte sich Schimmel. Abermals in Angst vor Gift brachte man mir dergleichen Laibe, diesmal in ihren inneren Hohlungen hoch pomeranzenfarbig anzusehen, auf Arsenik und Schwefel hindeutend, wie jenes vor Verdun auf Grünspan. War es aber auch nicht vergiftet, so erregte doch der Anblick Abscheu und Ekel, getäuschte Befriedigung schärfte den Hunger; Krankheit, Elend, Mißmut lagen schwer auf einer so großen Masse guter Menschen.

In solchen Bedrängnissen wurden wir noch gar durch eine unglaubliche Nachricht überrascht und betrübt, es hieß: der Herzog von Braunschweig habe sein früheres Manifest an Dumouriez geschickt, welcher darüber ganz verwundert und entrüstet sogleich den Stillstand aufgekündigt und den Anfang der Feindseligkeiten befohlen habe. So groß das Unheil war, in welchem wir staken und noch größeres bevorsahen, konnten wir doch nicht unterlassen zu scherzen und zu spotten, wir sagten: da sähe man, was für Unheil die Autorschaft nach sich ziehe! Jeder Dichter und sonstige Schriftsteller trage gern seine Arbeiten einem jeden vor, ohne daß er frage, ob es die rechte Zeit und Stunde sei; nun ergehe es dem Herzog von Braunschweig ebenso, der die Freuden der Autorschaft genießend sein unglückliches Manifest ganz zur unrechten Zeit wieder produziere.

Wir erwarteten nun, die Vorposten abermals puffen zu hören, man schaute sich nach allen Hügeln um, ob nicht irgend ein Feind erscheinen möchte; aber es war alles so still und ruhig, als wäre nichts vorgegangen. Indessen lebte man in der peinlichsten Ungewißheit und Unsicherheit, denn jeder sah wohl ein, daß wir strategisch verloren waren, wenn es dem Feind im mindesten einfallen sollte, uns zu beunruhigen und zu drängen. Doch deutete schon manches in dieser Ungewißheit auf Übereinkunft und mildere Gesinnung; so hatte man zum Beispiel den Postmeister von Sainte-Menehould gegen die am zwanzigsten, zwischen der Wagenburg und Armee, weggefangenen Personen der königlichen Suite frei und ledig gegeben.

Den 29. September.

Gegen Abend setzte sich, der erteilten Ordre gemäß, die Equipage in Bewegung; unter Geleit Regiments Herzog von Braunschweig sollte sie voran gehen, um Mitternacht die Armee folgen. Alles regte sich, aber mißmutig und langsam; denn selbst der beste Wille gleitete auf dem durchweichten Boden und versank, eh' er sich's versah. Auch diese Stunden gingen vorüber: Zeit und Stunde rennt durch den rauhsten Tag!

Es war Nacht geworden, auch diese sollte man schlaflos zubringen, der Himmel war nicht ungünstig, der Vollmond leuchtete, aber hatte nichts zu beleuchten. Zelte waren verschwunden, Gepäck, Wagen und Pferde alles hinweg und unsere kleine Gesellschaft besonders in einer seltsamen Lage. An dem bestimmten Orte, wo wir uns befanden, sollten die Pferde uns aufsuchen, sie waren ausgeblieben. So weit wir bei falbem Licht umhersahen, schien alles öd und leer; wir horchten vergebens, weder Gestalt noch Ton war zu vernehmen. Unsere Zweifel wogten hin und her; wir wollten den bezeichneten Platz lieber nicht verlassen, als die Unsrigen in gleiche Verlegenheit setzen und sie gänzlich verfehlen. Doch war es grauerlich, in Feindesland, nach solchen Ereignissen vereinzelt, aufgegeben, wo nicht zu sein, doch für den Augenblick zu scheinen. Wir paßten auf, ob nicht vielleicht eine feindliche Demonstration vorkomme, aber es rührte und regte sich weder Günstiges noch Ungünstiges.

Wir trugen nach und nach alles hinterlassene Zeltstroh in der Umgegend zusammen und verbrannten es, nicht ohne Sorgen. Gelockt durch die Flamme, zog sich eine alte Marketenderin zu uns heran; sie mochte sich beim Rückweg in den fernen Orten nicht ohne Tätigkeit verspätet haben, denn sie trug ziemliche Bündel unter den Armen. Nach Gruß und Erwärmung hob sie zuvörderst Friedrich den Großen in den Himmel und pries den Siebenjährigen Krieg, dem sie als Kind wollte beigewohnt haben; schalt grimmig auf die gegenwärtigen Fürsten und Heerführer, die so große Mannschaft in ein Land brächten, wo die Marketenderin ihr Handwerk nicht treiben könne, worauf es denn doch eigentlich abgesehen sei. Man konnte sich an ihrer Art, die Sachen zu betrachten, gar wohl erlustigen und sich für einen Augenblick zerstreuen, doch waren uns endlich die Pferde höchst willkommen; da wir denn auch mit dem Regimente Weimar den ahnungsvollen Rückzug antraten.

Vorsichtsmaßregeln, bedeutende Befehle ließen fürchten, daß die Feinde unserm Abmarsch nicht gelassen zusehen würden. Mit Bangigkeit hatte man noch am Tage das sämtliche Fuhrwerk, am bänglichsten aber die Artillerie, in den durchweichten Boden einschneidend, sich stockend bewegen sehen; was mochte nun zu Nacht alles vorfallen? Mit Bedauern sah man gestürzte, geborstene Bagagewagen im Bachwasser liegen, mit Bejammern ließ man zurückbleibende Kranke hülflos. Wo man sich auch umsah, einigermaßen vertraut mit der Gegend, gestand man, hier sei gar keine Rettung, sobald es dem Feinde, den wir links, rechts und im Rücken wußten, belieben möchte uns anzugreifen; da dies aber in den ersten Stunden nicht geschah, so stellte sich das hoffnungsbedürftige Gemüt schnell wieder her, und der Menschengeist, der allem, was geschieht, Verstand und Vernunft unterlegen möchte, sagte sich getrost, die Verhandlungen zwischen den Hauptquartieren Hans und Sainte-Menehould seien glücklich und zu unseren Gunsten abgeschlossen worden. Von Stunde zu Stunde vermehrte sich der Glaube; und als ich haltmachen, die sämtlichen Wagen über dem Dorfe Saint-Jean ordnungsgemäß auffahren sah, war ich schon völlig gewiß, wir würden nach Hause gelangen und in guter Gesellschaft (devant les Dames) von unseren ausgestandenen Qualen sprechen und erzählen dürfen. Auch diesmal teilt' ich Freunden und Bekannten meine Überzeugung mit, und wir ertrugen die gegenwärtige Not schon mit Heiterkeit.

Kein Lager ward bezogen, aber die Unsrigen schlugen ein großes Zelt auf, inwendig und auswendig umher die reichsten herrlichsten Weizengarben zur Schlafstätte gebreitet. Der Mond schien hell durch die beruhigte Luft, nur ein sanfter Zug leichter Wolken war bemerklich, die ganze Umgebung sichtbar und deutlich, fast wie am Tage. Beschienen waren die schlafenden Menschen, die Pferde vom Futterbedürfnis wach gehalten, darunter viele weiße, die das Licht kräftig wiedergaben; weiße Wagenbedeckungen, selbst die zur Nachtruhe gewidmeten weißen Garben, alles verbreitete Helle und Heiterkeit über diese bedeutende Szene. Fürwahr, der größte Maler hätte sich glücklich geschätzt, einem solchen Bilde gewachsen zu sein.

Erst spät legt' ich mich ins Zelt und hoffte des tiefsten Schlafes zu genießen; aber die Natur hat manches Unbequeme zwischen ihre schönsten Gaben ausgestreut, und so gehört zu den ungeselligsten Unarten des Menschen, daß er schlafend, eben wenn er selbst am tiefsten ruht, den Gesellen durch unbändiges Schnarchen wach zu halten pflegt. Kopf an Kopf, ich innerhalb, er außerhalb des Zeltes, lag ich mit einem Manne, der mir durch ein gräßlich

Stöhnen die so nötige Ruhe unwiederbringlich verkümmerte. Ich löste den Strang vom Zeltpflock, um meinen Widersacher kennen zu lernen; es war ein braver, tüchtiger Mann von der Dienerschaft, er lag vom Mond beschienen in so tiefem Schlaf, als wenn er Endymion selbst gewesen wäre. Die Unmöglichkeit, in solcher Nachbarschaft Ruhe zu erlangen, regte den schalkischen Geist in mir auf; ich nahm eine Weizenähre und ließ die schwankende Last über Stirn und Nase des Schlafenden schweben. In seiner tiefen Ruhe gestört, fuhr er mit der Hand mehrmals übers Gesicht, und sobald er wieder in Schlaf versank, wiederholt' ich mein Spiel, ohne daß er hätte begreifen mögen, woher in dieser Jahrszeit eine Bremse kommen könne. Endlich bracht' ich es dahin, daß er völlig ermuntert aufzustehen beschloß. Indessen war auch mir alle Schlaflust vergangen, ich trat vor das Zelt und bewunderte in dem wenig veränderten Bilde die unendliche Ruhe am Rande der größten, immer noch denkbaren Gefahr; und wie in solchen Augenblicken Angst und Hoffnung, Kümmernis und Beruhigung wechselsweise auf und ab gaukeln, so erschrak ich wieder, bedenkend: daß, wenn der Feind uns in diesem Augenblick überfallen wollte, weder eine Radspeiche noch ein Menschengebein davonkommen würde.

Der anbrechende Tag wirkte sodann wieder zerstreuend, denn da zeigte sich manches Wunderliche. Zwei alte Marketenderinnen hatten mehrere seidene Weiberröcke buntscheckig um Hüfte und Brust übereinander gebunden, den obersten aber um den Hals und oben darüber noch ein Halbmäntelchen. In diesem Ornat stolzierten sie gar komisch einher und behaupteten, durch Kauf und Tausch sich diese Maskerade gewonnen zu haben.

Den 30. September.

So früh sich auch mit Tagesanbruch das sämtliche Fuhrwerk in Bewegung setzte, so legten wir doch nur einen kurzen Weg zurück, denn schon um neun Uhr hielten wir zwischen Laval und Wargemoulin. Menschen und Tiere suchten sich zu erquicken, kein Lager ward aufgeschlagen. Nun kam auch die Armee heran und postierte sich auf einer

Anhöhe; durchaus herrschte die größte Stille und Ordnung. Zwar konnte man an verschiedenen Vorsichtsmaßregeln gar wohl bemerken, daß noch nicht alle Gefahr überstanden sei; man rekognoszierte, man unterhielt sich heimlich mit unbekannten Personen, man rüstete sich zum abermaligen Aufbruch.

Den 1. Oktober.

Der Herzog von Weimar führte die Avantgarde und deckte zugleich den Rückzug der Bagage. Ordnung und Stille herrschten diese Nacht, und man beruhigte sich in dieser Ruhe, als um zwölf Uhr aufzubrechen befohlen ward. Nun ging aber aus allem hervor, daß dieser Marsch nicht ganz sicher sei, wegen Streifpartien, welche vom Argonner Wald herunter zu befürchten waren. Denn wäre auch mit Dumouriez und den höchsten Gewalten Übereinkunft getroffen gewesen, welches nicht einmal als ganz gewiß angenommen werden konnte; so gehorchte doch damals nicht leicht jemand dem andern, und die Mannschaft im Waldgebirge durfte sich nur für selbständig erklären, einen Versuch machen zu unserm Verderben, welches niemand damals hätte mißbilligen dürfen.

Auch der heutige Marsch ging nicht weit: es war die Absicht, Equipage und Armee zusammen sollten auch gleichen Schritt mit den Östreichern und Emigrierten halten, die, uns zur linken Seite, parallel gleichfalls auf dem Rückzug begriffen waren.

Gegen acht Uhr hielten wir schon, bald nachdem wir Rouvroy hinter uns gelassen hatten; einige Zelte wurden aufgeschlagen, der Tag war schön und die Ruhe nicht gestört.

Und so will ich denn hier auch noch anführen, daß ich in diesem Elend das neckische Gelübde getan: man solle, wenn ich uns erlöst und mich wieder zu Hause sähe, von mir niemals wieder einen Klagelaut vernehmen über den meine freiere Zimmeraussicht beschränkenden Nachbargiebel, den ich vielmehr jetzt recht sehnlich zu erblicken wünsche; ferner wollt' ich mich über Mißbehagen und Langeweile im deutschen Theater nie wieder beklagen, wo man doch immer Gott danken könne, unter Dach zu sein, was auch auf der Bühne vorgehe. Und so gelobt' ich noch ein Drittes, das mir aber entfallen ist.

Es war noch immer genug, daß jeder für sich selbst in dem Grade sorgte, und Roß und Wagen, Mann und Pferd nach ihren Abteilungen regelmäßig zusammenblieben; und so auch wir, sobald stille gehalten, oder ein Lager aufgeschlagen ward, immer wieder gedeckte Tafeln und Bänke und Stühle fanden. Doch wollte uns bedünken, daß wir gar zu schmal abgefunden würden, ob wir uns gleich bei dem bekannten allgemeinen Mangel bescheiden darein ergaben.

Indessen schenkte mir das Glück Gelegenheit, einem bessern Gastmahl beizuwohnen. Es war zeitig Nacht geworden, jedermann hatte sich sogleich auf die zubereitete Streue gelegt, auch ich war eingeschlafen, doch weckte mich ein lebhafter, angenehmer Traum: denn mir schien, als röch' ich, als genöss' ich die besten Bissen, und als ich darüber aufwachte, mich aufrichtete, war mein Zelt voll des herrlichsten Geruchs gebratenen und versengten Schweinefettes, der mich sehr lüstern machte. Unmittelbar an der Natur mußte es uns verziehen sein, den Schweinehirten für göttlich und Schweinebraten für unschätzbar zu halten. Ich stand auf und erblickte in ziemlicher Ferne ein Feuer, glücklicherweise ober dem Winde: von daher kam mir die Fülle des guten Dunstes. Unbedenklich ging ich dem Scheine nach und fand die sämtliche Dienerschaft um ein großes, bald zu Kohlen verbranntes Feuer beschäftigt, den Rücken des Schweins schon beinahe gar, das übrige zerstückt, zum Einpacken bereit, einen jeden aber tätig und handreichend, um die Würste bald zu vollenden. Unfern des Feuers lagen ein paar große Baumstämme; nach Begrüßung der Gesellschaft setzt' ich mich darauf, und ohne ein Wort zu sagen, sah ich einer solchen Tätigkeit mit Vergnügen zu. Teils wollten mir die guten Leute wohl, teils konnten sie den unerwarteten Gast schicklicherweise nicht ausschließen, und wirklich, da es zum Austeilen kam, reichten sie mir ein kostbares Stück; auch war Brot zu haben und ein Schluck Branntwein dazu; es fehlte eben an keinem Guten.

Nicht weniger ward mir ein tüchtiges Stück Wurst gereicht, als wir uns noch bei Nacht und Nebel zu Pferde setzten; ich steckte es in meine Pistolenhalfter, und so war mir die Begünstigung des Nachtwindes gut zustatten gekommen.

Den 2. Oktober.

Wenn man sich auch mit einigem Essen und Trinken gestärkt und den Geist durch sittliche Trostgründe beschwichtigt hatte, so wechselten doch immer Hoffnung und Sorge, Verdruß und Scham in der schwankenden Seele; man freute sich, noch am Leben zu sein, unter solchen Bedingungen zu leben verwünschte man. Nachts um zwei Uhr brachen wir auf, zogen mit Vorsicht an einem Walde vorbei, kamen bei Vaux über die Stelle unseres vor kurzem verlassenen Lagers und bald an die Aisne. Hier fanden wir zwei Brücken geschlagen, die uns aufs rechte Ufer hinüberleiteten. Da verweilten wir nun zwischen beiden, die wir zugleich übersehen konnten, auf einem Sand- und Weidenwerder, das lebhafteste Küchenfeuer sogleich besorgend. Die zartesten Linsen, die ich jemals genossen, lange, rote, schmackhafte Kartoffeln waren bald bereitet. Als aber zuletzt jene von den östreichischen Fuhrleuten aufgebrachten, bisher streng verheimlichten Schinken gar geworden, konnte man sich genugsam wieder herstellen.

Die Equipage war schon herüber; aber bald eröffnete sich ein so prächtiger als trauriger Anblick. Die Armee zog über die Brücken, Fußvolk und Artillerie, die Reiterei durch einen Furt, alle Gesichter düster, jeder Mund verschlossen, eine gräßliche Empfindung mitteilend. Kamen Regimenter heran, unter denen man Bekannte, Befreundete wußte, so eilte man hin, man umarmte, man besprach sich, aber unter welchen Fragen! welchem Jammer! welcher Beschämung! nicht ohne Tränen.

Indessen freuten wir uns, so marketenderhaft eingerichtet zu sein, um Hohe wie Niedere erquicken zu können. Erst war die Trommel eines allda postierten Piketts die Tafel, dann holte man aus benachbarten Orten Stühle, Tische und machte sich's und den verschiedenartigsten Gästen so bequem als möglich. Der Kronprinz und Prinz Louis ließen sich die Linsen schmecken, mancher General, der von weiten den Rauch sah, zog sich darnach. Freilich, wie auch unser Vorrat sein mochte, was sollte das unter so viele? Man mußte zum zweiten und dritten Male ansetzen, und unsere Reserve verminderte sich.

Wie nun unser Fürst gern alles mitteilte, so hielten's auch seine Leute, und es wäre schwer, einzeln zu erzählen, wieviel der unglücklichen vorbeiziehenden einzelnen Kranken durch Kämmerier und Koch erquickt wurden.

So ging es nun den ganzen Tag! und so ward mir der Rückzug nicht etwa nur durch Beispiel und Gleichnis, nein, in seiner völligen Wirklichkeit dargestellt und der Schmerz durch jede neue Uniform erneuert und vervielfältigt. Ein so grauenvolles Schauspiel sollte denn auch seiner würdig schließen; der König und sein Generalstab ritt von weiten her, hielt an der Brücke eine Zeitlang stille, als wenn er sich's noch einmal übersehen und überdenken wollte; zog dann aber am Ende den Weg aller der Seinen. Ebenso erschien der Herzog von Braunschweig an der andern Brücke, zauderte und ritt herüber.

Die Nacht brach ein, windig, aber trocken, und ward auf dem traurigen Weidenkies meist schlaflos zugebracht.

Den 3. Oktober.

Morgens um sechs Uhr verließen wir diesen Platz, zogen über eine Anhöhe nach Grandpré zu und trafen daselbst die Armee gelagert. Dort gab es neues Übel und neue Sorgen; das Schloß war zum Krankenhause umgebildet und schon mit mehrern hundert Unglücklichen belegt, denen man nicht helfen, sie nicht erquicken konnte. Man zog mit Scheu vorüber und mußte sie der Menschlichkeit des Feindes überlassen.

Hier überfiel uns abermals ein grimmiger Regen und lähmte jede Bewegung.

Den 4. Oktober.

Die Schwierigkeit, vom Platze zu kommen, wuchs mehr und mehr; um den unfahrbaren Hauptwegen zu entgehen, suchte man sich Bahn über Feld. Der Acker, von rötlicher

Farbe, noch zäher als der bisherige Kreideboden, hinderte jede Bewegung. Die vier kleinen Pferde konnten meine Halbchaise kaum erziehen, ich dachte, sie wenigstens um das Gewicht meiner Person zu erleichtern. Die Reitpferde waren nicht zu erblicken; der große Küchwagen, mit sechs tüchtigen bespannt, kam an mir vorbei. Ich bestieg ihn; von Viktualien war er nicht ganz leer, die Küchmagd aber stak sehr verdrießlich in der Ecke. Ich überließ mich meinen Studien. Den dritten Band von Fischers ,,Physikalischem Lexikon" hatte ich aus dem Koffer genommen; in solchen Fällen ist ein Wörterbuch die willkommenste Begleitung, wo jeden Augenblick eine Unterbrechung vorfällt, und dann gewährt es wieder die beste Zerstreuung, indem es uns von einem zum andern führt.

Man hatte sich auf den zähen, hie und da quelligen roten Tonfeldern notgedrungen unvorsichtig eingelassen; in einer solchen Falge mußte zuletzt auch dem tüchtigen Küchengespann die Kraft ausgehen. Ich schien mir in meinem Wagen wie eine Parodie von Pharao im Roten Meere, denn auch um mich her wollten Reiter und Fußvolk in gleicher Farbe gleicherweise versinken. Sehnsüchtig schaut' ich nach allen umgebenden Hügelhöhen, da erblickt' ich endlich die Reitpferde, darunter den mir bestimmten Schimmel; ich winkte sie mit Heftigkeit herbei, und nachdem ich meine Physik der armen krankverdrießlichen Küchmagd übergeben und ihrer Sorgfalt empfohlen, schwang ich mich aufs Pferd, mit dem festen Vorsatz, mich sobald nicht wieder auf eine Fahrt einzulassen. Hier ging es nun freilich selbständiger, aber nicht besser, noch schneller.

Grandpré, das nun als ein Ort der Pest und des Todes geschildert war, ließen wir gern hinter uns. Mehrere befreundete Kriegsgenossen trafen zusammen und traten im Kreise, hinter sich am Zügel die Pferde haltend, um ein Feuer. Sie sagen, dies sei das einzige Mal gewesen, wo ich ein verdrießlich Gesicht gemacht und sie weder durch Ernst gestärkt, noch durch Scherz erheitert habe.

Den 4. Oktober.

Der Weg, den das Heer eingeschlagen hatte, führte gegen Buzancy, weil man oberhalb Dun über die Maas gehen wollte. Wir schlugen unser Lager unmittelbar bei Sivry, in dessen Umgegend wir noch nicht alles verzehrt fanden. Der Soldat stürzte in die ersten Gärten und verdarb, was andere hätten genießen können. Ich ermunterte unseren Koch und seine Leute zu einer strategischen Fouragierung, wir zogen ums ganze Dorf und fanden noch völlig unangetastete Gärten und eine reiche, unbestrittene Ernte. Hier war von Kohl und Zwiebeln, von Wurzeln und andern guten Vegetabilien die Fülle; wir nahmen deshalb nicht mehr, als wir brauchten, mit Bescheidenheit und Schonung. Der Garten war nicht groß, aber sauber gehalten, und ehe wir zu dem Zaun wieder hinauskrochen, stellt' ich Betrachtungen an, wie es zugehe, daß in einem Hausgarten doch auch keine Spur von einer Türe ins anstoßende Gebäude zu entdecken sei. Als wir mit Küchenbeute wohl beschwert wieder zurückkamen, hörten wir großen Lärm vor dem Regimente. Einem Reiter war sein, vor zwanzig Tagen etwa, in dieser Gegend requiriertes Pferd davongelaufen, es hatte den Pfahl, an dem es gebunden gewesen, mit fortgenommen, der Kavallerist wurde sehr übel angesehen, bedroht und befehligt, das Pferd wiederzuschaffen.

Da es beschlossen war, den fünften in der Gegend zu rasten, so wurden wir in Sivry einquartiert und fanden, nach so viel Unbilden, die Häuslichkeit gar erfreulich und konnten den französisch-ländlichen, idyllisch-homerischen Zustand zu unserer Unterhaltung und Zerstreuung abermals genauer bemerken. Man trat nicht unmittelbar von der Straße in das Haus, sondern fand sich erst in einem kleinen, offenen, viereckten Raum, wie die Türe selbst das Quadrat angab; von da gelangte man, durch die eigentliche Haustüre, in ein geräumiges, hohes, dem Familienleben bestimmtes Zimmer; es war mit Ziegelsteinen gepflastert, links, an der langen Wand, ein Feuerherd, unmittelbar an Mauer und Erde; die Esse, die den Rauch abzog, schwebte darüber. Nach Begrüßung der Wirtsleute zog man sich gern dahin, wo man eine entschieden bleibende Rangordnung für die Umsitzenden gewahrte. Rechts am Feuer stand ein hohes Klappkästchen, das auch zum Stuhl diente; es enthielt das Salz, welches, in Vorrat angeschafft, an einem trocknen Platze verwahrt werden mußte. Hier war der Ehrensitz, der sogleich dem vornehmsten Fremden angewiesen wurde; auf mehrere hölzerne Stühle setzten sich die übrigen Ankömmlinge mit den Hausgenossen. Die landsittliche Kochvorrichtung, pot au feu, konnt' ich hier zum erstenmal genau betrachten. Ein großer eiserner Kessel hing an einem Haken, den man durch Verzahnungen erhöhen und erniedrigen konnte, über dem Feuer; darin befand sich schon ein gutes Stück Rindfleisch mit Wasser und Salz, zugleich aber auch mit weißen und gelben Rüben, Porrée, Kraut und andern vegetabilischen Ingredienzien.

Indessen wir uns freundlich mit den guten Menschen besprachen, bemerkt' ich erst, wie architektonisch klug Anrichte, Gossenstein, Topf- und Tellerbretter angebracht seien. Diese nahmen sämtlich den länglichen Raum ein, den jenes Viereck des offenen Vorhauses inwendig zur Seite ließ. Nett und alles der Ordnung gemäß war das Geräte zusammengestellt; eine Magd, oder Schwester des Hauses, besorgte alles aufs zierlichste. Die Hausfrau saß am Feuer, ein Knabe stand an ihren Knien, zwei Töchterchen drängten sich an sie heran. Der Tisch war gedeckt, ein großer irdener Napf aufgestellt, schönes weißes Brot in Scheibchen hineingeschnitten, die heiße Brühe drüber gegossen und guter Appetit empfohlen. Hier hätten jene Knaben, die mein Kommißbrot verschmähten, mich auf das Muster von bon pain und bonne soupe verweisen können. Hierauf folgte das zu gleicher Zeit gar gewordene Zugemüse, sowie das Fleisch, und jedermann hätte sich an dieser einfachen Kochkunst begnügen können.

Wir fragten teilnehmend nach ihren Zuständen; sie hatten schon das vorige Mal, als wir so lange bei Landres gestanden, sehr viel gelitten und fürchteten, kaum hergestellt, von einer feindlichen zurückziehenden Armee nunmehr den völligen Untergang. Wir bezeigten uns teilnehmend und freundlich, trösteten sie, daß es nicht lange dauern werde, da wir, außer der Arrieregarde, die Letzten seien, und gaben ihnen Rat und Regel, wie sie sich gegen Nachzügler zu verhalten hätten.

Bei immer wechselnden Sturm und Regengüssen brachten wir den Tag meist unter Dach und am Feuer zu; das Vergangene in Gedanken zurückrufend, das Nächstbevorstehende nicht ohne Sorge bedenkend. Seit Grandpré hatte ich weder Wagen noch Koffer noch Bedienten wieder gesehen, Hoffnung und Sorge wechselten deshalb augenblicklich ab. Die Nacht war herangekommen, die Kinder sollten zu Bette gehen; sie näherten sich Vater und Mutter ehrfurchtsvoll, verneigten sich, küßten ihnen die Hand und sagten „Bon soir Papa, bon soir Maman", mit wünschenswerter Anmut. Bald darauf erfuhren wir, daß der Prinz von Braunschweig in unserer Nachbarschaft gefährlich krank liege, und erkundigten uns nach ihm. Besuch lehnte man ab und versicherte zugleich, daß es mit ihm viel besser geworden, so daß er morgen früh unverzüglich aufzubrechen gedenke.

Kaum hatten wir uns vor dem schrecklichen Regen wieder ans Kamin geflüchtet, als ein junger Mann hereintrat, den wir als den jüngeren Bruder unseres Wirts wegen entschiedener Ähnlichkeit erkennen mußten; und so erklärte sich's auch. In die Tracht des französischen Landvolks gekleidet, einen starken Stab in der Hand, trat er auf, ein schöner, junger Mann. Sehr ernst, ja verdrießlich wild saß er bei uns am Feuer, ohne zu sprechen; doch hatte er sich kaum erwärmt, als er mit seinem Bruder auf und ab, sodann in das nächste Zimmer trat. Sie sprachen sehr lebhaft und vertraulich zusammen. Er ging in den grimmigen Regen hinaus, ohne daß ihn unsere Wirtsleute zu halten suchten.

Aber auch wir wurden durch ein Angst- und Zetergeschrei in die stürmische Nacht hinausgerufen. Unsere Soldaten hatten unter dem Vorwand, Fourage auf den Böden zu suchen, zu plündern angefangen, und zwar ganz ungeschickterweise, indem sie einem Weber sein Werkzeug wegnahmen, eigentlich für sie ganz unbrauchbar. Mit Ernst und einigen guten Worten brachten wir die Sache wieder ins gleiche; denn es waren nur wenige, die sich solcher Tat unterfingen. Wie leicht konnte das ansteckend werden und alles drunter und drüber gehn.

Da sich mehrere Personen zusammen gefunden hatten, so trat ein weimarischer Husar zu mir, seines Handwerks ein Fleischer, und vertraute, daß er in einem benachbarten Haus ein gemästetes Schwein entdeckt habe, er feilsche darum, könne es aber von dem Besitzer nicht erhalten, wir möchten mit Ernst dazu tun: denn es würde in den nächsten Tagen an allem fehlen. Es war wunderbar genug, daß wir, die soeben der Plünderung Einhalt getan, zu einem ähnlichen Unternehmen aufgefordert werden sollten. Indessen, da der Hunger kein Gesetz anerkennt, gingen wir mit dem Husar in das bezeichnete Haus, fanden gleichfalls ein großes Kaminfeuer, begrüßten die Leute und setzten uns zu ihnen. Es hatte sich noch ein anderer weimarischer Husar namens Liseur zu uns gefunden, dessen Gewandtheit wir die Sache vertrauten. Er begann in geläufigem Französisch von den Tugenden regulierter Truppen zu sprechen und rühmte die Personen, welche nur für bares Geld die notwendigsten Viktualien anzuschaffen verlangten; dahingegen schalt er die Nachzügler, Packknechte und Marketender, die mit Ungestüm und Gewalt auch die letzte Klaue sich zuzueignen gewohnt seien. Er wolle daher einem jeden den wohlmeinenden Rat geben, auf den Verkauf zu sinnen, weil Geld noch immer leichter zu verbergen sei als Tiere, die man wohl auswittere. Seine Argumente jedoch schienen keinen großen Eindruck zu machen, als seine Unterhandlung seltsam genug unterbrochen wurde.

An der fest verschlossenen Haustüre entstand auf einmal ein heftiges Pochen, man achtete nicht darauf, weil man keine Lust hatte, noch mehr Gäste einzulassen; es pochte fort, die kläglichste Stimme rief dazwischen, eine Weiberstimme, die auf gut Deutsch flehentlich um Eröffnung der Türe bat. Endlich erweicht, schloß man auf, es drang eine alte Marketenderin herein, etwas in ein Tuch gewickelt auf dem Arme tragend; hinter ihr eine junge Person, nicht häßlich, aber blaß und entkräftet, sie hielt sich kaum auf den Füßen. Mit wenigen aber rüstigen Worten erklärte die Alte den Zustand, indem sie ein nacktes Kind vorwies, von dem jene Frau auf der Flucht entbunden worden. Dadurch versäumt, waren sie, mißhandelt von Bauern, in dieser Nacht endlich an unsere Pforte gekommen. Die Mutter hatte, weil ihr die Milch verschwunden, dem Kinde, seitdem es Atem holte, noch keine Nahrung reichen können. Jetzt forderte die Alte mit Ungestüm Mehl, Milch, Tiegel, auch Leinwand, das Kind hineinzuwickeln. Da sie kein Französisch konnte, mußten wir in ihrem Namen fordern, aber ihr herrisches Wesen, ihre Heftigkeit gab unseren Reden genug pantomimisches Gewicht und Nachdruck: man konnte das Verlangte nicht geschwind genug herbeischaffen, und das Herbeigeschaffte war ihr nicht gut genug. Dagegen war es sehenswert, wie behend sie verfuhr. Uns hatte sie bald vom Feuer verdrängt, der beste Sitz war sogleich für die Wöchnerin eingenommen, sie aber machte sich auf ihrem Schemel so breit, als wenn sie im Hause allein wäre. In einem Nu war das Kind gereinigt und gewickelt, der Brei gekocht; sie fütterte das kleine Geschöpf, dann die Mutter, an sich selbst dachte sie kaum. Nun verlangte sie frische Kleider für die Wöchnerin, indes die alten trockneten. Wir betrachteten sie mit Verwunderung; sie verstand sich aufs Requirieren.

Der Regen ließ nach, wir suchten unser voriges Quartier, und kurz darauf brachten die Husaren das Schwein. Wir zahlten ein Billiges; nun sollte es geschlachtet werden, es geschah, und als im Nebenzimmer am Tragebalken ein Kloben eingeschraubt zu sehen war, hing das Schwein sogleich dort, um kunstmäßig zerstückt und bereitet zu werden.

Daß unsere Hausleute bei dieser Gelegenheit sich nicht verdrießlich, vielmehr behülflich und zutätig erwiesen, schien uns einigermaßen wunderbar, da sie wohl Ursache gehabt hätten, unser Betragen roh und rücksichtslos zu finden. In demselbigen Zimmer, wo wir die Operation vornahmen, lagen die Kinder in reinlichen Betten, und aufgeweckt durch unser Getöse, schauten sie artig furchtsam unter den Decken hervor. Nahe an einem großen zweischläfrigen Ehebett, mit grünem Rasch sorgfältig umschlossen, hing das Schwein, so daß die Vorhänge einen malerischen Hintergrund zu dem erleuchteten Körper machten. Es war ein Nachtstück ohnegleichen. Aber solchen Betrachtungen konnten sich die Einwohner nicht hingeben; wir merkten vielmehr, daß sie jenem Hause, dem man das Schwein abgewonnen, nicht sonderlich befreundet seien und also eine gewisse Schadenfreude hierbei obwalte. Früher hatten wir auch gutmütig einiges von Fleisch und Wurst versprochen, das alles kam der Funktion zustatten, die in wenig Stunden vollendet sein sollte. Unser Husar aber bewies sich in seinem Fache so tätig und behend wie die Zigeunerin drüben in dem ihrigen, und wir freuten uns schon auf die guten Würste und Braten, die uns von dieser Halbbeute zuteil werden sollten. In Erwartung dessen legten wir uns in der Schmiedewerkstatt unseres Wirtes auf die schönsten Weizengarben und schliefen geruhig bis an den Tag. Indessen hatte unser Husar sein Geschäft im Innern des Hauses vollendet, ein Frühstück fand sich bereit, und das übrige war schon eingepackt, nachdem vorher den Wirtsleuten gleichfalls ihr Teil gespendet worden, nicht ohne Verdruß unserer Leute, welche behaupteten: bei diesem Volk sei Gutmütigkeit übel angewendet, sie hätten gewiß noch Fleisch und andere gute Dinge verborgen, die wir auszuwittern noch nicht recht gelernt hätten.

Als ich mich in dem innern Zimmer umsah, fand ich zuletzt eine Türe verriegelt, die ihrer Stellung nach in einen Garten gehen mußte. Durch ein kleines Fenster an der Seite konnt' ich bemerken, daß ich nicht irre geschlossen hatte; der Garten lag etwas höher als das Haus, und ich erkannt' ihn ganz deutlich für denselben, wo wir uns früh mit Küchenwaren versehen hatten. Die Türe war verrammelt und von außen so geschickt verschüttet und bedeckt, daß ich nun wohl begriff, warum ich sie heute früh vergebens gesucht hatte. Und so stand es in den Sternen geschrieben, daß wir, ohngeachtet aller Vorsicht, doch in das Haus gelangen sollten.

Den 6. Oktober früh.

Bei solchen Umgebungen darf man sich nicht einen Augenblick Ruhe, nicht das kürzeste Verharren irgend eines Zustandes erwarten. Mit Tagesanbruch war der ganze Ort auf einmal in großer Bewegung; die Geschichte des entflohenen Pferdes kam wieder zur Sprache. Der geängstigte Reiter, der es herbeischaffen, oder Strafe leiden und zu Fuße gehen sollte, war auf den nächsten Dörfern herumgerannt, wo man ihm denn, um die Plackerei selbst los zu werden, zuletzt versicherte: es müsse in Sivry stecken; dort habe man vor so viel Wochen einen Rappen ausgehoben, wie er ihn beschreibe, unmittelbar vor Sivry habe nun das Pferd sich losgemacht, und was sonst noch die Wahrscheinlichkeit vermehren mochte. Nun kam er, begleitet von einem ernsten Unteroffizier, der, durch Bedrohung des ganzen Ortes, endlich die Auflösung des Rätsels fand. Das Pferd war wirklich hinein nach Sivry zu seinem vorigen Herrn gelaufen, die Freude, den vermißten Haus- und Stallgenossen wiederzusehen, sagen sie, sei in der Familie grenzenlos gewesen, allgemein die Teilnahme der Nachbarn. Künstlich genug hatte man das Pferd auf einen Oberboden gebracht und hinter Heu versteckt; jedermann bewahrte das Geheimnis. Nun aber ward es, unter Klagen und Jammern, wieder hervorgezogen, und Betrübnis ergriff die ganze Gemeinde, als der Reiter sich darauf schwang und dem Wachtmeister folgte. Niemand gedachte weder eigener Lasten noch des keineswegs aufgeklärten allgemeinen Geschickes: das Pferd, und der zum zweitenmal getäuschte Besitzer waren der Gegenstand der zusammengelaufenen Menge.

Eine augenblickliche Hoffnung tat sich hervor; der Kronprinz von Preußen kam geritten, und indem er sich erkundigen wollte, was die Menge zusammengebracht, wendeten sich die guten Leute an ihn mit Flehen, er möge ihnen das Pferd wieder zurückgeben. Es stand nicht in seiner Macht, denn die Kriegsläufte sind mächtiger als die Könige, er ließ sie trostlos, indem er sich stillschweigend entfernte.

Nun besprachen wir wiederholt mit unsern guten Hausleuten das Manöver gegen die Nachzügler: denn schon spukte das Geschmeiß hin und wider. Wir rieten: Mann und Frau, Magd und Geselle sollten in der Türe innerhalb des kleinen Vorraums sich halten und allenfalls ein Stück Brot, einen Schluck Wein, wenn es gefordert würde, auswendig reichen, den eindringenden Ungestüm aber standhaft abwehren. Mit Gewalt erstürmten dergleichen Leute nicht leicht ein Haus, einmal eingelassen aber werde man ihrer nicht wieder Herr. Die guten Menschen baten uns, noch länger zu bleiben, allein wir hatten an uns selber zu denken; das Regiment des Herzogs war schon vorwärts und der Kronprinz abgeritten; dies war genug, unseren Abschied zu bestimmen.

Wie klüglich dies gewesen, wurde uns noch deutlicher, als wir, bei der Kolonne angelangt, zu hören hatten, daß der Vortrab der französischen Prinzen gestern, als er eben den Paß Chesne Le Populeux und die Aisne hinter sich gelassen, zwischen Les Grandes et Petites Armoises von Bauern angegriffen worden; einem Offizier solle das Pferd unterm Leib getötet, dem Bedienten des Kommandierenden eine Kugel durch den Hut gegangen sein. Nun fiel mir's aufs Herz, daß in vergangner Nacht, als der bärbeißige Schwager ins Haus trat, ich einer solchen Ahnung mich nicht erwehren konnte.

Zum 6. Oktober.

Aus der gefährlichsten Klemme waren wir nun heraus, unser Rückzug jedoch noch immer beschwerlich und bedenklich; der Transport unseres Haushaltes von Tag zu Tage lästiger, denn freilich führten wir ein komplettes Mobiliar mit uns; außer dem Küchengerät noch Tisch und Bänke, Kisten, Kasten und Stühle, ja ein paar Blechofen. Wie wollte man die mehreren Wagen fortbringen, da der Pferde täglich weniger wurden; einige fielen, die überbliebenen zeigten sich kraftlos. Es blieb nichts übrig, als einen Wagen stehen zu lassen, um die andern fortzubringen. Nun ward geratschlagt, was wohl das Entbehrlichste sei, und so mußte man einen mit allerlei Gerät wohlbepackten Wagen im Stiche lassen, um nicht alles zu entbehren. Diese Operation wiederholte sich einigemal, unser Zug ward um vieles kompendioser, und doch wurden wir aufs neue an eine solche Reduktion gemahnt, da wir uns an den niedrigen Ufern der Maas mit größter Unbequemlichkeit fortschleppten.

Was mich aber in diesen Stunden am meisten druckte und

besorgt machte, war, daß ich meinen Wagen schon einige Tage vermißte. Nun konnt' ich mir's nicht anders denken, als mein sonst so resoluter Diener sei in Verlegenheit geraten, habe seine Pferde verloren und andere zu requirieren nicht vermocht. Da sah ich denn in trauriger Einbildungskraft meine werte böhmische Halbchaise, ein Geschenk meines Fürsten, die mich schon so weit in der Welt herumgetragen, im Kot versunken, vielleicht auch über Bord geworfen, und somit, wie ich da zu Pferde saß, trug ich nun alles bei mir. Der Koffer mit Kleidungsstücken, Manuskripten jeder Art und manches durch Gewohnheit sonst noch werte Besitztum, alles schien mir verloren und schon in die Welt zerstreut.

Was war aus der Brieftasche mit Geld und bedeutenden Papieren geworden? aus sonstigen Kleinigkeiten, die man an sich herumsteckt? Hatte ich das alles nun recht umständlich und peinlich durchgedacht, so stellte sich der Geist aus dem unerträglichen Zustande bald wieder her. Das Vertrauen auf meinen Diener fing wieder an zu wachsen, und wie ich vorher umständlich den Verlust gedacht, so dacht' ich nunmehr alles durch seine Tätigkeit erhalten, und freute mich dessen, als läg' es mir schon vor Augen.

Den 7. Oktober.

Als wir eben auf dem linken Ufer der Maas aufwärts zogen, um an die Stelle zu gelangen, wo wir übersetzen und die gebahnte Hauptstraße jenseits erreichen sollten, gerade auf dem sumpfigsten Wiesenfleck, hieß es: der Herzog von Braunschweig komme hinter uns her. Wir hielten an und begrüßten ihn ehrerbietig; er hielt auch ganz nahe vor uns stille und sagte zu mir: „Es tut mir zwar leid, daß ich Sie in dieser unangenehmen Lage sehe, jedoch darf es mir in dem Sinne erwünscht sein, daß ich einen einsichtigen, glaubwürdigen Mann mehr weiß, der bezeugen kann, daß wir nicht vom Feinde, sondern von den Elementen überwunden worden."

Er hatte mich in dem Hauptquartier zu Hans vorbeigehend gesehen, und wußte überhaupt, daß ich bei dem ganzen traurigen Zug gegenwärtig gewesen. Ich antwortete ihm etwas Schickliches und bedauerte noch zuletzt, daß er, nach so viel Leiden und Anstrengung, noch durch die Krankheit seines fürstlichen Sohnes sei in Sorgen gesetzt worden: woran wir vorige Nacht in Sivry großen Anteil empfunden. Er nahm es wohl auf, denn dieser Prinz war sein Liebling, zeigte sodann auf ihn, der in der Nähe hielt, wir verneigten uns auch vor ihm. Der Herzog wünschte uns allen Geduld und Ausdauer, und ich ihm dagegen eine ungestörte Gesundheit, weil ihm sonst nichts abgehe, uns und die gute Sache zu retten. Er hatte mich eigentlich niemals geliebt, das mußte ich mir gefallen lassen, er gab es zu erkennen, das konnt' ich ihm verzeihen; nun aber war das Unglück eine milde Vermittlerin geworden, die uns auf eine teilnehmende Weise zusammenbrachte.

Den 7. und 8. Oktober.

Wir hatten über die Maas gesetzt und den Weg eingeschlagen, der aus den Niederlanden nach Verdun führt; das Wetter war furchtbarer als je, wir lagerten bei Consenvoye. Die Unbequemlichkeit, ja das Unheil stiegen aufs höchste, die Zelte durchnäßt, sonst kein Schirm, kein Obdach; man wußte nicht, wohin man sich wenden sollte; noch immer fehlte mein Wagen, und ich entbehrte das Notwendigste. Konnte man sich auch unter einem Zelte bergen, so war doch an keine Ruhestelle zu denken. Wie sehnte man sich nicht nach Stroh, ja nach irgend einem Brettstück, und zuletzt blieb doch nichts übrig, als sich auf den kalten, feuchten Boden niederzulegen.

Nun hatte ich aber schon in vorigen gleichen Fällen mir ein praktisches Hülfsmittel ersonnen, wie solche Not zu überdauern sei; ich stand nämlich so lange auf den Füßen, bis die Kniee zusammenbrachen, dann setzt' ich mich auf einen Feldstuhl, wo ich hartnäckig verweilte, bis ich niederzusinken glaubte, da denn jede Stelle, wo man sich horizontal ausstrecken konnte, höchst willkommen war. Wie also Hunger das beste Gewürz bleibt, so wird Müdigkeit der herrlichste Schlaftrunk sein.

Zwei Tage und zwei Nächte hatten wir auf diese Weise verlebt, als der traurige Zustand einiger Kranken auch Gesunden zugute kommen sollte. Des Herzogs Kammerdiener war von dem allgemeinen Übel befallen, einen Junker vom Regiment hatte der Fürst aus dem Lazarett von Grandpré gerettet; nun beschloß er, die beiden in das etwa zwei Meilen entfernte Verdun zu schicken. Kämmerier Wagner wurde ihnen zur Pflege mitgegeben, und ich säumte nicht, auf gnädigste vorsorgliche Anmahnung, den vierten Platz einzunehmen. Mit Empfehlungsschreiben an den Kommandanten wurden wir entlassen, und als beim Einsitzen der Pudel nicht zurückbleiben durfte, so ward aus dem sonst so beliebten Schlafwagen ein halbes Lazarett und etwas Menagerieartiges.

Zur Eskorte, zum Quartier- und Proviantmeister erhielten wir jenen Husaren, der, namens Liseur, aus Luxemburg gebürtig, der Gegend kundig, Geschick, Gewandtheit und Kühnheit eines Freibeuters vereinigte; mit Behagen ritt er vorauf und machte dem mit sechs starken Schimmeln bespannten Wagen und sich selbst ein gutes Ansehen.

Zwischen ansteckende Kranke gepackt, wußt' ich von keiner Apprehension. Der Mensch, wenn er sich getreu bleibt, findet zu jedem Zustande eine hülfreiche Maxime; mir stellte sich, sobald die Gefahr groß ward, der blindeste Fatalismus zur Hand, und ich habe bemerkt, daß Menschen, die ein durchaus gefährlich Metier treiben, sich durch denselben Glauben gestählt und gestärkt fühlen. Die mahomedanische Religion gibt hievon den besten Beweis.

Den 9. Oktober.

Unsere traurige Lazarettfahrt zog nun langsam dahin und gab zu ernsten Betrachtungen Anlaß, da wir in dieselbe Heerstraße fielen, auf der wir mit so viel Mut und Hoffnung ins Land eingetreten waren. Hier berührten wir nun wieder dieselbe Gegend, wo der erste Schuß aus den Weinbergen fiel, denselben Hochweg, wo uns die hübsche Frau in die Hände lief und zurückgeführt worden; kamen an dem Mäuerchen vorbei, von wo sie uns mit den Ihrigen freundlich und zur Hoffnung aufgeregt begrüßte. Wie sah das alles jetzt anders aus! und wie doppelt unerfreulich erschienen die Folgen eines fruchtlosen Feldzugs durch den trüben Schleier eines anhaltenden Regenwetters!

Doch mitten in diesen Trübnissen sollte mir gerade das Erwünschteste begegnen. Wir holten ein Fuhrwerk ein, das mit vier kleinen, unansehnlichen Pferden vor uns herzog; hier aber gab es einen Lust- und Erkennungsauftritt, denn es war mein Wagen, mein Diener. „Paul!" rief ich aus, „Teufelsjunge, bist du's! Wie kommst du hierher?" Der Koffer stand geruhig aufgepackt an seiner alten Stelle; welch erfreulicher Anblick! und als ich mich nach Portefeuille und anderem hastig erkundigte, sprangen zwei Freunde aus dem Wagen, Geheimer Sekretär Weyland und Hauptmann Vent. Das war eine gar frohe Szene des Wiederfindens, und ich erfuhr nun, wie es bisher zugegangen.

Seit der Flucht jener Bauerknaben hatte mein Diener die vier Pferde durchzubringen gewußt, und sich nicht allein von Hans bis Grandpré, sondern auch von da, als er mir aus den Augen gekommen, über die Aisne geschleppt und immer so fort verlangt, begehrt, fouragiert, requiriert, bis wir zuletzt glücklich wieder zusammentrafen und nun, alle vereint und höchst vergnügt, nach Verdun zogen, wo wir genugsame Ruhe und Erquickung zu finden hofften. Hiezu hatte denn auch der Husar weislich und klüglich die besten Voranstalten getroffen; er war voraus in die Stadt geritten und hatte sich, bei der Fülle des Dranges, gar bald überzeugt, daß hier, ordnungsgemäß, durch Wirksamkeit und guten Willen eines Quartieramts nichts zu hoffen sei; glücklicherweise aber sah er in dem Hof eines schönen Hauses Anstalten zu einer herannahenden Abreise, er sprengte zurück, bedeutete uns, wie wir fahren sollten, und eilte nun, sobald jene Partei heraus war, das Hoftor zu besetzen, dessen Schließen zu verhindern und uns gar erwünscht zu empfangen. Wir fuhren ein, wir stiegen aus, unter Protestation einer alten Haushälterin, welche, soeben von einer Einquartierung befreit, keine neue, besonders ohne Billet, aufzunehmen Lust empfand. Indessen waren die Pferde schon ausgespannt und im Stalle, wir aber hatten uns in die oberen Zimmer geteilt; der Hausherr, ältlich, Edelmann, Ludwigsritter, ließ es geschehen; weder er noch Familie wollten von Gästen weiter wissen, am wenigsten diesmal von Preußen auf dem Rückzuge.

Den 10. Oktober.

Ein Knabe, der uns in der verwilderten Stadt herumführte, fragte mit Bedeutung: ob wir denn von den unvergleichlichen Verduner Pastetchen noch nicht gekostet hätten? Er führte uns darauf zu dem berühmtesten Meister dieser Art. Wir traten in einen weiten Hausraum, in welchem groß und kleine Öfen ringsherum angebracht waren, zugleich auch in der Mitte Tisch und Bänke zum frischen Genuß des augenblicklich Gebacknen. Der Künstler trat vor, sprach aber seine Verzweiflung höchst lebhaft aus, daß es ihm nicht möglich sei, uns zu bedienen, da es ganz und gar an Butter fehle. Er zeigte die schönsten Vorräte des feinsten Weizenmehls; aber wozu nützten ihm diese ohne Milch und Butter! Er rühmte sein Talent, den Beifall der Einwohner, der Durchreisenden, und bejammerte nur, daß er gerade jetzt, wo er sich vor solchen Fremden zu zeigen und seinen Ruf auszubreiten Gelegenheit finde, gerade des Notwendigsten ermangeln müßte. Er beschwor uns daher, Butter herbeizuschaffen, und gab zu verstehen, wenn wir nur ein wenig Ernst zeigen wollten, so sollte sich dergleichen schon irgendwo finden. Doch ließ er sich für den Augenblick zufrieden stellen, als wir versprachen, bei längerem Aufenthalt von Jardin Fontaine dergleichen herbeizuholen.

Unsern jungen Führer, der uns weiter durch die Stadt begleitete und sich ebenso wohl auf hübsche Kinder als auf Pastetchen zu verstehen schien, befragten wir nach einem wunderschönen Frauenzimmer, das sich eben aus dem Fenster eines wohlgebauten Hauses herausbog. „Ja", rief er, nachdem er ihren Namen genannt, „das hübsche Köpfchen mag sich fest auf den Schultern halten; es ist auch eine von denen, die dem König von Preußen Blumen und Früchte überreicht haben. Ihr Haus und Familie dachten schon, sie wären wieder oben drauf, das Blatt aber hat sich gewendet, jetzt tausch' ich nicht mit ihr." Er sprach hierüber mit besonderer Gelassenheit, als wäre es ganz naturgemäß und könne und werde nicht anders sein.

Mein Diener war von Jardin Fontaine zurückgekommen, wohin er, unsern alten Wirt zu begrüßen und den Brief an die Schwester zu Paris wiederzubringen, gegangen war. Der neckische Mann empfing ihn gutmütig genug, bewirtete ihn aufs beste und lud die Herrschaft ein, die er gleichfalls zu traktieren versprach.

So wohl sollt' es uns aber nicht werden; denn kaum hatten wir den Kessel übers Feuer gehängt, mit herkömmlichen Ingredienzien und Zeremonien, als eine Ordonnanz hereintrat und im Namen des Kommandanten Herrn von Courbière freundlich andeutete, wir möchten uns einrichten, morgen früh um acht Uhr aus Verdun zu fahren. Höchst betroffen, daß wir Dach, Fach und Herd, ohne uns nur einigermaßen herstellen zu können, eiligst verlassen und uns wieder in die wüste, schmutzige Welt hinausgestoßen sehen sollten, beriefen wir uns auf die Krankheit des Junkers und Kammerdieners, worauf er denn meinte, wir sollten diese baldmöglichst fortzubringen suchen, weil in der Nacht die Lazarette geleert und nur die völlig intransportablen Kranken zurückgelassen würden. Uns überfiel Schrecken und Entsetzen, denn bisher zweifelte niemand, daß von seiten der Alliierten man Verdun und Longwy erhalten, wo nicht gar noch einige Festungen erobern und sichere Winterquartiere bereiten müsse. Von diesen Hoffnungen konnten wir nicht auf einmal Abschied nehmen; daher schien es uns, man wolle nur die Festung von den unzähligen Kranken und dem unglaublichen Troß befreien, um sie alsdann mit der notwendigen Garnison besetzen zu können. Kämmerier Wagner jedoch, der das Schreiben des Herzogs dem Kommandanten überbracht hatte, glaubte das Allerbedenklichste in diesen Maßregeln zu sehen. Was es aber auch im ganzen für einen Ausgang nähme, mußten wir uns diesmal in unser Schicksal ergeben und speisten geruhig den einfachen Topf in verschiedenen Absätzen und Trachten; als eine andere Ordonnanz abermals hereintrat und uns beschied, wir möchten ja ohne Zaudern und Aufenthalt morgen früh um drei Uhr aus Verdun zu kommen suchen. Kämmerier Wagner, der den Inhalt jenes Briefs an den Kommandanten zu wissen glaubte, sah hierin ein entschiedenes Bekenntnis, daß die Festung den Franzosen sogleich wieder würde übergeben werden. Dabei gedachten wir der Drohung des Knaben, gedachten der schönen geputzten Frauenzimmer, der Früchte und Blumen, und betrübten uns zum erstenmal recht herzlich und gründlich über eine so entschieden mißlungene große Unternehmung.

Ob ich schon unter dem diplomatischen Korps echte und verehrungswürdige Freunde gefunden, so konnt' ich doch, so oft ich sie mitten unter diesen großen Bewegungen fand, mich gewisser neckischen Einfälle nicht enthalten; sie kamen mir vor wie Schauspieldirektoren, welche die Stücke wählen, Rollen austeilen und in unscheinbarer Gestalt einhergehen, indessen die Truppe, so gut sie kann, aufs beste herausgestutzt das Resultat ihrer Bemühungen dem Glück und der Laune des Publikums überlassen muß.

Baron Breteuil wohnte gegen uns über; seit der Halsbandgeschichte war er mir nicht aus den Gedanken gekommen. Sein Haß gegen den Kardinal von Rohan verleitete ihn zu der furchtbarsten Übereilung; die durch jenen Prozeß entstandene Erschütterung ergriff die Grundfesten des Staates, vernichtete die Achtung gegen die Königin und gegen die obern Stände überhaupt: denn leider alles, was zur Sprache kam, machte nur das greuliche Verderben deutlich, worin der Hof und die Vornehmeren befangen lagen.

Diesmal glaubte man, er habe den auffallenden Vergleich gestiftet, der uns zum Rückzug verpflichtete, zu dessen Entschuldigung man höchst günstige Bedingungen voraussetzte; man versicherte, König, Königin und Familie sollten frei gegeben und sonst noch manches Wünschenswerte erfüllt werden. Die Frage aber, wie diese großen diplomatischen Vorteile mit allem übrigen, was uns doch auch bekannt war, übereinstimmen sollten, ließ einen Zweifel nach dem andern aufkeimen.

Die Zimmer, die wir bewohnten, waren anständig möbliert; mir fiel ein Wandschrank auf, durch dessen Glastüren ich viele regelmäßig beschnittene gleiche Hefte in Quart erblickte. Zu meiner Verwunderung ersah ich daraus, daß unser Wirt als einer der Notablen im Jahre 1787 zu Paris gewesen; in diesen Heften war seine Instruktion abgedruckt. Die Mäßigkeit der damaligen Forderungen, die Bescheidenheit, womit sie abgefaßt, kontrastierten völlig mit den gegenwärtigen Zuständen von Gewaltsamkeit, Übermut und Verzweiflung. Ich las diese Blätter mit wahrhafter Rührung und nahm einige Exemplare zu mir.

Den 11. Oktober.

Ohne die Nacht geschlafen zu haben, waren wir früh um drei Uhr eben im Begriff, unsern gegen das Hoftor gerichteten Wagen zu besteigen, als wir ein unüberwindliches Hindernis gewahr wurden; denn es zog schon eine ununterbrochene Kolonne Krankenwagen, zwischen den zur Seite aufgehäuften Pflastersteinen, durch die zum Sumpf gefahrene Stadt. Als wir nun so standen, abzuwarten, was erreicht werden könnte, drängte sich unser Wirt, der Ludwigsritter, ohne zu grüßen an uns vorbei. Unsere Verwunderung über sein frühes und unfreundliches Erscheinen ward aber bald in Mitleid verkehrt, denn sein Bedienter, hinter ihm drein, trug ein Bündelchen auf dem Stocke, und so ward es nur allzu deutlich, daß er, nachdem er vier Wochen vorher Haus und Hof wiedergesehen hatte, es nun abermals, wie wir unsre Eroberungen, verlassen mußte.

Sodann ward aber meine Aufmerksamkeit auf die bessern Pferde vor meiner Chaise gelenkt; da gestand denn die liebe Dienerschaft, daß sie die bisherigen schwachen, unbrauchbaren gegen Zucker und Kaffee vertauscht, sogleich aber in Requisition anderer glücklich gewesen sei. Die Tätigkeit des gewandten Liseurs war hiebei nicht zu verkennen; auch durch ihn kamen wir diesmal vom Flecke, denn er sprengte in eine Lücke der Wagenreihe und hielt das folgende Gespann so lange zurück, bis wir sechs- und vierspännig eingeschaltet waren; da ich mich denn frischer Luft in meinem leichten Wägelchen abermals erfreuen konnte.

Nun bewegten wir uns mit Leichenschritt, aber bewegten uns doch; der Tag brach an, wir befanden uns vor der Stadt in dem größtmöglichen Gewirr und Gewimmel. Alle Arten von Wagen, wenig Reiter, unzählige Fußgänger durchkreuzten sich auf dem großen Platze vor dem Tor. Wir zogen mit unserer Kolonne rechts gegen Etain, auf einem beschränkten Fahrweg mit Gräben zu beiden Seiten. Die Selbsterhaltung in einem so ungeheuren Drange kannte schon kein Mitleiden, keine Rücksicht mehr; nicht weit vor uns fiel ein Pferd vor einem Rüstwagen, man schnitt die Stränge entzwei und ließ es liegen. Als nun aber die drei übrigen die Last nicht weiter bringen konnten, schnitt man auch sie los, warf das schwerbepackte Fuhrwerk in den Graben, und mit dem geringsten Aufhalte fuhren wir weiter und zugleich über das Pferd weg, das sich eben erholen wollte, und ich sah ganz deutlich, wie dessen Gebeine unter den Rädern knirschten und schlotterten.

Reiter und Fußgänger suchten sich von der schmalen unwegsamen Fahrstraße auf die Wiesen zu retten; aber auch diese waren zugrunde geregnet, von ausgetretenen Gräben überschwemmt, die Verbindung der Fußpfade überall unterbrochen. Vier ansehnliche, schöne, sauber gekleidete französische Soldaten wateten eine Zeitlang neben unseren Wagen her, durchaus nett und reinlich, und wußten so gut hin und her zu treten, daß ihr Fußwerk nur bis an die Knorren von der schmutzigen Wallfahrt zeugte, welche die guten Leute bestanden.

Daß man unter solchen Umständen in Gräben, auf Wiesen, Feldern und Angern tote Pferde genug erblickte, war natürliche Folge des Zustands; bald aber fand man sie auch abgedeckt, die fleischigen Teile sogar ausgeschnitten, trauriges Zeichen des allgemeinen Mangels!

So zogen wir fort, jeden Augenblick in Gefahr, bei der geringsten eigenen Stockung selbst über Bord geworfen zu werden; unter welchen Umständen freilich die Sorgfalt unseres Geleitsmanns nicht genug zu rühmen und zu preisen war. Dieselbe betätigte sich denn auch zu Etain, wo wir gegen Mittag anlangten und in dem schönen wohlgebauten Städtchen, durch Straßen und auf Plätzen, ein sinneverwirrendes Gewimmel um und neben uns erblickten; die Masse wogte hin und her, und indem alles vorwärts drang, ward jeder dem andern hinderlich. Unvermutet ließ unser Führer die Wagen vor einem wohlgebauten Hause des Marktes halten, wir traten ein, Hausherr und Frau begrüßten uns in ehrerbietiger Entfernung.

Man führte uns in ein getäfeltes Zimmer auf gleicher Erde, wo im schwarz-marmornen Kamin behägliches Feuer brannte. In dem großen Spiegel darüber beschauten wir uns ungern, denn ich hatte noch immer nicht die Entschließung gefaßt, meine langen Haare kurz schneiden zu lassen, die jetzt wie ein verworrener Hanfrocken umherquollen; der Bart strauchig vermehrte das wilde Ansehen unserer Gegenwart.

Nun aber konnten wir, aus den niedrigen Fenstern den ganzen Markt überschauend, unmittelbar das grenzenlose Getümmel beinahe mit Händen greifen. Aller Art Fußgänger, Uniformierte marode, gesunde aber trauernde Bürgerliche, Weiber und Kinder drängten und quetschten sich zwischen Fuhrwerk aller Gestalt; Rüst- und Leiterwagen, Ein- und Mehrspänner, hunderterlei eigenes und requiriertes Gepferde, weichend, anstoßend, hinderte sich rechts und links. Auch Hornvieh zog damit weg, wahrscheinlich geforderte weggenommene Herden. Reiter sah man wenig, auffallend aber waren die eleganten Wagen der Emigrierten, vielfarbig lackiert, verguldet und versilbert, die ich wohl schon in Grevenmachern mochte bewundert haben. Die größte Not entstand aber da, wo die den Markt füllende Menge in eine zwar gerade und wohlgebaute, doch verhältnismäßig viel zu enge Straße ihren Weg einschlagen sollte. Ich habe in meinem Leben nichts Ähnliches gesehn; vergleichen aber ließ sich der Anblick mit einem erst über Wiesen und Anger ausgetretenen Strome, der sich nun wieder durch enge Brückenbogen durchdrängen und im beschränkten Bette weiter fließen soll.

Die lange, aus unsern Fenstern übersehbare Straße hinab schwoll unaufhaltsam die seltsamste Woge; ein hoher zweisitziger Reisewagen ragte über der Flut empor. Er ließ uns an die schönen Französinnen denken, sie waren es aber nicht, sondern Graf Haugwitz, den ich mit einiger Schadenfreude Schritt vor Schritt dahin wackeln sah.

Zum 11. Oktober.

Ein gutes Essen war uns bereitet, die köstlichste Schöpsenkeule besonders willkommen; an gutem Wein und Brot fehlte es nicht, und so waren wir, neben dem größten Getümmel, in der schönsten Beruhigung: wie man auch wohl der stürmenden See, am Fuße eines Leuchtturms, auf dem Steindamm sitzend, der wilden Wellenbewegung zusieht, und dort und da ein Schiff ihrer Willkür preisgegeben. Aber uns erwartete in diesem gastlichen Hause eine wahrhaft herzergreifende Familienszene.

Der Sohn, ein schöner junger Mann, hatte schon einige Zeit, hingerissen von den allgemeinen Gesinnungen, in Paris unter den Nationaltruppen gedient und sich dort hervorgetan. Als nun aber die Preußen eingedrungen, die Emigrierten mit der stolzen Hoffnung eines gewissen Sieges herangelangt waren, verlangten die nun auch zuversichtlichen Eltern dringend und wieder dringend, der Sohn solle seine dortige Lage, die er nunmehr verabscheuen müsse, eiligst aufgeben, zurückkehren und diesseits für die gute Sache fechten. Der Sohn, wider Willen, aus Pietät, kommt zurück, eben in dem Moment, da Preußen, Östreicher und Emigrierte retirieren; er eilt verzweiflungsvoll durch das Gedränge zu seinem Väterhause. Was soll er nun anfangen? und wie sollen sie ihn empfangen? Freude, ihn wiederzusehen, Schmerz, ihn in dem Augenblick wieder zu verlieren, Verwirrung, ob Haus und Hof in diesem Sturm werde zu erhalten sein. Als junger Mann dem neuen Systeme günstig, kehrt er genötigt zu einer Partei zurück, die er verabscheut, und eben als er sich in dies Schicksal ergibt, sieht er diese Partei zugrunde gehen. Aus Paris entwichen, weiß er sich schon in das Sünden- und Todesregister geschrieben; und nun im Augenblick soll er aus seinem Vaterlande verbannt, aus seines Vaters Hause gestoßen werden. Die Eltern, die sich gern an ihm letzen möchten, müssen ihn selbst wegtreiben, und er, in Schmerzenswonne des Wiedersehens, weiß nicht, wie er sich losreißen soll; die Umarmungen sind Vorwürfe und das Scheiden, das vor unsern Augen geschieht, schrecklich.

Unmittelbar vor unserer Stubentüre ereignete sich das alles auf der Hausflur. Kaum war es still geworden und die Eltern hatten sich weinend entfernt, als eine Szene, fast noch wunderbarer, auffallender, uns selbst ansprach, ja in Verlegenheit setzte und, obgleich herzergreifend genug, uns doch zuletzt ein Lächeln abnötigte. Einige Bauersleute, Männer, Frauen und Kinder, drangen in unsere Zimmer und warfen sich heulend und schreiend mir zu Füßen. Mit der vollen Beredsamkeit des Schmerzes und des Jammers klagten sie, daß man ihr schönes Rindvieh wegtreibe, sie schienen Pächter eines ansehnlichen Gutes; ich solle nur zum Fenster hinaussehen, eben treibe man sie vorbei, es hätten Preußen sich derselben bemächtigt; ich solle befehlen, solle Hülfe schaffen. Hierauf trat ich, um mich zu besinnen, ans Fenster, der leichtfertige Husar stellte sich hinter mich und sagte: „Verzeihen Sie! ich habe Sie für den Schwager des Königs von Preußen ausgegeben, um gute Aufnahme und Bewirtung zu finden. Die Bauern hätten freilich nicht hereinkommen sollen; aber mit einem guten Wort weisen Sie die Leute an mich und scheinen überzeugt von meinen Vorschlägen."

Was war zu tun? überrascht und unwillig nahm ich mich zusammen und schien über die Umstände nachzudenken. „Wird doch", sagt' ich zu mir selbst, „List und Verschlagenheit im Kriege gerühmt! Wer sich durch Schelme bedienen läßt, kommt in Gefahr, von ihnen irre geführt zu werden. Ein Skandal, unnütz und beschämend, ist hier zu vermeiden." Und wie der Arzt in verzweifelten Fällen wohl noch ein Hoffnungsrezept verschreibt, entließ ich die guten Menschen mehr pantomimisch als mit Worten; dann sagt' ich mir zu meiner Beruhigung: „Hatte doch bei Sivry der echte Thronfolger den bedrängten Leuten ihr Pferd nicht zusprechen können, so dürfte sich der untergeschobene Schwager des Königs wohl verzeihen, wenn er die Hülfsbedürftigen mit irgend einer klugen eingeflüsterten Wendung abzulehnen suchte."

Wir aber gelangten in finsterer Nacht nach Sebincourt; alle Fenster waren helle, zum Zeichen, daß alle Zimmer besetzt seien. An jeder Haustüre ward protestiert, von den Einwohnern, die keine neuen Gäste, von den Einquartierten, die keine Genossen aufnehmen wollten. Ohne viel Umstände aber drang unser Husar ins Haus, und als er einige französische Soldaten in der Halle am Feuer fand, ersuchte er sie zudringlich, vornehmen Herrn, die er geleite, einen Platz am Kamin einzuräumen. Wir traten zugleich herein, sie waren freundlich und rückten zusammen, setzten sich aber bald wieder in die wunderliche Positur, ihre aufgehobenen Füße gegen das Feuer zu strecken. Sie liefen auch wohl einmal im Saale hin und wider und kehrten bald in ihre vorige Lage zurück, und nun konnt' ich bemerken, daß es ihr eigentliches Geschäft sei, den untern Teil ihrer Gamaschen zu trocknen.

Gar bald aber erschienen sie mir als bekannt; es waren eben dieselbigen, die heute früh neben unserm Wagen im Schlamme so zierlich einhertraten. Nun, früher als wir angelangt, hatten sie schon am Brunnen die untersten Teile gewaschen und gebürstet, trockneten sie nunmehr, um morgen früh neuem Schmutz und Unrat galant entgegenzugehen. Ein musterhaftes Betragen, an das man sich in manchen Fällen des Lebens wohl wieder zu erinnern hat. Auch dacht' ich dabei meiner lieben Kriegskameraden, die den Befehl zur Reinlichkeit murrend aufgenommen hatten.

Doch uns dergestalt untergebracht zu haben, war dem klugen, dienstfertigen Liseur nicht genug; die Fiktion des Mittags, die sich so glücklich erwiesen hatte, ward kühnlich wiederholt, die hohe Generalsperson, der Schwager des Königs, wirkte mächtig und vertrieb eine ganze Masse guter Emigrierten aus einem Zimmer mit zwei Betten. Zwei Offiziere von Köhler nahmen wir dagegen in denselben Raum auf, ich aber begab mich vor die Haustüre, zu dem alten erprobten Schlafwagen, dessen Deichsel, diesmal nach Deutschland gekehrt, mir ganz eigene Gedanken hervorrief, die jedoch durch ein schnelles Einschlummern gar bald abgeschnitten wurden.

Den 12. Oktober.

Der heutige Weg erschien noch trauriger als der gestrige; ermattete Pferde waren öfter gefallen und lagen mit umgestürzten Wagen häufiger neben der Hochstraße auf den Wiesen. Aus den geborstenen Decken der Rüstwagen fielen gar niedliche Mantelsäcke, einem Emigriertenkorps gehörig, hervor; das bunte zierliche Ansehn dieses herrenlosen, aufgegebenen Gutes lockte die Besitzlust der Vorbeiwandernden, und mancher bepackte sich mit einer Last, die er zunächst auch wieder abwerfen sollte. Daraus mag denn wohl die Rede entstanden sein, auf dem Rückzuge seien Emigrierte von Preußen geplündert worden.

Von ähnlichen Vorfällen erzählte man auch manches Scherzhafte; ein schwerbeladener Emigrantenwagen war ebenermaßen an einer Anhöhe stecken geblieben und verlassen worden. Nachfolgende Truppen untersuchen den Inhalt, finden Kästchen von mäßiger Größe, auffallend schwer, belästigen sich gemeinschaftlich damit und schleppen sie mit unsäglicher Mühe auf die nächste Höhe. Hier wollen sie nun in die Beute und in die Last sich teilen; aber welch ein Anblick! Aus jedem zerschlagenen Kasten fällt eine Unzahl Kartenspiele hervor, und die Goldlustigen trösten sich im wechselseitigen Spott durch Lachen und Possen.

Wir aber zogen durch Longuyon nach Longwy; und hier muß man, indem die Bilder bedeutender Freudenszenen aus dem Gedächtnis verschwinden, sich glücklich schätzen, daß auch widerwärtige Greuelbilder sich vor der Einbildungskraft abstumpfen. Was soll ich also wiederholen, daß die Wege nicht besser wurden, daß man nach wie vor, zwischen umgestürzten Wagen, abgedeckte und frisch ausgeschnittene Pferde aber- und abermals rechts und links verabscheute. Von Büschen schlecht bedeckte, geplünderte und ausgezogene Menschen konnte man oft genug bemerken, und endlich lagen auch die vor dem offenen Blick neben der Straße.

Uns sollte jedoch auf einem Seitenwege abermals Erquickung und Erholung werden, dagegen aber auch traurige Betrachtungen über den Zustand des wohlhabenden gutmütigen Bürgers in schrecklichem, diesmal ganz unerwartetem Kriegsunheil.

Den 13. Oktober.

Unser Führer wollte nicht freventlich seine braven, wohlhabenden Verwandten in dieser Gegend gerühmt haben; er ließ uns deshalb einen Umweg machen über Arlon, wo wir in einem schönen Städtchen, bei ansehnlichen und wackern

Leuten, in einem wohlgebauten und gut eingerichteten Hause, von ihm angemeldet, gar freundlich aufgenommen wurden. Die guten Personen freuten sich selbst ihres Vettern, glaubten gewisse Besserung und nächste Beförderung schon in dem Auftrage zu sehn, daß er uns mit zwei Wagen, so viel Pferden und, wie er ihnen glauben gemacht hatte, mit vielem Geld und Kostbarkeiten aus dem gefährlichsten Gewirre herauszuführen beehrt worden. Auch wir konnten seiner bisherigen Leitung das beste Zeugnis geben, und ob wir gleich an die Bekehrung dieses verlornen Sohnes nicht sonderlich glauben konnten, so waren wir ihm doch diesmal so viel schuldig geworden, daß wir auch seinem künftigen Betragen einiges Zutrauen nicht ganz verweigern durften. Der Schelm verfehlte nicht, mit schmeichelhaftem Wesen das Seinige zu tun, und erhielt wirklich, in der Stille, von den braven Leuten ein artiges Geschenk in Gold. Wir erquickten uns dagegen an gutem kalten Frühstück und dem trefflichsten Wein und beantworteten die Fragen der freilich auch sehr erstaunten wackern Leute, wegen der wahrscheinlichen nächsten Zukunft, so schonend als möglich.

Vor dem Hause hatten wir ein paar sonderbare Wagen bemerkt, länger und teilweise höher als gewöhnliche Rüstwagen, auch an der Seite mit wunderlichen Ansätzen geformt; mit rege gewordener Neugier fragte ich nach diesem seltsamen Fuhrwerke, man antwortete mir zutraulich, aber mit Vorsicht: es sei darin die Assignatenfabrik der Emigrierten enthalten, und bemerkte dabei, was für ein grenzenloses Unglück dadurch über die Gegend gebracht worden. Denn da man sich seit einiger Zeit der echten Assignate kaum erwehren könne, so habe man nun auch, seit dem Einmarsch der Alliierten, diese falschen in Umlauf gezwungen. Aufmerksame Handelsleute hätten dagegen sogleich, ihrer Sicherheit willen, diese verdächtige Papierware nach Paris zu senden und sich von dorther offizielle Erklärung ihrer Falschheit zu verschaffen gewußt, dies verwirre aber Handel und Wandel ins Unendliche: denn da man bei den echten Assignaten sich nur zum Teil gefährdet finde, bei den falschen aber gewiß gleich um das Ganze betrogen sei, auch beim ersten Anblick niemand sie zu unterscheiden vermöge, so wisse kein Mensch mehr, was er geben und was er empfangen solle, dies verbreite schon bis Luxemburg und Trier solche Ungewißheit, Mißtrauen und Bangigkeit, daß nunmehr von allen Seiten das Elend nicht größer werden könne.

Bei allen solchen schon erlittenen und noch zu fürchtenden Unbilden zeigten sich diese Personen in bürgerlicher Würde, Freundlichkeit und gutem Benehmen zu unserer Verwunderung, wovon uns in den französischen ernsten Dramen alter und neuer Zeit ein Abglanz herübergekommen ist. Von einem solchen Zustande können wir uns in eigner vaterländischer Wirklichkeit und ihrer Nachbildung keinen Begriff machen. Die „Petite Ville" mag lächerlich sein, „Die deutschen Kleinstädter" sind dagegen absurd.

Den 14. Oktober.

Sehr angenehm überrascht fuhren wir von Arlon nach Luxemburg auf der besten Kunststraße, und wurden in diese sonst so wichtige und wohlverwahrte Festung eingelassen wie in jedes Dorf, in jeden Flecken. Ohne irgend angehalten oder befragt zu werden, sahen wir uns nach und nach innerhalb der Außenwerke, der Wälle, Gräben, Zugbrücken, Mauern und Tore, unserm Führer, der Mutter und Vater hier zu finden vorgab, das Weitere vertrauend. Überdrängt war die Stadt von Blessierten und Kranken, von tätigen Menschen, die sich selbst, Pferde und Fuhrwerk wieder herzustellen trachteten.

Unsere Gesellschaft, die sich bisher zusammengehalten hatte, mußte sich trennen; mir verschaffte der gewandte Quartiermeister ein hübsches Zimmer, das aus dem engsten Höfchen, wie aus einer Feueresse, doch bei sehr hohen Fenstern genugsames Licht erhielt. Hier wußte er mich mit meinem Gepäck und sonst gar wohl einzurichten und für alle Bedürfnisse zu sorgen; er gab mir den Begriff von den Haus- und Mietleuten des Gebäudes und versicherte, daß ich gegen eine kleine Gabe sobald nicht ausgetrieben und wohl behandelt werden sollte.

Hier konnt' ich nun zum erstenmal den Koffer wieder aufschließen und mich meiner Reisehabseligkeiten, des Geldes, der Manuskripte wieder versichern. Das Konvolut zur

„Farbenlehre“ bracht’ ich zuerst in Ordnung, immer meine frühste Maxime vor Augen: die Erfahrung zu erweitern und die Methode zu reinigen. Ein Kriegs- und Reisetagebuch mocht’ ich gar nicht anrühren. Der unglückliche Verlauf der Unternehmung, der noch Schlimmeres befürchten ließ, gab immer neuen Anlaß zum Wiederkäuen des Verdrusses und zu neuem Aufregen der Sorge. Meine stille, von jedem Geräusch abgeschlossene Wohnung gewährte mir wie eine Klosterzelle vollkommenen Raum zu den ruhigsten Betrachtungen, dagegen ich mich, sobald ich nur den Fuß vor die Haustüre hinaussetzte, in dem lebendigsten Kriegsgetümmel befand und nach Lust das wunderlichste Lokal durchwandeln konnte, das vielleicht in der Welt zu finden ist.

Den 15. Oktober.

Wer Luxemburg nicht gesehen hat, wird sich keine Vorstellung von diesem an- und übereinander gefügten Kriegsgebäude machen. Die Einbildungskraft verwirrt sich, wenn man die seltsame Mannigfaltigkeit wieder hervorrufen will, mit der sich das Auge des hin und her gehenden Wanderers kaum befreunden konnte. Plan und Grundriß vor sich zu nehmen, wird nötig sein, Nachstehendes nur einigermaßen verständlich zu finden.

Ein Bach, Petrus genannt, erst allein, dann verbunden mit dem entgegenkommenden Fluß, die Elze, schlingt sich mäanderartig zwischen Felsen durch und um sie herum, bald im natürlichen Lauf, bald durch Kunst genötigt. Auf dem linken Ufer liegt hoch und flach die alte Stadt; sie, mit ihren Festungswerken nach dem offenen Lande zu, ist andern befestigten Städten ähnlich. Als man nun für die Sicherheit derselben nach Westen Sorge getragen, sah man wohl ein, daß man sich auch gegen die Tiefe, wo das Wasser fließt, zu verwahren habe; bei zunehmender Kriegskunst war auch das nicht hinreichend, man mußte, auf dem rechten Ufer des Gewässers, nach Süden, Osten und Norden, auf ein- und ausspringenden Winkeln unregelmäßiger Felspartien neue Schanzen vorschieben, nötig immer eine zur Beschützung der andern. Hieraus entstand nun eine Verkettung unübersehbarer Bastionen, Redouten, halber Monde und solches Zangen- und Krakelwerk, als nur die Verteidigungskunst im seltsamsten Falle zu leisten vermochte.

Nichts kann deshalb einen wunderlichern Anblick gewähren als das mitten durch dies alles am Flusse sich hinabziehende enge Tal, dessen wenige Flächen, dessen sanft oder steil aufsteigende Höhen zu Gärten angelegt, in Terrassen abgestuft und mit Lusthäusern belebt sind, von wo aus man auf die steilsten Felsen, auf hochgetürmte Mauern rechts und links hinaufschaut. Hier findet sich so viel Größe mit Anmut, so viel Ernst mit Lieblichkeit verbunden, daß wohl zu wünschen wäre, Poussin hätte sein herrliches Talent in solchen Räumen betätigt.

Nun besaßen die Eltern unseres lockeren Führers in dem Pfaffental einen artigen abhängigen Garten, dessen Genuß sie mir gern und freundlich überließen. Kirche und Kloster, nicht weit entfernt, rechtfertigte den Namen dieses Elysiums, und in dieser geistlichen Nachbarschaft schien auch den weltlichen Bewohnern Ruh und Friede verheißen, ob sie gleich mit jedem Blick in die Höhe an Krieg, Gewalt und Verderben erinnert wurden.

Jetzt nun aber aus der Stadt, wo das unselige Kriegsnachspiel mit Lazaretten, abgerissenen Soldaten, zerstückten Waffen, herzustellenden Achsen, Rädern und Lafetten, zugleich mit sonstigen Trümmern aller Art aufgeführt wurde, in eine solche Stille zu flüchten, war höchst wohltätig; aus den Straßen zu entweichen, wo Wagner, Schmiede und andre Gewerke ihr Wesen öffentlich unermüdet und geräuschvoll treiben, und sich in das Gärtchen im geistlichen Tale zu verbergen, war höchst behaglich. Hier fand ein Ruhe- und Sammlungsbedürftiger das willkommenste Asyl.

Den 16. Oktober.

Die allen Begriff übersteigende Mannigfaltigkeit der auf- und aneinander getürmten, gefügten Kriegsgebäude, die bei jedem Schritt vor- oder rückwärts, auf- oder abwärts ein anderes Bild zeigten, riefen die Lust hervor, wenigstens etwas davon aufs Papier zu bringen. Freilich mußte diese Neigung auch wieder einmal sich regen, da seit so viel Wochen mir kaum ein Gegenstand vor die Augen gekommen, der sie geweckt hätte. Unter andern fiel es sonderbar auf, daß so manche gegeneinander über stehende Felsen, Mauern und Verteidigungswerke in der Höhe durch Zugbrücken, Galerien und gewisse wunderliche Vorrichtungen verbunden waren. Irgend jemand vom Metier hätte dieses alles mit Kunstaugen angesehen und sich mit Soldatenblick der sichern Einrichtung erfreut; ich aber konnte nur den malerischen Effekt ihr abgewinnen und hätte gar zu gern, wäre nicht alles Zeichnen an und in den Festungen höchlich verpönt, meine Nachbildungskräfte hier in Übung gesetzt.

Den 19. Oktober.

Nachdem ich nun also mehrere Tage in diesen Labyrinthen, wo Naturfels und Kriegsgebäu wetteifernd seltsam steile Schluchten gegeneinander aufgetürmt und daneben Pflanzenwachstum, Baumzucht und Lustgebüsch nicht ausgeschlossen, mich sinnend und denkend einsam genug herumgewunden hatte, fing ich an, nach Hause kommend, die Bilder, wie sie sich der Einbildungskraft nach und nach einprägten, aufs Papier zu bringen, unvollkommen zwar, doch hinreichend, das Andenken eines höchst seltsamen Zustandes einigermaßen festzuhalten.

Den 20. Oktober.

Ich hatte Zeit gewonnen, das kurz Vergangene zu überdenken, aber je mehr man dachte, je verworrener und unsicherer ward alles vor dem Blicke. Auch sah ich, daß wohl das Notwendigste sein möchte, sich auf das unmittelbar Bevorstehende zu bereiten. Die wenigen Meilen bis Trier mußten zurückgelegt werden; aber was mochte dort zu finden sein, da nun die Herren selbst mit andern Flüchtlingen sich nachdrängten.

Als das Schmerzlichste jedoch, was einen jeden, mehr oder weniger resigniert, wie er war, mit einer Art von Furienwut ergriff, empfand man die Kunde, die sich nicht verbergen ließ, daß unsere höchsten Heerführer mit den vermaledeiten, durch das Manifest dem Untergang gewidmeten, durch die schrecklichsten Taten abscheulich dargestellten Aufrührern doch übereinkommen, ihnen die

Festungen übergeben mußten, um nur sich und den Ihrigen eine mögliche Rückkehr zu gewinnen. Ich habe von den Unsrigen gesehen, für welche der Wahnsinn zu fürchten war.

Den 22. Oktober.

Auf dem Wege nach Trier fand sich bei Grevenmachern nichts mehr von jener galanten Wagenburg; öde, wüst und zerfahren lagen die Anger, und die weit und breiten Spuren deuteten auf jenes vorübergegangene flüchtige Dasein. Am Posthaus fuhr ich diesmal mit requirierten Pferden ganz im stillen vorbei, das Briefkästchen stand noch auf seinem Platze, kein Gedränge war umher; man konnte sich der wunderlichsten Gedanken nicht erwehren.

Doch ein herrlicher Sonnenblick belebte soeben die Gegend, als mir das Monument von Igel, wie der Leuchtturm einem nächtlich Schiffenden, entgegen glänzte.

Vielleicht war die Macht des Altertums nie so gefühlt worden als an diesem Kontrast: ein Monument, zwar auch kriegerischer Zeiten, aber doch glücklicher, siegreicher Tage und eines dauernden Wohlbefindens rühriger Menschen in dieser Gegend.

Obgleich in später Zeit unter den Antoninen erbaut, behält es immer noch von trefflicher Kunst so viel Eigenschaften übrig, daß es uns im ganzen anmutig ernst zuspricht und aus seinen, obgleich sehr beschädigten Teilen das Gefühl eines fröhlich-tätigen Daseins mitteilt. Es hielt mich lange fest; ich notierte manches, ungern scheidend, da ich mich nur desto unbehaglicher in meinem erbärmlichen Zustande fühlte.

Doch auch jetzt wechselte schnell wieder eine freudige Aussicht in der Seele, die bald darauf zur Wirklichkeit gelangte.

Den 23. Oktober.

Wir brachten unserm Freunde Lieutenant von Fritsch, den wir auf seinem Posten widerwillig zurückgelassen, die erwünschte Nachricht, daß er den Militär-Verdienstorden erhalten habe, mit Recht, wegen einer braven Tat, und mit

Glück, ohne an unserm Jammer teilgenommen zu haben. Die Sache verhielt sich aber also.

Die Franzosen, weil sie uns weit genug ins Land vorgedrungen, uns in bedeutender Entfernung, in großer Not wußten, versuchten im Rücken einen unvermuteten Streich; sie näherten sich Trier in bedeutender Anzahl, sogar mit Kanonen. Lieutenant von Fritsch erfährt es, und mit weniger Mannschaft geht er dem Feinde entgegen, der, über die Wachsamkeit stutzend, mehr anrückende Truppen befürchtend, nach kurzem Gefecht sich bis Merzig zurückzieht und nicht wieder erscheint. Dem Freunde war das Pferd blessiert, durch dieselbe Kugel sein Stiefel gestreift, dagegen er aber auch, als Sieger zurückkehrend, aufs beste empfangen wird. Der Magistrat, die Bürgerschaft erzeigen ihm alle mögliche Aufmerksamkeit; auch die Frauenzimmer, die ihn bisher als einen hübschen jungen Mann gekannt, erfreuen sich nun doppelt an ihm als einem Helden.

Sogleich berichtet er seinem Chef den Vorfall, der, wie billig, dem Könige vorgetragen wird, worauf denn der blaue Kreuzstern erfolgt. Die Glückseligkeit des braven Jünglings, dessen lebhafteste Freude mitzufühlen, war ein ungemeiner Genuß; ihn hatte das Glück, das uns vermied, in unserm Rücken aufgesucht, und er sah sich für den militärischen Gehorsam belohnt, der ihn an einer untätigen Lage zu fesseln schien.

Den 24. Oktober.

Der Freund hatte mir bei jenem Kanonikus abermals Quartier verschafft. Auch ich war von der allgemeinen Krankheit nicht ganz frei geblieben, und bedurfte daher einiger Arznei und Schonung.

In diesen ruhigen Stunden nahm ich sogleich die kurzen Bemerkungen vor, die ich bei dem Monument zu Igel aufgezeichnet hatte.

Soll man den allgemeinsten Eindruck aussprechen, so ist hier Leben dem Tod, Gegenwart der Zukunft entgegengestellt und beide untereinander im ästhetischen Sinne aufgehoben. Dies war die herrliche Art und Weise der Alten, die sich noch lange genug in der Kunstwelt erhielt.

Die Höhe des Monuments kann siebzig Fuß betragen, es steigt in mehreren architektonischen Abteilungen obeliskenartig hinauf; erst der Grund, auf diesem ein Sockel, sodann die Hauptmasse, darüber eine Attike, sodann ein Fronton und zuletzt eine wundersam sich aufschlingende Spitze, wo sich die Reste einer Kugel und eines Adlers zeigen. Jede dieser Abteilungen ist mit den Gliedern, aus denen sie besteht, durchaus mit Bildern und Zieraten geschmückt.

Diese Eigenschaft deutet denn freilich auf spätere Zeiten: denn dergleichen tritt ein, sobald sich die reine Proportion im ganzen verliert, wie denn auch hier daran manches zu erinnern sein möchte.

Dem ungeachtet muß man anerkennen, daß dieses Werk auf eine erst kurz vergangene höhere Kunst gegründet ist. So waltet denn auch über das Ganze der antike Sinn, in dem das wirkliche Leben dargestellt wird, allegorisch gewürzt durch mythologische Andeutungen. In dem Hauptfelde Mann und Frau von kolossaler Bildung sich die Hände reichend, durch eine dritte, verloschene Figur als einer segnenden verbunden. Sie stehen zwischen zwei sehr verzierten, mit übereinander gestellten tanzenden Kindern geschmückten Pilastern.

Alle Flächen sodann deuten auf die glücklichsten Familienverhältnisse, überein denkende und wirkende Verwandte, redliches genußreiches Zusammenleben darstellend.

Aber eigentlich waltet überall die Tätigkeit vor; ich getraue mir jedoch nicht, alles zu erklären. In einem Felde scheinen sich Geschäft überlegende Handelsleute versammelt zu haben; offenbar aber sind beladene Schiffe, Delphine als Verzierung, Transport auf Saumrossen, Ankunft von Waren und deren Beschauen, und was sonst noch Menschliches und Natürliches mehr vorkommen dürfte.

Sodann aber auch im Zodiak ein rennendes Pferd, das vielleicht vormals Wagen und Lenker hinter sich zog, in Friesen, sodann sonstigen Räumen und Giebelfeldern Bacchus, Faunen, Sol und Luna und was sonst noch Wunderbares Knopf und Gipfel verzieren und verziert haben mag.

Das Ganze ist höchst erfreulich, und man könnte auf der

Stufe, wo heutzutag Bau- und Bildkunst stehen, in diesem Sinne ein herrliches Denkmal den würdigsten Menschen, ihren Lebensgenüssen und Verdiensten gar wohl errichten. Und so war es mir denn recht erwünscht, mit solchen Betrachtungen beschäftigt, den Geburtstag unserer verehrten Herzogin Amalie im stillen zu feiern, ihr Leben, ihr edles Wirken und Wohltun umständlich zurückzurufen; woraus sich denn ganz natürlich die Aufregung ergab, ihr in Gedanken einen gleichen Obelisk zu widmen, und die sämtlichen Räume mit ihren individuellen Schicksalen und Tugenden charakteristisch zu verzieren.

Trier den 25. Oktober.

Die mir nunmehr gegönnte Ruh und Bequemlichkeit benutzte ich nun ferner, manches zu ordnen und aufzubewahren, was ich in den wildesten Zeiten bearbeitet hatte. Ich rekapitulierte und redigierte meine chromatischen Akten, zeichnete mehrere Figuren zu den Farbentafeln, die ich oft genug veränderte, um das, was ich darstellen und behaupten wollte, immer anschaulicher zu machen. Hierauf dacht' ich denn auch, meinen dritten Teil von Fischers „Physikalischem Lexikon" wieder zu erlangen. Auf Erkundigung und Nachforschen fand ich endlich die Küchmagd im Lazarett, das man mit ziemlicher Sorgfalt in einem Kloster errichtet hatte. Sie litt an der allgemeinen Krankheit, doch waren die Räume luftig und reinlich; sie erkannte mich, konnte aber nicht reden, nahm den Band unter dem Haupte hervor und übergab mir ihn so reinlich und wohl erhalten, als ich ihn überliefert hatte, und ich hoffe, die Sorgfalt, der ich sie empfahl, wird ihr zugute gekommen sein.

Ein junger Schullehrer, der mich besuchte und mir verschiedene der neusten Journale mitteilte, gab Gelegenheit zu erfreulichen Unterhaltungen. Er verwunderte sich wie so viel andere, daß ich von Poesie nichts wissen wolle, dagegen auf Naturbetrachtungen mich mit ganzer Kraft zu werfen schien. Er war in der Kantischen Philosophie unterrichtet, und ich konnte ihm daher auf den Weg deuten, den ich eingeschlagen hatte. Wenn Kant in seiner „Kritik der Urteilskraft" der ästhetischen Urteilskraft die teleologische zur

Seite stellt, so ergibt sich daraus, daß er andeuten wolle: ein Kunstwerk solle wie ein Naturwerk, ein Naturwerk wie ein Kunstwerk behandelt und der Wert eines jeden aus sich selbst entwickelt, an sich selbst betrachtet werden. Über solche Dinge konnte ich sehr beredt sein und glaube dem guten jungen Mann einigermaßen genutzt zu haben. Es ist wundersam, wie eine jede Zeit Wahrheit und Irrtum aus dem kurz Vergangenen, ja dem längst Vergangenen mit sich trägt und schleppt, muntere Geister jedoch sich auf neuer Bahn bewegen, wo sie sich's denn freilich gefallen lassen, meist allein zu gehen oder einen Gesellen auf eine kurze Strecke mit sich fortzuziehen.

Trier den 26. Oktober.

Nun durfte man aber aus solchen ruhigen Umgebungen nicht heraustreten, ohne sich wie im Mittelalter zu finden, wo Klostermauern und der tollste unregelmäßigste Kriegszustand miteinander immerfort kontrastierten. Besonders jammerten einheimische Bürger sowie zurückkehrende Emigrierte über das schreckliche Unheil, was durch die falschen Assignaten über Stadt und Land gekommen war. Schon hatten Handelshäuser gewußt, dergleichen nach Paris zu bringen, und von dort die Falschheit, völlige Ungültigkeit, die höchste Gefahr vernommen, sich mit dergleichen nur irgend abzugeben. Daß die echten gleichfalls dadurch in Mißkredit gerieten, daß man bei völliger Umkehrung der Dinge auch wohl die Vernichtung aller dieser Papiere zu fürchten habe, fiel jedermann auf. Dieses ungeheure Übel nun gesellte sich zu den übrigen, so daß es vor der Einbildungskraft und dem Gefühl ganz grenzenlos erschien; ein verzweiflungsvoller Zustand, demjenigen ähnlich, wenn man eine Stadt vor sich niederbrennen sieht.

Trier den 28. Oktober.

Die Wirtstafel, an der man übrigens ganz wohl versorgt war, gab auch ein sinneverwirrendes Schauspiel; Militärs und Angestellte, aller Art Uniform, Farben und Trachten, im stillen mißmutig, auch wohl in Äußerungen heftig, aber alle wie in einer gemeinsamen Hölle zusammengefaßt.

Daselbst begegnete mir ein wahrhaft rührendes Ereignis; ein alter Husarenoffizier, mittlerer Größe, grauen Bartes und Haares und funkelnden Auges, kam nach Tisch auf mich zu, ergriff mich bei der Hand und fragte: ob ich denn das alles auch mit ausgestanden habe? Ich konnte ihm einiges von Valmy und Hans erzählen, woraus er sich denn gar wohl das übrige nachbilden konnte. Hierauf fing er mit Enthusiasmus und warmem Anteil zu sprechen an, Worte, die ich nachzuschreiben kaum wage, des Inhalts: es sei schon unverantwortlich, daß man sie, deren Metier und Schuldigkeit es bleibe, dergleichen Zustände zu erdulden und ihr Leben dabei zuzusetzen, in solche Not geführt, die vielleicht kaum jemals erhört worden; daß aber auch ich (er drückte seine gute Meinung über meine Persönlichkeit und meine Arbeiten aus) das hätte mit erdulden sollen, darüber wollt' er sich nicht zufrieden geben. Ich stellte ihm die Sache von der heitern Seite vor, von der Seite, mit meinem Fürsten, dem ich nicht ganz unnütz gewesen, mit so vielen wackren Kriegsmännern zu eigner Prüfung diese wenigen Wochen her geduldet zu haben; allein er blieb bei seiner Rede, indessen ein Zivilist zu uns trat und dagegen erwiderte: man sei mir Dank schuldig, daß ich das alles mit ansehen wollen, indem man sich nun gar wohl, von meiner geschickten Feder, Darstellung und Aufklärung erwarten könne. Der alte Degen wollte davon auch nichts wissen und rief: „Glaubt es nicht, er ist viel zu klug! was er schreiben dürfte, mag er nicht schreiben, und was er schreiben möchte, wird er nicht schreiben."

Übrigens mochte man kaum hie und da hinhorchen, der Verdruß war grenzenlos. Und wie es schon eine verdrießliche Empfindung erregt, wenn glückliche Menschen nicht ablassen, uns ihr Behagen vorzurechnen, so ist es noch viel unausstehlicher, wenn uns ein Unheil, das wir selbst aus dem Sinne schlagen möchten, immer wiederkäuend vorgetragen wird. Von den Franzosen, die man haßte, aus dem Lande gedrängt zu sein, genötigt mit ihnen zu unterhandeln, mit den Männern des zehnten Augusts sich zu befreunden, das alles war für Geist und Gemüt so hart, als bisher die körperliche Duldung gewesen. Man schonte der obersten

Leitung nicht, und das Vertrauen, das man dem berühmten Feldherrn so lange Jahre gegönnt hatte, schien für immer verloren.

Trier den 29. Oktober.

Als man sich nun auf deutschem Grund und Boden wiederfand und aus der ungeheuersten Verwirrung zu entwickeln hoffen durfte, traf uns die Nachricht von Custinens verwegenen und glücklichen Unternehmungen. Das große Magazin zu Speyer war in seine Hände geraten, er hatte darauf gewußt, eine Übergabe von Mainz zu bewirken. Diese Schritte schienen die grenzenlosesten Übel nach sich zu ziehen, sie deuteten auf einen außerordentlichen, so kühnen als folgerechten Geist, und da mußte denn schon alles verloren sein. Nichts fand man wahrscheinlicher und natürlicher, als daß auch schon Koblenz von den Franken besetzt sei, und wie sollten wir unsern Rückweg antreten! Frankfurt gab man in Gedanken gleichfalls auf; Hanau und Aschaffenburg an einer, Kassel an der andern Seite sah man bedroht, und was nicht alles zu fürchten! Vom unseligen Neutralitätssystem die nächsten Fürsten paralysiert, desto lebendig tätiger die von revolutionären Gesinnungen ergriffene Masse. Sollte man, wie Mainz bearbeitet worden, nicht auch die Gegend und die nächst anstoßenden Provinzen zu Gesinnungen vorbereiten und die schon entwickelten schleunig benutzen? Das alles mußte zum Gedanken, zur Sprache kommen.

Öfters hört' ich wiederholen: sollten die Franzosen wohl ohne große Überlegung und Umsicht, ohne starke Heeresmacht solche bedeutende Schritte getan haben? Custinens Handlungen schienen so kühn als vorsichtig; man dachte sich ihn, seine Gehülfen, seine Obern als weise, kräftige, konsequente Männer. Die Not war groß und sinneverwirrend, unter allen bisher erduldeten Leiden und Sorgen ohne Frage die größte.

Mitten in diesem Unheil und Tumulte fand mich ein verspäteter Brief meiner Mutter, ein Blatt, das an jugendlichruhige, städtisch-häusliche Verhältnisse gar wundersam erinnerte. Mein Oheim Schöff Textor war gestorben, dessen nahe Verwandtschaft mich von der ehrenhaft wirksamen Stelle eines Frankfurter Ratsherrn bei seinen Lebzeiten ausschloß, worauf man, herkömmlich löblicher Sitte gemäß, meiner sogleich gedachte, der ich unter den Frankfurter Graduierten ziemlich weit vorgerückt war.

Meine Mutter hatte den Auftrag erhalten, bei mir anzufragen: ob ich die Stelle eines Ratsherrn annehmen würde, wenn mir, unter die Losenden gewählt, die goldene Kugel zufiele? Vielleicht konnte eine solche Anfrage in keinem seltsamern Augenblicke anlangen als in dem gegenwärtigen; ich war betroffen, in mich selbst zurückgewiesen; tausend Bilder stiegen vor mir auf und ließen mich nicht zu Gedanken kommen. Wie aber ein Kranker oder Gefangener sich wohl im Augenblicke an einem erzählten Märchen zerstreut, so war auch ich in andere Sphären und Jahre versetzt.

Ich befand mich in meines Großvaters Garten, wo die reich mit Pfirsichen gesegneten Spaliere des Enkels Appetit gar lüstern ansprachen und nur die angedrohte Verweisung aus diesem Paradiese, nur die Hoffnung, die reifste rotbäckigste Frucht aus des wohltätigen Ahnherrn eigner Hand zu erhalten, solche Begierde bis zum endlichen Termin einigermaßen beschwichtigen konnte. Sodann erblickt' ich den ehrwürdigen Altvater um seine Rosen beschäftigt, wie er, gegen die Dornen, mit altertümlichen Handschuhen, als Tribut überreicht von zollbefreiten Städten, sich vorsichtig verwahrte dem edlen Laertes gleich, nur nicht wie dieser sehnsüchtig und kummervoll. Dann erblickt' ich ihn im Ornat als Schultheiß, mit der goldnen Kette, auf dem Thronsessel unter des Kaisers Bildnis; sodann leider im halben Bewußtsein einige Jahre auf dem Krankenstuhle, und endlich im Sarge.

Bei meiner letzten Durchreise durch Frankfurt hatte ich meinen Oheim im Besitz des Hauses, Hofes und Gartens gefunden, der als wackrer Sohn, dem Vater gleich, die höheren Stufen freistädtischer Verfassung erstieg. Hier im traulichen Familienkreis, in dem unveränderten altbekannten Lokal, riefen sich jene Knabenerinnerungen lebhaft hervor und traten mir nun neukräftig vor die Augen. Sodann gesellten sich zu ihnen andere jugendliche Vorstellungen, die ich nicht verschweigen darf. Welcher reichstädtische Bürger wird leugnen, daß er, früher oder später, den Ratsherrn, Schöff und Burgemeister im Auge gehabt und, seinem Talent gemäß, nach diesen, vielleicht auch nach minderen Stellen emsig und vorsichtig gestrebt: denn der süße Gedanke, an irgend einem Regimente teilzunehmen, erwacht gar bald in der Brust eines jeden Republikaners, lebhafter und stolzer schon in der Seele des Knaben.

Diesen freundlichen Kinderträumen konnt' ich mich jedoch nicht lange hingeben, nur allzuschnell aufgeschreckt, besah ich mir die ahnungsvolle Lokalität, die mich umfaßte, die traurigen Umgebungen, die mich beengten, und zugleich die Aussicht nach der Vaterstadt getrübt, ja verfinstert. Mainz in französischen Händen, Frankfurt bedroht, wo nicht schon eingenommen, der Weg dorthin versperrt und innerhalb jener Mauern, Straßen, Plätze, Wohnungen Jugendfreunde, Blutverwandte vielleicht schon von demselben Unglück ergriffen, daran ich Longwy und Verdun so grausam hatte leiden sehen; wer hätte gewagt, sich in solchen Zustand zu stürzen!

Aber auch in der glücklichsten Zeit jenes ehrwürdigen Staatskörpers wäre mir nicht möglich gewesen, auf diesen Antrag einzugehen; die Gründe waren nicht schwer auszusprechen. Seit zwölf Jahren genoß ich eines seltenen Glückes, des Vertrauens wie der Nachsicht des Herzogs von Weimar. Dieser von der Natur höchst begünstigte, glücklich ausgebildete Fürst ließ sich meine wohlgemeinten, oft unzulänglichen Dienste gefallen und gab mir Gelegenheit, mich zu entwickeln, welches unter keiner andern vaterländischen Bedingung möglich gewesen wäre; meine Dankbarkeit war ohne Grenzen, so wie die Anhänglichkeit an die hohen Frauen Gemahlin und Mutter, an die heranwachsende Familie, an ein Land, dem ich doch auch manches geleistet hatte. Und mußte ich nicht zugleich jenes Zirkels neuerworbener höchstgebildeter Freunde gedenken, auch so manches andern häuslich Lieben und Guten, was sich aus meinen treubeharrlichen Zuständen entwickelt hatte? Diese bei solcher Gelegenheit abermals erregten Bilder und Gefühle erheiterten mich auf einmal in dem betrübtesten Augenblick: denn man ist schon halb gerettet, wenn man, aus traurigster Lage im fremden Land, einen hoffnungsvollen Blick in die gesicherte Heimat zu tun aufgeregt wird; so genießen wir diesseits auf Erden, was uns jenseits der Sphären zugesagt ist.

In solchem Sinne begann ich den Brief an meine Mutter, und wenn sich diese Beweggründe zunächst auf mein Gefühl, auf persönliches Behagen, individuellen Vorteil zu beziehen schienen, so hatt' ich noch andere hinzuzufügen, die auch das Wohl meiner Vaterstadt berücksichtigten und meine dortigen Gönner überzeugen konnten. Denn wie sollt' ich mich in dem ganz eigentümlichen Kreise tätig wirksam erzeigen, wozu man vielleicht mehr als zu jedem andern treulich herangebildet sein muß? Ich hatte mich seit so viel Jahren zu Geschäften meinen Fähigkeiten angemessen gewöhnt, und zwar solchen, die zu städtischen Bedürfnissen und Zwecken kaum verlangt werden möchten. Ja ich durfte hinzufügen: daß, wenn eigentlich nur Bürger in den Rat aufgenommen werden sollten, ich nunmehr jenem Zustand so entfremdet sei, um mich völlig als einen Auswärtigen zu betrachten.

Dieses alles gab ich meiner Mutter dankbar zu erkennen, welche sich auch wohl nichts anderes erwartete. Freilich mag dieser Brief spät genug zu ihr gelangt sein.

Trier den 29. Oktober.

Mein junger Freund, mit dem ich gar manche angenehme wissenschaftliche und literarische Unterhaltung genoß, war auch im Geschichtlichen der Stadt und Umgebung gar wohl erfahren. Unsere Spaziergänge bei leidlichem Wetter waren deshalb immer belehrend, und ich konnte mir das Allgemeinste merken.

Die Stadt an sich hat einen auffallenden Charakter, sie behauptet, mehr geistliche Gebäude zu besitzen als irgend eine andere von gleichem Umfang, und möchte ihr dieser Ruhm wohl kaum zu leugnen sein; denn sie ist innerhalb der Mauer von Kirchen, Kapellen, Klöstern, Konventen, Kollegien, Ritter- und Brüdergebäuden belastet ja erdrückt;

außerhalb von Abteien, Stiftern, Kartausen blockiert, ja belagert.

Dieses zeugt denn von einem weiten geistlichen Wirkungskreis, welchen der Erzbischof sonst von hier aus beherrschte, denn seine Diözes war auf Metz, Toul und Verdun ausgedehnt. Auch dem weltlichen Regiment fehlt es nicht an schönen Besitztümern, wie denn der Kurfürst von Trier auf beiden Seiten der Mosel ein herrliches Land beherrscht, und so fehlt es auch Trier nicht an Palästen, welche beweisen, daß zu verschiedener Zeit von hier aus die Herrschaft sich weit und breit erstreckte.

Der Ursprung der Stadt verliert sich in die Fabelzeit; das erfreuliche Lokal mag früh genug Anbauende hierher gelockt haben. Die Trevirer waren ins Römische Reich eingeschlossen, erst Heiden, dann Christen, von Normannen und von Franken überwältigt, und zuletzt ward das schöne Land dem Römisch-Deutschen Reiche einverleibt.

Ich wünschte wohl, die Stadt in guter Jahrszeit, an friedlichen Tagen zu sehen, ihre Bürger näher kennen zu lernen, welche von jeher den Ruf haben, freundlich und fröhlich zu sein. Von erster Eigenschaft finden sich in diesem Augenblicke wohl noch Spuren, von der zweiten kaum; und wie sollte Fröhlichkeit sich in einem so widerwärtigen Zustande erhalten.

Freilich wer in die Annalen der Stadt zurücksieht, findet wiederholte Nachricht von Kriegsunheil, das diese Gegend betroffen, da das Moseltal, ja der Fluß selbst dergleichen Züge begünstigt. Attila sogar aus dem fernsten Osten hatte mit seinem unzählbaren Heere Vor- und Rückzug, wie wir, durch diese Flußregion genommen. Was erduldeten die Einwohner nicht im Dreißigjährigen Kriege, bis zu Ende des siebzehnten Jahrhunderts, indem sich der Fürst an Frankreich als den nachbarlichsten Alliierten angeschlossen hatte und darüber in langwierige österreichische Gefangenschaft geriet. Auch an inneren Kriegen erkrankte die Stadt mehr als einmal, wie es überall in bischöflichen Städten sich ereignen mußte, wo der Bürger mit geistlich-weltlicher Obergewalt sich nicht immer vertragen konnte.

Mein Führer, indem er mich geschichtlich unterrichtete,

machte mich auf Gebäude der verschiedensten Zeit aufmerksam, wovon das meiste kurios und daher wohl merkwürdig schien, weniges aber dem Geschmacksurteil erfreulich zusagte, wie vorher an dem Monumente zu Igel gerühmt werden konnte.

Die Reste des römischen Amphitheaters fand ich respektabel; da aber das Gebäude über sich selbst zusammengestürzt und wahrscheinlich mehrere Jahrhunderte als Steinbruch behandelt war, ließ sich nichts entziffern. Bewundernswert jedoch war noch immer, wie die Alten ihrer Weisheit gemäß große Zwecke mit mäßigen Mitteln hervorzubringen suchten, und die Naturgelegenheit eines Tals zwischen zwei Hügeln zu nutzen gewußt, wo die Gestalt des Bodens an Exkavation und Substruktion dem Baumeister vieles glücklich ersparte. Wenn man nun von den ersten Höhen des Martisberges, wo diese Ruine gelegen, etwas weiter aufsteigt, so sieht man über alle Reliquien der Heiligen, über Dome, Dächer und Schirme nach dem Apolloberg hinüber, und so behaupten beide Götter, den Merkur zur Seite, ihres Namens Gedächtnis; die Bilder waren zu beseitigen, der Genius nicht.

Zur Betrachtung der Baukunst früherer Mittelzeit bietet Trier merkwürdige Monumente: ich habe von solchen Dingen wenige Kenntnis, und sie sprechen nicht zum gebildeten Sinn. Mich wollte der Anblick bei einiger Teilnahme verwirren; manches davon ist verschüttet, zerstückt, zu anderm Gebrauche gewidmet.

Über die große Brücke, auch noch im Altertum gegründet, führte man mich im heitersten Momente; hier nun sieht man deutlich, wie die Stadt auf einer mit ausspringendem Winkel nach dem Fluß zudrängenden Fläche, welche denselben gegen das linke Ufer hinweist, erbaut ist. Nun überschaut man vom Fuße des Apolloberges Fluß, Brücke, Mühlen, Stadt und Gegend, da sich denn die noch nicht ganz entlaubten Weinberge sowohl zu unsern Füßen als auf den ersten Höhen des Martisberges gegenüber gar freundlich ausnahmen, anschaulich machten, in welcher gesegneten Gegend man sich befinde, und ein Gefühl von Wohlfahrt und Behagen erweckten, welches über den Weinländern in der Luft zu schweben scheint. Die besten Sorten Moselwein, die uns nun zuteil wurden, schienen nach diesem Überblick einen angenehmern Geschmack zu haben.

Trier den 29. Oktober.

Unser fürstlicher Heerführer kam an und nahm Quartier im Kloster Sankt Maximin. Diese reichen und sonst überglücklichen Menschen hatten denn freilich schon eine gute Zeit her große Unruhe erduldet; die Brüder des Königs waren dort einquartiert gewesen, und nachher war es nicht wieder leer geworden. Eine solche Anstalt, aus Ruh und Frieden entsprungen, auf Ruh und Frieden berechnet, nahm sich freilich unter diesen Umständen wunderlich aus, da, man mochte noch so schonend verfahren, ein gewaltiger Gegensatz des Ritter- und Mönchtums sich hervortat. Der Herzog wußte jedoch hier wie überall, selbst als ungebetener Gast, durch Freigebigkeit und freundliches Betragen sich und die Seinigen angenehm zu machen.

Mich aber sollte auch hier der böse Kriegsdämon wieder verfolgen. Unser guter Obrist von Gotsch war gleichfalls im Kloster einquartiert; ich fand ihn zur Nacht seinen Sohn bewachend und besorgend, welcher an der unglücklichen Krankheit gleichfalls hart darnieder lag. Hier mußt' ich nun wieder die Litanei und Verwünschung unseres Feldzugs aus dem Munde eines alten Soldaten und Vaters vernehmen, der die sämtlichen Fehler mit Leidenschaft zu rügen berechtigt war, die er als Soldat einsah und als Vater verfluchte. Auch die Isletten kamen wieder zur Sprache, und es mußte wirklich ein jeder, der sich diesen unseligen Punkt deutlich machte, durchaus verzweifeln.

Ich erfreute mich der Gelegenheit, die Abtei zu sehen, und fand ein weitläufiges, wahrhaft fürstliches Gebäude; die Zimmer von bedeutender Größe und Höhe, und die Fußboden getäfelt, Sammet und damastne Tapeten, Stukkatur, Verguldung und Schnitzwerk nicht gespart, und was man sonst in solchen Palästen zu sehen gewohnt ist, alles doppelt und dreifach in großen Spiegeln wiederholt.

Auch ward den einquartierten Personen ganz wohl dahier; die Pferde jedoch konnten nicht sämtlich untergebracht werden, sie mußten unter freiem Himmel aushalten ohne Lagerstätte, Raufen und Tröge. Unglücklicherweise waren die Futtersäcke gefault, und so mußte der Hafer von der Erde aufgeschnopert werden.

Wenn aber die Stallungen unbedeutend waren, so fand man die Keller desto geräumiger. Noch über die eigenen Weinberge genoß das Kloster die Einnahme von vielen Zehnten. Freilich mochte in den letzten Monaten gar manches Stückfaß geleert worden sein, es lagen deren viele auf dem Hofe.

Den 30. Oktober.

gab unser Fürst große Tafel; drei der vornehmsten geistlichen Herren waren eingeladen, sie hatten köstliches Tischzeug, sehr schönes Porzellanservice hergegeben; von Silber war wenig zu sehen, Schätze und Kostbarkeiten lagen in Ehrenbreitstein. Die Speisen von den fürstlichen Köchen schmackhaft zubereitet; Wein, der uns früher hatte nach Frankreich folgen sollen, von Luxemburg zurückkehrend, ward hier genossen; was aber am meisten Lob und Preis verdiente, war das kostbarste weiße Brot, das an den Gegensatz des Kommißbrots bei Hans erinnerte.

Ich hatte mich, als ich nach trierischer Geschichte in diesen Tagen forschte, notwendig auch um die Abtei Sankt Maximin bekümmern müssen: ich konnte daher mit meinem geistlichen Nachbar ein ganz auslangendes geschichtliches Gespräch führen. Das hohe Alter des Stifts ward vorausgesetzt; dann gedachte man seiner mannigfaltig wechselnden Schicksale, der nahen Lage des Stifts an der Stadt, beiden Teilen gleich gefährlich; wie es denn im Jahre 1674 niedergebrannt und völlig verwüstet wurde. Von dem Wiederaufbau und der allmählichen Herstellung in den gegenwärtigen Zustand ließ ich mich auch unterrichten. Dazu konnte man viel Gutes sagen und die Anstalt preisen, welches der geistliche Herr auch gern vernahm; von den letzten Zeiten aber wollte er nichts Rühmliches wissen; die französischen Prinzen waren da lange im Quartier gelegen, und man hatte von manchem Unfug, Übermut und Verschwendung zu hören.

Bei Abwechselung des Gesprächs daher ging ich wieder ins Geschichtliche zurück; als ich aber der frühern Zeit erwähnte, wo das Stift sich dem Erzbischof gleich gesetzt und der Abt Reichsstand des Römisch-Deutschen Reichs gewesen, wich er lächelnd aus, als wenn er eine solche Erinnerung in der neusten Zeit für verfänglich halte.

Die Sorge des Herzogs für sein Regiment ward nun tätig und klar; denn als die Kranken zu Wagen fortzubringen unmöglich war, so ließ der Fürst ein Schiff mieten, um sie bequem nach Koblenz zu transportieren.

Nun aber kamen andere auf eine eigene Weise preßhafte Kriegsmänner an. Auf dem Rückzuge hatte man gar bald bemerkt, daß die Kanonen nicht fortzubringen seien; die Artilleriepferde kamen um, eines nach dem andern, wenig Vorspann war zu finden; die Pferde, auf dem Hinzug requiriert, beim Herzug geflüchtet, fehlten überall, man griff zu der letzten Maßregel: von jedem Regiment mußte eine starke Anzahl Reiter absitzen und zu Fuße wandern, damit das Geschütz gerettet werde. In ihren steifen Stiefeln, die zuletzt nicht mehr durchhalten wollten, litten diese braven Menschen bei dem schrecklichen Wege unendlich; aber auch ihnen erheiterte sich die Zeit, denn es ward Anstalt getroffen, daß auch sie zu Wasser nach Koblenz fahren konnten.

Oktober.

Mein Fürst hatte mir aufgetragen, dem Marquis Lucchesini aufzuwarten, eine Abschiedsempfehlung auszusprechen und mich nach einigem zu erkundigen. Bei später Abendzeit, nicht ohne einige Schwierigkeiten, ward ich bei diesem mir früher nicht ungewogenen bedeutenden Manne eingelassen. Die Anmut und Freundlichkeit, mit der er mich empfing, war wohltätig; nicht so die Beantwortung meiner Fragen und Erfüllung meiner Wünsche. Er entließ mich, wie er mich aufgenommen hatte, ohne mich im mindesten zu fördern, und man wird mir zutrauen, daß ich darauf vorbereitet gewesen.

Als ich nun die Abfahrt jener kranken und ermüdeten Reiter eifrig betreiben sah, ergriff mich gleichfalls das Gefühl, es sei wohl am besten getan, einen Ausweg auf dem

Wasser zu suchen. Sehr ungern ließ ich meine Chaise zurück, die man mir aber nach Koblenz nachzusenden versprach, und mietete ein einmänniges Boot, wo mir denn beim Einschiffen meine sämtlichen Habseligkeiten, gleichsam vorgezählt, einen sehr angenehmen Eindruck machten, indem ich sie mehr als einmal verloren glaubte oder zu verlieren fürchtete. Zu dieser Fahrt gesellte sich ein preußischer Offizier, den ich als alten Bekannten aufnahm, dessen ich mich als Pagen gar wohl erinnerte und dem seine Hofzeit noch gar deutlich vorschwebte; wie er mir denn gewöhnlich den Kaffee wollte präsentiert haben.

Das Wetter war leidlich, die Fahrt ruhig, und man erkannte die Anmut dieser Wohltat um so mehr, je mühseliger auf dem Landwege, der sich dem Flusse hie und da näherte, die Kolonnen dahinzogen, oder auch wohl von Zeit zu Zeit stockend verweilten. Schon in Trier hatte man geklagt, daß bei so eiligem Rückmarsch die größte Schwierigkeit sei, Quartier zu finden, indem gar oft die einem Regiment angewiesenen Ortschaften schon besetzt gefunden worden, wodurch große Not und Verwirrung entstehe.

Die Uferansichten der Mosel waren längs dieser Fahrt höchst mannigfaltig; denn obgleich das Wasser eigensinnig seinen Hauptlauf von Südwest nach Nordost richtet, so wird es doch, da es ein schikanöses gebirgisches Terrain durchstreift, von beiden Seiten durch vorspringende Winkel bald rechts, bald links gedrängt, so daß es nur im weitläufigen Schlangengange fortwandeln kann. Deswegen ist denn aber auch ein tüchtiger Fährmeister höchst nötig; der unsere bewies Kraft und Gewandtheit, indem er bald hier einen vorgeschobenen Kies zu vermeiden, sogleich aber dort den an steiler Felswand herflutenden Strom zu schnellerer Fahrt kühn zu benutzen wußte. Die vielen Ortschaften zu beiden Seiten gaben den muntersten Anblick; der Weinbau, überall sorgfältig gepflegt, ließ auf ein heiteres Volk schließen, das keine Mühe schont, den köstlichen Saft zu erzielen. Jeder sonnige Hügel war benutzt, bald aber bewunderten wir schroffe Felsen am Strom, auf deren schmalen vorragenden Kanten, wie auf zufälligen Naturterrassen, der Weinstock zum allerbesten gedieh.

Wir landeten bei einem artigen Wirtshause, wo uns eine alte Wirtin wohl empfing, manches erduldete Ungemach beklagte, den Emigrierten aber besonders alles Böse gönnte. Sie habe, sagte sie, an ihrem Wirtstische gar oft mit Grauen gesehen, wie diese gottesvergessenen Menschen das liebe Brot kugel- und brockenweise sich an den Kopf geworfen, so daß sie und ihre Mägde es nachher mit Tränen zusammengekehrt.

Und so ging es mit gutem Glück und Mut immer weiter hinab bis zur Dämmerung, da wir uns denn aber in das mäandrische Flußgewinde, wie es sich gegen die Höhen von Montreal herandrängt, verschlungen sahen. Nun überfiel uns die Nacht, bevor wir Trarbach erreichen oder auch nur gewahren konnten. Es ward stockfinster; eingeengt wußten wir uns zwischen mehr oder weniger steilem Ufer, als ein Sturm, bisher schon ruckweise verkündigt, gewaltsam anhaltend hereinbrach; bald schwoll der Strom im Gegenwinde, bald wechselten abprallende Windstöße niederstürzend mit wütendem Sausen; eine Welle nach der andern schlug über den Kahn, wir fühlten uns durchnäßt. Der Schiffmeister barg nicht seine Verlegenheit; die Not schien immer größer, je länger sie dauerte, und der Drang war aufs höchste gestiegen, als der wackere Mann versicherte, er wisse weder wo er sei, noch wohin er steuern solle.

Unser Begleiter verstummte, ich war still in mir gefaßt, wir schwebten in der tiefsten Finsternis, nur manchmal wollte mir scheinen, daß Massen über mir, doch noch etwas dunkler als der verfinsterte Himmel, sich dem Auge bemerklich machten; dies gewährte jedoch wenig Trost und Hoffnung; zwischen Land und Fels eingeschlossen zu sein, drang sich immer ängstlicher auf. Und so wurden wir im Stockfinstern lange hin und her geworfen, bis sich endlich in der Ferne ein Licht und damit auch Hoffnung auftat. Nun ward nach Möglichkeit drauf los gesteuert und gerudert, wobei sich Paul nach Kräften tätig erwies.

Endlich stiegen wir in Trarbach glücklich ans Land, wo man uns in einem leidlichen Gasthofe Henne mit Reis alsobald anbot. Ein angesehener Kaufmann aber, die Landung von Fremden in so tiefer stürmischer Nacht vernehmend, nötigte uns in sein Haus, wo wir bei hellem Kerzenschein, in wohlgeschmückten Zimmern, englische schwarze Kunstblätter, in Rahm und Glas gar zierlich aufgehangen, mit Freude, ja mit Rührung, gegen die kurz vorher erduldeten finsteren Gefährlichkeiten, begrüßend erblickten. Herr und Frau, noch junge Leute, beeiferten sich, uns gütlich zu tun; wir genossen des köstlichsten Moselweins, an dem sich mein Gefährte, der eine Wiederherstellung freilich am nötigsten haben mochte, besonders erquickte.

Paul gestand, daß er schon Rock und Stiefel ausgezogen, um, wenn wir scheitern sollten, uns durch Schwimmen zu erretten; wobei er sich denn freilich nur allein möchte durchgebracht haben.

Kaum hatten wir uns getrocknet und geletzt, als es in mir schon wieder zu treiben anfing und ich fortzueilen begehrte. Der freundliche Wirt wollte uns nicht entlassen, sondern verlangte vielmehr, wir sollten den morgenden Tag noch zugeben, versprach auch von einer benachbarten Höhe die weiteste schönste Aussicht über ein bedeutend Gelände und manches andere, was uns zur Erquickung und Zerstreuung hätte dienen können. Aber es ist wunderbar: wie sich der Mensch an ruhige Zustände gewöhnt und in denselben verharren mag, so gibt es auch eine Gewöhnung zum Unruhigen; es war in mir die Nötigung zu einem rollenden Forteilen, der ich nicht gebieten konnte.

Als wir daher fortzueilen im Begriff standen, nötigte uns der wackere Mann noch zwei Matratzen auf, damit wir im Schiff wenigstens einige Bequemlichkeit hätten; die Frau gab solche nicht gerne her, welches ihr, da der Barchent neu und schön, gar nicht zu verdenken war. Und so ereignet sich's oft in Einquartierungsfällen, daß bald der eine bald der andere Gatte dem aufgedrungenen Gast mehr oder weniger wohl will.

Bis Koblenz schwammen wir ruhig hinunter, und ich erinnere mich nur deutlich, daß ich am Ende der Fahrt das schönste Naturbild gesehen, was mir vielleicht zu Augen gekommen. Als wir gegen die Moselbrücke zu fuhren, stand uns dieses schwarze, mächtige Bauwerk kräftig entgegen; durch die Bogenöffnungen aber schauten die stattlichen Gebäude des Tals, über der Brückenlinie sodann das Schloß Ehrenbreitstein im blauen Dufte durch und hervor. Rechts bildete die Stadt, an die Brücke sich anschließend, einen tüchtigen Vorgrund; dieses Bild gab einen herrlichen, aber nur augenblicklichen Genuß, denn wir landeten und schickten sogleich gewissenhaft die Matratzen unversehrt an das von den wackern Trarbachern uns bezeichnete Handelshaus.

Dem Herzog von Weimar war ein schönes Quartier eingeräumt, worin auch ich ein gutes Unterkommen fand; die Armee rückte nach und nach heran; die Dienerschaft des fürstlichen Generals traf ein und konnte nicht genug von den Unbilden erzählen, die sie erleiden müssen. Wir segneten uns, die Wasserfahrt eingeschlagen zu haben, und die glücklich überstandene Windsbraut schien nur ein geringes Übel gegen eine stockende und überall gehinderte Landfahrt.

Der Fürst selbst war angekommen; um den König versammelten sich viele Generäle; ich aber, in einsamen Spaziergängen den Rhein hin, wiederholte mir die wunderlichen Ereignisse der vergangenen Wochen.

Ein französischer General, Lafayette, Haupt einer großen Partei, vor kurzem der Abgott seiner Nation, des vollkommensten Vertrauens der Soldaten genießend, lehnt sich gegen die Obergewalt auf, die allein nach Gefangennehmung des Königs das Reich repräsentiert; er entflieht, seine Armee, nicht stärker als dreiundzwanzigtausend Mann, bleibt ohne General und Oberoffiziere, desorganisiert, bestürzt.

Zur selbigen Zeit betritt ein mächtiger König, mit einem achtzigtausend Mann starken verbündeten Heere, den Boden von Frankreich, zwei befestigte Städte, nach geringem Zaudern, ergeben sich.

Nun erscheint ein wenig gekannter General, Dumouriez; ohne jemals einen Oberbefehl geführt zu haben, nimmt er, gewandt und klug, eine sehr starke Stellung; sie wird durchbrochen, und doch erreicht er eine zweite, wird auch daselbst eingeschlossen, und zwar so, daß der Feind sich zwischen ihn und Paris stellt.

Aber sonderbar verwickelte Zustände werden, durch anhaltendes Regenwetter, herbeigeführt; das furchtbare alliierte Heer, nicht weiter als sechs Stunden von Châlons und zehn von Reims, sieht sich abgehalten, diese beiden Orte zu gewinnen, bequemt sich zum Rückzug, räumt die zwei eroberten Plätze, verliert über ein Drittel seiner Mannschaft und davon höchstens zweitausend durch die Waffen, und sieht sich nun wieder am Rheine. Alle diese Begegnisse, die an das Wunderbare grenzen, ereignen sich in weniger als sechs Wochen, und Frankreich ist aus der größten Gefahr gerettet, deren seine Jahrbücher jemals gedenken.

Vergegenwärtige man sich nun die vielen tausend Teilnehmer an solchem Mißgeschick, denen das grimmige Leibes- und Seelenleiden einiges Recht zur Klage zu geben schien, so wird man sich leicht vorstellen, daß nicht alles im stillen abgetan ward und, so sehr man sich auch vorzusehen gedachte, doch aus einem vollen Herzen der Mund zuzeiten überging.

Und so begegnete denn auch mir, daß ich an großer Tafel neben einem alten trefflichen General saß und vom Vergangenen zu sprechen mich nicht ganz enthielt, worauf er mir, zwar freundlich, aber mit gewisser Bestimmtheit antwortete: „Erzeigen Sie mir morgen früh die Ehre, mich zu besuchen, da wir uns hierüber freundlich und aufrichtig besprechen wollen.“ Ich schien es anzunehmen, blieb aber aus und gelobte mir innerlich, das gewohnte Stillschweigen sobald nicht wieder zu brechen.

Auf der Wasserfahrt so wie auch in Koblenz hatte ich manche Bemerkung gemacht zum Vorteil meiner chromatischen Studien; besonders war mir über die epoptischen Farben ein neues Licht aufgegangen, und ich konnte immer mehr hoffen, die physischen Erscheinungen in sich zu verknüpfen und sie von andern abzusondern, mit denen sie in entfernterer Verwandtschaft zu stehen schienen.

Auch kam mir des treuen Kämmerier Wagner Tagebuch zu Ergänzung des meinigen gar wohl zustatten, das ich in den letzten Tagen ganz und gar vernachlässigt hatte.

Des Herzogs Regiment war herangekommen und kantonierte in den Dörfern gegen Neuwied über. Hier bewies der

Fürst die väterlichste Sorgfalt für seine Untergebenen; jeder einzelne durfte seine Not klagen, und soviel nur möglich ward abgestellt und nachgeholfen. Lieutenant von Flotow, in der Stadt auf Kommando stehend und dem Wohltäter am nächsten, erwies sich tätig und hülfreich. Dem Hauptbedürfnis an Schuhen und Stiefeln wurde dadurch abgeholfen, daß man Leder kaufte und die im Regimente sich findenden Schuster unter den Meistern der Stadt arbeiten ließ. Auch für Reinlichkeit und Zierde war gesorgt, gelbe Kreide angeschafft, die Kolletts gesäubert und gefärbt, und unsere Reiter trabten wieder ganz schmuck einher.

Meine Studien jedoch sowohl als die heitere Unterhaltung mit den Kanzlei- und Hausgenossen wurden gar sehr belebt durch den Ehrenwein, welcher von trefflicher Moselsorte unserem Fürsten vom Stadtrate gereicht ward, und welchen wir, da der Fürst meist auswärts speiste, zu genießen die Erlaubnis hatten. Als wir Gelegenheit fanden, einem von den Gebern darüber ein Kompliment zu machen, und dankbar anerkannten, daß sie sich bei solcher Gelegenheit um unsertwillen mancher guten Flasche berauben wollen, vernahmen wir die Erwiderung: daß sie uns dies und noch viel mehr gönnten und nur die Fässer bedauerten, welche sie an die Emigrierten wenden müssen, welche zwar viel Geld, aber auch viel Unheil über die Stadt gebracht, ja den Zustand derselben völlig umgekehrt; besonders aber wollte man ihr Betragen gegen den Fürsten nicht rühmen, an dessen Stelle sie sich gewissermaßen gesetzt und gegen seinen Willen kühnlich Unverantwortliches unternommen.

In der letzten, Unheil drohenden Zeit war er auch nach Regensburg abgereist, und ich schlich zu schöner heiterer Mittagsstunde an sein Schloß hin, das auf dem linken Rheinufer, etwas oberhalb der Stadt, wunderschön, seitdem ich diese Gegend nicht betreten, aus der Erde gewachsen war. Es stand einsam und als die allerneuste, wenn auch nicht architektonische, doch politische Ruine da, und ich hatte nicht den Mut, mir von dem umherwandelnden Schloßvogt den Eingang zu gewinnen. Wie schön war die nähere und weitere Umgebung, wie angebaut und gartenreich der Raum zwischen Schloß und Stadt, die Aussicht den Rhein stromauf ruhig und besänftigend, gegen Stadt und Festung aber prächtig und aufregend.

In der Absicht, mich übersetzen zu lassen, ging ich zur fliegenden Brücke, ward aber aufgehalten, oder hielt mich vielmehr selbst auf in Beschauung eines östreichischen Wagentransportes, welcher nach und nach übergesetzt wurde. Hier ereignete sich ein Streit zwischen einem preußischen und östreichischen Unteroffizier, welcher den Charakter beider Nationen klar ins Licht setzte.

Vom Östreicher, der hierher postiert war, um die möglich schnelle Überfahrt der Wagenkolonne zu beaufsichtigen, aller Verwirrung vorzubeugen und deshalb kein anderes Fuhrwerk dazwischen zu lassen, verlangte der Preuße heftig eine Ausnahme für sein Wägelchen, auf welchem Frau und Kind mit einigen Habseligkeiten gepackt waren. Mit großer Gelassenheit versagte der Östreicher die Forderung, auf die Ordre sich berufend, die ihm dergleichen ausdrücklich verbiete; der Preuße ward heftiger, der Östreicher womöglich gelassener; er litt keine Lücke in der ihm empfohlenen Kolonne, und der andere fand sich einzudrängen keinen Raum. Endlich schlug der Zudringliche an seinen Säbel und forderte den Widerstehenden heraus; mit Drohen und Schimpfen wollte er seinen Gegner ins nächste Gäßchen bewegen, um die Sache daselbst auszumachen; der höchst ruhige verständige Mann aber, der die Rechte seines Postens gar wohl kannte, rührte sich nicht und hielt Ordnung nach wie vor.

Ich wünschte diese Szene wohl von einem Charakterzeichner aufgefaßt: denn wie im Betragen, so auch in Gestalt unterschieden sich beide; der Gelassene war stämmig und stark, der Wütende, denn zuletzt erwies er sich so, hager, lang, schmächtig und rührig.

Die auf diesen Spazierweg zu verwendende Zeit war zum Teil schon verstrichen, und mir vertrieb die Furcht vor ähnlichen Retardationen bei der Rückkehr jede Lust, das sonst so geliebte Thal zu besuchen, das doch nur das Gefühl schmerzlichen Entbehrens erregt und mich fruchtlos zu Betrachtung früherer Jahre aufgeregt hätte; doch stand ich lange hinüberschauend, friedlicher Zeiten mitten im verwirrenden Wechsel irdischer Ereignisse treulich eingedenk.

Und so traf es zufällig, daß ich von den Maßregeln zum ferneren Feldzuge auf dem rechten Ufer näher unterrichtet ward. Des Herzogs Regiment rüstete sich hinüberzuziehen; der Fürst selbst mit seiner ganzen Umgebung sollte folgen. Mir bangte vor jeder Fortsetzung des kriegerischen Zustandes, und das Fluchtgefühl ergriff mich abermals. Ich möchte dies ein umgekehrtes Heimweh nennen, eine Sehnsucht ins Weite statt ins Enge. Ich stand; der herrliche Fluß lag vor mir, er gleitete so sanft und lieblich hinunter, in ausgedehnter breiter Landschaft; er floß zu Freunden, mit denen ich, trotz manchem Wechseln und Wenden, immer treu verbunden geblieben. Mich verlangte aus der fremden gewaltsamen Welt an Freundesbrust, und so mietete ich, nach erhaltenem Urlaub, eilig einen Kahn bis Düsseldorf; meine noch immer zurückbleibende Chaise Koblenzer Freunden empfehlend, mit Bitte, sie mir hinabwärts zu spedieren.

Als ich nun mit meinen Habseligkeiten mich eingeschifft und sogleich auf dem Strome dahin schwimmen sah, begleitet vom getreuen Paul und einem blinden Passagier, welcher gelegentlich zu rudern sich verband, hielt ich mich für glücklich und von allem Übel befreit.

Indessen standen noch einige Abenteuer bevor. Wir hatten nicht lange flußabwärts gerudert, als zu bemerken war, daß der Kahn ein starkes Leck haben müsse, indem der Fährmann von Zeit zu Zeit das Wasser fleißig ausschöpfte. Und nun entdeckte sich erst, daß wir, bei übereilt unternommener Fahrt, nicht bedacht hatten, wie auf die weite Strecke hinab, von Koblenz bis Düsseldorf, der Schiffer nur ein altes Boot zu nehmen pflegt, um es unten als Brennholz zu verkaufen und, sein Fährgeld in der Tasche, ganz leicht nach Hause zu wandern.

Indessen fuhren wir getrost dahin. Eine sternhelle, doch sehr kalte Nacht begünstigte unsere Fahrt, als auf einmal der fremde Ruderer verlangte, ans Land gesetzt zu werden, und sich mit dem Schiffer zu streiten anfing, an welcher Stelle es denn eigentlich für den Wandrer am vorteilhaftesten sei, worüber sie sich nicht vereinigen konnten.

Unter diesen Händeln, die mit Heftigkeit geführt wurden, stürzte unser Fährmann ins Wasser und wurde nur mit Mühe herausgezogen. Nun konnte er bei heller, klarer Nacht nicht mehr aushalten, und bat dringend um die Erlaubnis, bei Bonn anfahren zu dürfen, um sich zu trocknen und zu erwärmen. Mein Diener ging mit ihm in eine Schifferkneipe, ich aber beharrte, unter freiem Himmel zu bleiben, und ließ mir ein Lager auf Mantelsack und Portefeuille bereiten. So groß ist die Macht der Gewohnheit, daß mir, der ich die letzten sechs Wochen fast immer unter freiem Himmel zugebracht hatte, vor Dach und Zimmer graute. Diesmal aber entstand daraus für mich ein neues Unheil, welches man freilich hätte vorhersehen sollen: den Kahn hatte man zwar so weit als möglich auf den Strand gezogen, aber nicht so weit, daß er nicht durch das Leck noch hätte Wasser einnehmen können.

Nach einem tiefen Schlafe fand ich mich mehr als erfrischt, denn das Wasser war bis zu meinem Lager gedrungen und hatte mich und meine Habseligkeiten durchnäßt. Ich war daher genötigt aufzustehen, das Wirtshaus aufzusuchen und mich in Tabak schmauchender, Glühwein schlürfender Gesellschaft so gut als möglich zu trocknen; worüber denn der Morgen ziemlich herankam und eine verspätete Reise durch frisches Rudern eifrig beschleunigt wurde.

Zwischenrede

Wenn ich mich nun so, in der Erinnerung, den Rhein hinunter schwimmen sehe, wüßt' ich nicht genau zu sagen, was in mir vorging. Der Anblick eines friedlichen Wasserspiegels, das Gefühl der bequemen Fahrt auf demselben ließ mich nach der kurz vergangenen Zeit zurückschauen wie auf einen bösen Traum, von dem ich mich soeben erwacht fände; ich überließ mich den heitersten Hoffnungen eines nächsten gemütlichen Zusammenseins.

Nun aber, wenn ich mitzuteilen fortfahren soll, muß ich eine andere Behandlung wählen, als dem bisherigen Vortrag wohl geziemte: denn wo Tag für Tag das Bedeutendste vor unsern Augen vorgeht, wenn wir mit so viel Tausenden leiden und fürchten und nur furchtsam hoffen, dann hat die Gegenwart ihren entschiedenen Wert, und, Schritt vor

Schritt vorgetragen, erneut sie das Vergangene, indem sie auf die Zukunft hindeutet.

Was aber in geselligen Zirkeln sich ereignet, kann nur aus einer sittlichen Folge der Äußerungen innerlicher Zustände begriffen werden; die Reflexion ist hier an ihrer Stelle, der Augenblick spricht nicht für sich selbst, Andenken an das Vergangene, spätere Betrachtungen müssen ihn dolmetschen.

Wie ich überhaupt ziemlich unbewußt lebte und mich vom Tag zum Tage führen ließ, wobei ich mich, besonders die letzten Jahre, nicht übel befand, so hatte ich die Eigenheit, niemals weder eine nächst zu erwartende Person, noch eine irgend zu betretende Stelle vorauszudenken, sondern diesen Zustand unvorbereitet auf mich einwirken zu lassen. Der Vorteil, der daraus entsteht, ist groß; man braucht von einer vorgefaßten Idee nicht wieder zurückzukommen, nicht ein selbstbeliebig gezeichnetes Bild wieder auszulöschen und mit Unbehagen die Wirklichkeit an dessen Stelle aufzunehmen; der Nachteil dagegen mag wohl hervortreten, daß wir mit Unbewußtsein in wichtigen Augenblicken nur herumtasten und uns nicht gerade in jeden ganz unvorhergesehenen Zustand aus dem Stegreife zu finden wissen.

In eben dem Sinne war ich auch niemals aufmerksam, was meine persönliche Gegenwart und Geistesstimmung auf die Menschen wirke, da ich denn oft ganz unerwartet fand, daß ich Neigung oder Abneigung und sogar oft beides zugleich erregte.

Wollte man nun auch dieses Betragen als eine individuelle Eigenheit weder loben noch tadeln, so muß doch bemerkt werden, daß sie im gegenwärtigen Falle gar wunderliche Phänomene und nicht immer die erfreulichsten hervorbrachte.

Ich war mit jenen Freunden seit vielen Jahren nicht zusammengekommen, sie hatten sich getreu an ihrem Lebensgange gehalten, dagegen mir das wunderbare Los beschieden war, durch manche Stufen der Prüfung, des Tuns und Duldens durchzugehen, so daß ich, in eben der Person beharrend, ein ganz anderer Mensch geworden, meinen alten Freunden fast unkenntlich auftrat.

Es würde schwer halten, auch in späteren Jahren, wo eine

freiere Übersicht des Lebens gewonnen ist, sich genaue Rechenschaft von jenen Übergängen abzulegen, die bald als Vorschritt, bald als Rückschritt erscheinen, und doch alle dem gottgeführten Menschen zu Nutz und Frommen gereichen müssen. Ungeachtet solcher Schwierigkeiten aber will ich, meinen Freunden zuliebe, einige Andeutung versuchen.

Der sittliche Mensch erregt Neigung und Liebe nur insofern, als man Sehnsucht an ihm gewahr wird; sie drückt Besitz und Wunsch zugleich aus, den Besitz eines zärtlichen Herzens und den Wunsch, ein gleiches in andern zu finden; durch jenes ziehen wir an, durch dieses geben wir uns hin.

Das Sehnsüchtige, das in mir lag, das ich in früheren Jahren vielleicht zu sehr gehegt und bei fortschreitendem Leben kräftig zu bekämpfen trachtete, wollte dem Manne nicht mehr ziemen, nicht mehr genügen, und er suchte deshalb die volle, endliche Befriedigung. Das Ziel meiner innigsten Sehnsucht, deren Qual mein ganzes Inneres erfüllte, war Italien, dessen Bild und Gleichnis mir viele Jahre vergebens vorschwebte, bis ich endlich durch kühnen Entschluß die wirkliche Gegenwart zu fassen mich erdreistete. In jenes herrliche Land sind mir meine Freunde gern auch in Gedanken gefolgt, sie haben mich auf Hin- und Herwegen begleitet, möchten sie nun auch nächstens den längern Aufenthalt daselbst mit Neigung teilen und von dort mich wieder zurückbegleiten, da sich alsdann manches Problem faßlicher auflösen wird.

In Italien fühlt' ich mich nach und nach kleinlichen Vorstellungen entrissen, falschen Wünschen enthoben, und an die Stelle der Sehnsucht nach dem Land der Künste setzte sich die Sehnsucht nach der Kunst selbst; ich war sie gewahr geworden, nun wünscht' ich sie zu durchdringen.

Das Studium der Kunst wie das der alten Schriftsteller gibt uns einen gewissen Halt, eine Befriedigung in uns selbst; indem sie unser Inneres mit großen Gegenständen und Gesinnungen füllt, bemächtigt sie sich aller Wünsche, die nach außen strebten, hegt aber jedes würdige Verlangen im stillen Busen; das Bedürfnis der Mitteilung wird immer geringer, und wie Malern, Bildhauern, Baumeistern, so geht es auch dem Liebhaber: er arbeitet einsam, für Genüsse, die er mit andern zu teilen kaum in den Fall kommt.

Aber zu gleicher Zeit sollte mich noch eine Ableitung der Welt entfremden, und zwar die entschiedenste Wendung gegen die Natur, zu der ich aus eigenstem Trieb auf die individuellste Weise hingelenkt worden. Hier fand ich weder Meister noch Gesellen und mußte selbst für alles stehen. In der Einsamkeit der Wälder und Gärten, in den Finsternissen der dunklen Kammer wär' ich ganz einzeln geblieben, hätte mich nicht ein glückliches häusliches Verhältnis in dieser wunderlichen Epoche lieblich zu erquicken gewußt. Die „Römischen Elegien", die „Venetianischen Epigramme" fallen in diese Zeit.

Nun aber sollte mir auch ein Vorgeschmack kriegerischer Unternehmungen werden: denn der Schlesischen, durch den Reichenbacher Kongreß geschlichteten Campagne beizuwohnen beordert, hatte ich mich, in einem bedeutenden Lande, durch manche Erfahrung aufgeklärt und erhoben gesehen und zugleich durch anmutige Zerstreuung hin und her gaukeln lassen, indessen das Unheil der französischen Staatsumwälzung, sich immer weiter verbreitend, jeden Geist, er mochte hin denken und sinnen, wohin er wollte, auf die Oberfläche der europäischen Welt zurückforderte und ihm die grausamsten Wirklichkeiten aufdrang. Rief mich nun gar die Pflicht, meinen Fürsten und Herrn erst in die bedenklichen, bald aber traurigen Ereignisse des Tags abermals hineinzubegleiten und das Unerfreuliche, das ich nur gemäßigt meinen Lesern mitzuteilen gewagt, männlich zu erdulden; so hätte alles, was noch Zartes und Herzliches sich ins Innerste zurückgezogen hatte, auslöschen und verschwinden mögen.

Fasse man dies alles zusammen, so wird der Zustand, wie er nachstehend skizzenhaft verzeichnet ist, nicht ganz rätselhaft erscheinen, welches ich um so mehr wünschen muß, da ich ungern dem Trieb widerstehe, diese vor vielen Jahren flüchtig verfaßten Blätter nach gegenwärtiger Einsicht und Überzeugung umzuschreiben.

Pempelfort, November 1792.

Es war schon finster, als ich in Düsseldorf landete und mich daher mit Laternen nach Pempelfort bringen ließ, wo ich nach augenblicklicher Überraschung die freundlichste Aufnahme fand; vielfaches Hin- und Hersprechen, wie ein solches Wiedersehen aufregt, nahm einen Teil der Nacht hinweg.

Den nächsten Tag war ich durch Fragen, Antworten und Erzählen bald eingewohnt; der unglückliche Feldzug gab leider genugsame Unterhaltung, niemand hatte sich den Ausgang so traurig gedacht. Aber auch aussprechen konnte niemand die tiefe Wirkung eines beinahe vierwöchentlichen furchtbaren Schweigens, die sich immer steigernde Ungewißheit bei dem Mangel aller Nachrichten. Eben als wäre das alliierte Heer von der Erde verschlungen worden, so wenig verlautete von demselben; jedermann in eine gräßliche Leere hineinblickend war von Furcht und Ängsten gepeinigt, und nun erwartete man mit Entsetzen die Kriegsläufte schon wieder in den Niederlanden, man sah das linke Rheinufer und zugleich das rechte bedroht.

Von solchen Betrachtungen zerstreuten uns moralische und literarische Verhandlungen, wobei mein Realismus zum Vorschein kommend die Freunde nicht sonderlich erbaute.

Ich hatte seit der Revolution, mich von dem wilden Wesen einigermaßen zu zerstreuen, ein wunderbares Werk begonnen, eine Reise von sieben Brüdern verschiedener Art, jeder nach seiner Weise dem Bunde dienend, durchaus abenteuerlich und märchenhaft, verworren, Aussicht und Absicht verbergend, ein Gleichnis unseres eignen Zustandes. Man verlangte eine Vorlesung, ich ließ mich nicht viel bitten und rückte mit meinen Heften hervor; aber ich bedurfte auch nur wenig Zeit, um zu bemerken, daß niemand davon erbaut sei. Ich ließ daher meine wandernde Familie in irgend einem Hafen und mein weiteres Manuskript auf sich selbst beruhen.

Meine Freunde jedoch, die sich in so veränderte Gesinnung nicht gleich ergeben wollten, versuchten mancherlei, um frühere Gefühle durch ältere Arbeiten wieder hervorzurufen, und gaben mir „Iphigenien“ zur abendlichen Vorlesung in die Hand; das wollte mir aber gar nicht munden, dem zarten Sinne fühlt' ich mich entfremdet, auch von andern vorgetragen war mir ein solcher Anklang lästig. Indem aber das Stück gar bald zurückgelegt ward, schien es, als wenn man mich durch einen höhern Grad von Folter zu prüfen gedenke. Man brachte „Ödipus auf Kolonos", dessen erhabene Heiligkeit meinem gegen Kunst, Natur und Welt gewendeten, durch eine schreckliche Campagne verhärteten Sinn ganz unerträglich schien; nicht hundert Zeilen hielt ich aus. Da ergab man sich denn wohl in die Gesinnung des veränderten Freundes, fehlte es doch nicht an so mancherlei Anhaltepunkten des Gesprächs.

Aus den frühern Zeiten deutscher Literatur ward manches Einzelne erfreulich hervorgerufen, niemals aber drang die Unterhaltung in einen tieferen Zusammenhang, weil man Merkmale ungleicher Gesinnung vermeiden wollte.

Soll ich irgend etwas Allgemeines hier einschalten, so war es schon seit zwanzig Jahren wirklich eine merkwürdige Zeit, wo bedeutende Existenzen zusammentrafen und Menschen von einer Seite sich aneinander schlossen, obgleich von der andern höchst verschieden: jeder brachte einen hohen Begriff von sich selbst zur Gesellschaft, und man ließ sich eine wechselseitige Verehrung und Schonung gern gefallen.

Das Talent befestigte seinen erworbenen Besitz einer allgemeinen Achtung, durch gesellige Verbindungen wußte man sich zu hegen und zu fördern, die errungenen Vorteile wurden nicht mehr durch einzelne, sondern durch eine übereinstimmende Mehrheit erhalten. Daß hiebei eine Art Absichtlichkeit durchwalten mußte, lag in der Sache; so gut wie andere Weltkinder verstanden sie eine gewisse Kunst in ihre Verhältnisse zu legen, man verzieh sich die Eigenheiten, eine Empfindlichkeit hielt der andern die Waage, und die wechselseitigen Mißverständnisse blieben lange verborgen.

Zwischen diesem allen hatte ich einen wunderlichen Stand, mein Talent gab mir einen ehrenvollen Platz in der Gesellschaft, aber meine heftige Leidenschaft für das, was ich als wahr und naturgemäß erkannte, erlaubte sich manche gehässige Ungezogenheit gegen irgend ein scheinbar falsches Streben; weswegen ich mich auch mit den Gliedern jenes

Kreises zuzeiten überwarf, ganz oder halb versöhnte, immer aber im Dünkel des Rechthabens auf meinem Wege fort ging. Dabei behielt ich etwas von der Ingenuität des Voltairischen Huronen noch im späteren Alter, so daß ich zugleich unerträglich und liebenswürdig sein konnte.

Ein Feld jedoch, in welchem man sich mit mehr Freiheit und Übereinstimmung erging, war die westliche, um nicht zu sagen französische Literatur. Jacobi, indem er seinen eigenen Weg wandelte, nahm doch Kenntnis von allem Bedeutenden, und die Nachbarschaft der Niederlande trug viel dazu bei, ihn nicht allein literarisch, sondern auch persönlich in jenen Kreis zu ziehen. Er war ein sehr wohlgestalteter Mann, von den vorteilhaftesten Gesichtszügen, von einem zwar gemessenen, aber doch höchst gefälligen Betragen, bestimmt, in jedem gebildeten Kreise zu glänzen.

Wundersam war jene Zeit, die man sich kaum wieder vergegenwärtigen könnte; Voltaire hatte wirklich die alten Bande der Menschheit aufgelöst, daher entstand in guten Köpfen eine Zweifelsucht an dem, was man sonst für würdig gehalten hatte. Wenn der Philosoph von Ferney seine ganze Bemühung dahin richtete, den Einfluß der Geistlichkeit zu mindern und zu schwächen, und hauptsächlich Europa im Auge behielt, so erstreckte de Pauw seinen Eroberungsgeist über fernere Weltteile; er wollte weder Chinesen noch Ägyptern die Ehre gönnen, die ein vieljähriges Vorurteil auf sie gehäuft hatte. Als Kanonikus von Xanten, Nachbar von Düsseldorf, unterhielt er ein freundschaftliches Verhältnis mit Jacobi; und wie mancher andere wäre nicht hier zu nennen?

Und so wollen wir doch noch Hemsterhuis einführen, welcher, der Fürstin Gallitzin ergeben, in dem benachbarten Münster viel verweilte. Dieser ging nun von seiner Seite mit Geistesverwandten auf zartere Beruhigung, auf ideelle Befriedigung aus, und neigte sich mit platonischen Gesinnungen der Religion zu.

Bei diesen fragmentarischen Erinnerungen muß ich auch noch Diderots gedenken, des heftigen Dialektikers, der sich auch eine Zeitlang in Pempelfort als Gast sehr wohl gefiel und mit großer Freimütigkeit seine Paradoxen behauptete.

Auch waren Rousseaus auf Naturzustände gerichtete Aussichten diesem Kreise nicht fremd, welcher nichts ausschloß, also auch mich nicht, ob er mich gleich eigentlich nur duldete.

Denn wie die äußere Literatur auf mich in jüngeren Jahren gewirkt, ist an mehreren Orten schon angedeutet. Fremdes konnt' ich wohl in meinen Nutzen verwenden, aber nicht aufnehmen, deshalb ich mich denn über das Fremde mit andern ebensowenig zu verständigen vermochte. Ebenso wunderlich sah es mit der Produktion aus; diese hielt immer gleichen Schritt mit meinem Lebensgange, und da dieser selbst für meine nächsten Freunde meist ein Geheimnis blieb, so wußte man selten mit einem meiner neuen Produkte sich zu befreunden, weil man denn doch etwas Ähnliches zu dem schon Bekannten erwartete.

War ich nun schon mit meinen sieben Brüdern übel angekommen, weil sie Schwester Iphigenien nicht im mindesten glichen, so merkt' ich wohl, daß ich die Freunde durch meinen „Groß-Cophta", der längst gedruckt war, sogar verletzt hatte; es war die Rede nicht davon, und ich hütete mich, sie darauf zu bringen. Indessen wird man mir gestehen, daß ein Autor, der in der Lage ist, seine neusten Werke nicht vortragen oder darüber reden zu dürfen, sich so peinlich fühlen muß wie ein Komponist, der seine neusten Melodien zu wiederholen sich gehindert fühlte.

Mit meinen Naturbetrachtungen wollte es mir kaum besser glücken; die ernstliche Leidenschaft, womit ich diesem Geschäft nachhing, konnte niemand begreifen, niemand sah, wie sie aus meinem Innersten entsprang; sie hielten dieses löbliche Bestreben für einen grillenhaften Irrtum; ihrer Meinung nach konnt' ich was Besseres tun und meinem Talent die alte Richtung lassen und geben. Sie glaubten sich hiezu um desto mehr berechtigt, als meine Denkweise sich an die ihrige nicht anschloß, vielmehr in den meisten Punkten gerade das Gegenteil aussprach. Man kann sich keinen isoliertern Menschen denken, als ich damals war und lange Zeit blieb. Der Hylozoismus, oder wie man es nennen will, dem ich anhing, und dessen tiefen Grund ich in seiner Würde und Heiligkeit unberührt ließ, machte mich unempfänglich, ja unleidsam gegen jene Denkweise, die eine tote, auf welche Art es auch sei, auf- und angeregte Materie als Glaubensbekenntnis aufstellte. Ich hatte mir aus Kants Naturwissenschaft nicht entgehen lassen, daß Anziehungs- und Zurückstoßungskraft zum Wesen der Materie gehören und keine von der andern im Begriff der Materie getrennt werden könne; daraus ging mir die Urpolarität aller Wesen hervor, welche die unendliche Mannigfalt der Erscheinungen durchdringt und belebt.

Schon bei dem früheren Besuche der Fürstin Gallitzin mit Fürstenberg und Hemsterhuis in Weimar hatte ich dergleichen vorgebracht, ward aber als wie mit gotteslästerlichen Reden beiseite und zur Ruhe gewiesen.

Man kann es keinem Kreise verdenken, wenn er sich in sich selbst abschließt; und das taten meine Freunde zu Pempelfort redlich. Von der schon ein Jahr gedruckten „Metamorphose der Pflanzen" hatten sie wenig Kenntnis genommen, und wenn ich meine morphologischen Gedanken, so geläufig sie mir auch waren, in bester Ordnung und, wie es mir schien, bis zur kräftigsten Überzeugung vortrug, so mußte ich doch leider bemerken, daß die starre Vorstellungsart: nichts könne werden, als was schon sei, sich aller Geister bemächtigt habe. In Gefolg dessen mußt' ich denn auch wieder hören: daß alles Lebendige aus dem Ei komme, worauf ich denn mit bitterm Scherze die alte Frage hervorhob: ob denn die Henne oder das Ei zuerst gewesen? Die Einschachtelungslehre schien so plausibel und die Natur mit Bonnet zu kontemplieren höchst erbaulich.

Von meinen „Beiträgen zur Optik" hatte auch etwas verlautet, und ich ließ mich nicht lange bitten, die Gesellschaft mit einigen Phänomenen und Versuchen zu unterhalten, wo mir denn ganz Neues vorzubringen nicht schwer fiel: denn alle Personen, so gebildet sie auch waren, hatten das gespaltene Licht eingelernt und wollten leider das lebendige, woran sie sich erfreuten, auf jene tote Hypothese zurückgeführt wissen.

Doch ließ ich mir dergleichen eine Zeitlang gern gefallen, denn ich hielt niemals einen Vortrag, ohne daß ich dabei gewonnen hätte; gewöhnlich gingen mir unterm Sprechen neue Lichter auf, und ich erfand im Fluß der Rede am gewissesten.

Freilich konnte ich auf diese Weise nur didaktisch und dogmatisch verfahren, eine eigentlich dialektische und konversierende Gabe war mir nicht verliehen. Oft aber trat auch eine böse Gewohnheit hervor, deren ich mich anklagen muß: da mir das Gespräch, wie es gewöhnlich geführt wird, höchst langweilig war, indem nichts als beschränkte, individuelle Vorstellungsarten zur Sprache kamen, so pflegte ich den unter Menschen gewöhnlich entspringenden bornierten Streit durch gewaltsame Paradoxe aufzuregen und ans Äußerste zu führen. Dadurch war die Gesellschaft meist verletzt und in mehr als einem Sinne verdrießlich. Denn oft, um meinen Zweck zu erreichen, mußt' ich das böse Prinzip spielen, und da die Menschen gut sein und auch mich gut haben wollten, so ließen sie es nicht durchgehen; als Ernst konnte man es nicht gelten lassen, weil es nicht gründlich, als Scherz nicht, weil es zu herb war; zuletzt nannten sie mich einen umgekehrten Heuchler und versöhnten sich bald wieder mit mir. Doch kann ich nicht leugnen, daß ich durch diese böse Manier mir manche Person entfremdet, andere zu Feinden gemacht habe.

Wie mit dem Zauberstäbchen jedoch konnte ich sogleich alle bösen Geister vertreiben, wenn ich von Italien zu erzählen anfing. Auch dahin war ich unvorbereitet, unvorsichtig gegangen; Abenteuer fehlten keineswegs, das Land selbst, seine Anmut und Herrlichkeit hatte ich mir völlig eingeprägt; mir war Gestalt, Farbe, Haltung jener vom günstigsten Himmel umschienenen Landschaft noch unmittelbar gegenwärtig. Die schwachen Versuche eigenen Nachbildens hatten das Gedächtnis geschärft, ich konnte beschreiben, als wenn ich's vor mir sähe; von belebender Staffage wimmelte es durch und durch, und so war jedermann von den lebhaft vorbeigeführten Bilderzügen zufrieden, manchmal entzückt.

Wünschenswert wäre nunmehr, daß man, um die Anmut des Pempelforter Aufenthalts vollkommen darzustellen, auch die Örtlichkeit, worin dies alles vorging, klar vergegenwärtigen könnte. Ein freistehendes geräumiges Haus, in der

Nachbarschaft von weitläufigen wohlgehaltenen Gärten, im Sommer ein Paradies, auch im Winter höchst erfreulich. Jeder Sonnenblick ward in reinlicher, freier Umgebung genossen; abends oder bei ungünstigem Wetter zog man sich gern in die schönen großen Zimmer zurück, die behaglich, ohne Prunk ausgestattet, eine würdige Szene jeder geistreichen Unterhaltung darboten. Ein großes Speisezimmer, zahlreicher Familie und nie fehlenden Gästen geräumig, heiter und bequem, lud an eine lange Tafel, wo es nicht an wünschenswerten Speisen fehlte. Hier fand man sich zusammen, der Hauswirt immer munter und aufregend, die Schwestern wohlwollend und einsichtig, der Sohn ernst und hoffnungsvoll, die Tochter wohlgebildet, tüchtig, treuherzig und liebenswürdig, an die leider schon vorübergegangene Mutter und an die früheren Tage erinnernd, die man vor zwanzig Jahren in Frankfurt mit ihr zugebracht hatte. Heinse, mit zur Familie gehörig, verstand Scherze jeder Art zu erwidern; es gab Abende, wo man nicht aus dem Lachen kam.

Die wenigen einsamen Stunden, die mir in diesem gastfreisten aller Häuser übrigblieben, wendete ich im stillen an eine wunderliche Arbeit. Ich hatte während der Campagne, neben dem Tagebuch, poetische Tagesbefehle, satirische Ordres du jour aufgezeichnet, nun wollte ich sie durchsehen und redigieren; allein ich bemerkte bald, daß ich mit kurzsichtigem Dünkel manches falsch gesehen und unrichtig beurteilt habe, und da man gegen nichts strenger ist als gegen erst abgelegte Irrtümer, es auch bedenklich schien, dergleichen Papiere irgend einem Zufall auszusetzen, so vernichtete ich das ganze Heft in einem lebhaften Steinkohlenfeuer; worüber ich mich nun insofern betrübe, als es mir jetzt viel wert zur Einsicht in den Gang der Vorfälle und die Folge meiner Gedanken darüber sein würde.

In dem nicht weit entfernten Düsseldorf wurden fleißige Besuche gemacht bei Freunden, die zu dem Pempelforter Zirkel gehörten; auf der Galerie war die gewöhnliche Zusammenkunft. Dort ließ sich eine entschiedene Neigung für die italienische Schule spüren, man zeigte sich höchst ungerecht gegen die niederländische; freilich war der hohe Sinn der ersten anziehend, edle Gemüter hinreißend. Einst hatten wir uns lange in dem Saale des Rubens und der vorzüglichsten Niederländer aufgehalten; als wir heraustraten, hing die „Himmelfahrt“ von Guido gerade gegenüber, da rief einer begeistert aus: „Ist es einem nicht zumute, als wenn man aus einer Schenke in gute Gesellschaft käme!“ An meinem Teil konnt’ ich mir gefallen lassen, daß die Meister, die mich noch vor kurzem über den Alpen entzückt, sich so herrlich zeigten und leidenschaftliche Bewunderung erweckten; doch sucht’ ich mich auch mit den Niederländern bekannt zu machen, deren Tugenden und Vorzüge im höchsten Grade sich hier den Augen darstellten, ich fand mir Gewinn fürs ganze Leben.

Was mir aber noch mehr auffiel, war, daß ein gewisser Freiheitssinn, ein Streben nach Demokratie sich in die hohen Stände verbreitet hatte; man schien nicht zu fühlen, was alles erst zu verlieren sei, um zu irgend einer Art zweideutigen Gewinnes zu gelangen. Lafayettes und Mirabeaus Büste, von Houdon sehr natürlich und ähnlich gebildet, sah ich hier göttlich verehrt, jenen wegen seiner ritterlichen und bürgerlichen Tugenden, diesen wegen Geisteskraft und Rednergewalt. So seltsam schwankte schon die Gesinnung der Deutschen; einige waren selbst in Paris gewesen, hatten die bedeutenden Männer reden hören, handeln sehen und waren, leider nach deutscher Art und Weise, zur Nachahmung aufgeregt worden, und das gerade zu einer Zeit, wo die Sorge für das linke Rheinufer sich in Furcht verwandelte.

Die Not schien dringend: Emigrierte füllten Düsseldorf, selbst die Brüder des Königs kamen an; man eilte, sie zu sehen, ich traf sie auf der Galerie und erinnerte mich dabei, wie sie durchnäßt bei dem Auszuge aus Glorieux gesehen worden. Herr von Grimm und Frau von Bueil erschienen gleichfalls. Bei Überfüllung der Stadt hatte sie ein Apotheker aufgenommen; das Naturalienkabinett diente zum Schlafzimmer; Affen, Papageien und andres Getier belauschten den Morgenschlaf der liebenswürdigsten Dame; Muscheln und Korallen hinderten die Toilette, sich gehörig auszubreiten, und so war das Einquartierungsübel, das wir kaum erst nach Frankreich gebracht hatten, wieder zu uns herübergeführt.

Frau von Coudenhoven, eine schöne geistreiche Dame, sonst die Zierde des Mainzer Hofes, hatte sich auch hieher geflüchtet. Herr und Frau von Dohm kamen von deutscher Seite heran, um von den Zuständen nähere Kenntnis zu nehmen.

Frankfurt war noch von den Franzosen besetzt, die Kriegsbewegungen hatten sich zwischen die Lahn und das Taunusgebirge gezogen; bei täglich abwechselnden, bald sichern, bald unsichern Nachrichten war das Gespräch lebhaft und geistreich, aber wegen streitenden Interesses und Meinungen gewährte es nicht immer eine erfreuliche Unterhaltung. Ich konnte einer so problematischen, durchaus ungewissen, dem Zufall unterworfenen Sache keinen Ernst abgewinnen und war mit meinen paradoxen Späßen mitunter aufheiternd, mitunter lästig.

So erinnere ich mich, daß an dem Abendtische der Frankfurter Bürger mit Ehren gedacht ward, sie sollten sich gegen Custine männlich und gut betragen haben; ihre Aufführung und Gesinnung, hieß es, steche gar sehr ab gegen die unerlaubte Weise, wie sich die Mainzer betragen und noch betrügen. Frau von Coudenhoven, in dem Enthusiasmus, der sie sehr gut kleidete, rief aus, sie gäbe viel darum, eine Frankfurter Bürgerin zu sein. Ich erwiderte, das sei etwas Leichtes; ich wisse ein Mittel, werde es aber als Geheimnis für mich behalten. Da man nun heftig und heftiger in mich drang, erklärt' ich zuletzt, die treffliche Dame dürfe mich nur heiraten, wodurch sie augenblicklich zur Frankfurter Bürgerin umgeschaffen werde. Allgemeines Gelächter!

Und was kam nicht alles zur Sprache! Als einst von der unglücklichen Campagne, besonders von der Kanonade bei Valmy die Rede war, versicherte Herr von Grimm, es sei von meinem wunderlichen Ritt ins Kanonenfeuer an des Königs Tafel die Rede gewesen; wahrscheinlich hatten die Offiziere, denen ich damals begegnete, davon gesprochen; das Resultat ging darauf hinaus: daß man sich darüber nicht wundern müsse, weil gar nicht zu berechnen sei, was man von einem seltsamen Menschen zu erwarten habe.

Auch ein sehr geschickter, geistreicher Arzt nahm teil an unsern Halbsaturnalien, und ich dachte nicht in meinem Übermut, daß ich seiner so bald bedürfen würde. Er lachte daher, zu meinem Ärger, laut auf, als er mich im Bette fand, wo ein gewaltiges rheumatisches Übel, das ich mir durch Verkältung zugezogen, mich beinahe unbeweglich festhielt. Er, ein Schüler des Geheimerat Hofmann, dessen tüchtige Wunderlichkeiten von Mainz und dem kurfürstlichen Hofe aus bis weit hinunter den Rhein gewirkt, verfuhr sogleich mit Kampfer, welcher fast als Universalmedizin galt. Löschpapier, Kreide darauf gerieben, sodann mit Kampfer bestreut, ward äußerlich, Kampfer gleichfalls, in kleinen Dosen, innerlich angewandt. Dem sei nun wie ihm wolle, ich war in einigen Tagen hergestellt.

Die Langeweile jedoch des Leidens ließ mich manche Betrachtung anstellen, die Schwäche, die aus einem bettlägrigen Zustande gar leicht erfolgt, ließ mich meine Lage bedenklich finden; das Fortschreiten der Franzosen in den Niederlanden war bedeutend und durch den Ruf vergrößert, man sprach täglich und stündlich von neuangekommenen Ausgewanderten.

Mein Aufenthalt in Pempelfort war schon lang genug, und ohne die herzlichste Gastfreiheit der Familie hätte jeder glauben müssen, dort lästig zu sein; auch hatte sich mein Bleiben nur zufällig verlängert; ich erwartete täglich und stündlich meine böhmische Chaise, die ich nicht gern zurücklassen wollte; sie war von Trier schon in Koblenz angekommen und sollte von dort bald weiter herab spediert werden; da sie jedoch ausblieb, vermehrte sich die Ungeduld, die mich in den letzten Tagen ergriffen hatte. Jacobi überließ mir einen bequemen, obgleich an Eisen ziemlich schweren Reisewagen. Alles zog, wie man hörte, nach Westfalen hinein, und die Brüder des Königs wollten dort ihren Sitz aufschlagen.

Und so schied ich denn mit dem wunderlichsten Zwiespalt: die Neigung hielt mich in dem freundlichsten Kreise, der sich soeben auch höchst beunruhigt fühlte, und ich sollte die edelsten Menschen in Sorgen und Verwirrung hinter mir lassen, bei schrecklichem Weg und Wetter mich nun wieder in die wilde, wüste Welt hinauswagen, von dem Strome mit fortgezogen der unaufhaltsam eilenden Flüchtlinge, selbst mit Flüchtlingsgefühl.

Und doch hatte ich Aussicht unterwegs auf die angenehmste Einkehr, indem ich so nahe bei Münster die Fürstin Gallitzin nicht umgehen durfte.

Duisburg, November.

Und so fand ich mich denn abermals, nach Verlauf von vier Wochen, zwar viele Meilen weit entfernt von dem Schauplatz unseres ersten Unheils, doch wieder in derselben Gesellschaft, in demselben Gedränge der Emigrierten, die nun, jenseits entschieden vertrieben, diesseits nach Deutschland strömten, ohne Hülfe und ohne Rat.

Zu Mittag in dem Gasthof etwas spät angekommen, saß ich am Ende der langen Tafel; Wirt und Wirtin, die mir als einem Deutschen den Widerwillen gegen die Franzosen schon ausgesprochen hatten, entschuldigten, daß alle guten Plätze von diesen unwillkommenen Gästen besetzt seien. Hiebei wurde bemerkt, daß unter ihnen, trotz aller Erniedrigung, Elend und zu befürchtender Armut, noch immer dieselbe Rangsucht und Unbescheidenheit gefunden werde.

Indem ich nun die Tafel hinauf sah, erblickt' ich ganz oben, quer vor, an der ersten Stelle einen alten, kleinen, wohlgestalteten Mann von ruhigem, beinahe nichtigem Betragen. Er mußte vornehm sein, denn zwei Nebensitzende erwiesen ihm die größte Aufmerksamkeit, wählten die ersten und besten Bissen ihm vorzulegen, und man hätte beinahe sagen können, daß sie ihm solche zum Munde führten. Mir blieb nicht lange verborgen, daß er vor Alter seiner Sinne kaum mächtig, als ein bedauernswürdiges Automat, den Schatten eines früheren wohlhabenden und ehrenvollen Lebens kümmerlich durch die Welt schleppe, indessen zwei Ergebene ihm den Traum des vorigen Zustandes wieder herbeizuspiegeln trachteten.

Ich beschaute mir die übrigen; das bedenklichste Schicksal war auf allen Stirnen zu lesen: Soldaten, Kommissäre, Abenteurer vielleicht zu unterscheiden; alle waren still, denn jeder hatte seine eigene Not zu übertragen, sie sahen ein grenzenloses Elend vor sich.

Etwa in der Hälfte des Mittagmahles kam noch ein hübscher junger Mann herein, ohne ausgezeichnete Gestalt oder irgend ein Abzeichen; man konnte an ihm den Fußwanderer nicht verkennen. Er setzte sich still gegen mir über, nachdem er den Wirt um ein Kuvert begrüßt hatte, und speiste, was man ihm nachholte und vorsetzte, mit ruhigem Betragen. Nach aufgehobener Tafel trat ich zum Wirt, der mir ins Ohr sagte: „Ihr Nachbar soll seine Zeche nicht teuer bezahlen!“ Ich begriff nichts von diesen Worten; aber als der junge Mann sich näherte und fragte, was er schuldig sei, erwiderte der Wirt, nachdem er sich flüchtig über die Tafel umgeschaut, die Zeche sei ein Kopfstück. Der Fremde schien betreten und sagte: das sei wohl ein Irrtum, denn er habe nicht allein ein gutes Mittagsessen gehabt, sondern auch einen Schoppen Wein; das müsse mehr betragen. Der Wirt antwortete darauf ganz ernsthaft: er pflege seine Rechnung selbst zu machen, und die Gäste erlegten gerne, was er forderte. Nun zahlte der junge Mann, entfernte sich bescheiden und verwundert; sogleich aber löste mir der Wirt das Rätsel. „Dies ist der erste von diesem vermaledeiten Volke“, rief er aus, „der schwarz Brot gegessen hat; das mußte ihm zugute kommen.“

In Duisburg wußt’ ich einen einzigen alten Bekannten, den ich aufzusuchen nicht versäumte; Professor Plessing war es, mit dem sich vor vielen Jahren ein sentimental-romanhaftes Verhältnis anknüpfte, wovon ich hier das Nähere mitteilen will, da unsere Abendunterhaltung dadurch aus den unruhigsten Zeiten in die friedlichsten Tage versetzt wurde.

„Werther“, bei seinem Erscheinen in Deutschland, hatte keineswegs, wie man ihm vorwarf, eine Krankheit, ein Fieber erregt, sondern nur das Übel aufgedeckt, das in jungen Gemütern verborgen lag. Während eines langen und glücklichen Friedens hatte sich eine literarisch-ästhetische Ausbildung auf deutschem Grund und Boden, innerhalb der Nationalsprache, auf das schönste entwickelt; doch gesellte sich bald, weil der Bezug nur aufs Innere ging, eine gewisse

Sentimentalität hinzu, bei deren Ursprung und Fortgang man den Einfluß von Yorick-Sterne nicht verkennen darf; wenn auch sein Geist nicht über den Deutschen schwebte, so teilte sich sein Gefühl um desto lebhafter mit. Es entstand eine Art zärtlich-leidenschaftlicher Asketik, welche, da uns die humoristische Ironie des Briten nicht gegeben war, in eine leidige Selbstquälerei gewöhnlich ausarten mußte. Ich hatte mich persönlich von diesem Übel zu befreien gesucht und trachtete nach meiner Überzeugung andern hülfreich zu sein; das aber war schwerer, als man denken konnte, denn eigentlich kam es drauf an, einem jeden gegen sich selbst beizustehen, wo denn von aller Hülfe, wie sie uns die äußere Welt anbietet, es sei Erkenntnis, Belehrung, Beschäftigung, Begünstigung, die Rede gar nicht sein konnte.

Hier müssen wir nun gar manche damals mit einwirkende Tätigkeiten stillschweigend übergehen, aber zu unseren Zwecken macht sich nötig, eines andern großen, für sich waltenden Bestrebens umständlicher zu gedenken.

Lavaters „Physiognomik“ hatte dem sittlich-geselligen Interesse eine ganz andere Wendung verliehen. Er fühlte sich im Besitz der geistigsten Kraft, jene sämtlichen Eindrücke zu deuten, welche des Menschen Gesicht und Gestalt auf einen jeden ausübt, ohne daß er sich davon Rechenschaft zu geben wüßte; da er aber nicht geschaffen war, irgend eine Abstraktion methodisch zu suchen, so hielt er sich am einzelnen Falle und also am Individuum.

Heinrich Lips, ein talentvoller junger Künstler, besonders geeignet zum Porträt, schloß sich fest an ihn, und sowohl zu Hause als auf der unternommenen Rheinreise kam er seinem Gönner nicht von der Seite. Nun ließ Lavater, teils aus Heißhunger nach grenzenloser Erfahrung, teils um so viel bedeutende Menschen als möglich an sein künftiges Werk zu gewöhnen und zu knüpfen, alle Personen abbilden, die nur einigermaßen durch Stand und Talent, durch Charakter und Tat ausgezeichnet, ihm begegneten.

Dadurch kam denn freilich gar manches Individuum zur Evidenz, es ward etwas mehr wert, aufgenommen in einen so edlen Kreis, seine Eigenschaften wurden durch den deutsamen Meister hervorgehoben, man glaubte sich einander näher zu kennen; und so ergab sich's aufs sonderbarste, daß mancher einzelne in seinem persönlichen Wert entschieden hervortrat, der sich bisher im bürgerlichen Lebens- und Staatsgange ohne Bedeutung eingeordnet und eingeflochten gesehen.

Diese Wirkung war stärker und größer, als man sie denken mag; ein jeder fühlte sich berechtigt, von sich selbst als von einem abgeschlossenen, abgerundeten Wesen das Beste zu denken, und in seiner Einzelnheit vollständig gekräftigt, hielt er sich auch wohl für befugt, Eigenheiten, Torheiten und Fehler in den Komplex seines werten Daseins mit aufzunehmen. Dergleichen Erfolg konnte sich um so leichter entwickeln, als bei dem ganzen Verfahren die besondere individuelle Natur allein, ohne Rücksicht auf die allgemeine Vernunft, die doch alle Natur beherrschen soll, zur Sprache kam; dagegen war das religiose Element, worin Lavater schwebte, nicht hinreichend, eine sich immer mehr entscheidende Selbstgefälligkeit zu mildern, ja es entstand bei Frommgesinnten daraus eher ein geistlicher Stolz, der es dem natürlichen an Erhebung auch wohl zuvortat.

Was aber zugleich nach jener Epoche folgerecht auffallend hervorging, war die Achtung der Individuen untereinander. Namhafte ältere Männer wurden, wo nicht persönlich, doch im Bilde verehrt; und es durfte auch wohl ein junger Mann sich nur einigermaßen bedeutend hervortun, so war alsbald der Wunsch nach persönlicher Bekanntschaft rege, in deren Ermangelung man sich mit seinem Porträt begnügte; wobei denn die mit Sorgfalt und gutem Geschick aufs genauste gezogenen Schattenrisse willkommene Dienste leisteten. Jedermann war darin geübt, und kein Fremder zog vorüber, den man nicht abends an die Wand geschrieben hätte; die Storchschnäbel durften nicht rasten.

„Menschenkenntnis und Menschenliebe" waren uns bei diesem Verfahren versprochen, wechselseitige Teilnahme hatte sich entwickelt, wechselseitiges Kennen und Erkennen aber wollte sich so schnell nicht entfalten; zu beiden Zwecken jedoch war die Tätigkeit sehr groß, und was in diesem Sinne von einem herrlich begabten jungen Fürsten, von seiner wohlgesinnten, geistreich-lebhaften Umgebung für Aufmunterung und Fördernis nah und fern gewirkt ward, wäre schön zu erzählen, wenn es nicht löblich schiene, die Anfänge bedeutender Zustände einem ehrwürdigen Dunkel anheimzugeben. Vielleicht sahen die Kotyledonen jener Saat etwas wunderlich aus; der Ernte jedoch, woran das Vaterland und die Außenwelt ihren Anteil freudig dahinnahm, wird in den spätesten Zeiten noch immer ein dankbares Andenken nicht ermangeln.

Wer Vorgesagtes in Gedanken festhält und sich davon durchdringt, wird nachstehendes Abenteuer, welches beide Teilnehmende unter dem Abendessen vergnüglich in der Erinnerung belebten, weder unwahrscheinlich noch ungereimt finden.

Zu manchem andern, brieflichen und persönlichen Zudrang erhielt ich in der Hälfte des Jahres 1776 von Wernigerode datiert, Plessing unterzeichnet, ein Schreiben, vielmehr ein Heft, fast das Wunderbarste, was mir in jener selbstquälerischen Art vor Augen gekommen; man erkannte daran einen jungen, durch Schulen und Universität gebildeten Mann, dem nun aber sein sämtlich Gelerntes zu eigener, innerer, sittlicher Beruhigung nicht gedeihen wollte. Eine geübte Handschrift war gut zu lesen, der Stil gewandt und fließend, und ob man gleich eine Bestimmung zum Kanzelredner darin entdeckte, so war doch alles frisch und brav aus dem Herzen geschrieben, daß man ihm einen gegenseitigen Anteil nicht versagen konnte. Wollte nun aber dieser Anteil lebhaft werden, suchte man sich die Zustände des Leidenden näher zu entwickeln, so glaubte man statt des Duldens Eigensinn, statt des Ertragens Hartnäckigkeit und statt eines sehnsüchtigen Verlangens abstoßendes Wegweisen zu bemerken. Da ward mir denn nach jenem Zeitsinn der Wunsch lebhaft rege, diesen jungen Mann von Angesicht zu sehen; ihn aber zu mir zu bescheiden, hielt ich nicht für rätlich. Ich hatte mir, unter bekannten Umständen, schon eine Zahl von jungen Männern aufgebürdet, die, anstatt mit mir auf meinem Wege einer reineren höheren Bildung entgegenzugehen, auf dem ihrigen verharrend sich nicht besser befanden und mich in meinen Fortschritten hinderten. Ich ließ die Sache indessen hängen, von der Zeit irgend eine Vermittelung erwartend. Da erhielt ich einen zweiten kürzern, aber auch lebhafteren, heftigern Brief, worin der Schreiber auf Antwort und Erklärung drang und sie ihm nicht zu versagen mich feierlichst beschwor.

Aber auch dieser wiederholte Sturm brachte mich nicht aus der Fassung; die zweiten Blätter gingen mir so wenig als die ersten zu Herzen, aber die herrische Gewohnheit, jungen Männern meines Alters in Herzens- und Geistesnöten beizustehen, ließ mich sein doch nicht ganz vergessen.

Die um einen trefflichen jungen Fürsten versammelte weimarische Gesellschaft trennte sich nicht leicht, ihre Beschäftigungen und Unternehmungen. Scherze, Freuden und Leiden waren gemeinsam. Da ward nun zu Ende Novembers eine Jagdpartie auf wilde Schweine, notgedrungen auf das häufige Klagen des Landvolks, im Eisenachischen unternommen, der ich, als damaliger Gast, auch beizuwohnen hatte; ich erbat mir jedoch die Erlaubnis, nach einem kleinen Umweg mich anschließen zu dürfen.

Nun hatte ich einen wundersamen geheimen Reiseplan. Ich mußte nämlich, nicht nur etwa von Geschäftsleuten, sondern auch von vielen am Ganzen teilnehmenden Weimarern, öfter den lebhaften Wunsch hören, es möge doch das Ilmenauer Bergwerk wieder aufgenommen werden. Nun ward von mir, der ich nur die allgemeinsten Begriffe vom Bergbau allenfalls besaß, zwar weder Gutachten noch Meinung, doch Anteil verlangt, aber diesen konnt' ich an irgend einem Gegenstand nur durch unmittelbares Anschauen gewinnen. Ich dachte mir unerläßlich, vor allen Dingen das Bergwesen in seinem ganzen Komplex, und wär' es auch nur flüchtig, mit Augen zu sehen und mit dem Geiste zu fassen, denn alsdann nur konnt' ich hoffen, in das Positive weiter einzudringen und mich mit dem Historischen zu befreunden. Deshalb hatt' ich mir längst eine Reise auf den Harz gedacht, und gerade jetzt, da ohnehin diese Jahrszeit in Jagdlust unter freiem Himmel zugebracht werden sollte, fühlte ich mich dahin getrieben. Alles Winterwesen hatte überdies in jener Zeit für mich große Reize, und was die Bergwerke betraf, so war ja in ihren Tiefen weder Winter noch Sommer merkbar; wobei ich zugleich gern bekenne, daß die Absicht, meinen wunderlichen Korrespondenten persönlich zu sehen und zu prüfen, wohl die Hälfte des Gewichtes meinem Entschluß hinzufügte.

Indem sich nun die Jagdlustigen nach einer andern Seite hin begaben, ritt ich ganz allein dem Ettersberge zu und begann jene Ode, die unter dem Titel „Harzreise im Winter" so lange als Rätsel unter meinen kleineren Gedichten Platz gefunden. Im düstern und von Norden her sich heranwälzenden Schneegewölk schwebte hoch ein Geier über mir. Die Nacht verblieb ich in Sondershausen und gelangte des andern Tags so bald nach Nordhausen, daß ich gleich nach Tische weiter zu gehen beschloß, aber mit Boten und Laterne nach mancherlei Gefährlichkeiten erst sehr spät in Ilfeld ankam.

Ein ansehnlicher Gasthof war glänzend erleuchtet, es schien ein besonderes Fest darin gefeiert zu werden. Erst wollte der Wirt mich gar nicht aufnehmen: die Kommissarien der höchsten Höfe, hieß es, seien schon lange hier beschäftigt, wichtige Einrichtungen zu treffen und verschiedene Interessen zu vereinbaren, und da dies nun glücklich vollendet sei, gäben sie heute abend einen allgemeinen Schmaus. Auf dringende Vorstellung jedoch und einige Winke des Boten, daß man mit mir nicht übel fahre, erbot sich der Mann, mir den Bretterverschlag in der Wirtsstube, seinen eigentlichen Wohnsitz, und zugleich sein weiß zu überziehendes Ehebett einzuräumen. Er führte mich durch das weite, hellerleuchtete Wirtszimmer, da ich mir denn im Vorbeigehen die sämtlichen munteren Gäste flüchtig beschaute.

Doch sie sämtlich zu meiner Unterhaltung näher zu betrachten, gab mir in den Brettern des Verschlags eine Astlücke die beste Gelegenheit, die, seine Gäste zu belauschen, dem Wirte selbst oft dienen mochte. Ich sah die lange und wohlerleuchtete Tafel von unten hinauf, ich überschaute sie, wie man oft die Hochzeit von Kana gemalt sieht; nun musterte ich bequem von oben bis herab also: Vorsitzende, Räte, andere Teilnehmende und dann immer so weiter, Sekretarien, Schreiber und Gehülfen. Ein glücklich geendigtes, beschwerliches Geschäft schien eine Gleichheit aller tätig

Teilnehmenden zu bewirken, man schwatzte mit Freiheit, trank Gesundheiten, wechselte Scherz um Scherz, wobei einige Gäste bezeichnet schienen, Witz und Spaß an ihnen zu üben; genug, es war ein fröhliches, bedeutendes Mahl, das ich bei dem hellsten Kerzenscheine in seinen Eigentümlichkeiten ruhig beobachten konnte, eben als wenn der hinkende Teufel mir zur Seite stehe und einen ganz fremden Zustand unmittelbar zu beschauen und zu erkennen mich begünstigte. Und wie dies mir nach der düstersten Nachtreise in den Harz hinein ergötzlich gewesen, werden die Freunde solcher Abenteuer beurteilen. Manchmal schien es mir ganz gespensterhaft, als säh' ich in einer Berghöhle wohlgemute Geister sich erlustigen.

Nach einer wohl durchschlafenen Nacht eilte ich frühe, von einem Boten abermals geleitet, der Baumannshöhle zu, ich durchkroch sie und betrachtete mir das fortwirkende Naturereignis ganz genau. Schwarze Marmormassen aufgelöst, zu weißen kristallinischen Säulen und Flächen wieder hergestellt, deuteten mir auf das fortwebende Leben der Natur. Freilich verschwanden vor dem ruhigen Blick alle die Wunderbilder, die sich eine düster wirkende Einbildungskraft so gern aus formlosen Gestalten erschaffen mag; dafür blieb aber auch das eigne Wahre desto reiner zurück, und ich fühlte mich dadurch gar schön bereichert.

Wieder ans Tageslicht gelangt, schrieb ich die notwendigsten Bemerkungen, zugleich aber auch mit ganz frischem Sinn die ersten Strophen des Gedichts, das unter dem Titel „Harzreise im Winter" die Aufmerksamkeit mancher Freunde bis auf die letzten Zeiten erregt hat; davon mögen denn die Strophen, welche sich auf den nun bald zu erblickenden wunderlichen Mann beziehen, hier Platz finden, weil sie mehr als viele Worte den damaligen liebevollen Zustand meines Innern auszusprechen geeignet sind.

Aber abseits wer ist's?
Ins Gebüsch verliert sich sein Pfad,
Hinter ihm schlagen
Die Sträuche zusammen,
Das Gras steht wieder auf,
Die Öde verschlingt ihn.

Ach! wer heilet die Schmerzen
Des, dem Balsam zu Gift ward?
Der sich Menschenhaß
Aus der Fülle der Liebe trank?
Erst verachtet, nun ein Verächter,
Zehrt er heimlich auf
Seinen eigenen Wert
In ungnügender Selbstsucht.

Ist auf deinem Psalter,
Vater der Liebe, ein Ton
Seinem Ohr vernehmlich,
So erquicke sein Herz!
Öffne den umwölkten Blick
Über die tausend Quellen
Neben dem Durstenden
In der Wüste.

Im Gasthof zu Wernigerode angekommen, ließ ich mich mit dem Kellner in ein Gespräch ein, ich fand ihn als einen sinnigen Menschen, der seine städtischen Mitgenossen ziemlich zu kennen schien. Ich sagt' ihm darauf, es sei meine Art, wenn ich an einen fremden Ort ohne besondere Empfehlung anlangte, mich nach jüngern Personen zu erkundigen, die sich durch Wissenschaft und Gelehrsamkeit auszeichneten; er möge mir daher jemanden der Art nennen, damit ich einen angenehmen Abend zubrächte. Darauf erwiderte ohne weiteres Bedenken der Kellner: es werde mir gewiß mit der Gesellschaft des Herrn Plessing gedient sein, dem Sohne des Superintendenten; als Knabe sei er schon in Schulen ausgezeichnet worden und habe noch immer den Ruf eines fleißigen guten Kopfs, nur wolle man seine finstere Laune tadeln und nicht gut finden, daß er mit unfreundlichem Betragen sich aus der Gesellschaft ausschließe. Gegen Fremde sei er zuvorkommend, wie Beispiele bekannt wären; wollte ich angemeldet sein, so könne es sogleich geschehen.

Der Kellner brachte mir bald eine bejahende Antwort und führte mich hin. Es war schon Abend geworden, als ich in ein großes Zimmer des Erdgeschosses, wie man es in geistlichen Häusern antrifft, hineintrat und den jungen Mann in der Dämmerung noch ziemlich deutlich erblickte. Allein an einigen Symptomen konnt' ich bemerken, daß die Eltern eilig das Zimmer verlassen hatten, um dem unvermuteten Gaste Platz zu machen.

Das hereingebrachte Licht ließ mich den jungen Mann nunmehr ganz deutlich erkennen, er glich seinem Briefe völlig, und so wie jenes Schreiben erregte er Interesse, ohne Anziehungskraft auszuüben.

Um ein näheres Gespräch einzuleiten, erklärt' ich mich für einen Zeichenkünstler von Gotha, der wegen Familienangelegenheiten in dieser unfreundlichen Jahrszeit Schwester und Schwager in Braunschweig zu besuchen habe.

Mit Lebhaftigkeit fiel er mir beinahe ins Wort und rief aus: „Da Sie so nahe an Weimar wohnen, so werden Sie doch auch diesen Ort, der sich so berühmt macht, öfters besucht haben.“ Dieses bejaht' ich ganz einfach und fing an, von Rat Kraus, von der Zeichenschule, von Legationsrat Bertuch und dessen unermüdeter Tätigkeit zu sprechen; ich vergaß weder Musäus noch Jagemann, Kapellmeister Wolf und einige Frauen und bezeichnete den Kreis, den diese wackern Personen abschlossen und jeden Fremden willig und freundlich unter sich aufnahmen.

Endlich fuhr er etwas ungeduldig heraus: „Warum nennen Sie denn Goethe nicht?“ Ich erwiderte, daß ich diesen auch wohl in gedachtem Kreise als willkommenen Gast gesehen und von ihm selbst persönlich als fremder Künstler wohl aufgenommen und gefördert worden, ohne daß ich weiter viel von ihm zu sagen wisse, da er teils allein, teils in andern Verhältnissen lebe.

Der junge Mann, der mit unruhiger Aufmerksamkeit zugehört hatte, verlangte nunmehr mit einigem Ungestüm, ich solle ihm das seltsame Individuum schildern, das so viel von sich reden mache. Ich trug ihm darauf mit großer Ingenuität eine Schilderung vor, die für mich nicht schwer wurde, da die seltsame Person in der seltsamsten Lage mir gegenwärtig stand, und wäre ihm von der Natur nur etwas mehr Herzenssagazität gegönnt gewesen, so konnte ihm nicht verborgen bleiben, daß der vor ihm stehende Gast sich selbst schildere.

Er war einigemal im Zimmer auf und ab gegangen, indes die Magd hereintrat, eine Flasche Wein und sehr reinlich bereitetes kaltes Abendbrot auf den Tisch setzte; er schenkte beiden ein, stieß an und schluckte das Glas sehr lebhaft hinunter. Und kaum hatte ich mit etwas gemäßigtern Zügen das meinige geleert, ergriff er heftig meinen Arm und rief: „O, verzeihen Sie meinem wunderlichen Betragen! Sie haben mir aber so viel Vertrauen eingeflößt, daß ich Ihnen alles entdecken muß. Dieser Mann, wie Sie mir ihn beschreiben, hätte mir doch antworten sollen; ich habe ihm einen ausführlichen, herzlichen Brief geschickt, ihm meine Zustände, meine Leiden geschildert, ihn gebeten, sich meiner anzunehmen, mir zu raten, mir zu helfen, und nun sind schon Monate verstrichen, ich vernehme nichts von ihm; wenigstens hätte ich ein ablehnendes Wort auf ein so unbegrenztes Vertrauen wohl verdient."

Ich erwiderte darauf, daß ich ein solches Benehmen weder erklären noch entschuldigen könne, so viel wisse ich aber, aus eigener Erfahrung, daß ein gewaltiger, sowohl ideeller als reeller Zudrang diesen sonst wohlgesinnten, wohlwollenden und hülfsfertigen jungen Mann oft außer Stand setze, sich zu bewegen, geschweige zu wirken.

„Sind wir zufällig so weit gekommen", sprach er darauf mit einiger Fassung, „den Brief muß ich Ihnen vorlesen, und Sie sollen urteilen, ob er nicht irgend eine Antwort, irgend eine Erwiderung verdiente."

Ich ging im Zimmer auf und ab, die Vorlesung zu erwarten, ihrer Wirkung schon beinahe ganz gewiß, deshalb nicht weiter nachdenkend, um mir selbst in einem so zarten Falle nicht vorzugreifen. Nun saß er gegen mir über und fing an, die Blätter zu lesen, die ich in- und auswendig kannte, und vielleicht war ich niemals mehr von der Behauptung der Physiognomisten überzeugt, ein lebendiges Wesen sei in allem seinen Handeln und Betragen vollkommen übereinstimmend mit sich selbst, und jede in die Wirklichkeit hervorgetretene Monas erzeige sich in vollkommener Einheit ihrer Eigentümlichkeiten. Der Lesende paßte völlig zu dem Gelesenen, und wie dieses früher in der Abwesenheit mich nicht ansprach, so war es nun auch mit der Gegenwart; man konnte zwar dem jungen Mann eine Achtung nicht versagen, eine Teilnahme, die mich denn auch auf einen so wunderlichen Weg geführt hatte: denn ein ernstliches Wollen sprach sich aus, ein edler Sinn und Zweck; aber obschon von den zärtlichsten Gefühlen die Rede war, blieb der Vortrag ohne Anmut, und eine ganz eigens-beschränkte Selbstigkeit tat sich kräftig hervor. Als er nun geendet hatte, fragte er mit Hast, was ich dazu sage, und ob ein solches Schreiben nicht eine Antwort verdient, ja gefordert hätte?

Indessen war mir der bedauernswürdige Zustand dieses jungen Mannes immer deutlicher geworden; er hatte nämlich von der Außenwelt niemals Kenntnis genommen, dagegen sich durch Lektüre mannigfaltig ausgebildet, alle seine Kraft und Neigung aber nach innen gewendet und sich auf diese Weise, da er in der Tiefe seines Lebens kein produktives Talent fand, so gut als zugrunde gerichtet; wie ihm denn sogar Unterhaltung und Trost, dergleichen uns aus der Beschäftigung mit alten Sprachen so herrlich zu gewinnen offen steht, völlig abzugehen schien.

Da ich an mir und andern schon glücklich erprobt hatte, daß in solchem Fall eine rasche gläubige Wendung gegen die Natur und ihre grenzenlose Mannigfaltigkeit das beste Heilmittel sei, so wagt' ich alsobald den Versuch, es auch in diesem Falle anzuwenden und ihm daher nach einigem Bedenken folgendermaßen zu antworten:

„Ich glaube zu begreifen, warum der junge Mann, auf den Sie so viel Vertrauen gesetzt, gegen Sie stumm geblieben, denn seine jetzige Denkweise weicht zu sehr von der Ihrigen ab, als daß er hoffen dürfte, sich mit Ihnen verständigen zu können. Ich habe selbst einigen Unterhaltungen in jenem Kreise beigewohnt und behaupten hören: man werde sich aus einem schmerzlichen, selbstquälerischen, düstern Seelenzustande nur durch Naturbeschauung und herzliche Teilnahme an der äußern Welt retten und befreien. Schon die allgemeinste Bekanntschaft mit der Natur, gleichviel von welcher Seite, ein tätiges Eingreifen, sei es als Gärtner oder Landbebauer, als Jäger oder Bergmann, ziehe uns von uns selbst ab; die Richtung geistiger Kräfte auf wirkliche, wahrhafte Erscheinungen gebe nach und nach das größte Behagen, Klarheit und Belehrung: wie denn der Künstler, der sich treu an der Natur halte und zugleich sein Inneres auszubilden suche, gewiß am besten fahren werde."

Der junge Freund schien darüber sehr unruhig und ungeduldig, wie man über eine fremde oder verworrene Sprache, deren Sinn wir nicht vernehmen, ärgerlich zu werden anfängt. Ich darauf, ohne sonderliche Hoffnung eines glücklichen Erfolgs, eigentlich aber um nicht zu verstummen, fuhr zu reden fort. „Mir, als Landschaftsmaler", sagte ich, „mußte dies zu allererst einleuchten, da ja meine Kunst unmittelbar auf die Natur gewiesen ist; doch habe ich seit jener Zeit emsiger und eifriger als bisher nicht etwa nur ausgezeichnete und auffallende Naturbilder und Erscheinungen betrachtet, sondern mich zu allem und jedem liebevoll hingewendet." Damit ich mich nun aber nicht ins Allgemeine verlöre, erzählte ich, wie mir sogar diese notgedrungene Winterreise, anstatt beschwerlich zu sein, dauernden Genuß gewährt; ich schilderte ihm, mit malerischer Poesie, und doch so unmittelbar und natürlich, als ich nur konnte, den Vorschritt meiner Reise, jenen morgendlichen Schneehimmel über den Bergen, die mannigfaltigsten Tageserscheinungen, dann bot ich seiner Einbildungskraft die wunderlichen Turm- und Mauerbefestigungen von Nordhausen, gesehen bei hereinbrechender Abenddämmerung, ferner die nächtlich rauschenden, von des Boten Laterne zwischen Bergschluchten flüchtig erleuchtet blinkenden Gewässer und gelangte sodann zur Baumannshöhle. Hier aber unterbrach er mich lebhaft und versicherte: der kurze Weg, den er daran gewendet, gereue ihn ganz eigentlich; sie habe keineswegs dem Bilde sich gleichgestellt, das er in seiner Phantasie entworfen. Nach dem Vorhergegangnen konnten mich solche krankhafte Symptome nicht verdrießen: denn wie oft hatte ich erfahren müssen, daß der Mensch den Wert einer klaren Wirklichkeit gegen ein trübes Phantom seiner düstern Einbildungskraft von sich ablehnt. Ebensowenig war ich verwundert, als er auf meine Frage, wie er sich denn die Höhle vorgestellt habe, eine Beschreibung machte, wie kaum der kühnste Theatermaler den Vorhof des Plutonischen Reiches darzustellen gewagt hätte.

Ich versuchte hierauf noch einige propädeutische Wendungen als Versuchsmittel einer zu unternehmenden Kur; ich ward aber mit der Versicherung, es könne und solle ihm nichts in dieser Welt genügen, so entschieden abgewiesen, daß mein Innerstes sich zuschloß und ich mein Gewissen, durch den beschwerlichen Weg, im Bewußtsein des besten Willens, völlig befreit und mich gegen ihn von jeder weiteren Pflicht entbunden glaubte.

Es war schon spät geworden, als er mir den zweiten, noch heftigern, mir gleichfalls nicht unbekannten brieflichen Erlaß vorlesen wollte, doch aber meine Entschuldigung wegen allzugroßer Müdigkeit gelten ließ, indem er zugleich eine Einladung auf morgen zu Tische im Namen der Seinigen dringend hinzufügte; wogegen ich mir die Erklärung auf morgen ganz in der Frühe vorbehielt. Und so schieden wir friedlich und schicklich; seine Persönlichkeit ließ einen ganz individuellen Eindruck zurück. Er war von mittlerer Größe, seine Gesichtszüge hatten nichts Anlockendes, aber auch nichts eigentlich Abstoßendes, sein düsteres Wesen erschien nicht unhöflich, er konnte vielmehr für einen wohlerzogenen jungen Mann gelten, der sich in der Stille auf Schulen und Akademien zu Kanzel und Lehrstuhl vorbereitet hatte.

Heraustretend, fand ich den völlig aufgehellten Himmel von Sternen blinken, Straßen und Plätze mit Schnee überdeckt, blieb auf einem schmalen Steg ruhig stehn und beschaute mir die winternächtliche Welt. Zugleich überdacht' ich das Abenteuer und fühlte mich fest entschlossen, den jungen Mann nicht wieder zu sehen; in Gefolg dessen bestellt' ich mein Pferd auf Tagesanbruch, übergab ein anonymes, entschuldigendes Bleistiftblättchen dem Kellner, dem ich zugleich so viel Gutes und Wahres von dem jungen Manne, den er mir bekannt gemacht, zu sagen wußte, welches denn der gewandte Bursche mit eigner Zufriedenheit gewiß wohl benutzt haben mag.

Nun ritt ich an dem Nordosthange des Harzes, im grimmigen, mich zur Seite bestürmenden Stöberwetter, nachdem ich vorher den Rammelsberg, Messinghütten und die sonstigen Anstalten der Art beschaut und ihre Weise mir eingeprägt hatte, nach Goslar, wovon ich diesmal nicht weiter erzähle, da ich mich künftig mit meinen Lesern darüber umständlich zu unterhalten hoffe.

Ich wüßte nicht, wieviel Zeit vorübergegangen, ohne daß ich etwas weiter von dem jungen Manne gehört hätte, als unerwartet an einem Morgen mir ein Billet ins Gartenhaus bei Weimar zukam, wodurch er sich anmeldete; ich schrieb ihm einige Worte dagegen, er werde mir willkommen sein. Ich erwartete nun einen seltsamen Erkennungsauftritt, allein er blieb hereintretend ganz ruhig und sprach: „Ich bin nicht überrascht, Sie hier zu finden, die Handschrift Ihres Billets rief mir so deutlich jene Züge wieder ins Gedächtnis, die Sie, aus Wernigerode scheidend, mir hinterließen, daß ich keinen Augenblick zweifelte, jenen geheimnisvollen Reisenden abermals hier zu finden."

Schon dieser Eingang war erfreulich, und es eröffnete sich ein trauliches Gespräch, worin er mir seine Lage zu entwickeln trachtete, und ich ihm dagegen meine Meinung nicht vorenthielt. Inwiefern sich seine innern Zustände wirklich gebessert hatten, wüßt' ich nicht mehr anzugeben, es mußte aber damit nicht so gar schlimm aussehen, denn wir schieden nach mehreren Gesprächen friedlich und freundlich, nur daß ich sein heftiges Begehren nach leidenschaftlicher Freundschaft und innigster Verbindung nicht erwidern konnte.

Noch eine Zeitlang unterhielten wir ein briefliches Verhältnis; ich kam in den Fall, ihm einige reelle Dienste zu leisten, deren er sich denn auch bei gegenwärtiger Zusammenkunft dankbar erinnerte, so wie denn überhaupt das Zurückschauen in jene früheren Tage beiden Teilen einige angenehme Stunden gewährte. Er, nach wie vor immer nur mit sich selbst beschäftigt, hatte viel zu erzählen und mitzuteilen. Ihm war geglückt, im Laufe der Jahre sich den Rang eines geachteten Schriftstellers zu erwerben, indem er die Geschichte älterer Philosophie ernstlich behandelte, besonders derjenigen, die sich zum Geheimnis neigt, woraus er denn die Anfänge und Urzustände der Menschen abzuleiten trachtete. Seine Bücher, die er mir, wie sie herauskamen, zusendete, hatte ich freilich nicht gelesen; jene Bemühungen lagen zu weit von demjenigen ab, was mich interessierte.

Seine gegenwärtigen Zustände fand ich auch keineswegs behaglich; er hatte Sprach- und Geschichtskenntnisse, die er so lange versäumt und abgelehnt, endlich mit wütender Anstrengung erstürmt und durch dieses geistige Unmaß sein Physisches zerrüttet; zudem schienen seine ökonomischen Umstände nicht die besten, wenigstens erlaubte sein mäßiges Einkommen ihm nicht, sich sonderlich zu pflegen und zu schonen; auch hatte sich das düstere jugendliche Treiben nicht ganz ausgleichen können; noch immer schien er einem Unerreichbaren nachzustreben, und als die Erinnerung früherer Verhältnisse endlich erschöpft war, so wollte keine eigentlich frohe Mitteilung stattfinden. Meine gegenwärtige Art zu sein konnte fast noch entfernter von der seinigen als jemals angesehen werden. Wir schieden jedoch in dem besten Vernehmen, aber auch ihn verließ ich in Furcht und Sorge wegen der drangvollen Zeit.

Den verdienten Merrem besuchte ich gleichfalls, dessen schöne naturhistorische Kenntnisse alsbald eine frohere Unterhaltung gewährten. Er zeigte mir manches Bedeutende vor, schenkte mir sein Werk über die Schlangen, und so ward ich aufmerksam auf seinen weitern Lebensgang, woraus mir mancher Nutzen erwuchs; denn das ist der höchst erfreuliche Vorteil von Reisen, daß einmal erkannte Persönlichkeiten und Lokalitäten unsern Anteil zeitlebens nicht loslassen.

Münster, November 1792.

Der Fürstin angemeldet, hoffte ich gleich den behaglichsten Zustand; allein ich sollte noch vorher eine zeitgemäße Prüfung erdulden: denn auf der Fahrt von mancherlei Hindernissen aufgehalten, gelangte ich erst tief in der Nacht zur Stadt. Ich hielt nicht für schicklich, durch einen solchen Überfall gleich beim Eintritt die Gastfreundschaft in diesem Grade zu prüfen; ich fuhr daher an einen Gasthof, wo mir aber Zimmer und Bette durchaus versagt wurde; die Emigrierten hatten sich in Masse auch hierher geworfen und jeden Winkel gefüllt. Unter diesen Umständen bedachte ich mich nicht lange und brachte die Stunden auf einem Stuhle in der Wirtsstube hin, immer noch bequemer als vor kurzem, da beim dichtesten Regenwetter von Dach und Fach nichts zu finden war.

Auf diese geringe Entbehrung erfuhr ich den andern Morgen das Allerbeste. Die Fürstin ging mir entgegen, ich fand in ihrem Hause zu meiner Aufnahme alles vorbereitet. Das Verhältnis von meiner Seite war rein, ich kannte die Glieder des Zirkels früher genugsam, ich wußte, daß ich in einen frommen sittlichen Kreis hereintrat, und betrug mich darnach. Von jener Seite benahm man sich gesellig, klug und nicht beschränkend.

Die Fürstin hatte uns vor Jahren in Weimar besucht mit von Fürstenberg und Hemsterhuis; auch ihre Kinder waren von der Gesellschaft; damals verglich man sich schon über gewisse Punkte und schied, einiges zugebend, anderes duldend, im besten Vernehmen. Sie war eines der Individuen, von denen man sich gar keinen Begriff machen kann, wenn man sie nicht gesehen hat, die man nicht richtig beurteilt, wenn man eben diese Individualität nicht in Verbindung so wie im Konflikt mit ihrer Zeitumgebung betrachtet. Von Fürstenberg und Hemsterhuis, zwei vorzügliche Männer, begleiteten sie treulich, und in einer solchen Gesellschaft war das Gute so wie das Schöne immerfort wirksam und unterhaltend. Letzterer war indessen gestorben, jener nunmehr um so viel Jahre älter, immer derselbe verständige, edle, ruhige Mann; und welche sonderbare Stellung in der Mitwelt! Geistlicher, Staatsmann, so nahe den Fürstenthron zu besteigen.

Die ersten Unterhaltungen, nachdem das persönliche Andenken früherer Zeit sich ausgesprochen hatte, wandten sich auf Hamann, dessen Grab, in der Ecke des entlaubten Gartens, mir bald in die Augen schien.

Seine großen unvergleichlichen Eigenschaften gaben zu herrlichen Betrachtungen Anlaß; seine letzten Tage jedoch blieben unbesprochen; der Mann, der diesem endlich erwählten Kreise so bedeutend und erfreulich gewesen, ward im Tode den Freunden einigermaßen unbequem; man mochte sich über sein Begräbnis entscheiden, wie man wollte, so war es außer der Regel.

Den Zustand der Fürstin, nahe gesehen, konnte man nicht

anders als liebevoll betrachten; sie kam früh zum Gefühl, daß die Welt uns nichts gebe, daß man sich in sich selbst zurückziehen, daß man in einem innern, beschränkten Kreise um Zeit und Ewigkeit besorgt sein müsse. Beides hatte sie erfaßt; das höchste Zeitliche fand sie im Natürlichen, und hier erinnere man sich Rousseauischer Maximen über bürgerliches Leben und Kinderzucht. Zum einfältigen Wahren wollte man in allem zurückkehren, Schnürbrust und Absatz verschwanden, der Puder zerstob, die Haare fielen in natürlichen Locken. Ihre Kinder lernten schwimmen und rennen, vielleicht auch balgen und ringen. Diesmal hätte ich die Tochter kaum wieder gekannt; sie war gewachsen und stämmiger geworden, ich fand sie verständig, liebenswert, haushälterisch, dem halb klösterlichen Leben sich fügend und widmend. So war es mit dem zeitlich Gegenwärtigen; das ewige Künftige hatten sie in einer Religion gefunden, die das, was andere lehrend hoffen lassen, heilig beteuernd zusagt und verspricht.

Aber als die schönste Vermittelung zwischen beiden Welten entsproßte Wohltätigkeit, die mildeste Wirkung einer ernsten Asketik; das Leben füllte sich aus mit Religionsübung und Wohltun; Mäßigkeit und Genügsamkeit sprach sich aus in der ganzen häuslichen Umgebung, jedes tägliche Bedürfnis ward reichlich und einfach befriedigt, die Wohnung selbst aber, Hausrat und alles, dessen man sonst benötigt ist, erschien weder elegant noch kostbar; es sah eben aus, als wenn man anständig zur Miete wohne. Eben dies galt von Fürstenbergs häuslicher Umgebung; er bewohnte einen Palast, aber einen fremden, den er seinen Kindern nicht hinterlassen sollte. Und so bewies er sich in allem sehr einfach, mäßig, genügsam, auf innerer Würde beruhend, alles Äußere verschmähend, so wie die Fürstin auch. Innerhalb dieses Elementes bewegte sich die geistreichste, herzlichste Unterhaltung, ernsthaft, durch Philosophie vermittelt, heiter durch Kunst, und wenn man bei jener selten von gleichen Prinzipien ausgeht, so freut man sich, bei dieser meist Übereinstimmung zu finden.

Hemsterhuis, Niederländer, fein gesinnt, zu den Alten von Jugend auf gebildet, hatte sein Leben der Fürstin gewidmet, so wie seine Schriften, die durchaus von wechselseitigem Vertrauen und gleichem Bildungsgange das unverwüstlichste Zeugnis ablegen.

Mit eigener scharfsinniger Zartheit wurde dieser schätzenswerte Mann dem Geistig-Sittlichen so wie dem Sinnlich-Ästhetischen unermüdet nachzustreben geleitet. Muß man von jenem sich durchdringen, so soll man von diesem immer umgeben sein; daher ist für einen Privatmann, der sich nicht in großen Räumen ergehen und selbst auf Reisen einen gewohnten Kunstgenuß nicht entbehren kann, eine Sammlung geschnittener Steine höchst wünschenswert; ihn begleitet überall das Erfreulichste, ein belehrendes Kostbare ohne Belästigung, und er genießt ununterbrochen des edelsten Besitzes.

Um aber dergleichen zu erlangen, ist nicht genug, daß man wolle; zum Vollbringen gehört, außer dem Vermögen, vor allen Dingen Gelegenheit. Unser Freund entbehrte dieser nicht; auf der Scheide von Holland und England wohnend, die fortdauernde Handelsbewegung, die darin auch hin und her wogenden Kunstschätze beobachtend, gelangte er nach und nach durch Kauf- und Tauschversuche zu einer schönen Sammlung von etwa siebenzig Stücken, wobei ihm Rat und Belehrung des trefflichen Steinschneiders Natter für die sicherste Beihülfe galt.

Diese Sammlung hatte die Fürstin zum größten Teile entstehen sehen, Einsicht, Geschmack und Liebe daran gewonnen, und besaß sie nun als Nachlaß eines abgeschiedenen Freundes, der in diesen Schätzen immer als gegenwärtig erschien.

Hemsterhuis' Philosophie, die Fundamente derselben, seinen Ideengang konnt' ich mir nicht anders zu eigen machen, als wenn ich sie in meine Sprache übersetzte. Das Schöne und das an demselben Erfreuliche sei, so sprach er sich aus, wenn wir die größte Menge von Vorstellungen in einem Moment bequem erblicken und fassen; ich aber mußte sagen: das Schöne sei, wenn wir das gesetzmäßig Lebendige in seiner größten Tätigkeit und Vollkommenheit schauen, wodurch wir, zur Reproduktion gereizt, uns gleichfalls lebendig und in höchste Tätigkeit versetzt fühlen.

Genau betrachtet, ist eins und ebendasselbe gesagt, nur von verschiedenen Menschen ausgesprochen, und ich enthalte mich, mehr zu sagen; denn das Schöne ist nicht sowohl leistend als versprechend, dagegen das Häßliche, aus einer Stockung entstehend, selbst stocken macht und nichts hoffen, begehren und erwarten läßt.

Ich glaubte mir auch den „Brief über die Skulptur" hiernach meinem Sinne gemäß zu deuten; ferner schien mir das Büchlein „Über das Begehren" auf diesem Wege klar: denn wenn das heftig verlangte Schöne in unsern Besitz kommt, so hält es nicht immer im einzelnen, was es im ganzen versprach, und so ist es offenbar, daß dasjenige, was uns als Ganzes aufregte, im einzelnen nicht durchaus befriedigen wird.

Diese Betrachtungen waren um so bedeutender, als die Fürstin ihren Freund heftig nach Kunstwerken verlangen, aber im Besitz erkalten gesehen, was er so scharfsinnig und liebenswürdig in obgemeldetem Büchlein ausgeführt hatte. Dabei hat man freilich den Unterschied zu bedenken, ob der Gegenstand des für ihn empfundenen Enthusiasmus würdig sei; ist er es, so muß Freude und Bewunderung immer daran wachsen, sich stets erneuen; ist er es nicht ganz, so geht das Thermometer um einige Grade zurück, und man gewinnt an Einsicht, was man an Vorurteil verlor. Deshalb es wohl ganz richtig ist, daß man Kunstwerke kaufen müsse, um sie kennen zu lernen, damit das Verlangen aufgehoben und der wahre Wert festgestellt werde. Indessen muß auch hier Sehnsucht und Befriedigung in einem pulsierenden Leben miteinander abwechseln, sich gegenseitig ergreifen und loslassen, damit der einmal Betrogene nicht aufhöre zu begehren.

Wie empfänglich die Sozietät, in der ich mich befand, für solche Gespräche sein mochte, wird derjenige am besten beurteilen, der von Hemsterhuis' Werken Kenntnis genommen hat, welche, in diesem Kreise entsprungen, ihm auch Leben und Nahrung verdankten.

Zu den geschnittenen Steinen aber wieder zurückzukehren, war mehrmals höchst erfreulich; und man mußte dies gewiß als einen der sonderbarsten Fälle ansehen, daß gerade die Blüte des Heidentums in einem christlichen Hause verwahrt und hochgeschätzt werden sollte. Ich versäumte nicht, die allerliebsten Motive hervorzuheben, die aus diesen würdigen kleinen Gebilden dem Auge entgegen sprangen. Auch hier durfte man sich nicht verleugnen, daß Nachahmung großer würdiger älterer Werke, die für uns ewig verloren wären, in diesen engen Räumen juwelenhaft aufgehoben worden, und es fehlte fast an keiner Art. Der tüchtigste Herkules, mit Efeu bekränzt, durfte seinen kolossalen Ursprung nicht verleugnen; ein ernstes Medusenhaupt, ein Bacchus, der ehemals im Mediceischen Kabinett verwahrt worden, allerliebste Opfer und Bacchanalien, und zu allem diesem die schätzbarsten Porträte von bekannten und unbekannten Personen mußten bei wiederholter Betrachtung bewundert werden.

Aus solchen Gesprächen, die ungeachtet ihrer Höhe und Tiefe nicht Gefahr liefen, sich ins Abstruse zu verlieren, schien eine Vereinigung hervorzugehen, indem jede Verehrung eines würdigen Gegenstandes immer von einem religiosen Gefühl begleitet ist. Doch konnte man sich nicht verbergen, daß die reinste christliche Religion mit der wahren bildenden Kunst immer sich zwiespältig befinde, weil jene sich von der Sinnlichkeit zu entfernen strebt, diese nun aber das sinnliche Element als ihren eigentlichsten Wirkungskreis anerkennt und darin beharren muß. In diesem Geiste schrieb ich nachstehendes Gedicht augenblicklich nieder:

Amor, nicht aber das Kind, der Jüngling, der Psychen verführte,
Sah im Olympus sich um, frech und der Siege gewohnt;
Eine Göttin erblickt' er, vor allen die herrlichste Schöne,
Venus Urania war's, und er entbrannte für sie.
Ach! und die Heilige selbst, sie widerstand nicht dem Werben,
Und der Verwegene hielt fest sie im Arme bestrickt.
Da entstand aus ihnen ein neuer lieblicher Amor,
Der dem Vater den Sinn, Sitte der Mutter verdankt;
Immer findest du ihn in holder Musen Gesellschaft,
Und sein reizender Pfeil stiftet die Liebe der Kunst.

Mit diesem allegorischen Glaubensbekenntnis schien man nicht ganz unzufrieden; indessen blieb es auf sich selbst beruhen, und beide Teile machten sich's zur Pflicht, von ihren Gefühlen und Überzeugungen nur dasjenige hervorzukehren, was gemeinsam wäre und zu wechselseitiger Belehrung und Ergötzung, ohne Widerstreit, gereichen könnte.

Immer aber konnten die geschnittenen Steine als ein herrliches Mittelglied eingeschoben werden, wenn die Unterhaltung irgend lückenhaft zu werden drohte. Ich von meiner Seite konnte freilich nur das Poetische schätzen, das Motiv selbst, Komposition, Darstellung überhaupt beurteilen und rühmen, dagegen die Freunde dabei noch ganz andere Betrachtungen anzustellen gewohnt waren. Denn es ist für den Liebhaber, der solche Kleinodien anschaffen, den Besitz zu einer würdigen Sammlung erheben will, nicht genug zur Sicherheit seines Erwerbs, daß er Geist und Sinn der köstlichen Kunstarbeit einsehe und sich daran ergötze, sondern er muß auch äußerliche Kennzeichen zu Hülfe rufen, die für den, der nicht selbst technischer Künstler im gleichen Fache ist, höchst schwierig sein möchten. Hemsterhuis hatte mit seinem Freunde Natter viele Jahre darüber korrespondiert, wovon sich noch bedeutende Briefe vorfanden. Hier kam nun erst die Steinart selbst zur Sprache, in welche gearbeitet worden, indem man sich der einen in frühern, der andern in folgenden Zeiten bedient; sodann war vor allen Dingen eine größere Ausführlichkeit im Auge zu halten, wo man auf bedeutende Zeiten schließen konnte, so wie flüchtige Arbeit bald auf Geist, teils auf Unfähigkeit, teils auf Leichtsinn hindeutete, frühere oder spätere Epochen zu erkennen gab. Besonders legte man großen Wert auf die Politur vertiefter Stellen und glaubte darin ein unverwerfliches Zeugnis der besten Zeiten zu sehen. Ob aber ein geschnittener Stein entschieden antik oder neu sei, darüber wagte man keine festen Kriterien anzugeben; Freund Hemsterhuis habe selbst nur mit Beistimmung jenes trefflichen Künstlers sich über diesen Punkt zu beruhigen gewußt.

Ich konnte nicht verbergen, daß ich hier in ein ganz frisches Feld gerate, wo ich mich höchst bedeutend angesprochen fühle und nur die Kürze der Zeit bedauere, wodurch ich die Gelegenheit mir abgeschnitten sehe, meine

Augen sowohl als den innern Sinn auch auf diese Bedingungen kräftiger zu richten. Bei einem solchen Anlasse äußerte sich die Fürstin heiter und einfach: sie sei geneigt, mir die Sammlung mitzugeben, damit ich solche zu Hause mit Freunden und Kennern studieren und mich in diesem bedeutenden Zweige der bildenden Kunst, mit Zuziehung von Schwefel- und Glaspasten, umsehen und bestärken möchte. Dieses Anerbieten, das ich für kein leeres Kompliment halten durfte und für mich höchst reizend war, lehnt' ich jedoch dankbarlichst ab; und ich gestehe, daß mir im Innern die Art, wie dieser Schatz aufbewahrt wurde, eigentlich das größte Bedenken gab. Die Ringe waren in einzelnen Kästchen, einer allein, zwei, drei, wie es der Zufall gegeben hatte, nebeneinander gesteckt; es war unmöglich, beim Vorzeigen am Ende zu bemerken, ob wohl einer fehle; wie denn die Fürstin selbst gestand, daß einst in der besten Gesellschaft ein Herkules abhanden gekommen, den man erst späterhin vermißt habe. Sodann schien es bedenklich genug, in gegenwärtiger Zeit sich mit einem solchen Wert zu beschweren und eine höchst bedeutende, ängstliche Verantwortung zu übernehmen. Ich suchte daher mit der freundlichsten Dankbarkeit die schicklichsten ablehnenden Gründe vorzubringen, welche Einrede die Freundin wohlwollend in Betracht zu ziehen schien, indem ich nun um desto eifriger die Aufmerksamkeit auf diese Gegenstände, insofern es sich nur einigermaßen schicken wollte, zu lenken suchte.

Von meinen Naturbetrachtungen aber, die ich, weil auch wenig Glück für sie hier am Orte zu hoffen war, eher verheimlichte, war ich doch genötigt einige Rechenschaft zu geben. Von Fürstenberg brachte zur Sprache, daß er mit Verwunderung, welche beinahe wie Befremden aussah, hie und da gehört habe, wie ich der Physiognomik wegen die allgemeine Knochenlehre studiere, wovon sich doch schwerlich irgend eine Beihülfe zu Beurteilung der Gesichtszüge des Menschen hoffen lasse. Nun mocht' ich wohl bei einigen Freunden, das für einen Dichter ganz unschicklich gehaltene Studium der Osteologie zu entschuldigen und einigermaßen einzuleiten, geäußert haben, ich sei, wie es denn wirklich auch an dem war, durch Lavaters „Physiognomik“ in dieses Fach wieder eingeführt worden, da ich in meinen akademischen Jahren darin die erste Bekanntschaft gesucht hatte. Lavater selbst, der glücklichste Beschauer organisierter Oberflächen, sah sich, in Anerkennung, daß Muskel- und Hautgestalt und ihre Wirkung von dem entschiedenen inneren Knochengebilde durchaus abhängen müsse, getrieben, mehrere Tierschädel in sein Werk abbilden zu lassen und selbige mir zu einem flüchtigen Kommentar darüber zu empfehlen. Was ich aber gegenwärtig hievon wiederholen oder in demselben Sinne zugunsten meines Verfahrens aufbringen wollte, konnte mir wenig helfen, indem zu jener Zeit ein solcher wissenschaftlicher Grund allzuweit ablag und man, im augenblicklichen geselligen Leben befangen, nur den beweglichen Gesichtszügen, und vielleicht gar nur in leidenschaftlichen Momenten, eine gewisse Bedeutung zugestand, ohne zu bedenken, daß hier nicht etwa bloß ein regelloser Schein wirken könne, sondern daß das Äußere, Bewegliche, Veränderliche als ein wichtiges, bedeutendes Resultat eines innern entschiedenen Lebens betrachtet werden müsse.

Glücklicher als in diesen Vorträgen war ich in Unterhaltung größerer Gesellschaft; geistliche Männer von Sinn und Verstand, heranstrebende Jünglinge, wohlgestaltet und wohlerzogen, an Geist und Gesinnung viel versprechend, waren gegenwärtig. Hier wählte ich unaufgefordert die römischen Kirchenfeste, Karwoche und Ostern, Fronleichnam und Peter Paul; sodann zur Erheiterung die Pferdeweihe, woran auch andere Haus- und Hoftiere teilnehmen. Diese Feste waren mir damals nach allen charakteristischen Einzelnheiten vollkommen gegenwärtig, denn ich ging darauf aus, ein „Römisches Jahr“ zu schreiben, den Verlauf geistlicher und weltlicher Öffentlichkeiten; daher ich denn auch, sogleich jene Feste nach einem reinen, direkten Eindruck darzustellen imstande, meinen katholischen frommen Zirkel mit meinen vorgeführten Bildern ebenso zufrieden sah als die Weltkinder mit dem Karneval. Ja einer von den Gegenwärtigen, mit den Gesamtverhältnissen nicht genau bekannt, hatte im stillen gefragt: ob ich denn wirklich katholisch sei? Als die Fürstin mir dieses erzählte, eröffnete sie mir noch ein anderes; man hatte ihr nämlich vor meiner Ankunft geschrieben, sie solle sich vor mir in acht nehmen, ich wisse mich so fromm zu stellen, daß man mich für religios, ja für katholisch halten könne.

„Geben Sie mir zu, verehrte Freundin", rief ich aus, „ich stelle mich nicht fromm, ich bin es am rechten Orte, mir fällt nicht schwer, mit einem klaren, unschuldigen Blick alle Zustände zu beachten und sie wieder auch ebenso rein darzustellen. Jede Art fratzenhafte Verzerrung, wodurch sich dünkelhafte Menschen nach eigener Sinnesweise an dem Gegenstand versündigen, war mir von jeher zuwider. Was mir widersteht, davon wend' ich den Blick weg, aber manches, was ich nicht gerade billige, mag ich gern in seiner Eigentümlichkeit erkennen; da zeigt sich denn meist, daß die andern ebenso recht haben, nach ihrer eigentümlichen Art und Weise zu existieren, als ich nach der meinigen." Hiedurch war man denn auch wegen dieses Punkts aufgeklärt, und eine freilich keineswegs zu lobende heimliche Einmischung in unsere Verhältnisse hatte gerade im Gegenteil, wie sie Mißtrauen erregen wollte, Vertrauen erregt.

In einer solchen zarten Umgebung wär' es nicht möglich gewesen, herb oder unfreundlich zu sein; im Gegenteil fühlt' ich mich milder als seit langer Zeit, und es hätte mir wohl kein größeres Glück begegnen können, als daß ich nach dem schrecklichen Kriegs- und Fluchtwesen endlich wieder fromme menschliche Sitte auf mich einwirken fühlte.

Einer so edlen, guten, sittlich frohen Gesellschaft war ich jedoch in einem Punkte ungefällig, ohne daß ich selbst weiß, wie es zugegangen ist. Ich war wegen eines glücklichen, freien, bedeutenden Vorlesens berühmt, man wünschte mich zu hören, und da man wußte, daß ich die „Luise" von Voß, wie sie im Novemberheft des „Merkur" 1784 erschienen war, leidenschaftlich verehrte und sie gerne vortrug, spielte man darauf an, ohne zudringlich zu sein; man legte das „Merkur"-Stück unter den Spiegel und ließ mich gewähren. Und nun wüßt' ich nicht zu sagen, was mich abhielt; mir war wie Sinn und Lippe versiegelt, ich konnte das Heft nicht aufnehmen, mich nicht entschließen, eine Pause des

Gesprächs zu meiner und der andern Freude zu nutzen; die Zeit ging hin, und ich wundere mich noch über diese unerklärliche Verstocktheit.

Der Tag des Abschieds nahete heran, man mußte doch sich einmal trennen. „Nun", sagte die Fürstin, „hier gilt keine Widerrede, Sie müssen die geschnittenen Steine mitnehmen, ich verlange es." Als ich aber meine Weigerung auf das höflichste und freundlichste fortbehauptete, sagte sie zuletzt: „So muß ich Ihnen denn eröffnen, warum ich es fordere. Man hat mir abgeraten, Ihnen diesen Schatz anzuvertrauen, und eben deswegen will ich, muß ich es tun; man hat mir vorgestellt, daß ich Sie doch auf diesen Grad nicht kenne, um auch in einem solchen Falle von Ihnen ganz gewiß zu sein. Darauf habe ich", fuhr sie fort, „erwidert: ‚Glaubt ihr denn nicht, daß der Begriff, den ich von ihm habe, mir lieber sei als diese Steine? Sollt' ich die Meinung von ihm verlieren, so mag dieser Schatz auch hinterdrein gehen.'" Ich konnte nun weiter nichts erwidern, indem sie durch eine solche Äußerung in eben dem Grad mich zu ehren und zu verpflichten wußte. Jedes übrige Hindernis räumte sie weg; vorhandene Schwefelabgüsse, katalogiert, waren zu Kontrolle, sollte sie nötig befunden werden, in einem sauberen Kästchen mit den Originalen eingepackt, und ein sehr kleiner Raum faßte die leicht transportablen Schätze.

So nahmen wir treulichen Abschied, ohne jedoch sogleich zu scheiden; die Fürstin kündigte mir an, sie wolle mich auf die nächste Station begleiten, setzte sich zu mir im Wagen, der ihrige folgte. Die bedeutenden Punkte des Lebens und der Lehre kamen abermals zur Sprache, ich wiederholte mild und ruhig mein gewöhnliches Credo, auch sie verharrte bei dem ihrigen. Jedes zog nun seines Weges nach Hause; sie mit dem nachgelassenen Wunsche: mich, wo nicht hier, doch dort wiederzusehen.

Diese Abschiedsformel wohldenkender freundlicher Katholiken war mir nicht fremd, noch zuwider, ich hatte sie oft bei vorübergehenden Bekanntschaften in Bädern und sonst meist von wohlwollenden, mir freundlichst zugetanen Geistlichen vernommen, und ich sehe nicht ein, warum ich irgend jemand verargen sollte, der wünscht, mich in seinen Kreis zu ziehen, wo sich nach seiner Überzeugung ganz allein ruhig leben und, einer ewigen Seligkeit versichert, ruhig sterben läßt.

Durch Vorsorge, auf Anregung der edlen Freundin, ward ich von dem Postmeister nicht allein rasch gefördert, sondern auch durch Laufzettel weiter angemeldet und empfohlen, welches angenehm und höchst notwendig war. Denn ich hatte, bei schöner freundschaftlicher friedlicher Unterhaltung, vergessen, daß Kriegesflucht mir nachstürme; und leider fand ich unterwegs die Schar der Emigrierten, die sich immer weiter nach Deutschland hineindrängte, und gegen welche die Postillione ebensowenig als am Rhein günstig gesinnt waren. Gar oft kein gebahnter Weg, man fuhr bald hüben, bald drüben, begegnete und kreuzte sich. Heidegebüsch und Gesträuche, Wurzelstumpfen, Sand, Moor und Binsen, eins so unbequem und unerfreulich wie das andere. Auch ohne Leidenschaftlichkeit ging es nicht ab.

Ein Wagen blieb stecken, Paul sprang geschwind herab und zu Hülfe; er glaubte, die schönen Französinnen, die er in Düsseldorf in den traurigsten Umständen wieder angetroffen, seien abermals im Falle, seines Beistandes zu bedürfen. Die Dame hatte ihren Gemahl nicht wieder gefunden und war, in dem Strudel des Unheils mit fortgerissen und geängstigt, endlich über den Rhein geworfen worden.

Hier aber in dieser Wüste erschien sie nicht; einige alte ehrwürdige Damen forderten unsere Teilnahme. Als aber unser Postillion halten und mit seinen Pferden dem dortigen Wagen zu Hülfe kommen sollte, weigerte er sich trotzig und sagte: wir sollten nur zu unserm eignen, mit Silber und Gold genugsam beschwerten Wagen ernstlich sehen, damit wir nicht etwa stecken blieben oder umgeworfen würden; denn ob er es gleich mit uns redlich meine, so ständ' er doch in dieser Wüstenei für nichts.

Glücklicherweise, unser Gewissen zu beschwichtigen, hatte sich eine Anzahl westfälischer Bauern um jenen Wagen versammelt und gegen ein bedungenes gutes Trinkgeld ihn wieder auf den fahrbaren Weg gebracht.

An unserm Fuhrwerk war freilich das Eisen das schwerste, und der kostbare Schatz, den wir mit uns führten, so leicht, um in einer leichten Chaise nicht bemerkt zu werden. Wie lebhaft wünscht' ich mir mein böhmisches Wägelchen herbei! Gleichwohl gab mir jenes Vorurteil, welches wichtige Schätze bei uns voraussetzte, doch immer eine Art von Unruhe. Wir hatten bemerkt, daß ein Postillion dem andern die Notiz von Überschwere des Wagens und die Vermutung von Geld und Kostbarkeiten jederzeit überlieferte. Nun aber wurden wir wegen vorausgeschickter Postzettel, deren richtige Stunde wir ohnehin des schlechten Wetters wegen nicht einhielten, auf jeder Station eilig vorwärts gedrängt und ganz eigentlich in die Nacht hinausgestoßen, da uns denn wirklich der bängliche Fall begegnete, daß der Postillion in düsterer Nacht schwur, er könne das Ding nicht weiter fortbringen, und an einer einsamen Waldwohnung stille hielt, deren Lage, Bauart und Bewohner schon beim hellsten Sonnenschein hätten Schaudern erregen können. Der Tag, selbst der grauste, war dagegen erquicklich; man rief das Andenken der Freunde hervor, bei denen man vor kurzem so trauliche Stunden zugebracht; man musterte sie mit Achtung und Liebe, belehrte sich an ihren Eigenheiten und erbaute sich an ihren Vorzügen. Wie aber die Nacht wieder hereinbrach, da fühlte man sich schon wieder von allen Sorgen umstrickt in einem kummervollen Zustand.

Wie düster aber auch in der letzten und schwärzesten aller Nächte meine Gedanken mochten gewesen sein, so wurden sie auf einmal wieder aufgehellt, als ich in das mit hundert und aber hundert Lampen erleuchtete Kassel hineinfuhr. Bei diesem Anblick entwickelten sich vor meiner Seele alle Vorteile eines bürgerlich-städtischen Zusammenseins, die Wohlhäbigkeit eines jeden einzelnen in seiner von innen erleuchteten Wohnung und die behaglichen Anstalten zu Aufnahme der Fremden. Diese Heiterkeit jedoch ward mir für einige Zeit gestört, als ich auf dem prächtigen tageshellen Königsplatze an dem wohlbekannten Gasthofe anfuhr; der anmeldende Diener kehrte zurück mit der Erklärung: es sei kein Platz zu finden. Als ich aber nicht weichen wollte, trat ein Kellner sehr höflich an den Schlag und bat in schönen französischen Phrasen um Entschuldigung, da es nicht möglich sei, mich aufzunehmen. Ich erwiderte darauf in gutem Deutsch: wie ich mich wundern müsse, daß in einem so großen Gebäude, dessen Raum ich gar wohl kenne, einem Fremden in der Nacht die Aufnahme verweigert werden wolle. „Sie sind ein Deutscher", rief er aus, „das ist ein anderes!" und sogleich ließ er den Postillion in das Hoftor hereinfahren. Als er mir ein schickliches Zimmer angewiesen, versetzte er: er sei fest entschlossen, keinen Emigrierten mehr aufzunehmen. Ihr Betragen sei höchst anmaßend, die Bezahlung knauserig; denn mitten in ihrem Elend, da sie nicht wüßten, wo sie sich hinwenden sollten, betrügen sie sich noch immer, als hätten sie von einem eroberten Lande Besitz genommen. So schied ich nun in gutem Frieden und fand auf dem Wege nach Eisenach weniger Zudrang der so häufig und unversehens herangetriebenen Gäste.

Meine Ankunft in Weimar sollte auch nicht ohne Abenteuer bleiben; sie ereignete sich nach Mitternacht und gab Anlaß zu einer Familienszene, welche wohl in irgend einem Roman die tiefste Finsternis erhellen und erheitern würde.

Nun fand ich das von meinem Fürsten mir bestimmte, erneuerte, wohleingerichtete Haus schon meistens wohnbar, ohne daß mir die Freude ganz versagt gewesen wäre, bei dem Ausbau mit- und einzuwirken. Die Meinigen entgegneten mir munter und gesund, und als es an ein Erzählen ging, kontrastierte freilich der heitere ruhige Zustand, in welchem sie die aus Verdun gesendeten Süßigkeiten genossen, mit demjenigen, worin wir, die sie in paradiesischen Zuständen glaubten, mit aller denkbaren Not zu kämpfen hatten. Unser stiller häuslicher Kreis war nun um so reicher und froher abgeschlossen, indem Heinrich Meyer zugleich als Hausgenosse, Künstler, Kunstfreund und Mitarbeiter zu den Unsrigen gehörte und an allem Belehrenden sowie an allem Wirksamen kräftigen Anteil nahm.

Das weimarische Theater bestand seit dem Mai 1791; es hatte sowohl den Sommer genannten Jahres als auch den des laufenden in Lauchstädt zugebracht und sich durch

Wiederholung damals gangbarer, meist bedeutender Stücke schon ziemlich gut zusammengespielt. Ein Rest der Bellomoschen Gesellschaft, also schon aneinander gewöhnter Personen, gab den Grund, andere, teils schon brauchbare, teils vielversprechende Glieder füllten schicklich und gemächlich die entstandene Lücke.

Man kann sagen, daß es damals noch ein Schauspielerhandwerk gab, wodurch befähigt sich Glieder entfernter Theater gar bald in Einklang setzten, besonders wenn man so glücklich war, für die Rezitation Niederdeutsche, für den Gesang Oberdeutsche herbeizuziehen; und so konnte das Publikum für den Anfang gar wohl zufrieden sein. Da ich teil an der Direktion genommen, so war es mir eine unterhaltende Beschäftigung, gelind zu versuchen, auf welchem Wege das Unternehmen weiter geführt werden könnte. Ich sah gar bald, daß eine gewisse Technik aus Nachahmung, Gleichstellung mit andern und Routine hervorgehen konnte, allein es fehlte durchaus an dem, was ich Grammatik nennen dürfte, die doch erst zum Grunde liegen muß, ehe man zu Rhetorik und Poesie gelangen kann. Da ich auf diesen Gegenstand zurückzukehren gedenke und ihn vorläufig nicht gern zerstückeln möchte, so sage ich nur so viel: daß ich eben jene Technik, welche sich alles aus Überlieferung aneignet, zu studieren und auf ihre Elemente zurückzuführen suchte, und das, was mir klar geworden, in einzelnen Fällen, ohne auf ein Allgemeines hinzuweisen, beobachten ließ.

Was mir bei diesem Unternehmen aber besonders zustatten kam, war der damals überhandnehmende Natur- und Konversationston, der zwar höchst lobenswert und erfreulich ist, wenn er als vollendete Kunst, als eine zweite Natur hervortritt, nicht aber, wenn ein jeder glaubt, nur sein eigenes nacktes Wesen bringen zu dürfen, um etwas Beifallswürdiges darzubieten. Ich aber benutzte diesen Trieb zu meinen Zwecken, indem ich gar wohl zufrieden sein konnte, wenn das angeborne Naturell sich mit Freiheit hervortat, um sich nach und nach, durch gewisse Regeln und Anordnungen, einer höhern Bildung entgegen führen zu lassen. Doch darf ich hievon nicht weiter sprechen, weil, was getan und geleistet worden, sich erst nach und nach aus sich selbst entwickelte und also historisch dargestellt werden müßte.

Umstände jedoch, die für das neue Theater sich höchst günstig hervortaten, muß ich kürzlich anführen. Iffland und Kotzebue blühten in ihrer besten Zeit, ihre Stücke, natürlich und faßlich, die einen gegen ein bürgerlich rechtliches Behagen, die andern gegen eine lockere Sittenfreiheit hingewendet; beide Gesinnungen waren dem Tage gemäß und erhielten freudige Teilnahme; mehrere noch als Manuskript ergötzten durch den lebendigen Duft des Augenblicks, den sie mit sich brachten. Schröder, Babo, Ziegler, glücklich energische Talente, lieferten bedeutenden Beitrag; Bretzner und Jünger, ebenfalls gleichzeitig, gaben anspruchslos einer bequemen Fröhlichkeit Raum. Hagemann und Hagemeister, Talente, die sich auf die Länge nicht halten konnten, arbeiteten gleichfalls für den Tag und waren, wo nicht bewundert, doch als neu geschaut und willkommen. Diese lebendige, sich im Zirkel herumtreibende Masse suchte man mit Shakespeare, Gozzi und Schiller geistiger zu erheben; man verließ die bisherige Art, nur Neues zum nächsten Verlust einzustudieren, man war sorgfältig in der Wahl und bereitete schon ein Repertorium vor, welches viele Jahre gehalten hat. Aber auch dem Manne, der uns diese Anstalt gründen half, müssen wir eine dankbare Erinnerung nicht schuldig bleiben. Es war F. J. Fischer, ein Schauspieler in Jahren, der sein Handwerk verstand, mäßig, ohne Leidenschaft, mit seinem Zustande zufrieden, sich mit einem beschränkten Rollenfache begnügend. Er brachte mehrere Schauspieler von Prag mit, die in seinem Sinne wirkten, und wußte die einheimischen gut zu behandeln, wodurch ein innerer Friede sich über das Ganze verbreitete.

Was die Oper anlangt, so kamen uns die Dittersdorfischen Arbeiten auf das beste zustatten. Er hatte mit glücklichem Naturell und Humor für ein fürstliches Privattheater gearbeitet, wodurch seinen Produktionen eine gewisse leichte Behaglichkeit zuteil ward, die auch uns zugute kam, weil wir unser neues Theater als eine Liebhaberbühne zu betrachten die Klugheit hatten. Auf den Text im rhythmischen und prosaischen Sinne wendete man viel Mühe, um ihn dem obersächsischen Geschmack mehr anzueignen; und so gewann diese leichte Ware Beifall und Abgang.

Die aus Italien wiedergekehrten Freunde bemühten sich, die leichteren italienischen Opern jener Zeit, von Païsiello, Cimarosa, Guglielmi und andern, herüberzuführen, wo denn zuletzt auch Mozarts Geist einzuwirken anfing. Denke man sich, daß von diesem allen wenig bekannt, gar nichts abgebraucht war, so wird man gestehen, daß die Anfänge des weimarischen Theaters mit den jugendlichen Zeiten des deutschen Theaters überhaupt oder zugleich eintraten und Vorteile genossen, die offenbar zu einer natürlichen Entwickelung aus sich selbst den reinsten Anlaß geben mußten.

Um nun aber auch Genuß und Studium der anvertrauten Gemmensammlung vorzubereiten und zu sichern, ließ ich gleich zwei zierliche Ringkästchen verfertigen, worin die Steine mit einem Blick übersehbar nebeneinander standen, so daß irgend eine Lücke sogleich zu bemerken gewesen wäre; worauf alsdann Schwefel- und Gipsabgüsse in Mehrzahl verfertigt und der Prüfung durch stark vergrößernde Linsen unterworfen wurden, auch vorhandene Abdrücke älterer Sammlungen vorgesucht und zu Rate gezogen. Wir bemerkten wohl, daß hier für uns das Studium der geschnittenen Steine zu gründen sei; wie groß aber die Vergünstigung der Freundin gewesen, wurde erst nach und nach eingesehen.

Das Resultat mehrjähriger Betrachtung sei deshalb hier eingeschaltet, weil wir wohl schwerlich unsere Aufmerksamkeit so bald wieder auf diesen Punkt wenden dürften.

Aus innern Gründen der Kunst sahen sich die weimarischen Freunde berechtigt, wo nicht alle, doch bei weitem die größte Anzahl dieser geschnittenen Steine für echt antike Kunstdenkmale zu halten, und zwar fanden sich mehrere darunter, welche zu den vorzüglichsten Arbeiten dieser Art gerechnet werden durften. Einige zeichneten sich dadurch aus, daß sie als wirklich identisch mit ältern Schwefelpasten angesehen werden mußten; mehrere bemerkte man, deren Darstellung mit andern antiken Gemmen zusammentraf, die aber deswegen immer noch für echt gelten konnten. In den größten Sammlungen kommen wiederholte Vorstellungen vor, und man würde sehr irren, die einen als Original, die andern als moderne Kopien anzusprechen.

Immer müssen wir dabei die edle Kunsttreue der Alten im Sinne tragen, welche die einmal glücklich gelungene Behandlung eines Gegenstands nicht oft genug wiederholen konnte. Jene Künstler hielten sich für Original genug, wenn sie einen originellen Gedanken aufzufassen und ihn auf ihre Weise wieder darzustellen Fähigkeit und Fertigkeit empfanden. Mehrere Steine zeigten sich auch mit eingeschnittenen Künstlernamen, worauf man seit Jahren großen Wert gelegt hatte. Eine solche Zutat ist wohl immer merkwürdig genug, doch bleibt sie meist problematisch: denn es ist möglich, daß der Stein alt und der Name neu eingeschnitten sei, um dem Vortrefflichen noch einen Beiwert zu verleihen.

Ob wir uns nun gleich hier, wie billig, alles Katalogierens enthalten, da Beschreibung solcher Kunstwerke ohne Nachbildung wenig Begriff gibt, so unterlassen wir doch nicht, von den vorzüglichsten einige allgemeine Andeutungen zu geben.

Kopf des Herkules. Bewundernswürdig in Betracht des edeln freien Geschmacks der Arbeit, und noch mehr zu bewundern in Hinsicht auf die herrlichen Idealformen, welche mit keinem der bekannten Herkulesköpfe ganz genau übereinkommen, und eben dadurch die Merkwürdigkeit dieses köstlichen Denkmals noch vermehren helfen.

Brustbild des Bacchus. Arbeit, wie auf den Stein gehaucht, und in Hinsicht auf die idealen Formen eines der edelsten antiken Werke. Es finden sich in verschiedenen Sammlungen mehrere diesem ähnliche Stücke, und zwar, wenn wir uns recht erinnern, sowohl hoch als tief geschnitten; doch ist uns noch keines bekannt geworden, welches vor dem gegenwärtigen den Vorzug verdiente.

Faun, welcher einer Bacchantin das Gewand rauben will. Vortreffliche und auf alten Monumenten mehrmals vorkommende Komposition, ebenfalls gut gearbeitet.

Eine umgestürzte Leier, deren Hörner zwei Delphine darstellen, der Körper, oder wenn man will, der Fuß, Amors Haupt mit Rosen bekränzt; zu derselben ist Bacchus' Panther, in der Vorderpfote den Thyrsusstab haltend, zierlich gruppiert. Die Ausführung dieses Steins befriedigt den Kenner, und wer zarte Bedeutung liebt, wird gleichfalls seine Rechnung finden.

Maske mit großem Bart und weit geöffnetem Mund; eine Efeuranke umschlingt die kahle Stirn. In seiner Art mag dieser Stein einer der allervorzüglichsten sein, und ebenso schätzbar ist auch

Eine andere Maske mit langem Bart und zierlich aufgebundenen Haaren; ungewöhnlich tief gearbeitet.

Venus tränket den Amor. Eine der lieblichsten Gruppen, die man sehen kann, geistreich behandelt, doch ohne großen Aufwand von Fleiß.

Kybele, auf dem Löwen reitend, tief geschnitten; ein Werk, welches als vortrefflich den Liebhabern durch Abdrücke, die fast in allen Pastensammlungen zu finden sind, genugsam bekannt ist.

Gigant, der einen Greif aus seiner Felsenhöhle hervorzieht. Ein Werk von sehr vielem Kunstverdienst, und als Darstellung vielleicht ganz einzig. Die vergrößerte Nachbildung desselben finden unsere Leser vor dem Vossischen Programm zu der „Jenaischen Allgemeinen Literaturzeitung" 1804, IV. Band.

Behelmter Kopf im Profil, mit großem Bart. Vielleicht ist's eine Maske; indessen hat sie im geringsten nichts Karikaturartiges, sondern ein gedrungenes heldenmäßiges Angesicht, und ist vortrefflich gearbeitet.

Homer, als Herme, fast ganz von vorne dargestellt und sehr tief geschnitten. Der Dichter erscheint hier jünger als gewöhnlich, kaum im Anfange des Greisenalters; daher dieses Werk nicht allein von seiten der Kunst, sondern auch des Gegenstandes wegen schätzbar ist.

In Sammlungen von Abdrücken geschnittener Steine wird oftmals der Kopf eines ehrwürdigen bejahrten Mannes mit langem Bart und Haaren angetroffen, der (jedoch ohne daß Gründe dafür angegeben werden) das Bildnis des Aristophanes sein soll. Ein ähnlicher, nur durch unbedeutende Abweichungen von jenem sich unterscheidender Kopf ist in unserer Sammlung anzutreffen, und in der Tat eins der besten Stücke.

Das Profil eines Unbekannten ist vermutlich über den Augenbraunen abgebrochen gefunden und in neuerer Zeit wieder zum Ringstein zugeschliffen worden. Großartiger und lebenvoller haben wir nie menschliche Gestalt auf dem kleinen Raum einer Gemme dargestellt gesehen, selten den Fall, wo der Künstler ein so unbeschränktes Vermögen zeigte. Von ähnlichem Gehalt ist auch

Der ebenfalls unbekannte Porträtkopf mit übergezogener Löwenhaut; derselbe war auch so wie der vorige über dem Auge abgebrochen, allein das Fehlende ist mit Gold ergänzt.

Kopf eines bejahrten Mannes von gedrungenem, kräftigen Charakter mit kurzgeschornen Haaren. Außerordentlich geistreich und meisterhaft gearbeitet; besonders ist die kühne Behandlung des Barts zu bewundern und vielleicht einzig in ihrer Art.

Männlicher Kopf oder Brustbild ohne Bart, um das Haar eine Binde gelegt, das reichgefaltete Gewand auf der rechten Schulter geheftet. Es ist ein geistreicher, kräftiger Ausdruck in diesem Werk, und Züge, wie man gewohnt ist dem Julius Cäsar zuzuschreiben.

Männlicher Kopf, ebenfalls ohne Bart, die Toga, wie bei Opfern gebräuchlich war, über das Haupt gezogen. Außerordentlich viel Wahrheit und Charakter ist in diesem Gesicht, und kein Zweifel, daß die Arbeit echt alt und aus den Zeiten der ersten römischen Kaiser sei.

Brustbild einer römischen Dame; um das Haupt doppelte Flechten von Haaren gewunden, das Ganze bewunderungswürdig fleißig ausgeführt und in Hinsicht des Charakters voll Wahrheit, Behaglichkeit, Naivetät, Leben.

Kleiner behelmter Kopf mit starkem Bart und kräftigem Charakter, ganz von vorne dargestellt und schätzbare Arbeit.

Eines neuern vortrefflichen Steines gedenken wir zum Schlusse: das Haupt der Meduse in dem herrlichsten Karneol. Es ist solches der bekannten Meduse des Sosikles vollkommen ähnlich und geringe Abweichungen kaum zu bemerken. Allerdings eine der vortrefflichsten Nachahmungen antiker Werke: denn für eine solche möchte er unerachtet seiner großen Verdienste doch zu halten sein, da die Behandlung etwas weniger Freiheit hat und überdies ein unter dem Abschnitt des Halses angebrachtes N doch wohl auf eine Arbeit von Natter selbst schließen läßt.

An diesem wenigen werden wahre Kunstkenner den hohen Wert der gepriesenen Sammlung zu ahnen vermögen. Wo sie sich gegenwärtig befindet, ist uns unbekannt; vielleicht erhielte man hierüber einige Nachricht, die einen reichen Kunstfreund wohl anreizen könnte, diesen Schatz, wenn er verkäuflich ist, sich zuzueignen.

Die Weimarischen Kunstfreunde zogen, solange diese Sammlung in ihren Händen war, allen möglichen Vorteil daraus. Schon in dem laufenden Winter gab sie der geistreichen Gesellschaft, welche sich um die Herzogin Amalie zu vereinigen pflegte, ausgezeichnete Unterhaltung. Man suchte sich in dem Studium geschnittener Steine zu begründen, wobei uns das Wohlwollen der trefflichen Besitzerin sehr zustatten kam, indem sie uns mehrere Jahre diesen Genuß gönnte. Doch ergötzte sie sich kurz vor ihrem Ende noch an der schönen anschaulichen Ordnung, worin sie die Ringe in zwei Kästchen auf einmal, wie sie solche nie gesehen, vollständig gereiht wieder erblickte und also des geschenkten großen Vertrauens sich edelmütig zu erfreuen hatte.

Auch nach einer andern Seite wendeten sich unsere Kunstbetrachtungen. Ich hatte die Farben genugsam in unterschiedenen Lebensverhältnissen beobachtet und sah die Hoffnung, auch endlich ihre Kunstharmonie, welche zu suchen ich eigentlich ausgegangen war, zu finden. Freund Meyer entwarf verschiedene Kompositionen, wo man sie teils in einer Reihe, teils im Gegensatz zu Prüfung und Beurteilung aufgestellt sah.

Am klarsten ward sie bei einfachen landschaftlichen Gegenständen, wo der Lichtseite immer das Gelbe und Gelbrote, der Schattenseite das Blau und Blaurote zugeteilt werden mußte, aber wegen Mannigfaltigkeit der natürlichen Gegenstände gar leicht durchs Braungrüne und Blaugrüne zu vermitteln. Auch hatten hier schon große Meister durch Beispiel gewirkt, mehr als im Historischen, wo der Künstler bei Wahl der Farben zu den Gewändern sich selbst überlassen bleibt und in solcher Verlegenheit nach Herkommen und Überlieferung greift, sich auch wohl durch irgend eine Bedeutung verführen läßt und dadurch von wahrer harmonischer Darstellung öfters abgeleitet wird.

Von solchen Studien bildender Kunst fühle ich mich denn doch gedrungen wieder zum Theater zurückzukehren und über mein eigenes Verhältnis an demselben einige Betrachtungen anzustellen, welches ich erst zu vermeiden wünschte. Man sollte denken, es sei die beste Gelegenheit gewesen, für das neue Theater und zugleich für das deutsche überhaupt, als Schriftsteller auch etwas von meiner Seite zu leisten: denn genau besehen lag zwischen oben genannten Autoren und ihren Produktionen noch mancher Raum, der gar wohl hätte ausgeführt werden können; es gab zu natürlich einfacher Behandlung noch vielfältigen Stoff, den man nur hätte aufgreifen dürfen.

Um aber ganz deutlich zu werden, gedenk' ich meiner ersten dramatischen Arbeiten, welche, der Weltgeschichte angehörig, zu sehr ins Breite gingen, um bühnenhaft zu sein; meine letzten, dem tiefsten innern Sinn gewidmet, fanden bei ihrer Erscheinung wegen allzu großer Gebundenheit wenig Eingang. Indessen hatte ich mir eine gewisse mittlere Technik eingeübt, die etwas mäßig Erfreuliches dem Theater hätte verschaffen können; allein ich vergriff mich im Stoff, oder vielmehr ein Stoff überwältigte meine innere sittliche Natur, der allerwiderspenstigste, um dramatisch behandelt zu werden.

Schon im Jahre 1785 erschreckte mich die Halsbandsgeschichte wie das Haupt der Gorgone. Durch dieses unerhört frevelhafte Beginnen sah ich die Würde der Majestät untergraben, schon im voraus vernichtet, und alle Folgeschritte von dieser Zeit an bestätigten leider allzusehr die furchtbaren Ahnungen. Ich trug sie mit mir nach Italien und brachte sie noch geschärfter wieder zurück. Glücklicherweise ward mein „Tasso" noch abgeschlossen, aber alsdann nahm die weltgeschichtliche Gegenwart meinen Geist völlig ein.

Mit Verdruß hatte ich viele Jahre die Betrügereien kühner Phantasten und absichtlicher Schwärmer zu verwünschen Gelegenheit gehabt und mich über die unbegreifliche Verblendung vorzüglicher Menschen bei solchen frechen Zudringlichkeiten mit Widerwillen verwundert. Nun lagen die direkten und indirekten Folgen solcher Narrheiten als Verbrechen und Halbverbrechen gegen die Majestät vor mir, alle zusammen wirksam genug, um den schönsten Thron der Welt zu erschüttern.

Mir aber einigen Trost und Unterhaltung zu verschaffen, suchte ich diesem Ungeheuern eine heitere Seite abzugewinnen, und die Form der komischen Oper, die sich mir schon seit längerer Zeit als eine der vorzüglichsten dramatischen Darstellungsweisen empfohlen hatte, schien auch ernstern Gegenständen nicht fremd, wie an „König Theodor" zu sehen gewesen. Und so wurde denn jener Gegenstand rhythmisch bearbeitet, die Komposition mit Reichardt verabredet, wovon denn die Anlagen einiger tüchtigen Baß-Arien bekannt geworden; andere Musikstücke, die außer dem Kontext keine Bedeutung hatten, blieben zurück, und die Stelle, von der man sich die meiste Wirkung versprach, kam auch nicht zustande. Das Geistersehen in der Kristallkugel vor dem schlafend weissagenden Cophta sollte als blendendes Final vor allen glänzen.

Aber da waltete kein froher Geist über dem Ganzen, es geriet in Stocken, und um nicht alle Mühe zu verlieren, schrieb ich ein prosaisches Stück, zu dessen Hauptfiguren sich wirklich analoge Gestalten in der neuen Schauspielergesellschaft vorfanden, die denn auch in der sorgfältigsten Aufführung das Ihrige leisteten.

Aber eben deswegen, weil das Stück ganz trefflich gespielt wurde, machte es einen um desto widerwärtigern Effekt. Ein furchtbarer und zugleich abgeschmackter Stoff, kühn und schonungslos behandelt, schreckte jedermann, kein Herz klang an; die fast gleichzeitige Nähe des Vorbildes ließ den Eindruck noch greller empfinden; und weil geheime Verbindungen sich ungünstig behandelt glaubten, so fühlte sich ein großer respektabler Teil des Publikums entfremdet, so wie das weibliche Zartgefühl sich vor einem verwegnen Liebesabenteuer entsetzte.

Ich war immer gegen die unmittelbare Wirkung meiner Arbeiten gleichgültig gewesen und sah auch diesmal ganz ruhig zu, daß diese letzte, an die ich so viel Jahre gewendet, keine Teilnahme fand; ja ich ergötzte mich an einer heimlichen Schadenfreude, wenn gewisse Menschen, die ich dem Betrug oft genug ausgesetzt gesehen, kühnlich versicherten, so grob könne man nicht betrogen werden.

Aus diesem Ereignis zog ich mir jedoch keine Lehre; das, was mich innerlich beschäftigte, erschien mir immerfort in dramatischer Gestalt, und wie die Halsbandsgeschichte als düstre Vorbedeutung, so ergriff mich nunmehr die Revolution selbst als die gräßlichste Erfüllung; den Thron sah ich gestürzt und zersplittert, eine große Nation aus ihren Fugen gerückt und nach unserm unglücklichen Feldzug offenbar auch die Welt schon aus ihren Fugen.

Indem mich nun dies alles in Gedanken bedrängte, beängstigte, hatte ich leider zu bemerken, daß man im Vaterlande sich spielend mit Gesinnungen unterhielt, welche eben auch uns ähnliche Schicksale vorbereiteten. Ich kannte genug edle Gemüter, die sich gewissen Aussichten und Hoffnungen, ohne weder sich noch die Sache zu begreifen, phantastisch hingaben; indessen ganz schlechte Subjekte bittern Unmut zu erregen, zu mehren und zu benutzen strebten.

Als ein Zeugnis meines ärgerlich guten Humors ließ ich den „Bürgergeneral" auftreten, wozu mich ein Schauspieler verführte, namens Beck, welcher den Schnaps in den „Beiden Billets" nach Florian mit ganz individueller Vortrefflichkeit spielte, indem selbst seine Fehler ihm dabei zustatten kamen. Da ihm nun diese Maske so gar wohl anstand, brachte man des gedachten kleinen, durchaus beliebten Nachspiels erste Fortsetzung, den „Stammbaum" von Anton Wall, hervor, und als ich nun auf Proben, Ausstattung und Vorstellung dieser Kleinigkeit ebenfalls die größte Aufmerksamkeit wendete, so konnte nicht fehlen, daß ich mich von diesem närrischen Schnaps so durchdrungen fand, daß mich die Lust anwandelte, ihn nochmals zu produzieren. Dies geschah auch mit Neigung und Ausführlichkeit; wie denn das gehaltreiche Mantelsäckchen ein wirklich französisches war, das Paul auf jener Flucht eilig aufgerafft hatte. In der Hauptszene erwies sich Malkolmi als alter wohlhabender, wohlwollender Bauersmann, der sich eine gesteigerte Unverschämtheit als Spaß auch einmal gefallen läßt, unübertrefflich und wetteiferte mit Beck in wahrer natürlicher Zweckmäßigkeit. Aber vergebens! das Stück brachte die widerwärtigste Wirkung hervor, selbst bei Freunden und Gönnern, die, um sich und mich zu retten, hartnäckig behaupteten: ich sei der Verfasser nicht, habe nur aus Grille meinen Namen und einige Federstriche einer sehr subalternen Produktion zugewendet.

Wie mich aber niemals irgend ein Äußeres mir selbst entfremden konnte, mich vielmehr nur strenger ins Innere zurückwies, so blieben jene Nachbildungen des Zeitsinnes für mich eine Art von gemütlich tröstlichem Geschäft. Die „Unterhaltungen der Ausgewanderten", fragmentarischer Versuch, das unvollendete Stück „Die Aufgeregten" sind eben so viel Bekenntnisse dessen, was damals in meinem Busen vorging; wie auch späterhin „Hermann und Dorothea" noch aus derselbigen Quelle flossen, welche denn freilich zuletzt erstarrte. Der Dichter konnte der rollenden Weltgeschichte nicht nacheilen und mußte den Abschluß sich und andern schuldig bleiben, da er das Rätsel auf eine so entschiedene als unerwartete Weise gelöst sah.

Unter solchen Konstellationen war nicht leicht jemand, in so weiter Entfernung vom eigentlichen Schauplatze des Unheils, gedrückter als ich; die Welt erschien mir blutiger und blutdürstiger als jemals, und wenn das Leben eines Königs in der Schlacht für Tausende zu rechnen ist, so wird es noch viel bedeutender im gesetzlichen Kampfe. Ein König wird auf Tod und Leben angeklagt, da kommen Gedanken in Umlauf, Verhältnisse zur Sprache, welche für ewig zu beschwichtigen sich das Königtum vor Jahrhunderten kräftig eingesetzt hatte.

Aber auch aus diesem gräßlichen Unheil suchte ich mich zu retten, indem ich die ganze Welt für nichtswürdig erklärte, wobei mir denn durch eine besondere Fügung „Reineke Fuchs" in die Hände kam. Hatte ich mich bisher an Straßen-, Markt- und Pöbelauftritten bis zum Abscheu übersättigen müssen, so war es nun wirklich erheiternd, in den Hof- und Regentenspiegel zu blicken: denn wenn auch hier das Menschengeschlecht sich in seiner ungeheuchelten Tierheit ganz natürlich vorträgt, so geht doch alles, wo nicht musterhaft, doch heiter zu, und nirgends fühlt sich der gute Humor gestört.

Um nun das köstliche Werk recht innig zu genießen, begann ich alsobald eine treue Nachbildung; solche jedoch in Hexametern zu unternehmen, war ich folgenderweise veranlaßt.

Schon seit vielen Jahren schrieb man in Deutschland nach Klopstocks Einleitung sehr läßliche Hexameter; Voß, indem er sich wohl auch dergleichen bediente, ließ doch hie und da merken, daß man sie besser machen könne, ja er schonte sogar seine eigenen vom Publikum gut aufgenommenen Arbeiten und Übersetzungen nicht. Ich hätte das gar gern auch gelernt, allein es wollte mir nicht glücken. Herder und Wieland waren in diesem Punkte Latitudinarier, und man durfte der Vossischen Bemühungen, wie sie nach und nach strenger und für den Augenblick ungelenk erschienen, kaum Erwähnung tun. Das Publikum selbst schätzte längere Zeit die Vossischen früheren Arbeiten, als geläufiger, über die späteren; ich aber hatte zu Voß, dessen Ernst man nicht verkennen konnte, immer ein stilles Vertrauen und wäre, in jüngeren Tagen oder andern Verhältnissen, wohl einmal nach Eutin gereist, um das Geheimnis zu erfahren; denn er, aus einer zu ehrenden Pietät für Klopstock, wollte, solange der würdige, allgefeierte Dichter lebte, ihm nicht geradezu ins Gesicht sagen: daß man in der deutschen Rhythmik eine striktere Observanz einführen müsse, wenn sie irgend gegründet werden solle. Was er inzwischen äußerte, waren für mich sibyllinische Blätter. Wie ich mich an der Vorrede zu den „Georgiken" abgequält habe, erinnere ich mich noch immer gerne, der redlichen Absicht wegen, aber nicht des daraus gewonnenen Vorteils.

Da mir recht gut bewußt war, daß alle meine Bildung nur praktisch sein könne, so ergriff ich die Gelegenheit, ein paar tausend Hexameter hinzuschreiben, die bei dem köstlichsten Gehalt selbst einer mangelhaften Technik gute Aufnahme und nicht vergänglichen Wert verleihen durften. Was an ihnen zu tadeln sei, werde sich, dacht' ich, am Ende schon finden; und so wendete ich jede Stunde, die mir sonst übrig blieb, an eine solche schon innerhalb der Arbeit vorläufig dankbare Arbeit, baute inzwischen und möblierte fort, ohne zu denken, was weiter mit mir sich ereignen würde, ob ich es gleich gar wohl voraussehen konnte.

So weit wir auch ostwärts von der großen Weltbegebenheit gelegen waren, erschienen doch schon diesen Winter flüchtige Vorläufer unserer ausgetriebenen westlichen Nachbarn; es war, als wenn sie sich umsähen nach irgend einer gesitteten Stätte, wo sie Schutz und Aufnahme fänden. Obgleich nur vorübergehend, wußten sie durch anständiges Betragen, duldsam-zufriedenes Wesen, durch Bereitwilligkeit, sich ihrem Schicksal zu fügen und durch irgend eine Tätigkeit ihr Leben zu fristen, dergestalt für sich einzunehmen, daß durch diese einzelnen die Mängel der ganzen Masse ausgelöscht und jeder Widerwille in entschiedene Gunst verwandelt wurde. Dies kam denn freilich ihren Nachfahrern zugute, die sich späterhin in Thüringen festsetzten, unter denen ich nur Mounier und Camille Jordan zu nennen brauche, um ein Vorurteil zu rechtfertigen, welches man für die ganze Kolonie gefaßt hatte, die sich, wo nicht den Genannten gleich, doch derselben keineswegs unwürdig erzeigte.

Übrigens läßt sich hiebei bemerken, daß in allen wichtigen politischen Fällen immer diejenigen Zuschauer am besten dran sind, welche Partei nehmen; was ihnen wahrhaft günstig ist, ergreifen sie mit Freuden, das Ungünstige ignorieren sie, lehnen's ab, oder legen's wohl gar zu ihrem Vorteil aus. Der Dichter aber, der seiner Natur nach unparteiisch sein und bleiben muß, sucht sich von den Zuständen beider kämpfenden Teile zu durchdringen, wo er denn, wenn Vermittlung unmöglich wird, sich entschließen muß, tragisch zu endigen. Und mit welchem Zyklus von Tragödien sahen wir uns von der tosenden Weltbewegung bedroht!

Wer hatte seit seiner Jugend sich nicht vor der Geschichte des Jahrs 1649 entsetzt, wer nicht vor der Hinrichtung Karl I. geschaudert, und zu einigem Troste gehofft, daß dergleichen Szenen der Parteiwut sich nicht abermals ereignen könnten. Nun aber wiederholte sich das alles, greulicher und grimmiger, bei dem gebildetsten Nachbarvolke wie vor unsern Augen; Tag für Tag, Schritt für Schritt. Man denke sich, welchen Dezember und Januar diejenigen verlebten, die den König zu retten ausgezogen waren und nun in seinen Prozeß nicht eingreifen, die Vollstreckung des Todesurteils nicht hindern konnten.

Frankfurt war wieder in deutschen Händen, die möglichsten Vorbereitungen, Mainz wieder zu erobern, wurden eifrigst besorgt. Man hatte sich Mainz genähert und Hochheim besetzt; Königstein mußte sich ergeben. Nun aber war vor allen Dingen nötig, durch einen vorläufigen Feldzug auf dem linken Rheinufer sich den Rücken frei zu machen. Man zog daher am Taunusgebirge hin auf Idstein über das Benediktinerkloster Schönau nach Kaub, sodann über eine wohlerrichtete Schiffbrücke nach Bacharach; von da an gab es fast ununterbrochene Vorpostengefechte, welche den Feind zum Rückzug nötigten. Man ließ den eigentlichen Hunsrück rechts, zog nach Stromberg, wo General Neuwinger gefangen wurde. Man gewann Kreuznach und reinigte den Winkel zwischen der Nahe und dem Rhein: und so bewegte man sich mit Sicherheit gegen diesen Fluß. Die Kaiserlichen waren bei Speyer über den Rhein gegangen, und man konnte die Umzingelung von Mainz den 14. April abschließen, wenigstens vorerst die Einwohner mit Mangel, als dem Vorläufer größerer Not, in Angst setzen.

Diese Nachricht vernahm ich zugleich mit der Aufforderung, mich an Ort und Stelle zu zeigen, um, wie früher an einem beweglichen Übel, so nun an einem stationären teilzunehmen. Die Umzingelung war vollbracht, die Belagerung konnte nicht ausbleiben; wie ungern ich mich dem Kriegstheater abermals näherte, überzeuge sich, wer etwa die zweite nach meinen Skizzen radierte Tafel in die Hand nimmt. Sie ist einem sehr genauen Federumriß nachgebildet, den ich wenige Tage vor meiner Abreise sorgfältig auf Papier gebracht hatte. Mit welchem Gefühl, sagen die wenigen dazu gedichteten Reimzeilen:

Hier sind wir denn vorerst ganz still zu Haus,
Von Tür' zu Türe sieht es lieblich aus;
Der Künstler froh die stillen Blicke hegt,
Wo Leben sich zum Leben freundlich regt.

Und wie wir auch durch ferne Lande ziehn,
Da kommt es her, da kehrt es wieder hin;
Wir wenden uns, wie auch die Welt entzücke,
Der Enge zu, die uns allein beglücke.

BELAGERUNG VON MAINZ

Montag den 26. Mai 1793 von Frankfurt nach Höchst und Flörsheim; hier stand viel Belagerungsgeschütz. Der alte freie Weg nach Mainz war gesperrt, ich mußte über die Schiffbrücke bei Rüsselsheim; in Ginsheim ward gefüttert; der Ort ist sehr zerschossen; dann über die Schiffbrücke auf die Nonnenaue, wo viele Bäume niedergehauen lagen, sofort auf dem zweiten Teil der Schiffbrücke über den größern Arm des Rheins. Ferner auf Bodenheim und Oberulm, wo ich mich kantonierungsmäßig einrichtete und sogleich mit Hauptmann Vent nach dem rechten Flügel über Hechtsheim ritt, mir die Lage besah von Mainz, Kastel, Kostheim, Hochheim, Weißenau, der Mainspitze und den Rheininseln. Die Franzosen hatten sich der einen bemächtigt und sich dort eingegraben; ich schlief nachts in Oberulm.

Dienstag den 27. Mai eilte ich, meinen Fürsten im Lager bei Marienborn zu verehren, wobei mir das Glück ward, dem Prinzen Maximilian von Zweibrücken, meinem immer gnädigen Herrn, aufzuwarten; vertauschte dann sogleich gegen ein geräumiges Zelt in der Fronte des Regiments mein leidiges Kantonierungsquartier. Nun wollt' ich auch die Mitte des Blockadehalbkreises kennen lernen, ritt auf die Schanze vor dem Chausseehaus, übersah die Lage der Stadt, die neue französische Schanze bei Zahlbach und das merkwürdig-gefährliche Verhältnis des Dorfes Bretzenheim. Dann zog ich mich gegen das Regiment zurück und war bemüht, einige genaue Umrisse aufs Papier zu bringen, um mir die Bezüge und die Distanzen der landschaftlichen Gegenstände desto besser zu imprimieren.

Ich wartete dem General Grafen Kalckreuth in Marienborn auf, und war abends bei demselben; da denn viel über eine Märe gesprochen wurde, daß in dem Lager der anderen

Seite vergangene Nacht der Lärm entstanden, als sei ein deutscher General zu den Franzosen übergegangen, worüber sogar das Feldgeschrei verändert worden und einige Bataillons ins Gewehr getreten.

Ferner unterhielt man sich über das Detail der Lage überhaupt, über Blockade und künftige Belagerung. Viel ward gesprochen über Persönlichkeiten und deren Verhältnisse, die gar mancherlei wirken, ohne daß sie zur Sprache kommen. Man zeigte daraus, wie unzuverlässig die Geschichte sei, weil kein Mensch eigentlich wisse, warum oder woher dieses und jenes geschehe.

Mittwoch den 28. Mai bei Obrist von Stein auf dem Forsthause, das äußerst schön liegt; ein höchst angenehmer Aufenthalt. Man fühlte, welch eine behagliche Stelle es gewesen, Landjägermeister eines Kurfürsten von Mainz zu sein. Von da übersieht man den großen landschaftlichen Kessel, der sich bis Hochheim hinüber erstreckt, wo in der Urzeit Rhein und Main sich wirbelnd drehten und restagnierend die besten Äcker vorbereiteten, ehe sie bei Bieberich westwärts zu fließen völlige Freiheit fanden.

Ich speiste im Hauptquartier; der Rückzug aus der Champagne ward besprochen; Graf Kalckreuth ließ seiner Laune gegen die Theoristen freien Lauf.

Nach der Tafel ward ein Geistlicher hereingebracht, als revolutionärer Gesinnungen verdächtig. Eigentlich war er toll, oder wollte so scheinen; er glaubte Turenne und Condé gewesen, und nie von einem Weibe geboren zu sein. Durch das Wort werde alles gemacht! Er war guter Dinge und zeigte in seiner Tollheit viel Konsequenz und Gegenwart des Geistes.

Ich suchte mir die Erlaubnis, Lieutenant von Itzenplitz zu besuchen, welcher am 9. Mai in einer Affäre vor Mainz mit Schuß und Hieb verwundet und endlich gefangen genommen worden. Feindlicherseits betrug man sich auf das schonendste gegen ihn und gab ihn bald wieder heraus. Reden durft' er noch nicht, doch erfreute ihn die Gegenwart eines alten Kriegskameraden, der manches zu erzählen wußte.

Gegen Abend fanden sich die Offiziere des Regiments

beim Marketender, wo es etwas mutiger herging als vorm Jahr in der Champagne: denn wir tranken den dortigen schäumenden Wein, und zwar im Trocknen beim schönsten Wetter. Meiner vormaligen Weissagung ward auch gedacht; sie wiederholten meine Worte: „Von hier und heute geht eine neue Epoche der Weltgeschichte aus, und ihr könnt sagen, ihr seid dabei gewesen.“ Wunderbar genug sah man diese Prophezeiung nicht etwa nur dem allgemeinen Sinn, sondern dem besondern Buchstaben nach genau erfüllt, indem die Franzosen ihren Kalender von diesen Tagen an datierten.

Wie aber der Mensch überhaupt ist, besonders aber im Kriege, daß er sich das Unvermeidliche gefallen läßt und die Intervalle zwischen Gefahr, Not und Verdruß mit Vergnügen und Lustbarkeit auszufüllen sucht: so ging es auch hier; die Hautboisten von Thadden spielten „Ça ira“ und den Marseiller Marsch, wobei eine Flasche Champagner nach der andern geleert wurde.

Abends 8 Uhr kanonierte man stark von den Batterien des rechten Flügels.

Donnerstag den 29. Mai früh 9 Uhr Viktoria wegen des Siegs der Östreicher bei Famars. Dieses allgemeine Abfeuern nützte mir, die Lage der Batterien und die Stellung der Truppen kennen zu lernen; zugleich war ein ernstlicher Handel bei Bretzenheim, denn freilich hatten die Franzosen alle Ursache, uns aus diesem so nahe gelegenen Dorfe zu vertreiben.

Inzwischen erfuhr man, woher das Märchen der gestrigen Desertion entstanden: durch seltsam zufällige Kombinationen, so abgeschmackt als möglich, aber doch einige Zeit umherlaufend.

Ich begleitete meinen gnädigsten Herrn nach dem linken Flügel, wartete dem Herrn Landgrafen von Darmstadt auf, dessen Lager besonders zierlich mit kiefernen Lauben ausgeputzt war, dessen Zelt jedoch alles, was ich je in dieser Art gesehen, übertraf, wohl ausgedacht, vortrefflich gearbeitet, bequem und prächtig.

Gegen Abend war uns, mir aber besonders, ein liebenswürdiges Schauspiel bereitet; die Prinzessinnen von

Mecklenburg hatten im Hauptquartier zu Bodenheim bei Ihro Majestät dem Könige gespeist und besuchten nach Tafel das Lager. Ich heftelte mich in mein Zelt ein und durfte so die hohen Herrschaften, welche unmittelbar davor ganz vertraulich auf und nieder gingen, auf das genauste beobachten. Und wirklich konnte man in diesem Kriegsgetümmel die beiden jungen Damen für himmlische Erscheinungen halten, deren Eindruck auch mir niemals verlöschen wird.

Freitag den 30. Mai. Früh hörte man hinter dem Lager Kleingewehrfeuer, welches einige Apprehension gab; dies klärte sich dahin auf, daß die Bauern den Fronleichnam gefeiert. Ferner ward Viktoria geschossen aus Kanonen und kleinem Gewehr, jenes glücklichen Ereignisses in den Niederlanden wegen; dazwischen scharf aus der Stadt und hinein. Nachmittag ein Donnerwetter.

Holländische Artillerieflottille ist angekommen, liegt bei Ebenheim.

In der Nacht vom 30. zum 31. Mai schlief ich, wie gewöhnlich ganz angezogen, ruhig im Zelte, als ich vom Platzen eines kleinen Gewehrfeuers aufgeweckt wurde, das nicht allzu entfernt schien. Ich sprang auf und heraus und fand schon alles in Bewegung; es war offenbar, daß Marienborn überfallen sei. Bald darauf feuerten unsere Kanonen von der Batterie vor dem Chausseehaus, dies mußte also einem herandringenden Feinde gelten. Das Regiment des Herzogs, von dem eine Schwadron hinter dem Chausseehaus gelagert war, ruckte aus; der Moment war kaum erklärbar. Das kleine Gewehrfeuer in Marienborn, im Rücken unserer Batterien, dauerte fort, und unsere Batterien schossen auch. Ich setzte mich zu Pferde und ritt weiter vor, wo ich, nach früher genommener Kenntnis, ob es gleich Nacht war, die Gegend beurteilen konnte. Ich erwartete jeden Augenblick, Marienborn in Flammen zu sehen, und ritt zu unseren Zelten zurück, wo ich die Leute des Herzogs beschäftigt fand, ein- und aufzupacken, auf alle Fälle. Ich empfahl ihnen meinen Koffer und Portefeuille und besprach unsern Rückzug. Sie wollten auf Oppenheim zu; dorthin konnte ich leicht folgen, da mir der Fußpfad durch das Fruchtfeld bekannt war, doch wollt' ich den Erfolg erst abwarten und mich nicht eher entfernen, bis das Dorf brennte und der Streit sich hinter demselben weiter heraufzöge.

In solcher Ungewißheit sah ich der Sache zu, aber bald legte sich das kleine Gewehrfeuer, die Kanonen schwiegen, der Tag fing an zu grauen, und das Dorf lag ganz ruhig vor mir. Ich ritt hinunter. Die Sonne ging auf mit trübem Schein, und die Opfer der Nacht lagen nebeneinander. Unsere riesenhaften, wohlgekleideten Kürassiere machten einen wunderlichen Kontrast mit den zwergenhaften, schneiderischen, zerlumpten Ohnehosen; der Tod hatte sie ohne Unterschied hingemäht. Unser guter Rittmeister La Vière war unter den ersten geblieben, Rittmeister von Voß, Adjutant des Grafen Kalckreuth, durch die Brust geschossen, man erwartete seinen Tod. Ich war veranlaßt, eine kurze Relation dieses wunderbaren und unangenehmen Vorfalls aufzusetzen, welche ich hier einschalte und sodann noch einige Partikularitäten hinzufüge.

Von dem Ausfall der Franzosen in der Nacht auf Marienborn vermelde ich folgendes:

Das Hauptquartier Marienborn liegt in der Mitte des Halbkreises von Lagern und Batterien, die am linken Ufer des Rheins oberhalb Mainz anfangen, die Stadt nicht gar in der Entfernung einer halben Stunde umgeben und unterhalb derselben sich wieder an den Fluß anschließen. Die Kapelle zum heiligen Kreuz, die Dörfer Weißenau, Hechtsheim, Marienborn, Drais, Gunzenheim, Mombach werden von diesem Kreise entweder berührt oder liegen nicht weit außerhalb desselben. Die beiden Flügel bei Weißenau und Mombach wurden vom Anfang der Blockade an von den Franzosen öfters angegriffen und ersteres Dorf abgebrannt, die Mitte hingegen blieb ohne Anfechtung. Niemand konnte vermuten, daß sie dahin einen Ausfall richten würden, weil sie in Gefahr kamen, von allen Seiten ins Gedränge zu geraten, abgeschnitten zu werden, ohne irgend etwas von Bedeutung auszurichten. Indessen waren die Vorposten um Bretzenheim und Dalheim, Orte, die vor Marienborn in einem Grunde liegen, der sich nach der Stadt zieht, immer aneinander, und man behauptete Bretzenheim diesseits um so eifriger, als die Franzosen bei Zahlbach, einem Kloster nahe bei Dalheim, eine Batterie errichtet hatten und damit das Feld und die Chaussee bestrichen.

Eine Absicht, die man dem Feinde nicht zutraute, bewog ihn endlich zu einem Ausfall gegen das Hauptquartier. Die Franzosen wollten, so ist man durch die Gefangenen überzeugt, den General Kalckreuth, der in Marienborn, den Prinzen Ludwig, Ferdinands Sohn, der auf dem Chausseehause einige hundert Schritte vom Dorfe in Quartier lag, entweder gefangen fortführen oder tot zurücklassen. Sie wählten die Nacht vom 30sten zum 31sten, zogen sich, vielleicht 3000 Mann, aus dem Zahlbacher Grunde, schlängelnd über die Chaussee und durch einige Gründe bis wieder an die Chaussee, passierten sie wieder und eilten auf Marienborn los. Sie waren gut geführt und nahmen ihren Weg zwischen den östreichischen und preußischen Patrouillen durch, die leider, wegen geringen Wechsels von Höhen und Tiefen, nicht aneinander stießen. Auch kam ihnen noch ein Umstand zu Hülfe.

Tags vorher hatte man Bauern beordert, das Getreide, das gegen die Stadt zu steht, in dieser Nacht abzumähen; als diese nach vollendeter Arbeit zurückgingen, folgten ihnen die Franzosen, und einige Patrouillen wurden dadurch irre gemacht. Sie kamen unentdeckt ziemlich weit vorwärts, und als man sie bemerkte und auf sie schoß, drangen sie in der größten Eile nach Marienborn vor und erreichten das Dorf gegen ein Uhr, wo man sorglos entweder schlief oder wachte. Sie schossen sogleich in die Häuser, wo sie Licht sahen, drängten sich durch die Straße und umringten den Ort und das Kloster, in welchem der General lag. Die Verwirrung war groß, die Batterien schossen, das Infanterieregiment Wegner rückte gleich vor, eine Schwadron des Herzogs von Weimar, die hinter dem Orte lag, war bei der Hand, die sächsischen Husaren desgleichen. Es entstand ein verwirrtes Gefecht.

Indessen hörte man im ganzen Umkreis des blockierenden Lagers das Feuern von falschen Attacken, jeder wurde auf sich aufmerksam gemacht, und niemand wagte, dem andern zu Hülfe zu eilen.

Der abnehmende Mond stand am Himmel und gab ein mäßiges Licht. Der Herzog von Weimar nahm den übrigen Teil seines Regiments, das eine Viertelstunde hinter Marienborn auf der Höhe lag, und eilte hinzu, Prinz Ludwig führte die Regimenter Wegner und Thadden, und nach einem anderthalbstündigen Gefechte trieb man die Franzosen gegen die Stadt. An Toten und Blessierten ließen sie 30 Mann zurück, was sie mit sich geschleppt, ist unbekannt.

Der Verlust der Preußen an Toten und Blessierten mag 90 Mann sein. Major La Vière von Weimar ist tot; Rittmeister und Adjutant von Voß tödlich verwundet. Ein unglücklicher Zufall vermehrte den diesseitigen Verlust: denn als sich die Feldwachen von Bretzenheim auf Marienborn zurückziehen wollten, kamen sie unter die Franzosen und wurden zugleich mit ihnen von unsern Batterien beschossen.

Als es Tag ward, fand man Pechkränze und mit Pech überzogene Birkenwellen an allen Enden des Dorfes; sie hatten die Absicht, wenn der Coup gelänge, zuletzt das Dorf anzuzünden.

Man erfuhr, daß sie zu gleicher Zeit versucht hatten, eine Brücke von einer Rheininsel an der Mainspitze, in die sie sich seit einiger Zeit genistet, auf die nächste Insel zu schlagen, wahrscheinlich in der Absicht, gegen die Schiffbrücken bei Ginsheim etwas vorzunehmen. Das zweite Treffen der Kette ward näher an das erste herangezogen, und des Herzogs Regiment steht nah bei Marienborn.

Man weiß, daß beim Ausfall Nationaltruppen vorangingen, dann Linien-, dann wieder Nationaltruppen folgten; es mag daher das Gerücht entstanden sein, die Franzosen seien in drei Kolonnen ausgezogen.

Den 1. Juni rückte das Regiment näher nach Marienborn; der Tag ging hin mit Veränderung des Lagers; auch die Infanterie veränderte ihre Stellung und man traf verschiedene Verteidigungsanstalten.

Ich besuchte Rittmeister von Voß, den ich ohne Hoffnung fand; er saß aufrecht im Bette und schien seine Freunde zu kennen, zu sprechen vermocht' er nicht. Auf einen Wink des Chirurgen begaben wir uns weg; und ein Freund machte mich unterwegs aufmerksam, daß vor einigen Tagen in demselben Zimmer ein heftiger Streit entstanden, indem einer gegen viele hartnäckig behauptet: Marienborn, als Hauptquartier, liege viel zu nahe an der blockierten und zu belagernden Stadt, man habe sich gar wohl eines Überfalls zu versehen.

Weil aber überhaupt eine heftige Widerrede gegen alles, was von obenherein befohlen und veranstaltet war, zur Tagesordnung gehörte, so ging man drüber hinaus und ließ diese Warnung, so wie manche andere, verhallen.

Den 2. Juni ward ein Bauer aus Oberulm gehangen, der beim Überfall die Franzosen angeführt hatte: denn ohne die genauste Kenntnis des Terrains wäre das schlängelnde Heranziehen nicht denkbar gewesen; zum Unglück für ihn wußte er nicht ebenso gut mit den Rückkehrenden die Stadt zu erreichen und wurde von den ausgesandten Patrouillen, die alles auf das sorgfältigste durchsuchten, eingefangen.

Ward Major La Vière mit allen militärischen Ehren vor den Standarten begraben. Starb Rittmeister von Voß. Waren Prinz Ludwig, General Kalckreuth und mehrere bei dem Herzog zur Tafel. Abends Feuern an der Rheinspitze.

Den 3. Juni große Mittagstafel bei Herrn von Stein auf dem Jägerhause; herrliches Wetter, unschätzbare Aussicht, ländlicher Genuß, durch Szenen des Todes und Verderbens getrübt. Abends wurde Rittmeister von Voß neben La Vière niedergesenkt.

Den 5. Juni. Man fährt fort, an der Verschanzung des Lagers ernstlich zu arbeiten.

Große Attacke und Kanonade an der Mainspitze.

Den 6. Juni war die preußische und östreichische Generalität bei Serenissimo zu Tafel, in einem großen, von Zimmerwerk zu solchen Festen auferbauten Saale. Ein Obristlieutenant vom Regiment Wegner, schief gegen mir über sitzend, betrachtete mich gewissermaßen mehr als billig.

Den 7. Juni schrieb ich früh viel Briefe. Bei Tafel im Hauptquartier schwadronierte ein Major viel über künftige Belagerung und redete sehr frei über das Benehmen bisher.

Gegen Abend führte mich ein Freund zu jenem beobachtenden Obristlieutenant, der vor einigen Tagen meine Bekanntschaft zu machen gewünscht hatte. Wir fanden keine sonderliche Aufnahme; es war Nacht geworden, es erschien keine Kerze. Selterswasser und Wein, das man jedem Besuchenden anbot, blieb aus, die Unterhaltung war null. Mein Freund, welcher diese Verstimmung dem Umstande zuschrieb, daß wir zu spät gekommen, blieb nach dem Abschiede einige Schritte zurück, um uns zu entschuldigen, jener aber versetzte zutraulich, es habe gar nichts zu sagen: denn gestern bei Tafel habe er schon an meinen Gesichtszügen gesehen, daß ich gar der Mann nicht sei, wie er sich ihn vorgestellt habe. Wir scherzten über diesen verunglückten Versuch neuer Bekanntschaft.

Den 8. Juni setzte ich meine Arbeit an „Reineke Fuchs" fleißig fort, ritt mit durchlauchtigstem Herzog nach dem darmstädtischen Lager, wo ich den Herrn Landgrafen als meinen vieljährigen unabänderlich gnädigsten Herrn mit Freuden verehrte.

Abends kam Prinz Maximilian von Zweibrücken mit Obrist von Stein zu Serenissimo; da ward manches durchgesprochen; zuletzt kam das offenbare Geheimnis der nächstkünftigen Belagerung an die Reihe.

Den 9. Juni glückte den Franzosen ein Ausfall auf Heiligkreuz; es gelang ihnen, Kirche und Dorf unmittelbar vor den östreichischen Batterien anzuzünden, einige Gefangene zu machen und sich nicht ohne Verlust hierauf zurückzuziehen.

Den 10. Juni wagten die Franzosen einen Tagesüberfall auf Gunzenheim, der zwar abgeschlagen ward, aber uns doch wegen des linken Flügels, und besonders wegen des Darmstädter Lagers, einige Zeit in Verlegenheit und Sorge setzte.

Den 11. Juni. Das Lager Ihro Majestät des Königs war nun etwa 1000 Schritte über Marienborn bestimmt und angelegt, gerade an dem Abhange, wo der große Kessel, in welchem Mainz liegt, sich endigt, in aufsteigenden Lehmwänden und Hügeln; dieses gab zu den anmutigsten Einrichtungen Gelegenheit. Das leicht zu behandelnde Erdreich bot sich den Händen geschickter Gärtner dar, welche die gefälligste Parkanlage mit wenig Bemühung bildeten: die abhängige Seite ward geböscht und mit Rasen belegt, Lauben gebaut, auf- und absteigende Kommunikationsgänge gegraben, Flächen planiert, wo das Militär in seiner ganzen Pracht und Zierlichkeit sich zeigen konnte, anstoßende Wäldchen und Büsche mit in den Plan gezogen, so daß man bei der köstlichsten Aussicht nichts mehr wünschen konnte, als diese sämtlichen Räume ebenso bearbeitet zu sehen, um des herrlichsten Parks von der Welt zu genießen. Unser Krause zeichnete sorgfältig die Aussicht mit allen ihren gegenwärtigen Eigentümlichkeiten.

Den 14. Juni. Eine kleine Schanze, welche die Franzosen unterhalb Weißenau errichtet hatten und besetzt hielten, stand der Eröffnung der Parallele im Weg; sie sollte nachts eingenommen werden, und mehrere davon unterrichtete Personen begaben sich auf die diesseitigen Schanzen unseres rechten Flügels, von wo man die ganze Lage übersehen konnte. In der sehr finstern Nacht erwartete man nunmehr, da man die Stelle recht gut kannte, wohin unsere Truppen gesendet waren, Angriff und Widerstand sollten durch ein lebhaftes Feuer ein bedeutendes Schauspiel geben. Man harrte lang, man harrte vergebens; statt dessen gewahrte man aber eine weit lebhaftere Erscheinung. Alle Posten unserer Stellung mußten angegriffen sein, denn in dem ganzen Kreis derselben erblickte man ein lebhaftes Feuern, ohne daß man dessen Veranlassung irgend begreifen konnte; auf der Stelle aber, von der eigentlich die Rede sein sollte, blieb alles tot und stumm. Verdrießlich gingen wir nach Hause, besonders Herr Gore, als auf solche Feuer- und Nachtgefechte der Begierigste. Der folgende Tag gab uns die Auflösung dieses Rätsels. Die Franzosen hatten sich vorgenommen, in dieser Nacht alle unsere Posten anzugreifen, und deshalb ihre Truppen aus den Schanzen weg- und zum Angriff zusammengezogen. Unsere Abgesendeten daher, die mit der größten Vorsicht an die Schanze herangingen, fanden weder Waffen noch Widerstand; sie erstiegen die Schanze und fanden sie leer, einen einzigen Kanonier ausgenommen, der sich über diesen Besuch höchlich verwunderte. Während des allgemeinen Feuerns, das nur sie nicht betraf, hatten sie gute Zeit, die Wälle zu zerstören und sich zurückzuziehen. Jener allgemeine Angriff hatte auch keine weitern Folgen; die alarmierten Linien beruhigten sich wieder mit dem Einbruch des Tags.

Den 16. Juni. Die immer besprochene und dem Feind verheimlichte Belagerung von Mainz nahte sich denn doch endlich; man sagte sich ins Ohr: heute nacht solle die Tranchee eröffnet werden. Es war sehr finster, und man ritt den bekannten Weg nach der Weißenauer Schanze; man sah nichts, man hörte nichts, aber unsere Pferde stutzten auf einmal, und wir wurden unmittelbar vor uns einen kaum zu unterscheidenden Zug gewahr. Östreichische, grau gekleidete Soldaten, mit grauen Faschinen auf den Rücken, zogen stillschweigend dahin, kaum daß von Zeit zu Zeit der Klang aneinander schlagender Schaufeln und Hacken irgend eine nahe Bewegung andeutete. Wunderbarer und gespensterhafter läßt sich kaum eine Erscheinung denken, die sich halb gesehen immer wiederholte, ohne deutlicher gesehen zu werden. Wir blieben auf dem Flecke halten, bis daß sie vorüber waren, denn von da aus konnten wir wenigstens nach der Stelle hinsehen, wo sie im Finstern wirken und arbeiten sollten. Da dergleichen Unternehmungen immer in Gefahr sind, dem Feind verraten zu werden, so konnte man erwarten, daß von den Wällen aus auf diese Gegend, und wenn auch nur auf gut Glück, gefeuert werden würde. Allein in dieser Erwartung blieb man nicht lange, denn gerade an der Stelle, wo die Tranchee angefangen werden sollte, ging auf einmal Kleingewehrfeuer los, allen unbegreiflich. Sollten die Franzosen sich herausgeschlichen, bis an oder gar über unsere Vorposten herangewagt haben? Wir begriffen es nicht. Das Feuern hörte auf, und alles versank in die allertiefste Stille. Erst den andern Morgen wurden wir aufgeklärt, daß unsere Vorposten selbst auf die still heranziehende Kolonne wie auf eine feindliche gefeuert hatten; diese stutzte, verwirrte sich, jeder warf seine Faschine weg, Schaufeln und Hacken wurden allenfalls gerettet; die Franzosen, auf den Wällen aufmerksam gemacht, waren auf ihrer Hut, man kam unverrichteter Sache zurück, die sämtliche Belagerungsarmee war in Bestürzung.

Den 17. Juni. Die Franzosen errichten eine Batterie an der Chaussee. Nachts entsetzlicher Regen und Sturm.

Den 18. Juni. Als man die neulich mißglückte Eröffnung der Tranchee unter den Sachverständigen besprach, wollte sich finden, daß man viel zu weit von der Festung mit der Anlage geblieben sei; man beschloß daher sogleich, die dritte Parallele näher zu rücken und dadurch aus jenem Unfall entschiedenen Vorteil zu ziehen. Man unternahm es, und es ging glücklich vonstatten.

Den 24. Juni. Franzosen und Klubisten, wie man wohl bemerken konnte, daß es Ernst werde, veranstalteten, dem zunehmenden Mangel an Lebensmitteln Einhalt zu tun, eine unbarmherzige Exportation gegen Kastel, von Greisen und Kranken, Frauen und Kindern, die ebenso grausam wieder zurückgewiesen wurden. Die Not wehr- und hülfloser, zwischen innere und äußere Feinde gequetschter Menschen ging über alle Begriffe.

Man versäumte nicht, den östreichischen Zapfenstreich zu hören, welcher alle andere der ganzen alliierten Armee übertraf.

Den 25. Juni nachmittag entstand ein heftiges, allen unbegreifliches Kanonieren am Ende unsers linken Flügels; zuletzt klärte sich's auf, das Feuern sei auf dem Rhein, wo die holländische Flotte vor Ihro Majestät dem Könige manövriere; Höchstdieselben waren deshalb nach Elfeld gegangen.

Den 27. Juni. Anfang des Bombardements, wodurch die Dechanei sogleich angezündet war.

Nachts glückte den Unsern der Sturm auf Weißenau und die Schanze oberhalb der Kartause, freilich unerläßliche Punkte, den rechten Flügel der zweiten Parallele zu sichern.

Den 28. Juni nachts. Fortgesetztes Bombardement gegen den Dom; Turm und Dach brennen ab und viele Häuser umher. Nach Mitternacht die Jesuitenkirche.

Wir sahen auf der Schanze vor Marienborn diesem schrecklichen Schauspiele zu; es war die sternenhellste Nacht, die Bomben schienen mit den Himmelslichtern zu wetteifern, und es waren wirklich Augenblicke, wo man beide nicht unterscheiden konnte. Neu war uns das Steigen und Fallen der Feuerkugeln; denn wenn sie erst mit einem flachen Zirkelbogen das Firmament zu erreichen drohten, so knickten sie in einer gewissen Höhe parabolisch zusammen, und die aufsteigende Lohe verkündigte bald, daß sie ihr Ziel zu erreichen gewußt.

Herr Gore und Rat Krause behandelten den Vorfall künstlerisch und machten so viele Brandstudien, daß ihnen später gelang, ein durchscheinendes Nachtstück zu verfertigen, welches noch vorhanden ist und, wohl erleuchtet, mehr als irgend eine Wortbeschreibung die Vorstellung einer unselig glühenden Hauptstadt des Vaterlandes zu überliefern imstande sein möchte.

Und wie deutete nicht ein solcher Anblick auf die traurigste Lage, indem wir, uns zu retten, uns einigermaßen wieder herzustellen, zu solchen Mitteln greifen mußten!

Den 29. Juni. Schon längst war von einer schwimmenden Batterie die Rede gewesen, welche, bei Ginsheim gebaut, auf den Mainkopf und die zunächst liegenden Inseln und Auen wirken und sie besetzen sollte. Man sprach so viel davon, daß sie endlich vergessen ward. Auf meinem gewöhnlichen Nachmittagsritte nach unserer Schanze über Weißenau war ich kaum dorthin gelangt, als ich auf dem Fluß eine große Bewegung bemerkte: französische Kähne ruderten emsig nach den Inseln, und die östreichische Batterie, angelegt, um den Fluß bis dorthin zu bestreichen, feuerte unausgesetzt in Prellschüssen auf dem Wasser; für mich ein ganz neues Schauspiel. Wie die Kugel zum erstenmal auf das bewegliche Element aufschlug, entsprang eine starke, sich viele Fuß in die Höhe bäumende Springwelle; diese war noch nicht zusammengestürzt, als schon eine zweite in die Höhe getrieben wurde, kräftig wie die erste, nur nicht von gleicher Höhe, und so folgte die dritte, vierte, immer ferner abnehmend, bis sie zuletzt gegen die Kähne gelangte, flächer fortwirkte und den Fahrzeugen zufällig gefährlich ward.

An diesem Schauspiel konnt' ich mich nicht satt sehen, denn es folgte Schuß auf Schuß, immer wieder neue mächtige Fontänen, indessen die alten noch nicht ganz verrauscht hatten.

Auf einmal löste sich drüben auf dem rechten Ufer zwischen Büschen und Bäumen eine seltsame Maschine los; ein vierecktes, großes, von Balken gezimmertes Lokal schwamm daher, zu meiner großen Verwunderung, zu meiner Freude zugleich, daß ich bei dieser wichtigen, so viel besprochenen Expedition Augenzeuge sein sollte. Meine Segenswünsche schienen jedoch nicht zu wirken, meine Hoffnung dauerte nicht lange: denn gar bald drehte die Masse sich auf sich selbst, man sah, daß sie keinem Steuerruder gehorchte, der Strom zog sie immer im Drehen mit sich fort. Auf der Rheinschanze oberhalb Kastel und vor derselben war alles in Bewegung, Hunderte von Franzosen rannten am Ufer aufwärts und verführten ein gewaltiges Jubelgeschrei, als dieses trojanische Meerpferd, fern von dem beabsichtigten Ziel der Landspitze, durch den einströmenden Main ergriffen und nun zwischen Rhein und Main gelassen und unaufhaltsam dahinfuhr. Endlich zog die Strömung diese unbehülfliche Maschine gegen Kastel, dort strandete sie ohnfern der Schiffbrücke auf einem flachen, noch vom Fluß überströmten Boden. Hier versammelte sich nun das sämtliche französische Kriegsvolk, und wie ich bisher mit meinem trefflichen Fernrohr das ganze Ereignis aufs genauste beobachtet, so sah ich nun auch, leider, die Falltüre, die diesen Raum verschloß, niedersinken und die darin Versperrten heraus und in die Gefangenschaft wandern. Es war ein ärgerlicher Anblick; die Fallbrücke reichte nicht bis ans trockene Land, die kleine Garnison mußte daher erst durchs Wasser waten, bis sie den Kreis ihrer Gegner erreichten. Es waren vierundsechzig Mann, zwei Offiziere und zwei Kanonen, sie wurden gut empfangen, sodann nach Mainz und zuletzt ins preußische Lager zur Auswechselung gebracht.

Nach meiner Rückkehr verfehlte ich nicht, von diesem unerwarteten Ereignis Nachricht zu geben; niemand wollt' es glauben, wie ich ja selbst meinen Augen nicht getraut hatte. Zufällig befanden sich Ihro Königliche Hoheit der Kronprinz in des Herzogs von Weimar Gezelt, ich ward gerufen und mußte den Vorfall erzählen; ich tat es genau, aber ungern, wohl wissend, daß man dem Boten der Hiobspost immer etwas von der Schuld des Unglücks, das er erzählt, anzurechnen pflegt.

Unter den Täuschungen mancher Art, die uns bei unerwarteten Vorfällen in einem ungewohnten Zustande betreffen mögen, gibt es gar viele, gegen die man sich erst im Augenblick waffnen kann. Ich war gegen Abend ohne den mindesten Anstoß den gewöhnlichen Fußpfad nach der Weißenauer Schanze geritten; der Weg ging durch eine kleine Vertiefung, wo weder Wasser noch Sumpf, noch Graben, noch irgend ein Hindernis sich bemerken ließ; bei meiner Rückkehr war die Nacht eingebrochen, und als ich eben in jene Vertiefung hereinreiten wollte, sah ich gegenüber eine schwarze Linie gezogen, die sich von dem verdüsterten braunen Erdreich scharf abschnitt. Ich mußt' es für einen Graben halten, wie aber ein Graben in der kurzen Zeit über meinen Weg her sollte gezogen sein, war nicht begreiflich. Mir blieb daher nichts übrig als drauf los zu reiten.

Als ich näher kam, blieb zwar der schwarze Streif unverrückt, aber es schien mir vor demselbigen sich einiges hin und wider zu bewegen, bald auch ward ich angerufen und befand mich sogleich mitten unter wohlbekannten Kavallerieoffizieren. Es war des Herzogs von Weimar Regiment, welches, ich weiß nicht zu welchem Zwecke ausgerückt, sich in dieser Vertiefung aufgestellt hatte, da denn die lange Linie schwarzer Pferde mir als Vertiefung erschien, die meinen Fußpfad zerschnitt. Nach wechselseitigem Begrüßen eilte ich sodann ungehindert zu den Zelten.

Und so war nach und nach das innere grenzenlose Unglück einer Stadt, außen und in der Umgegend, Anlaß zu einer Lustpartie geworden. Die Schanze über Weißenau, welche die herrlichste Übersicht gewährte, täglich von einzelnen besucht, die sich von der Lage einen Begriff machen und, was in dem weiten übersehbaren Kreis vorginge, bemerken wollten, war sonn- und feiertags der Sammelplatz einer unzählbaren Menge Landleute, die sich aus der Nachbarschaft herbeizogen. Dieser Schanze konnten die Franzosen wenig anhaben, Hochschüsse waren sehr ungewiß und gingen meist drüber weg. Wenn die Schildwache, auf der Brustwehr hin und wider gehend, bemerkte, daß die Franzosen das hieher gerichtete Geschütz abfeuerten, so rief sie: „Buck!" und sodann ward von allen innerhalb der Batterie befindlichen Personen erwartet, daß sie sich auf die Knie wie aufs Angesicht niederwürfen, um durch die Brustwehr gegen eine niedrig ankommende Kugel geschützt zu sein.

Nun war es sonntags und feiertags lustig anzusehen, wenn die große Menge geputzter Bauersleute, oft noch mit Gebetbuch und Rosenkranz, aus der Kirche kommend die Schanze füllten, sich umsahen, schwatzten und schäkerten, auf einmal aber die Schildwache „Buck!" rief und sie sämtlich flugs vor dieser gefährlich-hochwürdigen Erscheinung niederfielen und ein vorüberfliegendes göttlichsausendes Wesen anzubeten schienen; bald aber nach geschwundener Gefahr sich wieder aufrafften, sich wechselsweise verspotteten und bald darauf, wenn es den Belagerten gerade beliebte, abermals niederstürzten. Man konnte sich dieses Schauspiel sehr bequem verschaffen, wenn man sich auf der nächsten Höhe etwas seitwärts außer der Richtung der Kugel stellte, unter sich dieses wunderliche Gewimmel sah und die Kugel an sich vorbeisausen hörte.

Aber eine solche über die Schanze weggehende Kugel verfehlte nicht Zweck noch Absicht. Auf dem Rücken dieser Höhen zog sich der Weg von Frankfurt her, so daß man die Prozession von Kutschen und Chaisen, Reitern und Fußgängern aus Mainz sehr gut beobachten und also zugleich die Schanze und die Wallfahrtenden in Schrecken setzen konnte. Auch wurde bei einiger Aufmerksamkeit des Militärs der Eintritt einer solchen Menge gar bald verboten, und die Frankfurter nahmen einigen Umweg, auf welchem sie unbemerkt und unerreicht in das Hauptquartier gelangten.

Ende Juni. — In einer unruhigen Nacht unterhielt ich mich, aufzuhorchen auf die mannigfaltigen fern und nah erregten Töne, und konnte folgende genau unterscheiden:

„Werda!“ der Schildwache vorm Zelt.
„Werda!“ der Infanterieposten.
„Werda!“, wenn die Runde kam.
Hin- und Widergehen der Schildwache.
Geklappere des Säbels auf dem Sporn.
Bellen der Hunde fern.
Knurren der Hunde nahe.
Krähen der Hähne.
Scharren der Pferde.
Schnauben der Pferde.
Häckerlingschneiden.
Singen, Diskurieren und Zanken der Leute.
Kanonendonner.
Brüllen des Rindviehs.
Schreien der Maulesel.

Lücke

Daß eine solche hier einfällt, möchte wohl kein Wunder sein. Jede Stunde war unglücksträchtig; man sorgte jeden Augenblick für seinen verehrten Fürsten, für die liebsten Freunde, man vergaß an eigene Sicherheit zu denken. Von der wilden, wüsten Gefahr angezogen, wie von dem Blick einer Klapperschlange, stürzte man sich unberufen in die tödlichen Räume, ging, ritt durch die Trancheen, ließ die Haubitzgranaten über dem Kopfe dröhnend zerspringen, die Trümmer neben sich niederstürzen; manchem Schwerblessierten wünschte man baldige Erlösung von grimmigen Leiden, und die Toten hätte man nicht ins Leben zurückgerufen.

Wie Verteidiger und Angreifende nunmehr aber gegeneinander standen, davon wäre im allgemeinen hier so viel zu sagen. Die Franzosen hatten bei androhender Gefahr sich zeitig vorgesehen und vor die Hauptwerke hinaus kleinere Schanzen kunstgemäß angelegt, um die Blockierenden in gewisser Ferne zu halten, die Belagerung aber zu erschweren. Alle diese Hindernisse mußten nun weggeräumt werden, wenn die dritte Parallele eröffnet, fortgesetzt und geschlossen werden sollte, wie im nachfolgenden einzeln aufgezeichnet ist.

Wir aber indessen, mit einigen Freunden, obgleich ohne Ordre und Beruf, begaben uns an die gefährlichsten Posten. Weißenau war in deutschen Händen, auch die flußabwärts liegende Schanze schon erobert; man besuchte den zerstörten Ort, hielt in dem Gebeinhause Nachlese von krankhaften Knochen, wovon das Beste schon in die Hände der Wundärzte mochte gelangt sein. Indem nun aber die Kugeln der Karlsschanze immer in die Überreste der Dächer und Gemäuer schlugen, ließen wir uns durch einen Mann des dortigen Wachtpostens, gegen ein Trinkgeld, an eine bekannte bedeutende Stelle führen, wo mit einiger Vorsicht gar vieles zu übersehen war. Man ging mit Behutsamkeit durch Trümmer und Trümmer und ward endlich eine stehen gebliebene steinerne Wendeltreppe hinauf an das Balkonfenster eines freistehenden Giebels geführt, das freilich in Friedenszeiten dem Besitzer die herrlichste Aussicht gewährt haben mußte. Hier sah man den Zusammenfluß des Main- und Rheinstroms, und also die Main- und Rheinspitze, die Blei-Au, das befestigte Kastel, die Schiffbrücke und am linken Ufer sodann die herrliche Stadt; zusammengebrochene Turmspitzen, lückenhafte Dächer, rauchende Stellen untröstlichen Anblicks.

Unser Führer hieß bedächtig sein, nur einzeln um die Fensterpfosten herumschauen, weil von der Karlsschanze her gleich eine Kugel würde geflogen kommen, und er Verdruß hätte, solche veranlaßt zu haben.

Nicht zufrieden hiermit schlich man weiter gegen das Nonnenkloster, wo es freilich auch wild genug aussah, wo unten in den Gewölben für billiges Geld Wein geschenkt wurde, indes die Kugeln von Zeit zu Zeit rasselnde Dächer durchlöcherten.

Aber noch weiter trieb der Vorwitz; man kroch in die letzte Schanze des rechten Flügels, die man unmittelbar über den Ruinen der Favorite und der Kartause tief ins Glacis der Festung eingegraben hatte und nun hinter einem Bollwerk von Schanzkörben auf ein paar hundert Schritte Kanonenkugeln wechselte; wobei es denn freilich darauf ankam, wer dem andern zuerst Schweigen aufzulegen das Glück hatte.

Hier fand ich es nun, aufrichtig gestanden, heiß genug,

und man nahm sich's nicht übel, wenn irgend eine Anwandlung jenes Kanonenfiebers sich wieder hervortun wollte; man drückte sich nun zurück, wie man gekommen war, und kehrte doch, wenn es Gelegenheit und Anlaß gab, wieder in gleiche Gefahr.

Bedenkt man nun, daß ein solcher Zustand, wo man sich, die Angst zu übertäuben, jeder Vernichtung aussetzte, bei drei Wochen dauerte, so wird man uns verzeihen, wenn wir über diese schrecklichen Tage wie über einen glühenden Boden hinüber zu eilen trachten.

Den 1. Juli war die dritte Parallele in Tätigkeit und sogleich die Bocksbatterie bombardiert.

Den 2. Juli. Bombardement der Zitadelle und Karlsschanze.

Den 3. Juli. Neuer Brand in der Sankt-Sebastians-Kapelle; benachbarte Häuser und Paläste gehen in Flammen auf.

Den 6. Juli. Die sogenannte Klubistenschanze, welche den rechten Flügel der dritten Parallele nicht zustande kommen ließ, mußte weggenommen werden; allein man verfehlte sie und griff vorliegende Schanzen des Hauptwalles an, da man denn freilich zurückgeschlagen wurde.

Den 7. Juli. Endliche Behauptung dieses Terrains; Kostheim wird angegriffen, die Franzosen geben es auf.

Den 13. Juli nachts. Das Rathaus und mehrere öffentliche Gebäude brennen ab.

Den 14. Juli. Stillstand auf beiden Seiten, Freuden- und Feiertag; der Franzosen, wegen der in Paris geschlossenen Nationalkonföderation, der Deutschen, wegen Eroberung von Condé; bei den letzten Kanonen- und Kleingewehrfeuer, bei jenen ein theatralisches Freiheitsfest, wovon man viel zu hören hatte.

Nachts vom 14. zum 15. Juli. Die Franzosen werden aus einer Batterie vor der Karlsschanze getrieben; fürchterliches Bombardement. Von der Mainspitze über den Main brachte man das Benediktinerkloster auf der Zitadelle in Flammen. Auf der andern Seite entzündet sich das Laboratorium und fliegt in die Luft. Fenster, Läden und Schornsteine dieser Stadtseite brechen ein und stürzen zusammen.

Am 15. Juli besuchten wir Herrn Gore in Klein-Wintersheim und fanden Rat Krause beschäftigt, ein Bildnis des werten Freundes zu malen, welches ihm gar wohl gelang. Herr Gore hatte sich stattlich angezogen, um bei fürstlicher Tafel zu erscheinen, wenn er vorher sich in der Gegend abermals würde umgeschaut haben. Nun saß er, umgeben von allerlei Haus- und Feldgerät, in der Bauernkammer eines deutschen Dörfchens, auf einer Kiste, den angeschlagenen Zuckerhut auf einem Papiere neben sich; er hielt die Kaffeetasse in der einen, die silberne Reißfeder, statt des Löffelchens, in der andern Hand; und so war der Engländer ganz anständig und behaglich auch in einem schlechten Kantonierungsquartier vorgestellt, wie er uns noch täglich zu angenehmer Erinnerung vor Augen steht.

Wenn wir nun dieses Freundes allhier gedenken, so verfehlen wir nicht, etwas mehreres über ihn zu sagen. Er zeichnete sehr glücklich in der Camera obscura und hatte, Land und See bereisend, sich auf diese Weise die schönsten Erinnerungen gesammelt. Nun konnte er, in Weimar wohnhaft, angewohnter Beweglichkeit nicht entsagen, blieb immer geneigt, kleine Reisen vorzunehmen, wobei ihn denn gewöhnlich Rat Krause zu begleiten pflegte, der mit leichter, glücklicher Fassungsgabe die vorstehenden Landschaften zu Papier brachte, schattierte, färbte, und so arbeiteten beide um die Wette.

Die Belagerung von Mainz, als ein seltener wichtiger Fall, wo das Unglück selbst malerisch zu werden versprach, lockte die beiden Freunde gleichfalls nach dem Rhein, wo sie sich keinen Augenblick müßig verhielten.

Und so begleiteten sie uns denn auch auf einem Gefahrzug nach Weißenau, wo sich Herr Gore ganz besonders gefiel. Wir besuchten abermals den Kirchhof, in Jagd auf pathologische Knochen; ein Teil der nach Mainz gewendeten Mauer war eingeschossen, man sah über freies Feld nach der Stadt. Kaum aber merkten die auf den Wällen etwas Lebendiges in diesem Raume, so schossen sie mit Prellschüssen nach der Lücke; nun sah man die Kugel mehrmals aufspringen und Staub erregend herankommen, da man sich denn zuletzt hinter die stehengebliebene Mauer oder in das Gebeingewölbe zu retten wußte und der den Kirchhof durchrollenden Kugel heiter nachschaute.

Die Wiederholung eines solchen Vergnügens schien dem Kammerdiener bedenklich, der, um Leben und Glieder seines alten Herrn besorgt, uns allen ins Gewissen sprach und die kühne Gesellschaft zum Rückzug nötigte.

Der 16. Juli war mir ein bänglicher Tag, und zwar bedrängte mich die Aussicht auf die nächste, meinen Freunden gefährliche Nacht; damit verhielt es sich aber folgendermaßen. Eine der vorgeschobenen kleinen feindlichen Schanzen, vor der sogenannten Welschen Schanze, leistete völlig ihre Pflicht; sie war das größte Hindernis unserer vordern Parallele und mußte, was es auch kosten möchte, weggenommen werden. Dagegen war nun nichts zu sagen, allein es zeigte sich ein bedenklicher Umstand. Auf Nachricht, oder Vermutung: die Franzosen ließen hinter dieser Schanze und unter dem Schutz der Festung Kavallerie kampieren, wollte man zu diesem Aus- und Überfalle auch Kavallerie mitnehmen. Was das heiße: aus der Tranchee heraus, unmittelbar vor den Kanonen der Schanze und der Festung, Kavallerie zu entwickeln und sich, in düsterer Nacht, damit auf dem feindlich besetzten Glacis herumzutummeln, wird jedermann begreiflich finden; mir aber war es höchst bänglich, Herrn von Oppen, als den Freund, der mir vom Regiment zunächst anlag, dazu kommandiert zu wissen. Gegen Einbruch der Nacht mußte jedoch geschieden sein, und ich eilte zur Schanze Nr. 4, wo man jene Gegend ziemlich im Auge hatte. Daß es losbrach und hitzig zuging, ließ sich wohl aus der Ferne bemerken, und daß mancher wackere Mann nicht zurückkehren würde, war vorauszusehen.

Indessen verkündigte der Morgen, die Sache sei gelungen, man habe die Schanze erobert, geschleift und sich ihr gegenüber gleich so festgesetzt, daß ihre Wiederherstellung dem Feinde wohl unmöglich bleiben sollte. Freund Oppen kehrte glücklich zurück; die Vermißten gingen mich so nah nicht an; nur bedauerten wir den Prinzen Ludwig, der als kühner Anführer eine, wo nicht gefährliche, doch beschwerliche Wunde davontrug und in einem solchen Augenblick den Kriegsschauplatz sehr ungern verließ.

Den 17. Juli ward nun derselbe zu Schiffe nach Mannheim gebracht; der Herzog von Weimar bezog dessen Quartier im Chausseehause; es war kein anmutigerer Aufenthalt zu denken.

Nach herkömmlicher Ordnungs- und Reinlichkeitsliebe ließ ich den schönen Platz davor kehren und reinigen, der bei dem schnellen Quartierwechsel mit Stroh und Spänen und allerlei Abwürflingen eines eilig verlassenen Kantonnements übersäet war.

Den 18. Juli nachmittags auf große, fast unerträgliche Hitze Donnerwetter, Sturm und Regenguß, dem Allgemeinen erquicklich, den Eingegrabenen als solchen freilich sehr lästig.

Der Kommandant tut Vergleichsvorschläge, welche zurückgewiesen werden.

Den 19. Juli. Das Bombardement geht fort, die Rheinmühlen werden beschädigt und unbrauchbar gemacht.

Den 20. Juli. Der Kommandant General d'Oyré überschickt eine Punktation, worüber verhandelt wird.

Nachts vom 21sten auf den 22sten Juli. Heftiges Bombardement, die Dominikanerkirche geht in Flammen auf, dagegen fliegt ein preußisches Laboratorium in die Luft.

Den 22. Juli. Als man vernahm, der Stillstand sei wirklich geschlossen, eilte man nach dem Hauptquartier, um die Ankunft des französischen Kommandanten d'Oyré zu erwarten. Er kam; ein großer wohlgebauter, schlanker Mann von mittlern Jahren, sehr natürlich in seiner Haltung und Betragen. Indessen die Unterhandlung im Innern vorging, waren wir alle aufmerksam und hoffnungsvoll; da es aber ausgesprochen ward, daß man einig geworden und die Stadt den folgenden Tag übergeben werden sollte, da entstand in mehreren das wunderbare Gefühl einer schnellen Entledigung von bisherigen Lasten, von Druck und Bangigkeit, daß einige Freunde sich nicht erwehren konnten, aufzusitzen und gegen Mainz zu reiten. Unterwegs holten wir Sömmerring ein, der gleichfalls mit einem Gesellen nach Mainz eilte, freilich auf stärkere Veranlassung als wir, aber doch auch die Gefahr einer solchen Unternehmung nicht achtend. Wir sahen den Schlagbaum des äußersten Tores von fern und hinter demselben eine große Masse Menschen, die sich dort auflehnten und andrängten. Nun sahen wir Wolfsgruben vor uns, allein unsere Pferde, dergleichen schon gewohnt, brachten uns glücklich zwischen durch. Wir ritten unmittelbar bis vor den Schlagbaum; man rief uns zu: was wir brächten? Unter der Menge fanden sich wenig Soldaten, alles Bürger, Männer und Frauen; unsere Antwort, daß wir Stillstand und wahrscheinlich morgen Freiheit und Öffnung versprächen, wurde mit lautem Beifall aufgenommen. Wir gaben einander wechselsweise so viel Aufklärung, als einem jeden beliebte, und als wir eben von Segenswünschen begleitet wieder umkehren wollten, traf Sömmering ein, der sein Gespräch an das unsrige knüpfte, bekannte Gesichter fand, sich vertraulicher unterhielt und zuletzt verschwand, ehe wir's uns versahen; wir aber hielten für Zeit, umzukehren.

Gleiche Begierde, gleiches Bestreben fühlten eine Anzahl Ausgewanderte, welche, mit Viktualien versehen, erst in die Außenwerke, dann in die Festung selbst einzudringen verstanden, um die Zurückgelassenen wieder zu umarmen und zu erquicken. Wir begegneten mehreren solcher leidenschaftlichen Wanderer, und es mochte dieser Zustand so heftig werden, daß endlich, nach verdoppelten Posten, das strengste Verbot ausging, den Wällen sich zu nähern; die Kommunikation war auf einmal unterbrochen.

Am 23. Juli. Dieser Tag ging hin unter Besetzung der Außenwerke sowohl von Mainz als von Kastel. In einer leichten Chaise machte ich eine Spazierfahrt in einem so engen Kreis um die Stadt, als es die ausgesetzten Wachen erlauben wollten. Man besuchte die Trancheen und besah sich die nach erreichtem Zweck verlassene unnütze Erdarbeit.

Als ich zurückfuhr, rief mich ein Mann mittleren Alters an und bat mich, seinen Knaben von ungefähr acht Jahren, den er an der Hand mit fortschleppte, zu mir zu nehmen. Er war ein ausgewanderter Mainzer, welcher, mit großer Hast und Lust seinen bisherigen Aufenthalt verlassend, herbeilief, den Auszug der Feinde triumphierend anzusehen, sodann aber den zurückgelassenen Klubisten Tod und Verderben zu bringen schwor. Ich redete ihm begütigende Worte zu und stellte ihm vor: daß die Rückkehr in einen friedlichen und häuslichen Zustand nicht mit neuem bürgerlichen Krieg, Haß und Rache müsse verunreinigt werden, weil sich das Unglück ja sonst verewige. Die Bestrafung solcher schuldigen Menschen müsse man den hohen Alliierten und dem wahren Landesherrn nach seiner Rückkehr überlassen, und was ich sonst noch Besänftigendes und Ernstliches anführte; wozu ich ein Recht hatte, indem ich das Kind in den Wagen nahm und beide mit einem Trunk guten Weins und Bretzeln erquickte. An einem abgeredeten Ort setzt' ich den Knaben nieder, da sich denn der Vater schon von weitem zeigte und mit dem Hut mir tausend Dank und Segen zuwinkte.

Den 24. Juli. Der Morgen ging ziemlich ruhig hin, der Ausmarsch verzögerte sich, es sollten Geldangelegenheiten sein, die man so bald nicht abtun könne. Endlich zu Mittag, als alles bei Tisch und Topf beschäftigt und eine große Stille im Lager sowie auf der Chaussee war, fuhren mehrere dreispännige Wagen, in einiger Ferne voneinander, sehr schnell vorbei, ohne daß man sich's versah und darüber nachsann; doch bald verbreitete sich das Gerücht: auf diese kühne und kluge Weise hätten mehrere Klubisten sich gerettet. Leidenschaftliche Personen behaupteten, man müsse nachsetzen, andere ließen es beim Verdruß bewenden, wieder andere wollten sich verwundern: daß auf dem ganzen Wege keine Spur von Wache, noch Pikett, noch Aufsicht erscheine; woraus erhelle, sagten sie, daß man von oben herein durch die Finger zu sehen und alles, was sich ereignen könnte, dem Zufall zu überlassen geneigt sei.

Diese Betrachtungen jedoch wurden durch den wirklichen Auszug unterbrochen und umgestimmt. Auch hier kamen mir und Freunden die Fenster des Chausseehauses zustatten. Den Zug sahen wir in aller seiner Feierlichkeit herankommen. Angeführt durch preußische Reiterei, folgte zuerst die französische Garnison. Seltsamer war nichts, als wie sich dieser Zug ankündigte; eine Kolonne Marseiller, klein, schwarz, buntscheckig, lumpig gekleidet, trappelten heran, als habe der König Edwin seinen Berg aufgetan und das muntere Zwergenheer ausgesendet. Hierauf folgten regelmäßigere Truppen, ernst und verdrießlich, nicht aber etwa niedergeschlagen oder beschämt. Als die merkwürdigste Erscheinung dagegen mußte jedermann auffallen, wenn die Jäger zu Pferd heraufritten; sie waren ganz still bis gegen uns herangezogen, als ihre Musik den Marseiller Marsch anstimmte. Dieses revolutionäre Te Deum hat ohnehin etwas Trauriges, Ahndungsvolles, wenn es auch noch so mutig vorgetragen wird; diesmal aber nahmen sie das Tempo ganz langsam, dem schleichenden Schritt gemäß, den sie ritten. Es war ergreifend und furchtbar und ein ernster Anblick, als die Reitenden, lange hagere Männer, von gewissen Jahren, die Miene gleichfalls jenen Tönen gemäß, heranrückten; einzeln hätte man sie dem Don Quichote vergleichen können, in Masse erschienen sie höchst ehrwürdig.

Bemerkenswert war nun ein einzelner Trupp, die französischen Kommissarien. Merlin von Thionville in Husarentracht, durch wilden Bart und Blick sich auszeichnend, hatte eine andere Figur in gleichem Kostüm links neben sich; das Volk rief mit Wut den Namen eines Klubisten und bewegte sich zum Anfall. Merlin hielt an, berief sich auf seine Würde eines französischen Repräsentanten, auf die Rache, die jeder Beleidigung folgen sollte: er wolle raten, sich zu mäßigen, denn es sei das letztemal nicht, daß man ihn hier sehe. Die Menge stand betroffen, kein einzelner wagte sich vor. Er hatte einige unserer dastehenden Offiziere angesprochen und sich auf das Wort des Königs berufen, und so wollte niemand weder Angriff noch Verteidigung wagen; der Zug ging unangetastet vorbei.

Den 25. Juli. Am Morgen dieses Tags bemerkt' ich, daß leider abermals keine Anstalten auf der Chaussee und in deren Nähe gemacht waren, um Unordnungen zu verhüten. Sie schienen heute um so nötiger, als die armen ausgewanderten, grenzenlos unglücklichen Mainzer, von entfernteren Orten her nunmehr angekommen, scharenweis die Chaussee umlagerten, mit Fluch- und Racheworten das gequälte und geängstigte Herz erleichternd. Die gestrige Kriegslist der Entwischenden gelang daher nicht wieder. Einzelne Reisewagen rannten abermals eilig die Straße hin, überall aber hatten sich die Mainzer Bürger in die Chausseegraben gelagert, und wie die Flüchtigen einem Hinterhalt entgingen fielen sie in die Hände des andern.

Der Wagen ward angehalten, fand man Franzosen oder Französinnen, so ließ man sie entkommen, wohlbekannte Klubisten keineswegs. Ein sehr schöner dreispänniger Reisewagen rollt daher, eine freundliche junge Dame versäumt nicht, sich am Schlage sehen zu lassen und hüben und drüben zu grüßen; aber dem Postillion fällt man in die Zügel, der Schlag wird eröffnet, ein Erzklubist an ihrer Seite sogleich erkannt. Zu verkennen war er freilich nicht, kurz gebaut, dicklich, breiten Angesichts, blatternarbig. Schon ist er bei den Füßen herausgerissen; man schließt den Schlag und wünscht der Schönheit glückliche Reise. Ihn aber schleppt man auf den nächsten Acker, zerstößt und zerprügelt ihn fürchterlich; alle Glieder seines Leibes sind zerschlagen, sein Gesicht unkenntlich. Eine Wache nimmt sich endlich seiner an, man bringt ihn in ein Bauernhaus, wo er auf Stroh liegend zwar vor Tätlichkeiten seiner Stadtfeinde, aber nicht vor Schimpf, Schadenfreude und Schmähen geschützt war. Doch auch damit ging es am Ende so weit, daß der Offizier niemand mehr hineinließ; auch mich, dem er es als einem Bekannten nicht abgeschlagen hätte, dringend bat: ich möchte diesem traurigsten und ekelhaftesten aller Schauspiele entsagen.

Zum 25. Juli. Auf dem Chausseehause beschäftigte uns nun der fernere regelmäßige Auszug der Franzosen. Ich stand mit Herrn Gore daselbst am Fenster, unten versammelte sich eine große Menge; doch auf dem geräumigen Platze konnte dem Beobachtenden nichts entgehen.

Infanterie, muntere wohlgebildete Linientruppen, kamen nun heran; Mainzer Mädchen zogen mit ihnen aus, teils nebenher, teils innerhalb der Glieder. Ihre eigenen Bekannten begrüßten sie nun mit Kopfschütteln und Spottreden: „Ei, Jungfer Lieschen, will Sie sich auch in der

Welt umsehen?“ und dann: „Die Sohlen sind noch neu, sie werden bald durchgelaufen sein!“ Ferner: „Hat Sie auch in der Zeit Französisch gelernt? — Glück auf die Reise!“ Und so ging es immerfort durch diese Zungenruten; die Mädchen aber schienen alle heiter und getrost, einige wünschten ihren Nachbarinnen wohl zu leben, die meisten waren still und sahen ihre Liebhaber an.

Indessen war das Volk sehr bewegt, Schimpfreden wurden ausgestoßen, von Drohungen heftig begleitet. Die Weiber tadelten an den Männern, daß man diese Nichtswürdigen so vorbeilasse, die in ihrem Bündelchen gewiß manches von Hab und Gut eines echten Mainzer Bürgers mit sich schleppten, und nur der ernste Schritt des Militärs, die Ordnung durch nebenhergehende Offiziere erhalten, hinderte einen Ausbruch; die leidenschaftliche Bewegung war furchtbar.

Gerade in diesem gefährlichsten Momente erschien ein Zug, der sich gewiß schon weit hinweggewünscht hatte. Ohne sonderliche Bedeckung zeigte sich ein wohlgebildeter Mann zu Pferde, dessen Uniform nicht gerade einen Militär ankündigte, an seiner Seite ritt in Mannskleidern ein wohlgebautes und sehr schönes Frauenzimmer, hinter ihnen folgten einige vierspännige Wagen mit Kisten und Kasten bepackt; die Stille war ahndungsvoll. Auf einmal rauscht' es im Volke und rief: „Haltet ihn an! schlagt ihn tot! das ist der Spitzbube von Architekten, der erst die Domdechanei geplündert und nachher selbst angezündet hat!“ Es kam auf einen einzigen entschlossenen Menschen an, und es war geschehen.

Ohne Weiteres zu überlegen, als daß der Burgfriede vor des Herzogs Quartier nicht verletzt werden dürfe, mit dem blitzschnellen Gedanken, was der Fürst und General bei seiner Nachhausekunft sagen würde, wenn er über die Trümmer einer solchen Selbsthülfe kaum seine Tür erreichen könnte, sprang ich hinunter, hinaus und rief mit gebietender Stimme: „Halt!“

Schon hatte sich das Volk näher herangezogen; zwar den Schlagbaum unterfing sich niemand herabzulassen, der Weg aber selbst war von der Menge versperrt. Ich wiederholte mein „Halt!“ und die vollkommenste Stille trat ein. Ich fuhr darauf stark und heftig sprechend fort: hier sei das Quartier des Herzogs von Weimar, der Platz davor sei heilig; wenn sie Unfug treiben und Rache üben wollten, so fänden sie noch Raum genug. Der König habe freien Auszug gestattet, wenn er diesen hätte bedingen und gewisse Personen ausnehmen wollen, so würde er Aufseher angestellt, die Schuldigen zurückgewiesen oder gefangen genommen haben; davon sei aber nichts bekannt, keine Patrouille zu sehen. Und sie, wer und wie sie hier auch seien, hätten, mitten in der deutschen Armee, keine andere Rolle zu spielen, als ruhige Zuschauer zu bleiben; ihr Unglück und ihr Haß gebe ihnen hier kein Recht, und ich litte ein für allemal an dieser Stelle keine Gewalttätigkeit.

Nun staunte das Volk, war stumm, dann wogt' es wieder, brummte, schalt; einzelne wurden heftig, ein paar Männer drangen vor, den Reitenden in die Zügel zu fallen. Sonderbarerweise war einer davon jener Perückenmacher, den ich gestern schon gewarnt, indem ich ihm Gutes erzeigte. — „Wie!“ rief ich ihm entgegen, „habt Ihr schon vergessen, was wir gestern zusammen gesprochen? Habt Ihr nicht darüber nachgedacht, daß man durch Selbstrache sich schuldig macht, daß man Gott und seinen Oberen die Strafe der Verbrecher überlassen soll, wie man ihnen das Ende dieses Elends zu bewirken auch überlassen mußte“, und was ich sonst noch kurz und bündig, aber laut und heftig sprach. Der Mann, der mich gleich erkannte, trat zurück, das Kind schmiegte sich an den Vater und sah freundlich zu mir herüber; schon war das Volk zurückgetreten und hatte den Platz freier gelassen, auch der Weg durch den Schlagbaum war wieder offen. Die beiden Figuren zu Pferde wußten sich kaum zu benehmen. Ich war ziemlich weit in den Platz hereingetreten; der Mann ritt an mich heran und sagte: er wünsche meinen Namen zu wissen, zu wissen, wem er einen so großen Dienst schuldig sei, er werde es zeitlebens nicht vergessen und gern erwidern. Auch das schöne Kind näherte sich mir und sagte das Verbindlichste. Ich antwortete, daß ich nichts als meine Schuldigkeit getan und die Sicherheit und Heiligkeit dieses Platzes behauptet hätte; ich gab einen

Wink, und sie zogen fort. Die Menge war nun einmal in ihrem Rachesinn irre gemacht, sie blieb stehen; dreißig Schritte davon hätte sie niemand gehindert. So ist's aber in der Welt: wer nur erst über einen Anstoß hinaus ist, kommt über tausend. Chi scampa d'un punto, scampa di mille.

Als ich nach meiner Expedition zu Freund Gore hinaufkam, rief er mir in seinem Englisch-Französisch entgegen: „Welche Fliege sticht Euch, Ihr habt Euch in einen Handel eingelassen, der übel ablaufen konnte."

„Dafür war mir nicht bange", versetzte ich; „und findet Ihr nicht selbst hübscher, daß ich Euch den Platz vor dem Hause so rein gehalten habe? wie säh' es aus, wenn das nun alles voll Trümmer läge, die jedermann ärgerten, leidenschaftlich aufregten und niemand zugute kämen; mag auch jener den Besitz nicht verdienen, den er wohlbehaglich fortgeschleppt hat."

Indessen aber ging der Auszug der Franzosen gelassen unter unserm Fenster vorbei; die Menge, die kein Interesse weiter daran fand, verlief sich; wer es möglich machen konnte, suchte sich einen Weg, um in die Stadt zu schleichen, die Seinigen und was von ihrer Habe allenfalls gerettet sein konnte, wiederzufinden und sich dessen zu erfreuen. Mehr aber trieb sie die höchst verzeihliche Wut, ihre verhaßten Feinde, die Klubisten und Komitisten, zu strafen, zu vernichten, wie sie mitunter bedrohlich genug ausriefen.

Indessen konnte sich mein guter Gore nicht zufrieden geben, daß ich, mit eigener Gefahr, für einen unbekannten, vielleicht verbrecherischen Menschen so viel gewagt habe. Ich wies ihn immer scherzhaft auf den reinen Platz vor dem Hause und sagte zuletzt ungeduldig: „Es liegt nun einmal in meiner Natur, ich will lieber eine Ungerechtigkeit begehen, als Unordnung ertragen."

Den 26. und 27. Juli. Den 26sten gelang es uns schon, mit einigen Freunden zu Pferd in die Stadt einzudringen; dort fanden wir den bejammernswertesten Zustand. In Schutt und Trümmer war zusammengestürzt, was Jahrhunderten aufzubauen gelang, wo in der schönsten Lage der Welt Reichtümer von Provinzen zusammenflossen und Religion das, was ihre Diener besaßen, zu befestigen und zu vermehren trachtete. Die Verwirrung, die den Geist ergriff, war höchst schmerzlich, viel trauriger, als wäre man in eine durch Zufall eingeäscherte Stadt geraten.

Bei aufgelöster polizeilicher Ordnung hatte sich zum traurigen Schutt noch aller Unrat auf den Straßen gesammelt; Spuren der Plünderung ließen sich bemerken in Gefolg innerer Feindschaft. Hohe Mauern drohten den Einsturz, Türme standen unsicher, und was bedarf es einzelner Beschreibungen, da man die Hauptgebäude nacheinander genannt, wie sie in Flammen aufgingen. Aus alter Vorliebe eilte ich zur Dechanei, die mir noch immer als ein kleines architektonisches Paradies vorschwebte; zwar stand die Säulenvorhalle mit ihrem Giebel noch aufrecht, aber ich trat nur zu bald über den Schutt der eingestürzten schöngewölbten Decken; die Drahtgitter lagen mir im Wege, die sonst netzweise von oben erleuchtende Fenster schützten; hie und da war noch ein Rest alter Pracht und Zierlichkeit zu sehen, und so lag denn auch diese Musterwohnung für immer zerstört. Alle Gebäude des Platzes umher hatten dasselbige Schicksal; es war die Nacht vom 27sten Juni, wo der Untergang dieser Herrlichkeiten die Gegend erleuchtete.

Hierauf gelangt' ich in die Gegend des Schlosses, dem sich niemand zu nähern wagte. Außen angebrachte bretterne Angebäude deuteten auf die Verunreinigung jener fürstlichen Wohnung; auf dem Platze davor standen, gedrängt ineinander geschoben, unbrauchbare Kanonen, teils durch den Feind, teils durch eigene hitzige Anstrengung zerstört.

Wie nun von außen her durch feindliche Gewalt so manches herrliche Gebäude mit seinem Inhalt vernichtet worden, so war auch innerlich vieles durch Roheit, Frevel und Mutwillen zugrunde gerichtet. Der Palast Ostheim stand noch in seiner Integrität, allein zur Schneiderherberge, zu Einquartierungs- und Wachstuben verwandelt: eine Umkehrung, verwünscht anzusehen. Säle voll Lappen und Fetzen, dann wieder die gips-marmornen Wände mit Haken und großen Nägeln zersprengt, Gewehre dort aufgehangen und umher gestellt.

Das Akademiegebäude nahm sich von außen noch ganz freundlich aus, nur eine Kugel hatte im zweiten Stock ein

Fenstergewände von Sömmerrings Quartier zersprengt. Ich fand diesen Freund wieder daselbst, ich darf nicht sagen eingezogen, denn die schönen Zimmer waren durch die wilden Gäste aufs schlimmste behandelt. Sie hatten sich nicht begnügt, die blauen reinlichen Papiertapeten, so weit sie reichen konnten, zu verderben; Leitern, oder übereinander gestellte Tische und Stühle mußten sie gebraucht haben, um die Zimmer bis an die Decke mit Speck oder sonstigen Fettigkeiten zu besudeln. Es waren dieselbigen Zimmer, wo wir vorm Jahr so heiter und traulich zu wechselseitigem Scherz und Belehrung freundschaftlich beisammen gesessen. Indes war bei diesem Unheil doch auch noch etwas Tröstliches zu zeigen; Sömmerring hatte seinen Keller uneröffnet und seine dahin geflüchteten Präparate durchaus unbeschädigt gefunden. Wir machten ihnen einen Besuch, wogegen sie uns zu belehrendem Gespräch Anlaß gaben.

Eine Proklamation des neuen Gouverneurs hatte man ausgegeben, ich fand sie in eben dem Sinne, ja fast mit den gleichen Worten meiner Anmahnung an jenen ausgewanderten Perückenmacher; alle Selbsthülfe war verboten; dem zurückkehrenden Landesherrn allein sollte das Recht zustehen, zwischen guten und schlechten Bürgern den Unterschied zu bezeichnen. Sehr notwendig war ein solcher Erlaß, denn bei der augenblicklichen Auflösung, die der Stillstand vor einigen Tagen verursachte, drangen die kühnsten Ausgewanderten in die Stadt und veranlaßten selbst die Plünderung der Klubistenhäuser, indem sie die hereinziehenden Belagerungssoldaten anführten und aufregten. Jene Verordnung war mit den mildesten Ausdrücken gefaßt, um, wie billig, den gerechten Zorn der grenzenlos beleidigten Menschen zu schonen.

Wie schwer ist es, eine bewegte Menge wieder zur Ruhe zu bringen! Auch noch in unserer Gegenwart geschahen solche Unregelmäßigkeiten. Der Soldat ging in einen Laden, verlangte Tabak, und indem man ihn abwog, bemächtigte er sich des Ganzen. Auf das Zetergeschrei der Bürger legten sich unsere Offiziere ins Mittel, und so kam man über eine Stunde, über einen Tag der Unordnung und Verwirrung hinweg.

Auf unseren Wanderungen fanden wir eine alte Frau an der Türe eines niedrigen, fast in die Erde gegrabenen Häuschens. Wir verwunderten uns, daß sie schon wieder zurückgekehrt, worauf wir vernahmen, daß sie gar nicht ausgewandert, ob man ihr gleich zugemutet, die Stadt zu verlassen. „Auch zu mir", sagte sie, „sind die Hanswürste gekommen mit ihren bunten Schärpen, haben mir befohlen und gedroht; ich habe ihnen aber tüchtig die Wahrheit gesagt: ‚Gott wird mich arme Frau in dieser meiner Hütte lebendig und in Ehren erhalten, wenn ich euch schon längst in Schimpf und Schande sehen werde.' Ich hieß sie mit ihren Narreteien weiter gehen. Sie fürchteten, mein Geschrei möchte die Nachbarn aufregen, und ließen mich in Ruhe. Und so hab' ich die ganze Zeit teils im Keller, teils im Freien zugebracht, mich von wenigem genährt, und lebe noch Gott zu Ehren, jenen aber wird es schlecht ergehen."

Nun deutete sie uns auf ein Eckhaus gegenüber, um zu zeigen, wie nahe die Gefahr gewesen. Wir konnten in das untere Eckzimmer eines ansehnlichen Gebäudes hineinschauen, das war ein wunderlicher Anblick! Hier hatte seit langen Jahren eine alte Sammlung von Kuriositäten gestanden, Figuren von Porzellain und Bildstein, chinesische Tassen, Teller, Schüsseln und Gefäße; an Elfenbein und Bernstein mocht' es auch nicht gefehlt haben, so wie an anderem Schnitz- und Drechselwerk, aus Moos, Stroh und sonst zusammengesetzten Gemälden und was man sich in einer solchen Sammlung denken mag. Das alles war nur aus den Trümmern zu schließen: denn eine Bombe, durch alle Stockwerke durchschlagend, war in diesem Raume geplatzt; die gewaltsame Luftausdehnung, indem sie inwendig alles von der Stelle warf, schlug die Fenster herauswärts, mit ihnen die Drahtgitter, die sonst das Innere schirmten und nun zwischen den eisernen Stangengittern bauchartig herausgebogen erschienen. Die gute Frau versicherte, daß sie bei dieser Explosion selbst mit unterzugehen geglaubt habe.

Wir fanden unser Mittagsmahl an einer großen Wirtstafel; bei vielen Hin- und Widerreden schien uns das beste, zu schweigen. Wundersam genug fiel es aber auf, daß man von den gegenwärtigen Musikanten den Marseiller Marsch und das „Ça ira“ verlangte; alle Gäste schienen einzustimmen und erheitert.

Bei unserm folgenden Hin- und Herwandern wußten wir den Platz, wo die Favorite gestanden, kaum zu unterscheiden. Im August vorigen Jahrs erhub sich hier noch ein prächtiger Gartensaal, Terrassen, Orangerie, Springwerke machten diesen unmittelbar am Rhein liegenden Lustort höchst vergnüglich. Hier grünten die Alleen, in welchen, wie der Gärtner mir erzählte, sein gnädigster Kurfürst die höchsten Häupter mit allem Gefolge an unübersehbaren Tafeln bewirtet; und was der gute Mann nicht alles von damastnen Gedecken, Silberzeug und Geschirr zu erzählen hatte. Geknüpft an jene Erinnerung, machte die Gegenwart nur noch einen unerträglichern Eindruck.

Die benachbarte Kartause war ebenfalls wie verschwunden, denn man hatte die Steine dieser Gebäude sogleich zur bedeutenden Weißenauer Schanze vermauert. Das Nonnenklösterchen stand noch in frischen, kaum wieder herzustellenden Ruinen.

Die Freunde Gore und Krause begleitete ich auf die Zitadelle. Da stand nun Drusus’ Denkmal, ohngefähr noch ebenso, wie ich es als Knabe gezeichnet hatte, auch diesmal unerschüttert, so viel Feuerkugeln daran mochten vorbeigeflogen sein, ja daraufgeschlagen haben.

Herr Gore stellte seine tragbare dunkle Kammer auf dem Walle sogleich zurechte, in Absicht, eine Zeichnung der ganzen durch die Belagerung entstellten Stadt zu unternehmen, die auch von der Mitte, vom Dom aus, gewissenhaft und genau zustande kam, gegen die Seiten weniger vollendet, wie sie uns in seinen hinterlassenen, schön geordneten Blättern noch vor Augen liegt.

Endlich wendeten sich auch unsere Wege nach Kastel; auf der Rheinbrücke holte man noch frischen Atem wie vor alters und betrog sich einen Augenblick, als wenn jene Zeit wiederkommen könnte. An der Befestigung von Kastel hatte man während der Belagerung immerfort gemauert; wir fanden einen Trog frischen Kalks, Backsteine daneben und eine unfertige Stelle; man hatte nach ausgesprochenem Stillstand und Übergabe alles stehn und liegen lassen.

So merkwürdig aber als traurig anzusehen war der Verhau rings um die Kasteler Schanzen; man hatte dazu die Fülle der Obstbäume der dortigen Gegend verbraucht. Bei der Wurzel abgesägt, die äußersten zarten Zweige weggestutzt, schob man nun die stärkeren, regelmäßig gewachsenen Kronen ineinander und errichtete dadurch ein undurchdringliches letztes Bollwerk, es schienen zu gleicher Zeit gepflanzte Bäume, unter gleich günstigen Umständen erwachsen, nunmehr zu feindseligen Zwecken benutzt, dem Untergang überlassen.

Lange aber konnte man sich einem solchen Bedauern nicht hingeben, denn Wirt und Wirtin und jeder Einwohner, den man ansprach, schienen ihren eigenen Jammer zu vergessen, um sich in weitläufigere Erzählungen des grenzenlosen Elends herauszulassen, in welchem die zur Auswanderung genötigten Mainzer Bürger zwischen zwei Feinde, den innern und äußern, sich geklemmt sahen. Denn nicht der Krieg allein, sondern der durch Unsinn aufgelöste bürgerliche Zustand hatte ein solches Unglück bereitet und herbeigeführt.

Einigermaßen erholte sich unser Geist von alle dem Trübsal und Jammer, bei Erzählung mancher heroischen Tat der tüchtigen Stadtbürger. Erst sah man mit Schrecken das Bombardement als ein unvermeidliches Elend an, die zerstörende Gewalt der Feuerkugeln war zu groß, das anrückende Unglück so entschieden, daß niemand glaubte, entgegenwirken zu können; endlich aber, bekannter mit der Gefahr, entschloß man sich, ihr zu begegnen. Eine Bombe, die in ein Haus fiel, mit bereitem Wasser zu löschen, gab Gelegenheit zu kühnem Scherz; man erzählte Wunder von weiblichen Heldinnen dieser Art, welche sich und andre glücklich gerettet. Aber auch der Untergang von tüchtigen wackern Menschen war zu bedauern. Ein Apotheker und sein Sohn gingen über dieser Operation zugrunde.

Wenn man nun, das Unglück bedauernd, sich und andern Glück wünschte, das Ende der Leiden zu sehen, so verwunderte man sich zugleich, daß die Festung nicht länger gehalten worden. In dem Schiffe des Doms, dessen Gewölbe sich erhalten hatten, lag eine große Masse unangetasteter Mehlsäcke, man sprach von andern Vorräten und von unerschöpflichem Weine. Man hegte daher die Vermutung, daß die letzte Revolution in Paris, wodurch die Partei, wozu die Mainzer Kommissarien gehörten, sich zum Regiment aufgeschwungen, eigentlich die frühere Übergabe der Festung veranlaßt. Merlin von Thionville, Reubel und andere wünschten gegenwärtig zu sein, wo, nach überwundnen Gegnern, nichts mehr zu scheuen und unendlich zu gewinnen war. Erst mußte man sich inwendig festsetzen, an dieser Veränderung teilnehmen, sich zu bedeutenden Stellen erheben, großes Vermögen ergreifen, alsdann aber bei fortgesetzter äußerer Fehde auch da wieder mitwirken und, bei wahrscheinlich ferner zu hoffendem Kriegsglück, abermals ausziehen, die regen Volksgesinnungen über andere Länder auszubreiten, den Besitz von Mainz, ja von weit mehr wieder zu erringen trachten.

Für niemand war nun Bleibens mehr in dieser verwüsteten öden Umgebung. Der König mit den Garden zog zuerst, die Regimenter folgten. Weiteren Anteil an den Unbilden des Krieges zu nehmen, ward nicht mehr verlangt; ich erhielt Urlaub, nach Hause zurückzukehren, doch wollt' ich vorher noch Mannheim wieder besuchen.

Mein erster Gang war, Ihro Königlichen Hoheit dem Prinzen Louis Ferdinand aufzuwarten, den ich ganz wohlgemut auf seinem Sofa ausgestreckt fand, nicht völlig bequem, weil ihn die Wunde am Liegen eigentlich hinderte; wobei er auch die Begierde nicht verbergen konnte, baldmöglichst auf dem Kriegsschauplatz persönlich wieder aufzutreten.

Darauf begegnete mir im Gasthofe ein artiges Abenteuer. An der langen, sehr besetzten Wirtstafel saß ich an einem Ende, der Kämmerier des Königs, von Rietz, an dem andern, ein großer, wohlgebauter, starker, breitschultriger Mann; eine Gestalt, wie sie dem Leibdiener Friedrich Wilhelms gar wohl geziemte. Er mit seiner nächsten Umgebung waren sehr laut gewesen und standen frohen Mutes von Tafel auf; ich sah Herrn Rietz auf mich zukommen; er begrüßte mich zutraulich, freute sich meiner lang gewünschten, endlich gemachten Bekanntschaft, fügte einiges Schmeichelhafte hinzu und sagte sodann: ich müsse ihm verzeihen, er habe aber noch ein persönliches Interesse, mich hier zu finden und zu sehen. Man habe ihm bisher immer behauptet: schöne Geister und Leute von Genie müßten klein und hager, kränklich und vermüfft aussehen, wie man ihm denn dergleichen Beispiele genug angeführt. Das habe ihn immer verdrossen, denn er glaube doch auch nicht auf den Kopf gefallen zu sein, dabei aber gesund und stark und von tüchtigen Gliedmaßen; aber nun freue er sich, an mir einen Mann zu finden, der doch auch nach etwas aussehe, und den man deshalb nicht weniger für ein Genie gelten lasse. Er freue sich dessen und wünsche uns beiden lange Dauer eines solchen Behagens.

Ich erwiderte gleichfalls verbindliche Worte; er schüttelte mir die Hand, und ich konnte mich trösten, daß, wenn jener wohlgesinnte Obristlieutenant meine Gegenwart ablehnte, welcher wahrscheinlich auch eine vermüffte Person erwartet hatte, ich nunmehr, freilich in einer ganz entgegengesetzten Kategorie, zu Ehren kam.

In Heidelberg, bei der alten treuen Freundin Delph, begegnete ich meinem Schwager und Jugendfreund Schlosser. Wir besprachen gar manches, auch er mußte einen Vortrag meiner Farbenlehre aushalten. Ernst und freundlich nahm er sie auf, ob er gleich von der Denkweise, die er sich festgesetzt hatte, nicht loskommen konnte und vor allen Dingen darauf bestand, zu wissen: inwiefern sich meine Bearbeitung mit der Eulerischen Theorie vereinigen lasse, der er zugetan sei. Ich mußte leider bekennen, daß auf meinem Wege hiernach gar nicht gefragt werde, sondern nur, daß darum zu tun sei, unzählige Erfahrungen ins Enge zu bringen, sie zu ordnen, ihre Verwandtschaft, Stellung gegeneinander und nebeneinander aufzufinden, sich selbst und andern faßlich zu machen. Diese Art mochte ihm jedoch, da ich nur wenig Experimente vorzeigen konnte, nicht ganz deutlich werden.

Da nun hiebei die Schwierigkeit des Unternehmens sich hervortat, zeigt' ich ihm einen Aufsatz, den ich während der Belagerung geschrieben hatte, worin ich ausführte: wie eine Gesellschaft verschiedenartiger Männer zusammen arbeiten und jeder von seiner Seite mit eingreifen könnte, um ein so schwieriges und weitläufiges Unternehmen fördern zu helfen. Ich hatte den Philosophen, den Physiker, Mathematiker, Maler, Mechaniker, Färber und Gott weiß wen alles in Anspruch genommen; dies hörte er im allgemeinen ganz geduldig an, als ich ihm aber die Abhandlung im einzelnen vorlesen wollte, verbat er sich's und lachte mich aus: ich sei, meinte er, in meinen alten Tagen noch immer ein Kind und Neuling, daß ich mir einbilde, es werde jemand an demjenigen teilnehmen, wofür ich Interesse zeige, es werde jemand ein fremdes Verfahren billigen und es zu dem seinigen machen, es könne in Deutschland irgend eine gemeinsame Wirkung und Mitwirkung stattfinden!

Ebenso wie über diesen Gegenstand äußerte er sich über andere; freilich hatte er als Mensch, Geschäftsmann, Schriftsteller gar vieles erlebt und erlitten, daher denn sein ernster Charakter sich in sich selbst verschloß und jeder heitern, glücklichen, oft hülfreichen Täuschung mißmutig entsagte. Mir aber machte es den unangenehmsten Eindruck, daß ich, aus dem schrecklichsten Kriegszustand wieder ins ruhige Privatleben zurückkehrend, nicht einmal hoffen sollte auf eine friedliche Teilnahme an einem Unternehmen, das mich so sehr beschäftigte und das ich der ganzen Welt nützlich und interessant wähnte.

Dadurch regte sich abermals der alte Adam; leichtsinnige Behauptungen, paradoxe Sätze, ironisches Begegnen und was dergleichen mehr war, erzeugte bald Apprehension und Mißbehagen unter den Freunden: Schlosser verbat sich dergleichen sehr heftig, die Wirtin wußte nicht, was sie aus uns beiden machen sollte, und ihre Vermittlung bewirkte wenigstens, daß der Abschied zwar schneller als vorgesetzt, doch nicht übereilt erschien.

Von meinem Aufenthalt in Frankfurt wüßte ich wenig zu sagen, ebensowenig von meiner übrigen Rückreise; der Schluß des Jahrs, der Anfang des folgenden ließ nur Greueltaten einer verwilderten und zugleich siegberauschten Nation vernehmen. Aber auch mir stand ein ganz eigener Wechsel der gewohnten Lebensweise bevor. Der Herzog von Weimar trat nach geendigter Campagne aus preußischen

Diensten; das Wehklagen des Regiments war groß durch alle Stufen, sie verloren Anführer, Fürsten, Ratgeber, Wohltäter und Vater zugleich. Auch ich sollte von eng verbundenen trefflichen Männern auf einmal scheiden; es geschah nicht ohne Tränen der besten. Die Verehrung des einzigen Mannes und Führers hatte uns zusammengebracht und gehalten, und wir schienen uns selbst zu verlieren, als wir seiner Leitung und einem heiteren verständigen Umgang untereinander entsagen sollten. Die Gegend um Aschersleben, der nahe Harz, von dort aus so leicht zu bereisen, erschien für mich verloren, auch bin ich niemals wieder tief hineingedrungen.

Und so wollen wir schließen, um nicht in Betrachtung der Weltschicksale zu geraten, die uns noch zwölf Jahre bedrohten, bis wir von eben denselben Fluten uns überschwemmt, wo nicht verschlungen gesehen.

SANKT-ROCHUS-FEST ZU BINGEN

Am 16. August 1814

Zu des Rheins gestreckten Hügeln,
Hochgesegneten Gebreiten,
Auen, die den Fluß bespiegeln,
Weingeschmückten Landesweiten
Möget, mit Gedankenflügeln,
Ihr den treuen Freund begleiten.

Vertraute gesellige Freunde, welche schon wochenlang in Wiesbaden der heilsamen Kur genossen, empfanden eines Tages eine gewisse Unruhe, die sie durch Ausführung längst gehegter Vorsätze zu beschwichtigen suchten. Mittag war schon vorbei und doch ein Wagen augenblicklich bestellt, um den Weg ins angenehme Rheingau zu suchen. Auf der Höhe über Bieberich erschaute man das weite prächtige Flußtal mit allen Ansiedelungen innerhalb der fruchtbarsten Gauen. Doch war der Anblick nicht vollkommen so schön, als man ihn am frühen Morgen schon öfters genossen, wenn die aufgehende Sonne soviel weiß angestrichene Haupt- und Giebelseiten unzähliger Gebäude, größerer und kleinerer, am Flusse und auf den Höhen beleuchtete. In der weitesten Ferne glänzte dann vor allen das Kloster Johannisberg, einzelne Lichtpunkte lagen dies- und jenseits des Flusses ausgesät.

Damit wir aber sogleich erführen, daß wir uns in ein frommes Land bewegten, entgegnete uns vor Mosbach ein italienischer Gipsgießer, auf dem Haupte sein wohlbeladenes Brett gar kühnlich im Gleichgewichte schwenkend. Die darauf schwebenden Figuren aber waren nicht etwa, wie man sie nordwärts antrifft, farblose Götter- und Heldenbilder, sondern, der frohen und heitern Gegend gemäß, bunt angemalte Heilige. Die Mutter Gottes thronte über allen; aus den vierzehen Nothelfern waren die vorzüglichsten auserlesen; der heilige Rochus in schwarzer Pilgerkleidung stand voran, neben ihm sein brottragendes Hündlein.

Nun fuhren wir bis Schierstein durch breite Kornfelder, hie und da mit Nußbäumen geschmückt. Dann erstreckt sich das fruchtbare Land links an den Rhein, rechts an die Hügel, die sich nach und nach dem Wege näher ziehen. Schön und gefährlich erscheint die Lage von Walluf unter einem Rheinbusen wie auf einer Landzunge. Durch reich befruchtete, sorgfältig unterstützte Obstbäume hindurch sah man Schiffe segeln, lustig, doppelt begünstigt, stromabwärts.

Auf das jenseitige Ufer wird das Auge gezogen; wohlgebaute, große, von fruchtbaren Gauen umgebene Ortschaften zeigen sich; aber bald muß der Blick wieder herüber: in der Nähe steht eine Kapellenruine, die, auf grüner Matte, ihre mit Efeu begrünten Mauern wundersam reinlich, einfach und angenehm erhebt. Rechts nun schieben Rebhügel sich völlig an den Weg heran.

In dem Städtchen Walluf tiefer Friede, nur die Einquartierungskreide an den Haustüren noch nicht ausgelöscht. Weiterhin erscheint Weinbau zu beiden Seiten. Selbst auf flachem, wenig abhängigem Boden wechseln Rebstücke und Kornfelder, entferntere Hügel rechts ganz bedeckt von Rebgeländern.

Und so, in freier umhügelter, zuletzt nordwärts von Bergen umkränzter Fläche liegt Elfeld, gleichfalls nah am Rheine, gegenüber einer großen bebauten Aue. Die Türme einer alten Burg sowie der Kirche deuten schon auf eine größere Landstadt, die sich auch inwendig durch ältere, architektonisch verzierte Häuser und sonst auszeichnet.

Die Ursachen, warum die ersten Bewohner dieser Ortschaften sich an solchen Plätzen angesiedelt, auszumitteln, würde ein angenehmes Geschäft sein. Bald ist es ein Bach, der von der Höhe nach dem Rhein fließt, bald günstige Lage zum Landen und Ausladen, bald sonst irgend eine örtliche Bequemlichkeit.

Man sieht schöne Kinder und erwachsen wohlgebildete Menschen, alle haben ein ruhiges, keineswegs ein hastiges Ansehen. Lustfuhren und Lustwandler begegneten uns fleißig, letztere öfters mit Sonnenschirmen. Die Tageshitze war groß, die Trockenheit allgemein, der Staub höchst beschwerlich.

Unter Elfeld liegt ein neues, prächtiges, von Kunstgärten umgebenes Landhaus. Noch sieht man Fruchtbau auf der Fläche links, aber der Weinbau vermehrt sich. Orte drängen sich, Höfe fügen sich dazwischen, so daß sie, hintereinander gesehen, sich zu berühren scheinen.

Alles dieses Pflanzenleben der Flächen und Hügel gedeiht in einem Kiesboden, der, mehr oder weniger mit Leimen gemischt, den in die Tiefe wurzelnden Weinstock vorzüglich begünstigt. Die Gruben, die man zu Überschüttung der Heerstraße ausgegraben, zeigen auch nichts anders.

Erbach ist, wie die übrigen Orte, reinlich gepflastert, die Straßen trocken, die Erdgeschosse bewohnt und, wie man durch die offenen Fenster sehen kann, reinlich eingerichtet. Abermals folgt ein palastähnliches Gutsgebäude, die Gärten erreichen den Rhein, köstliche Terrassen und schattige Lindengänge durchschaut man mit Vergnügen.

Der Rhein nimmt hier einen andern Charakter an, es ist nur ein Teil desselben, die vorliegende Aue beschränkt ihn und bildet einen mäßigen, aber frisch und kräftig strömenden Fluß. Nun rücken die Rebhügel der rechten Seite ganz an den Weg heran, von starken Mauern getragen, in welchen eine vertiefte Blende die Aufmerksamkeit an sich zieht. Der Wagen hält still, man erquickt sich an einem reichlich quellenden Röhrwasser; dieses ist der Marktbrunnen, von welchem der auf der Hügelstrecke gewonnene Wein seinen Namen hat.

Die Mauer hört auf, die Hügel verflächen sich, ihre sanften Seiten und Rücken sind mit Weinstöcken überdrängt. Links Fruchtbäume. Nah am Fluß Weidichte, die ihn verstecken.

Durch Hattenheim steigt die Straße; auf der hinter dem Ort erreichten Höhe ist der Lehmenboden weniger kiesig. Von beiden Seiten Weinbau, links mit Mauern eingefaßt, rechts abgeböscht. Reichardtshausen, ehemaliges Klostergut, jetzt der Herzogin von Nassau gehörig. Die letzte Mauerecke durchbrochen, zeigt einen anmutig beschatteten Akaziensitz.

Reiche, sanfte Fläche auf der fortlaufenden Höhe, dann aber zieht sich die Straße wieder an den Fluß, der bisher tief und entfernt gelegen. Hier wird die Ebene zu Feld- und

Gartenbau benutzt, die mindeste Erhöhung zu Wein. Östreich, in einiger Entfernung vom Wasser auf ansteigendem Boden, liegt sehr anmutig: denn hinter dem Orte ziehen sich die Weinhügel bis an den Fluß, und so fort bis Mittelheim, wo sich der Rhein in herrlicher Breite zeigt. Langenwinkel folgt unmittelbar; den Beinamen des Langen verdient es, ein Ort bis zur Ungeduld der Durchfahrenden in die Länge gezogen, Winkelhaftes läßt sich dagegen nichts bemerken.

Vor Geisenheim erstreckt sich ein flaches, niederes Erdreich bis an den Strom, der es wohl noch jetzt bei hohem Wasser überschwemmt; es dient zu Garten- und Kleebau. Die Aue im Fluß, das Städtchen am Ufer ziehen sich schön gegeneinander; die Aussicht jenseits wird freier. Ein weites hüglichtes Tal bewegt sich zwischen zwei ansteigenden Höhen gegen den Hundsrück zu.

Wie man sich Rüdesheim nähert, wird die niedere Fläche links immer auffallender, und man faßt den Begriff, daß in der Urzeit, als das Gebirge bei Bingen noch verschlossen gewesen, das hier aufgehaltene, zurückgestauchte Wasser diese Niederung ausgeglichen, und endlich, nach und nach ablaufend und fortströmend, das jetzige Rheinbett daneben gebildet habe.

Und so gelangten wir in weniger als viertehalb Stunden nach Rüdesheim, wo uns der Gasthof zur Krone, ohnfern des Tores anmutig gelegen, sogleich anlockte.

Er ist an einen alten Turm angebaut und läßt aus den vordern Fenstern rheinabwärts, aus der Rückseite rheinaufwärts blicken; doch suchten wir bald das Freie. Ein vorspringender Steinbau ist der Platz, wo man die Gegend am reinsten überschaut. Flußaufwärts sieht man von hier die bewachsenen Auen in ihrer ganzen perspektivischen Schönheit. Unterwärts am gegenseitigen Ufer Bingen, weiter hinabwärts den Mäuseturm im Flusse.

Von Bingen heraufwärts erstreckt sich, nahe am Strom, ein Hügel gegen das obere flache Land. Er läßt sich als Vorgebirg in den alten höheren Wassern denken. An seinem östlichen Ende sieht man eine Kapelle, dem heiligen Rochus gewidmet, welche soeben vom Kriegsverderben wieder hergestellt wird. An einer Seite stehen noch die Rüststangen; dem ohngeachtet aber soll morgen das Fest gefeiert werden. Man glaubte, wir seien deshalb hergekommen, und verspricht uns viel Freude.

Und so vernahmen wir denn: daß während den Kriegszeiten, zu großer Betrübnis der Gegend, dieses Gotteshaus entweiht und verwüstet worden. Zwar nicht gerade aus Willkür und Mutwillen, sondern weil hier ein vorteilhafter Posten die ganze Gegend überschaute und einen Teil derselben beherrschte. Und so war das Gebäude denn aller gottesdienstlichen Erfordernisse, ja aller Zierden beraubt, durch Biwaks angeschmaucht und verunreinigt, ja durch Pferdestallung geschändet.

Deswegen aber sank der Glaube nicht an den Heiligen, welcher die Pest und ansteckende Krankheiten von Gelobenden abwendet. Freilich war an Wallfahrten hieher nicht zu denken; denn der Feind, argwöhnisch und vorsichtig, verbot alle fromme Auf- und Umzüge als gefährliche Zusammenkünfte, Gemeinsinn befördernd und Verschwörungen begünstigend. Seit vierundzwanzig Jahren konnte daher dort oben kein Fest gefeiert werden. Doch wurden benachbarte Gläubige, welche von den Vorteilen örtlicher Wallfahrt sich überzeugt fühlten, durch große Not gedrängt, das Äußerste zu versuchen. Hiervon erzählen die Rüdesheimer folgendes merkwürdige Beispiel. In tiefer Winternacht erblickten sie einen Fackelzug, der sich ganz unerwartet, von Bingen aus, den Hügel hinauf bewegte, endlich um die Kapelle versammelte, dort, wie man vermuten können, seine Andacht verrichtete. Inwiefern die damaligen französischen Behörden dem Drange dieser Gelobenden nachgesehen, da man sich ohne Vergünstigung dergleichen wohl kaum unterfangen hätte, ist niemals bekannt geworden, sondern das Geschehene blieb in tiefer Stille begraben.

Alle Rüdesheimer jedoch, die, ans Ufer laufend, von diesem Schauspiel Zeugen waren, versichern: seltsamer und schauderhafter in ihrem Leben nichts gesehen zu haben.

Wir gingen sachte den Strand hinab, und wer uns auch begegnete, freute sich über die Wiederherstellung der nachbarlichen heiligen Stätte: denn obgleich Bingen vorzüglich diese Erneuerung und Belebung wünschen muß, so ist es doch eine fromme und frohe Angelegenheit für die ganze Gegend, und deshalb eine allgemeine Freude auf morgen.

Denn der gehinderte, unterbrochene, ja oft aufgehobene Wechselverkehr der beiden Rheinufer, nur durch den Glauben an diesen Heiligen unterhalten, soll glänzend wieder hergestellt werden. Die ganze umliegende Gegend ist in Bewegung, alte und neue Gelübde dankbar abzutragen. Dort will man seine Sünde bekennen, Vergebung erhalten, in der Masse so vieler zu erwartenden Fremden längst vermißten Freunden wieder begegnen.

Unter solchen frommen und heitern Aussichten, wobei wir den Fluß und das jenseitige Ufer nicht aus dem Auge ließen, waren wir, das weit sich erstreckende Rüdesheim hinab, zu dem alten römischen Kastell gelangt, das, am Ende gelegen, durch treffliche Mauerung sich erhalten hat. Ein glücklicher Gedanke des Besitzers, des Herrn Grafen Ingelheim, bereitete hier jedem Fremden eine schnell belehrende und erfreuliche Übersicht.

Man tritt in einen brunnenartigen Hof, der Raum ist eng, hohe schwarze Mauern steigen wohlgefügt in die Höhe, rauh anzusehen, denn die Steine sind äußerlich unbehauen, eine kunstlose Rustika. Die steilen Wände sind durch neu angelegte Treppen ersteiglich; in dem Gebäude selbst findet man einen eigenen Kontrast wohleingerichteter Zimmer und großer, wüster, von Wachfeuern und Rauch geschwärzter Gewölbe. Man windet sich stufenweise durch finstere Mauerspalten hindurch und findet zuletzt, auf turmartigen Zinnen, die herrlichste Aussicht. Nun wandeln wir in der Luft hin und wider, indessen wir Gartenanlagen, in den alten Schutt gepflanzt, neben uns bewundern. Durch Brücken sind Türme, Mauerhöhen und Flächen zusammengehängt, heitere Gruppen von Blumen und Strauchwerk dazwischen; sie waren diesmal regenbedürftig, wie die ganze Gegend.

Nun, im klaren Abendlichte, lag Rüdesheim vor und unter uns. Eine Burg der mittlern Zeit, nicht fern von dieser uralten. Dann ist die Aussicht reizend über die unschätzbaren Weinberge; sanftere und steilere Kieshügel, ja Felsen und

Gemäuer sind zu Anpflanzung von Reben benutzt. Was aber auch sonst noch von geistlichen und weltlichen Gebäuden dem Auge begegnen mag, der Johannisberg herrscht über alles.

Nun mußte denn wohl, im Angesicht so vieler Rebhügel, des Eilfers in Ehren gedacht werden. Es ist mit diesem Weine wie mit dem Namen eines großen und wohltätigen Regenten: er wird jederzeit genannt, wenn auf etwas Vorzügliches im Lande die Rede kommt; ebenso ist auch ein gutes Weinjahr in aller Munde. Ferner hat denn auch der Eilfer die Haupteigenschaft des Trefflichen: er ist zugleich köstlich und reichlich.

In Dämmerung versank nach und nach die Gegend. Auch das Verschwinden so vieler bedeutender Einzelheiten ließ uns erst recht Wert und Würde des Ganzen fühlen, worin wir uns lieber verloren hätten; aber es mußte geschieden sein.

Unser Rückweg ward aufgemuntert durch fortwährendes Kanonieren von der Kapelle her. Dieser kriegerische Klang gab Gelegenheit an der Wirtstafel, des hohen Hügelpunktes als militärischen Postens zu gedenken. Man sieht von da das ganze Rheingau hinauf und unterscheidet die meisten Ortschaften, die wir auf dem Herwege genannt.

Zugleich machte man uns aufmerksam, daß wir, von der Höhe über Bieberich, schon die Rochuskapelle, als weißen Punkt von der Morgensonne beleuchtet, deutlich öfters müßten gesehen haben; dessen wir uns denn auch gar wohl erinnerten.

Bei allem diesem konnte es denn nicht fehlen, daß man den heiligen Rochus als einen würdigen Gegenstand der Verehrung betrachtete, da er, durch das gefesselte Zutrauen, diesen Hader- und Kriegsposten augenblicklich wieder zum Friedens- und Versöhnungsposten umgeschaffen.

Indessen hatte sich ein Fremder eingefunden und zu Tische gesetzt, den man auch als einen Wallfahrer betrachtete und deshalb sich um so unbefangener zum Lobe des Heiligen erging. Allein zu großer Verwunderung der wohlgesinnten Gesellschaft fand sich, daß er, obgleich Katholik, gewissermaßen ein Widersacher des Heiligen sei. Am sechzehnten August, als am Festtage, während so viele den heiligen Rochus feierten, brannte ihm das Haus ab. Ein anderes Jahr am selbigen Tage wurde sein Sohn blessiert; den dritten Fall wollte er nicht bekennen.

Ein kluger Gast versetzte darauf: bei einzelnen Fällen komme es hauptsächlich darauf an, daß man sich an den eigentlichen Heiligen wende, in dessen Fach die Angelegenheit gehöre. Der Feuersbrunst zu wehren, sei Sankt Florian beauftragt; den Wunden verschaffe Sankt Sebastian Heilung; was den dritten Punkt betreffe, so wisse man nicht, ob Sankt Hubertus vielleicht Hülfe geschafft hätte? Im übrigen sei den Gläubigen genugsamer Spielraum gegeben, da im ganzen vierzehn heilige Nothelfer aufgestellt worden. Man ging die Tugenden derselben durch und fand, daß es nicht Nothelfer genug geben könne.

Um dergleichen, selbst in heiterer Stimmung, immer bedenkliche Betrachtungen los zu werden, trat man heraus unter den brennend gestirnten Himmel, und verweilte so lange, daß der darauf folgende tiefe Schlaf als Null betrachtet werden konnte, da er uns vor Sonnenaufgang verließ. Wir treten sogleich heraus, nach den grauen Rheinschluchten hinab zu blicken; ein frischer Wind blies von dorther uns ins Angesicht, günstig den Herüber- wie den Hinüberfahrenden.

Schon jetzt sind die Schiffer sämtlich rege und beschäftigt, die Segel werden bereitet, man feuert von oben, den Tag anzufangen, wie man ihn abends angekündigt. Schon zeigen sich einzelne Figuren und Geselligkeiten als Schattenbilder am klaren Himmel um die Kapelle und auf dem Bergrücken, aber Strom und Ufer sind noch wenig belebt.

Leidenschaft zur Naturkunde reizt uns, eine Sammlung zu betrachten, wo die metallischen Erzeugnisse des Westerwaldes nach dessen Länge und Breite, auch vorzügliche Minern von Rheinbreitenbach vorliegen sollten. Aber diese wissenschaftliche Betrachtung wäre uns fast zum Schaden gediehen: denn als wir zum Ufer des Rheins zurückkehren, finden wir die Abfahrenden in lebhaftester Bewegung. Massenweise strömen sie an Bord, und ein überdrängtes Schiff nach dem andern stößt ab.

Drüben, am Ufer her, sieht man Scharen ziehen, Wagen

fahren, Schiffe aus den obern Gegenden landen daselbst. Den Berg aufwärts wimmelt's bunt von Menschen, auf mehr oder weniger gähen Fußpfaden, die Höhe zu ersteigen bemüht. Fortwährendes Kanonieren deutet auf eine Folge wallfahrender Ortschaften.

Nun ist es Zeit! Auch wir sind mitten auf dem Flusse, Segel und Ruder wetteifern mit Hunderten. Ausgestiegen bemerken wir sogleich, mit geologischer Vorliebe, am Fuße des Hügels wundersame Felsen. Der Naturforscher wird von dem heiligen Pfade zurückgehalten. Glücklicherweise ist ein Hammer bei der Hand. Da findet sich ein Konglomerat, der größten Aufmerksamkeit würdig. Ein im Augenblicke des Werdens zertrümmertes Quarzgestein, die Trümmer scharfkantig, durch Quarzmasse wieder verbunden. Ungeheure Festigkeit hindert uns, mehr als kleine Bröckchen zu gewinnen. — Möge bald ein reisender Naturforscher diese Felsen näher untersuchen, ihr Verhältnis zu den ältern Gebirgsmassen unterwärts bestimmen, mir davon gefälligst Nachricht, nebst einigen belehrenden Musterstücken, zukommen lassen! Dankbar würde ich es erkennen.

Den steilsten, zickzack über Felsen springenden Stieg erklommen wir mit Hundert und aber Hunderten, langsam, öfters rastend und scherzend. Es war die Tafel des Cebes im eigentlichsten Sinne, bewegt, lebendig; nur daß hier nicht soviel ableitende Nebenwege stattfanden.

Oben um die Kapelle finden wir Drang und Bewegung. Wir dringen mit hinein. Der innere Raum, ein beinahe gleiches Viereck, jede Seite von etwa dreißig Fuß, das Chor im Grunde vielleicht zwanzig. Hier steht der Hauptaltar, nicht modern, aber im wohlhäbigen katholischen Kirchengeschmack. Er steigt hoch in die Höhe, und die Kapelle überhaupt hat ein recht freies Ansehen. Auch in den nächsten Ecken des Hauptvierecks zwei ähnliche Altäre, nicht beschädigt, alles wie vorzeiten. Und wie erklärt man sich dies in einer jüngst zerstörten Kirche?

Die Menge bewegte sich von der Haupttür gegen den Hochaltar, wandte sich dann links, wo sie einer im Glassarge liegenden Reliquie große Verehrung bezeigte. Man betastete den Kasten, bestrich ihn, segnete sich und verweilte, so lange man konnte; aber einer verdrängte den andern, und so ward auch ich im Strome vorbei und zur Seitenpforte hinaus geschoben.

Ältere Männer von Bingen treten zu uns, den herzoglich nassauischen Beamten, unsern werten Geleitsmann, freundlich zu begrüßen; sie rühmen ihn als einen guten und hülfreichen Nachbar, ja, als den Mann, der ihnen möglich gemacht, das heutige Fest mit Anstand zu feiern. Nun erfahren wir, daß, nach aufgehobenem Kloster Eibingen, die inneren Kirchenerfordernisse, Altäre, Kanzel, Orgel, Bet- und Beichtstühle, an die Gemeine zu Bingen, zu völliger Einrichtung der Rochuskapelle, um ein Billiges überlassen worden. Da man sich nun von protestantischer Seite dergestalt förderlich erwiesen, gelobten sämtliche Bürger Bingens, gedachte Stücke persönlich herüber zu schaffen. Man zog nach Eibingen, alles ward sorgfältig abgenommen, der einzelne bemächtigte sich kleinerer, mehrere der größeren Teile, und so trugen sie, Ameisen gleich, Säulen und Gesimse, Bilder und Verzierungen herab an das Wasser; dort wurden sie, gleichfalls dem Gelübde gemäß, von Schiffern eingenommen, übergesetzt, am linken Ufer ausgeschifft und abermals auf frommen Schultern die mannigfaltigen Pfade hinaufgetragen. Da nun das alles zugleich geschah, so konnte man von der Kapelle herabschauend, über Land und Fluß, den wunderbarsten Zug sehen, indem Geschnitztes und Gemaltes, Vergoldetes und Lackiertes in bunter Folgereihe sich bewegte; dabei genoß man des angenehmen Gefühls, daß jeder, unter seiner Last und bei seiner Bemühung, Segen und Erbauung sein ganzes Leben hoffen durfte. Die auch herübergeschaffte, noch nicht aufgestellte Orgel wird nächstens auf einer Galerie, dem Hauptaltar gegenüber, Platz finden. Nun löste sich erst das Rätsel, man beantwortet sich die aufgeworfene Frage: wie es komme, daß alle diese Zierden schon verjährt und doch wohlerhalten, unbeschädigt und doch nicht neu in einem erst hergestellten Raum sich zeigen konnten.

Dieser jetzige Zustand des Gotteshauses muß uns um so erbaulicher sein, als wir dabei an den besten Willen, wechselseitige Beihülfe, planmäßige Ausführung und glückliche

Vollendung erinnert werden. Denn daß alles mit Überlegung geschehen, erhellt nicht weniger aus folgendem: Der Hauptaltar aus einer weit größeren Kirche sollte hier Platz finden, und man entschloß sich, die Mauern um mehrere Fuß zu erhöhen, wodurch man einen anständigen, ja reich verzierten Raum gewann. Der ältere Gläubige kann nun vor demselbigen Altar auf dem linken Rheinufer knien, vor welchem er, von Jugend an, auf dem rechten gebetet hatte.

Auch war die Verehrung jener heiligen Gebeine schon längst herkömmlich. Diese Überreste des heiligen Ruprechts, die man sonst zu Eibingen gläubig berührt und hülfreich gepriesen hatte, fand man hier wieder. Und so manchen belebt ein freudiges Gefühl, einem längst erprobten Gönner wieder in die Nähe zu treten. Hiebei bemerke man wohl, daß es sich nicht geziemt hätte, diese Heiligtümer in den Kauf mit einzuschließen, oder zu irgend einem Preis anzuschlagen; nein, sie kamen vielmehr durch Schenkung, als fromme Zugabe, gleichfalls nach Sankt Rochus. Möchte man doch überall, in ähnlichen Fällen, mit gleicher Schonung verfahren sein!

Und nun ergreift uns das Gewühl! Tausend und aber tausend Gestalten streiten sich um unsere Aufmerksamkeit. Diese Völkerschaften sind an Kleidertracht nicht auffallend verschieden, aber von der mannigfaltigsten Gesichtsbildung. Das Getümmel jedoch läßt keine Vergleichung aufkommen; allgemeine Kennzeichen suchte man vergebens in dieser augenblicklichen Verworrenheit, man verliert den Faden der Betrachtung, man läßt sich ins Leben hinein ziehen.

Eine Reihe von Buden, wie ein Kirchweihfest sie fordert, stehen ohnfern der Kapelle. Voran geordnet sieht man Kerzen, gelbe, weiße, gemalte, dem verschiedenen Vermögen der Weihenden angemessen. Gebetbücher folgen, Offizium zu Ehren des Gefeierten. Vergebens fragten wir nach einem erfreulichen Hefte, wodurch uns sein Leben, Leisten und Leiden klar würde; Rosenkränze jedoch aller Art fanden sich häufig. Sodann war aber auch für Wecken, Semmeln, Pfeffernüsse und mancherlei Buttergebackenes gesorgt, nicht weniger für Spielsachen und Galanteriewaren, Kinder verschiedenen Alters anzulocken.

Prozessionen dauerten fort. Dörfer unterschieden sich von Dörfern, der Anblick hätte einem ruhigen Beobachter wohl Resultate verliehen. Im ganzen durfte man sagen: die Kinder schön, die Jugend nicht, die alten Gesichter sehr ausgearbeitet; mancher Greis befand sich darunter. Sie zogen mit Angesang und Antwort, Fahnen flatterten, Standarten schwankten, eine große und größere Kerze erhub sich Zug für Zug. Jede Gemeinde hatte ihre Mutter Gottes, von Kindern und Jungfrauen getragen, neu gekleidet, mit vielen rosenfarbenen, reichlichen, im Winde flatternden Schleifen geziert. Anmutig und einzig war ein Jesuskind, ein großes Kreuz haltend und das Marterinstrument freundlich anblickend. „Ach!" rief ein zartfühlender Zuschauer, „ist nicht jedes Kind, das fröhlich in die Welt hineinsieht, in demselben Falle!" Sie hatten es in neuen Goldstoff gekleidet, und es nahm sich, als Jugendfürstchen, gar hübsch und heiter aus.

Eine große Bewegung aber verkündet: nun komme die Hauptprozession von Bingen herauf. Man eilt den Hügelrücken hin, ihr entgegen. Und nun erstaunt man auf einmal über den schönen, herrlich veränderten Landschaftsblick in eine ganz neue Szene. Die Stadt, an sich wohl gebaut und erhalten, Gärten und Baumgruppen um sie her, am Ende eines wichtigen Tales, wo die Nahe herauskommt. Und nun der Rhein, der Mäuseturm, die Ehrenburg! Im Hintergrunde die ernsten und grauen Felswände, in die sich der mächtige Fluß eindrängt und verbirgt.

Die Prozession kommt bergauf, gereiht und geordnet wie die übrigen. Vorweg die kleinsten Knaben, Jünglinge und Männer hinterdrein. Getragen der heilige Rochus, in schwarzsamtenem Pilgerkleide, dazu, von gleichem Stoff, einen langen goldverbrämten Königsmantel, unter welchem ein kleiner Hund, das Brot zwischen den Zähnen haltend, hervorschaut. Folgen sogleich mittlere Knaben in kurzen schwarzen Pilgerkutten, Muscheln auf Hut und Kragen, Stäbe in Händen. Dann treten ernste Männer heran, weder für Bauern noch Bürger zu halten. An ihren ausgearbeiteten

Gesichtern glaubt' ich Schiffer zu erkennen, Menschen, die ein gefährliches, bedenkliches Handwerk, wo jeder Augenblick sinnig beachtet werden muß, ihr ganzes Leben über sorgfältig betreiben.

Ein rotseidner Baldachin wankte herauf; unter ihm verehrte man das Hochwürdigste, vom Bischof getragen, von Geistlichwürdigen umgeben, von östreichischen Kriegern begleitet, gefolgt von zeitigen Autoritäten. So ward vorgeschritten, um dies politisch-religiöse Fest zu feiern, welches für ein Symbol gelten sollte des wiedergewonnenen linken Rheinufers sowie der Glaubensfreiheit an Wunder und Zeichen.

Sollte ich aber die allgemeinsten Eindrücke kürzlich aussprechen, die alle Prozessionen bei mir zurückließen, so würde ich sagen: Die Kinder waren sämtlich froh, wohlgemut und behäglich als bei einem neuen, wundersamen, heitern Ereignis. Die jungen Leute dagegen traten gleichgültig anher. Denn sie, in böser Zeit geborne, konnte das Fest an nichts erinnern, und wer sich des Guten nicht erinnert, hofft nicht. Die Alten aber waren alle gerührt, als von einem glücklichen, für sie unnütz zurückkehrenden Zeitalter. Hieraus ersehen wir, daß des Menschen Leben nur insofern etwas wert ist, als es eine Folge hat.

Nun aber ward von diesem edlen und vielfach-würdigen Vorschreiten der Betrachter unschicklich abgezogen und weggestört durch einen Lärm im Rücken, durch ein wunderliches, gemein-heftiges Geschrei. Auch hier wiederholte sich die Erfahrung, daß ernste, traurige, ja schreckliche Schicksale oft durch ein unversehenes, abgeschmacktes Ereignis, als von einem lächerlichen Zwischenspiel, unterbrochen werden.

An dem Hügel rückwärts entsteht ein seltsames Rufen, es sind nicht Töne des Haders, des Schreckens, der Wut, aber doch wild genug. Zwischen Gestein und Busch und Gestripp irrt eine aufgeregte, hin und wider laufende Menge, rufend: halt! — hier! — da! — dort! — nun! — hier! — nun heran! — so schallt es mit allerlei Tönen; Hunderte beschäftigen sich laufend, springend mit hastigem Ungetüm, als jagend und verfolgend. Doch gerade in dem Augenblick, als der Bischof mit dem hochehrwürdigen Zug die Höhe erreicht, wird das Rätsel gelöst.

Ein flinker, derber Bursche läuft hervor, einen blutenden Dachs behaglich vorzuweisen. Das arme schuldlose Tier, durch die Bewegung der andringenden frommen Menge aufgeschreckt, abgeschnitten von seinem Bau, wird, am schonungsreichsten Feste, von den immer unbarmherzigen Menschen im segenvollsten Augenblicke getötet.

Gleichgewicht und Ernst war jedoch alsobald wieder hergestellt und die Aufmerksamkeit auf eine neue, staatlich heranziehende Prozession gelockt. Denn indem der Bischof nach der Kirche zuwallte, trat die Gemeinde von Bidenheim, so zahlreich als anständig, heran. Auch hier mißlang der Versuch, den Charakter dieser einzelnen Ortschaft zu erforschen. Wir, durch so viel Verwirrendes verwirrt, ließen sie in die immer wachsende Verwirrung ruhig dahinziehen.

Alles drängte sich nun gegen die Kapelle und strebte zu derselben hinein. Wir, durch die Wege seitwärts geschoben, verweilten im Freien, um an der Rückseite des Hügels der weiten Aussicht zu genießen, die sich in das Tal eröffnet, in welchem die Nahe ungesehen heranschleicht. Hier beherrscht ein gesundes Auge die mannigfaltigste, fruchtbarste Gegend, bis zu dem Fuße des Donnersbergs, dessen mächtiger Rücken den Hintergrund majestätisch abschließt.

Nun wurden wir aber sogleich gewahr, daß wir uns dem Lebensgenusse näherten. Gezelte, Buden, Bänke, Schirme aller Art standen hier aufgereiht. Ein willkommener Geruch gebratenen Fettes drang uns entgegen. Beschäftigt fanden wir eine junge tätige Wirtin, umgehend einen glühenden, weiten Aschenhaufen, frische Würste — sie war eine Metzgerstochter — zu braten. Durch eigenes Handreichen und vieler flinker Diener unablässige Bemühung wußte sie einer solchen Masse von zuströmenden Gästen genugzutun.

Auch wir, mit fetter, dampfender Speise nebst frischem, trefflichen Brot reichlich versehen, bemühten uns, Platz an einem geschirmten langen, schon besetzten Tische zu nehmen. Freundliche Leute rückten zusammen, und wir erfreuten uns angenehmer Nachbarschaft, ja liebenswürdiger Gesellschaft, die von dem Ufer der Nahe zu dem erneuten

Fest gekommen war. Muntere Kinder tranken Wein wie die Alten. Braune Krüglein, mit weißem Namenszug des Heiligen, rundeten im Familienkreise. Auch wir hatten dergleichen angeschafft und setzten sie wohlgefüllt vor uns nieder.

Da ergab sich nun der große Vorteil solcher Volksversammlung, wenn, durch irgend ein höheres Interesse, aus einem großen, weitschichtigen Kreise so viele einzelne Strahlen nach einem Mittelpunkt gezogen werden.

Hier unterrichtet man sich auf einmal von mehreren Provinzen. Schnell entdeckte der Mineralog Personen, welche, bekannt mit der Gebirgsart von Oberstein, den Achaten daselbst und ihrer Bearbeitung, dem Naturfreunde belehrende Unterhaltung gaben. Der Quecksilberminern zu Muschel-Landsberg erwähnte man gleichfalls. Neue Kenntnisse taten sich auf, und man faßte Hoffnung, schönes kristallisiertes Amalgam von dorther zu erhalten.

Der Genuß des Weins war durch solche Gespräche nicht unterbrochen. Wir sendeten unsere leeren Gefäße zu dem Schenken, der uns ersuchen ließ, Geduld zu haben, bis die vierte Ohm angesteckt sei. Die dritte war in der frühen Morgenstunde schon verzapft.

Niemand schämt sich der Weinlust, sie rühmen sich einigermaßen des Trinkens. Hübsche Frauen gestehen, daß ihre Kinder mit der Mutterbrust zugleich Wein genießen. Wir fragten, ob denn wahr sei, daß es geistlichen Herren, ja Kurfürsten geglückt, acht rheinische Maß, das heißt sechzehn unsrer Bouteillen, in vierundzwanzig Stunden zu sich zu nehmen?

Ein scheinbar ernsthafter Gast bemerkte: man dürfe sich, zu Beantwortung dieser Frage, nur der Fastenpredigt ihres Weihbischofs erinnern, welcher, nachdem er das schreckliche Laster der Trunkenheit seiner Gemeinde mit den stärksten Farben dargestellt, also geschlossen habe:

„Ihr überzeugt euch also hieraus, andächtige, zu Reu und Buße schon begnadigte Zuhörer, daß derjenige die größte Sünde begehe, welcher die herrlichen Gaben Gottes solcherweise mißbraucht. Der Mißbrauch aber schließt den Gebrauch nicht aus. Stehet doch geschrieben: der Wein erfreuet des Menschen Herz! Daraus erhellet, daß wir, uns und andere zu erfreuen, des Weines gar wohl genießen können und sollen. Nun ist aber unter meinen männlichen Zuhörern vielleicht keiner, der nicht zwei Maß Wein zu sich nähme, ohne deshalb gerade einige Verwirrung seiner Sinne zu spüren; wer jedoch bei dem dritten oder vierten Maß schon so arg in Vergessenheit seiner selbst gerät, daß er Frau und Kinder verkennt, sie mit Schelten, Schlägen und Fußtritten verletzt und seine Geliebtesten als die ärgsten Feinde behandelt, der gehe sogleich in sich und unterlasse ein solches Übermaß, welches ihn mißfällig macht Gott und Menschen, und seinesgleichen verächtlich.

Wer aber bei dem Genuß von vier Maß, ja von fünfen und sechsen, noch dergestalt sich selbst gleich bleibt, daß er seinem Nebenchristen liebevoll unter die Arme greifen mag, dem Hauswesen vorstehen kann, ja die Befehle geistlicher und weltlicher Obern auszurichten sich imstande findet, auch der genieße sein bescheiden Teil, und nehme es mit Dank dahin. Er hüte sich aber, ohne besondere Prüfung weiter zu gehen, weil hier gewöhnlich dem schwachen Menschen ein Ziel gesetzt ward. Denn der Fall ist äußerst selten, daß der grundgütige Gott jemanden die besondere Gnade verleiht, acht Maß trinken zu dürfen, wie er mich, seinen Knecht, gewürdigt hat. Da mir nun aber nicht nachgesagt werden kann, daß ich in ungerechtem Zorn auf irgend jemand losgefahren sei, daß ich Hausgenossen und Anverwandte mißkannt, oder wohl gar die mir obliegenden geistlichen Pflichten und Geschäfte verabsäumt hätte, vielmehr ihr alle mir das Zeugnis geben werdet, wie ich immer bereit bin, zu Lob und Ehre Gottes, auch zu Nutz und Vorteil meines Nächsten mich tätig finden zu lassen: so darf ich wohl mit gutem Gewissen und mit Dank dieser anvertrauten Gabe mich auch fernerhin erfreuen.

Und ihr, meine andächtigen Zuhörer, nehme ein jeder, damit er nach dem Willen des Gebers am Leibe erquickt, am Geiste erfreut werde, sein bescheiden Teil dahin. Und auf daß ein solches geschehe, alles Übermaß dagegen verbannt sei, handelt sämtlich nach der Vorschrift des heiligen Apostels, welcher spricht: Prüfet alles und das Beste behaltet."

Und so konnte es denn nicht fehlen, daß der Hauptgegenstand alles Gesprächs der Wein blieb, wie er es gewesen. Da erhebt sich denn sogleich ein Streit über den Vorzug der verschiedenen Gewächse, und hier ist erfreulich zu sehen, daß die Magnaten unter sich keinen Rangstreit haben. Hochheimer, Johannisberger, Rüdesheimer lassen einander gelten, nur unter den Göttern mindern Ranges herrscht Eifersucht und Neid. Hier ist denn besonders der sehr beliebte Aßmannshäuser Rote vielen Anfechtungen unterworfen. Einen Weinbergsbesitzer von Oberingelheim hört' ich behaupten: der ihrige gebe jenem wenig nach. Der Eilfer solle köstlich gewesen sein, davon sich jedoch kein Beweis führen lasse, weil er schon ausgetrunken sei. Dies wurde von den Beisitzenden gar sehr gebilligt, weil man rote Weine gleich in den ersten Jahren genießen müsse.

Nun rühmte dagegen die Gesellschaft von der Nahe einen in ihrer Gegend wachsenden Wein, der Monzinger genannt. Er soll sich leicht und angenehm wegtrinken, aber doch, ehe man sich's versieht, zu Kopfe steigen. Man lud uns darauf ein. Er war zu schön empfohlen, als daß wir nicht gewünscht hätten, in so guter Gesellschaft, und wäre es mit einiger Gefahr, ihn zu kosten und uns an ihm zu prüfen.

Auch unsere braunen Krüglein kamen wiederum gefüllt zurück, und als man die heiteren weißen Namenszüge des Heiligen überall so wohltätig beschäftigt sah, mußte man sich fast schämen, die Geschichte desselben nicht genau zu wissen, ob man gleich sich recht gut erinnerte, daß er, auf alles irdische Gut völlig verzichtend, bei Wartung von Pestkranken auch sein Leben nicht in Anschlag gebracht habe.

Nun erzählte die Gesellschaft, dem Wunsche gefällig, jene anmutige Legende, und zwar um die Wette, Kinder und Eltern sich einander einhelfend.

Hier lernte man das eigentliche Wesen der Sage kennen, wenn sie von Mund zu Mund, von Ohr zu Ohr wandelt. Widersprüche kamen nicht vor, aber unendliche Unterschiede, welche daher entspringen mochten, daß jedes Gemüt einen andern Anteil an der Begebenheit und den einzelnen Vorfällen genommen, wodurch denn ein Umstand bald zurückgesetzt, bald hervorgehoben, nicht weniger die verschiedenen Wanderungen, sowie der Aufenthalt des Heiligen an verschiedenen Orten verwechselt wurde.

Ein Versuch, die Geschichte, wie ich sie gehört, gesprächsweise aufzuzeichnen, wollte mir nicht gelingen; so mag sie uns auf die Art, wie sie gewöhnlich überliefert wird, hier eingeschaltet stehen.

Sankt Rochus, ein Bekenner des Glaubens, war aus Montpellier gebürtig, und hieß sein Vater Johann, die Mutter aber Libera, und zwar hatte dieser Johann nicht nur Montpellier, sondern auch noch andere Orte unter seiner Gewalt, war aber ein frommer Mann, und hatte lange Zeit ohne Kindersegen gelebt, bis er seinen Rochum von der heiligen Maria erbeten, und brachte das Kind ein rotes Kreuz auf der Brust mit auf die Welt. Wenn seine Eltern fasteten, mußte er auch fasten, und gab ihm seine Mutter an einem solchen Tag nur einmal ihre Brust zu trinken. Im fünften Jahre seines Alters fing er an, sehr wenig zu essen und zu trinken; im zwölften legte er allen Überfluß und Eitelkeit ab, und wendete sein Taschengeld an die Armen, denen er sonderlich viel Gutes tat. Er bezeigte sich auch fleißig im Studieren und erlangte bald großen Ruhm durch seine Geschicklichkeit, wie ihn dann auch noch sein Vater auf seinem Todbette durch eine bewegliche Rede, die er an ihn hielte, zu allem Guten ermahnte. Er war noch nicht zwanzig Jahre alt, als seine Eltern gestorben, da er denn alle sein ererbtes Vermögen unter die Armen austeilte, das Regiment über das Land niederlegte, nach Italien reiste, und zu einem Hospital kam, darinnen viele an ansteckende Krankheiten lagen, denen er aufwarten wollte; und ob man ihn gleich nicht alsobald hinein ließ, sondern ihm die Gefahr vorstellte, so hielte er doch ferner an, und als man ihn zu den Kranken ließ, machte er sie alle durch Berührung mit seiner rechten Hand und Bezeichnung mit dem heiligen Kreuz gesund. Sodann begab er sich ferner nach Rom, befreite auch allda nebst vielen andern einen Kardinal von der Pest und hielt sich in die drei Jahre bei demselben auf.

Als er aber selbsten endlich auch mit dem schrecklichen Übel befallen wurde, und man ihn in das Pesthaus zu den andern brachte, wo er, wegen grausamer Schmerzen, manchmal erschrecklich schreien mußte, ging er aus dem Hospital, und setzte sich außen vor die Türe hin, damit er den andern durch sein Geschrei nicht beschwerlich fiele; und als die Vorbeigehenden solches sahen, vermeinten sie, es wäre aus Unachtsamkeit der Pestwärter geschehen; als sie aber hernach das Gegenteil vernahmen, hielte ihn jedermann für töricht und unsinnig, und so trieben sie ihn zur Stadt hinaus, da er denn, unter Gottes Geleit, durch Hülfe seines Stabes allgemach in den nächsten Wald fortkroch. Als ihn aber der große Schmerz nicht weiter fortkommen ließ, legte er sich unter einen Ahornbaum und ruhete daselbst ein wenig, da denn neben ihm ein Brunnen entsprang, daraus er sich erquickte.

Nun lag nicht weit davon ein Landgut, wohin sich viele Vornehme aus der Stadt geflüchtet, darunter einer namens Gotthardus, welcher viele Knechte und Jagdhunde bei sich hatte. Da ereignet sich aber der sonderbare Umstand, daß ein sonst sehr wohlgezogener Jagdhund ein Brot vom Tische wegschnappt und davonläuft. Obgleich abgestraft, ersieht er seinen Vorteil den zweiten Tag wieder und entflieht glücklich mit der Beute. Da argwohnt der Graf irgend ein Geheimnis und folgt mit den Dienern.

Dort finden sie denn unter dem Baum den sterbenden frommen Pilger, der sie ersucht, sich zu entfernen, ihn zu verlassen, damit sie nicht von gleichem Übel angefallen würden. Gotthardus aber nahm sich vor, den Kranken nicht eher von sich zu lassen, als bis er genesen wäre, und versorgte ihn zum besten. Als nun Rochus wieder ein wenig zu Kräften kam, begab er sich vollends nach Florenz, heilte daselbst viele von der Pest, und wurde selbst durch eine Stimme vom Himmel völlig wieder hergestellt. Er beredte auch Gotthardum dahin, daß dieser sich entschloß, mit ihm seine Wohnung in dem Wald aufzuschlagen und Gott ohne Unterlaß zu dienen, welches auch Gotthardus versprach, wenn er nur bei ihm bleiben wollte, da sie sich denn eine geraume Zeit miteinander in einer alten Hütte aufhielten;

und nachdem endlich Rochus Gotthardum zu solchem Eremitenleben genugsam eingeweiht, machte er sich abermals auf den Weg, und kam nach einer beschwerlichen Reise glücklich wieder nach Hause, und zwar in seiner Stadt, die ihm ehemals zugehört, und die er seinem Vetter geschenkt hatte. Allda nun wurde er, weil es Kriegszeit war, für einen Kundschafter gehalten, und vor den Landsherrn geführt, der ihn wegen seiner großen Veränderung und armseligen Kleidung nicht mehr kannte, sondern in ein hart Gefängnis setzen ließ. Er aber dankte seinem Gott, daß er ihn allerlei Unglück erfahren ließ, und brachte fünf ganzer Jahre im Kerker zu; wollte es auch nicht einmal annehmen, wenn man ihm etwas Gekochtes zu essen brachte, sondern kreuzigte noch dazu seinen Leib mit Wachen und Fasten. Als er merkte, daß sein Ende nahe sei, bat er die Bedienten des Kerkermeisters, daß sie ihm einen Priester holen möchten. Nun war es eine sehr finstere Gruft, wo er lag; als aber der Priester kam, wurde es helle, darüber dieser sich höchlich verwunderte, auch, sobald er Rochum ansahe, etwas Göttliches an ihm erblickte, und vor Schrecken halbtot zur Erden fiel, auch sich sogleich zum Landesherrn begab, und ihm anzeigte, was er erfahren; und wie Gott wäre sehr beleidigt worden, indem man den frömmsten Menschen so lange Zeit in einem so beschwerlichen Gefängnis aufgehalten. Als dieses in der Stadt bekannt worden, lief jedermann häufig nach dem Turm, Sankt Rochus aber wurde von einer Schwachheit überfallen und gab seinen Geist auf. Jedermann aber sah, durch die Spalten der Türe, einen hellen Glanz hervordringen; man fand auch bei Eröffnung den Heiligen tot und ausgestreckt auf der Erde liegen und bei seinem Haupt und den Füßen Lampen brennen; darauf man ihn auf des Landesherrn Befehl mit großem Gepränge in die Kirche begrub. Er wurde auch noch an dem roten Kreuz, so er auf der Brust mit auf die Welt gebracht hatte, erkannt, und war ein großes Heulen und Lamentieren darüber entstanden.

Solches geschahe im Jahre 1327 den 16. August; und ist ihm auch nach der Zeit zu Venedig, allwo nunmehr sein Leib verwahret wird, eine Kirche zu Ehren gebaut worden.

Als nun im Jahre 1414 zu Konstanz ein Konzilium gehalten wurde, und die Pest allda entstand, auch nirgend Hülfe vorhanden war, ließ die Pest alsobald nach, sobald man diesen Heiligen anrief und ihm zu Ehren Prozessionen anstellte.

Diese friedliche Geschichte ruhig zu vernehmen, war kaum der Ort. Denn in der Tischreihe stritten mehrere schon längst über die Zahl der heute Wallfahrenden und Besuchenden. Nach einiger Meinung sollten zehntausend, nach anderen mehr, und dann noch mehr auf diesem Hügelrücken durcheinander wimmeln. Ein österreichischer Offizier, militärischem Blick vertrauend, bekannte sich zu dem höchsten Gebote.

Noch mehrere Gespräche kreuzten sich. Verschiedene Bauernregeln und sprüchwörtliche Wetterprophezeiungen, welche dies Jahr eingetroffen sein sollten, verzeichnete ich ins Taschenbuch, und als man Teilnahme bemerkte, besann man sich auf mehrere, die denn auch hier Platz finden mögen, weil sie auf Landesart und auf die wichtigsten Angelegenheiten der Bewohner hindeuten.

„Trockner April ist nicht der Bauern Will'. — Wenn die Grasmücke singt, ehe der Weinstock sproßt, so verkündet es ein gutes Jahr. — Viel Sonnenschein im August bringt guten Wein. — Je näher das Christfest dem neuen Monde zu fällt, ein desto härteres Jahr soll hernach folgen; so es aber gegen den vollen und abnehmenden Mond kommt, je gelinder es sein soll. — Die Fischer haben von der Hechtsleber dieses Merkmal, welches genau eintreffen soll: wenn dieselbe gegen dem Gallenbläschen zu breit, der vordere Teil aber spitzig und schmal ist, so bedeutet es einen langen und harten Winter. — Wenn die Milchstraße im Dezember schön weiß und hell scheint, so bedeutet es ein gutes Jahr. — Wenn die Zeit von Weihnachten bis Drei König neblicht und dunkel ist, sollen das Jahr darauf Krankheiten folgen. — Wenn in der Christnacht die Weine in den Fässern sich bewegen, daß sie übergehen, so hofft man auf ein gutes Weinjahr. — Wenn die Rohrdommel zeitig gehört wird, so hofft man eine gute Ernte. — Wenn die Bohnen übermäßig wachsen und die Eichbäume viel Frucht bringen, so gibt es wenig Getreide. — Wenn die Eulen und andere Vögel ungewöhnlich die Wälder verlassen und häufig den Dörfern und Städten zufliegen, so gibt es ein unfruchtbares Jahr. — Kühler Mai gibt guten Wein und vieles Heu. — Nicht zu kalt und nicht zu naß, füllt die Scheuer und das Faß. — Reife Erdbeeren um Pfingsten bedeuten einen guten Wein. — Wenn es in der Walpurgisnacht regnet, so hofft man ein gutes Jahr. — Ist das Brustbein von einer gebratenen Martinsgans braun, so bedeutet es Kälte; ist es weiß, Schnee." —

Ein Bergbewohner, welcher diese vielen, auf reiche Fruchtbarkeit hinzielenden Sprüche, wo nicht mit Neid, doch mit Ernst vernommen, wurde gefragt: ob auch bei ihnen dergleichen gäng und gäbe wäre? Er versetzte darauf: mit soviel Abwechselung könne er nicht dienen, Rätselrede und Segen sei bei ihnen nur einfach und heiße:

Morgens rund,
Mittag gestampft,
Abends in Scheiben;
Dabei soll's bleiben,
Es ist gesund.

Man freute sich über diese glückliche Genügsamkeit und versicherte, daß es Zeiten gäbe, wo man zufrieden sei, es ebenso gut zu haben.

Indessen steht manche Gesellschaft gleichgültig auf, den fast unübersehbaren Tisch verlassend, andere grüßen und werden gegrüßt, so verliert sich die Menge nach und nach. Nur die zunächst Sitzenden, wenige wünschenswerte Gäste, zaudern, man verläßt sich ungern, ja man kehrt einigemal gegeneinander zurück, das angenehme Weh eines solchen Abschieds zu genießen, und verspricht endlich, zu einiger Beruhigung, unmögliches Wiedersehen.

Außer den Zelten und Buden, empfindet man leider in der hohen Sonne sogleich den Mangel an Schatten, welchen jedoch eine große neue Anpflanzung junger Nußbäume auf dem Hügelrücken künftigen Urenkeln verspricht. Möge jeder Wallfahrende die zarten Bäume schonen, eine löbliche Bürgerschaft von Bingen diese Anlage schirmen, durch eifriges Nachpflanzen und sorgfältiges Hegen ihr, zu Nutz und Freude so vieler Tausende, nach und nach in die Höhe helfen.

Eine neue Bewegung deutet auf neues Ereignis; man eilt zur Predigt, alles Volk drängt sich nach der Ostseite. Dort ist das Gebäude noch nicht vollendet, hier stehen noch Rüststangen, schon während des Baues dient man Gott. Ebenso war es, als in Wüsteneien von frommen Einsiedlern mit eigenen Händen Kirchen und Klöster errichtet wurden. Jedes Behauen, jedes Niederlegen eines Steins war Gottesdienst. Kunstfreunde erinnern sich der bedeutenden Bilder von Lesueur, des heiligen Bruno Wandel und Wirkung darstellend. Also wiederholt sich alles Bedeutende im großen Weltgange, der Achtsame bemerkt es überall.

Eine steinerne Kanzel, außen an der Kirchmauer auf Kragsteinen getragen, ist nur von innen zugänglich. Der Prediger tritt hervor, ein Geistlicher in den besten Jahren. Die Sonne steht hoch, daher ihm ein Knabe den Schirm überhält. Er spricht, mit klarer verständlicher Stimme, einen rein verständigen Vortrag. Wir glaubten seinen Sinn gefaßt zu haben und wiederholten die Rede manchmal mit Freunden. Doch ist es möglich, daß wir, bei solchen Überlieferungen, von dem Urtext abwichen und von dem unsrigen mit einwebten. Und so wird man im Nachstehenden einen milden, Tätigkeit fordernden Geist finden, wenn es auch nicht immer die kräftigen, ausführlichen Worte sein sollten, die wir damals vernahmen.

„Andächtige, geliebte Zuhörer! In großer Anzahl besteigt ihr, an dem heutigen Tage, diese Höhe, um ein Fest zu feiern, das seit vielen Jahren durch Schickung Gottes unterbrochen worden. Ihr kommt, das vor kurzem noch entehrt und verwüstet liegende Gotteshaus hergestellt, geschmückt und eingeweiht zu finden, dasselbe andächtig zu betreten und die dem Heiligen, der hier besonders verehrt wird, gewidmeten Gelübde dankbar abzutragen. Da mir nun die Pflicht zukommt, an euch bei dieser Gelegenheit ein erbauliches Wort zu sprechen, so möchte wohl nichts besser an der Stelle sein, als wenn wir zusammen beherzigen: wie ein solcher Mann, der zwar von frommen, aber doch sündigen

Eltern erzeugt worden, zur Gnade gelangt sei, vor Gottes Thron zu stehen, und für diejenigen, die sich im Gebet gläubig an ihn wenden, vorbittend, Befreiung von schrecklichen, ganze Völkerschaften dahinraffenden Übeln, ja vom Tode selbst erlangen könne?

Er ist dieser Gnade gewürdigt worden, so dürfen wir mit Zutrauen erwidern, gleich allen denen, die wir als Heilige verehren, weil er die vorzüglichste Eigenschaft besaß, die alles übrige Gute in sich schließt, eine unbedingte Ergebenheit in den Willen Gottes.

Denn obgleich kein sterblicher Mensch sich anmaßen dürfte, Gott gleich, oder demselben auch nur ähnlich zu werden, so bewirkt doch schon eine unbegrenzte Hingebung in seinen heiligen Willen die erste und sicherste Annäherung an das höchste Wesen.

Sehen wir doch ein Beispiel an Vätern und Müttern, die, mit vielen Kindern gesegnet, liebreiche Sorge für alle tragen. Zeichnet sich aber eins oder das andere darunter in Folgsamkeit und Gehorsam besonders aus, befolgt ohne Fragen und Zaudern die elterlichen Gebote, vollzieht es die Befehle stracklich und beträgt sich dergestalt, als lebte es nur in und für die Erzeuger; so erwirbt es sich große Vorrechte. Auf dessen Bitte und Vorbitte hören die Eltern und lassen oft Zorn und Unmut, durch freundliche Liebkosungen besänftigt, vorübergehen. Also denke man sich, menschlicherweise, das Verhältnis unsers Heiligen zu Gott, in welches er sich durch unbedingte Ergebung emporgeschwungen."

Wir Zuhörenden schauten indes zu dem reinen Gewölbe des Himmels hinauf; das klarste Blau war von leicht hinschwebenden Wolken belebt, wir standen auf hoher Stelle. Die Aussicht rheinaufwärts licht, deutlich, frei, den Prediger zur Linken über uns, die Zuhörer vor ihm und uns hinabwärts.

Der Raum, auf welchem die zahlreiche Gemeinde steht, ist eine große, unvollendete Terrasse, ungleich und hinterwärts abhängig. Künftig, mit baumeisterlichem Sinne, zweckmäßig herangemauert und eingerichtet, wäre das Ganze eine der schönsten Örtlichkeiten in der Welt. Kein Prediger, vor mehrern tausend Zuhörern sprechend, sah je eine so reiche Landschaft über ihren Häuptern. Nun stelle der Baumeister aber die Menge auf eine reine, gleiche, vielleicht hinterwärts wenig erhöhte Fläche, so sähen alle den Prediger und hörten bequem; diesmal aber, bei unvollendeter Anlage, standen sie abwärts, hintereinander, sich ineinander schickend, so gut sie konnten. Eine von oben überschaute wundersame, stillschwankende Woge. Der Platz, wo der Bischof der Predigt zuhörte, war nur durch den hervorragenden Baldachin bezeichnet, er selbst in der Menge verborgen und verschlungen. Auch diesem würdigen obersten Geistlichen würde der einsichtige Baumeister einen angemessenen, ansehnlichen Platz anweisen und dadurch die Feier verherrlichen. Dieser Umblick, diese dem geübten Kunstauge abgenötigten Betrachtungen hinderten nicht, aufmerksam zu sein auf die Worte des würdigen Predigers, der zum zweiten Teile schritt, und etwa folgendermaßen zu sprechen fortfuhr:

„Eine solche Ergebung in den Willen Gottes, so hoch verdienstlich sie auch gepriesen werden kann, wäre jedoch nur unfruchtbar geblieben, wenn der fromme Jüngling nicht seinen Nächsten so wie sich selbst, ja mehr wie sich selbst geliebt hätte. Denn ob er gleich, vertrauensvoll auf die Fügungen Gottes, sein Vermögen den Armen verteilt, um als frommer Pilger das heilige Land zu erreichen, so ließ er sich doch von diesem preiswürdigen Entschlusse unterwegs ablenken. Die große Not, worin er seine Mitchristen findet, legt ihm die unerläßliche Pflicht auf, den gefährlichsten Kranken beizustehen, ohne an sich selbst zu denken. Er folgt seinem Beruf durch mehrere Städte, bis er endlich, selbst vom wütenden Übel ergriffen, seinen Nächsten weiter zu dienen außerstand gesetzt wird. Durch diese gefahrvolle Tätigkeit nun hat er sich dem göttlichen Wesen abermals genähert: denn wie Gott die Welt in so hohem Grade liebte, daß er zu ihrem Heil seinen einzigen Sohn gab, so opferte Sankt Rochus sich selbst seinen Mitmenschen."

Die Aufmerksamkeit auf jedes Wort war groß, die Zuhörer unübersehbar. Alle einzeln herangekommene Wallfahrer und alle vereinigten Gemeindeprozessionen standen hier versammelt, nachdem sie vorher ihre Standarten und Fahnen an die Kirche zur linken Hand des Predigers angelehnt hatten, zu nicht geringer Zierde des Ortes. Erfreulich aber war nebenan in einem kleinen Höfchen, das gegen die Versammlung zu unvollendet sich öffnete, sämtlich herangetragene Bilder auf Gerüsten erhöht zu sehen, als die vornehmsten Zuhörer ihre Rechte behauptend.

Drei Muttergottesbilder, von verschiedener Größe, standen neu und frisch im Sonnenscheine, die langen rosenfarbenen Schleifenbänder flatterten munter und lustig im lebhaftesten Zugwinde. Das Christuskind in Goldstoff blieb immer freundlich. Der heilige Rochus, auch mehr als einmal, schaute seinem eigenen Feste geruhig zu, die Gestalt im schwarzen Samtkleide wie billig obenan.

Der Prediger wandte sich nun zum dritten Teil und ließ sich ohngefähr also vernehmen:

„Aber auch diese wichtige und schwere Handlung wäre von keinen seligen Folgen gewesen, wenn Sankt Rochus, für so große Aufopferungen, einen irdischen Lohn erwartet hätte. Solchen gottseligen Taten kann nur Gott lohnen, und zwar in Ewigkeit. Die Spanne der Zeit ist zu kurz für grenzenlose Vergeltung. Und so hat auch der Ewige unsern heiligen Mann für alle Zeiten begnadigt und ihm die höchste Seligkeit gewährt: nämlich andern, wie er schon hienieden im Leben getan, auch von oben herab für und für hülfreich zu sein.

Wir dürfen daher in jedem Sinne ihn als ein Muster ansehn, an welchem wir die Stufen unsers geistlichen Wachstums abmessen. Habt ihr nun in traurigen Tagen euch an ihn gewendet und glückliche Erhörung erlebt durch göttliche Huld, so beseitiget jetzt allen Übermut und anmaßliches Hochfahren; aber fragt euch demütig und wohlgemut: ‚Haben wir denn seine Eigenschaften vor Augen gehabt? haben wir uns beeifert ihm nachzustreben?

Ergaben wir uns, zur schrecklichsten Zeit, unter kaum erträglichen Lasten in den Willen Gottes? Unterdrückten wir ein aufkeimendes Murren? Lebten wir einer getrosten

Hoffnung, um zu verdienen, daß sie uns nun, so unerwartet als gnädig, gewährt sei? Haben wir in den gräßlichsten Tagen pestartig wütender Krankheiten nicht nur gebetet und um Rettung gefleht? Haben wir den Unsrigen, näher oder entfernteren Verwandten und Bekannten, ja Fremden und Widersachern in dieser Not beigestanden, um Gottes und des Heiligen willen unser Leben dran gewagt?'

Könnt ihr nun diese Fragen im stillen Herzen mit Ja beantworten, wie gewiß die meisten unter euch redlich vermögen, so bringt ihr ein löbliches Zeugnis mit nach Hause.

Dürft ihr sodann, wie ich nicht zweifle, noch hinzufügen: wir haben bei allem diesem an keinen irdischen Vorteil gedacht, sondern wir begnügten uns an der gottgefälligen Tat selbst, so könnt ihr euch um desto mehr erfreuen, keine Fehlbitte getan zu haben und ähnlicher geworden zu sein dem Fürbittenden.

Wachset und nehmet zu an diesen geistlichen Eigenschaften, auch in guten Tagen, damit ihr zu schlimmer Zeit, wie sie oft unversehens hereinbricht, zu Gott, durch seinen Heiligen, Gebet und Gelübde wenden dürfet.

Und so betrachtet auch künftig die wiederholten Wallfahrten hieher als erneute Erinnerungen, daß ihr dem Höchsten kein größeres Dankopfer darbringen könnt als ein Herz gebessert und an geistlichen Gaben bereichert."

Die Predigt endigte gewiß für alle heilsam; denn jeder hat die deutlichen Worte vernommen, und jeder die verständigen praktischen Lehren beherzigt.

Nun kehrt der Bischof zur Kirche zurück; was drinnen vorgegangen, blieb uns verborgen. Den Widerhall des Te Deum vernahmen wir von außen. Das Ein- und Ausströmen der Menge war höchst bewegt, das Fest neigte sich zu seiner Auflösung. Die Prozessionen reihten sich, um abzuziehen; die Bidenheimer, als zuletzt angekommen, entfernte sich zuerst. Wir sehnten uns aus dem Wirrwarr und zogen deshalb mit der ruhigen und ernsten Binger Prozession hinab. Auch auf diesem Wege bemerkten wir Spuren der Kriegs-Wehetage. Die Stationen des Leidensganges unsers

Herrn waren vermutlich zerstört. Bei Erneuerung dieser könnte frommer Geist und redlicher Kunstsinn mitwirken, daß jeder, er sei wer er wolle, diesen Weg mit teilnehmender Erbauung zurücklegte.

In dem herrlich gelegenen Bingen angelangt, fanden wir doch daselbst keine Ruhe; wir wünschten vielmehr nach so viel wunderbaren, göttlichen und menschlichen Ereignissen uns geschwind in das derbe Naturbad zu stürzen. Ein Kahn führte uns flußabwärts die Strömungen. Über den Rest des alten Felsendammes, den Zeit und Kunst besiegten, glitten wir hinab; der märchenhafte Turm, auf unverwüstlichem Quarzgestein gebaut, blieb uns zur Linken, die Ehrenburg rechts; bald aber kehrten wir für diesmal zurück, das Auge voll von jenen abschießenden graulichen Gebirgsschluchten, durch welche sich der Rhein seit ewigen Zeiten hindurcharbeitete.

So wie den ganzen Morgen, also auch auf diesem Rückwege, begleitete uns die hohe Sonne, obgleich aufsteigende vorüberziehende Wolken zu einem ersehnten Regen Hoffnung gaben; und wirklich strömte er endlich alles erquickend nieder und hielt lange genug an, daß wir auf unserer Rückreise die ganze Landesstrecke erfrischt fanden. Und so hatte der heilige Rochus, wahrscheinlich auf andere Nothelfer wirkend, seinen Segen auch außer seiner eigentlichen Obliegenheit reichlich erwiesen.

TAG- UND JAHRESHEFTE

ALS ERGÄNZUNG MEINER SONSTIGEN BEKENNTNISSE

Von 1749 bis 1764.

Bei zeitig erwachendem Talente, nach vorhandenen poetischen und prosaischen Mustern, mancherlei Eindrücke kindlich bearbeitet, meistens nachahmend, wie es gerade jedes Muster andeutete. Die Einbildungskraft wird mit heiteren Bildern beschäftigt, die sich selbstgefällig an Persönlichkeit und die nächsten Zustände anschlossen. Der Geist näherte sich der wirklichen, wahrhaften Natur durch Gelegenheitsgedichte; daher entstand ein gewisser Begriff von menschlichen Verhältnissen mit individueller Mannigfaltigkeit: denn besondere Fälle waren zu betrachten und zu behandeln. Vielschreiberei in mehreren Sprachen, durch frühzeitiges Diktieren begünstigt.

Von 1764 bis 1769.

Aufenthalt in Leipzig. Bedürfnis einer beschränkten Form zu besserer Beurteilung der eigenen Produktionen wird gefühlt; die griechisch-französische, besonders der Dramen, als anerkannt, ja gesetzlich, wird aufgenommen. Ernstere, unschuldige, aber schmerzliche Jugendempfindungen drängen sich auf, werden betrachtet und ausgesprochen, indessen der Jüngling mancherlei Verbrechen innerhalb des übertünchten Zustandes der bürgerlichen Gesellschaft gewahret. Von Arbeiten ersterer Art ist „Die Laune des Verliebten“ und einige Lieder, von der zweiten „Die Mitschuldigen“ übrig geblieben, denen man bei näherer Betrachtung ein fleißiges Studium der Molièrischen Welt nicht absprechen wird; daher aber auch das Fremdartige der Sitten, wodurch das Stück lange Zeit vom Theater ausgeschlossen blieb.

Von 1769 bis 1775.

Fernere Einsicht ins Leben. Ereignis, Leidenschaft, Genuß und Pein. Man fühlt die Notwendigkeit einer freiern Form und schlägt sich auf die englische Seite. So entstehen „Werther“, „Götz von Berlichingen“, „Egmont“. Bei einfacheren Gegenständen wendet man sich wieder zur beschränkteren Weise: „Clavigo“, „Stella“, „Erwin und Elmire“, „Claudine von Villa Bella“, beide letztere prosaischer Versuch mit Gesängen durchwebt. Hieher gehören die Lieder an Belinden und Lili, deren manche so wie verschiedene Gelegenheitsstücke, Episteln und sonstige gesellige Scherze verloren gegangen.

Inzwischen geschehen kühnere Griffe in die tiefere Menschheit; es entsteht ein leidenschaftlicher Widerwille gegen mißleitende, beschränkte Theorien; man widersetzt sich dem Anpreisen falscher Muster. Alles dieses, und was daraus folgt, war tief und wahr empfunden, oft aber einseitig und ungerecht ausgesprochen. Nachstehende Produktionen: „Faust“, die Puppenspiele, „Prolog zu Bahrdt“ sind in diesem Sinne zu beurteilen; sie liegen jedermann vor Augen. Dagegen waren die Fragmente des „Ewigen Juden“ und „Hanswursts Hochzeit“ nicht mitzuteilen. Letzteres erschien darum heiter genug, weil die sämtlichen deutschen Schimpfnamen in ihren Charakteren persönlich auftraten. Mehreres dieser frechen Art ist verloren gegangen; „Götter, Helden und Wieland“ erhalten.

Die Rezensionen in den „Frankfurter Gelehrten Anzeigen“ von 1772 und 1773 geben einen vollständigen Begriff von dem damaligen Zustand unserer Gesellschaft und Persönlichkeit. Ein unbedingtes Bestreben, alle Begrenzungen zu durchbrechen, ist bemerkbar.

Die erste Schweizerreise eröffnete mir mannigfaltigen Blick in die Welt; der Besuch in Weimar umschlang mich mit schönen Verhältnissen und drängte mich unversehens auf einen neuen glücklichen Lebensgang.

Bis 1780.

An allen vorgemeldeten, nach Weimar mitgebrachten, unvollendeten Arbeiten konnte man nicht fortfahren; denn da der Dichter durch Antizipation die Welt vorwegnimmt, so ist ihm die auf ihn losdringende, wirkliche Welt unbequem und störend; sie will ihm geben, was er schon hat, aber anders, das er sich zum zweiten Male zueignen muß.

Bei Gelegenheit eines Liebhabertheaters und festlicher Tage wurden gedichtet und aufgeführt: „Lila“, „Die Geschwister“, „Iphigenia“, „Proserpina“, letztere freventlich in den „Triumph der Empfindsamkeit“ eingeschaltet und ihre Wirkung vernichtet; wie denn überhaupt eine schale Sentimentalität überhandnehmend manche harte realistische Gegenwirkung veranlaßte. Viele kleine Ernst-, Scherz- und Spottgedichte, bei größeren und kleineren Festen, mit unmittelbarem Bezug auf Persönlichkeiten und das nächste Verhältnis, wurden von mir und andern, oft gemeinschaftlich hervorgebracht. Das meiste ging verloren; ein Teil, z. B. „Hans Sachs“, ist eingeschaltet oder sonst verwendet. Die Anfänge des „Wilhelm Meister“ wird man in dieser Epoche auch schon gewahr, obgleich nur kotyledonenartig: die fernere Entwickelung und Bildung zieht sich durch viele Jahre.

Dagegen wurde manche Zeit und Mühe auf den Vorsatz, das Leben Herzog Bernhards zu schreiben, vergebens aufgewendet. Nach vielfachem Sammeln und mehrmaligem Schematisieren ward zuletzt nur allzu klar, daß die Ereignisse des Helden kein Bild machen. In der jammervollen Iliade des Dreißigjährigen Krieges spielt er eine würdige Rolle, läßt sich aber von jener Gesellschaft nicht absondern. Einen Ausweg glaubte ich jedoch gefunden zu haben: ich wollte das Leben schreiben wie einen ersten Band, der einen zweiten notwendig macht, auf den auch schon vorbereitend gedeutet wird; überall sollten Verzahnungen stehen bleiben, damit jedermann bedaure, daß ein frühzeitiger Tod den Baumeister verhindert habe, sein Werk zu vollenden. Für mich war diese Bemühung nicht unfruchtbar; denn wie das Studium zu „Berlichingen“ und „Egmont“ mir tiefere Einsicht in das funfzehnte und sechzehnte Jahrhundert gewährte, so mußte mir diesmal die Verworrenheit des siebzehnten sich, mehr als sonst vielleicht geschehen wäre, entwickeln.

Ende 1779 fällt die zweite Schweizerreise. Aufmerksamkeit auf äußere Gegenstände, Anordnung und Leitung unserer geselligen Irrfahrt ließen wenig Produktivität aufkommen. Übriggeblieben ist davon als Denkmal: die „Wanderung von Genf auf den Gotthard"...

Bis 1786.

Die Anfänge „Wilhelm Meisters" hatten lange geruht. Sie entsprangen aus einem dunkeln Vorgefühl der großen Wahrheit: daß der Mensch oft etwas versuchen möchte, wozu ihm Anlage von der Natur versagt ist, unternehmen und ausüben möchte, wozu ihm Fertigkeit nicht werden kann; ein inneres Gefühl warnt ihn abzustehen, er kann aber mit sich nicht ins klare kommen und wird auf falschem Wege zu falschem Zwecke getrieben, ohne daß er weiß, wie es zugeht. Hiezu kann alles gerechnet werden, was man falsche Tendenz, Dilettantismus usw. genannt hat. Geht ihm hierüber von Zeit zu Zeit ein halbes Licht auf, so entsteht ein Gefühl, das an Verzweiflung grenzt, und doch läßt er sich wieder gelegentlich von der Welle, nur halb widerstrebend, fortreißen. Gar viele vergeuden hiedurch den schönsten Teil ihres Lebens und verfallen zuletzt in wundersamen Trübsinn. Und doch ist es möglich, daß alle die falschen Schritte zu einem unschätzbaren Guten hinführen: eine Ahnung, die sich im „Wilhelm Meister" immer mehr entfaltet, aufklärt und bestätigt, ja sich zuletzt mit klaren Worten ausspricht: „Du kommst mir vor wie Saul, der Sohn Kis, der ausging, seines Vaters Eselinnen zu suchen, und ein Königreich fand."...

„Die Vögel" und andere, verloren gegangene Festspiele für Ettersburg mögen hier noch genannt werden. Die zwei Akte von „Elpenor" wurden 1783 geschrieben. Zu Ende dieser Epoche reifte der Entschluß, meine sämtlichen Arbeiten bei Göschen herauszugeben. Die Redaktion der vier ersten Bände war Michael 1786 vollendet.

1787 bis 1788.

Die vier letzten Bände sollten sodann nur meistens angelegte und unvollendete Arbeiten enthalten; auf Herders

Anregung jedoch wird deren fernere Bearbeitung unternommen. Von Ausführung des einzelnen findet sich viel in den zwei Bänden der „Italienischen Reise“. „Iphigenie“ ward abgeschlossen noch vor der sizilianischen Fahrt. Als ich, bei meiner Rückkehr nach Rom, „Egmont“ bearbeitete, fiel mir auf, in den Zeitungen lesen zu müssen, daß in Brüssel die Szenen, die ich geschildert, sich fast wörtlich erneuerten, so daß auch hier die poetische Antizipation wieder in Betracht kam. In die eigentliche italienische Opernform und ihre Vorteile hatte ich mich, bei meinem Aufenthalte in dem musikalischen Lande, recht eingedacht und eingeübt; deshalb unternahm ich mit Vergnügen, „Claudine von Villa Bella“ metrisch zu bearbeiten, ingleichen „Erwin und Elmire“, und sie dem Komponisten zu freudiger Behandlung entgegenzuführen. Nach der Rückkehr aus Italien im Jahr 1788 wurde „Tasso“ erst abgeschlossen,

1789

aber die Ausgabe bei Göschen dem Publikum vollständig überliefert.

Kaum war ich in das weimarische Leben und die dortigen Verhältnisse, bezüglich auf Geschäfte, Studien und literarische Arbeiten, wieder eingerichtet, als sich die Französische Revolution entwickelte und die Aufmerksamkeit aller Welt auf sich zog. Schon im Jahr 1785 hatte die Halsbandgeschichte einen unaussprechlichen Eindruck auf mich gemacht. In dem unsittlichen Stadt-, Hof- und Staatsabgrunde, der sich hier eröffnete, erschienen mir die greulichsten Folgen gespensterhaft, deren Erscheinung ich geraume Zeit nicht los werden konnte; wobei ich mich so seltsam benahm, daß Freunde, unter denen ich mich eben auf dem Lande aufhielt, als die erste Nachricht hievon zu uns gelangte, mir nur spät, als die Revolution längst ausgebrochen war, gestanden, daß ich ihnen damals wie wahnsinnig vorgekommen sei. Ich verfolgte den Prozeß mit großer Aufmerksamkeit, bemühte mich in Sizilien um Nachrichten von Cagliostro und seiner Familie und verwandelte zuletzt, nach gewohnter Weise, um alle Betrachtungen loszuwerden, das ganze Ereignis unter dem Titel „Der Groß-Cophta“

in eine Oper, wozu der Gegenstand vielleicht besser als zu einem Schauspiele getaugt hätte...

Gleich nach meiner Rückkunft aus Italien machte mir eine andere Arbeit viel Vergnügen. Seit Sternes unnachahmliche „Sentimentale Reise" den Ton gegeben und Nachahmer geweckt, waren Reisebeschreibungen fast durchgängig den Gefühlen und Ansichten des Reisenden gewidmet. Ich dagegen hatte die Maxime ergriffen, mich soviel als möglich zu verleugnen und das Objekt so rein, als nur zu tun wäre, in mich aufzunehmen. Diesen Grundsatz befolgte ich getreulich, als ich dem römischen Karneval beiwohnte. Ausführlich ward ein Schema aller Vorkommenheiten aufgesetzt, auch fertigten gefällige Künstler charakteristische Maskenzeichnungen. Auf diese Vorarbeiten gründete ich meine Darstellung des „Römischen Karnevals", welche, gut aufgenommen, geistreiche Menschen veranlaßte, auf ihren Reisen gleichfalls das Eigentümlichste der Völkerschaften und Verhältnisse klar und rein auszudrücken; wovon ich nur den talentvollen, früh verschiedenen Friedrich Schulz nennen und seine Beschreibung eines polnischen Reichstags in Erinnerung bringen will.

1790.

Meine frühern Verhältnisse zur Universität Jena, wodurch wissenschaftliche Bemühungen angeregt und begünstigt worden, eilte ich sogleich wieder anzuknüpfen. Die dortigen Museen fernerhin, unter Mitwirkung vorzüglicher sachkundiger Männer, vermehrt aufzustellen, zu ordnen und zu erhalten, war eine so angenehme als lehrreiche Beschäftigung, und ich fühlte mich beim Betrachten der Natur, beim Studium einer weitumhergreifenden Wissenschaft für den Mangel an Kunstleben einigermaßen entschädigt. „Die Metamorphose der Pflanzen" ward als Herzenserleichterung geschrieben. Indem ich sie abdrucken ließ, hoffte ich ein Specimen pro loco den Wissenden darzulegen. Ein botanischer Garten ward vorbereitet.

Malerische Farbengebung war zu gleicher Zeit mein Augenmerk, und als ich auf die ersten physischen Elemente dieser Lehre zurückging, entdeckte ich zu meinem großen

Erstaunen: die Newtonische Hypothese sei falsch und nicht zu halten. Genaueres Untersuchen bestätigte mir nur meine Überzeugung, und so war mir abermals eine Entwickelungskrankheit eingeimpft, die auf Leben und Tätigkeit den größten Einfluß haben sollte.

Angenehme häuslich-gesellige Verhältnisse geben mir Mut und Stimmung, die „Römischen Elegien" auszuarbeiten und zu redigieren. Die „Venezianischen Epigramme" gewann ich unmittelbar darauf. Ein längerer Aufenthalt in der wunderbaren Wasserstadt, erst in Erwartung der von Rom zurückkehrenden Herzogin Amalia, sodann aber ein längeres Verweilen daselbst im Gefolge dieser alles um sich her, auswärts und zu Hause, belebenden Fürstin, brachten mir die größten Vorteile. Eine historische Übersicht der unschätzbaren Venezianischen Schule ward mir anschaulich, als ich erst allein, sodann aber mit den römischen Freunden, Heinrich Meyer und Bury, nach Anleitung des höchst schätzbaren Werkes: „Della pittura Veneziana 1771", von den damals noch unverrückten Kunstschätzen, insofern sie die Zeit verschont hatte, und wie man sie zu erhalten und herzustellen suchte, vollständige Kenntnis nahm...

Kaum nach Hause gelangt, ward ich nach Schlesien gefordert, wo eine bewaffnete Stellung zweier großen Mächte den Kongreß von Reichenbach begünstigte. Erst gaben Kantonierungsquartiere Gelegenheit zu einigen Epigrammen, die hie und da eingeschaltet sind. In Breslau hingegen, wo ein soldatischer Hof und zugleich der Adel einer der ersten Provinzen des Königreichs glänzte, wo man die schönsten Regimenter ununterbrochen marschieren und manövrieren sah, beschäftigte mich unaufhörlich, so wunderlich es auch klingen mag, die vergleichende Anatomie, weshalb mitten in der bewegtesten Welt ich als Einsiedler in mir selbst abgeschlossen lebte. Dieser Teil des Naturstudiums war sonderbarlich angeregt worden. Als ich nämlich auf den Dünen des Lido, welche die venezianischen Lagunen von dem Adriatischen Meere sondern, mich oftmals erging, fand ich einen so glücklich geborstenen Schafschädel, der mir nicht allein jene große, früher von mir erkannte Wahrheit: die sämtlichen Schädelknochen seien aus verwandelten

Wirbelknochen entstanden, abermals betätigte, sondern auch den Übergang innerlich ungeformter organischer Massen, durch Aufschluß nach außen, zu fortschreitender Veredlung höchster Bildung und Entwicklung in die vorzüglichsten Sinneswerkzeuge vor Augen stellte, und zugleich meinen alten, durch Erfahrung bestärkten Glauben wieder auffrischte, welcher sich fest darauf begründet, daß die Natur kein Geheimnis habe, was sie nicht irgendwo dem aufmerksamen Beobachter nackt vor die Augen stellt.

Da ich nun aber einmal mitten in der bewegtesten Lebensumgebung zum Knochenbau zurückgekehrt war, so mußte meine Vorarbeit, die ich auf den Zwischenknochen vor Jahren verwendet, abermals rege werden. Loder, dessen unermüdliche Teilnahme und Einwirkung ich immerfort zu rühmen habe, gedenkt derselben in seinem anatomischen Handbuch von 1788. Da aber die dazu gehörige kleine Abhandlung, deutsch und lateinisch, noch unter meinen Papieren liegt, so erwähne ich kürzlich nur so viel: ich war völlig überzeugt, ein allgemeiner, durch Metamorphose sich erhebender Typus gehe durch die sämtlichen organischen Geschöpfe durch, lasse sich in allen seinen Teilen auf gewissen mittlern Stufen gar wohl beobachten und müsse auch noch da anerkannt werden, wenn er sich auf der höchsten Stufe der Menschheit ins Verborgene bescheiden zurückzieht.

Hierauf waren alle meine Arbeiten, auch die in Breslau, gerichtet; die Aufgabe war indessen so groß, daß sie in einem zerstreuten Leben nicht gelöst werden konnte.

Eine Lustfahrt nach den Salinen von Wieliczka und ein bedeutender Gebirgs- und Landritt, über Adersbach, Glatz usw. unternommen, bereicherte mit Erfahrung und Begriffen. Einiges findet sich aufgezeichnet.

1791.

Ein ruhiges, innerhalb des Hauses und der Stadt zugebrachtes Jahr! Die freigelegenste Wohnung, in welcher eine geräumige dunkle Kammer einzurichten war, auch die anstoßenden Gärten, woselbst im Freien Versuche jeder Art angestellt werden konnten, veranlaßten mich, den chromatischen Untersuchungen ernstlich nachzuhängen. Ich bearbeitete vorzüglich die prismatischen Erscheinungen, und indem ich die subjektiven derselben ins Unendliche vermannigfaltigte, ward ich fähig, das erste Stück „Optischer Beiträge“ herauszugeben, die mit schlechtem Dank und hohlen Redensarten der Schule beiseitegeschoben wurden.

Damit ich aber doch von dichterischer und ästhetischer Seite nicht allzu kurz käme, übernahm ich mit Vergnügen die Leitung des Hoftheaters. Eine solche neue Einrichtung ward veranlaßt durch den Abzug der Gesellschaft Bellomos, welche seit 1784 in Weimar gespielt und angenehme Unterhaltung gegeben hatte. Sie war aus Oberdeutschland gekommen, und man hatte sich mit jenem Dialekt im Dialog, um des guten Gesangs willen, befreundet. Nun waren die Stellen der Abziehenden desto leichter zu ersetzen, weil man die Theater von ganz Deutschland zur Auswahl vor sich sah. Breslau und Hannover, Prag und Berlin sendeten uns tüchtige Mitglieder, die sich in kurzer Zeit ineinander einspielten und einsprachen und gleich von Anfang viele Zufriedenheit gewährten...

Nur wenig Vorstellungen zum Eintritt wurden in Weimar gegeben. Die Gesellschaft hatte einen großen Vorteil, Sommers in Lauchstädt zu spielen; ein neues Publikum, aus Fremden, aus dem gebildeten Teil der Nachbarschaft, den kenntnisreichen Gliedern einer nächst gelegenen Akademie, und leidenschaftlich fordernden Jünglingen zusammengesetzt, sollten wir befriedigen. Neue Stücke wurden nicht eingelernt, aber die ältern durchgeübt, und so kehrte die Gesellschaft mit frischem Mute im Oktober nach Weimar zurück. Mit der größten Sorgfalt behandelte man nun die Stücke jeder Art; denn bei der neu zusammentretenden Gesellschaft mußte alles neu eingelernt werden...

1792.

... Das Frühjahr belebte meine chromatischen Arbeiten, ich verfaßte das zweite Stück der „Optischen Beiträge“ und gab es von einer Tafel begleitet heraus. In der Mitte des Sommers ward ich abermals ins Feld berufen, diesmal zu ernsteren Szenen. Ich eilte über Frankfurt, Mainz, Trier und Luxemburg nach Longwy, welches ich den 28. August schon eingenommen fand; von da zog ich mit bis Valmy, so wie auch zurück bis Trier; sodann, um die unendliche Verwirrung der Heerstraße zu vermeiden, die Mosel herab nach Koblenz...

Bei meinem Besuch in Mainz, Düsseldorf und Münster konnte ich bemerken, daß meine alten Freunde mich nicht recht wiedererkennen wollten, wovon uns in Hubers Schriften ein Wahrzeichen übrig geblieben, dessen psychische Entwicklung gegenwärtig nicht schwer fallen sollte.

1793.

Eben dieser widerwärtigen Art, alles Sentimentale zu verschmähen, sich an die unvermeidliche Wirklichkeit halb verzweifelnd hinzugeben, begegnete gerade „Reineke Fuchs" als wünschenswertester Gegenstand für eine zwischen Übersetzung und Umarbeitung schwebende Behandlung. Meine dieser unheiligen Weltbibel gewidmete Arbeit gereichte mir zu Hause und auswärts zu Trost und Freude. Ich nahm sie mit zur Blockade von Mainz, der ich bis zum Ende der Belagerung beiwohnte; auch darf ich zu bemerken nicht vergessen, daß ich sie zugleich als Übung im Hexameter vornahm, den wir freilich damals nur dem Gehör nachbildeten. Voß, der die Sache verstand, wollte, solange Klopstock lebte, aus Pietät dem guten alten Herrn nicht ins Gesicht sagen, daß seine Hexameter schlecht seien; das mußten wir Jüngeren aber büßen, die wir von Jugend auf uns in jene Rhythmik eingeleiert hatten. Voß verleugnete selbst seine Übersetzung der „Odyssee", die wir verehrten, fand an seiner „Luise" auszusetzen, nach der wir uns bildeten, und so wußten wir nicht, welchem Heiligen wir uns widmen sollten.

Auch die Farbenlehre begleitete mich wieder an den Rhein, und ich gewann in freier Luft, unter heiterm Himmel, immer freiere Ansichten über die mannigfaltigen Bedingungen, unter denen die Farbe erscheint...

Einem tätigen produktiven Geiste, einem wahrhaft vaterländisch gesinnten und einheimische Literatur befördernden Manne wird man es zugute halten, wenn ihn der Umsturz alles Vorhandenen schreckt, ohne daß die mindeste Ahnung zu ihm spräche, was denn Besseres, ja nur anderes daraus erfolgen solle. Man wird ihm beistimmen, wenn es ihn verdrießt, daß dergleichen Influenzen sich nach Deutschland erstrecken und verrückte, ja unwürdige Personen das Heft ergreifen. In diesem Sinne war „Der Bürgergeneral" geschrieben, ingleichen „Die Aufgeregten" entworfen, sodann die „Unterhaltungen der Ausgewanderten". Alles Produktionen, die dem ersten Ursprung, ja sogar der Ausführung nach meist in dieses und das folgende Jahr gehören...

1794.

Von diesem Jahre durft' ich hoffen, es werde mich gegen die vorigen, in welchen ich viel entbehrt und gelitten, durch mancherlei Tätigkeit zerstreuen, durch mancherlei Freundlichkeit erquicken; und ich bedurfte dessen gar sehr.

Denn persönlicher Zeuge höchst bedeutender und die Welt bedrohender Umwendungen gewesen zu sein, das größte Unglück, was Bürgern, Bauern und Soldaten begegnen kann, mit Augen gesehen, ja solche Zustände geteilt zu haben, gab die traurigste Stimmung.

Doch wie sollte man sich erholen, da uns die ungeheuern Bewegungen innerhalb Frankreichs jeden Tag beängstigten und bedrohten. Im vorigen Jahre hatten wir den Tod des Königs und der Königin bedauert, in diesem das gleiche Schicksal der Prinzeß Elisabeth. Robespierres Greueltaten hatten die Welt erschreckt, und der Sinn für Freude war so verloren, daß niemand über dessen Untergang zu jauchzen sich getraute; am wenigsten, da die äußern Kriegstaten der im Innersten aufgeregten Nation unaufhaltsam vorwärts drängten, rings umher die Welt erschütterten und alles Bestehende mit Umschwung, wo nicht mit Untergang bedrohten...

Die Österreicher zogen sich über den Rhein herüber, die Engländer in die Niederlande, der Feind nahm einen größern Raum ein und erwarb reichlichere Mittel. Die Nachrichten von Flüchtigen allerorten vermehrten sich, und es war keine Familie, kein Freundeskreis, der nicht in seinen Gliedern wäre beschädigt worden. Man sendete mir aus dem südlichen und westlichen Deutschland Schatzkästchen, Spar-Taler, Kostbarkeiten mancher Art zum treuen Aufbewahren, die mich als Zeugnisse großen Zutrauens erfreuten, während sie mir als Beweise einer beängstigten Nation traurig vor Augen standen.

Und so ruckten denn auch, insofern ich in Frankfurt angesessen war, die Besorglichkeiten immer näher und näher. Der schöne bürgerliche Besitz, dessen meine Mutter seit dem Ableben meines Vaters sich erfreute, ward ihr schon seit dem früheren Anfang der Feindseligkeiten zur Last, ohne daß sie sich es zu bekennen getraute; doch hatte ich bei meinem vorjährigen Besuch sie über ihren Zustand aufgeklärt und aufgemuntert, sich solcher Bürde zu entledigen. Aber gerade in dieser Zeit war unrätlich zu tun, was man für notwendig hielt.

Ein bei unsern Lebzeiten neu erbautes, bürgerlich bequemes und anständiges Haus, ein wohlversorgter Keller, Hausgerät aller Art und der Zeit nach von gutem Geschmack, Büchersammlungen, Gemälde, Kupferstiche und Landkarten, Altertümer, kleine Kunstwerke und Kuriositäten, gar manches Merkwürdige, das mein Vater aus Liebhaberei und Kenntnis bei guter Gelegenheit um sich versammelt hatte: es stand alles da und noch beisammen, es griff durch Ort und Stellung gar bequem und nutzhaft ineinander und hatte zusammen nur eigentlich seinen herkömmlichen Wert; dachte man sich, daß es sollte verteilt und zerstreut werden, so mußte man fürchten, es verschleudert und verloren zu sehen...

Mehrmals bot ich meiner Mutter einen ruhigen Aufenthalt bei mir an, aber sie fühlte keine Sorge für ihre eigene Persönlichkeit; sie bestärkte sich in ihrem alttestamentlichen Glauben und, durch einige zur rechten Zeit ihr begegnende Stellen aus den Psalmen und Propheten, in der Neigung zur Vaterstadt, mit der sie ganz eigentlich zusammengewachsen war; weshalb sie denn auch nicht einmal einen Besuch zu mir unternehmen wollte...

Nunmehr gegen Jena und die dortigen Lehrbühnen die Aufmerksamkeit lenkend, erwähne ich folgendes:

Nach Reinholds Abgang, der mit Recht als ein großer Verlust für die Akademie erschien, war mit Kühnheit, ja Verwegenheit, an seine Stelle Fichte berufen worden, der in seinen Schriften sich mit Großheit, aber vielleicht nicht ganz gehörig über die wichtigsten Sitten- und Staatsgegenstände erklärt hatte. Es war eine der tüchtigsten Persönlichkeiten, die man je gesehen, und an seinen Gesinnungen in höherm Betracht nichts auszusetzen; aber wie hätte er mit der Welt, die er als seinen erschaffenen Besitz betrachtete, gleichen Schritt halten sollen?

Da man ihm die Stunden, die er zu öffentlichen Vorlesungen benutzen wollte, an Werkeltagen verkümmert hatte, so unternahm er sonntags Vorlesungen, deren Einleitung Hindernisse fand. Kleine und größere daraus entspringende Widerwärtigkeiten waren kaum, nicht ohne Unbequemlichkeit der obern Behörden, getuscht und geschlichtet, als uns dessen Äußerungen über Gott und göttliche Dinge, über die man freilich besser ein tiefes Stillschweigen beobachtet, von außen beschwerende Anregungen zuzogen. In Kursachsen wollte man von gewissen Stellen der Fichteschen Zeitschrift nicht das Beste denken, und freilich hatte man alle Mühe, dasjenige, was in Worten etwas stark verfaßt war, durch andere Worte leidlich auszulegen, zu mildern und, wo nicht geltend, doch verzeihlich zu machen...

Alexander von Humboldt, längst erwartet, von Bayreuth ankommend, nötigte uns ins Allgemeinere der Naturwissenschaft. Sein älterer Bruder, gleichfalls in Jena gegenwärtig, ein klares Interesse nach allen Seiten hin richtend, teilte Streben, Forschen und Unterricht.

Zu bemerken ist, daß Hofrat Loder eben die Bänderlehre las, den höchst wichtigen Teil der Anatomie: denn was vermittelt wohl Muskeln und Knochen als die Bänder? Und doch ward durch eine besondere Verrücktheit der medizinischen Jugend gerade dieser Teil vernachlässigt. Wir Genannten, mit Freund Meyern, wandelten des Morgens im tiefsten Schnee, um in einem fast leeren anatomischen Auditorium diese wichtige Verknüpfung aufs deutlichste nach den genauesten Präparaten vorgetragen zu sehen...

Durch meine vorjährige Reise an den Niederrhein hatte ich mich an Fritz Jacobi und die Fürstin Gallitzin mehr angenähert; doch blieb es immer ein wunderbares Verhältnis, dessen Art und Weise schwer auszusprechen und nur durch den Begriff der ganzen Klasse gebildeter, oder vielmehr der sich erst bildenden Deutschen einzusehen.

Dem besten Teil der Nation war ein Licht aufgegangen, das sie aus der öden, gehaltlosen, abhängigen Pedanterie als einem kümmerlichen Streben herauszuleiten versprach. Sehr viele waren zugleich von demselben Geist ergriffen, sie erkannten die gegenseitigen Verdienste, sie achteten einander, fühlten das Bedürfnis, sich zu verbinden, sie suchten, sie liebten sich, und dennoch konnte keine wahrhafte Einigung entstehen. Das allgemeine Interesse, sittlich, moralisch, war doch ein vages, unbestimmtes, und es fehlte im ganzen wie im einzelnen an Richtung zu besondern Tätigkeiten. Daher zerfiel der große unsichtbare Kreis in kleinere, meist lokale, die manches Löbliche erschufen und hervorbrachten; aber eigentlich isolierten sich die Bedeutenden immer mehr und mehr.

Es ist zwar dies die alte Geschichte, die sich bei Erneuerung und Belebung starrer stockender Zustände gar oft ereignet hat, und mag also für ein literarisches Beispiel gelten dessen, was wir in der politischen und kirchlichen Geschichte so oft wiederholt sehen.

Die Hauptfiguren wirkten ihrem Geist, Sinn und Fähigkeit nach unbedingt; an sie schlossen sich andere, die sich zwar Kräfte fühlten, aber doch schon gesellig und untergeordnet zu wirken nicht abgeneigt waren.

Klopstock sei zuerst genannt. Geistig wendeten sich viele zu ihm; seine keusche, abgemessene, immer Ehrfurcht gebietende Persönlichkeit aber lockte zu keiner Annäherung. An Wieland schlossen sich gleichfalls wenige persönlich: das literarische Zutrauen aber war grenzenlos; — das südliche Deutschland, besonders Wien, sind ihm ihre poetische und prosaische Kultur schuldig; — unübersehbare Einsendungen jedoch brachten ihn oft zu heiterer Verzweiflung.

Herder wirkte später. Sein anziehendes Wesen sammelte nicht eigentlich eine Menge um ihn her, aber einzelne gestalteten sich an und um ihn, hielten an ihm fest und hatten zu ihrem größten Vorteile sich ihm ganz hingegeben. Und so hatten sich kleine Weltsysteme gebildet. Auch Gleim war ein Mittelpunkt, um den sich viele Talente versammelten. Mir wurden viele Strudelköpfe zuteil, welche fast den Ehrennamen eines Genies zum Spitznamen herabgebracht hätten.

Aber bei allem diesen fand sich das Sonderbare, daß nicht nur jeder Häuptling, sondern auch jeder Angeordnete seine Selbständigkeit festhielt und andere deshalb an und nach sich in seine besonderen Gesinnungen heranzuziehen bemüht war: wodurch denn die seltsamsten Wirkungen und Gegenwirkungen sich hervortaten.

Und wie Lavater forderte, daß man sich nach seinem Beispiel mit Christo transsubstantiieren müsse, so verlangte Jacobi, daß man seine individuelle, tiefe, schwer zu definierende Denkweise in sich aufnehmen solle. Die Fürstin hatte in der katholischen Sinnesart, innerhalb der Ritualitäten der Kirche, die Möglichkeit gefunden, ihren edlen Zwecken gemäß zu leben und zu handeln. Diese beiden liebten mich wahrhaft und ließen mich im Augenblick gewähren, jedoch immer mit stiller, nicht ganz verheimlichter Hoffnung, mich ihren Gesinnungen völlig anzueignen; sie ließen sich daher manche von meinen Unarten gefallen, die ich oft aus Ungeduld und, um mir gegen sie Luft zu machen, vorsätzlich ausübte.

Im ganzen war jedoch jener Zustand eine aristokratische Anarchie, ungefähr wie der Konflikt jener, eine bedeutende Selbständigkeit entweder schon besitzenden oder zu erringen strebenden Gewalten im Mittelalter. Auch war es eine Art Mittelalter, das einer höheren Kultur voranging, wie wir jetzt wohl übersehen, da uns mehrere Einblicke in diesen nicht zu beschreibenden, vielleicht für Nachlebende nicht zu fassenden Zustand eröffnet worden. Hamanns Briefe sind hiezu ein unschätzbares Archiv, zu welchem der Schlüssel im ganzen wohl möchte gefunden werden, für die einzelnen geheimen Fächer vielleicht nie.

Als Hausgenossen besaß ich nunmehr meinen ältesten römischen Freund, Heinrich Meyer. Erinnerung und Fortbildung italienischer Studien blieb tägliche Unterhaltung. Bei dem letzten Aufenthalt in Venedig hatten wir uns aufs neue von Grund aus verständigt und uns nur desto inniger verbunden.

Wie aber alles Bestreben, einen Gegenstand zu fassen, in der Entfernung vom Gegenstande sich nur verwirrt, oder, wenn man zur Klarheit vorzudringen sucht, die Unzulänglichkeit der Erinnerung fühlbar macht und immerfort eine Rückkehr zur Quelle des Anschauens in der lebendigen Gegenwart fordert, so war es auch hier. Und wer, wenn er auch mit wenigerem Ernst in Italien gelebt, wünscht nicht immer dorthin zurückzukehren!

Noch aber war der Zwiespalt, den das wissenschaftliche Bemühen in mein Dasein gebracht, keineswegs ausgeglichen: denn die Art, wie ich die Naturerfahrungen behandelte, schien die übrigen Seelenkräfte sämtlich für sich zu fordern.

In diesem Drange des Widerstreits übertraf alle meine Wünsche und Hoffnungen das auf einmal sich entwickelnde Verhältnis zu Schiller; von der ersten Annäherung an war es ein unaufhaltsames Fortschreiten philosophischer Ausbildung und ästhetischer Tätigkeit. Zum Behuf seiner „Horen" mußte ihm sehr angelegen sein, was ich im stillen gearbeitet, angefangen, unternommen, sämtlich zu kennen, neu anzuregen und zu benutzen; für mich war es ein neuer Frühling, in welchem alles froh nebeneinander keimte und aus aufgeschlossenen Samen und Zweigen hervorging. Die nunmehr gesammelten und geordneten beiderseitigen Briefe geben davon das unmittelbarste, reinste und vollständigste Zeugnis.

1795.

Die „Horen" wurden ausgegeben, „Episteln", „Elegien", „Unterhaltungen der Ausgewanderten" von meiner Seite beigetragen. Außerdem überlegten und berieten wir gemeinsam den ganzen Inhalt dieser neuen Zeitschrift, die Verhältnisse der Mitarbeiter und was bei dergleichen Unternehmungen sonst vorkommen mag. Hiebei lernte ich Mitlebende kennen, ich ward mit Autoren und Produktionen bekannt, die mir sonst niemals einige Aufmerksamkeit abgewonnen hätten. Schiller war überhaupt weniger ausschließend als ich, und mußte nachsichtig sein als Herausgeber...

1796.

Die weimarische Bühne war nun schon so besetzt und befestigt, daß es in diesem Jahre keiner neuen Schauspieler bedurfte. Zum größten Vorteil derselben trat Iffland im März und April vierzehnmal auf. Außer einem solchen belehrenden, hinreißenden, unschätzbaren Beispiele wurden diese Vorstellungen bedeutender Stücke Grund eines dauerhaften Repertoriums und ein Anlaß, das Wünschenswerte näher zu kennen. Schiller, der an dem Vorhandenen immer festhielt, redigierte zu diesem Zweck den „Egmont", der zum Schluß der Ifflandischen Gastrollen gegeben ward, ungefähr wie er noch auf deutschen Bühnen vorgestellt wird. Überhaupt finden sich hier, rücksichtlich auf das deutsche Theater, die merkwürdigsten Anfänge. Schiller, der schon in seinem „Carlos" sich einer gewissen Mäßigkeit befliß und durch Redaktion dieses Stücks fürs Theater zu einer beschränkteren Form gewöhnte, hatte nun den Gegenstand von „Wallenstein" aufgefaßt und den grenzenlosen Stoff in der „Geschichte des Dreißigjährigen Kriegs" dergestalt behandelt, daß er sich als Herrn dieser Masse gar wohl empfinden mochte. Aber eben durch diese Fülle ward eine strengere Behandlung peinlich, wovon ich Zeuge sein konnte, weil er sich über alles, was er dichterisch vorhatte, mit andern gern besprach und, was zu tun sein mochte, hin und wider überlegte.

Bei dem unablässigen Tun und Treiben, was zwischen uns stattfand, bei der entschiedenen Lust, das Theater kräftig zu beleben, ward ich angeregt, den „Faust" wieder hervorzunehmen; allein was ich auch tat, ich entfernte ihn mehr vom Theater, als daß ich ihn herangebracht hätte.

Die „Horen" gingen indessen fort, mein Anteil blieb derselbige; doch hatte Schillers grenzenlose Tätigkeit den Gedanken eines Musenalmanachs gefaßt, einer poetischen Sammlung, die jener meist prosaischen vorteilhaft zur Seite stehen könnte. Auch hier war ihm das Zutrauen seiner Landsleute günstig. Die guten, strebsamen Köpfe neigten sich zu ihm. Er schickte sich übrigens trefflich zu einem solchen Redakteur; den innern Wert eines Gedichts übersah er gleich, und wenn der Verfasser sich zu weitläufig ausgetan hatte oder nicht endigen konnte, wußte er das Überflüssige schnell auszusondern. Ich sah ihn wohl ein Gedicht auf ein Dritteil Strophen reduzieren, wodurch es wirklich brauchbar ward, ja bedeutend.

Ich selbst ward seiner Aufmunterung viel schuldig, wovon die „Horen" und Almanache vollgültiges Zeugnis abgeben. „Alexis und Dora", „Braut von Korinth", „Gott und Bajadere" wurden hier ausgeführt oder entworfen. Die „Xenien", die aus unschuldigen, ja gleichgültigen Anfängen sich nach und nach zum Herbsten und Schärfsten hinaufsteigerten, unterhielten uns viele Monate und machten, als der Almanach erschien, noch in diesem Jahre die größte Bewegung und Erschütterung in der deutschen Literatur. Sie wurden, als höchster Mißbrauch der Preßfreiheit, von dem Publikum verdammt. Die Wirkung aber bleibt unberechenbar.

Einer höchst lieb- und werten, aber auch schwer lastenden Bürde entledigte ich mich gegen Ende Augusts. Die Reinschrift des letzten Buches von „Wilhelm Meister" ging endlich ab an den Verleger. Seit sechs Jahren hatte ich Ernst gemacht, diese frühe Konzeption auszubilden, zurechtzustellen und dem Drucke nach und nach zu übergeben. Es bleibt daher dieses eine der inkalkulabelsten Produktionen, man mag sie im ganzen oder in ihren Teilen betrachten; ja um sie zu beurteilen, fehlt mir beinahe selbst der Maßstab.

Kaum aber hatte ich mich durch sukzessive Herausgabe davon befreit, als ich mir eine neue Last auflegte, die jedoch leichter zu tragen, oder vielmehr keine Last war, weil sie gewisse Vorstellungen, Gefühle, Begriffe der Zeit auszusprechen Gelegenheit gab. Der Plan von „Hermann und Dorothea" war gleichzeitig mit den Tagesläuften ausgedacht und entwickelt, die Ausführung ward während des Septembers begonnen und vollbracht, so daß sie Freunden schon produziert werden konnte. Mit Leichtigkeit und Behagen war das Gedicht geschrieben, und es teilte diese Empfindungen mit. Mich selbst hatte Gegenstand und

Ausführung dergestalt durchdrungen, daß ich das Gedicht niemals ohne große Rührung vorlesen konnte, und dieselbe Wirkung ist mir seit so viel Jahren noch immer geblieben.

Freund Meyer schrieb fleißig aus Italien gewichtige Blätter. Meine Vorbereitung, ihm zu folgen, nötigte mich zu mannigfaltigen Studien, deren Aktenstücke mir noch gegenwärtig vielen Nutzen bringen. Als ich mich in die Kunstgeschichte von Florenz einarbeitete, ward mir Cellini wichtig, und ich faßte, um mich dort recht einzubürgern, gern den Entschluß, seine Selbstbiographie zu übersetzen, besonders weil sie Schillern zu den „Horen" brauchbar schien...

1797.

...Schon in den ersten Monaten des Jahrs erfreute sich das Theater an dem Beitritt von Karoline Jagemann als einer neuen Zierde... Schiller, der nunmehr ein wirkliches Theater in der Nähe und vor Augen hatte, dachte ernstlich darauf, seine Stücke spielbarer zu machen, und als ihm hierin die große Breite, wie er „Wallenstein" schon gedacht, abermals hinderlich war, entschloß er sich, den Gegenstand in mehreren Abteilungen zu behandeln. Dies gab in Abwesenheit der Gesellschaft den ganzen Sommer über reichliche Belehrung und Unterhaltung. Schon war der Prolog geschrieben, „Wallensteins Lager" wuchs heran.

Auch ich blieb meinerseits in vollkommener Tätigkeit: „Hermann und Dorothea" erschien als Taschenbuch, und ein neues episch-romantisches Gedicht wurde gleich darauf entworfen. Der Plan war in allen seinen Teilen durchgedacht, den ich unglücklicherweise meinen Freunden nicht verhehlte. Sie rieten mir ab, und es betrübt mich noch, daß ich ihnen Folge leistete: denn der Dichter allein kann wissen, was in einem Gegenstande liegt und was er für Reiz und Anmut bei der Ausführung daraus entwickeln könne. Ich schrieb den „Neuen Pausias" und die „Metamorphose der Pflanzen" in elegischer Form, Schiller wetteiferte, indem er seinen „Taucher" gab. Im eigentlichen Sinne hielten wir Tag und Nacht keine Ruhe; Schillern besuchte der Schlaf erst gegen Morgen; Leidenschaften aller Art waren in Bewegung; durch die „Xenien" hatten wir ganz Deutschland aufgeregt, jedermann schalt und lachte zugleich. Die Verletzten suchten uns auch etwas Unangenehmes zu erweisen, alle unsere Gegenwirkung bestand in unermüdet fortgesetzter Tätigkeit...

Eine unwiderstehliche Lust nach dem Land- und Gartenleben hatte damals die Menschen ergriffen. Schiller kaufte einen Garten bei Jena und zog hinaus; Wieland hatte sich in Oßmannstedt angesiedelt. Eine Stunde davon, am rechten Ufer der Ilm, ward in Oberroßla ein kleines Gut verkäuflich, ich hatte Absichten darauf...

Das Theater war schon so gut bestellt, daß die kurrenten Stücke ohne Anstoß und Rivalität sich besetzen ließen...

Auch gereichte zu unserm größten Vorteil, daß wir nur vor einem kleinen, genugsam gebildeten Publikum zu spielen hatten, dessen Geschmack wir befriedigen und uns doch dabei unabhängig erhalten konnten; ja wir durften manches versuchen, uns selbst und unsere Zuschauer in einem höheren Sinne auszubilden.

Hier kam uns nun Schiller vorzüglich zu Hülfe; er stand im Begriff, sich zu beschränken, dem Rohen, Übertriebenen, Gigantischen zu entsagen; schon gelang ihm das wahrhaft Große und dessen natürlicher Ausdruck. Wir verlebten keinen Tag in der Nähe, ohne uns mündlich, keine Woche in der Nachbarschaft, ohne uns schriftlich zu unterhalten.

1798.

So arbeiteten wir unermüdet dem Besuche Ifflands vor, welcher uns im April durch acht seiner Vorstellungen anfrischen sollte. Groß war der Einfluß seiner Gegenwart: denn jeder Mitspielende mußte sich an ihm prüfen, indem er mit ihm wetteiferte, und die nächste Folge davon war, daß auch diesmal unsere Gesellschaft gar löblich ausgestattet nach Lauchstädt zog.

Kaum war sie abgegangen, als der alte Wunsch sich regte, in Weimar ein besseres Lokal für die Bühne einzurichten. Schauspieler und Publikum fühlten sich eines anständigern Raumes würdig; die Notwendigkeit einer solchen Veränderung ward von jedermann anerkannt, und es bedurfte nur eines geistreichen Anstoßes, um die Ausführung zu bestimmen und zu beschleunigen.

Baumeister Thouret war von Stuttgart berufen, um den neuen Schloßbau weiter zu fördern; als Nebenzweck gab er einen sogleich beifällig aufgenommenen erfreulichen Plan zu einer neuen Einrichtung des vorhandenen Theaterlokals, nach welchem sich zu richten er die größte Gewandtheit bewies. Und so ward auch an uns die alte Bemerkung wahr, daß Gegenwart eines Baumeisters Baulust errege. Mit Fleiß und Hast betrieb man die Arbeit, so daß mit dem 12. Oktober Hof und Publikum zu Eröffnung des neuen Hauses eingeladen werden konnten. Ein Prolog von Schiller und „Wallensteins Lager" gaben dieser Feierlichkeit Wert und Würde...

1799.

...Die Memoiren der Stephanie von Bourbon Conti erregen in mir die Konzeption der „Natürlichen Tochter". In dem Plane bereitete ich mir ein Gefäß, worin ich alles, was ich so manches Jahr über die Französische Revolution und deren Folgen geschrieben und gedacht, mit geziemendem Ernste niederzulegen hoffte...

Die „Propyläen" wurden fortgesetzt. Im September hielten wir die erste Ausstellung der Preisbilder; die Aufgabe war „Paris und Helena". Hartmann in Stuttgart erreichte den Preis.

Erwarben nun auf diese Weise die Weimarischen Kunstfreunde sich einiges Zutrauen der Außenwelt, so war auch Schiller aufgeregt, unablässig die Betrachtung über Natur, Kunst und Sitten gemeinschaftlich anzustellen. Hier fühlten wir immer mehr die Notwendigkeit von tabellarischer und symbolischer Behandlung. Wir zeichneten zusammen jene Temperamentenrose wiederholt, auch der nützliche und schädliche Einfluß des Dilettantismus auf alle Künste ward tabellarisch weiter ausgearbeitet, wovon die Blätter beidhändig noch vorliegen. Überhaupt wurden solche methodische Entwürfe durch Schillers philosophischen Ordnungsgeist, zu welchem ich mich symbolisierend hinneigte, zur angenehmsten Unterhaltung. Man nahm sie von Zeit zu

Zeit wieder auf, prüfte sie, stellte sie um, und so ist denn auch das Schema der Farbenlehre öfters bearbeitet worden.

Und so konnte das Leben nirgends stocken in denjenigen Zweigen der Wissenschaft und Kunst, die wir als die unsrigen ansahen. Schelling teilte die Einleitung zu seinem „Entwurf der Naturphilosophie" freundlich mit; er besprach gern mancherlei Physikalisches, ich verfaßte einen allgemeinen Schematismus über Natur und Kunst.

Im August und September bezog ich meinen Garten am Stern, um einen ganzen Mondswechsel durch ein gutes Spiegelteleskop zu beobachten, und so ward ich denn mit diesem so lange geliebten und bewunderten Nachbar endlich näher bekannt. Bei allem diesem lag ein großes Naturgedicht, das mir vor der Seele schwebte, durchaus im Hintergrund...

1801.

Zu Anfang des Jahrs überfiel mich eine grimmige Krankheit; die Veranlassung dazu war folgende: seit der Aufführung „Mahomets" hatte ich eine Übersetzung des „Tancred" von Voltaire begonnen und mich damit beschäftigt; nun aber ging das Jahr zu Ende, und ich mußte das Werk ernstlich angreifen, daher begab ich mich Hälfte Dezembers nach Jena, wo ich in den großen Zimmern des herzoglichen Schlosses einer altherkömmlichen Stimmung sogleich gebieten konnte. Auch diesmal waren die dortigen Zustände meiner Arbeit günstig; allein die Emsigkeit, womit ich mich daran hielt, ließ mich den schlimmen Einfluß der Lokalität diesmal wie schon öfter übersehen. Das Gebäude liegt an dem tiefsten Punkte der Stadt, unmittelbar an der Mühllache; Treppe sowie Treppengebäude von Gips, als einer sehr kalten und verkältenden Steinart, an die sich bei eintretendem Tauwetter die Feuchtigkeit häufig anwirft, machen den Aufenthalt besonders im Winter sehr zweideutig. Allein wer etwas unternimmt und leistet, denkt er wohl an den Ort, wo es geschieht? Genug, ein heftiger Katarrh überfiel mich, ohne daß ich deshalb in meinem Vorsatz irre geworden wäre.

Damals hatte das Brownische Dogma ältere und jüngere

Mediziner ergriffen; ein junger Freund, demselben ergeben, wußte von der Erfahrung, daß peruvianischer Balsam, verbunden mit Opium und Myrrhen, in den höchsten Brustübeln einen augenblicklichen Stillstand verursache und dem gefährlichen Verlauf sich entgegensetze. Er riet mir zu diesem Mittel, und in dem Augenblick war Husten, Auswurf und alles verschwunden. Wohlgemut begab ich mich in Professor Schellings Begleitung nach Weimar, als gleich zu Anfange des Jahrs der Katarrh mit verstärkter Gewalt zurückkehrte und ich in einen Zustand geriet, der mir die Besinnung raubte. Die Meinigen waren außer Fassung, die Ärzte tasteten nur, der Herzog, mein gnädigster Herr, die Gefahr überschauend, griff sogleich persönlich ein und ließ durch einen Eilboten den Hofrat Stark von Jena herüberkommen. Es vergingen einige Tage, ohne daß ich zu einem völligen Bewußtsein zurückkehrte, und als ich nun durch die Kraft der Natur und ärztliche Hülfe mich selbst wieder gewahr wurde, fand ich die Umgebung des rechten Auges geschwollen, das Sehen gehindert und mich übrigens in erbärmlichem Zustande. Der Fürst ließ in seiner sorgfältigen Leitung nicht nach, der hocherfahrne Leibarzt, im Praktischen von sicherm Griff, bot alles auf, und so stellte Schlaf und Transpiration mich nach und nach wieder her.

Innerlich hatte ich mich indessen schon wieder so gestaltet, daß am 19. Januar die Langeweile des Zustandes mir eine mäßige Tätigkeit abforderte, und so wendete ich mich zur Übersetzung des Theophrastischen Büchleins „Von den Farben", die ich schon längst im Sinne gehabt...

Schon am 7. Februar regte sich in mir die produktive Ungeduld, ich nahm den „Faust" wieder vor und führte stellenweise dasjenige aus, was in Zeichnung und Umriß schon längst vor mir lag.

Als ich zu Ende vorigen Jahrs in Jena den „Tancred" bearbeitete, ließen meine dortigen geistreichen Freunde den Vorwurf laut werden, daß ich mich mit französischen Stücken, welche bei der jetzigen Gesinnung von Deutschland nicht wohl Gunst erlangen könnten, so emsig beschäftige und nichts Eigenes vornähme, wovon ich doch so manches hatte merken lassen. Ich rief mir daher die „Natürliche Tochter" vor die Seele, deren ganz ausgeführtes Schema schon seit einigen Jahren unter meinen Papieren lag.

Gelegentlich dacht' ich an das Weitere; allein durch einen auf Erfahrung gestützten Aberglauben, daß ich ein Unternehmen nicht aussprechen dürfe, wenn es gelingen solle, verschwieg ich selbst Schillern diese Arbeit und erschien ihm daher als unteilnehmend, glauben- und tatlos. Ende Dezember find' ich bemerkt, daß der erste Akt der „Natürlichen Tochter" vollendet worden.

Doch fehlte es nicht an Ableitungen, besonders naturwissenschaftlichen, sowie ins Philosophische und Literarische. Ritter besuchte mich öfters, und ob ich gleich in seine Behandlungsweise mich nicht ganz finden konnte, so nahm ich doch gern von ihm auf, was er von Erfahrungen überlieferte und was er nach seinen Bestrebungen sich ins Ganze auszubilden getrieben war. Zu Schelling und Schlegel blieb ein tätiges, mitteilendes Verhältnis. Tieck hielt sich länger in Weimar auf, seine Gegenwart war immer anmutig fördernd. Mit Paulus blieb ebenfalls ein immer gleiches Verbündnis; wie denn alle diese Verhältnisse durch die Nähe von Weimar und Jena sich immerfort lebendig erhielten und durch meinen Aufenthalt am letztern Orte immer mehr bestätigt wurden...

Ärzte sowohl als Freunde verlangten, ich solle mich in ein Bad begeben, und ich ließ mich, nach dem damaligen Stärkungssystem, um so mehr für Pyrmont bestimmen, als ich mich nach einem Aufenthalt in Göttingen schon längst gesehnt hatte.

Den 5. Juni reiste ich ab von Weimar, und gleich die ersten Meilen waren mir höchst erfrischend; ich konnte wieder einen teilnehmenden Blick auf die Welt werfen, und obgleich von keinem ästhetischen Gefühl begleitet, wirkte er doch höchst wohltätig auf mein Inneres. Ich mochte gern die Folge der Gegend, die Abwechselung der Landesart bemerken, nicht weniger den Charakter der Städte, ihre ältere Herkunft, Erneuerung, Polizei, Arten und Unarten. Auch die menschliche Gestalt zog mich an und ihre höchst merkbaren Verschiedenheiten; ich fühlte, daß ich der Welt wieder angehörte.

In Göttingen bei der „Krone" eingekehrt, bemerkt' ich, als eben die Dämmerung einbrach, einige Bewegung auf der Straße; Studierende kamen und gingen, verloren sich in Seitengäßchen und traten in bewegten Massen wieder vor. Endlich erscholl auf einmal ein freudiges Lebehoch! aber auch im Augenblick war alles verschwunden. Ich vernahm, daß dergleichen Beifallsbezeugungen verpönt seien, und es freute mich um so mehr, daß man es gewagt hatte, mich nur im Vorbeigehen aus dem Stegreife zu begrüßen. Gleich darauf erhielt ich ein Billett, unterzeichnet Schumacher aus Holstein, der mir auf eine anständig vertrauliche Art den Vorsatz meldet, den er und eine Gesellschaft junger Freunde gehegt, mich zu Michaeli in Weimar zu besuchen, und wie sie nunmehr hofften, hier am Ort ihren Wunsch befriedigt zu sehen. Ich sprach sie mit Anteil und Vergnügen. Ein so freundlicher Empfang wäre dem Gesunden schon wohltätig gewesen, dem Genesenden ward er es doppelt.

Hofrat Blumenbach empfing mich nach gewohnter Weise. Immer von dem Neusten und Merkwürdigsten umgeben, ist sein Willkommen jederzeit belehrend. Ich sah bei ihm den ersten Aërolithen, an welches Naturerzeugnis der Glaube uns erst vor kurzem in die Hand gegeben ward. Ein junger Kestner und von Arnim, früher bekannt und verwandten Sinnes, suchten mich auf und begleiteten mich zur Reitbahn, wo ich den berühmten Stallmeister Ayrer in seinem Wirkungskreise begrüßte. Eine wohlbestellte Reitbahn hat immer etwas Imposantes; das Pferd steht als Tier sehr hoch, doch seine bedeutende weitreichende Intelligenz wird auf eine wundersame Weise durch gebundene Extremitäten beschränkt. Ein Geschöpf, das bei so bedeutenden, ja großen Eigenschaften sich nur im Treten, Laufen, Rennen zu äußern vermag, ist ein seltsamer Gegenstand für die Betrachtung, ja man überzeugt sich beinahe, daß es nur zum Organ des Menschen geschaffen sei, um, gesellt zu höherem Sinne und Zwecke, das Kräftigste wie das Anmutigste bis zum Unmöglichen auszurichten.

Warum denn auch eine Reitbahn so wohltätig auf den Verständigen wirkt, ist, daß man hier, vielleicht einzig in der Welt, die zweckmäßige Beschränkung der Tat, die Verbannung aller Willkür, ja des Zufalls mit Augen schaut und mit dem Geiste begreift. Mensch und Tier verschmelzen hier dergestalt in eins, daß man nicht zu sagen wüßte, wer denn eigentlich den andern erzieht. Dergleichen Betrachtungen wurden bis aufs höchste gesteigert, als man die zwei Paare sogenannter weißgeborner Pferde zu sehen bekam, welche Fürst Sanguszko in Hannover für eine bedeutende Summe gekauft hatte.

Von da zu der allerruhigsten und unsichtbarsten Tätigkeit überzugehen, war in oberflächlicher Beschauung der Bibliothek gegönnt; man fühlt sich wie in der Gegenwart eines großen Kapitals, das geräuschlos unberechenbare Zinsen spendet...

In Pyrmont bezog ich eine schöne, ruhig gegen das Ende des Orts liegende Wohnung bei dem Brunnenkassierer, und es konnte mir nichts glücklicher begegnen, als daß Griesbachs ebendaselbst eingemietet hatten und bald nach mir ankamen. Stille Nachbarn, geprüfte Freunde, so unterrichtete als wohlwollende Personen, trugen zur ergötzlichen Unterhaltung das Vorzüglichste bei...

Leider war ein stürmisch-regnerisches Wetter einer öftern Zusammenkunft im Freien hinderlich; ich widmete mich zu Hause der Übersetzung des Theophrast und einer weitern Ausbildung der sich immer mehr bereichernden Farbenlehre...

Das fortdauernde Regenwetter verhinderte jede Geselligkeit im Freien; ich entfernte mich am 17. Juli, wenig erbaut von den Resultaten meines Aufenthalts.

Durch Bewegung und Zerstreuung auf der Reise, auch wohl wegen unterlassenen Gebrauchs des aufregenden Mineralwassers, gelangt' ich in glücklicher Stimmung nach Göttingen. Ich bezog eine angenehme Wohnung bei dem Instrumentenmacher Krämer an der Allee im ersten Stocke. Mein eigentlicher Zweck bei einem längern Aufenthalt daselbst war, die Lücken des historischen Teils der Farbenlehre, deren sich noch manche fühlbar machten, abschließlich auszufüllen. Ich hatte ein Verzeichnis aller Bücher und Schriften mitgebracht, deren ich bisher nicht habhaft werden können; ich übergab solches dem Herrn Professor

Reuß und erfuhr von ihm sowie von allen übrigen Angestellten die entschiedenste Beihülfe. Nicht allein ward mir, was ich aufgezeichnet hatte, vorgelegt, sondern auch gar manches, das mir unbekannt geblieben war, nachgewiesen. Einen großen Teil des Tags vergönnte man mir auf der Bibliothek zuzubringen, viele Werke wurden mir nach Hause gegeben, und so verbracht' ich meine Zeit mit dem größten Nutzen...

So verbracht' ich denn die Zeit so angenehm als nützlich, und mußte noch zuletzt gewahr werden, wie gefährlich es sei, sich einer so großen Masse von Gelehrsamkeit zu nähern: denn indem ich, um einzelner in mein Geschäft einschlagender Dissertationen willen, ganze Bände dergleichen akademischer Schriften vor mich legte, so fand ich nebenher allseitig so viel Anlockendes, daß ich bei meiner ohnehin leicht zu erregenden Bestimmbarkeit und Vorkenntnis in vielen Fächern hier und da hingezogen ward und meine Kollektaneen eine bunte Gestalt anzunehmen drohten. Ich faßte mich jedoch bald wieder ins Enge und wußte zur rechten Zeit einen Abschluß zu finden.

Indes ich nun eine Reihe von Tagen nützlich und angenehm, wie es wohl selten geschieht, zubrachte, so erlitt ich dagegen zur Nachtzeit gar manche Unbilden, die im Augenblick höchst verdrießlich und in der Folge lächerlich erscheinen...

Die Tochter meines Wirtes, Demoiselle Krämer, hatte von Natur eine recht schöne Stimme, durch Übung eine glückliche Ausbildung derselben erlangt, ihr aber fehlte die Anlage zum Triller, dessen Anmut sie nun von einer fremden Virtuosin in höchster Vollkommenheit gewahr worden; nun schien sie alles übrige zu vernachlässigen und nahm sich vor, diese Zierde des Gesanges zu erringen. Wie sie es damit die Tage über gehalten, weiß ich nicht zu sagen, aber nachts, eben wenn man sich zu Bette legen wollte, erstieg ihr Eifer den Gipfel: bis Mitternacht wiederholte sie gewisse kadenzartige Gänge, deren Schluß mit einem Triller gekrönt werden sollte, meistens aber häßlich entstellt, wenigstens ohne Bedeutung, abgeschlossen wurde.

Andern Anlaß zur Verzweiflung gaben ganz entgegengesetzte Töne; eine Hundeschar versammelte sich um das Eckhaus, deren Gebell anhaltend unerträglich war. Sie zu verscheuchen, griff man nach dem ersten besten Werfbaren, und da flog denn manches Ammonshorn des Hainberges, von meinem Sohne mühsam herbeigetragen, gegen die unwillkommenen Ruhestörer, und gewöhnlich umsonst. Denn wenn wir alle verscheucht glaubten, bellt' es immerfort, bis wir endlich entdeckten, daß über unsern Häuptern sich ein großer Hund des Hauses, am Fenster aufrecht gestellt, seine Kameraden durch Erwiderung hervorrief.

Aber dies war noch nicht genug; aus tiefem Schlafe weckte mich der ungeheure Ton eines Hornes, als wenn es mir zwischen die Bettvorhänge hineinbliese. Ein Nachtwächter unter meinem Fenster verrichtete sein Amt auf seinem Posten, und ich war doppelt und dreifach unglücklich, als seine Pflichtgenossen an allen Ecken der auf die Allee führenden Straßen antworteten, um durch erschreckende Töne uns zu beweisen, daß sie für die Sicherheit unserer Ruhe besorgt seien. Nun erwachte die krankhafte Reizbarkeit, und es blieb mir nichts übrig, als mit der Polizei in Unterhandlung zu treten, welche die besondere Gefälligkeit hatte, erst eins, dann mehrere dieser Hörner um des wunderlichen Fremden willen zum Schweigen zu bringen...

In der besten Stimmung kehrte ich am 30. August nach Weimar zurück und vergaß über den neuandringenden Beschäftigungen, daß mir noch irgend eine Schwachheit als Folge des erduldeten Übels und einer gewagten Kur möchte zurückgeblieben sein...

Schiller hatte die „Jungfrau von Orleans" in diesem Jahr begonnen und geendigt; wegen der Aufführung ergaben sich manche Zweifel, die uns der Freude beraubten, ein so wichtiges Werk zuerst auf das Theater zu bringen. Es war der Tätigkeit Ifflands vorbehalten, bei den reichen Mitteln, die ihm zu Gebote standen, durch eine glänzende Darstellung dieses Meisterstücks sich für alle Zeiten in den Theaterannalen einen bleibenden Ruhm zu erwerben.

Nicht geringen Einfluß auf unsre diesjährigen Leistungen erwies Madame Unzelmann, welche zu Ende Septembers in

Hauptrollen bei uns auftreten sollte. Gar manches Unbequeme, ja Schädliche hat die Erscheinung von Gästen auf dem Theater; wir lehnten sie sonst möglichst ab, wenn sie uns nicht Gelegenheit gaben, sie als neue Anregung und Steigerung unserer bleibenden Gesellschaft zu benutzen; dies konnte nur durch vorzügliche Künstler geschehen. Madame Unzelmann gab acht wichtige Vorstellungen hintereinander, bei welchen das ganze Personal in bedeutenden Rollen auftrat und schon an und für sich, zugleich aber im Verhältnis zu dem neuen Gaste, das Möglichste zu leisten hatte. Dies war von unschätzbarer Anregung. Nichts ist trauriger als der Schlendrian, mit dem sich der einzelne, ja eine Gesamtheit hingehen läßt; aber auf dem Theater ist es das allerschlimmste, weil hier augenblickliche Wirkung verlangt wird und nicht etwa ein durch die Zeit selbst sich einleitender Erfolg abzuwarten ist. Ein Schauspieler, der sich vernachlässigt, ist mir die widerwärtigste Kreatur von der Welt, meist ist er inkorrigibel, deshalb sind neues Publikum und neue Rivale unentbehrliche Reizmittel: jenes läßt ihm seine Fehler nicht hingehen, dieser forcert ihn zu schuldiger Anstrengung auf. Und so möge denn nun auch das auf dem deutschen Theater unaufhaltsame Gastrollenspielen sich zum allgemeinen Besten wirksam erweisen...

1802.

...Wenn ich nun dieses Jahr in immerwährender Bewegung gehalten wurde und bald in Weimar, bald in Jena und Lauchstädt meine Geschäfte, wie sie vorkamen, versah, so gab auch der Besitz des kleinen Freiguts Roßla Veranlassung zu manchen Hin- und Herfahrten. Zwar hatte sich schon deutlich genug hervorgetan, daß, wer von einem so kleinen Eigentum wirklich Vorteil ziehen will, es selbst bebauen, besorgen und, als sein eigener Pachter und Verwalter, den unmittelbaren Lebensunterhalt daraus ziehen müsse, da sich denn eine ganz artige Existenz darauf gründen lasse, nur nicht für einen verwöhnten Weltbürger. Indessen hat das sogenannte Ländliche, in einem angenehmen Tale, an einem kleinen baum- und buschbegrenzten Flusse, in der Nähe von fruchtreichen Höhen, unfern eines volkreichen und nahrhaften Städtchens, doch immer etwas, das mich tagelang unterhielt und sogar zu kleinen poetischen Produktionen eine heitere Stimmung verlieh. Frauen und Kinder sind hier in ihrem Elemente, und die in Städten unerträgliche Gevatterei ist hier wenigstens an ihrem einfachsten Ursprung; selbst Abneigung und Mißwollen scheinen reiner, weil sie aus den unmittelbaren Bedürfnissen der Menschheit hervorspringen...

In meinen weimarischen häuslichen Verhältnissen ereignete sich eine bedeutende Veränderung. Freund Meyer, der seit 1792, einige Jahre Abwesenheit ausgenommen, als Haus- und Tischgenosse mich durch belehrende, unterrichtende, beratende Gegenwart erfreute, verließ mein Haus in Gefolg einer eingegangenen ehlichen Verbindung. Jedoch die Notwendigkeit, sich ununterbrochen mitzuteilen, überwand bald die geringe Entfernung, ein wechselseitiges Einwirken blieb lebendig, so daß weder Hindernis noch Pause jemals empfunden ward.

Unter allen Tumulten dieses Jahres ließ ich doch nicht ab, meinen Liebling „Eugenien" im stillen zu hegen. Da mir das Ganze vollkommen gegenwärtig war, so arbeitete ich am Einzelnen wie ich ging und stand; daher denn auch die große Ausführlichkeit zu erklären ist, indem ich mich auf den jedesmaligen einzelnen Punkt konzentrierte, der unmittelbar in die Anschauung treten sollte...

1803.

...Der erste Teil von „Eugenie" war geschrieben, gespielt und gedruckt, das Schema des Ganzen lag Szene nach Szene vor mir, und ich kann wohl sagen, meine mehrjährige Neigung zu diesem Erzeugnis hatte keineswegs abgenommen.

Der zweite Teil sollte auf dem Landgut, dem Aufenthalt Eugeniens, vorgehen, der dritte in der Hauptstadt, wo mitten in der größten Verwirrung das wiedergefundene Sonett freilich kein Heil, aber doch einen schönen Augenblick würde hervorgebracht haben. Doch ich darf nicht weiter gehen, weil ich sonst das Ganze umständlich vortragen müßte.

Ich hatte mich der freundlichsten Aufnahme von vielen Seiten her zu erfreuen, wovon ich die wohltätigsten Zeugnisse gesammelt habe, die ich dem Öffentlichen mitzuteilen vielleicht Gelegenheit finde. Man empfand, man dachte, man folgerte, was ich nur wünschen konnte; allein ich hatte den großen unverzeihlichen Fehler begangen, mit dem ersten Teil hervorzutreten, eh' das Ganze vollendet war. Ich nenne den Fehler unverzeihlich, weil er gegen meinen alten geprüften Aberglauben begangen wurde, einen Aberglauben, der sich indes wohl ganz vernünftig erklären läßt.

Einen sehr tiefen Sinn hat jener Wahn, daß man, um einen Schatz wirklich zu heben und zu ergreifen, stillschweigend verfahren müsse, kein Wort sprechen dürfe, wie viel Schreckliches und Ergötzendes auch von allen Seiten erscheinen möge. Ebenso bedeutsam ist das Märchen, man müsse bei wunderhafter Wagefahrt nach einem kostbaren Talisman, in entlegensten Bergwildnissen, unaufhaltsam vorschreiten, sich ja nicht umsehen, wenn auf schroffem Pfade fürchterlich drohende oder lieblich lockende Stimmen ganz nahe hinter uns vernommen werden.

Indessen war's geschehen, und die geliebten Szenen der Folge besuchten mich nur manchmal wie unstete Geister, die wiederkehrend flehentlich nach Erlösung seufzen.

So wie schon einige Jahre machte der Zustand von Jena uns auch diesmal gar manche Sorge. Seit der Französischen Revolution war eine Unruhe in die Menschen gekommen, dergestalt daß sie entweder an ihrem Zustand zu ändern oder ihren Zustand wenigstens dem Ort nach zu verändern gedachten. Hierzu konnten besonders die Lehrer an Hochschulen ihrer Stellung nach am meisten verlockt werden, und da eben zu dieser Zeit dergleichen Anstalten neu errichtet und vorzüglich begünstigt wurden, so fehlte es nicht an Reiz und Einladung dorthin, wo man ein besseres Einkommen, höheren Rang, mehr Einfluß in einem weitern Kreise sich versprechen konnte.

Diese großweltischen Ereignisse muß man im Auge behalten, wenn man sich im allgemeinen einen Begriff machen will von dem, was um diese Zeit in dem kleinen Kreise der jenaischen Akademie sich ereignete.

Der im ärztlichen Fache so umsichtige und mit mannigfachem Talent der Behandlung und Darstellung begabte Christian Wilhelm Hufeland war nach Berlin berufen, führte dort den Titel eines Geheimen Rats, welcher in einem großen Reiche schon zum bloßen Ehrentitel geworden war, indessen er in kleineren Staaten noch immer die ursprüngliche aktive Würde bezeichnete und ohne dieselbe nicht leicht verliehen werden konnte. Eine solche Rangerhöhung aber blieb auf die Zurückgelassenen nicht ohne Einfluß.

Fichte hatte in seinem „Philosophischen Journal“ über Gott und göttliche Dinge auf eine Weise sich zu äußern gewagt, welche den hergebrachten Ausdrücken über solche Geheimnisse zu widersprechen schien; er ward in Anspruch genommen, seine Verteidigung besserte die Sache nicht, weil er leidenschaftlich zu Werke ging, ohne Ahnung, wie gut man diesseits für ihn gesinnt sei, wie wohl man seine Gedanken, seine Worte auszulegen wisse, welches man freilich ihm nicht gerade mit dürren Worten zu erkennen geben konnte, und ebensowenig die Art und Weise, wie man ihm auf das gelindeste herauszuhelfen gedachte. Das Hin- und Widerreden, das Vermuten und Behaupten, das Bestärken und Entschließen wogte in vielfachen unsichern Reden auf der Akademie durcheinander, man sprach von einem ministeriellen Vorhalt, von nichts Geringerem als einer Art Verweis, dessen Fichte sich zu gewärtigen hätte. Hierüber ganz außer Fassung, hielt er sich für berechtigt, ein heftiges Schreiben beim Ministerium einzureichen, worin er, jene Maßregel als gewiß voraussetzend, mit Ungestüm und Trotz erklärte, er werde dergleichen niemals dulden, er werde lieber ohne weiteres von der Akademie abziehen, und in solchem Falle nicht allein, indem mehrere bedeutende Lehrer mit ihm einstimmig den Ort gleichzeitig zu verlassen gedächten.

Hiedurch war nun auf einmal aller gegen ihn gehegte gute Wille gehemmt, ja paralysiert: hier blieb kein Ausweg, keine Vermittelung übrig, und das gelindeste war, ihm ohne weiteres seine Entlassung zu erteilen. Nun erst, nachdem die Sache sich nicht mehr ändern ließ, vernahm er die

Wendung, die man ihr zu geben im Sinne gehabt, und er mußte seinen übereilten Schritt bereuen, wie wir ihn bedauerten.

Zu einer Verabredung jedoch, mit ihm die Akademie zu verlassen, wollte sich niemand bekennen, alles blieb für den Augenblick an seiner Stelle; doch hatte sich ein heimlicher Unmut aller Geister so bemächtigt, daß man in der Stille sich nach außen umtat, und zuletzt Hufeland der Jurist nach Ingolstadt, Paulus und Schelling aber nach Würzburg wanderten.

Nach allem diesem vernahmen wir im August, die so hochgeschätzte Literaturzeitung solle auch von Jena weg und nach Halle gebracht werden. Der Plan war klug genug angelegt, man wollte ganz im gewohnten Gange das laufende Jahr durchführen und schließen, sodann, als geschähe weiter nichts, ein neues anfangen, zu Ostern aber gleichsam nur den Druckort verändern und durch solches Manœuvre, mit Anstand und Bequemlichkeit, diese wichtige Anstalt für ewig von Jena wegspielen.

Die Sache war von der größten Bedeutsamkeit, und es ist nicht zu viel gesagt: diese stille Einleitung bedrohte die Akademie für den Augenblick mit völliger Auflösung. Man war diesseits wirklich in Verlegenheit: denn ob man gleich das Recht hatte, die Unternehmer zu fragen, ob dieses allgemeine Gerücht einen Grund habe, so wollte man doch in einer solchen gehässigen Sache nicht übereilt noch hart erscheinen; daher anfänglich ein Zaudern, das aber von Tag zu Tag gefährlicher ward. Die erste Hälfte des Augusts war verstrichen, und alles kam darauf an, was in den sechs Wochen bis Michael zu einer Gegenwirkung vorgenommen werden könnte.

Auf einmal kommt Hülfe, woher sie nicht zu erwarten war. Kotzebue, der sich seit den Szenen des vorigen Jahrs als Todfeind aller weimarischen Tätigkeit erwiesen hatte, kann seinen Triumph nicht im stillen feiern, er gibt in dem „Freimütigen“ übermütig an den Tag: mit der Akademie Jena, welche bisher schon großen Verlust an tüchtigen Professoren erlitten, sei es nun völlig zu Ende, indem die „Allgemeine Literaturzeitung“ in Gefolg großer, dem

Redakteur verwilligter Begünstigungen von da hinweg und nach Halle verlegt werde.

Von unserer Seite hörte nun alles Bedenken auf; wir hatten volle Ursache, die Unternehmer zu fragen, ob dies ihre Absicht sei? Und da solche nun nicht geleugnet werden konnte, so erklärte man ihren Vorsatz, die Anstalt bis Ostern in Jena hinzuhalten, für nichtig, und versicherte zugleich, man werde mit dem neuen Jahre in Jena die „Allgemeine Literaturzeitung" selbst fortsetzen...

Der weltberühmten „Allgemeinen Literaturzeitung" mit Aufkündigung des Dienstes zuvorzukommen und, indem sie sich an einen andern Ort bewegte, sie an derselben Stelle fortsetzen zu wollen, war ein kühnes Unternehmen. Man bedenkt nicht immer, daß ein kühn Unternommenes in der Ausführung gleichfalls Kühnheit erfordert, weil bei dem Ungemeinen durch gemeine Mittel nicht wohl auszulangen sein möchte. Mehr als ein Verständiger, Einsichtiger gab mir das Erstaunen zu erkennen, wie man sich in ein solch unmögliches Unternehmen habe einlassen dürfen. Freilich aber war die Sache dadurch möglich geworden, daß ein Mann von dem Verdienste des Herrn Hofrat Eichstädt sich zu Fortsetzung des Geschäfts entschloß, an dem er bisher so bedeutenden Teil genommen hatte.

Die Weimarischen Kunstfreunde hielten es nunmehr für Pflicht, das, was an ihrem Einfluß gewichtig sein konnte, auch auf die Schale zu legen. Preisaufgaben für bildende Künstler, Rezensionen der eingesendeten Blätter, Preiserteilung, sonstig verwandte Ausführungen, Ausschreiben einer neuen Preisaufgabe: dieser Komplex von ineinander greifenden Operationen, welcher bisher den „Propyläen" angehört hatte, sollte nunmehr der „Allgemeinen Literaturzeitung" zuteil werden. Das Programm hiezu beschäftigte mich in meiner diesmaligen Absonderung, indem ich mit dem Freund und eifrigen Mitarbeiter Heinrich Meyer in fortwährender Kommunikation blieb.

Wer Gelegenheit hat, den ersten Jahrgang der neuen oder „Jenaischen Allgemeinen Literaturzeitung" anzusehen, der wird gern bekennen, daß es keine geringe Arbeit gewesen...

1804.

Der Winter hatte sich mit aller Gewalt eingefunden, die Wege waren verschneit, auf der Schnecke kein Fortkommen. Frau von Staël kündigte sich immer dringender an, mein Geschäft war vollendet, und ich entschloß mich in mancherlei Betracht nach Weimar zu gehen. Aber auch diesmal fühlt' ich die Schädlichkeit des Winteraufenthaltes im Schlosse. Die so teure Erfahrung von 1801 hatte mich nicht aufmerksam, nicht klüger gemacht, ich kehrte mit einem starken Katarrh zurück, der, ohne gefährlich zu sein, mich einige Tage im Bette und sodann wochenlang in der Stube hielt. Dadurch ward mir nun ein Teil des Aufenthalts dieser seltenen Frau historisch, indem ich, was in der Gesellschaft vorging, von Freunden berichtlich vernahm, und so mußte denn auch die Unterhaltung erst durch Billette, dann durch Zwiegespräche, später in dem kleinsten Zirkel stattfinden: vielleicht die günstigste Weise, wie ich sie kennen lernen und mich ihr, insofern dies möglich war, auch mitteilen konnte.

Mit entschiedenem Andrang verfolgte sie ihre Absicht, unsere Zustände kennen zu lernen, sie ihren Begriffen ein- und unterzuordnen, sich nach dem Einzelnen so viel als möglich zu erkundigen, als Weltfrau sich die geselligen Verhältnisse klar zu machen, in ihrer geistreichen Weiblichkeit die allgemeineren Vorstellungsarten und was man Philosophie nennt, zu durchdringen und zu durchschauen. Ob ich nun gleich gar keine Ursache hatte, mich gegen sie zu verstellen, wiewohl ich, auch wenn ich mich gehen lasse, doch immer von den Leuten nicht recht gefaßt werde; so trat doch hier ein äußerer Umstand ein, der mich für den Augenblick scheu machte. Ich erhielt soeben ein erst herausgekommenes französisches Buch, die Korrespondenz von ein paar Frauenzimmern mit Rousseau enthaltend. Sie hatten den unzugänglichen scheuen Mann ganz eigentlich mystifiziert, indem sie ihn erst durch kleine Angelegenheiten zu interessieren, zu einem Briefwechsel mit ihnen anzulocken gewußt, den sie, nachdem sie den Scherz genug hatten, zusammenstellen und drucken ließen.

Hierüber gab ich mein Mißfallen an Frau von Staël zu erkennen, welche die Sache leicht nahm, sogar zu billigen schien und nicht undeutlich zu verstehen gab: sie denke ungefähr gleicherweise mit uns zu verfahren. Weiter bedurft' es nichts, um mich aufmerksam und vorsichtig zu machen, mich einigermaßen zu verschließen.

Die großen Vorzüge dieser hoch denkenden und empfindenden Schriftstellerin liegen jedermann vor Augen, und die Resultate ihrer Reise durch Deutschland zeigen genugsam, wie wohl sie ihre Zeit angewendet.

Ihre Zwecke waren vielfach: sie wollte das sittliche, gesellige, literarische Weimar kennen lernen und sich über alles genau unterrichten; dann aber wollte auch sie gekannt sein und suchte daher ihre Ansichten ebenso geltend zu machen, als es ihr darum zu tun schien, unsre Denkweise zu erforschen. Allein dabei konnte sie es nicht lassen; auch wirken wollte sie auf die Sinne, aufs Gefühl, auf den Geist, sie wollte zu einer gewissen Tätigkeit aufregen, deren Mangel sie uns vorwarf.

Da sie keinen Begriff hatte von dem, was Pflicht heißt, und zu welcher stillen gefaßten Lage sich derjenige, der sie übernimmt, entschließen muß, so sollte immerfort eingegriffen, augenblicklich gewirkt, sowie in der Gesellschaft immer gesprochen und verhandelt werden.

Die Weimaraner sind gewiß eines Enthusiasmus fähig, vielleicht gelegentlich auch eines falschen, aber das französische Auflodern ließ sich nicht von ihnen erwarten, am wenigsten zu einer Zeit, wo die französische Übergewalt so allseitig drohte und stillkluge Menschen das unausweichliche Unheil voraussahen, das uns im nächsten Jahre an den Rand der Vernichtung führen sollte.

Auch vorlesend und deklamierend wollte Frau von Staël sich Kränze erwerben. Ich entschuldigte mich von einem Abend, wo sie „Phädra“ vortrug und wo ihr der mäßige deutsche Beifall keineswegs genugtat.

Philosophieren in der Gesellschaft heißt sich über unauflösliche Probleme lebhaft unterhalten. Dies war ihre eigentliche Lust und Leidenschaft. Natürlicherweise trieb sie es in Reden und Wechselreden gewöhnlich bis zu denen Angelegenheiten des Denkens und Empfindens, die eigentlich nur zwischen Gott und dem Einzelnen zur Sprache kommen sollten. Dabei hatte sie, als Frau und Französin, immer die Art, auf Hauptstellen positiv zu verharren und eigentlich nicht genau zu hören, was der andere sagte.

Durch alles dieses war der böse Genius in mir aufgeregt, daß ich nicht anders als widersprechend dialektisch und problematisch alles Vorkommende behandelte und sie durch hartnäckige Gegensätze oft zur Verzweiflung brachte, wo sie aber erst recht liebenswürdig war und ihre Gewandtheit im Denken und Erwidern auf die glänzendste Weise dartat.

Noch hatte ich mehrmals unter vier Augen folgerechte Gespräche mit ihr, wobei sie jedoch auch nach ihrer Weise lästig war, indem sie über die bedeutendsten Vorkommenheiten nicht einen Augenblick stilles Nachdenken erlaubte, sondern leidenschaftlich verlangte, man solle bei dringenden Angelegenheiten, bei den wichtigsten Gegenständen ebenso schnell bei der Hand sein, als wenn man einen Federball aufzufangen hätte.

Ein Geschichtchen statt vieler möge hier Platz nehmen: Frau von Staël trat einen Abend vor der Hofzeit bei mir ein und sagte gleich zum Willkommen mit heftiger Lebhaftigkeit: „Ich habe Euch eine wichtige Nachricht anzukündigen: Moreau ist arretiert mit einigen andern und des Verrats gegen den Tyrannen angeklagt." — Ich hatte seit langer Zeit, wie jedermann, an der Persönlichkeit des Edlen teilgenommen und war seinem Tun und Handeln gefolgt; ich rief im stillen mir das Vergangene zurück, um, nach meiner Art, daran das Gegenwärtige zu prüfen und das Künftige daraus zu schließen, oder doch wenigstens zu ahnen. Die Dame veränderte das Gespräch, dasselbe wie gewöhnlich auf mannigfach gleichgültige Dinge führend, und als ich, in meinem Grübeln verharrend, ihr nicht sogleich gesprächig zu erwidern wußte, erneuerte sie die schon oft vernommenen Vorwürfe: ich sei diesen Abend wieder einmal, gewohnterweise, maussade und keine heitere Unterhaltung bei mir zu finden. — Ich ward wirklich im Ernst böse, versicherte, sie sei keines wahren Anteils fähig; sie falle mit der Tür ins Haus, betäube mich mit einem derben Schlag und verlange sodann, man solle alsobald sein Liedchen pfeifen und von einem Gegenstand zum andern hüpfen.

Dergleichen Äußerungen waren recht in ihrem Sinn, sie wollte Leidenschaft erregen, gleichviel welche. Um mich zu versöhnen, sprach sie die Momente des gedachten wichtigen Unfalls gründlich durch und bewies dabei große Einsicht in die Lage der Dinge, wie in die Charaktere.

Ein anderes Geschichtchen bezeugt gleichfalls, wie heiter und leicht mit ihr zu leben war, wenn man es auf ihre Weise nahm. An einem personenreichen Abendessen bei Herzogin Amalie saß ich weit von ihr und war eben auch für diesmal still und mehr nachdenklich. Meine Nachbarschaft verwies es mir, und es gab eine kleine Bewegung, deren Ursache endlich bis zu den höhern Personen hinaufreichte. Frau von Staël vernahm die Anklage meines Schweigens, äußerte sich darüber wie gewöhnlich und fügte hinzu: „Überhaupt mag ich Goethe nicht, wenn er nicht eine Bouteille Champagner getrunken hat." Ich sagte darauf halblaut, so daß es nur meine Nächsten vernehmen konnten: „Da müssen wir uns denn doch schon manchmal zusammen bespitzt haben." Ein mäßiges Gelächter entstand darauf; sie wollte den Anlaß erfahren, niemand konnte und mochte meine Worte im eigentlichsten Sinne französisch wiedergeben, bis endlich Benjamin Constant, auch ein Nahsitzender, auf ihr anhaltendes Fordern und Drängen, um die Sache abzuschließen, es unternahm, ihr mit einer euphemistischen Phrase genug zu tun.

Was man jedoch von solchen Verhältnissen hinterher denken und sagen mag, so ist immer zu bekennen, daß sie von großer Bedeutung und Einfluß auf die Folge gewesen. Jenes Werk über Deutschland, welches seinen Ursprung dergleichen geselligen Unterhaltungen verdankte, ist als ein mächtiges Rüstzeug anzusehen, das in die Chinesische Mauer antiquierter Vorurteile, die uns von Frankreich trennte, sogleich eine breite Lücke durchbrach, so daß man über dem Rhein und in Gefolg dessen über dem Kanal endlich von uns nähere Kenntnis nahm, wodurch wir nicht anders als lebendigen Einfluß auf den fernern Westen zu gewinnen hatten. Segnen wollen wir also jenes Unbequeme und den Konflikt nationeller Eigentümlichkeiten, die uns damals ungelegen kamen und keineswegs förderlich erscheinen wollten...

Je weiter ich in meinen chromatischen Studien vorrückte, desto wichtiger und liebwerter wollte mir die Geschichte der Naturwissenschaften überhaupt erscheinen. Wer dem Gange einer höhern Erkenntnis und Einsicht getreulich folgt, wird zu bemerken haben, daß Erfahrung und Wissen fortschreiten und sich bereichern können, daß jedoch das Denken und die eigentlichste Einsicht keineswegs in gleicher Maße vollkommener wird, und zwar aus der ganz natürlichen Ursache, weil das Wissen unendlich und jedem neugierig Umherstehenden zugänglich, das Überlegen, Denken und Verknüpfen aber innerhalb eines gewissen Kreises der menschlichen Fähigkeiten eingeschlossen ist; dergestalt, daß das Erkennen der vorliegenden Weltgegenstände, vom Fixstern bis zum kleinsten lebendigen Lebepunkt, immer deutlicher und ausführlicher werden kann, die wahre Einsicht in die Natur dieser Dinge jedoch in sich selbst gehindert ist und dieses in dem Grade, daß nicht allein die Individuen, sondern ganze Jahrhunderte vom Irrtum zur Wahrheit, von der Wahrheit zum Irrtum sich in einem stetigen Kreise bewegen.

In diesem Jahre war ich bis zu der wichtigen Zeit gelangt, wo die nachher königlich genannte Englische Gesellschaft sich erst in Oxford, dann in London zusammentat, durch mannigfaltige wichtige Hindernisse aufgehalten, sodann durch den großen Brand in London in ihrer Tätigkeit unterbrochen, zuletzt aber immer mehr eingerichtet, geordnet und gegründet war.

Die Geschichte dieser Sozietät von Thomas Sprat las ich mit großem Beifall und bedeutender Belehrung, was auch strengere Forderer gegen diesen freilich etwas flüchtigen Mann mögen einzuwenden haben. Geistreich ist er immer und läßt uns in die Zustände recht eigentlich hineinblicken.

Die Protokolle dieser Gesellschaft, herausgegeben von Birch, sind dagegen unbestritten ganz unschätzbar. Die Anfänge einer so großen Anstalt geben uns genug zu denken. Ich widmete diesem Werke jede ruhige Stunde und habe von dem, was ich mir davon zugeeignet, in meiner „Geschichte der Farbenlehre" kurze Rechenschaft gegeben.

Hier darf ich aber nicht verschweigen, daß diese Werke

von der Göttinger Bibliothek durch die Gunst des edlen Heyne mir zugekommen, dessen nachsichtige Geneigtheit durch viele Jahre mir ununterbrochen zuteil ward, wenn er gleich öfters wegen verspäteter Zurücksendung mancher bedeutenden Werke einen kleinen Unwillen nicht ganz verbarg. Freilich war meine desultorische Lebens- und Studienweise meistens schuld, daß ich an tüchtige Werke nur einen Anlauf nehmen und sie wegen äußerer Zudringlichkeiten beiseitelegen mußte, in Hoffnung eines günstigern Augenblicks, der sich denn wohl auf eine lange Zeitstrecke verzögerte.

Winckelmanns frühere Briefe an Hofrat Berendis waren schon längst in meinen Händen, und ich hatte mich zu ihrer Ausgabe vorbereitet. Um das, was zu Schilderung des außerordentlichen Mannes auf mannigfaltige Weise dienen könnte, zusammenzustellen, zog ich die werten Freunde, Wolf in Halle, Meyer in Weimar, Fernow in Jena, mit ins Interesse, und so bildete sich nach und nach der Oktavband, wie er sodann in die Hände des Publikums gelangte...

Im Jahre 1797 hatte ich, mit dem aus Italien zurückkehrenden Freunde Meyer, eine Wanderung nach den kleinen Kantonen, wohin mich nun schon zum dritten Male eine unglaubliche Sehnsucht anregte, heiter vollbracht. Der Vierwaldstätter See, die Schwyzer Hocken, Flüelen und Altdorf, auf dem Hin- und Herwege nur wieder mit freiem, offenem Auge beschaut, nötigten meine Einbildungskraft, diese Lokalitäten als eine ungeheure Landschaft mit Personen zu bevölkern, und welche stellten sich schneller dar als Tell und seine wackern Zeitgenossen? Ich ersann hier an Ort und Stelle ein episches Gedicht, dem ich um so lieber nachhing, als ich wünschte, wieder eine größere Arbeit in Hexametern zu unternehmen, in dieser schönen Dichtart, in die sich nach und nach unsre Sprache zu finden wußte, wobei die Absicht war, mich immer mehr durch Übung und Beachtung mit Freunden darin zu vervollkommnen.

Von meinen Absichten melde nur mit wenigem, daß ich in dem Tell eine Art von Demos darzustellen vorhatte und ihn deshalb als einen kolossal kräftigen Lastträger bildete, die rohen Tierfelle und sonstige Waren durchs Gebirg herüber und hinüber zu tragen sein Leben lang beschäftigt und, ohne sich weiter um Herrschaft noch Knechtschaft zu bekümmern, sein Gewerbe treibend und die unmittelbarsten persönlichen Übel abzuwehren fähig und entschlossen. In diesem Sinne war er den reichern und höhern Landsleuten bekannt, und harmlos übrigens auch unter den fremden Bedrängern. Diese seine Stellung erleichterte mir eine allgemeine in Handlung gesetzte Exposition, wodurch der eigentliche Zustand des Augenblicks anschaulich ward.

Mein Landvogt war einer von den behaglichen Tyrannen, welche herz- und rücksichtlos auf ihre Zwecke hindringen, übrigens aber sich gern bequem finden, deshalb auch leben und leben lassen, dabei auch humoristisch gelegentlich dies oder jenes verüben, was entweder gleichgültig wirken oder auch wohl Nutzen und Schaden zur Folge haben kann. Man sieht aus beiden Schilderungen, daß die Anlage meines Gedichtes von beiden Seiten etwas Läßliches hatte und einen gemessenen Gang erlaubte, welcher dem epischen Gedichte so wohl ansteht. Die älteren Schweizer und deren treue Repräsentanten, an Besitzung, Ehre, Leib und Ansehn verletzt, sollten das Sittlich-Leidenschaftliche zur inneren Gärung, Bewegung und endlichem Ausbruch treiben, indes jene beiden Figuren persönlich gegeneinander zu stehen und unmittelbar aufeinander zu wirken hatten.

Diese Gedanken und Einbildungen, so sehr sie mich auch beschäftigt und sich zu einem reifen Ganzen gebildet hatten, gefielen mir, ohne daß ich zur Ausführung mich hätte bewegt gefunden. Die deutsche Prosodie, insofern sie die alten Silbenmaße nachbildete, ward, anstatt sich zu regeln, immer problematischer; die anerkannten Meister solcher Künste und Künstlichkeiten lagen bis zur Feindschaft in Widerstreit. Hierdurch ward das Zweifelhafte noch ungewisser; mir aber, wenn ich etwas vorhatte, war es unmöglich, über die Mittel erst zu denken, wodurch der Zweck zu erreichen wäre; jene mußten mir schon bei der Hand sein, wenn ich diesen nicht alsobald aufgeben sollte.

Über dieses innere Bilden und äußere Unterlassen waren wir in das neue Jahrhundert eingetreten. Ich hatte mit Schiller diese Angelegenheit oft besprochen und ihn mit meiner lebhaften Schilderung jener Felswände und gedrängten Zustände oft genug unterhalten, dergestalt daß sich bei ihm dieses Thema nach seiner Weise zurechtstellen und formen mußte. Auch er machte mich mit seinen Ansichten bekannt, und ich entbehrte nichts an einem Stoff, der bei mir den Reiz der Neuheit und des unmittelbaren Anschauens verloren hatte, und überließ ihm daher denselben gerne und förmlich, wie ich schon früher mit den „Kranichen des Ibykus" und manchem andern Thema getan hatte; da sich denn aus jener obigen Darstellung, verglichen mit dem Schillerischen Drama, deutlich ergibt, daß ihm alles vollkommen angehört, und daß er mir nichts als die Anregung und eine lebendigere Anschauung schuldig sein mag, als ihm die einfache Legende hätte gewähren können.

Eine Bearbeitung dieses Gegenstandes ward immerfort, wie gewöhnlich, unter uns besprochen, die Rollen zuletzt nach seiner Überzeugung ausgeteilt, die Proben gemeinschaftlich vielfach und mit Sorgfalt behandelt; auch suchten wir in Kostüm und Dekoration nur mäßig, wiewohl schicklich und charakteristisch, zu verfahren, wobei, wie immer, mit unsern ökonomischen Kräften die Überzeugung zusammentraf, daß man mit allem Äußern mäßig verfahren, hingegen das Innere, Geistige so hoch als möglich steigern müsse. Überwiegt jenes, so erdrückt der einer jeden Sinnlichkeit am Ende doch nicht genugtuende Stoff alles das eigentlich höher Geformte, dessentwegen das Schauspiel eigentlich nur zulässig ist. Den 17. März war die Aufführung, und durch diese erste wie durch die folgenden Vorstellungen, nicht weniger durch das Glück, welches dieses Werk durchaus machte, die darauf gewendete Sorgfalt und Mühe vollkommen gerechtfertigt und belohnt...

1805.

...Schiller, durch den dreißigsten Januar gedrängt, arbeitete fleißig an „Phädra", die auch wirklich am bestimmten Tage aufgeführt ward und hier am Orte wie nachher auswärts bedeutenden Schauspielerinnen Gelegenheit gab, sich hervorzutun und ihr Talent zu steigern.

Indessen war ich durch zwei schreckhafte Vorfälle, durch zwei Brände, welche in wenigen Abenden und Nächten hintereinander entstanden, und wobei ich jedesmal persönlich bedroht war, in mein Übel, aus dem ich mich zu retten strebte, zurückgeworfen. Schiller fühlte sich von gleichen Banden umschlungen. Unsere persönlichen Zusammenkünfte waren unterbrochen; wir wechselten fliegende Blätter. Einige im Februar und März von ihm geschriebene zeugen noch von seinen Leiden, von Tätigkeit, Ergebung und immer mehr schwindender Hoffnung. Anfangs Mai wagt' ich mich aus, ich fand ihn im Begriff, ins Schauspiel zu gehen, wovon ich ihn nicht abhalten wollte: ein Mißbehagen hinderte mich, ihn zu begleiten, und so schieden wir vor seiner Haustüre, um uns niemals wieder zu sehen. Bei dem Zustande meines Körpers und Geistes, die um aufrecht zu bleiben aller eigenen Kraft bedurften, wagte niemand die Nachricht von seinem Scheiden in meine Einsamkeit zu bringen. Er war am Neunten verschieden, und ich nun von allen meinen Übeln doppelt und dreifach angefallen.

Als ich mich ermannt hatte, blickt' ich nach einer entschiedenen großen Tätigkeit umher; mein erster Gedanke war, den „Demetrius" zu vollenden. Von dem Vorsatz an bis in die letzte Zeit hatten wir den Plan öfters durchgesprochen: Schiller mochte gern unter dem Arbeiten mit sich selbst und andern für und wider streiten, wie es zu machen wäre; er ward ebensowenig müde, fremde Meinungen zu vernehmen, wie seine eigenen hin und her zu wenden. Und so hatte ich alle seine Stücke, vom „Wallenstein" an, zur Seite begleitet, meistenteils friedlich und freundlich, ob ich gleich manchmal, zuletzt wenn es zur Aufführung kam, gewisse Dinge mit Heftigkeit bestritt, wobei denn endlich einer oder der andere nachzugeben für gut fand. So hatte sein aus- und aufstrebender Geist auch die Darstellung des „Demetrius" in viel zu großer Breite gedacht; ich war Zeuge, wie er die Exposition in einem Vorspiel bald dem Wallensteinischen, bald dem Orleanischen ähnlich ausbilden wollte, wie er nach und nach sich ins Engere zog, die Hauptmomente zusammenfaßte und hie und da zu arbeiten anfing. Indem ihn ein Ereignis vor dem andern anzog, hatte ich beirätig und mittätig eingewirkt, das Stück war mir so lebendig als ihm. Nun brannt' ich vor Begierde, unsere Unterhaltung, dem Tode zu Trutz, fortzusetzen, seine Gedanken, Ansichten und Absichten bis ins einzelne zu bewahren und ein herkömmliches Zusammenarbeiten bei Redaktion eigener und fremder Stücke hier zum letztenmal auf ihrem höchsten Gipfel zu zeigen. Sein Verlust schien mir ersetzt, indem ich sein Dasein fortsetzte. Unsere gemeinsamen Freunde hofft' ich zu verbinden; das deutsche Theater, für welches wir bisher gemeinschaftlich, er dichtend und bestimmend, ich belehrend, übend und ausführend, gearbeitet hatten, sollte, bis zur Herankunft eines frischen ähnlichen Geistes, durch seinen Abschied nicht ganz verwaist sein. Genug, aller Enthusiasmus, den die Verzweiflung bei einem großen Verlust in uns aufregt, hatte mich ergriffen. Frei war ich von aller Arbeit, in wenigen Monaten hätte ich das Stück vollendet. Es auf allen Theatern zugleich gespielt zu sehen, wäre die herrlichste Totenfeier gewesen, die er selbst sich und den Freunden bereitet hätte. Ich schien mir gesund, ich schien mir getröstet. Nun aber setzten sich der Ausführung mancherlei Hindernisse entgegen, mit einiger Besonnenheit und Klugheit vielleicht zu beseitigen, die ich aber durch leidenschaftlichen Sturm und Verworrenheit nur noch vermehrte; eigensinnig und übereilt gab ich den Vorsatz auf, und ich darf noch jetzt nicht an den Zustand denken, in welchen ich mich versetzt fühlte. Nun war mir Schiller eigentlich erst entrissen, sein Umgang erst versagt. Meiner künstlerischen Einbildungskraft war verboten, sich mit dem Katafalk zu beschäftigen, den ich ihm aufzurichten gedachte, der länger als jener zu Messina das Begräbnis überdauern sollte; sie wendete sich nun und folgte dem Leichnam in die Gruft, die ihn gepränglos eingeschlossen hatte. Nun fing er mir erst an zu verwesen; unleidlicher Schmerz ergriff mich, und da mich körperliche Leiden von jeglicher Gesellschaft trennten, so war ich in traurigster Einsamkeit befangen. Meine Tagebücher melden nichts von jener Zeit; die weißen Blätter deuten auf den hohlen Zustand, und was sonst noch an Nachrichten sich findet, zeugt nur, daß ich den laufenden Geschäften ohne weitern Anteil zur Seite ging und mich von ihnen leiten ließ, anstatt sie zu leiten. Wie oft mußt' ich nachher im Laufe der Zeit still bei mir lächeln, wenn teilnehmende Freunde Schillers Monument in Weimar vermißten; mich wollte fort und fort bedünken, als hätt' ich ihm und unserm Zusammensein das erfreulichste stiften können...

Die einsame Tätigkeit mußt' ich nur auf einen andern Gegenstand werfen. Winckelmanns Briefe, die mir zugekommen waren, veranlaßten mich, über diesen herrlichen, längst vermißten Mann zu denken und, was ich über ihn seit so viel Jahren im Geist und Gemüt herumgetragen, ins Enge zu bringen. Manche Freunde waren schon früher zu Beiträgen aufgefordert, ja Schiller hatte versprochen, nach seiner Weise teilzunehmen.

Nun aber darf ich es wohl als die Fürsorge eines gutgesinnten Genius preisen, daß ein vorzüglich geschätzter und verehrter Mann, mit dem ich früher nur in den allgemeinen Verhältnissen eines gelegentlichen Briefwechsels und Umgangs gestanden, sich mir näher anzuschließen Veranlassung fühlte. Professor Wolf aus Halle bewährte seine Teilnahme an Winckelmann und dem, was ich für sein Andenken zu tun gedachte, durch Übersendung eines Aufsatzes, der mir höchlich willkommen war, ob er ihn gleich für unbefriedigend erklärte. Schon im März des Jahrs hatte er sich bei uns angekündigt, die sämtlichen weimarischen Freunde freuten sich, ihn abermals in ihrem Kreise zu besitzen, den er leider um ein edles Mitglied vermindert und uns alle in tiefer Herzenstrauer fand, als er am 30. Mai in Weimar anlangte, begleitet von seiner jüngeren Tochter, die in allen Reizen der frischen Jugend mit dem Frühling wetteiferte. Ich konnte den werten Mann gastfreundlich aufnehmen und so mit ihm höchst erfreulich belehrende Stunden zubringen...

Bei einem kurzen Aufenthalt in Lauchstädt suchte ich ... vorzüglich dasjenige zu besorgen, was an Baulichkeiten und sonstigen Lokalitäten, nicht weniger, was mit dortigen Beamten zu verabreden und festzustellen war, und begab mich darauf nach Halle, wo ich in dem Hause meines Freundes *(Wolf)* die gastlichste Aufnahme fand. Die vor kurzem abgebrochene Unterhaltung ward lebhaft fortgesetzt und nach vielen Seiten hin erweitert: denn da ich hier den unablässig arbeitenden Mann mitten in seiner täglichen, bestimmten, manchmal aufgenötigten Tätigkeit fand, so gab es tausend Gelegenheiten, einen neuen Gegenstand, eine verwandte Materie, irgend eine ins Leben eingreifende Handlung zum Text geistreicher Gespräche aufzufassen, wobei denn der Tag und halbe Nächte schnell vorübergingen, aber bedeutenden Reichtum zurückließen.

Hatte ich nun an ihm die Gegenwart eines ungeheuren Wissens zu bewundern, so war ich doch auch neugierig zu vernehmen, wie er das einzelne an die Jugend methodisch und eingänglich überliefere. Ich hörte daher, durch seine liebenswürdige Tochter geleitet, hinter einer Tapetentüre seinem Vortrag mehrmals zu, wo ich denn alles, was ich von ihm erwarten konnte, in Tätigkeit fand: eine aus der Fülle der Kenntnis hervortretende freie Überlieferung, aus gründlichstem Wissen mit Freiheit, Geist und Geschmack sich über die Zuhörer verbreitende Mitteilung.

Was ich unter solchen Verhältnissen und Zuständen gewonnen, läßt sich nicht übersehen; wie einflußreich diese wenigen Monate auf mein Leben gewesen, wird aber der Verständige im allgemeinen mitempfinden können.

Hierauf nun erwartete mich in einem andern Fache eine höchst durchgreifende Belehrung. Doktor Gall begann seine Vorlesungen in den ersten Tagen des August, und ich gesellte mich zu den vielen sich an ihn herandrängenden Zuhörern. Seine Lehre mußte gleich, so wie sie bekannt zu werden anfing, mir dem ersten Anblicke nach zusagen. Ich war gewohnt, das Gehirn von der vergleichenden Anatomie her zu betrachten, wo schon dem Auge kein Geheimnis bleibt, daß die verschiedenen Sinne als Zweige des Rückenmarks ausfließen und erst einfach, einzeln zu erkennen, nach und nach aber schwerer zu beobachten sind, bis allmählich die angeschwollene Masse Unterschied und Ursprung völlig verbirgt. Da nun eben diese organische Operation sich in allen Systemen des Tiers von unten auf wiederholt und sich vom Greiflichen bis zum Unbemerkbaren steigert, so war mir der Hauptbegriff keineswegs fremd, und sollte Gall, wie man vernahm, auch durch seinen Scharfblick verleitet zu sehr ins Spezifische gehen, so hing es ja nur von uns ab, ein scheinbar paradoxes Absondern in ein faßlicher Allgemeines hinüberzuheben...

Doktor Gall war abgegangen und besuchte Göttingen, wir aber wurden durch die Aussicht eines eigenen Abenteuers angezogen. Der wunderliche, in manchem Sinne viele Jahre durch schon bekannte problematische Mann, Hofrat Beireis in Helmstedt, war mir schon so oft genannt, seine Umgebung, sein merkwürdiger Besitz, sein sonderbares Betragen sowie das Geheimnis, das über allem diesem waltete, hatte schon längst auf mich und meine Freunde beunruhigend gewirkt, und man mußte sich schelten, daß man eine so einzig merkwürdige Persönlichkeit, die auf eine frühere vorübergehende Epoche hindeutete, nicht mit Augen gesehen, nicht im Umgang einigermaßen erforscht habe. Professor Wolf war in demselbigen Falle, und wir beschlossen, da wir den Mann zu Hause wußten, eine Fahrt nach ihm, der wie ein geheimnisvoller Greif über außerordentlichen und kaum denkbaren Schätzen waltete...

Wir verfolgten unsern Weg, und da der Übergang aus einer Flußregion in die andere immer der Hauptaugenmerk mein des Geognosten war, so fielen mir die Sandsteinhöhen auf, die nun, statt nach der Elbe, nach der Weser hindeuteten. Helmstedt selbst liegt ganz freundlich, der Sand ist dort, wo ein geringes Wasser fließt, durch Gärten und sonst anmutige Umgebung gebändigt. Wer nicht gerade den Begriff einer lebhaften deutschen Akademie mitbringt, der wird angenehm überrascht sein, in einer solchen Lage eine ältere beschränkte Studienanstalt zu finden, wo auf dem Fundament eines frühern Klosterwesens Lehrstühle späterer Art gegründet worden, wo gute Pfründen einen behaglichen Sitz darbieten, wo altträumliche Gebäude einem anständigen Haushalt, bedeutenden Bibliotheken, ansehnlichen Kabinetten hinreichenden Platz gewähren, und eine stille Tätigkeit desto emsiger schriftstellerisch wirken kann, als eine geringe Versammlung von Studierenden nicht jene Hast der Überlieferung fordert, die uns auf besuchten Akademien nur übertäubt.

Das Personal der Lehrer war auf alle Weise bedeutend; ich darf nur die Namen Henke, Pott, Lichtenstein, Crell, Bruns und Bredow nennen, so weiß jedermann den damaligen Zirkel zu schätzen, in welchem die Reisenden sich befanden. Gründliche Gelehrsamkeit, willige Mitteilungen, durch immer nachwachsende Jugend erhaltene Heiterkeit des Umgangs, frohe Behaglichkeit bei ernsten und zweckmäßigen Beschäftigungen, das alles wirkte so schon ineinander, wozu noch die Frauen mitwirkten, ältere durch gastfreie Häuslichkeit, jüngere Gattinnen mit Anmut, Töchter in aller Liebenswürdigkeit, sämtlich nur einer allgemeinen einzigen Familie anzugehören scheinend. Eben die großen Räume altherkömmlicher Häuser erlaubten zahlreiche Gastmahle und die besuchtesten Feste.

Bei einem derselben zeigte sich auch der Unterschied zwischen mir und meinem Freunde. Am Ende einer reichlichen Abendtafel hatte man uns beiden zwei schöngeflochtene Kränze zugedacht; ich hatte dem schönen Kinde, das mir ihn aufsetzte, mit einem lebhaft erwiderten Kuß gedankt und mich eitel genug gefreut, als ich in ihren Augen das Bekenntnis zu lesen schien, daß ich ihr so geschmückt nicht mißfalle. Indessen sträubte sich mir gegenüber der eigensinnige Gast gegen seine lebensmutige Gönnerin gar widerspenstig, und wenn auch der Kranz unter solchem Ziehen und Zerren nicht ganz entstellt wurde, so mußte doch das liebe Kind sich einigermaßen beschämt zurückziehen, daß sie ihn nicht losgeworden war.

Über so vieles Anmutige hätten wir nun fast den Zweck vergessen können, der uns eigentlich hieher geführt hatte: allein Beireis belebte durch seine heitere Gegenwart jedes Fest. Nicht groß, wohl und beweglich gebaut, konnte man eben die Legenden seiner Fechterkünste gelten lassen; eine unglaublich hohe und gewölbte Stirn, ganz in Mißverhältnis der untern, fein zusammengezogenen Teile, deutete auf einen Mann von besondern Geisteskräften, und in so hohen Jahren konnt' er sich fürwahr einer besonders muntern und ungeheuchelten Tätigkeit erfreuen.

In Gesellschaften, besonders aber bei Tische, gab er seiner Galanterie die ganz eigene Wendung, daß er sich als ehemaliger Verehrer der Mutter, als jetziger Freier der Tochter oder Nichte ungezwungen darzustellen wußte; und man ließ sich dieses oft wiederholte Märchen gern gefallen, weil zwar niemand auf den Besitz seiner Hand, wohl aber mancher gern auf einen Anteil an seinem Nachlaß Anspruch gemacht hätte.

Angemeldet wie wir waren, bot er uns alle Gastfreundschaft an: eine Aufnahme in sein Haus lehnten wir ab, dankbar aber ließen wir uns einen großen Teil des Tags bei ihm unter seinen Merkwürdigkeiten gefallen.

Gar manches von seinen früheren Besitzungen, das sich dem Namen und dem Ruhme nach noch lebendig erhalten hatte, war in den jämmerlichsten Umständen; die Vaucansonischen Automaten fanden wir durchaus paralysiert. In einem alten Gartenhause saß der Flötenspieler in sehr unscheinbaren Kleidern; aber er flötete nicht mehr, und Beireis zeigte die ursprüngliche Walze vor, deren erste einfache Stückchen ihm nicht genügt hatten. Dagegen ließ er eine zweite Walze sehen, die er von jahrelang im Hause unterhaltenen Orgelkünstlern unternehmen lassen, welche aber, da jene zu früh geschieden, nicht vollendet noch an die Stelle gesetzt werden können, weshalb denn der Flötenspieler gleich anfangs verstummte. Die Ente, unbefiedert, stand als Gerippe da, fraß den Haber noch ganz munter, verdaute jedoch nicht mehr: an allem dem ward er aber keineswegs irre, sondern sprach von diesen veralteten halbzerstörten Dingen mit solchem Behagen und so wichtigem Ausdruck, als wenn seit jener Zeit die höhere Mechanik nichts frisches Bedeutenderes hervorgebracht hätte.

In einem großen Saale, der Naturgeschichte gewidmet, wurde gleichfalls die Bemerkung rege, daß alles, was sich selbst erhält, bei ihm gut aufgehoben sei. So zeigte er einen sehr kleinen Magnetstein vor, der ein großes Gewicht trug, einen echten Prehniten vom Kap von größter Schönheit, und sonstige Mineralien in vorzüglichen Exemplaren.

Aber eine in der Mitte des Saals gedrängt stehende Reihe ausgestopfter Vögel zerfielen unmittelbar durch Mottenfraß, so daß Gewürm und Federn auf den Gestellen selbst aufgehäuft lagen; er bemerkte dies auch und versicherte, es sei eine Kriegslist: denn alle Motten des Hauses zögen sich hieher, und die übrigen Zimmer blieben von diesem Geschmeiße rein. In geordneter Folge kamen denn nach und nach die sieben Wunder von Helmstedt zutage: die Lieberkühnischen Präparate, sowie die Hahnische Rechenmaschine. Von jenen wurden einige wirklich bewundernswürdige Beispiele vorgewiesen, an dieser komplizierte Exempel einiger Spezies durchgeführt. Das magische Orakel jedoch war verstummt; Beireis hatte geschworen, die gehorsame Uhr nicht wieder aufzuziehn, die auf seine, des Entferntstehenden, Befehle bald still hielt, bald fortging. Ein Offizier, den man wegen Erzählung solcher Wunder Lügen gestraft, sei im Duell erstochen worden, und seit der Zeit habe er sich fest vorgenommen, seine Bewunderer nie solcher Gefahr wieder auszusetzen, noch die Ungläubigen zu so übereilten Greueltaten zu veranlassen.

Nach dem bisher Erzählten darf man nun wohl sich einige Bemerkungen erlauben. Beireis, im Jahre 1730 geboren, fühlte sich als trefflicher Kopf eines weit umfassenden Wissens fähig und zu vielseitiger Ausübung geschickt. Den Anregungen seiner Zeit zufolge bildete er sich zum Polyhistor, seine Tätigkeit widmete er der Heilkunde, aber bei dem glücklichsten, alles festhaltenden Gedächtnis konnte er sich anmaßen, in den sämtlichen Fakultäten zu Hause zu sein, jeden Lehrstuhl mit Ehre zu betreten. Seine Unterschrift in meines Sohnes Stammbuch lautet folgendermaßen:

GODOFREDUS CHRISTOPHORUS BEIREIS,
Primarius Professor Medicinae, Chemiae, Chirurgiae, Pharmaceutices, Physices, Botanices et reliquae Historiae naturalis.
Helmstadii a. d. XVII Augusti MDCCCV.

Aus dem bisher Vorgezeigten jedoch ließ sich einsehen, daß seine Sammlungen, dem naturhistorischen Teile nach, einen eigentlichen Zweck haben konnten, daß hingegen das, worauf er den meisten Wert legte, eigentlich Kuriositäten waren, die durch den hohen Kaufpreis Aufmerksamkeit und Bewunderung erregen sollten; wobei denn nicht vergessen wurde, daß bei Ankauf desselben Kaiser und Könige überboten worden.

Dem sei nun wie ihm wolle, ansehnliche Summen mußten ihm zu Gebote stehn; denn er hatte, wie man wohl bemerken konnte, ebensosehr eine gelegene Zeit zu solchen Ankäufen abgewartet, als auch mehr denn andere vielleicht sich sogleich zahlungsfähig erwiesen. Obgenannte Gegenstände zeigte er zwar mit Anteil und Behagen umständlich vor, allein die Freude daran schien selbst gewissermaßen nur historisch zu sein; wo er sich aber lebhaft, leidenschaftlich überredend und zudringlich bewies, war bei Vorzeigen seiner Gemälde, seiner neuesten Liebhaberei, in die er sich ohne die mindeste Kenntnis eingelassen hatte. Bis ins Unbegreifliche ging der Grad, womit er sich hierüber getäuscht hatte oder uns zu täuschen suchte, da er denn doch auch vor allen Dingen gewisse Kuriosa vorzustellen pflegte. Hier war ein Christus, bei dessen Anblick ein Göttinger Professor in den bittersten Tränenguß sollte ausgebrochen sein, sogleich darauf ein von einer englischen Dogge angebelltes, natürlich genug gemaltes Brot auf dem Tische der Jünger zu Emmaus, ein anderes aus dem Feuer wunderwürdig gerettetes Heiligenbild, und was dergleichen mehr sein mochte.

Die Art, seine Bilder vorzuweisen, war seltsam genug und schien gewissermaßen absichtlich; sie hingen nämlich nicht etwa an den hellen, breiten Wänden seiner oberen Stockwerke wohlgenießbar nebeneinander, sie standen vielmehr in seinem Schlafzimmer um das große Thronhimmelbette an den Wänden geschichtet übereinander, von wo er, alle Hülfleistung ablehnend, sie selbst herholte und dahin wieder zurückbrachte. Einiges blieb in dem Zimmer um die Beschauer herumgestellt, immer enger und enger zog sich der Kreis zusammen, so daß freilich die Ungeduld unseres Reisegefährten, allzu stark erregt, plötzlich ausbrach und sein Entfernen veranlaßte.

Es war mir wirklich angenehm, denn solche Qualen der Unvernunft ertragen sich leichter allein als in Gesellschaft eines einsichtigen Freundes, wo man bei gesteigertem Unwillen jeden Augenblick einen Ausbruch von einer oder der andern Seite befürchten muß.

Und wirklich war es auch zu stark, was Beireis seinen Gästen zumutete; er wußte sich nämlich damit am meisten, daß er von den größten namhaften Künstlern drei Stücke besitze, von der ersten, zweiten und letzten Manier, und wie er sie vorstellte und vortrug, war jede Art von Fassung, die dem Menschen zu Gebot stehen soll, kaum hinreichend, denn die Szene war lächerlich und ärgerlich, beleidigend und wahnsinnig zugleich.

Die ersten Lehrlingsproben eines Raffael, Tizian, Carracci, Correggio, Dominichin, Guido und von wem nicht sonst waren nichts weiter als schwache, von mäßigen Künstlern gefertigte, auch wohl kopierte Bilder. Hier verlangte er nun jederzeit Nachsicht gegen dergleichen Anfänge, rühmte aber mit Bewunderung in den folgenden die außerordentlichsten Fortschritte. Unter solchen der zweiten Epoche zugeschriebenen fand sich wohl manches Gute, aber von dem Namen, dem es zugeeignet worden, sowohl dem Talent als der Zeit nach himmelweit entfernt. Ebenso verhielt es sich mit den letzten, wo denn auch die leersten Phrasen, deren anmaßliche Unkenner sich bedienen, gar wohlgefällig vom Munde flossen.

Zum Beweis der Echtheit solcher und anderer Bilder zeigte er die Auktionskatalogen vor und freute sich der gedruckten Lobpreisung jeder von ihm erstandenen Nummer. Darunter befanden sich zwar echte, aber stark restaurierte Originale; genug, an irgend eine Art von Kritik war bei diesem sonst werten und würdigen Manne gar nicht zu denken.

Hatte man nun die meiste Zeit alle Geduld und Zurückhaltung nötig, so ward man denn doch mitunter durch den Anblick trefflicher Bilder getröstet und belohnt.

Unschätzbar hielt ich Albrecht Dürers Porträt, von ihm selbst gemalt, mit der Jahrzahl 1493, also in seinem zweiundzwanzigsten Jahre, halbe Lebensgröße, Bruststück, zwei Hände, die Ellenbogen abgestutzt, purpurrotes Mützchen mit kurzen schmalen Nesteln, Hals bis unter die Schlüsselbeine bloß, am Hemde gestickter Obersaum, die Falten der Ärmel mit pfirsichroten Bändern unterbunden, blaugrauer, mit gelben Schnüren verbrämter Überwurf, wie sich ein feiner Jüngling gar zierlich herausgeputzt hätte, in der Hand bedeutsam ein blaublühendes Eryngium, im

Deutschen Mannstreue genannt, ein ernstes Jünglingsgesicht, keimende Barthaare um Mund und Kinn, das Ganze herrlich gezeichnet, reich und unschuldig, harmonisch in seinen Teilen, von der höchsten Ausführung, vollkommen Dürers würdig, obgleich mit sehr dünner Farbe gemalt, die sich an einigen Stellen zusammengezogen hatte.

Dieses preiswürdige, durchaus unschätzbare Bild, das ein wahrer Kunstfreund im goldenen Rahmen eingefaßt im schönsten Schränkchen aufbewahrt hätte, ließ er, das auf ein dünnes Brett gemalte, ohne irgend einen Rahmen und Verwahrung. Jeden Augenblick sich zu spalten drohend, ward es unvorsichtiger als jedes andere hervorgeholt, auf- und wieder beiseitegestellt, nicht weniger die dringende Teilnahme des Gastes, die um Schonung und Sicherung eines solchen Kleinods flehte, gleichgültig abgelehnt; er schien sich wie Hofrat Büttner in einem herkömmlichen Unwesen eigensinnig zu gefallen.

Ferner gedenk' ich eines geistreich frei gemalten Bildes von Rubens, länglich, nicht allzu groß, wie er sich's für solche ausgeführte Skizzen liebte. Eine Hökenfrau, sitzend in der Fülle eines wohlversorgten Gemüskrams, Kohlhäupter und Salat aller Arten, Wurzeln, Zwiebeln aller Farben und Gestalten; sie ist eben im Handel mit einer stattlichen Bürgersfrau begriffen, deren behagliche Würde sich gar gut ausnimmt neben dem ruhig anbietenden Wesen der Verkäuferin, hinter welcher ein Knabe, soeben im Begriff einiges Obst zu stehlen, von ihrer Magd mit einem unvorgesehenen Schlag bedroht wird. An der andern Seite, hinter der angesehenen Bürgersfrau, sieht man ihre Magd einen wohlgeflochtenen, mit Marktwaren schon einigermaßen versehenen Korb tragen; aber auch sie ist nicht müßig, sie blickt nach einem Burschen und scheint dessen Fingerzeig mit einem freundlichen Blick zu erwidern. Besser gedacht und meisterhafter ausgeführt war nicht leicht etwas zu schauen, und hätten wir nicht unsere jährlichen Ausstellungen abzuschließen festgestellt, so würden wir diesen Gegenstand, wie er hier beschrieben ist, als Preisaufgabe gesetzt haben, um die Künstler kennen zu lernen, die, von der überhandnehmenden Verirrung auf Goldgrund noch unangesteckt, ins derbe, frische Leben Blick und Talent zu wenden geneigt wären.

Im kunstgeschichtlichen Sinne hatte denn auch Beireis, bei Aufhebung der Klöster, mehr als ein bedeutendes Bild gewonnen; ich betrachtete sie mit Anteil und bemerkte manches in mein Taschenbuch. Hier find' ich nun verzeichnet, daß außer dem ersten vorgewiesenen, welches für echt byzantinisch zu halten wäre, die übrigen alle ins funfzehnte, vielleicht ins sechzehnte Jahrhundert fallen möchten. Zu einer genaueren Würdigung mangelte es mir an durchgreifender Kenntnis und bei einigem, was ich allenfalls noch hätte näher bestimmen können, brachte mich Zeitrechnung und Nomenklatur unseres wunderlichen Sammlers Schritt vor Schritt aus der Richte.

Denn er wollte nun ein für allemal, wie persönlich, so auch in seinen Besitzungen, einzig sein, und wie er jenes erste byzantinische Stück dem vierten Jahrhundert zuschrieb, so wies er ferner eine ununterbrochene Reihe aus dem fünften, sechsten usw. bis ins funfzehnte mit einer Sicherheit und Überzeugung vor, daß einem die Gedanken vergingen, wie es zu geschehen pflegt, wenn uns das handgreiflich Unwahre als etwas, das sich von selbst versteht, zutraulich vorgesprochen wird, wo man denn weder den Selbstbetrug noch die Unverschämtheit in solchem Grade für möglich hält.

Ein solches Beschauen und Betrachten ward sodann durch festliche Gastmahle gar angenehm unterbrochen. Hier spielte der seltsame Mann seine jugendliche Rolle mit Behagen fort, er scherzte mit den Müttern, als wenn sie ihm auch wohl früher hätten geneigt sein mögen, mit den Töchtern, als wenn er im Begriff wäre, ihnen seine Hand anzubieten. Niemand erwiderte dergleichen Äußerungen und Anträge mit irgend einem Befremden, selbst die geistreichen männlichen Glieder der Gesellschaft behandelten seine Torheiten mit einiger Achtung, und aus allem ging hervor, daß sein Haus, seine Natur- und Kunstschätze, seine Barschaften und Kapitalien, sein Reichtum, wirklich oder durch Großtun gesteigert, vielen ins Auge stach, weshalb denn die Achtung für seine Verdienste auch seinen Seltsamkeiten das Wort zu reden schien.

Und gewiß, es war niemand geschickter und gewandter, Erbschleicherei zu erzeugen, als er, ja es schien Maxime zu sein, sich dadurch eine neue künstliche Familie und die unfromme Pietät einer Anzahl Menschen zu verschaffen.

In seinem Schlafzimmer hing das Bild eines jungen Mannes, von der Art, wie man hunderte sieht, nicht ausgezeichnet, weder anziehend noch abstoßend; diesen ließ er seine Gäste gewöhnlich beschauen und bejammerte dabei das Ereignis, daß dieser junge Mann, an den er vieles gewendet, dem er sein ganzes Vermögen zugedacht, sich gegen ihn untreu und undankbar bewiesen, daß er ihn habe müssen fahren lassen und nun vergebens nach einem zweiten sich umsehe, mit dem er ein gleiches und glücklicheres Verhältnis anknüpfen könne.

In diesem Vortrag war irgend etwas Schelmisches; denn wie jeder bei Erblickung eines Lotterieplans das große Los auf sich bezieht, so schien auch jedem Zuhörer, wenigstens in dem Augenblick, ein Hoffnungsgestirn zu leuchten; ja ich habe kluge Menschen gekannt, die sich eine Zeitlang von diesem Irrlicht nachziehen ließen.

Den größten Teil des Tages brachten wir bei ihm zu, und abends bewirtete er uns auf chinesischem Porzellan und Silber mit fetter Schafmilch, die er als höchst gesunde Nahrung pries und aufnötigte. Hatte man dieser ungewohnten Speise erst einigen Geschmack abgewonnen, so ist nicht zu leugnen, daß man sie gern genoß und sie auch wohl als gesund ansprechen durfte.

Und so besah man denn auch seine ältern Sammlungen, zu deren glücklichem Beischaffen historische Kenntnis genügt, ohne Geschmack zu verlangen. Die goldenen Münzen römischer Kaiser und ihrer Familien hatte er aufs vollständigste zusammengebracht, welches er durch die Katalogen des Pariser und Gothaischen Kabinetts eifrig zu belegen und dabei zugleich sein Übergewicht durch mehrere dort fehlende Exemplare zu bezeugen wußte. Was jedoch an dieser Sammlung am höchsten zu bewundern, war die Vollkommenheit der Abdrücke, welche sämtlich, als kämen sie aus der Münze, vorlagen. Diese Bemerkung nahm er wohl auf und versicherte, daß er die einzelnen erst nach und nach eingetauscht und mit schwerer Zubuße zuletzt erhalten und doch noch immer von Glück zu sagen habe.

Brachte nun der geschäftige Besitzer aus einem nebenstehenden Schrank neue Schieber zum Anschauen, so ward man sogleich der Zeit und dem Ort nach anderswohin versetzt. Sehr schöne Silbermünzen griechischer Städte lagen vor, die, weil sie lange genug in feuchter, verschlossener Luft aufbewahrt worden, die wohlerhaltenen Gepräge mit einem bläulichen Anhauch darwiesen. Ebensowenig fehlte es sodann an goldenen Rosenoblen, päpstlichen älteren Münzen, an Brakteaten, verfänglichen satyrischen Geprägen und was man nur merkwürdig Seltsames bei einer so zahlreichen altherkömmlichen Sammlung erwarten konnte.

Nun war aber nicht zu leugnen, daß er in diesem Fache unterrichtet und in gewissem Sinne ein Kenner war: denn er hatte ja schon in früheren Jahren eine kleine Abhandlung, wie echte und falsche Münzen zu unterscheiden seien, herausgegeben. Indessen scheint er auch hier wie in andern Dingen sich einige Willkür vorbehalten zu haben, denn er behauptete, hartnäckig und über alle Münzkenner triumphierend: die goldnen Lysimachen seien durchaus falsch, und behandelte deshalb einige vorliegende schöne Exemplare höchst verächtlich. Auch dieses ließen wir, wie manches andere, hingehen und ergötzten uns mit Belehrung an diesen wirklich seltenen Schätzen.

Neben allen diesen Merkwürdigkeiten, zwischen so vieler Zeit, die uns Beireis widmete, trat immer zugleich seine ärztliche Tätigkeit hervor; bald war er morgens früh schon vom Lande, wo er eine Bauersfrau entbunden, zurückgekehrt, bald hatten ihn verwickelte Konsultationen beschäftigt und festgehalten.

Wie er nun aber zu solchen Geschäften Tag und Nacht bereit sein könne und sie doch mit immer gleicher äußerer Würde zu vollbringen imstande sei, machte er auf seine Frisur aufmerksam; er trug nämlich rollenartige Locken, länglich, mit Nadeln gesteckt, fest gepicht über beiden Ohren. Das Vorderhaupt war mit einem Toupet geschmückt, alles fest, glatt und tüchtig gepudert. Auf diese Weise, sagte er, lasse er sich alle Abend frisieren, lege sich, die Haare festgebunden, zu Bette, und welche Stunde er denn auch zu einem Kranken gerufen werde, erscheine er doch so anständig, eben als wie er in jede Gesellschaft komme. Und es ist wahr, man sah ihn in seiner hellblaugrauen vollständigen Kleidung, in schwarzen Strümpfen und Schuhen mit großen Schnallen, überall ein wie das andere Mal...

Weil jedoch das auffallende Resultat seines Lebensganges ein unübersehlicher Besitz von Kostbarkeiten, ein unschätzbarer Geldreichtum zu sein schien, so konnte es ihm an Gläubigen, an Verehrern gar nicht fehlen. Jene beiden sind eine Art von Hausgöttern, nach welchen die Menge andächtig und gierig die Augen wendet. Ist nun ein solcher Besitz nicht etwa ererbt und offenbaren Herkommens, sondern im Geheimnis selbst erworben, so gibt man im Dunkeln alles übrige Wunderbare zu, man läßt ihn sein märchenhaftes Wesen treiben: denn eine Masse gemünztes Gold und Silber verleiht selbst dem Unwahren Ansehen und Gewicht; man läßt die Lüge gelten, indem man die Barschaft beneidet.

Die möglichen oder wahrscheinlichen Mittel, wie Beireis zu solchen Gütern gelangt, werden einstimmig und einfach angegeben. Er solle eine Farbe erfunden haben, die sich an die Stelle der Cochenille setzen konnte, er solle vorteilhaftere Gärungsprozesse als die damals bekannten an Fabrikherren mitgeteilt haben. Wer in der Geschichte der Chemie bewandert ist, wird beurteilen, ob in der Hälfte des vorigen Jahrhunderts dergleichen Rezepte umherschleichen konnten, er wird wissen, inwiefern sie in der neuern Zeit offenbar und allgemein bekannt geworden. Sollte Beireis z. B. nicht etwa zeitig auf die Veredlung des Krapps gekommen sein?

Nach allem diesem aber ist das sittliche Element zu bedenken, worin und worauf er gewirkt hat, ich meine die Zeit, den eigentlichen Sinn, das Bedürfnis derselben. Die Kommunikation der Weltbürger ging noch nicht so schnell wie gegenwärtig, noch konnte jemand, der an entfernten Orten wie Swedenborg, oder auf einer beschränkten Universität wie Beireis seinen Aufenthalt nahm, immer die beste Gelegenheit finden, sich in geheimnisvolles Dunkel zu hüllen, Geister zu berufen und am Stein der Weisen zu arbeiten. Haben wir nicht in den neuern Tagen Cagliostro gesehen, wie er, große Räume eilig durchstreifend, wechselsweise im Süden, Norden, Westen seine Taschenspielereien treiben und überall Anhänger finden konnte? Ist es denn zu viel gesagt, daß ein gewisser Aberglaube an dämonische Menschen niemals aufhören, ja daß zu jeder Zeit sich immer ein Lokal finden wird, wo das problematisch Wahre, vor dem wir in der Theorie allein Respekt haben, sich in der Ausübung mit der Lüge auf das allerbequemste begatten kann.

Länger, als wir gedacht, hatte uns die anmutige Gesellschaft in Helmstedt aufgehalten. Hofrat Beireis betrug sich in jedem Sinne wohlwollend und mitteilend, doch von seinem Hauptschatz, dem Diamanten, hatte er noch nicht gesprochen, geschweige denselben vorgewiesen. Niemand der Helmstedter Akademieverwandten hatte denselben gesehen, und ein oft wiederholtes Märchen, daß dieser unschätzbare Stein nicht am Orte sei, diente ihm, wie wir hörten, auch gegen Fremde zur Entschuldigung. Er pflegte nämlich scheinbar vertraulich zu äußern, daß er zwölf vollkommen gleiche versiegelte Kästchen eingerichtet habe, in deren einem der Edelstein befindlich sei. Diese zwölf Kästchen nun verteile er an auswärtige Freunde, deren jeder einen Schatz zu besitzen glaube; er aber wisse nur allein, wo er befindlich sei. Daher mußten wir befürchten, daß er auf Anfragen dieses Naturwunder gleichfalls verleugnen werde. Glücklicherweise jedoch, kurz vor unserm Abschiede, begegnete folgendes.

Eines Morgens zeigte er in einem Bande der Reise Tourneforts die Abbildung einiger natürlichen Diamanten, die sich in Eiform mit teilweiser Abweichung ins Nieren- und Zitzenförmige unter den Schätzen der Indier gefunden hatten. Nachdem er uns die Gestalt wohl eingeprägt, brachte er ohne weitere Zeremonien aus der rechten Hosentasche das bedeutende Naturerzeugnis. In der Größe eines mäßigen Gänse-Eies, war es vollkommen klar, durchsichtig, doch ohne Spur, daß daran geschliffen worden; an der Seite bemerkte man einen schwachen Höcker, einen nierenförmigen Auswuchs, wodurch der Stein jenen Abbildungen vollkommen ähnlich ward.

Mit seiner gewöhnlichen ruhigen Haltung zeigte er darauf einige zweideutige Versuche, welche die Eigenschaften eines Diamanten betätigen sollten: auf mäßiges Reiben zog der Stein Papierschnitzchen an; die englische Feile schien ihm nichts anzuhaben; doch ging er eilig über diese Beweistümer hinweg und erzählte die oft wiederholte Geschichte: wie er den Stein unter einer Muffel geprüft und über das herrliche Schauspiel der sich entwickelnden Flamme das Feuer zu mildern und auszulöschen vergessen, so daß der Stein über eine Million Taler an Wert in kurzem verloren habe. Demungeachtet aber pries er sich glücklich, daß er ein Feuerwerk gesehen, welches Kaisern und Königen versagt worden.

Indessen er nun sich weitläufig darüber herausließ, hatte ich, chromatischer Prüfungen eingedenk, das Wunder-Ei vor die Augen genommen, um die horizontalen Fensterstäbe dadurch zu betrachten, fand aber die Farbensäume nicht breiter, als ein Bergkristall sie auch gegeben hätte; weshalb ich im stillen wohl einige Zweifel gegen die Echtheit dieses gefeierten Schatzes fernerhin nähren durfte. Und so war denn unser Aufenthalt durch die größte Rodomontade unseres wunderlichen Freundes ganz eigentlich gekrönt...

Vollkommen friedlich und vernunftgemäß ward uns dagegen ein längerer Aufenthalt in Halberstadt beschert. Schon war vor einigen Jahren der edle Gleim zu seinen frühsten Freunden hinübergegangen; ein Besuch, den ich ihm vor geraumer Zeit abstattete, hatte nur einen dunklen Eindruck zurückgelassen, indem ein dazwischen rauschendes mannigfaltiges Leben mir die Eigenheiten seiner Person und Umgebung beinahe verlöschte. Auch konnte ich, damals wie in der Folge, kein Verhältnis zu ihm gewinnen, aber seine Tätigkeit war mir niemals fremd geworden; ich hörte viel von ihm durch Wieland und Herder, mit denen er immer in Briefwechsel und Bezug blieb.

Diesmal wurden wir in seiner Wohnung von Herrn Körte gar freundlich empfangen, sie deutete auf reinliche Wohlhäbigkeit, auf ein friedliches Leben und stilles geselliges Behagen. Sein vorübergegangenes Wirken feierten wir an seiner Verlassenschaft; viel ward von ihm erzählt, manches vorgewiesen, und Herr Körte versprach durch eine ausführliche Lebensbeschreibung und Herausgabe seines Briefwechsels einem jeden Anlaß genug zu verschaffen, auf seine Weise ein so merkwürdiges Individuum sich wieder hervorzurufen.

Dem allgemeinen deutschen Wesen war Gleim durch seine Gedichte am meisten verwandt, worin er als ein vorzüglich liebender und liebenswürdiger Mann erscheint. Seine Poesie, von der technischen Seite besehen, ist rhythmisch, nicht melodisch, weshalb er sich denn auch meistens freier Silbenmaße bedient; und so gewähren Vers und Reim, Brief und Abhandlung, durcheinander verschlungen, den Ausdruck eines gemütlichen Menschenverstandes innerhalb einer wohlgesinnten Beschränkung.

Vor allem aber war uns anziehend der Freundschaftstempel, eine Sammlung von Bildnissen älterer und neuerer Angehörigen. Sie gab ein schönes Zeugnis, wie er die Mitlebenden geschätzt, und uns eine angenehme Rekapitulation so vieler ausgezeichneter Gestalten, eine Erinnerung an die bedeutenden einwohnenden Geister, an die Bezüge dieser Personen untereinander und zu dem werten Manne, der sie meistens eine Zeitlang um sich versammelte und die Scheidenden, die Abwesenden wenigstens im Bilde festzuhalten Sorge trug. Bei solchem Betrachten ward gar manches Bedenken hervorgerufen, nur eines sprech' ich aus: man sah über hundert Poeten und Literatoren, aber unter diesen keinen einzigen Musiker und Komponisten. Wie? sollte jener Greis, der, seinen Äußerungen nach, nur im Singen zu leben und zu atmen schien, keine Ahnung von dem eigentlichen Gesang gehabt haben? von der Tonkunst, dem wahren Element, woher alle Dichtungen entspringen und wohin sie zurückkehren?

Suchte man nun aber in *einen* Begriff zusammenzufassen, was uns von dem edlen Manne vorschwebt, so könnte man sagen: ein leidenschaftliches Wohlwollen lag seinem Charakter zugrunde, das er durch Wort und Tat wirksam zu machen suchte. Durch Rede und Schrift aufmunternd, ein allgemeines rein menschliches Gefühl zu verbreiten bemüht, zeigte er sich, als Freund von jedermann, hülfreich dem Darbenden, armer Jugend aber besonders förderlich. Ihm, als gutem Haushalter, scheint Wohltätigkeit die einzige Liebhaberei gewesen zu sein, auf die er seinen Überschuß verwendet. Das meiste tut er aus eigenen Kräften; seltener und erst in späteren Jahren bedient er sich seines Namens, seines Ruhms, um bei Königen und Ministern einigen Einfluß zu gewinnen, ohne sich dadurch sehr gefördert zu sehen. Man behandelt ihn ehrenvoll, duldet und belobt seine Tätigkeit, hilft ihm auch wohl nach, trägt aber gewöhnlich Bedenken, in seine Absichten kräftig einzugehen.

Alles jedoch zusammengenommen, muß man ihm den eigentlichsten Bürgersinn in jedem Betracht zugestehen; er ruht als Mensch auf sich selbst, verwaltet ein bedeutendes öffentliches Amt und beweist sich übrigens gegen Stadt und Provinz und Königreich als Patriot, gegen deutsches Vaterland und Welt als echten Liberalen. Alles Revolutionäre dagegen, das in seinen älteren Tagen hervortritt, ist ihm höchlich verhaßt, so wie alles, was früher Preußens großem Könige und seinem Reiche sich feindselig entgegenstellt.

Da nun ferner eine jede Religion das reine ruhige Verkehr der Menschen untereinander befördern soll, die christlich-evangelische jedoch hiezu besonders geeignet ist, so konnte er, die Religion des rechtschaffenen Mannes, die ihm angeboren und seiner Natur notwendig war, immerfort ausübend, sich für den rechtglaubigsten aller Menschen halten und an dem ererbten Bekenntnis, so wie bei dem herkömmlichen einfachen Kultus der protestantischen Kirche, gar wohl beruhigen.

Nach allen diesen lebhaften Vergegenwärtigungen sollten wir noch ein Bild des Vergänglichen erblicken, denn auf ihrem Siechbette begrüßten wir die ablebende Nichte Gleims, die unter dem Namen Gleminde viele Jahre die Zierde eines dichterischen Kreises gewesen. Zu ihrer anmutigen, obschon kränklichen Bildung stimmte gar fein die große Reinlichkeit ihrer Umgebung, und wir unterhielten uns gern mit ihr von vergangenen guten Tagen, die ihr mit dem Wandeln und Wirken ihres trefflichen Oheims immer gegenwärtig geblieben waren.

Zuletzt, um unsere Wallfahrt ernst und würdig abzuschließen, traten wir in den Garten um das Grab des edlen Greises, dem nach vieljährigen Leiden und Schmerzen, Tätigkeit und Erdulden, umgeben von Denkmalen vergangener Freunde, an der ihm gemütlichen Stelle gegönnt war auszuruhen.

Die öden, feuchten Räume des Doms besuchten wir zu wiederholten Malen; er stand, obgleich seines frühern religiosen Lebens beraubt, doch noch unerschüttert in ursprünglicher Würde. Dergleichen Gebäude haben etwas eigen Anziehendes, sie vergegenwärtigen uns tüchtige, aber düstere Zustände, und weil wir uns manchmal gern ins Halbdunkel der Vergangenheit einhüllen, so finden wir es willkommen, wenn eine ahnungsvolle Beschränkung uns mit gewissen Schauern ergreift, körperlich, physisch, geistig auf Gefühl, Einbildungskraft und Gemüt wirkt, und somit sittliche, poetische und religiose Stimmung anregt.

Die Spiegelberge, unschuldig buschig bewachsene Anhöhen, dem nachbarlichen Harze vorliegend, jetzt durch die seltsamsten Gebilde ein Tummelplatz häßlicher Kreaturen, eben als wenn eine vermaledeite Gesellschaft, vom Blocksberge wiederkehrend, durch Gottes unergründlichen Ratschluß hier wäre versteinert worden. Am Fuße des Aufstiegs dient ein ungeheures Faß abscheulichem Zwergengeschlecht zum Hochzeitsaal; und von da, durch alle Gänge der Anlagen, lauern Mißgeburten jeder Art, so daß der Mißgestalten liebende Prätorius seinen „Mundus anthropodemicus“ hier vollkommen realisiert erblicken könnte.

Da fiel es denn recht auf, wie nötig es sei, in der Erziehung die Einbildungskraft nicht zu beseitigen, sondern zu regeln, ihr durch zeitig vorgeführte edle Bilder Lust am Schönen, Bedürfnis des Vortrefflichen zu geben. Was hilft es, die Sinnlichkeit zu zähmen, den Verstand zu bilden, der Vernunft ihre Herrschaft zu sichern: die Einbildungskraft lauert als der mächtigste Feind, sie hat von Natur einen unwiderstehlichen Trieb zum Absurden, der selbst in gebildeten Menschen mächtig wirkt und gegen alle Kultur die angestammte Roheit fratzenliebender Wilden mitten in der anständigsten Welt wieder zum Vorschein bringt.

Von der übrigen Rückreise darf ich nur vorübereilend sprechen. Wir suchten das Budetal und den längst bekannten Hammer; von hier ging ich, nun zum dritten Male in meinem Leben, das von Granitfelsen eingeschlossene rauschende Wasser hinan, und hier fiel mir wiederum auf, daß wir durch nichts so sehr veranlaßt werden, über uns selbst zu denken, als wenn wir höchst bedeutende Gegenstände, besonders entschiedene charakteristische Naturszenen, nach langen Zwischenräumen endlich wiedersehen und den zurückgebliebenen Eindruck mit der gegenwärtigen Einwirkung vergleichen. Da werden wir denn im ganzen bemerken, daß das Objekt immer mehr hervortritt, daß, wenn wir uns früher an den Gegenständen empfanden, Freud und Leid, Heiterkeit und Verwirrung auf sie übertrugen, wir nunmehr bei gebändigter Selbstigkeit ihnen das gebührende Recht widerfahren lassen, ihre Eigenheiten zu erkennen und ihre Eigenschaften, sofern wir sie durchdringen, in einem höhern Grade zu schätzen wissen. Jene Art des Anschauens gewährt der künstlerische Blick, diese eignet sich dem Naturforscher, und ich mußte mich, zwar anfangs nicht ohne Schmerzen, zuletzt doch glücklich preisen, daß, indem jener Sinn mich nach und nach zu verlassen drohte, dieser sich in Aug' und Geist desto kräftiger entwickelte.

1806.

Die Interimshoffnungen, mit denen wir uns philisterhaft schon manche Jahre hingehalten, wurden so abermals im gegenwärtigen genährt. Zwar brannte die Welt in allen Ecken und Enden, Europa hatte eine andere Gestalt genommen, zu Lande und See gingen Städte und Flotten zu Trümmern, aber das mittlere, das nördliche Deutschland genoß noch eines gewissen fieberhaften Friedens, in welchem wir uns einer problematischen Sicherheit hingaben. Das große Reich in Westen war gegründet, es trieb Wurzeln und Zweige nach allen Seiten hin. Indessen schien Preußen das Vorrecht gegönnt, sich in Norden zu befestigen. Zunächst besaß es Erfurt, einen sehr wichtigen Haltepunkt, und wir ließen uns in diesem Sinne gefallen, daß von Anfang des

Jahrs preußische Truppen bei uns einkehrten. Dem Regiment Owstien folgten, anfangs Februar, Füseliere, sodann trafen ein die Regimenter Borcke, Arnim, Pirch; man hatte sich schon an diese Unruhe gewöhnt...

Die projektierte neue Ausgabe meiner Werke nötigte mich, sie sämtlich wieder durchzugehen, und ich widmete jeder einzelnen Produktion die gehörige Aufmerksamkeit, ob ich gleich bei meinem alten Vorsatze blieb, nichts eigentlich umzuschreiben oder auf einen hohen Grad zu verändern.

Die zwei Abteilungen der „Elegien“, wie sie noch vorliegen, wurden eingerichtet und „Faust“ in seiner jetzigen Gestalt fragmentarisch behandelt...

Die hiesigen Sammlungen vermehrten sich durch einen Schatz von Zeichnungen im höhern Sinne. Carstens' künstlerische Verlassenschaft war an seinen Freund Fernow vererbt, man traf mit diesem eine billige Übereinkunft, und so wurden mehrere Zeichnungen des verschiedensten Formats, größere Kartone und kleinere Bilder, Studien in schwarzer Kreide, in Rotstein, aquarellierte Federzeichnungen und so vieles andere, was dem Künstler das jedesmalige Studium, Bedürfnis oder Laune mannigfaltig ergreifen läßt, für unser Museum erworben.

Wilhelm Tischbein, der nach seiner Entfernung von Neapel, von dem Herzog von Oldenburg begünstigt, sich in einer friedlichen glücklichen Lage befand, ließ auch gelegentlich von sich hören und sendete dies Frühjahr manches Angenehme.

Er teilte zuerst die Bemerkung mit, daß die flüchtigsten Bilder oft die glücklichsten Gedanken haben: eine Beobachtung, die er gemacht, als ihm viele hundert Gemälde von trefflichen Meistern, herrlich gedacht, aber nicht sonderlich ausgeführt, vor die Augen gekommen; und es bewährt sich freilich, daß die ausgeführtesten Bilder der niederländischen Schule, bei allem großen Reichtum, womit sie ausgestattet sind, doch manchmal etwas an geistreicher Erfindung zu wünschen übrig lassen. Es scheint, als wenn die Gewissenhaftigkeit des Künstlers, dem Liebhaber und Kenner etwas vollkommen Würdiges überliefern zu wollen, den Aufflug des Geistes einigermaßen beschränke; dahingegen eine geistreich gefaßte, flüchtig hingeworfene Skizze außer aller Verantwortung das eigenste Talent des Künstlers offenbare...

Die Vorarbeiten zur „Farbenlehre", mit denen ich mich seit zwölf Jahren ohne Unterbrechung beschäftigte, waren so weit gediehen, daß sich die Teile immer mehr zu runden anfingen und das Ganze bald selbst eine Konsistenz zu gewinnen versprach. Was ich nach meiner Weise an den physiologischen Farben tun konnte und wollte, war getan, ebenso lagen die Anfänge des Geschichtlichen bereits vor, und man konnte daher den Druck des ersten und zweiten Teils zugleich anfangen. Ich wendete mich nun zu den pathologischen Farben; und im Geschichtlichen ward untersucht, was Plinius von den Farben mochte gesagt haben.

Während nun das einzelne vorschritt, ward ein Schema der ganzen Lehre immer durchgearbeitet.

Die physischen Farben verlangten nun der Ordnung nach meine ganze Aufmerksamkeit. Die Betrachtung ihrer Erscheinungsmittel und Bedingungen nahm alle meine Geisteskräfte in Anspruch. Hier mußt' ich nun meine längst befestigte Überzeugung aussprechen, daß, da wir alle Farben nur durch Mittel und an Mitteln sehen, die Lehre vom Trüben, als dem allerzartesten und reinsten Materiellen, derjenige Beginn sei, woraus die ganze Chromatik sich entwickele.

Überzeugt, daß rückwärts, innerhalb dem Kreise der physiologischen Farben, sich auch ohne mein Mitwirken eben dasselbe notwendig offenbaren müsse, ging ich vorwärts und redigierte, was ich alles über Refraktion mit mir selbst und andern verhandelt hatte. Denn hier war eigentlich der Aufenthalt jener bezaubernden Prinzessin, welche im siebenfarbigen Schmuck die ganze Welt zum besten hatte. Hier lag der grimmig-sophistische Drache, einem jeden bedrohlich, der sich unterstehen wollte, das Abenteuer mit diesen Irrsalen zu wagen. Die Bedeutsamkeit dieser Abteilung und der dazu gehörigen Kapitel war groß, ich suchte ihr durch Ausführlichkeit genugzutun, und ich fürchte nicht, daß etwas versäumt worden sei. Daß, wenn bei der Refraktion Farben erscheinen sollen, ein Bild, eine Grenze verrückt werden müsse, ward festgestellt. Wie sich bei subjektiven Versuchen schwarz und weiße Bilder aller Art durchs Prisma an ihren Rändern verhalten, wie das gleiche geschieht an grauen Bildern aller Schattierungen, an bunten jeder Farbe und Abstufung, bei stärkerer oder geringerer Refraktion, alles ward streng auseinander gesetzt, und ich bin überzeugt, daß der Lehrer, die sämtlichen Erscheinungen in Versuchen vorlegend, weder an den Phänomenen noch am Vortrag etwas vermissen wird.

Die katoptrischen und paroptischen Farben folgten darauf, und es war in betreff jener zu bemerken, daß bei der Spiegelung nur alsdann Farben erscheinen, wenn der spiegelnde Körper geritzt oder fadenartig glänzend angenommen wird. Bei den paroptischen leugnete man die Beugung und leitete die farbigen Streifen von Doppellichtern her. Daß die Ränder der Sonne jeder für sich einen eigenen Schatten werfen, kam bei einer ringförmigen Sonnenfinsternis gar bekräftigend zum Vorschein.

Die sinnlich-sittliche Wirkung der Farbe ward darauf ausgeführt; und im Geschichtlichen nebenher Gauthiers „Chroagenesie" betrachtet.

Mit dem Abdruck waren wir bis zum dreizehnten Bogen des ersten Teils und bis zum vierten des zweiten gelangt, als mit dem vierzehnten Oktober das grimmigste Unheil über uns hereinbrach und die übereilt geflüchteten Papiere unwiederbringlich zu vernichten drohte.

Glücklich genug vermochten wir, bald wieder ermannt, mit andern Geschäften auch dieses von neuem zu ergreifen und in gefaßter Tätigkeit unser Tagewerk weiter zu fördern.

Nun wurden vor allen Dingen die nötigen Tafeln sorgfältig bearbeitet. Eine mit dem guten und werten Runge fortgesetzte Korrespondenz gab uns Gelegenheit, seinen Brief dem Schluß der „Farbenlehre" beizufügen, wie denn auch Seebecks gesteigerte Versuche dem Ganzen zugute kamen.

Mit befreiter Brust dankten wir den Musen für so offenbar gegönnten Beistand; aber kaum hatten wir einigermaßen frischen Atem geschöpft, so sahen wir uns genötigt um nicht zu stocken, alsogleich den widerwärtigen polemischen Teil anzufassen und unsere Bemühungen um Newtons Optik, so wie die Prüfung seiner Versuche und der daraus gezogenen Beweise, auch ins Enge und dadurch endlich zum Abschluß zu bringen. Die Einleitung des polemischen Teils gelang mit Ausgang des Jahrs...

Von Freunden und Ärzten bestimmt, entschloß ich mich, Karlsbad zu besuchen, um so mehr, als ein tätiger und behender Freund, Major von Hendrich, die ganze Reisesorge zu übernehmen geneigt war. Ich fuhr also mit ihm und Riemer Ende Mais ab...

Indessen war der deutsche Rheinbund geschlossen und seine Folgen leicht zu übersehen; auch fanden wir bei unserer Rückreise durch Hof in den Zeitungen die Nachricht: das Deutsche Reich sei aufgelöst...

Die Preußen fahren fort, Erfurt zu befestigen; auch unser Fürst, als preußischer General, bereitet sich zum Abzuge. Welche sorgenvolle Verhandlungen ich mit meinem treuen und ewig unvergeßlichen Geschäftsfreunde, dem Staatsminister von Voigt, damals gewechselt, möchte schwer auszusprechen sein; ebenso wenig die prägnante Unterhaltung mit meinem Fürsten im Hauptquartier Niederroßla.

Die Herzogin Mutter bewohnte Tiefurt, Kapellmeister Himmel war gegenwärtig, und man musizierte mit schwerem Herzen; es ist aber in solchen bedenklichen Momenten das Herkömmliche, daß Vergnügungen und Arbeiten, so gut wie Essen, Trinken, Schlafen, in düsterer Folge hintereinander fortgehen.

Die Karlsbader Gebirgsfolge war in Jena angelangt, ich begab mich am sechsundzwanzigsten September hin, sie auszupacken und unter Beistand des Direktors Lenz vorläufig zu katalogieren; auch ward ein solches Verzeichnis für das „Jenaische Literatur-Intelligenzblatt" fertig geschrieben und in die Druckerei gegeben.

Indessen war ich in den Seitenflügel des Schlosses gezogen, um dem Fürsten Hohenlohe Platz zu machen, der, mit seiner Truppenabteilung widerwillig heranrückend, lieber auf der Straße nach Hof dem Feind entgegenzugehen gewünscht hätte. Dieser trüben Ansichten ungeachtet, ward nach alter akademischer Weise mit Hegel manches philosophische Kapitel durchgesprochen. Schelling gab eine Erklärung heraus, von Ths beantwortet. Ich war bei Fürst Hohenlohe zu Tafel, sah manche bedeutende Männer wieder, machte neue Bekanntschaften; niemanden war wohl, alle fühlten sich in Verzweiflung, die keiner umhin konnte, wo nicht durch Worte, doch durch Betragen zu verraten...

Noch trefflichen Männern wartete ich auf; es war am Freitag den dritten Oktober. Den Prinzen Louis Ferdinand traf ich nach seiner Art tüchtig und freundlich; Generallieutenant von Grawert, Obrist von Massow, Hauptmann Blumenstein, letzterer jung, Halbfranzos, freundlich und zutraulich. Zu Mittag mit allen bei Fürst Hohenlohe zur Tafel.

Verwunderlich schienen mir bei dem großen Zutrauen auf preußische Macht und Kriegsgewandtheit Warnungen, die hie und da an meinen Ohren vorübergingen: man solle doch die besten Sachen, die wichtigsten Papiere zu verbergen suchen; ich aber, unter solchen Umständen aller Hoffnung quitt, rief, als man eben die ersten Lerchen speiste: „Nun, wenn der Himmel einfällt, so werden ihrer viel gefangen werden."

Den Sechsten fand ich in Weimar alles in voller Unruhe und Bestürzung. Die großen Charaktere waren gefaßt und entschieden, man fuhr fort zu überlegen, zu beschließen: wer bleiben, wer sich entfernen sollte? das war die Frage.

1807.

Zu Ende des vorigen Jahrs war das Theater schon wieder eröffnet, Balkon und Logen, Parterre und Galerie bevölkerten sich gar bald wieder, als Wahrzeichen und Gleichnis, daß in Stadt und Staat alles die alte Richtung angenommen. Freilich hatten wir von Glück zu sagen, daß der Kaiser seiner Hauptmaxime getreu blieb, mit allem, was den sächsischen Namen führte, in Frieden und gutem Willen zu leben, ohne sich durch irgend einen Nebenumstand irre machen zu lassen. General Dentzel, der in Jena vor so viel Jahren Theologie studiert hatte und wegen seiner Lokalkenntnisse zu jener großen Expedition berufen ward, zeigte sich als Kommandant zu freundlicher Behandlung gar geneigt. Der jüngere Mounier, bei uns erzogen, mit Freundschaft an manches Haus geknüpft, war als Commissaire-Ordonnateur angestellt, und ein gelindes Verfahren beschwichtigte nach und nach die beunruhigten Gemüter. Jeder hatte von den schlimmen Tagen her etwas zu erzählen und gefiel sich in Erinnerung überstandenen Unheils, auch ertrug man gar manche Last willig, als die aus dem Stegreif einbrechenden Schrecknisse nicht mehr zu fürchten waren.

Ich und meine Nächsten suchten also dem Theater seine alte Konsistenz wieder zu geben, und es gelangte, zwar vorbereitet, aber doch zufällig, zu einem neuen Glanz, durch eine freundliche, den innigsten Frieden herstellende Kunsterscheinung. „Tasso" ward aufgeführt, allerdings nicht erst unter solchen Stürmen, vielmehr längst im stillen eingelernt: denn wie bei uns antretende jüngere Schauspieler sich in manchen Rollen übten, die sie nicht alsobald übernehmen sollten, so verfuhren auch die älteren, indem sie manchmal ein Stück einzulernen unternahmen, das zur Aufführung nicht eben gleich geeignet schien. Hiernach hatten sie auch „Tasso" seit geraumer Zeit unter sich verabredet, verteilt und einstudiert, auch wohl in meiner Gegenwart gelesen, ohne daß ich jedoch, aus verzeihlichem Unglauben und daran geknüpftem Eigensinn, die Vorstellung hätte ansagen und entscheiden wollen. Nun, da manches zu stocken schien, da sich zu anderem Neuen weder Gelegenheit noch Mut fand, notwendig zu feiernde Festtage sich drängten, da regte sich die freundliche Zudringlichkeit meiner lieben Zöglinge, so daß ich zuletzt dasjenige halb unwillig zugestand, was ich eifrig hätte wünschen, befördern und mit Dank anerkennen sollen. Der Beifall, den das Stück genoß, war vollkommen der Reife gleich, die es durch ein liebevolles, anhaltendes Studium gewonnen hatte, und ich ließ mich gern beschämen, indem sie dasjenige als möglich zeigten, was ich hartnäckig als unmöglich abgewiesen hatte...

Der vorjährige Aufenthalt in Karlsbad hatte mein Befinden dergestalt verbessert, daß ich wohl das Glück, dem großen hereinbrechenden Kriegsunheil nicht unterlegen zu sein, ungezweifelt jener sorgfältig gebrauchten Kur zuschreiben durfte. Ich entschloß mich daher zu einer abermaligen Reise und zwar einer baldigen, und schon in der zweiten Hälfte des Mais war ich daselbst angelangt...

Es begegnet uns auf Reisen, wo wir entweder mit fremden oder doch lange nicht gesehenen Personen, es sei nun an ihrem Wohnort oder auch unterwegs, zusammentreffen, daß wir sie ganz anders finden, als wir sie zu denken gewohnt waren. Wir erinnern uns, daß dieser oder jener namhafte Mann einem oder dem andern Wissen mit Neigung und Leidenschaft zugetan ist; wir treffen ihn und wünschen uns gerade in diesem Fache zu belehren, und siehe da, er hat sich ganz wo anders hingewendet, und das, was wir bei ihm suchen, ist ihm völlig aus den Augen gekommen. So ging es mir diesmal mit Bergrat Werner, welcher oryktognostische und geognostische Gespräche lieber vermied und unsere Aufmerksamkeit für ganz andere Gegenstände forderte.

Der Sprachforschung war er diesmal ganz eigentlich ergeben; deren Ursprung, Ableitung, Verwandtschaft gab seinem scharfsinnigen Fleiß hinreichende Beschäftigung, und es bedurfte nicht viel Zeit, so hatte er uns auch für diese Studien gewonnen. Er führte eine Bibliothek von Pappenkasten mit sich, worin er alles, was hierher gehörte, ordnungsgemäß, wie es einem solchen Mann geziemt, verwahrte und dadurch eine freie, geistreiche Mitteilung erleichterte.

Damit aber dieses nicht allzu paradox erscheine, so denke man an die Nötigung, wodurch dieser Treffliche in ein solches Fach hingedrängt worden. Jedes Wissen fordert ein zweites, ein drittes und immer so fort; wir mögen den Baum in seinen Wurzeln oder in seinen Ästen und Zweigen verfolgen, eins ergibt sich immer aus dem andern, und je lebendiger irgend ein Wissen in uns wird, desto mehr sehen wir uns getrieben, es in seinem Zusammenhange auf- und abwärts zu verfolgen. Werner hatte sich in seinem Fach, wie er herankam, für die Einzelheiten solcher Namen bedient, wie sie seinem Vorgänger beliebt; da er aber zu unterscheiden anfing, da sich täglich neue Gegenstände aufdrangen, so fühlte er die Notwendigkeit, selbst Namen zu erteilen.

Namen zu geben, ist nicht so leicht, wie man denkt, und ein recht gründlicher Sprachforscher würde zu manchen sonderbaren Betrachtungen aufgeregt werden, wenn er eine Kritik der vorliegenden oryktognostischen Nomenklatur schreiben wollte. Werner fühlte das gar wohl und holte freilich weit aus, indem er, um Gegenstände eines gewissen Fachs zu benennen, die Sprachen überhaupt in ihrem Entstehen, Entwicklungs- und Bildungssinne betrachten und ihnen das, was zu seinem Zwecke gefordert ward, ablernen wollte.

Niemand hat das Recht, einem geistreichen Manne vorzuschreiben, womit er sich beschäftigen soll. Der Geist schießt aus dem Zentrum seine Radien nach der Peripherie, stößt er dort an, so läßt er's auf sich beruhen und treibt wieder neue Versuchslinien aus der Mitte, auf daß er, wenn ihm nicht gegeben ist, seinen Kreis zu überschreiten, er ihn doch möglichst erkennen und ausfüllen möge. Und wenn auch Werner über dem Mittel den Zweck vergessen hätte, welches wir doch keineswegs behaupten dürfen, so waren wir doch Zeugen der Freudigkeit, womit er das Geschäft betrieb, und lernten von ihm und lernten ihm ab, wie man verfährt, um sich in einem Unternehmen zu beschränken und darin eine Zeitlang Glück und Befriedigung zu finden.

Sonst ward mir weder Muße noch Gelegenheit, in ältere Behandlungen der Naturgeschichte einzugehen. Ich studierte den Albertus Magnus, aber mit wenigem Erfolg. Man müßte sich den Zustand seines Jahrhunderts vergegenwärtigen, um nur einigermaßen zu begreifen, was hier gemeint und getan sei...

„Pandoras Wiederkunft" war schematisiert, und die Ausführung geschah nach und nach. Nur der erste Teil ward fertig, zeigt aber schon, wie absichtlich dieses Werk unternommen und fortgeführt worden.

Die bereits zum öftern genannten kleinen Erzählungen beschäftigten mich in heitern Stunden, und auch die „Wahlverwandtschaften" sollten in der Art kurz behandelt werden. Allein sie dehnten sich bald aus; der Stoff war allzu bedeutend und zu tief in mir gewurzelt, als daß ich ihn auf eine so leichte Weise hätte beseitigen können.

„Pandora“ sowohl als die „Wahlverwandtschaften“ drücken das schmerzliche Gefühl der Entbehrung aus, und konnten also nebeneinander gar wohl gedeihen. „Pandorens“ erster Teil gelangte zu rechter Zeit gegen Ende des Jahrs nach Wien; das Schema der „Wahlverwandtschaften“ war weit gediehen und manche Vorarbeiten teilweise vollbracht. Ein anderes Interesse tat sich im letzten Viertel des Jahres hervor; ich wendete mich an die „Nibelungen“, wovon wohl manches zu sagen wäre.

Ich kannte längst das Dasein dieses Gedichts aus Bodmers Bemühungen. Christoph Heinrich Müller sendete mir seine Ausgabe leider ungeheftet, das köstliche Werk blieb roh bei mir liegen, und ich, in anderem Geschäft, Neigung und Sorge befangen, blieb so stumpf dagegen wie die übrige deutsche Welt; nur las ich zufällig eine Seite, die nach außen gekehrt war, und fand die Stelle, wo die Meerfrauen dem kühnen Helden weissagen. Dies traf mich, ohne daß ich wäre gereizt worden, ins Ganze tiefer einzugehen; ich phantasierte mir vielmehr eine für sich bestehende Ballade des Inhalts, die mich in der Einbildungskraft oft beschäftigte, obschon ich es nicht dazu brachte, sie abzuschließen und zu vollenden.

Nun aber ward, wie alles seine Reife haben will, durch patriotische Tätigkeit die Teilnahme an diesem wichtigen Altertum allgemeiner und der Zugang bequemer. Die Damen, denen ich das Glück hatte noch immer am Mittwoche Vorträge zu tun, erkundigten sich darnach, und ich säumte nicht, ihnen davon gewünschte Kenntnis zu geben. Unmittelbar ergriff ich das Original und arbeitete mich bald dermaßen hinein, daß ich, den Text vor mir habend, Zeile für Zeile eine verständliche Übersetzung vorlesen konnte. Es blieb der Ton, der Gang, und vom Inhalt ging auch nichts verloren. Am besten glückt ein solcher Vortrag ganz aus dem Stegreife, weil der Sinn sich beisammen halten und der Geist lebendig-kräftig wirken muß, indem es eine Art von Improvisieren ist. Doch indem ich in das Ganze des poetischen Werks auf diese Weise einzudringen dachte, so versäumte ich nicht, mich auch dergestalt vorzubereiten, daß ich auf Befragen über das einzelne einigermaßen Rechenschaft zu geben imstande wäre. Ich verfertigte mir ein Verzeichnis der Personen und Charaktere, flüchtige Aufsätze über Lokalität und Geschichtliches, Sitten und Leidenschaften, Harmonie und Inkongruitäten, und entwarf zugleich zum ersten Teil eine hypothetische Karte. Hiedurch gewann ich viel für den Augenblick, mehr für die Folge, indem ich nachher die ernsten anhaltenden Bemühungen deutscher Sprach- und Altertumsfreunde besser zu beurteilen, zu genießen und zu benutzen wußte.

Zwei weit ausgreifende Werke wurden durch Doktor Niethammer angeregt von München her: ein historisch-religioses Volksbuch und eine allgemeine Liedersammlung zu Erbauung und Ergötzung der Deutschen. Beides wurde eine Zeitlang durchgedacht und schematisiert, das Unternehmen jedoch wegen mancher Bedenklichkeit aufgegeben. Indessen wurden von beiden, weil doch in der Folge etwas Ähnliches unternommen werden konnte, die gesammelten Papiere zurückgelegt...

1808.

Die geselligen Persönlichkeiten in Karlsbad hatten diesen Sommer für mich ein ganz ander Wesen; die Herzogin von Kurland, immer selbst anmutig mit anmutiger Umgebung, Frau von der Recke, begleitet von Tiedge und was sich daran anschloß, bildeten höchst erfreulich eine herkömmliche Mitte der dortigen Zustände. Man hatte sich so oft gesehen, an derselben Stelle, in denselben Verbindungen, man hatte sich in seiner Art und Weise immer als dieselbigen gefunden; es war, als hätte man viele Jahre miteinander gelebt, man vertraute einander, ohne sich eigentlich zu kennen.

Für mich machte die Familie Ziegesar einen andern mehr entschiedenen, notwendigern Kreis. Ich kannte Eltern und Nachkommen bis in alle Verzweigungen, für den Vater hatte ich immer Hochachtung, ich darf wohl sagen Verehrung empfunden. Die unverwüstbar behagliche Tätigkeit der Mutter ließ in ihrer Umgebung niemand unbefriedigt; Kinder, bei meinem ersten Eintritt in Drackendorf noch nicht geboren, kamen mir stattlich und liebenswürdig herangewachsen hier entgegen; Bekannte und Verwandte schlossen sich an, einiger und zusammenstimmender wäre kein Zirkel zu finden. Frau von Seckendorf, geborne von Uechtritz, und Pauline Gotter waren nicht geringe Zierden dieses Verhältnisses. Alles suchte zu gefallen und jedes gefiel sich mit dem andern, weil die Gesellschaft sich paarweise bildete und Scheelsucht und Mißhelligkeit zugleich ausschloß. Diese ungesuchten Verhältnisse brachten eine Lebensweise hervor, die bei bedeutendern Interessen eine Novelle nicht übel gekleidet hätte.

Bei einem in der Fremde mietweise geführten Haushalt erscheinen solche Zustände ganz natürlich, und bei gesellschaftlichen Wanderungen sind sie ganz unvermeidlich. Das Leben zwischen Karlsbad und Franzenbrunnen, im ganzen nach gemessener Vorschrift, im einzelnen immer zufällig veranlaßt, von der Klugheit der Älteren zuerst angeordnet, von Leidenschaftlichkeit der Jüngern am Ende doch geformt, machte auch die aus solchem Konflikt hervorgehenden Unbilden immer noch ergötzlich sowie in der Erinnerung höchst angenehm, weil doch zuletzt alles ausgeglichen und überwunden war.

Von jeher und noch mehr seit einigen Jahren überzeugt, daß die Zeitungen eigentlich nur da sind, um die Menge hinzuhalten und über den Augenblick zu verblenden, es sei nun, daß den Redakteur eine äußere Gewalt hindere, das Wahre zu sagen, oder daß ein innerer Parteisinn ihm ebendasselbe verbiete, las ich keine mehr: denn von den Hauptereignissen benachrichtigten mich neuigkeitslustige Freunde, und sonst hatte ich im Laufe dieser Zeit nichts zu suchen. Die „Allgemeine Zeitung" jedoch, durch Freundlichkeit des Herrn Cotta regelmäßig zugesendet, häufte sich bei mir an, und so fand ich durch die Ordnungsliebe eines Kanzleigenossen die Jahre 1806 und 1807 reinlich gebunden, eben als ich nach Karlsbad abreisen wollte. Ob ich nun gleich, der Erfahrung gemäß, wenig Bücher bei solchen Gelegenheiten mit mir nahm, indem man die mitgenommenen und vorhandenen nicht benutzt, wohl aber solche liest, die uns zufällig von Freunden mitgeteilt werden, so fand ich bequem und erfreulich, diese politische Bibliothek mit mir zu führen, und sie gab nicht allein mir unerwarteten Unterricht und Unterhaltung, sondern auch Freunde, welche diese Bände bei mir gewahr wurden, ersuchten mich abwechselnd darum, so daß ich sie am Ende gar nicht wieder zur Hand bringen konnte; und vielleicht zeigte dieses Blatt eben darin sein besonderes Verdienst, daß es mit kluger Retardation zwar hie und da zurückhielt, aber doch mit Gewissenhaftigkeit nach und nach mitzuteilen nicht versäumte, was dem sinnigen Beobachter Aufschluß geben sollte...

Die Gegenwart Kaazens, des vorzüglichen Dresdener Landschaftsmalers, brachte mir viel Freude und Belehrung, besonders da er meisterhaft meine dilettantischen Skizzen sogleich in ein wohl erscheinendes Bild zu verwandeln wußte. Indem er dabei eine Aquarell- und Deckfarben leicht verbindende Manier gebrauchte, rief er auch mich aus meinem phantastischen Kritzeln zu einer reineren Behandlung. Und zum Belege, wie uns die Nähe des Meisters gleich einem Elemente hebt und trägt, bewahre ich noch aus jener Zeit einige Blätter, die, gleich Lichtpunkten, andeuten: daß man unter solchen Umständen etwas vermag, was vor- und nachher als unmöglich erschienen wäre...

Runge, dessen zarte, fromme, liebenswürdige Bemühungen bei uns guten Eingang gefunden hatten, sendete mir die Originalzeichnungen seiner gedanken- und blumenreichen „Tageszeiten", welche, obgleich so treu und sorgfältig in Kupfer ausgeführt, doch an natürlichem unmittelbarem Ausdruck große Vorzüge bewiesen. Auch andere, meist halb vollendete Umrißzeichnungen von nicht geringerem Werte waren beigelegt. Alles wurde dankbar zurückgesandt, ob man gleich manches, wäre es ohne Indiskretion zu tun gewesen, gern bei unsern Sammlungen, zum Andenken eines vorzüglichen Talents, behalten hätte.

Auch wurden uns im Spätjahr eine Anzahl landschaftlicher Zeichnungen von Friedrich die angenehmste Betrachtung und Unterhaltung. Sein schönes Talent war bei uns gekannt und geschätzt, die Gedanken seiner Arbeiten zart, ja fromm, aber in einem strengern Kunstsinne nicht durchgängig zu billigen. Wie dem auch sei, manche schöne Zeugnisse seines Verdienstes sind bei uns einheimisch geworden. Am Schlusse des Jahrs besuchte uns der überall willkommene Kügelgen, er malte mein Porträt, und seine Persönlichkeit mußte notwendig auf den gebildet geselligen Kreis die zarteste Einwirkung ausüben.

Ein Ständchen, das mir die Sänger vor meiner Abreise nach Karlsbad brachten, versicherte mich damals ihrer Neigung und beharrlichen Fleißes auch während meiner Abwesenheit, und demgemäß fand ich auch bei meiner Wiederkehr alles in demselben Gange. Die musikalischen Privatübungen wurden fortgesetzt, und das gesellige Leben gewann dadurch einen höchst erfreulichen Anklang...

Der im September erst in der Nähe versammelte, dann bis zu uns heranrückende Kongreß zu Erfurt ist von so großer Bedeutung, auch der Einfluß dieser Epoche auf meine Zustände so wichtig, daß eine besondere Darstellung dieser wenigen Tage wohl unternommen werden sollte.

1809.

Dieses Jahr muß mir in der Erinnerung, schöner Resultate wegen, immer lieb und teuer bleiben; ich brachte solches ohne auswärtigen Aufenthalt, teils in Weimar, teils in Jena zu, wodurch es mehr Einheit und Geschlossenheit gewann als andere, die, meist in der Hälfte durch eine Badereise zerschnitten, an mannigfaltiger Zerstreuung zu leiden hatten.

Was ich mir aber in Jena zu leisten vorgenommen, sollte eigentlich durch einen ganz ununterbrochenen Aufenthalt begünstigt sein; dieser war mir jedoch nicht gegönnt, unerwartete Kriegsläufte drangen zu und nötigten zu einem mehrmaligen Ortswechsel.

Die ferneren und näheren Kriegsbewegungen in Spanien und Österreich mußten schon jedermann in Furcht und Sorgen setzen. Der Abmarsch unserer Jäger, den 14. März nach Tirol, war traurig und bedenklich; gleich darauf zeigte sich Einquartierung; der Prinz von Ponte-Corvo, als Anführer des sächsischen Armeekorps, wendete sich nach der Grenze von Böhmen und zog von Weimar den 25. April nach Kranichfeld. Ich aber, längst und besonders schon seit den letzten Jahren gewohnt, mich von der Außenwelt völlig abzuschließen, meinen Geschäften nachzuhangen, Geistesproduktionen zu fördern, begab mich schon am 29. April nach Jena. Dort bearbeitete ich die Geschichte der Farbenlehre, holte das funfzehnte und sechzehnte Jahrhundert nach und schrieb die Geschichte meiner eigenen chromatischen Bekehrung und fortschreitender Studien, welche Arbeit ich am vierundzwanzigsten Mai, vorläufig abgeschlossen, beiseitelegte, und sie auch nur erst gegen Ende des Jahrs wieder aufnahm, als Rungens „Farbenkugel“ unsere chromatischen Betrachtungen aufs neue in Bewegung setzte.

In dieser Epoche führte ich die „Farbenlehre“ bis zu Ende des achtzehnten Jahrhunderts, wie denn auch zu gleicher Zeit der Druck des zweiten Teils ununterbrochen fortging und die Aufmerksamkeit zunächst sich auf die Kontrovers mit Newton richtete. Bei allem diesem war Dr. Seebeck teilnehmend und hülfreich.

Um von poetischen Arbeiten nunmehr zu sprechen, so hatte ich von Ende Mais an die „Wahlverwandtschaften“, deren erste Konzeption mich schon längst beschäftigte, nicht wieder aus dem Sinne gelassen. Niemand verkennt an diesem Roman eine tief-leidenschaftliche Wunde, die im Heilen sich zu schließen scheut, ein Herz, das zu genesen fürchtet. Schon vor einigen Jahren war der Hauptgedanke gefaßt, nur die Ausführung erweiterte, vermannigfaltigte sich immerfort und drohte die Kunstgrenze zu überschreiten. Endlich nach so vielen Vorarbeiten bestätigte sich der Entschluß, man wolle den Druck beginnen, über manchen Zweifel hinausgehen, das eine festhalten, das andere endlich bestimmen.

In diesem raschen Vorschritt ward ich jedoch auf einmal gestört; denn indem man die Nachrichten des gewaltsamen Vordringens der Franzosen in Österreich mit Bangigkeit vernommen hatte, begann der König von Westfalen einen Zug gegen Böhmen, weshalb ich den 13. Juni nach Weimar zurückging. Die Nachrichten von dieser sonderbaren Expedition waren sehr ungewiß, als zwei dem Hauptquartier folgende diplomatische Freunde, von Reinhard und Wangenheim, mich unerwartet besuchten, einen unerklärlichen Rückzug rätselhaft ankündigend. Schon am 15. Juli kommt der König nach Weimar, der Rückzug scheint in Flucht auszuarten, und gleich am zwanzigsten ängstigt das umherstreifende Ölsische Korps uns und die Nachbarschaft. Aber auch dieses Gewitter zieht schnell in nordwestlicher Richtung vorüber, und ich säume nicht, am 23. Juli wieder nach Jena zu gehen.

Unmittelbar darauf werden die „Wahlverwandtschaften“ in die Druckerei gegeben, und indem diese fleißig fördert, so reinigt und ründet sich auch nach und nach die Handschrift, und der dritte Oktober befreit mich von dem Werke, ohne daß die Empfindung des Inhalts sich ganz hätte verlieren können.

In geselliger Unterhaltung wandte sich das Interesse fast ausschließlich gegen nordische und überhaupt romantische Vorzeit. Die nach dem Original aus dem Stegreif vorgetragene und immer besser gelingende Übersetzung der „Nibelungen“ hielt durchaus die Aufmerksamkeit einer edeln Gesellschaft fest, die sich fortwährend mittwochs in meiner Wohnung versammelte. „Fierabras“ und andere ähnliche Heldensagen und Gedichte, „König Rother“, „Tristan und Isalde“ folgten und begünstigten einander; besonders aber wurde die Aufmerksamkeit auf „Wilkina-Saga“ und sonstige nordische Verhältnisse und Produktionen gelenkt, als der wunderliche Fußreisende Runen-Antiquar Arendt bei uns einkehrte, durch persönliche Mitteilungen und Vorträge die Gesellschaft, wo nicht für sich einnahm, doch sich ihr erträglich zu machen suchte. Dr. Majers nordische Sagen trugen das Ihrige bei, uns unter dem düstern Himmel wohlbehaglich zu erhalten; zugleich war nichts natürlicher, als daß man deutsche Sprachaltertümer hervorhob und immer mehr schätzen lernte, wozu Grimms Aufenthalt unter uns mitwirkte, indes ein gründlich grammatischer Ernst durch „Des Knaben Wunderhorn“ lieblich aufgefrischt wurde.

Die Ausgabe meiner Werke bei Cotta forderte gleichfalls manchen Zeitaufwand; sie erschien und gab mir Gelegenheit, durch Versendung mancher Exemplare mich Gönnern und Freunden ins Gedächtnis zu rufen. Von derselben wird an einem andern Orte die Rede sein.

Was aber bei meinen diesjährigen Bemühungen am entschiedensten auf das Künftige hinwies, waren Vorarbeiten zu jenem bedeutenden Unternehmen einer Selbstbiographie, denn es mußte mit Sorgfalt und Umsicht verfahren werden, da es bedenklich schien, sich lange verflossener Jugendzeiten erinnern zu wollen. Doch ward endlich der Vorsatz dazu gefaßt, mit dem Entschluß, gegen sich und andere aufrichtig zu sein und sich der Wahrheit möglichst zu nähern, insoweit die Erinnerung nur immer dazu behülflich sein wollte...

Auch eine Sammlung von eigenen Handschriften bedeutender Personen ward dieses Jahr durch Freundesgunst ansehnlich vermehrt, und so bestärkte sich der Glaube, daß die Handschrift auf den Charakter des Schreibenden und seine jedesmaligen Zustände entschieden hinweise, wenn man auch mehr durch Ahnung als durch klaren Begriff sich und andern davon Rechenschaft geben könne; wie es ja bei aller Physiognomik der Fall ist, welche bei ihrem echten Naturgrunde nur dadurch außer Kredit kam, daß man sie zu einer Wissenschaft machen wollte...

1810.

Ein bedeutendes Jahr, abwechselnd an Tätigkeit, Genuß und Gewinn, so daß ich mich bei einem überreichen Ganzen in Verlegenheit fühle, wie ich die Teile gehörig ordnungsgemäß darstellen soll.

Vor allen Dingen verdient wohl das Wissenschaftliche einer nähern Erwähnung. Hier war der Anfang des Jahrs mühsam genug; man war mit dem Abdruck der „Farbenlehre“ so weit vorgerückt, daß man den Abschluß vor Jubilate zu bewirken nicht für unmöglich hielt; ich schloß den polemischen Teil sowie die Geschichte des achtzehnten Jahrhunderts: die nach meinen sorgfältigen Zeichnungen gestochenen Tafeln wurden illuminiert, die Rekapitulation des Ganzen vollbracht, und man sah das letzte Blatt mit Vergnügen in die Druckerei wandern.

Dies geschah achtzehn Jahre nach dem Gewahrwerden eines uralten Irrtums, in Gefolg von unablässigen Bemühungen und dem endlich gefundenen Punkte, worum sich alles versammeln mußte. Die bisher getragene Last war so groß, daß ich den 16. Mai als glücklichen Befreiungstag ansah, an welchem ich mich in den Wagen setzte, um nach Böhmen zu fahren. Um die Wirkung war ich wenig bekümmert, und tat wohl. Einer so vollkommenen Unteilnahme und abweisenden Unfreundlichkeit war ich aber doch nicht gewärtig; ich schweige davon und erwähne lieber, wie viel ich bei dieser und bei meinen übrigen wissenschaftlichen und literarischen Arbeiten einem mehrjährigen Hausgenossen, Reisegefährten, so gelehrten als gewandten und freundlichen Mitarbeiter Dr. Friedrich Wilhelm Riemer schuldig geworden.

Weil man aber einmal des Mühens und Bemühens gewohnt, sich immer sehr gern und leicht neue Lasten auflegt, so entwickelte sich, bei nochmaliger schematischer Übersicht der „Farbenlehre", der verwandte Gedanke: ob man nicht auch die Tonlehre unter ähnlicher Ansicht auffassen könnte, und so entsprang eine ausführliche Tabelle, wo in drei Kolumnen Subjekt, Objekt und Vermittelung aufgestellt worden.

Und wie keine unserer Gemütskräfte sich auf dem einmal eingeschlagenen Wege leicht irre machen läßt, es sei nun, daß man zum Wahren oder zum Falschen hinschreite, so wurde jene Vorstellungsart auf die ganze Physik angewandt: das Subjekt in genauer Erwägung seiner auffassenden und erkennenden Organe, das Objekt als ein allenfalls Erkennbares gegenüber, die Erscheinung, durch Versuche wiederholt und vermannigfaltigt, in der Mitte; wodurch denn eine ganz eigene Art von Forschung bereitet wurde.

Der Versuch, als Beweis irgend eines subjektiven Ausspruches, ward verworfen; es entstand, was man schon längst Anfrage an die Natur genannt hat. Und wie denn alles Erfinden als eine weise Antwort auf eine vernünftige Frage angesehen werden kann, so konnte man sich bei jedem Schritt überzeugen, daß man auf dem rechten Wege sei, indem man überall im einzelnen und ganzen nur Gewinne zur Seite sah...

Bezüglich auf bildende Kunst ergab sich gleichfalls eine merkwürdige Epoche. Die Gebrüder Boisserée sandten mir durch den auf die Leipziger Messe reisenden Buchhändler Zimmer von Heidelberg ihre köstlichen ausgeführten Zeichnungen des Domgebäudes. Gern rief ich die Gefühle jener Jahre zurück, als der Straßburger Münster mir Bewunderung abnötigte und mich zu seltsamen aber tief empfundenen enthusiastischen Äußerungen veranlaßte. Nun ward das Studium jener älteren besonderen Baukunst abermals ernstlich und gründlich aufgeregt und dieser wichtige Gegenstand von den Weimarischen Kunstfreunden teilnehmend in Betrachtung gezogen.

Eine Anwandlung, landschaftliche Skizzen zu zeichnen, wies ich nicht ab; bei Spaziergängen im Frühling, besonders nahe bei Jena, faßt' ich irgend einen Gegenstand auf, der sich zum Bild qualifizieren wollte, und suchte ihn zu Hause alsdann zu Papier zu bringen. Gleichermaßen ward meine Einbildungskraft durch Erzählungen leicht erregt, so daß ich Gegenden, von denen im Gespräch die Rede war, alsobald zu entwerfen trachtete. Dieser wundersame Trieb erhielt sich lebhaft auf meiner ganzen Reise und verließ mich nur bei meiner Rückkehr, um nicht wieder hervorzutreten...

In Karlsbad betrachtete ich die Verwüstung, die der Sprudel angerichtet, mit großem Interesse. Aus den hinteren Fenstern des Weißen Hirsches zeichnete ich diesen seltsamen Zustand sorgfältig nach der Wirklichkeit und überließ mich der Erinnerung vieljähriger Betrachtungen und Folgerungen, deren ich hier nur kürzlich erwähnen darf.

1811.

Dieses Jahr zeichnet sich durch anhaltend äußere Tätigkeit besonders aus. Das „Leben Philipp Hackerts" ward abgedruckt und die vorliegenden Papiere nach jedesmaligem Bedürfnis sorgfältig redigiert. Durch diese Arbeit wurd' ich nun abermals nach Süden gelockt; die Ereignisse, die ich jener Zeit in Hackerts Gegenwart oder doch in seiner Nähe erfahren hatte, wurden in der Einbildungskraft lebendig; ich hatte Ursache, mich zu fragen, warum ich dasjenige, was ich für einen andern tue, nicht für mich selbst zu leisten unternehme? Ich wandte mich daher noch vor Vollendung jenes Bandes an meine eigene frühste Lebensgeschichte; hier fand sich nun freilich, daß ich zu lange gezaudert hatte.

Bei meiner Mutter Lebzeiten hätt' ich das Werk unternehmen sollen, damals hätte ich selbst noch jenen Kinderszenen näher gestanden und wäre durch die hohe Kraft ihrer Erinnerungsgabe völlig dahin versetzt worden. Nun aber mußte ich diese entschwundenen Geister in mir selbst hervorrufen und manche Erinnerungsmittel gleich einem notwendigen Zauberapparat mühsam und kunstreich zusammenschaffen. Ich hatte die Entwicklung eines bedeutend gewordenen Kindes, wie sie sich unter gegebenen Umständen hervorgetan, aber doch wie sie im allgemeinen dem Menschenkenner und dessen Einsichten gemäß wäre, darzustellen.

In diesem Sinne nannt' ich bescheiden genug ein solches mit sorgfältiger Treue behandeltes Werk: „Wahrheit und Dichtung", innigst überzeugt, daß der Mensch in der Gegenwart, ja vielmehr noch in der Erinnerung die Außenwelt nach seinen Eigenheiten bildend modele.

Dieses Geschäft, insofern ich durch geschichtliche Studien und sonstige Lokal- und Personenvergegenwärtigung viel Zeit aufzuwenden hatte, beschäftigte mich, wo ich ging und stand, zu Hause wie auswärts, dergestalt daß mein wirklicher Zustand den Charakter einer Nebensache annahm, ob ich gleich überall, wo ich durchs Leben hingefordert wurde, gleich wieder mit ganzer Kraft und vollem Sinne mich gegenwärtig erwies...

Vor der Naturbetrachtung war man einigermaßen auf der Hut; doch studierte ich zwischendurch die Geschichte der Physik, um das Herankommen dieser höchsten Wissenschaft mir möglichst zu vergegenwärtigen: denn ganz allein durch Aufklärung der Vergangenheit läßt sich die Gegenwart begreifen. Eine Wissenschaft ist, wie jede menschliche Anstalt und Einrichtung, eine ungeheure Kontignation von Wahrem und Falschem, von Freiwilligem und Notwendigem, von Gesundem und Krankhaftem; alles, was wir tagtäglich gewahr werden, dürfen wir am Ende doch nur als Symptome ansehen, die, wenn wir uns wahrhaft ausbilden wollen, auf ihre physiologischen und pathologischen Prinzipe zurückzuführen sind...

Jacobi, „Von den göttlichen Dingen", machte mir nicht

wohl; wie konnte mir das Buch eines so herzlich geliebten Freundes willkommen sein, worin ich die These durchgeführt sehen sollte: die Natur verberge Gott. Mußte, bei meiner reinen, tiefen, angebornen und geübten Anschauungsweise, die mich Gott in der Natur, die Natur in Gott zu sehen unverbrüchlich gelehrt hatte, so daß diese Vorstellungsart den Grund meiner ganzen Existenz machte, mußte nicht ein so seltsamer, einseitig-beschränkter Ausspruch mich dem Geiste nach von dem edelsten Manne, dessen Herz ich verehrend liebte, für ewig entfernen? Doch ich hing meinem schmerzlichen Verdrusse nicht nach, ich rettete mich vielmehr zu meinem alten Asyl und fand in Spinozas „Ethik" auf mehrere Wochen meine tägliche Unterhaltung, und da sich indes meine Bildung gesteigert hatte, ward ich, im schon Bekannten, gar manches, das sich neu und anders hervortat, auch ganz eigen frisch auf mich einwirkte, zu meiner Verwunderung gewahr.

Uwarows Projekt einer asiatischen Akademie lockte mich in jene Regionen, wohin ich auf längere Zeit zu wandern ohnedem geneigt war. Hebels abermalige „Alemannische Gedichte" gaben mir den angenehmen Eindruck, den wir bei Annäherung von Stammverwandten immer empfinden. Nicht so von Hagens „Heldenbuch"; hier hatte sich eine alles verwandelnde Zeit dazwischen gelegt. Ebenso brachte mir Büschings „Armer Heinrich", ein an und für sich betrachtet höchst schätzenswertes Gedicht, physisch-ästhetischen Schmerz. Den Ekel gegen einen aussätzigen Herrn, für den sich das wackerste Mädchen aufopfert, wird man schwerlich los; wie denn durchaus ein Jahrhundert, wo die widerwärtigste Krankheit in einem fort Motive zu leidenschaftlichen Liebes- und Rittertaten reichen muß, uns mit Abscheu erfüllt. Die dort einem Heroismus zum Grunde liegende schreckliche Krankheit wirkt wenigstens auf mich so gewaltsam, daß ich mich vom bloßen Berühren eines solchen Buchs schon angesteckt glaube...

1813.

...Der dritte Band meiner Biographie ward redigiert und abgedruckt und erfreute sich, ungeachtet äußerer mißlicher

Umstände, einer guten Wirkung. Das italienische Tagebuch ward näher beleuchtet und zu dessen Behandlung Anstalt gemacht; ein Aufsatz zu Wielands Andenken in der Trauerloge vorgelesen und zu vertraulicher Mitteilung dem Druck übergeben.

Im Felde der Literatur ward manches Ältere, Neuere und Verwandte vorgenommen und mehr oder weniger durch Fortsetzung der Arbeit irgend einem Ziele näher gebracht; besonders ist das Studium zu erwähnen, das man Shakespearen in bezug auf seine Vorgänger widmete.

Geographische Karten zu sinnlicher Darstellung der über die Welt verteilten Sprachen wurden mit Wilhelm von Humboldts Teilnahme bearbeitet, begrenzt und illuminiert; ebenso ward ich von Alexander von Humboldt veranlaßt, die Berghöhen der Alten und Neuen Welt in ein vergleichendes landschaftliches Bild zu bringen.

Hier ist nun am Platze, mit wenigem auszusprechen, wie ich das Glück, gleichzeitig mit den vorzüglichsten Männern zu leben, mir zu verdienen suchte.

Von dem Standpunkte aus, worauf es Gott und der Natur mich zu setzen beliebt und wo ich zunächst den Umständen gemäß zu wirken nicht unterließ, sah ich mich überall um, wo große Bestrebungen sich hervortaten und andauernd wirkten. Ich meinesteils war bemüht, durch Studien, eigene Leistungen, Sammlungen und Versuche ihnen entgegen zu kommen und so, auf den Gewinn dessen, was ich nie selbst erreicht hätte, treulich vorbereitet, es zu verdienen, daß ich unbefangen ohne Rivalität oder Neid ganz frisch und lebendig dasjenige mir zueignen durfte, was von den besten Geistern dem Jahrhundert geboten ward. Und so zog sich mein Weg gar manchen schönen Unternehmungen parallel, nahm seine Richtung grad auf andere zu; das Neue war mir deshalb niemals fremd, und ich kam nicht in Gefahr, es mit Überraschung aufzunehmen oder wegen veralteten Vorurteils zu verwerfen.

Als Zeichen der Aufmerksamkeit auf das Allerbesonderste brachte ich Durchzeichnungen von Bildern aus einer alten Handschrift des „Sachsenspiegels“ Kennern und Liebhabern in die Hände, welche denn auch davon den löblichsten Gebrauch machten und die Symbolik eines in Absicht auf bildende Kunst völlig kindischen Zeitalters gar sinnig und überzeugend auslegten...

Nach der Schlacht von Leipzig in Weimar gesehen: Wilhelm von Humboldt, Graf Metternich, Staatskanzler von Hardenberg, Prinz Paul von Württemberg, Prinz August von Preußen, Kurprinzeß von Hessen, Professor John, Chemikus; Hofrat Rochlitz.

Hier muß ich noch einer Eigentümlichkeit meiner Handlungsweise gedenken. Wie sich in der politischen Welt irgend ein ungeheures Bedrohliches hervortat, so warf ich mich eigensinnig auf das Entfernteste. Dahin ist denn zu rechnen, daß ich von meiner Rückkehr aus Karlsbad an mich mit ernstlichstem Studium dem chinesischen Reich widmete und dazwischen, eine notgedrungene unerfreuliche Aufführung des „Essex" im Auge, der Schauspielerin Wolff zuliebe und um ihre fatale Rolle zuletzt noch einigermaßen glänzend zu machen, den Epilog zu „Essex" schrieb, gerade an dem Tage der Schlacht von Leipzig.

Zum Behuf meiner eigenen Biographie zog ich aus den „Frankfurter Gelehrten Zeitungen" vom Jahr 1772 und 1773 die Rezensionen aus, welche ganz oder zum Teil mir gehörten. Um in jene Zeiten mich noch mehr zu versetzen, studierte ich Mösers „Phantasien", sodann aber auch Klingers Werke, die mich an die unverwüstliche Tätigkeit nach einem besondern eigentümlichen Wesen gar charakteristisch erinnerten. In Absicht auf allgemeineren Sinn in Begründung ästhetischen Urteils hielt ich mich immerfort an Ernestis „Technologie griechischer und römischer Redekunst" und bespiegelte mich darinnen scherz- und ernsthaft mit nicht weniger Beruhigung, daß ich Tugenden und Mängel nach ein paar tausend Jahren als einen großen Beweis menschlicher Beschränktheit in meinen eigenen Schriften unausweichlich wieder zurückkehren sah.

Von Ereignissen bemerke vorläufig: Der französische Gesandte wird in Gotha überrumpelt und entkommt. Ein geringes Korps Preußen besetzt Weimar und will uns glauben machen, wir seien unter seinem Schutze sicher. Die Freiwilligen betragen sich unartig und nehmen nicht für sich ein.

Ich reise ab, Begegnisse unterwegs. In Dresden russische Einquartierung, nachts mit Fackeln. Ingleichen der König von Preußen. In Teplitz Vertraulichkeiten. Vorläufige Andeutungen einer allgemeinen Verbindung gegen Napoleon. Schlacht von Lützen. Franzosen in Dresden. Waffenstillstand. Aufenthalt in Böhmen. Lustmanœuvre zwischen Bilin, Ossegg und Dux. Mannigfache Ereignisse in Dresden. Rückkehr nach Weimar. Die jüngste französische Garde zieht ein. General Travers, den ich als jenen Begleiter des Königs von Holland kennen gelernt, wird bei mir zu seiner höchsten Verwunderung einquartiert. Die Franzosen ziehen alle vorwärts. Schlacht von Leipzig. Die Kosaken schleichen heran, der französische Gesandte wird hier genommen, die Franzosen von Apolda und Umpferstedt her andrängend. Die Stadt wird vom Ettersberg her überfallen. Die Österreicher rücken ein.

1815.

Schon im vorigen Jahre waren mir die sämtlichen Gedichte Hafis' in der von Hammerschen Übersetzung zugekommen, und wenn ich früher den hier und da in Zeitschriften übersetzt mitgeteilten einzelnen Stücken dieses herrlichen Poeten nichts abgewinnen konnte, so wirkten sie doch jetzt zusammen desto lebhafter auf mich ein, und ich mußte mich dagegen produktiv verhalten, weil ich sonst vor der mächtigen Erscheinung nicht hätte bestehen können. Die Einwirkung war zu lebhaft, die deutsche Übersetzung lag vor, und ich mußte also hier Veranlassung finden zu eigener Teilnahme. Alles, was dem Stoff und dem Sinne nach bei mir Ähnliches verwahrt und gehegt worden, tat sich hervor, und dies mit um so mehr Heftigkeit, als ich höchst nötig fühlte, mich aus der wirklichen Welt, die sich selbst offenbar und im stillen bedrohte, in eine ideelle zu flüchten, an welcher vergnüglichen Teil zu nehmen meiner Lust, Fähigkeit und Willen überlassen war.

Nicht ganz fremd mit den Eigentümlichkeiten des Ostens, wandt' ich mich zur Sprache, insofern es unerläßlich war, jene Luft zu atmen, sogar zur Schrift mit ihren Eigenheiten und Verzierungen. Ich rief die „Moallakats" hervor, deren ich einige gleich nach ihrer Erscheinung übersetzt hatte. Den Beduinenzustand bracht' ich mir vor die Einbildungskraft; „Mahomets Leben" von Oelsner, mit dem ich mich schon längst befreundet hatte, förderte mich aufs neue. Das Verhältnis zu von Diez befestigte sich; das Buch „Kabus" eröffnete mir den Schauplatz jener Sitten in einer höchst bedeutenden Zeit, der unsrigen gleich, wo ein Fürst gar wohl Ursache hatte, seinen Sohn in einem weitläufigen Werke zu belehren, wie er allenfalls bei traurigstem Schicksale sich doch noch in einem Geschäft und Gewerbe durch die Welt bringen könne. „Medschnun und Leila", als Muster einer grenzenlosen Liebe, ward wieder dem Gefühl und der Einbildungskraft zugeeignet; die reine Religion der Parsen aus dem späteren Verfall hervorgehoben und zu ihrer schönen Einfalt zurückgeführt; die längst studierten Reisenden Pietro della Valle, Tavernier, Chardin absichtlich durchgelesen, und so häufte sich der Stoff, bereicherte sich der Gehalt, daß ich nur ohne Bedenken zulangen konnte, um das augenblicklich Bedurfte sogleich zu ergreifen und anzuwenden. Diez war die Gefälligkeit selbst, meine wunderlichen Fragen zu beantworten; Lorsbach höchst teilnehmend und hülfreich; auch blieb ich durch ihn nicht ohne Berührung mit Sylvestre de Sacy; und obgleich diese Männer kaum ahnen, noch weniger begreifen konnten, was ich eigentlich wolle, so trug doch ein jeder dazu bei, mich aufs eiligste in einem Felde aufzuklären, in dem ich mich manchmal geübt, aber niemals ernstlich umgesehen hatte. Und wie mir die von Hammersche Übersetzung täglich zur Hand war und mir zum Buch der Bücher wurde, so verfehlte ich nicht, aus seinen „Fundgruben" mir manches Kleinod zuzueignen.

Indessen schien der politische Himmel sich nach und nach aufzuklären, der Wunsch in die freie Welt, besonders aber ins freie Geburtsland, zu dem ich wieder Lust und Anteil fassen konnte, drängte mich zu einer Reise. Heitere Luft und rasche Bewegung gaben sogleich mehreren Produktionen im neuen östlichen Sinne Raum. Ein heilsamer Badeaufenthalt, ländliche Wohnung in bekannter, von Jugend auf betretener Gegend, Teilnahme geistreicher liebender

Freunde gedieh zur Belebung und Steigerung eines glücklichen Zustandes, der sich einem jeden Reinfühlenden aus dem „Divan“ darbieten muß.

Gegen Ende dieser Wallfahrt fand ich meine Sammlung so bereichert, daß ich sie schon nach gewisser Verwandtschaft sondern, in Bücher einteilen, die Verhältnisse der verschiedenen Zweige ermessen und das Ganze, wo nicht der Vollendung, doch dem Abschluß näher bringen konnte. Und so hatt' ich in dieser Zerstreuung mehr gewonnen und gefunden, als mir eine gleiche Zeit in den ruhvollsten Tagen hätte gewähren können.

Vor meiner Abreise waren vier Bände der neuen Auflage meiner Werke fortgesendet; ich fing an, die „Sizilianische Reise“ zu redigieren; doch riß das orientalische Interesse mein ganzes Vermögen mit sich fort: glücklich genug! denn wäre dieser Trieb aufgehalten, abgelenkt worden, ich hätte den Weg zu diesem Paradiese nie wieder zu finden gewußt.

Wenig Fremdes berührte mich; doch nahm ich großen Anteil an griechischen Liedern neuerer Zeit, die in Original und Übersetzung mitgeteilt wurden, und die ich bald gedruckt zu sehen wünschte. Die Herren von Natzmer und Haxthausen hatten diese schöne Arbeit übernommen.

In literarischer Hinsicht förderten mich nicht wenig „Göttinger Anzeigen“, deren ich viele Bände auf der Wiesbadner Bibliothek antraf und sie, der Ordnung nach, mit gemütlicher Aufmerksamkeit durchlas. Hier ward man erst gewahr, was man erlebt und durchlebt hatte und was ein solches Werk bedeute, das, mit Umsicht aus dem Tage entsprungen, in die Zeiten fortwirkt. Es ist höchst angenehm, in diesem Sinne das längst Geschehene zu betrachten. Man sieht das Wirkende und Gewirkte schon im Zusammenhange, aller mindere Wert ist schon zerstoben, der falsche Anteil des Augenblicks ist verschwunden, die Stimme der Menge verhallt, und das überbliebene Würdige ist nicht genug zu schätzen.

Zunächst wäre sodann der älteren deutschen Baukunst zu gedenken, deren Begriff sich mir immer mehr und mehr erweiterte und reinigte.

Eine Fahrt nach Köln in der ehrenden Gesellschaft des Herrn Staatsministers von Stein drückte hierauf das Siegel. Ich sah mit vorbereitetem Erstaunen das schmerzenvolle Denkmal der Unvollendung und konnte doch mit Augen das Maß fassen von dem, was es hätte werden sollen, ob es gleich dem angestrengtesten Sinne noch immer unbegreiflich blieb. Auch von altertümlicher Malerei fand sich in Professor Wallrafs Sammlung und anderer Privaten gar viel zu schauen, gar mancher Wert zu erkennen, und der Aufenthalt, so kurz er gewesen, ließ doch unvergängliche Wirkungen zurück. Diese wurden gehegt und erhöht durch die gesellige Nähe von Sulpiz Boisserée, mit dem ich, von Wiesbaden über Mainz, Frankfurt, Darmstadt reisend, fast nur solche Gespräche führte. In Heidelberg angelangt, fand ich die gastfreundlichste Aufnahme und hatte die schönste Gelegenheit, die unschätzbare Sammlung mehrere Tage zu betrachten, mich von ihrer charakteristischen Vortrefflichkeit im einzelnen zu überzeugen und in eben dem Maße historisch wie artistisch zu belehren. Aufgezeichnet ward manches Bemerkte, dem Gedächtnis zu Hülfe und künftigem Gebrauche zum Besten.

Hinsichtlich auf Baukunst, in bezug auf meine Kölner Fahrt, ward gar manches, in Gegenwart von Grund- und Aufrissen älterer deutscher, niederländischer und französischer Gebäude, besprochen und verhandelt, wodurch man denn sich nach und nach fähig fühlte, aus einer großen, oft wunderlichen und verwirrenden Masse das Reine und Schöne, wohin der menschliche Geist unter jeder Form strebt, herauszufinden und sich zuzueignen. Die zwei Mollerschen ersten Hefte, in dem Augenblick erscheinend, gewährten hierbei erwünschte Hülfe. Das Technische anlangend, gab ein altes gedrucktes Exemplar der „Steinmetzen Brüderschaft" von der hohen Bedeutsamkeit dieser Gilde ein merkwürdiges Zeugnis. Wie Handwerk und Kunst hier zusammentraf, ließ sich recht gut einsehen.

So wurd' ich denn auch auf dieser Reise gewahr, wie viel ich bisher, durch das unselige Kriegs- und Knechtschaftswesen auf einen kleinen Teil des Vaterlandes eingeschränkt, leider vermißt und für eine fortschreitende Bildung verloren hatte. In Frankfurt konnte ich die Städelischen Schätze abermals bewundern, auch der patriotischen Absichten des Sammlers mich erfreuen; nur überfiel mich die Ungeduld, so viel Kräfte ungenutzt zu sehen: denn meinem Sinne nach hätte man bei viel geringerem Vermögen die Anstalt gründen, errichten und die Künstler ins Leben führen können. Dann hätte die Kunst schon seit Jahren schöne Früchte getragen und dasjenige hinreichend ersetzt, was dem Kapital an Interessen vielleicht abgegangen wäre.

Die Brentanosche Sammlung an Gemälden und Kupferstichen und anderen Kunstwerken gab doppelten Genuß, bei dem lebhaften Anteil der Besitzer und ihrer freundlichen Aufforderung, so viel Gutes mit zu genießen...

Auch meiner Rückreise werde ich mich immer mit vorzüglichem Anteil erinnern. Von Heidelberg auf Würzburg legte ich sie mit Sulpiz Boisserée zurück. Da uns beiden der Abschied wehe tat, so war es besser, auf fremdem Grund und Boden zu scheiden als auf dem heimischen. Ich reiste sodann über Meiningen, den Thüringerwald, auf Gotha und kam den 11. Oktober in Weimar an, nachdem ich viele Wochen mich auswärts umgesehen...

1816.

Das mannigfaltig Bedeutende, das ich vor einem Jahr im eigentlichen Mutterlande gesehen, erlebt und gedacht hatte, mußte sich auf irgend eine Weise widerspiegeln. Ein Heft „Kunst und Altertum am Rhein und Main“ ward unternommen, und dazu am Ende vorigen Jahrs mehr als eine Vorarbeit durchgeführt; die älteren Niederländer, van Eyck und was sich von ihm herschrieb, gründlich erwogen; das frühere problematische Bild „Veronika“ zu künftigem Gebrauch verkleinert und gestochen. Büschings „Wöchentliche Nachrichten“ arbeiteten zu gleichem Zweck, und in diesem Sinne wandte sich die Pietät der Weimarischen Kunstfreunde gegen alte Heiligenbilder, die wir von Heilsberg am Thüringerwald kommen und unter unsern Augen reparieren ließen. Weil aber immer in neuerer Zeit eins ins andere wirkt, ja sogar Gegenseitiges durch Gegenseitiges, so war auch ein Heldenbild als Gleichnis von Blüchers

Persönlichkeit in Gefolg seiner großen Taten zur Sprache gekommen.

Wenn der Held mit Gefahr seines Lebens und Ruhms die Schicksale der Welt aufs Spiel setzt und der Erfolg ihm glücklicherweise zusagt, so staunt der Patriot und nimmt gern den Künstler zu Hülfe, um für sein Bewundern, sein Verehren irgend eine Sprache zu finden.

In hergebrachter Denkweise der Vorzeit, heroische Gestalt mit angenähertem Kostüm der Neuwelt heranzubringen, war nach vorgängigem Schriftwechsel mit Herrn Direktor Schadow zuletzt die Aufgabe und Übereinkunft. Wegen Beschädigung des ersten Modells brachte der Künstler ein zweites, worüber man, nach lehrreichen Gesprächen, zuletzt bis auf Veränderungen, welche das Vollenden immer herbeiführt, sich treulich vereinigte. Und so steht dieses Bild, wie auf dem Scheidepunkt älterer und neuerer Zeit, auf der Grenze einer gewissen konventionellen Idealität, welche an Erinnerung und Einbildungskraft ihre Forderungen richtet, und einer unbedingten Natürlichkeit, welche die Kunst, selbst wider Willen, an eine oft beschwerliche Wahrhaftigkeit bindet...

Wunderliche Menschen, wie es gibt, verlangten, verführt durch die Schillersche Ausgabe in chronologischer Folge, das gleiche von mir und hätten beinahe den schon eingeleiteten Abdruck in Verwirrung gebracht. Meine Gründe, dieses abzulehnen, wurden indes gebilligt, und das Geschäft ging unbehelligt seinen Gang. Der neunte und zehnte Band ward revidiert; die „Italienische Reise", besonders nach Neapel und Sizilien, gestaltete sich immer mehr, und wie eine Arbeit die andere jederzeit hervorruft, konnt' ich nicht unterlassen, an dem vierten, so lange verzögerten und erwarteten Bande von „Wahrheit und Dichtung" wieder einige Hauptmomente zu verzeichnen. Das „Rhein- und Main"-Heft, zweites Stück, ward gefördert, „Reineke Fuchs" durchgesehen und das „Rochusfest" geschrieben.

Die zweite Lieferung meiner Werke kommt an, die Paralipomena werden neuerdings beachtet, ein Lied für das Berliner Künstlerfest geschrieben, wogegen eine beabsichtigte große Kantate zum Lutherfest, wegen Mangel an

Zeit und Aufmunterung, bald nach der Konzeption, aufgestelltem Schema und geringer Bearbeitung liegen blieb und für die Ausbildung verloren ging.

Mein Anteil an fremden Werken bezog sich lebhaft auf Byrons „Gedichte", der immer wichtiger hervortrat und mich nach und nach mehr anzog, da er mich früher durch hypochondrische Leidenschaft und heftigen Selbsthaß abgestoßen und, wenn ich mich seiner großen Persönlichkeit zu nähern wünschte, von seiner Muse mich völlig zu entfernen drohte. Ich lese den „Korsaren" und „Lara", nicht ohne Bewunderung und Anteil. Zu gleicher Zeit erschienen Nelsons „Briefe" mit seinem „Leben", gaben viel zu denken und viel zu trauern. Gries, durch die Ausgabe des zweiten Teils seines „Calderon", machte uns im Spanien des siebzehnten Jahrhunderts immer einheimischer...

1817.

...Der Aufsatz Leonardo da Vincis über die Ursache der blauen Farbenerscheinung an fernen Bergen und Gegenständen machte mir wiederholt große Freude. Er hatte als ein die Natur unmittelbar anschauend auffassender, an der Erscheinung selbst denkender, sie durchdringender Künstler ohne weiters das Rechte getroffen. Nicht weniger kam die Teilnahme einzelner aufmerkender und denkender Männer. Staatsrat Schultz in Berlin übersandte mir den zweiten Aufsatz über physiologe Farben, wo ich meine Hauptbegriffe ins Leben geführt sah. Ebenso erbaute mich Professor Hegels Zustimmung. Seit Schillers Ableben hatte ich mich von aller Philosophie im stillen entfernt und suchte nur die mir eingeborne Methodik, indem ich sie gegen Natur, Kunst und Leben wendete, immer zu größerer Sicherheit und Gewandtheit auszubilden. Großen Wert mußte deshalb für mich haben, zu sehen und zu bedenken, wie ein Philosoph von dem, was ich meinerseits nach meiner Weise vorgelegt, nach seiner Art Kenntnis nehmen und damit gebaren mögen. Und hierdurch war mir vollkommen vergönnt, das geheimnisvoll klare Licht, als die höchste Energie, ewig, einzig und unteilbar zu betrachten.

Für die bildende Kunst näherten sich dieses Jahr große

Aufschlüsse. Von Elgins Marmoren vernahm man immer mehr und mehr, und die Begierde, etwas dem Phidias Angehöriges mit Augen zu sehen, ward so lebhaft und heftig, daß ich an einem schönen sonnigen Morgen, ohne Absicht aus dem Hause fahrend, von meiner Leidenschaft überrascht, ohne Vorbereitung aus dem Stegreife nach Rudolstadt lenkte und mich dort an den erstaunenswürdigen Köpfen von Monte Cavallo für lange Zeit herstellte. Nähere Kenntnis der äginetischen Marmore ward mir gleichfalls durch Zeichnungen des in Rom mit der Restauration Beauftragten; und zu einem der herrlichsten Erzeugnisse neuerer Kunst wendete ich mich durch eine gleiche Veranlassung...

1818.

Der „Divan" war auch den Winter über mit so viel Neigung, Liebe, Leidenschaft gehegt und gepflegt worden, daß man den Druck desselben im Monat März anzufangen nicht länger zauderte. Auch gingen die Studien immer fort, damit man durch Noten, durch einzelne Aufsätze, ein besseres Verständnis zu erreichen hoffen durfte: denn freilich mußte der Deutsche stutzen, wenn man ihm etwas aus einer ganz andern Welt herüberzubringen unternahm. Auch hatte die Probe in dem Damenkalender das Publikum mehr irre gemacht als vorbereitet. Die Zweideutigkeit: ob es Übersetzungen oder angeregte oder angeeignete Nachbildungen seien, kam dem Unternehmen nicht zugute; ich ließ es aber seinen Gang gehen, schon gewohnt, das deutsche Publikum erst stutzen zu sehen, eh' es empfing und genoß.

Vor allen Dingen schien sodann notwendig, die Charaktere der sieben persischen Hauptdichter und ihre Leistungen mir und andern klarzumachen. Dies ward nur möglich, indem ich mich der von Hammerischen bedeutenden Arbeit mit Ernst und Treue zu bedienen trachtete. Alles ward herangezogen, Anquetils „Religionsgebräuche der alten Parsen", Bidpais Fabeln, Freytags „Arabisches Gedicht", Michaelis' „Arabische Grammatik", alles mußte dienen, mich dort einheimischer zu machen...

Ein wundersamer Zustand bei hehrem Mondenschein brachte mir das Lied „Um Mitternacht", welches mir desto lieber und werter ist, da ich nicht sagen könnte, woher es kam und wohin es wollte...

1820.

Nachdem wir den 29. März eine Mondverdunklung beobachtet hatten, blieb die auf den 7. September angekündigte ringförmige Sonnenfinsternis unser Augenmerk. Auf der Sternwarte zu Jena wurden vorläufige Zeichnungen derselben verfertigt, der Tag kam heran, aber leider mit ganz überwölktem Himmel. In dem Garten der Prinzessinnen waren Einrichtungen getroffen, daß mehrere Personen zugleich eintreten konnten. Serenissimus besuchten ihre lieben Enkel zur guten Stunde, das Gewölk um die Sonne ward lichter, Anfang und Mitte konnten vollkommen beobachtet werden, und den Austritt, das Ende zu sehen, begab man sich auf die Sternwarte, wo Professor Posselt mit andern Angestellten beschäftigt war. Auch hier gelang die Betrachtung, und man konnte vollkommen zufrieden sein, während in Weimar ein bedeckter Himmel jede Ansicht vereitelte.

Auf einer Reise nach Karlsbad beobachtete ich die Wolkenformen ununterbrochen und redigierte die Bemerkungen daselbst. Ich setzte ein solches Wolkendiarium bis Ende Juli und weiter fort, wodurch ich die Entwicklung der sichtbaren atmosphärischen Zustände aus einander immer mehr kennen lernte und endlich eine Zusammenstellung der Wolkenformen auf einer Tafel in verschiedenen Feldern unternehmen konnte. Nach Hause zurückgekehrt, besprach ich die Angelegenheit mit Professor Posselt, welcher daran sehr verständigen Teil nahm. Auch wurden nunmehr von Eisenach Wetterbeobachtungen eingesendet. Von Büchern förderte mich am meisten Brandes' „Witterungskunde" und sonstige Bemühungen in diesem Fache. Dittmars Arbeiten wurden benutzt, freilich nicht in dem Sinne, wie es der gute Mann wünschen mochte...

Ich fuhr fort, mich mit Wartung des Bryophyllum calycinum zu beschäftigen, dieser Pflanze, die den Triumph der Metamorphose im Offenbaren feiert. Indessen war durch die Reise österreichischer und bayerischer Naturforscher nach Brasilien die lebhafteste Hoffnung erregt.

Auf meiner Reise nach Karlsbad nahm ich den Weg über Wunsiedel nach Alexandersbad, wo ich die seltsamen Trümmer eines Granitgebirges nach vielen Jahren, seit 1785 zum erstenmal, wieder beobachtete. Mein Abscheu vor gewaltsamen Erklärungen, die man auch hier mit reichlichen Erdbeben, Vulkanen, Wasserfluten und andern titanischen Ereignissen geltend zu machen suchte, ward auf der Stelle vermehrt, da mit einem ruhigen Blick sich gar wohl erkennen ließ, daß durch teilweise Auflösung wie teilweise Beharrlichkeit des Urgesteins, durch ein daraus erfolgendes Stehenbleiben, Sinken, Stürzen, und zwar in ungeheuern Massen, diese staunenswürdige Erscheinung ganz naturgemäß sich ergeben habe. Auch dieser Gegenstand ward in meinen wissenschaftlichen Heften wörtlich und bildlich entwickelt; ich zweifle jedoch, daß eine so ruhige Ansicht dem turbulenten Zeitalter genügen werde...

Als ich nun ... den durch den Wegebau immer weiter aufgeschlossenen Kammerberg bei Eger bestieg, sorgfältig abermals betrachtete und die regelmäßigen Schichten desselben genau ansah, so mußt' ich freilich zu der Überzeugung des Bergrat Reuß wieder zurückkehren und dieses problematische Phänomen für pseudovulkanisch ansprechen. Hier war ein mit Kohlen geschichteter Glimmerschiefer wie dort spätere Tonflözlager durchglüht, geschmolzen und dadurch mehr oder weniger verändert.

Diese Überzeugung, einem frischen Anschauen gemäß, kostete mich nichts selbst gegen ein eignes gedrucktes Heft anzunehmen; denn wo ein bedeutendes Problem vorliegt, ist es kein Wunder, wenn ein redlicher Forscher in seiner Meinung wechselt...

Gar mancherlei Betrachtungen über das Herkommen in den Wissenschaften, über Vorschritt und Retardation, ja Rückschritt, werden angestellt. Der sich immer mehr an den Tag gebende und doch immer geheimnisvollere Bezug aller physikalischen Phänomene aufeinander ward mit Bescheidenheit betrachtet und so die Chladnischen und Seebeckischen Figuren parallelisiert, als auf einmal in der Entdeckung des Bezugs des Galvanismus auf die Magnetnadel durch Professor Oersted sich uns ein beinahe blendendes Licht auftat.

Dagegen betrachtete ich ein Beispiel des fürchterlichsten Obskurantismus mit Schrecken, indem ich die Arbeiten Biots über die Polarisation des Lichtes näher studierte. Man wird wirklich krank über ein solches Verfahren; dergleichen Theorien, Beweis- und Ausführungsarten sind wahrhafte Nekrosen, gegen welche die lebendigste Organisation sich nicht herstellen kann...

Von Jugend auf war meine Freude, mit bildenden Künstlern umzugehen. Durch freie, leichte Bemühung entstand im Gespräch und aus dem Gespräch etwas vor unsern Augen; man sah gleich, ob man sich verstanden hatte, und konnte sich um desto eher verständigen. Dieses Vergnügen ward mir diesmal in hohem Grade: Herr Staatsrat Schultz brachte mir drei würdige Berliner Künstler nach Jena, wo ich gegen Ende des Sommers in der gewöhnlichen Gartenwohnung mich aufhielt. Herr Geheimerat Schinkel machte mich mit den Absichten seines neuen Theaterbaues bekannt und wies zugleich unschätzbare landschaftliche Federzeichnungen vor, die er auf einer Reise ins Tirol gewonnen hatte. Die Herren Tieck und Rauch modellierten meine Büste, ersterer zugleich ein Profil von Freund Knebel. Eine lebhafte, ja leidenschaftliche Kunstunterhaltung ergab sich dabei, und ich durfte diese Tage unter die schönsten des Jahres rechnen. Nach vollbrachtem Modell in Ton sorgte Hofbildhauer Kaufmann für eine Gipsform. Die Freunde begaben sich nach Weimar, wohin ich ihnen folgte und die angenehmsten Stunden wiederholt genoß. Es hatte sich in den wenigen Tagen so viel Produktives — Anlage und Ausführung, Plane und Vorbereitung, Belehrendes und Ergötzliches — zusammengedrängt, daß die Erinnerung daran immer wieder neu belebend sich erweisen mußte...

Aber zu höheren, ja zu den höchsten Kunstbetrachtungen wurden wir aufgefordert, indem die Bau- und Bildwerke Griechenlands lebhafter zur Sprache kamen. An das Parthenon wurden wir aufs neue geführt, von den Elginischen Marmoren kam uns nähere Kunde, nicht weniger von dem Phigalischen. Die äußersten Grenzen menschlicher Kunsttätigkeit im höchsten Sinne und mit natürlichster

Nachbildung wurden wir gewahr und priesen uns glücklich, auch dies erlebt zu haben...

Von gleicher Teilnahme an Werken mancher Art wäre so viel zu sagen. Hermanns Programm über das Wesen und die Behandlung der Mythologie empfing ich mit der Hochachtung, die ich den Arbeiten dieses vorzüglichen Mannes von jeher gewidmet hatte: denn was kann uns zu höherem Vorteil gereichen, als in die Ansichten solcher Männer einzugehen, die mit Tief- und Scharfsinn ihre Aufmerksamkeit auf ein einziges Ziel hin richten? Eine Bemerkung konnte mir nicht entgehen, daß die spracherfindenden Urvölker bei Benamung der Naturerscheinungen und deren Verehrung als waltender Gottheiten mehr durch das Furchtbare als durch das Erfreuliche derselben aufgeregt worden, so daß sie eigentlich mehr tumultuarisch zerstörende als ruhig schaffende Gottheiten gewahr wurden. Mir schienen, da sich denn doch dieses Menschengeschlecht in seinen Grundzügen niemals verändert, die neuesten geologischen Theoristen von eben dem Schlage, die ohne feuerspeiende Berge, Erdbeben, Kluftrisse, unterirdische Druck- und Quetschwerke (πιέσματα), Stürme und Sündfluten keine Welt zu erschaffen wissen...

Die französische Literatur, ältere und neuere, erregte auch diesmal vorzüglich mein Interesse. Den mir zum Lesen fast aufgedrungenen Roman „Anatole“ mußt' ich als genügend billigen. Die Werke der Madame Roland erregten bewunderndes Erstaunen. Daß solche Charaktere und Talente zum Vorschein kommen, wird wohl der Hauptvorteil bleiben, welchen unselige Zeiten der Nachwelt überliefern. Sie sind es denn auch, welche den abscheulichsten Tagen der Weltgeschichte in unsern Augen einen so hohen Wert geben. Die Geschichte der Johanna von Orléans in ihrem ganzen Detail tut eine gleiche Wirkung, nur daß sie in der Entfernung mehrerer Jahrhunderte noch ein gewisses abenteuerliches Helldunkel gewinnt. Ebenso werden die Gedichte Mariens von Frankreich durch den Duft der Jahre, der sich zwischen uns und ihre Persönlichkeit hineinzieht, anmutiger und lieber...

Näher berührte mich die zwischen Voß und Stolberg ausbrechende Mißhelligkeit, nicht sowohl der Ausbruch selbst als die Einsicht in ein vieljähriges Mißverhältnis, das klügere Menschen früher ausgesprochen und aufgehoben hätten. Aber wer entschließt sich leicht zu einer solchen Operation? Sind doch Ortsverhältnisse, Familienbezüge, Herkömmlichkeiten und Gewohnheiten schon abstumpfend genug; sie machen in Geschäften, im Eh- und Hausstande, in geselligen Verbindungen das Unerträgliche ertragbar. Auch hätte das Unvereinbare von Vossens und Stolbergs Natur sich früher ausgesprochen und entschieden, hätte nicht Agnes als Engel das irdische Unwesen besänftigt und als Grazioso eine furchtbar drohende Tragödie mit anmutiger Ironie durch die ersten Akte zu mildern gesucht. Kaum war sie abgetreten, so tat sich das Unversöhnliche hervor, und wir haben daraus zu lernen, daß wir zwar nicht übereilt, doch baldmöglichst aus Verhältnissen treten sollen, die einen Mißklang in unser Leben bringen, oder daß wir uns ein für allemal entschließen müssen, denselben zu dulden und aus anderm Betracht mit Weisheit zu übertragen. Eins ist freilich so schwer als das andere, indessen schicke sich jeder, so gut er kann, in das, was ihm begegnet in Gefolg von Ereignissen oder von Entschluß...

Und so darf ich denn wohl auch zuletzt in Scherz und Ernst einer bürgerlichen Hochzeit gedenken, die auf dem Schießhause, dem sogenannten kleinen Versailles, gefeiert wurde. Ein angenehmes Tal an der Seite des Schlackenwalder Weges war von wohlgekleideten Bürgern übersäet, welche sich, teils als Gäste des jungen Paars unter einer alles überschallenden Tanzmusik mit einer Pfeife Tabak lustwandelnd, oder bei oft wieder gefüllten Gläsern und Bierkrüglein sitzend, gar traulich ergötzten. Ich gesellte mich zu ihnen und gewann in wenigen Stunden einen deutlichern Begriff von dem eigentlich städtischen Zustande Karlsbads, als ich in vielen Jahren vorher mir nicht hatte zueignen können, da ich den Ort bloß als ein großes Wirts- und Krankenhaus anzusehen gewohnt war...

Für unsern Kreis erwarteten wir zu dieser Zeit Herrn Generalsuperintendenten Röhr. Welche große Vorteile durch ihn für uns sich bereiteten, war gleich bei seinem

Eintritt zwar nicht zu berechnen, aber doch vorauszusehen. Mir kam er zur glücklichen Stunde; seine erste geistliche Handlung war die Taufe meines zweiten Enkels, dessen unentwickeltes Wesen mir schon manches Gute vorzudeuten schien...

1822.

Zur altdeutschen Baukunst, zur Prüfung ihres Charakters durch Schätzung ihres Sinnes, zum Begriff der Zeit, worin sie entstand, führten mich zwei bedeutende Werke. Mollers „Deutsche Baudenkmale", deren erstes Heft nun geschlossen, lagen uns vor. Nach mehreren Probedrücken erschien auch das erste Heft des Boisseréeschen Domwerks. Ein großer Teil des Textes, den ich vorher im Manuskript studiert hatte, lag bei, und die Überzeugung bestätigte sich, daß zu richtiger Einsicht in dieser Sache Zeit, Religion, Sitte, Kunstfolge, Bedürfnis, Anlage der Jahrhunderte, wo diese Bauart überschwenglich ausgedehnt in Anwendung blühte, alles zusammen als eine große lebendige Einheit zu betrachten sei. Wie sich nun an das Kirchtum auch das Rittertum anschloß, zu anderm Bedürfnis in gleichem Sinne, wollte ebenmäßig wohl erwogen sein...

Was gesellige Mitteilungen betrifft, war dieses Jahr unserem Kreise gar wohl geraten; zwei Tage der Woche waren bestimmt, unsern gnädigsten Herrschaften bei mir einiges Bedeutende vorzulegen und darüber die nötigen Aufklärungen zu geben. Hiezu fand sich denn jederzeit neuer Anlaß, und die Mannigfaltigkeit war groß, indem Altes und Neues, Kunstreiches und Wissenschaftliches jederzeit wohl aufgenommen wurde.

Jeden Abend fand sich ein engerer Kreis bei mir zusammen, unterrichtete Personen beiderlei Geschlechts; damit aber auch der Anteil sich erweiterte, setzte man den Dienstag fest, wo man sicher war, eine gute Gesellschaft an dem Teetisch zusammen zu sehen; auch vorzügliche, Geist und Herz erquickende Musik ward von Zeit zu Zeit vernommen. Gebildete Engländer nahmen an diesen Unterhaltungen teil, und da ich außerdem gegen Mittag gewöhnlich Fremde auf kurze Zeit gern annahm, so blieb ich zwar auf mein Haus eingeschränkt, doch immer mit der Außenwelt in Berührung; vielleicht inniger und gründlicher, als wenn ich mich nach außen bewegt und zerstreut hätte.

Ein junger Bibliothek- und Archivsverwandter macht ein Repertorium über meine sämtlichen Werke und ungedruckten Schriften, nachdem er alles sortiert und geordnet hatte.

Bei dieser Gelegenheit fand sich auch ein vorläufiger Versuch, die Chronik meines Lebens zu redigieren, der bisher vermißt war, wodurch ich mich ganz besonders gefördert sah. Ich setzte gleich darauf mit neuer Lust die Arbeit fort durch weitere Ausführung des einzelnen.

Van Brée aus Antwerpen sendete seine Hefte „Zur Lehre der Zeichenkunst". Tischbeins „Homer" VII. Stück kam an. Die große Masse lithographischer Zeichnungen von Strixner und Piloty sonderte ich nach Schulen und Meistern, wodurch denn die Sammlung zuerst wahrhaften Wert gewann. Steindrücke von allen Seiten dauerten fort und brachten manches gute Bild zu unsrer Kenntnis. Einem Freund zuliebe erklärte ich ein paar problematische Kupfer, Polidors „Manna" und ein Tizianisches Blatt, Landschaft, St. Georg mit dem Drachen und der ausgesetzten Schönheit; „Mantegnas ‚Triumphzug'" ward fernerweit redigiert.

Maler Kolbe von Düsseldorf stellte hier einige Arbeiten aus und vollendete verschiedene Porträte; man freute sich, diesen wackern Mann, den man schon seit den weimarischen Kunstausstellungen gekannt, nunmehr persönlich zu schätzen und sich seines Talents zu freuen. Gräfin Julie Egloffstein machte bedeutende Vorschritte in der Kunst. Ich ließ die Radierungen nach meinen Skizzen austuschen und ausmalen, um sie an Freunde zu überlassen.

Meyers „Kunstgeschichte" ward schließlich mundiert und dem Druck angenähert. Dr. Carus gab einen sehr wohlgedachten und wohlgefühlten Aufsatz „Über Landschaftsmalerei" in dem schönen Sinne seiner eigenen Produktionen.

Autobiographische Einzelheiten

Selbstschilderung (1)

Immer tätiger, nach innen und außen fortwirkender poetischer Bildungstrieb macht den Mittelpunkt und die Base seiner Existenz; hat man den gefaßt, so lösen sich alle übrigen anscheinenden Widersprüche. Da dieser Trieb rastlos ist, so muß er, um sich nicht stofflos selbst zu verzehren, sich nach außen wenden und, da er nicht beschauend sondern nur praktisch ist, nach außen ihrer Richtung entgegen wirken. Daher die vielen falschen Tendenzen zur bildenden Kunst zu der er kein Organ, zum tätigen Leben wozu er keine Biegsamkeit, zu den Wissenschaften wozu er nicht genug Beharrlichkeit hat. Da er sich aber gegen alle drei bildend verhält, auf Realität des Stoffs und Gehalts und auf Einheit und Schicklichkeit der Form überall dringen muß, so sind selbst diese falschen Richtungen des Strebens nicht unfruchtbar nach außen und innen. In den bildenden Künsten arbeitete er so lange, bis er sich den Begriff sowohl der Gegenstände als der Behandlung eigen machte und auf den Standpunkt gelangte, wo er sie zugleich übersehen und seine Unfähigkeit dazu einsehen konnte; seine teilnehmende Betrachtung ist dadurch erst rein geworden. In Geschäften ist er brauchbar, wenn dasselbe einer gewissen Folge bedarf und zuletzt auf irgend eine Weise ein dauerndes Werk daraus entspringt oder wenigstens unterweges immer etwas Gebildetes erscheint. Bei Hindernissen hat er keine Biegsamkeit, aber er gibt nach, er widersteht mit Gewalt, er dauert aus oder er wirft weg, je nachdem seine Überzeugung oder seine Stimmung es ihm im Augenblicke gebieten. Er kann alles geschehen lassen was geschieht und was Bedürfnis, Kunst und Handwerk hervorbringen; nur dann muß er die Augen wegkehren, wenn die Menschen nach Instinkt handeln und nach Zwecken zu handeln sich anmaßen. Seitdem er hat einsehen lernen, daß es bei den Wissenschaften mehr auf die Bildung des Geists der sie behandelt, als auf die Gegenstände selbst ankommt, seitdem hat er das, was sonst nur ein zufälliges unbestimmtes Streben war, hat er dieser Geistestätigkeit nicht entsagt, sondern sie nur mehr reguliert und lieber gewonnen; so wie er sich jenen andern beiden Tendenzen, die ihm teils habituell teils durch Verhältnisse unerläßlich geworden, sich nicht ganz entzieht, sondern sie nur mit mehr Bewußtsein und in der Beschränkung die er kennt, gelegentlich ausübt, um so mehr da das, was eine Geisteskraft mäßig ausbildet, einer jeden andern zu statten kommt. Den besondern Charakter seines poetischen Bildungstriebes mögen andere bezeichnen; leider hat sich seine Natur sowohl dem Stoff als der Form nach durch viele Hindernisse und Schwierigkeiten ausgebildet und kann erst spät mit einigem Bewußtsein wirken, indes die Zeit der größten Energie vorüber ist. Eine Besonderheit, die ihn sowohl als Künstler als auch als Menschen immer bestimmt, ist die Reizbarkeit und Beweglichkeit, welche sogleich die Stimmung von dem gegenwärtigen Gegenstand empfängt, und ihn also entweder fliehen oder sich mit ihm vereinigen muß. So ist es mit Büchern, mit Menschen und Gesellschaften; er darf nicht lesen, ohne durch das Buch bestimmt zu werden, er ist nicht gestimmt, ohne daß er, die Richtung sei ihm so wenig eigen als möglich, tätig dagegen zu wirken und etwas Ähnliches hervorzubringen strebt.

Selbstschilderung (2)

Ich habe niemals einen präsumptuoseren Menschen gekannt als mich selbst, und daß ich das sage, zeigt schon, daß wahr ist was ich sage.

Niemals glaubte ich, daß etwas zu erreichen wäre, immer dacht ich, ich hätt es schon. Man hätte mir eine Krone aufsetzen können und ich hätte gedacht, das verstehe sich von selbst. Und doch war ich gerade dadurch nur ein Mensch wie andre. Aber daß ich das über meine Kräfte Ergriffne durchzuarbeiten, das über mein Verdienst Erhaltne zu verdienen suchte, dadurch unterschied ich mich bloß von einem wahrhaft Wahnsinnigen.

Erst war ich den Menschen unbequem durch meinen Irrtum, dann durch meinen Ernst. Ich mochte mich stellen wie ich wollte, so war ich allein.

Die Vernunft in uns wäre eine große Macht, wenn sie nur wüßte wen sie zu bekämpfen hätte. Die Natur in uns nimmt immerfort eine neue Gestalt an und jede neue Gestalt wird ein unerwarteter Feind für die gute sich immer gleiche Vernunft. Ich hätte oft gern die ...

Selbstschilderung (3)

Ich war mir guter, edler, großer Zwecke bewußt, konnte aber niemals die Bedingungen begreifen, unter denen ich wirkte; was mir mangelte, merkt ich wohl, was an mir zu viel sei, gleichfalls; deshalb unterließ ich nicht mich zu bilden, nach außen und von innen. Und doch blieb es beim alten. Ich verfolgte jeden Zweck mit Ernst, Gewalt und Treue; dabei gelang mir oft widerspenstige Bedingungen vollkommen zu überwinden, oft aber auch scheiterte ich daran, weil ich nachgeben und umgehen nicht lernen konnte. Und so ging mein Leben hin unter Tun und Genießen, Leiden und Widerstreben, unter Liebe, Zufriedenheit, Haß und Mißfallen anderer. Hieran spiegele sich, dem das gleiche Schicksal geworden.

Selbstbiographie

Cellini sagt, wenn ein Mann, der glaubt etwas geleistet und ein bedeutendes Leben geführt zu haben, im vierzigsten Jahre steht, so soll er seine Lebensbeschreibung beginnen, die ereignisvolle Zeit seiner Jugend treulich aufzeichnen und in der Folge weiter fortfahren.

Cellini hat ganz recht: denn es ist keine Frage daß uns die Fülle der Erinnerung, womit wir jene ersten Zeiten zu betrachten haben, nach und nach erlischt, daß die anmutige

Sinnlichkeit verschwindet und ein gebildeter Verstand durch seine Deutlichkeit jene Anmut nicht ersetzen kann.

Hiebei ist aber noch ein bedeutender Umstand wohl zu beachten: wir müssen eigentlich noch nah genug an unsern Irrtümern und Fehlern stehn, um sie liebenswürdig und in dem Grade reizend zu finden, daß wir uns lebhaft damit abgeben, jene Zustände wieder in uns hervorrufen, unsere Mängel mit Nachsicht betrachten und mancher Fehler uns nicht schämen mögen. Rücken wir weiter ins Leben hinein, so gewinnt das alles ein anderes Ansehn und man kommt zuletzt beinahe in den Fall, wie jener Geometer nach Endigung eines Theaterstücks auszurufen: „Was soll denn das aber beweisen?"

Wie man sich denn aber aus jeder gegründeten oder grundlosen hypochondrischen Ansicht nur durch Tätigkeit retten kann, so muß man den Anteil an der Vergangenheit wieder in sich heraufrufen und sich wieder dahin stellen, wo man noch hofft ein Mangel lasse sich ausfüllen, Fehler vermeiden, Übereilung sei zu bändigen und Versäumtes nachzuholen. Was wir zu diesem Zwecke versucht und vorgearbeitet, um ihn sicherer zu erreichen, was hiebei ein junger Zögling geleistet, davon gebe Nachstehendes nähere Kenntnis.

Archiv des Dichters und Schriftstellers

Mehr als einmal während meiner Lebenszeit stellte ich mir die dreißig niedlichen Bände der Lessingischen Werke vor Augen, bedauerte den Trefflichen, daß er nur die Ausgabe des ersten erlebt, und freute mich des treuergebenen Bruders, der seine Anhänglichkeit an den Abgeschiedenen nicht deutlicher aussprechen konnte, als daß er, selbsttätiger Literator, die hinterlassenen Werke, Schriften, auch die kleineren Erzeugnisse und was sonst das Andenken des einzigen Mannes vollständig zu erhalten geschickt war, unermüdet sammelte und unausgesetzt zum Druck beförderte.

In solchem Falle ist dem Menschen wohl erlaubt, der einer ähnlichen Lage sich bewußt ist, auf sich selbst zurückzukehren und eine Vergleichung anzustellen, was ihm gelungen oder mißlungen sei; was von ihm und für ihn geschehen und was ihm allenfalls zu tun noch obliege.

Und so hab' ich mich denn einer besondern Gunst des leitenden Geistes zu erfreuen, ich sehe zwanzig Bände ästhetischer Arbeiten in geregelter Folge vor mir stehen, so manchen anderen der sich unmittelbar anschließt, mehrere sodann gewissermaßen im Widerspruch mit dem poetischen Wirken, so daß ich den Vorwurf zerstreuter und zerstückelter Tätigkeit befürchten müßte, wenn derjenige getadelt werden könnte, der, dem eigenen Triebe seines Geistes folgend, zugleich aber auch durch die Forderung der Welt angeregt, sich bald hie bald da versuchte und die Zeit die man einem jeden auszuruhen vergönnt, mit vermannigfaltigtem Bestreben auszufüllen wußte.

Das Übel freilich, das daher entstand, war, daß bedeutende Vorsätze nicht einmal angetreten, manch löbliches Unternehmen im Stocken gelassen wurde. Ich enthielt mich manches auszuführen, weil ich bei gesteigerter Bildung das Bessere zu leisten hoffte, benutzte manches Gesammelte nicht, weil ich es vollständiger wünschte, zog keine Resultate aus dem Vorliegenden, weil ich übereilten Ausspruch fürchtete.

Übersah ich nun öfters die große Masse, die vor mir lag, gewahrte ich das Gedruckte, teils geordnet, teils ungeordnet, teils geschlossen, teils Abschluß erwartend, betrachtete ich wie es unmöglich sei, in späteren Jahren alle die Fäden wieder aufzunehmen, die man in früherer Zeit hatte fallen lassen, oder wohl gar solche wieder anzuknüpfen, von denen das Ende verschwunden war, so fühlte ich mich in wehmütige Verworrenheit versetzt, aus der ich mich, einzelne Versuche nicht abschwörend, auf eine durchgreifende Weise zu retten unternahm. Die Hauptsache war eine Sonderung aller der bei mir ziemlich ordentlich gehaltenen Fächer, die mich mehr oder weniger früher oder später beschäftigten; eine reinliche ordnungsgemäße Zusammenstellung aller Papiere, besonders solcher, die sich auf mein schriftstellerisches Leben beziehen, wobei nichts vernachlässigt noch unwürdig geachtet werden sollte.

Dieses Geschäft ist nun vollbracht; ein junger, frischer,

in Bibliotheks- und Archivsgeschäften wohlbewanderter Mann hat es diesen Sommer über dergestalt geleistet, daß nicht allein Gedrucktes und Ungedrucktes, Gesammeltes und Zerstreutes vollkommen geordnet beisammen steht, sondern auch die Tagebücher, eingegangene und abgesendete Briefe in einem Archiv beschlossen sind, worüber nicht weniger ein Verzeichnis, nach allgemeinen und besondern Rubriken, Buchstaben und Nummern aller Art gefertigt, vor mir liegt, so daß mir sowohl jede vorzunehmende Arbeit höchst erleichtert, als auch denen Freunden, die sich meines Nachlasses annehmen möchten, zum Besten in die Hände gearbeitet ist. Den näheren ausführlichern Inhalt jenes bibliothekarisch-archivarischen Verzeichnisses lege ich nach und nach in diesen Heften vor, wobei ich manche an mich gelangte besondere Anfrage zu erwidern gedenke; was ich aber Größeres sogleich nach jener Leistung zu unternehmen gedrungen war, sagt nachstehender Aufsatz umständlicher.

Lebensbekenntnisse im Auszug

So oft ich mich entschloß, den Wünschen naher und ferner Freunde gemäß, über einige meiner Gedichte irgend einen Aufschluß, von Lebensereignissen auslangende Rechenschaft zu geben, sah ich mich immer genötigt in Zeiten zurückzugehen, die mir selbst nicht mehr klar vor der Seele standen, und mich deshalb manchen Vorarbeiten zu unterziehen, von denen kaum ein erwünschtes Resultat zu hoffen war. Ich habe es demohngeachtet einigemal gewagt und man ist nicht ganz unzufrieden mit dem Versuch gewesen.

Dieses freundliche Ansinnen dauert nun immer fort, indessen andere liebe Teilnehmende versichern, daß sie mehr würden befriedigt sein, wenn ich in einer Folge, sowohl Arbeiten als Lebensereignisse, wie früher geschehen, darbringen wollte und künftig nicht, wie ich bisher manchmal getan, treue Bekenntnisse sprungweis mitteilte. Auch hierüber scheint mir gerade bei dieser Gelegenheit eine nähere Erklärung nötig.

Schon im Jahr 1819 als ich die Inhaltsfolge meiner sämtlichen Schriften summarisch vorlegen wollte, sah ich mich zu tiefer eingreifender Betrachtung gedrungen und ich bearbeitete einen zwar lakonischen doch immer hinreichenden Entwurf meiner Lebensereignisse und der daraus hervorgegangenen schriftstellerischen Arbeiten bis auf gedachtes Jahr; sonderte sodann was sich auf Autorschaft bezieht, und so entstand das nackte chronologische Verzeichnis am Ende des zwanzigsten Bandes.

Seit gedachtem Jahre habe ich von Zeit zu Zeit in ruhigen Stunden fortgefahren sinnige Blicke ins vergangene Leben zu werfen und die nächste Zeit auf gleiche Weise zu schematisieren, wozu mir denn ausführlichere Tagebücher erwünscht und hülfreich erschienen; nun liegen nicht allein diese, sondern so viel andere Dokumente, nach vollbrachter archivarischer Ordnung, aufs klärste vor Augen und ich finde mich gereizt jenen Auszug aus meiner ganzen Lebensgeschichte dergestalt auszuarbeiten, daß er das Verlangen meiner Freunde vorläufig befriedige und den Wunsch nach fernerer Ausführung wenigstens gewisser Teile lebhaft errege, woraus denn der Vorteil entspringt, daß ich die gerade jedesmal mir zusagende Epoche vollständig bearbeiten kann und der Leser doch einen Faden hat, woran er sich durch die Lücken folgerecht durchhelfen möge.

Denn mich wegen einer teilweisen Behandlung zu rechtfertigen, darf ich mich nur auf einen jeden selbst berufen und er wird mir gestehen, daß, wenn er sein eigenes Leben überdenkt, ihm gewisse Ereignisse lebhaft entgegen treten, andere hingegen, vor- und nachzeitige, in den Schatten zurückweichen, daß, wenn jene sich leuchtend aufdrängen, diese selbst mit Bemühung kaum aus den Fluten der Lethe wieder hervorzuheben sind.

Es soll also vorerst meine anhaltende Arbeit sein, eine solche Bemühung in so fern sie begonnen ist fortzusetzen, in so fern ich sie skelettartig finde mit Fleisch und Gewand zu bekleiden und so weit zu führen, daß man sie nicht bloß sich zu unterrichten, sondern auch sich zu vergnügen lesen möge.

Über Autobiographie

Das Individuum geht verloren; das Andenken desselben verschwindet, und doch ist ihm und andern daran gelegen, daß es erhalten werde.

Jeder ist selbst nur ein Individuum und kann sich auch eigentlich nur fürs Individuelle interessieren. Das Allgemeine findet sich von selbst, dringt sich auf, erhält sich, vermehrt sich. Wir benutzen's, aber wir lieben es nicht.

Wir lieben nur das Individuelle; daher die große Freude an Vorträgen, Bekenntnissen, Memoiren, Briefen und Anekdoten abgeschiedener, selbst unbedeutender Menschen.

Die Frage: ob einer seine eigene Biographie schreiben dürfe, ist höchst ungeschickt. Ich halte den, der es tut, für den höflichsten aller Menschen.

Wenn sich einer nur mitteilt, so ist es ganz einerlei, aus was für Motiven er es tut.

Es ist gar nicht nötig, daß einer untadelhaft sei, oder das Vortrefflichste und Tadelloseste tue; sondern nur, daß etwas geschehe, was dem andern nutzen, oder ihn freuen kann.

Man hat es Lavatern nicht gut aufgenommen, daß er sich so oft malen, zeichnen und in Kupfer stechen ließ und sein Bild überall herumstreute. Aber freut man sich nicht jetzt, da die Form dieses außerordentlichen Wesens zerstört ist, bei so mannigfaltigen, zu verschiedener Zeit gearbeiteten Nachbildungen, im Durchschnitt gewiß zu wissen, wie er ausgesehen hat?

Dem seltsamen Aretin hat man es als ein Halbverbrechen angerechnet, daß er auf sich selbst Medaillen schlagen ließ, und sie an Freunde und Gönner verehrte; und mich macht es glücklich, ein paar davon in meiner Sammlung zu besitzen, und ein Bild vor mir zu haben, das er selbst anerkannt.

Wir sind überhaupt von einer Seite viel zu leichtsinnig, das individuelle Andenken in seinen wahrhaften Besonderheiten als ein Ganzes zu erhalten, und von der andern Seite viel zu begierig, das Einzelne, besonders das Heruntersetzende zu erfahren.

Bemerkungen der Freunde

Gelassen beobachtende Freunde pflegen gemeiniglich die genialischen Nachtwandler unsanft mitunter aufzuwecken, durch Bemerkungen, die gerade das innerste mystische Leben solcher begünstigten oder, wenn man will, bevorteilten Naturkinder aufheben und zerstören. In meiner besten Zeit sagten mir öfters Freunde, die mich freilich kennen mußten: was ich lebte sei besser als was ich spreche, dieses besser als was ich schreibe, und das Geschriebene besser als das Gedruckte.

Durch solche wohlgemeinte ja schmeichelhafte Reden bewirkten sie jedoch nichts Gutes, denn sie vermehrten dadurch die in mir ohnehin obwaltende Verachtung des Augenblicks, und es ward eine nicht zu überwindende Gewohnheit, das was gesprochen und geschrieben ward, zu vernachlässigen und manches, was der Aufbewahrung wohl wert gewesen wäre, gleichgiltig dahin fahren zu lassen.

Besuch in Sesenheim 1779

Ich besuche auf dem Wege Friderike Brion; finde sie wenig verändert, noch so gut, liebevoll, zutraulich wie sonst, gefaßt und selbständig. Der größte Teil der Unterhaltung war über Lenzen. Dieser hatte sich nach meiner Abreise im Hause introduziert, von mir was nur möglich war zu erfahren gesucht, bis sie endlich dadurch, daß er sich die größte Mühe gab meine Briefe zu sehen und zu erhaschen, mißtrauisch geworden. Er hatte sich indessen nach seiner gewöhnlichen Weise verliebt in sie gestellt, weil er glaubte, das sei der einzige Weg hinter die Geheimnisse der Mädchen zu kommen; und da sie nunmehr gewarnt und scheu seine Besuche ablehnt und sich mehr zurückzieht, so treibt er es bis zu den lächerlichsten Demonstrationen des Selbstmordes, da man ihn denn für halbtoll erklären und nach der Stadt schaffen kann. Sie klärt mich über die Absicht auf, die er gehabt, mir zu schaden und mich in der öffentlichen Meinung und sonst zu Grunde zu richten, weshalb er denn auch damals die Farce gegen Wieland drucken lassen.

Glückliches Ereignis

Genoß ich die schönsten Augenblicke meines Lebens zu gleicher Zeit, als ich der Metamorphose der Pflanzen nachforschte, als mir die Stufenfolge derselben klar geworden, begeistete mir diese Vorstellung den Aufenthalt von Neapel und Sizilien, gewann ich diese Art das Pflanzenreich zu betrachten immer mehr und mehr lieb, übte ich mich unausgesetzt daran auf Wegen und Stegen; so mußten mir diese vergnüglichen Bemühungen dadurch unschätzbar werden, indem sie Anlaß gaben zu einem der höchsten Verhältnisse, die mir das Glück in spätern Jahren bereitete. Die nähere Verbindung mit Schiller bin ich diesen erfreulichen Erscheinungen schuldig, sie beseitigten die Mißverhältnisse, welche mich lange Zeit von ihm entfernt hielten.

Nach meiner Rückkunft aus Italien, wo ich mich zu größerer Bestimmtheit und Reinheit in allen Kunstfächern auszubilden gesucht hatte, unbekümmert was während der Zeit in Deutschland vorgegangen, fand ich neuere und ältere Dichterwerke in großem Ansehn, von ausgebreiteter Wirkung, leider solche, die mich äußerst anwiderten, ich nenne nur Heinses „Ardinghello" und Schillers „Räuber". Jener war mir verhaßt, weil er Sinnlichkeit und abstruse Denkweisen durch bildende Kunst zu veredlen und aufzustutzen unternahm, dieser, weil ein kraftvolles, aber unreifes Talent gerade die ethischen und theatralischen Paradoxen, von denen ich mich zu reinigen gestrebt, recht im vollen hinreißenden Strome über das Vaterland ausgegossen hatte.

Beiden Männern von Talent verargte ich nicht, was sie unternommen und geleistet: denn der Mensch kann sich nicht versagen nach seiner Art wirken zu wollen, er versucht es erst unbewußt, ungebildet, dann auf jeder Stufe der Bildung immer bewußter; daher denn so viel Treffliches und Albernes sich über die Welt verbreitet, und Verwirrung aus Verwirrung sich entwickelt.

Das Rumoren aber, das im Vaterland dadurch erregt, der Beifall, der jenen wunderlichen Ausgeburten allgemein, so von wilden Studenten als der gebildeten Hofdame gezollt ward, der erschreckte mich, denn ich glaubte all mein Bemühen völlig verloren zu sehen; die Gegenstände zu welchen, die Art und Weise wie ich mich gebildet hatte, schienen mir beseitigt und gelähmt. Und was mich am meisten schmerzte, alle mit mir verbundenen Freunde, Heinrich Meyer und Moritz, so wie die im gleichen Sinne fortwaltenden Künstler Tischbein und Bury schienen mir gleichfalls gefährdet, ich war sehr betroffen. Die Betrachtung der bildenden Kunst, die Ausübung der Dichtkunst hätte ich gerne völlig aufgegeben, wenn es möglich gewesen wäre; denn wo war eine Aussicht, jene Produktionen von genialem Wert und wilder Form zu überbieten? Man denke sich meinen Zustand! Die reinsten Anschauungen suchte ich zu nähren und mitzuteilen, und nun fand ich mich zwischen Ardinghello und Franz Moor eingeklemmt.

Moritz, der aus Italien gleichfalls zurückkam und eine Zeitlang bei mir verweilte, bestärkte sich mit mir leidenschaftlich in diesen Gesinnungen: ich vermied Schillern, der, sich in Weimar aufhaltend, in meiner Nachbarschaft wohnte. Die Erscheinung des „Don Carlos" war nicht geeignet mich ihm näher zu führen, alle Versuche von Personen, die ihm und mir gleich nahe standen, lehnte ich ab, und so lebten wir eine Zeitlang nebeneinander fort.

Sein Aufsatz über „Anmut und Würde" war eben so wenig ein Mittel mich zu versöhnen. Die Kantische Philosophie, welche das Subjekt so hoch erhebt, indem sie es einzuengen scheint, hatte er mit Freuden in sich aufgenommen; sie entwickelte das Außerordentliche was die Natur in sein Wesen gelegt, und er, im höchsten Gefühl der Freiheit und Selbstbestimmung, war undankbar gegen die große Mutter, die ihn gewiß nicht stiefmütterlich behandelte. Anstatt sie selbständig, lebendig vom Tiefsten bis zum Höchsten gesetzlich hervorbringend zu betrachten, nahm er sie von der Seite einiger empirischen menschlichen Natürlichkeiten. Gewisse harte Stellen sogar konnte ich direkt auf mich deuten, sie zeigten mein Glaubensbekenntnis in einem falschen Lichte; dabei fühlte ich, es sei noch schlimmer, wenn es ohne Beziehung auf mich gesagt worden; denn die ungeheuere Kluft zwischen unsern Denkweisen klaffte nur desto entschiedener.

An keine Vereinigung war zu denken. Selbst das milde Zureden eines Dalberg, der Schillern nach Würden zu ehren verstand, blieb fruchtlos, ja meine Gründe, die ich jeder Vereinigung entgegen setzte, waren schwer zu widerlegen. Niemand konnte leugnen, daß zwischen zwei Geistesantipoden mehr als ein Erddiameter die Scheidung mache, da sie denn beiderseits als Pole gelten mögen, aber eben deswegen in eins nicht zusammenfallen können. Daß aber doch ein Bezug unter ihnen stattfinde, erhellt aus folgendem.

Schiller zog nach Jena, wo ich ihn ebenfalls nicht sah. Zu gleicher Zeit hatte Batsch durch unglaubliche Regsamkeit eine naturforschende Gesellschaft in Tätigkeit gesetzt, auf schöne Sammlungen, auf bedeutenden Apparat gegründet. Ihren periodischen Sitzungen wohnte ich gewöhnlich bei; einstmals fand ich Schillern daselbst, wir gingen zufällig beide zugleich heraus, ein Gespräch knüpfte sich an, er schien an dem Vorgetragenen teil zu nehmen, bemerkte aber sehr verständig und einsichtig und mir sehr willkommen, wie eine so zerstückelte Art die Natur zu behandeln, den Laien, der sich gern darauf einließe, keineswegs anmuten könne.

Ich erwiderte darauf: daß sie den Eingeweihten selbst vielleicht unheimlich bleibe, und daß es doch wohl noch eine andere Weise geben könne, die Natur nicht gesondert und vereinzelt vorzunehmen, sondern sie wirkend und lebendig, aus dem Ganzen in die Teile strebend darzustellen. Er wünschte hierüber aufgeklärt zu sein, verbarg aber seine Zweifel nicht; er konnte nicht eingestehen, daß ein solches, wie ich behauptete, schon aus der Erfahrung hervorgehe.

Wir gelangten zu seinem Hause, das Gespräch lockte mich hinein; da trug ich die Metamorphose der Pflanzen lebhaft vor, und ließ, mit manchen charakteristischen Federstrichen, eine symbolische Pflanze vor seinen Augen entstehen. Er vernahm und schaute das alles mit großer Teilnahme, mit entschiedener Fassungskraft; als ich aber geendet, schüttelte er den Kopf und sagte: „Das ist keine Erfahrung, das ist eine Idee.“ Ich stutzte, verdrießlich einigermaßen: denn der Punkt, der uns trennte, war dadurch aufs strengste bezeichnet. Die Behauptung aus „Anmut und Würde" fiel mir wieder ein, der alte Groll wollte sich regen, ich nahm mich aber zusammen und versetzte: „Das kann mir sehr lieb sein, daß ich Ideen habe ohne es zu wissen, und sie sogar mit Augen sehe."

Schiller, der viel mehr Lebensklugheit und Lebensart hatte als ich, und mich auch wegen der Horen, die er herauszugeben im Begriff stand, mehr anzuziehen als abzustoßen gedachte, erwiderte darauf als ein gebildeter Kantianer; und als aus meinem hartnäckigen Realismus mancher Anlaß zu lebhaftem Widerspruch entstand, so ward viel gekämpft und dann Stillstand gemacht; keiner von beiden konnte sich für den Sieger halten, beide hielten sich für unüberwindlich. Sätze wie folgender machten mich ganz unglücklich: „Wie kann jemals Erfahrung gegeben werden, die einer Idee angemessen sein sollte? denn darin besteht eben das Eigentümliche der letzteren, daß ihr niemals eine Erfahrung kongruieren könne." Wenn er das für eine Idee hielt, was ich als Erfahrung aussprach, so mußte doch zwischen beiden irgend etwas Vermittelndes, Bezügliches obwalten! Der erste Schritt war jedoch getan, Schillers Anziehungskraft war groß, er hielt alle fest, die sich ihm näherten; ich nahm teil an seinen Absichten und versprach zu den „Horen" manches, was bei mir verborgen lag, herzugeben; seine Gattin, die ich, von ihrer Kindheit auf, zu lieben und zu schätzen gewohnt war, trug das Ihrige bei zu dauerndem Verständnis, alle beiderseitigen Freunde waren froh, und so besiegelten wir, durch den größten, vielleicht nie ganz zu schlichtenden Wettkampf zwischen Objekt und Subjekt, einen Bund, der ununterbrochen gedauert, und für uns und andere manches Gute gewirkt hat.

Nach diesem glücklichen Beginnen entwickelten sich, in Verfolg eines zehnjährigen Umgangs, die philosophischen Anlagen, inwiefern sie meine Natur enthielt, nach und nach; davon denke möglichst Rechenschaft zu geben, wennschon die obwaltenden Schwierigkeiten jedem Kenner sogleich ins Auge fallen müssen. Denn diejenigen, welche, von einem höheren Standpunkte die behagliche Sicherheit des Menschenverstandes überschauen, des einem gesunden Menschen angebornen Verstandes, der weder an den Gegenständen und ihrem Bezug, noch an dem eigenen Befugnis sie zu erkennen, zu begreifen, zu beurteilen, zu schätzen, zu benutzen zweifelt, solche Männer werden gewiß gerne gestehen, daß ein fast Unmögliches unternommen werde, wenn man die Übergänge in einen geläuterten, freieren, selbstbewußten Zustand, deren es tausend und aber tausend geben muß, zu schildern unternimmt. Von Bildungsstufen kann die Rede nicht sein, wohl aber von Irr-, Schleif- und Schleichwegen, und sodann von unbeabsichtigtem Sprung und belebtem Aufsprung zu einer höhern Kultur.

Und wer kann denn zuletzt sagen, daß er wissenschaftlich in der höchsten Region des Bewußtseins immer wandele, wo man das Äußere mit größter Bedächtigkeit, mit so scharfer als ruhiger Aufmerksamkeit betrachtet, wo man zugleich sein eigenes Innere, mit kluger Umsicht, mit bescheidener Vorsicht, walten läßt, in geduldiger Hoffnung eines wahrhaft reinen, harmonischen Anschauens. Trübt uns nicht die Welt, trüben wir uns nicht selbst solche Momente? Fromme Wünsche jedoch dürfen wir hegen, liebevolles Annähern an das Unerreichbare zu versuchen, ist nicht untersagt.

Was uns bei unsern Darstellungen zunächst gelingt, empfehlen wir längst verehrten Freunden, und zugleich der deutschen nach dem Guten und Rechten hinstrebenden Jugend.

Möchten wir aus ihnen frische Teilnehmer und künftige Beförderer heranlocken und erwerben.

Ferneres in bezug auf mein Verhältnis zu Schiller

Jeder Mensch in seiner Beschränktheit muß sich nach und nach eine Methode bilden, um nur zu leben. Er lernt sich allmählich kennen, auch die Zustände der Außenwelt, er fügt sich darein, setzt sich aber wieder auf sich selbst zurück und formt sich zuletzt Maximen des Betragens, womit er auch ganz gut durchkommt, sich andern mitteilt, von andern empfängt und je nachdem er Widerspruch oder Einstimmung erfährt, sich entfernt oder anschließt, und so halten wirs mit uns selbst und mit unsern Freunden. Selten ist es aber, daß Personen gleichsam die Hälften von einander ausmachen, sich nicht abstoßen, sondern sich anschließen und einander ergänzen.

Die Schwierigkeit liegt hauptsächlich darin, daß die notwendigen Lebensmethoden von einander abweichen und daß im Dekurs der Zeit niemand den andern übersieht.

Ich besaß die entwickelnde entfaltende Methode, keineswegs die zusammenstellende ordnende; mit den Erscheinungen nebeneinander wußt ich nichts zu machen, hingegen mit ihrer Filiation mich eher zu benehmen.

Nun aber ist zu bedenken, daß ich so wenig als Schiller einer vollendeten Reife genoß, wie sie der Mann wohl wünschen sollte; deshalb denn zu der Differenz unserer Individualitäten die Gärung sich gesellte, die ein jeder mit sich selbst zu verarbeiten hatte, weswegen große Liebe und Zutrauen, Bedürfnis und Treue im hohen Grad gefordert wurden, um ein freundschaftliches Verhältnis ohne Störung immerfort zusammen wirken zu lassen.

Unterredung mit Napoleon

1808
September

In der Hälfte des Monats bestätigt sich die Nachricht von der Ankunft der Monarchen in Erfurt.

Den 23. marschierten französische Truppen dahin.

Den 24. kommt Großfürst Konstantin in Weimar an.

Den 25. Kaiser Alexander.

Den 27. die Herrschaften nach Erfurt, Napoleon kommt bis Münchenholzen entgegen.

Den 29. berief mich der Herzog nach Erfurt. Abends „Andromache“.
Den 30. bei demselben große Tafel. Abends „Britannicus“. Sodann bei Frau von Reck großer Tee. Minister Maret.

Oktober

Den 1sten

Lever.
Statthalterei, Treppe, Vorsaal und Zimmer.
Geschwirre durchaus.
Das allbekannte Lokale und neues Personal.
Gemisch.
Alt' und neue Bekannte.
Dichter als Prophet.
Scherzhaft angeregt.
Der Fürst von Dessau blieb zur Audienz.
Viele versammelten sich im Geleitshause.
Der Fürst kommt zurück und erzählt eine Szene zwischen dem Kaiser und Talma, welche Mißdeutung und Geklatsch veranlassen konnte.
Speiste bei Champagny.
Mein Tischnachbar war Bourgoing.

Den 2ten

Marschall Lannes und Minister Maret mochten günstig von mir gesprochen haben.
Ersterer kannte mich seit 1806.
Ein dicker Kammerherr, Pole, kündigte mir an zu verweilen.
Die Menge entfernte sich.
Präsentation an Savary und Talleyrand.
Ich werde hereingerufen.
In demselben Augenblicke meldet sich Daru, welcher sogleich eingelassen wird.
Ich zaudere deshalb.
Werde nochmals gerufen.
Trete ein.
Der Kaiser sitzt an einem großen runden Tische frühstückend; zu seiner Rechten steht etwas entfernt vom Tische Talleyrand, zu seiner Linken ziemlich nah

Daru, mit dem er sich über die Kontributionsangelegenheiten unterhält.

Der Kaiser winkt mir heranzukommen.

Ich bleibe in schicklicher Entfernung vor ihm stehen.

Nachdem er mich aufmerksam angeblickt, sagte er: „Vous êtes un homme." Ich verbeuge mich.

Er fragt: „Wie alt seid Ihr?"

„Sechzig Jahr."

„Ihr habt Euch gut erhalten —

Ihr habt Trauerspiele geschrieben."

Ich antwortete das Notwendigste.

Hier nahm Daru das Wort, der, um den Deutschen, denen er so wehe tun mußte, einigermaßen zu schmeicheln, von deutscher Literatur Notiz genommen, wie er denn überhaupt in der lateinischen wohlbewandert und selbst Herausgeber des Horaz war.

Er sprach von mir, wie etwa meine Gönner in Berlin mochten gesprochen haben, wenigstens erkannt ich daran ihre Denkweise und ihre Gesinnung.

Er fügte sodann hinzu, daß ich auch aus dem Französischen übersetzt habe und zwar Voltaires „Mahomet".

Der Kaiser versetzte: „Es ist kein gutes Stück", und legte sehr umständlich auseinander wie unschicklich es sei, daß der Weltüberwinder von sich selbst eine so ungünstige Schilderung mache.

Er wandte sodann das Gespräch auf den „Werther", den er durch und durch mochte studiert haben. Nach verschiedenen ganz richtigen Beobachtungen bezeichnete er eine gewisse Stelle und sagte: „Warum habt Ihr das getan? es ist nicht naturgemäß"; welches er weitläufig und vollkommen richtig auseinander setzte.

Ich hörte ihm mit heiterem Gesichte zu und antwortete mit einem vergnügten Lächeln, daß ich zwar nicht wisse, ob mir jemand denselben Vorwurf gemacht habe; aber ich finde ihn ganz richtig und gestehe, daß an dieser Stelle etwas Unwahres nachzuweisen sei. Allein, setzte ich hinzu, es wäre dem Dichter vielleicht zu verzeihen, wenn er sich eines nicht leicht zu entdeckenden Kunstgriffs bediene, um gewisse Wirkungen hervorzubringen, die er auf einem einfachen natürlichen Wege nicht hätte erreichen können.

Der Kaiser schien damit zufrieden, kehrte zum Drama zurück und machte sehr bedeutende Bemerkungen, wie einer der die tragische Bühne mit der größten Aufmerksamkeit gleich einem Kriminalrichter betrachtet, und dabei das Abweichen des französischen Theaters von Natur und Wahrheit sehr tief empfunden hatte.

So kam er auch auf die Schicksalsstücke, die er mißbilligte. Sie hätten einer dunklern Zeit angehört: „Was", sagte er, „will man jetzt mit dem Schicksal, die Politik ist das Schicksal."

Er wandte sich sodann wieder zu Daru und sprach mit ihm über die großen Kontributionsangelegenheiten; ich trat etwas zurück und kam gerade an den Erker zu stehen, in welchem ich vor mehr als dreißig Jahren zwischen mancher frohen auch manche trübe Stunde verlebt, und hatte Zeit zu bemerken, daß rechts von mir, nach der Eingangstüre zu, Berthier, Savary und sonst noch jemand stand. Talleyrand hatte sich entfernt.

Marschall Soult ward gemeldet.

Diese große Gestalt, mit stark behaartem Haupte, trat herein, der Kaiser fragte scherzend über einige unangenehme Ereignisse in Polen, und ich hatte Zeit mich im Zimmer umzusehen und der Vergangenheit zu gedenken.

Auch hier waren es noch die alten Tapeten.

Aber die Porträte an den Wänden waren verschwunden.

Hier hatte das Bild der Herzogin Amalie gehangen, im Redoutenanzug eine schwarze Halbmaske in der Hand, die übrigen Bildnisse von Statthaltern und Familiengliedern fehlten alle.

Der Kaiser stand auf, ging auf mich los und schnitt mich durch eine Art Manœuvre von den übrigen Gliedern der Reihe ab, in der ich stand.

Indem er jenen den Rücken zukehrte und mit gemäßigter Stimme zu mir sprach, fragte er: ob ich verheiratet sei, Kinder habe? und was sonst Persönliches zu interessieren pflegt. Eben so auch über meine Verhältnisse zu dem fürstlichen Hause, nach Herzogin Amalia, dem Fürsten, der Fürstin und sonst; ich antwortete ihm auf eine natürliche Weise. Er schien zufrieden und übersetzte sichs in seine Sprache, nur auf eine etwas entschiedenere Art, als ich mich hatte ausdrucken können.

Dabei muß ich überhaupt bemerken, daß ich im ganzen Gespräch die Mannigfaltigkeit seiner Beifallsäußerungen zu bewundern hatte; denn selten hörte er unbeweglich zu, entweder er nickte nachdenklich mit dem Kopfe oder sagte „oui!" oder gar „c'est bien", oder dergleichen; auch darf ich nicht vergessen zu bemerken, daß, wenn er ausgesprochen hatte, er gewöhnlich hinzufügte:

„Qu'en dit Mr. Göt."

Und so nahm ich Gelegenheit, bei dem Kammerherrn durch eine Gebärde anzufragen ob ich mich beurlauben könne? die er erwiderte, und ich dann ohne weiteres meinen Abschied nahm.

Den 3. Mancherlei Beredung wegen einer in Weimar zu gebenden Vorstellung. Abends „Ödip".

Den 4. nach Weimar wegen Einrichtung des Theaters.

Den 6. große Jagd. Die Schauspieler kommen an mit ihrem Direktor. Abends „Tod des Cäsars". Gelegenheit zur Aufforderung einen „Brutus" zu schreiben. Minister Maret und Angehörige logierten bei mir.

Den 7. Marschall Lannes und Minister Maret, umständliches Gespräch wegen der bevorstehenden spanischen Expedition. Von der Jenaisch-Apoldischen Jagd alles zurück und weiter. Hofrat Sartorius und Frau.

Den 14. Orden der Ehrenlegion. Talma und Frau und Sekretär Le Lorgne.

KOMMENTARTEIL

GOETHE ÜBER SEINE AUTOBIOGRAPHISCHEN SCHRIFTEN

Tagebuch. Auf der Reise von Weimar nach Karlsbad, 18. Mai 1810.

Früh von Hof weggefahren, gutes Wetter, guter Weg. Unterhaltung *(mit Riemer)* über Biographica und Aesthetica. – Heroische, Reise-, Liebesmotive, charakteristische, einen gewissen Zustand bezeichnende. – Ironische Ansicht des Lebens im höhern Sinne, wodurch die Biographie sich über das Leben erhebt. Superstitiose Ansicht; wodurch sie sich wieder gegen das Leben zurückzieht. Auf jene Weise wird dem Verstand und der Vernunft, auf diese der Sinnlichkeit und der Phantasie geschmeichelt; und es muß zuletzt, wohl behandelt, eine befriedigende Totalität hervortreten. – Metamorphose. – Der Grund von allem ist physiologisch. – Es gibt ein Physiologisch-Pathologisches, z. E. in allen Übergängen der organischen Natur, die aus einer Stufe der Metamorphose in die andre tritt. Diese wohl zu unterscheiden vom eigentlichen morbosen Zustande. – Wirkung des Äußeren bringt Retardationen hervor, welche oft pathologisch im ersten Sinne sind. Sie können aber auch einen morbosen Zustand hervorbringen und durch eine umgekehrte Reihe von Metamorphosen das Wesen umbringen. – Jeder, der eine Konfession schreibt, ist in einem gefährlichen Falle, lamentabel zu werden, weil man nur das Morbose, das Sündige bekennt und niemals seine Tugenden beichten soll. – Konstellation und Horoskop bei meiner Geburt. Von deutscher Literatur nicht die Rede. Große Ausländer, Voltaire, Montesquieu. Vorbereitung zum künftigen Schicksal der Welt alles außer Deutschland: Paoli, Franklin. – Tendenz der Deutschen zu einer Art von Humanitätskultur. Heruntersteigen der Vornehmen, um sich wert zu machen. – Fürsten begünstigen die Literatur: Emmerich Joseph von Mainz, Graf Bückeburg, Anna Amalia.

An Bettina Brentano. Weimar, 25. Oktober 1810.

Da Du doch nicht aufhören wirst, mir gern zu schreiben, und ich nicht aufhören werde, Dich gern zu lesen, so könntest Du mir noch nebenher einen großen Gefallen tun. Ich will Dir nämlich bekennen, daß ich im Begriff bin, meine Bekenntnisse zu schreiben, daraus mag nun ein Roman oder eine Geschichte werden, das läßt sich nicht voraussehn, aber in jedem Fall bedarf ich Deiner Beihülfe. Meine gute Mutter ist abgeschieden und so manche andre, die mir das Vergangne wieder hervorrufen könnten, das ich meistens vergessen habe. Nun hast Du eine schöne Zeit mit der teuren Mutter gelebt, hast ihre Märchen und

Anekdoten wiederholt vernommen und trägst und hegst alles im frischen belebenden Gedächtnis. Setze Dich also nur gleich hin und schreibe nieder, was sich auf mich und die Meinigen bezieht, und Du wirst mich dadurch sehr erfreuen und verbinden. Schicke von Zeit zu Zeit etwas und sprich mir dabei von Dir und Deiner Umgebung.

An Cotta. Weimar, 16. November 1810.

Das beste, was ich von meiner Sommerfahrt mit nach Hause gebracht habe, ist ein Schema meiner Biographie, das wenigstens in seinen Grundzügen ziemlich vollständig dasteht. Ich arbeite es nun im einzelnen aus, und eigentlich sind diese Betrachtungen jetzt dasjenige, was mich am meisten interessiert. Ich bin genötigt, in die Welt- und Literaturgeschichte zurückzugehn, und ich sehe mich selbst zum erstenmal in den Verhältnissen, die auf mich gewirkt und auf die ich gewirkt habe; und dies gibt zu sonderbaren Reflexionen Anlaß. Ich habe gegen mehrere Freunde kein Geheimnis aus diesem Vorsatz gemacht. Man hat ihn durchaus mit Beifall aufgenommen und mir manches versprochen, was mich fördern kann.

An Cotta. Weimar, 4. Mai 1811.

Die Lust, meine biographische Arbeit fortzusetzen, hat sich seit Ihrer Gegenwart noch bei mir vermehrt. Ich hoffe durch diese unschuldigen Bekenntnisse mit allen denen, die mir wohlwollen, aufs neue in eine lebendige Verbindung zu geraten, und das, was ich bisher allenfalls tun und leisten können, besonders für meine Freunde abermals zu beleben und interessant zu machen.

An Rochlitz. Weimar, 11. September 1811.

Ein etwas wunderliches biographisches Bändchen erhalten Sie zu Michael ... Mit entfernten Freunden und Geistesverwandten mich zu unterhalten, ist dabei meine einzige Absicht; denn diese sind es ja eigentlich nur, die man zu Zeugen seines vergangenen Lebens und Treibens und zur Teilnahme am gegenwärtigen aufrufen kann.

An Cotta. Weimar, 28. September 1811.

Sollte es nicht besser, wirksamer und vorteilhafter sein, gleich jetzt zu einer korrekten und kompletten Auflage *(der „Werke“)* zu schreiten, die um so vollständiger sein könnte, als meine Konfessionen den Weg bahnen, manches, was für sich nicht bestünde, als einen Teil des Ganzen aufzustellen.

An Zelter. Weimar, 11. November 1811.

Hiebei folgt das verlangte und Ihnen längst zugedachte Büchlein. Hier tritt der Widerstreit zwischen Erziehung und Neigung und Leben viel verwickelter hervor als bei dem, was Sie uns von Ihren früheren Jahren vorlasen. Was bei Ihnen nur Zwiespalt ist, ist hier hundertspältig. *(Zelter hatte im August 1810 in Teplitz Goethe aus autobiographischen Aufzeichnungen vorgelesen.)*

An Graf Reinhard. Weimar, 13. Februar 1812.

Vor allen Dingen haben Sie herzlichen Dank, daß Sie meinem biographischen Versuch so viel Teilnahme gegönnt, die ich zwar erwarten durfte. Denn indem ich mir jene Zeiten zurückrufe und die Gegenstände, die sich mir in der Erinnerung darbieten, zusammenarbeite, gedenke ich meiner abwesenden Freunde, als wenn sie gegenwärtig wären, glaube meine Reden an sie zu richten und kann also wohl für das Geschriebene eine gute Aufnahme hoffen. – Bei der Art, wie ich die Sache behandle, mußte notwendig die Wirkung erscheinen, daß jeder, der das Büchlein liest, mit Gewalt auf sich selbst und seine jüngeren Jahre zurückgeführt wird ... Am zweiten Bande ist schon viel geschrieben, und in einigen hübschen ruhigen Monaten wird er wohl zustande kommen. Es wird schwer sein, ihm die Mannigfaltigkeit und Anmut des ersten zu geben. Die Epochen, die er umfaßt, sind eher stockend als vorschreitend, indessen wollen wir unser mögliches tun, vorzüglich aber auf den dritten Band verweisen, der desto lustiger werden soll.

An Zelter. Weimar, 8. April 1812.

An dem 2. Bande meines biographischen Versuchs habe ich mehr durch Denken und Erinnern gearbeitet, als daß ich viel zu Papier gebracht hätte; komme ich nach Karlsbad, so wird es wohl rascher gehen. Dieser Band ist seinem Inhalte nach nicht der günstigste, man muß erst durch ein Tal durch, ehe man wieder eine günstige und fröhliche Höhe erreicht; unterdessen wollen wir sehen, wie wir es mit unseren Freunden vergnüglich und erbaulich durchwandern.

An Zelter. Karlsbad, 2. September 1812.

Von mir selbst und meinem Tun habe ich weiter nichts zu sagen, da Sie zu Michaelis wieder ein biographisches Bändchen aufsuchen wird. Betrachten Sie es freundlich. Es ist freilich nur der tausendste Teil von dem, was in jener Epoche auf mich losgehämmert und in mir gewaltig widerstanden und entgegengewirkt hat; da aber eigentlich eine solche Schrift nicht zu ernsthaft werden soll, so ist es besser, daß man ihr eine gewisse spezifische Leichtigkeit gibt, damit sie nicht – wie so viel anderes Bessere – für den Augenblick untergehe.

An F. W. H. v. Trebra. Weimar, 27. Oktober 1812.

Möchte mir doch Dein gutes Gedächtnis zu Hülfe kommen, indem ich in meinen biographischen Versuchen vorwärts schreite. Es ist mir zwar viel geblieben, aber doch beschämst Du mich an lebhafter Erinnerung bedeutender Worte und Ereignisse. Du hast mich früher schon auf einiges aufmerksam gemacht und würdest mein Unternehmen gar sehr fördern, wenn Du mir die Bilder jener glücklichen Epoche unseres Zusammenlebens nur mit flüchtiger Feder, wie es Dir so wohl ansteht, wieder anfrischen wolltest. Die früheren Zeiten der Kindheit und ersten Jugend bleiben lebhaft bestimmt in der Einbildungskraft geprägt, wenn die späteren Ereignisse, die sich leidenschaftlicher übereinanderdrängen, sich wechselseitig aufheben und nur erst mit einiger Anstrengung und von ihrer Seite ... widerstrebend hervorrufen lassen.

An Zelter. Jena, 3. November 1812.

Hier kommt denn auch der zweite Teil meines wieder aufgefrischten oder aufgewärmten Lebens, wie man es nennen will ... Wäre ich meiner abwesenden Freunde nicht eingedenk, wo nähm ich den Humor her, solche Dinge zu schreiben?

An Cotta. Jena, 12. November 1812.

Oben ist von vier Bänden des biographischen Werks gesprochen. Hierzu folgende Erläuterung: Mit dieser Zahl gedenke ich die Geschichte meiner Bildung, meines Privat- und ersten Autorlebens zu vollenden, bis zu welcher Epoche ich mir noch ganz selbst angehöre. Wie die folgenden zu behandeln sein mögen, weiß ich wohl auch; aber die Arbeit bei meinem Leben erscheinen zu lassen, dazu gehört ein Entschluß, den ich noch nicht gefaßt habe.

An Christian Gottfried Körner. Weimar, 26. November 1812.

Da ich sehr gern gestehe, es auch aus meinen Konfessionen erhellen wird, daß ich alle meine früheren Arbeiten um mein selbst willen und für mich selbst unternommen – weshalb ich denn auch wegen mancher wohl zwölf und mehr Jahre geruhig abwarten konnte, bis sie Eingang fanden und einige Wirkung taten –, so will ich doch gern bekennen, daß es mit diesem letzten Werk sich anders verhält. Ich wünsche, daß meine Landsleute, besonders aber meine Freunde, die in höhern und mittlern Jahren sich befinden, daran Freude haben und sich mit mir einer nicht längst vergangenen schönen Zeit fröhlich erinnern mögen. Der wackere Griesbach hat sich noch in seinen letzten Tagen an den Francofurtensien ergötzt. Der mir unvergeßliche Salzmann ist um einige Monate zu früh gestorben, so daß ihn mein freundliches Andenken nicht mehr hat erreichen können. Er war 92 Jahre alt und hat bis in die letzten Stunden weder den Gebrauch der äußern noch der innern Sinne vermißt. Das hatte ich ihm wohl zugetraut! – Auch wir, mein Bester, haben gute Zeiten zusammen erlebt, und ich habe höchst Ursache, jener Epoche mit Liebe und Treue zu denken; wenn ich nur dazu gelange, sie darzustellen.

An Zelter. Weimar, 12. Dezember 1812.

Meine Heiterkeit bewahre ich mir hauptsächlich für die biographischen Stunden, damit sich in die Reflexionen, die doch einmal angestellt werden sollen, nichts Trübes und Unreines mische.

An Gräfin Josephine O'Donell. Weimar, 22. Januar 1813.

Zunächst aber sollen Sie, verehrteste Freundin, höchlichst gepriesen sein, daß Sie mir über meine biographische Maskerade ein freundliches Wort haben sagen wollen. Sie bemerken sehr richtig, daß ich eigentlich nur mein späteres Leben hinter das frühere verstecken kann. – Ein aufmunternder Beifall ist mir sehr viel wert, weil das Unternehmen viele Schwierigkeiten hat, die mit dem Fortschritt immer wachsen und in jedem Band auf eine eigne Weise überwunden sein wollen.

An Graf Reinhard. Weimar, 25. Januar 1813.

Es freut mich sehr, daß auch Sie von meinem zweiten Teile Gutes gehört haben, denn ich bedarf Mut und Lust zum dritten. Jeder Teil, ja ein jedes Buch dieses Werkleins muß einen anderen Charakter haben und so diesen und jenen Leser verschieden ansprechen. Ich habe dafür zu sorgen, daß ich diesen verschiedenen Einteilungen jeder das Gehörige zuteile. Dabei kommt schon vieles auf gut Glück an; die Effekte hingegen auf den Leser sind noch zufälliger.

An C. L. v. Woltmann. Weimar, 5. Feburar 1813.

Nehmen Sie nun aber den besten und aufrichtigsten Dank für das, was Sie über meine biographische Arbeit haben äußern wollen. Der gründliche und freidenkende Historiker ist freilich am ersten im Fall, solche problematische Produktionen zu beurteilen und zu würdigen; er stößt sich nicht daran, daß man ihm Dichtung und Wahrheit anbietet, da er weiß, wie viele Dichtung er von bedeutenden historischen Monumenten abziehn muß, um die Wahrheit übrig zu behalten.

An Knebel. Weimar, 10. März 1813.

Meine Biographie bedenk ich jetzt täglich und werde ich wieder zu diktieren anfangen, recht ausführliche Schemata aufsetzen und mir eine große Masse Stoff zubereiten. Alsdann geht die Ausführung leichter vonstatten. Du hattest mir zugesagt, auch etwas über Dein Leben aufzusetzen. Versäum' es nicht, denn ich bedarf mancherlei Anregung; denn leider sind mir schon in den nächsten Epochen die Gegenstände nicht so deutlich und mit solchem Detail gegenwärtig wie in der ersten.

Die stärkeren Leidenschaften, die uns beunruhigen, hindern uns an der Aufmerksamkeit auf die Außenwelt, und die innere Beschäftigung stumpft gegen die äußeren Wirkungen ab; doch wollen wir sehen, wie wir sie auch hier durch allerlei Hilfsmittel aufstutzen.

An Fritz Schlosser. Weimar, 26. März 1813.

Für die genauen Nachrichten, den Marienborner Kongreß betreffend, bin ich sehr dankbar. Könnten Sie mir vielleicht den Todestag des Fräulein v. Klettenberg anzeigen? Auch wünschte ich folgende Fragen beantwortet: Wann ist Georg Schlosser zuerst nach Karlsruhe gegangen? Wann hat er sich mit meiner Schwester verlobt, wann verheiratet?

An Fritz Schlosser. Teplitz, 11. Juni 1813.

Für die mitgeteilten Notizen danke zum allerschönsten. Man sieht daraus, wie schwer es fällt, von der nächstvergangnen Zeit bestimmte Data zu erhalten. Der Tatsachen erinnre ich mich recht gut, aber es hält schwer, sie chronologisch zu rangieren. Im Leben greift so vieles übereinander, was in der Geschichte sich nur hintereinander darstellen läßt, und da will's nicht immer recht passen.

An Riemer. Teplitz, 20. Juni 1813.

Sie erhalten hierbei, mein lieber Riemer, das 11. und 12. Buch; an dem letzteren fehlt der Schluß, der mit den beiden folgenden Büchern baldmöglichst nachkommen soll. Ich bin auf allerlei Weise retardiert worden, aber es ist schon so viel getan, daß ich weiter keine Sorge habe. – Eigentlich ist es ein allzukühnes Unternehmen, ein solches Volumen in bestimmter Zeit zu schreiben; doch bestimmte man sie nicht, so würde man gar nicht fertig. Wenn Sie die verschieden abwechselnden Gegenstände dieses Bandes ansehen und bedenken, was es für eine Aufgabe gewesen wäre, jeden nach seiner Art in Stil und Darstellung zu behandeln, so könnte einem das Grauen ankommen, ja man würde gar nicht zu Ende gelangen, und vielleicht tät es dem Ganzen nicht einmal gut. – Genug, hier ist's, soweit ich's bringen konnte. Einiges habe ich noch mit Bleistift notiert, denn das Manuskript steht gerade auf dem Punkt, wo ich meine Sachen zu verderben anfange. – Es sei also, mein Wertester, Ihnen die völlige Gewalt übertragen, nach grammatischen, syntaktischen und rhetorischen Überzeugungen zu verfahren. – Ohnvorgreiflich einige Bemerkungen. – Die Enthymeme *(verkürzte logische Schlüsse, bei denen man die Vordersätze in Gedanken ergänzt)* scheinen sich zu häufen. Phrasen wiederholen sich, weil man doch in dem engen Kreise von ähnlichen Gesinnungen und Beschäftigungen, vorzüglich auch in einem subjektiven Wesen verweilt. Z. B.: „Es zog mich an"; „Es hielt mich fest"; „Um so mehr"; „Um so weniger". – Rediten, Wiederholung derselben Sache, habe ich zu tilgen gesucht; doch kommt eine Sache öfters einigemal mit Fleiß von verschiedenen Seiten vor. – Wendungen wiederholen sich. Besonders verdrießen mich die unglücklichen Auxiliaren *(Hilfszeitwörter)* aller Art. Vielleicht gelingt Ihnen hie und da die Umwandlung in die Partizipial-Konstruktion, die ich scheue, weil sie mir nicht geraten will. – Euphonische Zwischenwörter wie „gerade", „eben" können auch wohl hie und da gelöscht werden. – Ausländische Worte zu verdeutschen, sei Ihnen ganz überlassen usw. *(Goethe hatte – auch im Hinblick auf die Prosa von „Dichtung und Wahrheit" – im Frühjahr 1813 mit Riemer Ernesti's „Lexicon technologiae Latinorum rhetoricae" durchgearbeitet. Vgl. Bd. 10, S. 513,27–34 u. Anmkg.)*

An Riemer. Teplitz, 27. Juli 1813.

Sie werden, mein lieber Professor, kurz vor oder nach diesem Blatte abermals eine starke Sendung Manuskript erhalten, die ich Ihnen zu freundlicher und genauer Prüfung empfehle. Ich hatte das Ganze so gut durchgedacht und fand hier so viel Ruhe, daß ich jetzt fertig wäre, hätte mir Johns *(des Sekretärs)* Krankheit nicht ein so großes Hindernis in den Weg gelegt. Durch die daraus entsprungenen Verdrießlichkeiten hatte ich wirklich selbst zuletzt über das Geschriebene kein Urteil mehr, und weiß nicht, ob durch diese unangenehme Lage die Heiterkeit, die ich beabsichtigte, hie und da getrübt worden. Besonders bitte ich Sie auf dasjenige zu merken, was von noch lebenden Personen gesagt ist. Wegen Jacobi habe ich schon in meinen dem Manuskript beigefügten Noten das Nötige gesagt; nehmen Sie doch auch das, was von Klingern geschrieben ist, wohl in Betrachtung. Zu solchen Dingen gehört der heiterste und bereiteste Humor, denn wenn man verdrießlich ist, so fühlt man nicht, was andere verdrießen könnte. Lavater und Basedow sind, dünkt mich, gut geraten; aus kleinen Zügen bildet sich die Imagination die Individualitäten gern zusammen. Lavater kommt in diesem Teil noch einmal und bedeutender vor.

An Zelter. Weimar, 24. November 1813.

Gegen Weihnachten folgt dann wohl der 3. Band der Tausend und einen Nacht meines törigen Lebens, welches doch in der Darstellung fast noch unkluger aussieht, als es an sich war.

An Charlotte v. Stein. Weimar, 1. Dezember 1813.

Es ist mir wohl erlaubt, der Halbpoesie meines biographischen Versuches einige rein Poetica *(vermutlich neuere Gedichte)* anknüpfen zu dürfen.

An Franz Bernhard v. Bucholz. Weimar, 14. Februar 1814.

Aufrichtig zu sagen, ist es der größte Dienst, den ich glaube meinem Vaterlande leisten zu können, wenn ich fortfahre, in meinem biographischen Versuche die Umwandlungen der sittlichen, ästhetischen, philosophischen Kultur, insofern ich Zeuge davon gewesen, mit Billigkeit und Heiterkeit darzustellen und zu zeigen, wie immer eine Folgezeit die vorhergehende zu verdrängen und aufzuheben suchte, anstatt ihr für Anregung, Mitteilung und Überlieferung zu danken.

An Knebel. Weimar, 30. März 1814.

Ich habe mich – wenigstens in Gedanken – in die Lagunen geflüchtet, redigiere die Tagebücher meines Venetianischen Aufenthaltes und studiere, indem ich meine Kupfer und Zeichnungen in Ordnung bringe, mit großer Auferbauung die neue Kunstgeschichte.

An Friedrich Maximilian v. Klinger. Weimar, 8. Mai 1814.

Nun aber kommt dieser *(3. Teil von „Dichtung und Wahrheit")* und ich wünsche, daß Sie sich in demselben – freundschaftlich abgespiegelt – mit einiger Zufriedenheit erblicken möchten. Da aber erst in der Folge unser Zusammenleben und Wirken eigentlich recht angeht, so wünschte ich, daß Sie selbst hierzu mir einige Beiträge gönnten, wie schon mehrere Freunde auf mein Ansuchen getan. Denn da es mir an Dokumenten aus jener Zeit gar sehr fehlt, und das Gedächtnis zu den Tatsachen wohl allenfalls hinreicht, aber nicht immer uns die Eindrücke, die wir damals empfingen, wieder hervorrufen kann, wir vielmehr öfters spätere Reflexionen unterschieben, so ist es uns höchst interessant zu erfahren, wie ältere Freunde sich und uns angesehen, und was sie sich noch von jenen Epochen bewußt sind ... Sieht es vielleicht wunderlich aus, daß ich hierzu mir Ihre Mitwirkung erbitte, so diene mir die rauschende Zeit und der Drang des Lebens zur Entschuldigung. Es ist nicht mehr möglich, durch eigenes Studium allem denjenigen genugzutun, was man sich vorgesetzt hat, und ich erfahre noch täglich, wie fördersam die Winke von Freunden sind, mit denen man sich von früher Jugend an hat verstehen lernen.

An Christian Heinrich Schlosser. Weimar, 23. November 1814.

In unserer Gegend hatte der Krieg, die allgemeine Bewegung der Gemüter und mancher andere ungünstige Umstand zusammengewirkt und den schönen Kreis, wovon Weimar und Jena die beiden Brennpunkte sind, wo nicht aufzulösen, doch seine Bewegungen zu hemmen, zu stören vermocht, und ich sah mich fast auf mich selbst zurückgedrängt. Diese Zeit benutzte ich, um mich in mir selbst historisch zu bespiegeln, da ich mich denn sehr freue, daß die Resultate meiner drei Bändchen auch andern Gelegenheit geben mögen, auf sich selbst zurückzukehren.

An Cotta. Weimar, 21. Dezember 1814.

Meine biographischen Eröffnungen haben die Wirkung getan, die ich hoffte, indem, außer dem Anteil, den man meinen Arbeiten im ethischen und ästhetischen Sinne schenkt, man auch nunmehr darin die Stufen meiner Bildung aufsucht, die man um so mehr zu eigenem Vorteil zu erkennen strebt, als so manche Jüngere sich an mir gebildet zu haben mit Offenheit und Vergnügen gestehen.

An Zelter. Weimar, 27. Dezember 1814.

Von meiner italienischen Reise habe ich die vorhandenen Tagebücher von Karlsbad bis Rom redigiert. Dieses Büchlein erhält dadurch einen eigenen Charakter, daß Papiere zum Grunde liegen, die im Augenblick geschrieben worden. Ich hüte mich, so wenig als möglich daran zu ändern, ich lösche das Unbedeutende des Tages nur weg, sowie manche Wiederholung; auch läßt sich vieles, ohne dem Ganzen die Naivetät zu nehmen, besser ordnen und ausführlicher darstellen.

An Nicolovius. Weimar, 7. Januar 1815.

Eine neue Ausgabe meiner Schriften beschäftigt mich, in welche ich manches mitteilbare Ungedruckte aufnehmen möchte; als beständige Begleiter sollten meine biographischen Eröffnungen zur Seite fortgehen.

An Eichstätt. Weimar, 29. Januar 1815.

Bei Bearbeitung des 4. Bandes entspringen neue Schwierigkeiten, und die Gefahr wird schon größer, es möchten die Euphemismen, deren sich Ironie in einer gewissen Region mit Glück bedient, in einer höheren zu Phrasen auslaufen, und wo finden sich immer die glücklichen Augenblicke des guten Humors, wo das Rechte allenfalls zu leisten wäre? ... Schon seit einem halben Jahr habe ich den 4. Band, welcher ohngefähr bis zur Hälfte gediehen war, plötzlich liegen lassen und – um nicht völlig zu stocken – zehen Jahre übersprungen, wo das bisher beengte und beängstigte Naturkind in seiner ganzen Losheit wieder nach Luft schnappt, im September 1786 auf der Reise nach Italien. – Diesen aus Instinkt ergriffenen, und sodann mit Überlegung verfolgten Ausweg wünsche ich von jenem vortrefflichen Menschenkenner *(Woltmann)* gebilligt, um desto mutiger fortzuwandern. Ich rette mich in eine Epoche, von der mir die entschiedensten Dokumente übrig sind, Tagebücher, Briefe, kleine Aufsätze, unendliche Skizzen, von mir und anderen, und zu diesem allen die Gegenwart und Teilnahme meines vortrefflichen Reise- und Lebensgefährten des Hofrat Meyers. Diese anlockende leichtere Arbeit wird gewiß rückwärts günstigen Einfluß erweisen und die indessen vergehende Zeit mich über einige Bedenklichkeiten hinausheben.

An J. W. Chr. Roux. Weimar, 29. Januar 1815.

Soeben bin ich beschäftigt, die Papiere, welche sich auf meine italienische Reise beziehen, zu sichten und zu redigieren. Hierbei seh ich nun freilich, daß dieser wörtlichen Darstellung sehr zum Vorteil gereichen müßte, wenn aus meinen eigenen Skizzen sowohl als denen der Freunde und Kunstgenossen, was bedeutend ist und erläutern könnte, in Kupfer gestochen dem Werklein beigefügt würde. Es sollte mir angenehm sein, wenn Ew. Wohlgeb. diese Arbeit übernehmen wollten.

An Zelter. Weimar, 17. Mai 1815.

Ich beschäftige mich jetzt mit meiner italienischen Reise und besonders mit Rom. Ich habe glücklicherweise noch Tagebücher, Briefe, Bemerkungen und allerlei Papiere daher, so daß ich zugleich völlig wahrhaft und ein anmutiges Märchen schreiben kann. Hiezu hilft mir denn höchlich Meyers Teilnahme, da dieser mich ankommen und abreisen gesehen, auch die ganze Zeit, die ich in Neapel und Sizilien zubrachte, in Rom blieb. Hätte ich jene Papiere und diesen Freund nicht, so dürft ich diese Arbeit gar nicht unternehmen; denn wie soll man, zur Klarheit gelangt, sich des liebenswürdigen Irrtums erinnern, in welchem man, wie im Nebel, hoffte und suchte, ohne zu wissen, was man erlangen oder finden würde.

An Christiane. Wiesbaden, Anfang Juni 1815.

Neapel rückt vor sowie Sizilien. Diese lustigen Erinnerungen unterhalten mich, ohne die mindeste Anstrengung. Ich habe sie so oft erzählt, daß es Zeit ist, sie auf dem Papier zu befestigen.

An Zelter. Weimar, 29. Oktober 1815.

Ferner ist mein Aufenthalt in Neapel und meine Reise durch Sizilien so ziemlich nach Tagebüchern und Briefen und aus der Erinnerung redigiert und steht auf dem Punkte, abgeschrieben zu werden ... Aus diesem Bändchen wird niemand viel lernen, aber Gegenden, Gegenstände, Menschen und Reisende werden dem Leser lebendig entgegentreten.

An Cotta. Weimar, 6. Dezember 1815.

Der 1. Band der „Italienischen Reise" ist so gut als im Reinen, die erste Hälfte des zweiten gleichfalls. Es zeigt sich jedoch, daß man notwendig einen Heft Kupfer dazugeben müsse, da so vieles auf der Anschauung beruht.

An Frommann. Weimar, 13. März 1816.

Ew. Wohlgeboren erhalten hierbei Aus meinem Leben zweiter Abteilung Erster Band. Den früheren Zusatz „Wahrheit und Dichtung" können wir diesmal entbehren, da der Inhalt dieser Bogen nur allzu wahr ist.

An Knebel. Weimar, 1. Mai 1816.

Hauptsächlich beschäftige ich mich gegenwärtig mit meiner italienischen Reise und habe mich in der letzten Zeit gar vergnüglich in Sizilien aufgehalten. Man kann erst später, wenn viele Jahre vorüber sind, bemerken, was für Einfluß ein solches Anschauen aufs ganze Leben gehabt hat.

Tagebuch. Tennstedt, Juli und August 1816.

24. Juli: ¼ auf 7 ausgefahren ... Vor sechs in Tennstedt bei Dr. Schmidt. Schöne Wohnung ... *25. Juli:* Um 5 Uhr aufgestanden ... Gebadet. Schema zum Rochusfest ... *26. Juli:* Um 5 Uhr aufgestanden. Am St. Rochus korrigiert. Gebadet. St. Rochus weiter. Schwefelwasser getrunken. Fortgearbeitet. Geschlafen. Für mich gegessen. Fortgearbeitet ... *27. Juli:* Früh aufgestanden und gebadet. St. Roch gefördert ... *In dieser Art tägliche Eintragungen bis 14. August:* Rochusfest ins Ganze gearbeitet. *15. August:* St. Roch reine Abschrift angefangen.

An August v. Goethe. Tennstedt, 5. August 1816.

St. Rochus ist schon sehr weit gediehen. Wir sind an der dritten Abschrift; da sich denn die Ausführung jedesmal verbessert und erweitert.

An Sulpiz Boisserée. Tennstedt, 7. August 1816.

Das „Rochusfest 1814", von dem ich mich immer wegdrückte, ist so gut als fertig. Ich darf eine heitere Wirkung hoffen.

An Nees v. Eesenbeck. Tennstedt, Mitte August 1816.

In den Tagebüchern meiner italienischen Reise, an welchen jetzt gedruckt wird, werden Sie – nicht ohne Lächeln – bemerken, auf welchen seltsamen Wegen ich der vegetativen Umwandlung nachgegangen bin; ich suchte damals die Urpflanze, bewußtlos, daß ich die Idee, den Begriff suchte, wonach wir sie uns ausbilden können.

An Sulpiz Boisserée. Weimar, 27. September 1816.

Der 1. Band der „Italienischen Reise" wird wahrscheinlich in der Michaelsmesse ausgegeben. Mir ist dabei zu Mute, als wenn man ein Porträt oder Silhouette früherer Jahre betrachtet. So auch hier. Ich begreife recht gut, warum ich nicht mehr so sein, denken und schreiben kann. – Darnach beginnt sogleich der Druck des 2. Heftes von „Rhein und Main". Ein Aufsatz geht voran, die Geschichte der neuen frömmelnden Unkunst von den 80er Jahren her ... Hierauf wird denn das Rochusfest von 1814 wiederholt. Eine heitere im Innern fromme Darstellung.

An Sulpiz Boisserée. Weimar, 13. Oktober 1816.

Alte Papiere such ich hervor und redigiere sie, so gut es gehen will. Abwechslung find ich da genug, denn es ist unglaublich, ja manchmal komisch, wo man in seinem Leben allenthalben hingetastet hat, wodurch man endlich so weit kommt, zu wissen, wo die Zäume hängen, wenn man nicht mehr reiten mag.

An Zelter. Weimar, 7. November 1816.

Indessen ist wohl die „Italienische Reise" angekommen. – Freilich erfahren wir erst im Alter, was uns in der Jugend begegnete. Wir lernen und begreifen ein- für allemal nichts! Alles, was auf uns wirkt, ist nur Anregung, und Gott sei Dank, wenn sich nur etwas regt und klingt ... Das „Rochusfest", abermals durchgearbeitet und nochmals abgeschrieben, hat an Bestimmtheit und Glanz gewonnen. Wenn man es nicht macht wie die Maler, die, je mehr sie ausführen, desto mehr sie auch wieder lasieren, um die Gegenstände auseinander- und wieder zusammenzubringen, so kann aus solchen Dingen nichts werden.

An Bertuch. Weimar, 15. Dezember 1816.

In meiner Lebensbeschreibung bin ich gerade an der Epoche, wo unser guter Kraus, der in Weimar einen Besuch gemacht hatte, nach Frankfurt kommt und uns von dem angenehmen und hoffnungsvollen Zustand in Weimar erzählt. Es fiel in die Zeit, da der Herzog seine Gemahlin abholte. Nun wünscht' ich jene Schilderung recht treu, vollständig und lebhaft, und ich finde in der Erinnerung noch manches Schöne und Gute. Weil ich aber als Fremdling eintraf und durch neue Gegenstände affiziert und zerstreut wurde, so bringe ich kein reines Bild zusammen und nehme mir deswegen die Freiheit, mich an Ew. Wohlgeb. zu wenden. Sie waren in jenem Zustand herangewachsen, besaßen schon eine schöne Stelle, zu welcher Ihre Wirksamkeit Sie erhoben hatte. Sie kannten den Hof, die Stadt, das Bestehende, das Bewegte, das Getane sowie die Vorsätze. Sollte es Ihnen nicht ein angenehmes Geschäft sein, sich jener Ihrer eigenen Blütenzeit wieder zu erinnern und mir einen Aufsatz darüber mitzuteilen, von dem ich alsdann dem Gegenstande gemäß den heitersten Gebrauch machen wollte. Schon mehrere Freunde, z. B. Klinger und Trebra, erzeigten mir dieselbe Gefälligkeit und ließen mich von ihrer Seite in Epochen zurücksehen, die ich von der meinen niemals eben so würde durchschaut haben. Wie wichtig es mir und überhaupt ist, die Anfänge von Weimar klar und freundlich hinzustellen, davon sind Sie überzeugt; die Fortschritte werden sich alsdann schon entwickeln.

An Sulpiz Boisserée. Weimar, 16. Dezember 1816.

Ich studierte das Manuskript des 4. Bandes meiner Biographie, welcher teilweise geschrieben und dessen letzte Bogen, so wunderlich es auch scheinen möchte, schon in Ordnung sind. Dieser Band endigt mit dem Entschlusse, von Heidelberg aufzubrechen und nach Weimar zu gehen. Sehr gut paßte hiezu Ihr lieber Brief, worin auch von Entschlüssen die Rede ist, und mit jener Zeit trefflich harmoniert, da jugendlicher Mut mich belebte, von dem Sie nun durchdrungen sind ... Ihr freudiges Aufnehmen meiner „Italienischen Reise“ tut mir sehr wohl, und ich werde um desto fleißiger an dem 2. Teile arbeiten. Wie vor Zeiten die älteren Autoren für uns Jünglinge schrieben, so müssen wir für Euch Jünglinge schreiben ... Den Sturmschritt haben Sie ganz richtig empfunden und sind ihm treulich zur Seite geblieben. Auch die Ungerechtigkeiten beurteilen Sie einsichtig und gerecht. Dergleichen herbes Unreife paßt wohl zu dem Drange des Beginnens; alles dieses wird, noch eh der Reisende über die Alpen zurückkehrt, süßer und genießbarer.

An Sulpiz Boisserée. Weimar, 1. Juli 1817.

Die freundliche Aufnahme meines „Rochusfestes“ erfreut mich gar sehr. Ich hatte vorm Jahr in meiner Tennstedter Einsamkeit alle Liebe und Treue auf diese Darstellung verwendet, die mich in so schöne Zeit in jene Gegenden versetzte. Auch Ihre Freundschaft schwebte mir immer vor, sowie die heitern, lehrreichen Stunden, die wir zusammen genossen.

An Nees v. Eesenbeck. Weimar, 15. Oktober 1817.

Wenn Sie die Anwendung der Idee, des Begriffs der Metamorphose, wie Sie solche in Ihren Blättern darlegen, der kindlichen, ja beinah kindischen Sorgfalt vergleichen, mit der ich, gerade vor 30 Jahren, diesem Gedanken nachgehangen und solches nunmehr im 2. Bande meiner „Italienischen Reise“ deutlich erscheinen lasse, so werden Sie sich des Lächelns nicht enthalten. Ich aber darf zufrieden sein, daß meine Prophezeiungen durch tätige junge Männer in Erfüllung gegangen und ich dasjenige im einzelnen zu schauen anfange, was ich im allgemeinen innigst anerkannt hatte.

An Nees v. Eesenbeck. (Konzept.) Weimar, 5. November 1818.

Mit freudigem Gefühl ließ ich die in Sizilien und Neapel geschriebenen Briefe drucken. Einige Stellen, wo ich über den Fund der Metamorphose allzu behaglich exultierte, habe ich weggestrichen, vielleicht mit Unrecht.

An Cotta. Weimar, 20. Februar 1819.

Wie auch schon im Morgenblatt gesagt worden, lassen sich meine Schriften vom Leben nicht sondern, deshalb ich auch schon fünf biographische Bändchen geschrieben habe.

An Rochlitz. (Konzept.) Weimar, Anfang 1819.

Ältere Briefe 1797 vertilgte ich in diesem Jahre vor dem Antritt einer Reise, aus Unmut über den Mißbrauch, den man von Briefen zu machen pflegte. Es hat mich nachher oft gereut, besonders da ich an meine Biographie ging. Von Klopstock ist daher gewiß nichts mehr übrig, von Herder und Wieland wird sich wenig finden.

An Sulpiz Boisserée. Weimar, 14. April 1822.

Das schöne obgleich gefährliche Frühjahr entbindet mich nun auch von Winterarbeiten, die zwar ganz unterhaltend, aber doch immer mißlich waren. Möge Ihnen daraus auch einige Zufriedenheit entspringen, wenn die Leipziger Messe diese stillen Bemühungen (*„Campagne in Frankreich“*) offenbaren wird. Hätte ich nicht so hinreichende Notizen vor mir gehabt, so wär ich nicht durchgekommen; dergleichen Erinnerungsarbeiten sollte man nicht auf späte Jahre verschieben; indessen, denk ich, soll es noch hinreichend unterhaltend, hie und da belehrend sein.

An Johann Friedrich Rochlitz. Weimar, 22. April 1822.

Sie erhalten nächstens ... einen treuen Abriß meiner wunderlichen Militärlaufbahn; auch durch diese Erbkrankheit der Welt mußt' ich einmal durch, damals ging ich der Weltgeschichte entgegen, nachher hat sie uns am eigenen Herde aufgesucht.

An Graf Reinhard. Weimar, 10. Juni 1822.

Sie werden bedenklich lächeln beim Datum – 1792, wo Sie noch ahndungsvollere Tage zubrachten als wir, die wir allenfalls über unsere Unbilden scherzen durften. Es ward mir manchmal wirklich schwindlich, indem ich das einzelne jener Tage und Stunden in der Einbildungskraft wieder hervorrief und dabei die Gespenster, die sich dreißig Jahre her dazwischen bewegt, nicht wegbannen konnte; sie liefen ein- und das anderemal wie ein böser Einschlag über jenen garstigen Zettel.

An Staatsrat Schultz. Weimar, 12. Juni 1822.

Das wunderliche Unternehmen, mich in die schrecklichen Zustände von 92 und 93 zu versetzen, ist Ihnen wohl vor Augen gekommen, und ich wünsche, daß Sie es nicht mißbilligt haben. Ich bedurfte einer Arbeit, die mich den Winter über beschäftigte; die Darstellung reiner gefühlvoller Tage meines Lebens, wie der 1. Abteilung 4. Band *(„Dichtung und Wahrheit", 4. Teil)* fordert, wollte nicht gelingen, obgleich die Hälfte schon geschrieben ist; da griff ich zum Widerwärtigsten, das durch milde Behandlung wenigstens erträglich werden kann.

An Zelter. Eger, 8. August 1822.

Daß Du meine Behandlung der schmutzigen Campagne billigst, freut mich sehr. In einer solchen Tragödie den Gratioso zu spielen, ist immer auch eine Rolle.

An Staatsrat Schultz. Weimar, 5. September 1822.

Freunde von so inniger Verwandtschaft sind eigentlich niemals entfernt, und ich habe sie vor mir, um mich, wenn ich sinne und schreibe, daher Sie denn auch auf meinen Blättern gewiß manches finden, das unmittelbar zu Ihnen gesprochen worden. – Die „Campagne" gefällt mir selbst jetzt besser beim Lesen als im Schreiben; das Unheil geht denn doch so leicht hintereinander weg, es ist verdrießlich, aber lastet nicht.

An Boisserée. Weimar, 27. Januar 1823.

Seit der Zeit hab ich fortgefahren, den Epitomator mein selbst zu machen; denn es ist gewissermaßen noch lustiger, ein vorliegendes Leben als ein vorliegendes Buch auszuziehen. Den Hauptbegriff hab ich vorerst gefaßt, daß man es epochenweise behandeln müsse; denn obgleich sich alles aneinander schließt, so gibt's doch Absätze und Einschnitte.

An Staatsrat Schultz. Marienbad, 8. Juli 1823.

Die Chronik meines Lebens, Zurechtstellung der Tagebücher und sontiger Notizen, hab ich auch schon um ein paar Jahre – von hinten hervor – gefördert, und so denke, wird das frischere Gedächtnis die Einzelheiten früherer Jahre wieder nach und nach beleben und mit sich aufrollen.

An Zelter. Marienbad, 24. Juli 1823.

Was ich aber eigentlich fördere, ist die Redaktion meiner Lebenschronik. Nach mancherlei Versuchen hab ich endlich von der neuesten Zeit angefangen, da ich mich denn bei frischem Gedächtnis nicht lange um Stoff zu bemühen brauche; endlich merke, so rückwärts arbeitend, wie das Bekannte, Gegenwärtige das Verschwundene, das Verschollene wieder zurückruft.

An J. W. Süvern. Weimar, 15. Oktober 1823.

Eine Chronik meines Lebens zu schreiben bin ich seit einigen Jahren beschäftigt. Da dieses aber nur abgebrochen und teilweise geschehen kann, so fühl ich gar oft mit Unwillen eine gewisse Ungleichheit der Behandlung. Ew. Wohlgeboren trefflicher Aufsatz *(„Über den Kunstcharakter des Tacitus")* gibt mir nun hierüber auf einmal erfreulichen Aufschluß. Ich sehe nämlich, daß, je nachdem die Stimmung ist, meine Chronik entweder ihren Charakter behält oder sich zu Annalen, ja wohl gar zur Geschichte steigern möchte. Solchem klaren Bewußtsein dürft es nun leichter werden, wo nicht mehr Gleichheit in die Ausführung zu bringen, doch vielleicht die Ungleichheiten weniger fühlbar und verzeihlicher zu machen.

An Cotta. Weimar, 14. Januar 1824.

In dem nächstfolgenden Hefte *(der Zeitschrift „Über Kunst und Altertum")* wird Erwähnung einer Chronik geschehen, welche die Lükken der früheren umständlichen Bekenntnisse, wie ich sie wohl nennen kann, einigermaßen ausfüllt, von Anno 1792 aber an bis auf den heutigen Tag mehr oder weniger ausführlich die durchlebten Jahre behandelt. Sie dient schon in ihrer jetzigen Gestalt zur Norm, wie meine sämtlichen Papiere, besonders der Briefwechsel, dereinst verständig benutzt und in das Gewebe von Lebensereignissen mit verschlungen werden könne. Sogar läßt sich dadurch dasjenige, was im Vaterlande und auswärts für und wider mich geschehen, besser beurteilen, indem eins wie das andere aus der Staubwolke einer leidenschaftlichen Empirie in den reineren Kreis historischen Lichtes tritt.

An Cotta. Weimar, 30. Mai 1824.

Indessen fördere ich das, was ich die Chronik meines Lebens nenne, in Absicht, die an mich immerfort eingehenden Fragen über gar mancherlei Umstände zusammen, folgerecht und bloß dadurch verständlich zu beantworten; nicht weniger, vorhandenen einzelnen Blättern und Notizen, die sonst von keinem Interesse sein könnten, auch künftig in der Sammlung einen schicklichen Platz zu verschaffen.

Eckermann, Gespräche. 10. August 1824.

Unter diesem Datum gibt Eckermann einen ausführlichen Überblick über den derzeitigen Zustand des Manuskripts von „Dichtung und Wahrheit“, Buch 16–20, und über seine Vorschläge zur Weiterarbeit, die er Goethe vorlegte.

An Zelter. Weimar, 21. Mai 1825.

Nun arbeite ich fleißig an den Annalen meines Lebens, wovon schon eine große Masse, teils vorbereitet, teils ausgeführt, vor mir liegt. Nun find ich, daß unser Verhältnis von 1800 an sich durch alles durchschlingt, und so möcht' ich es denn auch zu ewigen Zeiten erscheinen lassen, und zwar in reiner Steigerung, deren Wahrheit sich nur durch das vollkommenste Detail bezeichnen läßt. Soeben studiere ich Deine Briefe, welche sauber geheftet vorliegen, und nun äußere ich den Wunsch, daß Du mir die meinigen, von fünf zu fünf Jahren, auf kurze Zeit mögest zukommen lassen. Ich bearbeite eben jetzt die Epoche von Anfang des Jahrhunderts bis zum Tode Schillers. Hast Du die Papiere in Ordnung, so sende sie mir baldigst, sie kommen schnell zurück, und wie ich vorschreite, bitt ich Dich um die anderen. Ich möchte diesen edlen Faden gern zart und sorgfältig durch- und ausspinnen; es ist der Mühe wert und eigentlich gar keine Mühe, sondern die größte Genugtuung, und ich freue mich schon, die große Kluft vom Anfang des Jahrhunderts bis heute stetig ausgefüllt zu sehen.

An Staatsrat Schultz. Weimar, 31. Mai 1825.

Das, was ich nicht recht zu nennen weiß, was aber wohl auf ein paar Bände anschwellen möchte, sind Notizen aus meinem Leben. Sie gehen durch alle Jahre durch bis auf die neuste Zeit, bleiben dem Sinne nach dieselbigen, der Ausführung nach möchte man sie bald Chronik, bald Annalen, Memoiren, Konfessionen und wer weiß wie sonst noch, nicht mit Unrecht benennen. Sie streifen in ihrem einfachen Gang an die Weltgeschichte oder die Weltgeschichte – wenn man will – streift an sie, und so bewegen sie sich von unbedeutenden Einzelheiten bis zu dem wichtigsten Allgemeinsten, und vielleicht gewinnt grade diese tadelnswerte Ungleichheit den sonderbaren Heften einige Gunst.

An Chr. M. Engelhardt in Straßburg. Weimar, 3. Februar 1826.

Wie ich meinen Aufenthalt in Straßburg und der Umgebung darzustellen gewußt, hat allgemeinen Beifall gefunden, und ist diese Abteilung, wie ich weiß, immerfort mit besonderer Vorliebe von sinnigen Lesern beachtet worden. Diese gute Wirkung muß aber durch eingestreute unzusammenhängende Wirklichkeiten notwendig gestört werden. *(Engelhardt hatte vorgeschlagen, Briefe aus der Straßburger Zeit in die Darstellung einzuschieben.)*

An C. W. Göttling. Weimar, 4. März 1826.

Die Betrachtung über die Selbstbiographie ist sehr wichtig und erfreulich. Es wäre schön zu untersuchen, ob nicht Protestanten mehr als Katholiken zu Selbstbiographien geneigt sind. *(Vgl. hierzu auch „Geschichte der Farbenlehre", Bd. 14, S. 84, 10–32.)*

An Göttling. Weimar, 8. November 1828.

Etwa im 29. Teile meiner Werke möchte mein zweiter Aufenthalt in Rom zur Sprache kommen, der, wie er auf dem Papier steht, sich freilich nicht sonderlich ausnehmen wird, aber doch vielleicht andeuten mag, wie hier der Grund meines ganzen nachherigen Lebens sich befestigt und gestaltet hat.

An Zelter. Weimar, 5. Juni 1829.

Ich redigiere jetzt an meinem zweiten Aufenthalte in Rom, einem wundersamen Büchlein, das, wie es auch werde, immer zu fühlen und zu denken geben wird.

An Riemer. Weimar, 6. Juni 1829.

Wenn Sie, mein Wertester, beikommende Hefte *(Manuskriptteile des „Zweiten Römischen Aufenthalts")* gefällig durchgehen, so werden Sie die Beantwortung zweier Fragen nötig finden: 1.) Kann man die darin vorkommenden Wiederholungen nicht dadurch benutzen, daß man, wenn sie ebendenselben Gegenstand behandelt, sie zusammenzieht und Einen Artikel daraus macht? 2.) Sind etwa in der „Korrespondenz" Gegenstände nur leicht angedeutet, die man in dem „Bericht" weiter ausführen und dadurch das allzu Subjektive der brieflichen Mitteilungen auf eine objektive Weise balancieren könnte?

An Zelter. Weimar, 15. August 1829.

Die Lieferung meiner Schriften zu Michael enthält 1.) meines Lebens 3. Band, 2.) Reise nach Italien, erster Aufenthalt in Rom, 3.) Neapel und Sizilien, 4.) zweiter Aufenthalt in Rom, 5.) Campagne in Frankreich und Belagerung von Mainz.

An König Ludwig I. von Bayern. Weimar, 11. Januar 1830.

Was den freilich einigermaßen paradoxen Titel der Vertraulichkeiten aus meinem Leben „Wahrheit und Dichtung" betrifft, so ward derselbige durch die Erfahrung veranlaßt, daß das Publikum immer an der Wahrhaftigkeit solcher biographischer Versuche einigen Zweifel hege.

Diesem zu begegnen, bekannte ich mich zu einer Art von Fiktion, gewissermaßen ohne Not, durch einen gewissen Widerspruchsgeist getrieben, denn es war mein ernstestes Bestreben, das eigentliche Grundwahre, das, insofern ich es einsah, in meinem Leben obgewaltet hatte, möglichst darzustellen und auszudrücken. Wenn aber ein solches in späteren Jahren nicht möglich ist, ohne die Rückerinnerung und also die Einbildungskraft wirken zu lassen, und man also immer in den Fall kommt, gewissermaßen das dichterische Vermögen auszuüben, so ist es klar, daß man mehr die Resultate und, wie wir uns das Vergangene jetzt denken, als die Einzelnheiten, wie sie sich damals ereigneten, aufstellen und hervorheben werde. Bringt ja selbst die gemeinste Chronik notwendig etwas von dem Geiste der Zeit mit, in der sie geschrieben wurde ... Dieses alles, was dem Erzählenden und der Erzählung angehört, habe ich hier unter dem Worte „Dichtung" begriffen, um mich des Wahren, dessen ich mir bewußt war, zu meinem Zweck bedienen zu können. Ob ich ihn erreicht habe, überlass' ich dem günstigen Leser zu entscheiden, da denn die Frage sich hervortut, ob das Vorgetragene kongruent sei; ob man daraus den Begriff stufenweiser Ausbildung einer durch ihre Arbeiten schon bekannten Persönlichkeit sich zu bilden vermöge.

An Zelter. Weimar, 15. Februar 1830.

Goethe übersendet eine Abschrift des am 11. Januar an König Ludwig I. Geschriebenen über „Dichtung und Wahrheit" und fügt hinzu:

Vorstehendes, mein Teuerster, habe einer verehrten Person – auf eine ähnliche Anfrage wie die Deine – zu erwidern Pflicht geachtet, und teile Dir sie als diesmal auch zweckerreichend mit. Man bedenke, daß mit jedem Atemzug ein ätherischer Lethestrom unser ganzes Wesen durchdringt, so daß wir uns der Freuden nur mäßig, der Leiden kaum erinnern. Diese hohe Gottesgabe habe ich von jeher zu schätzen, zu nützen und zu steigern gewußt. – Wenn also von Schlägen und Püffen die Rede ist, womit uns das Schicksal, womit uns Liebchen, Freunde, Gegner geprüft haben, so ist das Andenken derselben beim resoluten guten Menschen längst hinweggehaucht.

An Zelter. Weimar, 10. Dezember 1830.

Das Außenbleiben meines Sohns drückte mich auf mehr als eine Weise sehr heftig und widerwärtig; ich griff daher zu einer Arbeit, die mich ganz absorbieren sollte. Der 4. Band meines Lebens lag über zehn Jahre in Schematen und teilweiser Ausführung ruhig aufbewahrt, ohne daß ich gewagt hätte, die Arbeit wieder vorzunehmen. Nun griff ich sie mit Gewalt an, und es gelang so weit, daß der Band, wie er liegt, gedruckt werden könnte, wenn ich nicht Hoffnung hätte, den Inhalt noch reicher und bedeutender, die Behandlung aber noch vollendeter darzustellen.

Eckermann, Gespräche. 15. März 1831.

Unter diesem Datum gibt Eckermann einen Überblick über den Zustand von „Dichtung und Wahrheit“, Buch 16–20, und Bemerkungen zu Buch 16 und 18. – Am 30. März notiert er Äußerungen über „Dichtung und Wahrheit“, die in Gesprächsform Ähnliches bringen wie der Brief an König Ludwig von Bayern vom 11. Januar 1830.

An Boisserée. Weimar, 27. September 1831.

Warten Sie ja nicht, mein Teuerster, auf irgend einen Augenblick von Aisance und Zufriedenheit ... Hier muß der kategorische Imperativ eintreten ... Ihnen darf ich es bekennen: In widerwärtigen Situationen, anstatt mich abzumüden, nahm ich den Abschluß des Dr. Faustus vor ... Nun darf ich sagen, daß mir das Gewonnene Lust und Freude macht, ein Nächstes ebenmäßig anzugreifen. – So bin ich denn an den 4. Band meiner biographischen Versuche gelangt. Das, was seit vielen Jahren vorlag, verdiente wohl, gestaltet zu werden. Und so fahr ich auch hier fort bei niederem und hohem Barometerstand der Lebensatmosphäre.

AUS MEINEM LEBEN
DICHTUNG UND WAHRHEIT

ANMERKUNGEN

Vierzehntes Buch

Tagebuch, 27. März 1813: *Biographie, Mahomet. Titanismus.* – 26. April bis 10. August: Kuraufenthalt in Teplitz. – 4. Mai: *Biographisches, am 14. Buch.* 5. Mai: *am 14. Buch.* 6. Mai: *Lavater.* 7. Mai: *Lavater.* 8. Mai: *Basedow.* 9. Mai: *Rheinreise bis Coblenz.* 11. Mai: *Schematisiert am 14. Buch.* 12. Mai: *am 14. Buch.* 13. Mai: *am 14. Buch.* 20. Juni, Brief an Riemer: *Das 13. und 14. Buch ist fertig und wird sachte abgeschrieben.* Tagebuch, 28. Juni: *Am 13. und 14. Buch weitere Überlegung.* 29. Juni: *Fernere Revision des 13. und 14. Buchs.* 3. Juli: *14. Buch. Schema des Endes desselben.* 4. Juli: *14. Buch korrigiert.* 6. Juli: *Revision der Abschrift des 14. Buchs.* 7. Juli: *Das 14. Buch.* 8. Juli: *Das 14. Buch bis zur bestimmten Epoche geführt.* 27. Juli, Brief an Riemer: ... *der Schluß des 14. Buchs beinahe zu Stande* ... Tagebuch, 24. August: *Riemer 14. Buch.* 25. August: *14. Buch mit Riemer.*

Das *14. Buch* ist mehr als andere ein Buch der literarischen Porträts. Lenz, Klinger, Lavater, Basedow und andere treten auf. Dabei werden Licht und Schatten verbunden; die charakteristischen Eigenschaften können jedesmal zu Tugenden und auch zu Fehlern werden. Jedes dieser Bildnisse ist anders aufgebaut. Das von Lenz beginnt mit Charakter und Talent, das von Klinger mit dem Äußeren. Lavater wird gleich im Kreise anderer gezeigt, Wirkung und Gegenwirkung ergeben seine Wesenszüge. Fritz Jacobi wird nur im persönlichen Verkehr geschildert. In der Beziehung zu diesem alten Freunde waren jetzt im Alter, 1813, Trennendes und Verbindendes wundersam gemischt. Bei ihm – wie bei Carl August – ist eine zusammenfassende Porträtierung vermieden. Da Goethe die Dargestellten nicht nur 1774, sondern auch in späteren Jahren gesehen hatte und ihren weiteren Werdegang verfolgt hatte (von dem manches auch allgemein bekannt war), werden mehr als in anderen Büchern Ausblicke eingeschoben, welche über die dargestellte Zeit hinausführen. (10,13f.; 14,30ff.; 38,12f.) Jeder Dargestellte wird zur Vergleichsgestalt zu Goethe selbst (gelegentliche Selbstkritik ist knapp, aber scharf: 21,19f.; 29,35f.; 31,35f.), und da Lavater, Basedow und Jacobi religiöse Denker sind, helfen sie, um die eigene religiöse Stellung zu klären. So endet das Buch mit dem religiösen Problem, wie Göttliches und Irdisches sich vereinigen, und mit dem Versuch, es dramatisch in *Mahomet* darzustellen.

Zum Biographischen: Goethes Rheinreise mit Lavater und Basedow im Sommer 1774. Dokumente. Hrsg. von Ad. Bach. Zürich 1923. (238 S.) Dazu die Rez. von H. Funck, Euphorion 25, 1924, S. 452–458.

7,4. *Bewegung ... im Publikum.* Heute meist als Empfindsamkeit bezeichnet.

7,7 u. 12. *Ältere Freunde:* vor allem wohl Merck, Herder und Lenz; *neue Teilnehmer:* Klinger, Lavater, Jacobi u. a.

7,15. *Lenz.* Vgl. Bd. 9, S. 494,38ff. u. Anmkg. – G. v. Loeper, Hempelsche Ausg. 22, S. 390: „Das Problematische seiner Individualität, seines menschlichen sowohl als dichterischen Charakters ist hier in den Mangel an Realität gelegt, der ihm nach seiner Naturanlage anhaftete und – befördert durch die Zeitrichtung – sich zum wirklichen Wahnsinn steigerte. Goethe nimmt dies ganz sachlich, ohne seinen ehemaligen Freund eigentlich moralisch verantwortlich dafür zu machen. Und auch den Prädikaten des Intriganten, des Schelmen wird die Schärfe durch den Zusatz des Zwecklosen und des Imaginären genommen, durch Eigenschaften, die Lenz als Dichter nicht enbehren konnte, die in ihrer falschen Anwendung aber den Menschen zerstören mußten. Man sieht leicht, wie alle hier gegebenen Charakterzüge Lenz's das gerade Widerspiel des Goetheschen Charakters ausmachen und nur die poetischen in ihrer Eigentümlichkeit auch andere Seiten offenbaren."

7,22. *jene Selbstquälerei.* Bd. 9, S. 578,9ff.; 583,1ff.

7,34f. *aufwachende empirische Psychologie:* Kasimir v. Creuz, Joh. Heinr. Lambert, J. N. Tetens, Ferdinand Überwasser u. a. – Max Dessoir, Gesch. d. neueren dt. Psychologie. Bd. 1. Von Leibniz bis Kant. Bln. 1894. 2. Aufl. 1897–1902.

8,14. *Fratzenhaftes:* Verzerrtes. – Bd. 9, 299,8; 585,13; 450,6 u. Anmkg.

8,16. *Schelm.* Vgl. *Faust* 2515, 2985, 3205, 3481, 4414, 4951, 5035, 5604, 6750. *Reineke Fuchs I,* 14; *IV,* 155 u. ö. *Tasso* 3343f. – Boucke, Fest-Ausg. 16, S. 564: „Der Ausdruck *Schelm* bezieht sich bei Goethe meist auf sittliche Gebrechen, ist hier aber gemildert durch das einschränkende *in der Einbildung;* Lenz war überhaupt für Goethe das Musterbeispiel jener von Merck so bezeichneten Tendenz, *das Imaginative zu verwirklichen.*" (128,34f.) – Dt. Wb. 8, 1893, Sp. 2506–2510.

8,32. *Zärtlichkeit* = zarte Empfindung. – Adelung 4, Wien 1808, Sp. 1656.

8,33. *barock.* Vgl. Bd. 9, S. 124,15; 277,14; 299,6; 309,34.

9,24f. *die wundersamen Anschauungen:* in der letzten Szene des Dramas „Die Soldaten".

10,3f. *Mündlich und nachher schriftlich ... die sämtlichen Irrgänge ...* bezieht sich wohl auf ein 1774 geschriebenes Tagebuch für Goethe, das 1877 in der „Deutschen Rundschau", Bd. 11, S. 254–292, zum ersten Mal gedruckt wurde. – Lenz, Gesammelte Schriften, hrsg. von Franz Blei. Bd. 5. München u. Lpz. 1913, S. 1–47 und 385–388.

10,6. *das Gemeinste:* das Alltäglichste. – Bd. 9, S. 264,35f.; 567,6; Bd. 10, S. 159,32.

10,12. *Vielleicht ... dereinst möglich* ... Als Goethe dies 1813 schrieb, gab es keine Abhandlung über Lenz außer den bibliographischen Notizen bei J. G. Meusel, Lexikon der 1750–1800 verstorbenen Schriftsteller, Bd. 8, Lpz. 1808, S. 140f., und dem kurzen Abriß bei Jördens, Lexikon dt. Dichter, Bd. 6, 1811, S. 482–486.

10,22. *„Über unsere Ehe"*. Nicht erhalten.

10,33. *Bildungsgabe* = produktive Fähigkeit, Gabe künstlerischen Hervorbringens, Phantasie.

11,2. *Nachbildungen des Plautus.* Lenz übersetzte fünf Komödien des Plautus in sehr freier Form (deswegen die Bezeichnung *Nachbildungen*): „Lustspiele nach dem Plautus fürs deutsche Theater", Frankfurt u. Lpz. 1774. – In den neueren Lenz-Ausgaben wieder abgedruckt.

11,2f. *Übersetzung des englischen Stücks:* Shakespeare, Love's Labour's Lost. – Vgl. Bd. 9, S. 494,38 u. Anm.

11,17f. *Ziel einer ... grillenhaften Verfolgung.* Vgl. 58,32–59,4 und 537,21–37. – G. v. Loeper, Hempel 22, S. 395: „Soviel aber dürfte feststehn, nicht nur, daß Goethe aus dem Ganzen des Lenz'schen Treibens den in obigen Worten niedergelegten Eindruck wirklich gewonnen hatte, sondern auch, daß er ihn gewinnen mußte, mindestens daß er ihn sehr leicht gewinnen konnte. Denn es ist merkwürdig, wie wir Lenz überall auf Goethes Wegen finden, nachdem er diese zuerst in Straßburg gekreuzt hatte." Lenz ritt (nach Goethes Abreise von Straßburg) nach Sesenheim und überreichte Friedrike Liebesgedichte, er druckte bei Weygand in Leipzig (Goethes Verleger) Dramen, er reiste zu Goethes Schwester Cornelia nach Emmendingen und zur Frau Rat nach Frankfurt; im Frühjahr 1776 kam er nach Weimar und besuchte Frau v. Stein in Kochberg. Ende November verlangte der Herzog, daß er abreise. Goethe hat ihn von da an nicht mehr gesehn.

11,19. *der Folge wegen,* d.h. der Nachwirkungen, Folgen wegen. Wagners „Prometheus, Deukalion und die Rezensenten" bereitete später Goethe, dem man das Werk zuschrieb, viel Ungemach. – S. 60,13–61,31.

11,21. *Wagner,* Heinrich Leopold, 1747–1779, studierte in Straßburg Rechtswissenschaft und wurde später Anwalt in Frankfurt. – KDN 80, S. 273–380. – Sturm und Drang, Hrsg. von Karl Freye. Bln., Lpz., Wien, Stuttg., Verlag Bong, o. J. Bd. 1, S. LII–LIX; Bd. 2, S. 465–546. In beiden Ausgaben Neudrucke des Dramas „Die Kindermörderin", 1776. – Erich Schmidt, H. L. Wagner, 2. Aufl. Lpz. 1879.

11,34f. *Beschwätzen* = ausplaudern; *Vorgesetzten* = Vorgenommenen, Geplanten; *Eingebildeten* = in der Phantasie Geschaffenen.

12,2. *Klinger,* Friedrich Maximilian, 1752–1831, lebte 1813, als Goethe dies schrieb, in Rußland als Generalmajor und Präsident der Militärverwaltung, geadelt, verheiratet mit der Tochter eines Generals, während Lenz und Wagner schon vor Jahren gestorben waren. Klinger hatte ihm 1811 die ersten Bände seiner „Werke" geschickt, die seit 1809 in Königsberg erschienen. Es wurden bis 1816 12 Bände. Sie stehen noch unter Goethes Büchern in Weimar. Außerdem steht dort das anonym erschienene Werk: Sahir. Tiflis (d. i.: Lpz.) 1798. – Goethes Tagebuch notiert am 8. 12. 1811: *Brief an Klinger mit einem Expl.*

meines Lebens. Er hatte mir 4 Bände seiner Werke geschickt. Dann am 17. 4., am 18. 4. und 26. 4. 1812: *Klingers Werke* und am 20. 4.: *Vorlesung von Klingers Schriften.* Er hat also für *DuW* in Klingers Werken gelesen (vgl. auch 513,23ff.), hat dann aber doch nur kurz über sie geschrieben; er legt in seinem Klinger-Porträt den Ton auf das Persönliche: Aussehen (12,15ff.) und Charakter (12,25ff.). Während bei Lenz die produktive Phantasie in den Vordergrund gestellt wird, ist es hier die kraftvolle Persönlichkeit, die einer Entwicklung fähig ist. Goethe wollte zwar den Jugendfreund wahrheitsgetreu schildern, aber auch Rücksicht nehmen auf ihn, mit dem sich 1776 in Weimar ein Bruch ergeben hatte und erst seit 1801 wieder eine lockere, konventionell getönte Briefverbindung bestand. An Riemer schrieb er am 27. Juli 1813, als er ihm das Manuskript des *14. Buchs* zur Durchsicht gab: *Besonders bitte ich Sie, auf dasjenige zu merken, was von noch lebenden Personen gesagt ist. Wegen Jacobi habe ich schon in meinen dem Manuskript beigefügten Noten das Nötige gesagt; nehmen Sie doch auch das, was von Klinger geschrieben ist, wohl in Betrachtung. Zu solchen Dingen gehört der heiterste und bereiteste Humor, denn wenn man verdrießlich ist, so fühlt man nicht, was andere verdrießen könnte.* – M. Rieger, Klinger in der Sturm- und Drangperiode. Darmstadt 1880. (XII, 440 S.) – M. Rieger, Klinger in der Zeit seiner Reife. Darmstadt 1896. (XII, 643 S.) – M. Rieger, Briefbuch zu F. M. Klinger. II. Darmstadt 1896. (IV, 296 S.) In diesem Band der Goethe-Klinger-Briefwechsel seit 1801. – NDB 12, S. 83–89. – Briefe HA Bd. 1–4.

12,8. *Geschäftsmann* = Staatsbeamter. – Bd. 8, S. 389,32; Bd. 9, S. 260,29; 397,36; 505,38; 598,1f.

12,26. *Gemütlichkeit.* Vgl. 34,13; 34,27; 70,38. – Boucke, Wort u. Bedeutg. S. 105f.

13,15. *widerwärtig* = „der Neigung, der Empfindung entgegengesetzt, im hohen Grade unangenehm" (Adelung 4, Wien 1808, Sp. 1526). Ähnlich S. 168,35. Ferner *Faust* 9798 und Bd. 8, S. 404,3.

13,30. *generisch* = das genus betreffend; Goethe aus naturwissenschaftlichem Sprachgebrauch geläufig, wo stets genera und species unterschieden werden; *generische Unterschiede* = Gattungsunterschiede.

14,30. *zu bedeutenden Posten.* Klinger, im russischen Heeresdienst aufgestiegen, wurde 1801 Direktor des russischen Kadettenkorps, 1803 Kurator der Universität Dorpat, 1811 Generalleutnant in der Armee. – ADB 16, 1882, S. 190–192.

14,37. *Willigis,* Erzbischof von Mainz, gest. 1011. Christl. Heiliger. Fest: 23. Febr. Attribute: Bischofsinsignien und Rad. – H. Böhmer, Williges von Mainz. 1895. – ADB 43, 1898, S. 282ff.

14,38. *Wappen.* „Von Williges wird überliefert, daß er das Handwerk seines Vaters, eines Wagners, ehrte, indem er ein Rad in sein Wappen aufnahm; ähnlich deuten die Geschützrohre am Fuß von Klingers Wappen vermutlich auf den Beruf seines Vaters, der Konstabler war." (Boucke, Fest-Ausg. 16, S. 565.) – Goethes Tagebuch 25. Mai 1807: *Klingers Willegis in Wappen.*

15,1. *Lavater,* Johann Caspar, 1741–1801, in Zürich Theologiestudent auf dem „Carolinum", Schüler von Bodmer und Breitinger, 1762 ordiniert. Befreundet mit dem Maler Füßli. Bekannt wurde er 1762 durch mutiges Auftreten gegen den ungerechten Landvogt Grebel (Bd. 9, S. 535,3). Auf einer Reise durch Deutschland 1763 wurde er mit vielen bedeutenden Männern bekannt. Seit dieser Zeit war er schriftstellerisch tätig. 1769 wurde er Diakonus (zweiter Prediger) an der Waisenhauskirche in Zürich, 1775 Pfarrer. In diesen Jahren wurde der hinreißende Kanzelredner, der beliebte Erbauungsschriftsteller auch zum Briefschreiber großen Stils, der als Seelenberater und Evangeliumsinterpret mit vielen Frauen und Männern korrespondierte. Seine Fahrt nach Ems und Elberfeld 1774 war die erste jener Reisen, auf denen er von schwärmerischer Bewunderung und Verehrung getragen wurde. Gesteigert zeigen das die Reisen nach Bremen, 1786, und nach Kopenhagen, 1793. Seine Verstiegenheiten gingen in späteren Jahren gelegentlich bis an die Grenze des Krankhaften. In den *Venetianischen Epigrammen* und in den *Xenien* stehen überscharfe Verse, die von ihm und anderen auf ihn bezogen wurden. (Bd. 1, S. 179, Nr. 21; 209, Nr. 7.) Als Goethe 1797 nach Zürich kam, hielt er sich Lavater fern. In den Wirren der Napoleonischen Kriege bewährte Lavater sich als furchtloser Bürger, der offen sagte, was recht und was unrecht sei. 1799 traf ihn die Kugel eines Soldaten. 1801 starb er. – *DuW* versucht aus der Sicht des Alters, das Wesen des einst Geliebten, dann Gemiedenen und Verspotteten gerecht zu deuten. Nachdem er an mehreren Stellen (Bd. 9, S. 185,21 ff.; 506,6; 535,3 ff.) präludierend erwähnt ist, wird er im *14. Buch* zusammenfassend geschildert (15,1–23,2); im *18. Buch* folgt eine nähere Charakteristik seiner Physiognomik (135,8–137,13) und im *19. Buch* nochmals ein – im Vergleich mit den anderen literarischen Porträts – umfangreicher Versuch, seine Geistesart im ganzen zu deuten (154,33–160,16). Seine Gestalt war ein so wesentlicher Bestandteil der Zeit, daß er auch in der *Campagne* (322,19 ff.; 343,1 ff.), in der *Italienischen Reise* und in den *Annalen* mehrfach erwähnt wird. – Für die Arbeit an *DuW* entlieh Goethe 12.–26. 8. 1811 und 8. 12. 1812–25. 2. 1813: Georg Geßner, J. K. Lavaters Lebensbeschreibung. 3 Bde. Winterthur 1802–03. Sodann 16. 9.–17. 11. 1813: J. C. Lavater, Pontius Pilatus. Zürich 1782. – Er orientierte sich über Lavater ferner aus: Jördens, Lexikon dt. Dichter 3, Lpz. 1808, S. 155–231. – Vgl. auch die Anmkg. zu 135,15; 160,3 f. – Neuere Lit. über Lavater: ADB 18, 1883, S. 783–794. – Goedeke Bd. 4,1, Dresden 1916, S. 242–281. – Goethe u. Lavater. Hrsg. von Heinr. Funck. Weimar 1901. = Schr. G.Ges., 16. (XII, 443 S., 3 Taf.) – Chr. Janentzky, J. C. Lavaters Sturm u. Drang. Halle 1916. (VIII, 376 S.) – O. Guinaudeau, Lavater. Paris 1924. (Thèse.) – Chr. Janentzky, J. C. Lavater. Frauenfeld 1928. = Die Schweiz im dt. Geistesleben, 53. (129 S.) – Mary Lavater-Sloman, Genie des Herzens. Die Lebensgesch. J. C. Lavaters. Zürich 1939. (478 S.) 5. Aufl. 1955. – M. Lavater-Sloman, Goethe und der Prophet. (Jb.) Goethe 5, 1940, S. 178–198. – Stuart P. Atkins, Lavater and Goethe: Problems of Psychology and Theology in Die Leiden des jungen Werther. PMLA 63, 1948, S. 520–576. – Olivier Guinaudeau, Les rapports de Goethe et de Lavater. Études Germaniques 4, 1949, S. 213–226. – Franz Götting, Die Christusfrage in der Freundschaft zwischen Goethe und Lavater. (Jb.) Goethe 19, 1957, S. 28–49. – NDB 13 S. 746–750. – Briefe HA.

15,2. *Brief des Pastors.* Bd. 12, S. 228–239.

15,24. *Bahrdt,* Karl Friedrich, 1741–1792. Vgl. Bd. 9, S. 595,28f. u. Anmkg.

15,36. *Menschheit* = Menschenwesen, Humanität. – 15,39; 18,31f.

16,10. *auf Mendelssohn ... losging.* Lavater übersetzte Charles Bonnet, Palingénésie philosophique, Zürich 1769–1770, weil er in diesem Werk einen philosophischen Beweis für die Wahrheit des Christentums sah. Den 2. Teil widmete er dem jüdischen Philosophen Mendelssohn; in der Vorrede bittet er ihn dringend, „diese Schrift öffentlich zu widerlegen, wofern Sie die Argumentationen, womit die Tatsachen des Christentums unterstützt sind, nicht richtig finden. Wofern Sie aber dieselben richtig finden, zu tun, was Klugheit, Wahrheitsliebe, Redlichkeit Sie zu tun heißen, was Sokrates getan hätte, wenn er diese Schrift gelesen und unwiderleglich gefunden hätte."

16,15. *liberal* = gelten lassend; im Gegensatz zu dem *entweder – oder* (16,11ff.) und den *Bekehrungsversuchen* (16,17). Campe, 1813, verdeutscht „billig, gütig, vorurteilsfrei". – 59,23; Bd. 8, S. 66,35f.

18,16f. *Bedrückungen eines Landvogts.* Schon Bd. 9, S. 535,3 erwähnt. – Das geistige Zürich im 18. Jahrh. Hrsg. v. M. Wehrli. Zürich 1943. S. 254–259 und 369f. – M. Lavater-Sloman, Genie des Herzens, 5. Aufl. 1955. S. 48–59.

19,9. *Einbildisch* = eingebildet, dünkelhaft. Dt. Wb. 3,1. Lpz. 1859. Sp. 152.

20,17. *diamantnen Schild.* In Tassos „Befreitem Jerusalem" (Ges. XIV, Str. 77 und XVI, Str. 29ff.), einem Werk, das Goethe seit seiner Jugend kannte (Bd. 9, S. 27,36 und besonders 80,10ff.), trägt Ubald einen diamantenen Schild, mit dessen Hilfe er Rinald von Armidas Zauberinsel befreit. Der Schild hat die Fähigkeit, dem, der sich in ihm spiegelt, die eigene Gestalt so zu zeigen, daß er zur Selbsterkenntnis kommt.

21,4f. *sehr belehrt, jedoch nicht gebildet.* Zum Wortgebrauch *belehrt:* 21,34; *gebildet:* 19,22; 34,37; 125,32; 131,11; 531,14.

21,8. *das Evangelium vom Sämanne:* Lukas 8,4–15.

21,21. *Merck,* Joh. Heinrich. Vgl. Bd. 9, S. 505,25 u. Anmkg.

21,28. *exorzisieren* = „bannen, beschwören". Campe, Wörterbuch zur Erklärung u. Verdeutschung der ... fremden Ausdrücke. Braunschweig 1813. S. 303.

21,29. *Lips,* Johann Heinrich, Kupferstecher u. Maler, 1758–1817, wurde 1773 mit Lavater bekannt, der ihn für seine „Physiognomischen Fragmente" beschäftigte. 1789–94 war er Professor an der Weimarer Zeichenakademie. (Thieme-Becker 23, 1929, S. 279.) Goethe verwechselt ihn hier anscheinend mit dem ebenfalls viel für Lavater arbeitenden Kupferstecher und Maler Georg Friedrich Schmoll (gest. 1785). Da von der Rheinreise Zeugnisse wie Lavaters Tagebuch vorhanden sind (die Goethe 1813 nicht vorlagen), können wir feststellen, daß Schmoll der Begleiter war. (Thieme-Becker 30, 1936, S. 178.)

22,12. *jeder Mensch habe seine eigne Religion.* Vgl. Bd. 9, S. 350,33f.

22,29. *Sannazar* = Jacopo Sannazaro, 1458–1530, veröffentlichte 1526 sein lateinisches Epos über die Geburt Marias, „De partu virginis", nachdem er 40 Jahre lang daran gearbeitet hatte.

23,3. *Der Streit zwischen Wissen und Glauben* war durch den Deismus und die Kantische Philosophie angeregt. Jacobi verteidigte das Recht des Glaubens, ohne die Bedeutung des empirischen und philosophischen Denkens zu verkennen; *an der Tagesordnung* (23,4) ist dieser Streit in Jacobis Schriften: David Hume über den Glauben oder Idealismus und Realismus. Breslau 1787. – Einige Betrachtungen über den frommen Betrug und über eine Vernunft, welche nicht die Vernunft ist. In: Deutsches Museum 1788. S. 153–184. (Ein Sonderdruck unter Goethes Büchern.) – Jacobi an Fichte. Hamburg 1799. – Über das Unternehmen des Kritizismus, die Vernunft zu Verstande zu bringen. Hambg. 1801. – Alle diese Schriften befinden sich unter Goethes Büchern, er erhielt sie wohl gleich nach ihrem Erscheinen von Jacobi zugesandt. Das Verhältnis von *Glaube* und *Wissen* ist auch ein Grundproblem in der Philosophie von Jacob Friedrich Fries, der 1801–1805 in Jena dozierte. Sein Werk „Wissen, Glaube und Ahndung", Jena 1805, befindet sich unter Goethes Büchern. – Herder unterschied in der 5. Sammlung seiner „Christlichen Schriften", 1798, in dem Aufsatz „Von Religion, Lehrmeinungen und Gebräuchen" (Ausg. Suphan, Bd. 20, S. 133–265) deutlich zwischen Religion als innerer Haltung und Lehrmeinungen als intellektuellen Aussagen. Zwei Jahre später nahm Schleiermacher vom Standpunkt einer jüngeren Generation das Problem auf und unterschied in seinen Reden „Über die Religion" scharf zwischen Religion einerseits und Moral und Wissen anderseits.

24,13. *meine kleinen Geschäfte.* Die Advokatentätigkeit. – Bd. 9, S. 565,5ff. und Bd. 10, S. 99,32ff.

24,16. *Basedow,* Johann Bernhard, 1723–1790, gab 1770 sein vielbeachtetes „Elementarbuch für die Jugend und für die Lehrer" heraus, das 1774 unter dem Titel „Das Elementarwerk" in umgearbeiteter Form erschien und die bis dahin sachlich orientierte Pädagogik – „Orbis pictus" (Bd. 9, S. 35,4) – psychologisierte (größere Rücksicht auf Fassungsvermögen und Denkart des Kindes). Er lebte seit 1771 in Dessau und betrieb die Gründung einer großen Erziehungsanstalt; dafür brauchte er Geld, und diesem Zweck diente seine Rheinreise. Im Dezember 1774 wurde das „Philanthropinum" eröffnet. – NDB 1, 1953, S. 618f. – Goethe-Handbuch, Bd. 1, 1961, Art. „Basedow".

24,35. *jenes große Feld:* die Pädagogik. – 28,28.

25,17. *Amos Comenius.* Bd. 9, S. 35,5 u. Anmkg.

26,10. *Hypostasis ... Ousia ... Prosopon:* Seit dem Konzil von Nicäa, auf dem es um die Einheit Gottes und zugleich die Gottheit des Sohnes ging, Grundbegriffe der Dogmatik im Zusammenhang der Trinitätslehre. *Hypostasis* (ὑπόστασις) ist die einzelne göttliche Person (Vater, Sohn, Heiliger Geist); die drei Hypostasen bilden aber eine *Ousia* (οὐσία), d.h. ein Wesen, eine Einheit als Gottheit; *Prosopon* (πρόσωπον) wird von den „Kappadoziern" identisch mit *Ousia* gebraucht. – Reinh. Seeberg, Lehrbuch d. Dogmengesch. 2, Erlangen u. Lpz. 1923, S. 125ff. – Die Problematik der Trinitätslehre wurde durch Basedow (der viele religionsphilosophische Bücher herausgab) neu erörtert in seinem „Versuch einer freimütigen Dogmatik nach Privat-Einsichten", Bln. 1766, insbes. in der „Abhandlung von dem eingeborenen Sohne Gottes und dem heiligen Geiste", wo es S. 128c heißt: „Die heil. Schrift hat keinen Ausspruch, dessen Inhalt und Zusammenhang uns veranlassen sollte, unter dem daselbst gebrauchten Wort Gott einen Inbegriff von mehreren Personen oder ein solches Wesen zu verstehen, welches keine Person ist, sondern nur Personen zukömmt ..." Basedow sympathisierte mit arianischen und sozinianischen Lehrmeinungen. – Ganz nebenher läßt Goethe seine eigene Auffassung der Trinitätslehre (25,38–26,5) durchklingen.

27,32. *Tiro* = Schreiber. Ursprünglich Name des Freigelassenen, der für Cicero Schreiberdienste leistete.

28,9. *Frau von Stein,* Henriette Caroline geb. Langwerth v. Simmern, 1721–1783, die Mutter des berühmten Staatsmanns H. F. K. Freiherrn vom Stein, mit dem Goethe 1815 am Rhein zusammen war (517,2). – Adolf Bach, Das Elternhaus des Freiherrn vom Stein. Bonn 1927. = Rhein. Neujahrsblätter 6. (VI, 102 S.) – 2. Aufl. Bonn 1957. (88 S.) – Kurt v. Raumer, Der Freiherr vom Stein und Goethe. Wiesbaden 1966.

28,11. *Frau von La Roche.* Vgl. Bd. 9, S. 556,5 u. Anmkg.

28,16. *beaugt.* Grimms Wb. 1, 1854, Sp. 1208 bringt Belege für „beaugen" aus Grimmelshausen, Brockes, Klopstock, Wieland u. a.; das Participium nur in Zusammensetzungen wie „beaugter Pfauenschwanz"; Goethes Anwendung hier wohl eine Weiterbildung im Zusammenhang seines Personalstils (zumal im Alter).

28,33. *antitrinitarischer Geist.* Seit das Konzil von Nicäa 325 und das von Konstantinopel 381 die Lehre von der Dreieinigkeit festgelegt hatten, hat es nie an Männern gefehlt, welche wie Arius behaupteten, daß diese Lehre nicht den Worten Jesu entspreche und nicht biblisch sei. Im 17. Jahrhundert waren die Sozinianer eine antitrinitarische Sekte, ihre Thesen wirkten im 18. Jahrhundert nach, und Basedow stand ihnen, was die Lehre von der Dreieinigkeit betrifft, nahe. – Das Wort *böse* wird im folgenden erläutert: Ärger verursachend; es ist keineswegs ein Goethesches Werturteil.

29,34. *Hoch auf dem alten Turme steht.* Bd. 1, S. 81.

30,11. *in meiner neuen Ausgabe.* In der Ausgabe, die 1815–1819 erschien. Das Gedicht steht dort in Bd. 2, 1815.

30,19ff. *Und, wie nach Emmaus ...* Bd. 1, S. 90. – Goethe teilt hier nur diese 4 Verse mit; in seinen Gedichten in der Ausgabe von 1815 stellte er sie an den Schluß des Gedichts *Zwischen Lavater und Basedow ...* Von diesem gibt es eine frühe Abschrift, welche diese Schlußverse nicht hat. Man vermutet also, daß Goethe diese 4 Zeilen 1775, wie er angibt, *in ein Album* geschrieben hat und sie vielleicht erst 1815 mit dem anderen Gedicht verknüpfte. – Anspielung auf Luk. 24,13. – Rheinreise ed. Ad. Bach, 1923. S. 202f.

30,26f. *die Gebrüder Jacobi.* Johann Georg, 1740–1814, und Friedrich Heinrich, 1743–1819. Beide waren in Düsseldorf geboren, Söhne eines wohlhabenden Kaufmanns. Johann Georg trat seit 1764 mit Gedichten hervor (fortgesetzte Anakreontik mit empfindsamem Einschlag), 1774–76 gab er die Zeitschrift „Iris" heraus, zu der auch Goethe Gedichte beisteuerte. Seit 1768 hatte er durch Gleim eine Präbende in Halberstadt. 1784 wurde er Professor der „Schönen Wissenschaften" an der Universität Freiburg. Die *Briefe,* von denen im Folgenden die Rede ist (30,32), sind: Briefe von Gleim und Jacobi, Bln. 1768. Die Jugend um Goethe empfand es als geschmacklos, daß Gleim und Jacobi ihre empfindsam-tändelnden Briefe der Jahre 1766–68 sofort, nachdem sie geschrieben, selbst veröffentlichten. (Bd. 9, S. 400,8; 401,13 u. Anmkg.) – Wichtiger für Goethe wurde Friedrich Heinrich Jacobi, 1743–1819, der seit 1772 Mitglied der Hofkammer von Jülich-Berg war und dabei reichlich Zeit behielt für philosophisch-literarische Studien. Er wirkte mit an Wielands „Teutschem Merkur", der im Januar 1773 zu erscheinen begann. Goethe war damals auf Wieland schlecht zu sprechen; im Herbst 1773 entstand *Götter, Helden und Wieland* und wurde Anfang 1774 gedruckt. Ein anderes satirisches Spiel *Das Unglück der Jacobis* zeigte Goethe weniger herum; dies meint er mit *mancherlei Scherzen* (30,34); er vernichtete es später, es ist nicht erhalten. Die Brüder Jacobi hatten erfahren, daß Goethe ihnen nicht wohlgesonnen sei. Eine Vermittlung bahnte sich an durch die Frauen. *Demoiselle Fahlmer* (31,5f.) ist Johanna Fahlmer, 1744–1821, die zwar eine Tante der Jacobis war, doch jünger als beide. Sie wohnte mit ihrer Mutter seit 1772 in Frankfurt, war mit Goethe bekannt und versuchte ihm eine bessere Meinung von den Brüdern in Düsseldorf beizubringen. 1773 kam die *Gattin von Fritz Jacobi* (31,14f.), Betty geb. Clermont, 1743–1784, zu Besuch nach Frankfurt, begleitet von einer *Jacobischen Schwester* (31,13f.), und zwar Charlotte, genannt Lottchen, 1752–1832. Die beiden Besucherinnen wurden mit Cornelia bekannt und gefielen Goethe sehr. 1774 suchte Goethe nun Fritz Jacobi auf. Das literarisch Trennende fiel fort, als man einander sah. Das war Goethe wie Jacobi noch 40 Jahre später in Erinnerung. Jacobi schreibt an Goethe am 28. 12. 1812: „Daß im 3. Teil Deines biographischen Versuchs meiner in allem Guten gedacht werden soll, freut mich unendlich. Sorge nur, daß ich die Erscheinung dieses 3. Teils auch noch erlebe. Ich hoffe, Du vergissest in dieser Epoche nicht des Jabachschen Hauses, des Schlosses zu Bensberg und der Laube, in der Du über Spinoza, mir so unvergeßlich, sprachst; des Saals in dem Gasthofe zum Geist, wo wir über das Siebengebirg den Mond heraufsteigen sahen, wo Du in der Dämmerung auf dem Tische sitzend uns die Romanze ‚Es war ein Buhle frech genug' und andere hersagtest. – Welche Stunden! Welche Tage! – Um Mitternacht suchtest Du mich noch im Dunkeln auf – mir wurde wie eine neue Seele. Von dem Augenblick an konnte ich Dich nicht mehr lassen." Goethe schrieb im Mai 1813, Motive dieses Briefs aufnehmend, die Abschnitte für das *14. Buch*, in denen es von Wärme erfüllte Sätze gibt. (34,1–8; 35,36–36,18; 38,1–14.) Und doch: Gerade die Beziehung zu Jacobi, aus der einer der gehaltvollsten Briefwechsel entstanden war, trug sowohl bindende als auch trennende Kräfte in sich. Und zwar ergab sich immer bei persönlichen Begegnungen die größte freundschaftliche Nähe; bei literarischen Begegnungen aus der Ferne aber ergaben sich Spannungen, Gegensätze, sogar Zerwürfnisse. Deswegen war es für Goethe 1813 schwer, für diese Jugendbeziehung das richtige Wort zu finden. Jacobi lebte damals in München, er und Goethe vertraten verschiedene geistige Standpunkte, und was alles war seit 1774 geschehen! Jacobis anschauungsarme Romane „Allwill" (seit 1775) und „Woldemar" (seit 1777) erregten bei ihrem Erscheinen Goethes Unwillen. 1779 verspottete er sie im Weimarer Kreise ziemlich derb – einer der Späße, wie man sie damals dort trieb. Als Jacobi davon hörte, war er tief gekränkt, sprach überall davon und gab der Sache dadurch Gewicht. (Hätte er die Sache so überlegen und humorvoll genommen wie Wieland das Stück *Götter, Helden und Wieland*, so hätte sich wohl niemand weiter darum gekümmert; Goethe nannte die Sache eine *Albernheit*, an Lavater 7. 5. 1781.) Das Ergebnis war ein völliger Bruch. 1783 aber: Versöhnung, eingeleitet durch Goethe. 1784: Jacobi, nach Bettys Tode, in Weimar; herzliche persönliche Nähe. 1785: Jacobis Schrift „Über die Lehre des Spinoza"; darin das Gedicht *Prometheus* ohne Goethes Wissen und Willen; Gegensatz in der Auffassung von Spinozas „Deus sive natura". 1792: Goethe in Pempelfort; persönliche Harmonie. 1793: Jacobis Sohn Max in Jena und Weimar bei Goethe. 1794: Jacobi geht nach Emkendorf in einen Goethe fremden, fast feindlichen Kreis. Dort lehnt man 1796 die *Lehrjahre* ab. 1805: Jacobi in Weimar, nach Schillers Tode; persönliche Nähe, aber Bewußtsein, durch Überzeugungen getrennt zu sein. 1809: *Die Wahlverwandtschaften* stoßen Jacobi ab. 1811: Jacobis „Von den göttlichen Dingen" bleibt Goethe wesensfremd. Schelling antwortete damals mit der Schrift „Denkmal der Schrift Jacobis ...". Jacobi war seit 1807 Präsident der Akademie der Wissenschaften in München. An deren Sekretär, A. H. F. v. Schlichtegroll, schrieb Goethe am 31. 1. 1812: *Grüßen Sie meinen Freund Jacobi auf das allerbeste ... Nach seiner Natur und dem Wege, den er von jeher genommen, muß sein Gott sich immer mehr von der Welt absondern, da der meinige sich immer mehr in sie verschlingt ...* Und am 10. 5. 1812 an Jacobi: *Erlaube mir, im 3. Teil meines biographischen Versuchs Deiner in allem Guten zu gedenken*

ken. Die Divergenz zwischen uns beiden war schon früh genug bemerklich, und wir können uns Glück wünschen, wenn die Hoffnung, sie, selbst bei zunehmendem Auseinanderstreben, durch Neigung und Liebe immer wieder ausgeglichen zu sehen, nicht unerfüllt geblieben ist. Ein Brief vom 6. 1. 1813 formulierte dann das Verbindende und das Trennende mit aller Deutlichkeit: *Die Menschen werden durch Gesinnungen vereinigt, durch Meinungen getrennt ... Die Freundschaften der Jugend gründen sich aufs erste, an den Spaltungen des Alters haben die letztern schuld ...* In diesem Sinne schrieb Goethe die Abschnitte für das *14. Buch.* Einen Absatz ließ er dann aber wieder fort, weil er ihm zu scharf erschien und er Jacobi nicht verletzen wollte. (Vgl. die Anmkg. zu 38,12f.) Doch die in dem Brief vom 10. 5. 1812 ausgesprochene Hoffnung, *durch Neigung und Liebe* immer wieder zum Ausgleich zu gelangen, ging nicht in Erfüllung. *DuW* sah man im Jacobi-Kreise sehr kritisch (Nachlaß ed. Zoeppritz, Bd. 2, 1869, S. 169–171); das Gedicht *Groß ist die Diana der Epheser* (Bd. 1, S. 285f.) empfand Jacobi als Kränkung. Der Briefwechsel kam ins Stocken. Nach Jacobis Tode, 1819 bemühte sich Goethe nochmals, seine Gestalt zu erfassen, in der *Campagne.* (S. 310,1–320,6 u. Anmkg.) – In Goethes Bibliothek in Weimar befinden sich Exemplare von vielen Schriften Jacobis. (Verzeichnis bei Ruppert und in: Jb. Goethe 8, 1943, S. 82.) – Vgl. auch S. 23,3 u. Anmkg. und 49,4 u. Anmkg. – Briefwechsel zwischen Goethe und F. H. Jacobi. Hrsg. von Max Jacobi. Lpz. 1846. (VIII, 274 S.) – Max Hecker, Goethe und Fritz Jacobi. 38 Briefe Jacobis an Goethe. In: Goethe 6, 1941, S. 32–69; 7, 1942, S. 41–69, 281–309; 8, 1943, S. 57–86. – Fr. H. Jacobis auserlesener Briefwechsel. Hrsg. von Fr. Roth. 2 Bde. Lpz. 1825–27. – Aus Fr. H. Jacobis Nachlaß. Hrsg. von Rudolf Zoeppritz. 2 Bde. Lpz. 1869. – Die Hausgeister von Pempelfort. Familien- und Freundschaftsbriefe des Jacobi-Hauses. Hrsg. von Julius Heyderhoff. Düsseldorf 1939. (84 S.) – ADB 13, 1881, S. 577–584 und 587–592. – Friedr. Alfred Schmid, Fr. H. Jacobi, Heidelberg 1908. (366 S.) – Otto Friedr. Bollnow, Die Lebensphilosophie F. H. Jacobis. Stuttg. 1933. – Max Morris, Fr. Jacobi über seinen „Woldemar"-Streit mit Goethe. Jb. G. Ges. 1, 1914, S. 139–144. – Th. C. van Stockum, Goethe, Jacobi und die Ettersburger „Woldemar"-Kreuzigung. Neophilologus 41 (1957), S. 106–116. – Heinz Nicolai, Goethe und Jacobi. Stuttg. 1965. (VIII, 342 S.) – NDB 10, 1974, S. 222–224 F.H. Jacobi (Hammacher) und S. 224–226 J. G. Jacobi (Elschenbroich). – HA Briefe Bd. 1–4.

31,28. *erstes Begegnen in Köln.* Aus zeitgenössischen Dokumenten läßt sich nachweisen, daß Goethe Fritz Jacobi erst in Elberfeld bei Jung-Stilling traf und dann mit ihm nach Düsseldorf reiste. Jacobi begleitete ihn von dort bis Köln. Das Zusammensein in Köln, dessen Jacobi in seinem Brief vom 28. 12. 1812 gedenkt, fand also auf der Rückreise statt. Goethe versetzt es hier, 39 Jahre später, in die

Hinreise. Doch er sagt selbst, daß hier seine Erinnerung aussetze, *weil der zweite Anblick der Gegenstände in Gedanken mit dem ersten zu verfließen pflegt.* (38,17f.)

32,27f. *Vergangenheit und Gegenwart in Eins.* Als Beispiel werden im Folgenden der Kölner Dom und das Jabach-Haus genannt. Bei dem Wort *Gespenstermäßiges* ist die Bedeutung von *Gespenst* in Goethes *Farbenlehre,* 1808, zu bedenken (Bd. 13, S. 333,28): etwas, was man sieht und was doch nicht da ist (subjektive Bilder durch Reflexwirkung usw.); so auch hier: man sieht den Zustand des Mittelalters oder des 17. Jahrhunderts, und er ist doch nicht da, man lebt nicht in ihm. ... *in vielen meiner größern und kleinern Arbeiten ausgedrückt ... im Gedicht immer wohltätig.* Dieser Satz ist 1813 geschrieben. Es ist also vielleicht zu denken an *Hoch auf dem alten Turne steht* (Bd. 1, S. 81), die *Römischen Elegien, Das Wiedersehn* (Bd. 1, S. 195), *Dauer im Wechsel* (Bd. 1, S. 247) und die 1807 entstandene Novelle *Sankt Joseph der Zweite* (Bd. 8, S. 13–28). Später, nach 1813, kam dieses Motiv noch häufiger vor, z. B. in *Im Gegenwärtigen Vergangnes* (Bd. 2, S. 15) oder *Um Mitternacht* (Bd. 1, S. 372) und im Helena-Akt von *Faust II;* in den *Wanderjahren* heißt es, *daß Vergangenheit auch in die Gegenwart übergehen könne* (Bd. 8, S. 144,26f.).

32,36f. *Die Ruine des Doms.* Vgl. Bd. 9, S. 388,3f. u. Anmkg. und 388,28f. u. Anmkg.

33,4f. *unsere fleißigen beharrlichen Freunde.* Sulpiz und Melchior Boisserée. – Bd. 9, S. 388,23 u. Anmkg. Bd. 12, S. 177–182 u. Anmkg. – Goethe an S. Boisserée 14. 2. 1814: *Ihre Sammlung* (von altdeutschen Gemälden) *sowie Ihr Unternehmen* (Wiederbelebung des Kölner Dombaus) *sind mir nicht aus dem Sinne gekommen, beide sind zu ernstlich als daß ich nicht wünschte, Ihnen förderlich zu sein; auch habe ich mich nicht enthalten können, in dem dritten Bande meines biographischen Versuchs, wo vom Kölner Dom die Rede ist, auf Ihre Bemühungen hinzudeuten. Sie werden diese apostolische Generosität, da ich gern gebe, was ich habe, zum Besten aufnehmen.*

33, 18f. *Jabachs Wohnung.* Das Haus, Sternengasse 25, wurde von Everard Jabach d.Ä. (gest. 1636) erworben, um 1590 umgebaut und neu eingerichtet. Er und seine Nachkommen, alle berühmte Kunstsammler, statteten es weiter aus. Everard Jabach d.J. (gest. 1695), Direktor der Ostindischen Kompanie in Paris, ließ 1660 oder 1661 von Charles Lebrun ein großes Familienbild malen. Die Nachkommen wohnten wieder in Köln in dem Familienhaus, doch 1761 erlosch die Familie im Mannesstamm. – Im Jahre 1900 wurde das Haus zum Teil abgebrochen, der Gartensaal blieb erhalten; im Kriege 1943 durch Bomben zerstört. – ADB 13, 1881, S. 519–522. – H. Düntzer, Goethes Beziehungen zu Köln. In: Düntzer, Abhandlungen zu Goethes Leben u. Werken, Bd. 2, Lpz. 1885, S. 1–140. – G. Dehio, Handb. d. dt. Kunstdenkmäler, Bd. 2. Die Rheinlande, Bln. 1938, S. 212. – Die Kunstdenkmäler der Stadt Köln. 2. Bd., 4. Abt. Die profanen Denkmäler. Bearb. von Hans Vogts. Düsseldorf 1930. S. 556–558. – NDB 10, 1974, S. 208–210.

33,23ff. *Ziegelrauten:* viereckige Ziegel, als Fliesen gelegt. *Estrich:* Fußboden aus Steinfliesen. *Tischblätter:* Tischplatten.

33,31. *Familiengemälde.* Von Charles Lebrun, Maler und Radierer in Paris, 1619–1690. Vgl. Bd. 9, S. 115,13f. u. Anmkg. – Goethe sah das Gemälde später bei seinem Aufenthalt in Köln 1815 wieder. 1837 wurde es für die Gemäldesammlung des Preußischen Königs erworben. – Die Gemäldegalerie des Kaiser-Friedrich-Museums. Vollst. Katalog, bearb. von Hans Posse. 1. Abt., 2. Aufl. Bln. 1913. S. 262. – Reproduziert: KDN 100, S. 259; Rheinreise ed. Bach, S. 161. – Mercks Beschreibung des Gemäldes: Teutscher Merkur, 1778, 3. Vierteljahr, S. 114f. – Über Lebrun: Thieme-Becker 22, 1928, S. 510f.

34,11. *Balladen.* Sie waren damals noch nicht gedruckt. *Der König von Thule* (Bd. 1, S. 79) wurde erst 1782 veröffentlicht, *Es war ein Buhle* (Bd. 1, S. 81) 1776.

35,4. *Spinoza,* Benedictus de, 1632–1677. Hier im Zusammenhang der Gespräche mit Jacobi; im *16. Buch* (S. 76,7ff.) ein ausführlicherer Abschnitt über ihn. – Goethes Beschäftigung mit Spinoza fällt in 3 Epochen. Zunächst das Kennenlernen 1773/74, wobei Spinozas Persönlichkeit (Religiosität, Uneigennützigkeit usw.) ihn ebenso begeistert wie seine Lehre; jene kannte er aus dem Buch von Colerus in des Vaters Bibliothek, diese aus einem Band der Werke, den er von Höpfner entlieh. Lavater hat in seinem Tagebuch des näheren vermerkt, was Goethe am 28. Juni 1774 über Spinoza sagte (Morris 4,87; Gespräche ed. Herwig Bd. 1, 1965, S. 97f.), und Jacobi erinnerte sich noch nach 38 Jahren daran (Brief vom 28. 12. 1812. Vgl. Anm. zu 30,26f.). Dann die Epoche ausführlicher Lektüre der „Ethik" 1784/85 (in Briefen oft erwähnt); aus anknüpfenden Gedanken entsteht die bedeutsame „Studie nach Spinoza" (Bd. 13, S. 7–10 u. Anmkg.). Dilthey hat auseinandergesetzt, was daran spinozistisch ist (cognitio intuitiva u. a.) und wo Goethes eigene Gedankenwelt einsetzt (Modifizierung der cognitio adaequata u. a.). Schließlich erneute Lektüre 1811/12. (Vgl. S. 511,12–17.) Dargestellt wird in *DuW* das Spinoza-Erlebnis der Jugend, doch klingen die später gewonnenen Erkenntnisse an. Mit Ausnahme von Hamann ist Spinoza der einzige Philosoph, der in *DuW* einläßlich behandelt wird. – Aus dem Jahre 1788 gibt es, von Schreiberhand, ein Verzeichnis der Bücher in Goethes Besitz (Jahrbuch „Goethe" 24, 1962, S. 253–287). Dort ist genannt: B. de Spinoza, Opera posthuma ... (Amsterdam) 1677. (20 Bl., 614 S., 17 Bl.) Ferner: Petri Jens ... Examen philosophicum sextae definitionis part. 1. Eth. Benedicti de Spinoza sive Prodromus animadversionum super ... Atheorum argumento, nempe una substantia ... Dordrechti 1697. (9 Bl., 66 S.) Beide Bücher stehen noch jetzt im Goethehaus in Weimar. – In späterer Zeit erhielt Goethe: Benedicti de Spinoza Opera quae supersunt omnia. Ed. H. E. G. Paulus, 2 Bde. Jena 1802–03. Diese Ausgabe hatte er selbst angeregt. – Das Tagebuch notiert 6. 4. 1809: *Abends Buhle's Geschichte der Philosophie.* 8. 4.: *Geschichte der Philosophie, 17. Jahrhundert.* 10. 4.: *Geschichte der Philo-*

sophie, besonders Spinoza. Vom 23. 3. 1809 bis zum 6. 2. 1810 hatte Goethe aus der Bibliothek entliehen: Joh. Gottl. Buhle, Gesch. d. neueren Philosophie. Bd. 1–6. Göttingen 1800–1804. Darin wird in Bd. 3,1 S. 508–660 einsichtig und klar über Spinoza referiert. Dann verzeichnet das Tagebuch wieder am 12., 13. und 14. Nov. 1811 *Spinoza.* Im August und September 1813 wurde das *14. Buch* fertig, laut Tagebuch las Goethe dafür noch einmal Spinozas „Ethik" und den Artikel über Spinoza in Bayles „Dictionnaire". Was ihn an Spinoza anzog, hat er in *DuW* deutlich gesagt: *Uneigennützigkeit* (35,14), *mathematische Methode* (35,27f.), *Friedensluft* (77,6); Äußerungen in Briefen und Gesprächen ergänzen diese Aussage. An Jacobi 9. 6. 1785: *Darüber sind wir einig und waren es beim ersten Anblicke, daß die Idee, die Du von der Lehre des Spinoza gibst, derjenigen, die wir davon gefaßt haben, um vieles näher rückt, als wir nach Deinen mündlichen Äußerungen erwarten konnten, und ich glaube, wir würden im Gespräch völlig zusammenkommen. Du erkennst die höchste Realität an, welche der Grund des ganzen Spinozismus ist, worauf alles übrige ruht, woraus alles übrige fließt. Er beweist nicht das Dasein Gottes, das Dasein ist Gott. Und wenn ihn andre deshalb Atheum schelten, so möchte ich ihn theissimum, ja christianissimum nennen und preisen ... Vergib mir, daß ich so gerne schweige, wenn von einem göttlichen Wesen die Rede ist, das ich nur in und aus den rebus singularibus erkenne, zu deren nähern und tiefern Betrachtung niemand mehr aufmuntern kann als Spinoza selbst, obgleich vor seinem Blicke alle einzelne Dinge zu verschwinden scheinen. – Ich kann nicht sagen, daß ich jemals die Schriften dieses trefflichen Mannes in einer Folge gelesen habe, daß mir jemals das ganze Gebäude seiner Gedanken völlig überschaulich vor der Seele gestanden hätte. Meine Vorstellungs- und Lebensart erlauben's nicht. Aber wenn ich hineinsehe, glaub' ich ihn zu verstehen, das heißt: er ist mir nie mit sich selbst in Widerspruch, und ich kann für meine Sinnes- und Handelnsweise sehr heilsame Einflüsse daher nehmen.* Zu Boisserée, 3. Aug. 1815: *Ich führe die Ethik von Spinoza immer bei mir; er hat die Mathematik in die Ethik gebracht, so ich in die Farbenlehre, d.h. da steht nichts im Hintersatz, was nicht im Vordersatz schon begründet ist.* An Zelter, 7. Nov. 1816: *Diese Tage hab' ich wieder Linné gelesen ... Außer Shakespeare und Spinoza wüßt' ich nicht, daß irgend ein Abgeschiedener eine solche Wirkung auf mich getan.* Dazu ergänzend Eckermann 28. Febr. 1831. – Arthur Henkel, Entsagung. Tübingen 1954. S. 114–124. Dort u. a.: „... Die damals sich vom ‚Zwang' der christlichen Tradition lösende Elite des deutschen ‚Idealismus' mußte sich um so williger von Spinoza bestätigt fühlen, als er ja gerade die Möglichkeit eines heiligmäßigen Lebens ex ductu rationis verwirklicht zu haben schien. So wurde seinem Wandel und seiner ‚Resignation' leichtlich ein religiöser Sinn vindiziert ... Wie für sein (Goethes) Verhältnis zur Philosophie überhaupt, so gilt auch für dasjenige zu Spinoza: sie liefert ihm Bestätigungen. Und Spinoza bestätigte ihm (wobei er selbst durchaus offen ließ, ob er ihn richtig verstand) die mitgebrachte Idee der Gott-Natur und die Abweisung der anthropomorphen Gottesvorstellung der Tradition, dann das ateleologische Verständnis der Natur und schließlich die Anweisung zur Selbstlosigkeit und Uneigennützigkeit ..." – Werner Danckert, Goethe. Bln. 1951. S. 454–459: „Für die meisten Denker des 18. Jahrhunderts war Pantheismus gleichbedeutend mit Spinozismus ... Jeder verstand und mißverstand den Spinoza auf seine Art ... Nicht anders verfuhr Goethe. Ein naiver Umdeuter war er allerdings nicht; stets blieb ihm Spinozas System ein doppelpoliger Magnet, anziehende wie zurückstoßende Kräfte äußernd ... Spinoza-Lektüre war für ihn ein Quietiv, ein Heilmittel in dunklen Stunden ... Die Begegnung mit Spinoza befreite den jungen Goethe von dem Übermaß des ‚titanischen' Subjektivismus der Geniezeit. Der Gott, der ihm hier entgegentrat, war das unpersönliche Weltgesetz selbst, die Natur, in der er sich kundgab, ein unerbittlicher, gesetzlicher Ablauf ..." – G. v. Loeper in der Hempelschen Ausg. Bd. 22, S. 429f., Bd. 23, S. 133–140. – Bernhard Suphan, Goethe und Spinoza. Festschr. zur zweiten Säkularfeier des Friedrich-Werderschen Gymnasiums. Bln. 1881. – Wilh. Dilthey, Aus der Zeit der Spinoza-Studien Goethes. In: Dilthey, Ges. Schr., 2. Lpz. 1914 u. ö. S. 391–415. – Eugen Kühnemann, Goethe u. Spinoza. Jb. G.Ges. 15, 1929, S. 279–305. – F. Warnecke, Goethe, Spinoza u. Jacobi. Weimar 1908. (IV, 60 S.) – Hermann Schmitz, Goethes Altersdenken. Bonn 1959. S. 11–13. – Martin Bollacher, Der junge Goethe und Spinoza. Tübingen 1969. – Briefe HA Bd. 1, S. 475f. und Bd. 3, S. 376.

35,15f. „*Wer Gott recht liebt* ..." Spinoza, Ethica, pars V, propositio 19: „Qui Deum amat, conari non potest, ut Deus ipsum contra amet." – Goethe zitiert diesen Satz auch im Brief an Herder 20. Febr. 1786. – A. Henkel, Entsagung, Tüb. 1954, sagt S. 120 zu der Stelle 35,15–18: „Wenn mit dieser Spinoza-Auslegung gemeint ist, Gott ist jenseits der Verfügbarkeit des Menschen, und wenn sie sich gegen die magischen Reste einer Gottesvorstellung wendet, so dürfte sie sich im Einklang mit der christlichen Tradition wissen. Aber wiederum weiß sie nichts von der christlichen Dialektik der ‚Liebe Gottes' (‚Lasset uns ihn lieben, denn er hat uns erst geliebt' 1. Joh. 4,19) und eliminiert vollends Gottes Heilstat. Wichtiger aber als diese Überlegung der natürlichen Theologie Goethes ist ihre Analogie zur natürlichen Liebe (35,22)."

35,22. *Wenn ich dich liebe* ... Bd. 7, S. 235,8.

35,34. *Wahlverwandtschaft* (vgl. Bd. 9, S. 561,31f.): *Herz* und *Sinn* bei dem Dichter suchen *Geist* und *Verstand* bei dem Philosophen.

36,21. *Jagdschloß Bensberg.* Das sog. „Neue Schloß", 1706–1710 von Matteo Graf de Alberti im Auftrage des Kurfürsten Johann Wilhelm erbaut, auf einer Höhe, mit freiem Blick auf den Rhein. Die Nachfolger Joh. Wilhelms residierten nur gelegentlich bei Parforcejagden dort. – Merck im „Teutschen Merkur" 1778, 3. Vierteljahr, S. 116: „Ich kenne nicht leicht ein ernsthafteres und mehr gedachtes Gebäude als dieses Schloß." – Es wurde 1838–42 umgebaut. Rekonstruktion des Zustands, in dem Goethe es sah: Richard Klapheck, Die Baukunst am Nieder-Rhein. Bd. 2. Bln. 1919. S. 35–45. – Die Kunstdenkmäler des Kreises Mühlheim am Rhein. In Verbindung mit E. Renard bearb. von P. Clemen. = Die Kunstdenkm. d. Rheinprovinz, 5,2. Düsseldorf 1901. S. 65–75.

36,24. *Weenix,* Jan, der Jüngere, 1640–1719. War 1702–1712 für Kurfürst Johann Wilhelm von der Pfalz tätig. Von den einst in Bensberg befindlichen Gemälden sind heute mehrere in der Alten Pinakothek München und in der Galerie zu Schleißheim. – Alte Pinakothek München, Kurzes Verzeichnis der Bilder. Amtl. Ausg. 1957. Von Ernst Buchner. S. 109f. – Katalog der Kgl. Gemäldegalerie zu Schleißheim. Von Heinz Braune. 2. Aufl. 1914. S. 263–265. – Mercks Beschreibung der Bilder: Teutscher Merkur 1778, 3. Vierteljahr, S. 117f. – Thieme-Becker 35, 1942, S. 245f.

37,7. *Pempelfort.* Jacobis Landhaus und Park, damals vor der Stadt gelegen, heute längst in der Stadt; im 19. Jahrhundert erwarb die Künstlervereinigung „Malkasten" das Haus. Goethe war 1792 wieder dort. Etwa 100 m neben dem Gebäudekomplex liegt das 1771 fertiggestellte Schloß Jägerhof, in dem jetzt das Düsseldorfer Goethe-Museum seinen Sitz hat.

37,11. *Familienglieder:* Fritz Jacobi, Georg Jacobi (der damals auch in Pempelfort lebte), die Schwestern Lene und Lotte und Fritz Jacobis Gattin Betty mit ihren Kindern. – Vgl. 30,26f. u. Anmkg. – Goethe erinnerte sich 1813 nicht mehr an die Einzelheiten. Als er am 21. Juli 1774 nach Pempelfort kam, war Fritz Jacobi nicht dort, sondern nur seine Frau, seine Schwestern und die Kinder. Goethe reiste ihm nach und traf ihn in Elberfeld, wo Lavater und Heinse gerade waren, im Kreise von Jung und anderen Elberfelder Pietisten.

37,14. *Düsseldorfer Galerie.* Im 18. Jahrhundert eine der bedeutendsten europäischen Sammlungen. Vieles kam später nach München (Alte Pinakothek). Unter Goethes Büchern: Nicolas de Pigage, La Galerie électorale de Düsseldorf ... Bruxelles 1781. (4 Bl., XII, 376 S.) Beschreibendes Verzeichnis von 358 Gemälden, ohne Bilder. Von diesem Werk gibt es auch eine illustrierte Ausgabe, die einen guten Begriff von der damaligen Galerie gibt, 1778 in Basel, Düsseldorf und Mannheim erschienen, 2 Bde. in Quer-Folio mit zahlreichen Kupferstichen. – Für die Geschichte der Gemäldebeschreibung epochemachend: Heinse, „Briefe aus der Düsseldorfer Gemäldegalerie" im „Teutschen Merkur" 1776–77. Neugedruckt: Heinse, Werke. Hrsg. von C. Schüddekopf. Bd. 9. Lpz. 1904. S. 280–323 und 328–363. – Mercks Beschreibung der Galerie: Teutscher Merkur 1778, 3, S. 120–127. – Val. Scherer, Deutsche Museen. Jena 1913. S. 55–61. – Vgl. 316,36ff. u. Anmkg.

37,27. *Elberfeld* war eine der ersten deutschen Industriestädte, zugleich der Ort eines kräftigen, vielfach pietistischen Calvinismus. Diese Züge sind 37,27–39 zwar kurz, aber prägnant herausgearbeitet. – Bergische Geschichte. Von Justus Hashagen, Karl J. Narr, Wilh. Rees u. Edmund Strutz. Remscheid 1958. (630 S.) – Hermann Martin Flasdieck, Goethe in Elberfeld Juli 1774. Mit 8 Bildbeigaben.

Elberfeld 1929. = Veröff. d. Stadtbücherei Wuppertal, 1. (96 S.) 2. Aufl. 1949. (112 S. m. 8 Abb.)

37,29. *Jung, genannt Stilling.* Vgl. Bd. 9, S. 370,10 u. Anmkg. und Bd. 10, S. 87,14ff. u. Anmkg. – Jung hat die Geschichte des Zusammentreffens mit Goethe in Elberfeld sehr anschaulich erzählt in: Heinrich Stillings häusliches Leben. Bln. u. Lpz. 1789. S. 53–63.

38,12f. *unser Streben eine entgegengesetzte Richtung* ... Vom Zeitpunkt der Erzählung – 1774 – her ein Vorblick auf das Kommende; nüchtern feststellend, nicht wertend. Ursprünglich hatte Goethe hier noch mehr geschrieben. Ein Brief an Riemer vom 24. Juli 1813 zeigt, daß er im Zweifel war, was er von dem Jacobi-Abschnitt fortlassen und was er bestehen lassen solle. Eine Handschrift (Quartblatt, rechts oben Blattzahl *43*) hat eine Partie, welche im endgültigen Text fortgelassen wurde und ursprünglich zwischen 38,14 und 38,15 stand. Sie schildert näher, was mit dem *Streben* in *entgegengesetzter Richtung* gemeint ist: *Jacobi hatte den Geist im Sinne, ich die Natur, uns trennte, was uns hätte vereinigen sollen. Der erste Grund unserer Verhältnisse blieb unerschüttert; Neigung, Liebe, Vertrauen waren beständig dieselben, aber der lebendige Anteil verlor sich nach und nach, zuletzt völlig. Über unsere späteren Arbeiten haben wir nie ein freundliches Wort gewechselt. Sonderbar, daß Personen, die ihre Denkkraft dergestalt ausbildeten, sich über ihren wechselseitigen Zustand nicht aufzuklären vermochten, sich durch einen leicht zu hebenden Irrtum, durch eine Spracheinseitigkeit stören, ja verwirren ließen. Warum sagten sie nicht in Zeiten: Wer das Höchste will, muß das Ganze wollen; wer vom Geiste handelt, muß die Natur, wer von der Natur spricht, muß den Geist voraussetzen oder im Stillen mit verstehn. Der Gedanke läßt sich nicht vom Gedachten, der Wille nicht vom Bewegten trennen! Hätten sie sich auf diese oder auf jede andere Weise verständigt, so konnten sie Hand in Hand durch's Leben gehn, anstatt daß sie nun, am Ende der Laufbahn, die getrennt zurückgelegten Wege mit Bewußtsein betrachtend, sich zwar freundlich und herzlich, aber doch mit Bedauern begrüßten.*

38,17f. *der zweite Anblick der Gegenstände ... mit dem ersten zu verfließen* ... Die Briefe aus dem Jahre 1774 zeigen, daß in der Tat hier einiges in anderer Reihenfolge stattfand. Das Zusammensein mit Jacobi in Köln ereignete sich auf der Rückreise, nicht auf der Hinreise. Als Goethe nach Pempelfort kam, fand er Jacobi nicht dort; dieser war in Elberfeld. Goethe fuhr ihm dorthin nach. Der Aufenthalt in Elberfeld lag also vor dem Zusammensein mit Jacobi in Düsseldorf.

39,7f. *vergibt* mit Dativ. Grimms Wb. 12,1, Lpz. 1956, Sp. 384: „hinweggeben; abgeben, sodaß sich der Wert dessen, wovon man abgibt, verringert; daher: Abbruch tun, verringern".

39,19f. *Leben Mahomets.* Das erhaltene Bruchstück ist wohl zwischen Herbst 1772 und Frühjahr 1773 entstanden. Mit der Frage, welche Werke über Mohammed Goethe dafür gelesen habe, haben sich v. Loeper (Hempel 22,432), Düntzer

(KDN 100, S. 270), Morris (6, S. 294), Boucke (Fest-Ausg. 16, S. 567), ferner Minor und Saran befaßt und auf Bayle, Maracci, Turpin und Gagnier hingewiesen. – Text der Dichtung: Morris Bd. 3, S. 136–141. Fischer-Lamberg 3, S. 128–133. Jubil.-Ausg. Bd. 15, S. 8–10. – Abhandlungen: J. Minor, Goethes Mahomet, Jena 1907. (117 S.) – Franz Saran, Goethes Mahomet und Prometheus. Halle 1914. = Bausteine z. Gesch. d. neueren dt. Lit., 13. (XX, 136 S.) – Emil Staiger, Goethe, Bd. 1, 1952, S. 96–111.

39,20. *als einen Betrüger* stellte man Mohammed in der ersten Hälfte des 18. Jahrhunderts vielfach dar. Bayle in seinem „Dictionnaire" bezeichnet ihn als „imposteur", und demgemäß Gottsched in seiner Übersetzung des „Wörterbuchs" Bd. 3, Lpz. 1743, S. 258ff. als „Betrüger" und nennt Autoren, auf die er sich dabei stützt.

40,5f. *Diese Hymne ... ist verloren gegangen.* Goethe besaß kein Exemplar mehr davon. Er hatte aber vergessen, daß er eine Handschrift davon an Frau v. Stein geschenkt hatte. A. Schöll fand sie in ihrem Nachlaß auf Schloß Kochberg und brachte sie 1846 zum Druck. Erstaunlich ist, wie gut Goethe das etwa 40 Jahre zurückliegende Werk noch in Erinnerung hatte. Die Handschrift enthält Mahomets Monolog *(Hymne)* in freien Rhythmen, dann einen Dialog zwischen Mahomet und seiner Pflegemutter Halima, in welchem sein (monotheistischer) Gottesbegriff sich von dem ihren (polytheistischen) eindrucksvoll abhebt.

40,22. *Kaaba.* Gebäude in Mekka, umgeben von Hof und Säulenhalle, altes Heiligtum der arabischen Stämme.

41,3. *Mahomets Gesang.* Bd. 1, S. 42–44 u. Anmkg.

Fünfzehntes Buch

Tagebuch 10. Nov. 1812: *Abends bei Herrn v. Knebel, Details unserer ersten Zusammenkunft im Jahre 1774.* 3. Dez. 1812: *Schema der zwei folgenden biographischen Bände.* 9. März 1813: *Die sämtlichen Schemas der nächsten 10 Bücher revidiert.* 25. März: *Fräulein v. Klettenberg, Krankheit, Herrnhuter.* 26. März: *„Der ewige Jude" und „Prometheus".* 27. März, Brief an Knebel: ... *um eins wollte ich dich recht schön ersuchen, um eine detaillierte Nachricht von unserm ersten Zusammentreffen und was damals in Weimar und Mainz vorgefallen. Über diese so wie einige andere Epochen hat der Fluß Lethe so ziemlich seine Gewalt ausgeübt. Ich bin eben an der Stelle und möchte nicht gern stocken bleiben.* 30. März: *Biographisches. Verse für und gegen den Hof.* 18. Juni: *Mösers „Patriotische Phantasien".* 27. Juli, Brief an Riemer: *Das Ende des 15.* (Buches) *ist auch schon geschrieben und also wären nur noch zwei Drittel desselben auszuarbeiten, welches bei dem sehr reichen Stoff nicht schwer werden wird.* 7. und 8. August: *Zimmermann, Erfahrung.* 7. Sept.: *15. Buch, Anfang.* 8. Sept.: *15. Buch.* 16. Sept.: *Betrachtung des 15. Buchs.* 18. Sept.: *15. Buch, Ausführliches Schema.* 23. Sept.: *Etwas am 15. Buch.* 14. Okt.: *15. Buch der Biographie durchgesehen,* 16. Januar 1814: *Der letzte Bogen des 3. Bandes* (kam aus der Druckerei). 6. Mai: *Exemplare des 3. Teils ausgegeben.*

Das *15. Buch* beschließt den *3. Teil* und verknüpft viele seit seinem Beginn aufgenommene Motive. Die religiöse Haltung klärt sich weiter (42,23–45,6), und der Jüngling erkennt als seinen Weg einerseits das künstlerische Schaffen, anderseits das tätige Leben im Sinne derer, *die sich's in ihrer Pflicht, um der Pflicht willen, sauer werden ließen* (44,34f.). Den Weg der Dichtung zeigen Werke wie *Der ewige Jude* (45,7ff.), *Prometheus* (47,20ff.) und *Clavigo* (71,7ff.); den des tätigen Lebens die Pläne, Geschäftsträger deutscher Fürsten zu werden (69,6–16), vor allem aber die Gespräche mit Carl August von Weimar (52,3ff.). Der Leser weiß, welche Folgen sie hatten, und der Dichter vermeidet es darum, hier einen Vorblick einzuschalten. Auf ganz andere, tiefere Art gibt er diesem Motiv Gewicht. Noch einmal wird bei Fräulein v. Klettenberg derjenige Zug, der an Makarie erinnert, der *heitere ja selige Blick über die irdischen Dinge* (57,9f.), hervorgehoben. Und sie, die *den rechten Weg anzudeuten wußte* (57,11f.), gibt den Rat, den Herzog von Weimar aufzusuchen. Es ist das letzte, was Goethe vor ihrem Tode von ihr erfährt. Mit ihrem Abscheiden entschwindet dem Jüngling ein Bereich seiner Jugend. Mit dem Besuch bei Carl August tut sich gleichzeitig ein anderer auf, von dem er noch nicht weiß, wie bedeutsam er wird. Erst der Schluß des *20. Buchs* führt das, was hier sich anbahnt, zum ersten Höhepunkt. – Bevor im *4. Teil* eine neue Spannung zwischen Genialität und bürgerlichem Berufsweg einsetzt (durch Lili verschärft), scheint hier ein zeitweiliges Gleichgewicht erreicht; so ergibt sich der stille Schluß, wie die Auflösung der Septimenakkorde am Ende eines symphonischen Satzes.

41,13. *von Klettenberg*, Susanna Katharina, ist Bd. 9, S. 338,38ff. in Form eines literarischen Porträts geschildert; Bd. 10, S. 22,7ff. sehen wir sie im Gespräch mit Lavater und lernen ihre religiöse Gefühlswelt dadurch näher kennen. Hier nun erscheint sie im Umgang mit dem jungen Goethe, und wir sehen ihre Wirkung auf ihn. Daß sie *Leidenschaften ... beschwichtigte*, ist ein Motiv, das auch für die Gestalt Makariens in den *Wanderjahren* wesentlich ist (Bd. 8, *III. Buch, 15. Kap.*) – ein seltenes Motiv (denn wie selten gibt es einen Menschen, der dies vermag). Daß *ihre Gesundheit abnahm*, daß sie *in ihrem Sessel* sitzt, auch dies sind Züge, die Makarie eigen sind, ebenso wie die *Heiterkeit*, d.h. Geistigkeit, innere Klarheit; dieses Motiv wird dann 57,9ff., wo zum letzten Mal von ihr die Rede ist, als Steigerung noch weiter entfaltet.

41,32. *Kersting*, Georg Friedrich, 1785–1847. Goethe befaßte sich mit seinen formreinen und besinnlichen Interieurs gerade, als er das *15. Buch* schrieb. Das Gemälde „Die Stickerin" kaufte er für die Herzogliche Gemäldesammlung. Das Ölbild „Der elegante Leser" brachte er zur Verlosung und korrespondierte deswegen mit Luise Seidler; als es dann durch Zufall deren Vater gewann, konnte es von diesem ebenfalls für die Weimarer Sammlung erworben werden. Beide Bilder sind noch heute im Weimarer Schloßmuseum. (Eine zweite Fassung der „Stickerin" befindet sich seit 1856 in der Kunsthalle Kiel.) Die lesenden, malenden, sinnenden Menschen auf Kerstings Bildern, eng verbunden mit den geschmackvoll-schlichten Räumen, in denen wir sie sehen, scheinen die gleichen Gestalten zu sein, die wir aus den Dichtungen und Lebenszeugnissen jener Zeit kennen. – Erinnerungen und Leben der Malerin Louise Seidler. Aus ihrem handschriftlichen Nachlaß zusammengestellt von Hermann Uhde. Bln. 1874. (X, 480 S.) Insbes. S. 57 und 106f. – Gustav Vriesen, Die Innenraumbilder G. F. Kerstings. Bln. 1935. – Klaus Leonhardi, G. F. Kersting. Bln. 1939. – Richard Benz u. Arthur v. Schneider, Die Kunst der dt. Romantik. München 1939. – Julius Gensel, Kersting und Goethe. In: Stunden mit Goethe. Hrsg. von Wilhelm Bode. Bd. 4, 1908, S. 49–54.

41,35ff. *Sieh in diesem Zauberspiegel* ... Bd. 1, S. 89 u. Anmkg.

42,26f. *Brüdergemeine.* Die aus dem 15. Jahrhundert stammende kleine Gemeinschaft der „Böhmischen Brüder" hatte sich 1722 unter den Schutz des Grafen Zinzendorf gestellt, der sie neu organisierte und mit pietistischem Geiste belebte. Sein Gut Herrnhut wurde zum Mittelpunkt der Brüdergemeine, von wo aus sie sich in verschiedenen Teilen Deutschlands, auch in England und in Amerika ausbreitete. Das innige, sittenstrenge, von Liturgie durchzogene Gemeinschaftsleben der Herrnhuter fand im 18. Jahrhundert viel Beachtung; ihr „Ebersdorfer Gesangbuch" war in weiten Kreisen bekannt. – Goethe entlieh 8. 12. 1812–25. 2. 1813: David Cranz, Alte und Neue Brüder-Historie. 2. Aufl. Barby 1772. (868 S. und 54 S. Register), ein stoffreiches, beim Mitteilen von Tatsachen bleibendes Buch. Das Tagebuch vermerkt am 11. und 12. Januar 1813 die Lektüre dieses Werks und am 7. März ein Gespräch *über herrnhutische Angelegenheiten.* – Bd. 7, S. 396,36ff. – RGG 3. Aufl., Bd. 1, 1957, Sp. 1435–1446, Art. „Brüderunität". – Emanuel Hirsch, Gesch. d. neueren evangel. Theologie. Bd. 2. Gütersloh 1951. S. 401–410. – John Becker, Goethe und die Brüdergemeinde. Neudietendorf 1922. (32 S.)

43,2. *Auge* in botanischer Bedeutung (Trieb, Knospe), metaphorisch. Dt. Wb. 1, 1854, Sp. 800. – GWb 1, Sp. 1066.

43,2f. *eines frommen vorzüglichen Mannes:* Nikolaus Ludwig Graf v. Zinzendorf, 1700–1760.

43,19. Der *Synodus zu Marienborn* in der Wetterau, dort gab es eine Herrnhuter Gemeinde, fand im September 1769 statt. – Goethe an F. Schlosser 15. Jan. 1813: *Ich bin in früherer Zeit auf einem Kongreß der Brüdergemeinde zu Marienborn gewesen, entsinne mich aber nicht genau des Jahres ... Daß ich den nachherigen Bischof Spangenberg dort gesehen, erinnere ich mich noch recht gut* ... An Schlosser 26. März 1813: *Für die genauen Nachrichten, den Marienborner Kongreß betreffend, bin ich sehr dankbar.* – Goethes Vater notiert in seinem Haushaltsbuch am 22. Sept. 1769: „Excursio Marienborn 2 fl. 12." Diese Notiz hat Goethe also nicht vor Augen gehabt, als er *Dichtung und Wahrheit* schrieb, sonst wäre die Anfrage bei Schlosser wegen des Datums unnötig gewesen.

43,20. *Legationsrat Moritz,* Joh. Friedrich, 1716–1771. – Vgl. Bd. 9, S. 114,24.

43,23f. *Ich beschäftigte mich mit ihrer Geschichte, mit ihrer Lehre* ... Liebholdts Verzeichnis nennt aus dem Besitz von Goethes Eltern „Herrnhutische Schriften" (ohne nähere Bezeichnung, vermutlich ein Konvolut verschiedener Drucke), ferner „Tägliche Losungen der Herrnhuter" und „Ebersdorfer Gesangbuch", 1743.

44,17. *Pelagianismus.* Unter den religiösen Motiven in *DuW* ist der Gegensatz zur protestantischen Sündenlehre eins der wesentlichsten; Gedanken der Jugend, in der Darstellung abgetönt durch das Denken späterer Jahre; Goethes Anschauungen über diesen Punkt waren sich weitgehend gleichgeblieben. (Bd. 12, S. 230,7ff.; 357,14ff.) *Pelagius,* um 360 geb., nach 418 gest., ein Mönch iro-schottischer Herkunft, leugnete die Erbsünde und lehrte, daß der Mensch aus seinen natürlichen Kräften das Gute tun und zur Vollkommenheit gelangen könne. Sein bedeutendster Gegner war Augustinus, welcher in Abwehr des Pelagianismus seine Lehre von Gnade und Prädestination ausbildete. Goethe wird über Pelagius wohl nachgelesen haben in Gottfried Arnolds „Kirchen- und Ketzerhistorie". Das Werk befand sich in der Bibliothek seines Vaters, denn es ist in Liebholdts Verzeichnis genannt, und zwar in der 2. Aufl., 4 Bde. Frankf. 1729. (Die erste Auflage war 1699/1700 erschienen. Vgl. Bd. 9, S. 350,23f. u. Anmkg.) Bei Arnold heißt es: „Chrysostomus aber, Isidorus Pelusiota und andere haben ausdrücklich statuiert, daß die natürliche Kräfte den Glauben oder den Anfang des Glaubens, das Verlangen nach der Bekehrung und eine gewisse Stufe der Buße und Hoffnung zuwege bringen können. Also achtetens auch die Pelagianer nicht vor etwas Neues oder Unrechts, wenn sie nicht zugeben wollten, daß die Sünde Adams den andern Menschen zugerechnet werde. Drum redete Pelagius also von diesem Ausdruck Pauli ‚Sie haben in Adam alle gesündigt' (Röm. V, 12.): Das ist nicht wegen der Erbsünde gesaget, sondern weil sie ihm in Sünden nachgefolget sind ... Daraus flossen aber die übrigen Sätze: Daß die Sünden Adams ihm allein und nicht seinen Nachfolgern geschadet hätten, und daß die kleinen Kinder in solchem Stande sein, darinnen Adam vor dem Fall gewesen ... In dem Punkt von der Gnade waren ihre Worte diese: Wir heben nicht die Hülfe Gottes auf, wenn wir sagen, daß die Kreaturen durch die einmal beigelegte Gnade des freien Willens erhalten werden. Denn durch Gottes Gnade vermögen wir alles, was wir vermögen. Aber wir lassen beides in seinen Grenzen stehen, daß es nämlich von Gottes Gnade ist, da er uns die Kraft des freien Willens gegeben hat, und in unserm Willen beruhet etwas zu tun oder nicht ... Aber daß der Mensch das Gute wollen und vollbringen kann, das kommt allein von Gott ..." (Bd. 1, 1699, S. 242ff.) Goethe konnte über Pelagius eine einläßliche stoffreiche Darstellung finden in: Joh. Lorenz v. Mosheim, Kirchengesch. des Neuen Testaments. Aus dessen lateinischen Werken übers. von Joh. Chr. v. Einem. Bd. 3, Lpz. 1771, S. 150–161. Mosheim wird von Goethe in seiner Straßburger und Frankfurter Zeit mehrfach erwähnt. Es ist also möglich, daß er das Werk kannte. – K. J. Obenauer, Goethe in seinem Verhältnis zur Religion. Jena 1921. S. 143ff.

45,9f. *Geschichte des ewigen Juden.* Wieder wird über das Nicht-Geschriebene ausführlicher gesprochen als über das Geschriebene (z. B. *Faust*), gewissermaßen als eine Art Ersatz. Ähnlich wie bei *Mahomet* (39,26–41,7) wird die ausführliche Inhaltsangabe eingeleitet durch einen Blick auf die seelische Verfassung und ihre Beziehung zum Werk (45,2–15; ähnlich später 48,7–12). – Goethe erwähnt das Fragment auch in den *Annalen* S. 430,21. – Es wurde erstmalig 1836 von Eckermann und Riemer in der sog. Quartausgabe veröffentlicht. – Neudrucke: W. A. 38, S. 53–64 und 450–456. Morris 4, S. 48–57 u. 6, S. 357–363. – Fischer-Lamberg 4, S. 95–103 und 346–349. – Das Motiv des Ewigen Juden auch Bd. 11, S. 123,23–29. – J. Minor, Goethes Fragment vom Ewigen Juden. Stuttg. u. Bln. 1904. (VIII, 224 S.)

45,17f. *mein Dresdner Schuster.* Bd. 9, S. 319,9 u. Anmkg.

45,25. *Sadduzäer:* eine Gruppe unter den Juden, die über Auferstehung, Weltgericht u. a. andere Ansichten hatte als die Pharisäer. – Bd. 1, S. 334, Nr. 180.

47,32ff. *„Arzt, hilf dir selber!“* Luk. 4,23. *„Ich trete die Kelter allein.“* Jesaias 63,3.

48,13. *Prometheus.* Bd. 4, S. 176–187 u. Anmkg. – Goethes Tagebuch 26. 3. 1813: *Biographica, Der ewige Jude und Prometheus.* Damals besaß Goethe keine Handschrift des Dramenfragments mehr; eine solche erhielt er erst 1819, und zwar aus dem Nachlaß von Lenz. 1829 ließ er das Fragment abschreiben (Tagebuch 12. Nov. 1829) und brachte es in der *Ausg. l. Hd.*, Bd. 33, 1830, zum Druck. – Wie ihm im Alter diese Jugenddichtung erschien, zeigen die Briefe. An Seebeck 5. 6. 1819: *Es ist sehr freundlich von Herrn Dr. Wetterstrand, daß er von dem verirrten Dichtwerke Nachricht gibt. Allerdings ist dieses Drama von mir, unvollendet wie so vieles andere. Nur zwei Akte können es sein; der Monolog „Prometheus“, der durch Jacobi's Unvorsichtigkeit so vielen Lärm machte, gehörte eigentlich hierher, kann aber nicht in dem Manuskript stehen, welches sich bei Lenz gefunden. Will der livländische Freund mir das Dokument übersenden, so werd ich es dankbar erkennen und unter die Paralipomena legen, deren Erscheinung künftigen Tagen vorbehalten ist.* An Seebeck 30. Dez. 1819: *Der „Prometheus“ nimmt sich wunderlich genug aus; ich getraute mir kaum, ihn drucken zu lassen, so modern-sansculottisch sind seine Gesinnungen; wie wunderlich dies alles seit so viel Jahren in den Geistern hin- und widerwogt!* An Zelter 11. Mai 1820: *Wunderlich genug, daß jener von mir selbst aufgegebene und vergessene „Prometheus“ grade jetzt wieder auftaucht. Der be-*

kannte Monolog, der in meinen Gedichten steht, sollte den dritten Akt eröffnen. Du erinnerst Dich wohl kaum, daß der gute Mendelssohn an den Folgen einer voreiligen Publikation desselben gestorben ist. Lasset ja das Manuskript nicht zu offenbar werden, damit es nicht im Druck erscheine. Es käme unserer revolutionären Jugend als Evangelium recht willkommen, und die hohen Kommissionen zu Berlin und Mainz möchten zu meinen Jünglingsgrillen ein sträflich Gesicht machen. Merkwürdig ist es jedoch, daß dieses widerspenstige Feuer schon fünfzig Jahre unter poetischer Asche fortglimmt, bis es zuletzt, real entzündliche Materialien ergreifend, in verderbliche Flammen auszubrechen droht. – Neuere Lit. zu *Prometheus:* Bd. 1, Anmkg. zu S. 44–46 und Bd. 4, Anmkg. zu S. 176–187; ferner: E. Staiger, Goethe. I. 1952. S. 130ff.; und: C. Heselhaus, Prometheus und Pandora. Festschr. f. J. Trier. 1954. S. 219–253. Mit Literaturangaben. – Die Inhaltsangabe 48,32–39 ist kurz, viel kürzer als beim *Ewigen Juden* (45,16–47,9); doch auch hier ist der Bericht Ersatz für nicht Vollendetes. Sodann wird das Werk als biographisches Faktum behandelt, aus dem man etwas von dem Seelenzustand des Verfassers in jener Zeit erschließen kann. Schließlich gibt dieser Abschnitt Abwehr gegen Mißdeutung. Dieser Punkt mußte Goethe besonders wichtig sein. Er erklärt sich aus dem Folgenden; vgl. Anmkg. zu 49,4.

48,35. *eine dritte Dynastie* im Verhältnis zu den *Titanen* und den *Göttern.*

49,4. *zum Zündkraut einer Explosion* wurde das Gedicht *Prometheus,* indem es (nach Jacobis Darstellung) Äußerungen Lessings über Spinoza auslöste und dadurch indirekt den Spinoza-Streit zwischen Jacobi und Mendelssohn, der die Gemüter in ganz Deutschland in Bewegung versetzte. Der erste Druck des Gedichts *Prometheus* (Bd. 1, S. 44–46) erfolgte ohne Goethes Wissen und Willen 1785 in Fr. Jacobis Buch „Über die Lehre des Spinoza". Dieses Buch machte Epoche. Jacobi lenkte hier als erster die allgemeine Aufmerksamkeit auf Spinoza. Spinozas Lehre war bis dahin kaum bekannt, seine Schriften waren äußerst selten. Er stand aber in dem Ruf, „Atheist" gewesen zu sein. (Vgl. 76,30 u. Anmkg. – Als „Atheismus" bezeichnete man damals nicht nur die Leugnung des Daseins Gottes schlechthin, sondern jede Ablehnung des „Theismus", d. h. der Vorstellung eines persönlichen außerweltlichen Gottes.) Auch Jacobis These war: Spinozismus ist Atheismus. Er versuchte philosophisch zu begründen, daß das rationalistische System Spinozas notwendig den Fatalismus und Atheismus in sich enthalte und daß daher „die recht verstandene Lehre des Spinoza keine Art von Religion zulasse". (Mit ähnlicher Argumentation griff Jacobi die gesamte rationalistische Philosophie an: diese führe bei strenger Konsequenz ebenfalls zu den Grundsätzen Spinozas und zum Fatalismus. Die Erkenntnis des Wirklichen, vor allem Gottes und der menschlichen Freiheit, sei dem rationalen Denken allein nicht zugänglich; hierzu bedürfe es des „Glaubens", d.h. der Bejahung dessen, was sich dem Gefühl unmittelbar offenbare.) – Jacobi behauptete nun, Lessing sei Spinozist gewesen, er habe nicht an eine „von der Welt unterschiedene Ursache der Dinge" geglaubt. Das wisse er aus zwei Gesprächen mit ihm. (Lessing war 1781 gestorben; die Gespräche hatten am 6. und 7. Juli 1780 stattgefunden.) Und: Lessing habe seinen Spinozismus bekannt, als Jacobi ihm Goethes Gedicht *Prometheus* zu lesen gab, denn in diesem Gedicht habe Lessing die Gesichtspunkte seiner eigenen Weltschau wiedergefunden. – Mendelssohn schrieb, nachdem Jacobis Buch 1785 erschienen war, seine Gegenschrift „Moses Mendelssohn an die Freunde Lessings": Lessing sei kein Spinozist gewesen, Jacobi habe Augenblicksäußerungen falsch gedeutet. Mendelssohn starb nach der Vollendung des Manuskripts, und J. J. Engel gab es 1786 heraus. Der Streit über Lessings Spinozismus und über das rechte Verständnis Spinozas ging weiter – im Grunde ein Streit über Offenbarungsglauben, Pantheismus und Atheismus, d.h. über die neuzeitliche säkularisierte Betrachtung der Welt schlechthin. Goethes Gedicht *Prometheus* aber, in diesem Zusammenhang publiziert, verschmolz den Zeitgenossen so sehr mit dem „Spinozismus", daß es noch Jahrzehnte später sehr notwendig war, zu sagen, daß es *ganz eigentlich der Poesie* gehöre (49,13), d.h. Dichtung sei und als solche verstanden sein wolle. Es hatte seiner Entstehung und seinem Gehalt nach mit dem Spinozismus-Streit überhaupt nichts zu tun. – Unter Goethes Büchern befinden sich: Fr. H. Jacobi, Über die Lehre des Spinoza. Neue vermehrte Aufl. Breslau 1789. – Und: F. H. Jacobi wider Mendelssohns Beschuldigungen betreffend die Briefe über die Lehre des Spinoza. Lpz. 1786. (Mit Bleistiftstrichen Goethes.) – Ferner: (Claudius, Matthias,) Zwei Rezensionen ... in Sachen der Herren Lessing, Mendelssohn und Jacobi. Hambg. 1786. (29 S.) – Neuere Lit.: Die Hauptschriften zum Pantheismusstreit zwischen Jacobi und Mendelssohn. Hrsg. von Heinrich Scholz. Bln. 1916. = Neudrucke seltener philos. Werke, hrsg. von der Kantges., 6. (CXXX, 364 u. 22 S.) – KDN 73, S. 246–252. – Erich Schmidt, Lessing. Bd. 2. 3. Aufl. Bln. 1909. S. 506–516 und 646. – Friedr. Warnecke, Goethe, Spinoza u. Jacobi. Weimar 1908. (IV, 60 S.) – Th. C. von Stockum, Spinoza – Jacobi – Lessing. (Proefschrift) Groningen 1916. – Ferner die zu 30,26f. genannte Literatur.

49,10. *Mendelssohn verloren.* J. J. Engel, der Herausgeber von Mendelssohns Gegenschrift, schreibt in seinem Vorwort: „Lavaters Aufforderung setzte Mendelssohns Leben zuerst in Gefahr. Jacobi's Schrift gab den nächsten Anlaß zu Mendelssohns Tode." Diese Sätze sind zitiert in dem von Goethe viel benutzten Lexikon von Jördens, Bd. 3, 1808, S. 547.

49,17. *Der Satan Miltons.* Über das Epos „Paradise Lost“, das den Kampf Satans gegen Gott, die Verführung des Menschen und die Vertreibung aus dem Paradies darstellt, hat Goethe sich ausführlicher in Briefen an Schiller vom 31. Juli und 3. Aug. 1799 geäußert.

49,34. *Tantalus* saß mit Jupiter zu Tisch, wollte aber die Geheimnisse der Götter entschleiern und wurde zu furchtbarer Strafe in der Unterwelt verdammt. *Ixion,* gleich jenem an die Tafel der Götter aufgenommen, wagte es, seine Wünsche auf Juno zu richten, und wurde ebenfalls schwer gestraft. *Sisyphus* beredete den Gott der Unterwelt, ihn für kurze Zeit auf die Oberwelt zu lassen, blieb aber dort viele Jahre, wofür er dann durch das unaufhörliche Wälzen des Steins gestraft wurde. Alle drei überschreiten Grenzen des menschlichen Daseins, streben ins Unbedingte, haben einen maßlosen Drang nach Leben oder Erkenntnis.

50,3. „*Iphigenie*“. Insbes. in den Versen 306ff., 1274ff., 1718ff.

50,7f. *Porträte meiner Freunde.* Einige davon sind erhalten, doch sind die Porträtierten meist nicht identifizierbar. Reproduktionen der Jugendzeichnungen in: Der junge Goethe, hrsg. von Max Morris, Bd. 2–6; vor allem aber in: Corpus der Goethezeichnungen. Bd. 1. Hrsg. von Gerhard Femmel. Lpz. 1958. Hier insbesondere Nr. 67, 70, 71, 86, 91, 94, 95.

50,17f. *Gedichte, die Kunstnatur und die Naturkunst ... verkündend.* Bd. 1, S. 53–77.

50,21f. *bei gesperrtem Lichte.* Durch Vorhänge teilweise beschränktes Licht wie in einem Atelier.

50,31. *von Knebel,* Karl Ludwig, 1744–1834, war seit dem Juli 1774 Erzieher des Prinzen Constantin von Sachsen-Weimar (Bruder von Carl August); Carl August und Constantin reisten im Dezember 1774 mit dem Grafen Görtz und mit Knebel nach Paris. Knebel kam später in Weimar Goethe freundschaftlich nahe, und sie blieben in einem dauernden guten Verhältnis. – Über das Zusammentreffen mit Goethe im Dezember 1774 gibt es Äußerungen von Görz und Knebel: Goethe, Begegnungen u. Gespräche. Hrsg. von Renate Grumach. Bd. 1. 1963. – Briefwechsel zwischen Goethe u. Knebel 1774–1832. Hrsg. von G. E. Guhrauer. 2 Bde. Lpz. 1851. – Hellmuth Frhr. v. Maltzahn, K. L. v. Knebel. Jena 1929. (VIII, 258 S. mit Abb.) – Goethe, Gespräche, Hrsg. von W. Herwig. Bd. 1, 1965, S. 127ff.

50,35. *Ramler.* Bd. 9, S. 270,7 u. Anmkg.; 280,10 u. Anmkg.; 302,18. Bd. 10, S. 121,26.

50,38. *Götz,* Joh. Nikolaus, 1721–1781, anakreontischer Dichter, von Beruf Pfarrer. Seine Elegie „Die Mädcheninsel“ wurde durch Knebel 1773 in Potsdam (ohne Ortsangabe) zum Druck gebracht. (16 S.) Neudr.: KDN 135,1, S. 269–272. – Jördens 2, 1807, S. 194f. – Goedeke 4,1. Dresden 1916. S. 91.

51,7. *Prinz Konstantin* von Sachsen-Weimar, Bruder von Carl August, 1758–1793.

51,10f. *Herzogin Amalia.* Anna Amalia, geb. Prinzessin von Braunschweig, 1739–1807, war seit 1759 Regentin von Sachsen-Weimar. 1775 übergab sie die Regentschaft ihrem Sohn Carl August. – W. Bode, Anna Amalia. 3 Bde. Bln. 1907. (VII, 160; VII, 234; VII, 220 S.) – W. Bode, Der Weimarische Musenhof. Bln. 1917. – NDB 1, 1953, Sp. 302f. – Effi Biedrzynski, Goethes Weimar. Zürich 1992. S. 335–338.

51,16. *Wieland* lebte seit 1772 in Weimar als Erzieher des Erbprinzen Carl August, beschäftigte sich aber mehr mit schriftstellerischen Arbeiten. Seit dem 1. Januar 1773 erschien in Weimar sein „Teutscher Merkur", der (durch geschickte Verbindung von Tradition und Modernität und vielseitigen Inhalt) die erste in allen Teilen des Reiches wirksame, deutsche literarische Zeitschrift war. – Friedr. Sengle, Wieland. Stuttg. 1949. (610 S.) – Hans Wahl, Gesch. des „Teutschen Merkur". Bln. 1914.

51,18. *Gelehrten* = Schriftsteller (Angehörige der res publica literaria).

51,20f. *Theater.* Seit 1771 spielte in Weimar die Seylersche Truppe mit Konrad Ekhof, der damals der größte deutsche Schauspieler war. 1774 brannte das Schloß ab, in welchem sich die Bühne befunden hatte. Die Truppe Seylers – mit Ekhof – wurde vom Herzog von Gotha übernommen. *Autoren,* die für das Weimarer Hoftheater schrieben: Wieland, Musäus, Bertuch, v. Einsiedel u. a. – Leonhard Schrickel, Gesch. des Weimarer Theaters von seinen Anfängen bis heute. Weimar 1928. (VII, 283 S. m. 63 Taf.)

52,6. *Graf Görtz,* Joh. Eustachius, 1737–1821, war 1762–1774 Erzieher des Erbprinzen Carl August, 1775 wurde er Oberhofmeister. Goethe hatte in seinen ersten Weimarer Jahren beruflich mit ihm zu tun. 1778 trat Görtz in preußische Dienste. – ADB. 9, 1879, S. 393–395. – W. Andreas, Carl August. Bd. 1. Stuttg. 1953. Insbes. S. 73ff., 576ff. – NDB 6, S. 538f.

52,10. *Mösers „Patriotische Phantasien".* Vgl. Bd. 9, S. 596,8 u. Anmkg. – Das Tagebuch verzeichnet erneute Beschäftigung mit dem Werk am 15., 16., 17., 18. Juni und 4. Juli 1813.

52,14. *Relation* (von lat. relatio, frz. rélation): Berichterstattung, Erzählung.

52,27. *westfälischen Kreis.* Die Einteilung des Reichs in *Kreise,* von Maximilian I. im Jahre 1500 vorgenommen, war bis 1806 in Geltung. Von Anbeginn gab es einen *westfälischen Kreis.*

52,32. *durfte* im Sprachsinne des 18. Jahrhunderts, etwa „er hatte nichts anderes nötig, als ... zu verfahren".

54,2f. *Procul a Jove* ... „Fern von Jupiter, fern vom Blitz".

54,10. *Sprüchworte und Denkreime.* Schon in Bd. 9, S. 251,36 gelobt. Goethe las gern in alten Sammlungen; was er dort fand, bildete er weiter, hier zu einem Ballspiel der Dialektik. Das Tagebuch notiert am 20. März 1813: *Verse für und gegen den Hof.* In den Monaten davor hatte Goethe mehrere alte Sammlungen ausgeliehen (Keudell 783–788), und zwar: Joh. Agricola, Sybenhundert und funffzig teutscher Sprichwörter ... Hagenaw 1537. – (Seb. Franck u. J. Agricola,) Sprichwörter ... Frankf. a. M. 1560. – Janus Gruter, Florilegium ethicopoliticum ...

Francof. 1610. – Joh. Lassenius, Sinnlicher Zeitvertreiber ... Jehna 1650. – Andreas Schellhorn, Teutsche Sprichwörter ... Nürnberg 1797. – Vgl. Bd. 9, S. 251,36 u. Anmkg.

56,10. *Eine Auswahl derselben* ist zwar nicht als *Epilog der Puppenspiele* erschienen, aber als Abteilung der Gedichte, unter dem Titel *Sprichwörtlich;* erstmalig in der Ausgabe von 1815. – Vgl. Bd. 1, S. 304–337.

56,16f. *Voltaires Abenteuer.* Schon Bd. 9, S. 76,2ff. erwähnt. Voltaire, seit 1750 in Potsdam, verscherzte die Gunst Friedrichs II. durch schmutzige Finanzprozesse und vollends durch ein Pamphlet gegen Maupertuis, den Präsidenten der Berliner Akademie der Wissenschaften. Er mußte 1753 Preußen verlassen und nahm dabei widerrechtlich Gedichte des Königs mit, und man fürchtete, er werde sie ohne dessen Wissen drucken lassen. Friedrich bewirkte eine Verhaftung in Frankfurt bis zur Rückgabe dessen, was Voltaire nicht gehörte. – E. Henriot, Voltaire et Frédéric II. Paris 1927. – Walter Mönch, Voltaire u. Friedrich d. Gr. Stuttg., Bln. 1943. (XV, 458 S.)

56,22. *Freitag* = Freytag, Franz v., Geschäftsträger d. preuß. Regierung in Frankfurt 1737–1763. Repertorium d. diplomat. Vertreter, ed. Fr. Hausmann. Bd. 2, Zürich 1950, S. 295.

56,23. *Fichard,* Joh. Karl v., im Jahre 1753 der ältere der beiden Frankfurter Bürgermeister.

56,33f. *gegen ... Wieland verübten Mutwillens.* Das Spiel *Götter, Helden und Wieland* (Bd. 4, S. 203–215), das im März 1774 erschienen war; es wird im Folgenden (S. 57,32ff.) besprochen; das Motiv, daß die Einladung *eine Falle* sei, ist ein Zug zur Charakteristik des Vaters.

57,5f. *Freundin von Klettenberg.* Es ist das letzte Mal, daß Susanne v. Klettenberg in *DuW* vorkommt. Ihr Wesen erscheint gegenüber den früheren Partien (Bd. 9, S. 338,38ff.; Bd. 10, S. 22,7ff.; 41,13ff.) nochmals gesteigert. Das Adjektiv *selig,* mit religiös-jenseitigem Bezug, erinnert an den Namen Makariens (μακάριος = selig); während von Fräulein v. Klettenberg gesagt wird, daß sie *einen heitern, ja seligen Blick über die irdischen Dinge warf,* heißt es von dieser, daß sie *rein göttliche Worte über die menschlichen Dinge ganz einfach ausspräche* (Bd. 8, S. 65,31f.). Makarie kann *Verwicklungen* im Leben ihrer Schützlinge *durch Geist und Liebe schlichten* (Bd. 8, S. 352,17–19); so kann die Freundin hier *entwirren,* was andere *verwirrte.* In dem Roman nimmt Lenardo, der junge Mann, Makariens Rat an, *als wenn es ein sogenanntes Gottesurteil wäre* (Bd. 8, S. 414,21f.); ähnlich wird hier in *DuW* für den jungen Mann um ein *Gutachten* gebeten (57,21). Goethe brauchte für seine Leser nicht mehr hinzuzusetzen, welche Folge es für ihn hatte.

57,32. *„Götter, Helden und Wieland“.* Vgl. 56,33f. u. Anmkg.

58,1. *Die Verehrung Shakespeares,* welche hier den Hintergrund für die Verspottung Wielands bildet, ist bereits Bd. 9, S. 492,12ff. behandelt und – als eins der Leitmotive in der Darstellung der Sturm-und-Drang-Epoche – mehrfach nebenher erwähnt (Bd. 9, S. 470,3; 570,13; 582,22).

59,14f. *Flibustiers:* Seeräuber des 17. Jahrhunderts, in amerikanischen Gewässern. Bekannt durch die Schilderungen von Raynal und von Archenholz; Schiller plante ein Drama „Die Flibustiers" (Werke ed. Güntter u. Witkowski, Bd. 9, S. 289ff.).

59,21. *Wielanden einen freundlichen Brief.* Nicht erhalten geblieben. Goethes Erinnerung ist wieder genau; Brief an Sophie La Roche 22. Dez. 1774: *Ich war in Mainz! Dahin nachgereist Wielands Prinzen ... Ich hab von da an Wielanden geschrieben ...*

59,23. im *„Merkur" ... sehr liberal.* Wieland empfahl „diese kleine Schrift allen Liebhabern der pasquinischen Manier als ein Meisterstück von Persiflage und sophistischem Witze, der sich aus allen möglichen Standpunkten sorgfältig denjenigen auswählt, aus dem ihm der Gegenstand schief vorkommen muß, und sich dann recht herzlich lustig darüber macht, daß das Ding so schief ist". – Bd. 4, S. 203–215 u. Anm.

59,36. *unsere Freundin Klettenberg von uns geschieden.* Am 13. Dez. 1774. Goethe war 13.–16. Dez. in Mainz. Am 16. war die Beerdigung. – An Sopie La Roche 22. Dez. 1774: *Meine Klettenberg ist tot. Tot, ehe ich eine Ahnung einer gefährlichen Krankheit von ihr hatte. Gestorben, begraben in meiner Abwesenheit, die mir so lieb! so viel war ...*

60,14. *„Prometheus und seine Rezensenten".* Der genaue Titel lautet: „Prometheus, Deukalion und seine Rezensenten". Das Werk wurde 1775 in Frankfurt gedruckt, mit der Handpresse wurden aber verschiedene Druckorte auf die Titelblätter gesetzt: Düsseldorf, Berlin, Göttingen u. a. – Neudruck: KDN 80, S. 359–380. Im Knittelversstil des jungen Goethe beginnt das Stück damit, daß Prometheus (Goethe) dem Papagei (Verleger Weygand in Leipzig), der ihn als „Genie" schätzt, sein Werk „Deukalion" (Werther) gibt, doch mit der Bedingung, den Verfassernamen zu verschweigen (was dieser zwar verspricht, aber nicht hält). Dann folgen die „Rezensenten", wobei charakteristische Sätze aus zeitgenössischen Rezensionen in derbe Knittelverse umgeschmiedet sind. Prometheus antwortet ihnen. (Daß Goethe hier diesen Namen führt – wie typisch für den Sturm und Drang und zugleich wie taktlos von dem Verfasser! wie peinlich für Goethe, den das Publikum für den Verfasser halten mußte!) Hanswurst macht den Epilog.

60,32f. *was sich auf den Mainzer Aufenthalt ... bezog.* Merkur (d. h. Wielands Zeitschrift) sagt: „Sieh da! Ihr Diener, Herr Prometheus, / Seit Ihrer letztern M** Reis' / Sind wir ja Freunde, so viel ich weiß."

61,7f. *hörte ich ... die Stimme Wagners.* Ein Beispiel von Werkzuschreibung durch Schallanalyse (wie sie später Eduard Sievers kraft persönlicher Fähigkeit und Übung mehrfach gelang); der Verfasser war in der Tat Heinr. Leop. Wagner. Vgl. S. 11,21 u. Anmkg.

61,21f. *das Publikum so leicht nicht zu überzeugen.* Goethe verfaßte eine *Öffentliche Erklärung,* daß er nicht der Verfasser sei; diese ließ er in den „Frankfurter gelehrten Anzeigen" veröffentlichen und als Einblattdruck herstellen, den er an alle seine Bekannten versandte. Viele aber glaubten ihm lange nicht und nahmen ihm diese Dichtung (die er gar nicht geschrieben hatte) sehr übel. – Morris 5, S. 240; 6, S. 476. – Fischer-Lamberg 5, S. 200 u. 441.

61,36. *Klopstock* ist der erste zeitgenössische Dichter, der in *DuW* genannt wird; im *2. Buch* ahnt der Knabe bei den Versen des „Messias" eine höhere Welt (Bd. 9, S. 80,22 ff.); sein Name begleitet ihn hinfort (141,14; 269,36). Im *10. Buch*, als der junge Dichter in die Literatur hineinwächst, ist der Ort, Klopstocks dichterische Größe zu würdigen; wir sehen ihn hier als Erneuerer der Würde der Dichtung (398,4 ff.) und im *12. Buch* als großes Vorbild einer ehrfürchtigen Jugend (516,31 ff.). Im *12. Buch* bei der Besprechung der „Gelehrtenrepublik" erscheint die erste Kritik: *seltsame Form* (518,36), doch wird die *Verehrung* (516,37 f.) gleichbleibend betont. Dann wird seiner als eines Sportsmanns gedacht, dessen Eislaufoden als rhythmisch-symbolischer Ausdruck eines Körpergefühls noch nie Gesagtes sagbar machen (522,24 ff.). Bei der Erwähnung des Göttinger Dichterkreises (534,12 ff.) wird noch einmal gesagt, wie sehr er das große, verehrte Vorbild ist. Nach diesem allem folgt hier nun die Schilderung des persönlichen Kennenlernens; sie kann füglich von der (schon so oft genannten) dichterischen Bedeutung absehn. Das Motiv der *Würde*, bereits zweimal genannt (Bd. 9, S. 281,22 und 398,4 ff.), wird nochmals in den Mittelpunkt gestellt (62,13). Der Abschnitt läuft aus in eine verallgemeinernde Betrachtung (63,16–23); dadurch wird alles vermieden, was über die dargestellte Zeit hinausführt. Denn ein Hinweis auf den weiteren Verlauf der persönlichen Beziehung – wie der am Ende des Jacobi-Abschnitts (38,12–14) – hätte hier Unwesentlichem allzuviel Gewicht gegeben und mußte also unterbleiben. Dies ist der letzte der großen Klopstock-Abschnitte in *DuW*. Die noch folgenden Erwähnungen (121,13; 130,15), mehr beiläufiger Art, bilden nur einen Ausklang. – Vgl. Bd. 6, S. 27, 31 u. Anm. und Bd. 14, Register.

62,25. *Schlittschuhfahrer.* Klopstocks Schlittschuhlauf ist schon Bd. 9, S. 522,24 ff. erwähnt. Über seine eigene Vorliebe für den Schlittschuhlauf spricht Goethe dann auch im *16. Buch*, S. 84,38 ff. Es ist ein Motiv, das in seiner Dichtung mehrfach vorkommt, meist im Zusammenhang von Jugendkraft, Mut, Gesundheit. Bd. 1, S. 131 *Eis-Lebens-Lied;* Bd. 8, S. 211,31 ff. – Carl Diem, Körpererziehung bei Goethe. Frankf. a.M. 1948. S. 270–322.

63,15 f. *genugsam hievon unterrichtet.* Als Goethe dies schrieb, 1813, gab es über Klopstock – im Vergleich zu anderen Schriftstellern – ziemlich viele gedruckte Mitteilungen, freilich oft recht flach. Goethe benutzte viel das Lexikon von Jördens. Hier ist Klopstock in Bd. 3, 1808, S. 3–55 behandelt und die Literatur über ihn genannt. Bekannt war besonders das Werk von Carl Friedr. Cramer: Klopstock, er und über ihn. 7 Bde. Hamburg (später: Dessau; dann: Lpz. u. Altona) 1780–1792.

63,24. *Zimmermann,* Johann Georg, 1728–1795, aus Brugg im Kanton Bern, studierte in Göttingen bei Haller Medizin und wurde 1754 Arzt in seiner Heimatstadt. Durch seine Bücher „Vom Nationalstolze" 1758 und „Von der Erfahrung in der Arzneikunst" 1763–64 kam er in die Reihe der besten Popularphilosophen seiner Zeit. Berühmt wurde er vor allem durch sein Werk „Von der Einsamkeit", 1773. Es traf den Geist der Zeit, die empfindsam für Rousseau, Ossian und *Werther* schwärmte, entsprach ihr anderseits aber auch in der aufklärerischen Kritik am Mönchstum. Im Jahre 1768 wurde Zimmermann Leibarzt in Hannover; er kam in Verkehr mit Herder, Boie, Leisewitz, Hölty u. a. Er hielt viel von Lavaters Physiognomik. Als höchst angesehener Arzt war er im Beruf sicher und klar, im Privatleben aber hypochondrisch bis zu Wahnvorstellungen. – In Goethes Bibliothekskatalog von 1788 ist Zimmermanns Buch „Über die Einsamkeit" verzeichnet. Später besaß er es nicht mehr (Jb. Goethe 24, 1962, S. 272). Das Tagebuch verzeichnet Arbeit am Zimmermann-Abschnitt am 30. Juli, am 1., 3., 7. und 8. August 1813 und gleichzeitige Lektüre des Buchs „Von der Erfahrung in der Arzneikunst". Von Hilfsmitteln hat er vermutlich nur Jördens' „Lexikon" herangezogen, in welchem Zimmermann in Bd. 5, 1811, S. 632–658 behandelt ist. (Da die zahlreichen literaturgeschichtlichen Fakten der in Teplitz geschriebenen Teile von *Dichtung und Wahrheit* alle bei Jördens stehn, Goethe vom 17. April bis 19. August verreist war und vom 19. März bis 26. August die 6 Bände Jördens entliehen hatte, ist es wahrscheinlich, daß sie zu den im Reisewagen mitgenommenen Büchern gehören.) Auch Jördens betont die Gespaltenheit: Maß nach außen, Unausgeglichenheit im Innern; „Hypochondrie" habe Zimmermanns schöne Anlagen verdorben. Jördens schreibt – ähnlich wie Goethe – aus der Haltung mitleidsvollen Verständnisses; viele Einzelzüge stimmen überein, es fehlt bei ihm aber die Episode mit der Tochter. – Bd. 9, S. 277,4; Bd. 10, S. 160,27. – ADB 45, 1900, S. 273–277. – KDN 73, S. 331–501. – Biogr. Lex. d. hervorragenden Ärzte. Hrsg. v. A. Hirsch. 6, 1888, S. 371 f. – Rudolf Ischer, J. G. Zimmermanns Leben u. Werke. Bern 1893. – A. Bouvier, J. G. Zimmermann. Genève 1925. – Werner Milch, Die Einsamkeit. Zimmermann u. Obereit im Kampf um die Überwindung d. Aufklärung. Frauenfeld 1937. (266 S.) – Leo Maduschka, Das Problem der Einsamkeit im 18. Jahrh. Weimar 1933. = Forschungen z. neueren Lit.gesch., 66. (123 S.) – Wesentliches bereits bei v. Loeper in der Hempelschen Ausg., Bd. 23, S. XXVI f. und Bd. 22, S. 453–460.

64,32. *Eine Tochter:* Katharina, 1756–1781.

64,35. *Zierlichkeit* = Galanterie, geschickte Beherrschung konventioneller Formen, Vornehmheit. – Dt. Wb. 15, 1956, Sp. 1210–1219.

65,25. *ihr Leben nicht hoch gebracht.* D. h. sie starb jung (mit 25 Jahren).

65,28. *öffentlich zur Sprache gekommen* ... 66,1f. *aus vorhandenen Druckschriften* ... Joh. Ernst Wichmann, Zimmermanns Krankheitsgeschichte. Hannover 1796. – Heinr. Matth. Marcard, Beitrag zur Biographie des seligen ... Zimmermann. Hamburg 1796. – S. A. D. Tissot, Vie de Mr. Zimmermann. Lausanne 1797. (Dasselbe dt.: Zimmermanns Lebensgesch. Zürich 1797.) – Diese Arbeiten – und andere – sind verzeichnet bei Jördens, der seinerseits ausführlich über Zimmermanns „Hypochondrie" schreibt. – Goedeke 4,1. Dresden 1916. S. 480–484.

66,21. *Hippokrates* von Kos. Goethe an H. Meyer 30. 12. 1795: *Ich habe ... diese Zeit die berühmte Abhandlung des Hippokrates „De aere, aquis et locis" gelesen und mich über die Aussprüche der reinen Erfahrung herzlich gefreut* ... Im Jahre 1796 las er „De victus ratione" und benutzte Sätze daraus für den *Lehrbrief.* – Bd. 7, S. 496,10ff. u. Anmkg.; Bd. 8, S. 460–462, Nr. 5–16 u. Anmkg. – Ruppert Nr. 1275f. – Grumach, Goethe und die Antike, 1949, S. 824–828.

67,10. *Boerhaave,* Hermann, 1668–1738. Vgl. Bd. 9, S. 344,30 u. Anmkg.; Bd. 10, S. 78,19.

67,10. *Haller,* Albrecht v., ist in *DuW* bereits mehrfach erwähnt. (Bd. 9, S. 80,9; 257,15; 269,27; 277,3; 397,33.) Seine vielseitigen, wegweisenden und in allem gründlichen Leistungen als Naturforscher, Arzt, Schriftsteller, Politiker usw. riefen die höchste Bewunderung der Zeitgenossen hervor. – NDB 7, 1966, S. 541–548.

67,25. *Chymisten.* Im Gegensatz zum modernen erfahrungswissenschaftlichen Chemiker der nach Art früherer Jahrhunderte die chemischen Vorgänge mit pansophischen Spekulationen verbindende Denker, etwa von der Denkweise der 1723 bis 1781 fünfmal aufgelegten „Aurea catena Homeri". – Bd. 9, S. 341,13–342,29 u. Anmkg.

68,11. *von Salis,* Karl Ulysses, 1728–1800, aus einer bekannten Schweizer Adelsfamilie, Geschäftsträger Frankreichs in Graubünden, begeistert für die pädagogischen Ideen des Jahrhunderts, kaufte für die Erziehungsanstalt des Pfarrers Martin Planta die halbe Herrschaft Haldenstein, doch da dort die Baulichkeiten nicht ausreichten, nahm er die Anstalt nach *Marschlins* hinüber und schuf damit eins der großen Schweizer Landerziehungsheime, die – wie später das Fellenbergs – Goethe immer interessierten und schließlich für die Konzeption der *Pädagogischen Provinz* Bedeutung gewannen. – Lex. d. Pädagogik. Bd. 3. Bern 1952. S. 404f.

68,15. *Sulzer,* Joh. Georg, 1720–1779. Vgl. Bd. 9, S. 539,32 u. Anmkg. *eine Stelle seiner Reisebeschreibung:* „Ich hatte ... in Frankfurt das Vergnügen, des bereits in jungen Jahren durch verschiedene Schriften in Deutschland berühmt gewordenen Doktor Goethens Besuch zu genießen. Dieser junge Gelehrte ist ein wahres Originalgenie von ungebundener Freiheit im Denken sowohl über politische als gelehrte Angelegenheiten. Er besitzt bei wirklich scharfer Beurteilungskraft eine sehr feurige Einbildungskraft und sehr lebhafte Empfindsamkeit. Aber seine Urteile über Menschen, Sitten, Politik und Geschmack sind noch nicht durch hinlängliche Erfahrung unterstützt. Im Umgange fand ich ihn angenehm und liebenswürdig." (Tagebuch einer von Berlin nach den mittäglichen Ländern von Europa 1775 und 1776 getanen Reise. Lpz. 1780. Auch in: „Deutsches Museum" 1778, 2. Band, S. 204.)

69,7f. *von dem Rate ausgeschlossen.* Goethes Oheim Johann Jost Textor, 1739–1792, gehörte seit 1771 als Schöffe dem Rat an, infolgedessen durfte nicht auch sein Neffe in den Rat gewählt werden; als er 1792 starb, fragte man Goethe, ob er Frankfurter Ratsherr werden wolle. Vgl. S. 289,35–292,25 u. die Anmerkungen.

69,11f. *Agentschaften:* Stellungen als Geschäftsführer, Bevollmächtigter usw. Agent war der Hausfreund von Goethes Eltern, *Rat Schneider* (Bd. 9, S. 71,5 u. Anmkg.). *Residentenstellen:* Vertretungen auswärtiger Fürsten. Resident war z. B. *Legationsrat Moritz* (Bd. 9, S. 114,24 und Bd. 10, S. 43,20f.); der preußische *Resident* ist im *15. Buch* bereits erwähnt (56,22). Die Kleinstaaterei brachte es mit sich, daß ein Agent mehrere Kleinfürsten vertreten konnte, insofern waren es *kollektive Stellen,* die sich *durch Tätigkeit grenzenlos erweitern* ließen (112,17–19). – Vgl. auch 188,7.

69,26f. *jener wunderliche Redner.* Bd. 9, S. 232,10 u. Anmkg.

70,9. *barock* = seltsam, unerwartet; so, wie es sich „von Natur" nicht ergeben hätte. – Bd. 9, S. 299,6.

70,14. *eben dasselbe Frauenzimmer.* An Kestner, 11. Febr. 1773: Das *Mädchen grüßt Lotten, im Charakter hat sie viel von Lenchen, sieht ihr auch gleich ... Hätten wir einander so lieb wie Ihr zwei – ich heiße sie indessen mein liebes Weibchen, denn neulich als sie in Gesellschaft um uns Junggesellen würfelten, fiel ich ihr zu ...* Und am 26. Jan. 1773: *Lotten sagt: ein gewisses Mädchen hier, das ich von Herzen lieb habe und das ich, wenn ich zu heiraten hätte, gewiß vor allen andern griffe, ist auch den 11ten Januar geboren ... Wer weiß, was Gottes Wille ist.* Wer aus diesem Freundeskreise Goethes ist am 11. Januar geboren? Susanne Magdalene Münch, am 11. Jan. 1753. Ihr Vater, Philipp Anselm Münch, war Kaufmann und wohnte im Haus „Zur Eule" am Hühnermarkt. – Das in aller Knappheit einen ganzen Menschen gebende Porträt 70,16–23 erinnert durch die Eigenschaften der Harmonie und Tätigkeit an Natalie, hat aber nicht deren Vornehmheit (Bd. 7, S. 417,31ff.). Der im Novellenstil mit direkten Reden geschriebene Abschnitt 71,7–32 ist sowohl Einleitung zu dem *Clavigo*-Abschnitt wie auch Charakteristik der Beziehung zu der Partnerin.

70,38. *gemütlich* = aus dem Gemüt. Ähnlich 34,13 und 27; 126,2f.

71,9f. *das Memoire* ... Der genaue Titel ist: Quatrième mémoire à consulter par P. A. Caron de Beaumarchais. Paris 1774. Darin: Fragment de mon voyage d'Espagne. – Erich Schmidt, Charakteristiken. Bd. 2. Bln. 1901. S. 99–116: Clavijo, Beaumarchais, Goethe. – Zu Goethes *Clavigo* vgl. Bd. 4. S. 260–306 u. Anmkg.

72,11f. *englischen Ballade:* Düntzer vermutet, daß Goethe eine Ballade aus Percy, ,,Lucy and Collin" meint, die von Herder unter dem Titel ,,Röschen und Kolin" übersetzt wurde. – Herder ed. Suphan 25, S. 180–182. – KDN 74, S. 340–342. – KDN 100, S. 328.

72,33. *Mariagespiel:* Ehe-Spiel.

73,23. *seligen Freundin.* 59,36; 57,9.

74,9f. *kurze Ware.* Adelung Bd. 2, Wien 1808, Sp. 1845: ,,Kurze Ware: kleine verarbeitete oder verfertigte Dinge, z. B. hölzernes Spielgerät".

Vierter Teil

Zur Entstehung. Goethe schreibt in seinen Tagebüchern oft: *Der Biographie 4. Band,* bezeichnet aber nicht näher das Thema oder das Buch. Wir können daher die Bücher 16–20 nur wenig im einzelnen datieren, wissen aber die allgemeinen Arbeitszeiten. Auch erfolgte die endgültige Einteilung dieser Bücher erst spät. (Tagebuch 29. März 1831: *eine neue Einteilung der Bücher überdacht.*) Einiges wurde schon im Jahre 1813 diktiert, als der *3. Teil* entstand. Nach dessen Vollendung ging die Arbeit in sehr großen Abständen vorwärts. Die Hauptarbeitszeiten sind: 11.–20. Dez. 1816; 24. Okt.–22. Dez. 1821; 20.–25. Febr. 1825; 9. Nov. 1830–15. Okt. 1831. Veröffentlicht wurde dieser Teil erst nach Goethes Tode. – Scheibe, Ṣiegfried: Der vierte Teil von „Dichtung und Wahrheit". Entstehungsgeschichte und Textgestalt. In (Jb.) Goethe 30, 1968, S. 87–115.

Am Ende des *3. Teils* ist der Tod des Fräuleins v. Klettenberg berichtet, von der es heißt, daß sie mit ihrem *heitern ja seligen Blick ... entwirrte, was uns andere Erdenkinder verwirrte* (57,9–11). Im *4. Teil* gibt es niemanden, der das könnte. Hier dagegen ist Demoiselle Delph, die sich *in die Welt fügt* (108,36) und immer *Zwecke durchführen will ... ohne gerade intrigant zu sein* (184,23ff.). Der Jüngling, über den berichtet wird, ist allein. Von außen begünstigt ihn alles; und doch ist er in peinvollster Lage, so daß man sagen könnte: Niemand gegen den Helden außer dem Helden selbst. Was er in sich vernimmt, ist aber nicht einfach nur er selbst; das sittliche Denken gehört zur sittlichen Weltordnung; daß auch die dichterische Gabe aus höchster Hand sei – hatte er es nicht oft genug gesagt? Und der Eros, der alles in Widerstreit bringt, mußte nicht auch er letztlich von dorther kommen? So scheinen die widerstreitenden Kräfte im Innern also Kräfte des Alls, die der Jüngling in ihrer Widersprüchlichkeit erlebt und erleidet und deren Zusammengehörigkeit erst höherer Reife erkennbar werden kann. Der *4. Teil* enthält in seinem letzten Buch den Abschnitt über das Dämonische. Als Geschehen aber bringt er die Geschichte einer Liebe und den Aufbruch nach Weimar, romanhaft erzählt, doch kein Roman; aus weitem Abstand und doch aus innerster Nähe. Als der Jüngling am 30. Oktober 1775 von Frankfurt nach Heidelberg fuhr, schrieb er in sein Tagebuch: *Bin ich denn nur in der Welt, mich in ewiger unschuldiger Schuld zu winden?* (Morris 5, S. 474.) Aus der Entfernung des Alters deutet der Erzähler diese Lage in seiner Darstellung an.

Die Lili-Geschichte beginnt im *16. Buch* mit einer bildhaften Szene am Flügel (86,7–87,3) und endet im *20. Buch* mit einer entsprechenden Szene (182,2–23). Sie führt im *17. Buch* auf den Höhepunkt in dem Motiv *mein Herz wacht* (107,5) und dem Motiv des *Bräutigams,* das in einen metaphysisch-hintergründigen Satz gestellt ist (109,30–33). Das *17. Buch* bringt das Zusammensein mit Lili, das *18.* und *19. Buch* (die eng zusammengehören) das Getrenntsein; auch hier eine bildhaft-symbolische Situation: die Umkehr (149,7–151,3).

Die Lili-Partien bilden einen Bogen, der sich erhebt und senkt. Kennenlernen (Vorspiel) 86,7–87,3; rasches Näherkommen (Steigung) 93,26–97,14; 98,21–99,25; Höhepunkt (langer, in sich gegliederter Abschnitt) 101,16–110,16; Krise, Entfernung (mehrere kleine Abschnitte) 110,17–111,33; 127,27–39; 129,25–27; 133,16–18; 134,10–36; 140,15–18; 141,6–9; 142,33–143,2; 150,1–29; neues Zusammensein, *unseligste aller Lagen* 166,14–171,7; Verzicht, Trennung 177,36–179,15; 181,30–182,23; 183,34–184,3; 184,30–37; 185,18–20. Die Weimar-Partien dagegen sind ein stetiges Ansteigen, in welchem das retardierende Moment der verspäteten Kutsche nur die Stärke der Neigung deutlicher macht (130,32–131,3; 172,31–33; 173,24–175,10; 178,33–180,34; 185,30–187,24).

Der Bau als Ganzes ist kunstvoll, das zeigt z. B. die Art, wie die Lili-Motive in die Geschichte der Schweizer Reise eingewoben sind. Schon durch die Anordnung der Motive werden Beziehungen angedeutet, z. B. im *20. Buch;* durch die Komposition wird hier verdeutlicht, daß das Dämonische eine Situation schafft, in welcher zwei Kräfte durcheinander wirken, bis eine schließlich vorherrschend wird. – Im einzelnen aber ist der Aufbau locker, wie in den Alterswerken überhaupt. Es gibt im Gegensatz zu den anderen Teilen von *DuW* Striche mitten im Buch (z. B. S. 122, 123, 125, 156, 157 u. ö.), nach ihnen setzt sprunghaft ein neues Thema ein. So fehlen zwar die Überleitungen, doch eine innere Beziehung und ein organischer Aufbau sind ebenso vorhanden wie in der sprunghaften, motivreichen Komposition des *Faust II* oder der *Wanderjahre.*

Diese Form hängt auch damit zusammen, daß Goethe den 4. Teil in nicht ganz druckfertigen Handschriften hinterließ, aus denen Eckermann dann das Druckmanuskript herstellte. Dabei zeigte sich, daß Goethe diesem Teil kein Motto gegeben hatte wie den 3 anderen Teilen. Eckermann hielt es für nötig, ein Motto beizufügen. Er und Riemer notierten verschiedene Vorschläge, die sie wechselseitig begutachteten und auch Kanzler v. Müller zur Beurteilung vorlegten. Der Briefwechsel darüber ist erhalten geblieben. Am 19. Januar 1833 teilt Eckermann an Kanzler v. Müller mit, daß er nun den von Riemer gebilligten Satz gewählt habe, der die Gewalt des Dämonischen ausdrückt. Er meint damit den Satz *Nemo contra deum nisi deus ipse,* den er aus dem Text (177,35) entnommen hatte. Erst 1964 kam dieser Sachverhalt aus dem Nachlaß des Kanzlers v. Müller zutage und wurde von Siegfried Scheibe in dem Jahrbuch „Goethe", Bd. 26, S. 320–324, mitgeteilt. Unser Text erscheint also ohne das Motto, das von 1833 bis 1965 in allen Ausgaben gedruckt ist.

Damit ist eine Frage hinfällig, welche die Forschung viel beschäftigt hat, nämlich die, welcher innere Zusammenhang zwischen dem Motto *Nemo contra deum* ... und dem ganzen 4. Teil bestünde. Eckermann hat dem Satz dadurch, daß er ihn zum Motto machte, eine falsche Funktion gegeben. Dennoch sind die Untersuchungen darüber auch jetzt, nachdem man weiß, daß es kein Goethesches Motto ist, insofern wertvoll, als sie den Sinn des Satzes zu erklären versuchen. Seine Herkunft ist unbekannt. Riemers Angabe, er stamme aus Zinkgrefs Werk ,,Apophthegmata" ist unzutreffend, ebenso wie Riemer sich in seiner Erinnerung täuscht, wenn er schreibt, er habe Goethe diesen Satz als Motto vorgeschlagen. (Riemer, Mitteil. über Goethe, hrsg. von Pollmer, Lpz. 1921, S. 188.)

Adolf Grabowsky, Das Motto des 4. Teils von „Dichtung und Wahrheit". Trivium 3 (o.J.), S. 241–264. – Eduard Spranger, Nemo contra Deum ... (Jb.) Goethe 11, 1949, S. 46–61. – Momme Mommsen, Zur Frage der Herkunft des Spruches „Nemo contra deum ... (Jb.) Goethe 13, 1951, S. 86–104. – Renate Fischer-Lamberg, Aus dem Riemer-Nachlaß. (Jb.) Goethe 16, 1954, S. 345f. – Walter Muschg, Goethes Glaube an das Dämonische Dt. Vjs. 32, 1958, S. 321–341, insbes. S. 340f. – Kurt Leese, Nemo contra deum ... Tübingen 1961. (27 S.) – Harold Jantz in: Rezeption und Produktion. Festschr. f. Günther Weydt. Bern u. München 1972. S. 621–633.

Sechzehntes Buch

27. Aug. 1813: *Spinoza.* 29. Aug. 1813: *Spinoza, Ethik. 1. Teil De Deo geschlossen.* 15. Sept. 1813: *Bayle Art. „Spinoza".* 7. Okt. 1813: *Spinoza.* 11. Dez. 1816: *Der Biographie 4. Band und dazu Gehöriges.* 13. Dez. 1816: *Redaktion der Papiere zum 4. Band meiner Biographie. Tabelle hiezu.* 10. Aug. 1824: Bericht in Eckermanns ,,Gesprächen" über den Zustand des Buchs zu diesem Zeitpunkt. 22. Febr. 1825: *Stillings Leben und Begebenheiten in Erinnerung früherer Verhältnisse ... Stillings Leben mit Betrachtung des Bezugs seines Frankfurter Aufenthalts ...* 23. Febr. 1825: *Diktiert bezüglich auf Stilling.* 24. Febr. 1825: *Ich diktierte am Stilling.* 11. Nov. 1830: *Aus meinem Leben, 4. Teil fortgesetzt.* (Ähnliche Eintragungen in den nächsten Tagen.) 15. März 1831: Anregungen Eckermanns zur Umgruppierung im *16. Buch* (,,Gespräche"). 13. Sept. 1831: *Abends Prof. Riemer. Wir fingen an, den 4. Band der Biographie wieder durchzugehn.* 14. Sept. 1831: *Im Geschäft von gestern abend fortgefahren.*

Das Anfangs-Motiv ist *Spinoza* (76,7ff.) und der innere Friede, der von ihm ausgeht. Der junge Dichter sucht bei Spinoza nicht ein metaphysisches System, sondern einen Weg der Lebensbewältigung; er findet bei ihm das große Vorbild im *Entsagen* (77,16ff.); diese Resignation gründet nicht auf Weltverachtung (... *daß alles eitel sei* 78,1), sondern auf Bejahung der ewigen göttlichen Gesetzlichkeit, die in Welt und Schicksal waltet (78,3–11). Der Jüngling, der vor noch nicht langer Zeit von *Ekel vor dem Leben* gequält wurde (Bd. 9, S. 578,9ff.) und an

Selbstmord dachte (Bd. 9, S. 578,35 ff.), dem es immer wieder mißlang, Welt und Ich ins rechte Verhältnis zu bringen, findet in dem Vorbild Spinozas das, was er braucht. Hier sind Persönlichkeit und Lehre in Übereinstimmung; von jener schreitet er zu dieser weiter, und aus allem entsteht – hier blickt der greise Erzähler über den Zeitpunkt der Erzählung hinaus – *große Wirkung auf die Folge* seines *Lebens* (79,9). Das wird nun im Folgenden erläutert.

Die Natur wirkt nach ewigen, notwendigen Gesetzen, doch ohne Verstand und Willkür (und es erregt Entsetzen, wenn sie verständig zu handeln scheint). Der Mensch wirkt verständig, vernünftig, sittlich, zum Vorteil des Ich und der anderen (und es erregt Entsetzen, wenn er nicht so handelt). Dieser *Gegensatz* (80,12) wird nun auf das *eigne Wesen* angewandt. (Die Worte *sehr wunderlich* deuten an, daß der Verfasser weiß, daß es eine durchaus individuelle, nicht authentische Auslegung ist.) Das ihm *inwohnende dichterische Talent* (80,16 f.) betrachtet der Jüngling *ganz als Natur,* d.h. er sieht es als zwar gesetzlich und sinnvoll schaffend, aber nicht planend, zielend, praktisch. Von da wendet er sich nach *der andern Seite (82,7),* zu dem, was *menschlich, vernünftig, verständig* ist; er hat diesen *strengen Gegensatz* (82,6) aus Spinoza entnommen; und wie er auf der einen Seite gelernt hat, das Naturhafte wachsen zu lassen, muß er nun auf der anderen lernen, das Vernünftige und Verständige zu seinem und anderer Vorteil zu gebrauchen, indem er sich den *Weltgeschäften* (82,11) zuwendet. Hier sind also die zwei Gebiete, denen er sich fortan bis an sein Lebensende gleichzeitig widmete, beide bezeichnet und in ein Verhältnis gebracht. Er erkennt, welche Haltung er auf diesem und auf jenem einnehmen muß; daß er im Kunstschaffen *nachtwandlerisch* (81,1) Gutes leiste, nicht aber *mit Willen* (82,4); daß er umgekehrt in den *Weltgeschäften* (82,11), die er auch *wirkliche Dienste* (82,18) nennt, Verstand und Willen anwenden müsse und daß er auch hierzu die nötigen Kräfte habe (82,11 f.). Er holt diese Erkenntnis aus den *allgemeinen Begriffen* (82,13) bei Spinoza – wobei er sich klar ist, daß dies eine persönliche Interpretation ist (78,22–35) – und wendet sie auf das eigene *Wesen,* seine augenblickliche *Lage* an (82,14), ja er faßt den *Entschluß* (82,15), demgemäß zu handeln.

Es ist nicht oft in *DuW* von Entschlüssen die Rede. Erst am Ende des *20. Buches* heißt es wieder *ich bin entschlossen* (186,37), als es sich darum handelt, an den Ort zu gehn, wo sowohl im Dichten wie in den Weltgeschäften sinnvolles Schaffen zu erwarten ist. So eröffnet sich von hier ein Ausblick auf den ganzen *4. Teil.* Der *Entschluß* (82,15) ist zunächst nur ganz allgemein, das „Wie“ steht noch offen. Die folgenden Bücher zeigen, daß eine Existenz, die auf beiden Gebieten Entfaltung ermöglicht, in Frankfurt undenkbar ist. Familie, gesellschaftliche Verhältnisse, Advokatentätigkeit, die geplanten Agentschaften usw. ermöglichen weder ein Wachsenlassen der Dichtung noch ein wirkliches Einarbeiten in die *Weltgeschäfte* (die Advokatentätigkeit war kaum mehr als eine Fassade, verglichen mit dem, was dann die Beamtentätigkeit in Weimar wurde). Am Ende des *4. Teils* folgt wieder ein Entschluß, und dieser eröffnet ein Leben in spannungsreicher Polarität von Dichtertum und Tätigkeit. – Von hier aus ergibt sich ein verbindendes Motiv für den *4. Teil* gegenüber dem *3. Teil.* Dort stützte der Jüngling noch sein ganzes Dasein auf sein *produktives Talent* als Künstler (47,36f.), hier dagegen wird ihm die Zweipoligkeit seiner Aufgabe deutlich; entsprechend gewinnt nun das Weimar-Motiv entscheidende Bedeutung.

In den Gedankengang, der unbewußtes und willentliches Schaffen auseinanderhält, werden Gegenbeispiele eingeflochten; scheinbare bewußte Vernunft in der Natur: die Blattbewegungen usw. (79,15–39); Mißbrauch des unbewußt entstandenen Kunstwerks: der Nachdruck (81,10ff.; 82,19ff.). Hiermit ist nun aber eine für den jungen Autor höchst wichtige Sache berührt. Dieses Thema ist also nicht nur Beispiel im Gedankengang, sondern hat eigenes Gewicht, so daß das Ausgangsthema, daß *Kunst und Natur ... aus großen Prinzipien zwecklos handeln* (vgl. die Anmkg. zu 80,14) und daß der Mensch vernünftig, verständig und sittlich wirken müsse (80,5–11; 82,7–12; 82,17–19), fast etwas verdeckt wird. – Die Überleitung von diesem zu ganz anderen Motiven ist leicht, da der Grundtenor gegeben ist durch das Lebensgefühl der Jugend und Schöpferkraft; und so folgen einige – eben aus diesem Lebensgefühl erwachsene – Bilder aus dem Leben (83,11ff.); sie schaffen das Element, in welchem die erste Lili-Episode stehen kann. Dichtereinsamkeit und Gesellschaft ergeben das Konflikt-Motiv der folgenden Bücher. Das Schluß-Thema des Buches, der Besuch Jung-Stillings, lenkt in die Bilder aus dem Haus- und Freundeskreise zurück und zeigt noch einmal eine Kontrastgestalt; Jung-Stilling hat auf die Frage nach der Einwirkung höherer Mächte seine einfache und klare Antwort, und desto mehr wird der junge Spinoza-Verehrer inne, daß er selbst auf einem anderen Wege ist.

76,7. *Spinoza.* Das im *14. Buch* bereits berührte Thema wird wiederaufgenommen und unter neuem Gesichtspunkt behandelt. Vgl. 35,4ff. u. Anmkg.

76,9. *ein Büchlein.* Joh. Colerus, Das Leben des Bened. von Spinoza ... Frankf. u. Lpz. 1733. (126 S.) Das Werk ist in Liebholdts Verzeichnis angeführt, befand sich also in der Bibliothek von Goethes Vater. Übrigens besaß auch Jacobi ein Expl. davon, das später in die Preuß. Staatsbibliothek kam (Signatur: Nl 13536). – Da dieses Buch trotz aller Mängel eine wichtige Quelle für unser Wissen von Spinoza ist, gab Carl Gebhardt 1952 in Heidelberg einen Facsimile-Neudruck heraus.

76,12. *Unterschrift.* Sie lautet: „characterem (nicht: *signum*) reprobationis in vultu gerens“. – Reproduktion des Titelkupfers in der Colerus-Ausg. von Gebhardt und in KDN 101, S. 5.

76,25. *Bayles Wörterbuch.* Als Goethe an *DuW* arbeitete, zog er vielfach Werke heran, die er in seiner Jugend gelesen hatte; und so entlieh er 15. 9.–5. 10. 1813, als das *14. Buch* fertig wurde: Pierre Bayle, Dictionnaire historique et critique, und zwar nur Bd. 4, Q–Z, Basle 1741.

76,30. *Atheist.* Bayle schreibt über Spinoza: „Il a été un Athée de Systême et d'une méthode toute nouvelle." Und ferner: „Il mourut, dit-on, bien persuadé de son Athéisme ... Mais des toutes les Hypothèses d'Athéisme celle de Spinoza est la moins capable de tromper ..." – Jacobi hielt in seinen Schriften zum Spinozastreit (vgl. Anmkg. zu 49,4) zwar an der These fest: Spinozismus sei Atheismus; doch bedeutete ihm der spinozistische Atheismus eine Denkkonsequenz, nicht aber eine von vornherein zu verwerfende, alle Moral untergrabende Haltung. Von der Persönlichkeit Spinozas sprach Jacobi mit hoher Achtung, und gegenüber dem seichten Deismus und Moralismus der Aufklärung rühmte er den „unendlich frömmeren Atheismus eines Spinoza". In der Schrift „Jacobi wider Mendelssohns Beschuldigungen betreffend die Briefe über die Lehre des Spinoza", Leipzig 1786, heißt es über ihn: „Auch er verehrte eine Vorsehung, ob sie ihm gleich nichts anderes war, als jene Ordnung selbst der Natur, die aus ihren ewigen Gesetzen notwendig entspringt." Die hier anschließenden Sätze sind in Goethes Exemplar der Schrift (Weimar, Goethehaus) angestrichen (S. 78f.): „Auch er bezog alles auf Gott, den einzigen, der da ist, und setzte das höchste Gut darin, den Unendlichen zu erkennen und über alles ihn zu lieben. Eh proh dolor! ruft er aus, res eo jam pervenit, ut, qui aperte fatentur, se Dei ideam non habere et Deum non nisi per res creatas (quarum causas ignorant) cognoscere, non erubescant Philosophos Atheismi accusare. (Tract. Th. Pol. C. II, p. 16.)" Jacobi bringt in diesem Zusammenhang einen Auszug aus einem Brief Spinozas, in welchem dieser einem seiner Tadler vorwirft: er tue das Gute nicht um seiner selbst willen, sondern erfülle nur aus Furcht vor Strafen die göttlichen Gebote; darum müsse er „von allen denen, welche die Furcht nicht zurückhält, glauben, daß sie zügellos leben und von keiner Gottesverehrung wissen". Diese Stelle ist in Goethes Exemplar ebenfalls angestrichen. – Das Tagebuch vom 25. und 26. 5. 1823 verzeichnet, daß Goethe sich mit diesem Buch (das schon in seinem Bibliotheksverzeichnis von 1788 genannt ist) wieder beschäftigte. – Goethe-Wörterbuch Bd. 1, 1978, Art. *Atheismus, Atheist, atheistisch.* – Goethe entlieh Bayle, Dictionnaire, am 15. Sept. 1813.

76,34. *Particulier:* „ein Mann ohne öffentliche Bedienung; ein für sich lebender Mann; Privatmann" (Campe, 1813, S. 462).

76,36. *an ihren Früchten ...* Matth. 7,16 und 20.

77,1f. *die nachgelassenen Werke.* In Goethes Bibliothek in Weimar befindet sich: Benedicti de Spinoza Opera posthuma. o. O. 1677. Dieser Band ist schon in

Goethes Bücherverzeichnis von 1788 genannt. – 1773 entlieh er sich einen Spinoza-Band von Höpfner (Brief an diesen vom 7. 5. 1773).

77,10f. *so viel und auch in der neuern Zeit gestritten.* Spinoza war seit seinen Lebzeiten eine Gestalt, bei der Tadel und Lob der Beurteiler (Colerus, Bayle, Brucker, Arnold, Korthold) sich wechselnd mischten; *in der neuern Zeit* war dann der Spinoza-Streit zwischen Jacobi und Mendelssohn geradezu eine *Explosion* (49,4) gewesen, die noch lange nachwirkte. Ein aufsehenerregendes Nachspiel war die Kontroverse zwischen Jacobi und Schelling 1811/12: Jacobi stellte in seiner Schrift „Von den göttlichen Dingen und ihrer Offenbarung", Leipzig 1811, Schellings Identitätsphilosophie in eine Linie mit dem (von ihm als atheistisch bekämpften) Spinozismus. Schelling antwortete in „Denkmal der Schrift von den göttlichen Dingen etc. des Herrn F. H. Jacobi ...", Tübingen 1812; er brachte hier Jacobis Unterredungen mit Lessing und seine Thesen aus dem Spinoza-Streit nochmals zur Sprache und stellte dabei mit vernichtender Schärfe alle Schwächen des Philosophen Jacobi bloß. – Für Goethe wurden diese Auseinandersetzungen Anlaß zu erneuter Lektüre Spinozas. – Vgl. 49,1–10 und 510,39–511,17 und die Anmkg. – Th. C. van Stockum, Spinoza's beoordeeling en invloed in Duitschland van 1677 tot 1750. Groningen 1916. (Antrittsvorlesung.) – Heinrich Meyer, Das Nachleben von Spinoza. Studium Generale 11, 1958, S. 150–168.

77,16f. *daß wir entsagen sollen.* Eins der Hauptmotive des späten Goethe. Die Stelle hier nennt beide Seiten der Entsagung, sowohl die Geistigkeit – *ein Menschen und Gott gefälliges Leben* (76,37) – wie auch die Härte – *Persönlichkeit ... aufzugeben* (77,23f.), *bittrer ... Kelch* (77,26f.), *schwere Aufgabe* (77,30). In *Wilhelm Meisters Wanderjahre oder Die Entsagenden,* dem anderen großen Prosa-Alterswerk, wird die Entsagung zum Leitmotiv. Der *4. Teil* von *DuW* zeigt einen Menschen von höchster innerer Gefährdung. *Entsagung* ist das einzige Mittel, um tragischem Untergang zu entgehn. Darum mußte dieses Motiv hier einmal aufklingen: es erscheint ihm in Spinoza wie ein ferner hoher Leitstern; in der anschließenden Lebensperiode in Weimar (mit der entsagenden Lida-Liebe und dem Streben nach Reinheit) kommt es in ihm selbst zur Entfaltung. – Bd. 8, Anmerkungen. – Arthur Henkel, Entsagung. Tüb. 1954. = Hermaea, N. F., 3. Insbes. S. 114ff.

78,18. *Leibniz.* Untersuchungen über die deutsche Spinoza-Rezeption und Spinoza-Kritik des beginnenden 18. Jahrhunderts nennt H. Scholz im Vorwort seines Neudrucks der Hauptschriften zum Pantheismusstreit, 1916, S. XLI. – Über Spinozistisches bei Leibniz spricht Jacobis Spinoza-Buch.

78,19. *Boerhaave,* Herman, 1668–1738. Vgl. Bd. 9, S. 344,30 u. Anmkg.; Bd. 10, S. 67,10. – Goethe entlieh 4. 9. 1813–23. 2. 1814: Versuch über den Charakter des großen Arztes ... Herman Boerhavens ... aus dem Französischen. Lpz. u. Freiberg 1748.

78,37. *der ewige Jude.* S. 45,9ff.

79,29f. *Mimosa* (Gattung der Hülsenfrüchtler, Unterfamilie Mimosoiden), am bekanntesten Mimosa pudica (Rührmichnichtan, Sinnpflanze), hat die Fähigkeit, mit Hilfe sog. Gelenkpolster ihre doppelt gefiederten, äußerst zarten Blättchen zusammenzuklappen. Diese Bewegung wird durch Berührung ausgelöst, sie stellt sich auch nachts ein („Schlafstellung"). *Gewerbe,* ein zu Goethes Zeit schon veralteter Ausdruck: das Glied am Stengel. Dt. Wb. 4,3. Lpz. 1898. Sp. 5490. – Bei dieser und den beiden folgenden Anmerkungen danke ich Dorothea Kuhn, der Herausgeberin der Naturwiss. Schr. in Bd. 13 und 14, für Auskünfte.

79,32f. *Hedysarum gyrans,* ein Süßklee (Schmetterlingsblütler). Die Beschreibung seiner selbständigen Blattbewegungen findet sich in einem Werk, das zu Goethes Handbibliothek gehörte: Kurt Sprengel, Anleitung zur Kenntnis der Gewächse. Bd. 1. Halle 1802. S. 310: „Noch wundervoller sind die Bewegungen des drehenden Süßklees aus Bengalen (Hedysarum gyrans) ... unaufhörliches Drehen der kleinen Blättchen, die zu beiden Seiten an dem Stiele der größeren Blätter sitzen. Das große Blatt richtet sich bloß auf und schläft periodisch ... aber die Seitenblättchen drehen sich auf ihren Stielchen Tag und Nacht in einer krummen Linie. Gesetzt, sie hängen jetzt ganz herab, so fahren sie bald ruckweise, aber doch ziemlich langsam, in die Höhe, bis sie fast ganz senkrecht stehen. In dieser Stellung beharren sie einige Sekunden auch wohl eine halbe Minute, dann senken sie sich ebenso ruckweise wieder, bis sie ganz herabhängen; und so dauert diese Bewegung unaufhörlich fort."

79,36. *Pisang* = Banane. Im Gegensatz zu dem *Hedysarum gyrans* hat diese Pflanze außergewöhnlich große (etwa meterlange) Blätter, die Blattrosette und ihre Scheiden bilden einen Scheinstamm, von dem sie schirmförmig abstehn. Goethe stellt sich vor, wie es aussähe, wenn diese großen Blätter sich so bewegen würden wie jene kleinen – ein höchst phantastisches Bild.

80,14. *das Vorhergesagte* ist der Abschnitt über die *Natur,* die zwar nach *Gesetzen* wirkt, aber nicht mit *Verstand, Vernunft, Willkür* (79,12ff.). Spinoza hatte betont: Die Menschen tun alles um eines Zweckes willen, nämlich um des Nutzens willen, den sie erstreben. Die Vernunft fordere auch, daß jeder Mensch seinen Nutzen suche, soweit es wahrhaft sein Nutzen ist. Hingegen irren die Menschen, wenn sie die Natur nach ihrer eigenen Sinnesweise beurteilen und sich einreden, Gott habe die Natur zu ihrem Nutzen eingerichtet und alles, was in der Natur geschehe, geschehe um ihretwillen. In Wahrheit habe die Natur (bei Spinoza als Deus sive natura zu verstehen) sich keinen Zweck vorgesetzt; vielmehr gehe in der Natur alles mit einer ewigen Notwendigkeit und mit höchster Vollkommenheit vor sich (Ethik, I. Teil, Anhang; IV. Teil, Lehrsatz 18, Anmerkung). – In der Darstellung des Autobiographen wendet der junge Dichter *diesen Gegensatz* auf das *eigne Wesen* an: während er *das, was menschlich, vernünftig und verständig* an ihm ist, zu seinem und anderer *Nutzen und Vorteil gebrauchen* will, betrachtet er das ihm *inwohnende dichterische Talent ganz als Natur*

(82,7–9; 80,12–17). Das Dichten ist Wachsen, unbewußtes Werden; es hat keinen Zweck und will keinen Zweck. (Der junge Dichter scheut sich sogar, äußeren Nutzen daraus zu ziehen, während andere – die Nachdrucker – damit ihre Geschäfte machen.) – Was Goethe hier aus Spinozas Philosophie ableitet: den Gedanken der Zweckfreiheit der Dichtung und der inneren Verwandtschaft zwischen Naturwerden und eigenem dichterischen Schaffen, fand er bestätigt und für das allgemeine Verhältnis von Natur und Kunst ausgesprochen in Kants „Kritik der Urteilskraft" (vgl. 286,37–287,4 u. Anmkg. und den Aufsatz *Einwirkung der neueren Philosophie*, Bd. 13, S. 25–29). Dadurch ergab sich für ihn eine innere Beziehung zwischen der Philosophie Kants und Spinozas. Eine Stelle aus dem Brief an Zelter vom 29. 1. 1830 wirft hierauf ein besonderes Licht; auf Einwände eingehend, die gegen seinen Aufsatz *Nachlese zu Aristoteles' Poetik* (1827) vorgebracht waren, schreibt Goethe: *Wir kämpfen für die Vollkommenheit eines Kunstwerkes, in und an sich selbst, jene denken an dessen Wirkung nach außen, um welche sich der wahre Künstler gar nicht bekümmert, so wenig als die Natur, wenn sie einen Löwen oder einen Colibri hervorbringt ... Es ist ein grenzenloses Verdienst unsres alten Kant um die Welt – und ich darf auch sagen um mich –, daß er in seiner „Kritik der Urteilskraft" Kunst und Natur kräftig nebeneinanderstellt und beiden das Recht zugesteht, aus großen Prinzipien zwecklos zu handeln. So hatte mich Spinoza früher schon in dem Haß gegen die absurden Endursachen gegläubiget. Natur und Kunst sind zu groß um auf Zwecke auszugehen und haben's auch nicht nötig, denn Bezüge gibt's überall und Bezüge sind das Leben.* (Briefe Bd. 4, S. 369f.) – Vgl. Bd. 1, S. 304, Nr. 3, S. 329, Nr. 149 und S. 325, Nr. 128 und die Anmkg.

80,23ff. *Durch Feld und Wald* ... Bd. 1, S. 243 u. Anmkg.

80,27. *einer meiner Vorgänger:* Petrarca. – G. v. Loeper in der Hempelschen Ausg. 23, S. 140 nennt Werke des 17.–19. Jahrhunderts, in denen diese Anekdote vorkommt. – Goethes Tagebuch 5. Jan. 1807: *Leben des Petrarca von Fernow.*

81,14. *Himburg*, Christian Friedrich, 1733–1801, in Berlin, einer der schlimmsten Nachdrucker seiner Zeit. Er stellte 1775–76 Goethes Schriften in 3 Bänden zusammen, brachte 1777 eine 2. Auflage und 1779 eine dritte, in welcher u. a. ein Aufsatz Herders und ein Gedicht Jacobis als Werke Goethes erscheinen. Himburg veränderte für norddeutsche Leser Goethes z. T. süddeutsche Sprachformen und brachte zahlreiche Fehler in den Text. – Bd. 9, S. 573,5–31. – Joh. Heinr. Eckardt, Berliner Buchhändler der Klassikerzeit. Börsenblatt des dt. Buchhandels 76, 1910, S. 2266ff. – Walter Schleif, Chr. Fr. Himburg. (Jb.) Goethe 27, 1965, S. 253–278.

81,29ff. *Holde Zeugen* ... Wohl erst 1779 entstanden, als Himburg im 4. Band seiner 3. Ausgabe Goethes Gedichte druckte. Früheste Quelle: eine Goethesche Niederschrift auf einem kleinen Quartblatt, zwischen seinen Briefen an Frau v. Stein, bei dem Brief vom 4. Juli 1779. Überschrift: *Der vierte Teil meiner Schriften. Berlin, 1779 bei Himburg.* Der Text klingt hier etwas krasser:

Langverdorrte halbverweste Blätter vor'ger Jahre,
Ausgekämmte, auch geweih't und abgeschnittne Haare ... usw.

W. A. 5,1, S. 161 und 5,2, S. 280. – Goethes Briefe an Frau v. Stein. Hrsg. von J. Petersen. Bd. 1, Lpz. 1923. S. 153 und 593.

81,34. *Sosias.* Goethe meint wohl Sosius und seinen Bruder, die „Sosii", die bedeutendsten Buchhändler in Rom zur Zeit des Horaz, der sie in „De arte poetica" 345 erwähnt. (Pauly-Wissowa, Realencyclop. 2,5. Stuttg. 1927. Sp. 1176). *Sosias* ist ein griechischer Name (ebd. Sp. 1145 f.), von Goethe vielleicht versehentlich hier eingesetzt.

82,26. *Nachdruck.* Als Goethe 26 Jahre alt war, 1775, erschienen im Buchhandel plötzlich „Goethens Schriften" in 3 Bänden. Ohne daß er etwas ahnte, hatte Himburg in Berlin diese Ausgabe zusammengestellt. Eine ähnliche Sammlung „Des Herrn Göthe sämtliche Werke" erschien im gleichen Jahre in Biel (Verlag Heilmann). Goethe selbst gab erst 1787–90 seine *Schriften* bei Göschen heraus. Vor dieser Ausgabe waren schon 10 Ausgaben seiner „Schriften" bzw. „Werke" ohne sein Wissen von Raubdruckern hergestellt worden! Diese Tatsache zeigt, welche Bedeutung die Nachdrucker hatten. Was ein Autor einmal veröffentlicht hatte, gehörte ihm nicht mehr. Fremde Verleger druckten es neu, dabei kam vor, daß sie es verstümmelten, mit anderen Werken verbanden usw. Dies war so arg, daß es manchem Autor das Publizieren verleidete. Wie bitter spricht Lessing über den Nachdruck am Ende seiner „Hamburgischen Dramaturgie"! Goethe wollte manches, was er in seinen Anfängen veröffentlicht hatte, nicht mehr neu drucken; anderes wollte er in umgearbeiteter Fassung geben. Doch er hatte keine Macht darüber; die Raubdrucker taten, was sie wollten. Man muß bedenken, welche Bedeutung für einen Schriftsteller seine Schriften haben; es ist das, wofür er lebt. Wenn das ihm aus der Hand genommen wird, ist er im Kern verwundet. Darum ist dieses Motiv nicht unwichtig. Es ist, nach dem tiefsinnigen Spinoza-Thema, zwar ein Motiv, das sich heiter darstellen läßt, doch eins, das für die Existenz des Dichters von großer Bedeutung ist. Goethe hat von 1775 an jahrzehntelang gegen den Nachdruck gekämpft, unter Aufbietung aller persönlicher Beziehungen, seiner juristischen Kenntnisse und seiner Zähigkeit und Geduld. Als er 1813 an *DuW* arbeitete, hatte er den Kampf zur Hälfte gewonnen; sein Verleger Cotta behauptete sich in Mittel- und Norddeutschland, und einen Wiener Nachdrucker hatte er dazu gebracht, eine ordnungsgemäße Lizenzausgabe herzustellen. 15 Jahre später, bei der *Ausg. l. Hd.*, hatte Goethe den Kampf gewonnen; diese Ausgabe war in allen deutschen Ländern privilegiert, und die Privilegien wurden jetzt auch wirklich berücksichtigt. Man macht sich aber schwer eine Vorstellung davon, welche Kämpfe es kostete, bis es dahin kam. – Waltraud Hagen, Die Gesamt- und Einzeldrucke von Goethes Werken.

Bln. 1956. = Werke Goethes, Akademie-Ausg., Erg.-Bd. 1. (XVI, 154 S.) – Georg Witkowski, Goethe u. seine Verleger. In: Witkowski, Miniaturen. Lpz. 1922. S. 102–135. – Otto Rauscher, Die Wiener Nachdrucke von Goethes Werken. Chronik des Wiener Goethe-Vereins 40, 1935, S. 23–32; 41, 1936, S. 32–35. – Karl Markert, Goethe u. der Verlag seiner Werke. In: (Jb.) Goethe 12, 1950, S. 144–176. – Lesewut, Raubdruck u. Bücherluxus. Ausstellungs-Katalog Goethe-Museum Düsseldorf 1977. S. 87–118. – Vgl. 82,88ff. u. Anmkg.

82,28ff. Der *Markgraf von Baden,* Karl Friedrich, 1728–1811 (vgl. 130, 21ff.), begünstigte den Verleger Karl Friedrich *Macklot,* der eine Menge Nachdrucke herausgab, doch nicht Goethe. Sodann gab es in Karlsruhe den Verleger Christian Gottlieb Schmieder. Dieser gab 1778–80 „Göthens Schriften" in 4 Bänden heraus und druckte dann noch 2 weitere Auflagen. Ein anderer süddeutscher Nachdrukker war Joh. Georg Fleischhauer in Reutlingen, der 1778–83 „Goethens Schriften" in 4 Bänden herausgab. (2. Aufl. 1784). – *Kaiser Joseph* II. begünstigte (wie schon Maria Theresia) Joh. Thomas *von Trattner,* 1717–1798, seit 1751 Hofbuchhändler in Wien, der mit dem Druck von Schulbüchern und Gebetbüchern, für die er Privilegien erhielt, viel verdiente und dann auch deutsche Schriftsteller nachdruckte. – Gesch. des dt. Buchhandels. Bd. 3 = Joh. Goldfriedrich, Gesch. d. dt. Buchhandels vom Beginn d. klass. Literaturperiode bis zum Beginn der Fremdherrschaft, 1740–1804. Lpz. 1909. – Otto Friedrich Vaternahm, Goethe u. seine Verleger. Phil. Diss. Heidelberg (Druckort: Frankf. a.M.) 1916. (IV, 110 S.) – W.E. Oeftering, Goethe u. der Verleger Macklot. In: Ekkhart. Jahrb. für das Badner Land. 19, 1938, S. 60–68. – ADB 38, 1894, S. 499–501. – Hans Pyritz, Goethe-Bibliographie, 1955ff., S. 42–44. – Hermine Cloeter, Joh. Thomas Trattner, ein Großunternehmer im Theresianischen Wien. Graz 1952. – U. Giese, Th. Edler v. Trattner. Seine Bedeutung als Buchdrucker, Buchhändler u. Herausgeber. Archiv f. Gesch. des Buchwesens 3, 1960/61, Sp. 1013–1454. – S. Unseld, Goethe u. seine Verleger. 1991. – NDB 15, S. 625.

82,35. *Markgräfin.* Caroline Louise, eine geistig bedeutende, literaturkundige, zugleich volkswirtschaftlich interessierte und tätige Fürstin. – Vgl. 130, 13ff. u. Anmkg.

83,31f. *In der ... Judengasse ... ein heftiger Brand.* Vermutlich aus der Erinnerung erzählt. Wie getreu das Gedächtnis war, zeigt der erhalten gebliebene (aber Goethe, als er *DuW* schrieb, nicht vorliegende) Brief an Schönborn vom Juni 1774. *... In der Nacht vom 28. auf den 29. Mai kam Feuer aus in der Judengasse, das schnell und gräßlich überhand nahm; ich schleppte auch meinen Tropfen Wasser zu ... Ich habe bei dieser Gelegenheit das gemeine Volk näher kennen gelernt, und bin aber- und abermal vergewissert worden, daß das doch die besten Menschen sind ...*

84,31. *Lizenz* = „Freiheit, Ausgelassenheit, Ungebundenheit in den Sitten" (J. A. Heyse, Fremdwörterbuch, Bd. 2, Hannover 1835, S. 38).

85,2. *Schrittschuhbahnen.* Vgl. 62,25ff. u. Anmkg. – Die Szene 84,38–85,19 hat Bettine Brentano an Goethe berichtet auf Grund der Erzählungen der Frau Rat. Goethe nahm diese Auffrischung eigener Erinnerung mit Dank an. (Bettina v. Arnim, Goethes Briefwechsel mit einem Kinde, Brief vom 28. Nov. 1810.)

85,23. *Ein geistreicher Franzos.* G. v. Loeper vermutet Rousseau. (Hempel 23,146.)

86,2f. *Hurone Voltaires.* Nach Voltaires Erzählung „L'Ingénu" („Der Arglose"). Der Held ist ein bei dem Indianerstamm der Huronen erzogener Franzose. – Boucke, Wort u. Bedeutung in Goethes Sprache. Bln. 1901. S. 252.

86,3. *Cumberlands Westindier.* Richard Cumberlands Drama „The West Indian"; dt. in der Übers. von Bode „Der Westindier", 1772, viel gespielt. Der Held ist ein in Mittelamerika aufgewachsener Jüngling, der von Europas Zivilisation keine gute Meinung bekommt.

86,5f. *Negotiationen* = Unterhandlungen, Verhandlungen, Bemühungen.

86,9. *angesehnen reformierten Handelshause.* Goethe vermeidet es, den Namen der Familie Schönemann zu nennen (ebenso wie die Namen Brion, Buff, Kestner nicht genannt werden). Die *einzige Tochter des Hauses* (86,14f.) war Anne Elisabeth, genannt Lili, 1758–1817. Ihr Vater, der Kaufmann und Bankherr Joh. Wolfg. Schönemann, geb. 1717, war 1763 gestorben. Seine Frau Susanna Elisabeth geb. d'Orville, 1722–1782, leitete das Geschäft mit einem Teilhaber. Lili hatte 4 Brüder, geb. 1752, 1754, 1756 und 1760. Sie heiratete 1778 den Straßburger Bankherrn Bernhard Friedrich v. Türckheim. Goethe besuchte beide 1779 auf seiner zweiten Schweizerreise in Straßburg. Türckheim sollte in der Französischen Revolution vor ein Tribunal kommen, die Guillotine drohte. Er entfloh, als Holzfäller verkleidet, über den Rhein. Lili, in den Kleidern einer Bäuerin, floh zu Fuß mit 5 Kindern, und die ihr eigene Charakterfestigkeit und Tüchtigkeit bewährte sich gerade in den Zeiten der Not. Durch Barbara Schultheß und Frau v. Egloffstein hörte sie gelegentlich von Goethe. 1801 wechselte sie mit ihm Briefe wegen eines jungen Mannes, den sie ihm empfahl, 1807 wegen des Besuchs ihres Sohns Karl in Weimar. Goethes Brief an sie vom 14. Dezember 1807 endet mit den Worten: *Zum Schluß erlauben Sie mir zu sagen: daß es mir unendliche Freude machte, nach so langer Zeit einige Zeilen wieder von Ihrer lieben Hand zu sehen, die ich tausendmal küsse in Erinnerung jener Tage, die ich unter die glücklichsten meines Lebens zähle. Leben Sie wohl und ruhig nach so vielen äußern Leiden und Prüfungen, die zu uns später gelangt sind und bei denen ich oft Ursache habe, an Ihre Standhaftigkeit und ausdauernde Großheit zu denken. Nochmals ein Lebewohl mit der Bitte meiner zu gedenken. Ihr ewig verbundener Goethe.* – Im Jahre 1821 besuchte ihn Lilis Sohn Karl v. Türckheim. 1830 war eine Enkelin Lilis in Weimar; Soret notiert am 5. März 1830, Goethe habe sie eingeladen; er wolle „chercher à retrouver quelques-uns des traits chéris de sa parente". In diesem Jahr nahm er die Lili-Geschichte des *4. Teils* wieder vor. Gegen Ende des Jahres bat er Henriette v. Beaulieu geb. Egloffstein um Mitteilungen über Lili, denn sie hatte diese 1794 in Erlangen gesprochen. Der Brief der Frau v.

Beaulieu vom 3. 12. 1830 (Weimar, Goethe-Archiv, Nachlaß des Kanzlers v. Müller, Fasz. 33, Bl. 16) berichtet, Lili habe Goethe als „Schöpfer ihrer moralischen Existenz" (d.h. etwa: ihres geistigen Daseins) bezeichnet. Aus Goethes sofortigem Dank an Frau v. Beaulieu vom 7. Dez. 1830 kann man ahnen, was ihm die Erinnerung an Lili bedeutete: *Ihr teures Blatt muß ich mit Rührung an die Lippen drücken* ... – Bald darauf wurde dann der *4. Teil* von *DuW* fertig. – Ernst Beutler, Lili. In: Beutler, Essays um Goethe. Bd. 2. 1947. S. 1–160. Dasselbe in der einbändigen Ausgabe der „Essays", 1958, S. 191–331. – Die Briefe der Elise v. Türckheim geb. Schönemann. Unter Mitarbeit von Ernst Marckwald hrsg. von John Ries. Frankf. 1924. (VIII, 328 S. mit XV Taf.) – Goethes Lili in ihren Briefen. Hrsg. von Heinz Amelung. Inselbücherei, 255. Lpz. (o. J.) (62 S.) – Arthur Richel, Aus Lilis Elternhaus. Archiv f. Sippenforschung 16, 1939, S. 225–228. – Goethe über Lili Schönemann. Goethe-Kalender 1930. S. 35–89. – Bd. 1, S. 96–105 u. Anmkg.

87,14. *Jung*, Joh. Heinrich, gen. *Stilling*, 1740–1817; von ihm ist bereits im *9. Buch* in der Darstellung der Straßburger Zeit ein Porträt gegeben (Bd. 9, S. 370, 10ff.); im *14. Buch* erschien er kurz im Kreise seiner pietistischen *Mitbürger* in Elberfeld (37,29–39). Hier nun folgte ein letzter ausführlicher Abschnitt, der ihn in seinem religiösen Denken zeigt (er ist darin ganz anders als die vorher geschilderten Gestalten Lavaters und Basedows) und Goethes eigenen Weg unausgesprochen deutlicher macht. Der Blick richtet sich auf Jungs religiöse Geistesart. Schon ein Schema (vgl. den Abschnitt „Schemata und Entwürfe") zeigt, wie sehr es Goethe darauf ankam, diese herauszuarbeiten. Goethe lobt seine tüchtige, aufopfernde Persönlichkeit, verschweigt aber auch nicht eine gewisse Primitivität und *dunkle Geistesform* (89,15). Der durchdringenden Charakteristik nimmt er die Schärfe (aber nichts an Gehalt), indem er von der Person Jungs sehr bald ins Überpersönliche fortschreitet (89,11ff.) und über die Pietisten allgemein spricht. Er vermeidet es, Jungs Schriften zu erwähnen und etwas über Jungs weiteren Lebensweg zu sagen (Geisterglauben usw.), und läßt den Abschnitt still-versöhnlich ausklingen, indem er nochmals auf *seine tüchtige Natur* (93,22) hinweist. – Aus den Tagebucheintragungen darf man wohl folgern, daß der Abschnitt großenteils im Februar 1825 entstanden ist (zumindest 88,33–92,16). Der Satz *einen merkwürdigen Fall habe ich sorgfältig niedergeschrieben* (87,12f.) deutet an, daß die Schlußredaktion dieses Buchs später liegt als die Abfassungszeit dieses Abschnitts. – Jung selbst hat seine Frankfurter Aufenthalte (11. Febr. bis 11. März 1775; erste Hälfte August 1775) sehr anschaulich beschrieben in „Heinrich Stillings häusliches Leben", Bln. u. Lpz. 1789, S. 79–89 u. 92–94. Die Geschichte des alten operierten Juden (92,17–36) ist dort ausführlicher erzählt als in *DuW*. Goethe hat merkwürdigerweise diesen Teil von Jungs Lebensgeschichte nicht ausgeliehen, er scheint ihn auch nicht besessen zu haben, sondern er entlieh am 21. Febr. 1825 die Bände „Stillings Lehrjahre" und „Stillings Alter", die ihm zwar Jungs Geistesart sehr deutlich zeigen konnten, doch keine Erinnerungen an gemeinsam Erlebtes enthalten. – Eine wissenschaftliche Neuausgabe aller autobiographischen Schriften Jung-Stillings ist: Jung-Stilling, Lebensgeschichte. Hrsg. von Gustav

Adolf Benrath. Darmstadt 1976. – H. Kruse, Jung-Stilling. Westfäl. Lebensbilder 4, 1933, S. 205–228. – Fr. Götting, J. H. Jung. Nassauische Lebensbilder 4. Wiesbaden 1950. – Fr. Götting, Goethes Straßburger Freund Jung-Stilling. Goethe-Kalender 30, 1937, S. 218–248. – Gotthilf Stecher, Jung-Stilling als Schriftsteller. Bln. 1913. = Palaestra 120. (VIII, 280 S.) – Hans R. G. Günther, Jung-Stilling. Ein Beitr. zur Psychologie des dt. Pietismus. München 1928. (186 S.) – Ernst Benz, Jung-Stilling in Marburg. Marburg 1949. = Marburger Reihe, 3. (58 S.) – Jung-Stilling, Briefe an seine Freunde. Hrsg. von A. Vömel. Bln. 1905. (XVI, 188 S.) – NDB 10, 1974, S. 665–667.

87,19. *von Lersner,* Friedrich Maximilian, 1736–1804, dänischer Gesandtschaftssekretär, Prinzenerzieher (Oberhofmeister), Schöff und Bürgermeister von Frankfurt a. M.

87,25. *Dreistigkeit.* Wie in der Gedichtüberschrift Bd. 2, S. 16 und in der Wendung *dreistes Wagen* im Gedicht *Die Jahre nahmen dir* Bd. 2, S. 39 = Selbstvertrauen, Sicherheit, Beherztheit, mutige Entschlossenheit (ohne abfälligen Ton). Dt. Wb. 2, 1860, Sp. 1395f.

89,30. *die sogenannten Erweckungen* sind die entscheidenden Wendepunkte, die Durchbrüche der religiösen Offenbarung im Leben der Pietisten und dementsprechend die Angelpunkte in ihren Autobiographien. – Der dt. Pietismus. Hrsg. von Werner Mahrholz. Bln. 1921. – RGG Art. „Pietismus". – H.R.G. Günther, Jung-Stilling. 1928. – August Langen, Der Wortschatz des dt. Pietismus. 1968.

89,33. *Aperçus.* Die hier folgenden Sätze sind Goethes bedeutendste Definition des *Aperçu,* über das er sich auch anderswo oft geäußert hat, z.B. in den *Max. u. Refl.,* Bd. 12, Nr. 477 und 365: *Alles wahre Aperçu kommt aus einer Folge und bringt Folge. Es ist Mittelglied einer großen, produktiv aufsteigenden Kette.* Und Bd. 14, S. 98,9f.: *Aperçu ... ein Gewahrwerden dessen, was eigentlich den Erscheinungen zum Grunde liegt.* Ferner Bd. 14, S. 263,15ff. – Eckermann 1. 10. 1828 u.ö. – GWb 1, Sp. 766f.

90,6f. *En peu d'heure ...* Goethe hat diesen Spruch später selbst übersetzt: *In wenig Stunden/Hat Gott das Rechte gefunden.* (Bd. 1, S. 304.)

92,8. *Klopffechten.* Ursprünglich: sich mit Fechten für Geld sehen lassen (Berufsfechter). Dann metaphorisch: ein geistiges oder literarisches ,,Gefecht" durchführen (tertium comparationis hierbei nicht nur das ,,Kämpfen", sondern auch ,,Spielregeln einhalten"). – Dt. Wb. 5, Lpz. 1873, Sp. 1229f.

92,18. *aus dem Isenburgischen.* Die Fürsten von Isenburg besaßen die Herrschaft Büdingen, die Burg Birstein und die Stadt Offenbach in der Nähe von Frankfurt a. M.

92,24. *hyperbolisch* = ,,übertrieben, übertreibend, durch Worte vergrößernd" (Heyse 1835).

Siebzehntes Buch

Tagebuch 6. Dez. 1812: *Pasquale Paoli. Vergleichung und Separation der Bücher des Schemas.* 3. Okt. 1815: Sulpiz Boisserée notiert in seinem Tagebuch, Goethe habe ihm ausführlich über Lili erzählt; *Verlegenheit wegen dieser Geliebten die Lebensbeschreibung fortzusetzen.* Tagebuch 15. Dez. 1816: *Verhältnis zu Lili im 4. Band meines Lebens.* 26. Okt. 1821: *Diktiert Lilis Geburtstag.* Im Manuskript steht hinter dem Abschnitt, der (in der vorliegenden Ausgabe) S. 106,2 endet, das Datum dieses Tages. (WA. 29, S. 195; Mommsen 2, S. 499.) 10. Aug. 1824: *Ulrich v. Hutten, Briefe an Pirckheimer ... Eckermann, das Manuskript vom 4. Bande der Konfessionen bringend.* Unter diesem Datum Bericht Eckermanns in den „Gesprächen" über den Zustand des Manuskripts. 11. Aug.: *Ulrich v. Huttens Briefe an Pirckheimer fortgesetzt.* 25. Febr. 1825: *Ulrich v. Hutten.* 26. Febr.: *Ulrichs v. Hutten Brief an Pirckheimer.* 3. März: *Huttens Brief an Pirckheimer.* 9. Nov. 1830: *Ich las abends im 3. Band meines Lebens und nahm die Vorarbeiten zum 4. vor die Hand ...* 10. Nov.: *Fuhr in dieser Arbeit fort und schrieb einiges nur Schematisierte ausführlicher ...* Ähnliche Eintragungen in den nächsten Tagen. 24. Dez.: *Übersetzung aus Huttens Epistel an Pirckheimer.* 21. Jan. 1831: *Professor Riemer. Abschluß des Verhältnisses zu Lili. Verhältnis zu Kraus.* 15. März: Bemerkungen Eckermanns zum *17. Buch* („Gespräche"). 9. April: *Den Inhalt der Bücher des 4. biographischen Teiles reiner und vollständiger verzeichnet und eingelegt.* 16. Sept.: *An dem Jahr 1775 redigiert.*

Das *17. Buch* (durch den Strich auf S. 112 gegliedert) bringt im ersten Teil (der etwa zwei Drittel ausmacht) das persönliche Leben in der Zeit der Bindung an Lili; im zweiten Teil (der etwa ein Drittel füllt) einen Überblick über die gesellschaftlichen Zustände in Deutschland, insbesondere in Frankfurt. Der Zusammenhang beider Teile ist leicht zu erkennen und wird auch überleitend ausgesprochen: wer heiraten und ein Haus gründen will, muß in die gesellschaftlichen Zustände hineinwachsen, und sie müssen ihn tragen. Darum hat dieses Thema am besten hier seine Stelle. Der erste Teil handelt aber nicht nur von Lili. Eingeflochten sind Abschnitte über den Zustand der Oper (97,20–98,2), über die juristische Arbeit (99,26–101,15) und über Berufsaussichten in Frankfurt (111,34–112,27), die in engem Zusammenhang mit der Lili-Geschichte stehn. In dieser selbst sind anekdotische Motive – *„Sie kommt nicht!"* – breiter behandelt als die wesentlicheren Motive, und bei diesen vermeidet der Verfasser – wie so oft – die starken Akzente. Das eine dieser Motive heißt in dem ausführlichen Schema: *Zustand des Bräutigams hervorgehoben.* (In dem Abschnitt „Schemata und Entwürfe"; in einem anderen Schema heißt es: *Bräutigams-Stand.* WA. 29, S. 215.) Es erhält im Text (109,30–33) einen metaphysischen Hintergrund (Goethe pflegt mit dergleichen sparsam zu sein), und angeschlossen wird eine Alters-Reflexion über Verlobtsein und Hochzeit (109,34 bis 110,6). Das andere dieser Motive (der Reihenfolge nach das erste) ist: *„Ich schlafe, aber mein Herz wacht"* (107,4–8), tiefste Regungen andeutend, einen Zustand des Durchdrungenseins, so daß auch im Unbewußten, im Schlaf, die Seele völlig von Liebe erfüllt und erleuchtet ist. Metaphysisch auch dies; ein Bibelzitat aus dem Hohenlied, das für Goethe – zumal seit der *Divan*-Zeit – Liebesdichtung mit religiösem Ausblick war; er wußte, daß jede große Liebe ihren Bezug zu einer höchsten Ordnung hat.

Diese beiden Motive kommen auch in dem Altersgedicht *Der Bräutigam* vor, das in seiner geheimnisvollen Kraft eine Verbindung mehrerer Motive des *17. Buches* zu sein scheint, Quintessenz der Alterssicht auf einen Jugend-Zustand. *Um Mitternacht, ich schlief, im Busen wachte / Das liebevolle Herz, als wär' es Tag* entspricht 107,4–8; *Der Tag erschien, mir war, als ob es nachte ... Sie fehlte ja* hat Parallelen in 99,22–25 und 108,1–7; *mein emsig Tun und Streben / Für sie allein ertrug ich's* ... ähnelt etwa 99,27f.; *welch erquicktes Leben / Am kühlen Abend!*: 106,10–12 und 106,38–107,2. *Hand in Hand verpflichtet* ... Die Prosa hat auch hier Anklänge: *an der Hand der Geliebten* 108,24 und: *reichte meine Hand dar* ... 109,27. Der Titel *Der Bräutigam* weist auf 109,30–33 (wo innerhalb des Individuellen bereits das Verallgemeinernde beginnt). Die Schlußstrophe des Gedichts bringt dann aber die Situation des alten Goethe, der weiß, daß Lili gestorben ist. – Der junge Goethe, 1775, hat kein Gedicht über das Thema des Bräutigams gemacht. Der alte Goethe machte es, und es verkörpert ganz den Altersstil. Als Gedicht muß es anders sein als die autobiographische Prosa: es verallgemeinert alles – wie schon der Titel sagt – und beschränkt sich auf wenige sinnbildliche Motive. Doch in anderer Hinsicht sind das Gedicht und die Prosa verwandt: ein Bild der Jugend in der Sicht und Sprache des Alters, mit dessen tiefen und dunklen Tönen.

Sicht des Alters ist auch der Überblick über die sozialen Zustände dieser Zeit, mit leise belehrender Wendung an die Jugend um 1830, harmonisierend gesehen, Einwände gegen den Adel im voraus abfangend. Es ist Goethe gelegentlich lieb, belehrende Dinge nicht mit eigenen Worten zu sagen, sondern im Zitat zu spiegeln. So bringt er hier den Abschnitt aus Hutten. Der Zusammenschluß von „nobilitas generis" und „nobilitas literaria", eins der großen Themen der Humanistenliteratur des 16. Jahrhunderts, war im 18. Jahrhundert wieder aktuell geworden; und indem Goethe zitiert, läßt er erkennen, daß diese Fragen nicht Sache eines Jahrzehnts oder einer Generation, sondern von Jahrhunderten seien.

Alle Motive des *17. Buchs* sind durchzogen von einer Spannung; auf der einen Seite Genie und Herz, sinnbildlich die einsame Nachtszene (107,9–39), die hinüberweist zu der Nachtszene im *16. Buch* mit dem *nachtwandlerischen Dichten* (80,26–81,9); auf der anderen Seite Gesellschaft und Konvention; zwar wird Lili als Charakter nicht diesem Bereiche zugeordnet, sie steht aber immer in dieser Umgebung. (Die Landschaft in diesem Buch ist parkartig geformt – 97,1–14; 99,3–18 –, anders als die in den Friedriken-Büchern) In dem Motiv des *Bräutigams* (109,34–110,16) scheinen beide Bereiche versöhnt und vereint, doch unmittelbar darauf kündigt sich das Gegensätzliche wieder an (110,17–111,33), das sich in den folgenden Büchern steigert und zu der endgültigen Lösung im *20. Buche* führt.

Ernst Beutler in seinen „Essays um Goethe' Bd. 2. 1947. Neue Aufl. 1957.

93,32. *sittlich.* Dieses eine Adjektiv, das Goethe zur Kennzeichnung des Bereichs wählt, in welchem Lili und er einander geistig fanden, wird erläutert durch *Kenntnis des Herzens* (93,30) und *von dem Innern unterhalten* (93,33). Lili hat in späteren Jahren Goethe den Schöpfer ihrer ,,moralischen Existenz" genannt (Brief Henriettes v. Beaulieu an Goethe 3. 12. 1830). Zum Wortgebrauch: Bd. 9, S. 260,22; S. 274,38. – Das Wort *sittlich* gebrauchte man einerseits für die Sitten im Sinne der Gebräuche; es wurde ferner im Sinne philosophischer Sittenlehre angewandt; schließlich bezeichnete es oft ein ,,gesittetes" Betragen, d.h. die Anwendung geistiger Forderungen auf das Leben in der Gesellschaft; in diesem Sinne oft bei Goethe: das, was man sieht und lebt, wird geistigem Urteil unterworfen. – Vgl. S. 80,7 u. 83,20. – Boucke, Wort u. Bedeutg., S. 120f.

94,30. *ein retardierender Bruder.* Das Wort *retardieren* einerseits einfach „zurückhalten, hemmen" *(Diese Wochen haben mich sehr retardiert* 23. 12. 1818), anderseits terminus technicus in der Analyse eines Dramas oder Romans (... *retardierende Motive episch* an Schiller 19. 4. 1797); hier in der wie eine Novelle erzählten Lili-Geschichte wohl beides vermischt. Vgl. „Schemata und Entwürfe".

94,37. *beseitigen* = bei Seite lassen, fortlassen. Ein Schema (WA. 29, S. 214) vermerkt *Geschichte von Spazierfahrten, Treffen, Verfehlen, Ungeduld, Entbehrung. Geschichte der Vorausfahrenden.*

95,3ff. *Herz, mein Herz* ... Bd. 1, S. 96 u. Anmkg. – Beutler, Essays, 1957, S. 268.

95,27ff. *Warum ziehst du mich* ... Bd. 1, S. 96 u. Anmkg. – Beutler, ebd. S. 266.

97,3. *Offenbach* war eine noch kleine, aber aufstrebende Stadt. Lilis *Onkel Bernard,* dessen Verwandter *d'Orville* und der Komponist *André,* bei dem Goethe zu wohnen pflegte, wenn er in Offenbach war, hatten alle drei ihre Häuser am Main in der Herrengasse. – Goethe und Offenbach am Main. Festschr., hrsg. von Adolf Völker. Offenbach 1932. = Alt-Offenbach, Heft 1–2. (72 S.) – Beutler, Essays um Goethe.

97,6. *Bernard,* Nicolas, 1709–1780, Kaufmann, Besitzer einer Tabakfabrik, Mitglied der französisch-reformierten Gemeinde in Offenbach. – Goethe-Handbuch, 2. Aufl., Sp. 1112f.

97,8. *d'Orville,* Jean George, ein Vetter Lilis, verheiratet mit Jeanne Rachel Bernard (Nichte von Nicolas Bernard), Kaufmann, gehörte ebenfalls zur französisch-reformierten Gemeinde in Offenbach.

97,15. *Johann André,* 1741–1799, ursprünglich Seidenfabrikant, ging dann zur Musik über, gründete 1774 eine Notendruckerei und einen Musikverlag in Offenbach. 1777 ging er als Operndirigent nach Berlin, 1784 kehrte er von da nach Offenbach zurück und baute seinen Musikverlag aus. Er vertonte 1775 Goethes *Erwin und Elmire,* 1780 *Claudine von Villa Bella.* – Goethe-Handbuch, 2. Aufl., 1956. (Müller-Blattau.) – Die Musik in Gesch. u. Gegenw. Bd. 1. Kassel u. Basel 1949–51. Sp. 455–461. (H. Wirth.)

97,20. *Marchand,* Theobald, 1741–1800, Schauspieldirektor, 1771–1777 in Frankfurt, wo er 1775 *Erwin und Elmire* (Text von Goethe, Musik von André) gab, später in München. – Elisabeth Mentzel, Gesch. d. Schauspielkunst in Frankfurt a.M. Frankf. 1882. (VII, 554 S.)

97,29. *Grétry,* André Erneste Modeste, 1741–1813, französischer Komponist, dessen Oper ,,La Belle et la Bête" (Text von Marmontel), 1771, deutsch *„Die Schöne bei dem Ungeheuer"* hieß. – Beutler, Essays, Ausg. 1957, S. 239.

97,37. „*Die Jäger*". Eine damalige Oper dieses Namens vermag ich nicht nachzuweisen, vielleicht Verwechslung mit „Die Jagd", Text von Weiße, Musik von Hiller, 1773. „*Der Faßbinder*" („Le tonnelier"), Text und Musik von Nicolas Medard Audinot; dt. Übers. von J. H. Faber, 1773. „Der *Töpfer*" von André wurde 1773 uraufgeführt.

98,4. *fertig*. Adelung Bd. 2, 1808, Sp. 116: „Fähig aus anhaltender Übung, eine Sache leicht und geschwinde zu verrichten ... Dem Gemüte nach willig, bereit, etwas zu tun." In diesem Falle also: stets bereit zum Verfassen und vor allem zum Vortrag von Musikstücken und Dichtungen.

98,14f. *Pfarrer Ewald*, Johann Ludwig, 1747–1822, reformierter Prediger in Offenbach. Er wurde 1781 Superintendent in Detmold und 1807 Kirchenrat in Karlsruhe und wirkte außerdem als sehr fruchtbarer Erbauungsschriftsteller. Er besaß noch in späteren Jahren einige Manuskripte Goethes aus dem Jahre 1775, und 1793 druckte er in seiner Zeitschrift „Urania" das Gedicht *Sehnsucht* (Bd. 1, S. 97), das sonst nirgendwo überliefert ist. – v. Loeper in der Hempelschen Ausg. Bd. 23, S. 161f. – ADB 6, 1877, S. 444–446.

98,23. *Nacht*. Vgl. 183,21 u. Anmkg.; auch Bd. 8, S. 393,31.

98,26ff. *Bürgers „Lenore" ... von ihm komponiert*. Erschien in André's Musikverlag 1775 u. ö. – v. Loeper S. 162: „Bürgers ‚Lenore' erschien wenige Monate nach dem *Götz* im Herbst 1773 (Göttinger Musenalmanach vom Jahre 1774). Auch Goethe nahm das Gedicht mit Enthusiasmus auf. Andrés Komposition für eine Singstimme ward von Bedeutung für die Entwicklung des deutschen Liedes. Die Ballade ist dramatisch behandelt, ganz durchkomponiert, mit Wandel der Tonart und des Tempo und den Wendungen des Gedichts entsprechender, jedoch mäßiger Tonmalerei. Die Komposition ... setzte die Zeitgenossen in Entzücken." – Briefe von u. an Bürger ed. Strodtmann. Bd. 1. Bln. 1874. S. 386f. – Max Friedländer, Das dt. Lied im 18. Jh. Bd. 2. Stuttg. u. Bln. 1902. S. 218. – R. v. Mojsisovics, Bürgers „Leonore" in der Musik. Die Musik, 5. Jg., 3. Quartalsbd., Bd. 19. 1905/06. S. 382–386. – Ferner die zu 97,1 genannte Literatur.

100,16. *ein Schreiber*. Joh. Wilh. Liebholdt. Vgl. Bd. 9, S. 565,18f. u. Anmkg.

100,34. *Speditionen:* Sendungen, Abfertigungen.

101,24ff. *In allen guten Stunden* ... Bd. 1, S. 93f.

102,1. *Lilis Geburtstag*. Es ist in der Forschung schon oft darauf hingewiesen, daß Goethe am *23. Juni 1775* in der Schweiz war, daß das Geburtstagsdatum aber stimmt. Beutler (S. 65 in der Ausg. von 1947, S. 247 in der von 1957) und andere nehmen an, daß es irgendein anderes Fest im Offenbacher Verwandtenkreise gewesen sei.

102,38f. *Gelegenheitsgedicht*. Vgl. Bd. 9, S. 397,20f. u. Anmkg.

103,1. *Sie kommt nicht!* Diese Dichtung ist nicht erhalten geblieben.

105,25. *Charivari* (frz.). Heyse, Fremdwörterbuch, 1835, Bd. 1, S. 167: „Katzenmusik; ein Hohn- oder Spottständchen; ein verwirrter Lärm".

105,30. *Realisten*. Ähnlich *Max. u. Refl.* 1315: *Das Kind erscheint als Realist* ... (Bd. 12, S. 540.)

106,28. *Gesellschaft*. Hier und 107,11 in der Bedeutung „kleiner Kreis". Ähnlich 12,20.

107,4f. „*Ich schlafe, aber mein Herz wacht*". Hoheslied 5,2 in Luthers – und in Goethes – Übersetzung. Goethe hat 1775, in der Zeit der

Lili-Liebe, große Teile des Hohenlieds übertragen. Verbindung von Hohenlied-Motiven und Motiven der Lili-Liebe viele Jahrzehnte später auch im Gedicht *Der Bräutigam.* – Neudruck von Goethes Übertragung des Hohen Liedes: WA. 37, S. 299–310 und 38, S. 403f.; Morris 5, S. 354–360 und 6, S. 526–530; Fischer-Lamberg 5, S. 360–365 u. 487–490. – Als Goethe im Alter diese Partie schrieb, hatte er die Beschäftigung mit orientalischer Dichtung im Zusammenhange des *Divan* hinter sich. Da heißt es: *der Schleier irdischer Liebe scheint höhere Verhältnisse zu verhüllen* (Bd. 2, S. 269,32f.); und: *Ferner kostet's dem orientalischen Dichter nichts, uns von der Erde in den Himmel zu erheben und von da wieder herunterzustürzen oder umgekehrt* (Bd. 2, S. 163,15–17).

107,19. *ein schwer zu erklärender Ton.* Dasselbe Motiv Bd. 6, S. 327,24f.

107,26. *Röderberg.* Östlich von Frankfurt.

108,21. *Stumpfsinn.* Etwa: Dumpfheit; Gegensatz von „Scharfsinn". Adelung 4, Wien 1808, Sp. 476: „Von den Sinnen, dem Verstande usf.: der gehörigen Schärfe, Durchdringlichkeit, Lebhaftigkeit usf. beraubt. ‚Stumpfe Sinne haben'."

108,30. *Demoiselle Delph,* Helena Dorothea. Sie starb 1808, „alt ohngefähr 80 Jahr". Goethe besuchte sie noch 1793 (S. 398,20) und 1797 (Tagebuch, 26. August). Sie leitete ein Geschäft, fuhr auf die Frankfurter Messen und besorgte anscheinend gelegentlich nebenher in aller Stille politische Angelegenheiten für deutsche Fürsten. – Hans Christoph Schöll, Die Politica Delphin. In: Goethe u. Heidelberg. Heidelberg 1949. S. 68–81. – B. Erdmannsdörfer, G. in Heidelberg u. die Familie Delph. Neue Heidelbg. Jahrbücher 6, 1896, S. 187–210. – Walter Donat, Die Gesch. d. Heidelberger Apotheken. Neues Archiv f. d. Gesch. d. Stadt Heidelberg 10, 1913, S. 65–196. Darin S. 130–136 über H. D. Delph. – Maximilian Huffschmid, Goethes Heidelberger Freundin Helene Dorothea Delph und ihre Angehörigen. Ebd. 11, 1924, S. 245–296.

112,8. *Freimaurerloge.* Während Goethe 1775 *nähere Verknüpfung* mit der Frankfurter Loge ablehnte, trat er 1780 der Weimarer Loge bei. Doch bereits 1782 schloß diese Loge ihre Pforten; erst 1808 wurden sie wieder geöffnet. Goethe, der die Freimaurerei vorwiegend als *gesellige* Angelegenheit betrachtete (Aufnahmegesuch Februar 1780) und dagegen war, daß sie *statum in statu macht* (Gutachten für den Herzog 31. 12. 1807), bat am 5. Okt. 1812 den Meister vom Stuhl J. C. R. Ridel, *er möge ihn als Abwesenden betrachten* und seine *Verpflichtungen gegen die Gesellschaft suspendieren.* (WA., 4. Abt., Bd. 23, S. 108f.) Er hielt am 18. Febr. 1813 die Gedächtnisrede für Wieland, beschränkte sich sonst aber darauf, gelegentlich einige Verse beizusteuern wie *Symbolum* (Bd. 1, S. 340) und *Zur Logenfeier des dritten Septembers 1825*

(Bd. 1, S. 341 f.). – J. Pietsch, Goethe als Freimaurer. Lpz. 1880. – Hugo Wernekke, Goethe u. die Königliche Kunst. Lpz. 1905. 2. Aufl. Bln. 1923. (VIII, 166 S. m. Abb.) – Hans Wahl, Goethe u. das Logenwesen. (Jb.) Goethe 1, 1936, S. 234–240. – Franz Carl Endres, Goethe u. die Freimaurerei. Basel 1949. (113 S. m. Abb.)

113,11f. *Macht ... auszubreiten ... über die Türken.* Katharina II., die Große, 1729–1796, geb. Prinzessin von Anhalt-Zerbst, seit 1762 Zarin von Rußland, führte 1768–1774 ihren ersten Krieg gegen die Türkei. In dem für Rußland siegreichen Kriege bildete die Seeschlacht bei *Tschesme,* der Insel Chios gegenüber, 1770, einen Höhepunkt.

113,22. *ein Kriegsschiff in die Luft sprengte.* Nach Beendigung des russisch-türkischen Krieges wurde Goethes Freund der Maler Ph. Hackert beauftragt, 6 möglichst naturgetreue Historienbilder von der Schlacht bei Tschesme zu malen. 5 gelangen zur Zufriedenheit der russischen Auftraggeber. Bei dem sechsten – die brennende Flotte darstellend – sagte der Admiral Graf Orlow, ein explodierendes Schiff sehe anders aus; Hackert erwiderte, er habe dergleichen in natura nie gesehen. Hackert malte in Neapel. Im Hafen von Livorno lag ein russisches Kriegsschiff. Graf Orlow holte Hackert nach Livorno, erbat aus Petersburg die nötige Genehmigung und sprengte vor Hackerts Augen das Schiff in die Luft. Darauf malte Hackert neu, und die Russen waren zufrieden. – Als Goethe im Winter 1810/11 sein Werk *Philipp Hackert* schrieb – unter Benutzung von dessen Papieren –, brachte er ein Kapitel *Schlacht bei Tschesme.* Die Hackert-Biographie kam 1830 in die *Ausg. l. Hd.* – WA. Bd. 46, S. 130–138; Jubil.-Ausg. Bd. 34, S. 214–220.

113,23. *ein junger nordischer König.* Gustav III., 1746–1792, ein Neffe Friedrichs des Großen, übernahm 1771 die Regierung von Schweden und beseitigte mit Hilfe des Militärs und des Volkes die teilweise korrupte Herrschaft der Stände. Er setzte eine Verfassung durch, die eine konstitutionelle Monarchie mit weitgehenden königlichen Rechten in Außenpolitik und Militärwesen schuf.

113,35f. *Korsika* stand unter der Herrschaft Genuas und versuchte sich durch Aufstände zu befreien. Pasquale *Paoli,* 1725–1807, errang als militärischer Führer dabei solche Erfolge, daß Genua die Insel aufgab und sie 1768 an Frankreich verkaufte; dieses hatte stärkere militärische Kraft und setzte sich auf Korsika in der Schlacht von Ponte nuovo durch. Paoli floh nach England. – Goethe entlieh 5. 12. 1812 bis 25. 2. 1813: (G. Feydel,) Das Corsische Kleeblatt, Bonaparte, Theodor und Paoli. Zeitz 1803. – Tagebuch 6. 12. 1812: *Pasquale Paoli.*

114,2. *Bethmannischen Hause.* Johann Philipp Bethmann, 1715–1793, war der Begründer eines großen Frankfurter Bankhauses, das bis heute besteht. Goethe hatte später auch zu seinen Kindern und Enkelkindern freundliche Beziehungen. – Goethe-Handbuch 1, 1961, Sp. 1144–1150.

114,4f. *in dem entfernteren Weltteil.* Seit 1763 gab es in Amerika Selbständigkeitsbestrebungen, 1773 fand der Sturm auf die englischen Teeschiffe in Boston statt, 1774 die Versammlung des Kongresses. *Franklin* vertrat die Amerikaner in England. 1775 begannen die militärischen Kämpfe. – Die berühmte Unabhängigkeitserklärung von 1776 und der Beginn des Krieges – 1776 wurde *Washington* der Oberbefehl übertragen – fallen in die Zeit, als Goethe schon in Weimar war. In Deutschland fand die Schaffung einer Demokratie in Amerika bei einigen geistig und politisch wachen Männern großes Interesse. Goethe hat sich mit *Franklin* und *Washington* wiederholt in seinem Leben beschäftigt. – Horst Dippel, Deutschland und die amerikanische Revolution. Phil. Diss. Köln 1972. (XXX, 653 S.) – Horst Dippel, Americana-Germanica 1770–1800. Bibliographie der Rezeption der amerikan. Revolution in Deutschland. Stuttg. 1976. (IV, 214 S.). – Ursula Wertheim, Der amerikan. Unabhängigkeitskampf im Spiegel der zeitgenöss. dt. Literatur. Weimarer Beiträge 3, 1957, S. 429–470.

114,10. *König von Frankreich.* Ludwig XVI., 1754–1793, seit 1770 verheiratet mit Marie Antoinette, bestieg 1774 den französischen Thron, und man knüpfte an ihn, der sich vorteilhaft von Ludwig XV. unterschied, große Hoffnungen.

115,15. *Militär- und Geschäftsbildung.* Das Wort *Geschäft* bedeutet Staatsgeschäfte, d. h. die Tätigkeit des Beamten, die hier neben die des Soldaten gesetzt wird; der Adel befindet sich in beiden Fällen im Dienst, und dieser wirkt formend *(-bildung);* er lebt nicht nur für sich auf seinen Gütern. Ein Schema notiert: *Adel geschäftig – geschäftslos* (WA. 29, S. 218).

115,33–35. Die *freiere Übersicht* der *adligen Bank* und die *tiefere Einsicht* der *Gelehrtenbank* – bezeichnend für Goethes Art, beiden gerecht zu werden.

116,2f. *Techniker.* Vgl. 119,36; 120,13; auch Bd. 9, S. 420,2. – P. Fischer, Goethe-Wortschatz, S. 895.

116,3. *schneller vorschreitenden Nationen.* Goethe verfolgte mit großem Interesse die technischen Neuerungen im 18. Jahrhundert, z. B. Montgolfiers Luftballon in Paris, Spinnerei- und Webereimaschinen in England (Sachsen-Weimar hatte Textilherstellung in Apolda u. a.), Einführung des Leuchtgases in England, die Entwicklung der englischen Dampfmaschinen und Dampfschiffe usw. – A. Zastrau, Technik u. Zivilisation im Blickfeld Goethes. In: Humanismus und Technik 4, 1957, S. 134–156.

116,11f. *an der Grenze zweier bestimmter Verhältnisse.* Bd. 6, S. 63,15ff., insbesondere 67,25ff.

117,19–21. *die Richtung nach der Epoche zwischen dem fünfzehnten und sechzehnten Jahrhundert* wurde eingeleitet durch Bodmer. Goethe machte für *Götz* kulturgeschichtliche Studien, in diesem Zusammenhang mag er an Hutten gekommen sein. Herder verfaßte über diesen einen Aufsatz, der 1776 im „Teutschen Merkur" erschien (Werke ed. Suphan 9, S. 476–497). Wieland kündigte im Oktober und November 1775 im „Teutschen Merkur" Aufsätze über Männer des 16. Jahrhunderts an, und 1776 erschienen solche über Hans Sachs, Pirckheimer, Hutten, Paracelsus, Agrippa von Nettesheim, Copernicus und Erasmus, 1777 über Reuchlin, Thomas Morus und Ludovicus Vives. – Anita Lunke, Goethes Urteile über das dt. Schrifttum des 16. Jahrhunderts. Diss. Münster 1955.

117,26f. *Brief ... an Billibald Pirkheimer.* Man schreibt den Namen heute meist: Wilibald Pirckheimer. Goethes Tagebücher notieren am 10. Aug. 1824: *Ulrich v. Hutten, Briefe an Pirckheimer.* 11. Aug.: *Ulrich v. Hutten, Briefe an Pirckheimer fortgesetzt.* 25. Febr. 1825: *Vorar-*

beiten am 4. Teil durch ausführlichere Schemata. Ulrich v. Hutten. 26. Febr.: *Ulrichs v. Hutten Brief an Pirckheimer.* 3. März: *Huttens Brief an Pirckheimer.* 22. Dez. 1830: *Las die Epistel Ulrichs v. Hutten bis zur Hälfte.* 23. Dez.: *Gedachte Epistel durchgelesen.* 24. Dez.: *Supplierte das gestern Zurückgelassene in Huttens Brief an Pirckheimer ... Huttens Werke fortgesetzt.* Goethe entlieh aus der Weimarer Bibliothek 10. 8. 1824–24. 3. 1825: Ulrichi de Hutten ad B. Pirckheimer ... Epistolae ... Commentarium subiecit Jacobus Burkhard. Wolfenbutteli 1717. Am 22. 12. 1830 schrieb er eine Bestellung: *v. Huttens Briefe, latein. 2 Bde.* E. v. Keudell nimmt an, das entliehene Werk sei gewesen: Jakob Burkhard, De Ulrichi de Hutten ... fatis et meritis ... commentarii. Cui ... epistolae insertae sunt. Wolfenbuttelii 1717–1723.

117,38. *durch eigenes Bestreben geadelt.* Hutten spielt an auf den Begriff der ,,nobilitas literaria", welchen die Humanisten dem der ,,nobilitas generis" zur Seite stellten. – E. Trunz, Der dt. Späthumanismus um 1600. Ztschr. f. Gesch. d. Erziehung u. des Unterrichts 21, 1931, S. 17–53. Wieder abgedruckt in: Deutsche Barockforschung. Hrsg. von R. Alewyn. Köln 1965 u. ö., S. 147–181.

118,23. *Walker:* Handwerker, die Tuch und Filz herstellen.

118,32f. *Gesetze ... schöne Gelahrtheit.* Rechtswissenschaft und die Wissenschaften der ,,Artistenfakultät", der späteren ,,philosophischen Fakultät".

120,1f. *Gan-Erbschaft.* Adelung: ,,ein nur noch in einigen Gegenden übliches Wort, sowohl Miterben als auch Mitbesitzer zu bezeichnen". – Dt. Wb. 4,1. Lpz. 1878. Sp. 1215–1218.

120,2. *Haus Limpurg.* Eine Frankfurter adlige Genossenschaft, deren Mitglieder in Erbverbrüderung standen; sie stellte 14 von den 42 Senatoren des Frankfurter Rats. – Bd. 9, S. 149,22 u. Anm.

120,3. *Haus Frauenstein.* Eine adlige Korporation, stellte 6 Senatoren des Frankfurter Rats. – Bd. 9, S. 149,23; 157,31; 201,24. – Die Stadt Goethes, hrsg. v. H. Voelcker. 1932. S. 54.

120,9. *stationär* = stillstehend, ohne Fähigkeit aufzurücken. – Bd. 9, S. 20,1–7; 149,20–28.

120,22. *Refugiés:* aus Frankreich geflohene Calvinisten, hauptsächlich die, welche seit der 1685 erfolgten Aufhebung des Edikt von Nantes ihre Glaubensfreiheit und Gleichberechtigung verloren hatten. – RGG Art. ,,Refugiés".

120,23. *Gottesdienst in Bockenheim.* Die Reformierten durften ihren Gottesdienst bis 1788 nicht innerhalb der Stadt Frankfurt halten. Die deutsche reformierte Gemeinde hatte daher eine Kirche in dem Dorf Bockenheim westlich von Frankfurt. – Die Stadt Goethes, hrsg. von H. Voelcker. 1932. S. 47.

Achtzehntes Buch

Tagebuch 4. April 1813: *Schweizerreise, Schema.* 3. August 1813: *Deutscher Rhythmus.* 22. Nov. 1813: *Schweizerreise.* 16. Dez. 1816: *Meine Biographie: Schema des 2. Teils von Faust.* (Vgl. Bd. 3, S. 430–433.) 25. Oktober 1821: Ausführliches Schema. (Vgl. ,,Schemata und Entwürfe") 10. August 1824: Gespräch mit Eckermann über Desiderata betreffs *Buch 16–20.* 25. Febr. 1825: *Betrachtungen über das Jahr 1775, besonders Faust.* 17. Nov. 1830: *Fortgesetztes Diktieren an dem Jahre 1775.* 19. Nov.: *Fortsetzung der Reise durch Baden in die Schweiz.* 20. Nov.: *Fortsetzung der Schweizerreise.* 21. Nov.: *Fernere Wanderung auf den Gotthard.* 22. Nov.: *Die Tour auf den Gotthard redigiert.* 7. Jan. 1831: *Die Schweizerreise von 1775 durchgegangen.* 14. Jan.: *Wir gingen die Schweizerreise von 1775 durch.* 16. Sept. 1831: Übersichtsplan des *18. Buches,* datiert von diesem Tage. (W. A. 29, S. 226.)

Das *18.* und das *19. Buch* gehören enger zusammen als andere Bücher. Der Konflikt zwischen Genie und Gesellschaft – in den vorigen Büchern überdeckt – bricht hier auf. Flucht und Rückkehr ergeben ein Auf und Ab der Komposition, fast symmetrisch. Im *19. Buch* erscheinen noch einmal Orte und Menschen des *18. Buchs,* doch unter anderem Stimmungsvorzeichen. Die (symbolische) Situation auf dem St. Gotthard, Höhepunkt und Wendepunkt, steht genau im Schnitt beider Bücher. Die Bewegung verharrt gleichsam einen Augenblick in Ruhe, dann führt sie zurück. Die Scheideweg-Situation wird in direkter Rede als Dialog gebracht (149,17–39; ein Gipfelgespräch wie zwischen Wilhelm Meister und Montan, Bd. 8, S. 31–34, zwei Gestalten vor dem ungeheuren Naturhintergrund), die Entscheidung selbst wortlos als Handlung (150,33–35).

Genietreiben, gesehen aus der Distanz des Wissenden. Geniestil verkörpert Lavater, der intuitiv Einzelheiten erfaßt, aber nicht zu *Resultaten* (160,2) kommt, wie Goethe sie für Naturbetrachtung fordert; diesen Stil verkörpern in anderer Art die (24 und 26 Jahre alten) Grafen Stoltenberg; sodann aber: der Jüngling Goethe selbst macht ihn mit, jedenfalls in der Art seines Zeichens, das deswegen auch scharfe (vielleicht überscharfe) Kritik erfährt (149,10–16; 152,1–19). Die Altersprosa hat für das Geniewesen die Wörter *ungebildet* (125,32; 131,11), *grenzenlos* (129,27; 158,20; 161,4; 161,12), *unbedingt* (152,31), *folgelos* (144,15), schildert aber den Jugendüberschwang anschaulich-liebevoll – das ist Kritik aus der Welt der *Wanderjahre,* der *Entsagenden,* freundliche Kritik von höherer Warte, während die kontrapunktisch wirkende Gestalt Mercks ein Gegensatz auf gleicher Ebene ist, ebenso bedingt in seiner Art wie die Jünglinge in der ihren. (128,15–129,18; 130,6f.; 166, 1–3).

Die fallende Bewegung des *19. Buchs* fängt sich gleichsam wieder in dem Motiv der Arbeit an eigener Dichtung. Es steht am Ende des *19. Buchs,* wie es am Anfang des *18.* stand, und es leitet zugleich zum *20. Buch* über; ein sehr Goethesches Motiv: Überwindung durch Arbeit. In der Mitte des *18. Buchs* aber klingt das Weimar-Motiv auf (130,38–131,3), das dann im *20. Buch* endgültig durchbricht.

Die Schweizerreise ist der einzige Teil von *DuW,* für den Goethe ein Tagebuch als Grundlage vorlag. Soweit dieses reicht, geht er tagebuchartig im Erzählen voran (143,32–148,6). Doch wie sind die jugendlichen explosiven Wortbrocken mit ihren geballten Stimmungsgehalten hier in behaglich-ruhige Altersepik transponiert! Der Abschnitt 143,32–144,19 hat folgende Tagebuch-Grundlage: *d. 16. Abends ¾ auf 8 dem Schwizer Hocken gegenüber. Den ersten nahen Schnee. Schnee gegenüber Awful tiefe Tanne im Tal. – Nachts zehn in Schweiz. Müd und munter vom Berg ab springen voll Dursts u. Lachens. Gejauchzt bis zwölf.* – Der Abschnitt über die *Wallfahrer* (141,13–28) klingt wie aus der Josephs-Novelle der *Wanderjahre* genommen; das Jugendtagebuch notiert von diesen Dingen nichts. – Auch die Zeichnungen von der Schweizerreise dienten Goethe als Gedächtnishilfe. Landschaftsschilderungen, in *DuW* sonst selten, werden in diesen Büchern – sachbedingt – in reichem Maße gegeben. (138,14–27 u. ö.)

Etwa 25 Zeichnungen von der Schweizerreise sind erhalten. Reproduziert: Schr. G.Ges., 22. Und: Corpus der Goethezeichnungen. I. Ed. Femmel. 1958. Nr. 106–131.

Goethes Bibliothek enthielt eine Anzahl von Büchern über die Schweiz (Ruppert Nr. 3424–3428; 3957–3958; 4022–4033), er scheint diese aber nicht herangezogen zu haben, sondern sich auf das Tagebuch und die Zeichnungen von 1775 und auf sein Gedächtnis verlassen zu haben. 1779 und 1797 hatte er vieles wiedergesehn, was er 1775 gesehn hatte, dadurch waren die Erinnerungen lebendig geblieben. Auch die Aufzeichnungen von 1797 wurden für das *18.* und *19. Buch* nicht benutzt.

Zum Biographischen: Goethes Schweizer Reise 1775. Zeichnungen und Niederschriften. Hrsg. von K. Koetschau u. M. Morris. Weimar 1907. = Schr. G.Ges., 22. (50 S., 16 Taf., fol.) – Morris Bd. 5, 1911, S. 249–280 und Bd. 6, 1912, S. 479–490. – Fischer-Lamberg 5, S. 229–238 u. 444f. – Gespräche ed. Herwig 1, 1965, S. 139–155. – Mit Goethe durch die Schweiz. Hrsg. von Eugenie Benisch-Darlang. Wien 1913. (XXIV, 114 S. mit 37 Abb.) – Goethes Schweizerreisen. Tagebücher, Briefe, Gedichte, Handzeichnungen. Hrsg. von Hans Wahl. Gotha 1921. (166 S., 12 Taf.) – Wilh. Bode, Goethes Schweizer Reisen. Lpz. 1922. (VIII, 288 S., 33 Abb.) – Die Schweiz, wie Goethe sie sah. Eine Bildersammlung ... mit Einführung von Wilh. Bode. Lpz. 1922. (IV, X, 54 S., 133 Taf. quer-4.) – Wilh. Bode, Goethes Leben. Bd. 3. Die Geniezeit 1774–1776. Bln. 1922. (XII, 356 S. mit vielen Abb.) – Gottfried Bohnenblust, Goethe und die Schweiz. Frauenfeld u. Lpz. 1932. = Die Schweiz im dt. Geistesleben, 72–73. (264 S.) – Friedrich Zollinger, Goethe in Zürich. Zürich u. Bln. 1932. (IV, 112 S., 60 Taf.) – Hermann Gattiker, Goethe in der oberen Zürichseegegend. 2. Aufl. Zürich 1933. (85 S., 7 Abb.) – Goethes Schweizer Reisen. Hrsg. von Paul Stapf. Einleitung von E. Merian-Genast. Basel u. Stuttg. 1958. (326 S. mit 12 Abb.)

Zum Geistesgeschichtlichen: Das geistige Zürich im 18. Jahrh. Texte u. Dokumente. Hrsg. von Max Wehrli. Zürich 1943. (376 S.) – Richard Weiß, Das Alpenerlebnis in der dt. Lit. des 18. Jahrhunderts. Horgen-Zürich u. Lpz. 1933. = Wege zur Dichtg., 17. – Eduard Ziehen, Die dt. Schweizerbegeisterung in den Jahren 1750 bis 1815. Frankf. a. M. 1922. = Dt. Forschungen, 8. (VIII, 214 S.) – Emil Ermatinger, Dichtung u. Geistesleben der dt. Schweiz. München 1933.

Andere Berichte: Friedr. Leop. Stolberg schildert seine Schweizerreise von 1775 in einem Briefbericht an Gerstenberg vom 16. Okt. 1775: Zwei Geniebriefe aus der Schweiz vom Jahre 1775. Von W. Keiper. In: Nord und Süd. Hrsg. v. P. Lindau. 71, 1894, S. 222–234. – Bald darauf bereiste der Ästhetiker Sulzer die gleiche Gegend, seine ,,Reise über den Gotthard nach Luzern" erschien im ,,Dt. Museum" 1778, 2. Bd., S. 100–118. – Ausführlich über die von Goethe bereisten Gegenden: J. G. Ebel, Anleitung auf die nützlichste und genußreichste Art in der Schweiz zu reisen. 4 Bde. Zürich 1793. – Hans Rudolf Schinz, Reise von fünf Zürchern über die Berge Gotthard, Furka, Gemmi. 1763. Hrsg. von J. Werner. Zürcher Taschenbuch von 1911.

121,3. *durfte* in dem Sprachgebrauch der Goethezeit. Man ,,brauchte" nur die Silben zu zählen.

121,13. *Klopstock ging voran.* Seit 1747 dichtete Klopstock Oden in antiken Strophenformen und Hexameter; seit 1754 in freien Rhythmen. Seine ,,Oden", 1771, machten diese Formen allgemein bekannt. Goethe geht auf die antikisierenden Odenformen nicht ein, da er selbst sie nie benutzt hat.

121,17. *poetische Prosa.* Wir würden heute sagen ,,rhythmische Prosa". Es ist die Form von Geßners ,,Idyllen", 1756, und Klopstocks Dramen ,,Der Tod Adams", 1757, und ,,Hermanns Schlacht", 1769. Vgl. Bd. 9, S. 270,19 u. Anmkg. – Goethe benutzte rhythmische Prosa in den Chören von Mignons Totenfeier (Bd. 7, S. 574–576), in der 1. Fassung von *Iphigenie* und anderswo. Einige Dramenfragmente seiner Jugend, z. B. *Prometheus,* zeigen freie Rhythmen, welche der rhythmischen Prosa sehr nahe stehen.

121,22. *der fünffüßige Iambus* begann sich in Deutschland allmählich einzubürgern mit Joh. Heinr. Schlegel, Sophonisba, 1756; Wieland, Lady Johanna Gray, 1758; Joh. Elias Schlegel, Die Braut in Trauer, 1762 (gedichtet 1748); Weiße, Die Befreiung von Theben, 1764; Klopstock, Salomo, 1764; usw. Durchgesetzt hat ihn für das deutsche Drama erst Lessings ,,Nathan", 1779. – August Sauer, Über den fünffüßigen Iambus vor Lessings Nathan. Wien 1878. = Sitzungsber. d. phil.-hist. Cl. der Kaiserl. Akad. d. Wiss., Bd. 90. (96 S.) – Reallex. d. dt. Literaturgesch., 2. Aufl. Bd. 1, 1955 ff., S. 179f. Art. ,,Blankvers".

121,26. *Ramler,* Karl Wilhelm, 1725–1798. Vgl. Bd. 9, S. 270,7 und 21f. u. Anmkg.

121,35. *Wieland.* Gedacht ist hier an seine Versepen in der Art von ,,Musarion", 1768 (Bd. 9, S. 271,6), die Nachahmer fanden in J. B. v. Alxinger, A. M. v. Thümmel u. a.

122,10. *Die Minnesänger* waren zuerst durch J. J. Bodmer herausgegeben: ,,Proben der alten schwäbischen Poesie", 1748, und ,,Sammlung von Minnesängern aus dem Schwäbischen Zeitpunkt", 1758/59; doch fanden diese Ausgaben zunächst kaum Beachtung. Der Göttinger ,,Hain" interessierte sich seit etwa 1773 für die Minnesänger, dagegen blieben Goethe und sein Kreis – Klinger, Lenz usw. – ihnen fern. – Franz Mühlenpfordt, Der Einfluß der Minnesinger auf die Dichter des Göttinger Hains. Diss. Lpz. 1899. (100 S.) – Rudolf Sokolowsky, Der altdt. Minnesang im Zeitalter der dt. Klassiker u. Romantiker. Dortmund 1906. (V, 169 S.)

122,14. *Hans Sachs*, 1494–1576, wird Goethe in seiner Jugend wohl in der großen Sammelausgabe gelesen haben, die erstmalig 1558–1579 in Nürnberg in 5 Bänden erschien und danach in vielen Neuauflagen, zuletzt in Augsburg 1712. Hans Sachs wurde im 17. und beginnenden 18. Jahrhundert selten genannt. Der Knittelvers war verachtet; er war zwar seit Gottsched für scherzhafte Dichtung gestattet, doch kaum benutzt und wurde also eine Neueroberung des Sturm und Drang. – Der Abschnitt 122,10–21 ist im *wir*-Ton gehalten; doch für die Wiederbelebung des Hans Sachs hat Goethe selbst viel mehr als alle anderen getan. – Vgl. Bd. 1, S. 135–139 u. Anmkg. – Ferdinand Eichler, Das Nachleben des Hans Sachs vom 16. bis ins 19. Jahrhundert. Lpz. 1904. – Mary Burchinal, Hans Sachs and Goethe. Göttingen 1912. = Hesperia, 2. – Otto Flohr, Gesch. des Knittelverses vom 17. Jahrh. bis zu Goethes Jugend. Bln. 1893.

122,18. *leichten Rhythmus.* Goethe nahm an, daß die Verse des Hans Sachs Vierheber mit freier Zahl der Senkungen seien; so las er sie, und so baute er gelegentlich selbst seine Verse: *Dafür ist mir auch alle Freud' entrissen* (*Faust* 370). Doch Hans Sachs zählte nicht die Hebungen, sondern die Silben (8 bei stumpfem, 9 bei klingendem Reim), Goethes Knittelvers ist also eine Weiterentwicklung des Hans-Sachs-Verses, man könnte auch sagen: eine Art schöpferisches Mißverständnis. – A. Heusler, Dt. Versgesch. Bd. 3, 1929, S. 333ff. – Ernst Feise, Der Knittelvers des jungen Goethe. Lpz. 1909.

122,27f. *poetische Episteln:* Bd. 1, S. 87–89, 92. – *Parabeln:* Etwa *Ein Gleichnis; Es hatt' ein Knab'* ... (Bd. 1, S. 59f.) – *Invektiven:* z. B. *Anekdote unsrer Tage; Kenner und Künstler; Da hatt' ich einen Kerl zu Gast* ... (Bd. 1, S. 60ff.), ferner Dramatisches wie *Satyros* (Bd. 4) und *Des Künstlers Erdewallen* (Bd. 1, S. 63–67).

122,31. *schon Abgedruckten:* das in der *Ausg. l. Hd.* 1827–30 Abgedruckte.

123,9/10. An dieser Stelle sollte ursprünglich ein Abschnitt über *Faust* stehn, den Goethe 1816 diktierte. (Bd. 3, in dem Abschnitt „Goethe über seinen Faust") Er rechnete damals nicht mit der Fertigstellung dieses Werks, und der Bericht in *DuW* sollte wie in anderen Fällen eine Art kleiner Ersatz sein. Als dann *Faust II* doch noch fertig wurde, ließ er den Abschnitt von 1816 weg. Dadurch springt die Darstellung sogleich zu dem weniger bedeutenden Fragment *Hans Wursts Hochzeit.*

123,12. *„Hanswursts Hochzeit"*. Text bei Morris, Bd. 5, 1911, S. 199–212 u. Bd. 6, 1912, S. 469–475. Fischer-Lamberg 5, S. 183–195 u. 436–439.

123,34. *Sonnenmikroskop:* „eine Bildwerfvorrichtung, die von einem durch Sonnenlicht stark beleuchteten Dünnschnitt ein bis zum Sechzehnhundertfachen vergrößertes Bild auf einen Schirm wirft". (Fischer, Goethe-Wortschatz, S. 854.) – Dt. Wb. 10,1. Lpz. 1905. Sp. 1666.

124,21ff. *Zum Versuch legen wir* ... Mit diesen Worten beginnt in der Handschrift ein neuer Foliobogen, dessen Text bis 125,22 reicht. Er ist in das Manuskript hineingelegt ohne Entscheidung, ob er in den endgültigen Text aufgenommen werden soll oder nicht. (In unserem Text deswegen in kleinerem Schriftgrad.) Der Satz 124,21–22 ist nur eine Bemerkung für die Nachlaßherausgeber und gehört nicht zum eigentlichen Text. (Er steht aber seit Eckermanns Erstdruck, 1833, bis heute in allen Drucken und ist deswegen auch in unserer Ausgabe beibehalten.) Der Text des beigelegten *Blatts* reicht von 124,23 bis 125,22.

125,2. *der Norde* = der Nordländer; bei Goethe öfters vorkommende Wortform. – Fischer, Goethe-Wortschatz, S. 462f.

125,8. *Macklot,* Karl Friedrich. Vgl. 82,29 u. Anmkg. *Macklotur* ist natürlich ein Wortspiel mit „Makulatur" (von lat. maculare = beschmutzen; durch Druckerschwärze beschmutzte oder anderswie schadhaft gewordene Druckbogen, nur zum Einstampfen oder als Packpapier brauchbar). In dem handschriftlich erhaltenen Entwurf von *Hanswursts Hochzeit* kommt Macklot übrigens nicht vor.

125,23. *die Grafen Stolberg,* Christian, 1748–1821, und Friedrich Leopold, 1750–1819, waren seit ihrer Kindheit mit Klopstock bekannt, den sie hoch verehrten. In Dänemark aufgewachsen, hatten sie 1772–73 in Göttingen studiert und sich dem „Hain" angeschlossen. Die Rückreise nach Dänemark hatte sie wieder mit Klopstock in Hamburg zusammengeführt. Mitte Mai 1775 trafen sie in Frankfurt ein. Als Goethe im Alter diese Epoche darstellte, schob sich für ihn die Erinnerung an wechselnde Beziehungen zu den Brüdern dazwischen. Beide schlossen sich in den achtziger Jahren dem Emkendorfer Kreise an, der aus christlichem Gedankengut lebte und seine Dichter in Klopstock und Claudius sah. Aus diesem Geiste heraus kritisierte Friedrich Leopold Schillers „Götter Griechenlands"; Schiller polemisierte hinfort gegen die Stolbergs und zog auch Goethe in diese Haltung hinein. (Bd. 1, S. 212, Nr. 32 u. Anmkg.; Bd. 12, S. 244–249 u. Anmkg.) Anderseits hatte es einen Bruch gegeben zwischen Goethe und Klopstock. Erst nach Klopstocks und Schillers Tode rückten Goethe und Friedrich Leopold Stolberg einander wieder näher. Inzwischen war dieser katholisch geworden. Im Sommer 1812 verkehrten beide freundschaftlich in Karlsbad, einander persönlich liebenswert findend, den geistigen Abstand wissend, Gemeinsamkeiten suchend. Christian Stolberg, weniger bedeutend als sein Bruder, rückte Goethe allmählich fern. 1820–25 veröffentlichte der Hamburger Verleger Perthes in 20 Bänden „Gesammelte Werke der Grafen zu Stolberg" und sandte ein Exemplar jedes Bandes gleich beim Erscheinen an Goethe. Aus der Sicht der zwanziger Jahre erschien Friedrich Leopold als Vorläufer der romantischen Konvertiten und der „neudeutschen religios-patriotischen" Richtung, der Goethe sehr kritisch gegenüberstand. Anderseits sah Goethe 1819, daß Stolberg durch Voß bitteres Unrecht getan wurde (S. 525,39–526,22 u. Anmkg.). Es wurde ihm schwer, das Bild recht abzutönen. Einerseits stilisiert er die Stolbergs zu tpyischen Vertretern der Lebensform der Geniezeit (während deren Denkform durch Lavater als Fragmentisten ohne Resultate gezeigt wird); anderseits so, daß wesentliche Züge, welche man seit 1800 bei Friedrich Leopold bemerkte, auch schon in der Jugend vorhanden sind, wenn auch niemand – außer dem divinatorischen Lavater – sie damals wahrnahm. – Vgl. 137,5–13 und besonders 162,15ff. u. Anmkg. – Joh. Janssen, Fr. Leop. Graf zu Stolberg. 2 Bde. Freiburg

i. Br. 1877. – Fr. L. Stolberg, Werke. Hrsg. von A. Sauer. = Der Göttinger Dichterbund, 3. Teil. (KDN 50, Abt. 2.) – Detlev W. Schumann, Goethe and the Stolbergs. The Journal of English and Germanic Philology 48, 1949, S. 483–504 und 50, 1951, S. 22–59. – Briefwechsel zwischen Klopstock und den Grafen Stolberg. Hrsg. von J. Behrens. Neumünster 1964. – Fr. L. Stolberg, Briefe. Hrsg. von J. Behrens. Neumünster 1966.

125,26. *Göttinger Musenalmanach.* Vgl. Bd. 9, S. 519,28 u. Anmkg. und Bd. 9, S. 534,8 u. Anmkg.

125,32. *ungebildetes Innere.* Eine für Goethes Sprache bezeichnende Wendung, etwa in der Bedeutung: nicht ausgebildet, nicht maßvoll, noch unreif. Vgl. 34,37; 131,11; 538,32.

125,36f. *ein Brief von Bürgern.* Vgl. Bd. 9, S. 575,5f. u. Anmkg.

126,1. *Graf Haugwitz,* Christian August, 1752–1831, war zu der Zeit, als Goethe dies schrieb, für die Leser eine bekannte Gestalt, da er 1792–1807 preußischer Minister gewesen war. – ADB 11, 1880, S. 57–66. – Vgl. 273,34 u. Anmkg.

126,9. *Aja* (ital.) oder Aya (span.) = Erzieherin, Hofmeisterin. In diesem Sinne scheint Goethe im Alter das Wort hier zu benutzen, weil er *bei irgend einer ... Prinzessin* hinzusetzt. 1775 ist die Bedeutung des Namens vielleicht anders gewesen. So wie die vier Haimonskinder zusammen in die Weite ziehen, so wollten die vier jungen Männer fortreisen. Das Buch von den „Haimonskindern" kannten sie. Vielleicht kannte Goethe sogar ein Exemplar mit dem alten Holzschnitt, auf welchem alle vier hintereinander auf dem großen Pferd Beyart sitzen. Die Mutter der Haimonskinder heißt Aja oder Aye. Im 5. Kapitel heißt es: „Frau Aya ... nahm einen silbern Becher Wein und sprach: Nehmt und tut einen Trunk, ich will jetzt euer Schenke sein ..." – Goethe an Gustchen Stolberg 3. 8. 1775: „Lavater hat die vierHaimonskinder sehr glücklich stechen lassen." – Im Haushaltsbuch der Herrn Rat kommt der Name „Aya" schon am 20. Juli 1774 vor – Neudruck der „Haimonskinder": Dt. Lit. in Entwicklungsreihen, Reihe: Volks- u. Schwankbücher, Bd. 1. – Vgl. Bd. 9, S. 532,37f. u. Anmkg.

126,17f. *der poetische Tyrannenhaß.* Im Göttinger „Hain" richtete sich das Empfinden der jungen Männer gegen zwei Arten der Tyrannei; erstens gegen fremdländische Eroberer, als deren Verkörperung man aus der Vergangenheit Varus nannte; in diese Richtung zielt Fr. L. Stolbergs „Freiheitsgesang aus dem 20. Jahrhundert"; zweitens gegen die soziale Tyrannis, z. B. durch Fürsten, die ihre Landeskinder verkauften (wie die hessischen Regimenter zum Kampf in Amerika); dies ist das Thema von Stolbergs „Lied eines Deutschen in fremden Kriegsdiensten". Beide Gedichte entstanden 1775, der „Freiheitsgesang" war seit 1774 im Werden, wurde während der Schweizerreise fertig und erschien im Juli 1775 als Privatdruck in der Schweiz. – KDN, Bd. 50, 2. Abt.,

S. 60ff., 67ff. – Dt. Lit. in Entwicklungsreihen, Irrationalismus, Bd. 8. Der Kampf um das soziale Ordnungsgefüge. Hrsg. v. H. Kindermann. Lpz. 1939. – Clara Stockmeyer, Soziale Probleme im Drama des Sturm u. Drang. Frankf. a. M. 1922. = Dt. Forschungen, 5. (VI, 244 S.)

126,21f. *in Gottfrieds „Chronik"* (vgl. Bd. 9, S. 35,7 u. Anmkg.) wird geschildert, wie der Tyrann Cambyses, nachdem er viel Wein getrunken, dem Prexaspes beweist, daß er seiner Sinne mächtig sei; er schießt mit Pfeil und Bogen auf dessen Sohn, trifft ihn, läßt die Leiche öffnen und zeigt, daß der Pfeil genau ins Herz ging. Der Kupferstich (in der Ausgabe von 1743 auf S. 88) vereinigt 2 Szenen: 1. der Knabe am Baum gefesselt, der König schießt, 2. die Leiche wird geöffnet, der König weist triumphierend auf das Herz, der Vater ringt die Hände. Goethes optisches Gedächtnis hat auch hier die Eindrücke der Jugend bewahrt. (Vgl. Anmkg. zu Bd. 9, S. 35,6f. und 382,11.)

126,30f. *die Jahrgänge 1706, 19, 26, 48.* Hierüber berichtet E. Beutler in seinem Essay „Das Haus" in „Essays um Goethe", 1941 u. ö.

127,4. *Lykurgus.* König der Edoner in Thrakien, wurde als Feind des Dionysos geblendet (Ilias VI, 130.)

128,7. *impassibel* = „unempfindlich, stumpf, kaltsinnig" (Chr. Aug. Heyse, Allg. Fremdwörterbuch. 7. Ausg. Hannover 1835. Bd. 1, S. 447).

128,25. *übersehen* (sprachlich gebildet wie „überbieten"): über das hinaussehen, was ein anderer sieht; mehr sehen als jemand (weil man höher steht).

129,17. *Konklusionen:* Folgerungen, Schlüsse.

130,12. *englisch* im Sinne von *geheiligt* (130,2) und im Gegensatz zu *Entweihung* (130,3). Die Bedeutung *englisch* = engelhaft auch Bd. 2, S. 85 *Geheimschrift,* Vers 19, und S. 110 *Auserwählte Frauen,* Vers 19; Bd. 3 *Faust* Vers 1141; Bd. 10, S. 175,29f.; Bd. 11, S. 446,30 u. ö. Weniger dem Sprachgebrauch entsprechend scheint mir *englisch* = aus England, obgleich die Angebetete eine *Engländerin* ist (129,24). – Fischer, Goethe-Wortschatz, S. 189. – GWb 3, Sp. 106.

130,13. *nach Karlsruhe.* Dort regierte Markgraf Karl Friedrich von Baden, 1728–1811 (ADB 15, 1882, S. 241–248, NDB 11, 1977, S. 221–223), vermählt mit Caroline Louise geb. Prinzessin von Hessen-Darmstadt, 1723–1783 (ADB 55, 1910, S. 510–513). Bei dieser lebte damals ihre Nichte Luise von Hessen-Darmstadt (ADB 52, 1906, S. 131–135), sie war seit 1774 die Braut Carl Augusts von Weimar. Deswegen dessen Besuch. In Karlsruhe haben beide dann am 3. Okt. 1775 geheiratet. – Klopstock war damals nicht in Karlsruhe. Hier liegt ein Irrtum Goethes vor (vielleicht verursacht durch Goethes Hilfsmittel, Jördens' „Lexikon", das Bd. 3, 1808, S. 9 sagt, Klopstock sei „um das Jahr 1775" nach Karlsruhe eingeladen, und „er blieb hier ungefähr ein Jahr lang"). Aus zeitgenössischen Briefen kann man den Karlsruher Aufenthalt Goethes und seiner Gefährten datieren (17.–21. Mai) ebenso wie den Klopstocks (Mitte Oktober 1774 bis Mitte März 1775). Goethe sah Klopstock in Frankfurt auf der Hinreise Anfang Oktober 1774 und auf der Rückreise am 30. März 1775. – F. Muncker, Klopstock. Bln.

1893. S. 467–471. – Willy Andreas, Carl August. Bd. 1. Stuttg. 1953. Insbes. S. 208ff.

130,30. *Macklot.* Vgl. S. 82,29 u. Anmkg.

130,36. *von Moser,* Friedrich Carl Ludwig, 1723–1798, war seit 1772 Kanzler und Präsident der Landeskollegien in Hessen-Darmstadt. – Vgl. Bd. 9, S. 79,4 und 79,28f. u. Anmkg. – Karl Witzel, F. C. v. Moser. Darmstadt 1929. = Quell. u. Forsch. z. Hess. Gesch., 10.

130,38. *Graf Görtz,* Joh. Eustachius, 1737–1821; vgl. 52,6 u. Anmkg.

131,7. „*Faust*". Der sog. „Urfaust" (Bd. 3, S. 367–420) gibt einen ungefähren Begriff, wie das Werk damals aussah. Falls Goethe Klopstock daraus vorgelesen hat, kann das wohl nur bei dessen beiden Besuchen in Frankfurt gewesen sein. Vgl. Anmkg. zu 130,13.

131,16. *mein Schwager:* Johann Georg Schlosser. Vgl. 133,25ff., insbes. auch Bd. 9, S. 504,30ff. u. Anmkg.

131,17. *meine Schwester:* Cornelia, 1750–1777, seit 1773 verheiratet mit J. G. Schlosser. – Vgl. Bd. 9, S. 227,18ff.; 337,14ff.; 552,15ff. u. ö. – Goethe zu Eckermann 28. 3. 1831. – G. Witkowski, Cornelia, die Schwester Goethes. 1903. – 2. Aufl. Frankf. 1924. (209 S.)

132,25. *gätlich:* angemessen, schicklich, passend. – Bd. 8, S. 219,32f. und Bd. 11, S. 37,37. – Boucke, Wort u. Bedeutung ..., S. 331.

134,5f. *Familie Gerock.* Joh. Georg Gerock, Kaufmann, gest. 1796; dessen Frau Sophie Christine, 1727–1772, Bekannte der Frau Rat; die Töchter Antoinette Louise, Charlotte und Katharina.

134,10f. *mir aufs ernsteste eine Trennung von Lili zu befehlen.* Demoiselle Delph vermittelte die Verlobung, erst zwischen den Eltern, dann zwischen den jungen Leuten (109,15–29); später wird Lili zur Trennung geraten (166,16f.) und Goethe ebenfalls (133,16–18; 134,10f.; 184,32ff.); auch Cornelia *ließ sich* zur Ehe *bereden* (132,29). Ehen waren im 18. Jahrhundert Sache der Familien. Lili war 17 Jahre alt, Goethe 26 Jahre; daß er der Verfasser des *Werther* war, spielte in diesem Zusammenhang keine Rolle. Trotz allem: daß die Entscheidung letztlich aus ihm selber kam, wußte nicht nur der 81jährige, der es schrieb, sondern auch der 26jährige, der es erlebte.

134,38. *der Rheinfall bei Schaffhausen.* Auch Lavater, Stolberg (Werke 6,82ff.), Heinse (14. 8. 1780) u. a. haben ihn beschrieben. Goethe sah ihn 1779 und 1797 wieder. (Jubil.-Ausg. 29,120ff.) – Ferdinand Zehender, Der Rheinfall im Lichte der Naturanschauung verschiedener Zeitalter. Aussprüche von Chronisten ... Dichtern usw. Zürich 1866. (48 S.) – Samuel Pletscher, Der Rheinfall bei Schaffhausen ... beschrieben und im Spiegel der Dichtung betrachtet. Schaffhausen 1878. (240 S.)

135,6. „*Schwert*": im 18. Jahrhundert ein berühmter Gasthof; an der Limmat, heute Weinplatz 10. – Abbildung: Zollinger S. 55.

135,8. *Lavater* (vgl. 15,1 u. Anmkg.) war seit 1769 Diakonus, d. h. zweiter Pfarrer an der Waisenhauskirche in Zürich; 1775 während der Tage von Goethes Besuch wurde er erster Pfarrer. *Seine Gattin:* Anna geb. Schinz, 1742–1815. – Lavaters Haus: „Zum Waldris", 1740 gebaut, heute Spiegelgasse 11, eins der schönsten Häuser der Straße. – Lit. über Goethe u. Lavater: Anmkg. zu 15,1. – Mary Lavater-Sloman, Genie des Herzens. Die Lebensgesch. Lavaters. 5. Aufl. 1955. S. 189–195.

135,15. *„Physiognomik".* Goethe entlieh 18. 4.–7. 5. 1814 und wieder 17. 11. 1830–21. 2. 1831: Joh. Kaspar Lavater, Physiognomische Fragmente zur Beförderung der Menschenkenntnis und Menschenliebe. Lpz. u. Winterthur 1775–1778. 4 Bde. – Am 9. 6. 1819 kaufte er sich: J. C. Lavaters vermischte physiognomische Regeln, ein Manuskript für Freunde. Lpz. 1802. (IV, 84 S.) – Goethes Anteil an Lavaters Werk: Morris Bd. 5, 1911, S. 322–343 und Bd. 6, 1912, S. 518–521. – Fischer-Lamberg 5, S. 366–376 u. 490–493. – E. von der Hellen, Goethes Anteil an Lavaters Physiognomischen Fragmenten. Frankf. a. M. 1888.

136,8. *ein heiteres Naturgedicht:* das *Lied des physiognomischen Zeichners.* Bd. 1, S. 53 u. Anmkg.

136,27. *Lips,* Joh. Heinrich, 1758–1817, Maler und Kupferstecher in Zürich, später in Rom, 1789–1794 in Weimar an der Zeichenschule tätig. Von ihm stammen mehrere Porträtzeichnungen Goethes, darunter die bekannte Kreidezeichnung von 1791 (Ansicht von vorn, rund). – Thieme-Becker 23, 1929, S. 279. – Chr. Schuchardt, Goethes Kunstsammlungen, Bd. 1, Jena 1848. – NDB 14, S. 672.

137,5–13. *„Ich weiß nicht, was ihr alle wollt . . ."* Diese als direkte Rede gegebenen Sätze mit den Adjektiven *weich, zart, bestimmbar* charakterisieren Fr. L. Stolberg im Jahre 1775 und zeigen (Lavaters Scharfblick beweisend) denen, welche Stolbergs Konversion von 1800 und seine Spätzeit miterlebt hatten, diejenigen Züge seines Wesens, über die man 1800/01 und 1819/20 viel sprach, schon in seiner Jugend. – 125,23 u. Anmkg. und besonders 162,15–164,41.

137,24. *Bodmer,* Joh. Jakob, 1698–1783. Vgl. Bd. 9, S. 141,16; 262,16 u. Anmkg.; 272,20. Das Haus, welches Bodmer 1739–1783 bewohnte, steht heute noch, Schönberggasse 15, dicht neben der Südwand des neuen Kollegiengebäudes. – Goethe sagt in seiner Rede *Zu brüderlichem Andenken Wielands* 1813: *Er ward bald nach Zürich zu Bodmern gezogen, den man in Süddeutschland wie Gleimen nachher in Norddeutschland die Hebamme des Genies nennen konnte.* Die junge Generation scharte sich um ihn und wurde mannigfach durch ihn gefördert. Dies ist der eine Grund, warum er *Patriarch* (138,35) genannt wird. Der andere: Bodmer lebte geistig in der Welt der Patriarchen des Alten Testaments und war als Dichter bekannt geworden mit Werken aus diesem Gebiet: „Die Sintflut" 1751; „Jacob und Josef" 1751; „Jacob und Rachel" 1752; „Noah" 1752; „Josef und Zuleika" 1753 usw. Später waren dann seine vaterländischen Dramen hinzugekommen und seine Veröffentlichungen mittelhochdeutscher Dichtungen, mit denen er dem deutschen Geistesleben der Zeit neue Bereiche erschloß. – J. J. Bodmer, Schriften. Ausgew. von Fritz Ernst. Frauenfeld u. Zürich 1938. = Schr. d. Corona, 21. (141 S. mit Abb.) – Max Wehrli, J. J. Bodmer u. die Gesch. d. Literatur. Frauenfeld u. Lpz. 1936. = Wege zur Dichtung,

27. (163 S.) – Reallex. Bd. 2, 1926/28, S. 659–662, Art. „Patriarchaden" von J. Wiegand.

138,20. *Sihlfeld.* Der Blick von Bodmers Haus geht über den Zürichsee auf das linke Ufer, wo auf mittlerer Höhe das Gebiet der Sihl liegt, eines linksseitigen Nebenflusses der Limmat.

138,25. *Gebirgsrücken:* bei guter Sicht erblickt man die Glarner und Berner Alpen mit ihren charakteristischen Höhenzügen.

139,3. *Niemand bedenkt* ... R. M. Meyer, Jubil.-Ausg.: „Ein Wink an Goethes Besucher".

139,11f. *Bild nach Graff.* Ein Exemplar dieses Kupferstichs von Bause nach Graff befindet sich in Goethes Porträt-Sammlung. Weil die Porträt-Sammlung nicht in Schuchardts Katalog „Goethes Kunstsammlungen" aufgenommen ist, ist auch dieser Stich dort nicht verzeichnet. Mehrfach reproduziert, z. B. in: Bilderatlas z. Gesch. d. dt. Nationallit. Bearb. von Gustav Könnecke. 2. Aufl. Marburg 1895. S. 210. Auch in: Gajek-Götting-Göres, Goethes Leben und Werk in Bildern. 1966. Abb. 163. – Anton *Graff:* Thieme-Becker 14, 1921, S. 480–482; Joh. Friedr. *Bause:* ebd. 3, 1909, S. 93–95.

139,17. *Passavant,* Jacob Ludwig, 1751–1827, aus Frankfurt, war damals Kandidat der reformierten Theologie und arbeitete vom Frühjahr 1774 bis Oktober 1775 als „Amanuensis" Lavaters in Zürich. – ADB 25, 1887, S. 196–198.

139,26f. *die kleinen Kantone:* um den Vierwaldstättersee, Schwyz, Luzern und Uri.

140,7ff. *Und frische Nahrung* ... Bd. 1, S. 102f. u. Anmkg.

140,27. *Richterswyl:* Richterswil, Dorf am Südufer der Zürcher Sees.

140,27. *Doktor Hotz* oder Hotze, Johannes, 1734–1801, Arzt in Richterswil, Freund Lavaters, Bruder des österreichischen Feldmarschalls Freiherrn v. Hotze. Goethe besuchte ihn 1779 wieder. – Hist.-Biogr. Lex. d. Schweiz. 4, 1927, S. 298. – Bode, Goethes Schweizer Reisen, S. 194 u. ö. – M. Sloman-Lavater, Genie des Herzens, S. 466 u. ö.

140,32. *Stelle in Lavaters „Physiognomik":* In der dt. Ausg., Bd. 2, 1776, S. 215: „... Im Aug' ist heiterer, edler, hinzielender, aber freier Sinn, beratschlagende Güte ... um den Mund herum natürliche Heiterkeit ..." usw. (Mit Kupferstich.)

141,6ff. *Wenn ich, liebe Lili* ... Bd. 1, S. 103 u. Anmkg.

141,12. *Maria Einsiedeln* im Kanton Schwyz, 883 m ü. M., berühmter Wallfahrtsort, Benediktinerabtei. Der Bau des Klosters begann 934. Die neue Stiftskirche, 1704–1724 von C. Mosbrugger, gilt heute als einer der schönsten Barockbauten der Schweiz. Goethe hat hier wie anderswo sich über Barockarchitektur nicht näher geäußert. Der *Heilige* (141,35): Meinrad, seit 835 Eremit, 861 im Walde zwischen Etzel und Mythen von Räubern erschlagen. – Goethe sah Einsiedeln 1797 wieder. – In Goethes Bibliothek befindet sich: Einsiedlische Chronik oder Kurze Geschichte des Fürstlichen Gotteshauses Einsiedlen ... Einsiedlen 1783. (Ruppert Nr. 2643.) Linus Birchler, Einsiedeln u. sein Architekt C. Mosbrugger. Augsburg 1924. (XII, 218 S., 88 Abb.)

141,21f. *die Gebräuche der römischen Kirche* ... Vgl. Bd. 9, S. 289,30ff. u. Anmkg. – Friedr. L. Stolberg schreibt am 16. 6. 1775 seiner Schwester Henriette: „Wir kamen ... in Kloster St. Maria zu Einsiedeln an. Es war eben Fronleichnamsfest; wir begegneten unzählig vielen Pilgrimen ..." (Morris 5, S. 271; Gespr. ed. Herwig 1, S. 145.) Goethes Jugendtagebuch hat nichts davon aufgezeichnet, anscheinend aber ist ihm dieses Motiv doch in Erinnerung geblieben, und im Alter fand er es wesentlich genug, um aufgenommen zu werden.

143,8f. *Geognosie:* Gesteinkunde, Erkenntnis der Mineralien im Gelände; *Geologie:* Lehre von der Geschichte der Erde, aus dem gegenwärtigen Befund auf die Vergangenheit schließend – eine zu Goethes Zeit noch ganz in den Anfängen stehende Wissenschaft. – Bd. 13, S. 251–303 u. Anmkg.

143,21. *Martin Schön:* Martin Schongauer, geb. um 1420, gest. 1480. – Der starke Eindruck von 1775 wirkte weiter wie so viele frühe Kunstbegegnungen. Am 25. 8. 1819 beauftragt Goethe Fritz Schlosser, Kupferstiche Schongauers für ihn zu erwerben. *Für den Tod Mariae könnte man auch etwas mehr wie billig bezahlen.* Am 7. 10. beauftragt er im gleichen Sinne J. A. G. Weigel; am 13. 10. autorisiert er ihn, die Summe zu überschreiten; er warte mit der *Ungeduld eines Liebhabers.* Am 18. 10. an Meyer: *Die Kupfer machen mir viel Freude.* Am 22. 10. an S. Boisserée: *Von Martin Schön erhielt ich mehrere bedeutende Blätter.* Am 3. 11. an Weigel: *Die geringeren Drucke geben im allgemeinen einen Begriff von der Denkweise und Kunst des Meisters, die besseren, besonders der Tod Mariae, von seiner unschätzbaren Ausführung.* Am 23. 3. 1820 an S. Boisserée: *Habe ich Ihnen schon gesagt, daß mir ein uralter Wunsch erfüllt worden: einen ganz vortrefflichen Abdruck vom Tod der Maria von Martin Schön zu erlangen? Wie an Ihren unversehrten Bildern von Hemling* (Memling) *pp., so auch an einem echten Abdruck der älteren Kupferstecher lernt man erst das grenzenlose Verdienst der charakteristischen Deutlichkeit und Ausführung dieser Meister kennen.* Am 2. 9. 1820 an v. Münchow: *Seit 2 Jahren ward mir das Glück, ... mehrere Blätter zu erlangen, und meine Verehrung gegen diesen trefflichen Altmeister ist nur immer zunehmend.* Goethe besaß seit 1819 zwei Exemplare dieses Stichs. (Schuchardt, Goethes Kunstsammlungen. Bd. 1, S. 140, Nr. 349 u. 350. Beide noch heute in Weimar.) Tagebuch 16. 10. 1831: *Altdeutsche Kupfer betrachtet, besonders den köstlichen Abdruck vom Hinscheiden der Maria durch Martin Schön.*

143,32f. *hier find' ich zuerst das Datum verzeichnet.* Hinweis auf das *Tagebuch* der Schweizerreise, das bald darauf (144,18) genannt wird. Es beginnt am 15. Juni 1775 und enthält Daten bis zum 21. Juni. Danach einige undatierte Aufzeichnungen. – Morris 5, S. 257–261. Fischer-Lamberg 5, S. 235–237.

143,36. *Hocken* oder Haggen wird in der Volkssprache ein Paß zwischen zwei hohen Bergspitzen genannt, gelegentlich auch die Spitzen selbst, so hier von Goethe. Gemeint sind der große und der kleine Mythen (1902 und 1815 m) mit dem Paßübergang (1417 m) nach Schwyz. – Goethes Zeichnung der Mythen vom 18. 6. 1775: Schr. G.Ges. 22, Blatt 11; auch bei Zollinger, Wahl, Femmel. – Geograph.

Lex. d. Schweiz. Hrsg. von Knapp, Borel u. Attinger. Dt. Ausg. von H. Brunner. Bd. 2. Neuenburg 1903. – Schweizerisches Idiotikon. Bearb. von Straub, Tobler u. Schoch. Bd. 2, Frauenfeld 1885, Sp. 1091.

144,24. *Lauerzer See:* Lowerzer See im Kanton Schwyz, mit der Insel Schwanau. Dort trieb es um 1300 ein Edler v. Schwanau als Raubritter so arg, daß die Schwyzer 1308 seine Burg zerstörten. – 144,29f. *Waldbruder;* Ein Brief Fr. L. Stolbergs an Gerstenberg vom 16. Okt. 1775 über die Schweizerreise berichtet: „Lowerzer See, wo wir in kleinen Inseln zween Eremiten besuchten ..." In: Nord und Süd 71, 1894, S. 228. – Goethes Zeichnungen des Sees: Corpus der Goethezeichnungen ed. Femmel, Nr. 106 u. 108.

144,31ff. *Rigi,* 1800 m, am Vierwaldstättersee. *Mutter Gottes im Schnee:* Wallfahrtskirche „Maria zum Schnee". *Kapelle:* 1716–19 gebaut. *Kloster:* eine kleine Niederlassung der Kapuziner. – Von dem, was Goethe dort *gezeichnet* hat, ist ein Bild der Gaststube im „Ochsen" erhalten. Goethe hat es wohl wieder zur Hand genommen, als er diesen Abschnitt schrieb. Reproduziert bei Koetschau-Morris, bei Wahl u. a. Bei Femmel Bd. 1, Nr. 110.

144,35f. *Kalten Bad:* heute an der Vitznau-Rigi-Bahn, Bergstation Rigi-Kaltbad. *Drei-Schwestern-Brunnen:* ein wenig gebräuchlicher Name für die Quelle von Rigi-Kaltbad. Nach der Sage haben drei Schwestern, vor den Nachstellungen eines Landvogts geflüchtet, hier gelebt.

145,22. *Grütli* oder Rütli, waldumrandete Bergwiese am Westufer der Urner Bucht des Vierwaldstättersees. Hier trafen sich, um den „ewigen Bund" von 1291 neu zu beschwören, 1307 als Vertreter der Kantone Uri, Schwyz und Unterwalden Walther Fürst, Werner Stauffacher und Arnold an der Halden. – Der Ausdruck *drei Tellen* steht hier wohl versehentlich; mit ihm bezeichnete man Hans Stadelmann, Kaspar Unternährer und Uli Dahinden aus dem Entlebuch, die 1653, als der Schweizer Bauernaufstand niedergeschlagen war, die Ermordung des Landvogtes Melchior Schuhmacher beschlossen. – Histor.-biogr. Lexikon d. Schweiz. Hrsg. von H. Türler, V. Attinger u. M. Godet. Dt. Ausg. Bd. 6, Neuenburg 1931. S. 653.

145,23. *der Held:* Tell, dessen Geschichte Goethe gut kannte, und zwar besonders aus der (in der kräftig-treuherzigen Art des 16. Jahrhunderts erzählten) Schweizer Chronik des Ägidius Tschudi (1505–72), die aber erst 1734–36 von Iselin herausgegeben war. Goethe entlieh sie 11. 7.–16. 10. 1799: Ä. Tschudi, Chronicon Helveticum oder Gründliche Beschreibung ... der in einer löbl. Eidgenossenschaft ... vorloffenen merkwürdigsten Begegnussen. 2 Bde. Basel 1734–36. Er dachte damals an ein Tell-Epos. Dann trat er den Stoff an Schiller ab. 1804 bemühte er sich, daß die Bühnendekorationen zu dessen „Tell" gut ausfielen. (S. 468,20–470,32.) Seine Hochschätzung Tschudis Bd. 14, S. 52,21–25. – Walter Fischli, Goethes Tell. Innerschweizerisches Jahrbuch für Heimatkunde. Bd. 13/15. Luzern 1949/50. S. 9–29.

146,31f. *Teufelsstein:* Felsblock in der Reuß in der Schöllenenschlucht an der Gotthardstraße zwischen Göschenen und Andermatt. Goethes Zeichnung bei Koetschau-Morris, Femmel, Wahl. *Teufelsbrücke:* über einem 30 m tiefen Abgrund, 1728 gebaut, später erneuert. Goethes Zeichnung bei Koetschau-Morris, Femmel, Wahl. Goethe besaß auch eine Zeichnung der *Teufelsbrücke* von W. Tischbein. Reproduziert: Goethe u. Tischbein. Hrsg. von Wolfg. v. Oettingen. Weimar 1910. = Schr. G. Ges., 25. Taf. 5.

147,1. *Urserner Loch* oder Urner Loch, 1708 erbauter Tunnel durch den Schöllenen, 64 m lang. Derartige Bauten waren damals noch etwas Seltenes. Eine flüchtige Skizze davon, datiert *23. Juni 1775*, reproduziert bei Koetschau-Morris, Femmel, Wahl.

147,26. *Liviner Tal.* Wohl hier versehentlich genannt, denn „valle Leventina" ist das Tal des Tessinflusses, das südlich an den Gotthardpaß anschließt. Goethe wanderte vom Urner Tal durch das Tal der Gotthardreuß zum Sankt Gotthard.

148,4. *das Hospiz.* „Es liegt in einem stundenlangen schrecklich wilden rauhen nackten Tale, das von allen Seiten von hohen Felsspitzen umgeben ist ... In diesem letztern, wo ein, bisweilen zwei Kapuziner wohnen, ist man gut aufgenommen, man findet da trefflichen Wein und Betten. Die Väter machen keine Rechnung und fodern niemanden etwas ab; die wohlhabenden Reisenden zahlen nach ihrem Gutdünken und vergessen nie dabei, daß so viele Arme hier umsonst aufgenommen werden müssen ... Der Stall für die Pferde ist sagenswert, wo in einem Raum, dessen Durchmesser 36 Fuß ist, 47 Pferde stehn können." (J. G. Ebel, Anleitung auf die nützlichste ... Art in der Schweiz zu reisen. Zürich 1793. 2. Teil, S. 73 f.) – Andere Schilderungen des Hospizes: H. R. Schinz, Reise von fünf Zürchern ... 1763. Zürcher Taschenbuch von 1911. S. 153 ff. – Sulzer im „Dt. Museum" 1778, 2. Bd., S. 100 ff. – Gustav Peyer, Gesch. des Reisens in der Schweiz. Basel 1885. (VIII, 248 S.)

Neunzehntes Buch

Die Tagebücher vermerken oft nur *Der Biographie 4. Band.* Die Entstehung des *19. Buchs* geht mit der des *18.* zusammen und verteilt sich auf die Hauptarbeitszeiten 1813, 1824 und 1830. – 25. Nov. 1813: *Diktiert. Genie Mißbrauch.* 23. Nov. 1830: *Rückkehr nach Frankfurt redigiert.* 24. Nov. 1830: *Fortsetzung an 1775 ... Lavaterische Physiognomik.* 25. Nov. 1830: *1775 fortgesetzt.* 15. Jan. 1831: *Fortsetzung der Schweizerreise von 1775 durchgegangen.*

Vgl. das zum *18. Buch* Gesagte.

148,22. *der ansehnliche Pater.* Pater Lorenzo, den Goethe auch auf seinen Schweizerreisen von 1779 und 1797 hier traf. (An Carl August 17. Okt. 1797; an Kestner 11. Jan. 1785 und 25. April 1785).

149,5. *Repositorien.* Repositorium = Gestell, Flachgestell, Bücherbrett, Büchergestell. (J. Chr. A. Heyse, Fremdwörterbuch. Bd. 2. 1835. S. 317.)

149,10. *zeichnete.* Gemeint ist wohl die nur zur Hälfte ausgetuschte Zeichnung mit der Aufschrift *Scheideblick nach Italien vom Gotthard. d. 22. Juni 1775.* (Oft reproduziert.) Goethe hat sie wahrscheinlich, als er das *19. Buch* schrieb, wieder zur Hand genommen.

149,24. *Die Inseln des großen Sees.* Die Isola Bella und Isola Madre und die (kleineren) Isola dei Pescatori und Isola di San Giovanni im Lago Maggiore, einst kahle Felsen, im 17. Jahrhundert von ihren Besitzern aus der Familie Borromeo (Mailand) mit üppigen Terrassengärten und Palästen geschmückt, gehörten zu den gepriesensten Schönheiten des Südens. Sie sind auf Kupferstichen in dem Reisewerk Keyßlers dargestellt, das im folgenden genannt ist. 1796 sah Goethe die Darstellungen dieser Inseln durch G. M. Kraus, die er im Brief an H. Meyer vom 20. Mai 1796 lobt; 1811 entlieh er sie aus der Weimarer Bibliothek. – Goethe-Kalender 33, 1940, S. 343–344 mit Abb.

149,26. *Keyßlers Reisen:* Joh. Georg Keyßler, Neueste Reisen durch Teutschland usw. Neue verm. Aufl., Abt. 1 u. 2. Hannover 1751. War im Besitz des Herrn Rat. (Bd. 9, S. 27,39 u. Anmkg.) Goethe entlieh das Werk im Februar 1821 (eins der vielen Beispiele, daß er zu den Lieblingen seiner Knabenjahre zurückkehrt) und benutzte es für die *Wanderjahre, 2. Buch, 7. Kap.* (Keudell 1394)

150,15ff. *Angedenken du* ... Bd. 1, S. 104f. u. Anmkg.

150,31. *refftragenden Boten.* Das *Reff* (Bd. 8, S. 13,3 und 313,5) ist ein Traggestell für Lasten; *Bote* hier wohl im Sinne von „Dienstbote": ein einheimischer Träger, der in seinem *Reff* das Gepäck der beiden bergungewohnten Wanderer trug. Eine Zeichnung Goethes (Femmel Bd. 1, Nr. 109) zeigt diesen *refftragenden* Einheimischen am Wege sitzend in der Berglandschaft.

151,15ff. *das Ungeheure ... in seinen faßlichen charakteristischen Einzelnheiten festzuhalten.* Im Gegensatz zu den *beschränkten Gegenständen* (152,7f.), die Goethe sonst zeichnete (Zimmer, Köpfe, einzelne Gebäude), war hier die Bergwelt *das Ungeheure,* und da zeigte sich ihm seine *Unzulänglichkeit* (152,9); deswegen die scharfe Kritik 149,11–16; eine Fortsetzung dazu 151,38–152,19. – Die meisten Zeichnungen entstanden auf dem Rückweg vom Gotthard, nicht auf dem Hinweg. (Reproduktionen: Koetschau-Morris und Femmel.)

151,23. *Tellenkapelle.* Von Küßnacht am Vierwaldstätter See nach Immensee am Zuger See führt die „Hohle Gasse". An der Stelle, wo Tell den Landvogt tötete, steht eine Kapelle.

151,29. *gemalter Scheiben.* Eine Besonderheit schweizerischer Volkskunst. – Hans Lehmann, Zur Gesch. der Glasmalerei i.d. Schweiz, Lpz. u. Frauenfeld 1925. = D. Schweiz im dt. Geistesleben, Illustr. Reihe, 4. (112 S., 72 Abb.)

151,31f. *von Lindau,* Heinrich Julius Freiherr, eine typische Gestalt aus der Zeit der Empfindsamkeit und des Sturm und Drang. Aus Liebeskummer hatte er Hamburg verlassen und in der Schweiz ein Einsiedlerleben begonnen. Dort nahm er sich des Hirtenjungen Peter im Baumgarten an. 1776 trat er in hessische Dienste, kam mit dem Regiment Wuthenau nach Amerika und fiel im Kampf auf Manhattan Island. Peter im Baumgarten wanderte daraufhin nach Weimar und erschien am 12. April 1777 bei Goethe, der sich nun seiner annahm. – Lindaus Bild: Physiognom. Fragm. 3, S. 156. – Goethe u. Lavater. 1901. = Schr. G. Ges., 16. – E. Beutler, Peter im Baumgarten. In: Beutler, Essays um Goethe. Bd. 2. Wiesbaden 1947 u. ö. – Fritz Ernst, Aus Goethes Freundeskreis. Studien um Peter im Baumgarten. Erlenbach-Zürich 1941. (119 S., 25 Abb.) S. 11–31.

151,35. *Passavant:* vgl. 139,17 u. Anm.

152,20. *Rückkunft in Zürich.* Hier hat das Gedächtnis, nach so vielen Jahrzehnten, Goethe im Stich gelassen. Aus Briefen des Jahres 1775 wissen wir, daß Goethe am 26. Juni wieder in Zürich war; *die Stolberge* waren noch dort und reisten erst am 5. Juli ab.

152,35 f. *Geßners zarte Gedichte:* vor allem die „Idyllen", 1756 u. ö. Seine *Radierungen* erschienen teils als Illustrationen in seinen dichterischen Werken, teils als selbständige Blätter. – Bd. 9, S. 270,19. – KDN 41,1. Geßners Werke hrsg. von A. Frey. – Paul Leemann van Elck, Salomon Geßner. Zürich 1930. = Monogr. z. Schweizer Kunst, 6. (VIII, 322 S. mit zahlr. Taf.) – W. E. Delp, Goethe and Geßner. Modern Language Review 20, 1925, S. 333–337. – Salomon Geßner. Wolfenbüttel 1980. = Ausstellungskatalog der Herzog August Bibliothek Nr. 30.

153,4. *Feuchtgefühl.* Goethesche Neubildung, wohl nur hier.

153,17. *weseten.* Das Verbum *wesen* für „leben, sein, sein Wesen treiben" bei Goethe öfters, besonders in seiner späteren Zeit, z. B. *Faust* 8198 und *Max. u. Refl.* 583 (Bd. 12, S. 445), auch in der Briefprosa *Ottilie wes't nun in Berlin* (an Zelter 9. 1. 1824).

153,19. *Mittelzeit* = Mittelalter.

154,21. *Werthers Reisen.* Der genaue Titel lautet: *Briefe aus der Schweiz,* und im Vorwort heißt es *man behauptet, sie unter Werthers Papieren gefunden zu haben.* (*Ausg. l. Hd.,* Bd. 16; W. A., Bd. 19; Jubil.-Ausg., Bd. 16. Nicht in der Hambg. Ausg.)

154,28 f. *die Schweizer ... sehr unwillig.* G. Bohnenblust, Goethe u. die Schweiz, 1932, S. 86: „Daß die Schweizer an diesem Verzicht schuld gewesen, weil der Vorwurf des Philisteriums sie unwillig gemacht, ist nicht zu belegen." Der erste Druck erfolgte 1808 in Bd. 11 der Werke bei Cotta.

156,22. „*Aussichten in die Ewigkeit*" heißt ein vierbändiges Werk Lavaters, das 1768–78 in Zürich erschien. Es handelt über das Leben nach dem Tode und hat Kapitel wie „Von der Vollkommenheit des himmlischen Körpers", „Von der Sprache im Himmel" usw.

157,16. *Koteriesprache:* Geheimsprache, Bd. 9, S. 338,14 u. Anmkg.

157,25 f. „*Pontius Pilatus*", ein Werk Lavaters in 4 Bänden, Zürich 1782–85.

157,31 f. *Abraham von Santa Clara,* 1644–1709, einer der bedeutendsten Kanzelredner des süddeutsch-katholischen Barock, Verfasser vieler Schriften, geistreich, voll überraschender Wendungen, packend und witzig, war Goethe bekannt aus der Zeit, als Schiller die Kapuzinerpredigt für „Wallensteins Lager" schrieb. Damals entlieh Goethe am 5. Okt. 1798 „Judas der Erzschelm" (Bd. 1: Bonn 1687. Bd. 2–4: Salzburg 1689–1695), dasselbe Werk entlieh er wieder am 26. Febr. 1806.

158,28. *Probierstein:* „Ein schwarzer Stein, dessen sich die Gold- und Silberarbeiter bedienen, die Feinheit des Silbers und Goldes vermittelst des Striches darauf zu probieren, und welcher eigentlich eine harte feinkörnige Schieferart ist, welche im Feuer fließt." (Adelung, Wörterbuch, Bd. 3, Wien 1808, S. 843.)

159,13. *Verspottungen:* durch Musäus („Physiognomische Reisen" 1778–79) und Lichtenberg („Fragment von Schwänzen" in den „Ausgew. Schriften" 1783. Neudr.: KDN 141, S. 180–186 u. ö.) – Goedeke 4,1 S. 242–281.

159,32. *gemeinsten* = allgemeinen, alltäglichen. – 161,28.

160,3 f. *Was er ... in späterer Zeit Freunden vertraulich mitteilte ...* Bezieht sich wahrscheinlich auf: J. C. Lavaters vermischte physiognomische Regeln, ein Manuskript für Freunde. Lpz. 1802. (IV, 84 S.) Dieses Werk war von Lavater 1789 zusammengestellt und wurde ein Jahr nach seinem Tode gedruckt. Goethe besaß diesen Band seit 1819. (Noch heute in seiner Bibliothek.) Er, der 1775 an Lavaters „Physiognomischen Fragmenten" mitgearbeitet hatte, indem er wie dieser einzelne Gestalten zu deuten versuchte, war in späteren Jahren zu seiner Morphologie gelangt, in welcher er zu allgemeinen Gesichtspunkten vordrang (*Polarität, Steigerung, Gesetz, Gestalt, Metamorphose, Symbol* usw. Vgl. Bd. 13). Lavater aber kam über seine Physiognomik von 1775 mit ihren genial-einfühlsamen Einzelheiten nicht hinaus; unter diesem Gesichtspunkt erklärt sich wohl Goethes scharfe Kritik.

160,27. *Zimmermann*, Joh. Georg, 1728–1795 (vgl. 63,24ff. u. Anmkg.), zumal in seinem Werk „Von der Erfahrung in der Arzneikunst", 2 Bde., Zürich 1763–64. Das 4. Buch hat die Überschrift „Von dem Genie und den ersten Schritten desselben zur Erfahrung".

160,31. *das Wort Genie* wurde zur *allgemeinen Losung*, nachdem der Geniebegriff sich gebildet hatte. Von Shaftesbury und Young entwikkelt, erhielt er durch Hamann und Herder seinen religiösen und psychologischen Hintergrund: das Genie bedarf nicht der Regel, da es sie in sich trägt und unbewußt schafft, was zum neuen Muster werden muß. In den 70er Jahren wird das Wort von der jungen Generation verflacht und allzuoft benutzt. Goethe spielt 160,36ff. und 161,32 auf Kant an, der dem Geniebegriff wieder Würde und Präzision gab in seiner „Kritik der Urteilskraft", 1790, § 46–50. – Art. „Genie" von R. Hildebrand in Grimms Wb., Bd. 4, 1. Abt., 2. Teil. Lpz. 1897. Sp. 3396–3450. – Herman Wolf, Versuch einer Gesch. des Geniebegriffs in der dt. Ästhetik des 18. Jahrhunderts. Bd. 1. Heidelberg 1923. = Beitr. z. Philos., 9. (X, 172 S.) – Herman Wolf, Die Genielehre des jungen Herder. Dt. Vjs. 3, 1925, S. 401–430. – Hellmuth Sudheimer, Der Geniebegriff des jungen Goethe, Bln. 1935. = Germ. Stud., 167. (VIII, 652 S.)

161,12. *ins Grenzenlose.* Das Wort taucht hier mehrmals auf: 129,27; 158,20; 161,4. Goethe, zumal im Alter, spricht einerseits davon, daß die Sehnsucht ins *Grenzenlose* zum Menschen gehöre (*Im Grenzenlosen sich zu finden* ... Bd. 1, S. 368), freilich als etwas (sofern es nicht die religiöse Sphäre betrifft) Gefährdendes (daher mehrfach in *Faust*, z.B. 6118; 6240; 6428); anderseits aber davon, daß der Mensch sich begrenzen müsse. In den *Wanderjahren* ist dies eins der Hauptthemen; von da aus Kritik am Sturm und Drang. *Der Mensch ist nicht eher glücklich, als bis sein unbedingtes Streben sich selbst seine Begrenzung bestimmt.* (Bd. 7, S. 553,14–16.) „*Jeder Mensch findet sich ... immerfort bedingt, begrenzt in seiner Stellung ...*" (Bd. 8, S. 426,5ff.) *Unbedingte Tätigkeit, von welcher Art sie sei, macht zuletzt bankerott.* (Bd. 8, S. 286, Nr. 21 u. Anmkg.) *Es darf sich einer nur für frei erklären, so fühlt er sich den Augenblick als bedingt. Wagt er es, sich für bedingt zu erklären, so fühlt er sich frei.* (Bd. 12, S. 520, Nr. 1117)

162,15ff. *Die Jünglinge, deren Bilder* ... Breitere Ausführung des schon 137,5–13 angedeuteten Motivs. Das ausführliche Zitat, welches zuerst Friedrich Leopold Stolberg, dann Christian Stolberg schildert, hatte in der Zeit, als Goethe dieses Buch schrieb, ein besonderes Interesse. Friedrich Leopold war im Jahre 1800 katholisch geworden, und man sah seitdem in seinen Äußerungen eine innere Ruhe und Heiterkeit besonderer Art; er schrieb Werke wie „Die Religion Jesu Christi" 1806ff. und hatte seine Freunde in den norddeutsch-christlichen Kreisen in Münster (Fürstenberg, Fürstin Gallitzin) und Hamburg (Claudius, Perthes). Da veröffentlichte im Jahre 1819 – den deutschen Lesern völlig unerwartet – der alte Johann Heinrich Voß seine Schrift „Wie ward Fritz Stolberg ein Unfreier?". Goethe entlieh sie am 11. Dez. 1819 und wieder am 7. Jan. 1820. Stolberg starb am 5. Dez. 1819. Nach seinem Tode erschien: Fr. L. Stolberg, Kurze Abfertigung der langen Schmähschrift des Herrn Hofrats Voß. 1820. Dieses Werk entlieh Goethe am 19. Febr. 1820. Die Vossische Schrift wurde damals in Deutschland viel besprochen. Unter dem Motto „Tumm machen lassen wir uns nicht! Wir wissen, daß wirs werden sollen." (S. 1) will sie erklären, wie Stolberg vermochte „aus freier Kindschaft sich zur unwürdigsten Sklaverei zu erniedrigen" (S. 5). Sie ist auf den Ton gestimmt „Römlinge in allerlei Form schlängeln sich umher, zischend und Gift spritzend" (S. 3). – Goethe hielt Stolberg für einen zwar weichen, aber durch und durch ehrlichen, gütigen und vornehmen Menschen. An Knebel schrieb er am 29. Dez. 1819: *Unmöglich ist es nicht, daß ein so zarter Mann wie Friedrich Leopold, der am Ende seine besten Intentionen so schändlich vor die Welt geschleift sieht, davon einen tödlichen Schmerz empfinden mußte.* Goethe wollte nun zeigen, wie Stolberg wirklich war und daß sein Wesen schon in seiner Jugend erkennbar war. Da fand er bei Lavater die Charakteristik: „Der unbefleckteste Wahrheitssinn ... der innigste Empfinder ... Ewiger Schweber ... Idealisierer ... Bewegung eines zärtlichen, feinfühlenden, äußerst reizbaren, gütigen, edlen Menschen ..." 1775 hatte der 24jährige Stolberg erst einige Gedichte geschrieben; später, bei breiterer Produktion, zeigte sich, daß er zwar stark im Empfinden und Entwerfen war, doch lässig im Ausführen und Durchfeilen. Lavater hatte prophezeit: „mehr feinfühlender Dichter als nach Plan schaffender, als langsam arbeitender Künstler." Und nun das, was 1819/20 alle bewegte: Stolbergs vornehme, fast hilflose Art, als der ungerechte bösartige Angriff ihn traf. War es nicht, als habe Lavater auch das geahnt? „... dem Herzen jede vorsätzliche Beleidigung und Niederträchtigkeit ewig unmöglich ... Kindheit des Herzens ... mit welcher er ... Vorwürfe und Unrecht annimmt und duldet." Angesichts solcher Sätze fühlte Goethe sich der Pflicht enthoben, ein Porträt Friedrich Leopold Stolbergs zu geben. Es wäre ihm auch schwer geworden, denn die wechselnden Beziehungen späterer Jahre standen lebhafter vor seinen Augen als die gemeinsamen Wochen von 1775. Christian Stolberg aber war ihm seit jener Jugendzeit ferngerückt. Auch über diesen fand er nun bei Lavater, was er brauchte: „Gefühl für das Edle, Gute, Große ... Bedürfnis der Freundschaft ... nicht die schnelle Leichtigkeit der produktiven Kraft ..." So nahm er also Lavaters Charakteristiken auf: Beispiele für dessen geniale Einfühlung, Bildnis der Brüder Stolberg im Jahre 1775 und zugleich Wesensdeutung, die noch für spätere Jahrzehnte zutraf. – Vgl. 525,39ff. u. Anmkg. und 125,23 u. Anmkg.

163,8ff. *Sonnendurst ... Felsenstromes ... im Donner der hallenden Felsen umher:* Anklänge an Stolbergsche Dichtungen aus der Zeit um 1775 (keine genauen Zitate).

166,24f. *ein verwünschter Zustand.* R. M. Meyer in der Jubil.-Ausg. 25,309: „*Verwünscht* im alten Sinne: wie von dem Zauber einer bösen Fee beherrscht. Der Zustand hat etwas Traumhaft-Irreales wie der der hingeschiedenen Schemen."

166,35. *nach Amerika.* Die Dokumente aus dem Jahre 1775, soweit sie uns erhalten sind (Morris Bd. 5), bringen dieses Motiv nicht. Gleichfalls nicht die Schemata (S. 654f.) und ein über Lili handelnder Brief von Henriette v. Beaulieu geb. v. Egloffstein vom 3. 12. 1830 (Goethe-Archiv, unveröffentlicht). Zum ersten Mal erwähnt findet man es bei Soret in seinen Aufzeichnungen (Frédéric Soret, Zehn Jahre bei Goethe. Hrsg. von H. H. Houben. Lpz. 1929. S. 389). E. Beutler, Essays um Goethe, Bd. 2, 1947, S. 68ff. (in der einbändigen Ausg. 1957 S. 249ff.), nimmt an, daß das Motiv von Frau v. Beaulieu stammt: „Vermutlich hat die alte, seit Jahren taube Hofdame zwei Dinge miteinander vermengt: Lilis Bekenntnis, daß sie Goethe ihre ‚moralische Existenz' verdanke, und ferner die Tatsache, daß Lilis zweiter Verlobter nach Offenbarung seiner Mittellosigkeit über den Ozean auswanderte." Doch warum fand das Amerika-Motiv wohl Aufnahme? Im *18. Buch* wird Goethe abgeraten, Lili zu heiraten (133,16–18), im *19. Buch* wird Lili abgeraten, Goethe zu heiraten (166,16–20); sie können sich keine Form des Zusammenlebens mehr vorstellen, die Hoffnung hört auf; in solcher Lage entsteht der Gedanke einer Verzweiflungslösung; das ist *Amerika.* In diesem Sinne symbolisiert das Motiv vielleicht die Situation.

168,32. *„Lilis Park".* Bd. 1, S. 98–101 u. Anmkg.

168,35. *das Widerwärtige:* das Widerstrebende, Gegensätzliche. – Vgl. 13,15 u. Anmkg.

169,1ff. *Ihr verblühet ...* Das Lied ist in *Erwin und Elmire, ein Schauspiel mit Gesang,* eingefügt, das im Januar 1775 im Manuskript fertig wurde und im März 1775 in Jacobis „Iris" erschien.

169,18f. *eingefügter Romanze:* „Each hour a mercenary crowd ..." in „The vicar of Wakefield", Kap. 8. – Auch abgedruckt bei Morris Bd. 6, 1912, S. 453f.

169,35. *jene erste ...* Vgl. 70.14ff. u. Anmkg.

170,5f. *Der junge Rechtsfreund:* Goethe selbst. Vgl. S. 100,3–14. – *der gewandte Schreiber:* vgl. S. 100,15–101,15 u. Anmkg.

170,26. *„Egmont".* Bd. 4, S. 370–454.

Zwanzigstes Buch

Tagebuch 2. Dez. 1812: *Schema der nächsten biographischen Bände.* 3. Dez.: *Schema der zwei folgenden Bände.* 8. März 1813: *Biographie. Übersicht der ganzen zwei nächsten Bände.* 9. März: *Die sämtlichen Schemas der nächsten 10 Bücher revidiert.* 4. April: *Biographisches. Conception des Dämonischen und Egmonts.* 15. Dez. 1816: Brief an Bertuch mit Bitte um Material über Kraus und über Weimar im Jahre 1775. 16. Dez.: *Legationsrat Bertuch wegen Weimars Zustand von 1775.* 17. Dez.: *Legationsrat Bertuch wegen früherer Weimarischer Zustände.* 10. Aug. 1824: Eckermanns Bericht über die ihm vorgelegten Manuskripte zum *4. Teil* („Gespräche"). 21. Febr. 1825: *Frankfurter Verhältnis zu Krause diktiert.* 26. Dez. 1830: *John schrieb am Abschluß des 4. Bandes.* 29. Dez.: *John mundierte am Schluß des 4. Bandes.* 21. Jan. 1831: *Abschluß des Verhältnisses zu Lili. Verhältnis zu Kraus.* 25. Jan.: *Wir fuhren in der Revision des 20. Buches fort.* 28. Jan.: *Den Abschluß des 4. Bandes durchgegangen.* 28. Febr.: Eckermann liest den Abschnitt über das Dämonische („Gespräche"). 15. März: Eckermann notiert: „Das 5. Buch ... als vollendet anzusehen". (Mommsen 2, S. 522.)

Das schon seit langem sich steigernde Weimar-Motiv (50,21–53,31; 57,25ff; 59,19ff.; 130,32–131,3), bisher in die Bücher eingewoben, macht diesmal den Anfang, neuartig und breit intoniert. Nirgendwo sonst in den 20 Büchern ist eine nicht gesehene Landschaft so breit geschildert: das weist darauf, daß diese besonders bedeutsam werden wird. Statt aber anzuschließen, ob und wie der Held dorthin gelangt, macht die Darstellung einen Sprung (175,10/11): es beginnt der Abschnitt über das Dämonische. Die äußere Motivierung dafür: *Egmont;* die innere: was folgt, ist ein *Element, worin und worauf das Dämonische so gern wirkt* (183,12f.); vor den Ereignissen selbst soll der Leser etwas Allgemeines über das Dämonische hören. In diesem Abschnitt steht das (von Goethe wegen seiner Symbolkraft geliebte) Webe-Gleichnis (177,12). Auch die Erzählung spannt zunächst die Fäden gesondert ein und verbindet sie dann zum Gewebe des Schicksals. Der Erzähler verteilt die Rollen und behält die Führung sicher in der Hand. Die Handelnden sind Carl August (*heiter und gnädig* 180,23), der Vater (*leidenschaftlicher Irrtum* 183,3), Demoiselle Delph (*Planmäßigkeit* 185,16) und Goethe selbst (*planlose Jugend* 183,2); Lili dagegen erscheint nur als Stimme und Schatten (182,8ff.) – eine sinnbildliche Situation.

Zu Beginn des *16. Buchs* war die Rede von *Beruhigung* (76,39), *Klarheit* (77,1), *Friedensluft* (77,6); dann steigerten sich gegensätzliche Kräfte; hier ist der Höhepunkt der Unruhe und Zerrissenheit, eine Atmosphäre der Unklarheit, die sich dann plötzlich in Klarheit wandelt, indem Äußeres (der ankommende Wagen) und Inneres (sichere Entschlußkraft) zusammenkommen. Das Tempo der Erzählung wird hier rascher, die Spannung steigt auf den Höhepunkt. Der Jüngling nimmt die Leitung seines Lebens in die Hand – in einer Art, wie er es in den 20 Büchern noch nie getan hat, und eben darum ist das Ende dieser 20 Bücher gekommen: nicht nur ein äußerer Abschluß – Fahrt nach Weimar –, sondern auch ein innerer – eine neue Haltung. Am Anfang stand die Geburt mit dem Symbol des Sternenstandes: der Mensch als ein nur Bewirkter. Am Ende steht der Beginn der Mannesjahre mit dem Symbol des Wagenlenkers: der Mensch als ein – in Grenzen – Wirkender. – Ein großer Bogen rundet sich. Das *20. Buch* wirkt abschließend; zugleich aber weist es über sich hinaus; es endet mit einer Hoffnung; der, die neu gewonnene Haltung nun am neuen Orte im Leben zu verwirklichen. Davon, ob sie erfüllt wird, fällt kein Wort. Doch der, von dessen Jugend erzählt wird, ist ja gealtert selbst der Erzähler. Daraus, daß er so ruhig, wissend und deutend, erzählt, fühlen wir (wenn wir es nicht ohnehin wüßten), daß jene Hoffnung nicht vergeblich war.

Das *20. Buch* hat besonderes Gewicht durch einen der wesentlichsten metaphysischen Abschnitte des Gesamtwerks. Der Erzähler spricht hier von der *moralischen Weltordnung* und von dem *Dämonischen* als *Zettel* und *Einschlag* (177,6–35). Es genügt ihm, diese Begriffe zu geben; er vermeidet es, sie unmittelbar auf das eigene Leben anzuwenden. Vorsichtig lenkt er über auf sein *kleines Leben* (177,36–39), das zwar nicht dämonisch ist, aber doch *mit einem dämonischen Schein bekleidet*, so daß fortan das Bild des Helden in größten Zusammenhängen steht und am Ende der Leser weiß, daß alles in der Hand dessen liegt, dessen Name hier verehrungsvoll nur so sparsam genannt wird.

171,17. *Georg Melchior Kraus,* geb. 1733 oder 1737 in Frankfurt a. M., gest. 1806 in Weimar; bekannt durch seine zahlreichen kolorierten Radierungen mit Weimarer Ansichten und auch Porträts von Weimarer Persönlichkeiten (Goethe, Corona Schröter u. a.). Im Winter 1774/75 war er als Gast an den Höfen von Gotha und Weimar. Seit dem 1. Oktober 1775 war er in Weimar als Herzoglicher Zeichenmeister angestellt. Er arbeitete seit 1786 auch für das in Weimar erscheinende „Journal des Luxus und der Moden", das sein Schwager Bertuch herausgab. Seine Veduten vom Lago Maggiore haben für die *Lehrjahre* und die *Wanderjahre* Anregungen gegeben. – Thieme-Becker 21, 1927, S. 449–451. – Eberhard Frhr. Schenk zu Schweinsberg, Verzeichnis der Radierungen von G. M. Kraus. Jahrb. d. Sammlg. Kippenberg 7, 1927/28, S. 277–302; 10, 1935, S. 316–318. – Eberh. Frhr. Schenk zu Schweinsberg, G. M. Kraus. Weimar 1930. = Schr. G.Ges., 43. (40 S. und 54 Taf.) – Hellmuth Frhr. v. Maltzahn, G. M. Kraus in Weimar und auf Reisen. Goethe-Kalender 1940, S. 216–356. – Ernst Beutler, G. M. Kraus. In: Beutler, Essays um Goethe. Bd. 2. Wiesbaden 1947. S. 233–262. 5. Aufl. 1958. S. 417–443. – NDB 12, 1980, S. 686.

171,21. *Lebemann* = jemand, der im Leben steht und es recht zu nehmen weiß; Lebenskünstler. – Vgl. Bd. 2, S. 162,35ff.; Bd. 14, S. 131,6.

171,23. *daselbst:* in Paris. Dort lebte Georg Melchior Kraus 1761–1770 als Maler und Zeichner, Hackert als Maler 1765–1768 und Wille als Kupferstecher von 1736 bis zu seinem Tode 1808. *Grimm* als Schriftsteller trat in Paris weniger in Erscheinung, dafür desto mehr in Deutschland an den Orten, welche auf seine ,,Correspondance" abonniert waren.

171,24. *Philipp Hackert* wurde später in Italien mit Goethe bekannt, der ihn sehr schätzte und später seinen literarischen Nachlaß herausgab. – Vgl. Bd. 11, S. 136,24 u. Anm.; Bd. 10 S. 509,28ff.; Bd. 12, S. 217,22ff.; Bd. 14 Register.

171,29. *Wille,* Johann Georg, 1715–1808, lebte seit 1736 in Paris und versorgte den europäischen Kunsthandel mit Reproduktionsstichen. Carl August hat ihn in Paris besucht. Goethe schätzte besonders seinen hervorragenden Stich nach Terborch, ,,Instruction paternelle", den auch Meyer in seiner ,,Gesch. der Kunst" S. 292 als Werk vollkommenster graphischer Technik preist. Goethe bespricht diesen Stich in den *Wahlverwandtschaften* als Vorlage zu einem der lebenden Bilder (Bd. 6, S. 393,30–394,31). – Thieme-Becker 36, 1947, S. 11f.

171,31. *Grimm,* Friedrich Melchior Freiherr v., 1723–1807. Vgl. Bd. 9, S. 480,30 u. Anm.

171,35. *Boucher,* François, 1703–1770, war zu der Zeit, als Wille in Paris arbeitete, auf der Höhe seines Ruhms.

171,35. *Watteau,* Jean Antoine, 1684–1721, war auch noch in der zweiten Hälfte des 18. Jahrhunderts sehr geschätzt. Goethe besaß in seiner Graphiksammlung eine ansehnliche Gruppe Reproduktionsstiche nach Watteau und Originalzeichnungen von ihm. – Schuchardt, Goethes Kunstsammlungen S. 213f. und 322.

172,3. *Greuze,* Jean Baptiste, 1725–1805, wird von Goethes Freund Meyer in seiner ,,Geschichte der Kunst" (Schr. G.Ges., 60) S. 265 folgendermaßen charakterisiert: ,,Seine Gemälde haben alle eine sittliche oder besser gesagt sentimentale Tendenz und enthalten Auftritte aus dem bürgerlichen Leben." Meyer führt das dann im einzelnen aus.

172,12. *massenhafte Tusche.* Nicht etwa dick aufgetragene Tusche (Gouache), denn Kraus koloriert mit seinen Wasserfarben leicht und zart; sondern etwa das, was der Maler ,,Lokalkolorit" nennt, größere Teile des Bildes mit gleicher reiner Farbe koloriert. – Adelung 3, 1808, Sp. 103: ,,Die beträchtlichsten Partien eines Gemäldes bestehen aus Massen, es mögen nun Lichtmassen oder Schattenmassen sein. Die richtige Austeilung der Massen macht die ganze Schönheit der Gemälde aus."

172,20. *bequemste* = passendste, erwünschteste. – Vgl. Bd. 1, S. 178, Nr. 16,12; Bd. 8, S. 156,12; Bd. 9, S. 475,29.

172,25. *Tochter.* Johanna Louise vom Stein, 1752–1816, heiratete den Grafen Jacob Friedemann v. Werthern auf Neunheiligen in Thüringen. Beide spielten eine bedeutende Rolle im Weimarer Kreise.

172,39. *Artisten* = Künstler.

173,31f. *Kapellmeister Wolf,* Ernst Wilhelm, 1735–1792, Hofkapellmeister in Weimar, tätig für die Seylersche Schauspieltruppe; *seine Frau:* Caroline geb. Benda, 1742–1820, Sängerin.

173,37f. *Bürgel:* Dorf bei Jena. *Forstmann:* Traugott Friedemann Slevoigt. *Töchter:* Friederike Elisabeth Caroline, 1750–1810, heiratete Bertuch; Auguste heiratete G. M. Kraus.

174,4. *Bertuch,* Friedrich Justin, 1747–1822, Schriftsteller, Autor für die Seylersche Theatertruppe, wurde 1775 Geheimsekretär des Herzogs. Später entwickelte er sich zum erfolgreichen Unternehmer. Sein „Industrie-Comptoir" war eine bedeutende Kunstgewerbe- und Schmuck-Fabrik (in der zeitweilig Christiane Vulpius tätig war), sein „Journal des Luxus und der Moden" war lange Zeit die führende deutsche Modezeitung; beide Unternehmungen unterstützten einander wechselseitig. Ein vorzügliches Porträt Bertuchs, in welchem das Berechnende und das Musische seines Wesens zugleich zum Ausdruck kommt, ist die Büste von G. M. Klauer. – NDB 2, 1955, S. 171–173. – Albrecht v. Heinemann, Ein Kaufmann der Goethezeit. Bertuchs Leben u. Werk. Weimar, Böhlau, 1955. (194 S., 9 Taf)

174,12. *Wieland.* Vgl. 51,16 u. Anmkg.

174,18f. *Musäus,* Joh. Karl August, 1735–1787, seit 1769 Professor am Weimarer Gymnasium, seit seinem Roman „Grandison der Zweite", 1760–62, als Schriftsteller bekannt. *Kirms,* Franz, 1750–1826, Hofsekretär, wurde 1791 Mitglied der Hoftheaterintendanz. *Berendis,* Hieronymus Dietrich, 1719–1782, Kammerrat in der Weimarischen Verwaltung, befreundet mit Winckelmann. (Goethe-Handb., 2. Aufl., 1955ff., S. 1028f.) 27 Briefe von Winckelmann an Berendis gingen nach dessen Tode, 1782, auf die Herzoginmutter Anna Amalia über, die sie an Goethe gab, der sie 1805 zusammen mit seinem Aufsatz *Winckelmann* (Bd. 12, S. 96–129) herausgab. – *Ludecus,* Joh. August, 1742–1801, Geheimsekretär, später Hofrat. – Ilse-Marie Barth, Literarisches Weimar. Stuttg. 1971. (Sammlung Metzler.)

174,19f. *Witwe Kotzebue,* Anna Christiane, geb. Krüger, 1736–1828, war eine Schwägerin von Musäus. Ihr 1761 verstorbener Mann war Legationsrat in Weimar. Ihre Tochter Amalie, 1759–1844, wurde mit Goethe bald nach seiner Ankunft in Weimar bekannt. In einer Liebhaber-Aufführung seines Stücks *Die Geschwister* am 21. Nov. 1776 war sie seine Partnerin, *nicht ohne wechselseitige Neigung* (zu Kanzler v. Müller 15. Dez. 1823). Im Jahre 1778 heiratete sie in Weimar den Bremer Syndikus Johann Friedrich Gildemeister, 1750–1812. – Der Sohn der *Witwe Kotzebue* war der Schriftsteller August Kotzebue, 1761–1819, der 1785 geadelt wurde.

174,26. *Obervormünderin:* Herzogin Anna Amalia.

174,30. *Schloßbrand.* Am 5. Mai 1774 schlug ein Blitz in das Schloß ein und es brannte nieder mit Ausnahme der sogenannten „Bastille", des Turms und der Außenmauern.

174,32. *Das ... Bergwerk zu Ilmenau* war 1739 stillgelegt. Carl August wollte es wieder in Gang bringen. Goethe befaßte sich bereits in seiner ersten Weimarer Zeit mit diesem Plan. 1777 wurde eine „Bergwerkskommission" gegründet. Goethe hat von da an viel Mühe an die

Bergwerksarbeit gewandt. 1784 wurden die Arbeiten am Schacht aufgenommen, 1792 begann man, Erz zu fördern; das Werk stellte sich in den folgenden Jahren aber als unrentabel heraus. 1796 erfolgte ein Stollenbruch, das Bergwerk floß voll Wasser. 1798 gab man die Arbeiten auf. – Art. „Bergwerkskommission" von W. Flach im Goethe-Handb., 2. Aufl., 1955 ff., S. 1053–1079.

174,34f. *die Akademie Jena.* Die Universität Jena gehörte in das Herzogtum Sachsen-Weimar, an ihrer Finanzierung beteiligten sich aber auch Sachsen-Gotha-Altenburg, Sachsen-Meiningen und Sachsen-Coburg-Saalfeld. Seitdem Goethe in Weimar war, wirkte er beratend mit, um tüchtige Gelehrte zu gewinnen; die Universität erlebte seit Beginn der 90er Jahre eine Blütezeit, als der Philosoph Reinhold, der Theologe Paulus, der Mediziner Hufeland, vor allem aber Schiller, Fichte, Schelling, Ritter und A. W. Schlegel hier wirkten. – Das akademische Deutschland. Bd. 1. Bln. 1930. S. 233–252: Die Univ. Jena.

175,7. *Ettersburg, Belvedere:* Hierüber gibt es zahlreiche Darstellungen in den Büchern über Weimar. Vgl. die Bibliographie in Bd. 14. Insbesondere: Park um Weimar. Von W. Huschke und W. Vulpius. Weimar 1955.

175,11. *Man hat im Verlaufe* ... Hier springt die Darstellung aus der Schilderung der Weimarer Zustände zu etwas ganz anderem; es beginnt der Abschnitt über das Dämonische. Das Verbindende wird bald deutlich: *Ereignisse, mit einem dämonischen Schein bekleidet* (177,38 f.), sind es, aus denen die Fahrt nach Weimar sich ergibt.

175,14 ff. *natürlichen Religion.* Durch den Beginn *Man hat ... gesehn* wird gesagt, daß die *verschiedenen Wege* in *DuW* aufzufinden sind. *Neigung nach einer natürlichen Religion* bezieht sich wohl auf Bd. 9, S. 43,28–45,20 und Bd. 9, S. 223,3–23. Die Formulierung S. 175,13 ist ähnlich wie Bd. 9, S. 43,35. Die *natürliche Religion* ist Bd. 9, S. 134,15 ff. und Bd. 9, S. 138,23 ff. charakterisiert. (Ihre Beziehung zum ersten Glaubensartikel auch Bd. 8, S. 157,39 f.) – *sich an eine positive festgeschlossen* bezieht sich wohl auf die (auch biographisch durch die Briefe an Langer u. a. belegte) Beziehung zur Brüdergemeine, die Bd. 10, S. 42,26 ff. bezeichnet ist, vorbereitet durch Bd. 9, S. 335,2–23 und Bd. 9, S. 511,37–512,1. – *Zusammenziehung in sich selbst* ... bezieht sich wohl auf die Trennung von der Brüdergemeine und das dabei obwaltende Bewußtsein der *eignen Kräfte* (Bd. 10, S. 44,1 f.) und des in der Natur vorhandenen Guten; es folgen die Motive *Bestätigung der Selbständigkeit* (47,35) und *so sonderte ich mich, nach Prometheischer Weise, auch von den Göttern ab* (48,25 f.) und die Schilderung des *Prometheus*-Dramas. – Im Gegensatz zu der *Zusammenziehung* steht: *sich endlich dem allgemeinen Glauben freudig hingegeben;* dieses Motiv klingt schon S. 23,9–21 an und ist insbesondere in den Worten *Zutrauen auf ein übergroßes, übermächtiges und unerforschliches Wesen* ausgedrückt. Auch die Spinoza-Abschnitte gehören wohl in diesen Zusammenhang. Dieser *allgemeine Glaube* ist später die Grundlage für die Weltschau des reifen Goethe geworden, der *in allen Elementen Gottes Gegenwart* (Bd. 2, S. 99) sieht. – Das Verhältnis von natürlicher Religion und Christentum hat Goethe viel beschäftigt. Kanzler v. Müller zeichnet am 8. Juni 1821 auf, Goethe habe im Gespräch gesagt, *die christliche Religion habe die Wahrheit der natürlichen Religion in sich aufgenommen.* – Das 175,11–18 Dargestellte ist eine Dreiheit, die von einem Vierten überwölbt und vereinigt wird. Dergleichen gibt es auch sonst bei Goethe, z.B. Bd. 8, S. 156,28–157,31. – Wolfgang Binder, Goethes Vierheiten. In: Festschr. f. M. Wehrli. Zürich (1969). S. 311–323. Wieder abgedruckt in: Binder, Aufschlüsse. Zürich 1976, S. 119–130.

175,39f. *nach dem Beispiel der Alten:* z.B. Plutarch, ,,Über Isis und Osiris". (Lektüre 1811). Platon, ,,Symposion" (Kap. 23), ,,Apologie" u. ö.

176,23f. *attrattiva.* Vgl. 86,32; 94,9; 96,20. Bd. 11, S. 467,15.

176,34. *Das Dämonische.* Das Tagebuch notiert am 4. April 1813: *Conception des Dämonischen und Egmonts,* d.h. an diesem Tage entstand der Abschnitt 175,11ff. über das *Dämonische,* der unmittelbar in die Darstellung der Entstehung des Dramas *Egmont* übergeht (176,5ff.). Goethe weiß und sagt es selbst, daß er das Dämonische damals nur im *Bild* fassen konnte (176,4). Jetzt im Alter kann er es auch theoretisch darstellen. Er schildert es also als etwas, *wovon ich mich erst viel später überzeugte* (177,5). Der erste Teil ist demgemäß in der Vergangenheitsform geschrieben (175,11–176,27). Eine Überleitung sagt, daß nun eine Erkenntnis des Alters angefügt werde (177,2–5), und dann folgt eine Aussage im Präsens (177,6–35). Dabei bleibt die Frage, wieweit auch die Darstellung der Jugendkonzeption (175,18–176,4) von der Sicht des Alters bestimmt ist. – Der Abschnitt 175,11–177,35 ist Goethes ausführlichste und schlüssigste Aussage über dieses Thema. Er unterscheidet – schon terminologisch – 1. *die Dämonen;* häufig in Briefen; gelegentlich fast gleichbedeutend mit ,,Geister", zumal im Zusammenhang der antiken Mythologie. 2. *der Dämon* (griechisch ,,daimon") im Gedicht *Urworte orphisch* (Bd. 1, S. 359 und 403f.), im Anschluß an eine Schrift des klassischen Philologen Georg Zoega, in der Bedeutung: *Geprägte Form, die lebend sich entwickelt,* also für alle Menschen gültig. 3. *Das Dämonische* in der Bedeutung, wie es hier im *20. Buch* dargestellt ist; es ist eine Macht, die in wenigen Menschen *überwiegend hervortritt* (177,19), während andere – unter die Goethe sich selbst rechnete – nur gelegentlich in ein Element kommen, *worin und worauf das Dämonische so gern wirkt* (183,12f.). – Der Erzähler spricht über das *Dämonische* zunächst allgemein. Indem er auf *Egmont* übergeht, sieht es so aus, als habe er es nur gebracht, um den Geist dieses Dramas tiefer zu bezeichnen. Erst später bemerkt man, daß dieses Thema hier noch eine ganz andere Funktion hat. Der Erzähler kommt noch einmal auf das *Dämonische* zu sprechen (183,12), nun aber im Zusammenhang des eigenen Lebenslaufs, und er benutzt zum Schluß für diesen eigenen Weg das Bild aus *Egmont* (187,18ff.). Damit ist deutlich, daß hier das *Dämonische* in das Leben des Erzählers selbst eingreift, und zwar an dem Punkt, wo er in den Wagen nach Weimar steigt. – Im folgenden einige Beispiele für die Wörter *Dämon* und *dämonisch* (nicht nach der Bedeutung, sondern nach Werken geordnet): Bd. 1. Gedichte. S. 159. Nr. IV, 1. S. 223,13: *die Moral der Dämonen.* S. 403,15ff.: *Dämon* in *Urworte, orphisch.* – Bd. 2. *Divan,* S. 122: *Dämonisch genial. Achilleis,* S. 523, Vers 237: *getreue Dämonen.* – Bd. 3. *Faust,* Vers 8057, 9072, 9252, 9665, 9947, 11491. – Bd. 5. *Pandora:* Vers 355; 731 *gottgesendete Dämonen. Epimenides* S. 371ff.: *Dämon des Kriegs.* – Bd. 6. *Wahlverwandtschaften* S. 476,35f.: *feindseliger Dämon.* – Bd. 8, S. 308 Nr. 171 *die bösen Dämonen.* – Bd. 9. *DuW.* S. 30,32: *Dämon des Schreckens.* – Bd. 10. *DuW.* S. 97,35: *realistischer Dämon;* S. 131,38f.: *dämonisches Mißgeschick. Annalen* S. 486,5f.: *Aberglaube an dämonische Menschen* (Cagliostro). – Bd. 11. *Ital. Reise.* S. 478,25; 552,4: *Wink höherer Dämonen.* – Bd. 12. Schr. z. Lit. S. 299,17–19: *Dämonen ... zuletzt sämtlich von einem Gotte abhängig;* 303,25f.; 343,38ff.: *ein halbschuldiger Verbrecher, ein Mann, der durch dämonische Konstitution ... den ... unbegreiflich folgerechten Gewalten in die Hände rennt ...* Ferner *Max. u. Refl.* 370: *selige Dämonen;* 430: *gefährliche Dämonen;* 621; 1021: *die bösen Dämonen, die ... hindern könnten, dem Wahren die Ehre zu geben.* – Bd. 14. *Gesch. d. Farbenlehre* S. 38,24: *dämonisches Hohngelächter.* – Aus den Briefen: An Sartorius 17. 5. 1815: *Bald aber beliebte es den verruchten Dämonen, mich ... mit Fäusten zu schlagen ...* (Krankheit). – An Boisserée 23. 10. 1815. – An Zelter 22. 7. 1816: *Was der Mensch denkt, wird anders gelenkt, es sei nun, daß sich die obern oder untern Dämonen darein mischen.* – An Zelter 28. 8. 1816. – Briefkonzept vom 31. 3. 1818 (WA. IV, Bd. 29, S. 358): *Das Absolute, die moralische Weltordnung, Systole und Diastole! es braucht nicht viel mehr, sich zu verständigen. Das nächste Mal, das wir zusammenkommen, muß ich Dir noch einen Begriff vom Dämonischen geben, dann bedarf es nichts weiter.* – An Boisserée 18. 6. 1819. – An A. v. Humboldt 16. 5. 1821: *da ich aber von Dämonen öfters hin und wider geführt werde ...* – An Knebel 1. 12. 1821. – An August v. Goethe 11. 7. 1828 aus Dornburg: *Ich will ... vor allen Dingen sagen, daß die wohlwollenden Dämonen mich hierher gewiesen haben ...* – An Soret 1. 8. 1828 aus

Dornburg: ... *daß ich mich mit dem hiesigen, mir gleichsam dämonisch angewiesenen Aufenthalt auf eine wunderbare Weise in einem wünschenswerten Zustand befinde.* An Zelter 28. 3. 1829. – An Eckermann 9. 8. 30. – An August v. Goethe 3. 9. (bzw. 2. 10.) 1830: *leidige Dämonen.* – An Eckermann Okt. 1830: *Wenn Sie Ihr Dämon wieder nach Weimar führt* (WA. IV, Bd. 47, S. 435). – An Zelter 29. 10. 1830. – An Zelter 6. 11. 1830: *dieses aber sowie manches andere sei den Dämonen empfohlen, die ihre Pfoten in all dem Spiel haben.* – An Zelter 1. 2. 1831: *ich erkenne aber auch diese Gunst der Dämonen und respektiere die Winke dieser unerklärlichen Wesen.* – Mehrfach kommt *das Dämonische* auch in Gesprächen vor; Aufzeichnungen von Gesprächspartnern haben aber nie den Quellenwert von Goethes Werken und Briefen. Besonders häufig ist *das Dämonische* bei Eckermann. (Die meisten neueren Ausgaben verzeichnen die Stellen in ihren Sachregistern.) Es findet sich aber auch in anderen Gesprächen. – Bd. 14, Sachregister „Dämonen" usw. – Briefe HA, Bd. 4, Register. – E. A. Boucke, Wort und Bedeutung in Goethes Sprache. Bln. 1901. S. 263–265. – Paul Fischer, Goethes Altersweisheit. Tüb. 1921. S. 26–30. – August Raabe, Das Erlebnis des Dämonischen in Goethes Denken und Schaffen. Bln. 1942. – Paul Hankamer, Spiel der Mächte. Stuttg. u. Tüb. 1947 u. ö. S. 53ff., 112ff. – Werner Danckert, Goethe, Bln. 1951. S. 459–465. – H. J. Schrimpf, Das Weltbild des späten Goethe. Stuttg. 1956. S. 303ff. – Walter Muschg, Goethes Glaube an das Dämonische. Dt. Vjs. 32, 1958, S. 321–343. – Hermann Schmitz, Goethes Altersdenken, 1959, S. 217ff., 227. – Goethe-Wörterbuch Bd. 2, Sp. 1056–1058. Hier sind viele Stellen zitiert und die Bedeutungen und Differenzierungen auseinandergesetzt. – Goethes Mitarbeiter Riemer bringt in seinem „Griech.-dt. Wörterbuch" das Wort „Daimon" in verschiedenen Bedeutungen.

177,20f. *mehrere teils in der Nähe, teils in der Ferne beobachten können.* Goethe vermeidet es hier, Namen zu nennen. Eckermann vermerkt (2. März 1831), Goethe habe Napoleon und Carl August *dämonische Naturen* genannt. Dann wird noch Paganini erwähnt. In einem weiteren Gespräch (datiert: 8. März 1831) sagt Goethe: *Auch in Byron mag das Dämonische in hohem Grade wirksam gewesen sein.* Ferner werden Friedrich II. von Preußen und Peter d. Gr. von Rußland genannt. In einem Gespräch des 3. Teils (den Eckermann mehrere Jahre nach Goethes Tode schrieb – Sorets Aufzeichnungen benutzend – und erst 1848 zum Druck brachte) wird noch einmal Napoleon mit dem *Dämonischen* in Zusammenhang gebracht (11. März 1828). – Es ist vielleicht kein Zufall, daß Goethe das Problem des dämonischen Menschen zu dem Zeitpunkt beschäftigte (Tagebuch 4. April 1813), als Napoleon besiegt wurde – und zwar nicht durch einen überlegenen Feldherrn, sondern durch den russischen Winter. (Vgl. die Formulierung 177,32.)

177,35. *Nemo contra deum* ... „Niemand gegen Gott, es sei denn Gott selbst". Vgl. die Anmkg. zum 4. Teil im allgemeinen.

179,7. *meine halb mutwilligen, halb zufälligen Unarten.* Vgl. 56,33f.; 57,32ff.

179,16. *Das junge fürstliche Paar.* Am 3. Okt. 1775 hatte in Karlsruhe die Hochzeit des Herzogs Carl August von Weimar mit Luise von Hessen-Darmstadt stattgefunden. Beide waren 18 Jahre alt. Am 12. Oktober kamen beide nach Frankfurt, von wo sie nach Weimar weiterreisten.

179,17. *meiningische Hof.* Die verwitwete Herzogin Charlotte Amalia, 1730–1801, und ihre Söhne Carl August, 1754–1782, und Georg Friedrich Carl, 1761–1803. Goethe war mit den Prinzen schon am 3. Febr. 1775 zusammen gewesen, als diese durch Frankfurt reisten. – H. Tümmler in: Histor. Zeitschrift 228, 1979, S. 36–39.

179,19. *von Dürckheim,* Franz Christian Eckbrecht, Geheimer Rat und Prinzenerzieher in Meiningen.

179,27f. *einbildisch.* Etwa: „weil ich nicht auf den Gedanken kam ...", mit dem Beiklang von „nicht so selbstbewußt war, zu denken, daß ...". – Vgl. Bd. 7, S. 162, 30.

180,19. *zurückgebliebener Kavalier:* Joh. August Alexander v. Kalb, 1747–1814, damals Weimarischer Kammerrat, später Kammerpräsident.

180,20. *Landauer Wagen.* „Ein viersitziger Reisewagen, dessen Gedeck sich in der Mitte von einander tun läßt. Er wurde damals erfunden, als Kaiser Joseph I. vor Landau ging, daher er auch den Namen hat." (Adelung 2, Wien 1808, Sp. 1880.)

181,24. *Agitation* = Beunruhigung, Erregung, Bewegung (wie Bd. 9, S. 46,36).

183,17. *Freund Passavant.* Vgl. 139,17 u. Anmkg.

183,21. *nachts.* In Goethes Sprachgebrauch nicht nur die Zeit zwischen Abend und Morgen, sondern oft: abends nach Einbruch der Dunkelheit. An Gustchen Stolberg schreibt er am 22. Nov. 1775: *Jetzt ist's bald achte nachts.*

183,36. *Demoiselle Delph.* Vgl. 108,30 u. Anmkg. Ihre *Planmäßigkeit* (185,16) bildet hier den Gegensatz nicht nur zu dem *planlosen Wesen* des Helden (18,515f.), sondern auch zu dem *Dämonischen.*

184,5. *von Wrede,* Ferdinand Joseph, kurpfälzischer Landschreiber und Regierungsrat in Heidelberg, 1722–1792 (erst 1790 geadelt), verheiratet mit Katharina geb. Jünger, 1729–1804; beide hatten zwei Töchter: Marie Louise Josepha, geb. 1754, und Franziska Charlotte Josepha, geb. 1756. – Der Erstdruck, 1833, setzt nur: *von W ...*

185,3. *Kurfürst Karl Theodor* von der Pfalz, 1724–1799, wurde 1777 Kurfürst von Bayern. – ADB 15, 1882, S. 250–258.

186,1. *Stafette.* Adelung 1808, Bd. 4, S. 271: „Aus dem ital. stafetta, eine Anstalt, da durch einen geschwinde reitenden Postillon, welcher außerordentlich abgeschickt wird, ein oder mehrere Briefe zur nächsten Station überbracht werden." Vgl. 185,31f.

186,29. *Jene herrlichen Gegenstände.* Bevor das Buch zu Ende geht, klingt noch einmal das Italien-Motiv auf. Während die vielen Weimar-Motive im *4. Teil* den Anknüpfungspunkt bilden für die Darstellung der nun folgenden Weimarer Jahre (auch wenn diese in den autobiographischen Schriften nur überblicksweise gegeben ist), bildet dieses Motiv den Anknüpfungspunkt für die *Italienische Reise*. Zugleich wird damit ein Motiv aufgenommen, das ganz zu Anfang im *1. Buch* steht (Bd. 9, S. 14,12–36); so schlägt diese Stelle den Bogen zum Beginn zurück und zur *Ital. Reise* voraus.

187,3f. *meinem Burschen befahl, Post zu bestellen.* Goethe reiste mit seinem Diener Philipp Seidel, 1755–1820, der bis zur Italienreise sein Sekretär blieb und später Weimarischer Rentcommissarius wurde. Seidel also muß noch vor Morgengrauen eine „Extrapost" bestellen, d.h. einen Wagen, der sofort und nur für den Besteller fährt (im Gegensatz zu den regelmäßigen Postwagen mit festen Zeiten, die mehrere Fahrgäste aufnahmen).

187,18ff. „*Kind, Kind! nicht weiter ...*" Bd. 4, S. 400,36ff. Mit dem symbolischen Bilde des Wagenlenkers endet das Werk, wie es mit dem symbolischen Bilde des Sternenstandes beginnt. Es sagt, wieviel hinfort Schicksal, wieviel eigenes Zutun ist. Eins der großen Goetheschen Symbole für die Haltung des Individuums zur Welt, wie das Steuermann-Symbol in *Seefahrt* (Bd. 1, S. 49f.). Das Wagenlenker-Bild auch in einem Brief an Herder von Mitte Juli 1772 aus Wetzlar. – L. A. Willoughby, The Image of the horse and charioteer in Goethe's Poetry. Publ. of the Engl. Goethe Society. N. S. 15, 1946, S. 47–70.

187,22. *abzulenken.* Goethe zitiert hier seinen eigenen *Egmont*-Text nicht ganz genau. Dort steht *wegzulenken.*

SCHEMATA UND ENTWÜRFE

15. Buch

Schema, von unbekannter Hand geschrieben:

Epoche der genialen Anmaßung

Diese mußte nothwendig aus der Tendenz nach unmittelbarer Natur entstehn. Die Individuen wurden von allen Banden der Critik befreyt und jeder konnte seine Kräfte schätzen und überschätzen, wie ihm beliebte. Gegensatz gegen diese gewaltige Wirkung Besonders Nicolai. Bestimmungs- Bestimmens- und Bedingenslust aller Menschen, besonders der deutschen. Besser wissen, oder bessermachen, großer Unterschied.

16. Buch

Eigenhändiges Schema Goethes in einem Notizbuch:

Stilling

Moralisches Leben Auf Liebegefühl gegründet. Wo man ihn nicht kannte war er still wo man ihn nicht liebte war er traurig. Geschichte Freymuths pag.

61. Erwekungen. Sinnesänderungen Gewahr werden von großen Maximen Gewahr werden der moralischen Kraft Äußere Umstände. Zeichen. Wunder. Umgekehrte Sinnesänderungen aus dem Guten ins Böse. Seltner. Moralische Bildung das einfachste Der Trieb mit dem Menschen gebohren Durch Menschenverstand und Liebe am Leben entwickelt.

Jene Gottesfürchtigen verlangen Abthun der Eitelkeit und des Strebens nach äußerer Ehre Behutsamkeit im Sprechen Wohlthätigkeit an den Genossen.

Tiefe dunkle Geistes Form Zufällig angeregt ausgefüllt. Empirische Laufbahnen daher Überzeugung daß Gott im Spiele sey.

το πεπρωμενον

Tendenz des Menschen sich stoßen und führen zu lassen.

Glauben an den Gehalt der Bibel. Läßlichkeit wegen des Buchstabens. Der kritisch nicht zu halten war.

---

17. Buch

Ausführliches Schema, von John geschrieben und mit Bleistifteinfügungen Goethes:

Wiederkehr Wiederholter Besuch Sittlich interessante Gespräche In Gegenwart der Mutter Auch wohl zu zweyen Zutrauen Vertrauen Geschichte ihrer Jugend. Genuß aller geselligen Vortheile Und Weltvergnügungen. Befriedigte und angeregte Eitelkeit. Fortgesetzte Mittheilungen Bezüglich auf die nächsten Zustände. Das Herz thut sich nicht theilweise auf. Gewohnheit anzuziehen und abzustoßen Bekenntniß dergl. auch an mir geübt zu haben. Und zuletzt auch von mir angezogen zu seyn. Wechselseitiges Bedürfnis und Gewohnheit sich zu sehen. Nothwendigkeit mich in ihren Cirkel einzufinden. Für mich eine große Qual Verglichen mit Sesenheim und Wetzlar. Beynahe unerträglicher gegenwärtiger Zustand. Unbezwingliches Verlangen sich einander zu nähern. Geschichte von Spazierfahrten. Der retardirende Bruder Antreffen und verfehlen Ungeduld und Entbehrung. Diese betrachtende Darstellung in lebendige Anschauung und Mitgefühl zu verwandeln. Eingeschaltete Lieder Herz mein Herz was soll das geben. Warum ziehst du mich unwiderstehlich.

Ähnlichere herauszufinden. Hauch der Liebesluft die uns umweht wird geahnet werden. Befreyung aus dem Zwang durch Landleben. Aufenthalt in Ofenbach Onkel Bernhard D'Orville Pfarrer Ewald Andrä Meine Wohnung bey ihm Von diesem alzeit fertigen Dichter und Componisten zu reden. Ist der Einwirkung des Frankfurter Theaters zu erwähnen. Directeur Marchand. Stattliche behagliche Figur Dem die neuern französischen Opern wohl auf den Leib paßten Der Vater in: die Schöne und das Ungeheuer. Handwerks und Zustands Opern thaten sich hervor. Die Jäger, und der Faßbinder. Andrä wählte sich den Töpfer Er war Mann von angebornen thätigen lebhaften Talente Techniker und Fabrikant Zwischen dem Capellmeister und Dilettanten schwebend Als Ersterer sich in der Musik zu begründen beabsichtigt. Als Letzterer seine Composition ins Unendliche zu wiederholen geneigt. Lillis Flügelspiel Andrä als unterrichtend Beleben des geselligen Vergnügens durch Musick Bürgers Leonore Andräs Composition Meine Declamation Die Wahl der Gesellschaft was sie hören wollte fiel oft aus zu Gunsten der Letztern. Verlängerung der Musikalischen Unterhaltung Liebende wissen kein Ende zu finden. Andrä war leicht zu bewegen. Bis Nachmitternacht seine Musik wiederholend fortzusetzen. Wozu ihn die Liebenden wechselweise verführten Zu anmuthiger stiller Versicherung einer werthen unentbehrlichen Gegenwart Herrliches Lokal Anständige Pallastähnliche Gebäude Gegründet auf bedeutendes Fabrikwesen Freye Gartenumgebungen. Terrassen bis unmittelbar an den Main. Aller lebendige Zauber des Flusses. Heiterer Himmel Erwünscht schöne Jahrszeit Von da aus Lustpartien aller Art. Oft durch Absondern und Wiederfinden verherrlicht. Eine durchaus glänzende Zeit. Geburtstagsfeste. Sorgfältig und mit Abwechselung gefeyert. Geburtstag des Pfarrer Ewalds Tischlied in allen guten Stunden. Musick von Andrä. Diese verschollen. Das Lied dauert noch Einschaltung desselben. Wunsch das Ganze lieber poetisch vorzutragen. Besuch aus der Stadt Theilnehmend und sich wundernd. Und sie erlaubt sich mich öffentlich zu beherrschen Hier triumphiren Überwinder und Überwundene. Poetische und musikalische Blüten regneten herab. Unterbroch[ener] Geburts[tag] Eine durchaus glänzende Zeit Eine gewisse Exaltation waltet in der Gesellschaft Ursprünglich aus unserm offenbaren Geheimniß sich mittheilend. Andere mehr oder weniger versteckte Verhältnisse Schlangen ohne Scheu sich ein. Andere schlichen unter der Decke. Fortgesetzte Unterhaltung und Zerstreuung des Tags. Durch heitere Nächte Verlängertes Zusammenseyn. Geschichte der im Freyen zugebrachten Nacht. Mehr und mehr offenbares Verhältniß. Das man sich mußte gefallen lassen. Geheime Beredung Gefühl unmöglicher Trennung Wechselseitiges unbedingtes Behagen. Das gleiche Vertrauen. Man fühlt wie ernst es sey. Daß es Ernst bleiben müsse Entschiedenheit keine schleppenden Verhältnisse mehr anzuknüpfen. Demsell. Delf Schilderung derselben. Ihre Geschäfte und Lage Längst Vertraute Halb Wunsch halb Auftrag Unternehmen ihres thätigen Characters. Sie unterhandelt mit den Eltern. Sie stimmen ein Das Pärchen überläßt sich der Freude und dem Zutrauen. Scene zu drey Zustand des Bräutigams hervorgehoben. Ganz im ideellen. Vollkommene Dienstbarkeit Geburtstag.

18. Buch

Das folgende Schema, von John geschrieben, greift schon in das 19. Buch *über:*
Lavaters kluges Benehmen. Ich sondere mich von der Gesellschaft und mache mit Bassavand einen Zug auf den Gotthardt. Maria Einsiedeln. Schwytz. Altdorf. Der Gotthardt selbst. Wundersamer Eindruck dieses Gebirgs, der sich in eine fixe Idee verwandelt, die ich nie los geworden. Versuch nach Aerolo hinabzugehen. Durch Lili's Andenken contraballancirt. Wir kehren um. Schwache

Versuche nach der Natur gezeichnet, und der Skitze gleich auf demselben Blatte mit Beschreibung nachzuhelfen, wodurch aus beyden nichts wird. Rückkehr über dem Albis Versündigung gegen den jungen Lindau. Zweyter Aufenthalt in Zürch. Hübsche gesellige Fahrten Kloppstocks Ode. Büchelchen zur Nachahmung derselben. Mir verhaßte Absicht. Durch Art und Unart sich und andern den Spaß verderbend Größere Intimität mit Lavater. Innige Einsicht in diesen außerordentlichen Menschen. Großes Attachement an ihm Ohngeachtet aller Würkungen und Gegenwürkungen zweier so verschiedener Naturen, ohngeachtet alles Ziehens und Zerrens zu seinem Bekenntnisse hin, das er als Christ nicht lassen konnte. Ich setzte ihm einen heitern haidnischen Realism entgegen. Weisheit und Klugheit seines Betragens. Fieberhafte Erneuerung der Neigung zu Lili. Ungeschickte Nöthigung zur Rückkehr. Eile über Basel. Von Mecheln.

d. 25. Octbr. 1821.

Nicht aufgenommen in Buch 18 *wurden Ausführungen über* Faust, *weil sie überholt waren, nachdem* Faust II *weitgehend gefördert war. Sie sind abgedruckt in unserer Ausgabe Bd. 3 in der Zusammenstellung „Goethe über seinen Faust".*

19. Buch

Entwurf, von John geschrieben:

Dieser Aufstieg, den wir zurückgelegt hatten, dieser Abschluß, die fromme Thätigkeit des Capuziners, die erlangte Ruhe nach einer so sauern Wanderung hinterließ mir einen eigenthümlichen Eindruck für das ganze Leben. Ich bin oftmals dahin zurückgekehrt und habe an diesen einfach großen Gegenständen die verschiedenen Stufen einer sich nach und [nach] entwickelnden Bildung prüfen können.

Von nun an verläßt mich das Datum wieder; wir stiegen hinab, die Einbildungskraft.

20. Buch

Schema, von John geschrieben und von Goethe mit flüchtigen Bleistiftzusätzen versehen (diese sind gesperrt):

Krause In Frankfurth geboren In Paris gebildet damalige Pariser Kunst Ein heiterer Lebemann Leichtes erfreuliches Talent Moderne Gesellschaftsstücke Hackert angeseh. Künstl. Gouach Landschaften. Selbst angenehmer Gesellschafter. Wille Greuze Grimm Boucher Eine gewisse gleichmäßige Heiterkeit begleitet ihn gehalten ohne Stolz jederzeit Dienstfertig ohne Demuth. Überall zu Haus und überall beliebt. Der thätigste und zugleich bequemste aller Sterblichen So auch einer herrlich liebenswürdigen Dame durch sein Talent und sein Wesen wohl empfohlen Steinsche Fam. Nassau In dem Schloß der Frau Bar. von Stein zu Nassau an der Lahn und bey Verheirathung Reiste mit ihr nach Thüringen auf die bedeutenden Güter. Lernt Weimar kennen. Bekannt, anerkannt Und gewünscht. Er kommt zurück Nimmt Theil an meinen dilettantischen Beschäftigungen Zeichnungen nach Natur Landschaftliche Persönliche Profil auf graues Papier weiß gehöht. Hilft mir nach. Dilettant am Künstler sich erhebend Erzählt von Weimar Aussichten auf die Ankunft des Herzogs.

Aufgehoben dem jungen*[?]* Regent durch d[ie] Vorm[ünderin] Schloßb[rand] Acad[emie] Jena Belvedere. Ettersburg. Der Stern. Bertuch an Wieland attachirt Merkur. Don Q[uixote] Geheimer Secretair des Herzogs. Capellmeister Wolff Capm. Wolf Museus Kirms Hofr. Behrendis Fr Kotzebue Tochter Thätiges Streben der Männer in so vielen Fächern.

ZUR TEXTGESTALTUNG

Der *4. Teil* des Werkes *(Buch 16–20)* erschien nicht zu Goethes Lebzeiten, sondern erst 1833 unter den nachgelassenen Werken. Von diesem Teil gibt es ein von John geschriebenes und von Goethe, Eckermann und Riemer korrigiertes Manuskript, das aber noch nicht das endgültige Druckmanuskript ist. Ob es für den Zweck der Drucklegung nur von den Nachlaßverwaltern bearbeitet wurde oder ob davon auch noch einige Verbesserungen auf Goethe selbst zurückgehen, wird sich wohl nie entscheiden lassen. Da die Änderungen größtenteils stilistische Verbesserungen sind, z. B. ein kurz hintereinander zweimal gebrauchtes Wort durch ein neues ersetzt wird, hat man sich diese Korrekturen gern gefallen lassen und immer den Text der posthumen Ausgabe übernommen. Uns kam es aber nicht darauf an, einen möglichst geglätteten Text zu haben, dem der durch die Entstehungsweise bedingte Charakter dieses letzten Bandes auch immer widersprechen würde. Wichtiger erschien, daß in der Handschrift ein Text vorliegt, den Goethe sicher noch selbst in der Hand gehabt hat, wenn auch darauf verzichtet wurde, auf die in der Handschrift erkennbare erste Fassung zurückzugehen. Unser Text ist die letzte Bearbeitung der Handschrift, die hauptsächlich durch Eckermann, häufig nach Goethes Bleistiftnotizen, vorgenommen wurde, und da, wo die spätere Bearbeitung den ursprünglichen Text ganz umgestaltete, wurde die erste Fassung der Handschrift in den Lesarten wiedergegeben und mit H bezeichnet. Vor allem wurde dadurch bei uns die Eigentümlichkeit der Ausgabe von 1833, und damit auch aller späteren Ausgaben, rückgängig gemacht, den Text in kurze Sätze und kleine Abschnitte zu gliedern, wo es doch gerade zu Goethes Prosastil dieser späten Zeit gehört und dem fragmentarischen Charakter dieses Bandes entspricht, Sätze mit großem Atemzug zu bilden und längere, schon früher ausgearbeitete Abschnitte aneinanderzureihen. Die Lesarten verzeichnen auch hier zwar nur die Lautvarianten von WJF, aber diese vollständig, um dem Leser die Möglichkeit zu geben, sich selbst ein Bild von den Abweichungen des Druckes von der Handschrift zu machen und zugleich die Frage von Goethes Beteiligung für sich zu entscheiden.

14. BUCH. 15,23 *mehrerer namhaften Menschen*]*mehrerer namhafter Menschen* WF 25,35 *ingeheim*]*insgeheim* J 25,5 *zu Beförderung*]*zur Beförderung*

WF 33,18 *Jabachs*]*Jappachs* W 40,19 *Charakter*]*Charaktere* J 40,26 *Akte*] *Akt* J

15. BUCH. 56,26 *unter andern*]*unter anderm* J 67,26 *andre*]*andere* J 68,35 *Schritt für Schritt*]*Schritt vor Schritt* WF 69,36 *nehmen*]*benehmen* F

Die Übereinstimmung von WJF im *4. Teil* bedeutet, daß alle drei Ausgaben sich auf die von 1833 beziehen. Da hier eine Kollation mit der Handschrift (H) gegeben wird, werden alle Lautvarianten verzeichnet.

VORWORT zum *4. Teil.* 75,9f. *zusammenzuziehn*]*zusammenzuziehen* WJF 75,14 *unseres*]*unsers* WJF 75,20f. *beabsichtigt*]*die Absicht hat* H; dies korrigiert Goethe mit Bleistift zu *beabsichtigt*, es wird aber nicht beachtet, und so steht in WJF: *die Absicht hat*

16. BUCH. 76,14 *Verworrenheit*]*Verworfenheit* WJF 76,21f. *indem ich immer lieber von dem Menschen erfahren mochte*]*indem ich immer vorzog, von dem Menschen zu erfahren* WJF 76,23 *hören*]*zu hören* WJF 76,29 *Mißbehagen*] *Unbehagen* WJF 76,30 *Zuerst sogleich*]*Zuerst* WJF 77,6 *wehte*]*wehete* F 77,35 *in dem andern*]*im nächsten Moment* WJF 78,4 *diese*]*solche* WJF 78,28 *eingesehn*]*eingesehen* WJF 79,7 *Insofern*]*Inwiefern* WJF 81,21 *verheurateten*]*verheirateten* WJF 81,22 *nehmen mußten*]*zu nehmen verpflichtet waren* WJF 81,37 *mir Lebenden*]*mir Lebendem* WJF 82,3 *großen*]*langen* WJF 84,30 *vielen bekannt*] *allgemein bekannt* WJF 85,1 *notwendige*]*notwendigste* F 85,3 *Stellen*]*Flächen* WJF 85,8 *goldnen*]*goldenen* WJF 85,13f. *und mit Gold*]*mit Gold* WJF 86,3 *Cumberlands*]*Clevelands* H 86,9 *angesehnen*]*angesehenen* WJF 86,23 *Schluß*]*Schlusse* WJF 86,26 *gar artig*]*sehr artig* WJF 86,30 *gar wohl*]*wohl* WJF *mir auch*]*auch mir* WJF 87,35 *Doch Jung*] *Jung* F 88,11 *schmerzlosen*]*schmerzlosem* WJF 88,27 *so fest*]*fest* WJF 88,35 *Entwicklung*]*Entwickelung* WJF 88,38 *Tulichste*]*Tunlichste* WJF 89,3 *religiosen*]*religiösen* F 89,28 *gelangen*]*geraten* WJF *gefährlich*]*bedenklich und der Betrachtung wert* WJF 89,29 *nun solche Sinnesverwandten*]*dergleichen Sinnesverwandte* WJF 89,30f. *Sinnesänderungen*]*Sinnesveränderungen* WJF 90,24 *übertragende*]*ertragende* WJF 92,29 *Herren*]*Herrn* WJF 93,24 *stillbescheidene*]*stillbescheidne* WJF

17. BUCH. 93,31 *unsre*]*unsere* W 93,33–94,28 hieß in der ursprünglichen Fassung der Handschrift: *Wie wollte man sich aber von dem Innern unterhalten, ohne es gegenseitig aufzuschließen, und das Herz schließt sich nicht nach und nach auf. Deshalb währte es nicht lange, als sie mir in ruhiger Stunde die Geschichte ihrer Jugend erzählte, sie war im Genuß aller geselligen Vorteile und Weltvergnügen. Von frühem an ward ihre Eitelkeit aufgeregt und befriedigt; es ist schade, daß das einzelne nicht aufbewahrt ist. Mitteilungen wurden fortgesetzt, Brüder, Verwandte, die nächsten Zustände aufgeklärt, nur die Mutter blieb in einem ehrwürdigen Dunkel. Wie kann man sich aber in einem solchen Vertrauen hingeben, ohne sich seiner Fehler zu erinnern, die, wären sie auch nicht scheltenswert, doch von der Welt getadelt, und wenn es gleich nur Schatten sind, doch für Flecken gerechnet werden. Sie konnte nicht leugnen, daß sie eine gewisse Gabe anzuziehen an sich habe bemerken müssen, womit auch eine gewisse Eigenschaft fahren zu lassen verbunden sei. Hiedurch gelangten wir durch Hin- und Widerreden auf den bedenklichen Punkt, daß sie diese Gabe auch an mir geübt habe, dadurch aber bestraft worden sei, daß sie auch von mir angezogen worden.*

Diese Geständnisse gingen aus einer so reinen kindhaften Natur hervor, daß sie mich dadurch aufs allerstrengste sich zu eigen machte.

Ein wechselseitiges Bedürfnis, eine Gewohnheit sich zu sehen, trat nun ein, wie wollt' ich manchen Tag, manchen Abend bis in die Nacht hinein entbehren, wenn ich mich nicht in ihre Zirkel fände. Diese Qual war für mich höchst peinlich; mein Verhältnis zu ihr war von Person zu Person, zu einer schönen, liebenswürdigen, gebildeten Tochter; es glich meinen früheren Verhältnissen und sogar noch in höherem Sinne. Aber wie hatte ich an die Äußerlichkeiten, an das Mischen und Wiedermischen eines geselligen Zustandes denken können? Ein unbezwingliches Verlangen war eingetreten, ich konnte nicht ohne sie, sie nicht ohne mich sein; aber was ergaben sich da für Mißtage und Fehlstunden! H

93,35 *sie*]*Lili* WJF 94,6 *Hiedurch*]*Hierdurch* WJF 94,18 *sehen!*]*sehen! Hieraus erwuchs mir mannigfaltige Pein.* WJF 94,24 *eingetreten*]*herrschend geworden* WJF 95,37 *das liebe Kind*]*dein liebes Bild* WJF 96,11 *wehen.*]*wehen. Denn sobald von Offenbarung des Innern, von Überlieferung desselben die Rede kommt, wird Poesie durch Musik vollendet immer die sicherste Vermittlerin sein.* H, später gestrichen 96,31 *Innres*]*Inneres* WJF 96,35 f. *verborgnes*]*verborgenes* WJF 97,6 *Bernard*]*Bernhard* H, auch im folgenden 97,14 *erwünschtern*]*erwünschteren* WJF 97,27 *größern*]*größeren* WJF 98,6 *von angeborenem lebhaften Talente*]*von angebornem lebhaftem Talente* WJF 98,13 *Unter die Personen*]*Unter den Personen* WJF 99,4 *freisten*]*freiesten* WJF 99,16 *Jahrszeit*]*Jahreszeit* WJF 99,31 *frühsten*]*frühesten* WJF 99,38 *manchen*]*manchem* WJF 100,34 *zusammen* fehlt WJF 100,39 *gar wohl*]*wohl* WJF, ebenso 101,2 103,26 *Bandrollen*]*Banderolen* WJF 105,18–21 die erste Fassung hieß: *Der Bote war schon bestellt, der seine Rolle diesmal und doppelt spielen sollte, alles war fertig, die Nacht war Null und er sollte genau um 10 Uhr eintreffen.* H 106,10 *Jahrszeit*]*Jahreszeit* WJF, auch sonst überall 107,1 *Nächte*]*Abende* WJF 107,5 *dunklen*]*dunkeln* WJF 107,17 *unter den*]*unter dem* WJF 107,27 f. *erkennen konnte*]*erkannte* WJF 107,32 *früheren*]*frühern* WJF 108,5 *gar wohl*]*wohl* WJF 108,20 *verwickelt*]*verschlungen* WJF 108,23 *doch auch*]*auch* WJF 108,35 *Ansehns*]*Ansehens* WJF 108,38–109,1 *sie konnte ... zusehen und ... forttragen*]*sie pflegte ... zuzusehen und ... fortzutragen* WJF 110,9 *sie*]*die Geliebte* WJF 110,29 *späteren*]*spätern* WJF 110,36 *Zwekkes*]*Zwecks* WJF 111,34 *von allem diesen*]*von allem diesem* WF 112,7 *angesehne*]*angesehene* WJF 112,20 *ehrenhaft*]*ehrenvoll* WJF 112,32 *unsrer*]*unserer* WJF 113,5 *Zu allen diesen*]*Zu allem diesem* WF *Zu allem diesen* J 113,9 *des Throns*]*des Thrones* WJF 114,2 *Bethmannischen*]*Bethmannschen* WJF 115,33 *adligen*]*adeligen* WJ 115,35 *tieferen*]*tiefern* WJF 116,9 *oberen*]*obern* WJF 116,11 *zweier bestimmter*]*zweier bestimmten* W 117,12 *Zahl*]*Menge* WJF 117,13 *kein*]*sich kein* WJF *war*]*befand* WJF 117,27 *dürfte hier*]*dürfte demnach hier* WJF 117,39 *im Sinne*]*im Sinn* WJF 118,11 *dasjenige*]*das* WJF 118,17 f. *diejenigen, die, eines niedrigen Ursprungs, sich*]*Personen eines niedrigen Ursprungs, die sich* WJF 118,27 *denjenigen*]*den* WJF 118,32 *befleißigt*]*befleißiget* WJF 118,34 *Schuster, Walker*]*Walker, Schuster* WJF 119,1 *dasjenige*]*das* WJF 119,18 f. *meiner Beschaffenheit*]*seiner Beschaffenheit* WJF 120,14 *Sinne*]*Sinn* W

18. BUCH. 122,19 *bequem*]*willig* WJF 124,13 *im anständigen*]*in anständigem* WJF 125,10 *dem Trieb*]*dem Triebe* WJF 127,27 *drauf*]*darauf*

WJ 128,14 hier folgte ursprünglich in der Handschrift: *Mir, ob ich gleich meinem Naturell nach auf exzentrische Bahn zu verlocken war, wußte ihn gar wohl zu schätzen und ich fügte mich gern in sein ordnendes Gleis, da mir die Schicklichkeiten jener höhern Weltverhältnisse völlig unbekannt geblieben.* H 129,37 *Mittagessens*]*Mittagsessens* WJF 131,3 *sehn*]*sehen* WJF 131,20 *eignes*]*eigenes* WJF 131,27 *Stirne*]*Stirn* WJ 131,33 *oberen*]*obern* WJF 133,8 *umzugehn*] *umzugehen* WJF 133,15 *Aufenthalt*]*Aufenthalte* WJF 133,26 *dem Fürsten*]*weder dem Fürsten* WJF 134,37 *Zürch*]*Zürich* WJF, auch überall im folgenden 135,27 *Ebenso*]*Gleicherweise* WJF 136,11 *„Physiognomik"*]*der Physiognomik* WJF 137,9 *weicheren*]*weichern* WJF 137,39 *munterer*]*muntrer* WJF 138,2 *Jüngeren*]*Jüngern* WJF 138,24 *von allem diesem*]*von allem diesen* J 139,5 *eigne*]*eigene* WJF 139,18 *angesehnen*]*angesehenen* WJF 139,37 *Umganges*]*Umgangs* WJF 140,27 *Hotz*]*Hotze* W 141,30f. *ansehnlichen*]*ansehnlichem* WJF 141,34 *ehmalige*]*ehemalige* WJF 144,5 *Fußpfad*]*Fußpfad hinab* WJF 144,10 *jüngeren*]*jüngern* WJF 144,21 *ungeheuern*]*ungeheuren* WJF 145,4 *niegesehner*]*niegesehener* WJF 146,4 *nutzen*]*nützen* WJF 146,6 *brachen ... auf*]*gingen ... weiter* WJF 146,11 *graden*]*geraden* WJF 146,23 *sauern*]*sauren* WJF 147,23 *phantastischern*]*phantastischeren* WJF 147,25 *unsre*]*unsere* WJF

19. BUCH. 148,20 *Prose*]*Prosa* WJF 149,33 *Stegreife*]*Stegreif* WJF 149,36 *sind*]*ist* WF 152,15 *darneben*]*daneben* WF 152,18f. *vorschwebte und zu Gebote stand*]*zufloß und mir eine jede Gegend, in die ich mich nur versetzen wollte, offen und zu Diensten stand* H 159,2 *seine Einsicht*]*Lavaters Einsicht* WJF 159,3 *erstaunte*]*erstaunte, ihn zu hören* WJF 159,17 *inneren*]*innern* WJF 159,28 *ihn*]*diesen Begriff* WJF 159,37 *schärft*]*schärfte* WJF 160,10 *sehn*]*sehen* WJF 160,20 *gesteht*]*räumt* WJF 160,34 *anderen*]*andern* WJF, ebenso 161,29 161,6 *alle geregelte*]*alle geregelten* WJF 162,32 *felsiges*]*felsigtes* WJF 163,28 *schnelleste*]*schnellste* F 164,10 *besonderen*]*besondern* WJF 164,16 *alldurchdringend*]*allzudurchdringend* WJF 165,2 *jüngern*]*jüngeren* F 166,12 *gesehn*]*gesehen* WJF 167,8 *verständigem*]*verständigen* WJF 167,11 *denselbigen*]*denselben* WJF 168,17 *dem allen*]*dem allem* WF 168,35 *erhöhen*]*erhöhn* WJF

20. BUCH. 171,9–11 der Anfang dieses Buches lautete ursprünglich: *In diesen Tagen leidenschaftlicher Unruhe und innerlicher Entzweiung half mir die Gegenwart ...* H 171,17 *Georg Melchior Kraus*]*Johann Melchior Krause* H 171,35 *geborene*]*geborne* WJF 172,4 *gerne*]*gern* WJ 172,7f. *gar wohl*]*sehr wohl* WJF 172,22 *gar bald*]*bald* WJF 172,23 *Steinischen*]*Steinschen* WJF 173,29 *Gar anmutig*]*Sehr anmutig* WJF 175,12 *gesehn*]*gesehen* WJF 175,21 *einzusehn*]*einzusehen* WJF 176,15 *einen solchen Charakter*]*einen Charakter* WJF 176,22 *ungemeßne*]*ungemessene* WJF 176,23 *ziehn*]*ziehen* WJF 178,26 *Wiedersehn*]*Wiedersehen* WJF 179,4 *Ansehn*]*Ansehen* F 181,7 *sehn*]*sehen* WJF 181,8 *Sohns*]*Sohnes* WJF 181,18 *ausgehn*]*ausgehen* WJF 182,9 *Ach wie*]*Warum* W 183,1 *entstehn*]*entstehen* WJF 183,6 *einsehn*]*einsehen* WJF 183,18 *sehn*]*sehen* WJF 183,31 *der Freund*]*der weimarische Freund* WJF 184,5 *von Wrede*]*von W...* WJF, auch im folgenden 185,6 *letztre*]*letztere* WJF 185,13 *angesehnen*]*angesehenen* WJF 186,29 *anders*]*anderes* WJF 187,22 *abzulenken*]*wegzulenken* W Goethe zitiert hier ungenau.

CAMPAGNE IN FRANKREICH 1792
und
BELAGERUNG VON MAINZ

NACHWORT

Im Vorwort zu *Dichtung und Wahrheit* hat Goethe es als eine Aufgabe seiner Biographie bezeichnet, *den Menschen in seinen Zeitverhältnissen darzustellen;* dabei sollten *die ungeheuren Bewegungen des allgemeinen politischen Weltlaufs,* die auf ihn, *wie auf die ganze Masse der Gleichzeitigen, den größten Einfluß gehabt, vorzüglich beachtet werden* (Bd. 9, S. 9,22–27). Während aber in *Dichtung und Wahrheit* die geschichtlich-politischen Motive nur vereinzelt in einem vielfarbigen Hintergrund stehen, führt die *Campagne in Frankreich* mitten in die *ungeheuren Bewegungen* der frühen Revolutionszeit hinein. Als der Band 1822 erschien, urteilte ein Zeitgenosse: „Von allen Bruchstücken Ihres Lebens hat dieser neuste Teil das hinreißendste, allgemeinste Interesse. Die Geschichte der Zeit ist an die persönlichen Ereignisse nicht angereiht, sondern in sie eingeschlossen; der Teil enthält das Ganze" (C. F. v. Reinhard an Goethe, 22. 8. 1822). Goethe hat die Erinnerung an diese Zeit indes nur zögernd zurückgerufen. Er äußerte einmal, er habe das *wunderliche Unternehmen,* sich *in die schrecklichen Zustände von 1792 und 1793 zu versetzen,* zu einer Zeit unternommen, als ihm *die Darstellung reiner gefühlvoller Tage* seines Lebens nicht gelingen wollte (an Schultz, 12. 6. 1822). Das Tagebuch enthält den ersten Hinweis am 24. 10. 1819: *Unterwegs an Ausführung biographischer Einzelheiten gedacht, besonders die erste französische Campagne 1792.* Als Goethe dies erwog, waren zehn Jahre vergangen, seitdem er den Plan gefaßt hatte, sein Leben in einer großen Autobiographie mitzuteilen. Drei Bände von *Dichtung und Wahrheit* und zwei Teile der *Italienischen Reise* waren 1811–1817 erschienen. Beide Werke waren noch Fragment. Goethe arbeitete zwar gelegentlich daran weiter, entwarf und diktierte einzelnes, doch gelang die Vollendung noch nicht. So lag es nahe, die Autobiographie zunächst an einer anderen Stelle weiterzuführen. Mit den Erlebnissen von 1792 und 1793 faßte er einen Lebensabschnitt ins Auge, der ihn wiederum, wie schon die Italienreise, aus der alltäglichen Umwelt Weimars hinausgeführt hatte. Die Ausführung, im Januar 1820 begonnen, zog sich über mehr als zwei Jahre hin. Da Goethe nur wenige, ganz flüchtige eigene Notizen besaß, nahm er zunächst Quellen und Geschichtswerke zur Hand, um sich über das Geschehen zu unterrichten.

Wir kennen aus seinen Tagebüchern und den Ausleihverzeichnissen der Weimarer herzoglichen Bibliothek das Material, das er benutzte, recht genau. Es waren darunter: Karten des Kriegsschauplatzes, Pläne und Risse von Städten, politische Flugschriften, Memoiren, militärische und politische Geschichtsschreibung. Neben diesem vielfältigen Material, das den allgemeinen Stoff enthielt, bot sich ein glücklicher Anhalt für das eigene Erinnern in dem umfangreichen handschriftlichen Tagebuch, das der Kämmerer und Begleiter Herzog Carl Augusts, Johann Konrad Wagner, während des Feldzugs und der Belagerung von Mainz geführt hatte und in welchem er naiv und kunstlos, aber mit offenem Blick für die ungewohnte Umwelt, seine Erlebnisse und Eindrücke aufgezeichnet hatte. – Am 14. 1. 1820 heißt es in Goethes Tagebuch: *Eintritt in Frankreich diktiert.* In täglich fortgesetzter Arbeit entstand in den folgenden Wochen die Schilderung des eigentlichen Feldzugs und der Belagerung von Mainz. Auch die Darstellung der Rückreise aus dem Feldzug mit den Stationen Trier, Düsseldorf und Münster hat Goethe damals schon im großen entworfen. Seit Ende März 1820 blieb das begonnene Werk jedoch für längere Zeit liegen. Goethe verbrachte Frühling und Sommer fern von Weimar; im Herbst und Winter nahm ihn die Arbeit an den *Wanderjahren* in Anspruch, deren erste Fassung im Frühjahr 1821 erschien. Danach dachte er wieder an die Fortsetzung des autobiographischen Bandes. Am 11. 4. 1821 las er das *Tagebuch der zwei Feldzüge* durch, und am 24. 6. schrieb er an Cotta, daß er zu Ostern wieder mit einer Epoche seines Lebens hervortreten wolle. Doch erst nachdem er am 4. November von einem längeren Aufenthalt in den böhmischen Bädern und in Jena zurückgekehrt war, machte er den *Campagne*-Band zur Hauptarbeit und führte ihn in den folgenden Monaten mit Stetigkeit zu Ende. Am 4. 12. las er den Anfang des Manuskripts im häuslichen Kreise vor; am 2. 1. 1822 ging der erste Revisionsbogen in die Druckerei. Im Tagebuch finden wir nun täglich Notizen über den Fortgang der Arbeit. Die Schilderung des Feldzugs selbst und der Belagerung erforderte nur noch wenig Mühe, während auf die Darstellung der Besuche in Düsseldorf, Duisburg und Münster und des Winteraufenthalts in Weimar noch viel Sorgfalt verwendet wurde. Am 24. 4. 1822 enthält das Tagebuch die letzte Eintragung über Revision der Druckbogen.

Der Band erschien im Sommer 1822 unter dem Obertitel der autobiographischen Schriften *Aus meinem Leben* als *Zweiter Abteilung Fünfter Teil;* er war hiernach nicht als gesonderte Erzählung der Kriegserlebnisse gemeint, sondern als ein Bruchstück der großen Autobiographie, das rund ein Jahr aus Goethes Leben umfaßt: die Zeit von August 1792 bis Herbst 1793. Den Kriegserlebnissen steht das Erleben in friedlicher Umwelt zur Seite: Begegnungen auf der Rückreise vom Feldzug und von der Belagerung, geistig-geselliger Verkehr, Leben und Wirken in

Weimar. So fügen sich Zeitgeschichte und Autobiographie ineinander. (Der Titel *Campagne in Frankreich 1792* für den ersten Teil des Werks wurde erst durch die *Ausgabe letzter Hand*, 1829, eingeführt. Seitdem stehen *Campagne in Frankreich* und *Belagerung von Mainz* mit gesonderten Überschriften nebeneinander; doch müssen beide Schriften nach wie vor als zusammengehörende Bestandteile eines autobiographischen Werkes betrachtet werden.)

Als Goethe sich der Erinnerung an dieses Lebensjahr zuwandte, war ein Menschenalter seit dem Feldzug von 1792 vergangen. Als militärisches Ereignis war er durch die Eroberungszüge Napoleons und die Befreiungskämpfe der Völker längst in den Schatten gestellt worden. Die gescheiterte Expedition vermochte dem rückschauenden Betrachter auch nichts Erhebendes darzubieten: Ein stattliches Heer, an dessen Spitze der Nachfolger Friedrichs des Großen und der berühmteste Stratege seiner Zeit standen, war, durchdrungen von *Haß und Verachtung des revolutionären Frankreichs* (198,8f.), in das Land des Gegners eingezogen. Aber statt nach Paris war es nur nach Valmy gelangt, und ohne eine Schlacht geschlagen zu haben, hatte es sich, durch Hunger und Seuchen erschöpft, ruhmlos zurückschleppen müssen. Trotz des unrühmlichen Verlaufs barg dieser Feldzug aber eine tiefere geschichtliche Bedeutung und eine bis in Goethes Alter fortdauernde Aktualität: das alte monarchische Europa war hier zum erstenmal auf die Kräfte der Revolution gestoßen und hatte vor ihnen zurückweichen müssen. Seit diesem Feldzug und dem ihn erwidernden Einbruch der Revolutionsarmeen in den Westen des Reichs war Europa in Kriegen und Umwälzungen nicht mehr zur Ruhe gekommen. Als Goethe an den Höhepunkt der Erzählung das Wort setzte: *Von hier und heute geht eine neue Epoche der Weltgeschichte aus* ... (235,14ff.), hatte er den wechselvollen geschichtlichen Weg von der frühen Revolutionszeit bis zu seiner Gegenwart vor Augen, in der sich der Kampf zwischen den Mächten der Revolution und Restauration weitergärend fortsetzte. *Es ward mir manchmal wirklich schwindlig, indem ich das einzelne jener Tage und Stunden in der Einbildungskraft wieder hervorrief und dabei die Gespenster, die sich dreißig Jahre her dazwischen bewegt, nicht wegbannen konnte* (an C. F. v. Reinhard, 10. 6. 1822).

Wenn aber Goethe auch das Problem der fortwirkenden Revolution als gegenwärtig empfand, so hat er es sich doch versagt, die Mächte der Vergangenheit mit dem Blick auf ihre Fortentwicklung ausdrücklich zu analysieren und zu deuten. (Eine geschichtlich-politische Einführung, die er zunächst entworfen hatte, wurde in das Werk nicht aufgenommen. Vgl. WA. Bd. 33, S. 376ff.) Er hat sich darauf beschränkt, das Geschehen durch sich selbst sprechen zu lassen. Kriegszug und Lagerleben – in der Epik Goethes ganz neue Sujets – sind in dichter Anschaulichkeit vergegenwärtigt. Die großzügig gehandhabte Tagebuchform wie auch die kunstvolle Komposition der Feldzugshandlung, deren Höhepunkt der Tag von Valmy ausmacht, geben der Erzählung Spannung und Erlebnisnähe. – Man wird von Goethes Campagne-Bericht nicht Genauigkeit und Vollständigkeit in allen Einzelheiten der militärischen Vorgänge erwarten. Als Ganzes gibt aber diese Synthese aus Erinnerung und Quellenstudien ein wirklichkeitsnahes Bild – nicht nur von den Ereignissen selbst, sondern auch von der Atmosphäre der frühen Revolutionszeit. Die politischen Akzente der Darstellung sind dabei aus überlegener Distanz gesetzt. Der Berichtende, der immer ein entschiedener Gegner der revolutionären Bewegungen seines Zeitalters gewesen war und den man als solchen kannte, läßt es sich doch angelegen sein, den Kräften der Revolution und den Gegenkräften in der rein-anschauenden Haltung des Dichters nachzugehen, von dem es heißt, daß er *seiner Natur nach unparteiisch sein und bleiben* und *sich von den Zuständen beider kämpfenden Teile zu durchdringen* suchen müsse (361,27–29). Mit solchen Zügen einer distanziert-beobachtenden Haltung hat der Autobiograph auch die Gestalt seines Ich bewußt ausgestattet. Schon der Beginn der *Campagne*-Erzählung ist hierfür bezeichnend: Den ersten Abend in Mainz verbringt der zum Feldzug Reisende unter Adligen und Emigranten im Salon des preußischen Gesandten vom Stein, wo man sich *im Haß gegen alles Revolutionäre gewaltsam* auszeichnet (188,8f.); am nächsten Abend hingegen umgibt ihn heitere Geselligkeit im bürgerlich-akademischen Kreis um Georg Forster, den späteren Idealisten der Mainzer Revolution, wo man *republikanische Gesinnungen* nicht ganz verleugnet (189,28f.). – Während des Vor- und Rückmarsches empfindet er zwar Hoffnung und Zuversicht, Bitterheit und Enttäuschung mit den preußischen Offizieren, deren Leben er teilt. Aber da er sich nicht *so wütend wie andere* erweist, *die nach Frankreich hineinstürmten,* kommt es vor, daß Anhänger des neuen Frankreichs ihn als *einen Republikaner* ins Vertrauen ziehen (194,8–10). – Zwar stehen die Mordtaten des September und die Untaten des *Pariser Greuelvolks* (238,12ff.; 244,12ff.) als düstere Schatten im Hintergrund; aber im ganzen ist das Bild des republikanisch-patriotischen Frankreichs nicht nur mit Gerechtigkeit, sondern sogar mit Wohlwollen gezeichnet. – Manch kritischer Seitenblick trifft hingegen das Frankreich des Ancien Régime, wie es sich in der bunten Menge seiner Emigranten darstellt, die als Verbündete, Flüchtende und ungebetene Gäste vielerorts auftauchen und deren überhebliches und leichtfertiges Gebaren mit Nachdruck vermerkt wird. (Der kritische Blick auf die Emigranten war für die zeitgenössischen Leser der *Campagne* nicht ohne einen aktuellen Aspekt; denn ihre Überlebenden und Nachkommen umgaben seit 1814 den wiedererrichteten Bourbonenthron, auf dem einer der Brüder Ludwigs XVI. saß, die schon seinerzeit im Schatten der alliierten Armee ihr Regime in Frankreich hatten aufrichten wollen.) – Aber auch „die Preußen werden seine Erzählung der Campagne 1792, der er beiwohnte, nicht gern lesen", urteilte Therese Huber (Brief an K. Pichler v. 31. 7. 1822, GJb. 18, 1897, S. 134). Aus dem Widerwillen gegen jeden Zwang zu politischer Rücksichtnahme hatte Goethe es einst von sich gewiesen, über die Ereignisse zu berichten. *Es gehört dazu mehr Commerage und Kannegießerei, als ich aufbringen kann, und was ists zuletzt? Alles was man weiß und grade das, worauf alles ankommt, darf man nicht sagen, und da bleibts immer eine Art Advokatenarbeit*, schrieb er am 7. 7. 1793 aus dem Lager vor Mainz an Jacobi. Noch in der *Campagne* selbst hält er mit fast den gleichen Worten seinen Bericht ironisch in der Schwebe (288,26–28). Indessen bedurfte es nach so langer Zeit solcher Rücksichten nicht mehr. Gegen den preußischen König und die Armee ergeht zwar kein Tadel. Aber aus nie verwundener Enttäuschung ergießt sich herbe Kritik über den militärischen Oberbefehlshaber, den unglücklichen Herzog Karl Ferdinand von Braunschweig. Neben dem Spott über die Sinnlosigkeit mancher Befehle und über die unselige (in Wirklichkeit nicht einmal echte) Autorschaft an den großsprecherischen Manifesten fehlt nicht die Erinnerung an persönliche Verstimmungen (265, 10ff.), und trotz aller mildernden Einkleidungen ist es im Grunde eine Szene von vernichtender Ironie, wenn Goethe, nachdem er das enttäuschende Versagen der obersten Führung bloßgestellt hat, den Herzog in einem Gespräch zu sich sagen läßt: er könne ihm als einsichtiger und glaubwürdiger Mann Zeuge dafür sein, daß die Armee *nicht vom Feinde, sondern von den Elementen überwunden worden* sei (264,31–35).

Für das Bild des politisch-geschichtlichen Geschehens und der in ihm wirkenden Kräfte ist die *Belagerung von Mainz* ein wichtiger, abrundender Bestandteil. *Ein Tag im Hauptquartiere zu Hans und ein Tag in dem wiedereroberten Mainz waren Symbole der gleichzeitigen Weltgeschichte (TuJ, 1793).* Hier sind Verlauf und Ergebnis der Revolution und ihrer Bekämpfung gleichsam im kleinen vorweggenommen. Das Ende zeigt die zerstörte und verwüstete *Hauptstadt des Vaterlandes* (375,16) und in ihr den *durch Unsinn aufgelösten bürgerlichen Zustand* (396,18f.). In dieser Auflösung der menschlich-bürgerlichen Ordnungen wird der eigentliche Kern des Unheils sichtbar, das mit der Revolution überall hereinbricht. *Ordnung* und *Unordnung* sind die immer wiederkehrenden Leitworte, in denen man die politische Aussage der *Campagne* – sofern man eine solche überhaupt annehmen will – finden kann. Die *Campagne* enthält eine Reihe von kleinen Episoden aus dem Leben bäuerlicher und bürgerlicher Familien, manchmal genrehaft, manchmal zu symbolischen Szenen verdichtet. Hier zeigt sich das Einfach-Menschliche in seinen ursprünglichen Ordnungen, die es im Chaos von Krieg und Revolution zu retten gilt. Es ist überaus bezeichnend, daß in den wenigen Szenen, in denen Goethe sich als Handelnden zeigt, sein Handeln im Sinne der Ordnung geschieht: sei es, daß er eine Wasserstelle benutzbar hält, mit eigener Gefahr Plünderern wehrt oder aber einen zwar beherzten und weltmännischen, aber vielleicht auch bedenkenlosen Mainzer Franzosenanhänger vor der ungeordneten Rache der erbitterten Menge bewahrt. Das Wort, mit dem der Autor hier sein Tun rechtfertigt: *Ich will lieber eine Ungerechtigkeit begehen, als Unordnung ertragen* (391,31f.), verwandt der Maxime: *Es ist besser, daß Ungerechtigkeiten geschehen, als daß sie auf eine ungerechte Weise gehoben werden* (Bd. 12, S. 379, Nr. 114), ist seine unmutig-zugespitzte Antwort auf alle politische Verlockung, die Ungerechtigkeiten um den Preis der Ordnung aus der Welt zu schaffen.

Es ist durch den historischen Verlauf des Feldzugs bedingt, daß Goethes *Campagne* nicht den Krieg im eigentlichen Sinne darstellt. Auf dem Felde von Valmy hatte Goethe zwar Gelegenheit, die Empfindung des Kanonenfiebers an sich zu beobachten. Aber eine echte Schlacht, Angriff und Kampf hat er nicht miterlebt. Dennoch ist er in den Randszenen des Feldzugs- und Lagerlebens das ungemilderte Grauen des Krieges gewahr geworden. Es gibt in der *Campagne* einzelne Szenen, in denen dieses Grauen grell beleuchtet wird. Aber sie tauchen nur kurz, fast momenthaft auf, während der Erzähler bei heiteren und scherzhaften Episoden mit Behagen verweilt. *Man wollte durchaus wahr bleiben und zugleich den gebührenden Euphemismus nicht versäumen (TuJ, 1821).* In der Wendung zum Heiter-Befreienden folgt Goethe aber nicht nur einem Gebot künstlerischer Gestaltung, sondern wiederholt gleichsam die Abkehr des gesunden Menschen – gerade auch des Soldaten – von den überstarken Eindrücken des Schrecklichen. – Die Züge physischer Gesundheit und Widerstandskraft sind auch betont in dem Selbstbildnis, das Goethe in der Umwelt des Kriegs- und Lagerlebens von sich gibt. Er zeigt sich als einen Mann auf der Mitte des Lebens, der vor Gefahren und Entbehrungen nicht zurückscheut, der sich im ärgsten Mangel mit Geschicklichkeit und Spürsinn hilft und der noch in den bittersten Situationen die Kameraden mit *Ernst* zu stärken und mit *Scherz* aufzumuntern weiß (255,35f.). Fügt er sich so wie ein Zugehöriger in die Welt des Soldatenlebens ein, so ist er sich doch zugleich der inneren Problematik dieses Daseins bewußt: *So zwischen Ordnung und Unordnung, zwischen Erhalten und Verderben, zwischen Rauben und Bezahlen lebte man immer hin, und dies mag es wohl sein, was den Krieg für das Gemüt eigentlich verderblich macht* (213,38–214,2). Er erfährt auch, daß ihn die äußeren Widrigkeiten nicht seinem eigentlichen Selbst, seinem leidenschaftlichen Streben nach Erkenntnis von Kunst und Natur entfremden können: *Glückselig der, dem eine höhere*

Leidenschaft den Busen füllte (219,13f.). Zu Naturbeobachtungen bot der Feldzug mancherlei Gelegenheit, sei es zu Farbexperimenten an einem Wassertrichter oder zu mineralogischen Studien. Und in Trier und seiner Umgebung verweilt Goethe lange vor den Denkmälern der Antike, besonders dem Monument von Igel. Dieses Denkmal einer zwar ebenfalls unruhigen und kriegerischen, aber auch tatfrohen und lebensbejahenden Zeit wird zum Symbol der Macht des Altertums, die das geschichtliche Auf und Ab der Jahrhunderte überdauert.

Im zweiten Teil der *Campagne*, der durch die *Zwischenrede* eingeleitet wird, tritt das Thema der Selbstdeutung stärker in den Vordergrund. Hier befindet sich das Ich nicht mehr in der Ausnahmesituation des Krieges, sondern dort, wo es seinen eigentlichen Ort hat: in der geistig-gesellschaftlich-literarischen Umwelt. – Waren die Erlebnisse, die in diesem Teil geschildert werden, auch schon von Anbeginn für die autobiographische Darstellung vorgesehen (vgl. Bd. 9 ,,Schemata u. Entwürfe"), so ist die sorgfältige Ausgestaltung, die besonders den Besuchen in Düsseldorf, Duisburg und Münster zuteil geworden ist, doch in starkem Maße durch aktuelle Anlässe in der Entstehungszeit des Werks bedingt: Jacobi war 1819 gestorben; neue Bände seiner Sämtlichen Werke lagen vor, in denen sich das Bild seiner Persönlichkeit und seines Schaffens als Ganzes abzuzeichnen begann. Das legte es nahe, das Verhältnis zu ihm zusammenschauend zu deuten. – Auch der Freundeskreis um die Fürstin Gallitzin in Münster war 1819 noch einmal Gegenstand aktuellen Interesses geworden: Als Johann Heinrich Voß in einem leidenschaftlichen Pamphlet seinen ehemaligen Freund Friedrich Leopold Stolberg wegen seines Übertritts zur katholischen Kirche angriff, bezog er auch den Freundeskreis von Münster in seine Vorwürfe ein; denn in Münster hatte Stolberg im Jahre 1800 seinen Schritt getan und dort hatte er seitdem gelebt. – Die in den Duisburg-Abschnitt eingefügte Harzreise im Winter 1777 schließlich (mit dem Besuch bei dem jungen Plessing) hätte ohne die Anregung, die der Rektor Kannegießer 1821 durch seinen Kommentar zu Goethes Harzreise-Gedicht gegeben hatte, in der *Campagne* schwerlich einen Platz bekommen.

Der Wechsel der Umwelt im zweiten Teil der *Campagne* bedingt einen Wechsel der Form. Statt der Tagebuchblätter stehen hier längere Abschnitte, in denen sich das Gegenständliche mit Reflexion verbindet. Das durchgehende innere Thema ist das Verhältnis des Ich zu der geistig-gesellschaftlichen Umwelt. Dieses Verhältnis war nicht selbstverständlich-harmonisch, sondern reich an Spannungen, die ebensosehr durch die geistige Situation der Zeit wie durch die innere Situation des Ich bedingt waren. Die Eigentümlichkeit seines inneren Zustandes in der Zeit nach der Rückkehr aus Italien hat Goethe in einem frühen biographischen Schema zum Jahre 1792 umrissen: *Schwer zu entziffernde Komplikation innerer Geistesverhältnisse und äußerer zudringenden Umstände. Auf Kunst und Natur drang ich los als auf Objekte, suchte nach Begriffen von beiden. Zerstörte alle Sentimentalität in mir und litt also Schaden am nahverwandten Sittlich-Ideellen. Neigte mich in solcher Hinsicht ganz zu einem strengen Realismus* (WA Bd. 33, S. 363). Als *Realismus* bezeichnet der Autobiograph auch in der *Campagne* den Grundzug seines Verhältnisses zu Kunst und Natur (310,22).

Die Anfänge der jugendlich-enthusiastischen Freundschaft mit Jacobi hatte Goethe bereits im *14. Buch* von *Dichtung und Wahrheit* geschildert. – Es war die Eigentümlichkeit und Grenze dieser Freundschaft gewesen, daß sie der räumlichen Nähe, des unmittelbaren Kontakts bedurfte, um zur Harmonie zu kommen, daß aber mit der räumlichen Distanz jeweils auch die Divergenzen des philosophischen und künstlerischen Strebens zutage traten. In der *Campagne* faßt Goethe – die biographische Situation von 1792 leicht umzeichnend – beides in eins: die Wärme der menschlichen Begegnung wie auch die Schwierigkeiten der philosophischen und künstlerischen Mitteilung, bedingt vor allem durch eben jene Wendung zum *Realismus*, die ihn den empfindsam-subjektivistischen Formen des Denkens und Lebens entfremdet hatte. – Als Ganzes ist die Pempelfort-Episode aber ein freundschaftliches Denkmal für die große Zeit des Jacobihauses, die schon bald nach Goethes damaligem Besuch, als Jacobi 1794 vor der französischen Besetzung nach Holstein ausgewichen war, ein Ende gefunden hatte. Pempelfort ist geschildert als ein geselliges Zentrum von einer außerordentlichen Weite der geistigen Aufnahmefähigkeit: den Atheismus Diderots, den feinsinnigen Platonismus Hemsterhuis', die kirchliche Frömmigkeit der Fürstin Gallitzin, die kritische Respektlosigkeit des Aufklärers de Pauw, die großen Bereiche der deutschen und französischen Philosophie und Literatur – das alles nahm man auf und ließ es gelten. Darin steht der Jacobikreis beispielhaft für eine größere Schicht der damaligen Gesellschaft. Von der Gegenwart des Goetheschen Alters aus gesehen, erscheint dieses späte 18. Jahrhundert bereits als eine *wundersame* Zeit, die man *sich kaum wieder vergegenwärtigen könnte* (312,16f.). Man hatte Gefallen an der Besonderheit individueller Naturen; das zuweilen übersteigerte Bemühen, die eigene Individualität zu erkennen und auszubilden, hatte die Menschen zu gegenseitiger Teilnahme und Schätzung geneigt gemacht, und man hatte eine gesellige Kultur der gegenseitigen Duldsamkeit und Schonung ausgebildet, die die Gegensätze, sofern sie allzu tief waren, mit Takt überdeckte.

Was aber den Gast trotz aller Weite und Duldsamkeit des Jacobischen Kreises nicht mehr zu einem tieferen Kontakt mit den langjährigen Freunden kommen ließ, war nicht eine zufällige oder willkürliche

Wendung gewesen, sondern der innere Weg seiner Natur. Während die Freunde in Pempelfort *sich getreu an ihrem Lebensgange gehalten* hatten, dabei das Erbe von Aufklärung und Empfindsamkeit bewahrend, war der Gast, *in eben der Person beharrend, ein ganz anderer Mensch geworden,* der den *alten Freunden fast unkenntlich auftrat* (307,33–38). Diese Wandlung war Ergebnis einer langen inneren Entwicklung. Das zeigt der Rückblick in die frühen Weimarer Jahre, den der Autobiograph, die Perspektive erweiternd, in die Schilderung des Besuchs in Duisburg einfügt. Die kunstvoll erzählte Begegnung mit dem jungen Menschen, der sich von Natur und Gesellschaft eigensinnig abschließt und in seiner Einsamkeit grübelnd quält, lenkt den Blick auf die gefährliche Krankheit des Weltschmerzes, der die Jugend in jener Zeit *eines langen und glücklichen Friedens* ausgesetzt gewesen war (321,35 f.) – eine Krankheit, die für die Generation der Befreiungskriege zunächst einer Erklärung aus ihren psychologischen Zusammenhängen bedurfte. – Die Heilmittel hießen damals: Wendung zum Objektiv-Realen, zu Natur und Tätigkeit, zur Antike. Der Dichter des *Werther,* der berühmte und selbstbewußte junge Mann, selbst noch das Idol einer Jugend, die sich sentimental-eigenwillig auf ihr Inneres zurückzog, wies die anderen auf den Weg, den er selbst eingeschlagen hatte. Dieser Weg hatte sich in Italien wie in der Champagne als der rechte erwiesen – das ist es, was dem Erlebnis von 1777 seine Bedeutung für die Selbstdarstellung des Dichters in der *Campagne* gibt.

Durch die Münster-Episode wird das Motiv des Religiösen in die Erzählung hineingenommen. Es geht hier indes nicht – wie an einigen Stellen von *Dichtung und Wahrheit* – um das eigene religiöse Erleben des Berichtenden, sondern um seine Begegnung mit einem Kreis von Menschen, deren Denken und Leben durch kirchliche Frömmigkeit geprägt ist. – In den Vossischen Streitschriften waren der Fürstin Gallitzin und ihrem Kreise Unduldsamkeit und geistige Enge nachgesagt worden. Auf diese Anwürfe gibt Goethe in seiner Schilderung eine behutsame Entgegnung. Gerade der Münster-Abschnitt ist mit besonderer Sorgfalt abgetönt. Schon in dem Bericht über den Besuch in Pempelfort wird mehrmals auf den Besuch bei der Fürstin Gallitzin vorausgewiesen: auch sie gehört jener Sphäre menschlicher Weite und geselligen Taktes an, an deren Wesen die robuste Aggressivität Vossens vorbeigeht. – Nach den Feldzugserlebnissen ist Münster der erste Ort, wo den Wandernden ungetrübter Friede umfängt. Die Frömmigkeit ist weltoffen, sie hat nichts Sentimental-Schwärmerisches an sich, sie verbindet sich mit Natürlichkeit und Tätigkeit, mit dem Interesse für Philosophie und Kunst und mit Takt gegenüber dem Andersdenkenden. Man schweigt über das Trennende, wo es störend wäre; aber im vertrauten Gespräch kommen durchaus auch *die bedeutenden Punkte des*

Lebens und der Lehre zur Sprache (345,29f.). Der Gast, der in Italien alles Kirchliche mit der Geste des Heiden von sich abgewehrt hatte, kann es hier nicht verdenken, wenn man ihn liebevoll auf den anderen Weg zu führen versucht. Hatte er in der empfindsamen Atmosphäre Pempelforts bisweilen gegen die Konventionen des gesellschaftlichen Miteinander-Auskommens verstoßen und sich ungeduldig als *umgekehrten Heuchler* (315,19) aufgespielt, so fügt er sich hier so ungezwungen in die fromme Umwelt, daß er sich am Ende gegen den Vorwurf der Heuchelei verwahren muß. Die Antwort des Gastes: *Ich stelle mich nicht fromm, ich bin es am rechten Orte* ... (344,6–17) ist zugleich die leise zurechtweisende Antwort des Autobiographen auf die engherzige und taktlose Polemik seiner Zeitgenossen.

Der Bericht über den Winteraufenthalt in Weimar stellt ein anderes Thema in den Vordergrund: das des eigenen literarischen Schaffens. Goethe betrachtete es als eine Aufgabe seiner Biographie, die Entstehung seiner Schriften, die nach Themen, Gehalt und Form so verschiedenartig waren, seinen Lesern in dem Zusammenhang mit seinem inneren und äußeren Lebensgang zu deuten. Die Italienzeit war für ihn auch als Autor ein Einschnitt gewesen: damals hatte er die erste Ausgabe seiner Sämtlichen Schriften zusammengestellt und dadurch ein Gesamtbild von seinem literarischen Schaffen gegeben. In den Jahren nach der Rückkehr setzte dieses Schaffen gleichsam neu ein. Die *Campagne* zeigt, wie es nunmehr den Eindrücken des politischen Geschehens verhaftet war. *Tasso* ward *noch abgeschlossen, aber alsdann nahm die weltgeschichtliche Gegenwart meinen Geist völlig ein* (356,34f.). Wo aber der Dichter unter der Übergewalt der Eindrücke versuchte, die Revolution unmittelbar zum Thema zu nehmen, ließ das Widerstrebende des Stoffes keine reine künstlerische Gestaltung zu. Erst als er, auf freie Produktivität verzichtend, den *Hof- und Regentenspiegel* (359,37) des *Reineke Fuchs* nachbildete, entstand ein Werk, in dem es ihm gelang, das immer wiederkehrende turbulente Auf und Ab des politischen Lebens in heiterer Distanz befreiend abzubilden.

Der biographischen Folge nach schließt sich das Jahr der *Campagne* 1792/93 nahe an den Lebensabschnitt der Italienreise 1786–88 an. Hatte Goethe aber über das Italienbuch das Motto „*Auch ich in Arkadien!*“ gesetzt, so spricht das Motto der *Campagne* „*Auch ich in der Champagne!*“ Parallele und Kontrast in einem aus. Es gilt für die äußere wie für die innere Situation. Eine der nachdrücklichsten Aussagen der *Campagne* ist die über die innere Einsamkeit. Der aus Italien mit neuen Einsichten und lebhaften Hoffnungen Heimgekehrte sah sich in seinem Streben allein. *Man kann sich keinen isoliertern Menschen denken, als ich da-*

mals war und lange Zeit blieb (313,35 ff.). Von den Freunden, die in der Zeit des Sturm und Drang Gefühl und Sehnsucht mit ihm geteilt hatten, trennte ihn die Wendung zum *Realismus.* In seinen Natur- und Farbstudien sahen sie einen Irrweg oder eine Absonderlichkeit. Die innere Einsamkeit war zwar gemildert durch das *Studium der Kunst,* das *eine Befriedigung in uns selbst* gewährt und dem Liebhaber Genüsse schenkt, *die er mit andern zu teilen kaum in den Fall kommt* (308,33–309,2). Aber es fehlte dem geistigen Schaffen der Widerhall, es fehlte die Begegnung mit Gleichrangigen, aus der Antrieb und Förderung hätten kommen können. Die Zeit der Isolierung im Geistigen und Gesellschaftlichen war auch eine der Stagnation im Künstlerischen. – Blickt man auf den Fortgang des Goetheschen Lebens, so wurde die Epoche der Einsamkeit schon bald durch die Freundschaft abgelöst, die alle seine *Wünsche und Hoffnungen* übertreffen (444,16–18) und ihm für ein Jahrzehnt eine überreiche Fülle von Anregungen für sein Denken, Forschen und Schaffen geben sollte: die Freundschaft mit Schiller. Zu der Freundschaft mit Jacobi ist die mit Schiller gleichsam der Gegenpol. Sie setzt dort ein, wo jene innerlich zu Ende gegangen war; sie ist die Freundschaft des reifen Mannesalters, während jene die einer gefühlvoll-enthusiastischen Jugend gewesen war. *Mit Schiller, dessen Charakter und Wesen dem meinigen völlig entgegenstand, hatte ich mehrere Jahre ununterbrochen gelebt, und unser wechselseitiger Einfluß hatte dergestalt gewirkt, daß wir uns auch da verstanden, wo wir nicht einig waren. Bei Jacobi fand ich gerade das Gegenteil ... Alles, was wir erfahren, getan und gelitten, hatte jeder in sich selbst verarbeitet. Als wir uns wieder fanden, zeigte sich das unbedingte liebevolle Vertrauen in seiner ganzen Klarheit und Reinheit, belebte den Glauben an vollkommene Teilnahme so wie durch Gesinnung also auch durch Denken und Dichten. Allein es erschien bald anders, wir liebten uns, ohne uns zu verstehen* (Paralipomenon zu *TuJ. 1805,* vgl. Anm. zu 473,14).

Erst wenn man so den Blick auf das Ganze des Goetheschen Lebens richtet, rückt der Lebensabschnitt der *Campagne* und damit auch das Werk selbst an den rechten Ort. Die *Campagne* kann sich an künstlerischem Reiz nicht mit *Dichtung und Wahrheit* messen, sie hat nicht die Ursprünglichkeit und Erlebnisnähe der *Italienischen Reise.* Für das Bild, das Goethe in der Gesamtheit seiner autobiographischen Schriften von sich gibt, stellt sie aber wichtige Züge. Der Autobiograph hatte sich bisher als Kind, als Jüngling, als Genie, als Liebenden, als Italienfahrer dargestellt. Das Lebensjahr 1792/93 ist das letzte, das er ausführlich schildert. Das Selbstbildnis, das er hier in epischer Schilderung von sich als 43jährigem Manne gibt, ist das späteste, das er überhaupt gibt. Hier ist er der Mensch auf der Mitte des Lebens, der sich in Entbehrungen und Gefahren bewährt. In *Dichtung und Wahrheit* ist die Rede von dem

Kinde, dem Knaben, dem *Jüngling, von dem wir uns unterhalten.* Der Erzähler spricht abstandhaltend, oft ironisch. Das gibt es in der *Campagne* nicht mehr. Der Abstand des Erzählers von der Erzählung ist geringer, das Ich des Berichtenden ist mit dem des Handelnden im vollen Sinne identisch. Es wird zwar noch immer Selbstkritik geübt, wie in *Dichtung und Wahrheit.* Aber es ist nicht Kritik an Irrwegen und falschen Tendenzen einer bestimmten Entwicklungsstufe, sondern an Eigenheiten, die in der Individualität angelegt sind. Der Weg, den das Ich damals ging, wird noch im Alter bejaht. Der Handelnde ist der Gereifte, der um seine Bestimmung weiß. Er hat endgültig seinen Ort gefunden, und dieser Ort ist Weimar; darum könnte er die Wahl zum Ratsherrn in Frankfurt nicht annehmen. – Er hat auch sein Heim gefunden. In der Unruhe des Kriegslebens richtet sich der Blick auf das *glückliche häusliche Verhältnis* (211,17f.; 309,10). – Er weiß um seine Ziele, die er sich in Italien endgültig zugeeignet hat. An die Stelle des sehnsüchtigen Gefühls ist der Wille zum Wirklichen getreten. Kunst und Natur sind die großen Bereiche, denen sich das Handeln zuwendet. Die einzelnen Richtungen der Naturstudien – Farbenlehre, Botanik, Osteologie, Mineralogie – sind schon begonnen, die eigene organische Naturschau, die die Natur als lebendiges Ganze in der Polarität ihrer Kräfte faßt, ist schon angelegt. Sie ist der innere Antrieb, der den Forschenden zur Betrachtung der vielfältigen Naturerscheinungen und ihres Zusammenhanges drängt. Das Kunstinteresse hat sich dem Ideal des Gesunden, Lebensbejahenden, Fröhlich-Tätigen zugewandt, wie es die niederländischen Maler und das Monument von Igel verkörpern. Es ist das Kunstideal, das der reifen Individualität Goethes zugehört und von ihm gegen alle subjektivistischen Kunstrichtungen der Folgezeit mit Leidenschaft verteidigt wird. Alle diese Tendenzen werden noch im Alter bejaht, sie sind es, die die Zeit der Feldzugserlebnisse mit der Gegenwart des Erzählers unmittelbar verknüpfen.

Wie alle autobiographischen Schriften Goethes zeugt die *Campagne* von der ihm eigentümlichen Sicht des menschlichen Lebens: Der Mensch wird als Entelechie verstanden, die sich auf das in ihr angelegte Ziel hin entwickelt. Das Werden geschieht in der Begegnung mit den Zeitverhältnissen, die das Ich einschränken und mit denen es sich tätig-handelnd auseinandersetzen muß. – In dem Lebensjahr der *Campagne* ist das Ich in eine Umwelt gestellt, die ihm mit äußerster Widrigkeit begegnet. Die Antwort ist aber nicht Resignation, sondern tätige Hinwendung zur Wirklichkeit und Erfüllung der Pflichten, die der Augenblick jeweils aufgibt. Der rückschauende Autobiograph, der die *Stufen der Prüfung, des Tuns und Duldens,* die ihm damals mit seinem *wunderbaren Los* beschieden waren (307,34ff.), gesammelt vor Augen hat, spricht aus, daß jene Übergänge, *die bald als Vorschritt, bald als Rück-*

schritt erscheinen, doch alle *dem gottgeführten Menschen zu Nutz und Frommen gereichen müssen* (308,2–5). Wird so in dem Wechselspiel von Individuum und Zeitverhältnissen die Sinnhaltigkeit des dem einzelnen Menschen zugeteilten Schicksals bejaht, so bleibt die Frage nach der Sinnhaltigkeit des geschichtlichen Geschehens offen. Hier zeigt sich keine Richtung, kein „Telos", sondern nur ein *Zyklus von Tragödien,* den die *tosende Weltbewegung* auslöst (361,31f.). Zwar wurde einstmals das Rätsel, was aus dem Chaos werden sollte, *auf eine so entschiedene als unerwartete Weise gelöst* (359,20): durch die ordnende Hand Napoleons, der in dämonischer Größe die Kräfte der Revolution bändigte. Seither aber hatte die Geschichte neue, um sich greifende politisch-soziale Bewegungen ausgelöst, und niemand wußte, was in Zukunft aus diesen Umwälzungen werden würde. Was der Autobiograph mit dem Blick auf die Vergangenheit sagt: *Man schien nicht zu fühlen, was alles erst zu verlieren sei, um zu irgend einer Art zweideutigen Gewinnes zu gelangen* (317,16ff.), scheint er auch seiner Gegenwart sagen zu wollen. Vielleicht hängt es mit der Resignation Goethes gegenüber der politischen Geschichte zusammen, daß der *Campagne*-Band, das Buch, das am meisten Geschichte enthält, in einem Pessimismus endet, der bei Goethe ungewohnt anmutet und sich von den großartig-feierlichen Ausklängen von *Dichtung und Wahrheit* und der *Italienischen Reise* seltsam-düster abhebt. Die letzte Szene aus dem persönlichen Erleben ist die Begegnung mit Schlosser, der als klar sehender Menschenkenner und Realist alle Hoffnungen auf wissenschaftliche Teilnahme und gemeinsames Wirken in Deutschland zerschlägt. Der letzte Ausblick ins Politische bricht ab vor den *Weltschicksalen,* die *zwölf Jahre* später die soeben bei Mainz erfolgreich gewesenen Mächte mit ihren *Fluten* überschwemmen und verschlingen sollten (400,14ff.).

ANMERKUNGEN

188,1f. *Campagne in Frankreich 1792.* Diesen Titel führt das Werk erst seit der *Ausgabe letzter Hand,* 1829. Die Erstausgabe, 1822, erschien als Teil der damals noch von Goethe geplanten Gesamtdarstellung seines Lebens: *Aus meinem Leben. Zweyter Abtheilung Fünfter Theil.* Doch wird das Werk schon in den Tagebuchnotizen der Entstehungszeit häufig als *Campagne, Französische Campagne* oder *Campagne von 1792* bezeichnet. – „Campagne" ist als einer der zahlreichen aus dem Französischen übernommenen Fachausdrücke der Militärsprache im 18. und frühen 19. Jahrhundert neben „Feldzug" noch gebräuchlich. (Vgl. z. B. die Titel mehrerer Feldzugsbeschreibungen in: Vollständiges Bücherlexikon, hrsg. von Christian Gottlob Kayser. I. Theil. Leipzig 1833. S. 407.)

188,3. *Auch ich in der Champagne!* Das Motto (Parallelbildung zu dem der *Italienischen Reise,* vgl. Bd. 11, S. 575ff.) steht auf den Titelblättern der Erstausgabe und der Wiener Ausgabe von 1822; in der *Ausgabe letzter Hand* fehlt es.

188,4. *Den 23. August 1792.* Die Daten, die Goethe über die einzelnen Abschnitte der *Campagne* stellt, stimmen mit dem Verlauf der Reise nicht immer genau überein. Nach dem Ausgabenbuch, das Goethes Diener Paul Goetze (vgl. Anm. zu 191,24) während der Reise führte und das die einzelnen Daten und Stationen genau angibt (abgedruckt bei Roethe, S. 365–375), war Goethe am 8. August von Weimar abgereist; am 12. traf er in Frankfurt ein, am 20. in Mainz. Weiterreise von Mainz am 22. August. Vgl. Roethe S. 186f.

188,5f. *Herrn von Stein den älteren.* Johann Friedrich Reichsfreiherr vom Stein, 1749–1799, preußischer Diplomat, der ältere Bruder des großen Staatsmannes. Er führte den Titel eines preußischen Hof- und Landjägermeisters und war seit 1787 außerordentlicher preußischer Gesandter am kurfürstlich-mainzischen Hof, „ein sehr gescheiter, gewandter Weltmann, Rheinländer der Lebensart nach, leichtlebiger als sein Bruder Karl" (Andreas, Belagerung von Mainz, S. 11). Er hatte mit Herzog Carl August von Weimar in enger politischer Verbindung gestanden, als dieser im Jahre 1787 für die Interessen des von Preußen geleiteten Fürstenbundes und für die Wahl Dalbergs zum Koadjutor von Mainz tätig gewesen war. (Vgl. Anm. zu 318,3.) – Politischer Briefwechsel des Herzogs und Großherzogs Carl August von Weimar. Bd. I und II. Hrsg. von Willy Andreas, bearbeitet von Hans Tümmler. Stuttgart 1954/58. – Quellen zur Geschichte des Rheinlandes im Zeitalter der französischen Revolution 1780–1801, hrsg. von J. Hansen. Bd. I. Bonn 1931. S. 14ff.

188,7. *Residentenstelle:* Stelle eines ständigen Geschäftsträgers, der nicht im Range eines Gesandten steht. Vgl. 69,12.

188,9f. *die bisherigen Fortschritte der verbündeten Heere.* Zu den *verbündeten Heeren* gehörten die preußische Armee in Stärke von etwa 42000 Mann, zwei österreichische, ein hessisches Korps und ein Korps französischer Emigranten, zusammen etwa 81000 Mann. Die österreichischen Korps operierten von Flandern und vom Oberrhein aus. Die preußische Armee, die im Zentrum stand, hatte am 19. August französischen Boden betreten und war gegen Longwy vorgerückt.

188,11f. *des topographischen Atlas von Deutschland* ... Joh. Wilh. Abr. Jäger, Ingenieur, Offizier und Verlagsbuchhändler in Frankfurt, hatte herausgegeben: Grand Atlas d'Allemagne en LXXXI feuilles, Dédié à Sa Majesté Joseph II. ... par J. G. A. Jaeger, Capitaine-Lieutenant d'Artillerie & Inspecteur des Arsenaux de la Ville libre & impériale de Francfort sur le Mayn, 1789. – Roethe S. 52ff. u. 187. – Vier Kartenblätter aus diesem Atlas, die den Kriegsschauplatz von 1792 darstellen, sind in Goethes Bibliothek erhalten. Vgl. 204, 19–27 und 210, 29–34. – Von dem Jägerschen Kartenwerk, das ganz Deutschland umfaßte, gab es Auszüge für einzelne Landschaften. (Vgl. das „Verzeichnis von Geographischen und Hydrographischen Karten, Planen etc. welche zu haben sind in der Jägerschen Buchhandlung in Frankfurt am Main", 1803, S. 38). Ein Auszug aus dem Jahre 1792 mit dem Titel „*Kriegstheater*" läßt sich allerdings bibliographisch nicht nachweisen.

188,14f. *französische Frauenzimmer.* Seit 1790 waren zahlreiche Gegner der Revolution, vor allem Adlige, aus Frankreich ausgewandert; viele von ihnen waren nach Deutschland gekommen. Da die Kurfürsten von Trier und Mainz ihnen besonderes Wohlwollen entgegenbrachten, waren Trier, Koblenz, Mainz und Worms zu Sammelpunkten des französischen Emigrantentums geworden.

188,17. *Herzog von Orléans,* Louis Philippe Joseph, 1747–1793. Er hatte 1792 den Namen Philippe Egalité angenommen und war Mitglied des Konvents geworden, wurde aber trotzdem verdächtigt und im folgenden Jahr zum Tode verurteilt.

188,22. *Fürstin Monaco,* Marie Catherine geb. Brignole, gest. 1813; seit 1770 von ihrem ersten Gemahl, Fürst Honoré III. von Monaco, geschieden, 1798 mit dem Prinzen von Condé vermählt.

188,23. *Prinz von Condé,* Louis Joseph de Bourbon, 1736–1818, französischer Heerführer, schon im 7jährigen Krieg erfolgreich. Er hatte seit 1790 in Worms den emigrierten französischen Kriegsadel um sich gesammelt. Nouv. biogr. gén. 11 (1855), Sp. 422–427.

188,23. *Chantilly.* Schloß und Ortschaft nördlich von Paris, Stammsitz der Familie Condé, Schauplatz glanzvoller Festlichkeiten in der Zeit des Ancien Régime. – Goethe las im März 1820 die neuerschienenen „Mémoires pour servir à l'histoire de la maison de Condé" von Charles-Louis de Sevelinges. Paris 1820. (Mommsen Bd. II, S. 33ff.)

189,3. *wie es versprochen worden.* Führende Politiker unter den Emigranten hatten versichert, die französische Bevölkerung sei im Grunde königstreu und ein großer Teil der Armee, vor allem die alten Linienregimenter, würde sich den Alliierten anschließen, um Ludwig XVI. zu befreien und die Herrschaft der Revolutionäre in Paris zu stürzen.

189,11. *Assignaten.* Ursprünglich Anweisungen auf die Nationalgüter. Sie wurden wie Papiergeld verwendet und sanken ständig im Wert. Vgl. 278,26ff.

189,13. *Sömmerrings.* Samuel Thomas Sömmerring, 1755–1830, Naturforscher und Anatom, seit 1784 Professor in Mainz, verheiratet mit der Frankfurterin Margaretha Elisabetha Grunelius. Goethe hatte Sömmerring 1783 in Kassel kennengelernt; er wechselte seit 1784 gelegentlich Briefe mit ihm, hauptsächlich über Fragen der Anatomie. Vgl. 385,2; 393,1–16; Bd. 13, S. 234,8. – Rudolph Wagner, Samuel Thomas von Sömmerring's Leben und Verkehr mit seinen Zeitgenossen. I. Abt. Briefe berühmter Zeitgenossen an Sömmerring. (XII, 386 S.) II. Abt. Sömmerrings Leben und literärische Arbeiten. (X, 285 S.) Leipzig 1844.

189,13. *Huber,* Ludwig Ferdinand, 1764–1804, Schriftsteller, mit Schiller und Körner befreundet, damals kursächsischer Legationssekretär in Mainz. Vgl. Anm. zu 310,22 u. zu 438,7f. – ADB 13 (1881), S. 236–240. – NDB 9, 1972, S. 684f.

189,13. *Forsters.* Joh. Georg Forster, 1754–1794, Naturforscher und Schriftsteller. Er war in England aufgewachsen, hatte 1772–75 an Cooks Weltumseglung teilgenommen und war durch seinen Reisebericht und seine naturwissenschaftlichen Veröffentlichungen früh berühmt geworden. Als er 1778 nach Deutschland kam, fand er rasch Kontakt mit den führenden Gestalten des geistigen und literarischen Lebens. Goethe ist ihm 1779 und 1783 in Kassel begegnet, 1785 machte Forster einen Besuch in Weimar. 1788 wurde er Bibliothekar in Mainz. Forster war den Ideen der französischen Revolution zugeneigt. Nach der Besetzung von Mainz durch die Franzosen im Oktober 1792 trat er dem revolutionären Klub bei und wirkte für den Anschluß an Frankreich. Im März 1793 wurde er als Deputierter des rheinisch-deutschen Nationalkonvents nach Paris gesandt; er hat daher die Belagerung von Mainz nicht miterlebt. In Paris ist er im folgenden Jahr enttäuscht und vereinsamt gestorben. – Seine Gattin Therese geb. Heyne, 1764–1829, war eine Tochter des berühmten Göttinger Philologen. Sie vermählte sich in zweiter Ehe mit Huber und wurde in späteren Jahren als Schriftstellerin bekannt. – NDB 5, 1961, S. 301f. Förster; 9, 1972, S. 686–688 Therese Huber geb. Heyne.

189,14. *andere Freunde.* Ein Schema (WA. 33,363) nennt *Mad. Böhmer, nachherige Schlegel:* Caroline Schelling geb. Michaelis, 1763–1809 (damals verwitwete Böhmer, 1796 mit A. W. Schlegel, 1803 mit Schelling vermählt). Auch sie stand in der Zeit der französischen Besetzung von Mainz den republikanischen Kreisen nahe. Wegen ihrer politischen Haltung wurde sie 1793 einige Zeit auf der Festung Königstein gefangengehalten.

189,37. *Schwäger* = Postillione. Die Bezeichnung stammt vermutlich aus der Sprache der Studenten im 18. Jahrhundert (bei denen „Schwager“ als vertrauliche Anrede gegenüber Nichtakademikern gebräuchlich war); sie ist vielleicht durch französisch „chevalier" mitangeregt oder gestützt. Dt. Wb. 9 (1899), Sp. 2177f. – Friedrich Kluge, Unser Deutsch, 6. Aufl. 1958, S. 114f

190,22. *oberschlächtige Mühle:* eine Mühle, deren Rad durch oben auffallendes Wasser getrieben wird. Dt. Wb. 7 (1889), Sp. 1101.

191,10. *Lieutenant von Fritsch,* Ludwig Heinrich Gottlieb, Freiherr v., 1772–1808, Sohn des Weimarer Ministers Jacob Friedrich von Fritsch. Vgl. 283,33 bis 284,25.

191,10. *des Herzogs Regiment:* das 6. preußische Kürassierregiment, dessen Chef Herzog Carl August seit 1787 war. – Paul v. Bojanowski, Carl August als Chef des 6. Preußischen Kürassierregiments 1787–1794. Weimar 1894. (147 S.) – Georg Bahls, Carl August von Weimar als Soldat. Berlin (1932). (174 S.) – E. A. W. Dijon Frhr. v. Montenon, Geschichte des kgl. preuß. Sechsten Kürassierregiments, gen. Kaiser von Rußland. Brandenburg 1842 (361 S.).

191,12. *Kanonikus.* Vermutlich der Pfarrer und Kanonikus Ludwig Bertrand Prestinary. – Hubert Schiel, Goethes Tage in Trier. Trier 1949, S. 12ff.

191,24. *Mein Diener.* Johann Georg Paul Goetze, 1761–1835. Diener Goethes 1777–1794, später als Wegebauinspektor in Jena ansässig. – Walter Schleif, Goethes Diener. Weimar 1965. S. 97–132.

191,34. *das Monument in der Nähe von Igel:* ein turmartiges Denkmal, mit zahlreichen Reliefs geschmückt, das besterhaltene Bauwerk aus römischer Zeit auf deutschem Boden. – Das Monument von Igel ist das einzige Kunstwerk, dem der Dichter während des Feldzugs begegnet; in der *Campagne* kommt ihm eine besondere Bedeutung zu: in der Unruhe der Anreise (191,33–192,35) wie im Chaos des Rückzugs (283,14–28 und 284,32–286,3) ist es ein Symbol der zeitlosen *Macht des Altertums* (283,16). Mit der Beschreibung verbindet sich Reflexion über die fortdauernde Vergegenwärtigung des *wirklichen Lebens* (285,17) in der bildfreudigen antiken Denkmalkunst (192,16–26; 285,16–18); der Gedanke des „Realismus", den der Autobiograph hier anklingen läßt, zeigt einen inneren Zusammenhang an mit der Deutung und Rechtfertigung des eigenen Verhältnisses zu Kunst, Natur und Leben in der nachitalienischen Lebensepoche (vgl. Anm. zu 310,22). – Goethe hatte seit der zweimaligen Durchreise durch Igel 1792 das Interesse an dem römischen Monument nicht verloren (vgl. Brief an Böttiger v. 20. 7. 1797 und Tgb. 23. 8. 1808). Als er die *Campagne* schrieb, hatte er die neueste wissenschaftliche Beschreibung zur Hand: Carl Friedrich Quednow, Beschreibung der Alterthümer in Trier und dessen Umgebungen aus der gallisch-belgischen und römischen Periode, in zwei Theilen. Trier 1820 (54 u. 176 S. mit 28 Taf.; von Goethe 27. 9. 1820–9. 11. 1820 aus der Weimarer Bibliothek entliehen; vgl. auch Keudell Nr. 1414). Quednow beschreibt das Denkmal im 2. Teil seines Werks, S. 99–143, und bringt Abbildungen der vier Seiten (Taf. IX–XII). – Das Denkmal hatte schon seit der Zeit des Humanismus das Interesse der Altertumsforscher gefunden. Eine genaue Vermessung und Beschreibung war aber schwierig, da das Denkmal etwa 23 m hoch ist und viele Teile – auch die Inschrift – stark beschädigt sind. So blieb die Deutung lange Zeit unsicher. Während die meisten Forscher es für ein Familiengrab der Secundinier hielten, waren andere der Ansicht, es sei als Erinnerungszeichen an die (angeblich in Igel erfolgte) Geburt des Kaisers Caligula errichtet. Diese Meinung vertrat Th. Lorent, der die letzte größere Arbeit im 18. Jahrhundert über das Monument veröffentlichte (Cajus Igula, ou l'empereur Cajus César Caligula, né à Igel . . . Luxembourg 1769). Fünfzig Jahre später erschien die Beschreibung von Quednow, der sich zwar in vielen Einzelheiten noch auf Lorent stützte, ihm in seiner irrtümlichen Deutung aber nicht folgte. Goethe lehnt sich in der *Campagne* eng an Quednow an; doch hält er sich stärker an die Tafeln als an den beschreibenden Text und ist bei unsicheren Auslegungen noch zurückhaltender als seine Quelle. – Wenige Jahre später wurde Quednows Werk bereits durch eine neue Arbeit überholt: Abbildung des römischen Monuments in Igel, gezeichnet und lithographiert von Christian Hawich . . . mit erl. Text von Joh. Matth. Neurohr. Trier 1826 (Goethes Bibl. Nr. 2103). – 1829 erhielt Goethe als Geschenk den Bronzeabguß eines Modells, das in dem Hüttenwerk zu Sayn von dem Denkmal angefertigt worden war. Goethe hat daraufhin das Monument in einem kurzen Aufsatz nochmals beschrieben und gewürdigt (Sendschreiben vom 1. 6. 1829; in späteren Ausgaben unter Goethes Schriften zur Kunst mit dem Titel „Das Igeler Monument"; WA. Bd. 49,2, S. 35–45). Die ersten beiden Abschnitte über das Denkmal aus der *Campagne* sind hierin aufgenommen; statt des dritten (284,32–286,3) folgen knappe Beschreibungen der Reliefs, nach Themengruppen geordnet. – Heute rechnet man das Denkmal zur Gruppe der sog. Pfeilergrabmäler. Es wurde um 250 n. Chr. von den Brüdern L. Secundinius Aventinus und L. Secundinius Securus, die einer Familie reicher Tuchhändler angehörten, für sich und ihre verstorbenen Angehörigen errichtet. – Roethe, S. 193–197. – Grumach, Goethe und die Antike, S. 463 ff. – Abbildung des Bronzeabgusses aus Goethes Besitz: A. Jericke, Das Goethehaus am Frauenplan. Weimar 1958. (Bilderteil.) – Für die Kenntnis des Monuments und die Geschichte seiner Erforschung ist heute grundlegend: Das Grabmal von Igel. Bearbeitet von H. Dragendorff und E. Krüger. Trier 1924 = Römische Grabmäler des Mosellandes und der angrenzenden Gebiete. Bd. I. fol. (105 S., 20 Taf.). – Zur kunstgeschichtlichen Einordnung: Germania Romana. Ein Bilder-Atlas. Hrsg. von der Römisch-Germanischen Kommission des Deutschen Archäologischen Instituts. Zweite erweiterte Auflage. III. Die Grabdenkmäler. Mit Erläuterungen von F. Koepp. Bamberg 1926. – Heinz Kähler, Die rheinischen Pfeilergrabmäler. Bonner Jahrbücher, 139. Darmstadt 1934. S. 145–172.

192,8f. *Kugel, Schlange und Adler.* Die (stark beschädigte) Bekrönung des Denkmals stellte einen Adler auf einer Kugel dar, der den Ganymed entführt. So bereits von Goethe in dem Aufsatz von 1829 gedeutet.

192,18f. *aus einer spätern Zeit.* Zur Datierung vgl. Anm. zu 283,21.

192,30f. *aus tüchtigen Sandquadern.* ,,Tüchtig" ist ein charakteristisches Wort der Alterssprache Goethes; es wird für Personen und Sachen gebraucht und bedeutet u.a. ,,tauglich", ,,gut geeignet", ,,gediegen". – Fischer, Goethe-Wortschatz, S. 634f.

193,1. *das Korps Emigrierte.* Die französischen Emigranten hatten in Deutschland drei Korps aufgestellt; eins davon, bei dem sich die Brüder Ludwigs XVI. befanden (vgl. Anm. zu 193,31f.), bildete die Nachhut der preußischen Armee.

193,2. *Ludwigsritter:* Ritter des 1693 von Ludwig XIV. gestifteten Militärordens „Ordre royal et militaire de St. Louis". Der Orden wurde an Offiziere nach langjährigem Dienst verliehen; die Ritter trugen ein Goldkreuz an feuerrotem Band. – Bd. 9, S. 359,12.

193,24. *supplieren* = ergänzen, vervollständigen. Vgl. Bd. 9, S. 352,15 und 361,5.

193,24f. *was in dieser Briefmenge wohl enthalten sein möchte?.* Die Themen und Motive, die 193,25–35 angedeutet sind, hat Goethe einer Sammlung von Emigrantenbriefen entlehnt, die in Frankreich seinerzeit aufgefangen und veröffentlicht waren, um Gesinnung und Lebensart der Emigranten bloßzustellen. Goethe entlieh am 27. 1. 1820 aus der Weimarer Bibliothek die Übersetzung: Original-Briefwechsel der Emigrirten oder die Emigrirten nach ihrer eigenen Darstellung geschildert ... T. 1.2. Aus dem Französischen. Frankfurt und Leipzig 1793. – Vgl. Nikolaus Hein, Goethe in Luxemburg, 2. Aufl. Luxemburg 1940. S. 74–83.

193,31f. *feurige Anhänger der Prinzen.* Die *Prinzen* waren die (in der Emigration lebenden) Brüder Ludwigs XVI.: der Graf von Provence (später Ludwig XVIII., 1814–1824) und der Graf von Artois (später Karl X., 1824–1830). Sie und ihre *Anhänger* waren radikale Gegner der Revolution (im Gegensatz zu den gemäßigteren Emigranten, die im Sinne Ludwigs XVI. einen Ausgleich wünschten); ihr Ziel war die Beseitigung der neuen französischen Verfassung und die volle Wiederherstellung des Ancien Régime.

194,22f. *jener General des Dreißigjährigen Kriegs.* Düntzer in KDN 103, S. 10 nennt Mansfeld. Nach M. Hecker (Jb. G.Ges. 12, 1926, S. 317f.) stammt der Ausspruch aus dem ,,Hussiten Krieg" des Naturforschers und Historikers Zacharias Theobald, 1584–1627, der Feldkaplan im Heere Mansfelds war, und bezieht sich ursprünglich auf ,,König Girschik" (= Georg Podiebrad von Böhmen). Goethe hat das Werk Theobalds laut Tagebuch am 5. und 6. September 1821 in Böhmen benutzt.

194,28. *Longwy.* Die Bürgerschaft von Longwy hatte am 23. August nach zweitägigem Beschuß den Kommandanten zur Übergabe der Festung genötigt.

195,2. *das herzoglich-weimarische Regiment.* Vgl. Anm. zu 191,10. Die preußischen Regimenter wurden nach ihren Chefs benannt. – Herzog Carl August nahm an dem Feldzug nicht als Reichsfürst mit eigenen Truppen teil (das Reich war damals noch neutral), sondern nur als preußischer Generalmajor und Befehlshaber einer Brigade. (Das Herzogtum Sachsen-Weimar besaß im übrigen nur eine Infanterieeinheit von 136 Mann und eine kleine Abteilung Husaren.)

195,5. *Kämmerier Wagner,* Johann Konrad, 1737–1802, begleitete den Herzog mehrmals als Kämmerer auf seinen Reisen. Das Tagebuch, das Wagner während des Feldzugs führte, wurde von Goethe als Quelle für die *Campagne* benutzt. Einen Vergleich im einzelnen hat Roethe, S. 57–157, durchgeführt.

195,22f. *ängstliche Schlafstellen:* ängstlich = beängstigend, beklemmend, beunruhigend. – Fischer, Goethe-Wortschatz, S. 30. GWb 1, 1978, Sp. 575.

196,3. *Tournure:* eigentlich „Redewendung", auch „Körperhaltung", „Auftreten". *Was die Franzosen tournure nennen, ist eine zur Anmut gemilderte Anmaßung* ... (Bd. 12, S. 387, Nr. 170).

196,13. *Patriotismus.* In der Sprache der frühen Revolutionszeit ist die Bezeichnung „Patrioten" vielfach als Parteiname für die Anhänger der revolutionären Ideen und der republikanischen Staatsform gebräuchlich. (Vgl. Chuquet, Bd. I, S. 187 über die Parteien der „Aristokraten" und „Patrioten".) *Patriotismus* bezeichnet auch hier nicht die Vaterlandsliebe schlechthin, sondern die republikanisch-revolutionäre Gesinnung. Nach Roethe, S. 199, kannte Goethe den Gegensatz der Royalisten und der Patrioten in Longwy aus zeitgenössischen Dokumenten, die in dem „Original-Briefwechsel der Emigrirten" abgedruckt waren (s. Anm. zu 193,24f.).

196,29. *alte Kriegs- und Garnisonskameraden.* Das Regiment Herzog Carl Augusts war in Aschersleben stationiert; Goethe hatte sich dort im Herbst 1789 einige Tage aufgehalten. Auch auf dem Zug in das Schlesische Feldlager 1790 (vgl. 309,15f.) war er mit den Offizieren des Regiments zusammengekommen.

196,31f. *des Herzogs Hof-, Haus- und Kanzleigenossen.* Der Herzog führte ein zahlreiches persönliches Gefolge in den Feldzug mit (vgl. W. Andreas, Carl August von Weimar in und nach der Kampagne gegen Frankreich, 1955, S. 17f.); dazu gehörten u.a. Kämmerier Wagner (195,5), Stallmeister von Seebach (243,3f.), Kanzlist Vogel (219,17), Geheimer Sekretär Weyland (267,12) und Hauptmann Vent (267,13).

196,35f. *Herzog von Braunschweig,* Karl Wilhelm Ferdinand, Herzog zu Braunschweig und Lüneburg, 1735–1806, Bruder der Herzogin-Mutter Anna Amalia von Sachsen-Weimar. Er war bereits im 7jährigen Krieg als Feldherr Friedrichs des Großen erfolgreich gewesen und galt als der führende Stratege seiner Zeit. Im Feldzug von 1792 war er Oberbefehlshaber der alliierten Armee. – Goethe entlieh 27. 1.–10. 4. 1820: Karl Friedrich Pockels, Carl Wilhelm Ferdinand von Braunschweig und Lüneburg ..., Tübingen 1809. – Selma Stern, Karl Wilhelm Ferdinand Herzog zu Braunschweig und Lüneburg. Hildesheim u. Leipzig 1921. = Veröffentl. d. Histor. Komm. f. Hannover, Oldenburg, Braunschweig, Schaumburg-Lippe u. Bremen. 6. (XVI u. 402 S.) – NDB 11, 1977, S. 224f.

196,37. *Marquis von Bouillé,* François Claude Amour, 1739–1800, französischer General, versuchte als Emigrant die Unterstützung der europäischen Monarchen für Ludwig XVI. zu gewinnen. Seine Memoiren wurden 1797 in London veröffentlicht. Goethes Tagebuch verzeichnet am 11. 4. 1820: *Bouillé Memoiren.* – Dictionnaire de biographie française 6, 1954, Sp. 1315f.

197,14. *Prinz Bernhard:* der zweite Sohn Carl Augusts, 1792–1862, geb. am 30. Mai.

197,15. *Obristwachtmeister von Weyrach,* Christian Friedrich, geb. 1741 in Schlesien, Major im Regiment Carl Augusts. („Obristwachtmeister" ist eine ältere Bezeichnung für die Rangstufe des Majors.)

198,9. *die Manifeste des Herzogs von Braunschweig:* Erklärungen an die französische Bevölkerung, die der Herzog am 25. und 27. Juli erlassen hatte. Sie waren von französischen Emigranten entworfen und enthielten Drohungen gegen die Gegner Ludwigs XVI., besonders gegen die Stadt Paris. Vgl. 246,38f. – J. Hansen, Quellen zur Geschichte des Rheinlandes, Bd. II, 1933, S. 297–303.

198,18. *Kriegstaten:* Gefecht bei Fontoy am 19. August. Die Husaren des Regiments Wolfradt standen dabei unter dem Kommando des Herzogs von Weimar.

199,21. *Châtillon l'Abbaye:* eine ehemalige Zisterzienserabtei, das erste Nationalgut am Wege der preußischen Armee.

200,28f. *der Krieg war ihnen zum Teil erklärt.* Die Kriegserklärung Frankreichs vom 20. 4. 1792 richtete sich nur gegen Österreich (genauer: gegen Franz, König von Ungarn und Böhmen. Kaiser Leopold II. war am 1. 3. 1792 gestorben; sein Nachfolger Erzherzog Franz wurde erst im Juli 1792 zum Kaiser gewählt und gekrönt). Preußen, das mit Österreich für den Kriegsfall verbündet war, erklärte am 27. Juli den Krieg an Frankreich.

202,3. *Terzerol:* kleine Pistole.

203,30f. *den abenteuerlichen Grothus.* Nikolaus Heinrich Julius von Grothaus, 1747–1801, Jurist, preußischer Offizier. Er glaubte, dem in seiner Familie erblichen Wahnsinn durch ein unstetes Wanderleben entgehen zu können, fiel aber später doch in geistige Umnachtung. Goethe hatte ihn 1779 in Weimar kennengelernt. – ADB 9 (1879), S. 766.

203,31. *Parteigängerrolle.* Hier: Rolle eines Parlamentärs. – Der eigentlichen Wortbedeutung nach sind „Parteigänger" Soldaten, die auf „Partei" ausgehen, d. h. auf Streifzügen dem Feind durch Plündern und Beutemachen Schaden zufügen. (Vgl. „Partisanen".) – Dt. Wb. 7 (1889), Sp. 1470. – Joh. Chr. Adelung, Gramm.-krit. Wörterbuch der hochdeutschen Mundart. 2. Aufl. III. Theil. Leipzig 1798. Sp. 660. – Campe, Wörterbuch, III. Theil (1809), S. 587.

204,4. *Sansculotten* = Ohnehosen, ursprünglich Spottname für die Revolutionäre, die nicht wie die Angehörigen der höheren Stände Kniehosen (Culottes) trugen, sondern lange Hosen (Pantalons).

204,24. *Boßler.* „Der Bosseler oder Bosser, der etwas bosset, halbe oder ganz erhabene Arbeit in einer weichen Masse verfertigt". Campe, Wörterbuch, I. Theil (1807), S. 597.

204,25 f. *dient mir noch zur Wiedererinnerung.* Das Kartenblatt (das 47. des Atlas, nicht das 48., wie es 204,22 irrtümlich heißt) ist in Goethes Bibliothek erhalten. Auf der Rückseite sind noch Reste von Aufzeichnungen über die Stationen des Vormarsches zu erkennen. Vgl. 188,11 f. u. Anm. u. 210,29–34. – WA. 33, S. 352 f. – Roethe S. 50 f.

205,5. *verschiedene Farben spielten.* Goethe hat über diese Farberscheinungen, die er in ähnlicher Weise später in dem thüringischen Bad Tennstedt beobachtete, in den Nachträgen zur Farbenlehre berichtet (Aufsatz: *Im Wasser Flamme,* zuerst gedruckt in *Zur Naturwissenschaft,* Bd. I, H. 4, 1822). Vgl. auch *Farbenlehre* § *213,* Bd. 13, S. 376.

205,15. *subjektiver Versuch:* „subjektiv" nennt Goethe die Versuche, bei denen die Farberscheinungen im Auge des Beobachters entstehen, der den Gegenstand durch ein brechendes Mittel betrachtet. Vgl. Bd. 13, S. 372.

205,18 f. *Leidenschaftlich ... mit diesen Gegenständen beschäftigt.* Über die Anfänge der Farbstudien Goethes vgl. *Konfession des Verfassers,* Bd. 14, S. 251 ff.

205,29. *Agricola,* Georg, 1490–1555, Humanist, Mineraloge. In seinem Werk „De natura eorum quae effluunt ex terra", 1545, erwähnt er die Farberscheinungen, die im Tennstedter Teich durch sinkende Steinchen hervorgerufen werden. (Vgl. Anm. zu 205,5.)

206,24. *den Fürsten Reuß den XI.* Vermutlich ist Heinrich XVI. von Reuß-Greiz gemeint, der seit 1785 österreichischer Gesandter in Berlin war. – Hüffer, GJb. 4 (1883), S. 86.

207,19. *Sinnlichkeit.* Hier: scharfe Sinne, zuverlässige Wahrnehmungskraft. – Fischer, Goethe-Wortschatz, S. 574.

207,35 f. *mit Geschäfts-und Weltleuten.* Geschäftsleute = Beamte, Personen, die mit den Staatsgeschäften zu tun haben. Vgl. Bd. 9, S. 397,36.

208,11. *Pikett* = Feldwache, kleine Abteilung.

209,22. *ricochetieren* = aufschlagend abprallen. Vgl. 234,7.

210,18. *ein republikanischer Charakterzug.* Dem 18. Jahrhundert war die innere Zusammengehörigkeit von republikanischer Staatsform und patriotischer Tugend eine geläufige Vorstellung. (Vgl. z. B. Montesquieu über das „Prinzip" der Demokratie, in: „De l'Esprit des Lois", 1748, Buch III, Kap. III.) Das geschichtliche Vorbild und Ideal sah man in der römischen Republik. – Für die vorliegende Stelle der *Campagne* hat vielleicht Wagners Tagebuch (vgl. Anm. zu 195,5) die Anregung gegeben, der in der Selbstaufopferung französischer Patrioten ein Nachbild römischer Bürgertugend sah und vom „Römertod" des Kommandanten Beaurepaire sprach (vgl. Roethe, S. 89 f.). – Bemerkenswert ist, daß sich in der *Campagne* auch auf deutscher Seite die Verbindung von patriotischer Gesinnung und „republikanischer" Regierungsform zeigt: nämlich bei den Bürgern der Freien Reichsstadt Frankfurt (291,2–9 und

318,18–30); das Gegenbild geben die Einwohner der Fürstenstadt Mainz (318,21–23).

210,18f. *Der Kommandant Beaurepaire,* Nicolas Joseph de, 1740–1792. – Nouv. Biogr. univ. 5 (1853), Sp. 43.

212,32f. *vierzehn ... Frauenzimmer.* Vgl. 268,26–38.

214,12f. *der Postmeister von Sainte-Menehould* hatte am 20. Juni 1791 den aus Paris entflohenen König Ludwig XVI. erkannt und veranlaßt, daß die königliche Familie aufgehalten wurde. (Der Gefangene war aber nicht er, sondern der Bürgermeister von Varennes, der den König tatsächlich hatte festhalten lassen.)

214,30. *Lafayette,* Jean Paul Gilbert Motier, Marquis de, 1757–1834, französischer General, Teilnehmer des amerikanischen Unabhängigkeitskrieges, nach der Revolution Kommandant der Nationalgarde, 1792 Befehlshaber an der französischen Ostgrenze. Nachdem Lafayette vergeblich versucht hatte, dem Sturz des Königtums entgegenzuwirken, versuchte er am 19. August 1792 in neutrales Gebiet zu fliehen. Er wurde aber von den Österreichern gefangengenommen und bis 1797 festgehalten.

214,33. *Dumouriez,* Charles François, 1739–1823, französischer Diplomat und General. Im März 1792 war er Außenminister des girondistischen Ministeriums geworden; im Juni übernahm er ein Kommando bei der Armee. Nach dem Rückzug der alliierten Armee aus Frankreich gelang es ihm, im November 1792 die österreichischen Niederlande zu besetzen. Der politische Gegensatz zu den Jakobinern und militärische Rückschläge veranlaßten ihn jedoch im März 1793, zu den Österreichern überzugehen. – Goethe, durch das Miterleben des Feldzugs an Persönlichkeit und Schicksal Dumouriez' interessiert, hat schon 1795 seine Lebensbeschreibung gelesen (*Tag- und Jahreshefte,* Abschnitt *1795*). – Vom 9. 1. bis zum 7. 2. 1820 entlieh er aus der Weimarer Bibliothek von Dumouriez: La Vie du Général Dumouriez. T. 1–3. Hambourg 1793. – Campagnes dans la Champagne et la Belgique. P. 1.2. Hambourg o.J. – Mémoires écrits par lui-même. Hambourg et Leipzig 1794. – Correspondance avec Pache, ministre de la guerre, pendant la Campagne de la Belgique en 1792. Paris 1793.

215,1. *Vorfälle von der Hälfte des Augusts aus Paris.* Am 10. August hatten revolutionäre Volksmassen die Tuilerien gestürmt und die Schweizer Garde niedergemacht. Der König, der sich mit seiner Familie in den Schutz der Nationalversammlung begeben hatte, war unter Aufhebung der Verfassung von 1791 abgesetzt und am 12. August als Gefangener in den Temple überführt worden. Vgl. 243,35–244,5.

215,34. *Glorieux* = ruhmreich, *Regret* = Bedauern, Reue.

216,15. *Fahrleise.* Leise = Spur, Wagenspur, Geleise, Dt. Wb. 6 (1885), Sp. 713.

216,22. *Herr von Alvensleben,* Philipp Karl Graf, 1745–1802, preußischer Diplomat, seit 1791 Staatsminister. – NDB 1 (1953), Sp. 234f. – Goethe-Handbuch, 2. Aufl. 1955ff. Sp. 201.

218,10. *den französischen Prinzen.* Vgl. Anm. zu 193,31ff.

218,38. *Wellen* = Holzbündel, Reisigbündel. Dt. Wb. 14, I. Abt. 1. Teil (1955), Sp. 1395f.

219,14. *die Farbenerscheinung.* Vgl. 205,3–31.

219,17. *Vogel,* Christian Georg Karl, 1760–1819, Kanzlist, später Kanzleirat in Weimar.

219,19. *Diese Papiere.* Die erhaltenen Notizen und Zeichnungen sind zusammengestellt in: Goethe, Die Schriften zur Naturwissenschaft, hrsg. im Auftrage der Deutschen Akademie der Naturforscher (Leopoldina) zu Halle. I. Abt. Bd. 3. Beiträge zur Optik und Anfänge der Farbenlehre 1790–1808. Hrsg. v. R. Matthaei, Weimar 1951. S. 118–124.

220,9. *General Clerfayt,* Karl Graf, 1733–1798, österreichischer Feldmarschall. – Wurzbach, Biogr. Lexikon, 2 (1857), S. 384–386.

220,17. *Major von Weyrach.* Vgl. 197,15.

220,25f. *Prinz Louis Ferdinand:* Friedrich Ludwig Christian von Preußen, genannt Louis Ferdinand, Neffe Friedrichs d. Gr., geb. 1772, gefallen am 10. 10. 1806 in der Schlacht bei Saalfeld. Goethe ist ihm in den Jahren 1805/06 noch mehrmals begegnet. Vgl. 496,9 u. Anm.

221,32. *Prinz von Ligne,* Karl Joseph Emanuel, 1759–1792, österreichischer Oberst, Sohn des österreichischen Feldmarschalls Karl Joseph von Ligne (1735–1814), mit dem Goethe seit 1803 in persönlicher Verbindung gestanden hatte. Vgl. Bd. 1, S. 259.

222,12. *„Moniteur“:* „Gazette nationale ou Moniteur universel“, Zeitung mit offiziösem Charakter, erschien seit 1789. Der „Moniteur“, der die Debatten und Dekrete der Nationalversammlung veröffentlichte, wurde auch in Deutschland viel gelesen.

222,17f. *„Les Prussiens ...“:* Die Preußen werden nach Paris kommen können, aber sie werden nicht wieder heraus können.

223,2. *Fürst Reuß.* Vgl. 206,24.

223,5. *van der Meulen,* Anton Frans, 1632–1690, niederländischer Schlachten- und Landschaftsmaler, stellte Szenen aus den Feldzügen Ludwigs XIV. dar. – Thieme-Becker, 24 (1930), S. 450f.

225,24. *General Heymann,* gest. 1801, französischer Offizier, aus dem Elsaß gebürtig, nach seiner Emigration in preußischen Diensten.

229,2. *Marquis von Bombelles,* Marc Marie, 1744–1822, französischer Diplomat. Nouv. Biogr. univ. 6 (1853), Sp. 523f.

229,2f. *vor zwei Jahren in Venedig.* Goethe war im März 1790 nach Venedig gereist, um die Herzogin Anna Amalia zu erwarten, die am 6. Mai, von ihrer Italienreise zurückkehrend, dort eintraf. Am 22. Mai trat Goethe in ihrer Begleitung die Rückreise nach Weimar an. Vgl. 435,9–21.

230,13. *Kellermann,* Franz Christoph, Herzog von Valmy, 1735–1820, französischer Marschall, seit Ende August 1792 Oberbefehlshaber der „Armée du Centre“ – Nouv. Biogr. univ. 27 (1861), Sp. 523–525.

231,14. *eines schönen Knaben.* In Goethes Gespräch mit Kanzler von Müller vom 12. 5. 1815, in dem die gleiche Szene geschildert wird, ist der Name des „Standart Junkers v. Bechtolsheim“ genannt: Carl Emil von Bechtolsheim,

1779–1811, später preußischer Rittmeister. Goethe war mit seinen Eltern in Eisenach gut bekannt. – Goethe-Handbuch 1, 1961, Sp. 933–935. – Kanzler v. Müller, Unterhaltungen mit Goethe. Kritische Ausgabe, besorgt von Ernst Grumach. Weimar 1956. S. 18f.

231,16. *widerwärtig* = widerstrebend, gegen seinen Willen. Bd. 3, V. 5791 u. 9798; Bd. 8, S. 329,35 u. 404,3; Bd. 9, S. 410,30; Bd. 10, S. 13,15.

231,18. *die ... Mutter:* Julie Auguste Christiane von Bechtolsheim geb. von Keller, 1751–1847, Gattin des Vizekanzlers in Eisenach, in der Weimarer Gesellschaft als geistvolle, liebenswürdige und literarisch begabte Frau geschätzt. Sie war mit Wieland eng befreundet und stand auch mit Goethe in freundschaftlichem Kontakt. (Näheres über sie in den Erinnerungen ihrer Schwiegertochter Katharina geb. Gräfin Bueil, von Carl Graf Oberndorff herausgegeben unter dem Titel „Erinnerungen einer Urgroßmutter", Berlin 1902, S. 188–226. Dort auch einige Briefe an sie von Goethe, Herder, Wieland u. a.) – Vgl. Anm. zu 317,33.

231,24. *Lottum:* preußisches Dragonerregiment; es gehörte im Feldzug 1792 zu der Brigade, die Herzog Carl August befehligte.

232,17. *apprehensiv* = Besorgnis erregend. – GWb 1, Sp. 779.

233,8. *zweihundert Mann.* In sämtlichen Drucken aus Goethes Zeit heißt es *zwölfhundert Mann*, anscheinend auf Grund eines Hörfehlers beim Diktieren. – Die Verluste der Truppen betrugen bei den Preußen 184 Mann, bei den Franzosen etwa 300 Mann. – Chuquet, II, S. 228.

233,11. *Pelotonfeuer* = Rottenfeuer eines Infanteriebataillons.

234,3. *Butteln* = blasenwerfendes Gurgeln und Sprudeln des Wassers. Fischer, Goethe-Wortschatz, S. 135. – GWb 2, Sp. 983.

234,7. *Ricochetieren:* Wieder-Abprallen der Kugeln nach dem Aufschlagen. Vgl. 209,22.

235,14ff. „*Von hier und heute ...*" Vgl. Goethes Brief an Knebel vom 27. 9. 1792: ... *In diesen vier Wochen habe ich manches erfahren und dieses Musterstück von Feldzug gibt mir auf viele Zeit zu denken. Es ist mir sehr lieb, daß ich das alles mit Augen gesehen habe und daß ich, wenn von dieser wichtigen Epoche die Rede ist, sagen kann: et quorum pars minima fui ...*

236,1. *Ulyß* = römische Namensform von „Odysseus". – Im 14. Gesang der Odyssee, V. 457ff., veranlaßt der unerkannt heimgekehrte Odysseus durch eine erdichtete Erzählung seinen Gastgeber, den Schweinehirten Eumaios, ihn nachts unter seinem Mantel ruhen zu lassen.

236,4f. *des Obersten.* Der Oberst war – nach dem Chef des Regiments – der ranghöchste Offizier und der eigentliche Kommandeur. Im Regiment des Herzogs von Weimar war es damals Raphael von Gotsch. – Bojanowski, Carl August als Chef des 6. Preuß. Kürassier-Regiments, S. 77 u. 144.

236,33. *die eingerissene Krankheit:* die Ruhr.

237,24. *General Kalckreuth.* Vgl. 363,34; 364,22 u. Anm.

238,7. *die Generale Manstein und Heymann.* Johann Wilhelm v. Manstein, 1729–1800, Oberst und Generaladjutant des preußischen Königs. – Zu Heymann vgl. 225,24.

238,12ff. *Seit dem zehnten August* ... Vgl. Anm. zu 215,1.

238,14. *grenzenlose Mordtaten.* Vom 2. bis zum 5. September waren in Paris und an anderen Orten zahlreiche politische Gefangene ermordet worden.

240,2. *Manifest des Herzogs von Braunschweig.* Vgl. Anm. zu 198,9.

240,21f. „*Du bon pain* ...“: Gutes Brot, gute Suppe, gutes Fleisch, gutes Bier.

240,29. *Schibboleth* = hebräisch „Ähre“. Die Bedeutung „Erkennungszeichen“ geht auf eine Erzählung des Alten Testaments zurück, wonach die Gileaditer an der abweichenden Aussprache dieses Worts ihre Feinde, die Ephraimiter, erkannten (Richter, Kap. 12, V. 5f.).

241,5. *Gelegenheit* = Lage, Gegend, Beschaffenheit. Dt. Wb. IV, I. Abt. 2. Teil (1897), Sp. 2938ff.

242,8f. *daß sie nirgends angesessen hatten:* „ansitzen“ in der Bergmannssprache = festsitzen, lagern. Fischer, Goethe-Wortschatz, S. 37f. – GWb 1, Sp. 685.

243,3f. *Stallmeister von Seebach,* Friedrich Johann, 1767–1847, gehörte zum persönlichen Gefolge des Herzogs Carl August.

243,30. *Laubtaler:* französischer Taler, in der Zeit von 1726 bis 1790 geprägt. Die Rückseite trägt ein Lilienschild, von Lorbeerzweigen umgeben. Im Südwesten Deutschlands war der Laubtaler als Zahlungsmittel im Verkehr.

244,7. *Luckner,* Nikolaus Graf, 1722–1794, französischer General, aus Bayern gebürtig. Er war 1792 Befehlshaber der französischen Nordarmee, wurde aber später des Verrats beschuldigt und vom Revolutionsgericht zum Tode verurteilt. Nouv. Biogr. gén. 32 (1860), Sp. 166f. – NDB 15, 1987, S. 282.

244,33. *Geschichte Ludwigs des Heiligen.* Ludwig IX. der Heilige, französischer König, regierte 1226–1270. Die geschilderte Episode ereignete sich auf dem 6. Kreuzzug, 1248–1254.

244,37. *Damiette:* befestigte Hafenstadt im Nildelta, von Ludwig IX. im Sommer 1249 eingenommen.

245,8. *Griechisches Feuer* = Brandmasse, die aus Wurfmaschinen gegen den Feind geschleudert wurde.

245,24. *Ritter Joinville.* Jean Sire de Joinville, 1224–1309, nahm am 6. Kreuzzug teil. Er vollendete 1309 sein Werk „Vie de Saint Louis“, in dessen 2. Teil er den Kreuzzug schildert. Goethe hat das Werk von Joinville schon 1786 benutzt (Tgb. 21. 9. 1786). Während der Arbeit an der *Campagne* entlieh er zwei Ausgaben aus der Weimarer Bibliothek (Keudell Nr. 1332 u. 1333). Im Tagebuch ist die Lektüre am 28. 2.–1. 3. 1820 vermerkt.

245,36. *Attila, König der Hunnen,* wurde 451 auf den Katalaunischen Feldern von Aetius und den Westgoten geschlagen. – Goethe entlieh am 17. 3. 1820 aus der Weimarer Bibliothek: Johannes von Müller, Attila der Held des 5. Jahrhunderts. 1806.

246,38. *sein früheres Manifest.* Vgl. 198,9 u. Anm. (Es handelte sich in Wirklichkeit um eine neue Erklärung, die von dem Marquis Lucchesini – vgl. 297,25 – entworfen war.)

247,33f. *Zeit und Stunde* ... Zitat aus Shakespeare, „Macbeth“, I,3.

250,5. *Endymion.* Griechische Sagengestalt, ein schöner Jüngling, Liebling der Mondgöttin, der in immerwährendem Schlummer ewige Jugend bewahrt.

252,21f. *den Schweinehirten für göttlich ... zu halten.* In der Odyssee ist griech. δῖος = „herrlich", „trefflich", „göttlich" Beiwort des Schweinehirten Eumaios.

255,9f. *von Fischers „Physikalischem Lexikon".* Das Physikalische Wörterbuch in fünf Bänden von Johann Carl Fischer, das Goethe später besaß (Goethes Bibl. Nr. 4554), erschien erst 1798–1804. Man hat vermutet, daß Goethe 1792 einen Band des Physikalischen Lexikons von Johann Samuel Traugott Gehler mit sich führte, das 1787–1795 erschien. Beide Autoren werden in der *Konfession des Verfassers* am Schluß der *Geschichte der Farbenlehre* als Gegner von Goethes Farbenlehre genannt (Bd. 14, S. 265,15).

255,17. *Falge* = Felge. Hier: geeggtes Land. Dt. Wb. 3 (1862), Sp. 1493.

258,13f. *Prinz von Braunschweig,* Friedrich Wilhelm, 1771–1815, der jüngste Sohn und spätere Nachfolger des Herzogs Karl Wilhelm Ferdinand, damals preußischer Major. – ADB. 7 (1858), S. 508–514. – Vgl. 506,1 u. Anmkg.

259,15f. *Husar namens Liseur:* Nikolaus Liser, einer der weimarischen Husaren (vgl. Anm. zu 191,10), ein gebürtiger Luxemburger, der den Feldzug im persönlichen Gefolge des Herzogs Carl August mitmachte. – Nikolaus Hein, Goethe in Luxemburg. 3. Aufl. Luxemburg 1961. S. 167–184

260,36. *Rasch:* locker gewebter Wollstoff. Adelung, Wörterbuch. – Dt.Wb.

267,12. *Geheimer Sekretär Weyland,* Philipp Christian, 1765–1843, später Kriegsrat und Präsident des Landschaftskollegiums in Weimar.

267,13. *Hauptmann Vent,* Johann Christoph Gottlob, 1751–1822, Ingenieur-Offizier in Weimar.

267,18. *Aisne:* vielleicht ist die Maas gemeint.

268,32f. *es ist auch eine von denen ...* Vgl. 212,32–213,4. Die jungen Damen aus Verdun, die den preußischen König aufgesucht hatten, wurden 1794 vor das Revolutionsgericht gestellt. – Hüffer, GJb. 4 (1883), S. 104.

269,10f. *Herrn von Courbière,* Wilhelm René Baron de l'Homme de Courbière, 1733–1811, preußischer Generalfeldmarschall, der Verteidiger von Graudenz 1807. – NDB 3 (1957), S. 383.

270,16. *Baron Breteuil,* Louis August le Tonnelier, 1733–1807, Minister Ludwigs XVI. – Nouv. Biogr. univ. 7 (1853), Sp. 340f.

270,16f. *Halsbandgeschichte:* Eine Skandalgeschichte am französischen Hof. Eine Betrügerin und Intrigantin, die Gräfin de la Motte, spiegelte dem Kardinal Rohan vor, die Königin Marie Antoinette wünsche ein kostbares Halsband, das von zwei Juwelieren zum Kauf angeboten wurde, im geheimen zu erwerben. Der Kardinal, der die Gunst der Königin zu gewinnen suchte, schloß Anfang 1785 im Namen Marie Antoinettes den Kaufvertrag ab und ließ sich das Halsband aushändigen, um es der Königin zukommen zu lassen. Es gelangte aber ohne sein Wissen in die Hände der Gräfin und ihrer Helfer. Als im August 1785 die erste, angeblich von der Königin zugesicherte Teilzahlung ausblieb, kam der Betrug ans Licht. Der Minister Breteuil ließ den Kardinal

Rohan sogleich in der Bastille gefangensetzen. In dem nachfolgenden Prozeß vermochte Rohan jedoch nachzuweisen, daß er in gutem Glauben gehandelt hatte, und wurde freigesprochen (am 31. 5. 1786). Gegen die Königin, die mehrfach versucht hatte, den Prozeß zu Ungunsten Rohans zu beeinflussen, richteten sich jedoch der Unwille und die Kritik der Öffentlichkeit. Indem die Halsbandgeschichte die Korruption und das leichtfertige Treiben am Hofe bloßstellte und das Königspaar in der französischen Gesellschaft isolierte, bereitete sie seinem politischen Untergang den Weg. Goethe sah hier mit Recht ein Vorzeichen der Revolution. Vgl. 433,24–35.

270,18. *Kardinal von Rohan,* Louis Prinz von Rohan, 1734–1803, seit 1778 Kardinal, 1779 Fürstbischof von Straßburg.

270,38f. *als einer der Notablen im Jahre 1787 zu Paris.* Die Versammlung der Notabeln (vom König berufener Vertreter der Stände) im Mai 1787 hatte eine Reform des Steuer- und Finanzwesens vorbereiten sollen.

272,19. *Knorren* = Knöchel. Dt. Wb. 5 (1873), Sp. 1488.

273,34. *Graf Haugwitz,* Christian August Heinrich Kurt, 1752–1831, preußischer Staatsmann. Er hatte Goethe auf der ersten Reise in die Schweiz 1775 begleitet (vgl. 126,1). 1792 war er preußischer Gesandter in Wien. – ADB 11 (1880), S. 57–66. – NDB 8, 1969, S. 94f.

276,25. *Offiziere von Köhler* = Offiziere des preußischen Husarenregiments von Köhler.

279,8. *in den französischen ernsten Dramen.* Vgl. die Bemerkungen über das französische bürgerliche Drama im *11.* und *13. Buch* von *DuW.*, Bd. 9, S. 488,33–39 und 568,3–10.

279,12. *Die „Petite Ville“.* Lustspiel von Louis Benoît Picard, 1769–1828; 1801 entstanden.

279,12f. *„Die deutschen Kleinstädter“.* Lustspiel von Kotzebue, nach dem Vorbild von Picards „Petite Ville“, eine Satire auf kleinstädtische Beschränktheit, Klatsch- und Titelsucht. Schauplatz ist „Krähwinkel“. Das Stück gab den Anlaß zu einer Vertiefung der Differenzen zwischen Goethe und Kotzebue, da Goethe gegen den Willen Kotzebues alle ironischen Anspielungen auf die zeitgenössische Literatur der Romantik strich, als er das Lustspiel 1803 in Weimar zur Aufführung brachte. Vgl. 461,33 u. Anm. – Goethe entlieh 26.–29. 1. 1820 aus der Weimarer Bibliothek: Friedrich Cramer, Leben August von Kotzebue's ... Leipzig 1820; vielleicht gab diese Lektüre den Anlaß für den kleinen Ausfall gegen Kotzebue.

279,16. *Luxemburg.* Die Festung gehörte damals zu den österreichischen Niederlanden. – Zu Goethes Quellen für die folgenden Abschnitte vgl. Roethe S. 238. – Nikolaus Hein, Goethe in Luxemburg. 3. Aufl. Luxemburg 1961. (217 S.)

280,38. *Redouten* = geschlossene Schanzen, Vorwerke einer Festung.

281,1. *Krakelwerk.* Krakel = dürrer Zweig, dürrer Baum mit Zweigen. Dt. Wb. 5 (1873), Sp. 1978. *Krakelwerk* für „krakelartig gestaltetes Bauwerk“ ist nur hier belegt.

282,19. *aufs Papier zu bringen.* Nikolaus Hein hat einige der Zeichnungen Goethes von Luxemburg wieder aufgefunden und die dargestellten Örtlichkeiten identifiziert. 4 Zeichnungen und 3 Skizzen sind reproduziert in der oben genannten Veröffentlichung (s. Anm. zu 279,16). Ferner in: Corpus der Goethezeichnungen, hrsg. von G. Femmel. Bd. 4a, 1966, Nr. 253–264.

283,14. *das Monument von Igel.* Vgl. Anm. zu 191,34.

283,21. *unter den Antoninen erbaut:* zur Zeit der römischen Kaiser Antoninus Pius, Marc Aurel und Commodus, 138–192. – Nach heutiger Ansicht ist das Denkmal erst in der Mitte des 3. Jahrhunderts entstanden.

283,33. *Lieutenant von Fritsch.* Vgl. Anm. zu 191,10.

283,35. *Militär-Verdienstorden.* Der Orden „Pour le Mérite", 1740 von Friedrich II. gestiftet.

284,19 f. *der blaue Kreuzstern:* die Dekoration der Ritter des „Pour le Mérite", ein achtspitziges Kreuz mit blau emailliertem Grund.

284,27. *bei jenem Kanonikus.* Vgl. Anm. zu 191,12.

284,32. *Monument zu Igel.* Vgl. Anm. zu 191,34.

284,35–38. *Leben dem Tod ...* Dieser Gedanke ist von Goethe wiederholt ausgesprochen. Vgl. Bd. 1, S. 174,1; Band 11, S. 42,21–43,2.

285,1. *siebzig Fuß.* Die Höhe beträgt heute 22,10 m, ursprünglich etwa 23 m.

285,5. *Fronton* = Giebel.

285,6. *Reste einer Kugel und eines Adlers.* Vgl. Anm. zu 192,8 f.

285,10–13. *Diese Eigenschaft deutet ...* Auch nach heutiger Auffassung handelt es sich um eine Spätform römischer Baukunst; der überreiche plastische Schmuck, der die architektonische Gliederung überwuchert, deutet auf den Einfluß gallischen Geschmacks hin.

285,17 f. *das wirkliche Leben ... allegorisch gewürzt durch mythologische Andeutungen.* Ein Teil der Reliefs stellt Szenen aus dem Familien- und Geschäftsleben der Secundinier dar; sie geben Kunde von Lebensgenuß und Selbstzufriedenheit einer reichen und geschäftstüchtigen Familie. – In anderen Reliefs sind mythologische Szenen abgebildet, einige scheinen auf den frühen Tod eines Sohnes der Familie hinzudeuten: der Raub des Jünglings Hylas durch die Nymphen (Giebelfeld der Frontseite), die Himmelfahrt des Herkules (Hauptfeld der Rückseite), die Entführung des Ganymed (Bekrönung des Turms).

285,18–21. *In dem Hauptfelde ...* Nach heutiger Deutung drei männliche Figuren, wahrscheinlich die Brüder L. Secundinius Aventinus und L. Secundinius Securus mit einem Sohn des Securus; darüber in medaillonartigen Rundbildern drei weitere Mitglieder der Familie.

285,34. *Zodiak* = Tierkreis.

285,34 f. *ein rennendes Pferd ...* Die Beschreibung bezieht sich auf das Hauptfeld der Rückseite, das die Himmelfahrt des Herkules darstellt. (So schon von Goethe in dem Aufsatz von 1829 gedeutet; vgl. Anm. zu 191,34.)

285,38. *Knopf:* eigentlich Knauf des Schwertes, aber auch knaufartige Spitze eines Turms. Vgl. Bd. 9, S. 374,19. – Dt. Wb. 5 (1873), Sp. 1474.

286,5f. *Geburtstag unserer verehrten Herzogin Amalie* ... geb. am 24. Oktober 1739, gest. 1807.

286,16. *meine chromatischen Akten.* Vgl. 219,14ff. und 279,38f.

286,20f. *von Fischers „Physikalischem Lexikon".* Vgl. Anm. zu 255,9f.

286,30. *Ein junger Schullehrer.* Johann Hugo Wyttenbach, 1767–1848, damals Hauslehrer, später Gymnasialdirektor und Bibliothekar in Trier, Altertums- und Geschichtsforscher. – ADB. 44 (1898), S. 431–434. – R. Kaulitz-Niedeck, Die Geele Box. Goethes Erlebnisse in Trier. Berlin 1924. S. 29–38. – H. Schiel, Goethes Tage in Trier. Trier 1949. S. 7ff.

286,30f. *verschiedene der neusten Journale mitteilte.* In mehreren Städten des Rheinlands waren 1782–1787 Lesegesellschaften gegründet worden, die für ihre Mitglieder die neuerscheinenden politischen und literarischen Zeitschriften bereitstellten. Die Lesegesellschaft in Trier bestand seit 1784. (J. Hansen, Quellen zur Geschichte des Rheinlandes, Bd. I, 1931, S. 48*–50* und S. 37.) Goethe war bereits während des ersten Aufenthalts in Trier im August 1792 durch Wyttenbach als Gast eingeführt worden (H. Schiel, a. a. O. S. 6).

286,37–287,4. *Kant ... „Kritik der Urteilskraft"* ... Während Kants „Kritik der reinen Vernunft" der Denk- und Anschauungsweise Goethes wenig gemäß war, gab ihm die „Kritik der Urteilskraft" eine philosophische Bestätigung seiner Naturanschauung. Das Werk war 1790 erschienen, zu der gleichen Zeit, als Goethe sich der Naturbetrachtung zugewandt hatte und die *Metamorphose der Pflanzen* schrieb. Goethe hat sich schon damals mit der „Kritik der Urteilskraft" beschäftigt, besonders mit den Abschnitten der „Kritik der teleologischen Urteilskraft", in denen es um das philosophische Verständnis der organischen Natur als Ursache und Wirkung ihrer selbst geht. – Als Goethe im Alter die *Geschichte seiner botanischen Studien* für die Hefte *Zur Morphologie* schrieb (vgl. Bd. 13, S. 148–168), hat er das Werk Kants wiederum zur Hand genommen. Das Tagebuch enthält von April bis Juni 1817 wiederholt Notizen über das Studium der „Kritik der Urteilskraft", besonders der „Teleologischen Urteilskraft" und über die gleichzeitige Arbeit an der Geschichte der botanischen Studien. Damals ist der Aufsatz *Einwirkung der neueren Philosophie* entstanden (gedruckt 1820; Bd. 13, S. 25–29), in dem Goethe zum Ausdruck bringt, daß er Dichtkunst und Naturbetrachtung, die beiden großen Wirkbereiche seines Lebens, in Kants „Kritik der Urteilskraft" von der Philosophie her in einen inneren Zusammenhang gestellt sah und zugleich dort ausgesprochen fand, daß *die Erzeugnisse dieser zwei unendlichen Welten um ihrer selbst willen da* seien, also nicht um eines außer ihnen liegenden Zweckes willen (Bd. 13, S. 28,7–9). – Die Bemerkung in der *Campagne* 286,37–287,4 ist ein Nachhall dieser Betrachtungen; mit der Forderung, daß der Wert des Kunstwerks *aus sich selbst entwickelt werden solle,* wird zudem die Gegenposition zu den Kunstrichtungen der Romantik bezeichnet, die den Wert des Kunstwerks an seinem religiösen Gehalt maßen. – Zum Gedanken der inneren Verwandtschaft und der „Zwecklosigkeit" des Natur- und Kunstschaffens vgl. auch *DuW., 16. Buch,* S. 79–81 u. die Anmerkungen. – K. Vorländer, Kant-Schiller-Goethe. 2. Aufl. Leipzig 1923. (306 S.)

288,27. *mit den Männern des zehnten Augusts.* Vgl. Anm. zu 215,1. An der Vorbereitung des Aufstands war Danton maßgeblich beteiligt gewesen; er war dann Justizminister der provisorischen Regierung geworden.

289,7f. *Custinens ... Unternehmungen.* Adam Philipp von Custine, 1740–1793, französischer General eröffnete durch seinen Vorstoß zum Rhein die Siegeszüge der Revolutionsarmeen. Nachdem er Rückschläge erlitten hatte, wurde er jedoch schon im folgenden Jahre vor das Revolutionsgericht gestellt und zum Tod verurteilt. Goethe entlieh am 27. 1. 1820 aus der Weimarer Bibliothek: Custine, Mémoires posthumes. P. 1. 2. 1793.

289,9. *Speyer war in seine Hände geraten:* am 30. September 1792.

289,10. *Übergabe von Mainz:* am 22. Oktober.

289,16. *Frankfurt:* am 22. Oktober von den Franzosen besetzt.

289,38. *Oheim Schöff Textor,* Johann Jost, 1739–1792, gehörte seit 1771, dem Todesjahr von Goethes Großvater, dem Rat der Freien Reichsstadt an. Vgl. Bd. 9, S. 565,11.

290,4f. *unter den Frankfurter Graduierten.* Graduierte = Inhaber akademischer Grade. – Die Doktoren und Lizentiaten der Rechte und der Medizin bildeten in Frankfurt das „Graduiertenkollegium". Seine juristischen Mitglieder sollten bei der Besetzung der ersten beiden Ratsbänke (vgl. Anm. zu 291,3f.) vornehmlich berücksichtigt werden. – H. Voelcker, Berufliche und soziale Gliederung der Einwohner. In: Die Stadt Goethes. Frankfurt am Main im 18. Jahrhundert. Hrsg. von der Stadt Frankfurt a. M. durch H. Voelcker. Frankfurt 1932. S. 83–104.

290,8. *die Losenden.* Vgl. Bd. 9, S. 40,13–41,2.

290,17. *meines Großvaters Garten.* Vgl. Bd. 9, S. 38,17ff. u. Anm.

290,27. *Laertes.* Vgl. Bd. 9, S. 39,22f. u. Anm.

291,3f. *den Ratsherrn, Schöff und Burgemeister.* Der Rat der Reichsstadt Frankfurt übte landeshoheitliche Rechte aus. Er war in drei Bänke gegliedert, deren erste die Schöffenbank war. Aus den sieben ältesten Schöffen und den sieben ältesten Ratsherren der zweiten Bank wurden jährlich zwei Bürgermeister gewählt. – Otto Ruppersberg, Der Aufbau der städtischen Behörden. In: Die Stadt Goethes (s. Anm. zu 290,4f.). S. 51–82.

292,21f. *um mich völlig als einen Auswärtigen zu betrachten.* Goethe hatte im Jahre 1817 die Entlassung aus dem Frankfurter Bürgerverband beantragt, hauptsächlich wegen der mit dem Bürgerrecht verbundenen steuerlichen Belastungen. In Frankfurt hatte sein Ausscheiden Enttäuschung und Verstimmung hervorgerufen. Die abwägende Darstellung des Verhältnisses zu Weimar und zu Frankfurt in der *Campagne* soll vielleicht nachträglich die rechtliche Trennung von der Vaterstadt erklären und rechtfertigen. – Rudolf Jung, Goethes Ausscheiden aus dem Frankfurter Bürgerverbande. GJb. 13 (1892), S. 211–220.

292,27. *Mein junger Freund:* Wyttenbach. Vgl. Anm. zu 286,30.

292,29f. *im Geschichtlichen der Stadt ... erfahren.* Wyttenbach hat sich später als Trierischer Geschichtsforscher einen Namen gemacht: Versuch einer Geschichte von Trier. 5 Bdch. Trier 1810–1822. – Als Quelle für die Ausführungen zur Geschichte Triers hat Goethe neben der „Beschreibung der Alterthümer in Trier" von Quednow (vgl. Anm. zu 191,34) hauptsächlich benutzt: Topographia Archiepiscopatuum Moguntinensis, Trevirensis, et Coloniensis. Das ist Beschreibung der vornembsten Stätt und Plätz in denen Ertzbistumen Mayntz, Trier und Cöln. An Tag gegeben durch Matth. Merian 1646. (54 S. 43 Taf., Text von Martin Zeiller; ein Facsimile-Neudruck dieses Werkes wurde 1925 vom Frankfurter Kunstverein herausgegeben). – Roethe, S. 241ff.

293,14. *Die Trevirer* = Treverer, gallisierter Stamm germanischer Herkunft, um 70 n. Chr. endgültig der römischen Herrschaft unterstellt.

293,32ff. *an Frankreich ... angeschlossen ...* Kurfürst Philipp Christoph von Sötern, 1623–1652, stellte sich im Dreißigjährigen Krieg auf die Seite der Franzosen und ließ ihre Truppen in die Stadt ein. Diese wurden jedoch 1635 von den Spaniern überrumpelt und der Kurfürst gefangengenommen.

294,6. *Reste des römischen Amphitheaters.* Goethe fand sie beschrieben und abgebildet in dem Werke Quednows (vgl. Anm. zu 191,34).

294,14. *Exkavation und Substruktion* = Aushöhlung und Unterbauung.

294,16 u. 18. *Martisberg, Apolloberg.* In Merians Topographie (s. Anm. zu 292,29f.) heißt es über die Stadt Trier: „Sie ligt schön an der Mosel, zwischen zween Bergen ... unnd wird die Höhe, so von Auffgang der Sonnen herein reychet, deß Martis, unnd die vom Nidergang Apollinis-Berg ... genannt" (S. 21). Diese Bezeichnungen der Berge bestehen aber geschichtlich nicht zu Recht, sondern sind durch irrtümliche gelehrte Ableitung der volkstümlichen Namen (Martinsberg und Polsberg = Berg des Einsiedlers Paulus) gebildet worden. – Gottfried Kentenich, Moselfahrer. Berichte aus siebzehn Jahrhunderten. Trier 1948. S. 122.

294,19f. *den Merkur zur Seite.* Auch hier liegt vermutlich eine Entlehnung aus der Topographie von Merian zugrunde, wo S. 27 Erzbischof Adelbero (= Albero, 1131–1152) erwähnt wird, welcher „das newe Schloß, Mercurii Mons genant, gebawet".

295,6. *Kloster Sankt Maximin.* Benediktinerabtei, die schon seit der Zeit des fränkischen Reiches bestand. Sie wurde 1794 von den Franzosen verwüstet und 1802 endgültig aufgehoben.

295,19. *Obrist von Gotsch.* Vgl. Anm. zu 236,4f.

295,27. *Isletten* = Paß in den Argonnen. Vgl. 215,9–21.

296,16. *Ehrenbreitstein:* Festung bei Koblenz, der Residenzstadt des Kurfürsten von Trier.

296,29f. *im Jahre 1674 niedergebrannt.* Trier war 1673 von den Franzosen besetzt worden. Um die Verteidigung zu erleichtern, wurde die Umgebung der Stadt von ihnen niedergelegt, so im Mai 1674 Kirche und Kloster St. Maximin. 1680 begann der Wiederaufbau im Stil des Barock, 1683 wurde das Kloster wieder bezogen. – Gottfried Kentenich, Geschichte der Stadt Trier von ihrer Gründung bis zur Gegenwart. Trier 1915. (1035 S.) S. 525f.

297,4. *der Abt Reichsstand des Römisch-Deutschen Reichs.* Das Stift war ursprünglich reichsunmittelbar gewesen, wurde aber von Erzbischof Albero von Trier im 12. Jahrhundert unterworfen; doch hielt der Streit um die Reichsunmittelbarkeit bis ins 18. Jahrhundert an.

297,11. *preßhaft:* entstellt aus presthaft, bresthaft = krank, gebrechlich. Dt. Wb. 7 (1889), Sp. 2111.

297,24. *Oktober.* Goethe war am 22. Oktober in Trier angekommen; die Weiterfahrt auf der Mosel fällt auf den 31. Oktober und 1. November oder – wahrscheinlicher – auf den 1./2. November. – H. Schiel, Goethes Tage in Trier. 1949. S. 10f.

297,25. *Marquis Lucchesini,* Girolamo, 1751–1825, preußischer Diplomat. Er wurde Ende September ins Hauptquartier gerufen, um die diplomatischen Geschäfte zu leiten. Goethe war ihm auf seiner Italienreise in Neapel und Rom begegnet. Vgl. Bd. 11, S. 343, 356 u. 365f.

297,38f. *Ausweg auf dem Wasser.* Nach den Vermerken in Goethes Tagebuch ist die hier folgende Schilderung der Moselfahrt in den Tagen vom 25. bis zum 27. Januar 1822 entstanden. Manche Einzelheiten sind dem Brief des ehemaligen Dieners Paul Goetze vom 24. Januar entnommen, in dem dieser auf eine Anfrage Goethes seine Erinnerungen an die Reise von Trier nach Düsseldorf mitgeteilt hatte. (WA. Bd. 33, S. 365–367; Mommsen Bd. II, S. 41f.)

299,10f. *das mäandrische Flußgewinde.* Dazu: Erich Müller, Goethes sturmgefährdete Bootsfahrt auf der Mosel. GJb 95, 1978, S. 252–256.

299,12. *Montreal* = Montroyal, Festung, im Auftrage Ludwigs XIV. 1687 durch Vauban auf dem Trabener Berg angelegt, 1698 geschleift.

299,38. *Ein angesehener Kaufmann:* Ludwig Böcking, 1758–1829, seit 1788 vermählt mit Dorothea Elisabeth Nießen, 1771–1832. – Lic. Rodewald, Goethe in Trarbach und sein Besuch bei Ludwig Böcking. Traben-Trarbach 1926. (56 S.)

300,2f. *englische schwarze Kunstblätter.* Über die Gemälde, Radierungen und Kupferstiche im Hause Böcking vgl. Rodewald, a.a.O. S. 28ff. Rodewald nennt dort zehn Stiche englischer Künstler, die vermutlich bei dem Besuch Goethes gerahmt an den Wänden hingen.

301,21–302,10. *Ein französischer General* ... Dieser Abschnitt ist, wie Chuquet bereits 1883 nachgewiesen hat, fast wörtlich aus der Autobiographie von Dumouriez, Buch V, Kap. 14 übersetzt. Der französische Text zum Vergleich bei Roethe, S. 159, Anm. 2.

301,21. *Lafayette:* Vgl. 214,30 u. Anm.

302,29f. *epoptische Farben:* Farben, die auf dünnen Blättchen (z. B. Seifenblasen) als Interferenzerscheinungen auftreten. In Goethes *Farbenlehre* gehören sie zu den *physischen Farben* und stellen *den Übergang zu den chemischen Farben* dar. Vgl. Bd. 13, S. 360f. (§§ *140*f.) und S. 425–438.

302,31f. *die physischen Erscheinungen in sich zu verknüpfen.* Vgl. Bd. 13, S. 325, 19–28 über die Hauptarten der Farben und S. 359ff. über die physischen Farben.

303,3f. *Lieutenant von Flotow,* Heinrich Friedrich, geb. 1765.

303,26. *gegen den Fürsten:* Kurfürst-Erzbischof Clemens Wenzel von Trier, 1768–1802, gest. 1812. Er hatte die Emigranten besonders begünstigt.

303,29f. *nach Regensburg.* Der Kurfürst hatte Koblenz am 21. Oktober verlassen und war zunächst über Bonn und Düsseldorf nach Münster gereist. Später begab er sich in die (ihm unterstehende) gefürstete Propstei Ellwangen. Ende Oktober 1793 kehrte er nach Koblenz zurück.

303,31. *sein Schloß:* Vgl. Bd. 9, S. 562,9.

304,35. *Thal:* Wohnsitz der Familie La Roche. Vgl. Bd. 9, S. 557,23f.

306,24. *Zwischenrede.* Am 11. 2. 1822 schrieb Goethe an Riemer: *Ich habe ... beikommende Zwischenrede versucht in doppelter Absicht, manche Lebenslücke auszufüllen und den Leser über die damalige Gegenwart zu erheben, die immer etwas Düsteres und Problematisches behält ...* – Tagebuch, 12. 2. 1822: *Zwischenrede zur Rheinfahrt.*

307,32. *mit jenen Freunden:* mit Jacobi und seinem Freundeskreis. Über Goethes ersten Besuch bei Jacobi vgl. *DuW., 14. Buch,* S. 30–38, insbesondere die Anmkg. zu 30,26f.

308,21ff. *In jenes herrliche Land* ... Die ersten beiden Teile der *Italienischen Reise* waren 1816/17 erschienen.

308,24f. *den längern Aufenthalt.* Der dritte Teil der *Italienischen Reise,* der den zweiten Aufenthalt in Rom darstellt, erschien erst 1829 in der *Ausgabe letzter Hand.*

309,11f. *Die „Römischen Elegien", die „Venetianischen Epigramme".* Bd. 1, S. 157–184 u. Anm.

309,15f. *der Schlesischen, durch den Reichenbacher Kongreß geschlichteten Campagne.* Im Jahre 1790 drohte der Gegensatz zwischen Preußen und Österreich zu einem Krieg zu führen. Preußen ließ im Juni seine Truppen demonstrativ in Schlesien aufmarschieren. Verhandlungen der beiden Mächte, die am 26. Juni in Reichenbach eröffnet wurden, führten jedoch am 27. Juli durch die Konvention von Reichenbach zur Beilegung des Konflikts. – Herzog Carl August war als Chef des 6. preußischen Kürassierregiments (vgl. Anm. zu 191,10) im Juni mit nach Schlesien gezogen. Goethe folgte auf Wunsch des Herzogs Ende Juli nach. Vgl. 435,22–436,32.

310,1. *Pempelfort, November 1792.* Über die Entstehung des Abschnitts berichtet das Tagebuch: 21. 2. 1820: *Schema des Düsseldorfer Aufenthalts.* 28. 2.: *Aufenthalt zu Pempelfort und Düsseldorf.* 1. 3.: *Tagebuch des Düsseldorfer Aufenthalts.* – 10. 12. 1821: *Aufenthalt in Düsseldorf und Münster im Jahr 1792.* 31. 1. 1822: *Den Düsseldorfer Aufenthalt durchgesehen.* 3. 2.: *Düsseldorf und Pempelfort.* 4. 2.: *Pempelforter Aufenthalt.* 5. 2.: *Düsseldorfer Aufenthalt mundiert ... durchgesehen.* – Goethe ist vom 6. November bis 4. Dezember 1792 Gast Jacobis in Pempelfort gewesen. – Zu Pempelfort vgl. 37,7 u. Anm.

310,15. *das alliierte Heer.* Die preußische Armee hatte den Rhein überquert und sich dann bei Marburg und Gießen mit den hessischen Truppen vereint. Zum ersten Erfolg gegen die Franzosen kam es am 2. Dezember, als Frankfurt zurückgewonnen wurde.

310,22. *mein Realismus.* Daß Goethe hier seinen *Realismus* als die Ursache nennt, die bei *moralischen und literarischen Verhandlungen* zu Differenzen mit den Freunden in Pempelfort geführt habe, ist bezeichnend für die autobiographische Tendenz der *Campagne.* Nach dem Besuch Goethes in Mainz hatte Huber (vgl. 189,13 u. Anm.) am 24. 8. 1792 an Körner geschrieben: „An Begeisterung für ein höheres Ziel glaube ich in Goethe nicht mehr, sondern an das Studium einer gewissen weisen Sinnlichkeit, deren Ideal er vorzüglich in Italien zusammen gebaut haben mag, und in welche denn manigfaltige und, gegen seinen ehemaligen Geist, oberflächliche Beschäftigungen mit wissenschaftlichen und andern vorhandnen Gegenständen mit einschlagen." Durch den Druck in Hubers Werken, 1806 (Huber's Sämtliche Werke seit dem Jahre 1802 nebst seiner Biographie. Hrsg. von Therese Huber, T. 1. Tübingen 1806, S. 443 f.), war dieses Urteil allgemein bekannt geworden. Goethe sah hier einen Niederschlag des Mißverstehens, mit dem ihm die geistig-literarische Gesellschaft nach seiner Rückkehr aus Italien begegnet war. In einem älteren biographischen Schema zum Jahre 1792 heißt es: *Mir ward unwohl in der Gesellschaft. Damalige Reflexion darüber. Aufgeklärt durch Hubers Lebenbeschreibung und Briefe.* (WA. 33, S. 363.) Ähnlich noch in den *Tag- und Jahresheften,* Abschnitt *1792: Bei meinem Besuch in Mainz, Düsseldorf und Münster konnte ich bemerken, daß meine alten Freunde mich nicht recht wiedererkennen wollten, wovon uns in Hubers Schriften ein Wahrzeichen übrig geblieben* ... (Vgl. 438,5–9.) – Durch die Selbstdeutung in der *Campagne* will Goethe richtigstellen, daß die Abkehr vom Subjektiv-Sentimentalen und die Hinwendung zum Objektiv-Gegenständlichen Ausdruck der neuen, reifen Haltung zu Kunst und Leben waren, nicht aber resignierte Abwendung von einem früheren idealen Streben, und daß das Interesse an der Naturbetrachtung eine *ernstliche Leidenschaft* war, die aus dem *Innersten entsprang* (313,26–35; vgl. auch 219,13 f.; 308,13–309,7). Wie wichtig ihm dieses Motiv war, geht auch daraus hervor, daß schon ein erstes Schema zur *Campagne* gerade dies heraushebt: *Schwer zu entziffernde Komplikation innerer Geistesverhältnisse und äußerer zudringender Umstände. Auf Kunst und Natur drang ich los als auf Objekte, suchte nach Begriffen von beiden. Zerstörte alle Sentimentalität in mir und litt also Schaden am nahverwandten Sittlich-Ideellen. Neigte mich in solcher Hinsicht ganz zu einem strengen Realismus.* (WA 33, S. 363.) Eine ähnliche Tendenz auch in den *Tag- und Jahresheften,* 434,4–10 und 438,10–14 und in der *Geschichte meiner botanischen Studien,* Bd. 13, S. 148 ff.). – Kritik Jacobis am *Realismus* der Goetheschen Schriften, besonders der Romane, ist erst aus späterer Zeit bekannt: Jacobis *Briefe über Wilhelm Meister waren nicht einladend; dem Freunde selbst sowie seiner vornehmen Umgebung erschien das Reale, noch dazu eines niedern Kreises, nicht erbaulich ... (Tag- und Jahreshefte,* Abschnitt *1795;* Jacobi lebte damals in Emkendorf im Kreise des Grafen Reventlow.) Vgl. auch Jacobis Urteil über die *Wahlverwandtschaften,* 1809 und 1810: Bd. 6 ,,Die Wahlverwandtschaften im Urteil Goethes und seiner Zeitgenossen".

310,25. *ein wunderbares Werk.* Das Romanfragment *Reise der Söhne Megaprazons.* WA. 18, S. 359–383.

311,6. ,,*Ödipus auf Kolonos*". Sophokles war wenige Jahre zuvor durch die Übersetzung von Christian Graf zu Stolberg (vgl. 125,23 u. Anm.) für das deutsche literarische Publikum neu erschlossen worden: Sofokles übersetzt von Christian Graf zu Stolberg. 2 Bde. Leipzig 1787. Die Übersetzung von ,,Ödipus in Theben" ist Goethe gewidmet, die von ,,Ödipus in Kolonos" F. H. Jacobi.

312,1. *zuzeiten überwarf.* Goethe hatte 1779 in Ettersburg vor der Weimarer Hofgesellschaft Jacobis Roman ,,Woldemar" parodiert und ein Exemplar des Buches an einen Baum genagelt. Daraufhin hatte sich Jacobi schwer gekränkt von ihm zurückgezogen. Nach wiederholtem Bemühen Goethes kam 1782 die Versöhnung zustande. – In späteren Jahren gaben die Gegensätze in der philosophischen Denkweise mehrmals Anlaß zu persönlichen Differenzen. Vgl. 510,39–511,1 sowie die Anmkg. zu 30,26 f.

312,3f. *Ingenuität des Voltairischen Huronen.* In Voltaires satirischem Roman „L'Ingénu" (Der Freimütige), 1767, ist der Held ein junger Mann, der unter Huronen aufgewachsen ist. Er kommt nach Frankreich und gerät dort durch sein unverbildetes freimütiges Wesen in Konflikt mit der in Konventionen und Vorurteilen befangenen zivilisierten Gesellschaft. Vgl. 86,2f.

312,17. *Voltaire.* Vgl. Bd. 9, S. 484,8ff. u. Anm.; Bd. 12, S. 268f.

312,20. *der Philosoph von Ferney.* Voltaire hatte 1758 die Besitzung Ferney (in der Nähe von Genf, auf französischem Gebiet) erworben. Dort verbrachte er die letzten zwanzig Jahre seines Lebens (gest. 1778). Ferney wurde durch Voltaire zu einem Zentrum des philosophischen und literarischen Lebens in Europa.

312,23. *de Pauw,* Cornelis, geb. 1739 in Amsterdam, gest. 1799 als Kanonikus in Xanten. Er wurde bekannt durch seine kulturphilosophischen Untersuchungen: Recherches philosophiques sur les Américains. 1768/69. – Recherches philosophiques sur les Egyptiens et les Chinois. 1773/74. – Recherches philosophiques sur les Anciens Grecs. 1787/88 (vgl. Bd. 11, S. 336f.). – Nouv. Biogr. gén. 39 (1862), Sp. 419f. – Ersch u. Gruber, Allgem. Encyclop. 3. Sect. 14. Theil, 1840, S. 299–301. – Gisbert Beyerhaus, Abbé de Pauw und Friedrich der Große, eine Abrechnung mit Voltaire. Historische Zeitschrift Bd. 134, 1926, S. 465–493.

312,24f. *weder Chinesen noch Ägyptern die Ehre gönnen* ... Der französische Orientalist Joseph de Guignes hatte in dem „Mémoire dans lequel on prouve que les Chinois sont une colonie égyptienne", Paris 1759/60, behauptet, das chinesische Volk und seine Kultur seien aus einer Kolonie der alten Ägypter hervorgegangen. Diese Meinung, die auch von anderen Gelehrten vertreten wurde, wollte de Pauw in seinen „Philosophischen Untersuchungen über die Ägypter und Chinesen", 1773f., widerlegen. Er untersucht hier Klima, Staatsform, wirtschaftliche und soziale Verhältnisse, Kunst und Religion vergleichend bei Ägyptern und Chinesen und übt Kulturkritik vom Standpunkt der Aufklärung aus. Damit wendet er sich zugleich gegen die idealisierenden Vorstellungen von Sitten und Kultur der Chinesen, die durch Berichte von Reisenden und Missionaren verbreitet waren und die auch bestimmend gewesen waren für Voltaires „Essai sur les mœurs et l'esprit des nations", 1754, in welchem Voltaire durch die Macht seiner Autorität „die Legende vom chinesischen Idealstaat gewissermaßen kanonisiert" hatte. „Wirtschaftlich der Musterstaat der Physiokraten, politisch das Urbild des aufgeklärten Despotismus, in Innenarchitektur und Kunstgewerbe das unbestrittene Land der Mode, kulturpolitisch die Heimat der ewigen Weisheit des Deismus und der Toleranz": so stellt sich China dem Westeuropa des 18. Jahrhunderts dar (Beyerhaus, S. 478f.). De Pauws Buch über Ägypter und Chinesen, in welchem er mit sicherem kritischen Blick – wenn auch nicht mit hinreichender gelehrter Gründlichkeit – diese Legende zerstörte, wurde leidenschaftlich umstritten. Voltaire schrieb gegen ihn „Lettres chinoises, indiennes et tartares à M. Pauw, par un bénédictin", 1776. – Jacobi hat im „Teutschen Merkur", 4.–7. Band, 1773/74 (dessen Mitherausgeber er damals neben Wieland war), in vier „Briefen" eine ausführliche, allerdings mehr referierende als kritische Rezension des Werks von de Pauw veröffentlicht. – Als Goethe sich im Oktober 1813 mit Studien über China beschäftigte (vgl. 513,14), hat er u. a. auch das Werk von de Pauw zur Hand genommen (Tgb.: 9. 10. 1813: *Paw sur les Egyptiens et les Chinois*).

312,30. *Hemsterhuis.* Vgl. Anm. zu 336,12; 337,38–338,1; 338,5f. und 338,32–35.

312,31. *Fürstin Gallitzin.* Vgl. Anm. zu 335,27. – Zwischen dem Jacobi-Kreis und dem Kreis von Münster um die Fürstin Gallitzin bestand in dem Jahrzehnt 1780–1790 ein enges freundschaftliches Verhältnis. Jacobi hatte die Fürstin 1780 in Münster kennengelernt. (Mit Fürstenberg hatte er schon vorher in Verbindung gestanden.) In der Folgezeit wurde ein lebhafter Briefwechsel geführt; gelegentlich besuchte man sich gegenseitig in Düsseldorf und Münster. Nach 1790 allerdings, als der Gegensatz zwischen der philosophischen Religion Jacobis und der kirchlichen Frömmigkeit der Fürstin zu manchen persönlichen Verstimmungen führte, wurde das Verhältnis kühler. Hinzu kam die größere räumliche Entfernung, als Jacobi 1794 wegen der Besetzung des Rheinlands durch die Franzosen sein Anwesen Pempelfort verließ und nach Holstein zog. – Joseph Galland, Die Fürstin Amalie von Gallitzin und ihre Freunde. Köln 1880. S. 82–103.

312,34f. *neigte sich mit platonischen Gesinnungen der Religion zu.* Hemsterhuis gab mehreren seiner philosophischen Schriften die Form platonischer Dialoge. Die natürliche Gotteserkenntnis ist das Thema des Dialogs „Aristée ou de la divinité". Paris 1779. (Ruppert Nr. 3062. Vgl. Anm. zu 337,38–338,1.)

312,37. *Diderot* besuchte Jacobi in Pempelfort im Jahre 1773, als er auf Einladung der Zarin Katharina an den Petersburger Hof reiste. – Die Fürstin Gallitzin hatte als junge Frau Diderot durch ihren Gatten kennengelernt.

313,1. *Rousseau.* Jacobi hatte 1759–1761 in Genf gelebt und dort Rousseaus Werke kennengelernt. Noch 1777 äußerte er, Rousseau sei „das größte Genie, das je in französischer Sprache geschrieben habe" (Friedr. Heinr. Jacobi's auserlesener Briefwechsel, hrsg. v. Friedr. Roth, Bd. I, Leipzig 1825, S. 274). Später, besonders seit dem Erscheinen der „Confessions" urteilte er über Rousseau mit stärkerer Kritik. – Otto

Heraeus, Fritz Jacobi und der Sturm und Drang. Heidelberg 1928. (107 S.) = Beiträge zur Philosophie. 14, S. 17–20.

313,6. *ist an mehreren Orten schon angedeutet.* Vgl. Bd. 9, S. 35f. u. 483ff.

313,19. *„Groß-Cophta".* Vgl. 357,6–36. – Goethe hatte das Drama am 2. 4. 1792 an Jacobi gesandt.

313,37. *Der Hylozoismus:* die Lehre von der Belebtheit aller Materie. – Der Begriff (den Goethe für seine Naturauffassung sonst nicht verwendet) war vielleicht nahegelegt durch die Beschäftigung mit Kant (vgl. Anm. zu 286,37f. und 314,3f.). In der „Kritik der Urteilskraft" (Kritik der teleologischen Urteilskraft, § 72f.) wird der „Hylozoism" als ein System der Zweckmäßigkeit der Natur bezeichnet, das die Zwecke in der Natur auf das „Leben der Materie (in ihr, oder auch durch ein belebendes inneres Prinzip, eine Weltseele)" gründet. – Karl Vorländer, Kant – Schiller – Goethe, 2. Aufl. Leipzig 1923. S. 153. – Historisches Wörterbuch der Philosophie, hrsg. von J. Ritter. Bd. 3, 1974, Sp. 1237f.

314,1. *jene Denkweise.* Zum gegensätzlichen Verständnis der Natur bei Goethe und Jacobi vgl. auch S. 510,39–511,10.

314,3f. *Kants Naturwissenschaft.* Goethe besaß Kants „Metaphysische Anfangsgründe der Naturwissenschaft" in den Ausgaben von 1786 und 1787 (Ruppert Nr. 3082 u. 3083). Hauptgegenstand dieser Schrift ist die Untersuchung der Eigenschaften der Materie. Goethe sah hier eine pilosophische Bestätigung seiner eigenen Naturanschauung. Schon 1814 äußerte er: *Seit unser vortrefflicher Kant mit dürren Worten sagt: es lasse sich keine Materie ohne Anziehen und Abstoßen denken (das heißt doch wohl, nicht ohne Polarität), bin ich sehr beruhigt, unter dieser Autorität meine Weltanschauung fortsetzen zu können, nach meinen frühesten Überzeugungen, an denen ich niemals irre geworden bin.* (An Schweigger, 25. 4. 1814.) – Als Goethe an dem Abschnitt *Pempelfort* arbeitete, hat er Kants Schrift wiederum zur Hand genommen. (Tgb. 4. 2. 1822: *Abends für mich. Kants Naturwissenschaft.)*

314,7. *Urpolarität aller Wesen. Polarität* – in Verbindung mit *Steigerung* – ist ein Grundbegriff der Naturanschauung Goethes. Vgl. Bd. 13, S. 48f. u. 560. – *Die Polarität.* WA. II, Bd. 11, S. 164–166.

314,10. *bei dem früheren Besuche:* im Herbst 1785. Vgl. 336, 11–23.

314,11. *Fürstenberg.* Vgl. Anm. zu 336,12.

314,17. *„Metamorphose der Pflanzen":* Bd. 13, S. 64ff. – Goethe hatte Jacobi die Schrift zugesandt; im Briefwechsel der Jahre 1791/92 wird sie mehrmals erwähnt. Jacobi schreibt am 12. 4. 1791, er habe sich „die botanischen Lehrbücher des Linnäus" angeschafft, um das Werk besser verstehen zu können, doch gelinge ihm dies noch nicht recht. (Briefe an Goethe. HA, hrsg. von K. R. Mandelkow. Bd. 1, 1965, S. 117f.)

314,21–27. *die starre Vorstellungsart* ... Nach der Lehre von der „Präformation" der Keime und der „Einschachtelung" ist alles Werden in der Natur nur „Auswicklung" des schon Vorgeformten. – Das Anliegen Goethes in seiner morphologischen Naturlehre war es hingegen, das *bewegliche Leben der Natur* (Bd. 13, S. 57,35), die *Bildung und Umbildung der organischen Körper* (Bd. 13, S. 124,13) unter dem Leitgedanken der *Metamorphose* zu erkennen. Durch die Arbeit an den Heften *Zur Morphologie* (seit 1817) war Goethe dieser Gegensatz gerade damals wieder gegenwärtig geworden (vgl. Bd. 13, S. 59,20–30). – Bd. 8, S. 477, Nr. 108 u. Anm. – Bd. 12, S. 447, Nr. 599.

314,27f. *die Natur mit Bonnet zu kontemplieren* ... Charles Bonnet, 1720–1793, Philosoph und Naturforscher in Genf. Goethe ist ihm dort auf der zweiten Schweizerreise 1779 begegnet. – Bonnets Schriften wurden im 18. Jahrhundert viel gelesen; er verbindet Beobachtung der Natur mit metaphysischer Spekulation und religiöser Erbauung. Als Psychologe führt er alle seelischen Vorgänge auf Nervenprozesse zurück. Im Zusammenhang damit steht seine eigentümliche Theorie der Auferstehung: die Seele besitzt im Gehirn ein Organ, das sich auch nach dem Tode erhält und bei der Auferstehung Keim eines neuen Körpers ist (La Palingénésie philosophique. Genf 1769; von Lavater ins Deutsche übersetzt). – Besonders beliebt war Bonnets „Contemplation de la Nature", 2 Bde., Amsterdam 1764. Das Werk wurde mehrfach neu- und nachgedruckt und ins Deutsche, Italienische und Holländische übersetzt. Bonnet betrachtet hier alles Seiende in der Stufenordnung des Universums, von der unbelebten Natur bis zum Menschen in seinem jetzigen und zukünftigen Zustand und den himmlischen Hierarchien. Der Verfasser will aber nicht nur die Geheimnisse der Natur offenbaren, sondern vor allem Gemüt und Geist des Menschen zu dem göttlichen Schöpfer aller Vollkommenheit in der Natur erheben. – Das Werk ist lehrreich durch zahlreiche Einzelstudien, besonders über das Leben der niederen Tiere. Im 6. Teil, „De l'Economie animale", behandelt Bonnet die Lehre von der Präformation und Einschachtelung (Œuvres, Tom. IV, 1. 1781, S. 268–284). – Durch die Arbeit an den Heften *Zur Morphologie* (seit 1817) und den Wiederabdruck der *Metamorphose der Pflanzen* sah sich Goethe daran erinnert, daß es gerade die enthusiastisch-erbauliche Naturbetrachtung in der Art Bonnets mit ihrer *scheinbaren Faßlichkeit* gewesen war, die seinerzeit dem Verständnis seiner eigenen morphologischen Naturlehre im Wege gestanden hatte. (Vgl. *Schicksal der Druckschrift*, 1817, Bd. 13, S. 109,33–40.) – Noch im hohen Alter urteilt er: *Bonnet, der wackre, gute Naturhanns!* (Kanzler von Müller, Unterhaltungen mit Goethe, hrsg. v. E. Grumach. Weimar 1956. Gespräch vom 28. Juni 1830, S. 194.) – Jacobi hat sich in seiner Jugend eine sehr genaue Kenntnis sämtlicher Schriften von Bonnet erworben (vgl. seinen Bericht über die Gespräche mit Lessing im Jahre 1780, zuerst gedruckt in: Über die Lehre des Spinoza in Briefen an den Herrn Moses Mendelssohn. Leipzig 1785). Bonnets Schriften haben auf Jacobis Philosophie eine nachhaltige Wirkung ausgeübt. – Kurt Isenberg, Der Einfluß der Philosophie Charles Bonnets auf F. H. Jacobi. Leipzig 1906 (64 S.).

314,29. „*Beiträge zur Optik*". Von dieser ersten Veröffentlichung Goethes über seine Farbstudien war das *I. Stück* 1791, das *II. Stück* im Frühjahr 1792 erschienen. Goethe hat Jacobi die *Beiträge* zugesandt (Brief vom 15. 6. 1792). – Vgl. 437,3f. u. 34; Bd. 14, S. 264ff.

314,33–35. *das gespaltene Licht* ... Die Theorie Newtons von der Zusammensetzung des weißen Lichts aus verschiedenfarbigen Lichtstrahlen.

316,11f. *die Schwestern.* Jacobis Halbschwestern, die unvermählt in seinem Hause lebten und nach dem Tode seiner Gattin das Hauswesen leiteten: Anna Katharina Charlotte (Lotte), 1752–1832, und Susanne Helene (Lene), 1753–1838. Vgl. 31,13f.

316,12. *der Sohn.* Karl Wigand Maximilian (Max), geb. 1775, jüngster Sohn Jacobis. Er studierte später in Jena unter Goethes Betreuung Medizin.

316,13. *die Tochter.* Klara Franziska, geb. 1777.

316,13. *wohlgebildet* = wohlgestaltet. Vgl. 389,19.

316,14f. *die ... Mutter.* Helene Elisabeth geb. Clermont aus Vaels bei Aachen, 1743–1784. Vgl. 31,14–27.

316,16. *vor zwanzig Jahren in Frankfurt.* Vgl. 31,5–27.

316,17. *Heinse,* Wilhelm, 1749–1803, war seit 1774 mit Jacobi eng befreundet und lebte mehrere Jahre in Düsseldorf in Jacobis Nähe. 1786 wurde er Vorleser und Bibliothekar des Kurfürsten Franz Karl von Erthal in Mainz. Er folgte später dem Kurfürsten nach Aschaffenburg.

316,36. *Galerie.* Vgl. 37,14 u. Anm.

316,39. *die niederländische.* Vgl. 37,14f.

317,2. *in dem Saale des Rubens.* Nach dem großen Katalog von Pigage (vgl. Anm. zu 37,14) waren die Bilder der Düsseldorfer Galerie auf fünf Säle verteilt, die sich im Obergeschoß des Galeriegebäudes befanden und eine fortlaufende Reihe bildeten. Der letzte Raum wurde als „Saal des Rubens" (Salle de Rubens) bezeichnet. Hier befanden sich damals u. a. das „Jüngste Gericht", der „Höllensturz der Verdammten", die „Amazonenschlacht", der „Früchtekranz". Als das Herzogtum Berg 1805 von Bayern getrennt wurde, wurden die Gemälde der Düsseldorfer Galerie nach München überführt; sie befinden sich daher heute zum größten Teil in der Münchner Pinakothek.

317,4. *die „Himmelfahrt" von Guido:* „Himmelfahrt Mariä" von Guido Reni, heute in München. Nach dem Katalog von Pigage hing das Gemälde damals im 4. Raum der Galerie, *gerade gegenüber* der Eingangstür zum „Saal des Rubens". – Zu Guido Reni vgl. Bd. 11, S. 105f.

317,15. *Streben nach Demokratie.* Zur Verbreitung revolutionärer Ideen im Rheinland vgl. J. Hansen, Quellen zur Geschichte des Rheinlandes, Bd. II, 1933, S. 48ff. der Einführung.

317,19. *Houdon,* Jean Antoine, 1741–1828, Porträtbildhauer. Thieme-Becker 17 (1924), S. 560–562.

317,23. *einige waren selbst in Paris gewesen.* Vgl. J. Hansen, Quellen zur Geschichte des Rheinlandes, Bd. I, 1931, S. 853: „1791, als die französische Revolution im Gange war, verbreitete sich der Geist derselben so weit, daß Mitglieder der jülischen und bergischen Ritterschaft ... nach Paris reisten und sich daselbst unter die Nationalgarde einschreiben ließen.“ (Aus den handschriftlichen Kollektaneen des bergischen Hofkammerrats Lenzen.)

317,29. *Emigrierte füllten Düsseldorf.* Nachweise hierzu bringt: E. Pauls, Zur politischen Lage in Düsseldorf während des Besuchs Goethes im Spätherbst 1792. In: Beiträge zur Geschichte des Niederrheins. Jahrbuch des Düsseldorfer Geschichtsvereins. Bd. 14, 1900. S. 224–228.

317,30. *die Brüder des Königs:* die Brüder Ludwigs XVI. Vgl. Anm. zu 193,31f.

317,33. *Herr von Grimm.* Friedrich Melchior Baron von Grimm, 1723–1807, Schriftsteller, aus Regensburg gebürtig, lebte lange Zeit in Paris und gab dort 1753–1792 zusammen mit Diderot die „Correspondance littéraire, philosophique et critique“ für den Herzog von Gotha und andere Höfe heraus. Im Alter lebte Grimm in Gotha. Vgl. Bd. 9, S. 480,30. – ADB. 9 (1879), S. 676–678. – NDB 7, Sp. 86–88.

317,33. *Frau von Bueil:* Eine Enkelin der Madame d'Epinay, der langjährigen Freundin Grimms und Gönnerin Rousseaus. Aus Frankreich emigriert, zog sie mit Grimm und ihren beiden Töchtern nach Gotha. Die ältere Tochter, Katharina (1787–1825), heiratete 1807 Carl Emil von Bechtolsheim (vgl. Anm. zu 231,14 u. 231,18).

318,3. *Frau von Coudenhoven.* Sophie Freifrau von Coudenhoven, geb. Gräfin Hatzfeld, 1747–1825, Witwe eines Mainzer Generals, mit dem Kurfürsten von Erthal verwandt, von den Zeitgenossen als kluge, charmante, politisch tätige Frau geschätzt. Ihren Einfluß auf den Kurfürsten übte sie zugunsten der preußischen Politik aus. Herzog Carl August stand in der Zeit seines Wirkens für den Fürstenbund in enger Verbindung mit ihr (vgl. Anm. zu 188,5f.; Herr vom Stein wohnte im gleichen Hause wie Frau von Coudenhoven). In seinen Briefen redet er sie scherzhaft mit „ma chère épouse“ an; noch 1798/99 hat er sich auf ihre Bitte bei Friedrich Wilhelm III. für die Weiterzahlung einer Pension an sie verwendet. – Politischer Briefwechsel des Herzogs und Großherzogs Carl August von Weimar. Hrsg. v. W. Andreas, bearbeitet von Hans Tümmler. Bd. I u. II. Stuttgart 1954/58.

318,5. *Herr und Frau von Dohm.* Christian Wilhelm von Dohm, 1751–1820, Diplomat und Schriftsteller, seit 1786 Vertreter Preußens am kurkölnischen Hof und Gesandter beim niederrheinisch-westfälischen Kreis; vermählt mit Henriette Helwing aus Lemgo. – Max Braubach, Westfälische Lebensbilder. Hauptreihe Bd. V. H. 2. Münster 1937. S. 238–258. – NDB 4, S. 42f.

319,1. *ein ... geistreicher Arzt.* Hofrat Johann Gotthelf Lebrecht Abel, 1750–1822, Freund des Hauses Jacobi. – Goethe-Handbuch, 2. Aufl. 1955 ff. Sp. 9f.

319,2. *Halbsaturnalien.* Die Saturnalien waren Feste im alten Rom zu Ehren des Gottes Saturn, bei denen man üppige Gelage veranstaltete.

319,7. *Geheimerat Hofmann,* eigentlich Hoffmann, Christoph Ludwig, 1721–1807, wirkte bis 1787 in Münster für die Reform des Medizinalwesens, war später in Mainz tätig, zuletzt in Eltville. – Franz Flaskamp, Zur Geschichte der Medizin. Christoph Ludwig Hoffmann. Quellen und Forschungen zu Natur und Geschichte des Kreises Wiedenbrück. Heft 71. Münster 1952. – ADB. 12 (1880), S. 575. – Biogr. Lexikon der hervorragenden Ärzte. 2. Aufl. Bd. 3 (1931), S. 259f. – NDB 9, 1972, S. 391f.

319,18f. *das Fortschreiten der Franzosen in den Niederlanden.* Nach dem Sieg Dumouriez' bei Jemappes am 6. November waren die österreichischen Niederlande von den Franzosen besetzt worden.

320,7. *Duisburg, November.* Über die Entstehung des Abschnitts berichtet das Tagebuch: 7. 2. 1820: *Reise durch Duisburg.* 28. 2.: *Durchreise von Duisburg.* 6. 2. 1822: *Besuch bei Plessing in Wernigerode.* (Ähnliche Eintragungen am 7.–9. Februar.) 15. 2.: *Abenteuer in Wernigerode.* 23. 2.: *Plessings Angelegenheit durchgedacht und revidiert.* 24. 2.: *Einiges zu Duisburg.* – Goethe kam am 4. Dezember 1792 nach Duisburg und reiste am folgenden Tage weiter.

321,14. *Kopfstück:* ein 20-Kreuzer-Stück, dem der Kopf des Münzherrn aufgeprägt ist.

321,26. *Professor Plessing,* Friedrich Victor Lebrecht, 1749–1806. Plessing war nach unruhigen Studienjahren – er hatte Rechtswissenschaft und Theologie studiert und war dazwischen für kurze Zeit in holländische Kriegsdienste getreten – in eine seelische Krise geraten und hatte sich nach Wernigerode in sein Vaterhaus zurückgezogen. 1778 ging er nach Königsberg, widmete sich dort intensiven philosophischen Studien und erwarb 1783 den Doktorgrad. 1788 wurde er Professor der Philosophie in Duisburg. (Dort bestand von 1655 bis 1818 eine kleine Universität.) – ADB. 26 (1888), S. 277–281.

321,32ff. „*Werther*" ... Vgl. Bd. 9, S. 577ff.

322,2. *Einfluß von Yorick-Sterne.* Laurence Sterne, 1713–1768. „Yorick" ist der Name des Pfarrers in dem Roman „The Life and Opinions of Tristram Shandy", zugleich auch Pseudonym Sternes (A Sentimental

Journey through France and Italy by Mr. Yorick, 1768; u. a.). – Zu Goethes Urteil über L. Sterne vgl. Bd. 8, S. 480, Nr. 126 u. Anm.; Bd. 12, S. 345f. – Zum Einfluß der englischen Literatur auf die „Werterstimmung" in Deutschland: Bd. 9, S. 579,35–583,20.

322,19. *Lavaters „Physiognomik"*. Vgl. S. 15ff.; 135f.; 154ff.; 507,9–18.

322,27. *Heinrich Lips*, 1758–1817, Maler und Kupferstecher aus Zürich. Vgl. 21,29 u. 136,27 u. Anm.

322,29. *auf der unternommenen Rheinreise*. Vgl. S. 29ff.

323,32. *Storchschnäbel:* Geräte zum proportionalen Übertragen von Zeichnungen.

323,33. *„Menschenkenntnis und Menschenliebe"*. Der Titel von Lavaters physiognomischem Werk lautet: Physiognomische Fragmente zur Beförderung der Menschenkenntnis und Menschenliebe. Leipzig und Winterthur 1775–1778.

324,4. *Kotyledonen* = Keimblätter, Vgl. Bd. 13, S. 66,27f.

324,34f. *eine Zahl von jungen Männern aufgebürdet.* Aus dem Frankfurter Freundeskreis waren Lenz und Klinger 1776 nach Weimar gekommen.

325,13f. *Ende November.* Die im folgenden geschilderte erste Harzreise Goethes fällt in die Zeit vom 29. November bis 16. Dezember 1777 (nicht 1776, wie 324,15 angegeben ist). – Das biographische Geschehen ist in der *Campagne* dichterisch umgestaltet. Vgl. die Tagebuchaufzeichnungen in WA. III, Bd. 1, S. 54–58. Über die Begegnung mit Plessing ist dort unter dem 3. 12. 1777 vermerkt: *Nach Wernigerode, mit P. spazieren auf die Berge pp.*

325,20. *von Geschäftsleuten.* Vgl. Anm. zu 207,35f.

325,23. *Ilmenauer Bergwerk.* Der Erzbergbau in Ilmenau hatte seit 1739 stillgelegen. Herzog Carl August wünschte, ihn wieder in Gang zu bringen. Goethe wurde 1777 in die neu eingesetzte Bergwerkskommission berufen; den Berggeschäften galt in der Folgezeit ein großer Teil seiner amtlichen Tätigkeit. 1784 wurde der Bergbau wieder eröffnet; nach Überwindung vieler Schwierigkeiten wurde 1792 das Flöz erreicht. Doch ergab das Unternehmen keine hinreichende Ausbeute und mußte 1800 endgültig aufgegeben werden. – Julius Voigt, Goethe und Ilmenau. Leipzig 1912. (392 S.) – Goethes Briefwechsel mit Christian Gottlob Voigt. Hrsg. v. Hans Tümmler, Bd. I–III. Weimar 1949–55. = Schr. GGes. 53–55. – Goethe-Handbuch, 2. Aufl. 1955ff. Sp. 1053–1079.

326,6. *„Harzreise im Winter":* Bd. 1, S. 50–52.

327,6f. *der hinkende Teufel:* aus dem Roman „Le Diable boiteux" von Alain René Lesage, 1707. Vgl. Bd. 9, S. 19,15ff.

327,28f. *die Aufmerksamkeit mancher Freunde ... erregt hat.* Der Rektor Kannegießer hatte 1820 einen Aufsatz über Goethes *Harzreise*-Gedicht veröffentlicht. Goethe hat daraufhin selbst in einer wohlwollenden Rezension einige Erläuterungen zu dem Gedicht gegeben (zuerst gedruckt 1821; vgl. Bd. 1, S. 392–400).

328,19. *sinnig:* „mit offenem frischem Sinn". Otto Pniower, Zu Goethes Wortgebrauch. GJb. 19 (1898), S. 245.

329,16. *Rat Kraus:* der Maler Georg Melchior Kraus, 1733–1806. Vgl. 171,17ff. u. Anm.

329,16f. *Legationsrat Bertuch,* Friedrich Johann Justin, 1747–1822. Vgl. 174,4ff. u. Anm.

329,18. *Musäus,* Johann Karl August, 1735–1787, Professor am Gymnasium. Vgl. 174,18 u. Anm.

329,18. *Jagemann,* Christian Joseph, 1735–1804, Bibliothekar.

329,18. *Kapellmeister Wolf,* Ernst Wilhem, 1735–1792. Vgl. 173,31f. u. Anm.

329,32. *Ingenuität* = Freimut. Vgl. 312,3f. u. Anm.

329,35f. *Herzenssagazität* = Herzensklugheit.

330,30–35. *Behauptungen der Physiognomisten* ... In den „Physiognomischen Fragmenten" sagt Lavater über „Homogenität, Gleichartigkeit, Harmonie, Einfachheit der menschlichen Bildung": „Alles hat Eine Form; Einen Geist; Eine Wurzel. Daher ist jeder organische Körper so Ein Ganzes, daß ohne Disharmonie, Zerrüttung, oder Verunstaltung nichts weggeschnitten, nichts angeflickt werden kann. Alles fließt am Menschen aus Einem in Eins. Alles ist an ihm homogen. Bildung, Statur, Farbe, Haar, Haut, Adern, Nerven, Knochen, Stimme, Gang, Handlungsweise, Styl, Leidenschaft, Liebe, Haß ..." (Physiognomische Fragmente, IV, S. 40.)

330,34. *Monas.* Über die Bedeutung des Begriffs der „Monade" bei Goethe vgl. Bd. 12, S. 371, Nr. 46 und S. 395f., Nr. 227–231 u. Anm.

334,5. *Gartenhaus.* Herzog Carl August hatte es Goethe im April 1776 geschenkt. Goethe wohnte dort ständig bis zum Sommer 1782.

334,25f. *briefliches Verhältnis.* Erhalten ist nur ein Brief Goethes an Plessing vom 26. 7. 1782. Briefe HA 1, S. 399f.

334,33f. *Geschichte älterer Philosophie.* Plessing behandelt in seinen Schriften die Anfänge der Philosophie, Religion und Kunst bei den Völkern des Altertums, besonders bei den Ägyptern und Griechen. In Goethes Bibliothek ist noch verhanden: Victor Leberecht Plessing, Osiris und Sokrates. Berlin und Stralsund 1783.

335,17. *Merrem,* Blasius, 1761–1824, Professor für Mathematik und Physik in Duisburg, später in Marburg.

335,20. *sein Werk über die Schlangen:* Beyträge zur Naturgeschichte. H. 1. 2. Duisburg und Lemgo 1790; Nebentitel: Beyträge zur Geschichte der Amphibien. H. 1. 2. (Goethes Bibl. Nr. 4881.) – Im 18. Jahrhundert machte man bei der zoologischen Klassifizierung nicht die Unterscheidung zwischen Reptilien (zu denen man heute die Schlangen zählt) und Amphibien, sondern faßte beide Gruppen in der Klasse der Amphibien zusammen. – Goethe-Handbuch, 2. Aufl. 1955ff. Sp. 216f.

335,26. *Münster, November 1792.* Über die Entstehung des Abschnitts ist im Tagebuch vermerkt: 8. 2. 1820: *Schema zum Tage-*

buch: Aufenthalt in Münster. 9. 2.: *Aufenthalt in Münster schematisiert.* 2. 3.: *Tagebuch: Münster diktiert.* 3. 3.: *Aufenthalt in Münster.* – 10. 12. 1821: *Aufenthalt in Düsseldorf und Münster im Jahr 1792.* 25. 2. 1822: *Aufenthalt bei Fürstin Gallizin durchgesehen.* (Ähnliche Notizen am 26. 2., 27. 2. und 1. 3.) 7. 3.: *Den Aufenthalt bei Fürstin Gallizin ausschließlich durchgesehen.* 14. 4.: *Nach Tische vorgelesen den Aufenthalt bei Fürstin Gallizin.* – Als Goethe an der Schilderung des Besuchs in Münster arbeitete, waren die Fürstin Gallitzin und ihr Freundeskreis durch die Kontroverse zwischen Johann Heinrich Voß und Friedrich Leopold Stolberg noch einmal Gegenstand aktuellen Interesses geworden. Voß hatte sich seit Stolbergs Konversion zur katholischen Kirche (1800) entschieden von dem langjährigen Freunde getrennt. Seit 1805 lebte er in Heidelberg, alternd und isoliert inmitten der aufblühenden Romantik. Sein Angriff auf Stolberg, 1819, kam überraschend („Wie ward Fritz Stolberg ein Unfreier?", im 3. Heft der von dem rationalistischen Theologen H. E. G. Paulus herausgegebenen Zeitschrift „Sophronizon", S. 1–113). Es war im Grunde ein Ausbruch gegen die katholisierenden Tendenzen der Romantik, in denen Voß den gleichen schwächlichen Hang zur geistigen Unfreiheit wahrzunehmen glaubte, der einst Stolberg zu seinem Übertritt geführt zu haben schien. Der Groll gegen den früheren Freund, dessen innerer Weg ihm unbegreiflich geblieben war, wurde neu angefacht durch den Gedanken, daß es nunmehr dringend sei, die „deutsche Denkfreiheit" gegen geistige Verfinsterung und „hierarchische Zwangsherrschaft" zu verteidigen. Den Münsterschen Freundeskreis, in dem Stolberg den entscheidenden Schritt getan und in dem er seitdem gelebt hatte, klagte Voß der Hinterhältigkeit, Proselytenmacherei und Unduldsamkeit an. – Stolberg starb während der Arbeit an seiner Rechtfertigung (Friedrich Leopold Grafen zu Stolberg kurze Abfertigung der langen Schmähschrift des Herrn Hofraths Voß wider ihn. Nach dem Tode des Verfassers vollendet von dem Bruder herausgegeben. Hamburg 1820. 58 S.). Doch ging der Streit mit einer Fülle von Schriften und Rezensionen weiter. – Goethe, der zu beiden in persönlicher Beziehung stand, ist gegenüber diesen Auseinandersetzungen nicht gleichgültig geblieben: Tgb. 29. 11. 1819: *Sophronizon, 3. Heft. Voß contra Stolberg.* 7. 1. 1820: *Voß contra Stolberg nochmals gelesen.* 8. 2.: *Rezension von Voß gegen Stolberg in der Jenaischen Allgemeinen Literatur-Zeitung.* 18. 2.: *Kanzler von Müller ... brachte Friedrich Leopold Graf zu Stolberg kurze Abfertigung der langen Schmähschrift des Hofrats Voß gegen ihn.* (Am 19. 2. entlieh Goethe die gleiche Schrift aus der Weimarer Bibliothek.) 20. 2.: *Stolbergs Abfertigung Vossens.* – Am 20. und 21. Dezember 1820 sind im Tagebuch weitere Schriften von Voß und Paulus erwähnt. – Der Verleger Perthes übersandte seit 1821 die Gesammelten Werke der Brüder Stolberg, die in zwanzig Bänden in Hamburg 1820–1825 erschienen (Goethes Bibl. Nr. 1163); Goethe dankte ihm am 12. 5. 1821 für die bisher empfangenen Bände, die *Trübung der letzten Tage* des gemeinsamen Freundes bedauernd. – Anfang 1822 erhielt er durch Vossens Sohn: Joh. Heinr. Voß, Voß gegen Perthes. Abweisung einer mystischen Injurienklage. Stuttgart 1822 (Goethes Bibl. Nr. 252; Friedrich Perthes war durch Vorwürfe Vossens gegen seinen Schwiegervater Claudius in den Streit hineingezogen worden). Tgb. 31. 1. 1822: *Voß gegen Perthes.* – Vor dem Hintergrund dieses polemischen Schrifttums wird deutlich, daß Goethes Münster-Abschnitt in der *Campagne* mehr ist als nur Schilderung eines autobiographischen Erlebnisses. Goethe hat zwar auch gewisse Seiten der Romantik, vor allem das, was ihm als *frömmelnde Unkunst* und *neukatholische Sentimentalität* erschien (vgl. S. 717f. und Bd. 12, S. 597–599), leidenschaftlich bekämpft. Die Art jedoch, wie Voß die persönlichsten Überzeugungen und Entscheidungen des ehemaligen Freundes zum Gegenstand eines öffentlichen Angriffs machte, hat er nicht gebilligt. Der Kreis von Münster war dem Orte und Geiste nach die Welt, in die Stolberg übergetreten war. Daß Goethe nun das Bild dieses Kreises, wie er es sah, vor die Öffentlichkeit stellte und dabei die Züge der geistigen Aufgeschlossenheit, der gegenseitigen Achtung und Schonung und des unbedingten Vertrauens hervorhob, mußte von den Zeitgenossen als bewußte Antwort auf die von Voß begonnene Kontroverse verstanden werden. Für uns zeigt sich hier zugleich Goethes Aussage zum Problem der religiösen und menschlichen Toleranz überhaupt. – Vgl. 525,39–526,22 u. Anmkg. sowie die Anmerkungen zu 125,23 u. 162,15ff. – Zum Biographischen: Goethe war am 5. Dezember 1792 von Duisburg abgereist, am 6. kam er gegen Abend in Münster an, wo er bis zum 10. Dezember blieb. Einzelheiten über die Reise und die erste Übernachtung in Münster teilte der ehemalige Diener Paul Goetze in seinem Brief vom 7. 3. 1822 mit. – Als Goethes *Campagne in Frankreich* erschien, schrieb Friedrich Karl v. Savigny am 22. August 1822 an Jacob Grimm: „Das ganze Buch zieht mich sehr an; besonders aber weiß ich kaum in allen seinen Schriften etwas, das an Herzlichkeit, Aufrichtigkeit und Anspruchlosigkeit mit der Beschreibung des Aufenthalts in Münster verglichen werden könnte." (Adolf Stoll, F. K. v. Savigny. Professorenjahre in Berlin. Bln. 1929. S. 294.). – Goethe und der Kreis von Münster. Hrsg. von Waltraud Loos und Erich Trunz. Münster 1971. – 2., vermehrte Aufl. 1975. (LVIII u. 476 S., 22 Taf.)

335,27. *Fürstin:* Adelheid Amalia Fürstin von Gallitzin geb. Gräfin von Schmettau, 1748–1806. Sie war in Breslau und Berlin aufgewachsen; 1768 vermählte sie sich mit dem russischen Gesandten im Haag Fürsten Dimitri von Gallitzin. Aus dem Leben der großen Welt, in der sie wegen ihrer geistigen und geselligen Talente geschätzt und bewundert wurde, zog sie sich jedoch 1774 zurück, um sich nur noch der Erziehung ihrer beiden Kinder und eigenen Studien in den verschiedensten Wissensbereichen zu widmen. Mehrere Jahre lebte sie zurückgezogen in einem Landhaus in der Nähe von Den Haag, in engstem geistigen Austausch mit dem niederländischen Philosophen Hemsterhuis, der ihr Lehrer und Freund wurde (vgl. Anm. zu 336,12). Durch die neue Schulordnung Fürstenbergs (1776) wurde sie auf Münster aufmerksam. Seit 1779 lebte sie dort, in lebenslanger geistiger Freundschaft mit Fürstenberg verbunden. Die Fürstin, die zunächst unter dem Eindruck der französischen Aufklärungsphilosophie gestanden hatte (ihr Gemahl stand mit Diderot und Voltaire im Verkehr), die sich dann mit Hemsterhuis für die platonischen Ideale des Schönen und Guten begeistert hatte, wandte sich unter Fürstenbergs Leitung in einer entschiedenen Wende zur katholischen Lehre und Kirche zurück (1786). Seitdem war der „Kreis von Münster", der sich um sie und Fürstenberg sammelte, ein geistiges Zentrum, in dem sich das Bemühen um eine innerliche Erneuerung und Vertiefung der kirchlichen Frömmigkeit mit der Offenheit für das wissenschaftliche und künstlerische Leben der Zeit vereinte. Freundschaftliche Beziehungen bestanden zu Jacobi in Düsseldorf (vgl. Anm. zu 312,31) und zu den christlich-protestantischen Zirkeln im Norden um Klopstock, Claudius und Stolberg. – Goethe wurde seit etwa 1782 auf die Fürstin aufmerksam, besonders durch Jacobis Mitteilungen. Er lernte sie persönlich kennen, als sie 1785 mit Fürstenberg und Hemsterhuis einige Tage in Weimar verweilte. – Ihr Briefwechsel mit Goethe ist abgedruckt in: Goethe und der Kreis von Münster. Hrsg. von Erich Trunz und Waltraud Loos. Münster 1971. 2. Aufl. 1975. – Joseph Galland, Die Fürstin Amalie von Gallitzin und ihre Freunde. I. und II. Teil. Köln 1880. = Schriften der Görres-Gesellschaft, 1880, 1. und 3. – Pierre Brachin, Le Cercle de Münster (1779–1806) et la pensée religieuse de F. L. Stolberg. Bibliothèque de la société des études germaniques, V. Lyon-Paris 1952. (487 S.) – Fürstenberg, Fürstin Gallitzin und ihr Kreis. Quellen und Forschungen, zusammengestellt von Erich Trunz. Münster 1955. (108 S., 21 Abb.) – Walter H. Bruford, Fürstin Gallitzin und Goethe. Köln und Opladen 1957. (35 S.) = Veröffentlichungen der Arbeitsgemeinschaft für Forschung, Heft 76. – Der Kreis von Münster. Hrsg. von S. Sudhof. 1. Teil. Münster 1962. (2 Bde.) – Waltraud Loos, A. v. Gallitzin. In: Westfälische Lebensbilder 12, 1979, S. 42–67.

336,12 *von Fürstenberg,* Franz Freiherr, 1729–1810, Domherr und Staatsmann in Münster. Er hatte seit 1762 als Minister des Kurfürsten von Köln und Fürstbischofs von Münster Max Friedrich von Königsegg, der in Bonn residierte, die weltliche Verwaltung des Hochstifts

Münster geleitet, seit 1770 als Generalvikar auch die geistliche Verwaltung. Er galt als der künftige Fürstbischof von Münster. Österreich setzte jedoch durch, daß Erzherzog Max Franz, der jüngste Sohn Maria Theresias, 1780 zum Koadjutor und Nachfolger des Kurfürsten Max Friedrich gewählt wurde. Fürstenberg war seitdem nicht mehr Minister, behielt aber das Generalvikariat und die Leitung des Schulwesens. Fürstenberg war in seiner Zeit der bedeutendste geistliche Staatsmann im Nordwesten Deutschlands, ausgezeichnet durch Ernst der Lebensauffassung, Tatkraft und vielseitiges Wissen. Er führte Reformen im Sinne des aufgeklärten Absolutismus durch; sein besonderes Anliegen war die Förderung des Bildungswesens (1776 neue Schulordnung für die Gymnasien, 1783 Einführung der „Normalschule" zur Ausbildung der Volksschullehrer durch Fürstenbergs Mitarbeiter Overberg, 1773/80 Gründung der Universität). – Vom Blickpunkt der Geistesgeschichte erscheint Fürstenberg zunächst als ein Verteter der sog. katholischen Aufklärung; er fand aber später den Weg zu einer verinnerlichten Auffassung der katholischen Kirche und ihrer Lehre. – ADB. 8 (1878), S. 232–244. – Erich Trunz, Franz Freiherr v. Fürstenberg, „Westfalen", Bd. 39, 1961, S. 2 bis 44. – U. und S. Sudhof, Fürstenberg-Bibliographie. Ebenda, S. 97–111. – NDB 5, 1961, S. 696–698.

336,12. *Hemsterhuis*, Franz, 1721–1790, niederländischer Staatsbeamter, Philosoph und Kunstsammler, seit 1775 mit der Fürstin Gallitzin freundschaftlich verbunden. Auch nach ihrer Übersiedlung nach Münster führte er einen regen Briefwechsel mit ihr und besuchte sie gelegentlich. Er kam durch sie in persönliche Berührung mit Jacobi (1781); durch die Reise nach Mitteldeutschland 1785 lernte er Goethe, Herder und Wieland persönlich kennen. – L. Brummel, Frans Hemsterhuis, een philosofenleven. Haarlem 1925. (333 S.) – Heinz Moenkemeyer, François Hemsterhuis. Boston (USA) 1975.

336,12. *ihre Kinder*: Marianne, 1769–1823, und Dimitri, 1770–1840. Der Sohn ging 1792 nach Amerika und wurde dort katholischer Missionar.

336,30. *Hamann*, der als preußischer Beamter (Packhofverwalter) in Königsberg tätig gewesen war, erreichte 1787 seine Pensionierung und war nun frei für eine Reise zu den Freunden in Mittel- und Westdeutschland. Sein erstes Ziel war Münster; hier erwartete ihn Franz Kaspar Bucholtz, ein junger Gutsherr, dem Freundeskreise der Fürstin zugehörig, der Hamann warm verehrte und ihn in seinen wirtschaftlichen Schwierigkeiten großzügig unterstützt hatte. Hamann kam am 16. Juli 1787 in Münster an; im Herbst verweilte er einige Zeit als Gast Jacobis in Pempelfort, dann kehrte er wieder nach Münster zurück. Er war seit längerer Zeit ernstlich krank. Bevor er weiter nach Weimar zu Herder und Goethe reisen konnte, starb er in Münster am 21. Juni 1788.

In den Monaten in Münster war Hamann der Fürstin innerlich nahegekommen und ein Vertrauter ihres religiösen Suchens geworden. – Carl Carvacchi, Biographische Erinnerungen an Joh. Georg Hamann, den Magus in Norden. Münster 1855. (76 S.) – Karlfried Gründer, Hamann in Münster. In: Fürstenberg, Fürstin Gallitzin und ihr Kreis. Quellen und Forschungen, zusammengestellt von E. Trunz. Münster 1955. S. 74–91. – Zu Goethes Verhältnis zu Hamann vgl. die Anm. zu Bd. 9, S. 512,21f. bis 514,5.

336,37. *sein Begräbnis.* Die geweihten Friedhöfe Münsters waren nach den kirchlichen Vorschriften grundsätzlich nur für die Bestattung katholischer Christen bestimmt; doch waren Ausnahmen nicht unmöglich. Nach den Aufzeichnungen der Fürstin war es aber ihr ausdrücklicher Wunsch gewesen, Hamanns Grabstätte in ihrem Garten herzurichten; sie erhielt die Genehmigung dazu „mit Mühe ... nach vielem Hin- und Herlaufen ... gegen das Versprechen, es in die öffentlichen Papiere einfließen zu lassen, daß es nicht Intoleranz, sondern auf (ihre) ausdrückliche Bitte geschehen sei" (Carvacchi, a. a. O. S. 64). Trotzdem kamen bald entstellende Gerüchte über Hamanns Begräbnis auf, die auch zu Goethe gelangten (vgl. noch seinen Brief an Nicolovius vom 11. 7. 1819). – Stolberg brachte in seiner Erwiderung auf Voß' Angriff das Begräbnis Hamanns nochmals zur Sprache: in der sich über den Tod hinaus bewährenden Zuneigung der Fürstin zu dem Protestanten Hamann sah er ein Zeugnis für ihre vom Geist christlicher Liebe getragene Duldsamkeit. Auch Stolberg betonte: „Die Geistlichen zu Münster hatten den Mann geehrt, und gewünscht, ihn in geweihtem Boden zu begraben, erklärten auch öffentlich, daß sie nur aus Hochachtung für die Fürstin ihrem Begehren nachgegeben hätten" (Kurze Abfertigung der langen Schmähschrift ..., 1819, S. 32). – Auf diese Äußerungen Stolbergs scheint Goethe Rücksicht nehmen zu wollen, ohne selbst dazu Stellung zu nehmen. – Mittheilungen aus dem Tagebuch und Briefwechsel der Fürstin Adelheid Amalia von Gallitzin. (Hrsg. von E.C.T. v. Kitzing.) Stuttgart 1868. S. 29f. – Carvacchi, a. a. O. S. 62–65.

337,20. *Wohltätigkeit.* In der Revolutionszeit fand die Fürstin ein Aufgabenfeld in der Fürsorge für verarmte französische Emigranten; sie bat hierfür gelegentlich Goethe um seine Hilfe. Auch der Erlös, den sie aus dem Verkauf der ihr von Hemsterhuis vermachten Gemmensammlung zu erzielen hoffte (vgl. Anm. zu 355,5–8), sollte für diese Zwecke verwendet werden.

337,38–338,1. *Hemsterhuis ... Schriften.* Diese, teils kleine Abhandlungen, teils Dialoge nach dem Vorbild Platos, sind sämtlich in französischer Sprache verfaßt. Sie erschienen seit 1769, in kleinen Auflagen, nur für einen Freundeskreis, nicht für das große Publikum bestimmt. Herder war bereits 1770 auf Hemsterhuis' Schriften aufmerksam geworden. 1781 veröffentlichte er im „Teutschen Merkur" unter dem Titel „Über das Verlangen" eine Übersetzung der „Lettre sur les désirs", 1770. 1782 erschien in Leipzig eine (anonyme) Übersetzung gesammelter Schriften von Hemsterhuis. – Goethe gelangte durch Jacobi und die Fürstin Gallitzin in den Besitz der Schriften; 1784 las er einiges daraus gemeinsam mit Frau von Stein (vgl. den Brief an sie vom 4. 11. 1784). – In Goethes Bibliothek befinden sich: Lettre sur une pierre antique, 1762 (Nr. 2053), Lettre sur la sculpture, 1769 (Nr. 2385), Lettre sur les désirs, 1770 (Nr. 3063), Lettre sur l'homme et ses rapports, 1772 (Nr. 3064), Sophyle ou de la philosophie, 1778 (Nr. 3065), Aristée ou de la divinité, 1779 (Nr. 3062). – F. Hemsterhuis, Œuvres philosophiques. Hrsg. v. L. S. P. Meyboom. 3 Bde. Leuwarde 1846/50 (Fotomechan. Neudruck: Hildesheim 1972). – F. Hemsterhuis, Philosophische Schriften. Hrsg. v. Julius Hilß, 2 Bde. Karlsruhe u. Leipzig 1912.

338,5f. *dem Geistig-Sittlichen so wie dem Sinnlich-Ästhetischen.* Hemsterhuis war als Philosoph kein Systematiker. Im Sinne von Sokrates und Plato, die er enthusiastisch verehrte, suchte er das Wesen des Guten und Schönen zu erfassen. Als Empiriker steht er John Locke nahe, seine Lehre vom „moralischen Organ" weist auf den Einfluß Shaftesburys. – Gegen den Materialismus und Atheismus der französischen Aufklärungsphilosophie lehrte er die Immaterialität der Seele und das Dasein eines von der Welt unterschiedenen Schöpfergottes. Dem positiven Christentum stand er aber zeitlebens fern. – Ferdinand Bulle, Franziskus Hemsterhuis und der deutsche Irrationalismus des 18. Jahrhunderts. Jena 1911. (96 S.)

338,10f. *eine Sammlung geschnittener Steine.* Vgl. 351,13–355,22.

338,24, *Natter,* Johann Lorenz, 1705–1763, Edelsteinschneider und Münzstecher, in seiner Zeit als sachkundiger Beurteiler antiker Gemmen geschätzt – ADB. 23 (1886), S. 286–288. – Thieme-Becker 25 (1931), S. 356.

338,32–35. *Das Schöne* ... Dieser Kerngedanke der Hemsterhuisischen Ästhetik wird in den Schriften „Lettre sur la sculpture" und „Lettre sur les désirs" (vgl. 339,7 u. 9 und Anm. zu 337,38–338,1) etwa folgendermaßen entwickelt: Die Seele wird die Gegenstände der Außenwelt durch ihre Organe, insbesondere durch das Auge gewahr. Da im Auge aber jeweils nur ein Punkt deutlich abgebildet ist, bedarf die Seele einer gewissen Zeit, um sämtliche Punkte eines Umrisses zu verbinden und sich eine Vorstellung von dem Gegenstand zu schaffen. Nun ist die Seele aber in ihrem Wesen ewig und allem Zusammenhang mit dem, was wir Raum oder Zeitfolge nennen, ihre Natur nach zuwider. Sie strebt daher danach, die Trägheit ihrer Organe und damit die Vereinzelung und das Nacheinander ihrer Vorstellungen zu überwinden; d. h. sie will in dem möglichst kürzesten Zeitraum die möglichst größte Anzahl von Vorstellungen haben. Die Idee der Schönheit der Dinge ist eine Folge dieser Eigenschaft der Seele. Das, was wir als schön, erhaben, geschmackvoll beurteilen, sind große Ganze, deren Teile so künstlich zusammengesetzt sind, daß die Seele sie in einem Augenblick und ohne Mühe miteinander verbinden und sich eine Vorstellung von dem Ganzen machen kann. Die Idee des Schönen, die dem Künstler jeweils vorschwebt, wird in dem geschaffenen Kunstwerk nicht immer voll verwirklicht. Oft sind gerade die ersten Skizzen zu einem Werk besonders genial; sie enthalten mehr von der göttlichen Lebendigkeit der erstgefaßten Idee als das vollendete Werk; sie setzen auch die reproduzierende Fähigkeit der Seele des Betrachters stärker in Bewegung; denn diese ergänzt und vollendet sogleich das, was nur flüchtig hingeworfen ist. – In dem Gedanken des Anreizes zur Reproduktion durch das Schöne zeigt sich am deutlichsten die Parallele zu Goethes Definition 338,35–39. (Vgl. auch Bd. 11, S. 535,33–536,5 und Bd. 13, S. 21–23.) – In Goethes Tagebuch ist am 11. 1. 1821 eingetragen: *Hemsterhuis Sur la sculpture in bezug auf Purkinje betrachtet.* Der Physiologe Purkinje hatte 1819 eine Schrift „Das Sehen in subjektiver Hinsicht" veröffentlicht; Goethe fand hier Beziehungen zu seiner Lehre von den *Physiologischen Farben.* In seiner Rezension (entstanden im Dezember 1820, gedruckt 1824 in *Zur Morphologie, II. Band, 2. Heft)* behandelt Goethe den Zusammenhang der physiologischen Erscheinung der „Nachbilder" mit der produktiven Einbildungskraft des Künstlers; hier finden sich Stellen, die einen Vergleich mit Hemsterhuis' Gedanken über den Ausdruck schöpferischer Genialität gerade in den ersten Entwürfen bedeutender Künstler nahelegen: *Je größer das Talent, je entschiedener bildet sich gleich anfangs das zu produzierende Bild. Man sehe Zeichnungen von Raffael und Michelangelo, wo auf der Stelle ein strenger Umriß das, was dargestellt werden soll, vom Grunde loslöst und körperlich einfaßt* ... (WA. II, Bd. 11, S. 284.) – Zu den Grundlagen der Hemsterhuisschen Ästhetik in der zeitgenössischen Philosophie vgl. die Arbeit von F. Bulle (s. Anm. zu 338,5f.), S. 77–85. Und: Heinz Moenkemeyer, F. Hemsterhuis. Boston (USA) 1975.

340,26. *nachstehendes Gedicht:* mit dem Titel *Der neue Amor* zuerst veröffentlicht in Schillers Musenalmanach für das Jahr 1798.

340,31. *Venus Urania:* Die Göttin der himmlischen Liebe, eine Gestalt, die der Gedankenwelt der Fürstin Gallitzin und Hemsterhuis' vertraut war. In Hemsterhuis' Dialog „Simon", der in besonderer Weise ein Denkmal seiner Freundschaft mit der Fürstin ist, erläutert „Diotima" dem „Sokrates" die Kräfte und Fähigkeiten der menschlichen Seele an Hand der Fabel des Prometheus. Aphrodite Urania, die Schutzgöttin des Sokrates, wird hier als diejenige genannt, die Liebe und Sympathie zu den als selbstische Wesen geschaffenen Menschen brachte. – Vgl.

auch den Brief der Fürstin an Goethe vom 23. 8. 1793. (Goethe und der Kreis von Münster, S. 87.)

341,36f. *in ein ganz frisches Feld.* Zu Goethes früheren Studien antiker Gemmen vgl. Bd. 9, S. 325,37 und Bd. 11, S. 398,27–32.

343,8ff. *Tierschädel ... Kommentar:* im zweiten Band der „Physiognomischen Fragmente", S. 137–142. – WA. 37, S. 346–352.

343,15ff. *nur den beweglichen Gesichtszügen ...* Schon Lavater hatte die „Physiognomik" (die Kenntnis der beständigen Gesichtszüge) von der „Pathognomik" (der Kenntnis der beweglichen, durch Affekt und Leidenschaft geprägten Gesichtszüge) unterschieden. „Jene zeigt den stehenden – diese den bewegten Charakter ... Jene (zeigt) was der Mensch überhaupt ist, diese was er in dem gegenwärtigen Moment ist." (Physiognomische Fragmente, IV, S. 39.)

343,32. *ein „Römisches Jahr"* ist von Goethe nicht geschrieben worden, doch sind einige der Kirchenfeste in der *Italienischen Reise* geschildert. Vgl. Bd. 11, S. 162 (Pferdeweihe am Antoniusfest), S. 241 (Ostern), S. 350 (Fronleichnam), S. 353 (Peter und Paul) und S. 530f. (Karwoche).

344,32f. *„Luise" von Voß.* Im *Novemberheft* des „Teutschen *Merkur", 1784,* war unter der Überschrift „Luise" die Idylle erschienen, die in der vollständigen Ausgabe von 1795 unter der Überschrift „Der Brautabend" den Abschluß des Epos bildet. – Schon am 1. 7. 1795 hatte Goethe an Voß geschrieben, er habe diese Idylle, seitdem sie im „Merkur" gestanden, so oft vorgelesen und rezitiert, daß er sie sich ganz zu eigen gemacht habe. (Ähnlich im Brief an Schiller vom 28. 2. 1798.) – Im März 1822 hat Goethe den betr. Band des „Teutschen Merkur" aus der Weimarer Bibliothek entliehen (Keudell Nr. 1430). – Die auf den ersten Blick nur selbstkritisch anmutende Erinnerung an die damalige rätselhafte Scheu, das vertraute Gedicht im Kreise der Fürstin vorzutragen, soll vielleicht mit leiser, nur dem wissenden Leser verständlicher Ironie ein frühes Gespür für die später zutage getretene innere Disharmonie zwischen dem Dichter der „Luise" und dem Kreis der Fürstin andeuten.

345,37. *Bekanntschaften in Bädern.* Vgl. Bd. 9, S. 701f.

346,5ff. *Durch Vorsorge ...* An der Darstellung der Rückreise von Münster nach Weimar hat Goethe laut Tagebuch am 2., 3., 8. und 11. März 1822 gearbeitet. Einzelnes teilte Paul Goetze aus seiner Erinnerung in dem Brief vom 7. 3. 1822 mit (Roethe, S. 184; vgl. Anm. zu 335,26).

347,29. *Kassel.* Goethe war früher bereits zweimal in Kassel gewesen (im September 1779 und im Oktober 1783).

348,18ff. *Meine Ankunft in Weimar ...* Im Tagebuch Goethes ist über die Entstehung des folgenden Berichts vermerkt: 5. 12. 1821: *Ältere Papiere durchgesehen. Errichtung des Weimarischen Theaters 1791.* 3. 2. 1822: *Den Winter von 1792 auf 1793 besprochen* (mit Hofrat Meyer). 22 2.: *Winteraufenthalt in Weimar*

1792. 4. 3.: *Winter von 92 auf 93*. (Ähnliche Eintragungen am 5. 3. und vom 11. bis zum 17. 3.) – Goethe war am 16. Dezember 1792 nach Weimar zurückgekehrt.

348,22f. *das von meinem Fürsten mir bestimmte ... Haus.* Das Haus am Frauenplan, wo Goethe schon 1782–1789 gewohnt hatte. Herzog Carl August hatte es Goethe im Sommer 1792 geschenkt.

348,32. *Heinrich Meyer* war seit Ende 1791 Hausgenosse Goethes. Vgl. 443,36f.

348,36. *Das weimarische Theater.* Vgl. 437,7–20. – Zur allgemeinen Entwicklung des deutschen Theaterwesens im 18. Jahrhundert vgl. Bd. 7, Anmkg. zu 35,14f.

348,38. *Lauchstädt* war damals ein vielbesuchter Badeort. Schon die Bellomosche Truppe (vgl. die folgende Anm.) hatte während der Sommermonate in Lauchstädt gespielt.

349,2f. *der Bellomoschen Gesellschaft.* Guiseppe Bellomo, Prinzipal einer Schauspielergesellschaft, hatte sich 1784–1791 mit seiner Truppe in Weimar aufgehalten und regelmäßig Aufführungen gegeben. Vgl. 437,8–11.

349,13. *teil an der Direktion genommen.* Goethe war im Januar 1791 mit der Leitung des Theaters betraut worden; er behielt sie bis 1817. Als Mitarbeiter für die Verwaltung stand ihm der spätere Landkammerrat Franz Kirms zur Seite. – Julius Wahle, Das Weimarer Hoftheater unter Goethes Leitung. Schr. GGes. 6 (1892). (334 S.)

349,20f. *Da ich auf diesen Gegenstand zurückzukehren gedenke ...* Vgl. *Regeln für Schauspieler,* Bd. 12, S. 252–261.

349,29f. *der damals überhandnehmende Natur- und Konversationston.* Ein naturalistischer Stil der Schauspielkunst hatte sich durch Friedrich Ludwig Schröder an der Hamburger Bühne durchgesetzt; im Gegensatz dazu wurde in Weimar ein strengerer, mehr deklamatorischer Stil gepflegt.

350,4. *Iffland,* August Wilhelm, 1759–1814, Schauspieler und Theaterdichter, 1779 Leiter des Mannheimer Theaters, 1796 des Berliner Schauspielhauses. Er schuf zahlreiche bürgerliche Dramen, „Familiengemälde" und moralisierende Rührstücke. – Über seine Gastspiele in Weimar vgl. 445,4–14 und 448,27–33.

350,5. *Kotzebue,* August (seit 1785 v.), geb. 1761 in Weimar, Jurist, Beamter in russischen Diensten, Theaterdirektor und Bühnenautor. Er wurde 1819 als Reaktionär von dem Burschenschaftler Sand ermordet. – Kotzebue war der produktivste und erfolgreichste Theaterdichter seiner Zeit; er schrieb 211 Stücke aller Gattungen, am besten gelangen ihm Komödien und Possen. Auch im Repertoire des Weimarer Theaters übertraf er mit der Zahl der Stücke und der Aufführungen alle anderen Autoren. – C. A. H. Burkhardt, Das Repertoire des Weimarischen

Theaters unter Goethes Leitung 1791 bis 1817. Hamburg und Leipzig 1891. = Theatergeschichtl. Forschungen 1. (152 s.).

350,11. *Schröder,* Friedrich Ludwig, 1744–1816, Schauspieler und Theaterdirektor in Hamburg, Verfasser von bürgerlichen Dramen und Rührstücken. – Vgl. die Anmkg. zu Bd. 9, S. 568,22.

350,11. *Babo,* Joseph Marius, 1756–1822, seit 1797 Leiter des Hoftheaters in München; am bekanntesten wurde sein Ritterdrama „Otto von Wittelsbach" (Neudruck in KDN. 138,I).

350,11. *Ziegler,* Friedrich Wilhelm, 1756–1827, Schauspieler am Burgtheater in Wien und Theaterdichter.

350,12. *Bretzner,* Christoph Friedrich, 1748–1807, Kaufmann und Lustspieldichter in Leipzig. Den Text seines Singspiels „Die Entführung aus dem Serail" legte Mozart seiner Oper zugrunde. Eins seiner beliebtesten Stücke, „Das Räuschgen" (1786), ist neugedruckt in KDN. 138,I.

350,13. *Jünger,* Johann Friedrich, 1759–1797, Romanschriftsteller und Lustspieldichter in Wien.

350,14. *Hagemann,* Friedrich Gustav, 1760–1835, Schauspieler und Dramatiker in Breslau.

350,14. *Hagemeister,* Johann Gottfried Lukas, 1762–1806, Rektor in Anklam.

350,18f. *Shakespeare.* Von seinen Dramen wurden 1791–1793 aufgeführt: Hamlet, König Johann, Heinrich IV., 1. und 2. Teil.

350,19. *Gozzi,* Carlo Graf, 1720–1806, italienischer Lustspieldichter.

350,19. *Schiller.* Von seinen Dramen wurden damals „Don Carlos" und „Die Räuber" aufgeführt.

350,25. *F. J. Fischer* (Franz Joseph), 1791–93 in Weimar als Schauspieler und Regisseur tätig, später Theaterdirektor in Innsbruck.

350,32f. *die Dittersdorfischen Arbeiten.* Karl Ditters von Dittersdorf, 1739–1799, Kapellmeister und Komponist. Seine Singspiele und Opern waren zu seiner Zeit sehr beliebt. – MGG 3, 1954, Sp. 588–597. – NDB 4, 1959, S. 1f.

350,34. *für ein fürstliches Privattheater:* das des Fürstbischofs von Breslau in Johannisberg, dessen Kapellmeister Dittersdorf 1769–1795 war.

351,3ff. *Die ... Freunde ...* Nach den *Tag- und Jahresheften,* Abschnitt *1791,* hat sich der Weimarische Kammerherr Friedr. Hildebrand von Einsiedel um die Bearbeitung italienischer Opern besonders verdient gemacht.

351,4f. *Païsiello,* Giovanni, 1741–1816; *Cimarosa,* Domenico, 1749–1801; *Guglielmi,* Pietro, 1727–1804, italienische Opernkomponisten.

351,6. *Mozarts Geist.* Von Mozarts Werken wurden 1791–1793 in Weimar aufgeführt: „Die Entführung aus dem Serail", „Don Juan" und „Die Hochzeit des Figaro".

351,14. *Gemmensammlung.* Vgl. 338,8–29; 339,37–342,27 und 345,5–25.

352,18. *einige allgemeine Andeutungen.* Das Folgende (352,20–355,2) ist ein Auszug aus der Beschreibung der Sammlung, die Goethe und Heinrich Meyer in dem Programm zur Jenaischen Allgemeinen Literaturzeitung, IV. Jahrgang 1807, veröffentlicht hatten. – In Goethes Tagebuch ist vermerkt: 3. 3. 1822: *Schema ... des Studiums der Gallizinischen Gemmensammlung.* 15. 3.: *Abschrift der Rezension Gallizinischer Gemmen.* – Die Gemmen aus Goethes Sammlung. Bearb. von G. Femmel und G. Heres. Lpz. 1977.

353,13. *Kybele:* ursprünglich kleinasiatische Muttergottheit; ihr Kult war auch in Griechenland und Rom verbreitet. In vielen Darstellungen ist der Löwe ihr Attribut.

353,20f. *vor dem Vossischen Programm ...:* Joh. Heinr. Voß d. J., Über den Ursprung der Greife. – Zwei Exemplare dieses Programms befinden sich in Goethes Bibliothek (Nr. 1984).

354,33. *das Haupt der Meduse:* das schlangenhaarige, schreckenverbreitende Haupt der Medusa, einer der drei Gorgonen.

354,33. *Karneol:* roter Halbedelstein, Abart des Quarzes.

354,34. *Sosikles,* richtig: Sosokles, Steinschneider der augusteischen Epoche. Pauly-Wissowa, Real-Encyclopädie der classischen Altertumswissenschaft. 2. Reihe, III A (1927), S. 1194.

355,2. *Natter.* Vgl. Anm. zu 338,24.

355,5–8. *Wo sie sich gegenwärtig befindet ...* Die Fürstin Gallitzin hatte die Sammlung zu verkaufen gewünscht, um den Erlös für wohltätige Zwecke zu verwenden. Goethe hatte sich auf ihre Bitte bemüht, die Sammlung bekannt zu machen und einen Käufer zu finden. Herzog Ernst von Gotha hatte sich dafür interessiert, war aber von dem Kauf wieder zurückgetreten (1807). Über das weitere Schicksal der Sammlung war Goethe nicht unterrichtet. Auf die öffentliche Anfrage in der *Campagne* 1822 erhielt er jedoch bald die Nachricht, daß die Sammlung sich in dem Medaillenkabinett des Königs der Niederlande befinde. In dem Aufsatz *Hemsterhuis-Gallizinische Gemmensammlung* (in *Kunst und Altertum, Bd. IV, Heft 1)* teilte Goethe dies im folgenden Jahre seinen Lesern mit (WA. 49,2, S. 101–105).

355,17f. *kurz vor ihrem Ende.* Goethe sandte die Sammlung 1797 zurück. Die Fürstin starb 1806.

355,24–26. *Farben ... Kunstharmonie.* Vgl. hierzu den Abschnitt der *Farbenlehre* über *Ästhetische Wirkung* (Bd. 13, S. 509–521), sowie *Konfession des Verfassers* (Bd. 14, S. 252ff.).

356,27f. *Halsbandsgeschichte.* Vgl. 270,16ff. u. Anm. und 433,24–434,2.

356,28. *das Haupt der Gorgone:* s. Anm. zu 354,33.

356,34. „*Tasso*“ *noch abgeschlossen:* im Juli 1789.

356,36f. *Betrügereien kühner Phantasten ...* In jenen Jahren hatte der italienische Abenteurer Cagliostro (eigentlich Giuseppe Balsamo, 1743–1795) viele Länder bereist und sich durch Betrügereien und vorgebliche geheime Künste Geld und Ansehen zu verschaffen gewußt. Er war auch in die Halsbandgeschichte verwickelt. Goethe hatte in Italien seiner Herkunft nachgeforscht. Vgl. 433,34ff. und Bd. 11, S. 253ff.

357,11. „*König Theodor*“ = „Il Re Teodore“, Oper von Païsiello, die Goethe besonders schätzte. (Vgl. seine Briefe an den Komponisten Kayser in den Jahren 1785/86.)

357,12f. *jener Gegenstand rhythmisch bearbeitet.* Das Opern-Textbuch, das Goethe zunächst entwarf, trug den Titel *Die Mystifizierten* (1787). Bruchstücke davon in WA. 17, S. 374–394.

357,13. *Reichardt,* Johann Friedrich, 1752–1814, Kapellmeister und Komponist, 1775 in Berlin, 1794 in Altona, 1796 in Giebichenstein bei Halle; seit seinem Besuch in Weimar im April 1789 mit Goethe in freundschaftlicher Verbindung. Er vertonte Lieder und Singspiele von Goethe. – Samuel Fisch, Goethe und die Musik. Frauenfeld 1949. S. 34–58. – MGG.

357,14f. *Baß-Arien.* Eine dieser Arien ist das *Kophtische Lied,* Bd. 1, S. 241.

357,23. *ein prosaisches Stück:* das Drama *Der Groß-Cophta,* 1791. Vgl. 433,34–434,2.

357,26. *Aufführung.* Das Drama wurde in Weimar aufgeführt am 17. und 26. Dezember 1791 und am 10. März 1792, in Lauchstädt am 15. Juli 1792.

357,28. *widerwärtigern Effekt.* Das Wort *widerwärtig* kommt bei Goethe in verhältnismäßig weiter Bedeutung vor, gelegentlich im Sinne von „widerspenstig", „widerstrebend", „Widerspruch erregend". – O. Pniower, Zu Goethes Wortgebrauch. GJb. 19 (1898), S. 229–247.

358,22. *„Bürgergeneral".* Einaktiges Lustspiel, im April 1793 entstanden, am 2. Mai zuerst aufgeführt. „Schnaps" gibt sich vor einem Bauern als „Bürgergeneral" aus und versucht ihn durch Redensarten von Freiheit und Gleichheit zu verwirren, um sich von ihm ein Frühstück zu verschaffen. – Die eigentliche Problematik der Revolution wird kaum berührt, nur am Schluß heißt es gleichsam programmatisch: *In einem Lande, wo der Fürst sich vor niemand verschließt; wo alle Stände billig gegeneinander denken; wo niemand gehindert ist, in seiner Art tätig zu sein; wo nützliche Einsichten und Kenntnisse allgemein verbreitet sind – da werden keine Parteien entstehen. Was in der Welt geschieht, wird Aufmerksamkeit erregen; aber aufrührerische Gesinnungen ganzer Nationen werden keinen Einfluß haben.*

358,23. *Beck,* Johann Christoph, geb. 1754, Schauspieler in Weimar 1793–1800. Goethe-Handbuch, 2. Aufl., 1955ff., Sp. 936.

358,23f. *in den „Beiden Billets" nach Florian.* Einaktiges Lustspiel von Anton Wall (Pseudonym des Theaterdichters Christian Leberecht Heyne, 1751–1821), 1782 entstanden, nach einer Vorlage des französischen Dichters Claris de Florian „Les deux billets", 1779.

358,27. *Nachspiel.* Einaktige Lustspiele wurden auf den damaligen Bühnen häufig als „Nachspiele" nach anderen Stücken aufgeführt.

358,37. *Malkolmi,* Karl Friedrich, gest. 1819. Er war bis 1817 an der Weimarer Bühne als Schauspieler tätig.

359,3ff. *bei Freunden und Gönnern* ... Prinz August von Gotha hatte in einem Brief an Goethe vom 8. 9. 1793 auf die Übersendung des (anonymen) *Bürgergenerals* scherzhaft geantwortet, das Stück müsse seines zweifelhaften Endes wegen wohl Kant zugeschrieben werden. – Goethe und Prinz August von Gotha. Mitgeteilt von Bernhard Suphan. GJb. 6, 1885, S. 27–58, bes. S. 48f.

359,11. *gemütlich* = auf das Gemüt wirkend. Vgl. Bd. 9, S. 46,21; 510,32; 516,5.

359,11f. *Die „Unterhaltungen der Ausgewanderten“:* Bd. 6, S. 125–241.

359,13. *Die Aufgeregten“:* Bd. 5, S. 168–214.

359,15f. *„Hermann und Dorothea“:* Bd. 2, S. 437–514.

359,33f. *wobei mir ... „Reineke Fuchs“ in die Hände kam:* Gottscheds Prosaübersetzung des niederdeutschen „Reinke de vos“ von 1498. Vgl. Bd. 2, die Anmkg. zu *Reineke Fuchs.*

360,7f. *nach Klopstocks Einleitung.* Klopstock hatte durch seinen „Messias“ den Hexameter als epischen Vers in die deutsche Dichtung eingeführt.

360,8. *Voß,* Johann Heinrich, 1751–1826, hat sich als Übersetzer griechischer und römischer Dichtungen (u. a. Odyssee 1781, Ilias 1793), als Dichter („Luise“ 1783/84–95) und als Theoretiker („Zeitmessung der deutschen Sprache“ 1802; Vorrede zur Übersetzung von Vergils „Georgiken“ – s. Anm. zu 360,29 –) um das Problem der richtigen Nachbildung antiker Versmaße in der deutschen Sprache bemüht. – Voß kam 1794 zu einem Besuch nach Weimar und trat dadurch Goethe näher. Goethe gab ihm den *Reineke Fuchs* zur Durchsicht mit. In seinem Brief vom 17. 7. 1794 machte Voß ihn auf Fehler in der Verstechnik aufmerksam und gab Ratschläge zur Verbesserung einzelner Verse (GJb. 5, 1884, S. 38–40; KDN. 86, S. 176f.). Goethe hat sich aber auf Änderungen nicht eingelassen. – Über den antiken Vers in Goethes Dichtung und sein Verhältnis zu den Verstheoretikern vgl. Bd. 1, die Anmkg. zu dem Abschnitt „Die Zeit der Klassik“, mit Literaturnachweisen.

360,14. *Latitudinarier:* im eigentlichen Sinne: Anhänger einer freisinnigen Richtung in der anglikanischen Kirche.

360,18. *die Vossischen früheren Arbeiten:* besonders die Odyssee-Übersetzung, 1781, und die Idyllen des Epos „Luise“, die 1783/84 einzeln im Göttinger Musenalmanach und im „Teutschen Merkur“ erschienen waren. Für spätere Ausgaben hat Voß das Epos mehrmals im Sinne seiner Theorie sprachlich überarbeitet. – Vgl. 438,19–30.

360,22. *Eutin:* damals Residenzstadt des evangelischen Bischofs von Lübeck.

360,29. *„Georgiken“.* „Publii Virgilii Maronis Georgicon Libri Quatuor. Des Publ. Virgilius Maro Landbau. Vier Gesänge. Übersetzt und erklärt von J. H. Voß.“ Eutin u. Hbg. 1789. – Die *Vorrede* handelt von der richtigen Bildung deutscher Hexameter.

361,17. *Mounier und Camille Jordan,* emigrierte französische Politiker. Jean Joseph Mounier, 1758–1806, war 1789 kurze Zeit Präsident der Nationalversammlung gewesen. 1795 kam er nach Thüringen. Er gründete im Weimarer Schloß Belvedere eine Erziehungsanstalt für junge Engländer. – Camille Jordan, 1771–1821, Schriftsteller, Mitglied des „Rats der Fünfhundert“ unter dem Direktorium, lebte 1797–1800 außerhalb Frankreichs. Nouv. biogr. gén. 26 (1861), Sp. 936–939. – Paul v. Bojanowski, J. J. Mounier. Ein französischer Parlamentarier in Weimar (1795–1801). Deutsche Rundschau, Bd. 92, 1897, S. 297–314 u. 376–388. – Fernand Baldensperger, Goethe et les émigrés français à Weimar. Revue germanique 7, 1911, S. 1–28. – Goethe-Handbuch, Bd. 1, 1961, Art. „Emigration" von A. Fuchs. – Hans Tümmler, Vater u. Sohn Mounier als Emigranten in Weimar. Archiv f. Kulturgesch. 55, 1973, S. 468–482. – Wieder abgedruckt in: Tümmler, Das klassische Weimar und das große Zeitgeschehen. Köln 1975. S. 41–54.

361,34f. *Geschichte des Jahrs 1649:* Nach mehrjährigem Bürgerkrieg hatte das „Rumpfparlament" in England König Karl I. abgesetzt und ihm den Prozeß gemacht.

362,4f. *Vollstreckung des Todesurteils:* am 21. Januar 1793.

362,6. *Frankfurt war wieder in deutschen Händen:* seit dem 2. Dezember 1792.

362,17f. *General Neuwinger,* Joseph Victorin, 1736–1808, am 27. März 1793 von den Österreichern gefangen.

362,30f. *die zweite nach meinen Skizzen radierte Tafel.* Goethe hat 1821 sechs Radierungen nach eigenen Skizzen veröffentlichen lassen: Radierte Blätter, nach Handzeichnungen (Skizzen) von Goethe, herausgegeben von Schwerdtgeburth. Weimar 1821. (Reproduziert in: Wolfgang Hecht, Goethe als Zeichner. Lpz., Lizenzausgabe München, 1982. S. 221–231.) Jedem dieser Blätter waren einige Verse beigefügt; nach Goethes Tagebuchaufzeichnungen sind sie am 23.–25. September 1821 entstanden; sie stehen den kleinen Gedichten nahe, die Goethe im gleichen Sommer zu *Wilhelm Tischbeins Idyllen* geschrieben hat (s. Bd. 1, S. 374ff. u. Anm.). Die Verse *Hier sind wir denn ...*, 362,36–363,4, die zu der zweiten Radierung gehören, tragen dort die Überschrift *Hausgarten.* (Vgl. WA. Bd. 3, S. 132 u. Bd. 49, I, S. 331.) Dargestellt sind eine Frau und ein Kind an der Gartenseite eines Hauses.

363,5. *Belagerung von Mainz.* Nach Goethes Tagebuchnotizen ist die *Belagerung von Mainz* im wesentlichen in der Zeit vom 12. bis zum 22. Februar 1820 entstanden. Als Goethe im März und April 1822 das Manuskript für den Druck fertigstellte, hat er einiges ergänzt und überarbeitet. – Als Hauptquelle benutzte er wiederum das Tagebuch des Kämmerers Wagner (s. Anm. zu 195,5). Aus der Weimarer Bibliothek entlieh er einige zeitgenössische Quellen (Keudell Nr. 1318–1321). Am wichtigsten von diesen ist die „Darstellung der Mainzer Revolution", 2 Bde., Frankfurt und Leipzig 1793/94 (anonym erschienen, Verfasser: Anton Hoffmann), die Goethe vom 13. 2. bis zum 10. 4. 1820 entlieh. – Zur Quellenbenutzung im einzelnen vgl. Roethe, S. 129–152 u. 252–258. – Zur Komposition: A. Zastrau, Art. „Belagerung von Mainz" in: Goethe-Handbuch, 2. Aufl. 1955ff. Sp. 991–999.

363,7f. *Der alte freie Weg:* über Kastel.

363,13. *Oberulm:* heute Oberolm.

363,15. *Hauptmann Vent.* Vgl. Anm. zu 267,13.

363,20f. *meinen Fürsten im Lager bei Marienborn.* Die Belagerungsarmee auf dem linken Rheinufer war in Form eines Halbkreises aufgestellt. Das preußische Hauptquartier befand sich am Scheitel des Bogens bei Marienborn; hier stand auch das Kürassierregiment Herzog Carl Augusts.

363,22. *Maximilian von Zweibrücken:* Maximilian von Pfalz-Zweibrücken-Birkenfeld, 1756-1825. Als Nachfolger des Kurfürsten Karl Theodor von Bayern und Pfalz wurde er 1799 Kurfürst, 1806 König von Bayern. – NDB 16, S. 487–490.

363,28f. *das merkwürdig-gefährliche Verhältnis des Dorfes Bretzenheim.* Das heftig umstrittene Dorf lag in einer Senke, nahe bei der von den Franzosen besetzten Ortschaft Zahlbach. Vgl. 365,24 –27 u. 367,36ff.

363,33. *imprimieren* = einprägen.

363,34. *dem General Grafen Kalckreuth,* Friedrich Adolf, 1737–1818, Oberbefehlshaber der Belagerungsarmee. – NDB 11, S. 30f.

363,36. *eine Märe.* Das Gerücht bezog sich auf Generallieutenant von Schönfeld, der die Truppen auf dem rechten Rheinufer befehligte.

364,6. *Blockade und ... Belagerung.* Einschließung und gewaltsame Erzwingung.

364,12. *Obrist von Stein.* Vgl. 188,5f. u. Anm.

364,18f. *restagnierend* = sich stauend und überfließend.

364,23. *Theoristen* = Theoretiker. General Kalckreuth, geistvoll, sarkastisch, französisch gebildet, verbarg nicht seine Unzufriedenheit mit der theoretisierenden, zögernden Strategie der preußischen Führung, besonders des Herzogs von Braunschweig. – Erich Weniger, Goethe und die Generale, Stuttgart 1959. S. 25.

364,26. *Turenne,* Henri de Latour d'Auvergne, Vicomte de, 1611–1675, Marschall von Frankreich, Heerführer Ludwigs XIV.

364,26. *Condé,* Ludwig II. von Bourbon, Prinz von, 1621–1686, französischer Heerführer.

364,27f. *Durch das Wort* ... Nach Joh. 1,3.

364,31. *Lieutenant von Itzenplitz,* Friedrich August, geb. 1769, war bei einem Ausfall auf Bretzenheim gefangengenommen worden.

365,10f. *ihren Kalender von diesen Tagen an datierten.* Das Jahr I des Revolutionskalenders setzt mit dem 22. September 1792 ein.

365,16. *Hautboisten* = Regimentsmusiker.

365,16. *Thadden:* Chef eines preußischen Infanterieregiments.

365,16. „*Ça ira*". Populäres Lied aus der Revolutionszeit, bei den französischen Truppen als Kampfgesang beliebt.

365,17. *Marseiller Marsch:* die sog. Marseillaise. Das Lied war im April 1792, kurz nach der Kriegserklärung Frankreichs an Österreich, von dem Pionierhauptmann Rouget de Lisle in Straßburg als „Kriegsgesang für die Rheinarmee" geschaffen worden. In Paris wurde es zuerst von den Marseiller Nationalgarden bei ihrem Einmarsch am 30. Juli 1792 gesungen. Als „Marche des Marseillois" wurde es gedruckt und bald allgemein bekannt.

365,33. *Landgraf von Darmstadt,* Ludwig X. von Hessen-Darmstadt, 1753–1830, Schwager Carl Augusts, seit 1790 Landgraf. NDB 15, S. 395f.

365,39–366,1. *Prinzessinnen von Mecklenburg.* Luise und Friederike von Mecklenburg-Strelitz. Luise, 1776–1810, die spätere Königin Luise, war damals Verlobte des preußischen Kronprinzen Friedrich Wilhelm. Ihre Schwester Friederike, 1778–1841, war Verlobte des preußischen Prinzen Friedrich Ludwig Karl. Sie war in zweiter Ehe mit dem Prinzen von Solms-Braunfels, in dritter mit dem Herzog von Cumberland vermählt. Goethe ist ihr in den Jahren 1805–1815 mehrmals begegnet.

366,10–12. *Freitag den 30. Mai ... Fronleichnam.* Der 30. Mai, auf den das Fronleichnamsfest fiel, war ein Donnerstag. Die Angaben der Wochentage vom 26. bis zum 29. Mai sind entsprechend zu berichtigen.

366,18. *Ebenheim:* vielleicht ist Eltville oder Erbach gemeint.

367,11. *Ohnehosen.* Vgl. Anm. zu 204,4.

367,12. *Rittmeister La Vière,* Ludwig de, 1746–1793, war damals Major. Vgl. 370,22.

367,13. *Rittmeister von Voß,* Ludwig 1762–1793.

367,15f. *eine kurze Relation.* Das Manuskript dieses Berichts lag Goethe bei der Abfassung der *Belagerung* vor; er hat den ursprünglichen Text fast unverändert beibehalten. Vgl. WA. 33, S. 335f.

368,3f. *bei Zahlbach, einem Kloster nahe bei Dalheim:* Dalheim ist das Kloster, Zahlbach die Ortschaft. Vgl. 363,28.

368,10. *Prinz Ludwig, Ferdinands Sohn* = Prinz Louis Ferdinand von Preußen.

369,20. *Birkenwellen* = Holz-, Reisigbündel. Vgl. Anm. zu 218,38.

370,35. *bei Serenissimo* = „Durchlaucht"; hier der Herzog von Weimar.

371,18. *Arbeit an „Reineke Fuchs".* Vgl. 359,34–361,3.

371,25. *das offenbare Geheimnis.* Eine Wendung, die bei Goethe häufiger vorkommt. Vgl. Bd. 6, S. 216,27 u. Anm.; Bd. 9, S. 495,30; Bd. 12, S. 148,16.

372,14. *Unser Krause:* Der Maler Georg Melchior Kraus. Vgl. Anm. zu 171,17ff. – Goethe entlieh am 10. 2. 1820 aus der Weimarer Bibliothek: G. M. Kraus, Vier Blätter colorierter Handzeichnungen, Ansichten der Festung Mainz und ihrer Umgebung während der Belagerung im Jahre 1793. gr. qu. fol. – H. v. Maltzahn, G. M. Kraus in Weimar und auf Reisen. Goethe-Kalender auf das Jahr 1940. S. 216–356.

372,18. *Parallele.* Belagerungsgraben, der parallel zu den Verteidigungswerken der Festung verläuft. Nach den Regeln der Belagerungstechnik wurden nacheinander, in jeweils geringerem Abstand von der Festung, drei Parallelen gezogen, die durch schräge oder im Zickzack verlaufende Gräben miteinander verbunden waren.

372,33. *Herr Gore,* Charles, 1729–1807, ein wohlhabender Engländer, der seit 1791 mit seinen Töchtern in Weimar lebte. Er war schon früher viel gereist und hatte aus Liebhaberei Landschaften gezeichnet. Vgl. 375,11–17; 382,19–33 und 395,20–31. – Goethe hat in den *Nachträgen zu Philipp Hackert. Biographische Skizze, meist nach dessen eigenen Aufsätzen entworfen,* 1811, Gores Leben beschrieben (WA. 46, S. 331–340). – Thieme-Becker, 14, 1921, S. 397f. – Das Goethe-National-Museum in Weimar besitzt Gores Nachlaß: 1379 Aquarelle und Zeichnungen. Willi Ehrlich, Goethes Beziehungen zu Ch. Gore. GJb. 91, 1974, S. 117–135.

373,13. *Tranchee* = Laufgraben. „Die Tranchee eröffnen" bedeutet: die erste Parallele mit den rückwärtigen Verbindungsgräben auswerfen. Vgl. Anm. zu 372,18.

373,18. *Faschinen* = Reisigbündel zum Verkleiden von Gräben und Brustwehren.

374,12. *dritte Parallele.* Es ist hier die äußerste Parallele gemeint, die gewöhnlich als die erste bezeichnet wird.

374,15. *Klubisten.* Die Anhänger der Revolutionsideen in Mainz hatten nach der Besetzung der Stadt durch die Franzosen eine „Gesellschaft der Freunde der Freiheit und Gleichheit" nach dem Vorbild der Jakobinerklubs gegründet. Ihre Mitglieder bezeichnete man als „Klubisten". – Vgl. Bd. 6, S. 131,17–133,33.

374,18. *Exportation* = Ausweisung.

374,33. *Dechanei:* die Dompropstei. Vgl. 392,10–19.

375,11. *Herr Gore und Rat Krause behandelten den Vorfall künstlerisch.* Eins der Aquarelle von Kraus ist reproduziert in: W. Bode, Goethes Leben. 1790–1794. Von W. Tornius. Bln. 1926. S. 280/281. Zwei andere Aquarelle von Kraus findet man in: H. Wahl u. A. Kippenberg, Goethe und seine Welt. Lpz. 1932. S. 132 u. 133. Ebenda eine Aquatinta-Radierung der nächtlichen Beschießung von Mainz von Tielker nach J. G. Schütz. Da von diesem Blatt ein Exemplar in Goethes Besitz war und heute noch vorhanden ist, findet man eine Reproduktion auch in: Holtzhauer, Goethe-Museum. Bln. u. Weimar 1969. S. 389.

375,16. *Hauptstadt des Vaterlandes:* als Sitz des Kurfürsten-Reichserzkanzlers.

378,30. *Chaisen* = leichte Kutschen.

379,12. *Diskurieren* = sich unterreden.

380,34. *Favorite:* kurfürstliches Lustschloß, südlich der Stadt.

380,34. *Glacis:* abgeböschtes Gelände vor dem Festungsgraben.

381,29. *Nationalkonföderation.* Am Jahrestag des Sturms auf die Bastille wurde seit 1791 das Fest der nationalen Verbrüderung gefeiert.

381,29f. *Eroberung von Condé.* Festung im Hennegau, am 10. 7. von den Österreichern eingenommen.

382,6. *ein Bildnis.* Eine Reproduktion dieses Bildes, das Charles Gore beim Frühstück in Kleinwintersheim darstellt, findet man in: Eberhard Frh. Schenk zu Schweinsberg, Georg Melchior Kraus. Weimar 1930 (= Schr. GGes. 43), Taf. 32; sowie in: Goethe und seine Welt. Hrsg. v. Hans Wahl und Anton Kippenberg. Leipzig 1932. (306 S. mit 580 Abb.) S. 134.

382,20f. *Er zeichnete ... in der Camera obscura.* Tragbare Dunkelkammern benutzte man früher zur Abbildung von Landschaften, indem man das Bild nachzeichnete, das mittels Spiegel und Linse auf eine Zeichenplatte geworfen wurde. – In Goethes Tagebuch ist am 28. 11. 1806 vermerkt: *Gores Prospekte, durch die Camera obscura gezeichnet, besehen.* Vgl. auch Bd. 6, S. 430, 16–29.

383,28. *Herr von Oppen,* Adolf Friedrich, 1761–1834, damals Rittmeister und Chef der Leibschwadron. – E. Weniger, Goethe und die Generale der Freiheitskriege. Stuttgart 1959. S. 32f.

384,23. *General d'Oyré* befand sich nach der Übergabe von Mainz bis zum Dezember 1794 in Kriegsgefangenschaft. Goethe ist mit ihm Anfang Juli 1794 in der Nähe von Erfurt zusammengekommen (s. Brief an Sömmerring vom 16. 7. 1794).

384,24. *Punktation* = Entwurf mit den einzelnen Punkten der Kapitulationsbedingungen.

385,2. *Sömmerring.* Vgl. 189,13 u. Anm.

385,8. *Wolfsgruben:* Trichterförmige Gruben, die in der Mitte mit einem spitzen Pfahl versehen waren und als Sperre dienten.

387,21. *Merlin von Thionville,* Antoine Christophe, 1762–1833, Jakobiner, seit dem 17. 12. 1792 als Kommissar des Konvents in Mainz, „ein betriebsamer, wilder Terrorist" (Andreas, Belagerung von Mainz, S. 8).

389,19. *wohlgebildet* = wohlgestaltet. Vgl. 316,13.

389,26. *der Spitzbube von Architekten.* Man hat versucht, den Namen des Architekten zu ermitteln, und auf den französischen Architekten Mangin, den Erbauer der Dompropstei (vgl. Anm. zu 392,11), oder einen seiner Söhne verwiesen. Doch ist diese Annahme wenig wahrscheinlich. – Tatsache ist, daß auswandernde Klubisten von der Mainzer Bevölkerung bedroht und angegriffen wurden und daß der Verdacht aufkam, Franzosen und Klubisten hätten Kirchen und Häuser von Adligen in Brand gesetzt (vgl. Goethes Brief an Voigt vom 27. 7. 1793). – Paul Amann, Plutôt une injustice qu'un désordre. In: Jahrbuch der Sammlung Kippenberg, Bd. 9, 1931, S. 80–95.

391,24. *Komitisten.* Der rheinisch-deutsche Nationalkonvent (die auf französischen Druck in den besetzten Gebieten gewählte Volksvertretung) hatte nach französischem Vorbild einen „Sicherheits- und Wachsamkeitsausschuß" eingesetzt, auch „Comité de surveillance" genannt. Er hatte sich durch die Anordnung und rücksichtslose Durchführung der Ausweisungen verhaßt gemacht.

391,30ff. *„Es liegt nun einmal ..."* Vgl. *Maximen und Reflexionen* Nr. 113 u. 114, Bd. 12, S. 379. Jahrbuch d. Sammlung Kippenberg 9, 1931. S. 80–95.

392,11. *Dechanei:* die Dompropstei, eine dreiflügelige Anlage im klassizistischen Stil, 1782–86 von dem französischen Architekten Charles Mangin für den Dompropst Graf Friedrich Damian von der Leyen erbaut. Die Inneneinrichtung war erst 1791 fertig geworden. – Friedrich Dorst, Charles Mangin und seine

Bauten in den Trierer und Mainzer Landen (1779–1793). In: Mainzer Zeitschrift, XII–XIII (1917/18), S. 89–114, bes. S. 106–109, mit mehreren Abb.

393,10. *vorm Jahr.* Vgl. 189,13ff.

393,17. *Eine Proklamation des neuen Gouverneurs.* In der Proklamation des neuen „Gouverneurs der Stadt und Vestung Mainz" Generallieutenant von Wolframsdorf vom 26. Juli 1793 wird verlangt, daß die treugebliebenen Mainzer „der Gerechtigkeitsliebe ihres rechtmäßigen Landesherrn überlassen sollen, dafür zu sorgen, daß ein Unterschied unter seinen treuen und denen durch falsche Grundsätze irregeführten Unterthanen statt finde ...". Goethe fand diese Proklamation in der „Darstellung der Mainzer Revolution", Bd. 2, S. 1028–1030 (s. Anm. zu 363,5).

394,7. *mit ihren bunten Schärpen.* Schärpen waren das Abzeichen der Munizipalen (Mitglieder des engeren Rates der Stadt) gewesen; diese waren von Haus zu Haus gegangen und hatten die Bürger aufgefordert, den Eid auf die neue Verfassung zu leisten. Wer sich weigerte, mußte damit rechnen, ausgewiesen zu werden. – Vgl. Bd. 6, S. 132,4f.

395,21. *Drusus' Denkmal.* Vgl. Bd. 9, S. 226,36–39.

395,26f. *eine Zeichnung der ganzen ... Stadt.* Ein Aquarell von Ch. Gore, das die Stadt Mainz nach der Belagerung, von der Zitadelle aus gesehen, darstellt, ist reproduziert im „Goethe-Kalender auf das Jahr 1917", hrsg. v. C. Schüddekopf, Leipzig 1916, Taf. 5–7. Auf Taf. 4 des Kalenders ist ein weiteres Aquarell von Gore wiedergegeben („Bombardement der Citadelle von Mainz"). – Weitere Abbildungen: W. Bode, Goethes Leben. 1790–1794. Vereinsamung. Bearb. v. V. Tornius. Berlin 1926. S. 280.

397,3. *die letzte Revolution in Paris.* Im Juli 1793 hatten Robespierre und seine Anhänger die Führung im Konvent und Wohlfahrtsausschuß an sich gerissen, während Danton dem Ausschuß nicht mehr angehörte.

397,6. *Merlin von Thionville.* Vgl. Anm. zu 387,21.

397,6. *Reubel:* Jean François Rewbell, 1747–1807, aus Kolmar gebürtig, Kommissar des Konvents in Mainz.

397,22. *Mannheim wieder besuchen.* Vgl. Bd. 9, S. 500,29ff. u. Anm.

397,32. *von Rietz,* Johann Friedrich, Kämmerier König Friedrich Wilhelms II., mit einer Favoritin des Königs verheiratet.

398,4. *Leute von Genie.* Das Thema der Homogenität des Individuums, das für die Plessing-Episode wichtig war (vgl. 330,30–35 u. Anm.), wird hier noch einmal scherzhaft aufgenommen. – Auf das Problem der Körpergestalt des Genies führt auch das Gespräch mit Eckermann vom 11. 3. 1828, in dem Goethe auf die Frage, ob die geniale Produktivität eines Menschen bloß im Geiste oder auch im Körper liege, zur Antwort gibt: *Wenigstens hat der Körper darauf den größten Einfluß. Es gab zwar eine Zeit, wo man in Deutschland sich ein Genie als klein, schwach, wohl gar buckelig dachte; allein ich lobe mir ein Genie, das den gehörigen Körper hat.*

398,20. *Freundin Delph.* Vgl. 108,30 u. Anm.

398,21. *Schwager und Jugendfreund Schlosser.* Vgl. Bd. 9, S. 504,30 u. Anm.

398,27. *Eulerische Theorie.* Leonhard Euler, 1707–1783, Mathematiker und Physiker, entwickelte die Wellentheorie des Lichts weiter. – NDB 4, 1959, S. 688f.

398,37. *einen Aufsatz: Einige allgemeine chromatische Sätze,* datiert *Lager bei Marienborn, d. 21. Juli 1793;* von Goethe nicht veröffentlicht. – Goethe, Die Schriften zur Naturwissenschaft, hrsg. im Auftrage der Deutschen Akademie der Naturforscher (Leopoldina) zu Halle. I. Abt. Bd. 3. Beiträge zur Optik und Anfänge der Farbenlehre 1790–1808. Hrsg. v. R. Matthaei. Weimar 1951. S. 130–136. (Im gleichen Band sind noch einige andere Aufzeichnungen zur Farbenlehre aus der Zeit der Belagerung von Mainz enthalten.)

399,25. *regte sich abermals.* Vgl. die Selbstcharakteristik 315,3–22.

399,33. *Aufenthalt in Frankfurt.* 9.–19. August.

399,35–37. *Greueltaten einer verwilderten ... Nation:* Die Schreckensherrschaft des Wohlfahrtsausschusses, Einsetzung des Revolutionstribunals, Prozesse gegen die Girondisten, Hinrichtung der Königin.

399,38ff. *Der Herzog ... trat ... aus preußischen Diensten.* Während der Herbstmonate nahm Herzog Carl August an den preußischen Operationen gegen die Franzosen in der Pfalz teil. Persönliche Gründe bestimmten ihn jedoch, Anfang 1794 aus preußischen Diensten zu scheiden. Nach dem Thronwechsel in Preußen trat er wieder in das Heer ein; am 21. August 1798 wurde er von Friedrich Wilhelm III. zum Inspekteur der Magdeburgischen Kavallerie ernannt. – Georg Bahls, Carl August von Weimar als Soldat. Berlin (1932). S. 59ff.

ZUR TEXTGESTALTUNG

Der Text ist nach den gleichen Grundsätzen bearbeitet worden, die für die Textgestaltung von *Dichtung und Wahrheit* maßgeblich waren (vgl. dazu Bd. 9). Im allgemeinen liegt die Fassung des Erstdrucks von 1822 zugrunde. Abweichungen vom Erstdruck (E) sowie von der Weimarer Ausgabe (W), der Jubiläumsausgabe (J), der Festausgabe (F) und gelegentlich auch der *Ausgabe letzter Hand* (C) sind im folgenden verzeichnet. Wiederholt vorkommende Varianten sind nur einmal vermerkt. Lesarten, die sich lediglich durch die von den Bearbeitern der *Ausgabe letzter Hand* vorgenommene Hinzufügung oder Streichung der e in unbetonten Silben ergeben, sind nicht aufgenommen. – Abweichungen in der Orthographie der Personen- und Ortsnamen sind ebenfalls nicht verzeichnet.

189,38 *Postillion*]*Postillon* WJ 190,26 *aufgepackt*]*auf bepackt* WJ 193,1 *Emigrierte*]*Emigrierter* WF 195,15 *an welchem*]*in welchem* W 197,9–12 *sich nunmehr ... bewähren sollte*]*sich nunmehr ... sich bewähren sollte* EC]*nunmehr ... sich bewähren sollte* WJ 198,31 *Zelte*]*Zelten* E 199,6 *von weiten*]*von weitem* WF 214,19f. *hohen Ruhe*]*hoher Ruhe* WF 217,28 *zeugte*]*zeigte* E 218,13 *ohnerachtet*]*unerachtet* WJF 218,21f. *ziehen zu sehen*]*ziehen sehen* E 219,3 *lohe Flamme und Kohlen*]*lohe Flammen und Kohle* F 219,21f. *bedenklichen*]*bedenklichem* WF 223,23 *Mühlen, ihn zu mahlen*]*Mühlen* CW 225,4 *und sie so, wie sie*]*und so wie sie* E]*und so wie* W 225,11 *Nachmittag*]*Nachmittags* J 225,15 *Küchwagen*]*Küchenwagen* WF 229,26 *ahndeten*] *ahneten* WJF 232,21f. *nach der Armee sollten*]*nach der Armee gehen sollten* CWJ 236,17 *ungeheuern*]*ungeheuren* WJ 241,27 *ohngefähr*]*ungefähr* WJF 242,3 *erweiterte*]*erweitete* W 245,37 *Heerhaufen*]*Heereshaufen* W 253,27 *einen Furt*]*eine Furt* WF 261,32 *ohngeachtet*]*ungeachtet* WJF 262,14 *sagen*]*sagten* F 262,35 *spukte*]*spükte* EJ 263,11 *Chesne Le Popu-*

leux]*Le Chesne Populeux* W]*Le Chêne Populeux* JF 263,12 *Les Grandes et Petites Armoises*]*les Grandes et Petites Armoires* EC]*les Grandes und les Petites Armoises* JF 263,38 *druckte*]*drückte* J 266,25 *mahomedanische*]*mahometanische* F 268,9 *groß und kleine*]*große und kleine* WF 270,10 *neckischen*]*neckischer* WF 273,12 *Uniformierte marode*]*Uniformierte, Marode* WJ 273,33 *schönen*] *schöne* E 274,20 *Väterhause*]*Vaterhause* WJF 275,8 *treibe*]*triebe* W 276,25 *denselben*]*demselben* WF 278,17 *kalten*]*kaltem* WF 281,32 *Mannigfaltigkeit*] *Mannichfaltigkeit* WJ 285,14 *Dem ungeachtet*]*Dessen ungeachtet* J 285,20f. *einer segnenden*]*eine segnende* F 285,38 *Gipfel*]*Giebel* W 288,2 *mittlerer*]*mittler* W 288,18 *wackren*]*wackern* W 292,37 *Mauer*]*Mauern* W 293,18 *Jahrszeit*]*Jahreszeit* W 296,27 *wechselnden*]*wechslenden* E 301,18 *Generäle*]*Generale* WJF 304,10 *hierher*]*hieher* W 306,3 *klarer*]*kalter* F 308,21 *erdreistete*]*erdreustete* E 308,30 *Land*]*Lande* WF 312,4 *Voltairischen*]*Voltaire'schen* W 314,8 *Mannigfalt*]*Mannigfaltigkeit* WF 315,24 *bösen*] *böse* E 318,6 *Kenntnis*]*Kenntnisse* W 318,28 *erklärt'*]*erklärte* WF 321,3 *Mittagmahles*]*Mittagsmahles* WF 321,25 *wußt'*]*wußte* W 325,25 *vom*]*von* WF 326,20 *Interessen*]*Interesse* E 328,21 *einen*]*einem* WF 330,32 *seinen Handeln*]*seinen Handlen* E]*seinem Handeln* WF 337,6 *Rousseauischer*]*Rousseau'scher* W 338,12 *Kostbare*]*Kostbares* WF 341,21 *in welche*]*in welcher* WF 341,32 *festen*]*feste* E 344,10 *fratzenhafte*]*fratzenhafter* WF 345,22 *zu Kontrolle*]*zur Kontrolle* F 351,7 *allen*]*allem* WF 353,23 *im Profil*]*in Profil* W 356,13 *ausgeführt*]*ausgefüllt* WF 359,23 *gedrückter*]*gedruckter* E 360,15 *Vossischen*]*Voßschen* W 361,29 *kämpfenden*]*kämpfender WF 362,1 für*]*vor* WF 363,16 *Kastel*] *Cassel* EC 364,31 *Lieutenant*]*Lieutnant* E]*Leutnant* JF 365,11 *datierten*]*datiren* W 366,18 *Ebenheim*]*Erbenheim* W]*Erbach* F 366,28 *ruckte*]*rückte* J 367,27 *Gunzenheim*]*Gonsenheim* JF 369,19 *Pechkränze und mit*]*Pechkränze, mit* EJ 369,29 *nah*]*nahe* F 370,15 *gehangen*]*gehenkt* WJF 375,11 *Rat Krause*]*Rat Kraus* JF 376,23 *ohnfern*]*unfern* WJF 379,5 *Geklappere*]*Geklapper* W 384,1 *nah*]*nahe* W 385,23 *Ausgewanderte*]*Ausgewanderter* WF 386,35 *jedoch wurden*]*wurden jedoch* WF 387,12 *Ahndungsvolles*]*Ahnungsvolles* WJF 388,24 *Schmähen*]*Schmähungen* WF 392,34 *voll Lappen*]*von Lappen* W

SANKT-ROCHUS-FEST ZU BINGEN

NACHWORT

Das *Rochusfest zu Bingen* ist gleichzeitig mit den Anfängen des *West-östlichen Divan* entstanden. Goethe stand damals an der Schwelle des Alters. Während sich ihm die geistig-esoterische Welt östlicher Dichtung als etwas überwältigend Neues öffnete, wurde ihm noch einmal die Begegnung mit der schlichten Welt heimatlichen Volkstums zuteil. Hat jenes die reichen lyrischen Motive und Formen des *Divan* hervorgerufen, so ließ ihn dieses an eine frühere Form epischer Gestaltung anknüpfen. In Italien hatte er die kirchlich-volkstümlichen Feste des Jahreskreises beobachtet; er hat später gern und lebendig im geselligen Kreis von ihnen erzählt. Das *Römische Jahr,* das ihm vorschwebte, wurde zwar nicht ausgeführt; doch schilderte er schon bald nach der Rückkehr aus Italien das bunteste und weltlichste der römischen Feste, den Karneval (1789). Seit Laurence Sternes „Sentimental Journey" (1768) gab es den Typ der empfindsamen Reisebeschreibung, in welcher der Betrachter die Reiseumwelt zum Anlaß nahm, die eigenen Gedanken und Empfindungen mitzuteilen. Von diesem Typ des Reiseberichts hat Goethe sich im *Römischen Karneval* bewußt abgewandt. *Ich ... hatte die Maxime ergriffen, mich soviel als möglich zu verleugnen und das Objekt so rein, als nur zu tun wäre, in mich aufzunehmen* (434,8–10). Leuchtende Bildkraft vereint sich mit strenger, sachlicher Genauigkeit. Ähnlich ist – ein Menschenalter später – das *Rochusfest* gestaltet, wiederum als Denkmal eines Reiseerlebnisses. Auch hier hat Goethe alle Sorgfalt darauf verwandt, die Schilderung durch *Bestimmtheit und Glanz* auszuzeichnen (an Zelter, 10. 12. 1816). Das eigentliche Thema ist nicht das autobiographische Erleben, sondern das Objektive: das Fest des zugleich frommen und weinfreudigen rheinischen Volkes und dazu die Landschaft mit ihren Rebhügeln, Burgen und fruchtbaren Gauen, ihren Menschentypen, Dorfanlagen und Hausformen bis hin zu ihrer geologischen Beschaffenheit. – Anders als *Das römische Karneval* ist das *Rochusfest* arm an Handlungsmomenten; dennoch ist es beschwingt bis in die Sprache hinein. Die Rochusfeier des Jahres 1814 war nicht nur Wiederkehr einer alljährlichen Wallfahrt, sondern ein besonderes *politisch-religiöses Fest, Symbol des wiedergewonnenen linken Rheinufers sowie der Glaubensfreiheit an Wunder und Zeichen* (413,9–12). Nach Jahrzehnten der Fremdherrschaft wurde das Fest in diesem Jahre inmitten der noch von Kriegsspuren gezeichneten Landschaft zum erstenmal wieder auf dem Berge bei der neuerrichteten Kapelle gefeiert. Etwas von der Hochstimmung dieses Jahres ist in Goethes *Rochusfest* eingegangen. Es war nicht zufällig, daß er das Fest gerade in diesem Jahre miterlebte. Auch ihm war damals eine Epoche innerer Befreiung und einer mit Erstaunen wahrgenommenen Verjüngung geschenkt. Es zog ihn fort aus der Enge Weimars in das Land seiner Jugend, das er seit siebzehn Jahren nicht mehr besucht hatte. Auf der Reise nach Wiesbaden im Juli 1814 sind die ersten Gedichte des *Divan* entstanden. Die Reise schenkte vielfältige, anregende Eindrücke. Mitte August führte ein Ausflug von Wiesbaden in den Rheingau. Anfang September weilte Goethe eine Woche hindurch als Gast Franz Brentanos in Winkel, in einer Atmosphäre von katholischer Frömmigkeit und Weltfreudigkeit. Der Herbst brachte die Begegnung mit der altdeutschen Kunst in der Heidelberger Sammlung der Brüder Boisserée; er brachte schließlich die tiefe Neigung zu Marianne von Willemer, der „Suleika" des *Divan*. Im Sommer des folgenden Jahres reiste Goethe wiederum an den Rhein. Die Eindrücke des Vorjahres wiederholten und steigerten sich noch. Bis in den Oktober hinein war er mit Sulpiz Boisserée zusammen, und er ließ sich bestimmen, für das große Anliegen der Romantik, die Rettung und Erhaltung der deutschen Altertümer, zu wirken. Gleich nach der Rückkehr begann er das erste Heft der neuen Zeitschrift *Über Kunst und Altertum in den Rhein- und Maingegenden,* in welchem er, von den Eindrücken der beiden Rheinreisen Rechenschaft gebend, die Denkmäler der deutschen Kunst des Mittelalters würdigte.

Für den Sommer 1816 hatte Goethe wiederum eine Reise in westliche und südwestliche Gegenden geplant. Doch im Juni brachte der Tod Christianens eine tiefe seelische Erschütterung, und als am Reisetag, dem 20. Juli, dicht hinter Weimar der Wagen umstürzte, *ward die vorgesetzte Reise aus Unmut und Aberglaube vielleicht übereilt aufgegeben (TuJ, 1816).* Goethe verbrachte den Sommer in dem kleinen Bad Tennstedt, zurückgezogen, fast pflichtgemäß der Pflege seiner Gesundheit obliegend. Statt des bewegten Kreises der rheinischen Freunde war sein Umgang Heinrich Meyer, dessen klassizistischer Formalismus die Erwärmung für die romantischen Bemühungen merklich abkühlen ließ. In dieser thüringischen Abgeschlossenheit wandte sich Goethe der Erinnerung an das Rochusfest zu, das er am 16. August 1814 in Bingen miterlebt hatte. Er hatte die Darstellung schon damals, spontan unter dem Eindruck des Erlebnisses begonnen. Am 17. 8. 1814 heißt es im Tagebuch: *Frühe Schema des Rochusfestes ... Schema fortgesetzt.* Am 19. und 26. August hatte er daran weitergearbeitet und am 29. 8. Riemer mitgeteilt, daß er das Fest des hl. Rochus schematisiert habe und daß alles schon fertig wäre, wenn er nur jemanden zum Diktat bei sich hätte. Doch erst in dem einsamen Sommer in Tennstedt nahm er das *Rochusfest* wieder vor; durch die dichterische Gestaltung machte er sich gleichsam noch einmal das bunte, sinnenfrohe Leben in der rheinischen Landschaft gegenwärtig. Er arbeitete noch bis in den Spätherbst daran, *alle Liebe und Treue auf diese Darstellung* verwendend, die ihn *in so schöne Zeit in jene Gegenden* versetzte (an Boisserée 1. 7. 1817. – Über ein Gespräch mit Goethe notierte Boisserée am 12. August 1815 in seinem Tagebuch, er habe Goethe von Brauchtum, Kirchenfesten, Prozessionen usw. im Rheinland erzählt und dieser habe dazu gesagt: das sei doch ein Leben; sie in Weimar müßten sich behelfen mit der Gelehrsamkeit. – E. Firmenich-Richartz, Die Brüder Boisserée, Bd. 1, 1916, S. 407).

Das *Rochusfest* erschien 1817 im zweiten Heft von *Kunst und Altertum.* Hatte sich Goethe durch das erste Heft der Zeitschrift den Romantikern genähert, so riß dieses zweite Heft die Kluft jäh wieder auf. Mehrere Beiträge, die es enthält, vor allem Heinrich Meyers Aufsatz „Neudeutsche religios-patriotische Kunst", sind ein heftiger Vorstoß gegen die nazarenische Malerei, die die Kunst der Moderne aus dem Geist der religiösen Kunst des Mittelalters zu erneuern suchte. Das harte Urteil über die romantischen Künstler besteht nicht überall zu Recht, zumal Goethe und Meyer von den Bildwerken der Schule, die sie bekämpften, nur wenig gesehen hatten. Es ging Goethe auch gar nicht um einzelne Bildwerke, sondern um das Grundsätzliche: die Abwehr aller Tendenzen, in denen er eine einengende und entnervende Frömmelei und Deutschtümelei wahrzunehmen glaubte und die von der Höhe der klassisch-weltweiten Humanität zu der Stufe früherer, dunklerer Jahrhunderte zurückzuführen schienen.

Seltsam in diese antiromantische Polemik eingebettet, trat das *Rochusfest* vor die Öffentlichkeit: einerseits ein liebenswürdig-überlegenes Abschweifen des Dichters von dem etwas blutlosen Klassizismus seiner *Heiden* in Weimar, die es ihm selbst *oft zu arg* trieben (zu Boisserée, 10. Sept. 1815; Firmenich-Richartz, 1916, S. 413); andererseits aber auch ein Gegenpol zu dem, was ihm als *frömmelnde Unkunst* zuwider war. Goethe nennt das *Rochusfest* (an Boisserée, 27. 9. 1816) *eine heitere im Innern fromme Darstellung.* Der „neudeutschen religios-patriotischen" Schwärmerei wird hier das Bild eines *politisch-religiösen Festes* entgegengehalten, in dem eine gesunde, in die Wirklichkeit greifende Frömmigkeit Leben und Tätigkeit des rheinischen Volkes befruchtet. Dem Heft ist ein Stich nach einem Gemälde beigefügt, das Goethe nach einem eigenen Entwurf durch Heinrich Meyer und Luise Seidler hatte ausführen und von rheinischen Freunden 1816 für die Rochuskapelle hatte stiften lassen. Es zeigt den heiligen Rochus vor seinem Hause, wie er, allen irdischen Besitz zurücklassend und sein letztes Geld sorglos einem Kinde ausschüttend, sich auf die Pilgerschaft begibt. Man mag den künstlerischen Wert des Bildes in Frage stellen; es ist jedenfalls ein Beispiel dafür, wie Goethe die Darstellung des Heiligen in der Kunst vorschwebte: nichts, was das Auge erschreckt, nichts Wunderbares, Überirdisches, sondern das Heilige anmutig-freundlich in die Welt eingebettet. In seinem heiteren Verzicht erinnert der heilige Rochus an den römischen Philippus Neri, dem Goethe als dem *humoristischen Heiligen* besonders zugetan war. – Die Harmonie von Geistlichem und Weltlichem macht auch den Grundton des *Rochusfestes* aus. Dem Volk der Bauern, Winzer und Schiffer sind die Heiligen vertraute Helfer in den täglichen Nöten ihres Daseins. Es gibt keine fromme Sentimentalität, wohl aber Humor, der mit unbefangenem Freimut Himmlisches und Irdisches umfaßt. Das *Rochusfest* ebnet anderseits die Welt nicht zur Idylle ein; Symbol für das im Menschen immer bereite Dunkle ist der derb-grausame Jagdtrieb, der *im segenvollsten Augenblicke* hervorbricht (414,8) – bei diesem erdhaft-bäuerlichen Volke, das kein überfeinertes Empfinden gelernt hat, allerdings ein im Grunde eher naturhafter als „böser" Trieb.

Zu Frömmigkeit und Humor fügt sich das Patriotische, nicht als gemütvolle Versenkung in die Vergangenheit, sondern als tätiges Wirken für den Wiederaufbau. Das Anliegen der Romantik, die Erhaltung der alten Heiligtümer, ist hier in einem höheren Sinne erfüllt: die alten Gegenstände der Verehrung werden von der verweltlichten Stätte in tatkräftigem Gemeinwirken zur neuen Kapelle übertragen, nicht zu musealer Erstarrung, sondern zu künftigem frommen Gebrauch. – Daß die Aufgaben, die sich gerade damals aus den Säkularisationen und aus der politisch-konfessionellen Umschichtung der deutschen Territorien ergeben hatten, mit Takt und gegenseitiger Schonung zu lösen seien, hat Goethe im *Rochusfest* behutsam angedeutet.

Die Objektivität der Darstellung bringt es mit sich, daß der Erzähler zurücktritt. Es heißt selten „ich"; meist „wir" oder „man". Trotzdem ist das *Rochusfest* Aussage des Erzählers über sich selbst und damit im tieferen Sinne autobiographische Schrift. Es ist bezeichnend, daß der kultische Höhepunkt, die sakralen Handlungen, die im Innern der Kirche geschehen, *verborgen* bleiben (427,29). Der Erzähler ist Zuschauender, nicht eigentlich Zugehöriger des christlichen Festes. Dennoch trennt ihn von dem frommen und fröhlichen Volke keine skeptische Distanz. In dem besinnlichen Ausklang des Ganzen, der Festpredigt, wird christliches Gedankengut in aller Echtheit wiedergegeben, zugleich aber leise getönt durch den unverwechselbaren Klang Goethescher Weltschau. Der Leitgedanke der *unbedingten Ergebenheit in den Willen Gottes* (424,9f.) rührt an ein inneres Problem, das Goethe gerade in den Jahren des beginnenden Alters gegenwärtig gewesen zu sein scheint. 1813, im Spinoza-Abschnitt des *16. Buches* von *Dichtung und Wahrheit*, spricht er von der befreienden Macht der Resignation vor dem *Ewigen, Notwendigen, Gesetzlichen* (78,7f.). Die Strophe 'Avἀνάγκη, *Nötigung* der *Urworte, orphisch* (1817; Bd. 1, S. 360) kreist um *Bedingung und Gesetz*, vor denen sich der menschliche Wille bescheiden muß. Bald danach werden die *Wanderjahre* vollendet, deren inneres Thema die Entsagung ist. Das Aufgehen-Lassen des eigenen Willens in einer höheren Notwendigkeit ist hier überall von einem Unterton schmerzlichen Verzichts begleitet. In der christlichen Umwelt des *Rochusfestes* hat das gleiche Thema einen versöhnlicheren Klang; die innere Spannung ist gemildert durch die Verheißungen des Glaubens; die Heiligen, die die *Ergebenheit in den Willen Gottes* vorgelebt haben, stehen in ihren bunten Abbildern gleichsam als Mitfeiernde unter den Menschen, zur tätigen Nacheiferung aufrufend. – Die ermutigende, stärkende Wirkung einer unbedingten Gläubigkeit hat Goethe damals auch an der in der Religion des Islam gründenden Dichtung des Ostens wahrgenommen; dadurch knüpft sich auch innerlich ein Faden zwischen *Rochusfest* und *Divan*. An Zelter, den Gefährten des Rochusfestes von 1814, hat Goethe wenige Jahre später, sich selbst und das irdische Treiben schon mit befreiender Gelassenheit betrachtend, geschrieben (11. 5. 1820): *Diese mohammedanische Religion, Mythologie, Sitte geben Raum einer Poesie, wie sie meinen Jahren ziemt. Unbedingtes Ergeben in den unergründlichen Willen Gottes, heiterer Überblick des beweglichen, immer kreis- und spiralartig wiederkehrenden Erdetreibens, Liebe, Neigung, zwischen zwei Welten schwebend, alles Reale geläutert, sich symbolisch auflösend – Was will der Großpapa weiter?*

ANMERKUNGEN

401,3–8. *Zu des Rheins* ... In der *Ausg. l. Hd.*, 1827, wurde der Vorspruch des *Rochus-Festes* auch in die Gedichtgruppe *Rhein und Main* aufgenommen. Vgl. Bd. 1, S. 338.

401,9. *Vertraute gesellige Freunde* ... Goethe war am 29. Juli zu einem Kuraufenthalt nach Wiesbaden gekommen. Den Ausflug in den Rheingau machte er am 15.–17. August, begleitet von dem ihm befreundeten Komponisten Karl Friedrich Zelter und dem Oberbergrat Ludwig Wilhelm Cramer aus Wiesbaden. Im Tagebuch ist darüber vermerkt: 15. 8. 1814: *Einfall nach Rüdesheim zu gehen ... Mit Zelter zu Hause gespeist. Mit ihm und Cramer nach Tische abgefahren. Herrlich Wetter und Weg. Rüdesheim im Adler abgetreten. Hofr. Goetz. Östr. Kriegs Comm. Ingelheimer Ruine.* 16. 8.: *Reiner Sonnenaufgang. Zu Goetz. Dessen Mineralien. Nach Hause. Übergefahren. Auf die Rochus Capelle. Große Wallfahrt. Bis Mittag. Hinab nach Bingen. Bingerloch. Rückkehr. Bei Hofr. Goetz gespeist. Abgefahren. Bis Elfeld, in der Rose abgetreten.* 17. 8.: *Seit langer Trockne Nachts starker Regen. Elfeld frühe Schema des Rochus Festes ... Wiesbaden.*

401,23. *Kloster Johannisberg:* ursprünglich Benediktinerabtei, gelangte im 18. Jahrhundert in den Besitz der Fürstabtei Fulda, deren Äbte dort eine Barockkirche und ein Schloß erbauen ließen; 1802 säkularisiert.

401,33. *vierzehen Nothelfer:* eine Gruppe von vierzehn Heiligen, die als Helfer in bestimmten Nöten angerufen werden. Der hl. Rochus gehört im allgemeinen nicht zu dieser Gruppe, wird jedoch in einzelnen Gegenden als Nothelfer verehrt.

401,34. *der heilige Rochus:* einer der volkstümlichsten Heiligen. In Deutschland ist seine Verehrung besonders im Rheinland verbreitet. Seine Legende: 418,9–421,4.

402,22. *Elfeld:* heute Eltville.

403,6. *Leimen* = oberdeutsche Form für Lehm. Vgl. *Faust,* V. 5011.

403,23. *Röhrwasser* = Wasser, das durch eine Röhrenleitung zugeführt wird. Dt. Wb. 8, 1893, Sp. 1134.

403,23. *Marktbrunnen.* Eigentlich: Markbrunnen; der Wein heißt Markobrunner.

403,28. *Weidichte* = Weidengebüsch. Dt. Wb. 14, 1911, Sp. 599.

404,2. *Östreich* = Östrich.

404,38f. *eine Kapelle, dem heiligen Rochus gewidmet.* Der heilige Rochus wird in Bingen seit dem 17. Jahrhundert verehrt. Während einer Pestepidemie (1666) gelobte der Rat der Stadt, eine Kapelle zu seinen Ehren zu erbauen. Die Kapelle wurde auf der Höhe des Berges errichtet und 1677 eingeweiht. Am St.-Rochus-Tage, dem 16. August, findet noch heute jährlich eine feierliche Wallfahrt statt. – Peter Bruder, Die

Verehrung des heiligen Rochus zu Bingen am Rhein. Nebst einer ausführlichen Geschichte der St. Rochuskapelle und Wallfahrt. Mainz 1881. (182 S.)

404,39f. *vom Kriegsverderben wieder hergestellt.* Die Franzosen hatten 1795 eine Schanze auf dem Rochusberg angelegt. Diese wurde von den Österreichern beschossen und die Kapelle dabei zerstört. Anfang 1814 begann der Wiederaufbau, und am 15. August wurde die neu errichtete Kapelle eingeweiht.

405,36. *schauderhaft:* bei Goethe auch in der Bedeutung: Schauder erregend, ergreifend. Vgl. Bd. 1, S. 376, Nr. 7, V. 4 und Bd. 8, S. 317,29. – Fischer, Goethe-Wortschatz, S. 524f.

406,15. *römisches Kastell:* Die Brömser- oder Niederburg, die aber erst aus dem 12./13. Jahrhundert stammt.

407,6. *des Eilfers.* Das Jahr 1811 war ein besonders gutes Weinjahr gewesen. Vgl. Bd. 2, S. 91, *Dem Kellner.*

408,7. *Sankt Florian,* Märtyrer, gest. um 304 in der römischen Provinz Noricum, wird gegen Feuer- und Wassergefahr angerufen.

408,8. *Sankt Sebastian,* römischer Märtyrer, lebte zu Beginn des 4. Jahrhunderts, wird vielerorts als Viehpatron, aber auch bei plötzlichen Erkrankungen und bei Verwundungen angerufen.

408,10. *Sankt Hubertus,* Bischof von Lüttich, gest. 727, Patron der Jäger und Forstleute, wird gegen Hundebiß und Tollwut angerufen.

408,30ff. *eine Sammlung zu betrachten ...:* die des Hofrats Götz. Vgl. Anm. zu 410,4f. und 401,9.

408,33. *Minern* = erzhaltiges Gestein. – Dt. Wb. 6, Sp. 2237.

409,8ff. *mit geologischer Vorliebe ...* Über die geologische Struktur des Rochusberges hat sich Goethe nochmals geäußert in dem Aufsatz *Im Rheingau Herbsttage, Supplement des Rochusfestes 1814,* Abschnitt *Den 5. September.* (Zuerst veröffentlicht im 3. Heft von *Kunst und Altertum,* 1818.) – Wilhelm Wagner, Goethe und der geologische Aufbau des Rochusbergs bei Bingen. Notizblatt des Vereins für Erdkunde (Darmstadt), F. 5, 1925, Nr. 8, S. 224–231.

409,23. *Tafel des Cebes.* Cebes = Kebes, Schüler des Sokrates, Gesprächsteilnehmer in Platons „Phaidon". Ihm wird der (in Wirklichkeit spätstoische) Dialog Πίναξ = Tafel, Gemälde zugeschrieben (lat. Tabula Cebetis). Thema dieses Dialogs ist die Deutung eines allegorischen Gemäldes, welches das menschliche Leben im Bilde eines Berges darstellt, der in mehrere Höhenkreise gestuft ist. Während die meisten Menschen sich in den Seitenwegen verlieren, erklimmen nur wenige die Spitze des Berges, wo Tugend und Glückseligkeit zu finden sind. – Goethe denkt bei dem Vergleich vielleicht auch an den Stich von Matthaeus Merian, der sich in seinem Besitz befand: Tabula Cebetis, continens totius vitae humanae descriptionem. fol. M. Merian fec. (Chr. Schuchardt, Goethes Kunstsammlungen, Bd. 1, 1848, S. 132, Nr. 282. Reproduktion in: Die Stadt Goethes. Frankfurt am Main im 18. Jahrhundert. Hrsg. von der Stadt Frankfurt am Main durch H. Voelcker. Frankfurt 1932. S. 192.)

410,4f. *den herzoglich nassauischen Beamten:* Hofrat Wilhelm Friedrich Götz, Mineraloge, nassauischer Beamter in Rüdesheim. – Der Rheingau, der früher zum Kurfürstentum Mainz gehört hatte, war 1803 an Nassau gefallen.

410,9. *Kloster Eibingen.* Nonnenkloster, 1165 von der hl. Hildegard vom Kloster Rupertsberg aus mit Benediktinerinnen besiedelt. Im 17. Jahrhundert wurde das Kloster Rupertsberg gänzlich dorthin verlegt. 1803 wurde Eibingen säkularisiert.

411,11. *heiliger Ruprecht.* Rupert von Bingen, etwa 710–732, wurde auf dem Rupertsberg bestattet, wird seit 1814 auf dem Rochusberg verehrt.

411,35. *Offizium.* Hier: Heftchen mit Gebets- und Liedertexten. Seit 1767 wurden für die Mitglieder der Rochus-Bruderschaft Andachts- und Wallfahrtsbüchlein gedruckt, die in späteren Jahrzehnten immer wieder neu bearbeitet und herausgegeben wurden. (P. Bruder, Die Verehrung des heiligen Rochus, S. 34 u. 71 ff. – s. Anm. zu 404,38 f.) – In Goethes Bibliothek befindet sich: Regeln und Ordnung der Bruderschaft des heiligen Rochus, welche ... von Ihro päbstl. Heiligkeit Benediktus XIV. genehmiget und ... in Bingen eingeführt wurde i. J. 1754. Kreuznach 1814. (48 S.)

412,27. *Ehrenburg* = die Ruine Ehrenfels.

413,3. *sinnig:* bedächtig, verständig (vgl. 328,19). – Fischer, Goethe-Wortschatz, S. 574.

413,8. *zeitige Autoritäten:* zeitig = gegenwärtig, derzeitig (bes. in der Kanzleisprache). Dt. Wb. 15, 1956, Sp. 586.

413,38. *Ungetüm.* Hier: Poltern, Tumult. Dt. Wb. 11, III. Abt., 1936, Sp. 897.

414,12. *Bidenheim* = Büdesheim.

415,20. *Ohm:* altes Flüssigkeitsmaß, besonders für Wein; etwa 150 Liter.

418,9–421,4. *Sankt Rochus* ... Die traditionelle Legende des heiligen Rochus, die Goethe hier wiedergibt, ist durch die Vita des Venezianers Franz Diedo (1478) geschaffen worden. Rochus genoß in Venedig besondere Verehrung; 1485 wurden Reliquien von ihm nach Venedig übertragen.

421,14. *Bauernregeln.* Am 6. 9. 1814 (als Goethe Gast bei Franz Brentano in Winkel war) hat er im Tagebuch vermerkt: *Sprichwörter und Redensarten. Weinbau, Mühe, Vorteile, Gewinn, Verlust* ... Zu Herkunft und Tradition einzelner Regeln vgl. Goethe-Handbuch, 2. Aufl., 1955 ff., Sp. 844–846. – Bd. 9, S. 251,36 u. Anm.

422,17–21. *Morgens rund* ... In Goethes Tagebuch ist am 31. 8. 1814 eingetragen: *Morgens rund, Mittags gestampft, Abends in Scheiben, Dabei will ich bleiben. (Kartoffeln).*

423,10 f. *Bilder von Lesueur.* Eustache Lesueur, 1617–1655, malte für das Pariser Kartäuserkloster eine Folge von 22 Bildern aus dem Leben des hl. Bruno. – Thieme-Becker 23 (1929), S. 132 f. – Goethe besaß: Leben des heil. Bruno, Stifters des Carthäuserordens. Nach den Gemälden von Eust. le Sueur in dem Kloster dieses Ordens zu Paris gestochen von François Chauveau und Ch. Simonneau. fol. 23 Bl. incl. Titel. (Chr. Schuchardt, Goethes Kunstsammlungen. Bd. 1, Jena 1848, S. 209, Nr. 151.)

424,9 f. u. 27. *unbedingte Ergebenheit.* Die gleiche Formulierung benutzt Goethe in seinem Brief an Zelter vom 11. Mai 1820 (HA Briefe, Bd. 3, S. 477), um seine eigene innere Haltung zu kennzeichnen.

ZUR TEXTGESTALT

Dem Text liegt die Fassung des Erstdrucks in *Kunst und Altertum* 1817 zugrunde. Abweichungen vom Erstdruck (E) sowie von der Weimarer Ausgabe (W) und der Jubiläumsausgabe (J) – gelegentlich auch von der *Ausgabe letzter Hand* (C) – sind im folgenden verzeichnet:

401,28 *Brett*]*Bret* EW 401,33 *vierzehen*]*vierzehn* W 404,19 *Gebirge*]*Gebürge* E 404,25 *ohnfern*]*unfern* WJ 405,2 *dem ohngeachtet*]*dessen ungeachtet* WJ 405,5 *während den*]*während der* W 405,18 *fromme*]*frommen* WJ 410,6f. *hülfreichen*]*hilfreichen* J 412,10 *erhub*]*erhob* W 413,5 *rotseidner*] *rotseidener* W 413,34f. *Gestripp*]*Gestrüpp* J 414,18 *Wege*]*Woge* W 414,35 *trefflichen*]*trefflichem* WJ 418,7 *uns*]*nun* C] *nur* W 418,30 *ansteckende*]*ansteckenden* WJ 418,32 *hinein*]*hinnen* E 420,7 *Landsherrn*]*Landesherrn* WJ 422,18 *Mittag*]*Mittags* J 426,7 *sämtlich*]*sämtliche* W 426,18 *ohngefähr*] *ungefähr* WJ 428,14 *abschießenden*]*abschließenden* J 428,20 *strömte er endlich*]*strömte endlich* EC

TAG- UND JAHRESHEFTE

NACHWORT

Die Anfänge der *Tag- und Jahreshefte* (oder *Annalen,* wie Goethe sie zeitweilig nannte und wie sie auch heute noch vielfach bezeichnet werden) reichen in die Zeit zurück, als Goethe die zweite Gesamtausgabe seiner Schriften bei Cotta herausgab (seit 1815). Damals wurde immer wieder die Frage nach der Entstehung der Werke, ihrer chronologischen Folge und dem Zusammenhang von Leben und Schaffen des Autors gestellt, und Goethe, der in den bis dahin erschienenen autobiographischen Schriften auf diese Fragen nur bruchstückhaft hatte Antwort geben können, kündigte an, er werde der *neuen Ausgabe einen Aufsatz hinzufügen, der dasjenige, was in den Bekenntnissen schon gesagt worden, in kurzem wiederholen und das, was noch zu sagen übrig bleibt, gleichfalls kurz jedoch wesentlich darlegen* werde (Anzeige im ,,Morgenblatt" 1816). Die ersten Vorarbeiten für eine Darstellung der *schriftstellerischen Epochen* begannen im Sommer 1817 (Tagebuchvermerke seit 15. 7. 1817); sie wurden nach längerer Unterbrechung zu Beginn des Jahres 1819 weitergeführt. Auszüge aus den Tagebüchern wurden angefertigt, einzelne Epochen schon ausführlicher behandelt. Da aber die *summarische Biographie* bis zum Abschluß der Ausgabe nicht vollendet werden konnte, stellte Goethe im März 1819 für den letzten Band ein *summarisch-chronologisches Verzeichnis* seiner Werke (bis 1818) zusammen; die *ausgeführte Darstellung* sollte später folgen. – Entwürfe zu einzelnen Jahresgruppen entstanden noch bis Anfang 1820; doch dann konzentrierte sich das autobiographische Interesse auf die Kriegserlebnisse von 1792 und 1793, und während in der Zeit bis zum Frühjahr 1822 die *Campagne in Frankreich* und *Belagerung von Mainz* geschrieben wurden, versanken die Materialien zu der umfassenden Biographie in der Masse des Unfertigen. Erst als Goethe sein Archiv durch den Bibliothekssekretär Kräuter ordnen ließ, fanden sich im September 1822 die *Papiere zum biographischen Abriß des ganzen Lebens* wieder (Tgb. 2. 9. 1822; vgl. 528,7–11). Das gab den Anstoß zum Wiederbeginn. Von Ende 1822 bis ins Jahr 1825 hinein ist das Werk im wesentlichen in seiner jetzigen Gestalt geschaffen worden. Goethe hat sich jedoch nur neben und zwischen vielen anderen Arbeiten damit befaßt. Nur vorübergehend nahmen die *Annalen* die erste Stelle ein; so etwa in einigen Sommerwochen 1823 in den böhmischen Bädern, wo Goethe fast täglich schematisierte und diktierte, oder in einer Arbeitsperiode im Mai/Juni 1825, in welcher die mit dem Glanz epischer Erzählkunst bedachten Szenen aus den Jahren 1801–05 entstanden sind, so u. a. der Besuch der Frau von Staël in Weimar und die Reise nach Helmstedt zu dem legendenumwobenen Beireis und seinen Merkwürdigkeiten. – 1826 kündigte Goethe in der Anzeige der *Ausgabe letzter Hand* zwei Bände *Annalen meines Lebens* an. 1829, als die Drucklegung bevorstand, wurde manches nochmals überarbeitet. Das Werk erschien 1830 in Band 31 und 32 der *Ausgabe letzter Hand* mit dem endgültigen Titel *Tag- und Jahreshefte als Ergänzung meiner sonstigen Bekenntnisse.*

Die Entstehung des Werkes, die weder zusammenhängend noch planmäßig vor sich ging, macht manche seiner Unebenheiten verständlich. Goethe nahm ausdrücklich für sich in Anspruch, jeweils die Epochen zu behandeln, die ihm gerade zusagten (Aufsatz *Lebensbekenntnisse im Auszug* in *Kunst und Altertum,* 1823; s. S. 534f.). Die einzelnen Jahre wurden daher nicht der Reihe nach bearbeitet, sondern der Autor griff das heraus, wozu ihn gerade Erinnerung und Neigung zogen. Ursprünglich sollte die Darstellung nach Epochen gegliedert werden (wie es auch für die Zeit bis 1788 geschehen ist). Seit 1823 setzte sich jedoch die annalistische Form durch, die einer lockeren Gestaltung entgegenkam. Die frühen Jahre (über die zum Teil schon in *Dichtung und Wahrheit* berichtet war) sind nur in lakonischer Kürze behandelt. Von den späteren Jahresabschnitten zeigen manche spröde Knappheit, andere epische Anschaulichkeit; gegen Ende zu findet sich zuweilen eine bis ins Ermüdende gehende Breite. – Die Komposition der einzelnen Abschnitte war im allgemeinen durch den Gang der Ereignisse vorgegeben; der Stoff ist vielfach aber auch nach Themen zusammengestellt: Naturwissenschaft, Theater, Kunst, Literatur, eigenes Schaffen usw.; die einzelnen Themen sind dabei oft kunstlos aneinandergefügt. – Die Quellen, aus denen Goethe den Stoff entnahm, waren mannigfaltig: Briefwechsel, gesammelte Materialien, Fragmente, gedruckte Werke, Theaterpapiere, Literatur verschiedenster Art. Hauptquelle waren die eigenen Tagebücher. Diese sind Dokumente von einzigartigem Aussagewert. Goethes Leben und Tun (vor allem in der Zeit nach 1800) ist in ihnen in einer Durchsichtigkeit vor uns ausgebreitet, wie es bei keinem anderen Menschen der Fall ist. Arbeit, Lektüre, Besuche, Spazierfahrten, Reisen, Postsendungen u. a. sind hier mit größter Genauigkeit aufgezeichnet, und die Sorgfalt, die auf diese Eintragungen verwandt wurde, könnte ans Pedantische grenzen, wenn sich nicht jeder Anflug von Pedanterie vor der außerordentlichen Reichhaltigkeit der Bereiche des Erkennens und Wirkens verlöre. Goethes Tagebücher sind jedoch nie innere Rechenschaft, reflektierendes Gespräch mit sich selbst. Eigentümlich ist ihnen vielmehr eine stichwortartige Knappheit und distanzierende Sachlichkeit, die von den inneren Erschütterungen des Erlebenden nur wenig spüren läßt. – Die *Tag- und Jahreshefte* sind gleichsam ein konzentriertes Abbild der Tagebücher, ergänzt und bereichert durch epische Ausgestaltung. Sie haben mit den Tagebüchern die abstandhaltende, vieles verschweigende Sachlichkeit gemeinsam. Zwar fehlt ihnen nicht jede Wärme, auch nicht Humor; aber von der inneren Geschichte des Autobiographen wird nur wenig, von den ihn im tiefsten angehenden Beziehungen zu anderen Menschen nichts gesagt. Ausgebreitet ist hingegen die erstaunliche Vielheit der Lebensbereiche, wurzelnd in der fast unbegrenzten Aufnahmefähigkeit der Persönlichkeit. Die einzelnen Bereiche sind freilich nicht gleichmäßig behandelt: am ausführlichsten das naturwissenschaftliche Arbeiten und Forschen; dann die amtliche Tätigkeit, das Weimarer Theater, die Sorge für die wissenschaftlichen und künstlerischen Anstalten. Auch das politische Geschehen ist einbezogen, doch bleibt das Urteil hier zurückhaltend, oft skeptisch. Das dichterische Schaffen tritt gegenüber den anderen Tätigkeiten zurück. Die einzelnen Werke werden zwar in die Jahre ihres Entstehens hineingestellt; doch entzieht sich das Unerklärbare des künstlerischen Schaffens der gedrängten biographischen Beschreibung. Auf die Frage nach dem Zusammenhang von Leben und Werk geben die *Annalen* trotzdem eine bedeutsame Antwort: nämlich daß es zur Eigenart des Goetheschen Dichtertums gehörte, in der Fülle einer ganzheitlichen, sich nach allen Seiten ausbreitenden Existenz zu gründen.

Die *Tag- und Jahreshefte* sind ein Buch des Alters. Zunächst der Form nach, die Goethe hier wie in anderen Werken seiner Spätzeit mit Freiheit handhabte. Dem Stil des Alters gemäß ist das gelegentliche, fast beiläufige Einstreuen von Altersweisheit, oft in maximenartiger Knappheit. Altershaltung Goethes ist die versöhnliche, abwägende Art, mit der er Begegnungen und Menschen schildert, auch solche Persönlichkeiten, die ihm später entfremdet waren. Nur selten bricht leidenschaftliche Heftigkeit durch, am ehesten dort, wo es um sein naturwissenschaftliches Lebenswerk, die Farbenlehre geht, deren vermeintlich blinde Ablehnung durch die Fachwelt er nach wie vor nicht zu verwinden vermochte. – Als Alterswerk sind die *Annalen* auch Rückschau an der Neige eines langen Lebens. Dieser Rückschau ist es aber eigen, daß sie nirgendwo wehmütige Erinnerung, Klage um unwiederbringlich Verlorenes ist. Einer der stärksten Eindrücke der *Annalen* ist, daß das Leben, das sich hier darstellt, zu allen Zeiten mit allen Kräften der Gegenwart zugewandt war. So geschieht auch die Rückschau selbst nicht aus der Ruhe des ans Ende Gelangten, sondern aus dem Weiterschreiten. Bis in die Spätzeit ist die freudige Offenheit für die neuen Erkenntnisse geblieben, die sich ringsum auftaten. Ein bezeichnendes Beispiel ist die – den Nachklang der Begeisterung spüren lassende – Bemerkung anläßlich der Entdeckung des Zusammenhangs von Elektrizität und Magnetismus durch die Versuche Oersteds im Jahre 1820; in dieser Erkenntnis tat sich dem Zeitgenossen Goethe *ein beinahe blendendes Licht* auf, den Blick auf die Einheit der Naturbereiche eröffnend (523,33–39). – Es ist charakteristisch, daß die *Tag- und Jahreshefte* keinen eigentlichen „Schluß" haben. Sie brechen mit dem Jahre 1822 ab, unvermittelt, zufällig, weil die Fortsetzung durch äußere Umstände unterblieb. Einen inneren Abschluß gab es hier nicht und konnte es auch nicht geben, solange das Leben weiterging. Das immer fortschreitende Hingegebensein an die Gegenwart macht es aus, daß die *Annalen* in so starkem Maße ein Buch der Lebensbejahung sind. Die Maxime seiner Haltung zu Leben und Welt hat der Autor an einer Stelle selbst angedeutet: *Von dem Standpunkt aus, worauf es Gott und der Natur* ihn *zu setzen beliebt,* nach Umständen und Kräften zu wirken und zugleich *unbefangen ohne Rivalität oder Neid ganz frisch und lebendig* sich dasjenige zuzueignen, *was von den besten Geistern dem Jahrhundert geboten ward* (512,20–30).

Zur Stellung der *Annalen* im autobiographischen Gesamtwerk Goethes vgl. das Nachwort zu Bd. 9. – In unseren Text konnte nur eine Auswahl aufgenommen werden; sie umfaßt etwa ein Drittel des Werkes. Die Proportionen des Werkes sind durch die Auswahl insofern verändert, als die breit ausgeführten Abschnitte zu den späten Jahren verhältnismäßig am stärksten gekürzt werden mußten. Nicht verwischt werden sollte indessen der charakteristische Eindruck der *Tag- und Jahreshefte,* von denen Goethe einmal sagte, daß sie sich *von unbedeutenden Einzelheiten bis zu dem wichtigsten Allgemeinsten* bewegen und daß vielleicht *grade diese tadelnswerte Ungleichheit den sonderbaren Heften einige Gunst* gewinnen werde (an Schultz, 31. 5. 1825). – Die Fülle des Stoffes gebot es, die Anmerkungen auf das zum Verständnis Notwendigste zu beschränken; in vielen Fällen konnte auf Erläuterungen in anderen Bänden der Ausgabe verwiesen werden.

ANMERKUNGEN

429,1–3. *Tag- und Jahreshefte* ... In den Tagebuchnotizen der Entstehungszeit ist die Bezeichnung des Werkes schwankend. *Summarische Biographie* (26. 7. 1819), *Lebensgeschichte* (29. 7. 1819), *Chronik meines Lebens* (13. 12. 1823), *Chronik* (4. 8. 1824) u. ä. Seit Mai 1825 herrscht die Bezeichnung *Annalen* vor (8. 5. 1825; 24. 5. 1825 u. ö.). In der *Anzeige* der *Ausgabe letzter Hand* (1826) werden für Band 28 und 29 *Annalen meines Lebens* angekündigt. Es heißt dazu erläuternd: *Die Darstellung ... gewinnt einen ganz verschiedenen Charakter, bald als Tagebuch, bald als Chronik. Sie nimmt alsdann die Gestalt von Memoiren und durch wiederholtes Eingreifen in das Öffentliche die Bedeutung der Annalen an; sie wird geschichtlich, sogar weltgeschichtlich, da der Verfasser wohl sagen darf, daß, wie er draußen die Universalhistorie aufgesucht, sie ihn dagegen wieder in Haus und Garten heimgesucht habe.* Doch hat Goethe diesen Titel, der den politisch-geschichtlichen Gehalt des Werks (in vielleicht allzu starkem Maße) betonte, nicht beibehalten. 1829 heißt es wieder *Chronik meines Lebens* (23. 9. u. ö.), dann *Jahrbücher* (6. 10.), *Tage- und Jahresbücher* (18. 11.), schließlich *Tag- und Jahreshefte* (21. 11.). Diesen Titel führt das Werk auch in der *Ausgabe letzter Hand*, 1830. Seitdem jedoch Eckermann in der Quartausgabe von 1836/37 den Titel „Annalen oder Tag- und Jahreshefte" gebrauchte, hat sich die einfache Bezeichnung „Annalen" weithin durchgesetzt.

429,12. *Gelegenheitsgedichte*. Vgl. Bd. 9, S. 172ff.

429,15f. *in mehreren Sprachen*. Vgl. Bd. 9, S. 123,20–124,3.

429,26f. *Die Laune des Verliebten*. Bd. 4, S. 7–27. Vgl. Bd. 9, S. 285,5–9.

429,27. *einige Lieder*. Bd. 1, S. 14–20. Vgl. Bd. 9, S. 283,4–8.

429,28. *Die Mitschuldigen*. Bd. 4, S. 28–72. Vgl. Bd. 9, S. 285,10–286,12.

430,5. *Werther:* Bd. 6. – Vgl. Bd. 9, S. 587ff.

430,5. *Götz von Berlichingen:* Bd. 4. – Vgl. Bd. 9, S. 413,31–38 und S. 570ff.

430,5. *Egmont:* Bd. 4. – Vgl. 176f.; 181, 187.

430,7. *Clavigo:* Bd. 4. – Vgl. 71,7–72,31.

430,7. *Stella:* Bd. 4, S. 307–351.

430,7f. *Erwin und Elmire*. Ein *Schauspiel mit Gesang*. In der ersten Fassung gedruckt 1775. Vgl. 169,17–21. Zur späteren Umarbeitung: 433,12–15.

430,8. *Claudine von Villa Bella*. Bd. 4, S. 216–259. Vgl. 433,12–15.

430,10. *Lieder an Belinden und Lili*. Bd. 1, S. 96–105.

430,11. *Gelegenheitsstücke*. Über eines dieser Gelegenheitsstücke *(Sie kommt nicht!)* berichtet das *17. Buch* von *DuW* (S. 103ff.).

430,11. *Episteln*. Einige dieser Briefgedichte enthält Bd. 1, S. 87–89 und 92.

430,14. *Menschheit* = Menschsein, Menschenwesen. Vgl. 15,36 und Bd. 1, S. 146.

430,19. *Faust.* Über die Anfänge der Faust-Dichtung vgl. Bd. 9, Anmkg. zu S. 413,38 sowie die Anmerkungen zu Bd. 3.

430,19. *die Puppenspiele.* 1774 erschien das Bändchen *Neueröffnetes moralisch-politisches Puppenspiel.* Es enthält: *Prolog, Künstlers Erdewallen* (Bd. 1, S. 63–67), *Das Jahrmarktsfest zu Plundersweilern* (entstanden 1772–73; vgl. Bd. 9, S. 594, 32 bis 595,28) und *Ein Fastnachtsspiel von Pater Brey* (entstanden 1773, vgl. Bd. 9, S. 563,2). Das *Jahrmarktsfest* und *Pater Brey* sind kleine komödiantische Stücke mit literar- und zeitsatirischer Tendenz im Stil der alten Fastnachtsspiele. Der *Prolog* führt das Ganze als eine Art Puppenspiel ein, in dem einzelne bunte Szenen lose aneinandergereiht sind.

430,19. *Prolog zu Bahrdt: Prolog zu den neusten Offenbarungen Gottes verdeutscht durch Dr. Carl Friedrich Bahrdt.* 1774. Vgl Bd. 9, S. 595,28–39.

430,21. *Fragmente des „Ewigen Juden".* Vgl. 45,7–47,16.

430,22. *Hanswursts Hochzeit.* Vgl. 123,10–125,22.

430,25f. *Götter, Helden und Wieland.* Bd. 4, S. 203–215. – Vgl. 57,32–59,25.

430,27. *Rezensionen in den „Frankfurter Gelehrten Anzeigen".* Vgl. Anmkg. zu Bd. 9, S. 550,8 – Bd. 12, S. 15–21 u. Anmkg.

430,32. *Die erste Schweizerreise:* im Juni/Juli 1775. Vgl. 127,30–166,4.

430,33. *Besuch in Weimar.* Ankunft in Weimar am 7. 11. 1775.

431,1. *Antizipation* = Prolepsis, Vorausnahme, auch naturwissenschaftlicher Begriff (Bd. 13, S. 96,15–98,33). Vgl. 433,8.

431,5. *Liebhabertheater:* in der Zeit von 1775 bis 1784. – Gisela Sichardt, Das Weimarer Liebhabertheater unter Goethes Leitung. Weimar 1957. (200 S.)

431,6. *Lila,* Schauspiel mit Gesang, zuerst aufgeführt am 31. 1. 1777.

431,6f. *Die Geschwister.* Bd. 4, S. 352–369.

431,7. *Iphigenia:* Die Prosafassung, am 6. 4. 1779 aufgeführt in Ettersburg mit Corona Schröter als Iphigenie und Goethe als Orest.

431,7f. *Proserpina:* Melodrama; *Triumph der Empfindsamkeit:* Schauspiel, Satire auf die Empfindsamkeit, zuerst aufgeführt am 31. 1. 1778. Vgl. Bd. 4, S. 455–462 u. Anmkg.

431,10f. *harte realistische Gegenwirkung.* Vgl. Anmkg. zu 30,26f. u. 312,1.

431,16. *Hans Sachs.* Bd. 1, S. 135–139.

431,18. *kotyledonenartig.* Kotyledonen = Keimblätter. Vgl. Bd. 13, S. 66,27f.

431,22. *Leben Herzog Bernhards.* Herzog Bernhard von Sachsen-Weimar, 1605–1639, Feldherr im 30jähr. Krieg. Goethe hat Material für eine Biographie in den Jahren 1780–82 gesammelt. – Mommsen, Bd 1, S. 214–222.

432,1. *die zweite Schweizerreise.* Mit Herzog Carl August, von September 1779 bis Anfang 1780.

432,4f. *Wanderung von Genf auf den Gotthard.* Dargestellt in: *Briefe aus der Schweiz. II. Abteilung,* zuerst 1796 in den „Horen" veröffentlicht, 1808 für den Druck in „Goethe's Werken" (erste Ausgabe bei Cotta) nochmals überarbeitet.

432,16. *Dilettantismus.* Zu Goethes Entwürfen zum Problem des Dilettantismus vgl. Anmkg. zu 449,33.

432,26–28. *Du kommst mir vor ...* Bd. 7, S. 610,7–9.

432,29. *Die Vögel.* Literatursatire, nach dem Vorbild der „Vögel" des Aristophanes, am 18. 8. 1780 zuerst aufgeführt. Vgl. Bd. 11, S. 22,6–10.

432,30. *Ettersburg.* Ort und Schloß am Ettersberg, nordwestlich Weimar, seit 1786 Sommersitz der Herzogin Anna Amalia. Vgl. 175,7.

432,31. *Elpenor.* Dramatisches Fragment. Bd. 5, S. 309–331.

432,33. *bei Göschen.* Die erste authentische Gesamtausgabe von Goethes Werken: Goethe's Schriften. Bd. 1–8. Leipzig, bey Georg Joachim Göschen. 1787–1790.

433,6f. *in Brüssel die Szenen:* Empörung des Volks gegen die zentralistischen und kirchenpolitischen Maßnahmen Josephs II. am 30. Mai 1787. Vgl. Bd. 11, S. 367,36–39 und 476,19–21.

433,8. *poetische Antizipation.* Vgl. 431,1.

433,13. *metrisch zu bearbeiten.* Zu den beiden Singspielen vgl. 430,7f. sowie Bd. 4, S. 216–259 u. Anmkg. Beide wurden in der umgearbeiteten Fassung von Johann Friedrich Reichardt vertont (*Claudine von Villa Bella* 1788, *Erwin und Elmire* 1790).

433,24f. *Halsbandgeschichte.* Vgl. 270,16f. u. Anmkg.

433,35f. *Nachrichten von Cagliostro.* Vgl. Bd. 11, S. 253–264. – Goethe-Handbuch, 2. Aufl. 1955ff. Art. „Balsamo", Sp. 708–718.

433,38. *Der Groß-Cophta.* Vgl. 357,6–358,4.

434,4f. *Sternes ... „Sentimentale Reise".* Laurence Sterne, A sentimental Journey through France and Italy, 1768. – Vgl. Anmkg. zu 322,2.

334,15. *Darstellung des „Römischen Karnevals".* 1789 erschienen. Bd. 11, S. 484–515.

434,19. *Friedrich Schulz,* 1762–1798, Schriftsteller, war 1791 Professor der Geschichte am akademischen Gymnasium in Mitau geworden und im September des gleichen Jahres als Deputierter des kurländischen Bürgerstandes auf den Reichstag nach Warschau gesandt worden. Goethes Bibliothek enthält: (Joachim Christoph Friedrich Schulz), Reise eines Liefländers von Riga nach Warschau ... Th. 1–3. Berlin 1795/96. – ADB. Bd. 32, 1891, S. 742ff.

434,32. *Die Metamorphose der Pflanzen:* Bd. 13, S. 64–101.

434,34. *Specimen pro loco* = Probestück.

434,36. *Malerische Farbengebung* Vgl. Bd. 14, S. 252ff.

435,1. *die Newtonische Hypothese:* die Lehre von der Zusammensetzung des weißen Lichts aus farbigen Lichtstrahlen.

435,7. *Römische Elegien:* Bd. 1, S. 157–173.

435,8. *Venezianische Epigramme:* Bd. 1, S. 174–184.

435,9f. *Aufenthalt in der ... Wasserstadt.* Von Ende März bis Anfang Mai 1790. Vgl. 229,2–17 und Bd. 1, Anmkg. zu S. 174ff.

435,16f. *Heinrich Meyer,* 1760–1832, Maler aus Stäfa bei Zürich, 1784–1790 in Italien, seit 1791 in Weimar ansässig und Hausgenosse Goethes bis zu seiner Vermählung 1803. – Arnold Federmann, Johann Heinrich Meyer. Goethes Schweizer Freund. 1760–1832. Frauenfeld und Leipzig 1936. = Die Schweiz im deutschen Geistesleben, Bd. 82. (112 S.)

435,17. *Bury,* Friedrich, 1763–1823, Maler aus Hanau, 1782–1799 in Italien. – Zur Nachgeschichte der italienischen Reise. Goethes Briefwechsel mit Freunden und Kunstgenossen in Italien 1788–1790. Hrsg. v. Otto Harnack. Weimar 1890. = Schr. G. Ges. 5.

435,18. *Della pittura Veneziana* e delle opere pubbliche de' Veneziani maestri libri V. Venezia 1771; ein Werk des venezianischen Konservators und Kunstschriftstellers Antonio Maria Conte di Zanetti, 1706–1778; von Goethe im April 1790 in Venedig gekauft.

435,22ff. *nach Schlesien* ... Vgl. Anmkg. zu 309,15f. – Hermann Wentzel, Goethe in Schlesien 1790. Oppeln 1867. (80 S.)

435,25f. *Epigramme: Grün ist der Boden der Wohnung* ... und *Fern von gebildeten Menschen* ... (letzteres in Tarnowitz entstanden), beide erst in den Nachlaßbänden veröffentlicht (WA. Bd. 4, S. 122).

435,26. *In Breslau.* Herzog Carl August bezog mit Goethe am 10. August in Breslau Quartier; am 19. September brach Goethe zur Rückkehr nach Weimar auf.

435,27. *ein soldatischer Hof.* König Friedrich Wilhelm II. war am 11. August in Breslau eingezogen.

435,34–436,1. *Als ich nämlich* ... Die gleiche Beobachtung ist erwähnt in dem Aufsatz *Bedeutende Fördernis* ... 1823 (Bd. 13, S. 40,1–10).

436,12. *Zwischenknochen.* Zu Goethes Zwischenkieferstudien vgl. Bd. 13, S. 184–196 und die Anmkg.

436,13. *Loder,* Justus Christian, 1753–1832, seit 1778 Professor der Anatomie in Jena, später in Halle (1803) und Moskau (1810) tätig. – ADB. Bd. 19, 1884, S. 76–79. – Bd. 13, S. 62,10; 186,19. – Briefe HA Bd. 1–4. – NDB 15, S. 7–10.

436,15f. *anatomisches Handbuch von 1788:* noch heute in Goethes Bibliothek (Ruppert Nr. 4835).

436,16f. *Abhandlung.* Die erste Fassung des Zwischenkiefer-Aufsatzes entstand 1784; Goethe ließ sie damals mit einer lateinischen Übersetzung durch Merck an den berühmten niederländischen Anatomen Camper senden; dieser erkannte Goethes Ergebnisse jedoch nicht an. Der erste Druck des Aufsatzes erfolgte 1820 (ohne die zugehörigen Tafeln) in *Zur Morphologie* I, 2. – Mommsen, Bd. 2, S. 255–312.

436,19f. *ein allgemeiner, durch Metamorphose sich erhebender Typus* ...: Dieser Gedanke ist durchgeführt in dem Aufsatz *Versuch über die Gestalt der Tiere,* den Goethe 1790 in Breslau entwarf, der zu seinen Lebzeiten aber nicht gedruckt wurde. Goethe, Die Schriften zur Naturwissenschaft. Leopoldina-Ausgabe, hrsg. von Dorothea Kuhn. Bd. 10, S. 74–87 und dazu 2. Abt., Bd. 9 A, S. 564–571. – Karl v. Bardeleben, Goethe als Anatom. GJb. 13, 1892, S. 163–180.

436,28. *Salinen von Wieliczka.* Anfang September 1790 begleitete Goethe den Herzog zu einer Besichtigung der oberschlesischen Bergwerke (Tarnowitz, Krakau, Wieliczka, Tschenstochau).

436,31. *Einiges findet sich aufgezeichnet.* Goethe hat 1826 für Band 26 der *Ausgabe letzter Hand* eine *Campagne in Schlesien* angekündigt, doch hat er diese nie ausgeführt. – Von der Reise ist ein Notizbuch von 38 Blättern erhalten (Druck in: Friedrich Zarncke, Goetheschriften, Leipzig 1897, S. 157–197. – In WA. III, Bd. 2, S. 20–24 ist nur ein Auszug abgedruckt, der meist geologische Notizen enthält). – Fr. Zarncke, Zu Goethes schlesischer Reise 1790. GJb. 11, 1890, S. 64–70.

436,34. *Die freigelegenste Wohnung:* im „Jägerhaus“, das Herzog Carl August ihm nach der Rückkehr aus Italien überließ und in welchem er bis zur Übersiedlung in das Haus am Frauenplan (1792) wohnte.

437,2. *die subjektiven.* Vgl. Bd. 13, S. 372–396.

437,3f. *das erste Stück „Optischer Beiträge".* Vgl. Bd. 14, S. 264,9–265,19.

437,8. *die Leitung des Hoftheaters.* Vgl. 348,36–351,12 u. Anmkg.

437,22. *Lauchstädt.* Vgl. 348,38.

437,34. *das zweite Stück der „Optischen Beiträge".* Vgl. Bd. 14, S. 265,20–266,6.

437,36. *abermals ins Feld berufen: s. Campagne in Frankreich 1792.*

438,5. *Besuch in Mainz:* S. 188f.; *Düsseldorf:* S. 310–320; *Münster:* S. 335–346.

438,7f. *in Hubers Schriften ein Wahrzeichen.* Der Schriftsteller Ludwig Ferdinand Huber, 1764–1804, hatte Goethe im August 1792 im Kreise von Georg Forster und Sömmerring in Mainz kennengelernt (vgl. 189,13 u. Anmkg.). Über den Besuch Goethes berichtete er am 24. 8. 1792 an Christian Gottfried Körner. Dieser Brief gibt dem Befremden Ausdruck, mit dem man Goethe nach seiner Rückkehr aus Italien vielfach begegnete. Es heißt darin: „Die ihn früher kannten, finden, daß seine Physiognomie etwas ausgezeichnet Sinnliches und Erschlafftes bekommen hat" (vgl. auch Zitat und Nachweis in Anmkg. zu 310,22). 1806 wurde der Brief in Hubers Werken gedruckt. Über Goethes Reaktion hierauf vgl. Anmkg. zu 310,22.

438,11. *widerwärtig:* hier = widerstrebend, befremdend; im Zusammenhang mit dem Schluß des vorhergehenden Jahresabschnittes zu verstehen. – Die Verschmähung *alles Sentimentalen,* verbunden mit der Wendung zum *Realismus,* wird in der *Campagne in Frankreich* als Wirkung des Italienerlebnisses gedeutet (vgl. die *Zwischenrede,* S. 306–309). – Die Schilderung des Besuchs in Pempelfort (S. 310–320) zeigt beispielhaft am Verhältnis zum Jacobikreise, wie die in Italien neugewonnene innere Haltung auf manche der früheren Freunde befremdend und verstimmend wirkte. – Zur Bedeutung des Wortes „widerwärtig" bei Goethe vgl. auch 13,15; 168,35; 357,28; Bd. 3, V. 9798; Bd. 8, S. 404,3.

438,20f. *Übung im Hexameter.* Vgl. 360,3–361,1 u. Anmkg.

438,22. *Voß.* Vgl. die Anmkg. zu 360,8; 360,18; 360,29.

438,31. *Farbenlehre.* Vgl. Anmkg. zu 398,37.

439,5. *Der Bürgergeneral.* Vgl. Anmkg. zu 358,22.

439,6. *Die Aufgeregten.* Bd. 5, S. 168–214.

439,7. *Unterhaltungen der Ausgewanderten:* Bd. 6, S. 125–241.

439,22f. *Tod des Königs und der Königin:* am 21. 1. und 16. 10. 1793.

439,24. *Schicksal der Prinzeß Elisabeth:* Schwester Ludwigs XVI., geb. 1764, am 10. 5. 1794 hingerichtet.

439,24–26. *Robespierres ... Untergang:* am 27. Juli 1794 gestürzt, am folgenden Tage hingerichtet.

440,14f. *neu erbautes ... Haus.* Zu Umbau und Neugestaltung von Goethes Vaterhaus vgl. Bd. 9, S. 15,27–16,39 u. Anmkg.

440,37. *Reinhold,* Karl Leonhard, 1758–1823, Professor der Philosophie, Kantianer, hatte in Jena seit 1787 gelehrt, ging 1794 nach Kiel.

440,39. *Fichte,* Johann Gottlob, 1762–1814, in Jena 1794–99.

441,2f. *über die wichtigsten Sitten- und Staatsgegenstände.* Fichte hatte vor der Berufung nach Jena veröffentlicht: Zurückforderung der Denkfreiheit von den Fürsten Europens, die sie bisher unterdrückten. Eine Rede. Heliopolis im letzten Jahr der alten Finsterniß. (Danzig 1793). – Beiträge zur Berichtigung der Urteile des Publikums über die französische Revolution. 1793.

441,14ff. *Äußerungen über Gott und göttliche Dinge.* Die Stelle bezieht sich auf den sog. Atheismusstreit von 1798/99. Fichte nahm 1798 in das von ihm und Niethammer herausgegebene „Philosophische Journal einer Gesellschaft Teutscher Gelehrter" einen Aufsatz des Rektors Forberg auf, „Entwickelung des Begriffs der Religion". Forberg führte hier aus, daß Religion ein „praktischer Glaube an eine moralische Weltregierung" sei, zu welchem es einer Überzeugung vom Dasein Gottes nicht bedürfe. Diesem Aufsatz stellte Fichte seine Abhandlung „Über den Grund unsers Glaubens an eine göttliche Weltregierung" voran, in welcher er das Göttliche mit der moralischen Weltordnung gleichsetzte. „Jene lebendige und wirkende moralische Ordnung ist selbst Gott; wir bedürfen keines anderen Gottes und können keinen anderen fassen." Beide Aufsätze, die in ihren Ergebnissen der Vorstellung eines außerweltlichen persönlichen Gottes widersprachen, erregten Aufsehen und heftigen Widerspruch, vor allem bei den Theologen. Kursachsen ließ das betr. Heft des „Philosophischen Journals" konfiszieren und drohte, seinen Untertanen den Besuch der Universität Jena zu verbieten, falls die Sachsen-Weimarische Regierung gegen Fichte nicht einschreite. – Vgl. 460,11–461,3 und die Anmkg. zu 460,28.

441,23. *Alexander von Humboldt,* 1769–1859, war 1792–94 preußischer Oberbergmeister in den fränkischen Fürstentümern Ansbach-Bayreuth. – Goethes Briefwechsel mit Wilhelm und Alexander von Humboldt. Hrsg. v. Ludwig Geiger. Berlin 1909. (XXX, 360 S.)

441,25. *Sein älterer Bruder:* Wilhelm von Humboldt, 1767–1835, lebte 1794/95 und 1796/97 in Jena.

441,28. *Hofrat Loder.* Vgl. 436,13 u. Anmkg.

441,38. *Fritz Jacobi.* Vgl. *Campagne in Frankreich,* Abschnitt *Pempelfort,* S. 310–320.

441,38. *Fürstin Gallitzin.* Vgl. *Campagne in Frankreich,* Abschnitt *Münster,* S. 335–346.

443,3. *Strudelköpfe.* Goethe scheint hier an die Anhänger aus der Sturm-und-Drang-Zeit zu denken, die ihm zum Teil nach Weimar folgten (Lenz, Klinger), vielleicht auch an den Genie-Apostel Christoph Kaufmann, der 1776/77 nach Weimar kam. – Vgl. Bd. 1, S. 113 u. Anmkg.

443,4. *Ehrennamen eines Genies.* Vgl. Anmkg. zu 160,31.

443,13. *mit Christo transsubstantiieren.* Vgl. 158,1–7.

443,32. *Hamanns Briefe.* Vgl. die Anmkg. zu Bd. 9, S. 514,10f. und 515,33.

443,37. *Heinrich Meyer.* Vgl. 435,16f. u. Anmkg.

444,18. *Verhältnis zu Schiller.* Vgl. ,,Glückliches Ereignis", S. 538–542.

444,21. *„Horen".* Monatsschrift, von Schiller 1795–1797 herausgegeben. In dem Brief vom 13. 6. 1794 (mit dem der Goethe-Schiller-Briefwechsel beginnt) lud Schiller Goethe zur Mitarbeit ein. Goethe stimmte am 24. 6. zu.

444,25f. *Die ... gesammelten und geordneten ... Briefe.* Neben der Arbeit an den *Tag- und Jahresheften* bereitete Goethe die Ausgabe des Briefwechsels mit Schiller vor. Er erschien bei Cotta 1828/29.

444,30. *Episteln:* fingierte Briefe an den Herausgeber der ,,Horen", in Hexametern, nach dem Vorbild der Horazschen Episteln. Goethe schrieb zwei *Episteln,* die im 1. und 2. Stück der ,,Horen" des Jahrgangs 1795 erschienen.

444,30. *Elegien:* die *Römischen Elegien.* Bd. 1, S. 157ff.

444,31. *Unterhaltungen der Ausgewanderten.* Vgl. Bd. 6, S. 596 u. 599.

445,6. *Iffland.* Vgl. 350,4 u. Anmkg. und 448,27–33.

445,12. *redigierte ... den „Egmont".* Zur Bühnengeschichte des *Egmont* vgl. Bd. 4, Nachwort zu *Egmont.* Abdruck der Bühnenbearbeitung in: Schillers Werke. Nationalausgabe. 13. Bd. Hrsg. v. H. H. Borcherdt. Weimar 1949.

445,35. *Musenalmanach.* Schillers Musenalmanache erschienen für die Jahre 1796–1800.

446,10. *Alexis und Dora:* im Musenalmanach für das Jahr 1797. Bd. 1, S. 185–190.

446,10. *Braut von Korinth:* im Musenalmanach für 1798. Bd. 1, S. 268–273.

446,10f. *Gott und Bajadere:* im Musenalmanach für 1798, Bd. 1, S. 273–276.

446,12. *Xenien:* im Musenalmanach für 1797. Bd. 1, S. 208–234.

446,33f. *Hermann und Dorothea.* Zur Entstehung vgl. die Anmkg. in Bd. 2.

447,4. *Meyer schrieb ... aus Italien.* Heinrich Meyer war im Oktober 1795 nach Italien gereist, um Materialien für die von Goethe und ihm geplante große Kunst- und Kulturgeschichte Italiens zu sammeln. Goethe traf im Sommer 1797 in Stäfa/Schweiz wieder mit ihm zusammen. – Goethes Briefwechsel mit Heinrich Meyer. Hrsg. v. Max Hecker. Weimar 1917–33. = Schr. G. Ges. 32, 34, 35 u. 35, II.

447,8. *Cellini,* Benvenuto, 1500–1571, italienischer Goldschmied und Bildhauer. Er hinterließ das Manuskript einer Autobiographie, in welcher er seine abenteuerlichen Schicksale und die Zeitverhältnisse offenherzig schilderte. Des bedenklichen Inhalts wegen wagte man lange Zeit keinen Druck. Die erste Ausgabe, deren Herausgeber anonym blieb, erschien 1728 in Neapel mit dem fingierten Druckort ,,Colonia". 1771 erschien eine englische Übersetzung von Thomas Nugent. Goethe erhielt ein Exemplar des italienischen Drucks aus dem Besitz von Charles Gore (vgl. Anmkg. zu 372,33), eins des englischen Drucks von Boie (Ruppert Nr. 54f.). Seine Übersetzung erschien 1796/97 in den ,,Horen". Er hat sie später überarbeitet und durch Erläuterungen und Zusätze ergänzt: *Leben des Benvenuto Cellini, florentinischen Goldschmieds und Bildhauers, von ihm selbst geschrieben. Übersetzt und mit einem*

Anhange herausgegeben von Goethe. 1803. – Mommsen, Bd. 2, S. 119–159.

447,15. *Karoline Jagemann,* 1777–1848, Schauspielerin und Sängerin, Tochter des Weimarer Bibliothekars Jagemann, in Mannheim durch Iffland ausgebildet, seit 1797 an der Weimarer Bühne tätig. – NDB 10, 1974, S. 294–296.

447,27. *episch-romantisches Gedicht: Die Jagd.* Den Stoff legte Goethe später der *Novelle* zugrunde (1826–28). Vgl. Bd. 6, S. 717ff.

447,34. *„Neuer Pausias": Der neue Pausias und sein Blumenmädchen,* Dialog in Distichen nach Motiven aus Plinius, erschien in Schillers Musenalmanach auf das Jahr 1798.

447,34f. *„Metamorphose der Pflanzen" in elegischer Form.* Entstanden 1798, erster Druck im Musenalmanach für 1799. Bd. 1, S. 199–201; Bd. 13, S. 107–109.

448,10. *Oberroßla.* Dorf bei Apolda. Goethe erwarb das *Gut* im März 1798; 1803 hat er es wieder verkauft. Vgl. 457,28–458,8. – Alfred Doebber, Goethe und sein Gut Ober-Roßla. Jb. G. Ges. 6, 1919, S. 195–239.

448,27. *Besuch Ifflands.* Vgl. 445,4–14.

449,3. *Baumeister Thouret,* Nicolaus Friedrich, 1767–1845. Goethe hatte ihn kennengelernt, als er sich im August/September 1797 auf dem Wege in die Schweiz einige Tage in Stuttgart aufgehalten hatte.

449,16. *Memoiren der Stephanie von Bourbon Conti.* Mémoires historiques de Stéphanie de Bourbon-Conti. Ecrits par elle même 1798; verfaßt von einer angeblichen natürlichen Tochter des Prinzen Conti und der Herzogin von Mazarin. Vgl. Bd. 5, Nachwort zu *Die natürliche Tochter.*

449,22. *Propyläen.* Kunsttheoretische und kunstgeschichtliche Zeitschrift, erschien 1798–1800. Vgl. *Einleitung in die Propyläen,* Bd. 12, S. 38–55, u. Anmkg.

449,23. *die erste Ausstellung der Preisbilder.* Die Weimarer Kunstwettbewerbe wurden jährlich von 1799 bis 1805 durchgeführt. Die Themen waren fast ausschließlich der antiken Dichtung entnommen; die kunstpädagogische Tendenz richtete sich sowohl gegen die aufkommende religiöse Kunst der Romantik wie gegen die ältere naturalistisch-sentimentale Kunstrichtung. Bis 1800 wurden die Preisaufgaben in den *Propyläen* angekündigt und besprochen, später in der Allgemeinen Literatur-Zeitung (bzw. seit 1804 in der Jenaischen Allgemeinen Literatur-Zeitung). – Vgl. *Letzte Kunstausstellung 1805,* Bd. 12, S. 129f. – Richard Benz, Goethe und die romantische Kunst. München 1940 (darin S. 71–110: Die Weimarer Preisaufgaben und Ausstellungen. Mit Abb.). – Walther Scheidig, Goethes Preisaufgaben für bildende Künstler 1799–1805. Weimar 1958 (XII, 535 S., 48 Abb.). = Schr. G. Ges. 57.

449,24. *Paris und Helena:* Venus führt dem Paris die Helena zu. Scheidig, S. 24–64.

449,24. *Hartmann,* Ferdinand, 1774–1842, später Direktor der Akademie in Dresden.

449,26f. *die Weimarischen Kunstfreunde:* eine Bezeichnung, die seit 1801 geführt wird (abgekürzt W.K.F.); sie zeigt die Gemeinsamkeit von Goethe und

Heinrich Meyer an; zeitweilig gehören im Hintergrund auch Schiller und Fernow (vgl. Anmkg. zu 468,17) dazu.

449,32. *Temperamentenrose.* Notizen über die gemeinsame Arbeit mit Schiller an einer *Temperamentenrose* enthält Goethes Tagebuch des Jahres 1799 am 20. 1.; 22. 1.; 5. 2.; 7. 2.

449,33. *Einfluß des Dilettantismus auf alle Künste.* Vorarbeiten und Bruchstükke einer Arbeit „Über den Dilettantismus" aus dem Jahre 1799 enthält WA. Bd. 47, S. 299–326. Neben einem allgemeinen Schema für alle Künste sind damals Schemata für die einzelnen Künste und der Entwurf zu einer darstellenden Abhandlung entstanden. Da die Notizen *Über den Dilettantismus* gemeinsam von Goethe und Schiller sind, gehören sie auch in die Schiller-Ausgaben. Am genauesten sind sie auf Grund der Handschriften ediert in: Schillers Werke, National-Ausgabe, Bd. 21, 1963, S. 60–62 und 350–378. – Vgl. Bd. 12, *Maximen und Reflexionen* Nr. 802–831; und Bd. 14, Sachregister „Dilettantismus". – Gerhart Baumann, Goethe. Über den Dilettantismus. Euphorion 46, 1952, S. 348–369.

450,5. *Schelling,* Friedrich Wilhelm Joseph, 1775–1854, Professor der Philosophie in Jena 1798–1803. – Zum Verhältnis Goethes zu Schelling in dessen Jenaer Zeit vgl. die Anmkg. zu dem Gedicht *Weltseele,* Bd. 1, S. 248.

450,5f. *„Entwurf der Naturphilosophie":* Erster Entwurf eines Systems der Naturphilosophie. 1799.

450,7f. *einen allgemeinen Schematismus über Natur und Kunst.* In Goethes Tagebuch ist am 29. 10. 1799 vermerkt: *Überlegung eines allgemeinen Schematis über Natur und Kunst.* Aufzeichnungen hierzu sind nicht erhalten.

450,9f. *Garten am Stern:* der Garten mit dem Gartenhaus am Weimarer Park, der Goethe seit 1776 gehörte. Er hatte dort bis 1782 ständig gewohnt. Nach dem längeren Aufenthalt im Sommer 1799 kam er nur gelegentlich dorthin; erst 1818 ließ er den Garten neu herrichten, und in den letzten Lebensjahren seit 1827 weilte er wieder häufiger dort.

450,13f. *ein großes Naturgedicht.* Am 18. 1. 1799 heißt es im Tagebuch: *Abends mit Schiller, Ideen zu einem Naturgedichte.* (Ähnlich am 8. 5. 1799.) Vgl. die Anmkg. zu den Gedichten *Metamorphose der Pflanzen* (Bd. 1, S. 199) und *Weltseele* (Bd. 1, S. 248).

450,17f. *eine grimmige Krankheit:* Gesichtsrose, Rose des Kehlkopfs, Gehirnhautentzündung. – Richard Kühn, Goethe. Eine medizinische Biographie. Stuttgart 1949, S. 30ff.

450,18f. *Aufführung „Mahomets".* „Mahomet" = Drama von Voltaire, 1742 entstanden, von Goethe im November 1799 übersetzt, Aufführung am 30. 1. 1800. – Vgl. die Anmkg. zu Bd. 9, S. 484,8.

450,20. *„Tancred":* Drama von Voltaire, 1760 entstanden.

450,38. *das Brownische Dogma.* Der schottische Arzt John Brown, 1735–1788, hatte in seinen „Elementa medicinae", 1780, gelehrt, alles Leben sei ein durch Reize hervorgerufener und erhaltener Zustand. Das Produkt aus Reizen und Erregbarkeit sei die „Erregung" des organischen Körpers. Ihr mittlerer Grad bedeute Gesundheit; Krankheit hingegen entstehe durch ein Mißverhältnis von Reizstärke und Erregbarkeit. Heilmittel seien dementsprechend nach ihrer reizstärkenden oder reizschwächenden Wirkung zu gebrauchen (also nicht nach ihrer spezifischen Wirkung wie in der modernen Medizin). Browns Lehre, die alle Lebenserscheinungen aus einem Grundphänomen ableitete, erlangte besonders großen Einfluß in Deutschland, wo damals die romantische spekulative Naturphilosophie emporkam. Der Mediziner Andreas Röschlaub, 1768–1835, stellte aus Brownschen Lehren und naturphilosophischen Begriffen eine „Erregungstheorie" auf (von der er sich im Alter aber wieder abwandte). Auch auf Schelling gewann die Brownsche Lehre Einfluß. – Handbuch der Geschichte der Medizin. Hrsg. v. M. Neuburger und J. Pagel. II. Bd., 1903, S. 105ff. – Paul Diepgen, Geschichte der Medizin, Bd. II, 1. Berlin 1951. S. 25ff.

451,1. *ein junger Freund:* vermutlich der Arzt Franz Joseph Harbauer aus Jena, 1776–1824.

451,14. *Hofrat Stark,* Johann Christian, 1753–1811, Professor der Medizin in Jena.

451,27f. *Theophrastisches Büchlein „Von den Farben".* Theophrast: Schüler des Aristoteles, 372–287 v. Chr. – Goethe benutzte die ihm (bzw. Aristoteles) zugeschriebene Schrift in der Ausgabe: Aristotelis vel Theophrasti de coloribus libellus a Simone Portio Neapolitano latinati donatus ... Parisiis 1549. Er hat die Übersetzung des Büchleins in die *Geschichte der Farbenlehre* aufgenommen.

452,12. *Ritter,* Johann Wilhelm, 1776–1810, Physiker, bis 1804 in Jena, später in München. Schon als junger Gelehrter machte er bedeutende Entdeckungen auf dem Gebiet der Elektrizitätslehre: Beweis, daß ein beständiger Galvanismus den Lebensprozeß in dem Tierreich begleite. Weimar 1798. – Beyträge zur nähern Kenntniß des Galvanismus und der Resultate seiner Untersuchung. Jena 1800. – Die spekulativnaturphilosophischen Elemente in seinen Schriften wirkten sich auf die allgemeine wissenschaftliche Anerkennung seiner Entdeckungen nachteilig aus, während er auf das Denken der Romantik (Novalis) eine starke Wirkung ausübte. – Graf Carl von Klinckowstroem, Goethe und Ritter. Jb. G. Ges. 8, 1921, S. 135–151. (Mit Ritters Briefen an Goethe.)

452,16. *Schlegel,* August Wilhelm, 1767–1845, lebte 1796–1801 in Jena. – Goethe und die Romantik. Briefe mit Erläuterungen. I. Theil. Hrsg. v. Carl Schüddekopf und Oskar Walzel. Weimar 1898. = Schr. G. Ges. 13.

452,17. *Tieck,* Christian Friedrich, 1776–1851, Bildhauer, der Bruder des Dichters, modellierte im September/Oktober 1801 Goethes Büste. Vgl. 524,20ff.

452,19. *Paulus,* Heinrich Eberhard Gottlob, 1761–1851, Professor der Theologie in Jena, später in Heidelberg, Vertreter der rationalistischen Richtung.

452,29ff. *Den 5. Juni ...* Über die Reise nach Pyrmont und Göttingen hat Goethe ein besonderes ausführliches Tagebuch geführt (5. Juni bis 29. August 1801; WA. III, Bd. 3, S. 15–33). Die *Tag- und Jahreshefte* schließen sich eng an diese Tagebuchnotizen an.

452,36. *Polizei:* hier in der älteren Bedeutung = Verwaltung.

453,10. *Schumacher*, Heinrich Christian, 1780–1850, damals Jurastudent, später Astronom. ADB. 33, 1891, S. 32f.

453,18. *Hofrat Blumenbach*, Johann Friedrich, 1752–1840, Professor der Medizin. Er besaß eine wertvolle Schädelsammlung. Goethe kannte ihn seit 1783. – NDB Bd. 2, 1955, S. 329f.

453,21. *Aërolith* = Meteorit. Das Vorkommen von Meteorsteinen war bis zu Beginn des 19. Jahrhunderts umstritten. – Karl Alfred von Zittel, Geschichte der Geologie und Paläontologie. München und Leipzig 1899. = Geschichte der Wissenschaften in Deutschland. Neuere Zeit Bd. 23. S. 239ff. – Vgl. die Anmkg. zu Bd. 1, S. 305, Nr. 9 u. Bd. 9, S. 497,13.

453,23. *Kestner*, Theodor, 1779–1847, Mediziner, der fünfte Sohn von Charlotte Kestner geb. Buff.

453,23. *von Arnim*, Ludwig Achim, 1781–1831, studierte damals in Göttingen Naturwissenschaften. Über sein Verhältnis zu Goethe: Goethe-Handbuch, 2. Aufl. 1955ff. Sp. 392–397.

453,26–454,8. *Eine wohlbestellte Reitbahn* ... Zu Goethes Äußerungen über Pferde und Reitkunst vgl. Hermann B. Müller, Goethe und die Reitkunst. Jb. G. Ges. 8, 1921, S. 71–87.

454,16f. *Griesbachs*. Johann Jakob Griesbach, 1745–1812, Professor der Theologie in Jena. Vgl. Bd. 9, S. 163,21 u. Anmkg.

454,23. *Übersetzung des Theophrast*. Vgl. Anmkg. zu 451,27f.

454,39f. *Professor Reuß*, Jeremias David, 1750–1837, Kustos der Bibliothek.

456,35f. *Darstellung dieses Meisterstücks*. Die „Jungfrau von Orléans" wurde in Berlin am 23. 11. 1801 zuerst aufgeführt (in Leipzig bereits am 11. September).

456,39. *Madame Unzelmann* = Friederike Auguste Unzelmann geb. Flittner, 1760–1815, Schauspielerin in Berlin, Stieftochter des mit Goethes Mutter befreundeten Frankfurter Schauspieldirektors Großmann.

457,28. *Freigut Roßla*. Vgl. Anmkg. zu 448, 10.

458,2. *kleine poetische Produktionen*. In Roßla ist z. B. das Gedicht *Frühzeitiger Frühling* (Bd. I, S. 246) entstanden.

458,20. *Eugenie* = *Die natürliche Tochter*.

460,3. *Christian Wilhelm Hufeland* (richtig: Christoph), 1762–1836, bedeutender Mediziner, hatte seit 1793 in Jena gewirkt.

460,11. *Fichte ... in seinem „Philosophischen Journal"*. Vgl. 441,14–22 u. Anmkg.

460,28. *ein heftiges Schreiben*. In einem in scharfem Ton gehaltenen Schreiben an Geheimrat Voigt vom 22. 3. 1799 erklärte Fichte, daß er im Falle eines Verweises durch den akademischen Senat seine Demission einreichen werde; er brachte zugleich zum Ausdruck, daß mehrere gleichgesinnte Freunde ihm ihr Wort gegeben hätten, mit ihm die Universität zu verlassen. Durch fürstliches Reskript wurde daraufhin der Senat im April angewiesen, Fichte und Niethammer der „Unbedachtsamkeit" zu verweisen; gleichzeitig wurde Fichte die Entlassung gewährt, ohne daß er ausdrücklich darum ersucht hatte. – Hans Tümmler, Goethes Anteil an der Entlassung Fichtes von seinem Jenaer Lehramt 1799. In: Aus Goethes staatspolitischem Wirken, Historische Studien von Hans Tümmler. Essen 1952 = Heft 6 der Schriften der Ortsvereinigung Essen der Goethe-Gesellschaft in Weimar. S. 57–93. – Goethes Briefwechsel mit Christian Gottlob Voigt. Hrsg. v. Hans Tümmler, Bd. I–II. Weimar 1949–51 = Schr. G. Ges. 53/54.

461,8. *Hufeland der Jurist,* Gottlieb, 1760–1817, war in Jena 1788–1803 tätig, ging anschließend nach Würzburg (nicht nach Ingolstadt).

461,12. *Literaturzeitung:* die „Allgemeine Literaturzeitung", 1785 in Jena von Christian Gottfried Schütz (seit 1779 Professor der Poesie und Beredsamkeit) unter Mitwirkung von Gottlieb Hufeland und Bertuch begründet. Sie war das führende bibliographische und kritische Organ der Zeit und brachte Rezensionen aus allen Fachgebieten. 1804 wurde sie nach Halle verlegt, sie bestand dort noch bis 1849.

461,33. *Kotzebue.* Vgl. Anmkg. zu 350, 5.

461,33. *Szenen des vorigen Jahrs.* Im Jahre 1802 kam es zu einem Zerwürfnis in der Weimarer literarischen Gesellschaft: auf der einen Seite standen Kotzebue und der Gymnasialdirektor Böttiger, auf der anderen Goethe und die Schlegels. Kotzebues Partei versuchte, Schiller auf ihre Seite zu ziehen und ihn gegen Goethe auszuspielen; eine für den 5. März 1802 vorbereitete Schiller-Feier wurde jedoch vereitelt. – Zu den Differenzen zwischen Goethe und Kotzebue vgl. auch Anmkg. zu 279,12f. – Gerhard Stenger, Goethe und Kotzebue. Breslau 1910 = Breslauer Beiträge zur Literaturgeschichte, H. 22.

461,35f. *in dem „Freimütigen".* „Der Freimütige, oder Berlinische Zeitung für gebildete und unbefangene Leser", von Kotzebue seit 1803 herausgegeben.

462, 8f. *die „Allgemeine Literaturzeitung" selbst fortsetzen.* Es handelte sich in Wirklichkeit um eine Neugründung, die aber in der gleichen Art und Aufmachung erschien wie die bereits bestehende, nunmehr nach Halle verlegte Literaturzeitung. Die neue „Jenaische allgemeine Literatur-Zeitung" wurde bis 1841 von Eichstädt redigiert. –. R. F. Arnold, Allgem. Bücherkunde zur neueren dt. Literaturgeschichte. 3. Aufl. Bln. u. Lpz. 1931. S. 22. – Goethe-Handbuch Bd. 1, 1961, Sp. 139f.

462,21. *Hofrat Eichstädt,* Heinrich Karl Abraham, 1772–1848, Professor in Jena, war Mitherausgeber der „Allgemeinen Literaturzeitung" gewesen. – Goethes Briefe an Eichstädt. Mit Erl. hrsg. v. Wold. Frhr. v. Biedermann. Berlin 1872.

462,24. *Die Weimarischen Kunstfreunde.* Vgl. Anmkg. zu 449,26f.

462,26. *Preisaufgaben.* Vgl. Anmkg. zu 449,23.

462,30. *Propyläen.* Vgl. Anmkg. zu 449,22.

463,3. *Schnecke:* eine steile Anhöhe vor Jena.

463,4. *Frau von Staël.* Anne Louise Germaine Baronin von Staël-Holstein geb. Necker, 1766–1817, französische Schriftstellerin Sie war 1802 von Napoleon aus Paris verbannt worden.

463,31f. *Korrespondenz ... mit Rousseau.* Correspondance originale et inédite de J. J. Rousseau avec Mad. Latour de Franqueville et Mr. du Peyrou. 1803.

464,7. *Resultate ihrer Reise durch Deutschland:* dargestellt in dem Werk „De l'Allemagne", 1810, (von Goethe 1814, 1825 und 1827 aus der Weimarer Bibliothek entliehen,) das in starkem Maße das Deutschlandbild in Frankreich bestimmte und bedeutende Anregungen für die Entwicklung der französischen Romantik gab.

465,22. *Moreau,* Jean Victor, 1763–1813, erfolgreicher französischer General der Revolutionszeit, als politischer Gegner Napoleons am 14. 2. 1804 festgenommen und bald darauf verbannt, 1813 als Begleiter des Zaren Alexander bei Dresden tödlich verwundet.

465,34. *maussade* = mürrisch, verdrießlich, langweilig.

466,21f. *Benjamin Constant.* Henri Benjamin Constant de Rebecque, 1767–1830, französischer Schriftsteller und Politiker, 1802 von Napoleon verbannt, begleitete Frau von Staël auf ihren Reisen, nach 1816 Abgeordneter liberaler Richtung.

467,22. *Englische Gesellschaft,* 1645 gegründet, 1658 nach London verlegt. Vgl. Bd. 14, S. 130–142.

467,28. *Thomas Sprat,* 1634–1713, Bischof, „History of the Royal Society of London", 1702. Vgl. Bd. 14, S. 130ff.

467,34. *Birch,* Thomas, 1605–1666, Geistlicher. „History of the Royal Society of London", 1666. Vgl. Bd. 14, S. 132.

468,2. *Heyne,* Christian Gottlob, 1729–1812, berühmter Philologe in Göttingen. Vgl. Bd. 9, Anmkg. zu 241,16f.

468,6. *desultorisch* = sprunghaft.

468,12. *Winckelmanns ... Briefe an ... Berendis.* Die Briefe Winckelmanns an Hieronymus Dietrich Berendis (1719–1782, Kammerrat in Weimar) hatten sich zunächst im Besitz der Herzogin Anna Amalia befunden. Diese gab sie 1799 an Goethe. Sie wurden veröffentlicht in: *Winckelmann und sein Jahrhundert. In Briefen und Aufsätzen herausgegeben von Goethe.* Tübingen 1805. Vgl. Goethes Aufsatz *Winckelmann,* Bd. 12, S. 96–129, und die Anmkg.

468,17. *Wolf,* Friedrich August, 1759–1824, der bekannte Altertumswissenschaftler und Homer-Philologe, seit 1795 in freundschaftlicher Verbindung mit Goethe.

468,17. *Fernow,* Carl Ludwig, 1763–1808, Kunsttheoretiker, lebte 1794–1803 in Rom; 1803 ao. Professor der Ästhetik in Jena, 1804 Bibliothekar der Herzogin Anna Amalia. – Herbert von Einem, Carl Ludwig Fernow. Eine Studie zum deutschen Klassizismus. Berlin 1935 (224 S., 40 Taf.) = Forschungen zur deutschen Kunstgeschichte 3.

468,21f. *Wanderung nach den kleinen Kantonen.* Goethes dritte Schweizerreise, geschildert in: *Aus einer Reise in die Schweiz 1797.* Die *kleinen Kantone* sind die Kantone um den Vierwaldstätter See. Vgl. Anmkg. zu 139,26f.

468,24. *die Schwyzer Hocken.* Vgl. Anmkg. zu 143,36.

468,29. *Tell.* Vgl. Anmkg. zu 145,23.

468,37. *Demos* (δῆμος) = Volk, Volksgemeinschaft. Hier: Vertreter des Volkes. Zu Eckermann 6. Mai 1827: *Den Tell dachte ich mir als einen urkräftigen, in sich selbst zufriedenen, kindlich-unbewußten Heldenmenschen ...*

469,28. *Prosodie* = Lehre von Länge und Kürze der Silben.

469,30f. *Meister solcher Künste und Künstlichkeiten:* neben Johann Heinrich Voß damals vor allem August Wilhelm Schlegel, von dem sich Goethe bei der Bearbeitung seiner Elegien und Epigramme für die Ausgabe der Neuen Schriften (Bd. 7, 1800) beraten ließ. Vgl. Bd. 1, die Anmkg. zum Abschnitt ,,Die Zeit der Klassik".

470,34. *dreißigster Januar:* Geburtstag der Herzogin Luise.

472,30. *jener zu Messina:* in Schillers ,,Braut von Messina".

473,14. In einer frühen Handschrift zu den *Tag- und Jahresheften,* datiert vom 26. 8. 1817, ist an dieser Stelle ein Abschnitt über den Besuch Jacobis in Weimar im Juni 1805 eingefügt (WA. Bd. 36, S. 267,6–268,18), in welchem Goethe, an den Verlust Schillers anknüpfend, anläßlich der Wiederbegegnung mit Jacobi die Gegensätzlichkeit der beiden Freundschaftsverhältnisse umreißt (im Auszug S. 668). Jacobi, der seit 1794 in Holstein gelebt hatte, war damals auf dem Wege nach München, wo er das Amt des Präsidenten der Akademie der Wissenschaften übernehmen sollte (in Weimar 23. 6.–1. 7. 1805). – Die Schilderung des Besuchs von F. A. Wolf in Weimar (30. 5.–14. 6. 1805) hatte Goethe ebenfalls in Anknüpfung an Schillers Tod entworfen. Es konnte aber nur eine der beiden Darstellungen in dieser Weise angeschlossen werden. Goethe hat sich für die Wolf-Episode entschieden; der Jacobi-Abschnitt blieb liegen (in den Handschriften von 1825 fehlt er), und der Besuch Jacobis wird in den *Tag- und Jahresheften* übergangen.

473,20. *Wolf.* Vgl. Anmkg. zu 468,17.

473,34. *Aufenthalt in Lauchstädt:* Anfang Juli 1805.

474,25. *Gall,* Franz Joseph, 1758–1828, Arzt und Anatom, bekannt durch seine Schädellehre. Vgl. Bd. 9, S. 448,5 u. Anmkg.

475,8. *Beireis,* Gottfried Christoph, 1730–1809, Professor in Helmstedt, Arzt, Naturwissenschaftler in der Art der alten Polyhistoren, berühmt durch seine vielseitigen Kenntnisse, sein eigenwilliges Gebaren und seine Sammlungen von naturwissenschaftlichen Materialien, Kunstschätzen und allerlei Merkwürdigkeiten. – Goethe entlieh vom 4. 6. 1825 bis zum 17. 4. 1826 aus der Weimarer Bibliothek: (Johann Karl Sybel), Biographische Nachrichten über den zu Helmstädt verstorbenen Hofrath und Doktor G. C. Beireis. Berlin 1811. (72 S.) Diese Arbeit ist der ergiebigste der älteren Berichte über Beireis; doch hat man dem Verfasser ,,zum Vorwurf gemacht, daß er nur einen einzigen Tag im Jahre 1798 im Hause von Beireis zugebracht und im übrigen nach unkontrollierten Gerüchten seinen Bericht abgefaßt" habe (Bessmertny, S. 99). – Paul Alfred Merbach, Gottfried Christoph Beireis. Mitteldeutsche Lebensbilder, V. Bd., Magdeburg 1930. S. 163–175. – Alexander Bessmertny, Gottfried Christoph Beireis. Jahrbuch der Sammlung Kippenberg 9, 1931, S. 96–178. – NDB Bd. 2, 1955, S. 20f. – Vgl. die Anm. zu 475,25.

475,23. *Geognost.* Geognosie = Gesteinskunde, Lehre von den Schichten der Erdrinde. Vgl. Anmkg. zu 143,8f.

475,25. *Helmstedt.* Dieter Matthes, Goethes Reise nach Helmstedt und seine Begegnung mit G. Chr. Beireis. In: Braunschweigisches Jahrbuch 49, 1968, S. 121–201 (mit Abb.).

475,30. *Studienanstalt.* Die Universität Helmstedt war 1576 von Herzog Julius von Braunschweig-Wolfenbüttel begründet worden; sie bestand bis 1809.

476,2. *Henke,* Heinrich Philipp Konrad, 1752–1809, Professor der Theologie. – *Pott,* David Julius, 1760–1838, Professor der Theologie. – *Lichtenstein,* Anton

August Heinrich, 1753–1816, Professor der Theologie. – *Crell,* Lorenz Florenz Friedrich, 1744–1816, Mediziner und Chemiker.

476,3. *Bruns,* Paul Jacob, 1743–1814, Professor der Orientalistik und Bibliothekar. – *Bredow,* Gottfried Gabriel, 1773–1814, Professor der Geschichte.

477,10. *Merkwürdigkeiten.* Goethes Bibliothek enthält den Versteigerungskatalog ,,einer ansehnlichen Sammlung von mannigfaltigen ... Seltenheiten aus allen Reichen der Natur und Kunst ... zusammengebracht durch Chr. G. Beireis" vom Jahre 1811 (Ruppert Nr. 510).

477,13f. *Vaucanson,* Jacques de, 1709–1782, Mechaniker in Paris.

477,34. *Prehnit* = Mineral, benannt nach dem Entdecker v. Prehn, Gouverneur des ,,Kap der Guten Hoffnung".

478,4f. *die Lieberkühnischen Präparate.* Johann Nathanael Lieberkühn, 1711–1758, Arzt in Berlin. Er hatte wertvolle anatomische Präparate hergestellt.

478,5. *Hahnische Rechenmaschine.* Philipp Matthäus Hahn, 1739–1790, schwäbischer Pfarrer, Schriftsteller und Mechaniker, stellte astronomische Instrumente und eine Rechenmaschine her. Goethe hatte ihn 1779 auf dem Wege in die Schweiz besucht.

478,8. *Das magische Orakel.* Eine Uhr, die vermutlich durch einen Magneten gelenkt wurde. – Bessmertny, S. 121f. und 160.

478,26. *Stammbuch.* Ein Facsimile der Eintragung enthält das Jahrbuch d. Sammlung Kippenberg, 9, S. 97.

480,30. *Albrecht Dürers Porträt.* Auch dieses Bild war kein Original, sondern eine Kopie des im Louvre in Paris befindlichen Selbstporträts Dürers von 1493. – Vgl. Goethe-Handbuch, Bd. 1, 1961, Sp. 979.

481,16f. *Hofrat Büttner,* Christian Wilhelm, 1716–1801, Naturforscher und Linguist, lebte seit 1783 als Hofrat in Jena. – NDB 3, 1957, S. 6f. – *herkömmliches Unwesen:* als Goethe im Januar 1802 Büttners Nachlaß (der eine sehr umfangreiche und wertvolle Bibliothek enthielt) ordnete, fand er eine ihm höchst ärgerliche Unordnung vor.

481,18f. *Bild von Rubens.* Der angebliche Rubens ist eine Komposition aus der Zeit um 1700 nach Rubensschen Vorbildern. (Bessmertny, S. 170f.)

484,10. *Rosenoblen* = englische Goldmünzen, seit 1465 geprägt.

484,11. *Brakteaten* = einseitig geprägte altdeutsche Münzen aus dünnem Blech (12.–14. Jhdt.).

484,21. *Lysimachen* = thrakische Münzen aus der Zeit des Königs Lysimachos (305–281 v. Chr.).

484,37. *Toupet* = Haarbüschel, Tolle.

485,23. *Cochenille:* eine Schildlausart, aus der man einen scharlachroten Farbstoff gewinnt. Sie wird hauptsächlich in Mittelamerika auf bestimmten Pflanzen gezüchtet.

485,36. *Swedenborg,* Emanuel von, 1688–1772, schwedischer Naturforscher und Theosoph, teilte in zahlreichen Schriften seine Visionen und Erfahrungen im Verkehr mit der Geisterwelt mit.

486,1. *Cagliostro.* Vgl. Anmkg. zu 433,35f.

486,5f. *dämonische Menschen.* Zum Begriff des ,,Dämonischen" bei Goethe vgl. 176,34 u. Anmkg.

486,13. *Diamant.* Es handelte sich vermutlich um ein Topasgeschiebe oder einen Rauchtopas.

486,29. *Tournefort,* Joseph Pitton de, 1656–1708, französischer Botaniker, hatte 1700–1702 eine Forschungsreise in den vorderen Orient unternommen. – Goethe entlieh im Februar 1810 aus der Weimarer Bibliothek: (Joseph) Pitton de Tournefort, Beschreibung einer auf königlichen Befehl unternommenen Reise nach der Levante. Aus d. Franz. übers. 3 Bde. Nürnberg 1776–77.

487,7. *Muffel* = Kapsel aus Ton zum Glühen von Metallen und Glas.

487,21. *Rodomontade* = Aufschneiderei.

487,25. *Gleim,* Johann Wilhelm Ludwig, 1719–1803. Vgl. Bd. 9, Anmkg. zu 400,8.

487,26. *Besuch:* auf der zweiten Harzreise 1783.

487,35. *Körte,* Friedrich Wilhelm Heinrich, 1776–1846, Gleims Neffe, Domvikar in Halberstadt.

488,2f. *Lebensbeschreibung ... Briefwechsel.* Körte sandte einige Jahre später an Goethe: Johann Wilhelm Ludewig Gleims Leben. Aus seinen Briefen und Schriften. Halberstadt 1811. (Ruppert 119). – Als Goethe im August 1825 an der Darstellung des Besuchs in Halberstadt für die *TuJ* arbeitet, hat er das Werk aus der Weimarer Bibliothek entliehen. (Keudell Nr. 1661, vgl. Tgb. 23. 8. 1825.) – Körte hat in den Jahren 1804–1806 auch Gleims Briefwechsel herausgegeben (vgl. Bd. 9, Anmkg. zu 401,13).

488,13. *gemütlich:* vgl. 12,26; 34,13; 70,38f.

489,13f. *ein bedeutendes öffentliches Amt.* Gleim war Sekretär des Domkapitels in Halberstadt gewesen. Vgl. Bd. 9, Anmkg. zu 400,8.

489,32. *Nichte Gleims:* Sophie Dorothea; sie hatte seit 1753 Gleims Hauswesen geleitet und war in seinem Freundeskreis *unter dem Namen Gleminde* verehrt und besungen worden.

490,18. *Spiegelberge,* richtiger: Spiegelsberge; Parkanlagen südlich von Halberstadt, von dem mit Gleim befreundeten Domdechanten Ernst Ludwig Freiherr von Spiegel zum Desenberge (gest. 1785) geschaffen. ADB. 35,1893, S. 146–149. (Der Name wird auch in der Fassung „vom Spiegel zum Diesenberg" geführt. Vgl. Max Braubach, Die Lebenschronik des Freiherrn F. W. v. Spiegel zum Diesenberg. = Veröffentl. d. Histor. Komm. d. Provinzialinstituts f. westf. Landes- u. Volkskunde. XIX. Westf. Briefwechsel u. Denkwürdigkeiten Bd. IV. Münster 1952, S. 12).

490,27. *Prätorius,* Johannes (= Hans Schultze), 1630–80, volkstümlicher Schriftsteller aus Leipzig, gab zahlreiche Bücher über allerlei Merkwürdigkeiten, Geheimwissenschaften, Volksglauben u. ä. heraus.

490,27f. *Mundus anthropodemicus:* Anthropodemus plutonicus, d. i. eine neue Welt-Beschreibung von allerley Wunderbahren Menschen; als da seyn 1. Alpmännergen, Schröteln, Nachtmähren, 2. Bergmännerlein, Wichtelin, Unter-Irrdische, 3. Chymische Menschen ... (usw. alphabetisch bis) 22. Zwerge, Dümeken. Magdeburg 1666.

491,2. *Budetal* = Bodetal.

491,3. *Hammer* = Hüttenwerk.

491,37. *Erfurt,* das früher zum Kurfürstentum Mainz gehört hatte, war 1803 an Preußen gefallen.

492,5. *neue Ausgabe meiner Werke:* die erste Ausgabe bei Cotta in Tübingen (die sog. Ausg. A), auf 12 Bände geplant. Sie erschien 1806–08. Der 13. Band, der 1810 hinzugefügt wurde, enthielt die *Wahlverwandtschaften.*

492,11. *zwei Abteilungen der „Elegien“:* im 1. Band der neuen Ausgabe. Die erste Abteilung enthält die *Römischen Elegien,* die zweite Abteilung die übrigen (vgl. Bd. 1, S. 185–201).

492,12f. *„Faust“ in seiner jetzigen Gestalt.* Im 7. Band der Ausgabe bei Göschen, 1790, war *Faust ein Fragment* erschienen; die neue Ausgabe bei Cotta brachte im 8. Band, 1808, den vollständigen Druck des I. Teils als *Faust, der Tragödie erster Teil.*

492,15. *Carstens,* Asmus Jakob, 1754–1798, klassizistischer Maler. Er war mit Fernow (vgl. Anmkg. zu 468,17) eng befreundet gewesen und hatte seit 1792 mit ihm zusammen in Rom gelebt. Fernow gab 1806 eine Lebensbeschreibung von Carstens heraus: Leben des Künstlers Asmus Jakob Carstens, ein Beitrag zur Kunstgeschichte des 18. Jahrhunderts.

492,24. *Wilhelm Tischbein,* 1751–1829, Maler; er wurde 1808 Hofmaler des Herzogs von Oldenburg in Eutin. Über sein Verhältnis zu Goethe: Bd. 11, Anmkg. zu S. 125,2 und Bd. 1, Anmkg. zu S. 374.

493,14. *pathologische Farben.* In der *Farbenlehre* als Anhang zu den *Physiologischen Farben* behandelt. Vgl. Bd. 13, S. 354–359.

493,15. *Plinius.* Vgl. Bd. 14, S. 32 u. Anmkg.

494,2f. *subjektive Versuche.* Vgl. Bd. 13, S. 372,17–19.

494,11. *katoptrische und paroptische Farben.* Bd. 13, S. 412–425.

494,20. *sinnlich-sittliche Wirkung.* Bd. 13, S. 494–521.

494,21f. *Gauthiers „Chroagenesie“.* Jacques Fabien Gauthier d'Agoty, 1717–1786, „Chroagénésie ou génération des couleurs, contre le système de Newton. Paris 1750/51“. – Zu Gauthier vgl. Bd. 14, S. 200–204.

494,25. *vierzehnter Oktober:* Tag der Schlacht bei Jena und Auerstädt.

494,32. *Runge,* Philipp Otto, 1777–1810, war im November 1803 nach Weimar gekommen und hatte dort Goethe besucht. Ende April 1806 sandte er Stiche seiner „Tageszeiten“. Während Runges Einsendung zum Weimarer Kunstwettbewerb 1801 „Achills Kampf mit den Flüssen“ ungünstig beurteilt worden war, fanden die „Tageszeiten“ Goethes Anerkennung und Bewunderung, obwohl Runges Richtung seinem Kunstideal nicht gemäß war. In seinem Dankschreiben vom 2. Juni 1806 berührte Goethe die Frage der Farbgebung, mit der sich Runge auch schon selbst beschäftigt hatte. In dem Brief vom 3. 7. 1806, den Goethe später am Schluß seiner *Farbenlehre* abdruckte, legte Runge daraufhin seine Farbentheorie dar. – Philipp Otto Runges Briefwechsel mit Goethe. Hrsg. v. Hellmuth Frhr. v. Maltzahn. Weimar 1940 = Schr. G. Ges. 51. – Richard Benz, Goethe und die romantische Kunst. München (1940), S. 123–130. – Vgl. auch 505,8f.

494,35. *Seebeck,* Johann Thomas, 1770–1831, Physiker, lebte 1802–1810 in Jena, seit 1818 in Berlin, wo er Mitglied der Akademie der Wissenschaften wurde. – Seebeck war der einzige Fachgelehrte, der an Goethes Farbenlehre zunächst Anteil nahm. Seine Untersuchungen galten besonders den „entoptischen“ Farberscheinungen. Vgl. Bd. 13, S. 608f. – ADB. 33, 1891 S. 564f. – Max Hecker, Goethe und Seebeck. Jb. G. Ges. 10, 1924, S. 163–189.

495,9. *Major von Hendrich,* Franz Ludwig Albrecht, gest. 1828, weimarischer Offizier.

495,11. *Riemer,* Friedrich Wilhelm, 1774–1845, Philologe, Goethes langjähriger wissenschaftlicher Mitarbeiter, seit 1803 in Weimar, zunächst als Hauslehrer von Goethes Sohn.

495,19f. *Staatsminister von Voigt,* Christian Gottlob, 1743–1819, Goethes langjähriger Amtsgenosse. (*Geschäftsfreund* bezieht sich auf die amtlichen Geschäfte.) In Goethes Tagebuch ist am 19. 9. 1806 vermerkt: *Bei Geh. R. Voigt wegen der Zeitumstände.* – Bd. 1, S. 344 u. Anm. – Briefe HA, Bd. 4, Register.

495,21f. *Unterhaltung ... im Hauptquartier Niederroßla.* Laut Tagebuch am 24. September.

495,23. *Tiefurt* = Schloß und Park vor Weimar gelegen, ein Lieblingsaufenthalt der Herzogin Anna Amalia.

495,23f. *Kapellmeister Himmel,* Friedrich Heinrich, 1765–1814, königlich preußischer Kapellmeister in Berlin, damals zu Besuch bei der Herzogin Anna Amalia.

495,29. *Karlsbader Gebirgsfolge.* Goethe hatte diese Sammlung in Karlsbad von dem Steinschneider und Mineralienhändler Joseph Müller für die Jenaer Museen erworben. Die Karlsbader Gebirgsfolge befindet sich auch unter Goethes eigenen mineralogischen Sammlungen. – Hans Prescher, Goethes Sammlungen zur Mineralogie. Berlin 1978. (716 S.) – Vgl. WA. II, Bd. 9, S. 5–51.

495,31. *Lenz,* Johann Georg, 1748–1832, Bergrat, Professor der Mineralogie in Jena. Er stand mit Goethe in regem wissenschaftlichen Gedankenaustausch.

495,33. *Intelligenzblatt:* Anzeigenblatt, Beilage zur Jenaischen Allgemeinen Literaturzeitung. – Die Anzeige der Sammlung erschien in Nr. 94 des Jahrgangs 1806 mit dem Titel *An Freunde der Geognosie.* (WA. II, Bd. 13, S. 270–276.)

495,36. *Fürst Hohenlohe:* Friedrich Ludwig Fürst zu Hohenlohe-Ingelfingen, 1746–1818. – Zu Goethes Besuch im Hauptquartier des Fürsten Hohenlohe vgl. E. Weniger, Goethe und die Generale. Stuttgart 1959. S. 46ff.

496,1. *Hegel,* Georg Wilhelm Friedrich, 1770–1831, war 1801–1807 in Jena als Lehrer der Philosophie tätig. – Rudolf Honegger, Goethe und Hegel, Jb. G. Ges. 11, 1925, S. 38–111.

496,2f. *Schelling gab eine Erklärung heraus ..* Tgb. 2. 10. 1806: *Erklärung von Schelling. Gegenerklärung von Ths.* „Ths" war die Chiffre des Schweizer Historikers Johannes v. Müller (seit 1804 in Berlin) für seine Rezensionen in der Jenaischen Allgemeinen Literaturzeitung. Schelling hatte seine Erklärung an Eichstädt, den Herausgeber der Literaturzeitung, gesandt. Johannes v. Müller erklärte sich mit dem Druck der Schellingschen Erklärung einverstanden, sofern auch seine Gegenerklärung aufgenommen werde. Eichstädt bewog jedoch Schelling, auf die Veröffentlichung zu verzichten. Der Gegenstand der Kontroverse ist nicht bekannt. – W. Frhr. v. Biedermann in GJb. 6, 1885, S. 342f.

496,9. *Prinz Louis Ferdinand:* Prinz Friedrich Ludwig Christian von Preußen, genannt Louis Ferdinand, Neffe Friedrichs d. Gr., geb. 1772, gefallen am 10. Oktober 1806 bei Saalfeld. Goethe war ihm bereits während des Feldzugs in Frankreich 1792 (vgl. 220,25–221,23; 239,4ff.) und während der Belagerung von Mainz 1793 (vgl. 368,10; 384,2–5; 397,23–29) begegnet. Im Oktober 1805 war er dem Prinzen im geselligen Verkehr in Jena persönlich nähergekommen. – E. Weniger, Goethe und die Generale. Stuttgart 1959. S. 28f.

496,10f. *Generallieutenant von Grawert,* Julius August Reinhold, 1746–1821.

496,11. *Obrist von Massow:* nach Weniger S. 48 der Adjutant Grawerts Major von Massow, später General.

496,11f. *Hauptmann Blumenstein,* Wilhelm Johann von, 1768–1835, gebürtiger Franzose, später Generalmajor. – Weniger, S. 46ff.

496,32. *der Kaiser* = Napoleon.

496,36. *General Dentzel* = Georg Eduard Baron von Dentzell, 1755–1824. Goethes Tagebuch erwähnt seine Ankunft am 16. 10. 1806. – Nouv. biogr. gén. 13, 1855, Sp. 657f.

497,2. *Der jüngere Mounier,* Claude Philippe, 1784–1843, hatte als Knabe mehrere Jahre mit seinem Vater, dem emigrierten Politiker Jean Joseph Mounier (vgl. Anmkg. zu 361,17), in Weimar gelebt. 1806 war er Auditeur im französischen Staatsrat. – Nouv. biogr. gén. 36, 1865, Sp. 737–739. – Archiv f. Kulturgesch. 55, 1973, S. 468–482. – Vgl. S. 361,17 u. Anm.

497,3f. *Commissaire-Ordonnateur* = oberster Beamter der militärischen Verwaltung.

497,14. *„Tasso" ward aufgeführt:* am 16. 2. 1807. – Lieselotte Blumenthal, Zur Weimarer Uraufführung von Goethes Tasso. (Jb.) Goethe 13, 1951, S. 299f.

498,14. *Bergrat Werner,* Abraham Gottlob, 1749–1817, der berühmteste Mineraloge seiner Zeit, seit 1775 Professor an der Bergakademie Freiberg, ADB. 42,1897, S. 33–39.

498,14f. *oryktognostische und geognostische Gespräche.* Oryktognosie: Lehre von den einfachen Mineralien; Geognosie: Lehre von den Gesteinsformationen, eine von Werner neu begründete Wissenschaft. Vgl. Anmkg. zu 143,8f.

499,26. *Albertus Magnus:* Graf Albert von Bollstädt, 1193–1280, Dominikaner, universaler Gelehrter, führte die Aristotelische Philosophie in die Scholastik ein. Goethe entlieh am 19. 9. 1807 mehrere Schriften von ihm, u.a. Alberti Magni philosophi De animalibus. Mantua 1479 (vgl. Keudell Nr. 490ff.). Tgb. 26. 9. 1807: *Früh Albertus Magnus Naturgeschichte der Tiere.*

499,30. *Pandoras Wiederkunft:* dramatisches Fragment. Vgl. Bd. 5, *Pandora,* S. 332–365, und die Anmkg.

499,34. *kleine Erzählungen:* die Novellen, die später in die *Wanderjahre* eingefügt wurden. Im Jahre 1807 entstanden *Sankt Joseph der Zweite, Die neue Melusine, Die gefährliche Wette.* Vgl. Bd. 8.

500,4f. *gelangte ... nach Wien.* Der Erstdruck des ersten Teils erfolgte 1808 in der von L. v. Seckendorf und J. L. Stoll in Wien herausgegebenen Zeitschrift „Prometheus". Das Ganze erschien 1810 als Taschenbuch. Vgl. Bd. 5, S. 332–365 u. Anmerkung.

500,8. *die „Nibelungen".* Im Oktober 1807 erhielt Goethe von Friedrich Heinrich von der Hagen dessen (die mittelhochdeutsche Sprache dem modernen Sprachstand angleichende) Bearbeitung: Der Nibelungen Lied, hrsg. durch F. H. von der Hagen. Berlin 1807. – Zu Goethes Kenntnis des Nibelungenliedes vgl. Bd. 12, S. 689f. – Ernst Jenny, Goethes altdeutsche Lektüre. Basel 1900. S. 56–66.

500,10f. *Bodmers Bemühungen.* Bodmer hatte 1757 einen Teil des Nibelungenlieds veröffentlicht: Chriemhilden Rache und die Klage. Zwei Heldengedichte aus dem schwäbischen Zeitpunkte. Samt Fragmenten aus dem Gedichte von den Nibelungen und aus dem Josaphat. Zürich 1757.

500,11. *Christoph Heinrich Müller* (Myller), Der Nibelungen Liet, ein Rittergedicht aus dem XIII. oder XIV. Jhdt. Zum ersten Male aus der Handschrift ganz abgedruckt. Berlin 1782.

500,16f. *wo die Meerfrauen ... weissagen:* in der 25. Aventiure.

500,26f. *am Mittwoche Vorträge.* Seit Herbst 1805 hielt Goethe häufiger mittwochs Vorträge vor den Damen des Hofs und der Weimarer Gesellschaft. Die Vorlesungen der Nibelungen fanden in der Zeit von November 1808 bis Januar 1809 statt. – E. Jenny, S. 59ff.

501,11. *Niethammer,* Friedrich Immanuel, 1766–1848, früher Professor der Theologie und Philosophie in Jena, seit 1807 bei der Akademie der Wissenschaften in München. Über den Plan eines *Volksbuchs* und Goethes Entwürfe hierzu vgl. Bd. 12, S. 284–287 u. Anmkg.

501,21f. *Herzogin von Kurland,* Anna Charlotte Dorothea geb. Reichsgräfin von Medem, 1761–1821, seit 1779 vermählt mit Peter Biron, dem letzten (bis 1795 regierenden) Herzog von Kurland.

501,23. *Frau von der Recke,* Charlotte Elisabeth (Elisa) geb. Reichsgräfin von Medem, 1756–1833, Schwester der Herzogin von Kurland, Schriftstellerin, eine geistig und gesellschaftlich bedeutende Frau. Sie war schon Ende 1784 zu einem Besuch in Weimar gewesen. – ADB. 27, 1888, S. 502–504. – Briefe HA Bd. 1 u. 4.

501,23. *Tiedge,* Christoph August, 1752–1841, Dichter des damals vielgelesenen Lehrgedichts „Urania", eines von empfindsamem Idealismus getragenen Hymnus auf Gott, Unsterblichkeit und Würde des Menschen. Seit 1803 in seelischer Freundschaft mit Frau von der Recke verbunden, ihr Hausgenosse und Begleiter auf Reisen. – Otto Hachtmann, Tiedge. In: Mitteldeutsche Lebensbilder, V, 1930. S. 192–201.

501,31. *Familie Ziegesar:* August Friedrich Karl Freiherr von Ziegesar, 1746–1813, Sachsen-Gothaischer Kammerherr und Generallandschaftsdirektor, vermählt mit Magdalene von Wangenheim, 1751–1809. In den Sommerwochen weilte die Familie oft auf dem Gut Drakendorf bei Jena; Goethe ist seit September 1776 häufiger dorthin gekommen. Für die jüngste Tochter Silvia, 1785–1855 (1815 vermählt mit dem Jenaer Theologieprofessor Koethe), empfand er eine leidenschaftliche Neigung, die im Jahre 1808 ihre Höhe erreichte. – Herbert Koch, Goethe und Silvia von Ziegesar. In: (Jb.) Goethe 16, 1954, S. 225–234. – Goethe und Silvie. Briefe, Gedichte, Zeugnisse. Hrsg. von Paul Raabe. Stuttg. 1961.

502, 3. *Frau von Seckendorf,* Caroline, 1784–1854, Gattin eines kursächsischen Appellationsrates.

502,4. *Pauline Gotter,* 1786–1854, Tochter des Dichters Friedrich Wilhelm Gotter in Gotha (vgl. Bd. 9, S. 533,36f.), seit 1812 zweite Gattin Schellings. – Eberhard Waitz, Goethe und Pauline Gotter. Hannover 1919. – Julius Wahle, Gäste im Goethehause. Pauline Gotter 1808. Jb. G. Ges. 12, 1926, S. 218–222.

502,14. *Franzenbrunnen* = Franzensbad.

502,30. *„Allgemeine Zeitung":* 1798 von Cotta gegründet.

503,10. *Kaaz,* Carl Ludwig, 1773–1810, Maler aus Dresden, besuchte Goethe im Juni 1809 in Weimar.

503,22. *Runge.* Vgl. Anmkg. zu 494,32. Goethe erhielt die Zeichnungen Anfang Mai 1808 und sandte sie im Herbst wieder zurück.

503,34. *Friedrich,* Caspar David, 1774–1840. Goethes Verhältnis zur Kunst C. D. Friedrichs war wechselnd. Bei dem Weimarer Kunstwettbewerb 1805 hatte Friedrich für zwei Sepia-Landschaften die Hälfte des ausgesetzten Preises erhalten. Im Herbst 1808 sandte er mehrere Zeichnungen (u.a. „Hünengrab" und Karton zum Tetschener Altar) nach Weimar. Sie wurden im Programm der Jenaischen Allg. Literaturzeitung 1809 von Meyer anerkennend besprochen. Auf der Rückreise aus Böhmen im September 1810 besuchte Goethe in Dresden Friedrich in seinem Atelier (Tgb. 18. 9. 1810: *Zu Friedrich. Dessen wunderbare Landschaften. Ein Nebelkirchhof, ein offnes Meer).* Im Juli 1811 suchte Friedrich in Jena Goethe auf; 1812 sandte er einige Zeichnungen mit der Bitte, den Verkauf zu vermitteln. Goethe urteilte damals: ... *wie selten ist das Vollendete! So, daß man es auch in der wunderlichsten Art hochschätzen und sich daran erfreuen muß.* (An H. Meyer, 25. 4. 1812.) – Als Goethe jedoch in späteren Jahren in eine Abwehrstellung gegen die Kunst der Romantik geriet, sah er Friedrichs Schaffen kritischer. In dem von Heinrich Meyer mit seiner Billigung verfaßten Aufsatz „Neudeutsche religios-patriotische Kunst" (*Kunst und Altertum,* I, 2. 1817, vgl. S. 717f.) wird Friedrich, ebenso wie den übrigen romantischen Künstlern, „Vernachlässigung der Kunstregeln" vorgeworfen, und es heißt, daß er die „Kunst der Beleuchtung" nicht kenne oder verschmähe und daß „düstere Religionsallegorien" anmutiger und schöner Darstellung nicht zusagten. – Das Urteil in den *Tag- und Jahresheften,* 503, 33–39, aus Goethes spätem Alter und von ihm selbst formuliert, zeigt indessen wiederum das Bemühen um eine gerechte Würdigung. – Richard Benz, Goethe und die romantische Kunst. München (1940). S. 130–143.

504,1. *Kügelgen,* Franz Gerhard, 1772–1820, Porträt- und Historienmaler aus Dresden; er hat Goethe 1808 und 1810 gemalt und im Dezember 1808 ein Wachsrelief modelliert. – NDB 13, 1982, S. 184f.

504,5. *die Sänger.* Die Sänger des Weimarer Theaters hatten Goethe nach seiner Rückkehr aus Jena im Dezember 1807 ein Ständchen gebracht; seitdem (bis 1811) wurden in seinem Hause häufig Gesangsproben gehalten und Sonntags-Konzerte veranstaltet. – Wolfram Huschke, Musik im klass. Weimar. Weimar 1982.

504,15. *eine besondere Darstellung:* vgl. „Unterredung mit Napoleon". S. 543–547.

504,33. *Prinz von Ponte-Corvo* = Jean Bapt. Jules Bernadotte, 1763–1844, französischer Marschall; er wurde 1810 von den schwedischen Ständen zum Kronprinzen gewählt und von König Karl XIII. adoptiert. 1818 wurde er als Karl XIV. Johann König von Schweden.

505,8. *Rungens „Farbenkugel":* Farbenkugel oder Konstruktion des Verhältnisses aller Mischungen der Farben zueinander, und ihrer vollständigen Affinität.

Hamburg 1810. – Goethe hat das Manuskript schon im Oktober 1809 in Händen gehabt; am 1. Februar 1810 übersandte Runge ein Exemplar des Drucks. Vgl. Anmkg. zu 494,32.

505,15. *Seebeck*, Johann Thomas, 1770–1831. Vgl. Anmkg. zu 494,35.

505,31. *König von Westfalen:* Jérôme Bonaparte, 1784–1860, König von Westfalen 1807–13.

505,35. *von Reinhard*, Karl Friedrich (seit 1815 Graf), 1761–1837, französischer Diplomat, aus Württemberg gebürtig, damals französischer Gesandter am westfälischen Königshof, nach 1815 Gesandter beim Deutschen Bundestag. Goethe hatte ihn 1807 in Karlsbad kennengelernt und stand seitdem in Beziehung zu ihm. – Goethe und Reinhard. Briefwechsel in den Jahren 1807–1832. Mit einer Vorrede des Kanzlers Friedrich von Müller. Insel-Verlag. Wiesbaden 1957.

505,35f. *Wangenheim*, Karl August Freiherr von, 1773–1850, württembergischer Beamter, 1816 Kultusminister; hier vermutlich irrtümlich an Stelle des württembergischen Diplomaten v. Gemmingen genannt (vgl. Tgb. 14. 7. 1809).

506,1. *Ölsisches Korps:* benannt nach Herzog Friedrich Wilhelm von Braunschweig-Lüneburg-Oels. (Er hatte das dem preußischen König als Lehnsherrn unterstehende Herzogtum Oels in Niederschlesien 1792 von einem Onkel geerbt.) Herzog Friedrich Wilhelm war der Sohn und Nachfolger Karl Wilhelm Ferdinands von Braunschweig-Lüneburg, der 1806 in der Schlacht bei Jena als preußischer Oberbefehlshaber tödlich verwundet worden war. Napoleon hatte das Herzogtum Braunschweig dem Königreich Westfalen einverleibt, so daß Friedrich Wilhelm seines Landes beraubt war. Er verbündete sich 1809 mit Österreich und formierte in Böhmen ein eigenes Korps, das schwarze Uniformen trug und sich „Schwarze Schar" oder „Corps der Rache" nannte. Nach der Niederlage Österreichs bei Wagram führte er seine Schar in kühnem Zuge quer durch Deutschland zur Küste (am 31. 7. 1809 in Braunschweig) und schiffte sie nach England ein (am 14. 8. 1809 in England). – Er fiel im Juni 1815 in der Schlacht bei Quatre-Bras. Vgl. 258,13f. – ADB. 7, 1878, S. 508–514. – NDB 5, 1961, S. 502.

506,17. *„Fierabras":* Volksbuch aus dem 16. Jahrhundert, das einen Stoff aus der Karlssage nach französischer Vorlage behandelt. Goethe hat das Werk schon 1804 kennengelernt (Tgb. 23. 7. 1804); auf seine Bitte hin sandte ihm Heinrich Voß d. J. am 3. 10. 1807 ein Exemplar aus Heidelberg (GJb. 5, 1884, S. 71). Im Januar und Februar 1809 behandelte Goethe den „Fierabras" in seinen Mittwochsvorträgen (vgl. Anmkg. zu 500,26f.). Im gleichen Jahre wurde das Volksbuch durch J. G. Büsching und F. H. von der Hagen im „Buch der Liebe" neu herausgegeben. (Vgl. v. d. Hagen an Goethe, 19. 4. 1809; Jb. G. Ges. 15, 1929, S. 113f. – v. d. Hagen hatte seine eigene Vorlage aus dem Goetheschen Exemplar des Fierabras ergänzt.) – In Goethes Aufzeichnungen zur Literatur des Mittelalters ist ein eigenhändiges Personenverzeichnis des „Fierabras" erhalten (WA. Bd. 49,2, S. 439f.).

506,18. *„König Rother":* enthalten in: Deutsche Gedichte des Mittelalters. Hrsg. v. Friedr. Heinr. von der Hagen und Johann Gustav Büsching. Bd. 1, Berlin 1808. Der Band enthält mehrere der sog. Spielmannsepen, u. a. König Rother, Herzog Ernst, Salomon und Morolf.

506,19. *„Tristan und Isolde"*: nach dem Volksbuch des 16. Jahrhunderts im „Buch der Liebe", 1809, neu gedruckt.

506,20f. *„Wilkina-Saga"*: ein Teil der altnordischen Thidrekssaga, die im 13. Jahrhundert aus Nacherzählungen deutscher Epen, besonders aus dem Sagenkreis um Dietrich von Bern, zusammengestellt wurde. Die „Vilcinasaga" ist die Geschichte von der Werbung des Wilzenkönigs Osantrix um die Tochter des Königs Milias von Hunaland; sie hat motivische Verwandtschaft mit dem Epos von König Rother. Goethe erhielt einen Druck der Saga aus Göttingen (Tgb. 23. 5. 1809). – E. Jenny, Goethes altdeutsche Lektüre. Basel 1900. S. 67.

506,22f. *Runen-Antiquar Arendt*, Martin Friedrich, 1769–1824, nordischer Altertumsforscher, ein gelehrter Sonderling, der viele Länder Europas auf Fußwanderungen bereiste. Im Januar/Februar 1809 kam er nach Weimar. Er führte eine Handschrift des (damals noch ungedruckten) zweiten Teils der Lieder-Edda (Edda Saemundar) mit sich. – In Goethes Exemplar des Edda-Drucks von Resenius aus dem Jahre 1787 ist vorn ein Quartblatt mit dem Runen-Alphabet von M. F. Arendt eingeklebt, datiert Weimar, Jan. 1809 (Ruppert Nr. 770). – Goethe-Handbuch, 2. Aufl. 1955ff. Sp. 355–357.

506,25. *Majer*, Friedrich, 1772–1818, Orientalist in Jena, behandelte im März 1809 nordische Themen vor dem Kreis der Damen, die bei Goethe zu den Mittwochsvorträgen zusammenkamen (vgl. Anmkg. zu 500,26f.).

506,29. *Grimm*, Wilhelm, 1786–1859, kam im Dezember 1809 zu einem Besuch nach Weimar. – Wilhelm Schoof, Goethe und die Brüder Grimm. (Jb.) Goethe 16, 1954, S. 235–257.

506,31. *„Des Knaben Wunderhorn"*. Vgl. Bd. 12, S. 270–284 u. Anmkg.

507,1. *Selbstbiographie:* Vgl. Bd. 9, S. 599ff.

507,9. *Sammlung von eigenen Handschriften.* Im Dezember 1811 ließ Goethe ein gedrucktes Verzeichnis seiner Autographensammlung herstellen, das er den Briefen an seine Freunde und Bekannten beilegte mit der Bitte, die Sammlung zu ergänzen.

508,15. *Tonlehre.* Aus den Studien zur Tonlehre und aus Unterhaltungen mit Zelter ist im August 1810 der Entwurf zu einer „Tabelle der Tonlehre" entstanden. Er wurde jedoch damals nicht weiter bearbeitet. Als er 1826 wieder auftauchte, sandte Goethe ihn an Zelter (9. 9. 1826). – WA. II, Bd. 11, S. 287–295. – Bd. 12, Anmkg. zu 171,1ff. – Bd. 13, S. 490f. – Briefe HA Bd. 3, S. 130,38f. u. Anm.

508,37. *Gebrüder Boisserée.* Zum Verhältnis Goethes zu den Brüdern Boisserée, insbesondere zu Sulpiz Boisserée, vgl. Bd. 9 die Anmkg. zu 382,29 und 388,23; Bd. 12, S. 613ff.

508,38f. *Buchhändler Zimmer,* Johann Georg, 1777–1853, Buchhändler und Verleger in Heidelberg, in regem Verkehr mit den Romantikern stehend, später protestantischer Geistlicher. – ADB. 45, 1900, S. 233–242. – Johann Georg Zimmer und die Romantiker. Ein Beitrag zur Geschichte der Romantik nebst bisher ungedruckten Briefen von Arnim, Böckh, Brentano ... Hrsg. von Heinrich W. B. Zimmer. Frankfurt a. M. 1888.

509,2. *Straßburger Münster.* Vgl. Bd. 12, S. 7–15.

509,9. *landschaftliche Skizzen.* Goethe hat diese Zeichnungen, die 1810 in Jena und Böhmen entstanden waren, im Jahre 1821 in einem Bande vereinigt und kurze Erläuterungen dazu geschrieben (Tgb. 22. und 23. 6. 1821). Veröffentlicht in: 22 Handzeichnungen von Goethe. 1810. Hrsg. v. Carl Ruland. Weimar 1888 = Schr.

G. Ges. 3. – Corpus der Goethe-Zeichnungen, hrsg von G. Femmel. Bd. IVa, Lpz. 1966, und Bd. VII, 1973.

509,20f. *Verwüstung, die der Sprudel angerichtet.* Der Sprudel, die bedeutendste und heißeste Heilquelle Karlsbads, war am 2. 9. 1809 explodiert. Die Zerstörungen, die Goethe bei seiner Ankunft im folgenden Jahre vorfand, schilderte er im Brief an Herzog Carl August vom 24. 5. 1810. – Otto Kletzl, Die Explosion des Karlsbaders Sprudels am 2. September 1809. Germanoslavica, Jg. 2, 1932/33. H. 1. S. 102–107.

509,28. *„Leben Philipp Hackerts".* Die Autobiographie des Landschaftsmalers Philipp Hackert, 1737–1807, den Goethe in Neapel kennengelernt hatte, wurde auf Hackerts Wunsch von Goethe bearbeitet und herausgegeben. *Philipp Hackert. Biographische Skizze. Meist nach dessen eigenen Aufsätzen entworfen von Goethe. 1811.*

510,14f. *Wahrheit und Dichtung.* Zum Titel vgl. Bd. 9, Kommentar.

510,32, *Kontignation* = Gebälk, Zusammenfügung von Balken. Vgl. Bd. 8, S. 411,29

510,39. *Jacobi, „Von den göttlichen Dingen":* Von den göttlichen Dingen und ihrer Offenbarung. Leipzig 1811; gegen Schellings Identitätsphilosophie gerichtet. Schelling schrieb dagegen: F. W. J. Schelling's Denkmal der Schrift von den göttlichen Dingen etc. des Herrn F. H. Jacobi und der ihm in derselben gemachten Beschuldigung eines absichtlich täuschenden, Lüge redenden Atheismus. Tübingen 1812. – Erst nach Lektüre dieser Schrift Schellings scheint sich Goethe voll bewußt geworden zu sein, wie schroff Jacobis Schrift auch seiner eigenen Naturauffassung, der sich das Göttliche in der Natur offenbarte, entgegenstand. Er hat sich damals mit heftigem Unwillen über Jacobi geäußert (vgl. die Briefe an Knebel vom 25. 3. und 8. 4. 1812 und das Gedicht *Groß ist die Diana der Epheser,* Bd. 1, S. 285), und er hat auch Jacobi zu verstehen gegeben, daß ihn *das Büchlein ziemlich indisponiert habe* (10. 5. 1812). Es ist hiernach zu einer bleibenden Entfremdung zwischen Goethe und Jacobi gekommen. – Zu der früheren Entwicklung des Verhältnisses vgl. 30,26f. u. Anmkg.; 310–320 und die Anmkg. – Briefwechsel zwischen Goethe und F. H. Jacobi, hrsg. v. Max Jacobi, Leipzig 1846. – Max Hecker, Goethe und Fritz Jacobi. (Jb.) Goethe, Bd. 6, 1941, S. 32–69; Bd. 7, 1942, S. 41–69 u. 281–309; Bd. 8, 1943, S. 57–86.

511,3. *die Natur verberge Gott.* In Jacobis Schrift „Von den göttlichen Dingen" heißt es: „Die Natur verbirgt Gott, weil sie überall nur Schicksal, eine ununterbrechbare Kette von lauter wirkenden Ursachen ohne Anfang und Ende offenbaret, ausschließend mit gleicher Notwendigkeit beides: Vorsehung und Ungefähr ... (sie erzeugt nicht) was allein aus Gott ist und Freiheit voraussetzt: die Tugend, das Unsterbliche. – Der Mensch offenbaret Gott, indem er mit dem Geiste sich über die Natur erhebt." (F. H. Jacobi's Werke. Bd. 3,1. Lpz. 1816. S. 425).

511,13. *Spinozas „Ethik".* Zu Goethes Verhältnis zu Spinoza vgl. die Anmkg. zu 35,4 u. 76,7ff.

511,18. *Uwarow,* Sergei Semenowitsch, Graf, 1786–1855, Kurator der Petersburger Unterrichtsanstalten, seit 1818 Präsident der Kaiserlichen Akademie der Wissenschaften. Er sandte Goethe sein „Projet d'une Académie Asiatique" (Tgb. 21. 2. 1811); es war für Goethe vor allem wegen der geplanten Erforschung der indischen Literatur von Interesse (Brief an Uwarow v. 27. 2. 1811). – Goethe und Uwarow und ihr Briefwechsel. Mit Erläuterungen von Georg Schmid. St. Petersburg 1888. (52 S.)

511,20f. *Hebels abermalige „Alemannische Gedichte".* Goethe hatte Hebels Gedichte, die in 2. Auflage 1804 erschienen waren, in der Jenaischen Allgemeinen Literaturzeitung 1805 rezensiert (vgl. Bd. 12, S. 261–266). – Hier in den *TuJ 1811* sind vermutlich nicht Hebels Gedichte gemeint, sondern seine kleinen Prosaerzählungen, die er für den von ihm seit 1808 herausgegebenen Kalender „Der Rheinische Hausfreund oder Neuer Calender mit lehrreichen Nachrichten und lustigen Erzählungen. Auf das Jahr ..." schrieb. Seine Beiträge zu den Kalendern vereinigte er 1811 im „Schatzkästlein des rheinischen Hausfreundes" (bei Cotta erschienen). – Goethe hat 1810/11 den „Hausfreund" wie auch das „Schatzkästlein" (das er durch Cotta erhielt) gelesen (Tgb. 16. 11. 1810; 3. 8. 1811; 23. 12. 1811. – Vgl. Ruppert Nr. 395).

511,23f. *von Hagens „Heldenbuch":* Der Helden Buch, hrsg. durch F. H. von der Hagen. Bd. 1, Berlin 1811. Es enthält eine Reihe von mittelalterlichen Epen, vor allem aus dem Sagenkreis um Dietrich von Bern, in sprachlich modernisierter Fassung. – Friedrich Heinrich von der Hagen, 1780–1856, einer der ersten Vertreter der wissenschaftlichen Germanistik, wurde 1810 ao. Professor der deutschen Sprache und Literatur in Berlin; 1811 Professor in Breslau, 1824 wieder in Berlin. – Max Hecker, Aus der Frühzeit der Germanistik. Die Briefe Johann Gustav Büschings und Friedrich Heinrich von der Hagens an Goethe. Jb. G.Ges. 15, 1929, S. 100–179.

511,25. *Büschings „Armer Heinrich":* Der arme Heinrich, eine altdeutsche Erzählung. Hrsg. von J. G. Büsching. Zürich 1810. – Johann Gustav Büsching, 1783–1829, wurde 1811 Archivar in Breslau, 1817 Professor der Altertumswissenschaften.

512,3. *Aufsatz zu Wielands Andenken: Zu brüderlichem Andenken Wielands 1813,* zuerst als Gedenkrede vorgetragen in der Logenfeier am 18. 2. 1813. (WA. Bd. 36, S. 311–346.)

512,11. *Geographische Karten ...* Im Juni 1812 hatte Goethe in Teplitz Gespräche mit Wilhelm von Humboldt *über sein Sprachstudium in Beziehung auf mehrere Nationen* geführt (Tgb. 15. 6. 1812). Im Brief vom 31. 8. 1812 bat er ihn um eine Übersicht über die geographische Verteilung der Sprachen; Anfang Januar 1813 hat er geographische Karten zu dem ihm von Humboldt überlassenen Entwurf bearbeitet.

512,13. *illuminiert* = koloriert, mit Farben versehen. Vgl. Bd. 13, S. 281,7ff.

512,15f. *vergleichendes landschaftliches Bild: Höhen der alten und neuen Welt, bildlich verglichen von Herrn Geh. Rath von Göthe. Mit einem colorierten Ta-*

bleau. Weimar 1813. Wieder abgedruckt in: Goethe, Schr. zur Naturwiss., Leopoldina-Ausgabe, Bd. 11, S. 159–161 und dazu Abb. II. – Auch in: Corpus der Goethe-Zeichnungen, hrsg. von G. Femmel. Bd. Vb. Nr. 201; Bd. VI B Nr. N 16; Bd. VII, S. 135, 231 u. ö.

512,37f. *Durchzeichnungen von Bildern aus einer alten Handschrift des „Sachsenspiegels".* Goethe hatte diese Zeichnungen, deren Herkunft ihm unbekannt war, bereits 1810 an J. G. Büsching gesandt. Büsching gab sie an von der Hagen weiter. Dieser stellte fest, daß sie zu dem „Codex juris provincialis et feudalis Saxonici picturatus membranaceus" von 1336, einer Bilderhandschrift des „Sachsenspiegels" aus Varel/Oldenburg, gehörten. (Vom „Sachsenspiegel" sind im ganzen vier Bilderhandschriften erhalten, aus Heidelberg, Dresden, Wolfenbüttel und Oldenburg; sie stammen alle aus dem 14. Jhdt. und gehen auf eine gemeinsame Vorlage zurück.) Von der Hagen sandte die Zeichnungen Anfang 1813 an Goethe zurück, zusammen mit der von ihm in Verbindung mit Büsching u. a. herausgegebenen „Sammlung für Altdeutsche Literatur und Kunst", Bd. 1, St. 1, Breslau 1812, in welcher er über die Herkunft berichtete („Alte Randzeichnungen in Goethes Besitz"). Nachdem Goethe die Zeichnungen 1816 nochmals an Büsching gesandt hatte, veröffentlichte dieser einen Teil davon in „Wöchentliche Nachrichten für Freunde der Geschichte, Kunst und Gelahrtheit des Mittelalters", Bd. 4, 1818 („Das deutsche Recht in Bildern. Nach Zeichnungen mitgetheilt durch Herrn Geheimen Rath von Göthe"). – WA. Bd. 53, S. 402. – Max Hecker in Jb. G.Ges. 15, 1929, S. 117–149. – Mommsen, Bd. 2, S. 322–327. – Der Sachsenspiegel, Landrecht und Lehnrecht. Nach dem Oldenburger Codex picturatus von 1336 herausgegeben von A. Lübben. Mit Abbildungen in Lithographie und einem Vorwort zu denselben von F. v. Alten. Oldenburg 1879.

513,7f. *Professor John, Chemikus* = Johann Friedrich Jahn, 1782–1847, Professor der Chemie in Berlin.

513,8. *Rochlitz,* Johann Friedrich, 1769–1842, Roman- und Theaterdichter, Musikschriftsteller, Herausgeber der Allgemeinen musikalischen Zeitung, seit 1809 weimarischer Hofrat. – Goethes Briefwechsel mit Friedrich Rochlitz. Hrsg. v. Wold. Frhr. v. Biedermann. Leipzig 1887.

513,14. *chinesisches Reich.* Goethe hat im Oktober 1813 eine Reihe von Reisebeschreibungen und andere Literatur über China aus der Weimarer herzoglichen Bibliothek entliehen (Keudell Nr. 863–873). – Erich Jenisch, Goethe und das ferne Asien. Dt. Vierteljahresschrift 1, 1923, S. 309–338. – Richard Wilhelm, Goethe und die chinesische Kultur. Jb. d. Freien dt. Hochstifts, 1927, S. 301–316. – Christine Wagner-Dittmar, Goethe und die chinesische Literatur. In: Studien zu Goethes Alterswerken. Hrsg. von E. Trunz. Frankfurt 1971. S. 122–228. – Bd. 1, Anmkg. zu S. 387.

513,16. *„Essex“:* Der Graf von Essex. Trauerspiel des englischen Dichters John A. Banks (um 1696), bearbeitet von dem Leipziger Schriftsteller J. G. Dyk (1777). – Goethe schreibt am 4. 11. 1813 an W. v. Humboldt, die Schauspieler hätten es unternommen, das *alte, zwar interessante, aber schlecht geschriebene Stück Essex zu spielen.*

513,16. *Schauspielerin Wolff,* Anna Amalia, geb. Malcolmi, 1780–1851.

513,21. *„Frankfurter Gelehrte Zeitungen“:* vgl. Anmkg. zu 430,27.

513,24. *Mösers „Phantasien“:* „Patriotische Phantasien“ von Justus Möser, 1720–1794. Vgl. Anmkg. zu Bd. 9, S. 596,8.

513,25. *Klingers Werke* erschienen in 12 Bänden in Königsberg 1809–16. Vgl. Anmkg. zu S. 12,2.

513,29f. *Ernestis „Technologie ...“:* Lexicon technologiae Graecorum rhetoricae ... Leipzig 1795, und Lexicon technologiae Latinorum rhetoricae ... Leipzig 1797, von Johann Christian Gottlieb Ernesti, 1756–1802, Professor in Leipzig.

514,9. *General Travers:* nicht näher bekannt. Das Tgb. vermerkt seine Einquartierung am 4. 10. 1813. – Im August und September 1810 hatte Goethe in Teplitz in regem gesellschaftlichem Verkehr mit dem König von Holland (= Louis Bonaparte, 1778–1846, König von Holland 1806–10) und seiner Begleitung gestanden.

514,19. *Hafis:* Mohammed Schemseddin Hafis, persischer Dichter, um 1327–1390. Vgl. Bd. 2, S. 157ff.

514,19. *von Hammersche Übersetzung:* Der Diwan von Mohammed Schemseddin Hafis, aus dem Persischen zum ersten Male ganz übersetzt von Josef von Hammer. 2 Bde. 1812–13. – Vgl. Bd. 2, S. 253f. und 256.

514,38. *„Moallakats“:* alte arabische Preisgesänge. Vgl. Bd. 2, S. 129f. – Goethe entlieh im Februar 1815 aus der Weimarer Bibliothek die englische Übersetzung von W. Jones (1783), eine lateinische von 1748 und die deutsche Übersetzung von Anton Theodor Hartmann: Die hellstrahlenden Plejaden am arabischen poetischen Himmel oder die 7 am Tempel zu Mekka aufgehangenen arabischen Gedichte ... Münster 1802. (Keudell Nr. 967–969) – Katharina Mommsen, Goethe und die Motallakats. Bln. 1960. = Sitzungsberichte der dt. Akad. d. Wiss. – Kath. Mommsen, Goethe und die arabische Welt. Frankf. a. M. 1988.

515,3. *„Mahomets Leben“ von Oelsner:* Karl Ernst Oelsner, Mahomed. Darstellung des Einflusses seiner Glaubenslehre auf die Völker des Mittelalters ... Frankfurt a. M. 1810.

515,5. *von Diez,* Heinrich Friedrich, 1750–1817, preußischer Diplomat, Prälat in Kolberg. Vgl. Bd. 2, S. 247–252.

515,5. *das Buch „Kabus“:* Buch des Kabus oder Lehren des persischen Königs Kjekjawus für seinen Sohn Ghilon Schach ... übers. und erläut. von H. F. v. Diez. Berlin 1811. – Katharina Mommsen, Goethe und Diez. Berlin 1961. (XVIII, 352 S.)

515,11. *Medschnun und Leila.* Liebespaar der persischen Dichtung (vgl. Bd. 2, S. 27,10 u. Anmkg.), dessen Schicksale von dem Dichter Dschami in einem epischen Werk dargestellt wurden. Der französische Orientalist A. L. de Chézy übersetzte Dschamis Werk 1807 ins Französische; hiernach stellte A. Th. Hartmann 1808 eine deutsche Übersetzung her. Goethe hat die Dichtung schon im Jahre 1808 kennengelernt (Tgb. 26. 5. 1808).

515,13. *Religion der Parsen.* Vgl. Bd. 2, S. 135–138.

515,16. *Pietro della Valle.* Petrus della Valle, Reißbeschreibung in unterschiedenen Theilen der Welt ... Türckey, Egypten, Palestina, Persien ... 4 Bde. Genf 1674. – Vgl. Bd. 2, S. 228–242.

515,16. *Tavernier,* Jean Bapt., Les six voyages en Turquie, en Perse et aux Indes ... 2 Bde. Utrecht 1712. – Vgl. Bd. 2, S. 243f.

515,16. *Chardin,* Jean chevalier de, Voyage en Perse et autres lieux de l'orient ... Nouv. éd. augm. 2 Bde. Amsterdam 1735. – Vgl. Bd. 2, S. 243f.

515,21. *Lorsbach,* Georg Wilhelm, 1752–1816, Orientalist, seit 1812 Professor in Jena. Vgl. Bd. 2, S. 247.

515,23. *Sylvestre de Sacy,* Antoine Isaac, 1758–1838, Orientalist in Paris. Vgl. Bd. 2, S. 267.

515,30. „*Fundgruben*" = Fundgruben des Orients. Hrsg. v. Josef von Hammer. 6 Bde. Wien 1809–1818.

515,37f. *Badeaufenthalt:* in Wiesbaden.

516,22f. *von Natzmer:* vielleicht: Oldwig Leopold Anton von Natzmer, 1782–1861, preußischer Oberstleutnant, später General (ADB. 23, 1886, S. 291–294). Tgb. 30. 6. 1815: *von Natzmer, Neugriechische Gedichte.* – *Haxthausen,* Werner Moritz Maria von, 1780–1842, 1815 als Major verabschiedet, später Regierungsrat in Köln; Sprachforscher. ADB. 11, 1880, S. 121f. (Tgb. 3.–7. 7. 1815.) Seine Sammlung griechischer Volkslieder, die Goethe damals im Manuskript sah, wurde nicht gedruckt, obwohl Goethe noch 1823 im 4. Band von *Kunst und Altertum* die Veröffentlichung anregte (WA. Bd. 41,2, S. 20f.). – Einige *Neugriechisch-epirotische Heldenlieder* hat Goethe 1823 nach französischen Vorlagen übersetzt (WA. Bd. 3, S. 213–220). – Fritz Strich, Goethe und die Weltliteratur. Bern 1946. S. 359f. – Mommsen, Bd. 2, S. 161ff.

516,25. „*Göttinger Anzeigen*" = Göttingische Anzeigen von gelehrten Sachen, 1739 begründet, die älteste wissenschaftliche Zeitschrift in Deutschland.

517,8. *Wallrafs Sammlung.* Ferdinand Franz Wallraf, 1748–1824, Kanonikus in Köln, besaß eine bedeutende Sammlung rheinischer Kunstwerke und Altertümer, die er der Stadt Köln vermachte (seit 1861 im Wallraf-Richartz-Museum). Goethe berichtete über die Sammlung in *Kunst und Altertum in den Rhein- und Maingegenden,* 1. Heft, 1816, Abschnitt *Köln.*

517,14. *Heidelberg.* Vgl. Bd. 12, S. 142–164.

517,29f. *Die zwei Mollerschen ersten Hefte.* Georg Moller, Denkmäler der deutschen Baukunst. Darmstadt 1815 (Ruppert Nr. 2357). Georg Moller (1784–1852, Oberbaurat in Darmstadt) sandte am 24. 10. 1815 die ersten beiden Hefte; weitere Hefte folgten 1816 und 1817. – Vgl. 527,9f.

517,32f. *der „Steinmetzen Brüderschaft":* ein Satzungsbuch der Steinmetzen-Gilde. Goethe berichtete über die Organisation des spätmittelalterlichen Steinmetzen-Handwerks in einem Nachtrag zu dem Abschnitt *Heidelberg* in *Kunst und Altertum* 1816.

518,1. *die Städelischen Schätze.* Die Sammlung des Frankfurter Bankiers Johann Friedrich Städel, 1728–1816, der sein nachgelassenes Vermögen einer Stiftung für bildende Kunst bestimmte.

518,10. *Die Brentanosche Sammlung:* die Sammlung des Frankfurter Kaufmanns Franz Dominikus Brentano (1765–1844), des Halbbruders von Clemens Brentano.

518,28. *van Eyck:* vgl. Bd. 12, S. 157ff. u. Anmkg.

518,30. „*Veronika*". Vgl. Bd. 12, S. 152f.

518,31f. *Büschings* „*Wöchentliche Nachrichten*". Vgl. Anmkg. zu 512,37f.

518,34. *alte Heiligenbilder:* in Blankenhain (nicht Heilsberg) aufgefunden.

518,38. *Heldenbild.* Das Blücher-Denkmal war von den mecklenburgischen Ständen für Rostock geplant, Schadow sollte es ausführen, Goethe beratend hinzugezogen werden. Das Denkmal – in heroisierendem Stil gehalten – wurde am 26. 8. 1819 enthüllt. Vgl. Bd. 1, S. 345 u. Anmkg. – WA. Bd. 49,2, S. 76–82. – Mommsen, Bd. 1, S. 286–342.

519,11. *Schadow,* Johann Gottfried, 1764–1850, seit 1816 Direktor der Berliner Akademie der Künste. Er war bereits 1802 in Weimar gewesen, doch war das Verhältnis zu Goethe kühl geblieben. – Hans Mackowsky, Goethe und Schadow. Zeitschr. f. Kunstwissenschaft, III, 1949, S. 33–50 (behandelt das Verhältnis nur bis 1803). – Herman Grimm, Goethe u. der Bildhauer Schadow. In: Grimm, Fünfzehn Essys. 1890. Wiederholt in: Grimm, Deutsche Künstler. Stuttg. 1942. S. 181–210.

519,23. *Schillersche Ausgabe:* bei Cotta erschienen, 1812–15.

519,24f. *den schon eingeleiteten Abdruck* der zweiten Ausgabe bei Cotta (sog. Ausgabe B) in zwanzig Bänden 1815–1819.

519,33f. „*Rhein- und Main*"*-Heft, zweites Stück:* erschienen 1817. Vgl. S. 717.

519,37f. *Lied für das Berliner Künstlerfest: Künstlerlied,* Ende 1816 an Schadow gesandt. (Bd. 8, S. 255 u. Anmkg.)

519,39. *Kantate zum Lutherfest.* Schemata für eine Kantate zum Reformationsjubiläum 1817 sind enthalten in den Briefen an Zelter vom 14. 11. und 10. 12. 1816. – Mommsen, Bd. 2, S. 73–77.

520,5. *Byron.* Zu Goethes Verhältnis zu Lord Byron und zu seiner Dichtung vgl. Bd. 1, Anmkg. zu S. 348 und Bd. 12, S. 324–327 und die Anmkg.

520,12. *Nelsons* „*Briefe*" *mit seinem* „*Leben*". Goethe entlieh im September 1816 aus der Weimarer Bibliothek: Horatio Viscount Nelson, The Letters to Lady Hamilton. 2 Bde. London 1814. – Lady Hamilton (Emma geb. Lyon), Memoirs with illustrative anecdotes. London 1815. – John Charnock, Nelson's Leben. Nach d. Engl. 2 Bde. Bremen 1807. – William Blagdon, Orme's Graphic history of the life, exploits and death of Horatio Nelson. London 1806.

520,13. *Gries,* Johann Diederich, Calderon, Schauspiele übersetzt. Bd. 1–7. Berlin 1815–1829. (Ruppert Nr. 1721; Goethe besaß auch den 2. Bd. der Übersetzung von A. W. Schlegel, 1809.) – Zu Goethe und Calderon vgl. Bd. 2, Anmkg. zu S. 57 Nr. 46 und Bd. 12, S. 303–305.

520,17. *Aufsatz Leonardo da Vincis . . .*: ein Abschnitt aus Leonardos Abhandlung „Della Pittura", die Goethe schon 1788 in Italien gelesen hatte (vgl. Bd. 11, S. 517,19ff. u. Anmkg.) und die 1817 nach einem vatikanischen Codex neu herausgegeben worden war. Goethe hat den betr. Abschnitt unter dem Titel *Würdigste Autorität* mit einer deutschen Übersetzung in *Zur Naturwissenschaft* I, 4, 1822, abgedruckt. – Goethe, Schr. z. Naturwiss., Leopoldina-Ausg., Bd. 8, 1962, S. 225f.

520,24. *Schultz,* Christoph Ludwig Friedrich, 1781–1834, Staatsrat in Berlin, seit 1814 in Verbindung mit Goethe. Goethe hat Schultzens ersten Aufsatz „Über physiologe Gesichts- und Farben-Erscheinungen" 1816 zum Druck gebracht; der *zweite Aufsatz* entstand 1817, als Schultz zu einem Besuch in Weimar weilte. – Briefwechsel zwischen Goethe und Staatsrat Schultz. Hrsg. und eingeleitet von Heinrich Düntzer. Leipzig 1853 (Neue Ausgabe 1855).

520,27. *Hegels Zustimmung.* Vgl. Bd. 13, S. 612.

521,1. *Elgins Marmore:* Skulpturen vom Parthenon in Athen, die von Lord Elgin 1801–03 nach London gebracht und 1816 vom Britischen Museum angekauft wurden. – Vgl. Bd. 12, S. 629. – E. Grumach, Goethe und die Antike, S. 494–511. – Max Wegner, Goethes Anschauung antiker Kunst. Berlin 1949. S. 37–44.

521,8. *Monte Cavallo:* die Piazza del Quirinale in Rom mit den Kolossalfiguren der Rossebändiger. Vgl. Bd. 11, S. 127,6ff. und 527,8–15. – In Rudolstadt befanden sich seit 1805 Gipsabgüsse der beiden Köpfe. – Grumach, Goethe und die Antike, S. 511–514. – Wegner, Goethes Anschauung antiker Kunst, S. 76f.

521,9. *äginetische Marmore:* Funde von Giebelresten eines Aphaiatempels auf Ägina. Sie wurden 1813 von Kronprinz Ludwig von Bayern erworben und 1815–17 in Rom von Thorwaldsen restauriert; seit 1828 in München. Goethe erhielt die Zeichnungen am 23. 9. 1817 von dem Bildhauer Johann Martin Wagner aus Rom. – Vgl. Bd. 12, S. 629f. und Anmkg. zu 171,26–28. – Grumach, Goethe und die Antike, S. 521f. – M. Wegner, Goethes Anschauung antiker Kunst, S. 34–37. – Goethe-Handbuch, Bd. 1, 1961, Sp. 68f.

521,11f. *zu einem der herrlichsten Erzeugnisse neuerer Kunst.* Leonardos „Abendmahl". Vgl. Bd. 12, S. 164–168 u. Anmkg.

521,22. *Probe in dem Damenkalender:* im „Taschenbuch für Damen auf das Jahr 1817" erschienen bei Cotta 1816.

521,31. *von Hammerische ... Arbeit:* Josef v. Hammer-Purgstall, Geschichte der schönen Redekünste Persiens, mit einer Blüthenlese aus 200 persischen Dichtern. Wien 1818.

521,33. *Anquetil* du Perron, (Abraham Hyacinthe), Reise nach Ostindien nebst einer Beschreibung der bürgerlichen und Religionsgebräuche der Parsen, übers. v. Joh. Georg Purrmann. Frankfurt a.M. 1776 (von Goethe am 15. 7. 1818 entliehen).

521,34. *Bidpais Fabeln:* Indianische Geschichten und Fabeln des Bidpai und Lockmann. Aus d. Türkischen des Ali Tschelebi-Bensaleh ins Franz. übers. ... Nunmehro ins Teutsche gebracht. Franckfurt u. Leipzig 1745. – Les Fables politiques et morales de Pilbai, philosophe indien ... par Ch. Mouton. Hamburg 1750. (Beide Werke von Goethe am 23. 9. 1818 entliehen.) – Vgl. Bd. 2, S. 142,8f.; 166,8; 189,24.

521,34. *Freytags „Arabisches Gedicht":* ein arabisches Blutrache-Gedicht, von dem Orientalisten Freytag 1814 in einer lateinischen Dissertation mitgeteilt; hiernach von Goethe in freien Rhythmen übersetzt. Vgl. Bd. 2, S. 130–134 u. Anmkg.

521,34. *Michaelis,* Johann David, 1717–1791, Orientalist, Professor in Göttingen. Vgl. Bd. 9, Anmkg. zu 241,16f.

521,38. „*Um Mitternacht*". Vgl. Bd. 1, S. 372.

522,15. *Posselt,* Johann Friedrich 1794–1823, Professor der Mathematik und Astronom in Jena.

522,21. *Wolkendiarium.* Das meteorologische Tagebuch aus der Zeit vom 23. 4. bis zum 28. 5. 1820 wurde gedruckt in *Zur Naturwissenschaft,* I, 3, 1820 (WA. II, Bd. 12, S. 13–38; Schr. z. Naturwiss., Leopoldina-Ausg., Bd. 8, S. 75–89). – Zu Goethes meteorologischen Studien vgl. Bd. 13, S. 304–313 und Bd. 1, Anmkg. zu S. 349.

522,30. *Brandes,* Heinrich Wilhelm, Untersuchungen über den mittleren Gang der Wärme-Änderungen durchs ganze Jahr. Leipzig 1820 = Beiträge zur Witterungskunde.

522,31. *Dittmar,* Sigismund Gottfried, 1759–1834, Theologe und Schulleiter in Berlin, gab Wetterprophezeiungen heraus. (Beschäftigung mit *Dittmars Witterungskunde* im Tgb. am 22./23. 12. 1820 erwähnt.) Vgl. Ruppert Nr. 4211.

522,34f. *Bryophyllum calycinum:* eine Pflanze, die eine außerordentliche Wandlungs- und Regenerationsfähigkeit besitzt. (*Wie sie sich aus allen Teilen wieder selbst entwickelt, so hat sie auch wieder in allen ihren Teilen etwas Proteisches.* WA. II, Bd. 6, S. 339.) Ein einzelnes Blatt, halb mit feuchter Erde bedeckt, bringt aus jeder Kerbe ein neues Pflänzchen hervor. Goethe hat das Bryophyllum seit 1818 bis in seine letzten Lebensjahre beobachtet. Gelegentlich sandte er an Freunde einzelne Blätter zum Aufziehen und Pflegen der Pflanze (so an Marianne von Willemer am 19. 4. 1830 mit dem Vierzeiler *Wie aus einem Blatt unzählig frische Lebenszweige sprießen* ...). – Im September 1820 ist ein Entwurf zu einem Aufsatz über die Beobachtungen am Bryophyllum calycinum entstanden (Tgb. 11. 9. 1820). – WA. II, Bd. 6, S. 336–340. – Schr. z. Naturwiss., Leopoldina-Ausg., Bd. 10, S. 211–213 u. 228. – Mommsen, Bd. 1, S. 533–540. – Georg Balzer, Goethes Bryophyllum. Berlin-Kleinmachnow 1949. (88 S.)

522,37f. *Reise österreichischer und bayerischer Naturforscher nach Brasilien.* Im Jahre 1817 waren u. a. der Wiener Botaniker Johann Bapt. Emmanuel Pohl, 1782–1834, der Münchener Zoologe Johann Bapt. Spix, 1781–1826, und der Münchner Botaniker Karl Friedrich Philipp von Martius, 1794–1868, zu mehrjährigen Forschungen nach Brasilien gereist. Mit Martius stand Goethe später in persönlicher Verbindung. – Ludwig Geiger, Goethe und Martius. GJb. 28, 1907, S. 59–88. – Goethe und Martius (hrsg. v. Alexander von Martius). Mittenwald (1932). (110 S. mit 11 Taf.)

523,4f. *Mein Abscheu vor gewaltsamen Erklärungen.* Die zeitgenössischen Geologen waren geteilt in die Lager der „Neptunisten" und der „Vulkanisten"; erstere, deren bedeutendster Vertreter A. G. Werner war (vgl. Anmkg. zu 498,14), erklärten die Entstehung der Gesteine aus Meeresablagerungen. letztere, zu denen u. a. Alexander von Humboldt und Leopold von Buch gehörten, erklärten sie aus vulkanischer Tätigkeit. Goethe, da er an eine langfristige allmähliche Entwicklung glaubte, neigte zur Seite der „Neptunisten". Vgl. Bd. 13, Anmkg. zu S. 258,12; Bd. 3, Anmkg. zu V. 7851ff.; Bd. 8, Anmkg. zu S. 260,35f.

523,13f. *in meinen wissenschaftlichen Heften:* in dem Aufsatz *Die Luisenburg bei Alexandersbad,* gedruckt in *Zur Naturwissenschaft,* I, 3, 1820. (WA. II, Bd. 9, S. 229). – Schr. z. Naturwiss., Leopoldina-Ausg., Bd. 2 u. Bd. 8.

523,21. *Reuß,* Franz Ambrosius, 1761–1830, Mineraloge, Badearzt in Bilin.

523,22. *pseudovulkanisch* = durch Abbrennen von Kohlenflözen entstanden.

523,27. *gegen ein eignes gedrucktes Heft.* In das zweite Heft *Zur Naturwissenschaft* (1820) hatte Goethe seinen Aufsatz *Der Kammerberg bei Eger* (entstanden 1808, zuerst gedruckt 1809) aufgenommen, in welchem er die Entstehung des Berges aus vulkanischen Vorgängen erklärte. Im dritten Heft der gleichen Zeitschrift (1820) teilte er in dem Aufsatz *Kammerberg bei Eger* die neuen Beobachtungen mit, die für einen pseudovulkanischen Ursprung des Berges zu sprechen schienen. – Vgl. Bd. 13, S. 258–270 und 278–280.

523,36f. *die Chladnischen und Seebeckischen Figuren parallelisiert.* Der Abschnitt *Chladnis Tonfiguren* in dem Aufsatz *Entoptische Farben* (*Zur Naturwissenschaft,* I, 3, 1820) enthält eine tabellarische Gegenüberstellung der Figuren Chladnis und Seebecks (Leopoldina-Ausg., Bd. 8, 1962, S. 122f.). – Der Physiker Ernst Florens Friedrich Chladni (1756–1827) ist der Begründer der experimentellen Akustik; die nach ihm benannten Figuren sind an schwingenden Platten zu beobachten. – Zu Seebeck vgl. die Anmkg. zu 494,35; die Seebeckischen Farbfiguren sind Polarisationsphänomene.

523,39. *Oersted,* Hans Christian, 1777–1851, Physiker in Kopenhagen, entdeckte die Ablenkung der Magnetnadel durch den elektrischen Strom. Die Abhandlung „Experimenta circa efficaciam conflictus electrici in acum magneticam", in welcher er seine neue Entdeckung beschrieb, sandte er im Juli 1820 an alle bekannten Physiker.

524,3. *Biot,* Jean Bapt., 1774–1862, Physiker und Astronom in Paris: Traité de physique expérimentale et mathématique. T. 1–4. Paris 1816 (von Goethe bereits im Juli 1817 aus der Weimarer herzoglichen Bibliothek entliehen. *Das Widerwärtigste aber, was mir jemals vor Augen gekommen, war Biots Kapitel über die entoptischen Farben, dort Polarisation des Lichts genannt ... TuJ, 1817).*

524,14. *Schultz.* Vgl. Anmkg. zu 520,24.

524,17. *Schinkel,* Karl Friedrich, 1781–1841, leitete den Bau des neuen Berliner Schauspielhauses. – Adolph Doebber, Schinkel in Weimar. Jb. G.Ges. 10, 1924, S. 103–130.

524,20. *Tieck,* Christian Friedrich, 1776–1851 (vgl. 452,17), und *Rauch,* Christian Daniel, 1777–1857, schufen im August 1820 Porträt-Büsten Goethes.

524,25. *Hofbildhauer Kaufmann,* Johann Peter, 1765–1829, seit 1817 in Weimar.

524,36f. *Elginische Marmore.* Vgl. 521,1 u. Anmkg.

524,37f. *von dem Phigalischen:* von dem Fries vom Apollotempel zu Bassai bei Phigalia in Arkadien, seit 1816 in London. Vgl. den Aufsatz *Relief von Phigalia,* Bd. 12, S. 169–171. – Grumach, Goethe und die Antike, S. 521–529. – M. Wegner, Goethes Anschauung antiker Kunst, Berlin 1949, S. 44–48.

525,4. *Hermanns Programm:* Johann Gottfried Hermann, 1772–1848, Professor in Leipzig: Über das Wesen und die Behandlung der Mythologie. Ein Brief an Herrn Hofrath Creuzer. Leipzig 1819. (Ruppert Nr. 1971.)

525,18f. *die neuesten geologischen Theoristen:* die „Vulkanisten". Vgl. Anmkg. zu 523,4f.

525,25. *„Anatole":* Roman der französischen Schriftstellerin Sophie de Gay, 1815 in Paris erschienen.

525,26. *Madame Roland:* Jeanne Marie Roland de la Platière geb. Phlipon, 1754 bis 1793, Gattin eines führenden Girondisten, nach dem Sturz ihrer Partei hingerichtet. Goethe entlieh am 14. 2. 1820 ihre Werke aus der Weimarer herzoglichen Bibliothek (Œuvres, T. 1–3. Paris 1799–1800).

525,32. *Geschichte der Johanna von Orléans.* Goethe las 1820: Philippe Alexandre Lebrun de Charmettes, Histoire de Jeanne d'Arc. 1817. (Tgb. 8./9. 3. 1820.)

525,35f. *Marie von Frankreich:* französische Dichterin aus dem 12. Jahrhundert. Goethe benutzte aus der Weimarer Bibliothek: Marie de France, Poésies ou Recueil de lais, fables et autres productions ... Publ. par B. de Roquefort. 2 Bde. Paris 1820. (Ruppert Nr. 1350.)

525,39f. *die zwischen Voß und Stolberg ausbrechende Mißhelligkeit.* Zum Ursprung des Streits zwischen Voß und Stolberg und zu den nachfolgenden Kontroversschriften vgl. die Anmkg. zu 335,26. – In dem Abschnitt *1801* der *Tag- und Jahreshefte* ist zu Stolbergs Konversion bemerkt: *Stolbergs öffentlicher Übertritt zum katholischen Kultus zerriß die schönsten früher geknüpften Bande. Ich verlor dabei nichts, denn mein näheres Verhältnis zu ihm hatte sich schon längst in allgemeines Wohlwollen aufgelöst. Ich fühlte früh für ihn als einen wackern liebenswürdigen, liebenden Mann wahrhafte Neigung; aber bald hatte ich zu bemerken, daß er sich nie auf sich selbst stützen werde, und sodann erschien er mir als einer, der außer dem Bereich meines Bestrebens Heil und Beruhigung suche ... und so konnt' ich mit Ruhe dem Tumulte zusehen, der aus einer späten Manifestation geheimer Mißverhältnisse zuletzt entspringen mußte.* – Zum Verhältnis Goethes zu Stolberg vgl. auch die Anmkg. zu 125,23 und 162,15ff.

526,10. *Agnes* geb. von Witzleben, 1761–1788, Stolbergs erste Gattin.

526,38. *Generalsuperintendent Röhr,* Johann Friedrich, 1777–1848.

527,3. *zweiter Enkel:* Wolfgang Maximilian, geb. am 18. 9. 1820, gest. 1883.

527,9f. *Mollers „Deutsche Baudenkmale".* Vgl. Anmkg. zu 517,29f.

527,12. *Boisseréesches Domwerk:* Sulpiz Boisserée, Ansichten, Risse und einzelne Theile des Domes zu Cöln ... nach dem Entwurf des Meisters. Nebst Untersuchungen über die alte Kirchen-Baukunst und vergleichenden Tafeln der vorzüglichsten Denkmale. Stuttgart 1821–1831. – Seit seinen ersten Beziehungen zu Sulpiz Boisserée hat Goethe an dem Entstehen des Domwerks Anteil genommen (vgl. Bd. 9, Anmkg. zu 382,29). Als das Werk zu erscheinen begann, besprach er es zweimal in *Kunst und Altertum* (Bd. IV, 1, 1823, und Bd. V, 1, 1824.

WA. Bd. 49,2. S. 182–187). In dem Aufsatz *Von deutscher Baukunst* 1823 (zuerst gedruckt in *Kunst und Altertum* Bd. IV, 2, 1823; s. Bd. 12, S. 179–182) hat er nochmals darauf hingewiesen. – Mommsen, Bd. 1, S. 351–399.

528,4. *Bibliothek- und Archivsverwandter:* Theodor Kräuter, 1790–1856, seit 1805 an der herzoglichen Bibliothek tätig, 1816 Bibliothekssekretär. Goethe zog ihn seit 1811 als Privatsekretär heran, seit 1817 betreute Kräuter seine Bibliothek, von welcher er einen Katalog aufstellte. Das *Repertorium* fertigte er im Sommer 1822 an. – Max Hecker in Jb. G.Ges. 12, 1926, S. 284ff.

528,7f. *Versuch, die Chronik meines Lebens zu redigieren:* die ersten Aufzeichnungen zu den *Tag- und Jahresheften,* die 1817–1820 entstanden waren. – Vgl. *Lebensbekenntnisse im Auszug,* S. 534f.

528,12f. *Van Brée,* Matthieu Ignace, 1773–1839, Maler und Lithograph, seit 1804 Professor an der Kunstakademie in Antwerpen, 1827 deren Direktor. – *„Zur Lehre der Zeichenkunst"* = Etudes de principes de dessins. Antwerpen 1818–1820.

528,13. *Tischbeins „Homer" VII. Stück* = Heinrich Wilhelm Tischbein, Homer nach Antiken gezeichnet. Mit Erläuterungen von Ludwig Schorn. Stuttgart und Tübingen 1821, fol. (Heft 1–6 waren 1801–04 in Göttingen mit Erläuterungen von Christian Gottlob Heyne erschienen.)

528,14f. *Zeichnungen von Strixner und Piloty:* die Steindrucke des sog. Alten Galeriewerks der königlich bayerischen Gemäldesammlungen zu München und Schleißheim (hrsg. von v. Mannlich, 1817–21), die von den Lithographen Johann Nepomuk Strixner (1782–1855), Ferdinand Piloty (1785–1844) u. a. geschaffen waren.

528,19. *Freund:* Zelter.

528,20. *Polidor* = Polidoro Caldara gen. Caravaggio, gest. um 1543, italienischer Maler, Schüler Raffaels. Zelter hatte drei Stiche nach Polidor an Goethe gesandt; einen dieser Stiche deutete Goethe als Darstellung des Mannasammelns (Brief an Zelter vom 13. 3. 1822).

528,20. *ein Tizianisches Blatt:* ein Kupferstich nach Tizian von Cornelius Cort (1535–1578), von Zelter am 17. 3. 1822 an Goethe gesandt. Goethe deutete ihn im Brief an Zelter vom 31. 3. 1822 (mit einem zusätzlichen Schlußabschnitt gedruckt in *Ausg. l. Hd.* Bd. 39, 1830). – WA. Bd. 49, 1, S. 296–299.

528,22. *Mantegnas „Triumphzug".* Vgl. *Cäsars Triumphzug, gemalt von Mantegna,* Bd. 12, S. 182–202.

528,23. *Maler Kolbe,* Heinrich Christoph, 1771–1836. Er hatte bei dem ersten Weimarer Kunstwettbewerb 1799 neben Hartmann einen Preis erhalten. – K. Th. Gaedertz, Goethe und der Maler Kolbe. Leipzig 1900. (64 S.)

528,27f. *Gräfin Julie Egloffstein,* 1792–1869, Malerin, Hofdame der Großherzogin Luise. Vgl. Bd. 1, S. 347 u. Anmkg.

528,29. *Radierungen nach meinen Skizzen.* Vgl. Anmkg. zu 362,30f.

528,31. *Meyers „Kunstgeschichte":* Johann Heinrich Meyer, Geschichte der bildenden Künste bei den Griechen von ihrem Ursprunge bis zum höchsten Flor. Dresden 1824.

528,32. *Carus,* Carl Gustav, 1789–1869, Naturforscher und -philosoph, Arzt und Künstler, seit 1814 Professor der Medizin in Dresden,

1827 königlicher Leibarzt. Er stand seit 1818 in brieflichem Verkehr mit Goethe und besuchte ihn in Weimar im Juli 1821. Anfang 1822 sandte er auf Goethes Bitte das Manuskript seiner „Briefe über Landschaftsmalerei" (gedruckt 1831, neu herausgegeben von K. Gerstenberg, Dresden 1926; von Dorothea Kuhn, Heidelberg 1972). Carus schilderte sein persönliches Verhältnis zu Goethe in dem Werk „Goethe, zu dessen näherem Verständnis", 1843. – NDB 3, 1957, S. 161–163.

ZUR TEXTGESTALT

Dem Text liegt die Fassung der *Ausgabe letzter Hand*, 1830 (C), zugrunde. Einige Stellen wurden an Hand der Weimarer Handschrift (H²) berichtigt. Die wichtigsten Abweichungen von der Weimarer Ausgabe (W), der Jubiläumsausgabe (J) und der Festausgabe (F) sind im folgenden verzeichnet:

430,2 *Fernere Einsicht ins Leben*] in CWJF als Überschrift des Absatzes unter der Jahreszahl gedruckt. Schon Düntzer in KDN 105 nahm an, daß der Satz in C nur irrtümlich als Überschrift gedruckt sei und daß er in Wirklichkeit an den Anfang des Textes gehöre. Der Befund der Handschrift H² bestätigt diese Ansicht. 431,36 *funfzehnte*]*fünfzehnte* J 433,16 *Jahr*]*Jahre* WF 433,16–20 *„Tasso" erst abgeschlossen, / 1789 / aber die Ausgabe bei Göschen dem Publikum vollständig überliefert. / Kaum war ich*]*„Tasso" erst abgeschlossen, aber die Ausgabe bei Göschen dem Publikum vollständig überliefert. / 1789 / Kaum war ich* CWF (In der Handschrift H² steht am Rand neben *wurde Tasso erst abgeschlossen* eigenhändig von Goethe mit Bleistift: *Sah Schillern in Rudolstadt.)* 433,24f. *Halsbandgeschichte*]*Halsbandsgeschichte* J 439,20 *ungeheuern*]*ungeheuren* J 440,4 *ruckten*]*rückten* J 441,11 *fand*]*fanden* CWF (Die Stelle hieß in der Handschrift ursprünglich: *deren Einleitungen Hindernisse fanden*. Dann ist bei *Einleitungen* das *en* mit Bleistift gestrichen. Da die Bleistiftkorrekturen von Goethe sind, stammt die Streichung also wohl von ihm. Dagegen fehlt die Streichung bei *fanden;* doch ist sie hier offensichtlich nur irrtümlich unterblieben.) 441,11 *Kleine*]*Kleinere* J 443,3 *Strudelköpfe* H²J]*Sprudelköpfe* CWF 446,3 *weitläuftig*]*weitläufig* J 449,11 *zu*]*zur* W 451,38 *vornähme*]*vornehme* J 457,3 *möglichst* H²J]*möglich* CWF 460,17 *wie wohl*]*wiewohl* W 461,11 *allem diesem*]*allem diesen* J 468,24 *Hocken*]*Hacken* J 469,2 *noch*]*und* F 471,15 *um* H²J]*nun* CWF 472,7 *ihrem*]*seinem* J 478,31 *a. d.*]*d.* J 487,11 *Demungeachtet*]*Dessen ungeachtet* WJF 491,2 *suchten*]*besuchten* J 492,2 *Füseliere*]*Füsiliere* J 494,3 *schwarz und weiße*]*schwarze und weiße* WF 494,9 *den Phänomenen*]*dem Phänomen* WF 502,14 *Franzenbrunnen*]*Franzensbrunnen* W 513,30 *darinnen*] *darinne* J.

AUTOBIOGRAPHISCHE EINZELHEITEN

NACHWORT UND ANMERKUNGEN

Außer den großen autobiographischen Schriften gibt es einige kleine autobiographische Arbeiten. Sie sind ganz verschiedener Art. Einiges davon ist von Goethe zum Druck gebracht, z.B. *Selbstbiographie* (S. 531), *Archiv des Dichters und Schriftstellers* (S. 532) und *Glückliches Ereignis* (S. 538). Anderes fand sich im Nachlaß; und diese Nachlaß-Papiere sind wiederum nicht einheitlich. Zwei Hauptgruppen lassen sich leicht erkennen. Einige Texte hängen mit der großen Autobiographie zusammen, z. B. die Schilderung des Besuchs in Sesenheim (S. 537). Eine andere Gruppe sind die knappen Selbstporträts (S. 529–531). Sie geben in einigen prägnanten Sätzen wesentliche Züge des Ich, ähnlich wie ein Maler auf einer Zeichnung mit wenigen Strichen charakteristische Züge des Ich festhalten kann. Zu Goethes Besonderheit gehört die große Klarheit über sich selbst, die aber niemals dazu führte, daß er durch rationales Analysieren seine Instinktsicherheit störte. Die ihm entsprechende Form der Selbstdarstellung ist die historische wie in *Dichtung und Wahrheit* und in der *Italienischen Reise*. Es gibt auch die zusammenfassende knappe Wesensschau (S. 529f.); sie enthält nichts Historisches, während umgekehrt die Lebensgeschichte keine zusammenfassende Wesensschau bringt. Die autobiographischen Einzelheiten ergänzen für den heutigen Leser die anderen autobiographischen Schriften auf mannigfache Weise, und einiges darin gehört zum Bedeutendsten, was Goethe geschrieben hat.

Nicht nur zu den großen autobiographischen Schriften haben die autobiographischen Einzelheiten Beziehungen, sondern auch zu den Schriften zur Naturwissenschaft. Goethe hat im Alter mehrfach versucht, den Zusammenhang seiner naturwissenschaftlichen Arbeiten mit seinem übrigen Werk und mit seiner Persönlichkeit den Lesern verständlich zu machen. Er tat es in seiner Weise, indem er schilderte, wie er zu diesen Arbeiten kam und wie er sie durchführte. Dieser Art sind Aufsätze wie *Bedeutende Fördernis durch ein einziges geistreiches Wort* (Bd. 13, S. 37–41), wo Goethe über sein *gegenständliches Denken* spricht, und *Der Verfasser teilt die Geschichte seiner botanischen Studien mit* (Bd. 13, S. 148–168), wo er dieses spezielle Thema im Zusammenhang seines Lebens als Schriftsteller und Weimarischer Beamter behandelt. Auch die *Geschichte der Farbenlehre* enthält ein ausführliches autobiographisches Kapitel (Bd. 14, S. 251–269), in welchem die in des Verfassers Persönlichkeit begründete Verbindung von Schriftstellerei, naturwissenschaftlicher Arbeit und Tätigkeit für den weimarischen Staat dargestellt wird.

Eine heutige Ausgabe kann nicht anders vorgehn, als die kleinen autobiographischen Arbeiten, soweit sie nicht in die naturwissenschaftlichen Schriften gehören, in einer Gruppe zusammenzustellen. Dabei ist es aber wichtig – vielleicht noch mehr als bei anderen Werken – zu wissen, wie die Überlieferung ist, d. h. was handschriftliches Fragment ist, was ausgearbeitete Handschrift ist und was davon schon zu Goethes Lebzeiten zum Druck gekommen ist. Insbesondere bleibt auch zu beachten, was davon aus der Zeit vor dem Beginn von *Dichtung und Wahrheit* stammt und was im Zusammenhang mit der Autobiographie entstanden ist. Aus diesem Grunde und auch, weil diese Texte durch Eckermann und seine Nachfolger vielfach fehlerhaft dargeboten sind, ist der von Lieselotte Blumenthal verfaßte Abschnitt „Textgestalt, Entstehung und Überlieferung" hier besonders ausführlich gehalten.

Selbstschilderung (1)

Dieses Selbstporträt ist im Jahre 1895 erstmalig veröffentlicht, im Goethe-Jahrbuch, Bd. 16. Es ist nur in einer Handschrift erhalten, geschrieben von Goethes Schreiber Johann Jakob Ludwig Geist, der seit 1795 für ihn arbeitete. Bei Geist haben sich die Handschrift und das Geschick, Diktate aufzunehmen, im Lauf der Jahre merklich gebessert. Dieses Stück stammt der Handschrift nach aus Geists ersten Arbeitsjahren. Geschrieben ist es auf einem Frankfurter Papier, das Goethe 1797 bei seinem Aufenthalt in Frankfurt für seine Diktate benutzt hat. Man kann also annehmen, daß das knappe Selbstporträt aus dieser Zeit stammt. Damals war Goethe dem Plan einer großen Autobiographie noch ganz fern. Der Verkehr mit Schiller hatte ihm den Unterschied ihrer Denkweisen deutlich gemacht. Schiller hatte in seinen Briefen, insbesondere denen vom 23. und 31. August 1794, Goethes Geistesart charakterisiert; Goethe antwortete: *Ihr Brief, in welchem Sie, mit freundschaftlicher Hand, die Summe meiner Existenz ziehen ...* (HA Briefe, Bd. 2, S. 181). Er versuchte nun, seine eigenen Einsichten in Grundzüge seines Wesens in knappster Form zusammenzufassen. Es ist ein rasch diktiertes Blatt ohne Korrekturen. In den frühen Tagebüchern gibt es Stellen, welche Wesenszüge des Ich verbunden mit Selbstkritik festhalten (z. B. am 7. August 1779 und 13. Mai 1780), doch das sind nicht zusammenfassende Gesamtcharakteristiken wie diese. Sie hängt wohl mit Goethes Bestreben nach Objektivität zusammen, das in den Jahren seit der Italien-Reise besonders stark war. Im Gegensatz zu den literarischen Porträts in *Dichtung und Wahrheit* (Cornelia, Behrisch, Jung-Stilling, Herder, Lenz, Basedow) läßt er hier alles Körperliche weg. Er beschränkt sich auf Charakter und Tätigkeit. Das Künstlertum wird stark hervorgehoben, doch hält der Verfasser dabei eine Grenze ein: *Den besonderen Charakter seines poetischen Bildungstriebes mögen andre bezeichnen* (530,9f.). Das ist ähnlich wie in *Dichtung und Wahrheit,* wo er die Entstehung seiner Jugendwerke ausführlich berichtet, eine Interpretation aber vermeidet. Die ganze Charakteristik ist nicht im Ich-Ton, sondern im Er-Ton gehalten; vielleicht, weil ihm auf diese Weise die gewünschte Objektivität leichter fiel; vielleicht auch, damit der Schreiber des Diktats nicht merkte, um wen es sich handelt. In *Dichtung und Wahrheit* schildert der Gealterte die eigene Jugend und hat durch das Alter Distanz; hier stellt der Mann in mittleren Jahren sich selbst dar, so wie er zur Zeit ist; deswegen dieses andere Mittel der Distanzierung.

529,4. *Bildungstrieb:* Trieb, etwas zu formen, zu gestalten. Die Wörter *Bildung, bilden, Gebildetes* usw. kommen in der spezifisch Goetheschen Anwendung in diesen autobiographischen Fragmenten besonders häufig vor: 529,14; 529,25f.; 529,35; 530,8; 530,10; 530,12; 531,14; 533,18; 538,32f.; 539,3. – Vgl. auch 70,23; 88,37; 94,20; 104,25; 115,15; 125,32. – GWb 2, Sp. 715.

529,6. *Widersprüche.* Über dieses Thema hat Goethe auch an anderen Stellen gesprochen, z.B. *Dichtung und Wahrheit* Bd. 9, S. 283,16 und 330,12ff.

529,10. *falsche Tendenzen.* Diese Formulierung, deren Inhalt durch die folgenden Sätze deutlich wird, benutzt Goethe öfters, z.B. S. 432,16; Bd. 12, S. 439, Nr. 544; Bd. 14, S. 253,10.

529,22. *rein:* ohne Interesse, die Sache für sich selbst zu verwerten; rein sachlich.

529,23. *Folge.* Ein Goethesches Lieblingswort, das organisches Wachstum, sinnvollen Fortschritt, planmäßiges Wirken begreift und für seine eigene Tätigkeit in vieler Beziehung kennzeichnend ist. Vgl. 22,6; 79,9; 144,15; 175,31; 413,23. – Bd. 6, S. 266,26. Bd. 12, *Max. u. Refl.* 1204. – Fischer, Goethe-Wortschatz, S. 238f. – Boucke, Wort u. Bedeutg., S. 138f. – Briefe HA, Register in Bd. 4.

529,22. *Geschäfte:* Staatsgeschäfte, Beamtenarbeit, Tätigkeit in Regierung und Verwaltung.

530,1f. *hat er dieser Geistestätigkeit* ... Die Satzkonstruktion ist hier nicht korrekt durchgeführt, wie es beim Diktieren leicht vorkommt; in der Sprache der Philologie: ein Anakoluth.

530,4. *habituell:* zusammenhängend mit lat. „habitus" (Zustand, Eigenschaft, Eigentümlichkeit, Veranlagung) und französisch „habituel" (eingewurzelt, gewohnheitsmäßig).

530,20. *darf.* Typisches Beispiel für die Verwendung dieses Wortes in der Goethezeit. Vgl. 52,32; 121,3.

Selbstschilderung (2 und 3)

Diese beiden Texte sind Fragmente, das erste von Goethes Hand, das zweite von John, der seit 1814 für Goethe arbeitete. Daß beide in den autobiographischen Schriften keine Verwendung gefunden haben, ist wohl kein Zufall, denn wenn es ans Darstellen für den Druck ging, vermied Goethe die scharfen und einseitigen Töne, wie sie in diesen fragmentarischen Notizen (und gelegentlich auch in Gesprächen) vorkommen.

530,26. *präsumptuos:* anspruchsvoll, sich selbst zu viel zutrauend, viel erwartend; das Wort wird durch die folgenden Sätze erklärt. (Zusammenhängend mit lat. praesumo und frz. présumer.)

531,15. *Zweck* = Ziel.

531,19. *Genießen* hat im 18. Jahrhundert und bei Goethe nicht nur die heutige Bedeutung „Freude an etwas haben", sondern auch die alte Bedeutung „etwas in sich aufnehmen", oft beide in einander übergehend. – Wolfgang Binder, „Genuß" in Dichtung und Philosophie des 17. und 18. Jahrhunderts. In: Binder, Aufschlüsse. Zürich 1976. S. 7–34.

Selbstbiographie

Im Gegensatz zu den vorigen Texten ist dies ein ausgearbeiteter Text, den Goethe in seiner Zeitschrift *Über Kunst und Altertum* 1823 veröffentlicht hat, und zwar ohne Überschrift; diese ist nur in den Inhaltsverzeichnissen des Hefts und des Bandes genannt. Es folgen die Aufsätze *Archiv des Dichters und Schriftstellers* und *Lebensbekenntnisse im Auszug*, mit denen Goethe auf die häufig an ihn gestellten Fragen nach der Fortsetzung seiner autobiographischen Schriften antwortet.

531,24. *Cellini.* Goethe hatte Cellinis Selbstbiographie übersetzt und herausgegeben (vgl. 447,8 u. Anm.). Die Stelle mit dem *vierzigsten Jahr,* auf welche er hier anspielt, steht dort im Anfang des 1. Kapitels.

532,11. *wie jener Geometer.* Eine zu Goethes Zeit mehrfach erzählte Anekdote, die bei Helvetius, Diderot, Mercier, Baron Grimm, Wezel, Lenz und anderen vorkommt und angeblich auf den Mathematiker G. P. Roberval (1602–1675) zurückzuführen ist. – Jost Schillemeit, Der Geometer und die Dichtung. In: Aspekte der Goethezeit. Hrsg. von St. A. Corngold u. a. Göttingen 1977. S. 293–311.

532,21. *ein junger Zögling.* Goethe meint hier den 32jährigen Kräuter, der im folgenden *ein junger, frischer, in Bibliotheks- und Archivgeschäften wohlbewanderter Mann* genannt wird (533,39f.; vgl. auch Anm. zu 534,1f.). Da Goethe ihn seit seinem 21. Jahr eingearbeitet und also „herangezogen" hatte, wählt er hier das Wort *Zögling.*

Archiv des Dichters und Schriftstellers

Goethe veröffentlichte diesen Aufsatz 1823 in seiner Zeitschrift *Über Kunst und Altertum.* Seine autobiographischen Werke waren damals nur in unfertiger Form vorhanden. Von *Dichtung und Wahrheit* fehlte der 4. Teil, von der *Italienischen Reise* fehlte der *Zweite Römische Aufenthalt.* 1822 war die *Campagne in Frankreich* erschienen und machte spürbar, daß die meisten Epochen des Lebens nicht dargestellt waren. Seit Jahren plante Goethe die *Tag- und Jahreshefte.* Fertig war davon noch nichts. Um weiter zu kommen, wollte er seine Materialien übersichtlich geordnet vor sich sehen. Er beauftragte mit dieser Arbeit den 32 Jahre alten Sekretär Kräuter, der seit 1811 bei ihm arbeitete. Goethe gab die Gruppierung seiner Papiere im Großen an, das Tagebuch notiert am 7. Mai 1822: *Kräuter arbeitete seit gestern, alle Akten und Dokumente, auf mich und meinen Wirkungskreis bezüglich, aufzustellen und in Ordnung zu bringen.* Und am 19. Mai: *Kräuter zeigte vor, wie weit er mit Ordnung der Papiere gekommen.* Am 16. Juni reiste Goethe nach Marienbad und nach Eger, am 29. August traf er wieder in Weimar ein. Am 2. September beschäftigte er sich mit dem Werk, das Kräuter inzwischen fertiggestellt hatte; das Tagebuch verzeichnet: *Kräuters Repertorium über meine sämtlichen Werke, Schriften und literarischen Vorrat.* Wenige Tage danach lobt ein Brief an Cotta vom 8. September 1822 die von Kräuter vollbrachte Arbeit. Sie umfaßt alle Handschriften der dichterischen und anderen Werke, die Tagebücher, Reiseaufzeichnungen, die im Konzept aufbewahrten Briefe Goethes, die eingegangenen Briefe seiner Bekannten, alle von anderen Autoren an Goethe zum Verbleib übersandten Handschriften und überhaupt alles Handschriftliche aus Goethes Besitz. Dieses Kräutersche *Repertorium,* ein stattlicher Folioband, ist noch heute im Goethe-Archiv ein wichtiges Werk. Zwar ist der Bestand jetzt nach modernen Archiv-Grundsätzen sehr viel genauer verzeichnet, aber die heutige Anordnung geht z. T. auf die Herausgeber der Weimarer Ausgabe zurück; will man wissen, wie die Dinge zu Goethes Zeit geordnet waren, so muß man Kräuters *Repertorium* benutzen. Es hat Goethe in den Jahren von 1822 an dazu gedient, das Material für viele Arbeiten bequem zur Hand zu haben, so für die *Tag- und Jahreshefte,* für die letzten Teile der *Italienischen Reise* und von *Dichtung und Wahrheit.* Auch die Arbeit an den Zeitschriften *Über Kunst und Altertum* und *Zur Naturwissenschaft überhaupt* war wesentlich erleichtert, als alle Vorarbeiten gut geordnet und verzeichnet vorlagen. Dank Kräuters Sorgfalt war auch Verlorenes wieder aufgefunden, und Goethe sagt in den *Tag- und Jahresheften,* wie sehr er sich dadurch *gefördert sah* (528,4–11), denn seine Arbeitsweise bestand jetzt im Alter weitgehend darin, frühere Entwürfe vorzunehmen und weiter auszuführen. Deswegen war dieser geordnete Vorrat von Papieren so wichtig. Alle großen Alterswerke bis zu *Faust II* schöpften aus ihm, auch die naturwissenschaftlichen Schriften. Was Goethe in diesem Aufsatz seinen Freunden nannte, war also nicht ein nebensächliches Werk eines Sekretärs, sondern es war letztenendes ein Arbeitshilfsmittel, das es ihm ermöglichte, die *Ausgabe letzter Hand* zu planen, die in ihrem Umfang weit über die 20bändige Ausgabe von 1815–1819 hinausging.

532,25. *Bände der Lessingischen Werke.* Lessings „Sämtliche Schriften" erschienen in 30 Bänden, Berlin 1771–1794. Lessing starb 1781. Die Ausgabe wurde von Karl Lessing unter Mithilfe der Freunde Eschenburg und Nicolai vollendet.

533,4. *zwanzig Bände.* Die 20 Bände umfassende Ausgabe *Goethes Werke,* die 1815–1819 bei Cotta, Stuttg. u. Tüb., erschien (sog. Ausgabe B).

533,7f. *im Widerspruch mit dem poetischen Wirken:* die naturwissenschaftlichen Schriften.

534,1f. *wohlbewanderter Mann:* Friedrich Theodor David Kräuter, 1790–1856. Er wuchs in Weimar auf, mußte wegen Geldmangel des Vaters mit 15 Jahren das Gymnasium verlassen und wurde Bibliotheksschreiber. In späteren Jahren rückte er zum Bibliothekssekretär und Bibliothekar auf. Seit 1811 arbeitete er für Goethe, der ihn besonders schätzte, da er nicht die Fehler machte, welche bei Schreibern wie John vorkamen, und da er selbständig arbeiten konnte. Gelegentlich notiert Goethes Tagebuch, daß er Kräuter als Gast an seinem Mittagstisch hatte. In die Gruppe der Porträts, die Goethe von Schmeller für sich zeichnen ließ, nahm er auch ein Bild von Kräuter auf (Tgb. 18. Febr. 1824). – M. Hecker im Jb. d. G.Ges. 12, 1926, S. 284–291.

534,14. *in diesen Heften:* in der Zeitschrift *Über Kunst und Altertum.* Der hier mitgeteilte Plan wurde nicht verwirklicht. Goethe hat nicht *nach und nach* den *Inhalt jenes bibliothekarisch-archivarischen Verzeichnisses* veröffentlicht.

534,17. *nachstehender Aufsatz.* Im Erstdruck in *Über Kunst und Altertum,* 1823, folgt *Lebensbekenntnisse im Auszug.* In den meisten neueren Ausgaben hat man deswegen diese Zusammenstellung belassen.

Lebensbekenntnisse im Auszug

1823 in *Über Kunst und Altertum* gedruckt, nach dem vorigen Aufsatz.

534,21f. *Über einige meiner Gedichte* ... In der Zeitschrift, die diesen Aufsatz brachte, hatte Goethe schon auf Fragen nach seinen Gedichten geantwortet. Dort steht in Bd. 2, 1820, sein Aufsatz über das Gedicht *Urworte, orphisch* (Bd. 1, S. 403–407), in Bd. 3, 1821, seine Aufsätze über *Harzreise im Winter* (Bd. 1, S. 392–400) und *Ballade* (Bd. 1, S. 400–402).

535,8f. *das ... chronologische Verzeichnis* befindet sich in Bd. 20, 1819, der zweiten Cottaschen Ausgabe. Es bringt nur Titel und die Jahreszahlen dazu (Neudr.: WA 42,1 S. 82–86; Fest-Ausg. 16, S. 407–410). Dieses Verzeichnis von 1819 ist an Reichhaltigkeit und Genauigkeit durch die spätere Goethe-Philologie so sehr überholt, daß man es heute nicht mehr abzudrucken pflegt.

535,17f. *Auszug aus meiner ganzen Lebensgeschichte dergestalt auszuarbeiten* ... Goethe denkt hier an die *Tag- und Jahreshefte,* deren Ausarbeitung er jetzt zeitweise in den Vordergrund seiner Arbeiten rückte. – Vgl. dazu die Zusammenstellung „Goethe über seine autobiographischen Schriften".

Über Autobiographie

Handschriftlich aus Goethes Nachlaß, erstmalig von Eckermann veröffentlicht. Das Ganze handelt über die Darstellung der Individualität und ist stark aphoristisch formuliert, so daß die einzelnen Sätze ähnlich klingen wie Sätze aus den *Maximen und Reflexionen.* Es gibt auch dort Partien, welche eine Gruppe bilden, die im Zusammenhang entstanden, aber aphoristisch formuliert sind. Auch in der *Geschichte der Farbenlehre* gibt es Vergleichbares (Bd. 14, S. 46–51).

Goethe ist – in seiner Zeit gesehen – als Dichter und als Historiker (*Dichtung und Wahrheit, Geschichte der Farbenlehre,* Aufsätze zur Kunst und Literatur) immer ein besonderer Darsteller des Individuellen gewesen. Er hat sich aber auch theoretisch über das Individuelle geäußert, und so sind diese Notizen nur ein Beispiel für viele in seine Werke und Briefe verstreuten Sätze zu diesem Thema. (Bd. 14, Sachregister „Individualität, Individuum"; Briefe Bd. 4, Register „Individuum" mit zahlreichen Belegen.)

536,10. *Vorträgen* = Darstellungen, Berichten.

536,28. *Aretin.* Pietro Aretino, 1492–1556, Schriftsteller der Renaissance. Seine Porträtmedaille in Goethes Sammlungen: Chr. Schuchardt, Goethes Kunstsammlungen, Bd. 2, Jena 1848, Nr. 50 u. 66.

Bemerkungen der Freunde

Fragment aus dem Nachlaß, Handschrift von Kräuter, der seit 1811 für Goethe arbeitete. Der Schluß über die mangelnde Sorgfalt der Aufbewahrung des Geschriebenen wird vorbereitet durch den Satz, daß die Freunde das Gesprochene besser gefunden hätten als das Geschriebene. Dieser Satz erfordert seinerseits keine Vorbereitung, dennoch setzt Goethe eine solche davor – ein Zeichen dafür, wie sehr ihn das hier Gesagte bewegte. Der Anfangssatz ist allgemein gehalten, nicht im Ich-Ton. Durch den Zusammenschluß mit dem Folgenden wird er aber zur Ich-Aussage; es ist eine der wenigen Stellen, an denen Goethe sich selbst als *genialischen Nachtwandler* und *bevorteiltes Naturkind* darstellt. Dieses Motiv auch: Bd. 1, S. 307 Nr. 26; S. 325, Nr. 128; S. 329, Nr. 149; Bd. 9, S. 587,39; Bd. 10, S. 587,39.

537,2. *Freunde.* Goethe sagt nicht, an welche Personen er hier denkt; vermutlich war Merck einer von denen, die in Goethes Jugend so sprachen; vielleicht auch Herder.

537,2. *Nachtwandler.* Über den *Werther*-Roman sagt Goethe, daß er ihn *einem Nachtwandler ähnlich* geschrieben habe (Bd. 9, S. 587,39). Dasselbe Bild benutzt er für die Entstehung des *Wilhelm Meister* und anderer Werke im Brief an Knebel vom 16. März 1814 (vgl. die Zusammenstellung „Goethe über Wilhelm Meisters Lehrjahre" in Bd. 7). Auch im *Divan* gibt es dies Motiv: *Mein Weg hierher, der ist mir kaum bewußt* (Bd. 2, S. 38). In seinen *Anmerkungen* zu Diderot, „Rameaus Neffe", schreibt Goethe: *Dem Genie ist nichts vorzuschreiben, es läuft glücklich wie ein Nachtwandler über die scharfen Gipfelrücken weg, von denen die wache Mittelmäßigkeit beim ersten Versuche herunterplumpst* (WA 45, S. 188). In ähnlicher Verwendung benutzt Goethe dieses Bild für das Unbewußte in einem Brief an Gräfin O'Donell vom 24. Nov. 1812 (HA Briefe 3, S. 209). Über dichterisches Schaffen *in-*

stinktmäßig und traumartig, in *nachtwandlerischem Zustande* auch Eckermann unter dem Datum 14. März 1830. Sehr präzis die Sätze über den *Wachschlaf* des Dichters im Brief an Nees von Esenbeck 23. Juli 1820 (HA Briefe 3, S. 484). Und noch in seinem letzten Brief an Wilhelm v. Humboldt, fünf Tage vor seinem Tode, schreibt Goethe über die mannigfachen Beziehungen zwischen dem *Bewußten und Unbewußten* (HA Briefe 4, S. 480). Dieser in der Literatur über Goethe wenig beachtete, für Goethe so wesentliche Fragenkreis ist dargestellt in: Hans Gabriel Falk, Und sei dir selbst ein Traum. 1952. S. 14–23.

537,4. *mystische Leben:* geheimnisvolle Leben.

537,15f. *zu vernachlässigen.* In seiner Jugend hat Goethe viele Gedichte nicht aufgehoben. Deswegen haben wir die Gedichte an Friedrike nur in den Kruseschen Abschriften, die nicht verzeichnen, was von Goethe und was von Lenz ist. Manches kam in die Zeitschrift „Iris" ohne Verfassernamen, so daß wir Goethes Autorschaft nur vermuten können. Die Handschriften des „Urfaust" und der *Theatralischen Sendung* warf er weg, wir kennen diese Werke nur durch Abschriften anderer, von denen er nichts wußte. Vieles wie das Stück *Sie kommt nicht* (Bd. 10, S. 103,1) muß als endgültig verloren gelten.

Besuch in Sesenheim 1779

Fragment aus dem Nachlaß; wohl geschrieben für die geplante Darstellung des ersten Weimarer Jahrzehnts, die dann nie zustande kam.

537,22. *Lenz.* Vgl. Bd. 9, S. 494,38ff. u. Anmkg.; Bd. 10, S. 7,15ff. u. Anmkg.

537,36. *Farce gegen Wieland.* Vgl. 56,33f. u. 57,32ff.

Glückliches Ereignis

1817 in Goethes Zeitschrift *Zur Morphologie* gedruckt, als Abschluß des 1. Hefts, das *Die Metamorphose der Pflanzen* enthält mit den schönen autobiographischen Ergänzungen dazu (Bd. 13, S. 53–112). Goethe hat seine Begegnung mit Schiller also im Rahmen seiner naturwissenschaftlichen Schriften veröffentlicht und dadurch von vorn herein erkennen lassen, daß er ihm als Naturbetrachter gegenübertrat. – Einen Neudruck des ganzen Hefts und Bandes der Erstveröffentlichung bietet jetzt Bd. 9 der Leopoldina-Ausgabe, hrsg. von Dorothea Kuhn, Weimar 1954. – Melitta Gerhard in: Jahrbuch des Freien Dt. Hochstifts 1974, S. 17–24.

538,3. *Metamorphose der Pflanzen.* Bd. 13, S. 64–101.

538,12. *Verbindung mit Schiller.* Eckermann notiert unter dem Datum 24. März 1829: *So waltete bei meiner Bekanntschaft mit Schillern durchaus etwas Dämonisches ob; wir konnten früher, wir konnten später zusammengeführt werden, aber daß wir es gerade in der Epoche wurden, wo ich die italienische Reise hinter mir hatte und Schiller der philosophischen Spekulationen müde zu werden anfing, war von Bedeutung und für beide von größtem Erfolg.* – Friedrich Wilh. Wentzlaff-Eggebert, Schillers Weg zu Goethe. Tüb. u. Stuttg. 1949. (XVI, 318 S.)

– Hans Pyritz, Der Bund zwischen Goethe und Schiller. Publ. of the English Goethe Society. N. S. 21, 1952, S. 27–55. – Emil Staiger, Goethe. Bd. 2. 1956. S. 175–207.

538,21f. *Heinse,* Joh. Jakob Wilhelm, veröffentlichte 1787 den Roman „Ardinghello oder die glücklichen Inseln"; *Schillers „Räuber"* erschienen 1781. – S. 316,17 u. Anmkg.

539,6. *Heinrich Meyer.* Vgl. 435,16f. u. Anmkg., ferner Bd. 11, insbes. die Anmkg. zu 126,31ff. – *Moritz,* Karl Philipp. Bd. 11, S. 144,16f. u. Anmkg.

539,7. *Tischbein,* Joh. Heinr. Wilh., Bd. 11, inbes. Anmkg. zu 125,2. – *Bury,* Friedrich, 1763–1823, Maler, mit dem Goethe in Italien zusammen war. Bd. 11, Register.

539,18. *bei mir verweilte.* Im Dezember 1788 und Januar 1789.

539,19f. *Schillern ... sich in Weimar aufhaltend.* Von November 1788 bis Mai 1789.

539,25. Schillers *„Über Armut und Würde"* erschien 1793 in der „Neuen Thalia".

540,4. *Dalberg,* Karl Theodor Reichsfreiherr v., 1744–1817, Statthalter in Erfurt, war sowohl mit Goethe bekannt als auch mit Schiller, dessen Werke er schätzte und den er persönlich durch Caroline v. Dacheröden (die spätere Gattin W. v. Humboldts) kennen lernte, die wiederum mit Charlotte v. Lengefeld befreundet war. – Bd. 11, S. 242,2 u. Anmkg. – Goethe-Handbuch 1, 1961, Sp. 1733–1736. – NDB. – Klaus Rob, K. Th. v. Dalberg. Frankf. u. Bern 1984. (583 S.)

540,12. *Schiller zog nach Jena* im Mai 1789 und begann dort seine historischen Vorlesungen, die eine große Zahl von Hörern anzogen.

540,13. *Batsch,* Aug. Joh. Georg Karl, 1761–1802, Professor der Naturwissenschaften und der Medizin in Jena. – Bd. 13, S. 118,19; 155,29ff. – Goethe-Handbuch 1, 1961, Sp. 829–833.

540,15. *Apparat* = Hilfsmittel.

540,17. *einstmals fand ich Schillern daselbst.* Im Jahre 1794, Ende Juli. Man nimmt an: zwischen 20. und 23. Juli. Goethes zweiter Brief an Schiller, vom 25. Juli 1794, läßt vermuten, daß das Gespräch vorausgegangen ist.

541,8. Die *Horen* begannen im Januar 1795 zu erscheinen. Schiller hatte in einem Brief vom 13. 6. 1794 Goethe um Mitarbeit gebeten, Goethe hatte am 24. 6. 1794 zugesagt. – S. 444,16–445,2.

541,30f. *Wettkampf zwischen Objekt und Subjekt.* Dazu in Bd. 13 die Aufsätze S. 10–29 u. Anmkg.

541,37. *davon denke ... Rechenschaft zu geben.* Satz ohne „ich"; in Goethes Briefen kommen häufig solche Sätze vor, in der gedruckten Prosa ist es eine Ausnahme. Die diktierte Form ist also nicht für den Druck normalisiert.

542,23. *Fromme Wünsche.* Ursprünglich: gute, richtige Wünsche; hier mit dem Nebenton des Unerfüllbaren, wie aus dem folgenden Worten über das *Unerreichbare* hervorgeht. – Günter Niggl, „Fromm" bei Goethe. Tübingen 1967. S. 340–356, insbes. S. 350f.

Ferneres in bezug auf mein Verhältnis zu Schiller

Zwei Blätter aus dem Nachlaß; die Einzelheiten aphoristisch wie in manchen anderen ähnlichen Nachlaßblättern.

543,1. *Maximen:* Grundsätze, Lebensregeln, Leitgedanken.

543,11. *Dekurs* (von lat. decursus): Ablauf, Verlauf.

543,15. *Filiation* = Abstammung, Herkunft (von „filius"). Dasselbe Wort Bd. 9, S. 351,37. Zu dem Begriff: Bd. 13, S. 40,29f. *daß mein ganzes Verfahren auf dem Ableiten beruhe ...*

Unterredung mit Napoleon

Von Eckermann aus dem Nachlaß veröffentlicht. Vermutlich im Zusammenhang der Arbeiten an den *Tag- und Jahresheften* entstanden, dann aber liegen gelassen. Die *Tag- und Jahreshefte* erwähnen nur ganz kurz den *Kongreß zu Erfurt* (S. 504,12–16), nicht aber das Gespräch.

Goethes Tagebuch enthält für die Tage 29. Sept.–4. Okt. 1808 folgende Aufzeichnungen:

29. Mittags allein. Gegen Abend nach Erfurt. Zum Schauspiel kam ich zu spät. Es war Andromache.
30. Früh bei Serenissimo. Herzog von Dessau. Derselbe zur Tafel, ingleichen Prinz Wilhelm von Preußen, Herzog von Oldenburg, Homburg und Suiten. Mein Nachbar war Herr von Goltz. Über Paris. Britannicus. Nachher zu Frau von Rec. Minister Maret, Graf Schlitz usw.
1. Ging meine Frau durch Erfurt. Zu Serenissimo. Nahm der Herzog von Dessau Abschied, der bei Napoleon gefrühstückt und dessen Unterredung mit Talma angehört hatte. Zu Tafel bei Champagny. Tischnachbar Bourgoing. Zaire. Gräfin Henckel zum Schauspiel.
2. Zum Lever. Nachher beim Kaiser. Tafel beim Herzog. Prinzessin von Taxis und Herzogin von Hildburghausen. Visiten. Mithridate. Zu Reck. Fand ich Hofrat Morgenstern.
3. Beim Lever. Beim Marschall Lannes zum Dejeuner. Im Geleitshause gegessen. Œdipe.
4. Früh die Angelegenheit wegen der Aufführung einer französischen Tragödie in Weimar. Bei Remusat. Um 2 Uhr nach Weimar und das Notwendigste gleich besorgt.

In Goethes Briefen aus dieser Zeit wird das Gespräch nur kurz berührt. An Christiane 4. Okt. 1808: *Ich habe dem Kaiser aufgewartet, der sich auf die gnädigste Weise lange mit mir unterhielt.* An Christiane 16. Okt. 1808: *Kaiser Napoleon hat mich in der Unterredung mit ihm zum Lachen gebracht. Er war überhaupt auf eine zwar sehr eigene Weise geneigt und wohlwollend gegen mich.* An Cotta 2. Dez. 1808: *Ohne mich auf das Detail der Unterredung einzulassen, so kann ich sagen, daß ... er mit besonderem Zutrauen mich, wenn ich mich des Ausdrucks bedienen darf, gleichsam gelten ließ und nicht undeutlich ausdrückte, daß mein Wesen ihm gemäß sei.* C. F. v. Reinhard an Goethe 24. Nov. 1808: „Von Ihnen soll der Kaiser gesagt haben: Voilà un homme. Ich glaub' es; denn er ist fähig, dies zu fühlen und zu sagen."

Daraufhin Goethe an Reinhard 2. Dez. 1808: *Also ist das wunderbare Wort des Kaisers, womit er mich empfangen hat, auch bis zu Ihnen gedrungen? ...* Auch die Äußerungen in Gesprächen scheinen zurückhaltend gewesen zu sein (*um nicht zahllose Klatschereien zu erregen,* notiert Kanzler v. Müller am 9. 6. 1814. Gespräche, hrsg. von Herwig, Bd. 2, S. 907); verhältnismäßig ausführlich die zu W. v. Humboldt, der in seiner sachlichen Art am 19. Nov. 1808 seiner Frau schreibt: „Goethe hat eine lange Unterredung mit dem französischen Kaiser gehabt, von der er sehr voll ist. Schlicht historisches Erzählen ist, weißt Du, seine Sache nicht. Aber Werthers Leiden und die französische Bühne sind die Hauptgegenstände der Unterhaltung gewesen. In Werthers Leiden hat der Kaiser eine Stelle getadelt, die, nach Goethes Versicherung, allen übrigen Lesern entgangen ist. Es ist, sagt Goethe (die Stelle selbst wollte er nicht anzeigen), eine, wo er die wahre Geschichte und die Fiktion aneinander genäht hat, wo er die Verbindung mit großer Kunst gemacht zu haben glaubt, wo indes der Kaiser doch etwas Spielendes bemerkt hat. Das französische Theater soll der Kaiser unglaublich genau von Vers zu Vers kennen und nicht so unbedingt verehren. Vorzüglich streng soll er in der Beurteilung der Konsequenz der Charaktere und in der Gegeneinanderhaltung der historischen und poetischen Motive sein. Am meisten aufgefallen ist Goethe an ihm, daß er auch in poetischen und literarischen Dingen nie etwas getadelt hat, ohne gleich zu sagen, was an die Stelle gesetzt werden müßte." (Goethes Gespräche. Hrsg. von Wolfg. Herwig. Bd. 2. Zürich 1969, S. 383.) Ergänzend hierzu ein Brief Humboldts an Fr. H. Jacobi vom 21. Nov. 1808: „Mit dem Kaiser Napoleon hat er eine lange Unterredung gehabt, über seinen Werther und das französische Theater. Über den ersteren, versichert er, habe der Kaiser sehr wahre, frappante, und ihm sonst nie vorgekommene Bemerkungen gemacht; das letztere kenne er bis zur Bewunderung genau, und habe alle historische und poetische Motive der bekanntesten Stücke bis in ein ungeheures Détail hinein verfolgt." (Briefe von W. v. Humboldt an F. H. Jacobi. Hrsg. von Leitzmann. Halle 1892. S. 75 f.) – Die Athmosphäre des Erfurter Fürstentags und seiner Weimarer Fortsetzung ist sehr lebendig in den Briefen des Ehepaars Sartorius. Caroline Sartorius berichtet ihrem Bruder: „Acht Tage führten wir bei Goethe ein gar erfreuliches Leben ... Napoleon hatte ihn vor allen andern ausgezeichnet und auf dem Hofball in Weimar fast nur mit ihm gesprochen." (Goethes Briefwechsel mit Georg und Caroline Sartorius. Hrsg. von Else v. Monroy. Weimar 1931. S. 72.) – 1815 erzählte Goethe Boisserée von der Unterredung mit Napoleon. (Firmenich-Richartz, Boisserée. 1916. S. 404.) – Einen ausführlichen Bericht über das Gespräch mit Napoleon gab später Kanzler v. Müller in seinen „Erinnerungen aus den Kriegszeiten von 1806 bis 1813", Braunschweig 1851. Neudruck in:

Goethe, Gespräche. Hrsg. v. Wolfg. Herwig. Bd. 2. 1969. S. 333–336. Dieser ergänzt die anderen Berichte durch einige Einzelheiten (vgl. Anm. zu S. 545,29). – Ein französischer Bericht in: Talleyrand, Mémoires. Paris 1838. Neudruck: Herwig Bd. 2, S. 336–339. – Bis etwa 1806 sah Goethe in Napoleon besonders den Bändiger der Massen, den Überwinder der Revolution; danach vor allem den dämonischen Menschen (vgl. S. 177,18ff.), dessen Element die Macht ist. Riemer notiert am 3. 2. 1807: *Außerordentliche Menschen wie Napoleon treten aus der Moralität heraus. Sie wirken zuletzt wie physische Ursachen, wie Feuer und Wasser.* Goethe hat dem dämonischen Machtmenschen, der nicht seinesgleichen hatte, jederzeit höchsten Rang zuerkannt, konnte aber zugleich das einzelne, was dieser bewirkte, sittlich verurteilen und in diesem Sinne die Befreiung 1814 feiern *(Epimenides)*. Die meisten Urteile über Napoleon stammen aus den Altersjahren, d.h. einer Zeit, in der das allgemeine Interesse an Napoleon bereits nachließ; zumal bei Eckermann wird die Beziehung zum Dämonischen betont. – Bd. 1, S. 261f. u. Anmkg.; S. 330, Nr. 158. – Bd. 5, S. 366–399, 535–549. – W. v. Biedermann in der Hempelschen Ausg. Bd. 27,1, S. 553–556. – KDN 106, S. 297–306. – Andreas Fischer, Goethe u. Napoleon. 2. Aufl. Frauenfeld 1900. – Edwin Redslob, Goethes Begegnung mit Napoleon. Weimar 1944, S. 140–171. – Wilh. Mommsen, Die polit. Anschauungen Goethes. Stuttg. 1949. (316 S.) – Der Erfurter Kongreß. Ein zeitgenöss. Napoleonbild Goethes in seiner Spätzeit (1815–1832). (Jb.) Goethe 9, 1944, S. 140–171. – Wilh. Mommsen, Die polit. Anschauungen Goethes. Stuttg. 1949. (316 S.) – Der Erfurter Kongreß. Ein zeitgenöss. Bericht des Grafen Brausset. Jahrb. d. Sammlung Kippenberg 5, 1925, S. 187–215. – Hans Tümmler, Goethes Unterredung mit Napoleon im Rahmen der weimarischen Politik auf dem Erfurter Fürstenkongreß von 1808. – In: Tümmler, Das klassische Weimar und das große Zeitgeschehen. Köln 1975. S. 61–90. – Lieselotte Blumenthal, Zur Textgestaltung von Goethes „Unterredung mit Napoleon". (Jb.) Goethe 20, 1958, S. 264–276. – Peter Berglar, Goethe u. Napoleon. Darmstadt 1968.

543,30. *Großfürst Konstantin* von Rußland, 1779–1831, Bruder des Kaisers Alexander und Bruder der Erbprinzessin Maria Paulowna von Weimar.

543,33. *Münchenholzen:* Mönchenholzhausen, Dorf bei Weimar.

544,1. *der Herzog:* Carl August von Weimar.

544,1f. *„Andromache".* Napoleon hatte die besten französischen Schauspieler aus Paris zu dem Erfurter Kongreß gebracht, darunter Talma und die Tragödin Duchènois. Am 29. Sept. wurde „Andromaque" von Racine gespielt.

544,3. *bei demselben:* Carl August von Weimar. *„Britannicus"* von Racine.

544,4. *Frau von Reck,* Louise geb. v. Ingersleben, 1784–1849, Gattin des Präsidenten v. d. Reck in Erfurt.

544,4. *Minister Maret,* Hugues Bernard, Herzog von Bassano, Schriftsteller und Staatsmann, 1763–1839.

544,7. *Lever.* Das zeitübliche, aus dem Französischen übernommene Wort für einen Morgenbesuch bei Hofe, eine „Aufwartung" am Morgen bei einem Fürsten.

544,10. *allbekannte:* in allem bekannte, genau bekannte. Goethe kannte die *Statthalterei* bis ins einzelne von vielen Besuchen. Vgl. 546,16 u. Anmkg.

544,15. *Fürst von Dessau,* Leopold Friedrich Franz von Anhalt, 1740–1817. – Bd. 9, S. 328,31 u. Anmkg.; Bd. 12, S. 125,37; 128,6.

544,18. *Talma,* François Joseph, berühmter Schauspieler, 1763–1826.

544,20. *Champagny,* Jean Baptiste Nompère de, Herzog von Cadore, 1756–1834, seit 1807 französischer Außenminister.

544,21. *Bourgoing,* Jean François Baron de, 1748–1811, französ. Diplomat.

544,23. *Marschall Lannes,* Jean, 1769–1809. Im Oktober 1806, nach der Schlacht bei Jena, war er bei Goethe einquartiert, und Goethe schreibt später, daß *wir seiner anmutigen Persönlichkeit, ja man dürfte wohl sagen schnell gefaßten Neigung eine in damaligen Tagen unwahrscheinliche Rettung verdankten.* (WA. 49,1, S. 397.)

544,28. *Savary,* Jean Marie René, 1774–1833, General, 1807 Herzog von Rovigo. – *Talleyrand,* Charles Maurice Herzog von Talleyrand-Périgord, 1754–1838, der berühmte französische Diplomat.

544,30. *Daru,* Pierre Antoine Bruno, Graf, 1767–1829, Schriftsteller, Finanzmann und Staatsmann.

545,12f. *denen er so wehe tun mußte.* Daru war von Napoleon zum „Generalintendanten" in Preußen ernannt; er hatte als solcher die Kontributionsgelder einzutreiben und andere harte Maßnahmen durchzuführen.

545,16. *Herausgeber des Horaz.* Daru hatte im Jahre 1800 „Poésies d'Horace en vers" herausgegeben.

545,29. *eine gewisse Stelle.* Kanzler v. Müller schreibt in seine 1851 veröffentlichten „Erinnerungen aus der Kriegszeit 1806 bis 1813": „Werthers Leiden versicherte er siebenmal gelesen zu haben und machte zum Beweise dessen eine tief eindringende Analyse dieses Romans, wobei er jedoch an gewissen Stellen eine Vermischung der Motive des gekränkten Ehrgeizes mit denen der leidenschaftlichen Liebe finden wollte. ‚Das ist nicht naturgemäß und schwächt bei dem Leser die Vorstellung von dem übermächtigen Einfluß, den die Liebe auf Werther gehabt. Warum haben Sie das getan?'" (Goethes Gespräche. Hrsg. von Wolfgang Herwig. Bd. 2. S. 334.) Kanzler v. Müller, der selbst auf dem Erfurter Kongreß war und später oft mit Goethe sprach, hat vermutlich mit diesen aus der Erinnerung niedergeschriebenen Sätzen den Haupteinwand Napoleons gegen *Werther* richtig bezeichnet. Es ist bemerkenswert, daß Napoleon, der Sohn der Revolution, der seine glänzende Offizierslaufbahn nur dem Umstand verdankte, daß das Privileg des Adels, hohe Offiziersstellen zu bekleiden, abgeschafft war, die Stellen über den Adel in *Werther,* vermutlich hauptsächlich den Brief über die Kränkung in der Adelsgesellschaft (Bd. 6, S. 67,25–71,28) nicht lobte, sondern als fremdartig empfand, weil er das Werk, wie fast alle Zeitgenossen, nur als Roman der Liebe sah. Goethe hatte das Motiv des

Standesgegensatzes aus der Lebensgeschichte Jerusalems. In *Dichtung und Wahrheit* sagt er, daß der *Mittelstand* sich für die Gesellschaftskritik in *Werther* interessierte (Bd. 9, S. 592,31 f.), daß andererseits aber *jedermann fühlte, daß es hier auf keine unmittelbare Wirkung abgesehen sei* (Bd. 10, S. 116,14 f.).

546,9. *Schicksalsstücke.* Düntzer, KDN 106, S. 302: „wie den am 3. zu gebenden Œdipe".

546,16. *vor mehr als dreißig Jahren.* Goethes erster Besuch in Erfurt bei dem Statthalter v. Dalberg fand bereits Ende Dezember 1775 – zusammen mit Carl August – statt. Goethe war von da an oft in Erfurt in der Statthalterei und wohnte immer in dem neben ihr gelegenen Geleitshaus am Hirschgraben.

546,19. *Berthier,* Alexandre, 1753–1815, französischer Marschall. 1806 nach der Schlacht bei Jena hatte Goethe ihm einen Bericht in französischer Sprache über die wissenschaftlichen und künstlerischen Institute von Sachsen-Weimar gesandt, um diese seinem Schutze zu empfehlen. Das Gesuch hatte Erfolg. (WA. 53, S. 243–249 und 505–512.)

546,22. *Soult,* Nicolas Jean de Dieu, 1769–1851, Marschall.

547,20 f. *wegen einer in Weimar zu gebenden Vorstellung.* Es war geplant, daß die Teilnehmer des Erfurter Fürstentags am 6. und 7. Oktober in Weimar seien. Napoleon wollte seinen Gästen das Schlachtfeld von Jena zeigen, Carl August wollte sie zur Jagd einladen, und an den Abenden sollte in Weimar die Pariser Schauspielgruppe spielen. Dafür war mannigfaltige Vorsorge nötig, und Carl August beauftragte Goethe als Intendanten des Theaters, die nötigen Vorbereitungen zu treffen.

547,21. *„Ödip":* Voltaires Drama „Œdipe".

547,24. *„Tod des Cäsars":* Voltaires Drama „La mort de César".

547,25. *Aufforderung einen „Brutus" zu schreiben.* Goethe an Kirms 27. Juni 1810: *Könnte man die unternommenen Arbeiten nach und nach vom Stapel lassen, so würde der durch einen sehr hohen und bedeutenden Theaterkenner mir aufgetragene „Brutus" wohl auch mit flott werden ...* Eine spätere Einzelhandschrift – wohl ein Paralipomenon zu den *Tag- und Jahresheften,* Abschnitt *1808* – lautet: *Die zu Erfurt versammelten Monarchen kommen nach Weimar. Julius Cäsar von Voltaire wird von französischen Schauspielern aufgeführt, ich werde bei dieser Gelegenheit aufgefordert, einen „Brutus" im anderen Sinne zu schreiben. Nach einigen Vorstudien findet man Bedenken, weiter zu gehn.* (WA. 53, S. 389; Mommsen 1, S. 532). – Goethes Gespräche. Hrsg. von Wolfgang Herwig. Bd. 2, 1969, S. 333–346.

547,28 f. *bevorstehenden spanischen Expedition.* Napoleon hatte zu Beginn des Jahres 1808 versucht, auch Spanien zu unterjochen; Murats Heer wurde aber seit dem Mai 1808 von den Spaniern in zähem Kleinkrieg aufgerieben und brach, als dann Wellington mit einer englischen Armee in Portugal eingriff, zusammen. Auf dem Erfurter Fürstentag verstand es Napoleon, diesen Mißerfolg und die Sorge wegen der österreichischen Rüstungen durch glanzvolle Machtentfaltung zu überdecken. Er plante, selbst nach Spanien zu gehn. (Das geschah im Winter 1808/09, doch mußte er ohne wesentliche Erfolge das Land verlassen, weil der Krieg in Österreich bevorstand.) In Goethes Skizze wird durch die kurze Erwähnung Spaniens und Polens (d.h. des nach dem Frieden von Tilsit 1807 gebildeten „Herzogtums Warschau") dieser Hintergrund knapp angedeutet.

547,30. *Hofrat Sartorius.* Georg Sartorius v. Waltershausen, 1765–1828, Professor der Geschichte und Staatswissenschaften an der Universität Göttingen, Goethe seit Jahren gut bekannt; dessen *Frau:* Caroline geb. Voigt, 1779–1830, deren damalige Briefe ein lebendiges Bild Goethes, seines Hauses und Weimars in den Tagen nach dem Erfurter Fürstentag geben. – Goethes Briefwechsel mit Georg und Caroline Sartorius. Hrsg. von Else v. Monroy. Weimar 1931. (XLIV, 228 S.)

547,32. *Le Lorgne:* Louis le Lorgne d'Ideville, geb. 1781, französischer Schriftsteller, Sekretär Marets. – Vgl. 547,26.

TEXTGESTALT, ENTSTEHUNG UND ÜBERLIEFERUNG

Die hier zusammengestellten Texte erscheinen in den Goethe-Ausgaben gewöhnlich unter der Überschrift „Biographische Einzelheiten". Damit wird der Titel übernommen, den Eckermann in der posthumen Quartausgabe von Goethes Werken geprägt hat. Er vereinigte darunter bereits veröffentlichte Beiträge Goethes mit einer Fülle von ungedruckten Entwürfen und Ausarbeitungen, die im Verlauf der Arbeit an *Dichtung und Wahrheit,* den *Tag- und Jahres-Heften* und in den letzten Lebensjahren entstanden waren, aber in den abgeschlossenen Werken keine Aufnahme gefunden hatten. In diesen Umkreis gehört die Selbstschilderung von 1797 nicht, aber auf sie möchte man wegen ihrer scharfen Selbstbeobachtung nicht verzichten. Alles andere hier Wiedergegebene stammt aus Goethes autobiographischer Tätigkeit nach 1810. Von dem reichen Material kann nur eine sehr kleine Auswahl gegeben werden, aber es wurde versucht, besonders charakteristische Beispiele zu bieten.

Bei der Herstellung des Textes wurde grundsätzlich immer auf die Handschrift zurückgegangen; nur wenn sie nicht erhalten ist, mußte der Erstdruck als Textgrundlage genommen werden. Dabei stellte sich heraus, daß Eckermann oft Handschriften zusammengeordnet und unter einem gemeinsamen Titel veröffentlicht hat, die nicht zusammengehören, so daß ein falscher Eindruck entstanden ist und die richtige Interpretation erschwert wird. Die Weimarer Ausgabe hat diesen Text durch Übernahme sanktioniert, und von ihr hängen wiederum alle modernen Ausgaben ab. Der Versuch des Herausgebers der Jubiläumsausgabe, auf Grund der Lesarten zu einer Wiederherstellung des handschriftlichen Textes zu gelangen, muß als mißglückt gelten, da die Lesarten in W unvollständig und unzulänglich verzeichnet sind. So bietet die hier vorliegende Ausgabe zum erstenmal den handschriftlich fundierten Wortlaut.

Alle genannten Handschriften befinden sich im Goethe- und Schiller-Archiv Weimar. Bei ihrer Beschreibung wurden die fast überall auftretenden Spuren von Eckermanns Redaktionstätigkeit: Numerierung, Verweisungszeichen und Notiz „Ist aufgenommen" nicht berücksichtigt. Der Titel „Autobiographische Einzelheiten" zeigt an, daß die Auswahl nicht mit der Eckermanns identisch ist. Die Überschrift der einzelnen Texte ist gerade gedruckt, wenn sie von Goethe stammt, kursiv, wenn der Bearbeiter sie gegeben hat. Die Orthographie ist modern, aber bei der Schreibung zusammengesetzter Wörter wurde Goethes Gepflogenheit berücksichtigt, die hier den Sprechrhythmus erhalten hat. Bei der Interpunktion wurde Goethes Gebrauch nach Möglichkeit beibehalten; nur wenn die Verständlichkeit des Inhalts dem modernen Leser Schwierigkeiten bereiten könnte, wurden zu seiner Unterstützung Kommata hinzugefügt. Bei den Lesarten wurden nur die Lautvarianten verzeichnet, auf die von Orthographie und Interpunktion wurde verzichtet. Die bei der Überlieferung und den Lesarten verwendeten Siglen bedeuten:

E Erstdruck	F Festausgabe
Q Quartausgabe von Goethes Werken	G Goethe
W Weimarer Ausgabe	Eck Eckermann
J Jubiläumsausgabe	

S. 528 Selbstschilderung (1). B. Suphan hat nachgewiesen (Goethe-Jahrbuch 16, 1895, 23–30), daß es sich bei diesem Entwurf um eine Selbstcharakteristik Goethes handelt, die er im August 1797 auf seiner dritten Schweizerreise in Frankfurt verfaßte und vielleicht einem Brief an Schiller beilegen wollte.

H: 1 Foliobogen von gelblichem Konzeptpapier, 3⅓ Seiten rechtsspaltig beschrieben. Schreiber: Geist. Der Entwurf wurde nach Diktat geschrieben, ist aber von Goethe nicht nachgesehen und korrigiert worden. Geist hat mechanisch wiedergegeben, was er hörte, fast ohne Punkte und Kommata. Die Sätze gehen ineinander über, und da dem noch ungeübten Schreiber das Verständnis für den Inhalt fehlte, haben sich sinnstörende Fehler eingeschlichen. Der Herausgeber hat nicht nur diese zu korrigieren, sondern auch den Text durch vorsichtige Interpunktion lesbar zu machen.

E. Goethe-Jahrbuch 16, 20–22 W 42^{II}, 506–507 J 25, 277–278 F 16, 341–342.

Lesarten. 529,3 *fortwirkender*]*fortwirkende* H 529,6 *anscheinenden*]*anscheinende* H 529,9 *ihrer Richtung*]*ihre Richter* H: *gerichtet* E: *ihrer Richtung* W: *gerichtet* JF 529,18 *arbeitete*]*arbeitet* H 529,22 *In Geschäften*]*Im Geschäftlichen* EJF 529,27 *er widersteht*]*oder widersteht* E: *oder er widersteht* J 529,34f. *daß es bei den Wissenschaften*]*daß er bey den Wissenschaft* H 530,3 *jenen andern*]*jene andern* H 530,10 *Bildungstriebes*]*Bildungtriebes* HW 530,11 *der Form nach*]*der Natur nach* H (Verschreiben unter der Einwirkung des eben gesprochenen Wortes) 530,13 *mit einigem*]*mit einigen* H 530,16f. *welche sogleich*]*welche sich sogleich* in H erste Fassung, dann korrigiert. Goethe wollte vielleicht ursprünglich diktieren: *welche sich sogleich in den gegenwärtigen Gegenstand versetzt.* 530,17 *von dem*]*von den* H 530,21 *bestimmt*]*gestimmt* EJF.

S. 530 Selbstschilderung (2). Eckermann hat für die Quartausgabe diesen Text mit der folgenden Selbstcharakteristik und den „Bemerkungen der Freunde" gekoppelt und ihnen die Überschrift „Spätere Zeit" gegeben. Wie aus den Handschriften hervorgeht, gehören alle drei nicht zusammen, sondern sind voneinander unabhängig zu verschiedener Zeit entstanden. Die Zusammenordnung ist also willkürlich und wird darum hier wieder gelöst.

H: 1 Oktavblatt, eigenhändige Niederschrift Goethes mit Tinte. Der abgebrochene Satz am Schluß zeigt, daß auf die allgemeine Bemerkung die persönliche Anwendung folgen sollte; es hätte sich auch hier um eine Selbstbeobachtung gehandelt. Eckermann hat diese Worte in der Handschrift gestrichen und über den Anfang die Überschrift „Spätere Zeit" gesetzt. Dadurch war die Bedeutung des zweiten Stücks als Selbstcharakteristik nicht mehr zu erkennen, so daß der Herausgeber von J es unter die *Maximen und Reflexionen* versetzt und F es ganz ausgelassen hat.

E: Q 2[II], 653. Überschrift: „Spätere Zeit". W 36, 231–232. Überschrift: „Spätere Zeit". J: 530,26–531,3 Bd. 25, 221. Überschrift: „Spätere Zeit". 531,4–8 Bd. 4, 252 unter den *Maximen und Reflexionen.* F: 530,26–531,3 Bd. 16, 344. Überschrift: „Spätere Zeit".

Lesarten. 530,26 *präsumptuoseren*]*präsumtuöseren* EW 530,33 *Ergriffne*]*Ergriffene* EWJF 530,34 *Erhaltne*]*Erhaltene* EWJF 531,4–8 fehlt F 531,8 *Ich hätte oft gern die*]fehlt EWJ.

S. 531 Selbstschilderung (3). Dieses Bruchstück ist von Eckermann unter der Überschrift „Spätere Zeit" mit der vorangehenden Selbstschilderung und den „Bemerkungen der Freunde" als drittes Stück veröffentlicht, obwohl es sicher nicht gleichzeitig entstanden ist.

H: 1 Foliobogen von grauweißem Papier, 1 Seite rechtsspaltig beschrieben. Schreiber: John.

E: Q 2[II], 653. Überschrift: „Spätere Zeit". W 36, 252–233. Überschrift: „Spätere Zeit". J 4, 252 unter den *Maximen und Reflexionen.* F 16, 345. Überschrift: „Spätere Zeit".

Lesarten. 531,10 *guter*]fehlt EWJF.

S. 531 *Selbstbiographie.* Dieser Aufsatz und die beiden folgenden sind von Goethe in *Über Kunst und Alterthum* 1823 veröffentlicht worden. Diese Zeitschrift sollte nicht nur eine sachliche Aufgabe erfüllen, sondern zur Entlastung der Korrespondenz ein persönliches Mitteilungsorgan für den weiten Kreis der Verehrer sein, und der daraus entspringende privat-öffentliche Ton macht ihren besonderen Reiz aus. Die drei Mitteilungen sind eine Antwort Goethes auf die immer wieder gestellte Frage nach der Fortsetzung seiner Selbstbiographie. Eckermann hat diesen persönlichen Charakter bei der Redaktion von Q weitgehend zerstört und eine kleine historische Abhandlung daraus gemacht. Er faßte die drei Stücke unter der gemeinsamen Überschrift „Entstehung der biographischen Annalen" zusammen, strich den Satz, der eine Fortsetzung versprach, und fügte den erläuternden Namen von Kräuter hinzu, den Goethe verschwiegen hatte. Im folgenden wird der Text nach Goethes Veröffentlichung gegeben.

H: nicht vorhanden.

E: *Über Kunst und Alterthum* Bd. 4, 1823, Heft 1, S. 172–174. Die Überschrift steht nicht vor dem Text, sondern im Inhaltsverzeichnis des Heftes und im Gesamtverzeichnis des 4. Bandes. Q 2^{II}, 654 mit den beiden folgenden Aufsätzen unter der Überschrift „Entstehung der biographischen Annalen. 1823". W 36, 288–289. Überschrift: „Entstehung der biographischen Annalen. 1823". 41^{II}, 23–24. Überschrift *Selbstbiographie.* J 30, 383–384. Überschrift: „Entstehung der biographischen Annalen, Selbstbiographie". F 16, 336–357. Überschrift: *Selbstbiographie.*

Lesarten. 532,14 *Wie man sich denn aber*]*Doch wie man sich* QW (Bd. 36).

S. 532 *Archiv des Dichters und Schriftstellers.* Dieser Aufsatz ist mit dem vorigen und dem folgenden in *Über Kunst und Alterthum* erschienen. In einem Schema (W 41^{II}, 400), das *Vorschlag zu einer vollständigen Ausgabe zu Goethe's Nachlaß von ihm selbst entworfen* überschrieben ist, finden sich folgende Stichworte, die Goethe hier ausgearbeitet hat:

Lessings Abscheiden.
Durch seinen Bruder revidirt und in Bänden herausgegeb.
Ansicht derselben.
Wenn auch nicht durchaus gebilligt, doch höchst dankenswerth, ja unentbehrlich.
Obgleich leichter durch einen Dritten.
. . . .
Rückkehr auf mich selbst.
Masse von Papieren, die um mich aufgehäuft ist, und zwar geordnet,
Aber jedem außer mir selbst kaum zu brauchen.
Übersicht meines schriftlichen Nachlasses.
Gedruckter.
Zwanzig Bände der neusten Ausgabe.

H: nicht vorhanden.

E: *Über Kunst und Alterthum* Bd. 4, 1823, Heft 1, S. 174–178 im Anschluß an das Vorige. Die Übersicht *Archiv des Dichters und Schriftstellers* steht ebenfalls im Inhaltsverzeichnis. Q 2^{II}, 654–655 mit dem Vorigen zusammengefaßt unter der

Überschrift „Entstehung der biographischen Annalen. 1823". W 36, 289–292. Überschrift: „Entstehung der biographischen Annalen. 1823". 41^II, 25–28. Überschrift: *Archiv des Dichters und Schriftstellers.* J 30, 384–386. Überschrift: „Entstehung der biographischen Annalen. Archiv des Dichters und Schriftstellers". F 16, 337–339. Überschrift: *Archiv des Dichters und Schriftstellers.*

Lesarten. 532,29f. *selbsttätiger*]*selbst tätiger* QWJF 533,6 *anderen*]*andern* QW (Bd. 36) 534,2 *Mann*]*Mann (Bibliothek-Secretär Kräuter)* QW (Bd. 36) 534,10 *denen Freunden*]*den Freunden* W 534,12–15 *Den näheren* bis *gedenke;*]fehlt QW (Bd. 36).

S. 534. *Lebensbekenntnisse im Auszug.* Dieser Aufsatz folgt in *Über Kunst und Alterthum* auf den vorigen, in Q gehört er ebenfalls zu der „Entstehung der biographischen Annalen".

H: nicht vorhanden.

E: *Über Kunst und Alterthum* Bd. 4, 1823, Heft 1, S. 178–181 im Anschluß an das Vorige. Die Überschrift *Lebensbekenntnisse im Auszug* stammt aus dem Inhaltsverzeichnis. Q 2^II, 655 mit den beiden vorigen Aufsätzen zusammengefaßt unter „Entstehung der biographischen Annalen. 1823". W 36, 292–294. Überschrift: „Entstehung der biographischen Annalen. 1823". 41^II, 29–31. Überschrift: *Lebensbekenntnisse im Auszug.* J 30, 386–388. Überschrift: „Entstehung der biographischen Annalen. Lebensbekenntnisse im Auszug". F 16, 339–340. Überschrift: *Lebensbekenntnisse im Auszug.*

Lesarten. 534,27 *demohngeachtet*]*demungeachtet* QW (Bd. 36): *dessen ungeachtet* W (Bd. 41^II) J 535,16 *klärste*]*klarste* W (Bd. 41^II).

S. 536. Über Autobiographie. Von Eckermann wurde das Fragment unter der Überschrift „Bedeutung des Individuellen" veröffentlicht. Auf einem Folioblatt hat er die Überschrift und den Anfang des Textes geschrieben, offensichtlich als Anweisung für den Schreiber, der das Druckmanuskript von Q herstellen sollte. Goethes Diktat scheint im Zusammenhang mit seinen Arbeiten für *Dichtung und Wahrheit* entstanden zu sein, so daß die hier gewählte Überschrift wohl besser die entstehungsgeschichtliche Herkunft ausdrückt als die Eckermanns.

H: 1 Folioblatt von blauem Schreibpapier, 2 Seiten rechtsspaltig beschrieben. Schreiber: Riemer.

E: Q 2^II, 644. Überschrift: „Bedeutung des Individuellen". Ebenso in allen anderen Drucken. W 36, 276–277. J 25, 206–207. F 16, 333.

Lesarten. 536,28 *Halbverbrechen*]*halb Verbrechen* EWJF.

S. 537 Bemerkungen der Freunde. Dies Fragment ist von Eckermann als zweites Stück unter „Spätere Zeit" rubriziert worden. Da es mit den beiden andern weder genetisch noch inhaltlich zusammengehört, ist es hier von ihnen getrennt worden.

H: 1 Foliobogen von gelblichem Papier, 1⅓ Seiten rechtsspaltig beschrieben. Schreiber: Kräuter.

E: Q 2[II], 653. Überschrift: „Spätere Zeit". W 36, 232. Überschrift: „Spätere Zeit". J 4, 252 unter den *Maximen und Reflexionen.* F 16, 345. Überschrift: „Spätere Zeit".

Lesarten. 537,17 *gleichgiltig*]*gleichgültig* EWJF.

S. 537 Besuch in Sesenheim 1779. Dieser Bericht wird immer mit einer vorangehenden Charakteristik von Lenz abgedruckt. Aus dem Handschriftenbefund geht aber die Zusammengehörigkeit nicht hervor, sondern sie ist erst von Eckermann für Q hergestellt worden. Das kleine biographische Stück wird darum hier für sich gedruckt.

H: 1 Folioblatt von gelblichem Papier, die Vorderseite rechtsspaltig beschrieben, auf der Rückseite linksspaltig 2½ Zeilen. Schreiber. Riemer: Das erste Drittel der Vorderseite ist freigelassen, vielleicht sollte hier noch ein Anfang oder eine Überleitung eingefügt werden.

E: Q 2[II], 645. Überschrift: „Lenz". Ebenso bei allen andern Drucken. W 36, 230–231. J 25, 224. F 16, 359.

Lesarten. 537,19 *besuche*]*besuchte* EWJF 537,29f. *gewarnt und scheu*]*gewarnt, scheu* EWJF 537,32 *Selbstmordes*]*Selbstmords* EWJF.

S. 538. *Glückliches Ereignis.* Unter diesem Titel hat Goethe 1817 sein Gespräch mit Schiller nach der Sitzung der Naturforschenden Gesellschaft 1794 in seiner Zeitschrift *Zur Naturwissenschaft überhaupt, besonders zur Morphologie* veröffentlicht. Damals wollte er folgenreiche Ereignisse seines Lebens in abgeschlossenen Darstellungen behandeln und in dieser lockeren Form sein biographisches Werk fortsetzen. Bei der Bearbeitung dieses Aufsatzes für die *Tag- und Jahres-Hefte* hat er den Anfang und Schluß geändert und ihm die neue Überschrift *Erste Bekanntschaft mit Schiller* gegeben. Die Veröffentlichung in den *Annalen* ist jedoch unterblieben, und erst Eckermann hat sie in Q nachgeholt. In den späteren Goethe-Ausgaben wird je nach der Überschrift die eine oder die andere Fassung gedruckt. Wir haben uns für die erste Fassung entschieden, da sie Goethes Absicht und Mitteilungsbedürfnis nach Abschluß der autobiographischen Hauptwerke deutlicher ausspricht.

E[1]: *Zur Naturwissenschaft überhaupt, besonders zur Morphologie,* Bd. 1, 1817, S. 90–96 am Schluß der Abhandlung *Die Metamorphose der Pflanzen* mit der Überschrift *Glückliches Ereignis.*

E[2]: Morgenblatt für gebildete Stände, Jg. 11, 1817, 9. September, Nr. 216, S. 861f.; 10. September, Nr. 217, S. 865f. Gleichzeitiger Druck mit der Überschrift *Glückliches Ereignis.*

H: Abschrift von E[1] und 2 Zettel, auf denen der für die gestrichenen Stellen eingefügte Text von Eckermann geschrieben ist. Anstelle des ersten Absatzes (S. 538,2–14) lautet der neue Text:

Alle meine Wünsche und Hoffnungen übertraf das auf einmal sich entwickelnde Verhältniß zu Schiller, das ich zu den höchsten zählen kann die mir das Glück in späteren Jahren bereitete. Und zwar hatte ich dieses günstige Ereigniß meinen Bemühungen um die Metamorphose der Pflanzen zu verdanken, wodurch ein

Umstand herbeigeführt wurde, der die Mißverhältnisse beseitigte die mich lange Zeit von ihm entfernt hielten.

Am Schluß sind die Absätze *Nach diesem glücklichen Beginnen* bis *heranlocken und erwerben* (S. 541,34–542,31) durchgestrichen, und dafür ist eingetreten:

Für mich insbesondere war es ein neuer Frühling, in welchem alles froh neben einander keimte und aus aufgeschlossenen Samen und Zweigen hervorging. Unsere beyderseitigen Briefe geben davon das unmittelbarste, reinste und vollständigste Zeugniß.

Q 2[II], 537–538, ohne Überschrift den *Annalen* von *1794* zugefügt. W 2. Abt. 11, 13–20: *Glückliches Ereignis.* W 1. Abt. 36, 245–252: *Erste Bekanntschaft mit Schiller. 1794.* J 30, 388–392. *Erste Bekanntschaft mit Schiller. 1794.* F 16, 368–371. *Erste Bekanntschaft mit Schiller. 1794.*

Lesarten. 538,5 *begeistete*]*begeisterte* E[2] 538,7 *und mehr*]fehlt W (Bd. 11) 538,17 *während der*]*währender* E[1] E[2] W (Bd. 11) J 538,19 *Ansehn*]*Ansehen* HW (Bd. 36) JF 538,23 *veredlen*]*veredeln* E[2] HQWJF 538,38 *der gebildeten*]*von der gebildeten* HQW (Bd. 36) JF 539,33 *selbständig*]*als selbständig* HQW (Bd. 36) JF 540,1 *ungeheuere*]*ungeheure* HQWJF 541,9 *stand*]*stund* E[2] 541,18 *letzteren*]*letztern* HQ 541,18 *ihr*]*ich E[2].*

S. 542. Ferneres in bezug auf mein Verhältnis zu Schiller. Aus dem handschriftlichen Befund geht hervor, daß die beiden Blätter ursprünglich nicht zusammengehört haben. Da die Bearbeitung des ersten Blattes aber von Goethe eigenhändig vorgenommen wurde und er dort selbst den ursprünglichen Schluß gestrichen hat, ist es möglich, daß die Zusammenordnung auch von ihm stammt. Bei dieser Voraussetzung durften die beiden Teile nicht getrennt werden.

H: 2 Folioblätter von grauem Konzeptpapier, rechtsspaltig beschrieben. Schreiber: John, eigenhändige Bleistiftkorrekturen Goethes. Das erste Blatt umfaßt die ersten drei Absätze und ist datiert: W[eimar] *d. 22. Aug. 1825.* Die Überschrift ist mit Bleistift von Eckermann hinzugefügt.

E: Q 2[II], 650. Überschrift: „Ferneres in Bezug auf mein Verhältnis zu Schiller". Ebenso in allen anderen Ausgaben. W 36, 252–253 J 30, 392–393 F 16, 374–375.

Lesarten. 542,35 *allmählich*]*nach und nach* H, von G verbessert 542,36 *darein*]*darin* H, von G verb. 543,2 *durchkommt*]*durchkommend* EW 543,4 *anschließt*]*vereinigt* H, von G verb. 543,5 *mit unsern*]*unsern* H, *mit* von G ergänzt 543,6 *Hälften*]*Hälfte* H, von G verb. 543,8 *ergänzen*]*suppliren* H, von G verb. 543,12 *besaß*]*hatte* H, von G verb. 543,12f. *keineswegs*]fehlt H, von G ergänzt 543,13f. *mit den Erscheinungen*]*keineswegs mit den Erscheinungen* H, *keineswegs* von G gestrichen 543,15 *hingegen mit ihrer Filiation mich eher zu benehmen*]*mit der Filiation der Erscheinungen wußt ich mich eher zu benehmen* H, von G verb. Darauf folgte noch: *Das abschriftliche Billet sagt hierüber mehr als eine weitläufige Verhandlung. Bey dem Drang der Zeit und der Umstände konnt ich wie der Druck ausweißt keinen Gebrauch machen, eine Bemerkung scheint darauf hinzudeuten.* Später von G gestrichen.

S. 543. Unterredung mit Napoleon. Da hier, im Gegensatz zu allen anderen Goethe-Ausgaben, der authentische Text gegeben wird, ist es notwendig, den handschriftlichen Befund ausführlich darzulegen und zu erklären, wie der Text entstanden ist.

H^1: 3 rechtsspaltig beschriebene Foliobogen. Schreiber: John. Die Handschrift weist zahlreiche Bleistiftkorrekturen Goethes auf, die der Herausgeber von W ihrer Herkunft nach nicht erkannt hat und daher nur einen unzulänglichen Text konstituieren konnte. Die Handschrift ist in drei Arbeitsgängen entstanden. Bei der Abfassung der *Tag- und Jahres-Hefte* von *1808* (S. 504,12–16) hat Goethe die den Erfurter Kongreß betreffenden Angaben vom 23. September bis zum 14. Oktober aus seinem Tagebuch ausgezogen und in Stichworten diktiert. Wie der Kanzler Müller berichtet, wurde Goethe durch sein Drängen am 15. Februar 1824 zu einer Skizze über die Ereignisse des 1. und 2. Oktober 1808 angeregt. Diese Niederschrift umfaßt den zweiten und dritten Bogen von H^1, macht also acht Seiten aus. Bei einer dritten Bearbeitung hat Goethe das Schema und die Skizze ineinander verwoben, indem er das Schema des 1. und 2. Oktober durch die neue Ausarbeitung ersetzte; die erste Fassung wurde dabei mit Bleistift durchgestrichen. Die neue Reihenfolge der Seiten hat er links vom Text durch einen senkrechten Bleistiftstrich und die Zahlen 1–10 markiert. Auf diese Weise wurde eine einheitliche Fassung gewonnen, die aus den knappen Stichworten an dem wichtigsten Tag in Bericht überging. Dies ist also der von Goethe überlieferte Text, und er wird hier abgedruckt.

H^2: 1 Folioblatt und 2 ineinandergelegte Foliobogen von graugrünem Papier, ganzseitig beschrieben. Posthume Abschrift von H^1 mit der Überschrift „Unterredung mit Napoleon" für die Redaktion von Q. Vorangestellt ist folgender Bericht Eckermanns, von dem sich auch eine Einzelhandschrift erhalten hat:

Nachstehende Relation höchst merkwürdiger Tage war bestimmt in des Dichters biographischen Annalen und zwar in dem Abschnitt des Jahres 1808. ihre Stelle einzunehmen.

Da jedoch das Erzählte nur in Andeutungen bestand, die Wichtigkeit des Gegenstandes aber einige weitere Ausführung wünschenswerth machte, so legte der Autor bei dem beeilten Abdruck jener Lebensbekenntnisse diese angefangene Arbeit zurück, in Hoffnung daß sich ihm später eine hinreichende Muße darbiethen würde um eine besondere Darstellung so bedeutender Tage mit Glück zu unternehmen.

Diese Hoffnung ist nun leider nicht in Erfüllung gegangen; der zweite Theil des Faust so wie der damals gleichfalls noch unvollendete vierte Theil von Dichtung und Wahrheit, verbunden mit unzähligen andern Obliegenheiten, nahmen die ganze noch vergönnte Zeit in Anspruch, und so sehen wir uns nun in dem Fall jenen Entwurf im Nachstehenden mitzutheilen wie er ist.

Wir thun dieses ohne Bedenken, denn wir halten ein solches Fragment auch in der jetzigen Gestalt noch immer für genugsam bedeutend und dürfen auf die Einsicht und Nachsicht des geneigten Lesers billig wie immer vertrauen.

Aus irgendeinem Grund hat Eckermann auf diesen Bericht als Vorwort verzichtet; in der Handschrift ist er durchgestrichen, und für ihn trat das Wort „Skizze“ ein. Ein Vergleich mit H^1 zeigt, daß H^2, abgesehen von einigen Kleinigkeiten, eine genaue Abschrift ist, und beweist, daß die vielen Zusätze in Q nicht von Goethe, sondern von Eckermann stammen.

E: Q 2^{II}, 595–596 als Anhang der *Annalen* von *1808* mit der Überschrift: „Skizze“, W 36, 269–276. Überschrift: „Unterredung mit Napoleon. 1808. Skizze“. J 30. 411–416. Überschrift: „Unterredung mit Napoleon. 1808“. F 16, 378–382. Überschrift: „Unterredung mit Napoleon. 1808“.

Lesarten. 543,25 *1808*]fehlt E 543,28 *Ankunft*]*Ankunft* H^1 H^2: *Zusammenkunft* verb. Eck in H^2: *Zusammenkunft* EWJF 544,1f. *Abends „Andromache“*] von G ergänzt am Rand von H^1: *Abends Andromache im théatre français* EW 544,3 *bei demselben*]*bei dem Herzog* EW 544,4 *Frau*]*Frau Präsidentin* EWJF 544,5 *Oktober*]von Goethe mit Bleistift ergänzt in H^1 544,7 *Lever*]*Lever beim Kaiser Napoleon* EW 544,10 *allbekannte*]*altbekannte* W 544,16 *Geleitshause*]*Geleitshause bei dem Herzog von Weimar* EW 544,17 *erzählt*]*erzählte* H^2 EWF 544,20 *Speiste bei*]*Ich speiste bei dem Minister* EW 544,21 *Bourgoing*]*Bourgoing, französischer Gesandte zu Dresden* EW 544,25 *1806.*]*1806. Ich wurde um eilf Uhr vormittags zu dem Kaiser bestellt.* EWJF 544,29 *hereingerufen*]*in das Kabinett des Kaisers gerufen* EW 544,30 *Augenblicke*]*Augenblick* E 545,15 *überhaupt*]*auch* EW 545,18 *haben*]von G ergänzt in H^1 545,22 *kein gutes Stück*]*ein schlechtes Stück* H^1, von G verbessert 545,26 *sodann*]*darauf* H^1, von G verbessert 545,28 *Beobachtungen*]*Bemerkungen* EWJF 545,34 *jemand*] *irgend jemand* EWJF 546,3 *kehrte*]*und kehrte* H^1, von G *und* gestrichen 546,4 *Bemerkungen,*]*Bemerkungen, besonders* H^1, *besonders* von G gestrichen 546,9 *Schicksalsstücke*]*Schicksalstücke* H^1 H^2 546,9f. *die er mißbilligte. Sie*]*und mißbilligte sie, sie* H^1: *mit Mißbilligung. Sie* 1. Korrektur von G: *die er mißbilligte. Sie* 2. Korrektur von G: *mit Mißbilligung. Sie* H^2 EWJF 546,11 *jetzt*]fehlt H^1, von G ergänzt 546,16 *in welchem*]*in dem* H^1, von G verbessert 546,30 *Amalie*]*Amalia* EWJF 546,33 *fehlten*]fehlt EJ 546,35 *Manœuvre*]*Manöver* J 546,39 *Kinder habe?*]von G am Rand ergänzt in H^1 547,6 *ausdrucken*]*ausdrucken* H^1 H^2: *ausdrücken* verbessert Eck in H^2: *ausdrücken* EWJF 547,7 *Dabei muß ich überhaupt bemerken*]*Dabey habe überhaupt zu bemerken* H^1, von G verbessert 547,8 *Beifallsäußerungen*]*Beifallsäußerung* H^2 EWJF 547,11 *oui!*]*vous,* H^1, von G verbessert 547,11 *c'est bien*] *sepiens* H^1, von G verbessert 547,15 *Qu'en dit Mr. Göt.*]von G in die vom Schreiber freigelassene Zeile eingefügt 547,18 *erwiderte*]*bejahend erwiderte* EWJF 547,21 *Ödip*]*Odip* W 547,23 *Schauspieler*]*französischen Schauspieler* EWJF 547,24f. *Gelegenheit bis schreiben*]von G am Rand eingefügt, wird von H^2 übersehen und fehlt dadurch in allen Ausgaben 547,30 *Sartorius*]*Sartorius von Göttingen* EW 547,30 *Frau*]*Frau sprechen bei mir ein* EW 547,31 *Orden*] *Ich erhalte den Orden* EW 547,32 *Sekretär*]*Minister Marets Sekretär* EW 547,32 *Le Lorgne*] *de Lorgne* H^1 H^2: *de Lorgne d'Idenville finden sich bei mir zusammen* E: *Le Lorgne d'Ideville finden sich bei mir zusammen* W: *de Lorgne J.*

BIBLIOGRAPHIE

Abkürzungen

ADB = Allgemeine deutsche Biographie. 56 Bde. 1875–1912.

Adelung = Joh. Christoph Adelung, Grammatisch-kritisches Wörterbuch der hochdeutschen Mundart. 4 Bde. Wien 1808.

Andreas, Belagerung von Mainz = Willy Andreas, Goethe und Carl August während der Belagerung von Mainz (1793). Sitzungsberichte der Bayer. Akademie der Wissenschaften. Phil.-hist. Klasse, Jg. 1955. H. 9. München 1956 (37 S.).

Boucke = Goethes Werke. Festausgabe. Bd. 15 und 16. Hrsg. v. Ewald A. Boucke (1927).

Boucke, Wort und Bedeutung = Ewald A. Boucke, Wort und Bedeutung in Goethes Sprache. Berlin 1901. = Literarhistor. Forschungen, 20. (XVI, 338 S.)

Campe = Joh. Heinrich Campe, Wörterbuch der dt. Sprache, 5 Bde. Braunschweig 1807–1811.

Campe 1813 = Joh. Heinrich Campe, Wörterbuch zur Erklärung und Verdeutschung der ... fremden Ausdrücke. Braunschweig 1813.

Chuquet = Arthur Chuquet, Les guerres de la révolution. Bd. I–VII. Paris 1886–92.

Dt. Vjs. = Deutsche Vierteljahresschrift für Literaturwiss. u. Geistesgeschichte. 1923ff.

Dt. Wb. = Deutsches Wörterbuch. Hrsg. von Jacob Grimm und Wilhelm Grimm. Leipzig 1854ff.

Femmel = Corpus der Goethebezeichnungen. Hrsg. von Gerhard Femmel. 10 Bde. Lpz. 1958–1973.

Fischer, Goethe-Wortschatz = Paul Fischer, Goethe-Wortschatz. Leipzig 1929. (XII, 906 S.).

Fischer-Lamberg = Der junge Goethe. Hrsg. von Hanna Fischer-Lamberg. 5 Bde. und 1 Register-Bd. Bln. 1963–1974.

GJb. = Goethe-Jahrbuch. Bd. 1–34 und 3 Register-Bde. 1880–1913.

Goedeke = Karl Goedeke, Grundriß zur Geschichte der dt. Dichtung. 3. Aufl. 4. Band, 1. Abt. (Das 18. Jahrhundert.) Dresden 1916. 2.–4. Abt. (Goethe.) Dresden 1910–1913.

Goethe = Goethe. Vierteljahresschrift der Goethe-Gesellschaft 1936ff., seit 1944 Jahrbuch. – Meist zitiert: (Jb.) Goethe.

Goethes Bibl. = Goethes Bibliothek. Katalog. Bearbeiter der Ausgabe: Hans Ruppert. Weimar 1958. (XVI, 826 S.)

Goethe-Wortschatz = Paul Fischer, Goethe-Wortschatz. Leipzig 1929. (XII, 906 S.)

Götting, Bibliothek = Franz Götting, Die Bibliothek von Goethes Vater. Nassauische Annalen 64, 1953, S. 23–69.

Grumach = Ernst Grumach, Goethe und die Antike. Eine Sammlung. 2 Bde. Potsdam 1949. (XVI, 1092 S.)

GWb = Goethe-Wörterbuch. Bd. 1. Stuttg. 1978. (Laufend weitere Lieferungen.)

HA Briefe = Goethes Briefe. Hamburger Ausgabe. Hrsg. von Karl Robert Mandelkow. 4 Bde. 1962–1967 u. ö.

Heyse = Chr. Aug. Heyse, Allgemeines Fremdwörterbuch. 2 Bde. 7. Ausg. Hannover 1835.

Jb. G. Ges. = Jahrbuch d. Goethe-Gesellschaft. Bd. 1–21. 1914–1935.

Jördens = Karl Heinrich Jördens, Lexicon dt. Dichter u. Prosaisten. Leipzig. Bd. 1 (A–F). 1806. 2 (G–K). 1807. 3 (K–M). 1808. 4 (N–S). 1809. 5 (T–Z). 1810. 6. Supplemente. 1811.

KDN = Deutsche Nationalliteratur, hrsg. von J. Kürschner. 164 Bde. 1882–1899.

Keudell = Goethe als Benutzer der Weimarer Bibliothek. Ein Verzeichnis der von ihm entliehenen Werke. Bearbeitet von Elise v. Keudell. Hrsg. v. Werner Deetjen. Weimar 1931. (XVI, 392 S.)

Leopoldina-Ausg. = Goethe, Die Schriften zur Naturwissenschaft. Hrsg. im Auftrag der deutschen Akademie der Naturforscher Leopoldina. Bearb. von Dorothea Kuhn u. a. Weimar 1947ff.

Liebholdts Bücherverzeichnis = das von Joh. Wilh. Liebholdt im Auftrag der Frau Rat (November 1793 bis Februar 1794) angefertigte Verzeichnis der Bücher in ihrem Hause. (Verarbeitet in Göttings Bibliotheks-Aufsatz.)

v. Loeper = Dichtung u. Wahrheit. Mit Einleitung u. Anmerkungen von G. v. Loeper. = Goethes Werke, Bd. 20–23. Bln., Gustav Hempel, o. J. (1868–1876).

MGG = Die Musik in Geschichte und Gegenwart. Hrsg. von Fr. Blume. Kassel 1959ff.

Mommsen = Momme Mommsen, Die Entstehung von Goethes Werken in Dokumenten. Bd. I (Abaldemus bis Byron). Bd. II (Cäcilia bis Dichtung u. Wahrheit). Berlin 1958.

Morris = Der junge Goethe. Neue Ausgabe in 6 Bänden besorgt von Max Morris. Leipzig 1909–1912.

NDB = Neue deutsche Biographie. Bln. 1953ff.

Nouv. biogr. univ. / Nouv. biogr. gén. = Nouvelle Biographie universelle ... publiée par Firmin Didot frères sous la direction de Dr. Hoefer. 46 Bde. Paris 1852–1866. Von Band 10, 1854, an heißt das Werk: Nouvelle Biographie générale.

RGG = Die Religion in Geschichte und Gegenwart. 2. Aufl. 5 Bde. u. 1 Reg.-Bd. Tübingen 1927–1932.

Roethe = Gustav Roethe, Goethes Campagne in Frankreich. Eine philologische Untersuchung aus dem Weltkriege. Berlin 1919.

Ruppert = Goethes Bibliothek. Katalog. Bearbeiter der Ausgabe: Hans Ruppert. Weimar 1958. (XVI, 826 S.)

Schr. G. Ges. = Schriften der Goethe-Gesellschaft. 1885ff.

Thieme-Becker = Allgemeines Lexikon der bildenden Künstler. Begründet von U. Thieme u. F. Becker. 37 Bde. Leipzig 1907–1950.

TuJ = Tag- und Jahreshefte (Annalen).

W. A. = Goethes Werke. Weimarer Ausgabe. 143 Bde. Weimar 1887–1919.

Zedler = Großes vollständiges Universal-Lexicon aller Wissenschaften und Künste. Halle u. Leipzig, Verlegts Joh. Heinrich Zedler. 64 Bde. 1733–1750 und 4 Supplement-Bde. 1751–1754.

DICHTUNG UND WAHRHEIT

Die Bibliographie zu *Dichtung und Wahrheit* befindet sich in Band 9.

CAMPAGNE IN FRANKREICH

Ausgaben

(Erstausgabe:) Aus meinem Leben. Von Goethe. Zweyter Abtheilung Fünfter Theil. Auch ich in der Champagne! Stuttgard und Tübingen in der Cotta'schen Buchhandlung. 1822.

Goethe's Werke. Vollständige Ausgabe letzter Hand. Dreyßigster Band. Stuttgart und Tübingen, in der J. G. Cotta'schen Buchhandlung. 1829. (Taschenausgabe.) Campagne in Frankreich 1792. Belagerung von Maynz. (Der entsprechende Band der Oktavausgabe erschien 1830.)

Goethe's Werke. Nach den vorzüglichsten Quellen revidirte Ausgabe. Berlin, Hempel, o. J. (1877). 25. Theil. Campagne in Frankreich 1792. Belagerung von Mainz. Hrsg. u. mit Anmkg. begleitet von Fr. Strehlke.

Goethe. Campagne in Frankreich (23 août–20 octobre 1792). Édition nouvelle avec une introduction, un commentaire et une carte. Paris 1884. (2. Aufl.: 1889; 3. Aufl.: 1892. – Die Ausgabe enthält den Text nur bis zu S. 283,3 unseres Bandes.)

Goethes Werke. 22. Teil. Campagne in Frankreich. Belagerung von Mainz. Hrsg. v. H. Düntzer. Berlin und Stuttgart o. J. (1888). = Kürschners Deutsche National-Literatur Bd. 103.

Goethes Werke. Weimarer Ausgabe. Bd. 33. Campagne in Frankreich 1792. Belagerung von Mainz. Bearbeitet von Alfred Schöne. Weimar 1898.

Goethes Sämtliche Werke. Jubiläums-Ausgabe. Bd. 28. Kampagne in Frankreich. Belagerung von Mainz. Mit Einleitung und Anmkg. von Alfred Dove. Stuttgart und Berlin (1903). (Die Einleitung ist auch enthalten in: Alfred Dove, Ausgewählte Aufsätze. Hrsg. v. Friedr. Meinecke. München 1925. S. 78–103.)

Goethes Werke, in 40 Teilen. Hrsg. v. K. Alt u. a. Bd. 26. Kampagne in Frankreich. Belagerung von Mainz. Hrsg. von Christian Waas (1911). Dazu Anmkg.-Band 2 (1922). Stuttgart, Verlag Bong.

Goethes Werke. Festausgabe. Hrsg. von Robert Petsch. Bd. 18. Campagne in Frankreich 1792. Belagerung von Mainz. Bearbeitet von Fritz Bergemann. Bibliographisches Institut, Leipzig (1926). (Mit ausführlichem Kommentar, der insbesondere für die Fragen des Erlebnisgehalts und der Quellenbenutzung ergiebig ist.)

Goethe. Gedenkausgabe der Werke, Briefe und Gespräche. Hrsg. v. Ernst Beutler. Bd. 12. Biographische Einzelschriften. Bearbeitet von Josef Kunz. Zürich, Artemis-Verlag, 1949.

Goethe, Werke. Berliner Ausgabe. Bd. 15. Autobiogr. Schriften, 3. Campagne in Frankreich; Belagerung von Mainz usw. Hrsg. von H.-H. Reuter, M. Böttcher, S. Seidel. Bln. 1962. 2. Aufl. 1972.

Goethe, Sämtl. Werke. Münchner Ausg. Bd. 14. Autobiograph. Schriften der frühen zwanziger Jahre. Hrsg. von Reiner Wild. 1986.

Goethe. Begegnungen und Gespräche. Bd. 3. 1786–1792. Hrsg. von Renate Grumach. Bln. 1977.

Abhandlungen

Roethe, Gustav: Goethes Campagne in Frankreich 1792. Eine philologische Untersuchung aus dem Weltkriege. Berlin 1919. (383 S.) (Grundlegend für die Fragen der Entstehung und Quellenbenutzung.)
Mommsen, Momme: Die Entstehung von Goethes Werken. Bd. II. Berlin 1958. Darin S. 23–57: Campagne in Frankreich 1792. Belagerung von Maynz.
Chuquet, Arthur: Goethe en Champagne. In: Études de littérature allemande. Deuxième série. Paris 1902. S. 73–130.
Hüffer, Hermann: Zu Goethes Campagne in Frankreich. GJb. 4, 1883, S. 79–106.
Zastrau, Alfred: Art. ,,Campagne in Frankreich" und ,,Belagerung von Mainz". In: Goethe-Handbuch, 2. Aufl. 1955ff. Sp. 1542–1553 u. 991–999.
Pollak, Valentin: Zur Belagerung von Mainz. GJb. 19, 1898, S. 261–286.
Steer jr., Alfred G.: Goethe's Social Philosophy as revealed in Campagne in Frankreich and Belagerung von Mainz. Chapel Hill, The University of North Carolina Press, 1955. (178 S.)
Weniger, Erich: Goethe und die Generäle. Jahrbuch d. Freien dt. Hochstifts 1936–40. S. 408–593. – Buchausgabe: Goethe und die Generale der Freiheitskriege. Stuttgart 1959. (241 S.)
Klapheck, Richard: Goethe und das Rheinland. Zeitschrift des Rhein. Vereins für Denkmalpflege und Heimatschutz. 25. Jg. Heft 1. 2. Düsseldorf 1932.
Saine, Thomas P.: Goethes Novel ,,Champagne in Frankreich". In: Goethes Narrative Fiction. Ed. by W. J. Lillyman. Berlin 1983. S. 193–223.
Saine, Thomas P.: Campagne in Frankreich. Belagerung von Mainz. In: Goethes Erzählwerk. Interpretationen. Hrsg. von P. M. Lützeler. Stuttg. 1985. Reclam 8081. S. 396–428.
Reiss, Hans Siegbert: Goethe über den Krieg. Zur ,,Campagne in Frankreich". GJb. 104, 1987, S. 11–30.
Gassner, August: Goethe und Mainz. Bern und Frankfurt 1988.
Müller, Klaus-Detlef: Goethes „Campagne in Frankreich" – Innenansicht eines Krieges. GJb. 107, 1990, S. 115–126.
Goethe in Trier und Luxemburg. Ausstellungs-Katalog. Trier 1992. (468 S. mit 265 Abb.)

Von Goethe benutzte Literatur (in Auswahl)

Dumouriez, Charles François: La Vie du général Dumouriez. T. 1–3. Hambourg 1793.
(Laue, A. W.:) Geschichte der vier ersten Feldzüge des französischen Revolutionskrieges. Von einem deutschen Offizier. Erster Theil. Deutschland 1805.
Massenbach, A. L. v.: Memoiren zur Geschichte des preußischen Staates unter den Regierungen Friedrich Wilhelm II. und Friedrich Wilhelm III. Bd. 1. Amsterdam 1809.
Laukhard, Friedrich Christian: Begebenheiten, Erfahrungen und Bemerkungen während des Feldzugs gegen Frankreich. Th. 1. Von Anfang desselben bis zur Blockade von Landau. = Magister F. Ch. Laukhards Leben und Schicksale von ihm selbst beschrieben, Th. 3 (Goethes Bibl. Nr. 3371). (Neudr., bearb. von Viktor Petersen, in: Memoirenbibliothek, II. Serie, Bd. 15, Stuttgart 1908.

(Pockels, Karl Friedrich:) Carl Wilhelm Ferdinand Herzog von Braunschweig und Lüneburg. Tübingen 1809.

Custine, Adam Philippe cte. de: Mémoires posthumes. P. 1. 2. Hambourg et Francfort, 1793.

Original-Briefwechsel der Emigrirten, oder die Emigrirten nach ihrer eignen Darstellung geschildert. Theil 1. 2. Aus dem Französischen übersezt. Frankfurt und Leipzig 1793.

Girtanner, Christoph: Historische Nachrichten und politische Betrachtungen über die französische Revolution. Bd. 1–13. Berlin 1792–97.

Schütz, Friedrich Karl Julius: Handbuch der Geschichte Napoleons des Ersten und seines Zeitalters. Leipzig 1810.

(Hoffmann, Anton:) Darstellung der Mainzer Revolution ... Bd. 1. 2. Frankfurt und Leipzig 1793–94.

Zur Geschichte des Feldzugs und der Belagerung

Heigel, Karl Theodor: Deutsche Geschichte vom Tode Friedrichs d. Großen bis zur Auflösung des alten Reiches. 2. Bd. 1792–1806. Stuttgart und Berlin 1911.

Chuquet, Arthur: Les guerres de la révolution. Bd. I. La première invasion prussienne (11 août–2 sept. 1792). Paris 1886. – Bd. II. Valmy. Paris 1887. – Bd. III. La Retraite de Brunswick. Paris 1887. – Bd. VII. Mayence. Paris 1892.

Hansen, Joseph: Quellen zur Geschichte des Rheinlandes im Zeitalter der Französischen Revolution 1780–1801. Bd. I (1780–91). Bd. II (1792–93). Bonn 1931–33.

Bojanowski, Paul v.: Carl August als Chef des 6. Preußischen Kürassierregiments 1787–1794. Weimar 1894. (147 S.)

Bahls, Georg: Carl August von Weimar als Soldat. Berlin (1932). (= Heidelbg. phil. Diss.)

Andreas, Willy: Carl August von Weimar in und nach der Kampagne gegen Frankreich. Sitzungsberichte der Bayer. Akademie der Wissenschaften. Phil.-hist. Klasse. Jg. 1954. H. 5. München 1955. (71 S.)

Klein, Karl: Geschichte von Mainz während der ersten französischen Occupation 1792–93. Mit den Aktenstücken. Mainz 1861. (602 S.)

Bockenheimer, Karl Georg: Die Wiedereroberung von Mainz durch die Deutschen im Sommer 1793. Mainz 1893. (116 S., mit zwei Karten der Belagerung.)

Andreas, Willy: Goethe und Carl August während der Belagerung von Mainz (1793). Sitzungsberichte der Bayer. Akademie der Wissenschaften. Phil.-hist. Klasse. Jg. 1955. H. 9. München 1956. (37 S.)

SANKT-ROCHUS-FEST ZU BINGEN

Erstdruck: Über Kunst und Altertum in den Rhein- und Mayn-Gegenden von Goethe. Zweytes Heft. Stuttgard 1817.

Goethe's Werke. Ausg. l. Hd. Bd. 43, 1833. = Nachgelassene Werke Bd. 3.

Goethes Werke. Weimarer Ausgabe. Bd. 34,1.2. Weimar 1902.

Goethes Sämtliche Werke. Jubiläums-Ausgabe. Bd. 29. Hrsg. von Otto Heuer. Stuttgart und Berlin o. J. (1906).
J. W. Goethe. St. Rochus-Fest zu Bingen. Mit einem Vorwort von Ernst Beutler. Limburg 1950. (40 S. mit Abb.)
Benz, Richard: Goethe und die romantische Kunst. München (1940).
Nicolay, Wilhelm: Goethe und das katholische Frankfurt. Frankfurt 1933.
Steer, A. G.: Sankt-Rochus-Fest zu Bingen. Jahrbuch des Freien Dt. Hochstifts 1965, S. 186–236.

TAG- UND JAHRESHEFTE

(Erstausgabe:) Goethe's Werke. Vollständige Ausgabe letzter Hand. Bd. 31 und 32. Tag- und Jahreshefte als Ergänzung meiner sonstigen Bekenntnisse. Stuttgart und Tübingen, Cotta, 1830.
Goethe's Werke. Nach den vorzüglichsten Quellen revidirte Ausgabe. 27. Theil. I. Abt. Tag- und Jahreshefte. Hrsg. und mit Anmerkungen begleitet von W. Frh. v. Biedermann. Berlin, Hempel, o. J. (1876).
Goethes Werke. 24. u. 25. Teil. Tag- und Jahreshefte. Hrsg. v. H. Düntzer. Berlin u. Stuttgart o.J. (1893). = KDN Bd. 105 u. 106.
Goethes Werke. Weimarer Ausgabe. Bd. 35 u. 36. Tag- und Jahreshefte. Hrsg. von Woldemar Freiherrn v. Biedermann. Weimar 1892/93.
Goethes Sämtliche Werke. Jubiläums-Ausgabe. Bd. 30. Annalen. Mit Einleitung und Anmerkungen von Oskar Walzel. Stuttgart und Berlin o. J. (1903).
Goethes Werke. Hrsg. v. K. Heinemann. Bd. 16. Tag- und Jahreshefte. Bearb. v. K. Heinemann. Leipzig, Bibliographisches Institut, o. J. (1905).
Goethes Werke, in 40 Teilen. Hrsg. v. K. Alt u. a. Bd. 28. Tag- und Jahreshefte. Hrsg. v. Rudolf Pechel (1910). Dazu Anmkg.-Bd. 2 (1922). Stuttgart, Verlag Bong.
Goethes Werke. Festausgabe. Hrsg. v. Robert Petsch. Bd. 18. Tag- und Jahreshefte. Bearbeitet von Fritz Bergemann. Leipzig, Bibliogr. Institut (1926).
Goethe. Gedenkausgabe der Werke, Briefe und Gespräche. Bd. 11. Die Annalen. Hrsg. v. E. Beutler. Zürich, Artemis-Verlag, 1950.
Goethe, Werke. Berliner Ausgabe. Bd. 16. Tag- und Jahreshefte. Hrsg. von S. Seidel. Bln. 1964. – 2. Aufl. 1973.
Goethe, Sämtl. Werke. Münchner Ausg. Bd. 14. 1986.

Wackerl, Georg: Goethes Tag- und Jahreshefte. Bln. 1970. = Quellen u. Forschungen, N. F. 35. (VIII, 176 S.)
Hagen, Waltraud: Goethes autobiographische Schriften in der Inhaltsplanung der Ausgabe letzter Hand. GJb. 90, 1973, S. 168–185.

INHALTSÜBERSICHT

KOMMENTARTEIL

Lieselotte Blumenthal sah S. 7–187 (Dichtung und Wahrheit) und S. 529–547 (Autobiographische Einzelheiten) textkritisch durch und bearbeitete die entsprechenden Abschnitte „Schemata und Entwürfe", „Zur Textgestaltung" und „Textgestalt, Entstehung und Überlieferung" S. 653–660 und 789–797.

Waltraud Loos sah S. 188–528 (Campagne, Rochusfest, Tag- und Jahreshefte) textkritisch durch und verfaßte zu diesen Werken den Kommentar.

Erich Trunz bearbeitete den Kommentar zu „Dichtung und Wahrheit" und zu den Autobiographischen Einzelheiten. – Bei dem Kommentar zu den Büchern 18–20 von „Dichtung und Wahrheit" wirkte Frau Dr. Anneliese Raub-Domnick mit.

Die Auswahl aus den „Tag- und Jahresheften" (die infolge des begrenzten Raums notwendig war) wurde von Waltraud Loos und Erich Trunz gemeinsam getroffen. – Im Register stammen die Stichworte zu „Dichtung und Wahrheit" von Erich Trunz, die zu „Campagne in Frankreich" von Waltraud Loos.